क्रान्तिकारियों के दस्तावेज़

क्रान्तिकारियों के दस्तावेज़

सम्पादक

वीरेन्द्र सिंह बघेल
डॉ. अनुशब्द

वाणी प्रकाशन

वाणी प्रकाशन

4695, 21-ए, दरियागंज, नयी दिल्ली 110 002

फ़ोन : +91 11 23273167 फ़ैक्स : +91 11 23275710

शाखाएँ

अशोक राजपथ, पटना 800 004, बिहार

कॉफ़ी हाउस कैम्पस, महात्मा गाँधी मार्ग, इलाहाबाद 211 001, उत्तर प्रदेश

महात्मा गाँधी अन्तर्राष्ट्रीय हिन्दी विश्वविद्यालय, वर्धा 442 001, महाराष्ट्र

सुल्तानिया रोड, मोतिया पार्क, भोपाल 462 001, मध्य प्रदेश

www.vaniprakashan.com
marketing@vaniprakashan.in
sales@vaniprakashan.in

KRANTIKARIYON KE DASTAVEZ
Edited by Virendra Singh Baghel
Dr. Anushabda

ISBN : 978-93-5229-807-5

History

संस्करण 2021

मूल्य : ₹ 1650

सिटी प्रेस, दिल्ली-110 095 में मुद्रित

वाणी प्रकाशन का लोगो मक़बूल फ़िदा हुसेन की कूची से

अनुक्रम

क्रान्तिकारी आन्दोलन का इतिहास

भारतीय स्वाधीनता आन्दोलन की एक पृथक धारा क्रान्तिकारी आन्दोलन है। भारत के नवयुवकों का एक वर्ग हिंसात्मक संघर्ष को राजनीतिक प्राप्ति के लिए आवश्यक मानते थे। वे स्वयं को मातृभूमि के लिए बलिदान करने को तैयार थे और हिंसक माध्यमों से ब्रिटिश शासन को भयभीत कर, आतंकित कर देश से निकाल देना चाहते थे। यह आक्रामक राष्ट्रवाद की विचारधारा है। उन्नीसवीं शताब्दी के अन्तिम चरण में चारों ओर फैलती असन्तोष की लहर, अकाल, भूकम्प, महामारी का प्रकोप और बढ़ती ग़रीबी तथा भारतीय जनता की कठिनाईयों के प्रति शासन की उदासीनता ने भारतीय नवयुवकों में विदेशी ब्रिटिश शासन के प्रति आक्रामक विरोध की भावनाओं को भड़काया। आसुरी ब्रिटिश शासन को समाप्त करने के लिए अस्त्र का प्रयोग करना ही होगा। इस विचारधारा ने देश में क्रान्तिकारी आन्दोलन को जन्म दिया।

समाचार पत्रों, लेखों के माध्यम से संगीत तथा नाटकों का मंचन कर लोगों को प्रेरित करना दासता के प्रति उनमें विरोध पैदा करना, उन्हें मातृभूमि से प्रेम करना सिखाकर निडर बनाना और अस्त्र शस्त्र का निर्माण करने अथवा उसे ख़रीदने के लिए धन प्राप्त करने हेतु क्रान्तिकारी राजनीतिक डकौतियाँ करना उनके साधन थे। क्रान्तिकारी साहित्य द्वारा अपने विचारों कर गुप्त समीतियों के माध्यम से क्रान्तिकारी गतिविधियों को वे अन्ज़ाम देते थे। ब्रिटिश शासक वर्ग को आतंकित करने हेतु वे राजनीतिक हत्याओं को उचित मानते थे।

क्रान्तिकारी आन्दोलन का विकास : प्रथम चरण

क्रान्तिकारी आन्दोलन का जन्म महाराष्ट्र में हुआ था लेकिन कालान्तर में इसका प्रधान केन्द्र बंगाल बन गया। भारत के अन्य प्रान्तों तथा विदेशों में भी भारतीय क्रान्तिकारी सक्रिय हुए।

बंगाल

बंगाल के क्रान्तिकारी नेता बरीन्द्र कुमार घोष (अरविन्द घोष के छोटे भाई) और

भूपेन्द्र नाथ दत्त (स्वामी विवेकानन्द के छोटे भाई) थे। इन दोनों ने युगांतर तथा संध्या नामक क्रान्तिकारी पत्रों द्वारा क्रान्तिकारी विचारधारा का प्रचार किया। इन्हें क्रान्ति का अग्रदूत भी माना जाता है। युगांतर और संध्या दोनों अत्यधिक लोकप्रिय सिद्ध हुए। क्रान्तिकारियों ने अनुशीलन-समिति नामक संस्था का गठन किया जिसमें सदस्यों को भारतीय इतिहास, संस्कृति और राष्ट्रवाद तथा राजद्रोहात्मक सिद्धान्तो की शिक्षा व शारीरिक प्रशिक्षण दिया जाता था। इसकी लगभग 200 शाखाएँ थी तथा ढाका और कलकत्ता इसके मुख्य केन्द्र थे। इसके सदस्यों को माँ काली के समक्ष अपने कर्तव्यों का निर्वाह करने के हेतु व्रत लेना पड़ता था।

बंगाल में 1907 से ही वातावरण क्रान्तिमय हो गया था और अंग्रेज़ी शासन के विरूद्ध सशस्त्र आन्दोलन प्रारम्भ हो गया। 6 दिसम्बर 1907 को मिदनापुर के समीप क्रान्तिकारियों द्वारा उस रेलगाड़ी में बम फेंका गया जिसमें बंगाल का गर्वनर यात्रा कर रहा था। दूसरी घटना 23 दिसम्बर 1907 को हुई जब क्रान्तिकारियों ने ढाका के भूतपूर्व जिला मजिस्ट्रेट को गोली मारने का असफल प्रयत्न किया था। तीसरी घटना 30 अप्रैल, 1908 को मुजफरपुर में घटी जिसने भारत तथा ब्रिटेन में पूरी सनसनी फैला दी। क्रान्तिकारियों ने मुजफरपुर के जज किंग्सफोर्ड की हत्या करने का प्रयास किया। किन्तु किंग्सफोर्ड के स्थान पर उसकी गाड़ी में दो अंग्रेज़ महिलाएँ थीं जो घटनास्थल पर ही मारी गयी। इस अपराध के लिए 18 वर्षीय युवक ख़ुदीराम बोस को फांसी की सजा दी गयी।

ख़ुदीराम के बलिदान का भारतीय युवकों पर गहरा प्रभाव पड़ा। वह बंगाल का राष्ट्रीयवीर शहीद बन गया। उस पर देश भक्तिपूर्ण कविताएँ लिखी गयी जो हर बंगाली की जुबान पर छा गयी। अगली घटना अलीपुर षड़यन्त्र केस 1910 के नाम से प्रसिद्ध है। सरकार को कलकत्ता में एक क्रान्तिकारी षड़यन्त्र का बोध हुआ। जिसमें कुछ बम डायनामाइट और कारतूस बरामद हुए। इस घटना के सम्बन्ध में 31 व्यक्ति गिरतार हुए जिनमें अरविन्द घोष भी थे। कन्हाईलाल और सत्येन्द्र को फ़ाँसी की सजा मिली तथा वीरेन्द्र को देश निष्कासन की। अन्त में क्रान्तिकारियों की ओर से कुछ अन्य हत्याएँ भी की गयी जिनका सम्बन्ध मुजफ़रपुर तथा अलीपुर केस से था।

महाराष्ट्र

क्रान्तिकारी आन्दोलन बंगाल से पहले महाराष्ट्र में प्रारम्भ हो गया था। महाराष्ट्र में क्रान्तिकारी आन्दोलन के नेता चापेकर बन्धु विनायक दामोदर सावरकर एवं उनके भाई गणेश सावरकर तथा श्यामजी कृष्ण वर्मा थे। लोकमान्य तिलक के बन्दी बनाये

जाने पर महाराष्ट्र में क्रान्तिकारी आन्दोलन का उदय हुआ। तिलक की रचनाओं से क्रान्तिकारियों ने प्रेरणा ग्रहण की थी। क्रान्तिकारियों के संगठन अभिनव भारत का केन्द्र नासिक था। सावरकर बन्धुओं ने सन् 1900 में एक देशभक्त संगठन मित्र मेलेलेला की स्थापना की थी। सन् 1904 में यह एक क्रान्तिकारी संगठन बन गया और इसका नाम अभिनव भारत कर दिया गया। सम्पूर्ण महाराष्ट में इसकी शाखाएँ फैली हुई है। प्रशासन को निष्क्रिय बनाने के लिए क्रान्तिकारियों के संगठनों द्वारा राजनीतिक हत्याओं और नौकरशाही को आतंकित करने के लिए प्रचार कार्य किये गये थे। महाराष्ट्र में क्रान्तिकारियों का नारा था प्राण देने से पूर्व प्राण ले लो।

सन् 1899 में रैण्ड एवं अयेर्स्ट की हत्या की गयी। चापेकर बन्धुओं को इसके लिए दण्ड दिया गया। ऐसा कहा जाता है कि इन अंग्रेज़ी की हत्या में श्यामजी कृष्ण वर्मा का हाथ था। वे इसके बाद इंग्लैण्ड चले गये। सन् 1906 में विनायक दामोदर सावरकर भी इंग्लैण्ड चले गये और श्यामजी कृष्ण वर्मा का हाथ बँटाने लगे। वे दोनों लन्दन से अपने सन्देश तथा क्रान्तिकारी शस्त्र गणेश सावरकर को भेजा करते थे। 1909 में उन्होनें में गणेश सावरकर के नाम पिस्तौलों का एक पार्सल भेजा था। पार्सल मिलने से पूर्व 2 मार्च 1909 को उन्हें पुलिस द्वारा बन्दी बना लिया गया। उनके विरूद्ध राजद्रोहात्मक साहित्य के प्रकाशन का आरोप था।

9 जून 1909 को उन्हें आजीवन देश निर्वासन का दण्ड दिया गया। दिसम्बर 1909 में नासिक के ज़िलाधिकारी जेकसन को गाली से उड़ा दिया गया। उन्होनें गणेश सावरकर को दण्ड दिया था। अभिनव समिति के 27 सदस्यों पर अभियोग चलाया गया। और उनमें से तीन को मृत्यु दण्ड दिया गया। नवम्बर 1909 में गर्वनर लार्ड मिण्टो पर बम फेंककर हत्या करने का असफल प्रयास किया गया था। दामोदर सावरकर भी बन्दी बनाकर जहाज से भारत भेजे गये। वे किसी प्रकार जहाज से बच निकले। समुद्र को तैरकर फ्रांस के बंदरगाह में शरण ली। लेकिन वे भी गिरफ़्तार कर लिए गये। उन्हें आजीवन कारावास का दण्ड दिया गया।

पंजाब

प्रारम्भ में पंजाब में बंगाल तथा महाराष्ट्र जैसी गुप्त समितियाँ नहीं थी, लेकिन सरकार की भूमि सम्बन्धी नीति के कारण जनता के विभिन्न वर्गो में तीव्र असन्तोष फैला। 1907 ई. में सरदार अजीत सिंह, भाई परमानन्द तथा लाला हरदयाल ने क्रान्तिकारियों का संगठित किया। सरदार अजीत सिंह और सूफ़ी प्रसाद ने मिलकर भारत माता सोसाइटी नामक संस्था की स्थापना की। इस समय बांके दयाल जी पंजाब की सभाओं में एक गीत गाया करते थे। जिसकी प्रथम पंक्ति थी:

पगड़ी सँभाल ओं जट्टटा पगड़ी सँभाल ओ पंजाब में यह गीत उतना ही लोकप्रिय था, जितना बंगाल में वन्देमातरम्।

907 में लाला लाजपतराय और सरदार अजीत सिंह की गिरफ़्तारी से असन्तोष बढ़ने लगा। कुछ समय के लिए पंजाब में जन असन्तोष इतना बढ़ गया कि शासक 1907 ई. में 10 मई को (जो 1857 की क्रान्ति के प्रारम्भ का दिन था) प्रदेशव्यापी विद्रोह की आशंका करने लगे थे। परन्तु 1909 ई. में सरकार द्वारा भूमि सम्बन्धी नीति में जनता की इच्छानुसार परिवर्तन कर दिये जाने पर क्रान्तिकारी गतिविधियों में कमी आई। दिल्ली उस समय पंजाब का ही एक हिस्सा थी। बंगाली एवं पंजाबी देशभक्तों के लिए दिल्ली संगम स्थल था।

23 दिसम्बर, 1912 को दिल्ली के राजधानी बनने पर गर्वनर जनरल हार्डिंग के ऊपर बम फेंककर हत्या का असफल प्रयास किया गया। मई, 1913 लाहौर में अंग्रेज़ अधिकारियों की हत्या का प्रयत्न किया गया। इस घटना के फलस्वरूप दिल्ली के क्रान्तिकारियों का पता लग गया। दिल्ली षड़यन्त्र काण्ड में 13 व्यक्ति गिरतार किये गये। मास्टर अमीरचन्द्र इस समय दिल्ली के सबसे बड़े क्रान्तिकारी थे।

मद्रास

मद्रास में भी क्रान्तिकारी आन्दोलन का सूत्रपात हुआ। विपिनचन्द्र पाल ने 1907 में मद्रास का दौरा कर अपने विचारों का प्रचार किया। अरविन्द घोष के विरूद्ध गवाही न देने के कारण उन्हें 6 माह का दण्ड दिया गया। कारावास से छूटने पर उनके सम्मान में स्थानीय क्रान्तिकारी नेता सुब्रहाण्यम शिव एवं चिदम्बरम पिल्ले ने स्वागत का आयोजन किया। फलस्वरूप इन दोनों को 12 मार्च 1909 को बन्दी बना लिया गया, इसकी प्रतिक्रिया टिनेवली में उपद्रव के रूप में हुई। शासन ने समाचार पत्र के सम्पादकों एवं आन्दोलनकारी नेताओं को गिरफ़्तार कर उन पर मुक़दमा चलाया। इससे जनता में उत्तेजना फैल गयी। क्रान्तिकारी संगठित होने लगे। उन्होनें सरकारी संपत्ति को हानि पहुँचायी और पुलिस चौकी एवं थानों पर हमले किये गये। शासन का दमन चक्र शुरू हो गया। नवयुवकों में उत्तेजना जागृत हुई। एम. पीतिहल आचार्य एवं बी.बी. एस. नय्यर उनके प्रेरणास्रोत थे। 17 जून 1911 को टिनेवली के क्रान्तिकारियों ने जिला मजिस्ट्रेट ऐश की हत्या कर दी गयी।

विदेशी में क्रान्तिकारी आन्दोलन

भारतीय क्रान्तिकारियों की गतिविधियाँ देश तक ही सीमित न थी। अपितु वे विदेशों में भी सक्रिय थे। इंग्लैण्ड में श्यामजी कृष्ण वर्मा ने 1905 में नेशनल होमरूल

सोसायटी की स्थापना की। उनके द्वारा इंडियन सोशियालाजिस्ट नामक मासिक पत्र का प्रकाशन किया जाता था। दामोदर विनायक सावरकर ने 1906 में लन्दन पहुँचकर भारतीय क्रान्तिकारियों की सहायता का कार्य प्रारम्भ किया। उन्होनें वहाँ से अपने भाई गणेश सावरकर को पिस्तौलें भेजी थी। गणेश सावरकर को ब्रिटिश शासन के विरूद्ध युद्ध की घोषणा करने के अपराध में देश निष्कासन का दण्ड मिला था। विनायक सावरकर को लन्दन में गिरफ़्तार कर अण्डमान में आजीवन कारावास का दण्ड दिया गया था।

फ्रांस में क्रान्तिकारियों की सहायता मैडम भीखाजी कामा करती थी। एक गुज़राती व्यापारी एम.एस.राना एक पारसी महिला भीखाजी कामा से विवाह कर पेरिस में बस गये थे। इनके द्वारा भारतीय छात्रों को दो हज़ार रूपये की यात्रा छात्रवृत्तियाँ दी जाती थी। मैडम कामा वन्देमातरम् नामक पत्र का संपादन करती थी। यूरोप के भारतीय क्रान्तिकारी भारत में क्रान्तिकारियों की सहायता करते थे। ब्रिटिश शासन के द्वारा किये जा रहे अत्याचारों का बदला लेने के लिए मदनलाल धींगंगंगरा ने सर फ्रांसिस कर्जन विली, जो भारत-मन्त्री कार्यालय के एडीसी थे, को 1 जुलाई, 1909 को गोली मार दी थी। इस अपराध के लिए धींगरा को मृत्यु दण्ड दिया गया।

मदनलाल धींगरा ने अभियोग के समय बयान देते हुए कहा था कि परतन्त्रता की बेड़ियों में जकड़ा देश सदैव युद्धस्थल ही बना रहता है। इसी प्रकार अमेरिका महाद्वीप में भी भारतीय क्रान्तिकारी सक्रिय थे। लाला हरदयाल ने 1913 में सेनफ्रांसिसको में गदर पार्टी का गठन किया था। उन्होनें उर्दू एवं गुरूमुखी में दो समाचार पत्र निकाले तथा अंग्रेज़ों के विरूद्ध संगठित संघर्ष का नेतृत्व किया। कनाडा एवं अमेरिका में गदरपार्टी की अनेक शाखाएं खोली गयी। मार्च 1914 में उन्हें अमेरिकी सरकार द्वारा बन्दी बनाया गया और बाद में वे जमानत पर रिहा किये गये। बाद में वे स्विट्ज़रलैंड चले गये।

1907 में भाई परमानन्द भी यूरोप में, इंडिया सोसायटी से सम्बन्ध थे जो प्रवासी भारतीयों का प्रमुख क्रान्तिकारी संगठन था। 1909 में सरदार अजीत सिंह फारस होकर पेरिस पहुँचे थे। 1913 में कोमा गाटा मारू जहाज काण्ड हुआ था। कनाडा में प्रवास करने वाले सिक्खों के सम्बन्ध में कनाडा सरकार द्वारा बनाये गये क़ानून का विरोध करते हुए बाब गुरूदत्त सिंह नामक एक धनी व्यापारी जो कनाडा में बस गये थे, ने एक जापानी जहाज कोमा गाटा मारू किराये पर लिया और यह जहाज सीधे कनाडा के लिए 500 भारतीयों को लेकर कलकत्ता से चला। कनाडा की सरकार ने इस जहाज को बन्दरगाह में घुसने नहीं दिया। उसे डुबाने के लिए युद्धपोत भेजे और सिक्खों पर अनेक अत्याचार किये गये। उन पर उबलता पानी

डालने का प्रयास किया। दो माह तक जहाँ समुद्र में खड़ा रहा। इसे सिंगापुर एवं हांगकांग के बन्दरगाहों में प्रवेश की अनुमति भी नहीं दी गयी। अन्त में वह वापस कलकत्ता पहुँचा। यात्रियों को एक रेलगाड़ी द्वारा भेजने की योजना बनायी गयी। यात्रियों ने विद्रोह कर दिया। विद्रोह के दमन करने में 8 सिख मारे गये। और अनेक घायल हुए। बाबा गुरूदत्तसिंह भी घायल हुए परन्तु बचकर निकल गये। भारतीयों को कनाडा में बसने रोकने के लिए बनाये गये इस क़ानून की विधि का सिखों ने विरोध किया। मेवासिंह ने कनाडा के विदेश विभाग के प्रधान होपकिंस की हत्या कर दी। इस कार्य में भी गदर दल ने प्रमुख योगदान दिया था।

क्रान्तिकारी आन्दोलन : द्वितीय चरण

1919 में जब महात्मा गाँधी द्वारा असहयोग आन्दोलन प्रारम्भ किया गया तो क्रान्तिकारियों द्वारा भी इस आन्दोलन के परिणामों की उत्सुकता के साथ प्रतीक्षा की जाने लगी। लेकिन जब इस आन्दोलन को अपने लक्ष्य में सफलता प्राप्त नहीं हुई तो क्रान्तिकारियों के द्वारा अपने कार्य प्रारम्भ कर दिये गये। यह क्रान्तिकारी आन्दोलन का द्वितीय चरण था।

काकोरी केस

फ़रवरी 1920 में ज़ेल से रिहा होने के बाद शचीन्द्र सान्याल के द्वारा भारत के सारे क्रान्तिकारी दलों को संगठित करके हिन्दुस्तान प्रजातान्त्रिक संघ की स्थापना की गयीं। इस क्रान्तिकारी दल के द्वारा देश में सशस्त्र क्रान्ति करने के लिए बड़ी मात्रा में शस्त्र ख़रीदे गये और इन शास्त्रों की क़ीमत चुकाने के लिए रेलगाड़ी में जा रहे सरकारी खजाने को लखनऊ के निकट काकोरी में लूटने की योजना बनायी गयी।

9 अगस्त 1925 को काकोरी के निकट गाड़ी रोक कर क्रान्तिकारियों के द्वारा ख़ज़ाना लूट लिया गया। लेकिन पुलिस गुप्तचर विभाग ने क्रान्तिकारियों को गिरतार कर लिया। इन पर मुक़दमा चलाया गया। इसे ही काकोरी षड़यन्त्र केसेसेस के नाम से जाना जाता है। इसके नायक थे पण्डित रामप्रसाद बिस्मिल। इस केस में रामप्रसाद बिस्मिल, राजेन्द्र लाहिड़ी, रोशन सिंह और अशफाक उल्लाह को फ़ाँसी, शचीन्द्र नाथ सान्याल व बख्शी को आजन्म कारावास, मन्मथनाथ गुप्त को 14 वर्ष की क़ैद व अन्य को कई वर्ष की सजायें दी गयी। सरफ़रोशी की तमन्ना के गायक रामप्रसाद बिस्मिल ने मुल्को मिल्लत पर इस प्रकार अपनी शहदत दे दी।

असेम्बली बमकाण्ड

इसके पश्चात् सरदार भगत सिंह, बटुकेश्वर दत्त, चन्द्रशेखर व राजगुरू आदि के द्वारा क्रान्तिकारी दल का नाम जो हिन्दुस्तान सोशलिस्ट रिपब्लिकन पार्टी था, हिन्दुस्तान

सोशलिस्ट रिपब्लिकन आर्मी रख दिया गया। 10 अक्टूबर 1928 को लाहौर में साइमन कमीशन के विरोध में निकले जुलूस का नेतृत्व करते वयोवृद्ध नेता और शेरे-पंजाब के नाम से प्रसिद्ध लाला लाजपतराय पर अंग्रेज़ पुलिस कप्तान साण्डर्स के द्वारा भीषण लाठी चार्ज किया गया था। जिसके परिणामस्वरूप लालाजी की मृत्यु हो गयी। लालाजी की यह मृत्यु भारत के लिए एक राष्ट्रीय अपमान था। और क्रान्तिकारियों ने इसका बदला 17 दिसम्बर 1928 को गोली मारकर साण्डर्स की हत्या कर ले लिया गया। इसके बाद 8 अप्रैल 1929 को एक और घटना हुई। केन्द्रीय असेम्बली में पब्लिक सेफ्टी बिल पर बहस चल रही थी। सदन में इस विधेयक की अस्वीकृति निश्चित थी, लेकिन यह भी निश्चित था कि गर्वनर जनर्रल अपने विशेष अधिकारों के आधार पर इसे क़ानून का रूप दे देगा। इसके पहले सरकार द्वारा जनता की इच्छा के विरूद्ध बल पूर्वक ट्रेड डिस्प्यूटस बिल पास किया गया था।

हिन्दुस्तान सोशलिस्ट रिपब्लिकन आर्मी की केन्द्रीय समिति के निर्णय पर इस बिल को रूकवाने और सरकार को जनता का मूल्य समझाने के लिए असेम्बली में बम फेंका गया था। इस कार्य के लिए भगत सिंह और बटुकेश्वर दत्त को चुना गया। यह भी निश्चत किया गया कि ये व्यक्ति बम फेंकने के बाद भागे नहीं वरन् अपने आपको गिरफ़्तार करवा दें। तथा कोर्ट में बयान देकर हिन्दुस्तान रिपब्लिकन आर्मी के उद्देश्य और कार्यक्रम पर प्रकाश डालें।

8 अप्रैल 1921 को जब पब्लिक सेफ्टी बिल पर मत पड़ने वाले थे तो सरदार भगतसिंह ने दिल्ली की केन्द्रीय असेम्बली में बम फेंका। भगत सिंह और बटुकेश्वर दत्त ने इंकलाब ज़िन्दाबाद, साम्राज्यवाद का नाश हो के नारे लगाये। बम के साथ फेंके गये पर्चे में लिखा हुआ था बहरों को सुनाने के लिए बमों की आवश्यकता है। बम फेंकने का उद्देश्य किसी की हत्या करना नहीं, वरन् देश में जागृति पैदा करना ही था। भगत सिंह और दत्त ने अपने आपको गिरफ़्तार करवा दिया गया। पुलिस ने इन पर मुक़दमा चलाया। अदालत में एक लम्बा बयान देकर इन क्रान्तिकारियों ने हिन्दुस्तान रिपब्लिकन आर्मी के उद्देश्यों और कार्यक्रमों पर प्रकाश डाला। पुलिस ने सरदार भगत सिंह और बटुकेश्वर दत्त के अतिरिक्त उनके कई साथियों को गिरतार किया था।

मुक़दमें की कार्यवाई के दौरान अदालतों में ये क्रान्तिकारी 'रारफ़ोशी की तमन्ना अब हमारे दिल में है' और 'मेरा रंग दे बसंती चोला' जैसी गीत गाते थे। इन क्रान्तिकारियों ने ज़ेल की अमानवीय स्थिति के विरूद्ध आमरण अनशन प्रारम्भ कर दिया। इस लम्बे अनशन से भारतीय जनता बहुत क्षुब्ध और उद्धेलित थी। अनशन के 64 वें दिन 13 सितम्बर को यतीनदास की मृत्यु हो गयी। मौत की ख़बर सुनकर पूरा देश रोया।

23 मार्च, 1931 को सरदार भगत सिंह शिवाराम, राजगुरू और सुखदेव को फ़ाँसी की सजा दे दी गयी। फांसी के तख्ते पर ये नौजवान क्रान्तिकारी गा रहे थे– दिल से निकलेगी न मर कर भी वतन की उल्फत, मेरी मिट्टी से भी खुशबू-ए-वतन आयेगी। शहीदों के इस बलिदान पर सारे देश में शोक मनाया गया।

चटगाँव विद्रोह

इस काल में बंगाल में भी क्रान्तिकारी संगठित होने लगे इस क्षेत्र में सबसे अधिक सक्रिय था, चटगाँव क्रान्तिकारियों का वर्ग जिसके नेता मास्टर सूर्यसेन थे, और उनके सहयोगी अनन्त सिंह, गणेश घोष और लोकीनाथ बाठल थे। इन्होनें चटगाँव विद्रोह की योजना बनायी, जिसमें चटगाँव के दो शास्त्रागारों पर कब्जा कर हथियारों को लूटना, संचार व्यवस्था को नष्ट करना और रेल-सम्पर्क को भंग करना शामिल था। निश्चित दिन 18 अप्रैल 1930 को पुलिस शास्त्रागार पर कब्जा कर लिया गया, किन्तु ये लोग गोला-बारूद पाने में असफल रहे। वंदे मातरम् और इन्क़लाब ज़िन्दाबाद के नारों के बीच कालेज शस्त्रागार के बाहर सूर्यसेन ने तिरंगा फहराया और एक काम चलाऊ क्रान्तिकारी सरकार के गठन की घोषणा की। लेकिन ये मुट्ठी भर युवा क्रान्तिकारी ब्रिटिश सेना से लोहा नहीं ले सकते थे, अतः जलालाबाद की पहाड़ियों में जमकर संघर्ष के बाद सूर्यसेन और कई अन्य बवाल के गाँवो में छिपने में सफल रहे, जहाँ बेइन्तहा ज़ुल्म के बावजूद गाँव वालो ने इन्हें शरण दी। लेकिन फ़रवरी 1933 में सूर्यसेन गिरफ़्तार कर लिये गये और 12 जनवरी 1934 को उन्हें फ़ाँसी पर लटका दिया गया।

काकोरी केस में चन्द्रशेखर आजाद भी शामिल हुए थे, परन्तु वे सरकार के हाथ नहीं आये। अब क्रान्तिकारी दल के नेतृत्व का भार चन्द्रशेखर आजाद पर आया, उनके सहयोगी थे, यशपाल, सुखदेव राज, राधामोहन गोकुल जी और भगवती चरण बोहरा। श्री बोहरा की धर्मपत्नी श्रीमति दुर्गा देवी ने भी क्रान्तिकारी आन्दोलन में साहसिक भूमिका निभाई।

वायसराय लार्ड इरविन ने महात्मा गाँधी तथा जनता की अपीलों के बाद भी भगत सिंह तथा उनके साथियों के मृत्युदण्ड को कम नहीं किया था। चन्द्रशेखर आजाद तथा यशपाल ने 23 दिसम्बर 1929 ई. को निजामुद्दीन स्टेशन के पास वायसारय इरविन की ट्रेन को बम से उड़ा देने की योजना बनाई। निश्चित समय पर सफल कार्यवाही के बावजूद वायसराय बाल-बाल बच गये। इसी दिन एक क्रान्तिकारी हरीकिशन ने भी पंजाब के गर्वनर पर गोली चलायी, वे घायल हो गये किन्तु उनकी मृत्यु नहीं हुई।

चन्द्रशेखर यशपाल को रूस भेजना चाहते थे, ताकि वहाँ से स्वाधीनता-संघर्ष में कुछ सहायता प्राप्त की जा सके। 27 फ़रवरी 1931 ई. को वे इस प्रसंग में क्रान्तिकारी सुखदेव राज से इलाहाबाद के अल्फ्रेड पार्क में मन्त्रणा कर रहे थे कि पुलिस वहाँ आ पहुँची और दोनों तरफ़ से गोलीबारी की गयी और आजाद भी शहीद हो गये। आजाद की मृत्यु से क्रान्तिकारी दल की अपूरणीय क्षति हुई। क्रान्तिकारियों के अदम्य साहस, देशप्रेम और बलिदान ने भारत के राष्ट्रीय आन्दोलन में एक नया अध्याय जोड़ा है। केन्द्रीय संगठन की कमी, धन के अभाव और शिक्षित युवा वर्ग तक सीमित रहने के कारण थे, अपने उद्देश्य ...भारत की स्वतन्त्रता तो हासिल ना कर सके पर इन्हें असफल भी नहीं माना जा सकता। सम्पूर्ण भारत उनके बलिदानों के समक्ष नतमस्तक हुआ है।

क्रान्तिकारी आन्दोलन का वैचारिक विकास

स्वाधीनता संग्राम में क्रान्तिकारियों के प्रवेश की घोषणा करने वाला पहला धमाका 1897 में पूना में चापेकर बन्धुओं ने किया था। पूना शहर में उन दिनों प्लेग जोरों पर था। रैण्ड नाम के एक अंग्रेज़ को वहाँ प्लेग कमिश्नर बनाकर भेजा गया। वह बड़ा ही जालिम और तानाशाह किस्म का आदमी था। उसने प्लेग से प्रभावित मकानों को बिना कोई अपवाद खाली कराये जाने का हुक्म जारी कर दिया। जहाँ तक उस हुक्म का सवाल है उसमें कोई ग़लत बात नहीं थी। लेकिन जिस तरह रैण्ड ने इस हुक्म पर अमल करवाया, उससे वह अलोकप्रिय हो गया। लोगों को उनके घरों से निकाला गया और उन्हें कपड़े, बरतन आदि तक ले जाने का समय नहीं दिया गया।

4 मई, 1897 को लोकमान्य तिलक ने अपने पत्र केसरी में एक लेख लिखकर न सिर्फ़ नीचे के अफ़सरों पर बल्कि खुद सरकार पर इल्जाम लगाया कि वह जान-बूझकर जनता का उत्पीड़न कर रही है। उन्होंने रैण्ड को निरंकुश बतलाया और सरकार पर "दमन का सहारा लेने" का आरोप लगाया। फिर आया शिवाजी समारोह। इस अवसर पर, 12 जून, 1897 को एक सार्वजनिक सभा में अध्यक्ष पद से बोलते हुए तिलक ने कहा– "क्याब शिवाजी ने अफजल ख़ाँ को मारकर कोई पाप किया था? इस प्रश्न का उत्तर महाभारत में मिल सकता है। गीता में श्रीमन कृष्ण ने अपने गुरुओं और बान्धवों तक को मारने का उपदेश दिया है। उनके अनुसार अगर कोई व्यक्ति निष्काम भाव से कर्म करता है तो वह किसी भी तरह पाप का भागी नहीं बनता है। श्री शिवाजी ने अपने उदर-पूर्ति के लिए कुछ नहीं किया था। बहुत ही नेक इरादे के साथ, दूसरों की भलाई के लिए उन्होंने अफ़जल ख़ाँ का वध किया। अगर चोर हमारे घर में घुस आयें और हमारे अन्दर उनको बाहर निकालने की ताकत न हो तो हमें बेहिचक दरवाज़ा बन्द करके उनको ज़िन्दा जला देना चाहिए। ईश्वर ने हिन्दुस्तान के राज्य का पट्टा ताम्र-पत्र पर लिखकर विदेशियों को तो नहीं दिया है। शिवाजी महाराज ने उनको अपनी जन्मभूमि से बाहर खदेड़ने की कोशिश की। ऐसा करके उन्होंने दूसरों की वस्तु हड़पने का पाप नहीं किया। कुएँ के मेढ़क की

तरह अपनी दृष्टि को संकुचित मत करो, ताजीराते-हिन्द की क़ैद से बाहर निकलो, श्रीमद्‌भगवद्‌गीता के अत्यन्त उच्च वातावरण में पहुँचो और महान व्यक्तियों के कार्यों पर विचार करो।''[1]

और 22 जून को चापेकर भाइयों ने रैण्ड व ऐवर्स्ट को मार दिया। इस तरह, ऊपरी तौर पर देखने से यही लगता है कि चापेकर भाइयों के कार्य के तात्कालिक प्रेरक तत्त्व रैण्ड की निरंकुशता और तिलक का भाषण थे। लेकिन यह सिर्फ़ अर्द्धसत्य है। दरअसल, चापेकर बन्धुओं के विचार महामारी फैलने या रैण्ड के पूना आने से बहुत पहले से ही एक शक्ल अख़्तियार करने लगे थे।

1894 में ही चापेकर भाइयों ने पूना में शारीरिक और सैनिक प्रशिक्षण के लिए 'हिन्दू धर्म अवरोध निवारण समिति' क़ायम कर रखी थी कि जिसे हिन्दू संरक्षिणी समिति भी कहा जाता था। यह समिति हर साल नियमपूर्वक शिवाजी व गणपति समारोह आयोजित करती थी। इन समारोहों में चापेकर भाइयों द्वारा पढ़े जाने वाले श्लोकों से उनकी भावना का पता चलता है। जनता से तलवार उठाने का आग्रह करते हुए 'शिवाजी श्लोक' कहता है:

''भाँड की तरह शिवाजी की कहानी दुहराने-मात्र से स्वाधीनता प्राप्त नहीं की जा सकती। आवश्यकता इसकी है कि शिवाजी और बाजी की तरह तेज़ी के साथ काम किये जायें। आज हर भले आदमी को तलवार और ढाल पकड़नी चाहिए – यह जानते हुए कि हमें राष्ट्रीय संग्राम के युद्धक्षेत्र में जीवन का जोखिम उठाना होगा। हम धरती पर उन दुश्मनों का ख़ून बहा देंगे जो हमारे धर्म का विनाश कर रहे हैं। हम तो मारकर मर जायेंगे, लेकिन तुम औरतों की तरह सिर्फ़ कहानियाँ सुनाते रहोगे।''[2]

'गणपति श्लोक' तो 'शिवाजी श्लोक' से भी ज़्यादा उग्र था। गौ और धर्म की रक्षा के लिए उठ खड़े होने का आह्वान करते हुए इसमें हिन्दुओं से कहा गया है: ''अफ़सोस, तुम गुलामी की ज़िन्दगी पर शर्मिन्दा नहीं होय जाओ, आत्महत्या कर लो। उफ़! ये कमीने कसाइयों की तरह गाय और बछड़ों को मार रहे हैं; उसे (गौ को) इस संकट से मुक्त कराओय मरो लेकिन अंग्रेज़ों को मारकरय नपुंसक होकर धरती पर बोझ न बनो। इस देश को हिन्दुस्तान कहा जाता है; अंग्रेज़ भला किस तरह यहाँ राज कर रहे हैं?[3]

इस तरह हम देखते हैं कि चापेकर बन्धु और उनके सहयोगी मुख्यतः तीव्र धार्मिक भावनाओं से उत्प्रेरित थे और उनका दृष्टिकोण घोर कट्टरपन्थी था। सम्भवतः इसी कारण से वे ब्रिटिश विरोधी ही नहीं, मुस्लिम विरोधी भी थे।

चापेकर बन्धुओं की देशभक्ति हिन्दुत्व पर आधारित थी। वे हिन्दू धर्म और गौ की रक्षा के लिए अंग्रेज़ों को बाहर भगाना चाहते थे। रैण्ड की हत्या भी एक ऐसे

व्यक्ति के प्रति उनकी गहरी नफरत का नतीजा थी जो अपनी दमन और निरंकुशता की कार्रवाइयों के कारण पूरी जनता की घृणा का पात्र बन गया था।

जहाँ तक उनको प्रेरित करने वाले दूसरे कारणों का सवाल है, इसका कोई सुबूत नहीं मिलता कि वे 1857 के भारतीय स्वाधीनता संग्राम से या फ्रांसीसी व इतालवी क्रान्तियों से प्रभावित रहे हों।

इन तमाम सीमाओं के बावजूद मुक़दमे के दौरान या बाद में, चापेकर भाइयों ने जिस वीरता, साहस और आत्मबलिदान की भावना का परिचय दिया उसके महत्त्व को किसी भी तरह कम करके आँका नहीं जा सकता। सर ऊँचा किये हुए तीनों भाइयों ने फ़ाँसी के फन्दे को चूमा।

गुलामी और आज़ादी की समस्याओं के प्रति यह धार्मिक दृष्टिकोण चापेकर भाइयों तक ही सीमित नहीं था। सावरकर बन्धु भी धार्मिक रहे...बंगाल के क्रान्तिकारियों ने भी धर्म के सहारे लोगों को उभाड़ा था। इस वाक्य से शायद यह ग़लतफ़हमी हो कि वे धर्म को न मानते थे केवल उभाड़ने का काम उससे लेते थे, इसलिए यह कह देना ज़रूरी है कि वे स्वयं धर्म के कट्टर मानने वाले थे।[4]

1902 में कलकत्ता में क़ायम अनुशीलन समिति की कार्यप्रणाली का वर्णन करते हुए तारिणीशंकर चक्रवर्ती लिखते हैं: "क्रान्तिकारी कार्य के लिए जो इस समिति में आते थे, उनको दो वर्गों में बाँटा जाता था। धर्म में जिनकी आस्था थी उनको एक वर्ग और धर्म-विशेष में, जिन्हें आस्था नहीं थी परन्तु क्रान्तिकारी कार्यों में विशेष निष्ठा थी, ऐसी लड़कों को दूसरे वर्ग में रखा जाता था।" "धर्म के प्रति जो श्रद्ध ावान थे वे इस बगीचे (मानिकतल्ला बागान – स.) में रहते थे...ये ही लड़के प्रथम कोटि के क्रान्तिकारी समझे जाते थे।"[5]

उस समय बंगाल के क्रान्तिकारियों का बहुमत बंकिमचन्द्र चटर्जी और स्वामी विवेकानन्द से बेहद प्रभावित था। "अनुशीलन समिति के सदस्यों को हिन्दू ग्रन्थों, ख़ासकर गीता को बहुत ध्यान से पढ़ना पड़ता था।"[6]

"बंकिमचन्द्र चटर्जी और स्वामी विवेकानन्द की बौद्धिक परम्परा में पले-बढ़े बंगाल के बीसवीं सदी के पहले दशक के ये क्रान्तिकारी धार्मिक उपादानों और कर्मकाण्डों से तथा प्राचीन व तात्कालिक हिन्दुत्व के पौराणिक उपाख्यानों, प्रतीकों, गीतों और नारों से प्रेरणा ग्रहण करते थे।"[7]

इस तरह, क्रान्तिकारी आन्दोलन के पहले चरण (1897-1913) के क्रान्तिकारी आमतौर पर हिन्दू धर्म के प्रति आस्थावान थे और उससे प्रेरणा ग्रहण करते थे। यह कोई आकस्मिक बात नहीं थी। इसके ऐतिहासिक कारण थे। पिछली सदी के आठवें दशक में तरुण भारत के दिलों को एक नयी भावना मथ रही थी। शिक्षित युवक

राजनीतिक दृष्टिकोण से सोचने लगे थे। एक नयी किस्म का राष्ट्रवाद जन्म ले रहा था। यह नया राष्ट्रवाद पुराने राजनीतिवाद के मुक़ाबले ज़्यादा संजीदा, ज़्यादा खुले दिमाग वाला था। यह इस विचार से लैस और प्रेरित था कि पूरे राष्ट्रीय जीवन का पुनरुत्थान आवश्यक है। भारतीय मानस किस सीमा तक आन्दोलित हो उठा था, इसका अनुमान इसी तथ्य से लगाया जा सकता है कि सभी बेहतरीन सोच के लोगों की नयी भावनाएँ और विचार धर्म से अनुप्राणित थे। पुराने देवताओं की जगह घृणा और रक्त के नये देवताओं की पूजा होने लगी थी।[8]

इस सीमा तक, धर्म की एक सकारात्मक भूमिका अवश्य थी। लेकिन इसका एक नकारात्मक पहलू भी था। इस दौर में बाल गंगाधर तिलक, बिपिनचन्द्र पाल, ब्रह्म बान्धव उपाध्याय और अरविन्द घोष जैसे सभी जुझारू राष्ट्रीय नेता राजनीति को धर्म के रंग में रँग रहे थे। इस तरह अचेतन रूप में ही सही, उन्होंने साम्प्रदायिक राजनीति के विषवृक्ष लगाये। गाँधी और उनके अनुयायियों ने इस परम्परा को आगे बढ़ाया और अन्त तक उससे चिपके रहे, जबकि क्रान्तिकारियों ने 1914 में ही, जब उनका आन्दोलन दूसरे चरण में प्रवेश कर रहा था, इसे छोड़कर धर्मनिरपेक्षता को अपना लिया था। धर्म और राजनीति का यह तालमेल तब से आज तक लगातार हमारे सार्वजनिक जीवन को तबाह करता रहा है, और अब तो इसके कारण हमारी राष्ट्रीय एकता का ढाँचा ही चरमराता नज़र आ रहा है।

हालाँकि महाराष्ट्र के चापेकर बन्धु और बंगाल के पहले दशक के क्रान्तिकारी, दोनों प्राचीन भारतीय संस्कृति से प्रेरणा ग्रहण करते थे लेकिन दोनों के बीच एक मार्के का अन्तर भी है।

30 अप्रैल, 1908 को किंग्सफोर्ड की बग्घी पर एक बम आकर गिरा जिससे दो महिलाओं की मृत्यु हो गयी। इस घटना पर टिप्पणी करते हुए 22 जून के केसरी में लोकमान्य तिलक ने लिखा– "1897 की हत्या और बंगाल के बमकाण्ड के बीच काफ़ी अन्तर है। जहाँ तक दिलेरी और कार्य को कुशलतापूर्वक सम्पन्न करने का सवाल है, चापेकर भाइयों का दर्जा बंगाल की बम पार्टी के सदस्यों से ऊँचा है। लेकिन अगर साध्य और साधन के नज़रिये से देखें तो बंगालियों की ज़्यादा तारीफ़ करनी होगी...वर्ष 1897 में पूना निवासी प्लेग के समय के दमन के शिकार थे, और उस दमन से उत्पन्न उत्तेजना का कोई शुद्ध राजनीतिक चरित्र नहीं था। यह शासन-प्रणाली ही ख़राब है और जब तक अधिकारियों को छाँट-छाँटकर व्यक्तिगत रूप से आतंकित नहीं किया जाता, तब तक वे व्यवस्था को बदलने पर तैयार नहीं होंगे–ऐसा कोई महत्त्वपूर्ण प्रश्न चापेकर भाइयों के सामने नहीं था। उनका कर्म प्लेग के बाद जारी दमन के, यानी एक विशेष कार्य के ख़िलाफ़ था। निश्चय ही

बंगाल की बम पार्टी की दृष्टि एक ज़्यादा व्यापक पटल पर थी जिसे बंगाल के विभाजन ने उभारा था।''[9]

इतना ही नहीं, बंगाल के क्रान्तिकारी धर्म को बहुत ज़्यादा महत्त्व देते थे, इस तथ्य के बावजूद आन्दोलन के अन्तिम लक्ष्य की दृष्टि से कहें तो, 1902 में ही उन्होंने एक बहुत महत्त्वपूर्ण घोषणा की थी। इसी वर्ष बंगाल के क्रान्तिकारियों ने अपने को 'अनुशीलन समिति' नाम की एक पार्टी के रूप में संगठित किया था। समिति की स्थापना के समय जारी घोषणापत्र में कहा गया थारू "अनुशीलन की कल्पना के समाज में अनपढ़, ग़रीब लोग नहीं होंगे, कायर, दुष्ट लोग नहीं होंगे और अस्वस्थ लोग भी नहीं होंगे। ऐसे समाज के निर्माण के लिए सभी प्रकार की विषमताओं को समाप्त करना होगा। विषमता के बीच मानव की मानवता विकसित नहीं हो सकती। मानव समाज से धन की विषमता, सामाजिक विषमता, साम्प्रदायिक विषमता और प्रादेशिक विषमता दूर कर सभी मनुष्यों में समानता लानी होगी। केवल राष्ट्रीय सरकार द्वारा ही ऐसा किया जाना सम्भव है। पराधीनता की दशा में अनुशीलन के स्वप्न के समाज की स्थापना सम्भव नहीं है, इसीलिए अनुशीलन पराधीनता के विरुद्ध विद्रोह की घोषणा करती है। अनुशीलन भारत की पूर्ण स्वतन्त्रता चाहती है।''[10]

अनुशीलन समिति की यह घोषणा निश्चय ही आगे की तरफ़ एक बहुत बड़ा कदम था। यहीं पर बंगाल के क्रान्तिकारी 1897 के पूना केन्द्र से आगे हैं। चापेकर बन्धु विदेशियों से नफरत तो करते थे मगर वे खुद क्या चाहते हैं इसके बारे में स्पष्ट नहीं थे। यह बात बंगाल के क्रान्तिकारियों के साथ नहीं थी। ये लोग मुस्लिम विरोधी भी नहीं थे, हालाँकि वे धार्मिक लोग थे और हिन्दू ग्रन्थों से प्रेरणा प्राप्त करते थे।

इसके विपरीत इस दौर के पंजाब के क्रान्तिकारी आरम्भ से ही साम्प्रदायिकता के दोष से मुक्त थे। सरदार अजीत सिह, लालचन्द 'फलक', सूफ़ी अम्बा प्रसाद, लाला हरदयाल और उनके सभी सहयोगी धर्मनिरपेक्ष थे। धर्म उनके लिए एक निजी मामला था।

शताब्दी के पहले दशक के क्रान्तिकारी जिन स्रोतों से प्रेरणा ग्रहण कर रहे थे उनमें धर्म के अलावा एक था 1857 का भारत का पहला स्वाधीनता संग्राम। ''इस विषय पर 1907 या 1908 में लन्दन में लिखी गयी वीर सावरकर की पुस्तक ने अपनी तमाम अपर्याप्तताओं के बावजूद, जो उस दौर में और उस समय के हालात में स्वाभाविक थी, बड़ी महत्त्वपूर्ण भूमिका अदा की। इस विषय पर ब्रिटिश साम्राज्यवादी लेखकों द्वारा फैलाये गये लांछनों तथा उनके झूठे ऐतिहासिक लेखन की धज्जियाँ उड़ाकर इस पुस्तक ने बहुत बड़ा काम किया। इसने बातों को सही तौर पर सामने रखा। इस किताब पर ब्रिटिश शासकों ने फ़ौरन प्रतिबन्ध लगा दिया, लेकिन फिर

भी यह मेहनत से और गुप्त रूप से तैयार की गयी पाण्डुलिपि के रूप में भारत के उस समय के क्रान्तिकारियों के बीच घूमती रही।"[11]

वास्तविकता यह है कि 1857 का जन-विद्रोह पूरे स्वाधीनता संग्राम के दौरान सभी स्वाधीनता सेनानियों के लिए प्रेरणा का स्रोत बना रहा।

शताब्दी के पहले दशक में क्रान्तिकारियों के लिए प्रेरणा का दूसरा स्रोत था फ्रांसीसी, इतालवी और रूसी क्रान्तिकारियों की कहानियाँ।

आन्दोलन के पहले चरण की कमजोरियाँ और सीमाएँ

आन्दोलन के पहले चरण के दौरान पूना और बंगाल के क्रान्तिकारियों की पहली कमज़ोरी थी उनका हिन्दू पूर्वाग्रह। इस पूर्वाग्रह ने मुस्लिम जनता को आन्दोलन से दूर रखा। हालाँकि बंगाल के क्रान्तिकारी मुस्लिम विरोधी नहीं थे, लेकिन मुस्लिम जनता से कार्यकर्ता भरती करने का कोई गम्भीर प्रयास उन्होंने कभी नहीं किया। इस कथन के कुछ अपवाद यहाँ-वहाँ मिल सकते हैं। लेकिन अपवाद कभी नियम नहीं बनते।

आन्दोलन के दायरे को सीमित करने वाली दूसरी कमज़ोरी थी जनता के साथ जीवन्त सम्बन्धों का न होना। स्वदेशी आन्दोलन के तीन या चार सालों को छोड़कर, जब बंगाल के क्रान्तिकारी जनता के बीच गये और लोगों को सक्रिय होने के लिए प्रोत्साहित किया, आमतौर पर क्रान्तिकारी व्यक्तिगत क्रियाशीलता में विश्वास रखते थे, जिसे सरकार आतंकवाद के ग़लत नाम से पुकारती थी। जनता इन क्रान्तिकारियों के आत्मबलिदान, निर्भीकता और साहस की प्रशंसा तो करती थी लेकिन अपनी रोजमर्रा की समस्याओं के साथ उनकी कार्रवाइयों को जोड़ सकने में असमर्थ रहती थी। ऐसी स्थिति में साम्राज्यवादियों के लिए क्रान्तिकारियों का दमन कर सकना और भी आसान हो जाता था।

आन्दोलन की तीसरी सीमा थी उसके कार्यकर्ताओं का वर्ग-चरित्र। क्रान्तिकारी आन्दोलन के कार्यकर्ताओं का एक बड़ा बहुमत निम्न-मध्यम वर्ग से सम्बन्धित था। इस चरण में यह एकदम स्वाभाविक था। यह वही दौर था जबकि नई पीढ़ी विदेशी शासन से पूर्ण मुक्ति का दावा करने लगी थी। यह पीढ़ी खुद को 'वयस्क' समझने लगी थी। नौजवान तबके में बेचैनी थी मगर पुराना नेतृत्व होम रूल के लिए प्रस्तावों और प्रार्थनापत्रों से आगे बढ़ने को तैयार न था। लेकिन शिक्षित नौजवान एक नयी दुनिया पाने के लिए अपना सब लुटा देने पर आमादा था। नौजवानों का विश्वास था कि वे जुझारू सशस्त्र संघर्ष के ज़रिये देश को आजाद करा सकते हैं। इसके लिए वे अपना जीवन तक होम कर देने को तैयार थे।

मध्यम वर्ग स्वभाव से ही व्यक्तिवादी होता है। यह एक शक्तिशाली सहयोगी हो सकता है। अगर यह पूँजीपति वर्ग की तरफ़ जाता है तो प्रतिक्रियावाद का वाहक

हो जाता है। अगर यह मज़दूर वर्ग के साथ खड़ा होता है तो, स्वयं नेतृत्व प्रदान कर सकने की क्षमता न होते हुए भी, एक क्रान्तिकारी शक्ति बन जाता है। इसकी स्वतन्त्र कार्रवाइयाँ प्रायः व्यक्तिगत कार्रवाइयों का रूप ले लेती हैं। जिस दौर की बात हम कर रहे हैं उस समय स्वाधीनता के लिए जनान्दोलन खड़ा कर सकने में न तो पूँजीपति वर्ग समर्थ था और न मज़दूर वर्ग ही। इस चुनौती का सामना अपने सपनों को साकार करने के लिए सबकुछ क़ुर्बान कर देने को तैयार इन मध्यमवर्गीय नौजवानों ने स्वभावतः अपने ढंग से किया जो आरम्भ में व्यक्तिगत कार्रवाइयों का ही रूप ले सकती थी। यह सीमा एक ऐतिहासिक प्रक्रिया की उपज थी।

गुलामी की अपमानजनक स्थिति के सामने समर्पण करने से बेहतर होता है चोट करना और नष्ट हो जाना। किसी न किसी को पहली चोट करनी ही पड़ती है। पहली चोट का कोई नतीजा नहीं निकलता और पहली चोट करने वाले ज़्यादातर नष्ट हो जाते हैं। लेकिन उनकी कुर्बानियाँ कभी बेकार नहीं जातीं। झरना बढ़कर गरजता हुआ दरिया बन जाता है, चिनगारी ज्वालामुखी बनती है, व्यक्ति समष्टि से एकाकार हो जाता है। पुरानी व्यवस्था की जगह एक नयी व्यवस्था आती है, और सपना एक हक़ीक़त का रूप ले लेता है। क्रान्तियाँ इसी तर्ज पर आगे बढ़ती हैं। भारत का क्रान्तिकारी आन्दोलन भी ठीक इसी तर्ज पर आगे बढ़ा।

"भारतीय क्रान्तिकारियों ने, अकल्पनीय कठिनाइयों के बीच भी, आधुनिक युग की सबसे बड़ी साम्राज्यवादी-उपनिवेशवादी ताक़त को चुनौती देने की जुर्रत की। इतना ही नहीं, उस युग के क्रान्तिकारी शूरवीरों—चापेकर भाइयों, खुदीराम, कनाईलाल और मदनलाल धींगरा ने अपने आत्मबलिदान और शहादत के माध्यम से अपने ऊँघते हुए देशवासियों को जगाया और उन्हें राष्ट्रीय स्वाधीनता तथा अपने जन्मसिद्ध जनवादी राजनीतिक अधिकारों के उच्च विचारों से भी परिचित कराया। क्रान्तिकारी आन्दोलन, ऐतिहासिक रूप से, अपने ढंग का वह पहला आन्दोलन था जिसने राष्ट्रीय स्वाधीनता और सम्प्रभुता के लिए भारत के संघर्ष के राजनीतिक उद्देश्य के रूप में पूर्ण स्वाधीनता तथा ब्रिटिश साम्राज्य से हर तरह के राजनीतिक सम्बन्ध-विच्छेद के लक्ष्य को जनता के सामने रखा। ठीक इसी उद्देश्य को ध्यान में रखकर उन्होंने विदेशी साम्राजी शासन के विरुद्ध संगठित हथियारबन्द संघर्ष के लिए जनता का आह्वान किया।"

"वे शुरू से ही भारतीय जनता के लिए पूर्ण राष्ट्रीय प्रभुसत्ता और लोकतान्त्रिक स्वतन्त्रता के लिए अनवरत संघर्ष करते रहे और उस लक्ष्य से कभी डिगे नहीं।"

"उनकी शहादतों ने उनके प्रति जनता की प्रशंसा को उभारकर विदेशी साम्राज्यवादी शासन के प्रति उसकी नफरत को और भी तीखा बनाया और उसके संघर्षशील साहस को और भी ऊँचा उठाया।"[12]

गदर पार्टी की स्थापना

क्रान्तिकारी आन्दोलन के पहले दौर में बहुत-से क्रान्तिकारी देश छोड़कर यूरोप और अमेरिका चले गये थे। उनका उद्देश्य था भारत में क्रान्तिकारी गतिविधियों के संचालन के लिए धन संग्रह करना, प्रचार करना और साहसी, आत्मत्यागी तथा समर्पित युवकों की एक टीम खड़ी करना। इस काम में उनको कुछ कम सफलता नहीं मिली। लेकिन जहाँ तक अन्तिम लक्ष्य का प्रश्न है, उनके विचार अभी तक भारत की आज़ादी की एक भावनात्मक धारणा तक ही सीमित थे। क्रान्ति के बाद स्थापित होने वाली सरकार की रूपरेखा क्या होगी, दूसरे देशों की क्रान्तिकारी शक्तियों के साथ उसके सम्बन्ध क्या होंगे, नई व्यवस्था में धर्म का क्या स्थान होगा, आदि प्रश्नों पर उस समय के अधिकांश क्रान्तिकारी स्पष्ट नहीं थे। यह सूरत कमोबेश 1913 तक जारी रही। इन सभी मुद्दों पर स्पष्ट रवैया अपनाने का श्रेय गदर पार्टी के नेताओं को जाता है।

इस शताब्दी के पहले दशक में भारत छोड़कर जाने वाले क्रान्तिकारियों को अंग्रेज़ सरकार के हाथों में पड़ने से बचने के लिए एक देश से दूसरे देश तक भटकना पड़ता था। अन्त में, उनमें से कइयों ने अमेरिका में बसने और उस देश को अपने कार्य का आधार-क्षेत्र बनाने का फ़ैसला किया। इनमें प्रमुख थे– तारकनाथ दास, शैलेन्द्र घोष, चन्द्र चक्रवर्ती, नन्दलाल कार, बसन्तकुमार राय, सारंगधर दास, सुधीन्द्रनाथ बोस तथा जी.डी. कुमार। पहले दशक के अन्त तक लाला हरदयाल भी उनसे आ मिले। इन लोगों ने अमेरिका और कनाडा में बसे भारतीय प्रवासियों से सम्पर्क किया, धन संग्रह किया, अख़बार निकाले, और कई जगहों पर गुप्त संस्थाएँ क़ायम कीं।

तारकनाथ दास ने फ्री हिन्दुस्तान नाम से अख़बार निकाला और अमेरिका में रह रहे भारतीय छात्रों तथा भारतीय प्रवासियों के लिए व्याख्यान देते रहे। वे समिति नाम की एक गुप्त संस्था के प्रधान भी थे। इस संस्था के अन्य सदस्य थे–शैलेन्द्रनाथ बोस, सारंगधर दास, जी.डी. कुमार, लस्कर और ग्रीन नामक एक अमेरिकी।

रामनाथ पुरी ने 1908 में ओकलैण्ड में 'हिन्दुस्तान एसोसिएशन' नाम की एक संस्था क़ायम की, और सर्कुलर ऑफ़ फ्रीडम नाम से एक अख़बार निकाला। ये इस अख़बार के माध्यम से अंग्रेज़ों को भारत से खदेड़े जाने की वकालत करते रहे। जी.डी. कुमार ने वैंकूवर से स्वदेशी सेवक नामक अख़बार निकाला। वे वहाँ की एक गुप्त संस्था के सदस्य भी थे। इस संस्था के सदस्य रहीम और सुन्दर सिह भी थे। सुन्दर सिह आर्यन नाम के एक अख़बार का सम्पादन भी करते थे और उसके ज़रिये लगातार ब्रिटिश-विरोधी प्रचार चलाते थे। रहीम और आत्माराम ने वैंकूवर में 'यूनाइटेड इण्डिया लीग' का गठन किया।

लाला हरदयाल 1911 में अमेरिका पहुँचे और वहाँ स्टैनफोर्ड विश्वविद्यालय में प्राध्यापक हो गये। सैन फ्रांसिस्को में 'हिन्दुस्तानी स्टूडेण्ट्स एसोसिएशन' नाम की एक संस्था उन्होंने गठित की। 1913 में एस्टोरिया की 'हिन्दुस्तानी एसोसिएशन' का गठन हुआ। करीम बख़्श, नवाब ख़ान, बलवन्त सिह, मुंशीराम, केसर सिह और कर्तार सिह सराभा इसके सदस्य थे। ठाकुरदास और उनके मित्रों ने सेण्ट जॉन में रहने वाले भारतीयों की एक संस्था गठित की। 1913 में शिकागो में 'हिन्दुस्तानी एसोसिएशन ऑफ़ दि युनाइटेड स्टेट्स ऑफ़ अमेरिका' का गठन हुआ।[13]

लाला हरदयाल ने महसूस किया कि संयुक्त राज्य अमेरिका के विभिन्न हिस्सों में कार्यरत इन संगठनों की गतिविधियों का समन्वय आवश्यक है। अतः उन्होंने कनाडा और अमेरिका में रहने वाले भारतीय क्रान्तिकारियों की एक मीटिग बुलायी। इस मीटिग में 'हिन्दुस्तानी एसोसिएशन ऑफ़ द पैसिफिक कोस्ट' नाम की एक संस्था के गठन का फ़ैसला लिया गया। बाबा सोहन सिह भकना और लाला हरदयाल इसके क्रमशः अध्यक्ष और सचिव चुने गये। लाला हरदयाल नौकरी से इस्तीफ़ा देकर अपना पूरा समय एसोसिएशन के काम में लगाने लगे।

मार्च 1913 में एसोसिएशन ने सैन फ्रांसिस्को से गदर नाम से एक अख़बार निकालने का फ़ैसला किया। उसके बाद एसोसिएशन का नाम भी बदलकर 'गदर' पार्टी कर दिया गया।

आगे की तरफ़ एक बड़ा क़दम

1913 में गदर पार्टी का गठन क्रान्तिकारी आन्दोलन के विकास की दिशा में एक बहुत बड़ा एवं महत्त्वपूर्ण क़दम था। इसने राजनीति को धर्म से मुक्त किया और धर्मनिरपेक्षता को अपनाया। धर्म को निजी मामला घोषित कर दिया गया।

अख़बार गदर ने हिन्दू-मुसलमान दोनों का आह्वान किया कि वे आर्थिक मसलों पर ज़्यादा ध्यान दें क्योंकि उनका दोनों के जीवन पर एक जैसा प्रभाव पड़ता है। प्लेग से हिन्दू और मुसलमान दोनों ही मर रहे हैं। अकाल पड़ने पर अन्न से दोनों ही वंचित रहते हैं। पगार के लिए जोर-ज़बरदस्ती दोनों पर की जाती है और दोनों को ही अत्यधिक ऊँची दरों पर भू-राजस्व तथा जल-कर देना पड़ता है। समस्या हिन्दू बनाम मुसलमान की नहीं बल्कि भारतीय बनाम अंग्रेज़ शोषकों की है। हिन्दू-मुस्लिम एकता को इतना मज़बूत बनाया जाना चाहिए कि कोई उसे तोड़ न सके।[14]

गदर पार्टी "धर्मनिरपेक्षता में विश्वास करती थी और ठोस हिन्दू-मुस्लिम एकता की तरफ़दार थी। वह छूत और अछूत के भेदभाव को भी नहीं मानती थी। भारत की एकता और भारत के स्वाधीनता-संग्राम के लिए एकता, यही उसे प्रेरित

करने वाले प्रमुख सिद्धान्त थे।''[15] इस मामले में गदर पार्टी उस समय के भारतीय नेताओं से मीलों आगे थी। सोहन सिह जोश के अनुसार, "गदर के क्रान्तिकारी राजनीतिक-सामाजिक सुधार के सवालों पर अपने समसामयिकों से आगे थे।''[16]

14 मई, 1914 को गदर में प्रकाशित एक लेख में लाला हरदयाल ने लिखाः ''प्रार्थनाओं का समय गयाय अब तलवार उठाने का समय आ गया है। हमें पण्डितों और काजियों की कोई ज़रूरत नहीं है।''[17] 1913 में पोर्टलैण्ड में भाषण देते हुए उन्होंने कहा था कि गदर के क्रान्तिकारियों को आगामी क्रान्ति के लिए तैयार रहना चाहिए। उन्हें भारत जाकर और वहाँ से अंग्रेज़ों को भगाकर अमेरिका जैसी एक जनतान्त्रिक सरकार क़ायम करनी चाहिए जिसमें धर्म, जाति और रंग के अन्तर से परे सभी भारतीय समान और स्वतन्त्र हों।

लाला हरदयाल ने, जो अपनेआप को अराजकतावादी कहा करते थे, एक बार कहा था कि स्वामी और सेवक के बीच कभी कोई समानता नहीं हो सकती, भले ही वे दोनों मुसलमान हों, सिख हों, अथवा वैष्णव हों। अमीर हमेशा ग़रीब पर शासन करेगा...आर्थिक समानता के अभाव में भाईचारे की बात सिर्फ़ एक सपना है।[18]

हिन्दुस्तानियों के बीच साम्प्रदायिक सद्भाव बढ़ाने को गदर पार्टी ने अपना एक उद्देश्य बनाया। युगान्तर आश्रम नाम के गदर पार्टी के दफ्तर में सवर्ण हिन्दू, अछूत, मुसलमान और सिख, सभी जमा होते और साथ-साथ भोजन करते थे।

धर्म जब राजनीति के साथ घुलमिल जाता है तो वह एक घातक विष बन जाता है जो राष्ट्र के जीवन्त अंगों को धीरे-धीरे नष्ट करता रहता है, भाई को भाई से लड़ाता है, जनता के हौसले पस्त करता है, उसकी दृष्टि को धुँधला बनाता है, असली दुश्मन की पहचान कर पाना मुश्किल कर देता है, जनता की जुझारू मनःस्थिति को कमज़ोर करता है, और इस तरह राष्ट्र को साम्राज्यवादी साजिशों की आक्रमणकारी योजनाओं का लाचार शिकार बना देता है। भारत में इस बात को सबसे पहले गदर के क्रान्तिकारियों ने महसूस किया। उन्होंने दिलेरी के साथ एलान किया कि वे इस जहर को अपनी राजनीति से दूर ही रखेंगे। और उन्होंने जो कहा वैसा ही किया भी। भारतीय राजनीति में यह उनकी पहली महान उपलब्धि थी।

गदर के क्रान्तिकारियों की दूसरी महान उपलब्धि थी, उनका अन्तर्राष्ट्रीय दृष्टिकोण। ''गदर का आन्दोलन एक अन्तर्राष्ट्रीय आन्दोलन था। उसकी शाखाएँ मलाया, शंघाई, इण्डोनेशिया, ईस्ट इण्डीज, फिलीपींस, जापान, मनीला, न्यूजीलैण्ड, हांगकांग, सिगापुर, फिजी, बर्मा और दूसरे देशों में कार्यरत थीं। गदर पार्टी के उद्देश्यों के प्रति इण्डस्ट्रियल वर्कर्स ऑफ़ द वर्ल्ड (आई.डब्ल्यू.डब्ल्यू.) की बहुत हमदर्दी थी...वे (गदर के क्रान्तिकारी) सभी देशों की आज़ादी के तरफ़दार थे।''[19]

कई कवियों की लिखी हुई कविताओं के संग्रह गदर दी गूँज में एक कवि कहता है: "भाइयो, चीन के ख़िलाफ़ जंग में न लड़ो। भारत, चीन और तुर्की के अवाम आपस में भाई हैं। दुश्मन को इसकी इजाज़त नहीं दी जानी चाहिए कि वह इस भाईचारे को तहस-नहस कर सके।"[20]

वैंकूवर में 1911 में एक संस्था क़ायम हुई थी जिसका उद्देश्य था बाक़ी दुनिया के साथ भारतीय राष्ट्र के स्वतन्त्रता, समानता और भाईचारे के सम्बन्ध क़ायम करना। लाला हरदयाल ने भी कई बार अपने भाषणों में यह घोषणा की थी कि वे केवल भारत में ही नहीं बल्कि हर उस देश में क्रान्ति चाहते हैं जहाँ गुलामी और शोषण मौजूद है।[21]

गदर के क्रान्तिकारियों के प्रचार का एक प्रमुख अंग था दुनिया की श्रमिक यूनियनों के नाम अपील जारी करना। उन्होंने पूरी दुनिया के जनसाधारण से अपील की कि वे साम्राजी निजाम को उखाड़ फेंकने के लिए एकजुट हों।[22]

विचारधारा और कार्यक्रम

गदर पार्टी ब्रिटिश शासन की विरोधी थी और उसका उद्देश्य था सशस्त्र संघर्ष के ज़रिये भारत को ब्रिटिश शासन से मुक्त करके यहाँ अमेरिकी ढंग का प्रजातन्त्र स्थापित करना। उसका विश्वास था कि प्रस्तावों, प्रतिनिधि-मण्डलों और प्रार्थना-पत्रों से हमें कुछ मिलने वाला नहीं है। अंग्रेज़ शासकों के सामने नरमदलीय नेताओं का नाचना भी वे पसन्द नहीं करते थे। जिस गणतन्त्र की बात वे करते थे उसमें किसी तरह के राजा की नहीं, बल्कि एक चुने हुए राष्ट्रपति की गुंजाइश थी।

भारत की आज़ादी हासिल करने के लिए गदर पार्टी व्यक्तिगत कार्रवाइयों पर उतना निर्भर नहीं करती थी जितना इस बात पर कि सेना में प्रचार करके सैनिकों को विद्रोह के लिए प्रोत्साहित किया जाये। उन्होंने सैनिकों से अपील की कि वे विद्रोह के लिए उठ खड़े हों।

गदर के क्रान्तिकारियों का वर्ग-चरित्र भी पहले के क्रान्तिकारियों से भिन्न था। पुराने क्रान्तिकारी मुख्यतः निम्न-मध्यम वर्ग के कुछ शिक्षित लोग थे जबकि गदर पार्टी के अधिकांश सदस्य किसान से मज़दूर बने लोग थे, और इसलिए उन्होंने विद्रोह के लिए किसानों से भी उठ खड़े होने की अपील की।

दो कमजोरियाँ

गदर पार्टी की स्थापना अमेरिका में हुई थी जहाँ लोगों को कुछ नागरिक स्वाधीनताएँ और अभिव्यक्ति की आज़ादी हासिल थी जबकि उस समय भारत में ये चीज़ें नहीं थीं। वहाँ गदर के नेता खुलकर अपनी योजनाओं, इरादों और कार्यक्रम पर बहस करते

और उन पर लेख लिखते थे। इस तरह ब्रिटिश साम्राज्यवादियों को उनकी योजनाओं की पूरी-पूरी जानकारी रहती थी और वे गदर के क्रान्तिकारियों की गतिविधियों से पैदा हो सकने वाली हर स्थिति से निपटने को तैयार थे। गदर के नेताओं और कार्यकर्ताओं की इस अगोपनीयता की बहुत बड़ी क़ीमत पार्टी को चुकानी पड़ी।

दूसरी प्रमुख कमज़ोरी उनका यह भ्रामक विश्वास था कि एक साम्राज्यवादी शक्ति उनको दूसरी साम्राज्यवादी शक्ति के चंगुल से आजाद कराने में ईमानदारी के साथ सहायता करेगी। उनके दिमाग में यह बात साफ़ नहीं थी कि जर्मन हो या ब्रिटिश या कोई और–सभी साम्राज्यवादी शक्तियों की प्रवृत्ति एक जैसी होती है। जब पहला विश्वयुद्ध आरम्भ हुआ तब गदर पार्टी और दूसरे क्रान्तिकारियों ने नारा दिया कि "ब्रिटेन की मुसीबत हमारे लिए सुनहरा अवसर है," और कि "दुश्मन का दुश्मन दोस्त होता है"। इस विश्वास के साथ उन्होंने जर्मनी के क़ैसर से सहायता के लिए सम्पर्क किया। क़ैसर के प्रतिनिधियों से बातचीत के दौरान स्वाधीन भारत की भावी व्यवस्था से सम्बन्धित कुछ शर्तें भी उन्होंने रखने की कोशिश की। मगर इस नुक्ते पर क़ैसर का जवाब हमेशा अस्पष्ट रहा। उसकी दिलचस्पी जंग के दौरान ब्रिटेन के ख़िलाफ़ गदर पार्टी के क्रान्तिकारियों का अधिक से अधिक इस्तेमाल कर सकने तक ही सीमित थी। उसके अपने जंगी उद्देश्य थे–ब्रिटेन और फ्रांस से अधिक से अधिक उपनिवेश छीनना। इस तरह गदर के क्रान्तिकारी साम्राज्यवाद की वास्तविक प्रकृति से एकदम अनजान थे। वास्तविक और स्थायी मुक्ति के लिए गुलाम देशों को पूरी साम्राज्यवादी व्यवस्था से लड़ाई लड़नी होगी। यह बात रूस में अक्टूबर (नयी प्रणाली में नवम्बर) 1917 की क्रान्ति के बाद ही पूरी तरह स्पष्ट हुई।

महान अक्टूबर क्रान्ति और उसका प्रभाव

1917 की अक्टूबर समाजवादी क्रान्ति मानवता के इतिहास में एक युगान्तरकारी घटना है। उसने केवल रूस में ही साम्राज्यवाद को पराजित नहीं किया बल्कि पूरी साम्राज्यवादी व्यवस्था को भी एक ज़बरदस्त झटका दिया। इस क्रान्ति ने रूस में मनुष्य द्वारा मनुष्य के और राष्ट्र द्वारा राष्ट्र के शोषण पर आधारित व्यवस्था को समाप्त कर दिया। सोवियत जनता अपने भाग्य की स्वामी बन गयी। खेतों, कारख़ानों और वर्कशॉपों पर उसका सामूहिक स्वामित्व कायम हो गया। अक्टूबर क्रान्ति ने न सिर्फ़ रूस के अवाम को पूँजीपतियों और जमींदारों की गुलामी से मुक्त किया बल्कि एक बिल्कुल नये समाज और नये इन्सान को भी जन्म दिया। उसने गुलाम देशों के स्वाधीनता सेनानियों को प्रेरित किया और उनके अन्दर विश्वास जगाया कि उनकी लड़ाई क़ामयाब होकर रहेगी। उसने दुनिया के विभिन्न हिस्सों में चल रहे मुक्ति-संघर्षों को नये आयाम भी दिये।

विश्वव्यापी साम्राज्यवाद-विरोधी संग्राम का अंग होने के नाते भारत का स्वाधीनता संग्राम भी इससे अछूता नहीं रहा। उसके दृष्टिकोण में भी एक फैलाव आया और महसूस किया गया कि आर्थिक और सामाजिक समानताओं के बिना आज़ादी का कोई अर्थ नहीं होगा।

अक्टूबर क्रान्ति और यूरोप तथा एशिया में साम्राज्यवाद-विरोधी क्रान्ति की लहर ने, और साथ ही प्रथम विश्वयुद्ध के उपरान्त भारतीय जनता के क्रान्ति की तरफ़ बढ़ते क़दमों ने ब्रिटिश साम्राज्यवादियों को चौकन्ना कर दिया था। उन्होंने अप्रिय स्थिति से निपटने के लिए दोतरफ़ा नीति अपनायी। एक तरफ़ तो उन्होंने मॉण्टेग्यू-चेम्सफोर्ड सुधारों का ढकोसला खड़ा करके नरमपन्थी राष्ट्रीय नेताओं का समर्थन प्राप्त करने की कोशिश की और दूसरी तरफ़ राजद्रोह के मामलों की छानबीन करने और क्रान्तिकारियों के दमन के उपाय सुझाने के लिए न्यायमूर्ति रौलट की अध्यक्षता में एक कमेटी नियुक्त की। इस कमेटी की सिफ़ारिशें बड़ी ही पाशविक थीं। उसने साधारण राजनीतिक गतिविधियों तक को राजद्रोह क़रार दे दिया था। रौलट कमेटी की दमनकारी सिफ़ारिशों के विरोध में गाँधीजी ने एक दिन आम हड़ताल का आह्वान किया। इस आह्वान के अप्रत्याशित प्रभाव हुए और जनता अपना क्रोध व्यक्त करने के लिए एकजुट होकर सामने आ गयी। यह सरकार के लिए ही नहीं, हमारे नेताओं के लिए भी एक नयी बात थी। अंग्रेज़ों ने भारतीयों को सबक सिखाने का निश्चय किया और 13 अप्रैल, 1919 को जलियाँवाला बाग में इस निश्चय को अमली रूप भी दे दिया गया। इसके बाद तो जनता में गुस्से की लहर दौड़ गयी और पंजाब के लगभग सभी शहरों में लोग सड़कों पर निकल आये। सरकार ने उसे संगठित विद्रोह की संज्ञा दी। लेकिन वास्तव में गाँधीजी भी इस सबके लिए तैयार नहीं थे। उन्होंने एलान किया कि एक दिन की आम हड़ताल का नारा देकर उन्होंने भयंकर भूल की थी। उन्होंने लोगों से आन्दोलन बन्द करने और सुधारों पर अमल करने का अनुरोध किया।

सितम्बर, 1920 में लाला लाजपत राय ने कांग्रेस को आगाह करते हुए कहा था कि जनता क्षुब्ध एवं परेशान है और कुछ कर गुज़रने के मूड में है। उन्होंने कांग्रेस से यह भी कहा कि अगर जनता के इस गुस्से को सही रास्ते पर न डाला गया तो वह अपना रास्ता अपनायेगी जो देश के लिए अहितकर होगा। "इस तथ्य की ओर से आँखें बन्द करने से कोई लाभ नहीं होगा कि हम क्रान्तिकारी युग से होकर गुज़र रहे हैं।" उन्होंने एलान किया और कहा, "प्रकृति से और परम्परा से हम क्रान्तियों को पसन्द नहीं करते हैं।"[23] कांग्रेस ने नागपुर अधिवेशन में लाला जी की उस चेतावनी पर भी विचार किया और गाँधीजी को निर्देश दिया गया कि

वे स्वराज्य के लिए असहयोग आन्दोलन आरम्भ करें। आन्दोलन शुरू करने से पहले महात्मा जी बंगाल गये और कुछ क्रान्तिकारी नेताओं से मिलकर उनसे एक साल का समय माँगा और कहा कि अगर वे एक साल के अन्दर स्वराज्य न प्राप्त कर लें तो क्रान्तिकारियों को अपने रास्ते पर चलने की पूरी छूट होगी। क्रान्तिकारी नेताओं ने गाँधीजी की बात मान ली। सत्याग्रह आन्दोलन शुरू हुआ। देखते-देखते वह सारे देश में फैल गया और गाँवों की छोटी-छोटी झोंपड़ियों तक में 'स्वराज्य' शब्द गूँजने लगा। आन्दोलन में भाग लेने के लिए गाँधीजी ने जो भी रोकथाम की शर्तें लगाई थीं उन सबको भी तोड़कर किसान पूरे जोश के साथ आन्दोलन में कूद पड़े। "सरकार परेशान और घबरायी हुई थी, उसके हाथ-पैर फूलने लगे थे। यदि सरकार की चौमुखी अवज्ञा की छूत शहरों से चलकर करोड़ों किसानों तक पहुँच जाती है तो अंग्रेज़ी हुकूमत के पास बचत के लिए कोई चारा नहीं रह जायेगाय तीस करोड़ जनता के विद्रोह की खौलती हुई हाँडी से उनकी सारी तोपें और हवाई जहाज भी उन्हें बचा नहीं सकेंगे।"[24] गाँधीजी भी खुश नहीं थे और उतने ही घबराये हुए थे। वे आन्दोलन वापस लेने के लिए किसी अवसर की प्रतीक्षा में थे और फ़रवरी, 1922 में चौरी-चौरा की घटना से उन्हें यह अवसर मिल गया। बजाय इसके कि वे उस घटना का स्वागत करते और जनता से उसी प्रकार की हज़ारों और घटनाओं की माँग करते, उन्होंने किसी से सलाह लिये बगैर चुपचाप आन्दोलन वापस ले लिया और राजनीति से अलग हो गये। इस पृष्ठभूमि में क्रान्तिकारियों ने, जिन्होंने गाँधीजी के कहने पर हथियार रख दिये थे, अपने को संगठित करके फिर से हथियार उठाने का फ़ैसला किया।

हिन्दुस्तान रिपब्लिकन एसोसिएशन

सभी क्रान्तिकारियों को एक अखिल भारतीय पार्टी में संगठित करने में पहल की शचीन्द्रनाथ सान्याल ने। इसी उद्देश्य से उन्होंने 1923 के अन्त में 'हिन्दुस्तान प्रजातन्त्र संघ' (हिन्दुस्तान रिपब्लिकन एसोसिएशन) की बुनियाद डाली। उन्होंने पार्टी का संविधान भी तैयार किया जो पीले काग़ज़ पर छपा था और इसीलिए वह 'पीला परचा' के नाम से मशहूर है। एक और महत्त्वपूर्ण दस्तावेज़ जो उन्होंने तैयार किया वह था 'हिन्दुस्तान प्रजातन्त्र संघ' का घोषणापत्र जिसका शीर्षक था (दि रिवोल्यूशनरी)। यह दस्तावेज़ पहली जनवरी, 1925 की रात में पूरे उत्तर भारत में बाँटा गया था। 1917 की अक्टूबर क्रान्ति से प्रभावित होकर घोषणापत्र में भारतीय क्रान्तिकारियों के उद्देश्य का एलान नीचे लिखे शब्दों में किया गया थाः

"राजनीति के क्षेत्र में क्रान्तिकारी पार्टी का तात्कालिक उद्देश्य संगठित सशस्त्र

क्रान्ति द्वारा भारत के संयुक्त राज्यों का एक संघीय गणराज्य (फेडरल रिपब्लिक ऑफ़ यूनाइटेड स्टेट्स ऑफ़ इण्डिया) स्थापित करना है। इस गणराज्य के अन्तिम संविधान का निर्माण एवं घोषणा तब होगी जब सम्पूर्ण भारत के प्रतिनिधि अपने निर्णयों को लागू करने में सक्षम होंगे। लेकिन इस गणराज्य का मूलभूत सिद्धान्त सार्वजनिक मताधिकार पर और शोषण पर आधारित ऐसी समस्त व्यवस्थाओं की समाप्ति पर आधारित होगा जो मनुष्य द्वारा मनुष्य के शोषण को सम्भव बनाती हैं। इस गणराज्य में मतदाताओं को, यदि वे चाहें तो, प्रतिनिधियों को वाँपस बुलाने का अधिकार होगा, अन्यथा प्रजातन्त्र एक मखौल बनकर रह जायेगा।''

घोषणापत्र में कहा गया था कि "यह क्रान्तिकारी पार्टी इन अर्थों में राष्ट्रीय न होकर अन्तर्राष्ट्रीय है कि इसका अन्तिम उद्देश्य विश्व में मेल एवं सामंजस्य स्थापित करना है। यह विभिन्न राष्ट्रों और राज्यों के बीच प्रतिद्वन्द्विता के बजाय सहयोग चाहती है; और इन अर्थों में वह भारत के उज्ज्वल अतीत के महान ट्टषियों एवं आज के बोल्शेविक रूस का अनुसरण करेगी।''[25]

घोषणापत्र में साम्प्रदायिक समस्या के बारे में, जनता के आर्थिक एवं सामाजिक हितों के सवाल पर और कांग्रेस तथा अन्य राजनीतिक पार्टियों के बारे में क्रान्तिकारियों के दृष्टिकोण को स्पष्ट किया गया था।

इन सभी सवालों पर घोषणापत्र का दृष्टिकोण निश्चित रूप से अतीत का दामन छोड़कर समाजवाद का और सोवियत को 'विजयी समाजवाद का पहला देश' कहकर उसका स्वागत करता है। उसमें हमें राष्ट्रीय आज़ादी के लिए चलने वाले आन्दोलनों के अन्तर्राष्ट्रीय चरित्र की समझ भी देखने को मिलती है। हालाँकि यह समझ अभी बहुत साफ़ नहीं है। स्वतन्त्र भारत की सामाजिक-आर्थिक व्यवस्था कैसी होगी, घोषणापत्र में उस पर भी प्रकाश डालने का प्रयास किया गया है और इस उद्देश्य की पूर्ति के लिए मज़दूरों और किसानों को संगठित करने की आवश्यकता को भी स्वीकार किया गया है। लेकिन इसका यह मतलब नहीं कि घोषणापत्र का लेखक मार्क्सवादी था या उसने वैज्ञानिक समाजवाद के सारतत्त्व को आत्मसात कर लिया था। उसका झुकाव ख़ासतौर पर ईश्वर और रहस्यवाद की ओर है। घोषणापत्र के अनुसार, "पार्टी का उद्देश्य सत्य को प्रस्थापित करना और उसका प्रचार करना है। विश्व न माया है न भ्रम कि उसकी तरफ़ से आँख बन्द कर ली जाये और उसकी उपेक्षा की जाये। वह एक अविभाज्य आत्मा का प्रकट स्वरूप है, आत्मा जो शक्ति, ज्ञान और सौन्दर्य का सर्वोच्च उद्गम है।'' लेखक मार्क्सवाद के आर्थिक पक्ष को स्वीकार करता है, जो काकोरी से पहले के क्रान्तिकारियों के मुक़ाबले निश्चय ही एक आगे बढ़ा हुआ क़दम है। लेकिन जहाँ तक मार्क्सवाद के दार्शनिक पक्ष का सवाल

है, लेखक भौतिकवाद को न मानकर भगवान और धैर्य पर अडिग रहता है। आगे चलकर सान्याल जी स्वयं लिखते हैं: "कम्युनिस्ट दर्शन में इतिहास के भौतिकवादी विश्लेषण का एक महत्त्वपूर्ण स्थान है। और इतिहास की भौतिकवादी व्याख्या में वर्ग-संघर्ष की अवधारणा शुरू से आख़िर तक लगातार मौजूद है...मैं आज भी इन सिद्धान्तों को स्वीकार नहीं कर पाया हूँ...।"[26]

एक और महत्त्वपूर्ण मुद्दा जिस पर उनका कम्युनिज़्म से मतभेद था, वह था सर्वहारा वर्ग के नेतृत्व की अवधारणा। उनका यह मत था कि "सिर्फ़ मध्यम वर्ग के नौजवान ही नेतृत्व प्रदान करने की क्षमता रखते हैं, जबकि मज़दूर और किसान क्रान्तिकारी सेना के सिपाही का काम करेंगे।"[27]

शचीन्द्रनाथ सान्याल और उनके समय के अन्य क्रान्तिकारियों की सैद्धान्तिक मान्यताओं का सत्येन्द्र नारायण मजूमदार ने अपनी पुस्तक इन सर्च ऑफ़ ए रिवोल्यूशनरी आइडियोलोजी एण्ड रिवोल्यूशनरी प्रोग्राम में संक्षेप में बड़ा अच्छा खुलासा प्रस्तुत किया है। दोनों दस्तावेज़ों (क्रान्तिकारी और संविधान) पर टिप्पणी करते हुए उन्होंने लिखा है: "ये दोनों दस्तावेज़ उन क्रान्तिकारियों की सोच का प्रतिनिधित्व करते हैं जो उन दिनों साम्यवाद की तरफ़ आकर्षित हो रहे थे।"[28] इसके बाद दोनों दस्तावेज़ों की विशिष्टताओं का उल्लेख करते हुए वे लिखते हैं: "इन दोनों दस्तावेज़ों की विशिष्टताएँ हैं—(क) समाजवाद की विजय-पताका फहराने वाले पहले देश के रूप में बोल्शेविक रूस के प्रति और साम्यवाद के प्रति स्पष्ट झुकाव; (ख) राष्ट्रीय मुक्ति के लिए क्रान्ति के अन्तर्राष्ट्रीय चरित्र को समझने की शुरुआत, हालाँकि यह समझ अभी बहुत साफ़ नहीं थी; (ग) स्वतन्त्र भारत की सामाजिक तथा आर्थिक व्यवस्था की रूपरेखा तैयार करने की कोशिश; (घ) मज़दूरों और किसानों को संगठित करने के लिए कृत-संकल्प होना; (ड) पार्टी में जनवादी-केन्द्रीयता के सिद्धान्त का प्रवेश।"[29]

दोनों दस्तावेज़ों की कमजोरियों को मजूमदार ने इस प्रकार गिनाया है:

(क) साम्यवाद के प्रति झुकाव अवश्य था, लेकिन अभी तक साम्यवाद के अध्ययन का ठोस आधार उसे नहीं मिला था; (ख) राष्ट्रीय मुक्ति-संघर्ष में मज़दूरों और किसानों की भूमिका के वास्तविक महत्त्व को स्पष्ट रूप से नहीं समझा गया था; (ग) घोषणापत्र का लेखक अभी तक धार्मिक रहस्यवाद के प्रभाव से ग्रस्त है; (घ) घोषणापत्र यह समझने में असफल रहा कि आतंकवाद का मुक़ाबला करने के लिए जवाबी आतंकवादी अभियान का मज़दूरों और किसानों को संगठित करने के कार्य से सामंजस्य बैठाना अव्यावहारिक है; (घ) राष्ट्रीय स्थिति का ग़लत विश्लेषण देते हुए घोषणापत्र में कहा गया था कि 'हमारे जीवन के हर क्षेत्र में चरम असहायता की

भावना विद्यमान है और आतंकवाद उसमें यथोचित उत्साह पैदा करने का प्रभावकारी साधन' आदि। जबकि उस समय तक भारत की मेहनतकश जनता संघर्ष की राह पर कूच कर चुकी थी। उसका अगुवा दस्ता मज़दूर वर्ग निर्मम पुलिस-दमन के बावजूद लगातार और बहादुरी के साथ शानदार लड़ाइयाँ लड़ रहा था।"[30]

बंगाल में भी उसी दिशा में विकास हो रहा था। वहाँ अनुशीलन और युगान्तर के कई नेताओं ने सोवियत रूस तथा कम्युनिज़्म में दिलचस्पी लेनी शुरू कर दी थी। लेकिन यह दिलचस्पी साम्यवाद के अध्ययन पर या अक्टूबर क्रान्ति और उसकी विशिष्टता की ठीक समझ पर आधारित नहीं थी। वे सोवियत यूनियन और कोमिण्टर्न को "हथियार तथा अन्य प्रकार की सहायता, मसलन बम बनाने की शिक्षा आदि, प्राप्त करने के एक सम्भावित स्रोत के रूप में देखते थे। लेकिन जब उन्हें पता चला कि सोवियत यूनियन और कम्युनिस्ट इण्टरनेशलन दोनों ही जनता से अलग किसी प्रकार की सशस्त्र गतिविधियों को प्रोत्साहन नहीं देते हैं तो उनकी दिलचस्पी ठण्डी पड़ गयी।"[31]

उस समय, अर्थात् तीसरे दशक के उत्तरार्द्ध में भारतवर्ष में कम्युनिस्ट विचारधारा जनप्रिय हो रही थी। अक्टूबर क्रान्ति और रूस के ख़िलाफ़ साम्राज्यवादी हस्तक्षेप की पराजय के अलावा इस बदलाव के कुछ अन्य कारण भी थे। जैसे– (क) पेशावर और कानपुर के बोल्शेविक षड्यन्त्र केस; (ख) देश के कई भागों में किसानों के जुझारू संघर्ष; (ग) मज़दूरों की देशव्यापी बड़ी-बड़ी हड़तालें; (घ) मज़दूर-किसान पार्टी का गठनय (घ) देश के विभिन्न कम्युनिस्ट ग्रुपों को मिलाकर एक अखिल भारतीय पार्टी के गठन का प्रयास। राष्ट्रीय तथा अन्तर्राष्ट्रीय पैमाने पर घटित इन घटनाओं से प्रभावित होकर अनुशीलन के कुछ कार्यकर्ता पार्टी से अलग होकर कम्युनिस्ट आन्दोलन में चले गये। अनुशीलन में उनका अच्छा सम्मान था और क्रान्तिकारी युवकों में साम्यवाद को जनप्रिय बनाने में उन लोगों की काफ़ी हद तक महत्त्वपूर्ण भूमिका थी।

हिन्दुस्तान समाजवादी प्रजातन्त्रा संघ का गठन

संयुक्त प्रान्त (अब उत्तर प्रदेश) में 1925 में क्रान्तिकारी पार्टी के प्रायः सभी प्रमुख नेता काकोरी षड्यन्त्र केस के सिलसिले में पकड़कर ज़ेल में बन्द कर दिये गये थे। इससे हिन्दुस्तान प्रजातन्त्र संघ के संगठन को बहुत बड़ा धक्का लगा। केवल चन्द्रशेखर आजाद और कुन्दनलाल गुप्त ही पुलिस के चंगुल से बचकर निकल पाये थे। इनके अतिरिक्त बाहर जो साथी रह गये थे वे सब दूसरी पंक्ति के सिपाही थे। पार्टी को फिर से संगठित करने का दायित्व इन्हीं दूसरी पंक्ति के साथियों पर पड़ा।

उस समय अर्थात् 1925 में कुछ क्रान्तिकारी लाहौर में सक्रिय थे और कुछ कानपुर में फिर से काम आरम्भ करने का प्रयास कर रहे थे। सैद्धान्तिक दृष्टिकोण से उस समय तक इन दोनों केन्द्रों के साथियों के दिमाग साफ़ नहीं थे। हाँ, एक सही सिद्धान्त की तलाश अवश्य आरम्भ हो गयी थी। इस दिशा में दोनों केन्द्रों के साथियों को योग्य मार्गदर्शक भी मिल गये थे।

इस समय (1925-26) लाहौर के साथी, ख़ासकर भगतसिह और सुखदेव, रूसी अराजकतावादी बाकुनिन से प्रभावित थे। भगतसिह को अराजकतावाद से समाजवाद की ओर लाने का श्रेय दो व्यक्तियों को है—कामरेड सोहन सिह जोश जो अब हमारे बीच में नहीं हैं और लाला छबीलदास। जोश एक मशहूर कम्युनिस्ट नेता और किरती नाम की पंजाबी मासिक पत्रिका के सम्पादक थे। वे भगतसिह से विभिन्न विषयों पर बातचीत करते और उन्हें किरती में लिखने के लिए प्रोत्साहित करते थे। लाला छबीलदास 'तिलक स्कूल ऑफ़ पोलिटिक्स', जो नेशनल कॉलेज के नाम से भी प्रसिद्ध था, के प्रधानाचार्य थे। वे नौजवान क्रान्तिकारियों को बतलाते रहते थे कि क्या पढ़ें और कैसे पढ़ें। भगवतीचरण वोहरा का समाजवाद की तरफ़ आरम्भ से ही रुझान था। सोहन सिह जोश का सारा मार्ग-दर्शन और लाला छबीलदास के किताबों के बारे में सारे सुझाव पुस्तकों के अभाव में व्यर्थ ही रह जाते। इस आवश्यकता को कुछ हद तक पूरा किया लाला लाजपत राय की 'द्वारकादास लाइब्रेरी' ने। इस पुस्तकालय में राजनीति-सम्बन्धी पुस्तकों का अच्छा संग्रह था जिनमें मार्क्सवादी और सोवियत रूस पर ऐसी पुस्तकें भी शामिल थीं जिन्हें सरकार ने जब्त नहीं किया था।

लाहौर के क्रान्तिकारियों ने उस पुस्तकालय से पूरा लाभ उठाया। उस काम में उन्हें पुस्तकालय के अध्यक्ष और क्रान्तिकारियों के हमदर्द श्री राजाराम शास्त्री (अब स्वर्गीय) से काफ़ी सहायता मिलती थी। पुस्तकें प्राप्त करने का एक और भी सोर्स था रामकृष्ण एण्ड सन्स नाम की किताबों की एक दूकान। यह दूकान अनारकली बाज़ार में थी और उसके पास इंग्लैण्ड से जब्तशुदा पुस्तकें मँगवाने की अच्छी व्यवस्था थी। पंजाब के क्रान्तिकारियों ने, ख़ासकर भगतसिह और भगवतीचरण वोहरा ने, इन सुविधाओं से पूरा लाभ उठाया। श्री राजाराम शास्त्री ने एक बार इन पंक्तियों के लेखक से कहा था कि भगतसिह वस्तुतः पुस्तकों को पढ़ता नहीं निग़लता था, लेकिन फिर भी उसकी ज्ञान की पिपासा सदा अनबुझी ही रहती थी। भगतसिह पुस्तकों का अध्ययन करता, नोट्स बनाता, अपने साथियों से उन पर विचार-विमर्श करता, अपनी समझ को नये ज्ञान की कसौटी पर आत्मालोचनात्मक ढंग से परखने का प्रयास करता और इस प्रक्रिया में अपनी समझ में जो-जो गलतियाँ दिखलायी पड़तीं उन्हें सुधारने की कोशिश करता। इन सब बातों ने पंजाब ग्रुप को तेज़ी के साथ

आगे बढ़ने में मदद की। परिणामस्वरूप 1928 के आरम्भ में उन्होंने अराजकतावाद को छोड़कर समाजवाद को ध्येय के रूप में स्वीकार कर लिया। इसका यह मतलब नहीं कि उन्होंने मार्क्सवाद को पूरी तरह से समझ लिया था। अतीत के प्रभाव से अभी पूरी तरह छुटकारा नहीं मिल पाया था।

कानपुर के साथी भी ठीक उसी दिशा में आगे बढ़ रहे थे, हालाँकि उनकी आगे बढ़ने की गति में वह तेज़ी नहीं थी जो लाहौर के साथियों में थी। कानपुर में राधामोहन गोकुलजी, सत्यभक्त और मौलाना हसरत मोहानी अपने को कम्युनिस्ट कहते थे। इनमें से राधामोहन जी का नाम विशेष रूप से उल्लेखनीय है। उनके पास पुस्तकों का अच्छा संग्रह था। अध्ययनशील व्यक्ति होने के साथ ही वे एक सशक्त लेखक भी थे। 1927 में उन्होंने एक पुस्तक लिखी थी—कम्युनिज़्म क्या है? सरल और सीधी-सादी भाषा में इस पुस्तक के माध्यम से उन्होंने हिन्दी के पाठकों के सामने कम्युनिस्ट सिद्धान्त के प्रमुख मुद्दों को प्रस्तुत किया था। इन पंक्तियों के लेखक को भी कम्युनिज़्म का पहला सबक राधामोहन जी से ही मिला था। राधामोहन जी कट्टर नास्तिक थे। ईश्वर, धर्म, अन्धविश्वास आदि पर उन्होंने पत्र-पत्रिकाओं में काफ़ी कुछ लिखा था। उनका यह रूप देखकर हिन्दी के उपन्यास-सम्राट प्रेमचन्द ने उन्हें 'आधुनिक चार्वाक' कहकर पुकारा था।

सत्यभक्त का कम्युनिज़्म अध्यात्मवादी रंग का था और मौलाना हसरत मोहानी के विचार कम्युनिज़्म और इस्लाम की खिचड़ी कहे जा सकते हैं। इन कमजोरियों के बावजूद सोवियत रूस और साम्यवाद को हिन्दी भाषा-भाषी जनता के बीच जनप्रिय बनाने में इन तीनों की भूमिका से इन्कार नहीं किया जा सकता। कानपुर के युवा क्रान्तिकारियों ने समाजवाद की प्रथम दीक्षा इन्हीं महानुभावों से प्राप्त की थी। शौकत उस्मानी भी विजयकुमार सिन्हा के माध्यम से कानपुर ग्रुप के सम्पर्क में थे, लेकिन हम लोगों को उनसे किसी प्रकार का सैद्धान्तिक मार्गदर्शन नहीं मिल सका था। श्री गणेशशंकर विद्यार्थी से भी, जो कानपुर की बहुत बड़ी मशहूर हस्ती थे, क्रान्तिकारियों को हर तरह की सहायता मिलती रहती थी। वे राजनीतिक अध्ययन और जनता के बीच काम पर विशेष रूप से बल देते थे।

इस सबके परिणामस्वरूप कानपुर के साथियों का झुकाव भी समाजवाद की तरफ़ हो गया था। लेकिन यह झुकाव बुद्धिसंगत होने के बजाय भावात्मक अधिक था। उस समय तक कानपुर ग्रुप चन्द्रशेखर आजाद और कुन्दनलाल गुप्त से सम्पर्क स्थापित कर चुका था। ये दोनों साथी काकोरी षड्यन्त्र केस में फरार घोषित किये जा चुके थे।

यह थी पृष्ठभूमि, जब 1928 के आरम्भ में भगतसिह ने विभिन्न दलों को

मिलाकर क्रान्तिकारियों का एक अखिल भारतीय संगठन बनाने का विचार अपने साथियों के सामने रखा। उनके प्रस्ताव इस प्रकार थेः (क) समय आ गया है कि हम समाजवाद को साहस के साथ अपना अन्तिम लक्ष्य घोषित करें; (ख) पार्टी का नाम तदनुसार बदला जाना चाहिए ताकि लोग जान सकें कि हमारा अन्तिम लक्ष्य क्या है; (ग) हमें सिर्फ़ उन्हीं कामों को हाथ में लेना चाहिए जिनका सीधा सम्बन्ध जनता की ज़रूरतों और भावनाओं से हो सकता है, और हमें मामूली पुलिस अधिकारियों अथवा भेदियों को मारने में अपनी शक्ति और समय का अपव्यय नहीं करना चाहिए; (घ) धन के लिए हमें सरकारी ख़जाने पर ही हाथ डालना चाहिए और यथासम्भव निजी घरों पर कार्रवाई नहीं करनी चाहिए; और (घ) सामूहिक नेतृत्व के सिद्धान्त का कड़ाई से पालन करना चाहिए।

भगतसिह ने इन सब मुद्दों पर लाहौर और कानपुर के अपने साथियों के साथ विचार-विमर्श किया और चन्द्रशेखर आजाद तथा कुन्दनलाल की सहमति भी ले ली। इसके बाद यह तय किया गया कि विभिन्न प्रान्तों के प्रतिनिधियों की एक बैठक 8 और 9 सितम्बर, 1928 को दिल्ली में आयोजित की जाये। पाँच प्रान्तों के प्रतिनिधियों को इसके लिए आमन्त्रित किया गया, लेकिन इनमें से चार प्रान्तों ने ही अपनी स्वीकृति दी। बंगाल को मीटिग में भाग लेने के लिए हम राजी नहीं कर पाये।

इस सम्बन्ध में एस.एन. मजूमदार ने लिखा है कि "हिन्दुस्तान रिपब्लिकन एसोसिएशन के बंगाल के प्रतिनिधियों ने मीटिग में भाग नहीं लिया क्योंकि ऐसा कहा जाता है कि वे आतंकवाद तथा हिंसा के ख़िलाफ़ थे।" यह सही नहीं है। पार्टी की ओर से स्वयं मुझे ही अगस्त 1928 के अन्तिम सप्ताह में कलकत्ता भेजा गया था ताकि बंगाल के साथियों के साथ प्रस्तावों पर बातचीत करके उन्हें दिल्ली मीटिग में आने के लिए आमन्त्रित किया जा सके। सम्पर्क मिला था वाराणसी के एक तारापद भट्टाचार्य से। कलकत्ते में मेरा परिचय जिन सज्जन से कराया गया उनके बारे में कहा गया कि वे अभी-अभी ज़ेल से छूटकर आये हैं। देखने से वे बुज़ुर्ग लगते थे, उनका शरीर मोटा और थुलथुला था और उनका व्यवहार बड़ा ही अरुचिकर था। उनकी बातचीत और हाव-भाव से मुझे यह समझने में देरी नहीं लगी कि मैं जिस व्यक्ति से मिल रहा हूँ, वह तानाशाही प्रवृत्ति वाला एक दम्भी एवं बड़ा अहंकारी व्यक्ति है। चार-पाँच नौजवान लड़के जो बराबर वहाँ मौजूद रहे, उन्हें सुशील दा कहकर सम्बोधित करते थे। मैंने जैसे ही उनके कमरे में प्रवेश किया वैसे ही उन्होंने यू.पी. ग्रुप को काकोरी काण्ड के लिए डाँटना-फटकारना शुरू कर दिया, "तुम लोगों ने यह काम हम लोगों से पूछे बगैर क्यों किया? और अब सारा संगठन चौपट कर देने के बाद हमसे सहायता माँगने आने से क्या फ़ायदा?"

मैंने उनसे कहा कि मैं आपसे कोई सहायता माँगने नहीं आया हूँ बल्कि कुछ मुद्दों पर बातचीत करने और आपको दिल्ली मीटिग के लिए आमन्त्रित करने आया हूँ। इसके बाद मैंने एक-एक करके सभी प्रस्तावों के बारे में उन्हें बतलाया और उनसे दिल्ली मीटिग में भाग लेने का अनुरोध किया। उन्होंने कहा कि वे अपनी शर्तों पर ही मीटिग में भाग ले सकेंगे और मुझसे यह आश्वासन माँगा कि उनकी शर्तें मान ली जायेंगी। उनकी शर्तें इस प्रकार थीं: (क) कि हम लोग समाजवाद या कम्युनिज़्म से कोई सरोकार नहीं रखेंगे; (ख) कि पार्टी का नाम नहीं बदला जायेगा; (ग) कि हमें सरकार से सीधे भिड़ा देने वाले काकोरी जैसे काम भविष्य में हमसे पूछे बगैर नहीं किये जायेंगे; (घ) कि केन्द्रीय कमेटी जैसी कोई चीज़ नहीं होगी और हम लोगों को केवल उन्हीं के माध्यम से बंगाल के मातहत रहकर काम करना होगा; (घ) कि हम लोगों को अपनी गतिविधियाँ सिर्फ़ संगठन बनाने, हथियार और पैसा जमा करने तक ही सीमित रखनी होंगी; (च) कि पैसे के लिए सिर्फ़ अराजनीतिक कामों की ही इजाज़त होगी। मैंने उन्हें इस बात पर राजी करने की कोशिश की कि वे बगैर किसी प्रकार की शर्तें लगाये खुले दिल से मीटिग में आयें और सभी बातों पर बहस में हिस्सा लें। उन्होंने मेरी बात मानने से साफ़ इन्कार कर दिया। चूँकि उनकी सभी शर्तें हमारे प्रस्तावों से बिल्कुल भिन्न थीं इसलिए मैंने विनम्रतापूर्वक उनकी शर्तें मानने से इन्कार कर दिया। इन कारणों से दिल्ली मीटिग बंगाल के साथियों की अनुपस्थिति में ही करनी पड़ी।

दिल्ली मीटिग और उसके बाद

आठ सितम्बर, 1928 को मीटिग में भाग लेने के लिए चार प्रान्तों का प्रतिनिधित्व करने वाले कुल मिलाकर दस साथी कोटला फिरोजशाह में जमा हुए थे। इनमें दो बिहार से, दो पंजाब से, एक राजस्थान से और पाँच संयुक्त प्रान्त (अब उत्तर प्रदेश) से थे। यू.पी. के पाँच साथियों में से भी दो ने मीटिग में बैठने से इन्कार कर दिया क्योंकि बाक़ी साथियों ने उनकी कुछ शर्तें नहीं मानीं। इस प्रकार केवल आठ साथियों ने ही बातचीत में भाग लिया। आजाद को सुरक्षा की दृष्टि से दिल्ली नहीं लाया गया था। लेकिन उनसे सभी मुद्दों पर पूर्वस्वीकृति प्राप्त कर ली गयी थी। मीटिग में दो दिन की बहस के बाद भगतसिह द्वारा रखे गये सभी प्रस्तावों को दो के ख़िलाफ़ छह के बहुमत से स्वीकार कर लिया गया। फणीन्द्रनाथ घोष और मनमोहन बनर्जी (दोनों बिहार से) ने समाजवाद को पार्टी के अन्तिम लक्ष्य के रूप में अपनाये जाने और पार्टी का नाम बदलने के प्रस्ताव का विरोध किया। आगे चलकर जब दिसम्बर 1928 में भगतसिह कलकत्ता गये और त्रैलोक्य चक्रवर्ती तथा प्रतुल गांगुली,

जो उस समय तक ज़ेल से छूटकर बाहर आ चुके थे, से मिले तो उन्होंने बताया कि दिल्ली मीटिग के लिए बंगाल को आमन्त्रित करने जो साथी पहले आये थे, उनको दुर्भाग्यवश एक ग़लत आदमी से मिला दिया गया था। भगतसिह ने दोनों नेताओं को दिल्ली के फ़ैसलों से अवगत कराया और सभी मुद्दों पर उनकी सहमति भी प्राप्त कर ली। वे हममें से कुछ साथियों को बम बनाने का प्रशिक्षण देने के लिए यतीन्द्रनाथ दास को आगरा भेजने के लिए भी सहमत हो गये।

1928 के आते-आते हम लोगों ने समाजवाद को सिद्धान्त के रूप में स्वीकार कर लिया था, लेकिन अमल में हम पर अतीत का साया अब भी हावी था। फिर भी यह कहना ग़लत होगा कि साण्डर्स वध और केन्द्रीय असेम्बली में बम फेंकने के पीछे भगतसिह की किसी प्रकार की मानसिक कुण्ठा या निराशा काम कर रही थी, जैसाकि एस.एन. मजूमदार ने साबित करने की कोशिश की है। वे लिखते हैं: "त्रैलोक्य चक्रवर्ती ने उन्हें (भगतसिह को) पाँच हज़ार की एक युवा वालण्टियर वाहिनी संगठित करने की सलाह दी, जैसीकि कांग्रेस के कलकत्ता अधिवेशन के समय (दिसम्बर 1928) संगठित की गयी थी। चक्रवर्ती ने आगे लिखा है कि भगतसिह ने उनकी सलाह पर अमल करने की कोशिश की लेकिन असफल रहा। इसने उसके दिमाग में कुण्ठा और निराशा को जन्म दिया और कुछ सनसनीख़ेज काम की अनिवार्य आवश्यकता के बारे में उसके विश्वास को और पक्का कर दिया। शीघ्र ही उसके बाद असेम्बली में बम फेंकने की घटना हुई।"[32]

यह सारी कहानी तथ्यों से मेल नहीं खाती है। पहली बात तो यह कि भगतसिह ने कभी कोई बड़ा राजनीतिक क़दम पार्टी की केन्द्रीय कमेटी को विश्वास में लिये बगैर नहीं उठाया। पाँच हज़ार नौजवानों की एक वालण्टियर सेना गठित करने का प्रश्न कभी भी केन्द्रीय समिति के सामने बहस के लिए नहीं आया। दूसरी बात यह कि इस प्रकार की किसी वालण्टियर सेना का विचार हवा में पुल बाँधने जैसा विचार था। चार-पाँच दिनों के लिए थैलियों के सहारे खुलेतौर पर पाँच हज़ार की वालण्टियर सेना (कांग्रेस द्वारा–स.) खड़ी कर लेना एक बात थी, लेकिन गुप्त क्रान्तिकारी काम के लिए राजनीतिक तौर पर सजग, प्रशिक्षित और अनुशासित नौजवानों की इतनी बड़ी सेना कुछ महीनों में खड़ी कर लेना सम्भव भी नहीं था। यहाँ यह बात भी ध्यान में रखनी चाहिए कि भगतसिह कलकत्ते से जनवरी 1929 के पहले सप्ताह में वापस आये। फ़रवरी में जब यतीन्द्रनाथ दास आगरा आये तो हममें से हर कोई किसी न किसी रूप में बम फ़ैक्टरी स्थापित करने के काम में व्यस्त हो गया था। फिर मेरठ की गिरफ़्तारियों से पहले फ़रवरी के अन्त में आगरा में ही असेम्बली में बम फेंकने का फ़ैसला लिया गया। ऐसी स्थिति में भगतसिह का त्रैलोक्य बाबू

की सलाह पर अमल करने का प्रयास करना, विफल होना, निराशा और पस्ती का शिकार होना आदि का प्रश्न नहीं उठता था। इस प्रकार की असफलता, निराशा, कुण्ठा आदि की मनगढ़न्त बातों से असेम्बली में बम फेंकने के काम का राजनीतिक महत्त्व ही समाप्त हो जाता है और वह एक व्यक्ति की कुण्ठा और निराशा का परिणाम-मात्र रह जाता है।

ऐसी ही हानिकारक और असेम्बली में बम फेंकने के महत्त्व को कम करने वाली कहानी मन्मथनाथ गुप्त ने दी है। सुखदेव राज (शहीद सुखदेव नहीं—स.), जो 1928 और '29 के पूर्वार्द्ध में कहीं भी तस्वीर में नहीं था, द्वारा प्रसारित एक सौ फीसदी मनगढ़न्त कहानी को आधार बनाकर गुप्त जी ने कहा है कि पार्टी असेम्बली में बम फेंकने के लिए सुखदेव तथा बटुकेश्वर दत्त को भेजने के पक्ष में थी। लेकिन भगतसिह के प्रति व्यक्तिगत ईर्ष्या के कारण उसने भगतसिह को बी.के. दत्त के साथ जाने के लिए मजबूर कर दिया। चन्द्रशेखर आजाद और दूसरे लोग निकल आने के पक्ष में थे। लेकिन भगतसिह इसके लिए राजी नहीं हुए। उनका तर्क था कि जनता को जगाने के लिए उच्चतम बलिदान की आवश्यकता है।[33]

यहाँ पर यह कहना ही ग़लत है कि असेम्बली में बम फेंकने के लिए सुखदेव को चुना गया था। आगरे में केन्द्रीय कमेटी की पहले दिन की मीटिग में जो दो नाम तय हुए थे, वे थे बटुकेश्वर दत्त और विजयकुमार सिन्हा। इस काम के लिए किसी भी स्तर पर सुखदेव का नाम कमेटी में विचारार्थ नहीं आया। हमारे सामने विचार-विमर्श का मुख्य विषय राजनीति था न कि व्यक्तिगत ईर्ष्या या वैरभाव, जो सौभाग्यवश उस समय हमारे बीच में नहीं था। इसमें सन्देह नहीं कि असेम्बली में बम फेंकने के लिए विजयकुमार सिन्हा के स्थान पर भगतसिह को भेजने के लिए सुखदेव पूरी तरह उत्तरदायी था। उसने यह इसलिए किया क्योंकि वह ईमानदारी के साथ विश्वास करता था कि भगतसिह के अलावा और किसी के जाने से काम का राजनीतिक उद्देश्य पूरा नहीं होगा। जहाँ तक उच्चतम बलिदान का सवाल है, क्रान्तिकारी आन्दोलन में बलिदान की कमी नहीं रही (और हर बलिदान उच्चतम होता है)। ऐसा नहीं था कि भगतसिह एक निराश एवं विफल मनोरथ नौजवान था, जिसने असेम्बली में बम फेंककर आत्महत्या करने का एक आसान रास्ता निकाल लिया था।

असेम्बली में बम फेंकने का फ़ैसला कैसे और कब लिया गया?

राष्ट्रीय मुक्ति-संघर्ष के इतिहास में तीसरे दशक के अन्तिम वर्ष, ख़ासकर 1928-30 के वर्ष, बड़े ही महत्त्वपूर्ण थे। यही समय था जब वामपन्थी शक्तियों ने संगठित रूप से एवं दृढ़तापूर्वक बोलना आरम्भ कर दिया था। सर्वहारा वर्ग की बड़ी-बड़ी जुझारू हड़तालों ने देशव्यापी रूप धारण कर लिया था। मज़दूरों की संगठित

ट्रेड यूनियन गतिविधियाँ बढ़ती जा रही थीं, जिसके फलस्वरूप मज़दूर काम के हालात में सुधार और मज़दूरी में बढ़ोत्तरी के लिए और अधिक मुस्तैदी के साथ संघर्ष करने की स्थिति में आ गये थे। मज़दूरों, नौजवानों और विद्यार्थियों में कम्युनिस्टों का प्रभाव तेज़ी के साथ बढ़ रहा थारू देश में पहली बार बायें बाजू का राजनीतिक आन्दोलन सर उठा रहा था। उस समय की युवा पीढ़ी की सोच की दिशा का वर्णन करते हुए जवाहरलाल नेहरू ने लिखा है, "बुद्धिजीवियों, यहाँ तक कि सरकारी अफ़सरों में भी साम्यवाद और समाजवाद के अस्पष्ट विचार फैल चुके थे। कांग्रेस के नौजवान पुरुष और महिलाएँ, जो पहले 'ब्राइस ऑन डेमोक्रेसी', मार्ले और कीथ और मैजिनी को पढ़ा करते थे, अब जब भी उन्हें उपलब्ध होतीं तो समाजवाद, कम्युनिज़्म और रूस पर किताबें पढ़ते थेः इन नये विचारों की तरफ़ लोगों का रुझान पैदा करने में मेरठ षड्यन्त्र केस ने काफ़ी सहायता पहुँचाई थी। विश्व-आर्थिक संकट ने भी लोगों को इस तरफ़ ध्यान देने के लिए मजबूर कर दिया था। चारों तरफ़ जिज्ञासा की एक नयी भावना स्पष्ट दिखलायी पड़ रही थी—मौजूदा संस्थाओं के प्रति एक प्रश्नवाचक और चुनौती भरी जिज्ञासा। उस मानसिक तूफ़ान का आम रुख स्पष्ट था। लेकिन वह अभी एक हलकी बयार थी—स्वयं अपने से अनभिज्ञ।"[34]

अंग्रेज़ साम्राज्यवादियों को इस सबसे चिन्ता हुई और उन्होंने आन्दोलन को प्रारम्भ में ही कुचल देने का फ़ैसला किया। अधिकारी कितने घबराये हुए थे और सरकार का दिमाग किस तरह काम कर रहा था, यह देखने के लिए एक मिसाल ही पर्याप्त होगी। गुप्तचर ब्यूरो के निदेशक सर डेविड पैट्रिक ने 'भारत में कम्युनिज़्म' पर अपनी रिपोर्ट में, जिसे उन्होंने 1929 में तैयार किया था, 'बोल्शेविक अभिशाप' के स्वरूप का नीचे लिखे शब्दों में वर्णन किया हैः "सन् 1920 में तीसरी इण्टरनेशनल ने अपनी दूसरी कांग्रेस में जो थीसिस पास की थी उसमें सर सेसिल केए ने भारत के ख़िलाफ़ एक सुनिश्चित षड्यन्त्र के कीटाणुओं को ठीक ही पहचाना था। उस थीसिस में कहा गया था, 'उपनिवेशिक और अर्द्ध-उपनिवेशिक देशों का राष्ट्रीय आन्दोलन वस्तुगत दृष्टिकोण से और बुनियादी तौर पर क्रान्तिकारी संघर्ष है, और इसलिए वह विश्व-क्रान्तिकारी संघर्ष का हिस्सा है।' इसमें कोई सन्देह नहीं हो सकता कि ग्रेट ब्रिटेन ने बोल्शेविक हमले का मुख्य प्रहार अपने ऊपर लिया है...क्योंकि वह विश्व-क्रान्ति, जिसे बोल्शेविक लोग अपनी अन्तिम सफलता के लिए ज़रूरी शर्त मानते हैं, के ख़िलाफ़ मुख्य किलों में से एक है। बोल्शेविकों का यह विश्वास है कि ब्रिटिश साम्राज्य में भारत सबसे कमज़ोर बिन्दु है। और वे इसे धार्मिक विश्वास के रूप में दिल में सँजोये हुए हैं कि जब तक भारत आजाद नहीं हो जाता तब तक रूस इंग्लैण्ड के अभिशाप से मुक्त नहीं हो सकेगा।"[35]

जे. क्रेरर ने, जो उस समय भारत सरकार के होम मेम्बर थे, कहा था कि एक व्यवस्थित समाज के लिए कम्युनिज़्म के सिद्धान्त और अमल से अधिक विध्वंसक और कोई चीज़ नहीं हो सकती।[36]

कम्युनिज़्म, बायें बाजू की शक्तियों और श्रमिक वर्ग के आन्दोलन को कुचलने के लिए सरकार ने केन्द्रीय असेम्बली में दो बिल पेश करने का फ़ैसला किया—पब्लिक सेफ्टी बिल और ट्रेड डिस्प्यूट्स बिल। पहला बिल उन लोगों के ख़िलाफ़ था जो ब्रिटिश-भारत या किसी भारतीय रजवाड़े के निवासी नहीं थे। पहले बिल में गवर्नर जनरल को यह अधिकार दिया गया था कि वह अंग्रेज़ या अन्य विदेशी कम्युनिस्ट को भारत से निकाल दें। दूसरे बिल का उद्देश्य मज़दूरों के ट्रेड यूनियन अधिकारों की कटौती करना था।

असेम्बली में पूरे विरोध पक्ष ने, जनता ने और प्रेस ने दोनों बिलों का जमकर विरोध किया। इस चौमुखी विरोध को नज़रअन्दाज़ करते हुए सरकार ने 6 सितम्बर, 1928 को पब्लिक सेफ्टी बिल असेम्बली में पेश किया। 24 सितम्बर को सदन ने उसे नामंजूर कर दिया। जनवरी 1929 में कुछ फेर-बदल के साथ सरकार ने उसे फिर असेम्बली के सामने रखा।[37]

जिस समय समाचारपत्रों में यह ख़बर छपी कि सरकार ने बिल को असेम्बली में फिर से पेश करने का फ़ैसला कर लिया है उस समय भगतसिह आगरे में था। समाचार पर उसकी जो प्रतिक्रिया हुई वह बड़ी तीखी थी। उसने कहा कि सरकार के इस मनमानेपन के ख़िलाफ़ प्रतिवाद के रूप में कुछ न कुछ ज़रूर करना चाहिए। वह लाहौर गया, सुखदेव के साथ अपने प्रस्तावों पर बात की, वापस आया, केन्द्रीय कमेटी की बैठक बुलायी और उसके सामने अपने प्रस्ताव रखे। संक्षेप में उसके प्रस्ताव इस प्रकार थेः (1) पार्टी को असेम्बली में बम फेंककर सरकार के इस सख़्त एवं हठी रवैये का विरोध करना चहिए; (2) इस काम को करने के लिए जो साथी तैनात किये जायें वे काम के बाद भागने की कोशिश करने के बजाय वहीं आत्मसमर्पण कर दें और केस के दौरान अदालत को पार्टी के उद्देश्यों के प्रचार के लिए मंच के तौर पर इस्तेमाल करें; और (3) इस फ़ैसले को कार्यान्वित करने के लिए एक और साथी के साथ उसे स्वयं जाने की अनुमति दी जाये। भगतसिह के पहले दो सुझावों का केन्द्रीय कमेटी के सभी सदस्यों ने स्वागत किया। लेकिन उसका तीसरा सुझाव किसी ने भी नहीं माना। यह मीटिग आगरे में हुई थी और पहले दिन सुखदेव उसमें उपस्थित नहीं था। वह दूसरे दिन आया। सुखदेव के आ जाने पर भगतसिह को बल मिला और काफ़ी बहस के बाद अन्त में कमेटी ने भगतसिह का तीसरा प्रस्ताव भी मान लिया।

दूसरा बिल (ट्रेड डिस्प्यूट बिल) असेम्बली में 4 सितम्बर, 1928 को पेश किया गया था। सदन ने उसे सेलेक्ट कमेटी के पास भेज दिया। वहाँ से कुछ फेर-बदल के साथ उसे 2 अप्रैल, 1929 को बहस के लिए असेम्बली के सामने फिर लाया गया। सदन ने 8 अप्रैल को 38 के ख़िलाफ़ कुछ वोटों से उसे पास कर दिया। जैसे ही अध्यक्ष महोदय वोटिंग का परिणाम घोषित करने के लिए उठे वैसे ही भगतसिंह और बटुकेश्वर दत्त ने दर्शक दीर्घा से असेम्बली भवन में बम फेंके और नारे लगाने के साथ-साथ परचे भी गिराये, जिनमें बम फेंकने के राजनीतिक उद्देश्य को स्पष्ट किया गया था। यह परचा उसी दिन हिन्दुस्तान टाइम्स के सन्ध्याकालीन परिशिष्ट में प्रकाशित हो गया था। यह हमें क्रान्तिकारी आन्दोलन के एक छोटे दौर में पहुँचा देता है, जिसका जिक्र लोग कभी-कभी आतंकवादी-साम्यवाद या टेरो-कम्युनिज़्म के नाम से करते हैं।

टेरो-कम्युनिज़्म या आतंकवादी-साम्यवाद

लाहौर तथा कानपुर के क्रान्तिकारियों ने 1926-27 से ही समाजवाद की ओर बढ़ना शुरू कर दिया था। आठ-नौ सितम्बर 1928 की दिल्ली मीटिंग में हालाँकि समाजवाद को सिद्धान्त के रूप में और समाजवादी समाज की स्थापना को अन्तिम उद्देश्य के रूप में स्वीकार कर लिया गया था, अमल में हम लोग उसी पुराने व्यक्तिवादी ढंग के कामों में ही लगे रहे। हम मज़दूरों, किसानों, युवकों और मध्यवर्ग के बुद्धिजीवियों को संगठित करने की बात तो करते थे लेकिन पंजाब में नौजवान भारत सभा के गठन को छोड़कर और कहीं भी संजीदगी के साथ उस दिशा में कदम उठाने की कोशिश नहीं की गयी। उस मायने में हमारी वैज्ञानिक समाजवाद अर्थात् मार्क्सवाद की समझ अधकचरी थी। मार्क्सवाद अमल को सिद्धान्त से अलग करने की इजाज़त नहीं देता, यह बात हम समझ नहीं पाये थे और यह कि उसमें व्यक्तिगत कामों के लिए कोई स्थान नहीं है। हम हिंसात्मक गतिविधियों को, जिसमें जालिम सरकारी अधिकारियों की हत्या और छुटपुट विद्रोह शामिल थे, मज़दूरों, किसानों, युवकों और विद्यार्थियों के जन-संगठन बनाने के काम में मिलाना चाहते थे। लेकिन अमल में हमारा जोर हिंसात्मक गतिविधियों और सशस्त्र कामों की तैयारी तक ही सीमित रहा। हमारा विश्वास था कि लोगों को नींद से जगाने के लिए और सरकारी दमन का जवाब देने के लिए यह सब आवश्यक है। कांग्रेस के कलकत्ता अधिवेशन के अवसर पर दिसम्बर, 1928 में भगतसिंह ने का. सोहन सिंह जोश से कहा था, "हम आपकी पार्टी के कामों से और उसके कार्यक्रम से सौ फीसदी सहमत हैं, लेकिन कभी-कभी ऐसे भी क्षण आते हैं जब जनता में विश्वास की भावना जागृत करने के

लिए दुश्मन के प्रहार का सशस्त्र कामों द्वारा तत्काल जवाब देना आवश्यक हो जाता है।"[38] उस समय हमारे दिमाग इसी तरह काम कर रहे थे। हमारी समझ में निहित अन्तरविरोध का अपना तर्क था। मज़दूरों-किसानों को संगठित करने का हमारा फ़ैसला केवल एक पवित्र इरादा बनकर ही रह गया। हमारी शक्ति का अधिकांश हिस्सा प्रतिशोधात्मक कामों को संगठित करने में ही जाया हुआ।

हमारी ग़लत समझ को ठीक करने का एक प्रयास तीसरे इण्टरनेशनल ने किया था। यह प्रयास विदेश में गठित भारत की कम्युनिस्ट पार्टी द्वारा "राष्ट्रवादियों से अपील" के ज़रिये किया गया था। यह अपील 15 दिसम्बर, 1924 के वैनगार्ड के परिशिष्ट में प्रकाशित हुई थी। अपील में क्रान्तिकारियों के बारे में कहा गया थाः

"गुप्त सभाओं द्वारा किये जाने वाले छुटपुट आतंकवादी काम भी कुछ कम प्रभावहीन नहीं हैं। इस प्रकार के व्यर्थ उग्रवाद को अपनाने वालों की क्रान्ति की समझ भी उतनी ही ग़लत है। समाज की मौजूदा स्थिति में ऐसी उम्मीद नहीं की जा सकती है कि राजनीतिक और सामाजिक क्रान्तियाँ अहिंसात्मक होंगी या उनमें रक्तपात नहीं होगा। लेकिन हर रक्तपात या हिंसात्मक काम को क्रान्ति नहीं कहा जा सकता। एक ख़ास सामाजिक व्यवस्था को या राजनीतिक संस्था को उसके चन्द समर्थकों को मारकर कभी भी समाप्त नहीं किया जा सकता है। और यह तो और भी नामुमकिन है कि थोड़े से सरकारी अफ़सरों को मारकर या ब्रिटिश पार्लियामेण्ट से बहुत से सुधार पास करवाकर देश की आज़ादी हासिल की जा सके। ये दोनों उपाय समान रूप से प्राणहीन हैं, क्योंकि इनमें से कोई भी बुराई की जड़ पर चोट नहीं करता। दोनों ही राजनीतिक भूल हैं। लेकिन आतंकवादियों को 'क्रान्तिकारी अपराधी' कहना निपट मूर्खता है, क्योंकि 'संवैधानिकतावादी' निश्चित रूप से गैर-क्रान्तिकारी हैं और निर्णायक घड़ी आते ही वे प्रतिक्रियावादी हो जायेंगे।"[39]

उसी लेख में दूसरी जगह पर क्रान्ति की सही-सही परिभाषा दे दी गयी थीः

"क्रान्ति क्या है? भारत के राष्ट्रीय हलकों में इसके बारे में एक बड़ी ग़लत धारणा बनी हुई है। आमतौर पर क्रान्ति को बम, रिवाल्वर और गुप्त संस्थाओं से जोड़ दिया जाता है। भारतीय राजनीतिक शब्दकोष में बहु-प्रचलित वाक्य 'क्रान्तिकारी अपराध' क्रान्ति की इसी ग़लत अवधारणा की उपज है। बहरहाल, क्रान्ति इस सबसे कहीं अधिक गम्भीर समस्या है। क्रान्ति एक महत्त्वपूर्ण ऐतिहासिक घटना है, जो प्रस्तुत ऐतिहासिक युग का अन्त और उसके स्थान पर एक नये युग का शुभारम्भ करती है। चूँकि जाने वाले समाज के प्रतिनिधि या दलाल, आर्थिक वर्ग और राजनीतिक संस्थाएँ, जो उस समाज में प्रचलित हालात से लाभान्वित होते रहे हैं, एक भयानक प्रतिरोध के बगैर ऐसा कोई परिवर्तन नहीं होने देंगे जिससे उनके प्रभुत्व का अन्त

हो जाये और, जैसाकि आमतौर पर होता है, जिसका अन्त उनके चौमुखी विनाश में हो जाये। इसीलिए आमतौर पर राजनीतिक हिंसा और सामाजिक उथल-पुथल 'क्रान्ति' कहलाने वाली ऐतिहासिक घटना के अंग बन जाते हैं।''[40]

सन् 1925 में यंग कम्युनिस्ट इण्टरनेशनल ने बंगाल के युवा क्रान्तिकारी संगठन के नाम एक अपील शाया की थी। यह यंग कम्युनिस्ट इण्टरनेशनल के घोषणापत्र के रूप में थी जो मासेज के जिल्द 1, नम्बर 7 में प्रकाशित हुआ था। घोषणापत्र में इस बात को स्वीकार किया गया था कि पूर्व के क्रान्तिकारी नौजवान राष्ट्रीय आज़ादी की लड़ाई में बड़ी महत्त्वपूर्ण भूमिका अदा कर रहे हैं। जनता के लिए अपना जीवन बलिदान करने वाले 'हीरो-आतंकवादी' के साहस और बहादुरी के प्रति गहरा आदर व्यक्त करते हुए घोषणापत्र ने कहा था कि "एक क्रान्तिकारी जो जनता के लिए लड़ रहा है उसे नैतिक अधिकार है कि वह जनता का गला घोंटने वालों और जल्लादों को रास्ते से हटा दे।''[41]

दुर्भाग्यवश इनमें से कोई भी दस्तावेज़ उस समय हमें नहीं मिला और हमें अपने अनुभवों के सहारे ही आगे बढ़ना पड़ा। व्यक्तिगत कामों का दायरा बहुत सीमित है यह समझने में हमें तीन साल लग गये। हम क़दम-ब-क़दम समाजवाद की तरफ़ बढ़ रहे थे। गिरफ़्तारी के बाद ज़ेल में काफ़ी समय मिला, पढ़ने के लिए काफ़ी सामग्री मिली, आपस में बहस करने और अपने अतीत पर संजीदगी से सोचने का काफ़ी मौक़ा मिला और तब कहीं जाकर हम सही नतीजे पर पहुँच पाये।

इसका यह मतलब नहीं कि जिस दौर की समीक्षा की जा रही है उसमें सकारात्मक कुछ था ही नहीं। उसकी कमजोरियों के साथ ही उसके कुछ सकारात्मक और मज़बूत पहलू भी थे। मैं अपनी और अपने साथियों की समझ की ख़ास कमियों पर रोशनी डाल चुका हूँ। संक्षेप में फिर से दोहरा दूँ, पहली बात तो यह कि हमारा कम्युनिज़्म को स्वीकार करना मार्क्सवाद के सही अध्ययन पर आधारित नहीं था। दूसरी कमज़ोरी थी मज़दूरों और किसानों को संगठित करने और जवाबी आतंकवाद के बीच तालमेल बिठलाने की अव्यावहारिकता को न समझ पाना।

इन सारी कमियों और सीमाओं के बावजूद इस थोड़े समय चलने वाले चर्चित दौर के खाते में कुछ बहुत महत्त्वपूर्ण उपलब्धियाँ भी हैं। लाहौर की 'नौजवान भारत सभा का घोषणापत्र' (1928), असेम्बली बम केस के दौरान भगतसिह और बटुकेश्वर दत्त द्वारा अदालत के सामने दिया गया बयान (1929), कांग्रेस के लाहौर अधिवेशन के समय बाँटा गया 'हिन्दुस्तान समाजवादी प्रजातन्त्र संघ का घोषणापत्र' (दिसम्बर 1929) और 'बम का दर्शन' (जनवरी 1930) उस युग के सर्वश्रेष्ठ प्रतिनिधि दस्तावेज़ हैं। इन दस्तावेज़ों के आधार पर हम कह सकते हैं कि 'हिन्दुस्तान समाजवादी

प्रजातन्त्र संघ' (हिसप्रस) का पहला आगे बढ़ा हुआ कदम था मार्क्सवाद को सिद्धान्त के रूप में और समाजवाद को अन्तिम उद्देश्य के रूप में स्वीकार करना। बंगाल में भी आन्दोलन का रुख़ यही था, हालाँकि गति अपेक्षाकृत धीमी थी। जिस समय हिसप्रस ने समाजवाद को डंके की चोट पर अपना अन्तिम उद्देश्य घोषित कर दिया था, उस समय बंगाल के लगभग सभी क्रान्तिकारी दल और प्रमुख पार्टियाँ इस सवाल पर अनिश्चितता की स्थिति में थे।

समाजवाद को ध्येय के रूप में स्वीकार करने के अलावा इस दौर के क्रान्तिकारी मनुष्य द्वारा मनुष्य के और एक राष्ट्र द्वारा दूसरे राष्ट्र के शोषण से मुक्त वर्गहीन समाज के पक्ष में थे। उन्होंने एलान किया कि उनकी लड़ाई सिर्फ़ ब्रिटिश साम्राज्यवाद के ख़िलाफ़ ही नहीं है, बल्कि विश्व साम्राज्यवादी व्यवस्था के ख़िलाफ़ है। उनके दिलों में सोवियत यूनियन के प्रति प्रगाढ़ आदर और अपनापन था। उनका विश्वास था कि क्रान्ति के बाद जो सरकार बनेगी उसका रूप एक प्रकार की सर्वहारा वर्ग की तानाशाही का होगा। उन्होंने ईश्वर, धर्म और रहस्यवाद से पूरी तरह छुटकारा पा लिया था। वे धर्मनिरपेक्षता में विश्वास करते थे और उनका दृष्टिकोण घोर साम्प्रदायिकतावाद विरोधी था।

असेम्बली बमकाण्ड के बाद हिन्दुस्तान समाजवादी प्रजातन्त्र संघ के अधिकांश साथी गिरफ़्तार कर लिये गये। उन्होंने अपने मुक़दमे की सुनवायी के दौरान अपने दृष्टिकोण को प्रचारित करने, समाजवाद के विचारों को लोकप्रिय बनाने और क्रान्तिकारी पार्टी के उद्देश्यों तथा प्रयोजनों को जनता के सामने रखने के लिए अदालत का मंच के रूप में जमकर इस्तेमाल किया।

उनकी यह रणनीति क़ामयाब हुई। इसके बारे में एस.एन. मजूमदार ने लिखा है: "हिन्दुस्तान सोशलिस्ट रिपब्लिकन एसोसिएशन की तमाम गलतियों और कमजोरियों के बावजूद समूचे राष्ट्रीय आन्दोलन में और तरुण क्रान्तिकारियों को साम्यवाद की ओर आकर्षित करने में इस पार्टी के योगदान की उपेक्षा नहीं की जा सकती है।"[42]

जी.एस. देओल के अनुसार, "क्रान्तिकारी आन्दोलन का कार्यक्षेत्र चाहे जितना सीमित रहा हो उसने भारतीय राष्ट्रीय आन्दोलन की गति को एक दूसरी धारा के माध्यम से और तेज़ किया। बेशक यह कहा जा सकता है कि उनके (भगतसिह और उनके साथियों के–शि.व.) कार्यकलापों ने भारतीय राष्ट्रीय कांग्रेस के लिए दिसम्बर 1929 के लाहौर अधिवेशन में पूर्ण स्वतन्त्रता की माँग करने और पूर्ण स्वराज्य का प्रस्ताव पास करने का पथ प्रशस्त किया।"[43]

देओल के अनुसार क्रान्तिकारियों के कार्यकलापों और संघर्षों ने देश में अत्यन्त विस्फोटक स्थिति पैदा कर दी थी, जिसके कारण कांग्रेस 1930 का असहयोग

आन्दोलन शुरू करने के लिए मजबूर हो गयी थी। "यह आन्दोलन भगतसिंह और उनके साथियों के उग्र आन्दोलन के विकल्प के रूप में शुरू किया गया था। इस मत की पुष्टि महात्मा गाँधी द्वारा 2 मार्च, 1930 को वायसराय को लिखे गये एक पत्र के इस अंश से होती है: 'हिंसावादी पार्टी अपनी जगह बनाती जा रही है और उसने अपने अस्तित्व का अहसास कराना शुरू कर दिया है।' उन्होंने आगे स्पष्ट किया था कि वे जिस तरह का अहिंसक आन्दोलन शुरू करना चाहते हैं, उससे न सिर्फ़ ब्रिटिश हुकूमत की हिंसक शक्ति का बल्कि उभरते हुए हिंसावादी दल की संगठित हिंसक शक्तियों का भी प्रतिरोध किया जा सकेगा।"[44]

वैज्ञानिक समाजवाद की ओर

'हिन्दुस्तान समाजवादी प्रजातन्त्र संघ' के अधिकांश प्रमुख नेता 1929 के मध्य तक गिरफ़्तार करके ज़ेलों में बन्द कर दिये गये थे, जहाँ उन्हें पढ़ने और विचार-विमर्श करने का भरपूर मौक़ा मिला। इससे उनके अन्दर जो नयी समझ पैदा हुई थी, उसके आधार पर उन्होंने अपने पूरे अतीत को, ख़ासकर वैयक्तिक कार्यकलापों और शौर्य प्रदर्शन के आदर्श को नये सिरे से जाँचा-परखा और अपनी अब तक की कार्यप्रणाली को छोड़कर समाजवादी क्रान्ति का रास्ता अपनाने का निश्चय किया। गहन अध्ययन और बोर्स्टल ज़ेल में दूसरे साथियों से लम्बे विचार-विमर्श के बाद भगतसिंह इस निर्णय पर पहुँचे कि यहाँ-वहाँ कुछ भेदियों और सरकारी अफ़सरों की वैयक्तिक हत्याओं से लक्ष्य की प्राप्ति नहीं हो सकती है।

भगतसिंह ने 19 अक्टूबर, 1929 को पंजाब स्टूडेण्ट्स की कांग्रेस के नाम एक सन्देश भेजा था जिसमें उन्होंने कहा था—"आज हम नौजवानों को बम और पिस्तौल अपनाने के लिए नहीं कह सकते।...इन्हें औद्योगिक क्षेत्रों की गन्दी बस्तियों में और गाँवों के टूटे-फूटे झोंपड़ों में रहने वाले करोड़ों लोगों को जगाना है।"

2 फ़रवरी, 1931 को उन्होंने 'युवा राजनीतिक कार्यकर्ताओं के नाम' एक अपील लिखी थी जिसमें उन्होंने जनसाधारण के बीच काम करने के महत्त्व को बारम्बार रेखांकित किया था। उन्होंने कहा था, "गाँवों और कारख़ानों में किसान और मज़दूर ही असली क्रान्तिकारी सैनिक हैं।"

इसी अपील में भगतसिंह ने बलपूर्वक इस बात से इन्कार किया था कि वे आतंकवादी हैं। उनका कहना था, "मैंने एक आतंकवादी की तरह काम किया है। लेकिन मैं आतंकवादी नहीं हूँ। मैं तो ऐसा क्रान्तिकारी हूँ जिसके पास एक लम्बा कार्यक्रम और उसके बारे में सुनिश्चित विचार होते हैं। मैं पूरी ताक़त के साथ बताना चाहता हूँ कि मैं आतंकवादी नहीं हूँ और कभी था भी नहीं, कदाचित उन कुछ दिनों

को छोड़कर जब मैं अपने क्रान्तिकारी जीवन की शुरुआत कर रहा था। मुझे विश्वास है कि हम ऐसे तरीक़ों से कुछ भी प्राप्त नहीं कर सकते हैं।" उन्होंने नौजवान राजनीतिक कार्यकर्ताओं को सलाह दी कि वे मार्क्स और लेनिन का अध्ययन करें, उनकी शिक्षा को अपना मार्गदर्शक बनायें, जनता के बीच जायें, मज़दूरों, किसानों और शिक्षित मध्यवर्गीय नौजवानों के बीच काम करें, उन्हें राजनीतिक दृष्टि से शिक्षित करें, उनमें वर्ग-चेतना उत्पन्न करें, उन्हें यूनियनों में संगठित करें, आदि। उन्होंने नवयुवकों से यह भी कहा कि यह सारा काम तब तक सम्भव नहीं है जब तक जनता की एक अपनी पार्टी न हो। वे किस तरह की पार्टी चाहते थे इसका खुलासा करते हुए उन्होंने लिखा था, "हमें पेशेवर क्रान्तिकारियों की ज़रूरत है–यह शब्द लेनिन को बहुत प्रिय था–पूर्णकालिक कार्यकर्ताओं की, जिनकी क्रान्ति के सिवा और कोई आकांक्षा न हो, और न जीवन का कोई दूसरा लक्ष्य हो। ऐसे कार्यकर्ता जितनी बड़ी संख्या में एक पार्टी के रूप में संगठित होंगे, उतनी ही तुम्हारी सफलता की सम्भावनाएँ बढ़ जायेंगी।"

उन्होंने आगे कहा:

"व्येवस्थित ढंग से आगे बढ़ने के लिए आपको जिसकी सबसे अधिक आवश्यकता है, वह है एक पार्टी जिसके पास जिस टाइप के कार्यकर्ताओं का ऊपर जिक्र किया जा चुका है वैसे कार्यकर्ता हों–ऐसे कार्यकर्ता जिनके दिमाग साफ़ हों और समस्याओं की तीखी पकड़ हो और पहल करने और तुरन्त फ़ैसला लेने की क्षमता हो। इस पार्टी का अनुशासन बहुत कठोर होगा और यह ज़रूरी नहीं है कि वह भूमिगत पार्टी हो, बल्कि भूमिगत नहीं होनी चाहिए–पार्टी को अपने काम की शुरुआत अवाम के बीच प्रचार से करनी चाहिए। किसानों और मज़दूरों को संगठित करने और उनकी सक्रिय सहानुभूति प्राप्त करने के लिए यह बहुत ज़रूरी है। इस पार्टी को कम्युनिस्ट पार्टी का नाम दिया जा सकता है।"

यहाँ भगतसिह खुल्लम-खुल्ला मार्क्सवाद, साम्यवाद और एक साम्यवादी पार्टी की वकालत करते दिखायी देते हैं।

क्रान्ति की परिभाषा

क्रान्ति के सम्बन्ध में भगतसिह के विचार बहुत स्पष्ट थे। निचली अदालत में जब उनसे पूछा गया कि क्रान्ति शब्द से उनका क्या मतलब है, तो उत्तर में उन्होंने कहा था, "क्रान्ति के लिए ख़ूनी संघर्ष अनिवार्य नहीं है, और न ही उसमें व्यक्तिगत प्रतिहिंसा का कोई स्थान है। वह बम और पिस्तौल की संस्कृति नहीं है। क्रान्ति से हमारा अभिप्राय यह है कि वर्तमान व्यवस्था, जो खुलेतौर पर अन्याय पर टिकी हुई है,

बदलनी चाहिए।" अपनी बात को और भी स्पष्ट करते हुए उन्होंने कहा था, "क्रान्ति से हमारा अभिप्राय अन्ततः एक ऐसी सामाजिक व्यवस्था की स्थापना से है जिसको इस प्रकार के घातक ख़तरों का सामना न करना पड़े और जिसमें सर्वहारा वर्ग की प्रभुसत्ता को मान्यता हो तथा एक विश्वसंघ मानवजाति को पूँजीवाद के बन्धन से और साम्राज्यवादी युद्धों से उत्पन्न होने वाली बरबादी और मुसीबतों से बचा सके।"

समाजवाद की दिशा में भगतसिह की वैचारिक प्रगति की रफ्तार बहुत तेज़ थी। उन्होंने 1924 से 1928 के बीच विभिन्न विषयों का विस्तृत अध्ययन किया था। लाला लाजपत राय की द्वारकादास लाइब्रेरी के पुस्तकालयाध्यक्ष राजाराम शास्त्री के अनुसार उन दिनों भगतसिह वस्तुतः "किताबों को निगला करता था।" उनके प्रिय विषय थे रूसी क्रान्ति, सोवियत संघ, आयरलैण्ड, फ्रांस और भारत का क्रान्तिकारी आन्दोलन, अराजकतावाद और मार्क्सवाद। उन्होंने और उनके साथियों ने 1928 के अन्त तक समाजवाद को अपने आन्दोलन का अन्तिम लक्ष्य घोषित कर दिया था और अपनी पार्टी का नाम भी तदनुसार बदल दिया था। उनकी यह वैचारिक प्रगति उनके फ़ाँसी पर चढ़ने के दिन तक जारी रही।

ईश्वर और धर्म के बारे में

ईश्वर, धर्म तथा रहस्यवाद पर भगतसिह के विचारों के बारे में कुछ शब्द कहे बगैर यह भूमिका अधूरी रह जायेगी। यह इसलिए भी ज़रूरी है कि आज हर तरह के प्रतिक्रियावादी, रूढ़िवादी और साम्प्रदायिकतावादी लोग भगतसिह तथा चन्द्रशेखर आजाद के नाम और यश को अपनी निज की राजनीति और विचारधारा के पक्ष में इस्तेमाल करने की कोशिश कर रहे हैं।

अपने आप को नास्तिक बताते हुए "भगतसिह ने शुरू के क्रान्तिकारियों के तरीके और दृष्टिकोण के लिए पूरा सम्मान प्रदर्शित किया है और उनकी धार्मिकता के स्रोतों की पड़ताल की है। वे संकेत करते हैं कि अपने स्वयं के राजनीतिक कार्यों की वैज्ञानिक समझ के अभाव में उन क्रान्तिकारियों को अपनी आध्यात्मिकता की रक्षा करने, वैयक्तिक प्रलोभनों के विरुद्ध संघर्ष करने, अवसाद से उबरने, भौतिक सुखों और अपने परिवारों तथा जीवन तक को त्यागने की सामर्थ्य जुटाने के लिए विवेकहीन विश्वासों एवं रहस्यवादिता की आवश्यकता थी। एक व्यक्ति जब निरन्तर अपने जीवन को जोखिम में डालने और दूसरे सारे बलिदान करने के लिए तत्पर होता है तो उसे प्रेरणा के गहरे स्रोत की आवश्यकता होती है। शुरू के क्रान्तिकारी, आतंकवादियों की यह अनिवार्य आवश्यकता रहस्यवाद और धर्म से पूरी होती थी। लेकिन उन लोगों को ऐसे स्रोतों से प्रेरणा लेने की ज़रूरत नहीं रह गयी थी जो

अपने कामों की प्रकृति को समझते थे, जो क्रान्तिकारी विचारधारा की दिशा में आगे बढ़ चुके थे, जो कृत्रिम आध्यात्मिकता की बैसाखी लगाये बिना अन्याय के विरुद्ध संघर्ष कर सकते थे, जो स्वर्ग और मोक्ष के प्रलोभन और आश्वासन के बिना ही विश्वास के साथ और निर्भीक भाव से फ़ाँसी के तख़्ते पर चढ़ सकते थे, जो दलितों की मुक्ति और स्वतन्त्रता के पक्ष में इसलिए लड़े क्योंकि लड़ने के अलावा और कोई रास्ता ही न था।''[46]

असेम्बली बमकाण्ड के केस की अपील के दौरान लाहौर हाईकोर्ट में बयान देते हुए भगतसिह ने विचारों की महत्ता पर बल देते हुए कहा थाः "इन्क़ईलाब की तलवार विचारों की सान पर तेज़ की जाती है," और उसके आधार पर उन्होंने यह सूत्र प्रस्तुत किया कि "आलोचना और स्वतन्त्र विचार किसी क्रान्तिकारी के दो अपरिहार्य गुण हैं," और यह कि "जो आदमी प्रगति के लिए संघर्ष करता है उसे पुराने विश्वासों की एक-एक बात की आलोचना करनी होगी, उस पर अविश्वास करना होगा और उसे चुनौती देनी होगी। इस प्रचलित विश्वास के एक-एक कोने में झाँककर उसे विवेकपूर्वक समझना होगा।'' उन्होंने दृढ़ता के साथ कहा था कि "निरा विश्वास और अन्धविश्वास ख़तरनाक है, इससे मस्तिष्क कुण्ठित होता है और आदमी प्रतिक्रियावादी हो जाता है।''

भगतसिह स्वीकार करते थे कि "ईश्वर में कमज़ोर आदमी को ज़बरदस्त आश्वासन और सहारा मिलता है और विश्वास उसकी कठिनाइयों को आसान ही नहीं बल्कि सुखकर भी बना देता है।'' वे यह भी जानते थे कि "आँधी और तूफ़ान में अपने पाँवों पर खड़े रहना कोई बच्चों का खेल नहीं है।'' लेकिन वे सहारे के लिए किसी भी बनावटी अंग के विचार को दृढ़तापूर्वक अस्वीकार करते थे। वे कहते थे, "अपनी नियति का सामना करने के लिए मुझे किसी नशे की ज़रूरत नहीं है।'' उन्होंने एलान किया था कि "जो आदमी अपने पाँवों पर खड़े होने की कोशिश करता है और यथार्थवादी हो जाता है, उसे धार्मिक विश्वास को एक तरफ़ रखकर, जिन-जिन मुसीबतों और दुखों में परिस्थितियों ने उसे डाल दिया है, उनका एक मर्द की तरह बहादुरी के साथ सामना करना होगा।''

ईश्वर, धार्मिक विश्वास और धर्म को यह तिलांजलि भगतसिह के लिए न तो आकस्मिक थी और न ही उनके अभिमान या अहं का परिणाम थी। उन्होंने बहुत पहले 1926 में ईश्वर की सत्ता को अस्वीकार कर दिया था। उन्हीं के शब्दों में, "1926 के अन्त तक मुझे इस बात पर यक़ीन हो गया था कि सृष्टि का निर्माण, व्यवस्थापन और नियन्त्रण करने वाली किसी सर्वशक्तिमान परम सत्ता के अस्तित्व का सिद्धान्त एकदम निराधार है।''

भावना कभी नहीं मरती

वह जुलाई, 1930 का अन्तिम रविवार था। भगतसिह लाहौर सेण्ट्रल ज़ेल से हमें मिलने के लिए बोर्स्टल ज़ेल आये थे। वे इस तर्क पर सरकार से यह सुविधा हासिल करने में क़ामयाब हो गये थे कि उन्हें दूसरे अभियुक्तों के साथ बचाव के तरीक़ों पर बातचीत करनी है। तो उस दिन हम किसी राजनीतिक विषय पर बहस कर रहे थे कि बातों का रुख़ फ़ैसले की तरफ़ मुड़ गया, जिसका हम सबको बेसब्री से इन्तज़ार था। मजाक़-मजाक़ में हम एक-दूसरे के ख़िलाफ़ फ़ैसले सुनाने लगे, सिर्फ़ राजगुरु और भगतसिह को इन फ़ैसलों से बरी रखा गया। हम जानते थे कि उन्हें फ़ाँसी पर लटकाया जायेगा।

"और राजगुरु और मेरा फ़ैसला? क्या आप लोग हमें बरी कर रहे हैं?" मुस्कुराते हुए भगतसिह ने पूछा।

किसी ने कोई जवाब नहीं दिया।

"असलियत को स्वीकार करते डर लगता है?" धीमे स्वर में उन्होंने पूछा। चुप्पी छाई रही।

हमारी चुप्पी पर उन्होंने ठहाका लगाया और बोले, "हमें गरदन से फ़ाँसी के फन्दे से तब तक लटकाया जाये जब तक कि हम मर न जायें। यह है असलियत। मैं इसे जानता हूँ। तुम भी जानते हो। फिर इसकी तरफ़ से आँखें क्यों बन्द करते हो?"

अब तक भगतसिह अपने रंग में आ चुके थे। वे बहुत धीमे स्वर में बोल रहे थे। यही उनका तरीक़ा था। सुनने वालों को लगता था कि वे उन्हें फुसलाने की कोशिश कर रहे हैं। चिल्लाकर बोलना उनकी आदत नहीं थी। यही शायद उनकी शक्ति भी थी।

वे अपने स्वाभाविक अन्दाज़ में बोलते रहे, "देशभक्ति के लिए यह सर्वोच्च पुरस्कार है, और मुझे गर्व है कि मैं यह पुरस्कार पाने जा रहा हूँ। वे सोचते हैं कि मेरे पार्थिव शरीर को नष्ट करके वे इस देश में सुरक्षित रह जायेंगे। यह उनकी भूल है। वे मुझे मार सकते हैं, लेकिन मेरे विचारों को नहीं मार सकते। वे मेरे शरीर को कुचल सकते हैं, लेकिन मेरी भावनाओं को नहीं कुचल सकेंगे। ब्रिटिश हुकूमत के सिर पर मेरे विचार उस समय तक एक अभिशाप की तरह मँडराते रहेंगे जब तक वे यहाँ से भागने के लिए मजबूर न हो जायें।"

भगतसिह पूरे आवेश में बोल रहे थे। कुछ समय के लिए हम लोग भूल गये कि जो आदमी हमारे सामने बैठा है वह हमारा सहयोगी है। वे बोलते जा रहे थे: "लेकिन यह तस्वीर का सिर्फ़ एक पहलू है। दूसरा पहलू भी उतना ही उज्ज्वल है। ब्रिटिश हुकूमत के लिए मरा हुआ भगतसिह जीवित भगतसिह से ज़्यादा ख़तरनाक

होगा। मुझे फ़ाँसी हो जाने के बाद मेरे क्रान्तिकारी विचारों की सुगन्ध हमारे इस मनोहर देश के वातावरण में व्याप्त हो जायेगी। वह नौजवानों को मदहोश करेगी और वे आज़ादी और क्रान्ति के लिए पागल हो उठेंगे। नौजवानों का यह पागलपन ही ब्रिटिश साम्राज्यवादियों को विनाश के कगार पर पहुँचा देगा। यह मेरा दृढ़ विश्वास है। मैं बेसब्री के साथ उस दिन का इन्तज़ार कर रहा हूँ जब मुझे देश के लिए मेरी सेवाओं और जनता के लिए मेरे प्रेम का सर्वोच्च पुरस्कार मिलेगा।''

भगतसिह की भविष्यवाणी एक साल के अन्दर ही सच साबित हुई। उनका नाम मौत को चुनौती देने वाले साहस, बलिदान, देशभक्ति और संकल्पशीलता का प्रतीक बन गया। समाजवादी समाज की स्थापना का उनका सपना शिक्षित युवकों का सपना बन गया और 'इन्कतलाब ज़िन्दाबाद' का उनका नारा समूचे राष्ट्र का युद्धनाद हो गया। 1930-32 में जनता एक होकर उठ खड़ी हुई। कारागार, कोड़े और लाठियों के प्रहार उसके मनोबल को तोड़ नहीं सके। यही भावना, इससे भी ऊँचे स्तर पर, 'भारत छोड़ो' आन्दोलन के दौरान दिखायी दी थी। भगतसिह का नाम होंठों पर और उनका नारा अपने झण्डों पर लिये हुए किशोरों और बच्चों ने गोलियों का सामना इस तरह किया मानो वे मक्खन की बनी हुई हों। पूरा राष्ट्र पागल हो उठा था। और फिर आया 1945-46 का दौर जब विश्व ने एक सर्वथा नये भारत को करवटें बदलते देखा। मज़दूर, किसान, छात्र, नवयुवक, नौसेना, थलसेना, वायुसेना और पुलिस तक—सब कड़ा प्रहार करने के लिए आतुर थे। निष्क्रिय प्रतिरोध की जगह सक्रिय जवाबी हमले ने ले ली। बलिदान और यातनाओं को सहन करने की जो भावना 1930-31 तक थोड़े से नौजवानों तक सीमित थी, अब समूची जनता में दिखायी दे रही थी। विद्रोह की भावना ने पूरे राष्ट्र को अपनी गिरफ्त में जकड़ लिया था। भगतसिह ने ठीक ही तो कहा था, "भावना कभी नहीं मरती।'' और उस समय भी वह मरी नहीं थी।

सन्दर्भ

1. Quoted in the Sedition Committee (Rowlatt) Report, 1919, p. 3
2. वही, पृष्ठ 2
3. वही, पृष्ठ 2
4. मन्मथनाथ गुप्तः भारतीय क्रान्तिकारी आन्दोलन का इतिहास, दूसरा संस्करण, 1960, पृष्ठ 44
5. तारिणी शंकर चक्रवर्तीः भारत में सशस्त्र क्रान्ति की भूमिका, क्रान्तिकारी प्रकाशन, मिजार्पुर, पृष्ठ 142
6. 6. Budhadeva Bhattacharya (ed.), Freedom Struggle & Anushilan Samiti, p. 48

7. वही, पृष्ठ 68
8. 8. J. C. Car: Political Troubles in India 1907-1917, Preface, 1973, p. XIII
9. 9. Quoted in Sedition Committee Report, p. 7
10. तारिणी शंकर चक्रवर्ती: पृष्ठ 93
11. G. Adhikari: Challenge, PPH, New Delhi, Jan. 1984, p. 3
12. Tridib Chaudhary: Freedom Struggle and Anushilan Samiti, Introduction, p. XVI-XVII
13. अमेरिका के भारतीय क्रान्तिकारियों की गतिविधियों के बारे में अधिकतर सामग्री एल-पी. माथुर की पुस्तक Indian Revolutionary Movement in United States of America से ली है। यह पुस्तक एस. चाँद एण्ड क-, नयी दिल्ली से 1970 में प्रकाशित हुई थी।
14. Paraphrased from Ghadar Weekly, Vol. 1, No. 3 (Dec. 30, 1913) by Sohan Singh Josh, Hindustan Ghadar Party, A Short History, p. 160
15. वही, पृष्ठ 189
16. वही, पृष्ठ 175
17. वही, पृष्ठ 192
18. वही, पृष्ठ 177
19. वही, पृष्ठ 193
20. वही, पृष्ठ 193
21. L.P. Mathur, op. Cit., p. 23
22. वही, पृष्ठ 29
23. Presidential Address to Special (Calcutta) Session of the Indian National Congress, September 1920. Quoted by R.P. Dutt; India Today, p. 280
24. वही, पृष्ठ 284
25. देखिये परिशिष्ट न-1
26. शचीन्द्रनाथ सान्याल की पुस्तक बन्दी जीवन से विश्वमित्र उपाध्याय द्वारा शचीन्द्रनाथ सान्याल और उनका युग में उद्धृत, पृष्ठ 195
27. वही, पृष्ठ 156
28. S.N. Mazumdar: In Search of a Revolutionary Theory and a Revolutionary Program. p. 178
29. वही, पृष्ठ 177
30. वही, पृष्ठ 178
31. वही, पृष्ठ 154
32. वही, पृष्ठ 181-2
33. वही, पृष्ठ 183
34. Jawaharlal Nehru: An Autobiography, John Lane, The Bodley Head, London, 1936, p. 164-5

35. Quoted by Pratima Ghosh, Meerut Conspiracy Case & the Left-Wing in India, p. 47
36. वही, पृष्ठ 53
37. यह बिल सदन में बहस के लिए 21 मार्च को पेश किया गया। लेकिन अध्यक्ष ने उसे 2 अप्रैल, 1929 तक के लिए स्थगित कर दिया। 2 अप्रैल को उन्होंने निर्णय दिया कि चूँकि बिल का आधार और मेरठ षड्यन्त्र केस में अभियुक्तों के ख़िलाफ़ लगाये गये अभियोग एक जैसे हैं, इस स्थिति में बिल पर जो बहस होगी उससे अभियुक्तों के बचाव पर असर पड़ेगा। इन कारणों से उन्होंने बिल पर बहस की अनुमति नहीं दी। 4 अप्रैल को भारत सरकार ने उसे फिर सदन के सामने पेश किया और बहस की अनुमति माँगी। 11 अप्रैल को अध्यक्ष ने सरकार की अपील ठुकरा दी और अपना निर्णय बरक़रार रखा। 13 अप्रैल को वायसराय ने उसे अध्यादेश के रूप में लागू कर दिया।
38. Quoted by G. Adhikari in an article in Mainstream, April 29, 1981
39. G. Adhikari (ed.): Documents of the History of the Communist Party of India, Vol. II, p. 443
40. वही, पृष्ठ 442
41. वही, पृष्ठ 473
42. S.N. Mazumdar, op. Cit. p. 176
43. G. S. Deol, Sardar Bhagat Singh
44. वही, पृष्ठ 113
45. Bipan Chandra, Introduction to 'Why I am an Atheist?', Sardar Bhagat Singh Research Committee, New Delhi. 1979
46. वही

खण्ड एक

दस्तावेज़ और पत्र

यह जीवन देश को समर्पित: भगतसिह के छह शुरुआती पत्र

1. दादा जी के नाम एक पत्र

शहीद भगतसिह का जन्म 28 सितम्बर, 1907 को हुआ। उस समय उनके चाचा अजीत सिह को लाला लाजपतराय के साथ किसान-आन्दोलन का प्रतिनिधित्व करने पर अंग्रेज़ सरकार ने माण्डले (बर्मा) में निर्वासित कर रखा था। जनता के रोष के आगे झुकते हुए नवम्बर, 1907 में उन्हें रिहा किया गया। पिता किशन सिह को अंग्रेज़ सरकार ने नेपाल से पकड़ा था और छोड़ दिया था। सबसे छोटे चाचा स्वर्ण सिह पर कई मुक़दमे बनाये गये थे, और वे जमानत पर रिहा हुए थे। इसीलिए दादी ने भगतसिह को 'भागाँवाला' (भाग्यशाली) मान लिया था।

बाबा अर्जुन सिह ने अपने पोते का पालन-पोषण अपनी देखरेख में किया। वे शुरू से ही उसके भीतर सामाजिक चेतना और तर्क-शक्ति के विकास के लिए प्रयत्नशील थे, और उसे सामाजिक बराबरी और प्रगति के विचारों से परिचित करा रहे थे। भगतसिह की पहले चार साल की पढ़ाई अपने गाँव बंगा चक्क न. 105 गुगैरा ब्रांच (अब लायलपुर, पाकिस्तान) में हुई और आगे पढ़ने के लिए वे पिताजी के पास लाहौर आ गये। यह भगतसिह का पहला ख़त है, जब वे छठी कक्षा में पढ़ रहे थे। उनका यह पत्र दादा अर्जुन सिह को सम्बोधित है, जो उन दिनों गाँव खटकड़ कलाँ आये हुए थे। पत्र उर्दू में है।–स.

लाहौर, 22 जुलाई, 1918

पूज्य बाबाजी,

नमस्ते।

अर्ज यह है कि आपका ख़त मिला। पढ़कर दिल ख़ुश हुआ। इम्तिहान की बाबत यह है कि मैंने पहले इस वास्ते नहीं लिखा था क्योंकि हमें बताया नहीं गया था। अब हमें अंग्रेज़ी और संस्कृत का नतीजा बताया गया है। उनमें मैं पास हूँ। संस्कृत

में मेरे 150 नम्बरों में 110 नम्बर हैं। अंग्रेज़ी में 150 में से 68 नम्बर हैं। जो 150 में से 50 नम्बर ले जाये वह पास होता है। 68 नम्बरों को लेकर मैं अच्छी तरह पास हो गया हूँ। किसी कस्मि की चिन्ता न करना। बाक़ी नहीं बताया गया। छुट्टियाँ, 8 अगस्त को पहली छुट्टी होगी। आप कब आयेंगे, लिखना।

आपका ताबेदार
भगतसिह

2. दादा जी के नाम एक और पत्र

लाहौर, 27 जुलाई, 1919

श्रीमान पूज्य दादा जी, नमस्ते!

अर्ज है कि ख़ैरियत है और आपकी ख़ैरियत श्रीनारायण जी से नेक मनाया करता हूँ। अहवाल ये है कि हमारा छमाही इम्तिहान हो गये, जो जुलाई से शुरू हुए थे। हिसाब के परचे में बहुत लड़के फेल हो गये थे, इसलिए हमारा हिसाब का इम्तिहान नौ अगस्त को दोबारा होगा। और सब तरह से ख़ैरियत है। आपने कब आना है। भाइया जी को यह बताइये कि मैं छमाही इम्तिहान में सारे मजमूनों में पास हो गया हूँ। माताजी, चाचीज़ी को नमस्ते। कुलतार सिह को 24 जुलाई की रात और 25 जुलाई की शाम को बुखार था। अभी उसे आराम है, किसी कस्मि की फिक्र न करें।

आपका ताबेदार...
भगतसिह

भगतसिह ने 12 साल की उम्र में दादा अर्जुन सिह के नाम उर्दू में यह पत्र लिखा था।—स.

3. दादा जी के नाम एक और पत्र

लाहौर, 14 नवम्बर, 1921

मेरे पूज्य दादा साहब जी,

नमस्ते।

अर्ज यह है कि इस जगह ख़ैरियत है और आपकी ख़ैरियत श्री परमात्मा जी से नेक मतलूब हूँ। अहवाल ये है कि मुद्दत से आपका कृपा-पत्र नहीं मिला। क्या सबब है? कुलबीर सिह, कुलतार सिह की ख़ैरियत से जल्दी मुत्तला फरमायें। बेबे साहबा अभी मोराँवाली से वापस नहीं आयीं। बाक़ी सब ख़ैरियत है।

(कार्ड की दूसरी तरफ़)

माता जी को नमस्ते। चाची साहबा को नमस्ते। मँगू चमार अभी तक तो नहीं आया। मैंने एक पुरानी किताब मोल ली थी, जोकि बहुत सस्ती मिल गयी थी।

(कार्ड की लाइनों के बीच उल्टे रुख़)

आजकल रेलवे वाले हड़ताल की तैयारी कर रहे हैं। उम्मीद है कि अगले हफ़्ते के बाद जल्द शुरू हो जायेगी।

आपका ताबेदार

भगतसिह

इस पत्र से पता चलता है कि उस समय चल रहे असहयोग आन्दोलन के प्रभाव से भगतसिह अनजाने नहीं थे। वे दादा को बताये बिना न रह सके कि जल्दी आरम्भ होने वाली रेल-हड़ताल की उन्हें ख़बर है।—स.

4. गुरुमुखी में लिखा पहला पत्र : चाची के नाम

13 अप्रैल, 1919 को जलियाँवाला बाग में अंग्रेज़ों ने बर्बर क़त्लेआम किया। 12 वर्षीय भगतसिह दूसरे दिन वहाँ गये और रक्त-सनी मिट्टी लेकर घर लौटे, तो कई सवाल उनके मन में थे। अपनी छोटी बहिन बीबी अमरकौर से उन्होंने अपने मन की बातें कीं।

21 फ़रवरी, 1921 को महन्त नारायणदास ने ननकाना साहिब में 140 सिखों को बड़ी बेरहमी से मार डाला। बहुतों को ज़िन्दा ही जला दिया। लाहौर से अपने गाँव बंगा जाते समय भगतसिह ने वह स्थान देखा और 5 मार्च को हुई बड़ी कॉन्फ्रेंस भी देखी। वे ननकाना साहिब से इस घटना सम्बन्धी एक कैलेण्डर भी लेते गये थे। इस घटना से पूरे पंजाब के गाँवों में अंग्रेज़ सरकार के ख़िलाफ़, जिसने महन्त की मदद की थी, एक जोरदार आन्दोलन उठा। हर गाँव में काली पगड़ियाँ बाँधने और पंजाबी पढ़ने का रिवाज चल पड़ा। भगतसिह भी इसके प्रभाव में आये। भाई-बहिन—बीबी अमरकौर और भगतसिह ने पंजाबी पढ़नी व लिखनी सीखी। यह पत्र उसी समय का है, जो 1910 में ज़ेल-यातनाओं से शहीद हुए चाचा स्वर्ण सिह की पत्नी चाची हुक्मकौर को लिखा गया था। हिज्जे जैसे के तैसे दिये जा रहे हैं। गुरुमुखी लिपि में लिखा भगतसिह का यह पहला पत्र है। बाद में पंजाबी में भगतसिह ने बहुत-से लेख भी लिखे।—स.

15 नवम्बर, 1921

मेरी परम प्यारी चाची जी,

नमस्ते।

मुझे ख़त लिघने (लिखने) में देरी हो गयी है। सो उम्मीद है कि आप माफ़

करोगे। भाइया जी (पिता किशन सिह) दिल्ली गये हुए हैं। भेभे (बेबे—माँ) मोराँवाली को गयी हुई हैं। बाक़ी सब राजी-खुशी है। बड़ी चाची जी को मत्था टेकना। माता जी को मत्था टेकना, कुलबीर, कुलतार सिह को सति श्री अकाल या नमस्ते।

आपका आज्ञाकारी

भगतसिह

5. चाची के नाम एक और पत्र

लाहौर, 24 अक्टूबर, 1921

मेरी प्रिय चाची जी,

नमस्ते!

मैं जल्सा देखने के लिए लायलपुर गया था। मुझे गाँव आना था, लेकिन बापूजी ने मना कर दिया था, इसलिए मैं गाँव नहीं आया। मुझे माफ़ करना यदि कोई भूल हो गयी हो, चाचा जी (स्वर्ण सिह) का चित्र बन गया है, मुझे साथ ही लाना था, लेकिन तब तक वह पूरा नहीं हुआ था, इसलिए माफ़ करना। जवाब जल्दी दे देना। बड़ी चाची जी को माथा टेकना, माता जी को भी माथा टेकना। कुलबीर और कुलतार (छोटे भाई) को नमस्ते।

आपका पुत्र

भगतसिह

भगतसिह ने क़रीब 14 साल की उम्र में अपनी छोटी चाची (चाचा स्वर्ण सिह की विधवा हुक्म कौर) को लिखा था। पंजाबी भाषा व गुरमुखी लिपि में लिखा यह पत्र चक न. 105, जिला लायलपुर के पते पर भेजा गया था। पता उर्दू में लिखा है पर जिला लायलपुर अंग्रेज़ी अक्षरों में है।—स.

6. घर को अलविदा : पिता जी के नाम पत्र

1923 में भगतसिह, नेशनल कॉलेज, लाहौर के विद्यार्थी थे। जन-जागरण के लिए ड्रामा-क्लब में भी भाग लेते थे। क्रान्तिकारी अध्यापकों और साथियों से नाता जुड़ गया था। भारत को आज़ादी कैसे मिले, इस बारे में लम्बा-चौड़ा अध्ययन और बहसें जारी थीं।

घर में दादी जी ने अपने पोते की शादी की बात चलायी। उनके सामने अपना तर्क न चलते देख भगतसिह ने पिता जी के नाम यह पत्र लिखा और कानपुर में गणेशशंकर विद्यार्थी के पास पहुँचकर 'प्रताप' में काम शुरू कर दिया। वहीं

बी.के. दत्त, शिव वर्मा, विजयकुमार सिन्हा जैसे क्रान्तिकारी साथियों से मुलाक़ात हुई। उनका कानपुर पहुँचना क्रान्ति के रास्ते पर एक बड़ा क़दम बना।—स.

पूज्य पिता जी,

नमस्ते।

मेरी ज़िन्दगी मकसदे-आला[1] यानी आज़ादी-ए-हिन्द के असूल[2] के लिए वक्फ़[3] हो चुकी है। इसलिए मेरी ज़िन्दगी में आराम और दुनियावी ख़्वाहशात[4] बायसे कशिश[5] नहीं हैं।

आपको याद होगा कि जब मैं छोटा था, तो बापू जी ने मेरे यज्ञोपवीत के वक़्त एलान किया था कि मुझे ख़िदमते-वतन[6] के लिए वक्फ दिया गया है। लिहाजा मैं उस वक़्त की प्रतिज्ञा पूरी कर रहा हूँ।

उम्मीद है आप मुझे माफ़ फरमायेंगे।

आपका ताबेदार

भगतसिह

---

1. उच्च उद्देश्य, 2. सिद्धान्त, 3. दान, 4. सांसारिक इच्छाएँ, 5. आकर्षक, 6. देश-सेवा।

विचार-यात्रा का पहला पड़ाव

पंजाब की भाषा और लिपि की समस्या

1924 के दौरान पंजाब में भाषा-विवाद चल रहा था। पंजाबी भाषा की लिपि के प्रश्न पर उर्दू और हिन्दी के पक्षधरों में बहस जारी थी। भगतसिह भी इस बहस पर अपने विचार बनाने लगे थे। पंजाब की भाषा और लिपि की समस्या पर यह लेख उन्होंने पंजाब हिन्दी साहित्य सम्मेलन के आमन्त्रण पर लिखा था और अव्वल मानकर सम्मेलन ने इस पर 50/- का ईनाम भी दिया था।

यह लेख सम्मेलन के प्रधानमन्त्री श्री भीमसेन विद्यालंकार ने सुरक्षित रखा और भगतसिह के बलिदान के बाद 28 फ़रवरी, 1933 के 'हिन्दी सन्देश' में प्रकाशित किया।—स.

"किसी समाज अथवा देश को पहचानने के लिए उस समाज अथवा देश के साहित्य से परिचित होने की परमावश्यकता होती है, क्योंकि समाज के प्राणों की चेतना उस समाज के साहित्य में भी प्रतिच्छवित हुआ करती है।"

उपरोक्त कथन की सत्यता का इतिहास साक्षी है। जिस देश के साहित्य का प्रवाह जिस ओर बहा, ठीक उसी ओर वह देश भी अग्रसर होता रहा। किसी भी जाति के उत्थान के लिए ऊँचे साहित्य की आवश्यकता हुआ करती है। ज्यों-ज्यों देश का साहित्य ऊँचा होता जाता है, त्यों-त्यों देश भी उन्नति करता जाता है। देशभक्त, चाहे वे निरे समाज-सुधारक हों अथवा राजनीतिक नेता, सबसे अधिक ध्यान देश के साहित्य की ओर दिया करते हैं। यदि वे सामाजिक समस्याओं तथा परिस्थितियों के अनुसार नवीन साहित्य की सृष्टि न करें तो उनके सब प्रयत्न निष्फल हो जायें और उनके कार्य स्थायी न हो पायें।

शायद गैरीबाल्डी को इतनी जल्दी सेनाएँ न मिल पातीं, यदि मेजिनी ने 30 वर्ष देश में साहित्य तथा साहित्यिक जागृति पैदा करने में ही न लगा दिये होते। आयरलैण्ड के पुनरुत्थान के साथ गैलिक भाषा के पुनरुत्थान का प्रयत्न भी उसी वेग से किया

गया। शासक लोग आयरिश लोगों को दबाये रखने के लिए उनकी भाषा का दमन करना इतना आवश्यक समझते थे कि गैलिक भाषा की एक-आध कविता रखने के कारण छोटे-छोटे बच्चों तक को दण्डित किया जाता था। रूसो, वाल्टेयर के साहित्य के बिना फ्रांस की राज्यक्रान्ति घटित न हो पाती। यदि टालस्टाय, कार्ल मार्क्स तथा मैक्सिम गोर्की इत्यादि ने नवीन साहित्य पैदा करने में वर्षों व्यतीत न कर दिये होते, तो रूस की क्रान्ति न हो पाती, साम्यवाद का प्रचार तथा व्यवहार तो दूर रहा।

यही दशा हम सामाजिक तथा धार्मिक सुधारकों में देख पाते हैं। कबीर के साहित्य के कारण उनके भावों का स्थायी प्रभाव दीख पड़ता है। आज तक उनकी मधुर तथा सरस कविताओं को सुनकर लोग मुग्ध हो जाते हैं।

ठीक यही बात गुरु नानकदेव जी के विषय में भी कही जा सकती है। सिक्ख गुरुओं ने अपने मत के प्रचार के साथ जब नवीन सम्प्रदाय स्थापित करना शुरू किया, उस समय उन्होंने नवीन साहित्य की आवश्यकता भी अनुभव की और इसी विचार से गुरु अंगददेव जी ने गुरुमुखी लिपि बनायी। शताब्दियों तक निरन्तर युद्ध और मुसलमानों के आक्रमणों के कारण पंजाब में साहित्य की कमी हो गयी थी। हिन्दी भाषा का भी लोप-सा हो गया था। इस समय किसी भारतीय लिपि को ही अपनाने के लिए उन्होंने कश्मीरी लिपि को अपना लिया। तत्पश्चात गुरु अर्जुनदेव जी तथा भाई गुरुदास जी के प्रयत्न से आदिग्रन्थ का संकलन हुआ। अपनी लिपि तथा अपना साहित्य बनाकर अपने मत को स्थायी रूप देने में उन्होंने यह बहुत प्रभावशाली तथा उपयोगी क़दम उठाया था।

उसके बाद ज्यों-ज्यों परिस्थिति बदलती गयी, त्यों-त्यों साहित्य का प्रवाह भी बदलता गया। गुरुओं के निरन्तर बलिदानों तथा कष्ट-सहन से परिस्थिति बदलती गयी। जहाँ हम प्रथम गुरु के उपदेश में भक्ति तथा आत्मविस्मृति के भाव सुनते हैं और निम्मिलखित पद में कमाल आजिजी का भाव पाते हैंरू

नानक नन्हे हो रहे, जैसी नन्हीं दूब।
और घास जरि जात है, दूब ख़ूब की ख़ूब।।

वहीं पर हम नवें गुरु श्री तेगबहादुर जी के उपदेश में पददलित लोगों की हमदर्दी तथा उनकी सहायता के भाव पाते हैं:

बाँहि जिन्हाँ दी पकड़िये, सिर दीजिए बाँहि न छोड़िये।
गुरु तेगबहादुर बोलया, धरती पै धर्म न छोड़िये।।

उनके बलिदान के बाद हम एकाएक गुरु गोविन्द सिह जी के उपदेश में क्षात्र धर्म का भाव पाते हैं। जब उन्होंने देखा कि अब केवल भक्ति-भाव से ही काम न चलेगा, तो उन्होंने चण्डी की पूजा भी प्रारम्भ की और भक्ति तथा क्षात्र धर्म का

समावेश कर सिक्ख समुदाय को भक्तों तथा योद्धाओं का समूह बना दिया। उनकी कविता (साहित्य) में हम नवीन भाव देखते हैं।

वे लिखते हैं:

जे तोहि प्रेम खेलण का चाव, सिर धर तली गली मोरी आव।
जे इत मारग पैर धरीजै, सिर दीजै कांण न कीजै।।

और फिर–

सूरा सो पहिचानिये, जो लड़े दीन के हेत।
पुर्जा -पुर्जा कट मरै, कभूँ न छाँड़ै खेत।।
और फिर एकाएक खड्ग की पूजा प्रारम्भ हो जाती है।
खग खण्ड विहण्ड, खल दल खण्ड अति रन मण्ड प्रखण्ड।
भुज दण्ड अखण्ड, तेज़ प्रचण्ड जोति अभण्ड भानुप्रभं।।

उन्हीं भावों को लेकर बाबा बन्दा आदि मुसलमानों के विरुद्ध निरन्तर युद्ध करते रहे, परन्तु उसके बाद हम देखते हैं कि जब सिक्ख सम्प्रदाय केवल अराजकों का एक समूह रह जाता है और जब वे गैर-क़ानूनी (Outlaw) घोषित कर दिये जाते हैं, तब उन्हें निरन्तर जंगलों में ही रहना पड़ता है। अब इस समय नवीन साहित्य की सृष्टि नहीं हो सकी। उनमें नवीन भाव नहीं भरे जा सके। उनमें क्षात्र-वृत्ति थी, वीरत्व तथा बलिदान का भाव था और मुसलमान शासकों के विरुद्ध युद्ध करते रहने का भाव था, परन्तु उसके बाद क्या करना होगा, यह वे भली-भाँति नहीं समझे। तभी तो उन वीर योद्धाओं के समूह (मिसलें) आपस में भिड़ गये। यहीं पर सामयिक भावों की त्रुटि बुरी तरह अखरती है। यदि बाद में रणजीत सिह जैसा वीर योद्धा और चालाक शासक न निकल आता, तो सिक्खों को एकत्रित करने के लिए कोई उच्च आदर्श अथवा भाव शेष न रह गया था।

इन सबके साथ एक बात और भी ख़ास ध्यान देने योग्य है। संस्कृत का सारा साहित्य हिन्दू समाज को पुनर्जीवित न कर सका, इसीलिए सामयिक भाषा में नवीन साहित्य की सृष्टि की गयी। उस सामयिक भाव के साहित्य ने अपना जो प्रभाव दिखाया वही हम आज तक अनुभव करते हैं। एक अच्छे समझदार व्यक्ति के लिए क्लिष्ट संस्कृत के मन्त्र तथा पुरानी अरबी की आयतें इतनी प्रभावकारी नहीं हो सकतीं जितनी कि उसकी अपनी साधारण भाषा की साधारण बातें।

ऊपर पंजाबी भाषा तथा साहित्य के विकास का संक्षिप्त इतिहास लिखा गया है। अब हम वर्तमान अवस्था पर आते हैं। लगभग एक ही समय पर बंगाल में स्वामी विवेकानन्द तथा पंजाब में स्वामी रामतीर्थ पैदा हुए, दोनों एक ही ढर्रे के महापुरुष थे। दोनों विदेशों में भारतीय तत्त्वज्ञान की धाक जमाकर स्वयं भी जगत-प्रसिद्ध हो गये,

परन्तु स्वामी विवेकानन्द का मिशन बंगाल में एक स्थायी संस्था बन गया, पर पंजाब में स्वामी रामतीर्थ का स्मारक तक नहीं दीख पड़ता। उन दोनों के विचारों में भारी अन्तर रहने पर भी तह में हम एक गहरी समता देखते हैं। जहाँ स्वामी विवेकानन्द कर्मयोग का प्रचार कर रहे थे, वहाँ स्वामी रामतीर्थ भी मस्तानावार गाया करते थेः

हम रूखे टुकड़े खायेंगे, भारत पर वारे जायेंगे।
हम सूखे चने चबायेंगे, भारत की बात बनायेंगे।
हम नंगे उमर बितायेंगे, भारत पर जान मिटायेंगे।

वे कई बार अमेरिका में अस्त होते सूर्य को देखकर आँसू बहाते हुए कहा करते थे–"तुम अब मेरे प्यारे भारत में उदय होने जा रहे हो। मेरे इन आँसुओं को भारत के सलिल सुन्दर खेतों में ओस की बूँदों के रूप में रख देना।" इतना महान देश तथा ईश्वर-भक्त हमारे प्रान्त में पैदा हुआ हो, परन्तु उसका स्मारक तक न दीख पड़े, इसका कारण साहित्यिक फिसड्डीपन के अतिरिक्त क्या हो सकता है?

यह बात हम पद-पद पर अनुभव करते हैं। बंगाल के महापुरुष श्री देवेन्द्र ठाकुर तथा श्री केशवचन्द्र सेन की टक्कर के पंजाब में भी कई महापुरुष हुए हैं, परन्तु उनकी वह कद्र नहीं और मरने के बाद वे जल्द ही भुला दिये गये, जैसे ज्ञान सिह जी इत्यादि। इन सबकी तह में हम देखते हैं कि एक ही मुख्य कारण है, और वह है साहित्यिक रुचि-जागृति का सर्वथा अभाव।

यह तो निश्चय ही है कि साहित्य के बिना कोई देश अथवा जाति उन्नति नहीं कर सकती, परन्तु साहित्य के लिए सबसे पहले भाषा की आवश्यकता होती है और पंजाब में वह नहीं है। इतने दिनों से यह त्रुटि अनुभव करते रहने पर भी अभी तक भाषा का कोई निर्णय न हो पाया। उसका मुख्य कारण है हमारे प्रान्त के दुर्भाग्य से भाषा को मजहबी समस्या बना देना। अन्य प्रान्तों में हम देखते हैं कि मुसलमानों में प्रान्तीय भाषा को ख़ूब अपना लिया है। बंगाल के साहित्य-क्षेत्र में कवि नज़र-उल-इस्लाम एक चमकते सितारे हैं। हिन्दी कवियों में लतीफ हुसैन 'नटवर' उल्लेखनीय हैं। इसी तरह गुज़रात में भी हैं, परन्तु दुर्भाग्य है पंजाब का। यहाँ पर मुसलमानों का प्रश्न तो अलग रहा, हिन्दू-सिक्ख भी इस बात पर न मिल सके।

पंजाब की भाषा अन्य प्रान्तों की तरह पंजाबी ही होनी चाहिए थी, फिर क्यों नहीं हुई, यह प्रश्न अनायास ही उठता है, परन्तु यहाँ के मुसलमानों ने उर्दू को अपनाया। मुसलमानों में भारतीयता का सर्वथा अभाव है, इसीलिए वे समस्त भारत में भारतीयता का महत्त्व न समझकर अरबी लिपि तथा फ़ारसी भाषा का प्रचार करना चाहते हैं। समस्त भारत की एक भाषा और वह भी हिन्दी होने का महत्त्व उनकी समझ में नहीं आता। इसलिए वे तो अपनी उर्दू की रट लगाते रहे और एक ओर बैठ गये।

फिर सिक्खों की बारी आयी। उनका सारा साहित्य गुरुमुखी लिपि में है। भाषा में अच्छी-ख़ासी हिन्दी है, परन्तु मुख्य पंजाबी भाषा है। इसलिए सिक्खों ने गुरुमुखी लिपि में लिखी जाने वाली पंजाबी भाषा को ही अपना लिया। वे उसे किसी तरह छोड़ न सकते थे। वे उसे मजहबी भाषा बनाकर उससे चिपट गये।

इधर आर्यसमाज का आविर्भाव हुआ। स्वामी दयानन्द सरस्वती ने समस्त भारतवर्ष में हिन्दी प्रचार करने का भाव रखा। हिन्दी भाषा आर्यसमाज का एक धार्मिक अंग बन गयी। धार्मिक अंग बन जाने से एक लाभ तो हुआ कि सिक्खों की कट्टरता से पंजाब की रक्षा हो गयी और आर्यसमाजियों की कट्टरता से हिन्दी भाषा ने अपना स्थान बना लिया।

आर्यसमाज के प्रारम्भ के दिनों में सिक्खों तथा आर्यसमाजियों की धार्मिक सभाएँ एक ही स्थान पर होती थीं। तब उनमें कोई भिन्न भेदभाव न था, परन्तु पीछे 'सत्यार्थ प्रकाश' के किन्हीं दो-एक वाक्यों के कारण आपस में मनोमालिन्य बहुत बढ़ गया और एक-दूसरे से घृणा होने लगी। इसी प्रवाह में बहकर सिक्ख लोग हिन्दी भाषा को भी घृणा की दृष्टि से देखने लगे। औरों ने इसकी ओर किंचित भी ध्यान न दिया।

बाद में, कहते हैं कि आर्यसमाजी नेता महात्मा हंसराज जी ने लोगों से कुछ परामर्श किया था कि यदि वह हिन्दी लिपि को अपना लें, तो हिन्दी लिपि में लिखी जाने वाली पंजाबी भाषा यूनिवर्सिटी में मंजूर करवा लेंगे, परन्तु दुर्भाग्यवश वे लोग संकीर्णता के कारण और साहित्यिक जागृति के न रहने के कारण इस बात के महत्त्व को समझ ही न सके और वैसा न हो सका। ख़ैर! तो इस समय पंजाब में तीन मत हैं। पहला मुसलमानों का उर्दू सम्बन्धी कट्टर पक्षपात, दूसरा आर्यसमाजियों तथा कुछ हिन्दुओं का हिन्दी सम्बन्धी, तीसरा पंजाबी का।

इस समय हम एक-एक भाषा के सम्बन्ध में कुछ विचार करें, तो अनुचित न होगा। सबसे पहले हम मुसलमानों का विचार रखेंगे। वे उर्दू के कट्टर पक्षपाती हैं। इस समय पंजाब में इसी भाषा का जोर भी है। कोर्ट की भाषा भी यही है, और फिर मुसलमान सज्जनों का कहना यह है कि उर्दू लिपि में ज़्यादा बात थोड़े स्थान में लिखी जा सकती है। यह सब ठीक है, परन्तु हमारे सामने इस समय सबसे मुख्य प्रश्न भारत को एक राष्ट्र बनाना है। एक राष्ट्र बनाने के लिए एक भाषा होना आवश्यक है, परन्तु यह एकदम हो नहीं सकता। उसके लिए क़दम-क़दम चलना पड़ता है। यदि हम अभी भारत की एक भाषा नहीं बना सकते तो कम से कम लिपि तो एक बना देनी चाहिए। उर्दू लिपि तो सर्वांगसम्पूर्ण नहीं कहला सकती, और फिर सबसे बड़ी बात तो यह है कि उसका आधार फ़ारसी भाषा पर है। उर्दू कवियों की उड़ान,

चाहे वे हिन्दी (भारतीय) ही क्यों न हों, ईरान के साकी और अरब की खजूरों को जा पहुँचती है। काजी नज़र-उल-इस्लाम की कविता में तो धूरजटी, विश्वामित्र और दुर्वासा की चर्चा बार-बार है, परन्तु हमारे पंजाबी हिन्दी-उर्दू कवि उस ओर ध्यान तक भी न दे सके। क्या यह दुख की बात नहीं? इसका मुख्य कारण भारतीयता और भारतीय साहित्य से उनकी अनभिज्ञता है। उनमें भारतीयता आ ही नहीं पाती, तो फिर उनके रचित साहित्य से हम कहाँ तक भारतीय बन सकते हैं? केवल उर्दू पढ़ने वाले विद्यार्थी भारत के पुरातन साहित्य का ज्ञान नहीं हासिल कर सकते। यह नहीं कि उर्दू जैसी साहित्यिक भाषा में उन ग्रन्थों का अनुवाद नहीं हो सकता, परन्तु उसमें ठीक वैसा ही अनुवाद हो सकता है, जैसाकि एक ईरानी को भारतीय साहित्य सम्बन्धी ज्ञानोपार्जन के लिए आवश्यक हो।

हम अपने उपरोक्त कथन के समर्थन में केवल इतना ही कहेंगे कि जब साधारण आर्य और स्वराज्य आदि शब्दों को आर्या और स्वराजिया लिखा और पढ़ा जाता है तो गूढ़ तत्त्वज्ञान सम्बन्धी विषयों की चर्चा ही क्या? अभी उस दिन श्री लाला हरदयाल जी एम-ए. की उर्दू पुस्तक 'क़ौमें किस तरह ज़िन्दा रह सकती हैं?' का अनुवाद करते हुए सरकारी अनुवादक ने ऋषि नचिकेता को उर्दू में लिखा होने से नीची कुतिया समझकर 'ए बिच ऑफ़ लो ओरिजिन' अनुवाद किया था। इसमें न तो लाला हरदयाल जी का अपराध था, न अनुवादक महोदय का। इसमें क़सूर था उर्दू लिपि का और उर्दू भाषा की हिन्दी भाषा तथा साहित्य से विभिन्नता का।

शेष भारत में भारतीय भाषाएँ और लिपियाँ प्रचलित हैं। ऐसी अवस्था में पंजाब में उर्दू का प्रचार कर क्या हम भारत से एकदम अलग-थलग हो जावें? नहीं। और फिर सबसे बड़ी बात तो यह है कि उर्दू के कट्टर पक्षपाती मुसलमान लेखकों की उर्दू में फ़ारसी का ही आधिक्य रहता है। 'जमींदार' और 'सियासत' आदि मुसलमान-समाचारपत्रों में तो अरबी का जोर रहता है, जिसे एक साधारण व्यक्ति समझ भी नहीं सकता। ऐसी दशा में उसका प्रचार कैसे किया जा सकता है? हम तो चाहते हैं कि मुसलमान भाई भी अपने मजहब पर पक्के रहते हुए ठीक वैसे ही भारतीय बन जायें जैसेकि कमाल टर्क (तुर्क) हैं। भारतोद्धार तभी हो सकेगा। हमें भाषा आदि के प्रश्नों को मार्मिक समस्या न बनाकर ख़ूब विशाल दृष्टिकोण से देखना चाहिए।

इसके बाद हम हिन्दी-पंजाबी भाषाओं की समस्या पर विचार करेंगे। बहुत-से आदर्शवादी सज्जन समस्त जगत को एक राष्ट्र, विश्व राष्ट्र बना हुआ देखना चाहते हैं। यह आदर्श बहुत सुन्दर है। हमको भी इसी आदर्श को सामने रखना चाहिए। उस पर पूर्णतया आज व्यवहार नहीं किया जा सकता, परन्तु हमारा हर एक क़दम,

हमारा हर एक कार्य इस संसार की समस्त जातियों, देशों तथा राष्ट्रों को एक सुदृढ़ सूत्र में बाँधकर सुख-वृद्धि करने के विचार से उठना चाहिए। उससे पहले हमको अपने देश में यही आदर्श क़ायम करना होगा। समस्त देश में एक भाषा, एक लिपि, एक साहित्य, एक आदर्श और एक राष्ट्र बनाना पड़ेगा, परन्तु समस्त एकताओं से पहले एक भाषा का होना ज़रूरी है, ताकि हम एक-दूसरे को भली-भाँति समझ सकें। एक पंजाबी और एक मद्रासी इकट्ठा बैठकर केवल एक-दूसरे का मुँह ही न ताका करें, बल्कि एक-दूसरे के विचार तथा भाव जानने का प्रयत्न करें, परन्तु यह परायी भाषा अंग्रेज़ी में नहीं, बल्कि हिन्दुस्तान की अपनी भाषा हिन्दी में। यह आदर्श भी, पूरा होते-होते अभी कई वर्ष लगेंगे। उसके प्रयत्न में हमें सबसे पहले साहित्यिक जागृति पैदा करनी चाहिए। केवल गिनती के कुछेक व्यक्तियों में नहीं, बल्कि सर्वसाधारण में। सर्वसाधारण में साहित्यिक जागृति पैदा करने के लिए उनकी अपनी ही भाषा आवश्यक है। इसी तर्क के आधार पर हम कहते हैं कि पंजाब में पंजाबी भाषा ही आपको सफल बना सकती है।

अभी तक पंजाबी साहित्यिक भाषा नहीं बन सकी है और समस्त पंजाब की एक भाषा भी वह नहीं है। गुरुमुखी लिपि में लिखी जाने वाली मध्य पंजाब की बोलचाल की भाषा को ही इस समय तक पंजाबी कहा जाता है। वह न तो अभी तक विशेष रूप से प्रचलित ही हो पायी है और न ही साहित्यिक तथा वैज्ञानिक ही बन पायी है। उसकी ओर पहले तो किसी ने ध्यान ही नहीं दिया, परन्तु अब जो सज्जन उस ओर ध्यान भी दे रहे हैं उन्हें लिपि की अपूर्णता बेतरह अखरती है। संयुक्त अक्षरों का अभाव और हलन्त न लिख सकने आदि के कारण उसमें भी ठीक-ठीक सब शब्द नहीं लिखे जा सकते, और तो और, पूर्ण शब्द भी नहीं लिखा जा सकता। यह लिपि तो उर्दू से भी अधिक अपूर्ण है और जब हमारे सामने वैज्ञानिक सिद्धान्तों पर निर्भर सर्वांगसम्पूर्ण हिन्दी लिपि विद्यमान है, फिर उसे अपनाने में हिचक क्या? गुरुमुखी लिपि तो हिन्दी अक्षरों का ही बिगड़ा हुआ रूप है। आरम्भ में ही उसका उ का ਉ, अ का ਅ बना हुआ है और म ट ठ आदि तो वे ही अक्षर हैं। सब नियम मिलते हैं फिर एकदम उसे ही अपना लेने से कितना लाभ हो जायेगा? सर्वांगसम्पूर्ण लिपि को अपनाते ही पंजाबी भाषा उन्नति करना शुरू कर देगी। और उसके प्रचार में कठिनाई ही क्या है? पंजाब की हिन्दू स्त्रियाँ इसी लिपि से परिचित हैं। डी.ए.वी. स्कूलों और सनातन धर्म स्कूलों में हिन्दी ही पढ़ाई जाती है। ऐसी दशा में कठिनाई ही क्या है? हिन्दी के पक्षपाती सज्जनों से हम कहेंगे कि निश्चय ही हिन्दी भाषा ही अन्त में समस्त भारत की एक भाषा बनेगी, परन्तु पहले से ही उसका प्रचार करने से बहुत सुविधा होगी। हिन्दी लिपि के अपनाने से ही पंजाबी हिन्दी की-सी

बन जाती है। फिर तो कोई भेद ही नहीं रहेगा और इसकी ज़रूरत है, इसलिए कि सर्वसाधारण को शिक्षित किया जा सके और यह अपनी भाषा के अपने साहित्य से ही हो सकता है। पंजाबी की यह कविता देखिये–

ओ राहिया राहे जान्दया, सुन जा गल मेरी,
सिर ते पग तेरे वलैत दी, इहनूँ फूक मआतड़ा ला।।

और इसके मुक़ाबले में हिन्दी की बड़ी-बड़ी सुन्दर कविताएँ कुछ प्रभाव न कर सकेंगी, क्योंकि वह अभी सर्वसाधारण के हृदय के ठीक भीतर अपना स्थान नहीं बना सकी है। वह अभी कुछ बहुत परायी-सी दीख पड़ती है। कारण कि हिन्दी का आधार संस्कृत है। पंजाब उससे कोसों दूर हो चुका है। पंजाबी में फ़ारसी ने अपना प्रभाव बहुत कुछ रखा है। यथा, चीज़ का जमा 'चीज़ें' न होकर फ़ारसी की तरह 'चीज़ाँ' बन गया है। यह असूल अन्त तक कार्य करता दिखायी देता है। कहने का तात्पर्य यह है कि पंजाबी के निकट होने पर भी हिन्दी अभी पंजाबी-हृदय से काफ़ी दूर है। हाँ, पंजाबी भाषा के हिन्दी लिपि में लिखे जाने पर और उसके साहित्य बनाने के प्रयत्न में निश्चय ही वह हिन्दी के निकटतर आ जायेगी।

प्रायः सभी मुख्य तर्कों पर तर्क किया जा चुका है। अब केवल एक बात कहेंगे। बहुत-से सज्जनों का कथन है कि पंजाबी भाषा में माधुर्य, सौन्दर्य और भावुकता नहीं है। यह सरासर निराधार है। अभी उस दिन–

लच्छीए जित्थे तू पानी डोलिया ओत्थे उग पये सन्दल दे बूटे

वाले गाने के माधुर्य ने कवीन्द्र रवीन्द्र तक को मोहित कर लिया और वे झट अंग्रेज़ी में अनुवाद करने लगे–O Lachi, where there spilt water, where there spilt water….etc…etc…

और बहुत-से और उदाहरण भी दिये जा सकते हैं। निम्न वाक्य क्या किसी अन्य भाषा की कविताओं से कम है?–

पिपले दे पत्तया वे केही खड़खड़ लायी ऐ।
पत्ते झड़े पुराने हुण रुत्त नवयाँ दी आयी आ।।

और फिर जब पंजाबी अकेला अथवा समूह बैठा हो तो 'गौहर' के ये पद जितना प्रभाव करेंगे, उतना कोई और भाषा क्या करेगी?

लाम लक्खाँ ते करोड़ाँ दे शाह वेखे न मुसाफ़िराँ कोई उधार देंदा,
दिने रातीं जिन्हाँ दे कूच डेरे न उन्हाँ दे थायीं कोई एतबार देंदा।
भौरे बहंदे गुलाँ दी वाशना ते ना सप्पा दे मुहाँ ते कोई प्यार देंदा
गौहर समय सलूक हन ज्यूँदया दे मोयाँ गियाँ नूँ हर कोई विसार देंदा।

और फिर–

जीम ज्यूदियाँ नूँ क्यों मारना ऐं, जेकर नहीं तूँ मोयाँ नूँ जिऔण जोगा
घर आये सवाली नूँ क्यों घूरना ऐं, जेकर नहीं तू हत्थीं ख़ैर पौण जोगा
मिले दिलाँ नूँ क्यों बिछोड़ना ऐं, जेकर नहीं तू बिछड़याँ नू मिलौण जोगा
गौहरा बदीयाँ रख बन्द खाने, जेकर नहीं तू नेकीआँ कमौण जोगा।

और फिर अब तो दर्द, मस्ताना, दीवाना बड़े अच्छे-अच्छे कवि पंजाबी की कविता का भण्डार बढ़ा रहे हैं।

ऐसी मधुर, ऐसी विमुग्धकारी भाषा तो पंजाबियों ने ही न अपनायी, यही दुख है। अब भी नहीं अपनाते, समस्या यही है। हरेक अपनी बात के पीछे मजहबी डण्डा लिये खड़ा है। इसी अड़ंगे को किस तरह दूर किया जाये, यही पंजाब की भाषा तथा लिपि विषयक समस्या है, परन्तु आशा केवल इतनी है कि सिक्खों में इस समय साहित्यिक जागृति पैदा हो रही है। हिन्दुओं में भी है। सभी समझदार लोग मिलकर-बैठकर निश्चय ही क्यों नहीं कर लेते। यही एक उपाय है इस समस्या को हल करने का। मजहबी विचार से ऊपर उठकर इस प्रश्न पर गौर किया जा सकता है, वैसे ही किया जाये, और फिर अमृतसर के 'प्रेम' जैसे पत्र की भाषा को जरा साहित्यिक बनाते हुए पंजाब यूनिवर्सिटी में पंजाबी भाषा को मंजूर करा देना चाहिए। इस तरह सब बखेड़ा तय हो जाता है। इस बखेड़े के तय होते ही पंजाब में इतना सुन्दर और ऊँचा साहित्य पैदा होगा कि यह भी भारत की उत्तम भाषाओं में गिनी जाने लगेगी।

विश्वप्रेम

बलवन्त सिह के छद्म नाम से लिखा गया भगतसिह का यह लेख कलकत्ता से प्रकाशित साप्ताहिक 'मतवाला' (वर्ष : 2, अंक सं. 13-14) के दो अंकों में छपा था। इन अंकों की तारीख़ें क्रमशः 15 नवम्बर, 1924 एवं 22 नवम्बर, 1924 थीं।—स.

"वसुधैव कुटुम्बकम्!" जिस कवि सम्राट की यह अमूल्य कल्पना है, जिस विश्वप्रेम के अनुभवी का यह हृदयोद्गार है, उसकी महत्ता का वर्णन करना मनुष्य-शक्ति से सर्वथा बाहर है।

'विश्वबन्धुता!' इसका अर्थ मैं तो समस्त संसार में समानता (साम्यवाद, World wide Equality in the true sense) के अतिरिक्त और कुछ नहीं समझता।

कैसा उच्च है यह विचार! सभी अपने हों। कोई भी पराया न हो। कैसा सुखमय होगा वह समय, जब संसार से परायापन सर्वथा नष्ट हो जायेगा; जिस दिन यह सिद्धान्त समस्त संसार में व्यावहारिक रूप में परिणत होगा, उस दिन संसार को उन्नति के

शिखर पर कह सकेंगे। जिस दिन प्रत्येक मनुष्य इस भाव को हृदयंगम कर लेगा, उस दिन—उस दिन संसार कैसा होगा? जरा कल्पना करो तो!

उस दिन इतनी शक्ति होगी कि 'शान्ति-शान्ति' की पुकार भी शान्ति भंग न कर सकेगी। उस दिन भूख लगने पर रोटी के लिए किसी को भी चिल्ल-पों मचाने की आवश्यकता नहीं हुआ करेगी। व्यापार उस दिन उन्नति के शिखर पर होगा, परन्तु फ्रांस और जर्मनी में व्यापार के नाम पर घोर युद्ध न हुआ करेंगे। उस दिन अमेरिका और जापान दोनों होंगे, परन्तु उनमें पूर्वी और पश्चिमीपन न होगा। काले-गोरे उस दिन भी होंगे परन्तु अमेरिकावासी वहाँ के काले निवासी (Red Indians) को जीते-जी जला न सकेंगे। शान्ति होगी परन्तु पीनलकोड की आवश्यकता न होगी। अंग्रेज़ भी होंगे और भारतवासी भी, परन्तु उस समय उनमें गुलाम और शासक का भाव न होगा। उस दिन महात्मा टालस्टाय के Resist not the evil (बुराइयों का प्रतिकार मत करो) वाले सिद्धान्त की उच्च ध्वनि न लगाने पर भी संसार में बुराइयाँ नज़र न आयेंगी। उस समय होगी पूर्ण स्वतन्त्रता। कैसा होगा वह समय? जरा कल्पना करो!

वर्तमान दशा को देखकर कौन कह सकता है कि ऐसा समय भी आ सकता है, जिस समय किसी के भय से नहीं, परन्तु अपने हृदय की प्रेरणा से ही मनुष्य पाप-कर्म नहीं करेंगे। यदि उस दिन भी हमें किसी कल्पित स्वर्ग की लिप्सा होगी तो हम कह देंगे कि स्वर्ग कोई वस्तु है ही नहीं! क्या वह समय आ सकता है! यह है एक समस्या—एक बड़ी समस्या है। इसका उत्तर देना कोई सुगम कार्य नहीं है। परन्तु मैं पूछता हूँ कि क्या लोग उस समय को लाना चाहते हैं? वे लोग जो 'विश्वबन्धुता' (Universal brotherhood या Cosmopolitanism) का घोर नाद किया करते हैं; क्या वास्तव में उसे लाने के इच्छुक हैं? 'हाँ' कह देने से ही काम नहीं चलेगा। कांग्रेस का प्रस्ताव नहीं है। प्रश्न गम्भीरतापूर्वक विचार करने योग्य है। क्या लोग उसके लिए बलिदान देने को तैयार हैं? उस कल्पित भविष्य के लिए हमें घोर वर्तमान देना होगा। उस कल्पित शान्ति के लिए हमें अशान्ति फैलानी होगी। उस हवाई किले के लिए हमें सर्वस्व देना होगा। उस शान्तिपूर्ण राज्य की स्थापना के लिए हमें घोर अराजकता फैलानी होगी। उस अत्याचार रहित संसार को अपनी ओर खींचने के लिए अत्याचार करने होंगे। उस सुखमय जीवन के लिए—नहीं, नहीं, उसकी आशा-मात्र के लिए मर मिटना होगा। क्या लोग उसके लिए तैयार हैं?

हमें प्रचार करना होगा समता-समानता का। अत्याचार करना होगा उन पर जो उससे इन्कारी हों। अराजकता फैलानी होगी उन राज्य-साम्राज्यों के स्थान पर जो शक्तिमद से अन्धे होकर करोड़ों की पीड़ा का कारण हो रहे हैं। क्या लोग उसके लिए तैयार हैं?

हमें समस्त संसार को उस सिद्धान्त के स्वागत के लिए तैयार करना होगा। उस आशामयी खेती के लिए हमें खेतों में से सबकुछ उखाड़ फेंकना होगा। काँटेदार झाड़ियों को उखाड़कर ज्वाला की शान्ति के लिए मटियामेट कर देना होगा। रोड़ा, कंकड़ पीस डालना होगा? हमें घोर परिश्रम करना होगा। गिरे हुओं का उत्थान करना होगा। 'पस्ती' वालों को उन्नति का मार्ग दिखाना होगा। मिथ्या शक्तिवादियों को घसीटकर अपने साथ खड़े होने को विवश करना होगा। अहंकारियों का अहंकार तोड़ उन्हें नम्रता प्रदान करनी होगी। निर्बलों को बल, पराधीनों को स्वाधीनता, अशिक्षितों को शिक्षा, निराशावादियों को आशा की आभा, भूखों को रोटी, बेघरों को घर, नास्तिकों को विश्वास, अन्धविश्वासियों को विचार-स्वतन्त्रता देनी होगी। क्या लोग इतना काम करेंगे। ऐ विश्वबन्धुता विश्वबन्धुता चिल्लाने वाले! क्या तुम उसके लिए तैयार हो? यदि नहीं तो आज से इस ढोंग को छोड़ दो। हमें उस विश्वप्रेम की देवी के चरणों पर तुम्हारा भी बलिदान देना होगा, क्योंकि तुम मिथ्यावादी हो। अगर तैयार हो तो आ जाओ कर्मक्षेत्र में अभी परीक्षा हो जायेगी। घर में बैठे हुए, कोनों में दुबके हुए कर्मक्षेत्र के भयंकर दृश्य की कल्पना-मात्र से काँपते हुए, सत्यप्रकाश से 'बाज' रहने के लिए इस महान सिद्धान्त की आड़ मत लो। यदि सचमुच उस कल्पित समय को लाने की चेष्टा है तो आओ। पहला काम पतित भारत का उत्थान करना होगा। गुलामियों की जंजीरों को काटना होगा। अत्याचार का सर्वनाश करना होगा। पराधीनता को मिट्टी में मिला देना होगा क्योंकि यह अपनी कमज़ोरी के कारण उस मनुष्य-जाति को, जिसकी सृष्टि परमपिता ने अपने ही अनुरूप की थी, न्यायपथ से भ्रष्ट करने का प्रलोभन हो रहा है।

यदि उपरोक्त कथन की सत्यता को मानते हुए भी तुम ज़ेल के डर से या फ़ाँसी के डर से इस मार्ग में आने से झिझकते हो तो आज से इस ढोंग को छोड़ दो।

अगर इस भय से कि क्रान्ति के पीछे घोर अराजकता फैल जायेगी या घोर रक्तपात होगा, एकदम अशान्ति होगी—तुम इस मार्ग में नहीं आते तो भी तुम भीरु हो, कायर हो, बुजदिल हो, इस आडम्बर को छोड़ दो।

अशान्ति फैलती है तो फैलने दो, परतन्त्रता भी तो न होगी। अराजकता फैलती है तो फैलने दो, पराधीनता का भी तो सर्वनाश हो जायेगा। आहा! उस कशमकश में कमज़ोर पिस जायेंगे। रोज़-रोज़ का रोना बन्द हो जायेगा। निर्बल न रहेंगे, बलवानों में मैत्री होगी। बलिष्ठ लोगों में घनिष्टता होगी। उनमें प्रेम होगा, संसार में विश्वप्रेम का प्रचार हो सकेगा।

हाँ! हाँ!! निर्बलों को एकबारगी पिस जाना होगा। वे समस्त संसार के अपराधी हैं। उन्होंने ही घोर अशान्ति फैला रखी है। सब बलवान बनें, नहीं तो उस चक्की में पिसकर मलीदा हो जायेंगे।

आये! कौन माता का लाल सच्चे हृदय से विश्वबन्धुता का इच्छुक है। कौन है समस्त संसार के लिए अपना सुख बलिदान करने वाला?

कोई गुलाम जाति इस उच्चतम सिद्धान्त का नाम तक लेने की अधिकारिणी नहीं है। एक गुलाम मनुष्य के मुख से निकलकर इसका महत्त्व ही जाता रहता है। एक अपमानित मनुष्य, पद-दलित मनुष्य, पैरों तले रौंदे जाने वाला मनुष्य यदि कहे—मैं विश्वबन्धुता का अनुगामी हूँ, Universal brotherhood का पक्षपाती हूँ, इसलिए इन अत्याचारों का प्रतिकार नहीं करता—तो उसका कथन क्या मूल्य रख सकता है? कौन सुनेगा उसके इस कायरतापूर्ण वाक्य को? हाँ—तुममें शक्ति हो, तुममें बल हो, चाहो तो बड़े-बड़ों को पैरों तले रौंद सको, एक इशारे से बड़े-बड़े अभिमानियों को मिट्टी में मिला सको, तख़्तो-ताज वालों को ख़ाक में सुला सको, उनको धूलि में मिला सको, और फिर तुम यह वाक्य कहते हुए कि 'हम विश्वप्रेमी हैं' ऐसा न करो, तो तुम्हारी बात वज़नदार होगी—फिर तुम्हारा एक-एक वाक्य प्रभावशाली होगा। फिर 'वसुधैव कुटुम्बकम्' भी महत्त्वपूर्ण हो जायेगा।

आज तुम गुलाम हो, पराधीन हो, परतन्त्र हो, बन्दी हो, तुम्हारी यही बात आज ढोंग प्रतीत होती है, एक आडम्बर दीख पड़ता है। बकवास मालूम देती है। क्या तुम उसका प्रचार करना चाहते हो? अगर हाँ, तो उसका अनुसरण करना होगा, जो कहता था, "He who loveth Humanity loveth God – " "God is love and love is God"—जो राजद्रोह के अपराध में फ़ाँसी चढ़ा, उसकी तरह वीरतापूर्वक विश्वप्रेम का प्रचार करने को तैयार हो? जिस दिन तुम सच्चे प्रचारक बनोगे इस अद्वितीय सिद्धान्त के, उस दिन तुम्हें माँ के सच्चे सुपुत्र गुरु गोविन्द सिह की तरह कर्मक्षेत्र में उतरना पड़ेगा। उस विश्वप्रेम के सच्चे अनुगामी—सच्चे पक्षपाती की तरह—सब सपूत हैं एक पिता के, कहने वाले उस महापुरुष की तरह, अपने चारों—आँखों के तारों, लख़ूते-जिगरों को जाति के भेंट कर माता के पूछने पर सरलता से उत्तर देने वाले की तरह तुम्हें धैर्य दिखाना होगा। क्या तुम अपने प्रिय से प्रिय को—जिसकी स्मृति-मात्र से हृदय धड़कने लगता हो, जिसे तुम हर समय अपने हृदय में छिपाये रखने के इच्छुक हो—को अपनी आँखों के सामने बलिवेदी पर चढ़ता देख, अकथनीय कष्ट सहता देख धैर्य रख सकोगे? क्या उसके सामने ही तुम जीते-जी अग्नि-चिता पर प्रसन्नतापूर्वक चढ़ सकोगेय और हँसते हुए संसार की ओर करुणाभरी दृष्टि से देखते हुए विदा हो सकोगे? यदि हाँ, तो आओ परीक्षा हो जायेगी, समय आ गया है। यदि हृदय में कुछ भी झिझक है तो खुदा के वास्ते इस आडम्बर को छोड़ दो।

जब तक 'काला-गोरा', 'सभ्य-असभ्य', 'शासक-शासित', 'धनी-निर्धन', 'छूत-अछूत' आदि शब्दों का प्रयोग होता है तब तक कहाँ विश्वबन्धुता और विश्वप्रेम?

यह उपदेश स्वतन्त्र जातियाँ कर सकती हैं। भारत जैसी गुलाम जाति इसका नाम नहीं ले सकती।

फिर उसका प्रचार कैसे होगा? तुम्हें शक्ति एकत्र करनी होगी। शक्ति एकत्र करने के लिए अपनी एकत्रित शक्ति ख़र्च कर देनी पड़ेगी। राणाप्रताप की तरह आयुपर्यन्त ठोकरें खानी होंगी, तब कहीं उस परीक्षा में उत्तीर्ण हो सकोगे। देखते नहीं विश्वबन्धुता का सच्चा प्रचारक था मेजिनी जो बीस वर्ष स्वयं ही एक जगह बन्द रहता है। लेनिन था उसका पक्षपाती—कितना रुधिर उन्होंने बहा दिया था। आदर्शवादी ब्रूटस था विश्वप्रेमी—जिसने अपनी जन्मभूमि के लिए अपने परमप्रिय 'सीजर' को अपने हाथों कतल कर डाला था और पीछे स्वयं भी आत्महत्या कर ली थी। सानन्द युद्धों में प्रवीण रहने वाला गैरीबाल्डी था, जिसे विश्वप्रेमी होने का श्रेय प्राप्त हो सकता है।

विश्वप्रेमी वह वीर है जिसे भीषण विप्लववादी, कट्टर अराजकतावादी कहने में हम लोग तनिक भी लज्जा नहीं समझते—वही वीर सावरकर। विश्वप्रेम की तरंग में आकर घास पर चलते-चलते रुक जाते कि कोमल घास पैरों तले मसली जायेगी।

75 दिन अनशन करके स्वर्गधाम को सिधारने वाला वीर मैकस्वेनी इस मार्ग का पथिक होने का श्रेय प्राप्त कर सकता है जो कहता था—"It is the love of the country that inspires us and not the hate of the enemy and the desire for full satisfaction for the past."

विश्वप्रेम की देवी का उपासक था 'गीता रहस्य' का लेखक पूज्य लोकमान्य तिलक। और देखोगे? वह सूखा सुकड़ा-सा 'लँगोटबन्द' जो सजा का हुक्म सुनाये जाने पर स्वर्गीय हँसी के साथ कह सकता था—मुझे जो दण्ड दिया गया वह अत्यन्त हलका है और मेरे साथ जैसा विनम्र व्यवहार किया गया है उससे अधिक की आशा मैं नहीं कर सकता था, जिसके मर्मस्पर्शी कथन का तुम्हारे पत्थर के हृदयों पर कुछ प्रभाव नहीं होना—महात्मा है इस सिद्धान्त का पक्षपाती।

अरे! रावण और बाली को मार गिराने वाले रामचन्द्र ने अपने विश्वप्रेम का परिचय दिया था भीलनी के जूठे-कूठे बेरों को खाकर। चचेरे भाइयों में घोर युद्ध करवा देने वाले, संसार से अन्याय को सर्वथा उठा देने वाले कृष्ण ने परिचय दिया अपने विश्वप्रेम का—सुदामा के कच्चे चावलों को फाँक जाने में।

तुम भी विश्वप्रेम का दम भरते हो! पहिले पैरों पर खड़ा होना सीखो। स्वतन्त्र जातियों में अभिमान के साथ सिर ऊँचा करके खड़े होने के योग्य बनो। जब तक तुम्हारे साथ कामागाटामारू जहाज जैसे दुर्व्यवहार होते रहेंगे, जब तक डैम काला मैन कहलाओगे, जब तक तुम्हारे देश में जलियाँवाले बाग जैसे भीषण हत्याकाण्ड होते

रहेंगे, जब तक वीरांगनाओं का अपमान होगा और तुम्हारी ओर से कोई प्रतिकार न होगाय तब तक तुम्हारा यह ढोंग कुछ मानी नहीं रखता। कैसी शान्ति, कैसा सुख और कैसा विश्वप्रेम?

यदि वास्तव में चाहते हो कि संसारव्यापी सुख-शान्ति और विश्वप्रेम का प्रचार करो तो पहिले अपमानों का प्रतिकार करना सीखो। माँ के बन्धन काटने के लिए कट मरो। बन्दी माँ को स्वतन्त्र करने के लिए आजन्म कालेपानी में ठोकरें खाने को तैयार हो जाओ। सिसकती माँ को जीवित रखने के लिए मरने को तत्पर हो जाओ। तब हमारा देश स्वतन्त्र होगा। हम बलवान होंगे। हम छाती ठोंककर विश्वप्रेम का प्रचार कर सकेंगे। संसार को शान्ति-पथ पर चलने को बाध्य कर सकेंगे।

युवक!

भगतसिह का यह लेख 'साप्ताहिक मतवाला' (वर्षः 2, अंक सं. 38, 16 मई, 1925) में बलवन्त सिह के नाम से छपा था। केवल 17 वर्ष कुछ महीने की उम्र में हिन्दी में लिखा यह लेख भगतसिह की भाषा के ओज और लालित्य की एक मिसाल है। इस लेख की चर्चा 'मतवाला' के सम्पादकीय कर्म से जुड़े आचार्य शिवपूजन सहाय की डायरी में भी मिलती है। लेख से पूर्व यहाँ 'आलोचना' में प्रकाशित डायरी के उस अंश को भी उद्धृत किया जा रहा है।—स.

आचार्य शिवपूजन सहाय की डायरी के अंश (पृष्ठ 28)

23 मार्च

सन्ध्या समय सम्मेलन भवन के रंगमंच पर देशभक्त भगतसिह की स्मृति में सभा हुई। भगतसिह ने 'मतवाला' (कलकत्ता) में एक लेख लिखा थाय जिसको सँवार-सुधारकर मैंने छापा था और उसे पुस्तक भण्डार द्वारा प्रकाशित 'युवक-साहित्य' में संगृहीत भी मैंने ही किया था। वह लेख बलवन्त सिह के नाम से लिखा था। क्रान्तिकारी लेख प्रायः गुमनाम लिखते थे। यह रहस्य किसी को ज्ञात नहीं। वह लेख युवक-विषयक था। वह लाहौर से उन्होंने भेजा था। असली नाम की जगह 'बलवन्त सिह' ही छापने को लिखा था।

आलोचना—67 / वर्ष 32 / अक्टूबर-दिसम्बर, 1983

युवावस्था मानव-जीवन का वसन्तकाल है। उसे पाकर मनुष्य मतवाला हो जाता है। हज़ारों बोतल का नशा छा जाता है। विधाता की दी हुई सारी शक्तियाँ सहस्र-धारा होकर फूट पड़ती हैं। मदान्ध मातंग की तरह निरंकुश, वर्षाकालीन शोणभद्र की तरह दुर्द्धर्ष, प्रलयकालीन प्रबल प्रभंजन की तरह प्रचण्ड, नवागत वसन्त की प्रथम मल्लिका कलिका की तरह कोमल, ज्वालामुखी की तरह उच्छृंखल और

भैरवी-संगीत की तरह मधुर युवावस्था है। उज्ज्वल प्रभात की शोभा, स्निग्ध सन्ध्या की छटा, शरच्चन्द्रिका की माधुरी ग्रीष्म-मध्याह्न का उत्ताप और भाद्रपदी अमावस्या के अर्द्धरात्र की भीषणता युवावस्था में सन्निहित है। जैसे क्रान्तिकारी के जेब में बमगोला, षड्यन्त्री की असटी में भरा-भराया तमंचा, रण-रस-रसिक वीर के हाथ में खड्ग, वैसे ही मनुष्य की देह में युवावस्था। 16 से 25 वर्ष तक हाड़-चाम के सन्दूक़ में संसारभर के हाहाकारों को समेटकर विधाता बन्द कर देता। दस बरस तक यह झाँझरी नैया मँझधार तूफ़ान में डगमगाती रहती है। युवावस्था देखने में तो शस्यश्यामला वसुन्धरा से भी सुन्दर है, पर इसके अन्दर भूकम्प की-सी भयंकरता भरी हुई है। इसीलिए युवावस्था में मनुष्य के लिए केवल दो ही मार्ग हैं—वह चढ़ सकता है उन्नति के सर्वोच्च शिखर पर, वह गिर सकता है अधःपात के अँधेरे ख़न्दक में। चाहे तो त्यागी हो सकता है युवक, चाहे तो विलासी बन सकता है युवक। वह देवता बन सकता है, तो पिशाच भी बन सकता है। वही संसार को त्रस्त कर सकता है, वही संसार को अभयदान दे सकता है। संसार में युवक का ही साम्राज्य है। युवक के कीर्तिमान से संसार का इतिहास भरा पड़ा है। युवक ही रणचण्डी के ललाट की रेखा है। युवक स्वदेश की यश-दुन्दुभि का तुमुल निनाद है। युवक ही स्वदेश की विजय-वैजयन्ती का सुदृढ़ी दण्ड है। वह महासागर की उत्ताल तरंगों के समान उद्दण्ड है। वह महाभारत के भीष्मपर्व की पहली ललकार के समान विकराल है, प्रथम मिलन के स्फीत चुम्बन की तरह सरस है, रावण के अहंकार की तरह निर्भीक है, प्रींद के सत्याग्रह की तरह दृढ़ और अटल है। अगर किसी विशाल हृदय की आवश्यकता हो, तो युवकों के हृदय टटोलो। अगर किसी आत्मत्यागी वीर की चाह हो, तो युवकों से माँगो। रसिकता उसी के बाँटे पड़ी है। भावुकता पर उसी का सिक्का है। वह छन्दः शास्त्र से अनभिज्ञ होने पर भी प्रतिभाशाली कवि है। कवि भी उसी के हृदयारविन्द का मधुप है। वह रसों की परिभाषा नहीं जानता, पर वह कविता का सच्चा मर्मज्ञ है। सृष्टि की एक विषम समस्या है युवक। ईश्वरीय रचना-कौशल का एक उत्कृष्ट नमूना है युवक। सन्ध्या समय वह नदी के तट पर घण्टों बैठा रहता है। क्षितिज की ओर बढ़ते जाने वाले रक्त-रश्मि सूर्यदेव को आकृष्ट नेत्रों से देखता रह जाता है। उस पार से आती हुई संगीत-लहरी के मन्द प्रवाह में तल्लीन हो जाता है। विचित्र है उसका जीवन। अद्भुत है उसका साहस। अमोघ है उसका उत्साह।

वह निश्चिन्त है, असावधान है। लगन लग गयी, तो रातभर जागना उसके बायें हाथ का खेल है, जेठ की दुपहरी चैत की चाँदनी है, सावन-भादों की झड़ी मंगलोत्सव की पुष्पवृष्टि है, श्मशान की निस्तब्धता, उद्यान का विहग-कल-कूजन है। वह इच्छा करे तो समाज और जाति को उद्बुद्ध कर दे, देश की लाली रख ले,

राष्ट्र का मुखोज्ज्वल कर दे, बड़े-बड़े साम्राज्य उलट डाले। पतितों के उत्थान और संसार के उद्धारक सूत्र उसी के हाथ में हैं। वह इस विशाल विश्व-रंगस्थल का सिद्धहस्त खिलाड़ी है।

अगर रक्त की भेंट चाहिए, तो सिवा युवक के कौन देगा? अगर तुम बलिदान चाहते हो, तो तुम्हें युवक की ओर देखना पड़ेगा। प्रत्येक जाति के भाग्यविधाता युवक ही तो होते हैं। एक पाश्चात्य पण्डित ने ठीक कहा है—It is an established truism that youngmen of today are the Countrymen of tomorrow holding in their hands the high destinies of the Land. They are the seeds that spring and bear fruit। भावार्थ यह कि आज के युवक ही कल के देश के भाग्य-निर्माता हैं। वे ही भविष्य के सफलता के बीज हैं।

संसार के इतिहासों के पन्ने खोलकर देख लो, युवक के रक्त से लिखे हुए अमर सन्देश भरे पड़े हैं। संसार की क्रान्तियों और परिवर्तनों के वर्णन छाँट डालो, उनमें केवल ऐसे युवक ही मिलेंगे, जिन्हें बुद्धिमानों ने 'पागल छोकड़े' अथवा 'पथ-भ्रष्ट' कहा है। पर जो सिड़ी हैं, वे क्या ख़ाक समझेंगे कि स्वदेशाभिमान से उन्मत्त होकर अपनी लोथों से किले की खाइयों को पाट देने वाले जापानी युवक किस फ़ौलाद के टुकड़े थे। सच्चा युवक तो बिना झिझक के मृत्यु का आलिगन करता है, चोखी संगीनों के सामने छाती खोलकर डट जाता है, तोप के मुँह पर बैठकर भी मुस्कुराता ही रहता है, बेड़ियों की झनकार पर राष्ट्रीय गान गाता है और फ़ाँसी के तख़्ते पर अट्टहासपूर्वक आरूढ़ हो जाता है। फ़ाँसी के दिन युवक का ही वज़न बढ़ता है, ज़ेल की चक्की पर युवक ही उद्‌बोधन-मन्त्र गाता है, कालकोठरी के अन्धकार में धँसकर ही वह स्वदेश को अन्धकार के बीच से उबारता है। अमेरिका के युवक-दल के नेता 'पैट्रिक हेनरी' ने अपनी ओजस्विनी वक्तृता में एक बार कहा था—Life is dearer outside the prisonw¡lls, but it is immeasurably dearer within the prison-cells, where it is the price paid for the freedom's fight। अर्थात् ज़ेल की दीवारों से बाहर की ज़िन्दगी बड़ी महँगी है, पर ज़ेल की काल-कोठरियों की ज़िन्दगी और भी महँगी है; क्योंकि वहाँ यह स्वतन्त्रता-संग्राम के मूल्य-रूप में चुकायी जाती है।

जब ऐसा सजीव नेता है, तभी तो अमेरिका के युवकों में यह ज्वलन्त घोषणा करने का साहस भी है कि, "We believe that when a Government becomes a destructive of the natural right of man, it is the man's duty to destroy that Government। अर्थात् अमेरिका के युवक विश्वास करते हैं कि जन्मसिद्ध अधिकारों को पद-दलित करने वाली सत्ता का विनाश करना मनुष्य का कर्तव्य है।

ऐ भारतीय युवक! तू क्यों गफलत की नींद में पड़ा बेख़बर सो रहा है! उठ,

आँखें खोल, देख, प्राची-दिशा का ललाट सिन्दूर-रंजित हो उठा। अब अधिक मत सो। सोना हो तो अनन्त निद्रा की गोद में जाकर सो रह। कापुरुषता के क्रोड़ में क्यों सोता है? माया-मोह-ममता त्यागकर गरज उठ–

"Farewell Farewell My true Love
The army is on Move;
And if I stayed with you Love,
A coward I shall prove."

तेरी माता, तेरी प्रातः स्मरणीया, तेरी परम वन्दनीया, तेरी जगदम्बा, तेरी अन्नपूर्णा, तेरी त्रिशूलधारिणी, तेरी सिहवाहिनी, तेरी शस्यश्यामलांचला आज फूट-फूटकर रो रही है। क्या उसकी विकलता तुझे तनिक भी चंचल नहीं करती? धिक्कार है तेरी निर्जीवता पर! तेरे पितर भी नतमस्तक हैं इस नपुंसत्व पर! यदि अब भी तेरे किसी अंग में टुक हया बाक़ी हो, तो उठकर माता के दूध की लाज रख, उसके उद्धार का बीड़ा उठा, उसके आँसुओं की एक-एक बूँद की सौगन्ध ले, उसका बेड़ा पार कर और बोल मुक्त कण्ठ से–वन्देमातरम्।

विरासत से साक्षात्कार : भारतीय क्रान्तिकारी आन्दोलन

होली के दिन रक्त के छींटे

घर से भागकर भगतसिंह कानपुर चले गये। वहाँ वे गणेशशंकर विद्यार्थी के साप्ताहिक 'प्रताप' के सम्पादकीय विभाग में काम करने लगे। कानपुर में ही क्रान्तिकारी पार्टी से उनके गहरे सम्बन्ध बने। शिव वर्मा, जयदेव कपूर, बटुकेश्वर दत्त, विजयकुमार सिन्हा व क्रान्तिकारी पार्टी के अन्य साथियों के साथ राजनीतिक बहसें और अध्ययन चलता रहा।

पंजाब में बब्बर अकाली आन्दोलन चल रहा था। उस आन्दोलन के छह कार्यकर्ताओं की फ़ाँसी पर 'एक पंजाबी युवक' के नाम से 15 मार्च, 1926 के 'प्रताप' में यह लेख हिन्दी में छपा था। उस आन्दोलन की जानकारी तो लेख से मिलती ही है, साढ़े अठारह वर्षीय भगतसिंह की मानसिक परिपक्वता भी इस लेख से झलकती है।—स.

होली के दिन—27 फ़रवरी, 1926 के दिन, जब हम लोग खेल-कूद में व्यस्त हो रहे थे, उसी समय इस विशाल प्रदेश के एक कोने में एक भीषण काण्ड किया जा रहा था। सुनोगे तो सिंहर उठोगे! काँप उठोगे!! लाहौर सेण्ट्रल ज़ेल में ठीक उसी दिन छह बब्बर अकाली वीर फ़ाँसी पर लटका दिये गये। श्री किशन सिंह जी गड़गज्ज, श्री सन्त सिंह जी, श्री दिलीप सिंह जी, श्री नन्द सिंह जी, श्री करम सिंह जी व श्री धरम सिंह जी लगभग दो वर्ष से अपने इसी अभियोग में जो उपेक्षा, जो लापरवाही दिखा रहे थे, उसी से जाना जा सकता था कि वे इस दिन की प्रतीक्षा कितने चाव से करते थे। महीनों बाद जज महोदय ने फ़ैसला सुनाया। पाँच को फ़ाँसी, बहुतों को कालापानी अथवा देश-निकाला और लम्बी-लम्बी क़ैदें। अभियुक्त वीर गरज उठे। उन्होंने आकाश को अपने जयघोषों से गुंजायमान कर दिया। अपील हुई। पाँच की जगह छह मृत्युदण्ड के भागी बने। उस दिन समाचार पढ़ा कि दया के लिए अपील भेजी गयी है, पंजाब सचिव ने घोषणा की कि अभी फ़ाँसी नहीं दी जायेगी।

प्रतीक्षा थी, परन्तु एकाएक क्या देखते हैं कि होली के दिन शोकग्रस्त लोगों का एक छोटा समूह उन वीरों के मृत शवों को श्मशान में लिये जा रहा है। चुपचाप उनकी अन्त्येष्टि-क्रिया समाप्त हो गयी।

नगर में वही धूम थी। आने-जाने वालों पर उसी प्रकार रंग डाला जा रहा था। कैसी भीषण उपेक्षा थी! यदि वे पथभ्रष्ट थे तो होने दो, उन्मत्त थे तो होने दो। वे निर्भीक देशभक्त तो थे। उन्होंने जो कुछ किया था, इस अभागे देश के ही लिए तो किया था। वे अन्याय न सहन कर सके, देश की पतित अवस्था को न देख सके, निर्बलों पर ढाये जाने वाले अत्याचार उनके लिए असह्य हो उठे, आम जनता का शोषण वह बरदाश्त न कर सके, उन्होंने ललकारा और वे कूद पड़े कर्मक्षेत्र में। वे सजीव थे, वे सदृश थे। कर्मक्षेत्र की भीषणते! धन्य है तू!! मृत्यु के पश्चात मित्र-शत्रु सब समान हो जाते हैं, यह आदर्श पुरुषों का। अगर उन्होंने कोई घृणित कार्य किया भी हो, तो स्वदेश के चरणों में जिस साहस और तत्परता से उन्होंने अपने प्राण चढ़ा दिये, उसे देखते हुए तो उनकी पूजा की जानी चाहिए। श्री टेगार्ड महोदय विपक्षी दल के होने पर भी जतीन मुकर्जी, बंगाल के वीर क्रान्तिकारी, की मृत्यु पर शोक प्रकट करते हुए उनकी वीरता, देशप्रेम और कर्मशीलता की मुक्त कण्ठ से प्रशंसा कर सकते हैं, परन्तु हम, कायर नरपशु, एक क्षण के लिए भी आनन्द-विलास छोड़ वीरों की मृत्यु पर आह तक भरने का साहस नहीं करते। कितनी निराशाजनक बात है! उन ग़रीबों का जो अपराध नौकरशाही की दृष्टि में था, उसका उन्होंने पर्याप्त दण्ड, क्रूर नौकरशाही की भी दृष्टि में पा लिया। इस भीषण दुखान्त नाटक का एक और पर्व समाप्त हो गया। अभी यवनिका-पतन नहीं हुआ है। नाटक अभी कुछ दिन और भीषण दृश्य दिखायेगा। कथा लम्बी है, सुनने के लिए जरा दूर तक पीछे मुड़ना होगा।

असहयोग आन्दोलन पूरे यौवन पर था। पंजाब किसी से पीछे नहीं रहा। पंजाब में सिक्ख भी उठे, बड़ी गहरी नींद से उठे और उठे ख़ूब जोरों के साथ। अकाली आन्दोलन शुरू हुआ। बलिदानों की लड़ी लग गयी। मास्टर मोता सिंह, खालसा मिडिल स्कूल, माहलपुर, जिला होशियारपुर, के भूतपूर्व मास्टर महोदय ने एक व्याख्यान दिया। उनका वारण्ट निकला। परन्तु सम्राट का आतिथ्य उन्हें स्वीकार न था। यों ही ज़ेलों में चले जाने के वे विरोधी थे। उनके व्याख्यान फिर भी होते रहे। कोट फतूही नामक ग्राम में भारी दीवान हुआ, पुलिस ने चारों ओर से घेरा डाला, फिर भी मास्टर मोता सिंह ने व्याख्यान दिया। अन्त में प्रधान की आज्ञा से सभी दर्शक उठ गये। मास्टर जी न जाने किधर पहुँचे। बहुत दिनों तक इसी तरह यह आँखमिचौनी का खेल होता रहा। सरकार बौखला उठी। अन्त में एक हमजोली ने

धोखा दिया और डेढ़ वर्ष बाद एक दिन मास्टर साहब पकड़ लिये गये। यह पहला दृश्य था उस भयानक नाटक का।

गुरु का बाग आन्दोलन शुरू हुआ। निहत्थे वीरों पर जिस समय भाड़े के टट्टू टूट पड़ते, उन्हें मार-मारकर अधमरा-सा कर देते, देखने-सुनने वालों में से कौन होगा जो द्रवित न हो उठा हो! चारों ओर गिरफ्तारियों की धूम थी। सरदार किशन सिंह गड़गज्ज के नाम भी वारण्ट निकला। मगर वे भी तो उसी दल के थे। उन्होंने भी गिरफ़्तार होना स्वीकार नहीं किया। पुलिस हाथ धोकर पीछे पड़ गयी, पर फिर भी वे बचते ही रहे। उनका संगठित किया हुआ अपना एक क्रान्तिकारी दल था। निहत्थों पर किये जाने वाले अत्याचार को वे सहन न कर सके। इस शान्तिपूर्ण आन्दोलन के साथ-साथ उन्होंने शस्त्रों का प्रयोग भी ज़रूरी समझा।

एक ओर कुत्ते, शिकारी कुत्ते, उनको खोज निकालने के लिए सूँघते फिरते थे, दूसरी ओर निश्चय हुआ कि खुशामदियों (झोलीचुक्कों) का सुधार किया जाये। सरदार किशन सिंह जी कहते थे, अपनी रक्षा के लिए हमें सशस्त्र ज़रूर रहना चाहिए, पर अभी कोई और क़दम न उठाना चाहिए। परन्तु बहुमत दूसरी ओर था। अन्त में फ़ैसला हुआ कि तीन व्यक्ति अपने नाम घोषित कर दें और सारी ज़िम्मेदारी अपने ऊपर ले लें तथा झोलीचुक्कों का सुधार शुरू कर दें। श्री कर्म सिंह, श्री धन्ना सिंह तथा श्री उदय सिंह जी आगे बढ़े। यह उचित था अथवा अनुचित, इसे एक ओर हटाकर जरा उस समय की कल्पना तो कीजिए, जब इन नवीन वीरों ने शपथ ली थी–

'हम देश-सेवा में अपना सर्वस्व न्योछावर कर देंगे, हम प्रतिज्ञा करते हैं कि लड़ते-लड़ते मर जायेंगे, मगर ज़ेल जाना मंजूर न करेंगे।'

जिन्होंने अपने परिवार का मोह त्याग दिया था वे लोग जब ऐसी शपथ ले रहे थे, उस समय कैसा सुन्दर, मनोरम, पवित्रता से परिपूरित दृश्य रहा होगा! आत्मत्याग की पराकाष्ठा कहाँ है? साहस और निर्भीकता की सीमा किस ओर है? आदर्शपरायणता की चरमता का निवास किधर है?

श्याम चुरासी, होशियारपुर ब्रांच रेलवे लाइन के एक स्टेशन के निकट सबसे पहले एक सूबेदार पर हाथ साफ़ किया गया। उसके बाद इन तीनों व्यक्तियों ने अपने नाम भी घोषित कर दिये। सरकार ने पूरी ताक़त लगाकर इन्हें पकड़ने की कोशिश की, मगर सफलता न मिली। रुड़की कलाँ में सरदार किशन सिंह गड़गज्ज घिर गये। उनके साथ एक और युवक भी था जो वहीं घायल होकर पकड़ा गया। परन्तु किशन सिंह वहाँ से भी अपने शस्त्रों की सहायता से बच निकले। रास्ते में उन्हें एक साधु मिला। उसने उन्हें बताया कि उसके पास एक ऐसी बूटी है कि जिसकी सहायता से मनचाहा काम आसानी से किया जा सकता है। भ्रम में फँसकर एक दिन वे अपने

शस्त्र रखकर इसी साधु के पास गये। कुछ दवाई रगड़ने को देकर साधु बूटी लेने गया और पुलिस को ले आया। सरदार साहब पकड़ लिये गये। वह साधु सी.आई.डी. विभाग का सब-इंस्पेक्टर था। बब्बर अकाली वीरों ने अपना काम ख़ूब जोरों के साथ शुरू कर दिया। कितने ही सरकार के सहायक मार डाले गये। दोआब—व्यास और सतलुज के बीच में, जालन्धर और होशियारपुर का जिला पहले ही भारत के राजनीतिक मानचित्र में प्रसिद्ध है। 1915 के शहीदों में भी अधिकतर इन्हीं ज़िलों के लोग थे। अब फिर वहीं पर धूम मची। पुलिस विभाग ने सारी शक्ति ख़र्च कर दी, परन्तु कुछ न बन पड़ा। जालन्धर से कुछ दूर एक बिल्कुल छोटी-सी नदी है। उसके किनारे एक गाँव में 'चौंतासाहब' नामक गुरुद्वारा है। उसमें श्री कर्म सिंह जी, श्री धन्ना सिंह जी, श्री उदय सिंह जी तथा श्री अनूप सिंह जी दो-एक और व्यक्तियों के साथ बैठे थे, चाय बनाने की तैयारियाँ हो रही थीं। बैठे-बैठे श्री धन्ना सिंह ने कहा, 'बाबा कर्म सिंह जी! हमें यहाँ से अभी इसी वक़्त चल देना चाहिए। मुझे किसी बुरी घटना होने का-सा आभास हो रहा है।' 75 वर्ष के बूढ़े कर्म सिंह ने इस बात पर तनिक भी ध्यान नहीं दिया। पर श्री धन्ना सिंह अपने साथ 18 वर्षीय दिलीप सिंह को लेकर चले ही गये। बैठे-बैठे बाबा कर्म सिंह ने श्री अनूप सिंह की ओर बड़े गौर से देखकर कहा—'अनूप सिंह, तुम अच्छे आदमी हो,' मगर इसके बाद उन्होंने ख़ुद भी इस बात पर ध्यान नहीं दिया। बातें अभी हो रही थीं कि सचमुच ही पुलिस आ धमकी। सारे बम श्री अनूप सिंह के कब्जे में थे। ये सब लोग उठकर गाँवों में छिप गये। पुलिस ने लाख सिर मारा, पर विफल रही। अन्त में पुलिस की ओर से एक घोषणा की गयी। बागियों को निकालो, वरना गाँव में आग लगा दी जायेगी। पर गाँव वाले विचलित नहीं हुए।

अवस्था को देखकर वे सब खुद ही बाहर निकल पड़े। सारे बम अनूप सिंह ले भागा और जाकर आत्मसमर्पण कर दिया। शेष चार व्यक्ति वहीं पर घिरे हुए खड़े थे। पुलिस के अंग्रेज़ कप्तान ने कहा, 'कर्म सिंह! हथियार छोड़ दो, तुम्हें माफ़ कर दिया जायेगा।' वीर ने ललकारकर जवाब दिया—'हम अपने देश के लिए सच्चे क्रान्तिकारी की तरह लड़ते-लड़ते शहीद हो जायेंगे, पर हथियार नहीं डाल सकते।' उन्होंने अपने तीनों साथियों को ललकारा। वे सिंह की तरह गरज उठे। लड़ाई छिड़ गयी। ख़ूब दनादन गोलियाँ चलीं। गोली-बारूद समाप्त होने पर वे वीर पानी में कूद पड़े और घण्टों गोलियों की वर्षा होते रहने पर ये चारों वीर स्वर्गधाम सिधार गये।

श्री कर्म सिंह की आयु 75 वर्ष की थी। वह कनाडा में रह चुके थे। उनका आचरण पवित्र और चरित्र आदर्श था। सरकार ने समझा, बब्बर अकाली ख़त्म हो गये, परन्तु वे उन्नति कर रहे थे। 18 वर्षीय दिलीप सिंह एक अत्यन्त सुन्दर, सुदृढ़,

हृष्ट-पुष्ट, पर अशिक्षित नवयुवक थे, और उनका डाकुओं का साथ हो गया था। धन्ना सिंह जी की शिक्षा ने उन्हें डाकुओं से एक सच्चा क्रान्तिकारी बना दिया। उधर सरदार बन्ता सिंह और वरियाम सिंह आदि कई प्रसिद्ध डाकू डाकेजनी छोड़कर इनमें आ मिले।

इन सबमें मृत्यु का डर नहीं था। ये अपने पिछले कुकर्मों को धो डालना चाहते थे। इनकी संख्या उत्तरोत्तर बढ़ती जा रही थी। एक दिन मानहाना नामक गाँव में धन्ना सिंह बैठे थे, पुलिस बुला ली गयी। नशे में चूर धन्ना सिंह बैठे ही पकड़ लिये गये। उनका भरा हुआ पिस्तौल छीनकर हाथों में हथकड़ी लगा दी गयी और उन्हें बाहर लाया गया। बारह साधारण सिपाही और दो अंग्रेज़ ऑफ़िसर उनको घेरकर खड़े हो गये। ठीक उसी समय धमाके की आवाज़ हुई। धन्ना सिंह जी ने बम चला दिया था। इससे वे स्वयं भी मरे और साथ ही एक अंग्रेज़ ऑफ़िसर और दस सिपाही। बाक़ी के लोग बुरी तरह घायल हुए।

इसी तरह मुण्डेर नामक गाँव में बैठे हुए बन्ता सिंह, ज्वाला सिंह आदि कई लोग घिर गये। ये सब छत पर बैठे हुए थे। गोली चली, कुछ देर तक अच्छी झड़प होती रही, पर पुलिस ने पम्प से मिट्टी का तेल छिड़ककर घर में आग लगा दी। फिर भी वरियाम सिंह बच निकले, परन्तु बन्ता सिंह वहीं मारे गये।

अगर इससे पहले की एक-दो अन्य घटनाओं का वर्णन कर दिया जाये तो अनुचित न होगा। बन्ता सिंह बड़े साहसी पुरुष थे। एक बार, शायद जालन्धर छावनी जाकर रिसाले में पहरे पर खड़े हुए सिपाही की घोड़ी तथा रायफल वे छीन लाये थे। इन दिनों, जबकि पुलिस के दस्ते के दस्ते इनकी तलाश में मारे-मारे फिरते थे, कहीं जंगल में किसी दस्ते से इनकी भेंट हो गयी। सरदार बन्ता सिंह ने फ़ौरन चुनौती दी—'अगर हिम्मत हो तो दो-दो हाथ कर लो,' परन्तु उस ओर तो थे पैसे के गुलाम और इस ओर आत्मोत्सर्ग के इच्छुक। तुलना कैसे हो सकती है। सिपाहियों का दस्ता चुपचाप चला गया।

इन लोगों को पकड़ने के लिए ख़ासतौर से पुलिस नियुक्त की गयी थी। और उसकी थी यह दशा! ख़ैर, गिरफ़्तारियों की भरमार थी। गाँव-गाँव में पुलिस की ताजीरी चौकियाँ बिठायी जाने लगीं। धीरे-धीरे बब्बर अकालियों का जोर कम होने लगा। अब तक तो मानो इन्हीं का राज्य था। जहाँ जाते, कुछ लोग हर्ष और चाव से, कुछ भय और त्रास से इनकी ख़ूब आवभगत करते। सरकार के सहायक एकदम पस्त हुए बैठे थे। सूर्योदय के पहले सूर्योदय के बाद घर से निकलने का साहस ही उन्हें न होता था। ये उन दिनों के 'हीरो' सभझे जाते थे। वे वीर थे और उनकी पूजा वीर-पूजा समझी जाती थी। परन्तु धीरे-धीरे उनका जोर ख़त्म हो गया। सैकड़ों पकड़े गये, मुक़दमे शुरू हुए।

वरियाम सिंह अकेले बचे थे। जालन्धर, होशियारपुर में पुलिस का अधिक जोर देखकर वे दूर लायलपुर में जा रहे थे। वहाँ पर एक दिन बिल्कुल घिर गये, मगर ख़ूब शान के साथ लड़ते हुए बच निकले, लेकिन बहुत थक गये थे। कोई साथी भी न था। दशा बड़ी विचित्र थी। एक दिन ढेसिया नामक गाँव में अपने मामा के पास गये। शस्त्र बाहर रखे थे। शाम को भोजन करने के बाद अपने शस्त्रों के पास जा रहे थे कि पुलिस आ पहुँची। फिर घिर गये। अंग्रेज़ नायक ने उन्हें पीछे से जा पकड़ा। उन्होंने कृपाण से ही उसे बुरी तरह घायल कर दिया। फिर वे नीचे गिर गये। हथकड़ी पहनाने की सारी चेष्टाएँ विफल हुईं। दो वर्ष के पूर्ण दमन के पश्चात अकाली जत्थे का अन्त हुआ। उधर मुक़दमा चलने लगा, जिसका परिणाम ऊपर लिखा जा चुका है। अभी उस दिन इन लोगों ने शीघ्र फ़ाँसी पर चढ़ाये जाने की इच्छा प्रकट की थी। उनकी वह इच्छा पूरी हो गयी। वे शान्त हो गये।

काकोरी के वीरों से परिचय

9 अगस्त, 1925 को शहीद रामप्रसाद बिस्मिल, अशफाक़उल्ला और उनके अन्य क्रान्तिकारी साथियों ने क्रान्तिकारी पार्टी के लिए धन इकट्ठा करने के उद्देश्य से लखनऊ के क़रीब काकोरी के पास रेलगाड़ी रोक सरकारी ख़जाना लूटा। इसके बाद चन्द्रशेखर आजाद के अलावा बाक़ी सभी क्रान्तिकारी पकड़े गये। भगतसिंह भी तब कानुपर निवास के समय हिन्दुस्तान रिपब्लिकन पार्टी में भरती हो चुके थे।

'विद्रोही' नाम से मई, 1927 में भगतसिंह ने 'काकोरी के वीरों से परिचय' शीर्षक लेख पंजाबी में छपवाया। उस लेख के छपते ही भगतसिंह को गिरफ़्तार कर लिया गया। चारपाई पर हथकड़ी लगे बैठे भगतसिंह का प्रसिद्ध चित्र इसी गिरफ़्तारी के समय लिया गया। इससे पहले भगतसिंह पंजाब लौटकर शचीन्द्रनाथ सान्याल की पुस्तक 'बन्दी जीवन' का पंजाबी अनुवाद छपवा चुके थे।—स.

पहले 'किरती' (पंजाबी पत्रिका) में काकोरी से सम्बन्धित कुछ लिखा जा चुका है। आज हम काकोरी षड्यन्त्र और उन वीरों के सम्बन्ध में कुछ लिखेंगे जिन्हें उस सम्बन्ध में कड़ी सजाएँ मिली हैं।

9 अगस्त, 1925 को एक छोटे-से स्टेशन काकोरी से एक पैसेंजर ट्रेन चली। यह स्टेशन लखनऊ से आठ मील की दूरी पर है। ट्रेन मील-डेढ़ मील चली होगी कि सेकेण्ड क्लास में बैठे हुए तीन नौजवानों ने गाड़ी रोक ली और दूसरों ने मिलकर गाड़ी में जा रहा सरकारी ख़जाना लूट लिया। उन्होंने पहले ही जोर से आवाज़ देकर सभी यात्रियों को समझा दिया था कि वे डरें नहीं, क्योंकि उनका उद्देश्य यात्रियों को तंग करने का नहीं, सिर्फ़ सरकारी ख़जाना लूटने का है। ख़ैर,

वे गोलियाँ चलाते रहे। वह (कोई यात्री) आदमी गाड़ी से उतर पड़ा और गोली लग जाने से मर गया।

सरकारी अधिकारी हार्टन, सी.आई.डी. इसकी जाँच में लगा। उसे पहले से ही यक़ीन हो गया था कि यह डाका क्रान्तिकारी जत्थे का काम है। उसने सभी सन्दिग्ध व्यक्तियों की छान-बीन शुरू कर दी। इतने में क्रान्तिकारी जत्थे की राज्य परिषद की एक बैठक मेरठ में होनी तय हुई। सरकार को इसका पता चल गया। वहाँ ख़ूब छानबीन की गयी।

फिर सितम्बर के अन्त में हार्टन ने गिरफ़्तारियों के वारण्ट जारी किये और 26 सितम्बर को बहुत-सी तलाशियाँ ली गयीं और बहुत-से व्यक्ति पकड़ लिये गये। कुछ नहीं पकड़े गये। उनमें से एक श्री राजेन्द्र लाहिड़ी दक्षिणेश्वर बम केस में पकड़े गये और वहीं उन्हें दस बरस क़ैद हो गयी। और श्री अशफ़ाकउल्ला और शचीन्द्र बख़्शी बाद में पकड़े गये, जिन पर अलग मुक़दमा चला।

जज के फ़ैसले से यह पता चलता है कि असहयोग आन्दोलन दब जाने से देशभक्त युवकों का शान्ति से विश्वास उठ गया और उन्होंने युगान्तर दल स्थापित किया। श्री जोगेशचन्द्र चट्टोपाध्याय बंगाल से इस दल का संगठन बनाने यू.पी. आये और पक्का काम कर सितम्बर, 1924 में लौट गये। उस समय बंगाल में आर्डिनेंस पास हो चुका था और आप लौटते ही हावड़ा पुल पर पकड़े गये। तलाशी लेने पर आपकी जेब से एक काग़ज़ मिला, जिस पर यू.पी. की राज्य परिषद की किसी बैठक का और यू.पी. में अपने दल के संगठन का हाल लिखा हुआ था। ख़ैर, फिर काम चल पड़ा और काम चलाने की ख़ातिर कई डकैतियाँ भी की गयीं। जज के विचार में इस दल के नेता हैं--श्री शचीन्द्रनाथ सान्याल।

श्री शचीन्द्रनाथ सान्याल का नाम किससे छिपा है। आप ही 'बन्दी जीवन' जैसी प्रसिद्ध व शानदार पुस्तक के लेखक हैं। बनारस के निवासी हैं और 1915 के गदर आन्दोलन में आपने ख़ूब काम किया था। आप बनारस षड्यन्त्र के नेता व श्री रासबिहारी जी का दायाँ हाथ थे। तब उम्रक़ैद हुई थी लेकिन 1920 में छूट गये थे। फिर आप अपने पिछले काम पर ही जुट गये और सन् 1925 के शुरू में 'दि रेवल्यूशनरी' परचा एक ही दिन में सारे हिन्दुस्तान में बँटा। उसकी भाषा व अच्छे विचारों की अंग्रेज़ी अख़बारों ने भी ख़ूब तारीफ़ की थी। आप फ़रवरी में पकड़े गये। आप पर उस सम्बन्ध में मुक़दमा चलाया गया और आपको दो साल क़ैद की सजा मिली। वहीं से आपको काकोरी के मुक़दमे में घसीट लिया गया। आप बड़े ज़िन्दादिल हैं। कोर्ट में स्वयं ख़ुश रहना और दूसरों को ख़ुश रखना ही आपका काम था। आप ने अपना मामला स्वयं लड़ा। जज आपको ही सबका गुरु कहता है। 'बन्दी जीवन' का गुज़राती व पंजाबी में अनुवाद हो चुका है।

आप अंग्रेज़ी और बंगाली के उच्च कोटि के लेखक हैं। अब आपको दो उम्रक़ैद हो गयी है।

आपके साथ आपका छोटा भाई भूपेन्द्रनाथ सान्याल भी घसीट लिया गया। वह क़रीब बी.ए. में पढ़ता था। पकड़ा गया और उसे पाँच साल की क़ैद हो गयी।

श्री शचीन्द्र के बाद अत्यन्त प्रसिद्ध वीर श्री रामप्रसाद हैं। आप जैसा सुन्दर, मज़बूत जवान खोजने से मिलना भी मुश्किल है। बहुत योग्य आदमी है। हिन्दी का बड़ा लेखक है। आपने 'कैथराइन', 'बोल्शेविकों के काम', 'मन की लहर' आदि अनेक पुस्तकें लिखीं। आप उर्दू के माने हुए शायर हैं। आपकी उम्र 28 बरस की है। पहले 1919 में मैनपुरी षड्यन्त्र में आपके वारण्ट निकले और आपके गुरु श्री गेंदालाल जी आदि पकड़े गये, लेकिन आप नेपाल की ओर चले गये और वहाँ बड़ी मुश्किलें सहन कर गुज़ारा करते रहे। पूरा दिन हल चलाना, कुदाल चलाना, मेहनत-मशक्क़त करना और रात में सिर्फ़ डेढ़ आना पाना, जिससे पेटभर रोटी भी नहीं खा सकते थे। कई बार तो घास तक खाना पड़ा। लेकिन मजा यह, फिर भी बैठकर कविता लिखना, और भारतमाता की याद और प्रेम में आँसू बहाने और गीत गाने। ऐसे नौजवान कहाँ से मिल सकते हैं? आप युद्ध-विद्या में बड़े कुशल हैं और आज उन्हें फ़ाँसी का दण्ड मिलने का कारण भी बहुत हद तक यही है। इस वीर को फ़ाँसी का दण्ड मिला और आप हँस दिये। ऐसा निर्भीक वीर, ऐसा सुन्दर जवान, ऐसा योग्य और उच्चकोटि का लेखक और निर्भय योद्धा मिलना मुश्किल है।

तीसरे वीर श्री राजिन्द्रनाथ लाहिड़ी हैं। 24 वर्ष का अत्यन्त सुन्दर जवान एम.ए., बनारस हिन्दू विश्वविद्यालय का विद्यार्थी था। जज कहता है कि यह युगान्तर दल का एक मज़बूत स्तम्भ है। आप गाड़ी रोकने वालों में थे। बाहर से था–कमज़ोर सूखा-सा। कलकत्ते के पास दक्षिणेश्वर बम फ़ैक्टरी में पकड़ा गया, वहीं दस साल क़ैद हुई। ख़ुशी में मोटा होने लगा। काकोरी के मुक़दमे में तो शरीर ख़ूब भर गया था और अब फ़ाँसी की सजा हो गयी है।

वीर रोशन सिंह को भी फ़ाँसी की सजा हुई है। आप पहले पुलिस की मदद करते थे और बहुत-से डकैत आपने पकड़वाये थे। आप भी फँस गये। लेकिन कोई डकैत तो नहीं है। जज भी कहता है, यह नौजवान सच्चे देशसेवक थे! अच्छा! इस वीर को भी बार-बार नमस्कार।

इसके बाद श्री मन्मथनाथ गुप्त की बारी है। आप काशी विद्यापीठ के बी.ए. के विद्यार्थी थे। 18 बरस की उम्र है। बंगाली, गुज़राती, मराठी, उड़िया, हिन्दी, अंग्रेज़ी और फ्रेंच आदि अनेक भाषाएँ आपने सीख ली थीं। जज ने आपको भी डकैतियों में शामिल कर 14 साल की सख़्त सजा दी है। आप बड़े निर्भय हैं और

यह सजा सुनकर हँस दिये। आजकल ज़ेल में भूख हड़ताल किये बैठे हैं। आपसे गैर-सरकारी सदस्य ने ज़ेल में आकर पूछा कि खाना क्यों नहीं खाते, तो आपने उत्तर दिया कि हम मनुष्य हैं। हमारे साथ मनुष्यों जैसा व्यवहार होना चाहिए। मैं नहीं समझता कि इस पशुओं जैसे व्यवहार को सहन कर मैं 14 साल तक जी सकूँगा। तिल-तिल कर मरने से एक बार मर जाना अच्छा है। आप पहले असहयोग में भी ज़ेल जा चुके हैं।

अब जिस नौजवान का जिक्र होगा उसे यदि हम महापुरुष कह दें तो कुछ झूठ न होगा। वह वीर श्री जोगेशचन्द्र चटर्जी हैं। आप कोमिल्ला (ढाका) के रहने वाले हैं। वह बी.ए. में फ़िलासफी के विद्यार्थी थे। प्रोफ़ेसर आप पर बहुत ख़ुश थे और कहते थे कि लड़का बड़ा होनहार है। लेकिन आपने कॉलेज तो क्या, पूरी दुनिया की फिलासफी पर लात मार दी और सबकुछ छोड़कर युगान्तर दल में जा मिले। आपको डिफेंस ऑफ़ इण्डिया एक्ट के अनुसार गिरफ़्तार किया गया और अकथनीय व असहनीय कष्ट दिये गये। एक दिन आपके सर पर पाखाना डाल दिया गया और चार दिन तक कोठरी में बन्द रखा गया। मुँह धोने तक के लिए पानी नहीं दिया गया और बुरी तरह मार-मारकर पूरा बदन जख़्मी कर दिया गया। लेकिन आपके पास चुप से अधिक क्या रखा था।

1920 में छूटे तो एक मामूली कार्यकर्ता की तरह कांग्रेस में काम करते रहे। घर से ग़रीब हैं, लेकिन अपना घर तबाह करके भी दुनिया में सेवा होती है। आप 1923 में यू.पी. आये और फिर 'युगान्तर' दल की नींव रखी। 1924 में बंगाल लौट गये और पकड़े गये। पहले आपको आर्डिनेंस के तहत पकड़ा था, फिर यहाँ काकोरी लाया गया। आपको दस बरस क़ैद हुई है। बेहद ख़ूबसूरत नौजवान हैं। जज ने आपकी बड़ी तारीफ़ की है।

श्री गोविन्द चरणकार उर्फ डी.एन. चौधरी लखनऊ से पकड़े गये थे। आप बहुत पुराने क्रान्तिकारी हैं। 1918 या 1919 में ढाका में पुलिस आपको पकड़ने आयी। आपने गोलियों का जवाब गोलियों से दिया और गोलियों में से लड़ते-लड़ाते भाग निकले, लेकिन गोलियाँ ख़त्म हो चुकी थीं और आप घायल हो गये थे। पकड़े गये, कालापानी मिला। 1922 में बहुत बीमार हो गये थे, तब छोड़े गये। 1925 में फिर पकड़े गये और अब 10 साल क़ैद हो गयी है।

अब श्री सुरेशचन्द्र भट्टाचार्य सम्बन्धी कुछ लिखेंगे। आप भी बनारस के रहने वाले थे। बनारस षड्यन्त्र के समय आपकी उम्र 16 बरस की थी, पकड़े गये। लेकिन कुछ प्रमाणित न होने से छूट गये और फिर नज़रबन्द कर बुन्देलखण्ड में रखे गये। आप हिन्दी के बड़े प्रसिद्ध लेखक हैं। कानपुर के 'प्रताप' जैसे प्रसिद्ध अख़बार के

सहायक सम्पादक थे। आप बनारस से पकड़े गये और अब आपको सात साल क़ैद हुई है। आप बहुत सुन्दर गाते हैं। ज़ेल में आप योगाभ्यास करते थे।

श्री राजकुमार कानपुर के रहने वाले हैं। आप बनारस हिन्दू विश्वविद्यालय में बी.ए. में पढ़ते थे। पकड़े गये। आपके कमरे से दो रायफ़लें निकलीं। बहुत सुन्दर गाने वाले और देखने में भी आप काफ़ी सुन्दर हैं। जोशीले बहुत हैं। श्री दामोदर स्वरूप जब बहुत बीमार होने पर भी कोर्ट में बुलाये गये तो आपको जोश आ गया और आपने जज को ख़ूब सुनायी। जज ने कहा कि फ़ैसले के समय तुम्हें इसका मजा चखाया जायेगा। वीर युवक को दस साल की सजा हो गयी! जीवन एक तरह से तबाह हो गया, लेकिन आप हँस दिये। धन्य हैं ये वीर और इन्हें जन्म देने वाली वीर माताएँ।

श्री विष्णु शरण दुबलिस मेरठ के रहने वाले हैं। वैश्य अनाथालय के अधीक्षक थे। बी.ए. में असहयोग कर दिया गया था और मेरठ को उन्होंने दूसरा बारदोली बना दिया था। सिविल नाफरमानी के लिए तैयार हो गये थे। बड़े सुन्दर वक्ता थे। आपके घर युगान्तरकारियों की बैठक हुई थी। आपको सात साल की सजा हो गयी है।

श्री रामदुलारे को भी 7 साल की सजा हुई है। आप कानपुर निवासी थे। स्काउट मास्टर, कांग्रेस के जोशीले सेवक थे।

6 अप्रैल को फ़ैसला सुनाया गया, उस दिन सभी वीर गाते आये थे—

सरफरोशी की तमन्ना, अब हमारे दिल में है,
देखना है जोर कितना बाजु-ए-क़ातिल में है!

सजाएँ लापरवाही से सुनीं और हँस दिये। उसके बाद दुख की घड़ी आ गयी। जिन वीरों ने एक साथ समुद्र में किश्तियाँ डाली थीं, उनके ही अलग होने का पल आ गया। "क्रान्तिकारी लोगों में जो अगाध और गम्भीर प्रेम होता है, उसे साधारण दुनियादार आदमी अनुभव नहीं कर सकते," श्री रासबिहारी के इस वाक्य का अर्थ भी हम लोग नहीं समझ सकते। जिन लोगों ने 'सिर रख तली प्रेम की गली' में पैर रख दिया हो, उनकी महिमा को हमारे जैसे निकृष्ट आदमी क्या समझ सकते हैं? उनका परस्पर प्रेम कितना गहन होता है, उसे हम सपने में भी नहीं जान सकते। डेढ़ साल से अपने जीवन के अन्धकारमय भविष्य के इन्तज़ार में मिलकर बैठे थे। वह पल आया, तीन को फ़ाँसी, एक को उम्रक़ैद, एक को 14 बरस क़ैद, 4 को दस बरस क़ैद व बाकियों को 5 से 10 साल की सख़्त क़ैद सुनाकर जज उन्हें उपदेश देने लगा, "आप सच्चे सेवक और त्यागी हो। लेकिन ग़लत रास्ते पर चले हो।" ग़रीब भारत में ही सच्चे देशभक्तों का यह हाल होता है। जज उन्हें अपने कामों पर पुनर्विचार करने की बात कह चलता बना और फिर...फिर क्या हुआ? क्या पूछते

हैं? जुदाई के पल बड़े बुरे होते हैं। जिन्हें फ़ाँसी की सजा मिल गयी, जिन्हें उम्रभर के लिए ज़ेल में बन्द कर दिया गया, उनके दिलों का हाल हम नहीं समझ सकते। क़दम-क़दम पर रोने वाले हिन्दुस्तानी, यों ही थर-थर काँपने लग जाने वाले कायर हिन्दुस्तानी, उन्हें क्या समझ सकते हैं? छोटों ने बड़ों के पैरों पर झुककर नमस्कार किया। उन्होंने छोटों को आशीर्वाद दिया, जोर से गले मिले और आह भरकर रह गये। भेज दिये गये। जाते हुए श्री रामप्रसाद जी ने बड़े दर्दनाक लहजे में कहा–

दरो-दीवार पे हसरत से नज़र करते हैं।
ख़ुश रहो अहले वतन हम तो सफ़र करते हैं।

यह कहकर वह लम्बी, बड़ी दूर की यात्रा पर चले गये। दरवाज़े से निकलते समय उस अदालत के बड़े भारी रैंकन थियेटर हाल की भयावह चुप्पी की एक आह भरकर तोड़ते हुए उन्होंने फिर कहा–

हाय, हम जिस पर भी तैयार थे मर जाने को।
जीते जी हमसे छुड़ाया उसी काशाने को।

हम लोग एक आह भरकर समझ लेते हैं कि हमारा फ़र्ज़ पूरा हो गया। हमें आग नहीं लग उठती, हम तड़प नहीं उठते, हम इतना मुर्दे हो गये हैं। आज वे भूख-हड़ताल कर बैठे हैं और तड़प रहे हैं और हम चुपचाप सब तमाशा देख रहे हैं। ईश्वर उन्हें बल व शक्ति दे कि वे वीरता से अपने दिन पूरे करें और उन वीरों के बलिदान रंग लायें।

'विद्रोही'

काकोरी के शहीदों की फाँसी के हालात

जनवरी, 1928 के 'किरती' में भगतसिंह ने एक और लेख काकोरी के शहीदों के बारे में 'विद्रोही' के नाम से लिखा।–स.

'किरती' के पाठकों को पहले किसी अंक में हम काकोरी के मुक़दमे के हालात बता चुके हैं। अब इन चार वीरों को फ़ाँसी दिये जाने का हाल बताते हैं।

17 दिसम्बर, 1927 को श्री राजिन्द्रनाथ लाहिड़ी को गोण्डा ज़ेल में फ़ाँसी दी गयी और 19 दिसम्बर, 1927 को श्री रामप्रसाद 'बिस्मिल' को गोरखपुर ज़ेल में, श्री अशफ़ाक़उल्ला को फैजाबाद ज़ेल में और श्री रोशन सिंह जी को इलाहाबाद ज़ेल में फ़ाँसी चढ़ा दिया गया।

इस मुक़दमे के सेशन जज मि. हेमिल्टन ने फ़ैसला देते हुए कहा था कि ये नौजवान देशभक्त हैं और इन्होंने अपने किसी लाभ के लिए कुछ भी नहीं किया

और यदि ये नौजवान अपने किये पर पश्चाताप करें तो उनकी सजाओं में रियायत की जा सकती है। उन चारों वीरों द्वारा इस आशय की घोषणा भी हुई, लेकिन उन्हें फ़ाँसी दिये बगैर डायन नौकरशाही को चौन कैसे पड़ता। अपील में बहुत-से लोगों की सजाएँ बढ़ा दी गयीं। फिर न तो गवर्नर और न ही वायसराय ने उनकी जवानी की ओर ध्यान दिया और प्रिवी कौंसिल ने उनकी अपील सुनने से पहले ही ख़ारिज कर दी। यू.पी. कौंसिल के बहुत-से सदस्यों, असेम्बली और कौंसिल और स्टेट के बहुत-से सदस्यों ने वायसराय को उनकी जवानी पर दया करने की दरख़्वास्त दी, लेकिन होना क्या था? उनके इतने हाथ-पाँव मारने का कोई परिणाम न निकला। यू.पी. कौंसिल के स्वराज पार्टी के नेता श्री गोविन्द वल्लभ पन्त उनके मामले पर बहस के लिए अपना मत वायसराय और लाट साहिब को भेजने के लिए शोर मचा रहे थे। पहले तो प्रेजिडेण्ट साहिब ही अनुमति नहीं दे रहे थे, लेकिन बहुत-से सदस्यों ने मिलकर कहा तो सोमवार को बहस के लिए इजाज़त मिली, लेकिन फिर छोटे अंग्रेज़ अध्यक्ष ने, जो उस समय अध्यक्ष का काम कर रहा था, सोमवार को कौंसिल की छुट्टी ही कर दी। होम मेम्बर नवाब छत्तारी के दर पर जा चिल्लाये, लेकिन उनके कानों पर जूँ तक न सरकी। और कौंसिल में उनके सम्बन्ध में एक शब्द भी न कहा जा सका और उन्हें फ़ाँसी पर लटका ही दिया गया। इसी क्रोध में नीचता के साथ रूसी जार और फ्रांसीसी लुइस बादशाह होनहार युवकों को फ़ाँसी पर लटका-लटकाकर दिलों की भड़ास निकालते रहे लेकिन उनके राज्यों की नींवें खोखली हो गयी थीं और उनके तख़्ते पलट गये। इसी ग़लत तरीक़े का आज फिर इस्तेमाल हो रहा है। देखें यदि इस बार इनकी मुरादें पूरी हों। नीचे हम उन चारों वीरों के हालात संक्षेप में लिखते हैं, जिससे यह पता चले कि ये अमूल्य रत्न मौत के सामने खड़े होते हुए भी किस बहादुरी से हँस रहे थे।

श्री राजिन्द्रनाथ लाहिड़ी

आप हिन्दू विश्वविद्यालय बनारस के एम.ए. के छात्र थे। 1925 में कलकत्ते के पास दक्षिणेश्वर बम फ़ैक्टरी पकड़ी गयी थी, उसमें आप भी पकड़े गये थे और आपको सात बरस की क़ैद हो गयी थी। वहीं से आपको लखनऊ लाया गया और काकोरी केस में आपको फ़ाँसी की सजा दे दी गयी। आपको बाराबंकी और गोण्डा ज़ेलों में रखा गया। आप मौत को सामने देख घबराते नहीं थे, बल्कि हमेशा हँसते रहते थे। आपका स्वभाव बड़ा हँसमुख और निर्भय था। आप मौत का मजाक़ उड़ाते रहते थे। आपके दो पत्र हमारे सामने हैं। एक छह अक्टूबर को तब लिखा था जब वायसराय ने रहम की दरख़्वास्त नामंजूर कर दी थी। आप लिखते हैं–

छह महीने बाराबंकी और गोण्डा की काल-कोठरियों में रहने के बाद आज मुझे बताया गया है कि एक हफ़्ते के भीतर फ़ाँसी दे दी जायेगी, क्योंकि वायसराय ने दरख़्वास्त नामंजूर कर दी है। अब मैं फ़र्ज़ समझता हूँ कि अपने इन मित्रों का (यहाँ उनके नाम हैं) धन्यवाद कर जाऊँ जिन्होंने मेरे लिए बहुत-सी कोशिशें कीं। आप मेरा अन्तिम नमस्कार स्वीकार करें। हमारे लिए मरना-जीना पुराने कपड़े बदलने से अधिक कुछ भी नहीं (यहाँ ज़ेलवालों ने कुछ काट-छाँट की है, जो बिल्कुल पढ़ा नहीं जाता) मौत आ रही है, हँसते-हँसते बड़े चाव और ख़ुशी से उसे जोर से गले लगा लूँगा। ज़ेल के क़ानून अनुसार और कुछ नहीं लिख सकता। आपको नमस्कार, देश के दर्दमन्दों को नमस्कार, वन्देमातरम्!

आपका,

राजिन्द्रनाथ लाहिड़ी

फिर इस पत्र के बाद फ़ाँसी नहीं हो सकी, क्योंकि प्रिवी कौंसिल में अपील की गयी थी। दूसरा पत्र आपने 14 दिसम्बर को एक मित्र के नाम लिखा था—

कल मुझे पता चला है कि प्रिवी कौंसिल ने मेरी अपील ख़ारिज कर दी है। आप लोगों ने हमें बचाने की बहुत कोशिश की, लेकिन लगता है कि देश की बलि-वेदी पर हमारे प्राणों के बलिदान की ही ज़रूरत है। मौत क्या है? जीवन की दूसरी दिशा के सिवाय कुछ नहीं। जीवन क्या है? मौत की ही दूसरी दिशा का नाम है। फिर डरने की क्या ज़रूरत है? यह तो प्राकृतिक बात है, उतनी ही प्राकृतिक जितना कि प्रातः में सूर्योदय। यदि हमारी यह बात सच है कि इतिहास पलटा खाता है तो मैं समझता हूँ कि हमारा बलिदान व्यर्थ नहीं जायेगा।

मेरा नमस्कार सबको—अन्तिम नमस्कार!

आपका

राजिन्द्रनाथ लाहिड़ी

कितना भोला, कितना सुन्दर और निर्भीकतापूर्ण पत्र है। इनका लेखन कितना भोला है! फिर इन्हें ही अन्यों से दो दिन पहले ही फ़ाँसी दे दी गयी। फ़ाँसी के समय आपको हथकड़ी पहनाने का इन्तज़ाम किया जाने लगा तो आपने कहा कि क्या ज़रूरत है। आप मुझे रास्ता बताते जाओ, मैं स्वयं ही उधर चल पड़ता हूँ। अर्थी का जुलूस निकाला गया और बड़े जोश से अन्तिम संस्कार किया गया। वहीं यादगार बनाने की सलाह की जा रही है।

श्री रोशन सिंह जी

आपको 19 दिसम्बर को इलाहाबाद में फ़ाँसी दी गयी। उनका एक आख़िरी पत्र 13 दिसम्बर का लिखा हुआ है। आप लिखते हैं–

इस हफ्ते फ़ाँसी हो जायेगी। ईश्वर के आगे विनती है कि आपके प्रेम का आपको फल दे। आप मेरे लिए कोई गम न करना। मेरी मौत तो ख़ुशी वाली है। चाहिए तो यह कि कोई बदफैली करके बदनाम होकर न मरे और अन्त समय ईश्वर याद रहे। सो यही दो बातें हैं। इसलिए कोई गम नहीं करना चाहिए। दो साल बाल-बच्चों से अलग रहा हूँ। ईश्वर-भजन का ख़ूब अवसर मिला। इसलिए मोह-माया सब टूट गयी। अब कोई चाह बाक़ी न रही। मुझे विश्वास है कि जीवन की दुख भरी यात्रा ख़त्म करके सुख के स्थान पर जा रहा हूँ। शास्त्रों में लिखा है, युद्ध में मरने वालों की ऋषियों जैसी रहत (श्रेणी) होती है। (आगे अस्पष्ट है)

'ज़िन्दगी ज़िन्दादिली को जानिये रोशन!' वरना कितने मरे और पैदा होते जाते हैं। आख़िरी नमस्कार!

श्री रोशन सिंह रायबरेली के काम करने वालों में थे। किसान आन्दोलन में ज़ेल जा चुके थे। सबको विश्वास था कि हाईकोर्ट से आपकी मौत की सजा टूट जायेगी क्योंकि आपके ख़िलाफ़ कुछ भी नहीं था। लेकिन फिर भी वे अंग्रेज़शाही का शिकार हो ही गये और फ़ाँसी पर लटका दिये गये। तख़्ते पर खड़े होने के बाद आपके मुँह से जो आवाज़ निकली, वह यह थी–

'वन्देमातरम!'

आपकी अर्थी के जुलूस की इजाज़त नहीं दी गयी। लाश की फ़ोटो लेकर दोपहर में आपका दाह-संस्कार कर दिया गया।

श्री अशफ़ाक़उल्ला

यह मस्ताना शायर भी हैरान करने वाली ख़ुशी से फ़ाँसी चढ़ा। बड़ा सुन्दर और लम्बा-चौड़ा जवान था, तगड़ा बहुत था। ज़ेल में कुछ कमज़ोर हो गया था। आपने मुलाक़ात के समय बताया कि कमज़ोर होने का कारण गम नहीं, बल्कि ख़ुदा की याद में मस्त रहने की ख़ातिर रोटी बहुत कम खाना है। फ़ाँसी से एक दिन पहले आपकी मुलाक़ात हुई। आप ख़ूब सजे-सँवरे थे। बड़े-बड़े कढ़े हुए केश ख़ूब सजते थे। बड़ा हँस-हँसकर बातें करते रहे। आपने कहा, कल मेरी शादी होने वाली है। दूसरे दिन सुबह छह बजे आपको फ़ाँसी दी गयी। क़ुरान शरीफ का बस्ता लटकाकर हाजियों की तरह वजीफ़ा पढ़ते हुए बड़े हौसले से चल पड़े। आगे जाकर तख़्ते पर रस्सी को चूम लिया। वहीं आपने कहा–

"मैंने कभी किसी आदमी के ख़ून से अपने हाथ नहीं रँगे और मेरा इन्साफ़ ख़ुदा के सामने होगा। मेरे ऊपर लगाये सभी इल्जाम ग़लत हैं।" ख़ुदा का नाम लेते ही रस्सी खींची गयी और वे कूच कर गये। उनके रिश्तेदारों ने बड़ी मिन्नतों-ख़ुशामदों से उनकी लाश ली और उन्हें शाहजहाँपुर ले आये। लखनऊ स्टेशन पर मालगाड़ी के एक डिब्बे में उनकी लाश देखने का अवसर कुछ लोगों को मिला। फ़ाँसी के दस घण्टे बाद भी चेहरे पर वैसी ही रौनक थी। ऐसा लगता था कि अभी ही सोये हों। लेकिन अशफाक़ तो ऐसी नींद सो गये थे कि जहाँ से वे कभी नहीं जागेंगे। अशफाक़ शायर थे और उनका शायर उपनाम हसरत था। मरने से पहले आपने ये दो शेर कहे थे–

'फनाह हैं हम सबके लिए, हम पै कुछ नहीं मौकूफ!
वक़ा है एक फकत जाने की ब्रिया के लिए।'

(नाश तो सभी होंगे, कोई हम अकेले थोड़े होंगे। न मरने वाला तो सिर्फ़ एक परमात्मा है।)

और–

'तंग आकर हम उनके ज़ुल्म से बेदाद से,
चल दिये सूए अदम ज़िन्दाने फ़ैजाबाद से।'

श्री अशफाक़ की ओर से एक माफ़ीनामा छपा था, उसके सम्बन्ध में श्री रामप्रसाद जी ने अपने आख़िरी एलान में पोजीशन साफ़ कर दी है। आपने कहा है कि अशफाक़ माफ़ीनामा तो क्या, अपील के लिए भी राजी नहीं थे। आपने कहा था, मैं ख़ुदा के सिवाय किसी के आगे झुकना नहीं चाहता। परन्तु रामप्रसाद के कहने-सुनने से आपने वही सबकुछ लिखा था। वरना मौत का उन्हें कोई डर या भय नहीं था। उपरोक्त हाल पढ़कर पाठक भी यह बात समझ सकते हैं। आप शाहजहाँपुर के रहने वाले थे और आप श्री रामप्रसाद के दायें हाथ थे, मुसलमान होने के बावजूद आपका कट्टर आर्यसमाजी धर्म से हद दर्जे का प्रेम था। दोनों प्रेमी एक बड़े काम के लिए अपने प्राण उत्सर्ग कर अमर हो गये।

श्री रामप्रसाद 'बिस्मिल'

श्री रामप्रसाद 'बिस्मिल' बड़े होनहार नौजवान थे। गजब के शायर थे। देखने में भी बहुत सुन्दर थे। योग्य बहुत थे। जानने वाले कहते हैं कि यदि किसी और जगह या किसी और देश या किसी और समय पैदा हुए होते तो सेनाध्यक्ष बनते। आपको पूरे षड्यन्त्र का नेता माना गया है। चाहे बहुत ज़्यादा पढ़े हुए नहीं थे, लेकिन फिर भी पण्डित जगतनारायण जैसे सरकारी वकील की सुध-बुध भुला देते थे। चीफ़ कोर्ट में

अपनी अपील खुद ही लिखी थी, जिससे कि जजों को कहना पड़ा कि इसे लिखने में ज़रूर ही किसी बहुत बुद्धिमान व योग्य व्यक्ति का हाथ है।

19 तारीख़ की शाम को आपको फ़ाँसी दी गयी। 12 की शाम को जब आपको दूध दिया गया तो आपने यह कहकर इन्कार कर दिया कि अब मैं माँ का दूध ही पिऊँगा। 18 को आपकी मुलाक़ात हुई। माँ को मिलते समय आपकी आँखों से अश्रु बह चले। माँ बहुत हिम्मत वाली देवी थी। आपसे कहने लगी–हरीशचन्द्र, दधीचि आदि बुज़ुर्गों की तरह वीरता, धर्म व देश के लिए जान दे, चिन्ता करने और पछताने की ज़रूरत नहीं। आप हँस पड़े। कहा, 'माँ! मुझे क्या चिन्ता और क्या पछतावा, मैंने कोई पाप नहीं किया। मैं मौत से नहीं डरता। लेकिन माँ! आग के पास रखा घी पिघल ही जाता है। तेरा-मेरा सम्बन्ध ही कुछ ऐसा है कि पास होते ही आँखों से अश्रु उमड़ पड़े। नहीं तो मैं बहुत खुश हूँ। फ़ाँसी पर ले जाते समय आपने बड़े जोर से कहा, 'वन्देमातरम्', 'भारतमाता की जय' और शान्ति से चलते हुए कहा–

'मालिक तेरी रजा रहे और तू ही तू रहे
बाक़ी न मैं रहूँ, न मेरी आरजू रहे।
जब तक कि तन में जान रगों में लहू रहे,
तेरा ही जिक्रेयार, तेरी जुस्तजू रहे।'

फ़ाँसी के तख़्ते पर खड़े होकर आपने कहा–

I wish the downfall of the British Empire.

(मैं ब्रिटिश साम्राज्य का पतन चाहता हूँ।)

फिर यह शेर पढ़ा–

'अब न अहले वलवले हैं
और न अरमानों की भीड़!
एक मिट जाने की हसरत,
अब दिले-बिस्मिल में है!

फिर ईश्वर के आगे प्रार्थना की और फिर एक मन्त्र पढ़ना शुरू किया। रस्सी खींची गयी। रामप्रसाद जी फ़ाँसी पर लटक गये। आज वह वीर इस संसार में नहीं है। उसे अंग्रेज़ी सरकार ने अपना ख़ौफनाक दुश्मन समझा। आम ख़याल यह है कि उसका कसूर यही था कि वह इस गुलाम देश में जन्म लेकर भी एक बड़ा भारी बोझ बन गया था और लड़ाई की विद्या से ख़ूब परिचित था। आपको मैनपुरी षड्यन्त्र के नेता श्री गेंदालाल दीक्षित जैसे शूरवीर ने विशेष तौर पर शिक्षा देकर तैयार किया था। मैनपुरी के मुक़दमे के समय आप भागकर नेपाल चले गये थे। अब वही शिक्षा आपकी मृत्यु का एक बड़ा कारण हो गया। 7 बजे आपकी लाश मिली और बड़ा भारी जुलूस निकला। स्वदेशप्रेम में आपकी माता ने कहा–

"मैं अपने पुत्र की इस मृत्यु पर प्रसन्न हूँ, दुखी नहीं। मैं श्री रामचन्द्र जैसा ही पुत्र चाहती थी। बोलो श्री रामचन्द्र की जय!"

इत्र-फुलेल और फूलों की वर्षा के बीच उनकी लाश का जुलूस जा रहा था। दुकानदारों ने उनके ऊपर से पैसे फेंके। 11 बजे आपकी लाश श्मशान भूमि में पहुँची और अन्तिम-क्रिया समाप्त हुई।

आपके पत्र का आख़िरी हिस्सा आपकी सेवा में प्रस्तुत है–

"मैं ख़ूब सुखी हूँ। 19 तारीख़ को प्रातः जो होना है उसके लिए तैयार हूँ। परमात्मा काफ़ी शक्ति देंगे। मेरा विश्वास है कि मैं लोगों की सेवा के लिए फिर जल्द ही जन्म लूँगा। सभी से मेरा नमस्कार कहें। दया कर इतना काम और भी करना कि मेरी ओर से पण्डित जगतनारायण (सरकारी वकील जिसने इन्हें फ़ाँसी लगवाने के लिए बहुत जोर लगाया था) को अन्तिम नमस्कार कह देना। उन्हें हमारे ख़ून से लथपथ रुपयों से चौन की नींद आये। बुढ़ापे में ईश्वर उन्हें सद्बुद्धि दे।"

रामप्रसाद जी की सारी हसरतें दिल ही दिल में रह गयीं। आपने एक लम्बा-चौड़ा एलान किया है, जिसे संक्षेप में हम दूसरी जगह दे रहे हैं। फ़ाँसी से दो दिन पहले सी.आई.डी. के मि. हैमिल्टन आप लोगों की मिन्नतें करते रहे कि आप मौखिक रूप से सब बातें बता दो, आपको पाँच हज़ार रुपया नक़द दे दिया जायेगा और सरकारी ख़र्चे पर विलायत भेजकर बैरिस्टर की पढ़ाई करवायी जायेगी। लेकिन आप कब इन बातों की परवाह करते थे। आप हुकूमतों को ठुकराने वाले व कभी-कभार जन्म लेने वाले वीरों में से थे। मुक़दमे के दिनों आपसे जज ने पूछा था, "आपके पास क्या डिग्री है?" तो आपने हँसकर जवाब दिया था, "सम्राट बनाने वालों को डिग्री की कोई ज़रूरत नहीं होती, क्लाइव के पास भी कोई डिग्री नहीं थी।" आज वह वीर हमारे बीच नहीं है। आह!!

काकोरी के शहीदों के लिए प्रेम के आँसू

जनवरी, 1928 के 'किरती' ने काकोरी के शहीदों सम्बन्धी एक सम्पादकीय नोट भी प्रकाशित किया। यह भगतसिंह का लिखा हुआ तो नहीं है, लेकिन उनके साथी भगवतीचरण वोहरा का हो सकता है। निश्चय ही, यह भी ऐतिहासिक दस्तावेज़ है, जिसे नीचे दिया जा रहा है।–स.

काकोरी केस के चार वीरों को फ़ाँसी पर लटका दिया गया। वे लाड़-प्यार से पले शूरवीर हँसते-हँसते शहादत प्राप्त कर गये। भारतमाता के चार सुपुत्र अपने शीश देश और राष्ट्र के नाम अर्पण कर गये। उन्होंने अपनी प्रतिज्ञा, अपना फ़र्ज़ पूरा कर

दिया। वे इस पंच भौतिक शरीर की क़ैद से आजाद हो गये और हम गुलामों को अपनी गुलामी के दुखड़े रोने के लिए पीछे छोड़ गये!!!

जिस देश में देशभक्ति गुनाह समझा जाता हो, जिस देश में आज़ादी की ख़्वाहिश रखना बगावत समझा जाता हो, जहाँ लोककल्याण की सजा मौत हो, जहाँ देशभक्तों की गरदन में फ़ाँसी का रस्सा डाला जाता हो, उस देश की हालत ख़याल में तो भले ही आ जाये, लेकिन बयान नहीं की जा सकती। किसी देश की अधोगति इससे ज़्यादा क्या हो सकती है। लेकिन जिस देश में यह अन्याय नित्य प्रति होते हों, जहाँ ऐसे अत्याचार दिन-प्रतिदिन ही होते रहें यदि वहाँ के निवासी ऐसे-ऐसे अन्यायों, ऐसे अत्याचारों के ख़िलाफ़ आवाज़ उठानी तो दूर, आह तक न भर सकते हों तो उस देश के निवासियों की हालत कैसी होगी?

हिन्दुस्तान गुलाम है। इसकी बागडोर विदेशियों के हाथ है। इससे प्रेम करना मौत को पुकारना है। इसकी आज़ादी के सपने देखना घर-बार, बाल-बच्चे छोड़कर जलावतनी की ज़िन्दगी गुज़ारना है। इस महीवाल के प्रेम ने कई सोहनियों को गहरे समुद्रों में डुबोया। इसके प्रेम ने कई प्रेमियों के दल के दल ख़त्म किये। इसका प्रेम अगाध है, अथाह है। इसके प्रेमी बेअन्त हैं, असंख्य हैं। न इस प्रेम का स्वर पता चलता है, न इसके प्रेमियों को ताव आती है। यहाँ तो 'चुप भाई चुप' वाली बात है।

यह ज़ुल्म कब तक रहेगा? इस अन्याय का भाण्डा कब फूटेगा? बेगुनाहों को कब तक शहीद किया जायेगा? देश-प्रेमियों को कब तक गोली का निशाना बनाया जायेगा? कब तक इस गुलामी डायन का और मुँह देखना पड़ेगा? आज़ादी देवी के दर्शन कब तक होंगे? अभी कितनी शहीदियाँ प्राप्त करनी होंगी। अभी और कितनों को फ़ाँसी पर चढ़ाया जायेगा?

रब्बा! वह दिन कब आयेगा, जब ये शहीदियाँ रंग लायेंगी। ईश्वर, वह दिन कब देखेंगे जब हमारा बगीचा हरा-भरा होगा? यहाँ से पतझड़ का कूच कब होगा? उल्लू कब तक इस बाग में डेरा जमाये बैठे रहेंगे? बुलबुलें किस दिन फिर यहाँ चहचहायेंगी? ये पिंजरे कब टूटेंगे? आज़ादी कब लौटेगी, उजड़े कब फिर बसेंगे?

लोगो! भारतमाता के चार सुन्दर जवान फ़ाँसी चढ़ा दिये गये। वे नौकरशाही के डसे, दुश्मनी का शिकार हो गये। कौन बता सकता है कि यदि वे जीवित रहते तो क्या-क्या नेकी के काम करते, कौन-कौन से परोपकार करते? कौन कह सकता है कि उनके रहने से संसार पहले से सुन्दर और रहने योग्य न दिखायी देता? वे वीर थे, आज़ादी के आशिक़ थे। उन्होंने देश और क़ौम की ख़ातिर अपनी जान लुटा दी। वे अपनी माँओं की कोख को सफल बना गये।

यदि भारतमाता आजाद होती तो इनके बलिदानों का मोल पड़ता। यदि आज

हिन्दुस्तान में कुछ जान होती तो ये बलिदान बेकार न होते। हाय! आज़ादी के वीर चले गये। उन्हें किसी ने न पहचाना, उन्हें किसी ने न कहा, आप शूरवीर हो, आप बहादुर हो। वह जगह धन्य है, जहाँ आप जन्मे-पले! जहाँ आप खेले। वे राहें धन्य हैं, जहाँ आप चले, जहाँ आप कूदे-भागे। वीर, मातृभूमि के लाड़ले वीर चले गये! वे अपना जन्म सफल कर गये!

बातें करनी आसान हैं, बड़कें मारनी आसान हैं। चगल-चगल करना और बात है, क़ुर्बानी देना और बात है। परीक्षा अलूणी चट्टान है, इसे चाटना आसान नहीं है। परीक्षा से बड़े-बड़े तौबा कर उठे थे। परीक्षा के आगे कोई जिगर वाला ही टिक सकता है। इन वीरों ने किस हिम्मत, किस बहादुरी से परीक्षा दी है। इनकी बहादुरी कभी भूल सकती है? धन्य हैं इनके माँ-बाप, जिन्होंने उन्हें जन्म दिया। धन्य हैं ये स्वयं, जो बलिदान के पुंज, आत्मत्याग की मिसाल हैं।

जब कभी आज़ादी का इतिहास लिखा जायेगा, जब कभी शहीदों का जिक्र होगा, जब कभी भारतमाता के लिए बलिदान करने वालों की चर्चा होगी तो वही 1. राजिन्द्रनाथ लाहिड़ी 2. रामप्रसाद बिस्मिल, 3. रोशन सिंह और 4. अशफ़ाक़उल्ला का नाम ज़रूर लिया जायेगा। उस समय आने वाली पीढ़ियाँ इन शहीदों के आगे शीश झुकायेंगी और इन वीरों के बहादुरी भरे कस्सि सुन-सुन सिर हिलायेंगी। उस समय ये क़ौम का आदर्श माने जायेंगे, इन बुज़ुर्गों की पूजा होगी।

आज हम कमज़ोर हैं, निःशक्त हैं। आज हम गिरे हुए हैं, झूठे हैं। आज हम अपनी दिली भावनाएँ नहीं बता सकते—क्योंकि हम कायर हैं, डरपोक हैं, आज हमें सच कहने से डर लगता है, क्योंकि क़ानून की तलवार हमारे सिरों पर लटकती दिखायी देती है। इससे यह नहीं कह सकते, 'काकोरी के शहीदो! आपने जो किया, भारतमाता के बन्धन तोड़ने के लिए किया। आपने जो कष्ट उठाये, वह हिन्दुस्तान को आजाद करवाने के लिए उठाये।' आज हम यह नहीं कह सकते कि 'आपने अपने मतानुसार अच्छा किया।'

गुलामों की अवस्था कितनी गिर जाती है। गुलामों में कितनी गिरावट आ जाती है। दैवी गुण उनमें से किस तरह भाग जाते हैं। वे कितने ढोंगी और पाखण्डी बन जाते हैं। वे कितने बुजदिल व कायर बन जाते हैं। वे सच्ची-खरी बातें मुँह पर नहीं कह सकते। वे दिल में कुछ और रखते हैं और बाहर कुछ और। उनकी हालत कितनी दयनीय हो जाती है!

इस हालत को सुधारने का एक ही साधन है, इस दुर्दशा को बदलने का एकमात्र इलाज है, इस दुर्दशा की एक ही दवा है, और वह है आज़ादी। आज़ादी क़ुर्बानियों के बगैर नहीं मिल सकती। शहीदों की इज़्जत करने से, शहीदों के कारनामे याद

करने से क़ुर्बानी का चाव उमड़ता है। जो क़ौम शहीदों को शहीद नहीं कह सकती, उसे क्या ख़ाक आजाद होना है?

लोगो! देखे हैं आशिक़ सूली पर चढ़ते? वे मौत से मजाक़ करते थे। वे मौत पर हँसते थे, उन्हें मृत्यु का भय नहीं था। वे यार की गली में शीश तली पर रखकर आये थे। उन्हें डर क्या था, वे तो आये ही मरने थे। मृत्यु का तो वे पहले ही वरण कर चुके थे, जीवन की आशा तो वे पहले ही छोड़ चुके थे। वे तो गाते थे–

एक मिट जाने की हसरत अब दिले-बिस्मिल में है।

कहाँ वे और कहाँ हम? वे तो किसी और ही देश के निवासी थे। वे तो ग़रीबों की आह सुनकर मैदान में उतरे थे। वे तो हिन्दुस्तान से भूख-नंग को दूर करने आये थे। वे तो मज़दूरों और किसानों का हाल पूछने आये थे। वे तो किसी ऊँचे आदर्श के पुजारी थे। वे तो किसी ऊँचे स्वप्न की उड़ान में मस्त थे। वे तो वे नजारे देखते थे, जहाँ न भूख है, न नग्नता। जहाँ न ग़रीबी है, न अमीरी। जहाँ न ज़ुल्म है, न अन्याय। बस जहाँ प्रेम है, एकता है, जहाँ इन्साफ़ है, आज़ादी है, जहाँ सुन्दरता है। पर हम? हम?...हाय रे!

किसी का आदर्श कमाना, आप खाना और बच्चों को पालना होता है। किसी का आदर्श स्वयं को ऊँचा उठाने का होता है। किसी का आदर्श ग़रीबों, दुखियों को लूटकर धन-दौलत इकट्ठा करना होता है, किसी का आदर्श अपने सुन्दर शरीर को तकलीफ़ से दूर करने का होता है।

किसी का आदर्श कुछ होता है, किसी का कुछ। लेकिन उनका आदर्श देश था। उनका आदर्श हिन्दुस्तान की आज़ादी था। उनका कोई स्वार्थ नहीं था। उनके खाने के लिए, उन्हें ओढ़ने के लिए किसी बात की कमी न थी। वे तो जो कुछ करते थे, लोक-कल्याण की ख़ातिर, लोक-सेवा के लिए करते थे। वे इतने बलिदान के पुंज निकले, कि स्वयं को हमारे ऊपर वार दिया। आइये, इन वीरों को प्रणाम करें।

मातृभूमि के लाड़लो! क्या हुआ यदि डर के मारे आज हम आपका नाम भी लिखने से घबराते हैं? क्या हुआ जो आज हम दिल की बातें कहने में झिझकते हैं? क्या हुआ यदि आज हिन्दुस्तान में मुर्दानोशी छायी है और आपका नाम लेने से ही षड्यन्त्रकारी बन जाते हैं? क्या हुआ यदि कोई हिन्दुस्तानी आपको भला-बुरा भी कहे, लेकिन समय आयेगा जब आपकी क़द्र होगी, जब आपको शहीद कहा जायेगा, जिस तरह 1857 के गदर को अब 'आज़ादी की जंग' कहा जाता है। समय सिद्ध कर देता है, समय सच्ची-सच्ची कहलवा देता है, समय किसी का लिहाज नहीं करता। उस समय आप अपनी असली शान से चमकेंगे और उस समय हिन्दुस्तान आप पर बलिहारी जायेगा।

शहीद वीरो! हम कृतघ्न हैं, हम तुम्हारे किये को नहीं जानते। हम कायर हैं, हम सच-सच नहीं कह सकते। हमें आप माफ़ करो, हमें आप क्षमादान दो। हमें मौत से भय लगता है, हमारा दिमाग सूली का नाम सुनते ही चक्कर खा जाता है। आप धन्य थे। आपके बड़े जिगर थे कि आपने फ़ाँसी को टिच्च समझा। आपने मौत के समय मजाक़ किये! पर हम? हमें चमड़ी प्यारी है, हमें तो जरा-सी तकलीफ़ ही मौत बनकर दिखने लगती है। आज़ादी! आज़ादी का तो नाम सुनते ही हमें कँपकँपी छिड़ जाती है। हाँ! गुलामी के साथ हमें प्यार है, गुलामी की ठोकरों से हमें मजा आता है! आपकी नस-नस से, रग-रग से आज़ादी की पुकार गूँजती थी लेकिन हमारी रग-रग से, हमारी नस-नस से, गुलामी की आवाज़ निकलती है। आपका और हमारा क्या मेल? हमें आप क्षमा करो, आप हमारे केवल यह प्रेम के अश्रु ही स्वीकार करो।

कहो, धन्य हैं, काकोरी के शहीद...!

शहीदों के जीवन-चरित्र

शहीदों के जीवन-चरित्र

काकोरी के शहीदों को दिसम्बर, 1927 में फ़ाँसी होने के बाद भगतसिंह ने अपने साथियों–भगवतीचरण वोहरा, शिव वर्मा, जयदेव कपूर आदि–से विचार-विमर्श करते हुए अपने देश के शहीदों व क्रान्तिकारी आन्दोलन सम्बन्धी जानकारी देने के निरन्तर यत्न शुरू किये। वे स्वयं भी इन आन्दोलनों का गहराई से अध्ययन कर रहे थे और देशवासियों को जागृत भी कर रहे थे।

फ़रवरी, 1928 में 'चाँद' का 'फ़ाँसी अंक' प्रकाशित हुआ। भारतीय क्रान्तिकारी आन्दोलन और शहीदों के जीवन-चरित्र सम्बन्धी इस अंक में 'विद्रोही' छद्म नाम से भगतसिंह ने कई देशभक्तों के जीवन-चरित्र लिखे। यहाँ प्रस्तुत तीन जीवन-चरित्र वहीं से लिये गये हैं।–स.

सूफ़ी अम्बा प्रसाद

आज भारतवर्ष में कितने लोग उनका नाम जानते हैं? कितने उनकी स्मृति में शोकातुर होकर आँसू बहाते हैं? कृतघ्न भारत ने कितने ही ऐसे रत्न खो दिये और क्षरभर के लिए भी दुख अनुभव नहीं किया।

वे सच्चे देशभक्त थे। उनके हृदय में देश के लिए दर्द था। वे भारत की प्रतिष्ठा देखना चाहते थे, भारत को उन्नति के शिखर पर पहुँचाना चाहते थे, तो भी आज

भारत के बहुत कम लोग उनका नाम जानते हैं। उनकी क़दर भी की तो ईरान ने, आज यहाँ आका सूफ़ी का नाम सर्वप्रिय हो रहा है।

सूफ़ी जी का जन्म 1858 में मुरादाबाद में हुआ था। आपका दाहिना हाथ जन्म से ही कटा था। आप हँसी में कहा करते थे—अरे भाई! हमने सत्तावन में अंग्रेज़ों के विरुद्ध युद्ध किया। हाथ कट गया। मृत्यु हो गयी। पुनर्जन्म हुआ, हाथ कटे का कटा आ गया!

आपने मुरादाबाद, बरेली और जालन्धर आदि कई शहरों में शिक्षा पायी। एफ.ए. पास करने के पश्चात आपने वकालत पढ़ी, परन्तु की नहीं। आप उर्दू के प्रभावशाली लेखक थे। आपने यही काम सँभाला।

सन् 1890 में आपने मुरादाबाद से जाम्युल इलूक नामक उर्दू साप्ताहिक पत्र निकाला। इसका प्रत्येक शब्द उनकी आन्तरिक अवस्था का परिचय देता था। वे हास्यरस के प्रसिद्ध लेखक थे, परन्तु इनमें गम्भीरता भी कम न थी। वे हिन्दू-मुस्लिम-एकता के कट्टर पक्षपाती थे और शासकों की कड़ी आलोचना किया करते थे।

सन् 1897 में आपको राजद्रोह के अपराध में डेढ़ वर्ष का कारागार मिला। जब 1899 में छूटकर आये तो यू.पी. के कुछ छोटे राज्यों पर अंग्रेज़ लोग हस्तक्षेप कर रहे थे। सूफ़ी जी ने वहाँ के अंग्रेज़ों तथा रेजिडेण्टों का ख़ूब भण्डाफोड़ किया। आप पर मिथ्या दोषारोपण का अभियोग चलाया गया और सारी जायदाद जब्त कर 6 साल का कारागार दिया गया। ज़ेल में उन्हें अकथनीय कष्ट सहन करने पड़े, परन्तु वे कभी विचलित नहीं हुए।

सूफ़ी जी ज़ेल में बीमार पड़े। एक गलीज कोठरी में बन्द थे। उन्हें औषधि नहीं दी जाती थी, यहाँ तक कि पानी आदि का भी ठीक प्रबन्ध न था। ज़ेलर आता और हँसता हुआ प्रश्न करता—सूफ़ी, अभी तक तुम ज़िन्दा हो? ख़ैर! ज्यों-त्यों कर ज़ेल कटी और 1906 के अन्त में आप बाहर आये।

सूफ़ी जी का निज़ाम हैदराबाद से घनिष्ठ सम्बन्ध था। ज़ेल से छूटते ही वहाँ गये। निजाम ने उनके लिए एक अच्छा-सा मकान बनवाया। मकान बन जाने पर उन्होंने सूफ़ी जी से कहा—'आपके लिए मकान तैयार हो गया।' आपने उत्तर दिया—'हम भी तैयार हो गये हैं।' आपने वस्त्रादि उठाये और पंजाब के लिए चल दिये। वहाँ जाकर आप 'हिन्दुस्तान' अख़बार में काम करने लगे। सुनते हैं वहाँ आपकी चतुरता, वाक्पटुता और समझदारी देखकर सरकार की ओर से 1000 रुपया मासिक जासूस विभाग से पेश किये गये थे, परन्तु आपने उनकी अपेक्षा ज़ेल और दरिद्रता को ही श्रेष्ठ समझा। बाद को 'हिन्दुस्तान'-सम्पादक से भी आपकी न बनी। आपने वहाँ से भी त्यागपत्र दे दिया।

उन्हीं दिनों सरदार अजीत सिंह ने भारतमाता सोसाइटी की नींव डाली और पंजाब के न्यू कालोनी बिल के विरुद्ध आन्दोलन आरम्भ कर दिया। सूफ़ी जी का भी मेल उनसे बनने लगा। उधर वे इनकी ओर आकर्षित होने लगे।

सन् 1906 में पंजाब में फिर धर-पकड़ आरम्भ हुई तो सरदार अजीत सिंह के भाई सरदार किशन सिंह और भारतमाता सोसाइटी के मन्त्री मेहता आनन्द किशोर के साथ वे नेपाल चल दिये। वहाँ नेपाल राज्य के गवर्नर श्री जंगबहादुर जी से आपका परिचय हो गया। वे इनसे बहुत अच्छी तरह पेश आये। बाद को श्री जंगबहादुर जी सूफ़ी को आश्रय देने के कारण ही पदच्युत कर दिये गये। उनकी सम्पत्ति जब्त कर ली गयी। ख़ैर, सूफ़ी जी वहाँ पकड़े गये और लाहौर लाये गये। लाला पिण्डीदास जी के पत्र 'इण्डिया' में प्रकाशित आपके लेखों के सम्बन्ध में ही आप पर अभियोग चलाया गया, परन्तु निर्दोष सिद्ध होने के बाद में आपको छोड़ दिया गया।

तत्पश्चात सरदार अजीत सिंह भी छूटकर आ गये। और सन् 1909 में भारतमाता बुक सोसाइटी की नींव डाली गयी। इसका अधिकतर कार्य सूफ़ी जी ही किया करते थे। आपने 'बागी मसीह' या 'विद्रोही मसीह' नामक एक पुस्तक प्रकाशित करवायी जो बाद को जब्त कर ली गयी।

इसी वर्ष लोकमान्य तिलक पर अभियोग चलाया गया और उन्हें भी 6 वर्ष का कारावास मिला। तब देशभक्त-मण्डल के सभी सदस्य साधु बनकर पर्वतों की ओर यात्रा करने निकल पड़े। पर्वतों के ऊपर जा रहे थे। एक भक्त भी साथ आया। साधु बैठे तो उस भक्त ने सूफ़ी जी के चरणों पर सीस नवाकर नमस्कार किया। बड़ा जैण्टलमैन था। ख़ूब सूट-बूट पहने था। सूफ़ी जी के चरणों पर शीश रखा और पूछने लगा—बाबा जी, आप कहाँ रहते हैं?

सूफ़ी जी ने कठोर शब्दों में उत्तर दिया—रहते हैं तुम्हारे सर में!

—साधु जी, आप नाराज क्यों हो गये?

—अरे बेवक़ूफ़! तूने मुझे क्यों नमस्कार किया! इतने और साधु भी थे, इनको प्रणाम क्यों न किया?

—मैं आपको साधु समझा था।

—अच्छा ख़ैर जाओ, खाने-पीने की वस्तुएँ लाओ।

वह कुछ देर बाद अच्छे-अच्छे पदार्थ लेकर आया। खा-पीकर सूफ़ी जी ने उसे फिर बुलाया और कहने लगे—क्यों बे, हमारा पीछा छोड़ेगा या नहीं?

—भला मैं आपसे क्या कहता हूँ जी?

—चालाकी को छोड़। आया है जासूसी करने! जा, अपने बाप से कह देना कि सूफ़ी पहाड़ में गदर करने जा रहे हैं।

वह चरणों पर गिर पड़ा—हजूर, पेट की ख़ातिर सबकुछ करना पड़ता है!

आपने सन् 1909 में 'पेशवा' अख़बार निकाला। उन्हीं दिनों बंगाल में क्रान्तिकारी आन्दोलन ने जोर पकड़ा। सरकार को चिन्ता हुई कि कहीं यह पंजाब को भी जला न डाले। अस्तु, दमन-चक्र आरम्भ हुआ। तब सूफ़ी जी, सरदार अजीत सिंह और जिया-उल-हक ईरान चले गये। वहाँ पहुँचकर जिया-उल-हक़ की नीयत बदल गयी। उसने चाहा, इन्हें पकड़वा दूँ तो इनाम मिलेगा और सजा भी न होगी। परन्तु सूफ़ी जी ताड़ गये। उन्होंने उसे आगे भेज दिया। फलस्वरूप वह स्वयं ही पकड़ा गया और ये दोनों बच निकले।

ईरान में वे कैसे रहे, क्या हुआ, ये बातें तो किसी अवसर पर खुलेंगी परन्तु जो कुछ सुनने में आया, उसी का उल्लेख इस स्थान पर किया जाता है। ईरान में अंग्रेज़ों ने उनकी बहुत खोज की और उन्हें कई प्रकार के कष्ट सहन करने पड़े। कहा जाता है कि वे एक स्थान पर घेर लिये गये। वहाँ से निकलना असम्भव-सा हो गया। वहाँ व्यापारियों का एक क़ाफिला ठहरा हुआ था। ऊँटों पर बहुत-से सन्दूक लदे थे। आगे वस्त्र आदि भरे थे। एक ऊँट के दोनों सन्दूकों में सूफ़ी जी तथा अजीत सिंह को बन्द कर दिया गया और वहाँ से बचाकर निकाला गया।

फिर किसी अमीर के घर ठहरे। पता चल गया और वह घेर लिये गये। उसी समय उन दोनों को बुरका पहना जनाने में बिठा दिया गया। सबकी तलाशी ली गयी और अन्त में स्त्रियों की भी तलाशी ली जाने लगी। एक-दो स्त्रियों के बुरके उठाये भी गये, परन्तु मुसलमान लोग लड़ने-मरने को तैयार हो गये और फिर अन्य किसी स्त्री का बुरका नहीं उठाने दिया गया। इस तरह वे दोनों यहाँ से भी बचे।

पीछे उन्होंने वहाँ से 'आबे हयात' नामक पत्र निकाला और राष्ट्रीय आन्दोलन में भाग लेने लगे। सरदार साहिब के टर्की चले जाने पर वहाँ का सारा कार्य इन्हीं के सर आ पड़ा और फिर ये वहाँ आकर सूफ़ी के नाम से प्रसिद्ध हुए। सन् 1915 में जिस समय ईरान में अंग्रेज़ों ने पूर्ण प्रभुत्व जमाना चाहा तो फिर कुछ उथल-पुथल मची थी। शीराज पर घेरा डाला गया। उस समय सूफ़ी जी ने बायें हाथ से रिवाल्वर चलाकर मुक़ाबला किया था, परन्तु अन्त में आप अंग्रेज़ों के हाथ आ गये। उनका कोर्ट मार्शल किया गया। फ़ैसला हुआ कि कल गोली से उड़ा दिये जायेंगे। सूफ़ी कोठरी में बन्द थे। प्रातः समय देखा तो वे समाधि की अवस्था में थे। उनके प्राण पखेरू उड़ चुके थे! उनके जनाजे के साथ असंख्य ईरानी गये और उन्होंने बहुत शोक मनाया। कई दिन तक नगर में उदासी छायी रही। सूफ़ी जी की क़ब्र बनायी गयी। अभी तक हर वर्ष उनकी क़ब्र पर उत्सव मनाया जाता है। लोग उनका नाम सुनते ही श्रद्धा से सर झुका लेते हैं। वे पैर से भी लेखनी पकड़कर अच्छी तरह लिख

सकते थे। एक दिन एक महाशय कह रहे थे कि मुझे उन्होंने पैर से ही लिखकर एक नुस्ख़ा दिया था।

एक और कहानी मित्रों ने सुनायी थी। पता नहीं कहाँ तक सच है। परन्तु बहुत सम्भव है वह सच हो। कहते हैं, जब भोपाल या किसी और स्टेट में रेजिडेण्ट कुछ गड़बड़ कर रहे थे और उसको हड़प करने की चिन्ता में थे, तो वहाँ का भेद प्रकाशित करने के लिए अमृत बाज़ार पत्रिका की ओर से सूफ़ी जी वहाँ भेजे गये। यह बात 1890 के लगभग की है।

एक पागल-सा मनुष्य रेजिडेण्ट के बैरे के पास नौकरी की खोज में आया और अन्त में केवल भोजन पर ही रख लिया गया। वह पागल बरतन साफ़ करता तो मिट्टी में लथपथ हो जाता। मुँह पर मिट्टी पोत लेता। वह सौदा ख़रीदने में बड़ा चतुर था, अस्तु चीज़ें ख़रीदने वही भेजा जाता था।

उधर अमृत बाज़ार पत्रिका में रेजिडेण्ट के विरुद्ध धड़ाधड़ लेख निकलने लगे। अन्त में इतना बदनाम हुआ कि पदच्युत कर दिया गया। जिस समय वह स्टेट से बाहर पहुँच गया तो एक जंक्शन पर एक काला-सा आदमी हैट लगाये, पतलून-बूट पहने उसकी ओर आया। उसे देखकर रेजिडेण्ट चकित-सा रह गया। ये तो वही है जो मेरे बरतन साफ़ किया करता था! आज पागल नहीं है। उसने आते ही अंग्रेज़ी में बातचीत शुरू की। उसे देखकर रेजिडेण्ट काँपने लगा। आख़िर उसने कहा—तुम्हें इनाम तो दिया जा चुका है, अब तुम मेरे पास क्यों आये हो?

—आपने कहा था—जो आदमी उस गुप्तचर को, जिसने कि आपका भेद खोला है, पकड़वाये तो आप कुछ इनाम देंगे।

—हाँ, कहा तो था। क्या तुमने उसे पकड़ा?

—हाँ, हाँ...इनाम दीजिए। वह मैं स्वयं ही हूँ।

वह थर-थर काँपने लगा। बोला—यदि राज्य के अन्दर ही मुझे तेरा पता चल जाता तो बोटी-बोटी उड़वा देता। ख़ैर, उसने उन्हें एक सोने की घड़ी दी और कहा—यदि तुम स्वीकार करो तो जासूस विभाग से 1000 रु. मासिक वेतन दिला सकता हूँ। परन्तु सूफ़ी जी ने कहा—अगर वेतन ही लेना होता तो आपके बरतन क्यों साफ़ करता?

आज सूफ़ी जी इस देश में नहीं हैं। पर ऐसे देशभक्त का स्मरण ही स्फूर्तिदायक होता है। भगवान उनकी आत्मा को चिर शान्ति दे।

फ़रवरी, 1928

श्री बलवन्त सिंह

वे बड़े ईश्वर-भक्त थे। धर्मनिष्ठा के कारण उन्हें सिक्खों में पुरोहित बना दिया

गया था। शान्ति के परम उपासक बलवन्त का स्वभाव बड़ा मृदुल था। वे सुमधुर भाषी थे। पहले-पहल वे ईश्वरोपासना की ओर लगे। फिर लोगों को उस ओर लाने की चेष्टा प्रारम्भ की। बाद में लोगों के कष्ट दूर करने के प्रयास में धीरे-धीरे गौराँग महाप्रभुओं से मुठभेड़ होती गयी और अन्त में फ़ाँसी पर मुस्कुराते हुए आपने प्राण-त्याग किया।

श्री बलवन्त सिंह का जन्म गाँव खुर्दपुर, जिला जालन्धर में पहिली आश्विन, सम्वत 1939 विक्रम शुक्रवार को हुआ था। आपके पिता का नाम सरदार बुद्ध सिंह था।

परिवार बड़ा धनाढ्य था। पिता को धन के अतिरिक्त स्वभाव तथा अन्य गुणों के कारण सभी मान तथा आदर की दृष्टि से देखते थे। आपको होश सँभालते ही आदमपुर के मिडिल स्कूल में शिक्षा के लिए दाख़िल करवा दिया। विद्यार्थी-जीवन में ही आपका विवाह हो गया। परन्तु विवाह के बाद शीघ्र ही धर्मपत्नी की मृत्यु हो गयी। मिडिल पास किये बिना ही स्कूल छोड़कर वे फौज में जा भरती हुए। पल्टन में आपका सन्त कर्म सिंह जी से संसर्ग हुआ। उनकी संगति से आपका ईश्वर-भजन की ओर झुकाव हो गया। दस साल ज्यों-त्यों नौकरी की, फिर एकाएक नौकरी छोड़ अपने गाँव में रहकर ईश्वरोपासना शुरू कर दी। पल्टन की नौकरी में ही आपका दूसरा विवाह भी हुआ था। गाँव के पास एक गुफा थी। उसी में बन्द रहकर भगवद्भजन में तल्लीन रहने लगे। ग्यारह महीने वहीं रहने के बाद बाहर आते ही सन् 1905 में कैनेडा जाने का निश्चय कर, उधर ही प्रस्थान कर दिया।

कैनेडा में जाकर आपने अपने दूसरे साथी श्री भाग सिंह जी से, जिन्हें एक देशद्रोही ने बाद में गोली मार दी थी, मिलकर गुरुद्वारा बनाने का कार्य आरम्भ किया। वैंकोवर में ही उनके प्रयत्न से अमेरिका का सबसे पहला गुरुद्वारा स्थापित हुआ। उस समय वहाँ गये हुए भारतवासियों में कोई संगठन न था। उन्हें गोरे लोग तंग किया करते थे, परन्तु हमारे नायक वहाँ गये तो उन्होंने इन सब त्रुटियों को दूर करने का भरसक प्रयत्न किया।

उस समय वहाँ के प्रवासी हिन्दुओं तथा सिक्खों को मृतक-संस्कार करने में बड़ी विपत्ति होती। मुर्दे जलाने की उन्हें आज्ञा न थी। ऐसी अवस्था में बेचारे उन लोगों को अनेकानेक कष्ट सहन करने पड़ते। कई बार उन्हें वर्षा में, बर्फ़ में, शव को जंगल में ले जाकर, कुछ लकड़ियाँ इकट्ठा कर, तेल डाल आग लगाकर भागना पड़ता। ऐसी अवस्था में भी कैनेडियन लोगों की गोली का निशाना बनने का डर रहता। श्री बलवन्त सिंह जी ने यह असुविधा दूर करने का प्रबन्ध किया। कुछ ज़मीन ख़रीद ली। दाह-संस्कार करने की आज्ञा भी प्राप्त कर ली। गुरुद्वारे में भारतीय मज़दूरों का संगठन भी करने लगे। उनमें सच्चरित्रता तथा ईश्वरोपासना का प्रचार

किया करते। गुरुद्वारा बड़े प्रयत्न से बन पाया था, उन सबमें आपका परिश्रम ही सबसे अधिक था, अतः सबने मिलकर आपको ही ग्रन्थी बनाने का निश्चय किया। पहले तो आपने कुछ इन्कार किया, परन्तु बाद में स्वीकार कर लिया।

सिक्ख लोग बड़े हृष्ट-पुष्ट तथा परिश्रमी होते हैं। उनके कैनेडा में जाने से गोरे मज़दूरों की कद्र कम हो गयी। उधर अंग्रेज़ मज़दूरों से उनका वेतन भी कहीं कम होता। उनके पहले दल के पहुँचते ही गोरे मज़दूरों ने दंगा-फसाद शुरू कर दिया था। परन्तु योद्धा-वीर सिक्ख इन बातों से डरने वाले नहीं थे। इससे गोरे और भी चिढ़ उठे। और उधर गुरुद्वारा बनने से इनका संगठन बढ़ने लगा। नवीन आगन्तुकों को हर प्रकार की सुविधा होने लगी। यह सब देखकर वहाँ की गोरी सरकार ने उनको निकालने के लिए यत्किचित उपाय ढूँढ़ने शुरू किये। इमिग्रेशन विभाग वालों ने भारतीय मज़दूरों को बहुत-कुछ फुसलाकर हण्डूर०स नामक द्वीप में चले जाने पर राजी करने का प्रयत्न किया। उस द्वीप की बहुत तारीफ़ की गयी। परन्तु भाई बलवन्त सिंह जी ख़ूब समझते थे कि यह सब धोखे की टट्टी है। आपने अपने किसी विश्वस्त सज्जन को वह स्थान देख आने के लिए भेजा। उस सज्जन का नाम था श्री नागर सिंह। उन्हें वहाँ इमिग्रेशन विभाग वालों ने भारत में पाँच मुरब्बे ज़मीन और पाँच हज़ार डॉलर देने का लोभ देकर इस बात पर राजी करना चाहा कि वह भारतवासियों को हण्डूरॉस में आने पर राजी कर दें। उन्होंने आते ही सब भेद खोल दिया। इमिग्रेशन विभाग भी खुल खेले। अब खुल्लमखुल्ला युद्ध छिड़ गया। इमिग्रेशन विभाग ने औचित्यानौचित्य का विचार छोड़ दिया। ज्यों-ज्यों मामला बढ़ा त्यों-त्यों श्री बलवन्त सिंह जी भी आगे बढ़ते गये।

प्रवासी भारतवासियों की इच्छा थी कि वे लोग भारत लौटकर अपने परिवारों को साथ ले जा सकें। बहुत दिनों तक खींचातानी हुई। आख़िर एक सलाह सोची गयी। श्री बलवन्त सिंह, श्री भाग सिंह तथा भाई सुन्दर सिंह जी को भारत लौटकर अपने परिवार लाने के लिए भेजने का प्रस्ताव हुआ। वे तीनों सज्जन भारत को लौट आये।

1911 में वे फिर सपरिवार रवाना हुए। हाँगकाँग पहुँचकर टिकट न मिलने के कारण रुक जाना पड़ा। वहीं पड़े रहकर वे वैंकोवर गुरुद्वारा वालों से पत्र-व्यवहार द्वारा सलाह करते रहे। आख़िर तीनों सज्जन चल दिये। श्री सुन्दर सिंह जी तो गये वैंकोवर को तथा शेष दोनों सज्जन तीनों परिवार सहित सानफ्रांसिस्को रवाना हुए। भाई सुन्दर सिंह तो वैंकोवर पहुँच गये, परन्तु संयुक्त राज्य अमेरिका भी तो आख़िर गोरों का देश था और इधर तो वे ही गुलाम भारतवासी थे, परिवारों सहित उन दोनों सज्जनों को वहाँ उतरने की आज्ञा न मिली। वे फिर हाँगकाँग लौट आये। फिर बहुत दिन बाद बड़े यत्न से परिवारों के लिए वैंकोवर के टिकट मिले। वैंकोवर

में उन दोनों सज्जनों को तो उतरने की आज्ञा मिल गयी, परिवारों को उतरने की आज्ञा न मिली। बड़ा झंझट बढ़ा। आख़िर परिवारों को उतने दिनों तक उतरने की आज्ञा मिली, जितने दिनों में कि आशा की जा सकती थी कि इमिग्रेशन विभाग के केन्द्रीय ओटावा (Ottava) से अन्तिम आज्ञा आ जायेगी। परिवार उतरे तो सही, पर जमानत पर। जमानत की अवधि पूरी हो जाने के दो दिन बाद इमिग्रेशन विभाग वाले परिवारों को लेने के लिए आये, परन्तु सिक्ख लोग झगड़े के लिए तैयार हो गये। अफ़सर लोग जरा गरम हुए, परन्तु वीर योद्धाओं की लाल आँखें देख, अपना-सा मुँह लेकर लौट गये। लाल आँखों के पीछे कौन-सा बल था, कौन-सी दृढ़ता थी और कौन-सा निश्चय था जिससे कैनेडा की राजशक्ति और उनका इमिग्रेशन विभाग थर-थर काँप उठे, और उन परिवारों को वहीं रहने दिया गया—ये बातें तब गुलाम भारतवासी नहीं समझ सकते थे। उनकी कूपमण्डूकता, उनका संकीर्ण दृष्टिकोण नहीं समझ सकता था कि राष्ट्रों को बनाने में कैसे समय, कैसी घड़ियाँ उपस्थित हुआ करती हैं। स्वतन्त्र भारत अपने स्वातंर्त्य संग्राम की इन अद्वितीय घटनाओं को याद किया करेगा। उसके इतिहास-लेखक ही इन सब बातों को ख़ूब वास्तविक रूप में लिख सकने का सुअवसर पा सकेंगे। दफा 124अ आदि विकराल दानव गला दबाये, आँखें निकाले उनकी साँस बन्द नहीं किये रहा करेंगे। वे परिवार तो वहीं रह गये, परन्तु शेष भारतीयों के परिवार लाने की समस्या वैसे-की-वैसी खड़ी रही। दो साल तक निरन्तर झगड़ा किया, परन्तु परिणाम कुछ न निकला। आख़िर तय पाया कि इंग्लैण्ड की सरकार तथा जनता और भारत सरकार तथा जनता के सामने अपनी माँगें रखी जावें और उनकी सहायता से इस उलझन को सुलझाया जाये।

एक डेपूटेशन बनाया गया जो इंग्लैण्ड भी गया और भारतवर्ष भी। उसके तीन सदस्यों में एक हमारे नायक श्री बलवन्त सिंह भी थे। इंग्लैण्ड गये। सभी उच्च अधिकारियों से मिले। कहा गया—"मामला भारत सरकार द्वारा यहाँ पहुँचना चाहिए।" निराश हो भारत में आये। आन्दोलन शुरू किया। उस समय प्रमुख नेता लाला लाजपत राय जी ने भी सड़ा-सा उत्तर देकर उनसे पीछा छुड़ा लिया था। फिर क्या था? कुछेक सज्जनों की सहायता मिली। सार्वजनिक सभाएँ की गयीं। क्रोध था, घायल राष्ट्रीय भाव था, विवशता थी और थी घोर निराशा। जले दिलों से जो कुछ निकला, कहा और फिर? सर माईकेल ओडायर अपने, 'India : As I Knew it' नामक ग्रन्थ में लिखते हैं—"At this Stage I sent a warning to the delegates that if this continued, I would be compelled to take serious action... The delegates on this asked for an interview with me. I had a long talk with them and repeated my warning. Two of them were... and spacious, the manned of third seemed to be that of a dangerous revolutionary. They wished to see The Viceroy, and in sending them on to him, I particularly warned him about this man." ।

यह तीसरे सज्जन, जिन पर हमारे लाट ने इतना कुछ कह डाला है, यह वही नायक बलवन्त थे। उस भावुक हृदय ने तो गहरे घाव खाये थे। आत्मसम्मान का भाव बार-बार ठुकराया जा चुका था। उन्होंने धीरे-धीरे निश्चय कर लिया था कि भारत को हरसम्भव उपाय से स्वतन्त्र करवाना ही प्रत्येक भारतवासी का सर्वप्रथम कर्तव्य है। ख़ैर!

डेपूटेशन हताश-निराश हो 1914 के आरम्भ में वापस लौट गया। इन्हीं दिनों भारतीय विद्रोही श्री भगवान सिंह तथा श्री बरकतुल्ला भी अमेरिका पहुँच गये। संयुक्त राज्य अमेरिका में इन दिनों हिन्दुस्थान-एसोसिएशन (Hindusthan Association) का कार्य जोरों पर होने लगा। गदर दल, गदर प्रेस, गदर अख़बार जारी हो गये। परन्तु उपरोक्त डेपूटेशन वाले सज्जनों का उस समय तक उनसे कोई सम्बन्ध न था। किन्तु उनको सर माईकेल ओडायर ने गदर दल के ही प्रतिनिधि लिखा है। अस्तु।

उस समय तक भारतवर्ष के अभियोग अन्य जातियों के सामने नहीं रखे गये थे। परन्तु यह डेपूटेशन जापान और चीन के राजनीतिज्ञों से मिलता हुआ ही गया था और इन्होंने भारत की ओर उन लोगों की सहानुभूति आकृष्ट करने का भरसक प्रयत्न किया था। वैंकोवर लौटकर अपने निष्फल प्रयत्न का इतिहास सुनाते हुए श्री बलवन्त सिंह जी ने एक बड़ी प्रभावशाली वक्तृता दी थी। ऐसी वक्तृताएँ राष्ट्रों के इतिहास में विशेष मान पाती हैं। गहरे मनन के बाद आपको चारों ओर से यही सुनायी देने लगा था, उनके अन्तस्तल से यही एक ध्वनि उठने लगी थी कि 'सब रोगों की एकमात्र औषधि भारत की स्वतन्त्रता है।' आपने भाषण में अपना अनुभव तथा गहरे मनन से जो परिणाम निकाला था, सब कह सुनाया।

वह उनकी सफ़ाई, शान्ति, वीरता, गम्भीरता और निर्भीकता को देखकर कहा करते थे कि "बलवन्त सिंह सिक्खों के पादरी हैं अथवा सेनापति (General), यह निश्चय करना बड़ा कठिन है।" अस्तु।

शीघ्र भविष्य में क्या किया जावे, यह तो कुछ निश्चय करने का अवसर नहीं मिला, कि एक और समस्या सामने आ खड़ी हुई—कामागाटामारू जहाज आ पहुँचा। किनारे पर लगने की आज्ञा ही नहीं मिली, उलटे उन पर अनेक अत्याचार ढाये जाने लगे। जितने दिनों जहाज वहाँ रहा उतने दिन सभी भारतीय दत्तचित्त हो उसी की सहायता में लगे रहे। नेतृत्व फिर हमारे नायक के हाथ में था। आपने दिन-रात एक कर दिया। इतना परिश्रम और कोई कर पाता अथवा नहीं, सो नहीं कह सकते।

किराये के किस्त की अदायगी में देर लगवाकर जो अड़चन गोरेशाही डालना चाहती थी, उसका भार भी आप पर पड़ा। 11 हज़ार डॉलर की आवश्यकता थी। सभा में 11 हज़ार डॉलर के लिए जो अपील आपने की थी, उसमें इतना दर्द और इतना प्रभाव था कि वर्णन नहीं किया जा सकता। 11 हज़ार डॉलर इकट्ठा हो गये। उनकी आर्थिक आवश्यकताएँ पूरी करने के बाद आप और सलाह-मशवरा करने के लिए दक्षिण की ओर बहुत दूर चले गये। अचानक वे अमेरिका की सीमा पर पहुँच गये। गोरी सरकार ने पकड़ लिया। कहा, "अमेरिका से आये हो और चोरी से कैनेडा में प्रविष्ट हुए हों।" यह निराधार दोष भी एक लम्बे झगड़े का कारण हुआ, आख़िर कुछ झगड़े के बाद मामला तय हुआ और वैंकोवर पहुँचे। कुछ दिन बाद निराश होकर कामागाटामारू जहाज भी लौटने पर विवश हो गया।

कामागाटामारू के साथ भारत की जितनी आशाएँ सम्बद्ध थीं, सभी एकाएक मटियामेट कर दी गयीं। भारत का व्यवसाय की ओर यही तो पहला प्रयत्न था। उसी में भारत-हितकारी शासकों ने पूरी तरह से ऐसा पीसने की कोशिश की कि फिर कोई ऐसी चेष्टा करने का दुःसाहस न कर सके। कैनेडा में जितने दिन जहाज ठहरा, उतने दिन उनके साथ जो अमानुषिक व्यवहार हुए थे, उनका रोमांचकारी वर्णन लिखने का यह स्थान नहीं। पर उनकी याद दिल को आग लगा देती है, पागल कर देती है, रुला-रुला जाती है। उन सबका उत्तरदायित्व इमिग्रेशन विभाग के वैंकोवर वाले मुख्य अध्यक्ष मि. हॉपकिसन पर ही था। ये लोग उनसे बहुत नाराज़ थे, परन्तु जरा और सुनिये। श्री बलवन्त सिंह, श्री भाग सिंह ये दो ही सज्जन तो थे, जो पहले दिन से इमिग्रेशन विभाग वालों से वीरतापूर्वक लड़ते चले आये थे। कामागाटामारू जहाज के मामले में भी सभी कार्य इन्हीं दो सज्जनों ने तो किये थे। वे इमिग्रेशन विभाग की आँखों के काँटे हो रहे थे। एक देशद्रोही भाड़े का टट्टू मिल गया। गुरुद्वारे में दीवान हो रहा था। उस विभीषण ने ईश्वर-भजन में तल्लीन श्री भाग सिंह और श्री बलवन्त सिंह पर पिस्तौल से फायर कर दिये। श्री भाग सिंह जी तो वहीं स्वर्गलोक सिधार गये, परन्तु श्री बलवन्त सिंह बच गये। गोली उनके न लगकर एक और देशभक्त श्री वतन सिंह के जा लगी। वे भी वहीं शहीद हो गये। यह हत्यारा उपस्थित लोगों के पंजे से बच गया। कैनेडा-सरकार का क़ानून भी उसे कुछ दण्ड न दे सका। वह आज भी जीता है। वह पंजाब सरकार का लाड़ला बना रहा है। उसने यह सब काण्ड क्यों किया और इसमें उसे क्या भलाई दीख पड़ी, यह सब वही जाने!

इसी प्रकार की सरगर्मी से कितने ही महीने गुज़र गये। सन् 1914 का अन्तिम पक्ष आ गया। महायुद्ध छिड़ चुका था। अमेरिका स्थित सब भारतीय देश में वापस आने की तैयारी करने लगे। फिर हमारे नायक वहाँ कैसे ठहर सकते थे। सपरिवार

प्रस्थान कर दिया। आप शंघाई पहुँचे, वहीं आपके घर एक पुत्र भी उत्पन्न हुआ। वहाँ कार्य के सम्बन्ध में आपको अपना घर लौटने का इरादा बदलना पड़ा। परिवार तो श्री करतार सिंह के साथ भारत को भेज दिया और आप वहीं ठहर गये। वहाँ जो सब कार्य करने को था, करते हुए आप 1915 में बेंकॉक (Bangkok) पहुँचे।

उन दिनों दूर पूर्व में जो विद्रोह के प्रयत्न हो रहे थेय उन्हीं के संगठन तथा नियन्त्रण में आपको कार्य करने के लिए ठहरना पड़ा था। उन सब विफल आयोजनों का रोमांचकारी इतिहास लिखने का यह स्थान नहीं। सप्ताहभर सिगापुर में जो रणचण्डी का ताण्डव-नृत्य हुआ था, उसमें साम्राज्यवादी जापान तथा फ्रांस की सर्व शस्त्रसुसज्जित सेनाओं की सहायता से अंग्रेज़ विजयी हुए। भारत का स्वतन्त्रता प्रयत्न निष्फल हो गया। Eastern Plot ख़त्म हो गया। ऐसी ही अवस्था में श्री बलवन्त सिंह जी बेंकॉक पहुँचे थे। दुर्भाग्यवश आप बीमार हो गये। दशा नाजुक हो गयी, अस्पताल जाना पड़ा। नासमझ डॉक्टर ने ऑपरेशन कर डाला और वह भी बिना क्लोरोफार्म सुँघाये ही। आपको कष्ट और निर्बलता बढ़ गयी। अभी चलने-फिरने योग्य भी न हुए थे कि अस्पताल वालों ने उन्हें चले जाने को कहा। चलने-फिरने की अयोग्यता की बात पर भी ध्यान नहीं दिया गया। अस्पताल से बाहर निकाल दिया गया। इतना उतावलापन क्यों किया गया, सो भी सुन लीजिए। बाहर पुलिस गिरफ़्तार करने के लिए खड़ी थी। द्वार से निकलते न निकलते आपको गिरफ़्तार कर लिया गया। वहाँ रहने वाले भारतवासियों के जमानत-अमानत के सब प्रयत्न विफल हो गये। स्याम (थाईलैण्ड) की स्वतन्त्र सरकार ने श्री बलवन्त सिंह जी तथा उनके अन्य साथियों को चुपचाप भारत की अंग्रेज़ सरकार के सुपुर्द कर दिया। सो क्यों? इसका भी एकमात्र कारण यही है कि भारत गुलाम था। गुलाम जाति के लिए कौन ख़्वाहमख़्वाह की बला सिर पर लेता है। ख़ैर!

श्री बलवन्त सिंह जी को सिगापुर लाया गया। संसारभर की धमकियाँ तथा लोभ देकर सब भेद कह देने के लिए राजी करने के प्रयत्न किये गये, परन्तु उनके पास मौन के सिवा क्या धरा था? आख़िर 1916 में आपको लाहौर-षड्यन्त्र के दूसरे अभियोग में शामिल किया गया। अपराध वही था, जिसमें निष्फलता होने पर मृत्यु-दण्ड ही मिला करता है। आप पर विद्रोह का आरोप लगाया गया। 24 दिन नाटक हुआ। बेला सिंह जैण्ड आदि कई-एक गवाह आपके विरुद्ध पेश हुए। नाटक दुखान्त था। अभियुक्त को साम्राज्य की बलि-वेदी पर कुर्बान करने का निश्चय हुआ। मृत्यु-दण्ड सुनते ही देवता सहम गये। इस देवता को मृत्यु-दण्ड! राक्षसों- दानवों में भीषण अट्टहास मच गया होगा।

काल कोठरी में बन्द हैं, सिक्ख होने पर टोपी नहीं पहन सकते। कम्बल ही सर

पर लपेट लिया है। बदनाम करने के लिए किसी ने शरारत की—कम्बल के किसी एक कोने में अफीम बाँध दी और कहा गया कि आप आत्महत्या करना चाहते हैं। आपने अत्यन्त शान्ति से उत्तर दिया—"मृत्यु सामने खड़ी है। उसके आलिगन के लिए तैयार हो चुका हूँ। आत्महत्या कर मैं मृत्यु-सुन्दरी को कुरूपा नहीं बनाऊँगा। विद्रोह के अपराध में मृत्यु-दण्ड पाने में गर्व अनुभव करता हूँ। फ़ाँसी के तख़्ते पर ही वीरतापूर्वक प्राण दूँगा।" पूछताछ करने पर भेद खुल गया। कुछ नम्बरदार क़ैदियों तथा वार्डर को कुछ सजाएँ हुईं। सभी ने आपकी देशभक्ति तथा निर्भीकता की दाद दी।

सन् 1916 के दिन थे। भारतवर्ष में कालेपानी और फाँसियों का जोर था। समस्त उत्तर भारत में एकाएक खलबली मच गयी थी! अन्दर ही अन्दर एक विराट गुप्त विप्लव का आयोजन हो गया था, यह भारत की जनता न जानती थी। नेतागण उन लोगों की ओर ताकने तक का साहस न करते थे। बहुत-से लोग समझते थे कि सरकार ने यों ही देश को भयभीत करने के लिए ऐसे-ऐसे भीषण अभियोग चला दिये हैं। जो भी हो, उस विराट आयोजन के निष्फल हो जाने पर भी उसकी सुन्दर स्मृति बाक़ी है। वह सुन्दर है, इसलिए कि आदर्शवादी युवकों के पवित्र रक्त से लिखी गयी है। बाक़ी है इसलिए कि क़ुर्बानियाँ कभी व्यर्थ नहीं जाया करतीं। इसी वर्ष में (मार्च) चौत्र की 18 तारीख़ को श्री बलवन्त सिंह जी की धर्मपत्नी भेंट के लिए गयीं। पुस्तक तथा वस्त्र देकर बताया गया—"कल 17 चौत्र को उन्हें फ़ाँसी दे दी गयी।" उनकी धर्मपत्नी कलेजा थामकर रह गयीं।

श्री बलवन्त की फ़ाँसी के दिन के समाचार बाद में मिले। आपने प्रातःकाल स्नान किया तथा अपने छह और साथियों सहित (जिन्हें उसी दिन फ़ाँसी मिली थी) भारतमाता को अन्तिम नमस्कार किया। भारत-स्वतन्त्रता का गान गाया। हँसते-हँसते फ़ाँसी के तख़्ते पर जा खड़े हुए। फिर क्या हुआ? क्या पूछते हो? वही जल्लाद, वही रस्सी! ओह! वही फ़ाँसी और वही प्राणत्याग!

आज बलवन्त इस संसार में नहीं, उनका नाम है, उनका देश है, उनका विप्लव है।

फ़रवरी, 1928

डॉक्टर मथुरा सिंह

बावजूद सबसे अधिक विपत्तियाँ सहन करने के, सबसे अधिक गणना में अपने नर-रत्नों के स्वतन्त्रता-बलिवेदी पर बलिदान देने के, आज पंजाब राजनीतिक क्षेत्र में फिसड्डी (Politically backward) प्रान्त कहलाता है। बंगाल में श्री ख़ुदीराम बसु फ़ाँसी पर लटके। उन्हें इतना उठाया गया कि आज उनका नाम उस प्रान्त के कोने-कोने में सुनायी देता है। भारतवर्ष के प्रत्येक प्रान्त में उनका नाम सुविख्यात है।

परन्तु पंजाब में कितने रत्न देश के लिए जीवन-दान दे गये, कितने ही हँसते-हँसते फ़ाँसी पर चढ़ गये, कितने ही लड़ते-लड़ते छाती में गोली खाकर शहीद हो गये, परन्तु उन्हें कौन जानता है? और कहीं की तो बात ही क्या कहें, पंजाब प्रान्त में ही उन्हें कितने लोग जानते हैं? कोई साधारण विप्लवी यों ही फ़ाँसी पर लटक गया हो और उसे लोग यों ही भूल गये हों, सो भी तो नहीं। जिन लोगों ने अथक परिश्रम से, अदम्य उत्साह से तथा अतुल साहस से भारतोत्थान के लिए ऐसे-ऐसे यत्न कर दिये थे कि आज उन्हें सुन-सुनकर अवाक रह जाने के अतिरिक्त और कोई चारा नहीं! यदि ऐसे रत्न किसी और देश में जन्म धारण किये होते तो आज उनकी वाशिंगटन, गैरिबाल्डी तथा विलियम वालीस की भाँति पूजा होती। परन्तु उन्होंने एक अक्षम्य अपराध यह किया था कि वे भारत में पैदा हुए थे। इसी का दण्ड यह है कि आज उनको विस्मृति के अन्धकार में फेंक दिया गया है। न उनके कार्य की चर्चा है, न उनके त्याग की, न उनके बलिदान की ख्याति है, न उनके साहस की। परन्तु ऐसी कृतघ्नता दिखाने वाले देश की उन्नति कैसे होगी?

कट्टर आदर्शवादी डॉक्टर मथुरा सिंह जी का स्थान वास्तव में बहुत ऊँचा है। आपका जन्म सन् 1883 ई. में ढुढियाल नामक गाँव, जिला झेलम (पंजाब) में हुआ था। आपके पिता का नाम सरदार हरि सिंह था। आपने पहले अपने गाँव में ही शिक्षा पायी, तत्पश्चात आप चकवाल के हाई स्कूल में पढ़ने लगे। आपकी बुद्धि बड़ी तीक्ष्ण थी। आप सदैव अपने सहपाठियों में सबसे अच्छे रहते थे। वहाँ पर मैट्रिक पास करने के बाद आप प्राइवेट तौर पर डॉक्टरी का कार्य सीखने लगे। मैसर्स जगत सिंह एण्ड ब्रदर्स की दुकान रावलपिण्डी में थी। वहीं पर आपने यह कार्य सीखना शुरू किया। बड़ी चेष्टा से आप सब कार्य करते। तीन-चार वर्ष में ही आप इस कार्य में प्रवीण हो गये। फिर आपने अपनी दुकान अलग खोल दी। वह दुकान नौशेरा छावनी में थी, आप सभी देशों से चिकित्सा सम्बन्धी पत्र-पत्रिकाएँ मँगवाया करते थे। विशेष शिक्षा ग्रहण करने के लिए आपने अमेरिका जाने का विचार किया। दुकान का झंझट अभी तय भी न हो पाया था कि आपकी सुपत्नी तथा सुपुत्री का देहान्त हो गया। परन्तु इससे क्या होता था? आपने उधर प्रस्थान कर दिया। 1913 में आप चले थे। कुछ अधिक धन पास न होने के कारण आपको शंघाई में ही रुक जाना पड़ा। वहीं पर आपने चिकित्सा-कार्य शुरू कर दिया, जिसमें आपको बहुत सफलता हुई। परन्तु आपका इरादा कैनेडा जाने का थाय आप कुछ और भारतीयों के साथ उधर गये। परन्तु वहाँ पर बहुत दिक्कतें पेश आयीं। पहले केवल आपको तथा एक और सज्जन को वहाँ उतरने की आज्ञा मिली, दूसरे लोगों को नहीं। इस पर आपने वहाँ उतरना उचित न समझा। परन्तु साथियों के आग्रह करने पर आप उतरे तो सही,

परन्तु वहाँ पर इमिग्रेशन विभाग से अन्य साथियों के लिए झगड़ा शुरू कर दिया। अभियोग तक चला। परन्तु क़ानून और कोर्ट शक्तिशाली लोगों के लिए होते हैं न कि पराधीन देशवालों के लिए। वहाँ से आपको तथा अन्य भारतीय यात्रियों को वापस लौटा दिया गया। बहाना वही कि कैनेडा में किसी जहाज द्वारा सीधे नहीं आये। आप शंघाई लौट आये। आकर भारतीय लोगों में अपनी दीन-हीन दशा की मार्मिक कथा सुनायी और श्री बाबा गुरुदत्त सिंह जी को एक अपना जहाज बनाने की सलाह दी, जो सीधा कैनेडा जावे, इसी सलाह पर बाबा जी ने कामागाटामारू जहाज किराये पर ले लिया और उसका नाम गुरु नानक जहाज रखा। आपको इधर पंजाब आना पड़ा। जहाज जल्दी से तैयार हो गया, अतः आप निश्चित दिन पर वहाँ न पहुँच सके। सिगापुर से, 35 के लगभग अन्य साथियों सहित, दूसरे जहाज से चले, ताकि शंघाई तक कामागाटामारू से मिलकर उस पर सवार हों। हाँगकाँग पहुँचने पर पता चला कि जहाज वहाँ से भी चल चुका है। इसलिए आप वहीं पर ठहर गये। अब तक आप भारत-स्वतन्त्रता के लिए जीवन अर्पण करने का निश्चय कर चुके थे।

हाँगकाँग में आपने प्रचार-कार्य शुरू कर दिया। अमेरिका से गदर पार्टी का 'गदर' अख़बार आता था। आप भी वहीं पर वैसा ही गुप्त अख़बार छपवाकर लोगों में बाँटने लगे। उधर कामागाटामारू जहाज पर जो-जो अत्याचार होने लगे उन सबके समाचार आपको मिल रहे थे। जब मालूम हुआ कि कामागाटामारू जहाज को वापिस आना ही पड़ेगा तब आपने बड़े जोरों से प्रचार शुरू किया। उस समय कैण्टन में एक सिक्ख पुलिस इंस्पेक्टर महाशय इन सभी आन्दोलनों को दबाने की बहुत चेष्टा कर रहे थे। आपने उनसे मिलकर जो बातचीत की तो वे महाशय भी इनकी सहायता करने लगे। आप किसी कार्यवश शंघाई गये। जाते समय सबसे कह गये कि अब कामागाटामारू जहाज में सवार होकर भारत को लौट चलना चाहिए। परन्तु उनका यह निश्चय जान सरकार ने जहाज को शंघाई में न ठहरने दिया। उसके दो-एक रोज बाद वे सभी लोग दूसरे जहाजों द्वारा भारत लौट आयेय कामागाटामारू जहाज अभी हुगली में ही खड़ा था कि आप लोग कलकत्ते पहूँच गये। वहाँ पर सरकार ने आपको पंजाब के टिकट देकर गाड़ी पर चढ़ा दिया। अमृतसर पहुँचते न पहुँचते बजबज की घटना हो गयी। सब समाचार मिला। क्रोध से विह्वल-से हो उठे। प्रतिहिंसा की ज्वाला धधक उठी। परन्तु डॉक्टर जी ने अपने अन्य साथियों को समझा-बुझाकर कुछ शान्त किया, और उन्हें प्रचार-कार्य के लिए उद्यत किया तथा स्वयं संगठन-कार्य शुरू कर दिया। उधर इस विराट चेष्टा में आपको बम बनाने का कार्य सौंपा गया था। आप उसमें थे भी बड़े निपुण। अमेरिका से सैकड़ों मतवाले

योद्धा विप्लव-अग्नि भड़काने के लिए आने लगे। झट-से सारा प्रबन्ध हो गया। विप्लव-दल का इतना वृहत संगठन खड़ा हो गया कि समस्त भारत में एक साथ विद्रोह खड़ा कर देने का विचार उठा और तिथि तक निश्चित हो गयी। देखते-देखते सब प्रयत्न, सब आयोजन विफल हो गये। कृपाल की नीचता से सब किया-धरा बीच में ही रह गया। इधर-उधर पकड़-धकड़ शुरू हो गयी। परन्तु आप पकड़े न गये। एक बार एक सरकारी जासूस द्वारा आपको कहा गया कि यदि वे सरकारी गवाह बन जायें तो उन्हें क्षमा के साथ ही साथ बहुत भारी पुरस्कार भी दिया जायेगा। तब आपने उस प्रस्ताव को बिल्कुल उपेक्षा से ठुकरा दिया। फिर एक बार एक ख़ुफ़िया ऑफ़िसर आपके पास तक आ पहुँचा। परन्तु वह ख़ूब जानता था कि डॉक्टर साहब बड़े निर्भीक क्रान्तिकारी हैं, अतः उसे अकेले उनको गिरफ़्तार करने का साहस न हुआ। उलटा वह उनसे कहने लगा कि सरकार ने आपके लिए क्षमा प्रदान की है तथा पुरस्कार देने का वचन दिया है, यही कहने के लिए आया हूँ। आप भी ख़ूब समझते थे कि वह उस समय उन्हें पकड़ने का साहस न कर सकने के कारण ही ऐसी बातें करता था। इसलिए आपने कुछ रजामन्दी दिखायी और उससे पीछा छुड़ाकर बच निकले। इस तरह आपने समझा कि अब देश में बचकर रहना एकदम असम्भव है, इसलिए आपने काबुल की ओर प्रस्थान कर दिया। वजीराबाद स्टेशन पर पुलिस ने पकड़ लिया, परन्तु वहाँ पर आपने कुछ घूस दे दी और बच निकले। आप कोहाट की ओर रवाना हो गये। पुलिस को भी समचार मिल गया। कोहाट स्टेशन पर पुलिस का बड़ा भारी दस्ता पहरे पर लगा दिया गया। उसी ट्रेन में बहुत-सी पुलिस भी चढ़ा दी गयी। मार्ग में एकाएक सब डिब्बों की तलाशी भी ले डाली गयी, परन्तु आप न पकड़े जा सके। कुछ दिन वहीं पर ठहरने के पश्चात आप काबुल जा पहुँचे। वहाँ शीघ्र ही आप बहुत प्रसिद्ध हो गये। आपकी योग्यता देखकर आपको काबुल का चीफ़ मेडिकल ऑफ़िसर नियुक्त कर दिया।

भारत के भीतर राज्य-क्रान्ति की सब चेष्टा विफल हो चुकी थी तो क्या, बाहर तो अभी बड़े जोरों में प्रयत्न हो ही रहा था। काबुल में उस समय भारत की अस्थायी सरकार (Provisional Government of India) बनी हुई थी, जो जर्मनी कमेटी से सहयोग करती हुई भारत-स्वतन्त्रता के प्रयत्न में लगी हुई थी। इस समय अरब, मिस्र, मैसोपोटेमिया और ईरान आदि सभी प्रदेशों में भारतीय विप्लवी—जिनमें हिन्दू, मुसलमान, सिक्ख भी सम्मिलित थे—भारत में क्रान्ति करने की चेष्टा कर रहे थे। उस सब प्रयास में डॉक्टर जी फिर से जुट गये। उसी के सम्बन्ध में आपको जर्मनी जाना पड़ा। कुछ दिनों बाद आप फिर लौट आये। ईरान तक तो आपको बहुत बार जाना पड़ा। फिर निश्चय हुआ कि अस्थायी सरकार की ओर से एक स्वर्ण पत्र जार,

रूस के पास इस आशय का भेजा जाये कि वह भारत-क्रान्ति की सहायता करे। अब की बड़ी शान से प्रस्थान किया गया। कई सेवक तथा सामान के लदे हुए कई ऊँट आपके साथ थे। परन्तु उस समय कोई नीच पुरुष आपकी यात्रा की सब ख़बर अंग्रेज़ सरकार को दे रहा था। यह वह नहीं जानते थे। ताशकन्द नगर में आपको गिरफ़्तार कर लिया गया। ईरान में लाकर शिनाख़्त की गयी। अभियोग चला। बहुत लोगों ने यत्न किया कि आपको भारत सरकार के सुपुर्द न किया जाये, परन्तु अब तक अन्य सभी प्रयत्नों में जो निष्फलता हुई थी, अब ही क्यों सफलता होती?

लाहौर में लाये गये। इधर उन दिनों ओडायरशाही का जोर था। कुछ दिन न्याय-नाटक हुआ। मृत्यु-दण्ड सुनाया गया। आपने अत्यन्त आनन्द प्रदर्शित करते हुए सुना। आपके छोटे भाई मुलाक़ात के लिए गये। आपने पूछा दृ"क्यों भाई, मेरे मरने की तुम्हें चिन्ता तो नहीं? बालक ने रो दिया। आपने क्रोध-मिश्रित उत्साहवर्द्धक स्वर से कहा—"वाह जी! यह समय आनन्द मनाने का है। क्या सिक्ख लोग भी देश के लिए मरते समय रोया करते हैं? मुझे तो अत्यन्त आनन्द है कि मैं भारतीय विप्लव को सफल बनाने के लिए जो मुझसे हो सका, कर चुका हूँ, मैं बड़ी शान्ति से फ़ाँसी के तख़्ते पर प्राण त्याग करूँगा।" इस तरह आपने उसका उत्साह बढ़ाया।

फिर? फिर 27 मार्च, 1917 का दिन आ पहुँचा। उस दिन फिर वही नाटक प्रारम्भ हुआ। उस दिन के नाटक में एक ही दृश्य हुआ करता है; और वह भी कुछेक मिनट का। ये पगले लोग न जाने कहाँ से आ गये, जिन्हें न मृत्यु का भय था, न जीने की चाहय कार्य-क्षेत्र में हँसे, युद्ध-क्षेत्र में हँसे, फ़ाँसी के तख़्ते पर भी मुस्कुरा दिये। उनकी महिमा अपरम्पार है।

'हों फरिश्ते भी फिदा जिन पर ये वो इन्सान हैं!'

शहीद कर्तार सिंह सराभा

शहीद कर्तार सिंह सराभा को भगतसिंह अपना प्रेरणास्रोत मानते थे। वह उनका चित्र अपने पास रखते थे और कहते थे, "यह मेरा गुरु, साथी व भाई है।" यह लेख सम्भवतः 1928 के शुरू में प्रकाशित हुआ था।—स.

रणचण्डी के इस परम भक्त विद्रोही कर्तार सिंह की आयु अभी बीस वर्ष की भी नहीं हुई थी कि जब उन्होंने स्वतन्त्रता-देवी की बलिवेदी पर अपना बलिदान दे दिया। आँधी की तरह वह अचानक कहीं से आये, अग्नि प्रज्चलित की और सपनों में पड़ी रणचण्डी को जगाने की कोशिश की। विद्रोह का यज्ञ रचा और आख़िर वह स्वयं इसमें भस्म हो गये। वे क्या थे, किस दुनिया से अचानक आये और झट कहाँ चले गये? हम कुछ भी न जान सके। 19 वर्ष की आयु में ही उन्होंने इतने काम

कर दिखाये कि सोचकर हैरानी होती है। इतनी जुर्रत, इतना आत्मविश्वास, इतना आत्मत्याग और ऐसी लगन बहुत कम देखने को मिलती है। भारतवर्ष में ऐसे इन्सान बहुत कम पैदा हुए हैं, जिनको सही अर्थों में विद्रोही कहा जा सकता है, परन्तु इन गिने-चुने नेताओं में कर्तार सिंह का नाम सूची में सबसे ऊपर है। उनकी रग-रग में क्रान्ति का जज़्बा समाया हुआ था। उनकी ज़िन्दगी का एक ही लक्ष्य, एक ही इच्छा और एक ही आशा, जो भी था—क्रान्ति थी, इसीलिए उन्होंने ज़िन्दगी में पाँव रखा और आख़िर इसीलिए इस दुनिया से कूच कर गये।

आपका जन्म 1896 में गाँव सराभा, जिला लुधियाना में हुआ था। आप माता-पिता के इकलौते बेटे थे। अभी इनकी आयु बहुत कम थी कि पिताजी का देहावसान हो गया। परन्तु आपके दादा ने बहुत प्रयत्न से आपको पाला। नवीं कक्षा पढ़ने के बाद आप अपने चाचा के यहाँ चले गये। वहाँ उन्होंने दसवीं की परीक्षा पास की और कॉलेज में पढ़ने लगे। यह 1910-11 के दिन थे। इधर आपको स्कूल और कॉलेज के पाठ्यक्रम के तंग दायरे से बाहर की बहुत-सी पुस्तकें पढ़ने का अवसर मिला। यह आन्दोलन का जमाना था। इस वातावरण में रहकर आपकी देशप्रेम की भावना पल्लवित हुई।

इसके बाद आपकी अमेरिका जाने की इच्छा हुई। घरवालों ने उसका कोई विरोध नहीं किया। आपको अमेरिका भेज दिया गया। सन् 1912 में आप सानफ्रांसिस्को की बन्दरगाह पर पहुँचे। आजाद देश में पहुँचकर कदम-क़दम पर आपके कोमल हृदय पर चोट पड़ने लगी। इन गोरों की जबान से Damn Hindu (तुच्छ हिन्दू) और Black Man (काला आदमी) आदि सुनते ही वे पागल हो उठते थे। उनको क़दम-क़दम पर देश की इज़्जत व सम्मान ख़तरे में नज़र आने लगे। घर की याद आने पर जंजीरों में जकड़ा हुआ विवश भारत सामने आ जाता। उनका कोमल दिल धीरे-धीरे सख़्त होने लगा और देश की आज़ादी के लिए ज़िन्दगी क़ुर्बान करने का निश्चय दृढ़ होता गया। उनके दिल पर उस समय क्या गुज़रती थी, यह हम कैसे समझ सकते हैं।

यह असम्भव था कि वे चौन से रह पाते। हर समय उनके सामने यह प्रश्न उठने लगा कि यदि शान्ति से काम न चला तो देश आजाद किस तरह होगा? फिर बिना अधिक सोचे उन्होंने भारतीय मज़दूरों का संगठन शुरू कर दिया। उनमें आज़ादी की भावना उभरने लगी। हर मज़दूर के पास घण्टों बैठकर वे समझाने लगे कि अपमान से भरी गुलामी की ज़िन्दगी से तो मौत हज़ार दर्जा अच्छी है। काम शुरू होने पर और लोग भी उनसे आ मिले। मई, 1912 में इन लोगों की एक ख़ास बैठक हुई। इसमें कुछ चुनिन्दा हिन्दुस्तानी शामिल हुए। सभी ने देश की आज़ादी के लिए तन, मन, धन न्योछावर करने का प्रण लिया। इन्हीं दिनों पंजाब के जलावतन

देशभक्त भगवान सिंह वहाँ पहुँचे। धड़ाधड़ जलसे होने लगे, उपदेश होने लगे। काम से काम चलता गया। मैदान तैयार हो गया। फिर अख़बार की ज़रूरत महसूस होने लगी। 'गदर' नामक अख़बार निकाला गया। इसका प्रथम अंक नवम्बर 1913 में निकाला गया। इसके सम्पादकीय विभाग में कर्तार सिंह भी थे। आपकी क़लम में अथाह जोश था। सम्पादकीय विभाग के लोग अख़बार को हैण्ड प्रेस पर छापते थे। कर्तार सिंह क्रान्ति-पसन्द मतवाले नौजवान थे। प्रेस चलाते हुए थक जाने पर वे गीत गाया करते थे–

सेवा देश दी जिन्दड़िए बड़ी औखी,
गल्लाँ करनीआँ ढेर सुखल्लीयाँ ने।
जिन्नाँ देशसेवा विच पैर पाया,
उन्नाँ लक्ख मुसीबताँ झल्लियाँ ने।

(देशसेवा करनी बहुत मुश्किल है, जबकि बातें करना ख़ूब आसान है। जिन्होंने देशसेवा के रास्ते पर क़दम उठा लिया वे लाख मुसीबतें झेलते हैं।)

कर्तार सिंह जिस लगन से परिश्रम करते थे उससे सभी की हिम्मत बढ़ जाती थी। भारत को किस तरह आजाद कराया जाये, यह किसी और को पता चले या नहीं, और किसी ने इस सवाल पर सोचा हो या नहीं, लेकिन कर्तार सिंह ने इस सवाल पर बहुत कुछ सोच रखा था। इसी दौरान आप न्यूयार्क में विमान कम्पनी में भरती हो गये और वहीं दिल लगाकर काम सीखने लगे।

सितम्बर, 1914 में कामागाटामारू जहाज को अत्याचारी गोरे साम्राज्यवादियों के हाथ से अवर्णनीय यातनाएँ झेलने पर वैसे लौटना पड़ा। तब हमारे कर्तार सिंह, क्रान्तिप्रिय गुप्ता और एक अमेरिकी अराजकतावादी जैक को साथ लेकर जापान आये और कोबे में बाबा गुरदित्त सिंह जी से मिलकर सब बातचीत की। युगान्तर आश्रम, सानफ्रांसिस्को के गदर प्रेस में 'गदर और गदर की गूँज' और अन्य बहुत-सी पुस्तकें छापकर बाँटी जाती रहीं। दिनोदिन प्रचार बढ़ता गया। जोश बढ़ता गया। फ़रवरी, 1914 में स्टाकरन के पब्लिक जलसे में आज़ादी का झण्डा लहराया गया और आज़ादी और बराबरी के नाम पर क़समें खायी गयीं। इस जलसे के मुख्य वक्ताओं में कर्तार सिंह भी थे। सभी ने घोषणा की कि वह अपने ख़ून-पसीने की कमाई एक-एक कर देश की आज़ादी के संघर्ष में लगा देंगे। इसी तरह दिन गुज़रते रहे। अचानक यूरोप में प्रथम विश्वयुद्ध छिड़ने की ख़बर आयी। वे ख़ुशी से फूले नहीं समाते थे। एकदम सभी गाने लगे–

चलो चलें देश के लिए युद्ध करने,
यही आख़िरी वचन व फ़रमान हो गये।

कर्तार सिंह ने देश लौटने का जोरों से प्रचार किया। फिर स्वयं जहाज पर सवार होकर कोलम्बो (श्रीलंका) पहुँच गये। इन दिनों अमेरिका से पंजाब आने वाले प्रायः डिफेंस ऑफ़ इण्डिया क़ानून (डी.आई.आर.) की पकड़ में आ जाते थे। बहुत कम सही-सलामत पहुँच पाते थे। कर्तार सिंह सही-सलामत आ गये। बड़े जोरों से काम शुरू हुआ। संगठन की कमी थी, लेकिन किसी तरह वह पूरी की गयी। दिसम्बर, 1914 में मराठा नौजवान विष्णु गणेश पिंगले भी आ गये। इनकी कोशिश से श्री शचीन्द्रनाथ सान्याल और रासबिहारी पंजाब आये। कर्तार सिंह हर समय हर जगह पहुँचते। आज मोगा में गुप्त मीटिंग है। आप वहाँ भी हैं। कल लाहौर के विद्यार्थियों में प्रचार हो रहा है, आप फिर प्रथम पंक्ति में हैं। अगले दिन फिरोजपुर छावनी के सैनिकों से गँठजोड़ हो रहा है। फिर हथियारों के लिए कलकत्ता जा रहे हैं। रुपये की कमी का प्रश्न उठने पर आपने डाका डालने की सलाह दी। डकैती का नाम सुनते ही बहुत-से लोग स्तम्भित रह गये, लेकिन आपने कह दिया कि कोई भय नहीं है। भाई परमानन्द भी डकैती से सहमत हैं। उनसे पुष्टि करवाने की ज़िम्मेदारी आप पर डाली गयी। अगले दिन बगैर उनसे मिले ही कह दिया, "पूछ आया हूँ, वे सहमत हैं।" वे यह सहन नहीं कर सकते थे कि केवल रुपये की कमी से विद्रोह की तैयारी में देरी हो।

एक दिन वे डकैती डालने एक गाँव गये। कर्तार सिंह नेता थे। डकैती चल रही थी। घर में एक बेहद ख़ूबसूरत लड़की भी थी। उसे देखकर एक पापी आत्मा का मन डोल गया। उसने ज़बरदस्ती लड़की का हाथ पकड़ लिया। लड़की ने घबराकर शोर मचा दिया। कर्तार सिंह एकदम रिवाल्वर तानकर उसके नज़दीक पहुँच गये और उस आदमी के माथे पर पिस्तौल रखकर उसे निहत्था कर दिया। फिर कड़ककर बोले, "पापी! तेरा अपराध बहुत गम्भीर है। तुम्हें सजा-ए-मौत मिलनी चाहिए, लेकिन हालात की मजबूरी से तुम्हें माफ़ किया जाता है। फ़ौरन इस लड़की के पाँवों में गिरकर माफ़ी माँग कि हे बहिन! मुझे माफ़ कर दो। और इसकी माता जी के पैर छूकर कह कि माता जी, मैं इस पतन के लिए माफ़ी चाहता हूँ। यदि वे तुम्हें माफ़ कर दें तो तुम्हें ज़िन्दा छोड़ दिया जायेगा वरना गोली से उड़ा दिया जायेगा।" उसने ऐसा ही किया। बात अभी ज़्यादा नहीं बढ़ी थी। यह देखकर माँ-बेटी की आँखें भर आयीं। माँ ने कर्तार सिंह को प्यार भरे लहजे में कहा, "बेटा! ऐसे धर्मात्मा और सुशील नौजवान होकर आप इस काम में किस तरह शामिल हुए?" कर्तार सिंह का भी दिल भर आया और कहा, "माँ जी! रुपये के लालच में हमने यह काम शुरू नहीं किया। अपना सबकुछ दाँव पर लगाकर डकैती डालने आये हैं। हथियार ख़रीदने के लिए रुपये की ज़रूरत है। वह कहाँ से लायें? माँ जी, इसी महान काम के लिए

आज इस काम पर मजबूर हुए हैं।'' इस समय पर यह दृश्य बड़ा दर्दनाक था। माँ ने फिर कहा, "इस लड़की की शादी करनी है। इसके लिए कुछ छोड़ जाओ तो अच्छा है।'' इसके बाद उन्होंने अपना सारा धन माँ के सामने रख दिया और कहा, "जितना चाहें ले लें।'' कुछ पैसा रखकर माँ ने बाक़ी सारा रुपया कर्तार सिंह की झोली में डाल दिया और आशीर्वाद दिया, "जाओ बेटा, तुम्हें सफलता मिले।'' डकैती जैसे भयानक काम में शामिल होकर भी कर्तार सिंह का दिल कितना भावनामय, पवित्र व विशाल था, यह इस घटना से जाहिर है।

फ़रवरी, 1915 में विद्रोह की तैयारी थी। पहले सप्ताह आप पिगले और दूसरे दो-तीन साथियों के साथ आगरा, कानपुर, इलाहाबाद, लखनऊ, मेरठ व अन्य कई स्थानों पर मत और विद्रोह के लिए उनसे मेल-मिलाप कर आये। आख़िर वह दिन क़रीब आने लगा, जिसका बड़ी देरी से इन्तज़ार हो रहा था। 21 फ़रवरी, 1915 भारत में विद्रोह का दिन नियत हुआ था। इसी के अनुसार तैयारी हो रही थी। लेकिन इसी समय उनकी आशाओं के वृक्ष की जड़ में बैठा एक चूहा उसे कुतर रहा था। चार-पाँच दिन पहले सन्देह हुआ कि किरपाल सिंह की गद्दारी से सब ध्वस्त हो जायेगा। इसी आशंका से कर्तार सिंह ने रासबिहारी बोस से विद्रोह की तारीख़ 21 की बजाय 19 फ़रवरी करने के लिए कहा। ऐसा होने पर भी इसकी भनक किरपाल सिंह को मिल गयी। इस क्रान्तिकारी दल में एक गद्दार का होना कितने ख़तरनाक परिणाम का कारण बना। रासबिहारी और कर्तार सिंह भी कोई उचित प्रबन्ध न होने से अपना भेद छिपा नहीं पाये। इसका कारण भारत के दुर्भाग्य के सिवाय और क्या हो सकता है?

कर्तार सिंह पिछले फ़ैसले के अनुसार पचास-साठ साथियों के साथ फ़िरोजपुर जा पहुँचे। अपने साथी सैनिक हवलदार से मिले और विद्रोह की बात की। लेकिन किरपाल सिंह ने तो पहले से ही सारा मामला बिगाड़ दिया था। हिन्दुस्तानी सिपाही निहत्थे कर दिये गये। धड़ाधड़ गिरफ़्तारियाँ होने लगीं। हवलदार ने सहायता करने से इन्कार कर दिया। कर्तार सिंह की कोशिश असफल रही। निराश हो लाहौर आये। पंजाबभर में गिरफ़्तारियों का चक्कर तेज़ हो गया। अब साथी भी टूटने लगे। ऐसी स्थिति में रासबिहारी बोस मायूस होकर लाहौर के एक मकान में लेटे हुए थे। कर्तार सिंह भी वहीं आकर एक चारपाई पर दूसरी ओर मुँह फेर लेट गये। परस्पर कोई बात नहीं की, लेकिन चुपचाप ही एक-दूसरे के दिल की हालत समझ गये। इनकी हालत का अनुमान हम क्या लगा सकते हैं!

दरे-तदबीर पर सर फोड़ना शेवः रहा अपना,
वसीले हाथ ही ना आये कस्मित आजमाई के।

(हमारा काम भाग्य के दर पर सर फोड़ना ही रहा, लेकिन भाग्य आजमाने के साधन ही हाथ नहीं आये।)

उनकी तो यही ख़्वाहिश थी कि कहीं लड़ाई हो और वे अपने देश के लिए लड़ते-लड़ते प्राण दे दें। फिर सरगोधा के नज़दीक चक्क नम्बर पाँच में आ गये। फिर विद्रोह का चर्चा छेड़ दिया। वहीं पकड़े गये। जंजीरों में जकड़े गये। निर्भीक विद्रोही कर्तार सिंह को लाहौर स्टेशन पर लाया गया। पुलिस कप्तान से कहा, "मिस्टर टामकिन, कुछ खाना तो लाइये।" वह कितना मस्त-मौला था। इस आकर्षक व्यक्तित्व को देखकर दोस्त व दुश्मन सब खुश हो जाते थे। गिरफ़्तारी के समय वे बहुत खुश थे। प्रायः कहा करते थे, "वीरता और हिम्मत से मरने पर मुझे विद्रोही की उपाधि देना। कोई याद करे तो विद्रोही कर्तार सिंह कहकर याद करे।" मुक़दमा चला। उस समय कर्तार सिंह की आयु कुल साढ़े अठारह वर्ष थी। सबसे कम आयु के अपराधी आप ही थे, लेकिन जज ने इनके सम्बन्ध में यह लिखा–

"वह इन अपराधियों में, सबसे ख़तरनाक अपराधियों में एक है। अमेरिका की यात्रा के दौरान और फिर भारत में इस षड्यन्त्र का ऐसा कोई हिस्सा नहीं जिसमें उसने महत्त्वपूर्ण भूमिका न निभायी हो।"

एक दिन आपके बयान देने की बारी आयी। आपने सबकुछ मान लिया। आप क्रान्तिकारी बयान देते रहे। जज क़लम दाँतों के नीचे दबाये देखता रहा। एक शब्द न लिखा। बाद में इतना कहा, "कर्तार सिंह, अभी आपका बयान लिखा नहीं गया। आप सोच-समझकर बयान दें। आप जानते हैं कि आपके बयान का क्या परिणाम हो सकता है?" देखने वाले कहते हैं कि जज के इन शब्दों को कर्तार सिंह ने बड़ी मस्तानी अदा से केवल इतना कहा, "फ़ाँसी ही तो चढ़ा देंगे, और क्या? हम इससे नहीं डरते।" इस दिन अदालत की कार्रवाई समाप्त हो गयी। अगले दिन फिर कर्तार सिंह का अदालत में बयान शुरू हुआ। पहले दिन जजों का कुछ ऐसा विचार था कि कर्तार सिंह भाई परमानन्द के इशारे पर ऐसा बयान दे रहे हैं, लेकिन वह विद्रोही कर्तार सिंह के दिल की गहराइयों में नहीं उतर सकते थे। कर्तार सिंह का बयान अधिक जोरदार, अधिक जोशीला और पहले दिन की तरह ही इक़बालिया था। आख़िर में आपने कहा, "अपराध के लिए मुझे उम्रक़ैद की सजा मिलेगी या फ़ाँसी। लेकिन मैं फ़ाँसी को प्राथमिकता दूँगा, ताकि फिर जन्म लेकर–जब तक हिन्दुस्तान आजाद नहीं हो, तब तक मैं बार-बार जन्म लेकर–फ़ाँसी पर लटकता रहूँगा। यही मेरी अन्तिम इच्छा है..."

आपकी वीरता से जज बहुत प्रभावित हुए, लेकिन उन्होंने विशाल दिलवाले दुश्मन की तरह आपकी वीरता को वीरता न कहकर बेशर्मी के शब्दों में याद किया।

कर्तार सिंह को सिर्फ़ गालियाँ ही नहीं, मौत की सजा भी मिली। आपने मुस्कुराते हुए जजों को धन्यवाद दिया। कर्तार सिंह फ़ाँसी की कोठरी में क़ैद थे। आपके दादा ने आकर कहा, "कर्तार सिंह, जिनके लिए मर रहे हो, वे तुम्हें गालियाँ देते हैं। तुम्हारे मरने से देश को कुछ लाभ होगा, ऐसा भी दिखायी नहीं देता।" कर्तार सिंह ने बहुत धीमे से पूछा–

"दादा जी, फलाँ रिश्तेदार कहाँ है?"

"प्लेग में मर गया।"

"फलाँ कहाँ है?"

"हैजे से मर गया।"

"तो क्या आप चाहते हैं कि कर्तार सिंह महीनों बिस्तर पर पड़ा रहे और पीड़ा से दुखी किसी रोग से मरे! क्या उस मौत से यह मौत हज़ार गुना अच्छी नहीं?" दादा चुप हो गये।

आज फिर सवाल उठता है कि उनके मरने से क्या लाभ हुआ? वह किसलिए मरे? इसका जवाब बिल्कुल स्पष्ट है। देश के लिए मरे। उनका आदर्श ही देश-सेवा के लिए लड़ते हुए मरना था। वे इससे ज़्यादा कुछ नहीं चाहते थे। मरना भी गुमनाम रहकर चाहते थे।

चमन जारे मुहब्बत में, उसी ने बागबानी की,
जिसने मिहनत को ही मिहनत का समर जाना।
नहीं होता है मुहताजे नुमाइश फ़ैज शबनम का,
अँधेरी रात में मोती लुटा जाती है गुलशन में।

डेढ़ साल तक मुक़दमा चला। 16 नवम्बर, 1915 का दिन था, जब उन्हें फ़ाँसी पर लटका दिया गया। उस दिन भी हमेशा की तरह खुश थे। इनका वज़न दस पौण्ड बढ़ गया था। 'भारतमाता की जय' कहते हुए वे फ़ाँसी के तख़्ते पर झूल गये।

कूका विद्रोह : एक

फ़रवरी, 1928 में दिल्ली से प्रकाशित 'महारथी' में कूका-विद्रोह के इतिहास की जानकारी देने वाला भगतसिंह का यह लेख बी.एस. सिन्धू नाम से छपा था।–स.

सिक्खों में एक उप सम्प्रदाय है, जो 'नामधारी' या कूका कहलाता है। इसका इतिहास कुछ बहुत पुराना नहीं है। गत शताब्दी के उत्तरार्द्ध में ही इसका आविर्भाव हुआ था। आज वह एक संकुचित धार्मिक सम्प्रदाय दीख पड़ता है, परन्तु इसके संस्थापक श्री गुरु राम सिंह एक कट्टर विप्लवी थे। एक प्रसिद्ध ईश्वरभक्त, समाज के दोष देखकर एक विद्रोही समाज-सुधारक बन गया और एक सच्चे समाज-सुधारक

की भाँति, जब वह कर्मक्षेत्र में अग्रसर हुआ तो उसने देखा कि देश की उन्नति के लिए पराधीनता की बेड़ियों का काटना परमावश्यक है। विदेशी शासन के विरुद्ध विद्रोह की तैयारी का विराट आयोजन हुआ। उसकी तैयारी में ही जो कुछ झगड़ा-फ़साद हो गया था, उसी से शासकों को समस्त आन्दोलन के कुचल डालने का सुअवसर मिल गया और उस सब प्रयास का निष्फलता के अतिरिक्त और कुछ परिणाम न निकल सका।

कूका आन्दोलन का इतिहास, आज तक लोगों के सामने नहीं आया। किसी ने उन्हें महत्त्वपूर्ण नहीं समझा। कूकों को भटके हुए तथा मूर्ख कहकर हम अपने कर्तव्य से छुट्टी पा जाते हैं। स्वार्थ के लिए अथवा लोभ के लिए यदि उन लोगों ने प्राण दिये होते तो हम उपेक्षा दिखा सकते थे, परन्तु उनकी तो 'मूर्खता' में भी 'देशप्रेम' का भाव कूट-कूटकर भरा था। वे तो तोप के मुँह से बँधते समय हँस देते थे। वे तो आनन्द से 'सत्त श्री अकाल' के तुमुल निनाद से आकाश-पाताल को आच्छादित कर देते थे। उनके मस्तक पर व्यथा, चिन्ता अथवा पश्चाताप की रेखा भी नहीं दीख पड़ती थी। क्या वे भूल जाने योग्य हैं? उनका गुरुतर अपराध शायद विफलता के अतिरिक्त कुछ भी नहीं। परन्तु स्कॉट वीर विलियम वालीस भी तो विफल हो मृत्युदण्ड का भागी बना था। उसकी तो आज समस्त इंग्लैण्ड पूजा करता है। फिर हमारे असफल देशभक्त ही इस तरह क्यों भुलाकर निविड़ अन्धकार में फेंक दिये जायें? अस्तु।

हम समझते हैं कि हमारे लिए, देश के लिए निष्काम भाव से मरने वाले लोगों को भुला देना बड़ी भारी कृतघ्नता होगी। हम उनकी स्मृति में कोई बड़ा स्तूप नहीं खड़ा कर सकते तो क्या अपने हृदय में भी थोड़ा स्थान देने से झेंपें? इसी विचार से प्रेरित होकर आज उन 'मूर्ख' तथा 'उतावले' आशावादियों का संक्षिप्त इतिहास लिखने की यह चेष्टा है। इससे यदि लोगों को उनके सम्बन्ध में ठीक-ठीक बातों का ज्ञान हो जाये और अधिक जानने की इच्छा उत्पन्न हो जाये तो यह प्रयास सफल समझूँगा।

उनके इस छोटे-से इतिहास को हम तीन भागों में बाँट सकते हैं–

1. गुरु जी का व्यक्तिगत चरित्र,
2. कूका विद्रोह,
3. विद्रोह के बाद।

गुरु राम सिंह जी का जीवन

श्री राम सिंह जी का जन्म सन् 1824 ई. में भैणी नामक गाँव, जिला लुधियाना (पंजाब) में एक बढ़ई के घर हुआ था। कहते हैं, गुरु गोविन्द सिंह जी ने कभी

कहा था कि "मैं बारहवें वर्ष में राम सिंह नाम से प्रसिद्ध अथवा प्रकट होऊँगा।" इसलिए इनके अनुयायी उन्हें उन्हीं दश गुरुओं का अवतार मानते हैं। परन्तु शेष सिक्ख समाज का विश्वास है कि गुरु गोविन्द सिंह जी ने गुरु के सब अधिकार गुरु ग्रन्थ साहिब पर ही डाल दिये और गुरु-प्रथा बन्द कर दी थी। अतः गुरु राम सिंह गुरु नहीं हो सकते।

हमें इन झगड़ों से कुछ काम नहीं। गुरु राम सिंह युवावस्था में पंजाब केसरी महाराजा रणजीत सिंह की सेना में भरती हो गये। वे पहले से ही ईश्वर-भक्त थे और अधिक समय ईश्वरोपासना में ही बिताते थे। इसी कारण वे शीघ्र ही सेना में सर्वप्रिय हो गये। वो बहुधा ईश्वर-भक्ति में लीन रहने के कारण सैनिक-कर्तव्यों की पूर्ति में असमर्थ रहते, परन्तु उन्हें सब कर्तव्यों से छुट्टी दे देने पर भी सेना में ही रखा गया। एक दिन, कहा जाता है, उन्हें स्वप्न में श्री गुरु गोविन्द सिंह जी के दर्शन हुए, जिन्होंने उनसे हज़ारा (सीमान्त प्रान्त) निवासी बाबा बालकनाथ से गुरु-गद्दी के अधिकार लेने को कहा। दूसरे ही दिन उन्होंने अन्य बीस-पच्चीस भक्तगण के साथ उधर प्रस्थान कर दिया। बाबा बालकनाथ जी ने उनका ख़ूब स्वागत किया और दीक्षा दी। वहाँ से लौटकर आपने नौकरी छोड़ दी और गाँव में जाकर शान्त जीवन बिताने लगे।

वर्षों बीत गये। अनेक परिवर्तन हो गये। महाराजा रणजीत सिंह की मृत्यु के बाद गद्दी के लिए झगड़ा हुआ। अंग्रेज़ों ने पंजाब जीत लिया और इसे भी शेष भारत की तरह पराधीनता की बेड़ियों से जकड़ दिया। यह सबकुछ हो गया और साथ ही 1857 का सिपाही विद्रोह भी हो गया और अंग्रेज़ शान्तिपूर्वक भारत पर शासन करने लगे, परन्तु गुरु राम सिंह वहीं अपना शान्त जीवन बिताते रहे। हाँ, ईश्वर-भक्ति के कारण आप दूर-दूर तक प्रसिद्ध हो गये। प्रान्तभर से लोग दर्शनों के लिए आते थे।

पहले तो आप केवल ईश्वर-भक्ति का ही उपदेश देते थे, परन्तु बाद में कुछ समाज-सुधार सम्बन्धी उपदेश देने लगे। आपने कन्या क्रय-विक्रय, मदिरा-मांस भक्षण आदि बहुत-सी कुरीतियों का बड़े जोर से विरोध किया। आपके भक्तगण भी सादा जीवन बिताते और ईश्वरोपासना में तल्लीन रहतें। आपने अपने गाँव में एक सार्वजनिक भण्डारा खोल रखा था, जहाँ पर कि सभी लोगों को बिना मूल्य भोजन मिलता था। परन्तु शीघ्र ही एक परिवर्तन हुआ।

कहा जाता है, रामदास नामक किसी अज्ञात संन्यासी ने आकर उनसे कहा—"इस समय देश का विदेशी शासन से छुटकारा दिलाना ही सर्वप्रथम कर्तव्य है।" और उसी समय से आपने अपना कार्यक्रम राजनीतिक बना लिया। संन्यासी वाली बात केवल सुनी-सुनायी है। सम्भव है ऐसी कोई घटना घटित ही न हुई हो, परन्तु इतना

तो मानना ही पड़ेगा कि इस समय गुरु राम सिंह जी को देश की पराधीनता एकदम बुरी तरह अखरी। वे समझ गये थे कि बाह्य स्वतन्त्रता के साथ ही साथ देशवासियों की आत्मा भी मरती जा रही है। लोग स्वाधीनता का विचार तक खो बैठे हैं। अभी कल उन्होंने सिपाही विद्रोह तथा उसकी विफलता के बाद किये गये अकथनीय अत्याचार देखे-सुने थे। उससे भी अवश्यमेव उन्हें कुछ ठेस लगी होगी। जो भी हो, उन्होंने विदेशी शासन का खोखलापन ख़ूब अच्छी तरह देखकर एक कार्यक्रम बनाकर कार्य आरम्भ कर दिया। अब तक केवल उपदेश ही होता था, अब 'दीक्षा' तथा संगठन भी आरम्भ हुआ।

उन्होंने उस समय ठीक उसी असहयोग का प्रचार प्रारम्भ कर दिया, जो 1920 में महात्मा गाँधीजी ने किया। उनका असहयोग महात्मा जी के असहयोग से भी कई बातों में बढ़-चढ़कर था। अदालतों के बहिष्कार, अपनी पंचायतों के संस्थापन, सरकारी शिक्षा के बहिष्कार, विदेशी सरकार के पूर्ण बहिष्कार के साथ ही साथ रेल, तार तथा डाक के बहिष्कार का प्रचार भी हुआ। उस समय देश आज की तरह निर्जीव होकर उन वस्तुओं पर इतना निर्भर नहीं हो गया था कि उनके बहिष्कार की कल्पना भी न कर पाता। प्रत्युत उन्होंने डाक का अपना प्रबन्ध इतना अच्छा कर लिया था कि 'उनकी डाक सरकारी डाक से भी जल्दी पहुँच जाती थी।'[1] इस सबके साथ सादा वेष तथा स्वदेशी वस्त्र पहनने का जोर से उपदेश होता था। प्रचार-कार्य बहुत दिनों तक न होने पाया था कि सरकार की तीव्र दृष्टि इस आन्दोलन पर पड़ी। उन्हें इस प्रचण्ड आन्दोलन को दबा देने की चिन्ता हुई।

T.D. Forsith, जोकि सन् 1863 ई. में पंजाब सरकार के चीफ़ सेक्रेटरी थे और बाद में 1872 में कूका विद्रोह के समय अम्बाला डिवीजन के कमिश्नर पद पर काम करते थे, अपनी Autobiography में लिखते हैं–

"1863 में ही मैं इस आन्दोलन की तह तक पहुँच गया था और समझ गया था कि यह क्या भीषण परिणाम ला सकता है। अतः मैंने उनके प्रचार पर बहुत-से बन्धन लगा दिये, जिससे उनके प्रचार-कार्य की गति कुछ हद तक रुक गयी।"

जब सरकार ने लोगों का बड़ी संख्या में भैणी आना-जाना तथा उनका वहाँ अधिक देर तक ठहरना तक भी बन्द कर दिया तब गुरु राम सिंह जी ने अपना कार्य जारी रखने के लिए एक तदबीर सोची। समस्त देश को 22 हिस्सों में विभक्त कर 22 योग्य मनुष्य उनका संगठन करने के लिए नियुक्त कर दिये। वे सभी 'सूबे' कहलाते थे। कार्य बहुत कुशलता से चलता रहा। सभी नामधारी सिक्ख अपनी आय का दशांश गुरु जी को भेंट किया करते। वे सब भैणी भेज दिया जाता था। यह सब होता ही था और साथ ही साथ गुप्त रूप से विद्रोह का प्रचार भी होता रहा।

बाहरी जोश बहुत कम कर दिया गया। यहाँ तक कि सरकार का सन्देह बहुत हद तक दूर हो गया और सब बन्धन स्वतः 1869 में हटा लिये गये।

बन्धन-मुक्त होते ही लोगों का जोश बढ़ा। इतना बढ़ा कि सँभालना कठिन हो गया। इसी से 1872 में अपरिपक्व विद्रोह उठ खड़ा हुआ, जिसके कारण सारा विराट आन्दोलन पिस गया। परन्तु उस मुख्य घटना पर कुछ लिखने से पहले श्री गुरु जी के व्यक्तिगत चरित्र सम्बन्धी कुछ मनोरंजक बातों का उल्लेख करना अनुचित न होगा।

गुरु राम सिंह बड़े तेज़स्वी तथा प्रभावशाली व्यक्ति थे। उनके असाधारण आत्मबल सम्बन्धी बहुत-सी बातें प्रसिद्ध हैं। कहते हैं कि वे जिसके कान में दीक्षा का मन्त्र फूँक देते थे वही उनका परम भक्त तथा शिष्य हो जाता था। जब यह बात जरा प्रसिद्ध हुई तो दो बदमाश अंग्रेज़ उनके पास उनकी शक्ति की परीक्षा लेने गये। उन्होंने कहा था, "देखेंगे, गुरु जी का हम पर क्या प्रभाव पड़ता है?" परन्तु दीक्षा के बाद से वे उनके कट्टर भक्त बन गये और तब से उनके व्यक्तिगत दोष भी मिट गये। इसी तरह डॉक्टर गोकलचन्द पी.एच.डी. एक लेख में लिखते हैं कि उनकी दादी का भाई एक बड़ा चरित्रहीन व्यक्ति था, और उसे हुक्के का व्यसन था। केवल एक बार ही गुरु राम सिंह जी के दर्शनों ने उनका जीवन एकदम परिवर्तित कर दिया। उनका हुक्का तो एकदम छूट गया और शेष सारा जीवन ईश्वरोपासना में ही बीता। इसी तरह एक और मनुष्य जिसने कि कभी कोई हत्या कर दी थी, वह भी गुरु जी से दीक्षित हुआ। फिर उसने अपनेआप को कोर्ट में पेश कर दिया और अपना अपराध स्वीकार कर लिया। जब जज ने अत्यन्त आश्चर्य के साथ पूछा, "तुम्हें तो कोई जानता भी न था और हत्या सम्बन्धी बात का तुम पर सन्देह भी न था, फिर तुमने एकाएक अपराध स्वीकार कर मृत्यु का आह्वान क्यों किया?" तो उसने कहा, "मेरे गुरु जी की ऐसी ही आज्ञा है।"

सरकार ने भी परीक्षा करनी चाही। एक सब-इंस्पेक्टर को भेजा। वह भी प्रसन्न था। उसे आशा थी कि सब भेद खोलकर कुछ पुरस्कार पायेगा। गुरु जी के दर्शन किये। लौट आया। लौटते ही त्यागपत्र दे दिया। अफ़सरों ने पूछा, "राम सिंह क्या कहता है?" कहा, "बताने की आज्ञा नहीं।" पूछा गया, "त्यागपत्र क्यों देते हो?" उत्तर दिया, "गुरु जी की यही आज्ञा है। वे कहते हैं, विदेशी शासकों की नौकरी मत करो।"

ऐसी अनेक घटनाएँ हैं। जो भी हो, इतना तो मानना ही पड़ेगा कि गुरु जी ईश्वर-भक्ति तथा उच्च चरित्र के कारण एक महान शक्तिशाली महापुरुष थे। अतः उपरोक्त घटनाएँ असम्भव नहीं। अस्तु। सरकार यह बात देखकर घबरायी और उसे सारे आन्दोलन को दबाने की चिन्ता हुई। यह भी स्वाभाविक ही था।

अपरिपक्व विप्लव का प्रारम्भ

1869 में सब बन्धन हटा दिये गये। लोग सहड्डों की संख्या में भैणी आने लगे। सन् 1871 ई. में कुछ कूके वीर अमृतसर में से गुज़र रहे थे। सुना, मुसलमान बूचड़ असंख्य गौओं की नित्य हिन्दुओं को चिढ़ाने के लिए उनके सामने हत्या करते हैं। हिन्दू समाज को बहुत कष्ट होता है। कट्टर गो-भक्त कूके यह सब सहन न कर सके। उन्होंने बूचड़ख़ाने पर आक्रमण कर दिया और सभी बूचड़ों को वहीं ढेर कर दिया और आप भैणी की ओर चल दिये। अमृतसर के सभी प्रतिष्ठित हिन्दू गिरफ़्तार कर लिये गये। उधर गुरु जी को वैसे भी सारा समाचार मिल चुका था, इधर इन कूकों ने जाते ही सब कहानी कह सुनायी। गुरु जी ने आज्ञा दी, "जाओ जाकर अपना अपराध स्वीकार कर लो और उन निर्दोष लोगों को विपत्ति से बचाओ।" आज्ञा का पालन हुआ। निरपराध लोग छूट गये और ये वीर अत्यन्त आनन्द और हर्ष के साथ फ़ाँसी पर लटक गये। ऐसी ही एक घटना रायकोट में भी हो गयी। वहाँ पर भी कई कूकों को फ़ाँसी पर लटका दिया गया था। परन्तु वहाँ पर शेष सिक्खों ने अनुभव किया कि उनके निर्दोष साथी फ़ाँसी पर लटकाये गये हैं। प्रतिहिंसा की अग्नि प्रचण्ड हो उठी, परन्तु कोई विशेष घटना नहीं हुई।

13 जनवरी, सन् 1872 को भैणी में माघी का मेला होने वाला था। लोग दूर-दूर से हज़ारों की संख्या में आने लगे। एक कूका नामधारी[2], वीर मलेर कोटला नामक मुसलमान रियासत की इसी नाम की राजधानी में से गुज़र रहा था, वहाँ पर उसने एक मुसलमान को देखा जो एक बैल पर अत्यन्त बोझ लादे, स्वयं उस पर बैठा हुआ उसे पीटता जा रहा था। बैल बड़े कष्ट से चल रहा था। यह देखकर उस कूके ने उस मुसलमान से कहा, "भाई! इतना अत्याचार न करो। बोझ पहले ही ज़्यादा है, तुम नीचे उतर आओ तो क्या हर्ज हो?" परन्तु उस मुसलमान ने तुरन्त उसे दो-चार गालियाँ दे दीं। कूका सिक्ख कोई भीरु या कायर तो था ही नहीं, ईंट का जवाब पत्थर से मिला। नौबत हाथापाई तक आ गयी। मुसलमान रियासत के मदमत्त मुसलमान कर्मचारी उसे पकड़कर कोतवाली में ले गये, जहाँ पर उस ग़रीब को अनेकानेक यातनाएँ तथा अपमान सहन करने पड़े। और बाद में, उस बैल का, उसके पास बैठाकर, उसकी आँखों के सामने, वध कर दिया गया। यह असह्य था। छूटते ही वह वीर भैणी पहुँचा। उसने भरे दिवान में क्रूर आतताइयों के उन अत्याचारों का विवरण तथा अपनी करुण कथा कह सुनायी। लोग तो रायकोट की घटना से पहिले ही उत्तेजित हो रहे थे, उस पर यह घटना हो गयी। जलती पर तेल पड़ा और भभक उठी। निज बाहुबल के भरोसे बदला चुकाने का निश्चय हो गया। जोश बढ़ता देखकर गुरु जी तनिक घबराये। गले में कपड़ा डालकर प्रार्थना की,

"खालसा जी! क्या अनर्थ करने जा रहे हो। जरा शान्ति तथा सहनशीलता से काम लीजिए। जरा सोचो तो सही, इस सबका क्या परिणाम होगा? सारा बना-बनाया काम बिगड़ जायेगा।" गुरु जी के इस प्रकार समझाने पर बहुत-से लोगों का जोश तो ठण्डा हो गया, परन्तु 150 व्यक्ति प्रतिहिंसा की उग्र मूर्तियाँ बन उठे। उनका जोश न थमा। गुरु जी ने लाख समझाने की चेष्टा की, परन्तु एक साथी का अपमान उनके लिए असह्य हो उठा था।

बड़ी विकट परिस्थिति थी। काम अधूरा ही था और कोई तैयारी न की गयी थी। ऐसी दशा में इन 150 उत्तेजित लोगों का साथ देने से सारा आन्दोलन पिस जाने की सम्भावना थी।–क्या किया जाये? किकर्तव्यविमूढ़ की भाँति सभी देख रहे थे और देख रहे थे गुरु जी भी। और कोई दूसरा व्यक्ति ऐसे समय क्या करता? अथवा ऐसे समय पर लोग क्या करने की सलाह दे सकते हैं? इस बात का हमें पता नहीं, इसकी चिन्ता भी नहीं। दूरदर्शी गुरु राम सिंह ने उस समय यही सोचा कि ये उत्तेजित लोग तो शान्त हो नहीं रहे हैं, इनकी इच्छानुसार अभी विद्रोह खड़ा करने की तो तैयारी नहीं की गयी और अभी तो इच्छानुसार सब संगठन भी नहीं हुआ। इस समय यदि ये जायें और हम सरकार पर यह प्रकट कर दें कि हमारा इनसे कोई सम्बन्ध नहीं तो शेष आन्दोलन बच जायेगा। बात तो अच्छी दीख पड़ती है, परन्तु राजनीतिक चालों का महत्त्व उनकी सफलता पर निर्भर हुआ करता है। गुरु जी ने यह चाल चली थी, वह निष्फल हुई। पासा उलट गया। यही उनका गुरुतर अपराध था। उन्होंने उसी समय पुलिस को ख़बर दे दी कि 'ये लोग उत्तेजित होकर उनकी आज्ञाओं तथा प्रार्थनाओं की उपेक्षा करके झगड़े-फसाद के लिए जा रहे हैं। मैं अभी से पुलिस को सब समाचार देकर सतर्क कर देना चाहता हूँ। वह उनसे निपट ले। मैं अनर्थ का उत्तरदायी नहीं हूँ।'

लुधियाना के तत्कालीन डिप्टी कमिश्नर मि. Cowan अपने 15 जनवरी के पत्र में अम्बाला-कमिश्नर को इस घटना के बारे में इस प्रकार लिखते हैं–

He (a police reporter) stated to me that Ram Singh, the leader of the kookas, went to those men, with a turban around his neck, and entreated them not to create a disturbance; and they would not listen to him; and that Ram Singh then came to the Deputy Inspector and reported to him that these men were upto mischief, and that he had no control over them.

परन्तु उस समय सरकार या पुलिस जान-बूझकर चुप रही। चुपचाप उनको अंग्रेज़ राज्य में से रियासत में घुसने दिया। उसी समय उन सबको गिरफ़्तार क्यों नहीं कर लिया गया? कुछ दिनों के बाद उनका जोश ठण्डा हो ही जाता। परन्तु

नहीं, सरकार तो स्वयं चाहती थी कि उसे कोई अवसर मिले, जिससे वह आन्दोलन कुचला जा सके। इस समय मनोवांछित सुअवसर मिल गया। लोगों का तो यहाँ तक कहना है कि उन लोगों को उत्तेजित करने में भी सरकारी आदमियों का हाथ था। ख़ैर, उसके सम्बन्ध में कुछ न कह सकने पर भी हम सरकार पर जान-बूझकर चुप रहने का अपराध लगा सकते हैं। अस्तु, वे 150 कूके वीर पटियाला के सीमान्त स्थित रब्बू गाँव के बाहर जा ठहरे। रातभर वहीं विश्राम किया। अगले दिन भी वहीं रहे। शायद और साथियों की प्रतीक्षा कर रहे थे।

14 जनवरी, सन् 1872 ई. को सायंकाल उन्होंने कुछ सिक्ख सरदारों के मलोध (डंसवकी) नामक किले पर आक्रमण कर दिया। इस क़िले पर आक्रमण क्यों किया गया? इसके सम्बन्ध में डिस्ट्रिक्ट गजेटियर में लिखा है कि उन्हें आशा थी कि यह सरदार विद्रोह में उनका नेतृत्व लेंगे। सम्भव है, पहिले विराट आयोजन में ऐसी ही तैयारी रही हो और उस समय उन्होंने अपरिपक्व विद्रोह उठता देख सहायता देने अथवा नेतृत्व लेने से इन्कार कर दिया हो। ख़ैर, कूकों ने वहाँ आक्रमण कर दिया और कुछ शस्त्र, कुछ घोड़े तथा एक तोप लेकर चलते बने। वहाँ पर दोनों ओर के दो-दो व्यक्ति मरे और कुछ घायल हुए।

अगले दिन प्रातःकाल 7 बजे वे मलेर कोटला पहुँच गये। सरकार ने पटियाला तथा मलेर कोटला दोनों राज्यों को पहले से सतर्क कर दिया था। मलेर कोटला की रक्षा के लिए विशेष तौर से तैयारी की गयी थी, परन्तु इन दुःसाहसी वीरों ने इस वेग से आक्रमण किया कि शहर में तो क्या, महल तक में जा घुसे। ख़जाना लूटने की कोशिश होने लगी। लूट ही तो लिया होता परन्तु दुर्भाग्यवश भूल से एक और दरवाज़ा तोड़ने में बहुत समय नष्ट हो गया, जहाँ कि कुछ व्यर्थ के काग़ज़ों के अतिरिक्त उनके हाथ कुछ न लगा और उधर उन्हें शीघ्र ही वहाँ से भागना पड़ा। 8 को मारकर, 15 को घायल कर और कुछ शस्त्र तथा घोड़े लेकर वे वहाँ से चल निकले। उनके सात साथी मरे और पाँच पकड़े गये अथवा घायल हो गये। उनके पीछे कोटला के सशस्त्र सैनिक भी भागे और–

A sort of running fight was kept along, shots fired and many more Kookas were wounded, till both parties reached the village of Ruir in the Patiala state; the Kookas carrying most of the wounded with them.

रड़ गाँव के निकटवर्ती जंगल में वे छिप गये। शिवपुर के नायब नाजिम ने उन पर फिर आक्रमण किया। फिर लड़ाई छिड़ी, परन्तु कूके थके-माँदे थे, भूखे-प्यासे थे, और थे घायल बिना मरहम-पट्टी के। वे पकड़े गये। 68 व्यक्ति पकड़े गये थे जिनमें से 28 घायल हो चुके थे।

यही घटना 'विद्रोह' कहलाती है। मि. कावन अपने एक पत्र में लिखता है–

It looks like the commencement of insurrection...

और एक स्थान पर लिखता है–

I propose to execute at once all who were engaged in attacks on Malodh and Malarkotla. I am sensible of great responsibility in exercising an authority which is not vested in me, but hte case in an exceptional one. These men are not ordinary criminals. They are rebels, having for their immediate object the acquisition of plunder, and ulteriorly the subversion of order. It is certain that had their first attempts been crowned with success, had they succeeded in arming themselves with horses and treasures, they would have been joined by all the abandoned charities in the country and their extinction would not be effected without much trouble.

ये 68 व्यक्ति 17 जनवरी को मलेर कोटला लाये गये। उनमें से दो स्त्रियाँ भी थीं। वे पटियाला स्टेट की नागरिक थीं। उन्हें तो स्टेट के सुपुर्द कर दिया गया और शेष 66 में से पचास को वहीं तोप से उड़ा देने का निश्चय हो चुका था। अपनी-अपनी बारी से सानन्द सत्त श्री अकाल आदि जयघोष करते हुए, तोप के मुँह से बँध जाते। एक बार धमाके की आवाज़ होती और वह कूका वीर इस संसार से न जाने किधर चला जाता। उन fanatics को मृत्यु का भय नहीं हुआ, वे हम 'समझदार' लोगों की तरह मृत्यु की कल्पना-मात्र से ही थर-थर काँप नहीं उठे। ऐसे ही 'मूर्ख' और कहाँ कितनी संख्या में मिल सकते हैं? उस समय स्वार्थ के लिए मरने वाले लोग इसी तरह प्रसन्न रह सकते, इसी तरह हँसते हुए मृत्यु से आलिगन कर पाते, यह असम्भव जान पड़ता है। आत्मसम्मान, देशहित तथा स्वतन्त्रता प्राप्ति आदि न जाने किन-किन उच्च भावों की प्रेरणा से वह मृत्युंजय बन पाये थे। इसी से हम उनकी इस उत्तेजना तथा जल्दबाज़ी को भूलकर प्रणम्य समझने में बाधित (को बाध्य) होते हैं। ख़ैर! एक-एक करके 49 तो तोप से उड़ा दिये गये, परन्तु पचासवें ने, जोकि तेरह वर्षीय बालक था, वहाँ फसाद खड़ा कर दिया। मि. कावन एक पत्र में लिखता है–

It was my intention to have had 50 men blown away, and to have sent the remaining 16 rebels to Malodh to be executed there tomorrow, but one escaped from guards and made a furious attack on me; and as he was a very powerful man, I had considerable difficulty in releasing myself... The officials whom he attacked drew their sword and cut him down.

इसी घटना के सम्बन्ध में जो बात सुनी जाती है वह यूँ है कि 50वाँ व्यक्ति एक तेरह वर्षीय बालक था। उसे देखकर मिसेज कावन को दया आयी। उसने अपने पति

से उसे छोड़ देने को कहा। पत्नी की प्रेरणा से मि- कावन ने झुककर उस बालक से कहा, "अरे, पाजी राम सिंह का साथ छोड़ दो और कह दो, मैं उसका अनुयायी नहीं हूँ, तुम्हें छोड़ दिया जायेगा।" वीर बालक अपने गुरु के प्रति यह अपमानजनक शब्द सहन न कर सका। क्रुद्ध सिंह की तरह वह झपटा और उसने कावन को दाढ़ी से पकड़ लिया और तब तक न छोड़ा, जब तक उसके दोनों हाथ न काट दिये गये और तलवारों से कत्ल न कर दिया गया। अस्तु, इस तरह उस दुखान्त नाटक का एक और पर्व समाप्त हो गया।

बिना अभियोग चलाये 50 को तोप से उड़ा देना, summary execution कर देना एकदम अनुचित दीख पड़ता है। उधर मि. फार्सिथ, अम्बाला-कमिश्नर ने उन्हें एक पत्र में लिख दिया था कि बिना अभियोग चलाये किसी को मृत्युदण्ड मत देना, परन्तु मि. कावन ने मनमानी कर डाली और जब मि. कावन पर बाद में मुक़दमा चला तो उन्होंने कमिश्नर साहिब का अगले दिन का पत्र, जिसमें उनके इस कार्य की प्रशंसा की गयी थी, पेश किया। परन्तु उसके सम्बन्ध में मि. फार्सिथ का कहना है कि मैंने परिस्थिति नाजुक जान यह उचित समझा कि लोगों को किंचित-मात्र भी सन्देह न होने पाये कि अफ़सरों में भी आपस में कुछ खेंचातानी हो रही है। अतः उसके पिछले कार्य की प्रशंसा कर और `नउउंतल मक्रमबनजपवद करने से मना कर दिया था। परन्तु शेष 16 व्यक्तियों को भी तो अगले ही दिन फ़ाँसी पर लटका दिया गया।

उन वीरों की मृत्यु के प्रति उपेक्षा ने अफ़सरों को भी प्रभावित कर दिया था। Mr. E. Perkinson, Deputy Superintendent Police अपनी 17 जनवरी की रिपोर्ट में दो व्यक्तियों के सम्बन्ध में लिखते हैं–

Both Hira Singh and Lehna Singh the leaders taken. They are generally well dressed and well to do men; but have the appearance of bold and determined looking fellows.

इधर तो यह सबकुछ हो रहा था, उधर डिप्टी कमिश्नर ने गुरु राम सिंह को बुलाया और घर लौटा दिया, क्योंकि वह समझता था कि वे निर्दोष हैं, क्योंकि उन्होंने उन उन्मत्त तथा उत्तेजित कूकों की ख़बर देकर पुलिस को चौकन्ना कर दिया था। गुरु राम सिंह की निर्दोषता के सम्बध में पंजाब सरकार ने भारत सरकार को यूँ लिखा–

No direct evidence against Ram Singh in this case is sufficient to put hin on this trial.

परन्तु 17 जनवरी को कमिश्नर की आज्ञा से घुड़सवार तथा दूसरी पुलिस ने कर्नल बायली (Baille) के नेतृत्व में, अध्यक्षता में भैणी नगर को एकाएक घेर

लिया। सब लोगों को यह देखकर बहुत आश्चर्य हुआ, परन्तु जब उन्हें मालूम हुआ कि सरकार उन्हें पकड़ना चाहती है तब उन्होंने अपनेआप को शान्तिपूर्वक पुलिस के हवाले कर दिया। उस समय गुरु राम सिंह के साथ चार व्यक्ति, चार विभिन्न स्थानों के सूबे श्री साहिब सिंह, श्री जवाहिर सिंह, श्री गुरुदत्त सिंह तथा श्री तन्नू सिंह भी थे। उन्हें भी गिरफ़्तार कर लिया गया। उन्हें पहिले तो इलाहाबाद भेजा गया और बाद में रंगून भेज दिया गया। यह गिरफ़्तारी रेगूलेशन 1818 के अनुसार हुई थी। यहीं पर गुरु राम सिंह जी की वह चाल उलटी पड़ी। यदि उस समय वे बचे रहते तो फिर शीघ्र ही सब स्थिति सँभल जाती।

इधर ज्यों-ज्यों प्रान्तभर में विद्रोह का समाचार फैलने लगा, त्यों-त्यों ये लोग भैणी की ओर जाने लगे। सब लोगों का विचार था कि जिस दिन की प्रतीक्षा थी, वह आ गया। इधर पुलिस भी चौकन्नी हो गयी थी। जहाँ कोई कूके मिल जाते वहीं पर उन्हें गिरफ़्तार कर लिया जाता। इसी तरह 172 कूकों के एक गुट से कर्नल बायली की भेंट हो गयी। उनमें से चार तो विभिन्न स्थानों के सूबे–श्री ब्रह्मा सिंह, श्री काहन सिंह, श्री पहाड़ा सिंह तथा श्री हुकुम सिंह तो तुरन्त पहिले लुधियाना और फिर गुरु जी के पास इलाहाबाद भेज दिये गये और 120 घरों को लौटा दिये गये और शेष पचास–

Having no homes and ostensible means of living, beingh in fact, a dangerous clan of this sort who having sold all they possessed, hold themselves in readiness to perform any act that their leaders may order.

–को ज़ेल में बन्द कर दिया गया। इस तरह कुछ ही दिनों में सब मामला शान्त हो गया।

उसके बाद–

सबकुछ हो चुका। नाटक की मुख्य घटना हो चुकी। अब तो कथा समाप्त करने को परिशिष्ट-मात्र शेष है। मि. कावन और मि. फार्सिथ पर summary execution करने का अभियोग चला। उन्होंने पंजाब की भीषण स्थिति का रोमांचकारी चित्रण करने में कोई कसर उठा न रखी और पुरस्कार पाने की आशा प्रकट की। मि. कावन को तो पदच्युत कर इंग्लैण्ड भेज दिया गया और मि. फार्सिथ को पंजाब से अवध उसी पद पर तब्दील कर दिया। पचास को तोप से उड़ाने और 16 को फ़ाँसी दे डालने–और वह भी बिना अभियोग चलाये, बिना उन लोगों को सफ़ाई देने का अवसर दिये–के अपराध की यह सजा दी गयी। Sir Henry Cotton के शब्दों में तो यह दण्ड एकदम अपर्याप्त अथवा नाकाफ़ी था परन्तु ऐंग्लो इण्डियन समाचारपत्रों ने इतना भी दण्ड देने के विरुद्ध बहुत बवेला मचाया था।

इधर शेष कूका समाज पर बहुत अत्याचार होने लगे। गुरु राम सिंह के बाद श्री हरि सिंह गुरु बने। उन्हें भैणी में नज़रबन्द कर दिया गया। गुरुद्वारे के बाहर पुलिस की चौकी बिठा दी गयी। छह वर्ष तक तो भैणी की ऐसी दशा रही मानो शत्रु घेरा डाले पड़ा हो। न कोई बाहर से भीतर आ सकता, न कोई भीतर से बाहर जा पाता। फिर धीरे-धीरे कुछ-कुछ लोगों का आना-जाना खुला। उस समय भी हरि सिंह बाहर नहीं आ सकते थे–इसके बावजूद कि आने-जाने की आज्ञा हो गयी थी। आने वाले यात्रियों को बहुत तंग किया जाता था। बुरी तरह अपमानित किया जाता, मुश्कें कसकर धूप में डाल दिया जाता, जहाँ बेचारों को घण्टों झुलसना पड़ता। चारपाई के नीचे हाथ दबाकर कई आदमी चारपाई पर बैठ जाते। उन पर हुक्के का गन्दा बदबूदार पानी डाल दिया जाता। यह सब अत्याचार करने वाले इसी देश के निवासी होते थे और इन यातनाओं को चुपचाप सहन करने वाले भी इसी देश के अभागे निवासी। और अब तो यह निरा धार्मिक सम्प्रदाय रह गया था। परन्तु पंजाब प्रान्त का इतिहास बड़ा रोमांचकारी है। समाज का समाज Outlaws घोषित हुआ तो पंजाब में, किसी सम्प्रदाय के सभी के सभी लोग भीषण अत्याचारों का शिकार हुए तो पंजाब में और फिर हज़ारों का सारे का सारा आन्दोलन unlawful क़रार दिया गया तो पंजाब में। इस बार भी ऐसा ही हुआ। प्रत्येक कूका अपने-अपने घर में नज़रबन्द था। बिना पुलिस की आज्ञा के कहीं बाहर न जा सकता। आज्ञा लेने जाने के मानी होते, पुलिस के अकथनीय अत्याचार, तथा अपमान सहन करना और (कई) दिनों तक भूखे-प्यासे तड़पते रहकर बाहर जाने की आज्ञा पाये बिना चुपचाप घर आकर बैठ जाना। यह दशा बहुत दिनों तक चली और बन्दिशें तो अब 1920 में आकर असहयोग के दिनों में हटायी गयीं। अस्तु!

गुरु राम सिंह जी बर्मा में ही नज़रबन्द रहे। डि. गजेटियर में लिखा है– "Finally he died in Burma in 1855." परन्तु 1920 में डस्का निवासी श्री आलम सिंह इंज़ीनियर ने एक लेख द्वारा उपरोक्त बात का खण्डन किया था। उन्होंने लिखा था कि वे दो और साथियों सहित Lower Burmi की किसी पोर्ट से लासट द्वीप जा रहे थे। उस पोर्ट का नाम भोलमीन था। वहाँ पर एक दिन एक बड़े तेज़स्वी व्यक्ति को पुलिस की निगरानी में सैर करते देखकर उनके सम्बन्ध में कुछ पूछताछ करने पर मालूम हुआ कि ये पंजाब के राजा हैं। वह समझे शायद महाराजा दिलीप सिंह हों, परन्तु बाद को मालूम हुआ कि वह कूका गुरु राम सिंह जी हैं। उस समय उनके साथ उनका एक सूबा लक्खा सिंह भी था। उनसे मिलने पर ख़ूब बातचीत हुई और मालूम हुआ कि उन्हें पाँच मील तक बाहर सैर करने की आज्ञा थी। ख़ैर! सरकार ने इस लेख का कभी प्रतिवाद भी नहीं किया। जो भी हो, मालूम ऐसा ही

होता है कि गुरु जी अब इस संसार में नहीं हैं, परन्तु कूका लोगों का विश्वास है कि वे अभी जीवित हैं। ख़ैर!

आज भी पंजाब में कूका सम्प्रदाय विद्यमान है। उनमें ईश्वर-भक्ति का अभी तक प्राधान्य है। बहुत सवेरे उठकर केशी स्नान कर घण्टों तक भगवद्भजन में लीन रहना, उनका नित्य नियम है। मांस, मदिरा, आदि वस्तुओं के प्रयोग के कट्टर विरोधी हैं। एक सीधी पगड़ी, एक लम्बा कुर्ता और एक कच्छा—यही उनका पहनावा है। एक कम्बल और एक डोलका-सा बना हुआ बड़ा-सा लोटा और एक टकुआ जिसे वे सफाजंग बोलते हैं—यही उनका सामान है। गले में सूत की बनी हुई एक सुन्दर माला रहती है। उनमें भी एक विशेष मस्ताना दल होता है। वे शबद-कीर्तन करते हुए एकदम सुध-बुध भूल जाते हैं। इन लोगों के संकीर्तन से प्रत्येक व्यक्ति प्रफुल्लित तथा रोमांचित-सा हो जाता है। ख़ून खौलने लगता है, आँखों में प्रेम तथा भक्ति के आँसू भर आते हैं।

ग्यारहवें और बारहवें गुरु में विश्वास रखने के कारण तथा मांस, मदिरा के कट्टर विरोधी होने के कारण वे शेष सिक्ख समाज से जुदा हैं। उनमें समानता का भाव प्रबल होता है। होली आदि के अवसर पर उनके विशेष उत्सव होते हैं, जहाँ तक कि ख़ूब होम यज्ञ होता है। शेष सिक्ख इसके विरोधी हैं। कूके अपने को हिन्दू मानते हैं, शेष सिक्ख नहीं। विगत अकाली आन्दोलन के दिनों में उन्होंने अकालियों का कुछ विरोध किया था जिससे उनकी स्थिति कुछ ख़राब हो गयी। तथापि वे अपने ढंग के निराले लोग हैं। उन्हें देख एक उस अधखिले फूल की याद आती है जो खिलते ही मसल डाला गया हो। गुरु राम सिंह जी की हसरतें दिल-की-दिल ही में रह गयी थीं। उनके शेष सभी अनुयायियों का आत्मबलिदान भी विस्मृत हो गया। उन अज्ञात लोगों के बलिदानों का क्या परिणाम हुआ, सो वही सर्वज्ञ भगवान जाने। परन्तु हम तो उनकी सफलता-विफलता का विचार छोड़ उनके निष्काम बलिदान की याद में एक बार नमस्कार करते हैं।

1. भाई परमानन्द के एक लेख के आधार पर

2. गुरु रामधारी के अनुयायी नामधारी तथा कूका कहलाते थे। नामधारी इसलिए कि गुरु जी के उपदेश का आधार स्तम्भ 'ईश्वर का नाम' था। उस उपदेश और दीक्षा पाने के बाद प्रत्येक मनुष्य 'नामधारी' अथवा 'इश्वर-नाम को ह्रदय में धारण किये हुए' कहलाता था। कूका इसलिए कि वे भगवद्भजन में तन्मय होकर ख़ूब शोर मचाते थे, अतः कूकने वाले 'कूका' कहलाते थे।

कूका विद्रोह : दो

अक्टूबर, 1928 में 'किरती' मासिक पत्रिका में भगतसिंह ने 'युग पलटने का अग्निकुण्ड' शीर्षक से पंजाब के तख़्तापलट आन्दोलनों के इतिहास के रूप में लेख लिखे। यह लेख उन्होंने 'विद्रोही' के नाम से लिखा था।—स.

आज हम पंजाब के तख़्ता पलटने के आन्दोलन और पोलिटिकल जागृति का इतिहास पाठकों के सामने रख रहे हैं। पंजाब में सबसे पहली पोलिटिकल हलचल कूका आन्दोलन से शुरू होती है। वैसे तो वह आन्दोलन साम्प्रदायिक-सा नज़र आता है, लेकिन जरा गौर से देखें तो वह बड़ा भारी पोलिटिकल आन्दोलन था, जिसमें धर्म भी मिला हुआ था, जिस तरह कि सिक्ख आन्दोलन में पहले धर्म और राजनीति मिली-जुली थी। ख़ैर, हम देखते हैं कि हमारी आपस की साम्प्रदायिकता और तंगदिली का यही परिणाम निकलता है कि हम अपने बड़े-बड़े महापुरुषों को इस तरह भूल जाते हैं जैसेकि वे हुए ही न हों। यही स्थिति हम अपने बड़े भारी महापुरुष 'गुरु' राम सिंह के सम्बन्ध में देखते हैं। हम 'गुरु' नहीं कह सकते और वे गुरु कहते हैं, इसीलिए हमारा उनसे कोई सम्बन्ध नहीं—आदि बातें कहकर हमने उन्हें दूर फेंक रखा है। यही पंजाब का सबसे बड़ा घाटा है। बंगाल के जितने भी बड़े-बड़े आदमी हुए हैं, उनकी हर साल बरसियाँ मनायी जाती हैं, सभी अख़बारों में उन पर लेख दिये जाते हैं, यह समझा जाता है कि मौक़ा मिला तो इस पर फिर विचार करेंगे और जो मसाला मिला, वह पाठकों के सामने पेश करेंगे।

पंजाब को सोये थोड़े ही दिन हुए थे, लेकिन नींद बड़ी गहरी आयी। हालाँकि अब फिर होश आने लगा है। बड़ा भारी आन्दोलन उठा। उसे दबाने की कोशिश की गयी। कुछ ईश्वर ने स्थिति भी ऐसी ही पैदा कर दी—वह आन्दोलन भी कुचल दिया गया। उस आन्दोलन का नाम था 'कूका आन्दोलन'। कुछ धार्मिक, कुछ सामाजिक रंग-रूप रखते हुए भी वह आन्दोलन एक तख़्ता पलटने का नहीं, युग पलटने का था।

चूँकि अब इन सभी आन्दोलनों का इतिहास यह बताता है कि आज़ादी के लिए लड़ने वाले लोगों का एक अलग ही वर्ग बन जाता है, जिनमें न दुनिया का मोह होता है और न पाखण्डी साधुओं जैसा दुनिया का त्याग ही। जो सिपाही तो होते थे लेकिन भाड़े के लिए लड़ने वाले नहीं, बल्कि सिर्फ़ अपने फ़र्ज़ के लिए या किसी काम के लिए कहें; वे निष्काम भाव से लड़ते और मरते थे। सिक्ख इतिहास यही कुछ था, मराठों का आन्दोलन भी यही कुछ बताता है। राणा प्रताप के साथी राजपूत भी इसी तरह के योद्धा थे। बुन्देलखण्ड के वीर छत्रसाल के साथी भी ऐसे थे।

ऐसे ही लोगों का एक वर्ग पैदा करने वाले बाबा राम सिंह ने प्रचार और संगठन शुरू किया। बाबा राम सिंह का जन्म 1824 में लुधियाना ज़िले के भैणी गाँव

में हुआ। आपका जन्म बढ़ई घराने में हुआ। जवानी में महाराजा रणजीत सिंह की सेना में नौकरी की। ईश्वर-भक्ति अधिक होने से नौकरी-चाकरी छोड़कर गाँव जा रहे। नाम का प्रचार शुरू कर दिया।

1857 के गदर में जो-जो ज़ुल्म हुए, वे सब देखकर और पंजाब की गद्दारी देखकर कुछ असर ज़रूर हुआ होगा। कस्सिा यह कि बाबा राम सिंह जी ने उपदेश शुरू करवा दिया। साथ-साथ बताते गये कि 'फिरंगियों' से पंजाब की मुक्ति बहुत ज़रूरी है। उन्होंने तब उस असहयोग का प्रचार किया, जैसे वर्षों बाद 1920 में महात्मा गाँधी ने किया। उनके कार्यक्रम में अंग्रेज़ी राज की शिक्षा, नौकरी, अदालतों आदि का और विदेशी चीज़ों का बहिष्कार तो था ही, साथ में रेल और तार का भी बहिष्कार किया गया था।

पहले-पहले सिर्फ़ नाम का ही उपदेश होता था। हाँ, यह ज़रूर कहा जाता था कि शराब-मांस का प्रयोग बिल्कुल बन्द कर दिया जाये। लड़कियाँ आदि बेचने जैसी सामाजिक कुरीतियों के ख़िलाफ़ भी प्रचार होता था, लेकिन बाद में उनका प्रचार पोलिटिकल रंग में रँगा गया।

पंजाब सरकार के पुराने काग़ज़ों में एक स्वामी रामदास का जिक्र आता है, जिसे कि अंग्रेज़ी सरकार एक पोलिटिकल आदमी समझती थी और जिस पर निगाह रखी जाती थी। 1857 के बाद जल्द ही उसके रूस की ओर जाने का पता चलता है। बाद में कोई ख़बर नहीं मिलती। उसी आदमी के सम्बन्ध में कहा जाता है कि उसने एक दिन बाबा राम सिंह से कहा कि अब पंजाब में राजनीतिक कार्यक्रम और प्रचार की ज़रूरत है। इस समय देश को आजाद करवाना बहुत ज़रूरी है। तब से आपने स्पष्ट रूप से अपने उपदेश में इस असहयोग को शामिल कर लिया।

1863 में पंजाब सरकार के मुख्य सचिव रहे टी.डी. फार्सिथ ने अपनी आत्मकथा में लिखा है कि 1863 में ही मैं समझ गया था कि यह धार्मिक-सा आन्दोलन किसी दिन बड़ा गदर मचा देगा। इसीलिए मैंने भैणी के उस गुरुद्वारे में ज़्यादा आदमियों का आना-जाना और इकट्ठा होना बन्द कर दिया। इस पर बाबा जी ने भी अपना काम का ढंग बदल लिया। पंजाब प्रान्त को 22 ज़िलों में बाँट लिया। प्रत्येक ज़िले में एक-एक व्यक्ति प्रमुख नियत किया गया, जिसे 'सूबा' कहा जाता था। अब उन्होंने 'सूबों' में प्रचार और संगठन का काम शुरू कर दिया। गुप्त तरीक़ों से आज़ादी का भी प्रचार जारी रखा। संगठन बढ़ता गया, प्रत्येक नामधारी सिख अपनी आय का दसवाँ हिस्सा अपने धर्म के लिए देने लगा। बाहर का हंगामा बन्द हो जाने से सरकार का शक दूर हो गया और 1869 में सभी बन्दिशें हटा ली गयीं। बन्दिशें हटते ही ख़ूब जोश बढ़ा।

एक दिन कुछ कूके अमृतसर में से जा रहे थे। पता चला कि कुछ कसाई हिन्दुओं को तंग करने के लिए उनकी आँखों के सामने गोहत्या करते हैं। गाय के तो वे बड़े भक्त थे। रातों-रात सभी कसाइयों को मार डाला और भैणी का रास्ता पकड़ा। बहुत-से हिन्दू पकड़े गये। गुरु जी ने पूरी कहानी सुनी। सबको लौटा दिया कि निर्दोष व्यक्तियों को छुड़ायें और अपना अपराध मान लें। यही हुआ और वे लोग फ़ाँसी चढ़ गये। ऐसी ही कोई घटना फिरोजपुर ज़िले में भी हो गयी। फाँसियों से जोश और बढ़ गया। उस समय उन लोगों के सामने आदर्श था पंजाब में सिख-राज स्थापित करना और गोरक्षा को वे अपना सबसे बड़ा धर्म मानते थे। इसी आदर्श की पूर्ति के लिए वे प्रयत्न करते रहे।

13 जनवरी, 1872 को भैणी में माघी का मेला लगने वाला था। दूर-दूर से लोग आ रहे थे। एक कूका मलेर कोटला से गुज़र रहा था। एक मुसलमान से झगड़ा हो जाने से वे उसे पकड़कर कोतवाली में ले गये और उसे बहुत मारा-पीटा व एक बैल की हत्या उसके सामने की गयी। वह बेचारा दुखी हुआ, भैणी पहुँचा। वहाँ जाकर उसने अपनी व्यथा सुनायी। लोगों को बहुत जोश आ गया। बदला लेने का विचार जोर पकड़ गया। जिस विद्रोह का भीतर ही भीतर प्रचार किया गया था, उसे कर देने का विचार जोर पकड़ने लगा, लेकिन अभी मनचाही तैयारी भी नहीं हुई थी। बाबा राम सिंह ऐसी स्थिति में क्या करते? यदि उन्हें मना करते हैं तो वे मानते नहीं और यदि उनका साथ देते हैं तो सारा किया-धरा तबाह होता है। क्या करें? आख़िर जब 150 आदमी चल ही पड़े तो आपने पुलिस को ख़बर भेज दी कि ये व्यक्ति हंगामा कर रहे हैं और शायद कुछ ख़राबी करें, मैं ज़िम्मेदार नहीं हूँ। ख़याल था कि हज़ारों आदमियों के संगठन में से सौ-डेढ़ सौ आदमी मारे गये (जायें) और बाक़ी संगठन बचा रहा तो यह कमी तो फिर पूरी हो जायेगी और जल्द ही फिर पूरी तैयारी होने से विद्रोह हो सकेगा। लेकिन हम यह देखते हैं कि दुनिया में 'end Justifies the means' (परिणाम से ही तय होता है कि तरीक़े जायज थे या नाजायज) का सिद्ध ान्त राजनीति के मैदान में प्रायः लागू होता है। अर्थात् यदि सफलता मिल जाये तब तो चालें नेकनियती से भरी और सोच-समझकर चली गयी कहलाती हैं और यदि कभी मिले असफलता तो बस फिर कुछ भी नहीं। नेताओं को बेवक़ूफ़, बदनीयत आदि ख़िताब मिलते हैं। यही बात हम देखते हैं। जो चाल बाबा राम सिंह ने अपने आन्दोलन से बचने के लिए चली, वह क्योंकि सफल नहीं हुई, इसीलिए अब कोई उन्हें कायर और बुजदिल कहता है और कोई बदनीयत व कमज़ोर बताता है। ख़ैर।

हम तो समझते हैं कि वह राजनीति की एक चाल थी। उन्होंने पुलिस को ख़बर कर दी ताकि वे कोई ऐसा इलाज कर लें जिससे कोई बड़ी ख़राबी पैदा न

हो, लेकिन सरकार उनके इस बड़े भारी आन्दोलन से बहुत डरती थी और उसे पीस देने का अवसर खोज रही थी। उसने कोई ख़ास कार्यवाही न की और उन्हें मर्जी अनुसार जाने दिया।

लेकिन 11 जनवरी के पत्र में डिप्टी कमिश्नर लुधियाना मि. कावन ने यह बात कमिश्नर को लिख भेजी कि राम सिंह ने उन लोगों से अपने सम्बन्ध न होने की बात जाहिर की है और उनके सम्बन्ध में हमें सावधान भी कर दिया है। ख़ैर! वे 150 नामधारी सिंह बड़े जोश-ख़रोश में चल पड़े।

जब वे 150 व्यक्ति वहाँ से बदला लेने के विचार से चल पड़े, तो पुलिस को पहले से बताया जा चुका था, लेकिन सरकार ने कोई इन्तज़ाम नहीं किया। क्यों? क्योंकि वे चाहते थे कि कोई छोटी-मोटी गड़बड़ हो जाये और बहाना मिल जाये, जिससे कि वे उस आन्दोलन को पीस दें। सो वह अब मिल गया।

वे कूके वीर उस दिन तो पटियाला राज्य की सीमा पर एक गाँव रब्बों में पड़े रहे। अगले दिन भी वे वहीं टिके रहे। 14 जनवरी, 1872 की शाम को उन्होंने मलोध के क़िले पर धावा बोल दिया। यह क़िला कुछ सिख सरदारों का था, लेकिन इन्होंने इस पर हमला क्यों किया? इस सम्बन्ध में डिस्ट्रिक्ट गजेटियर में लिखा है कि उन्हें उम्मीद थी कि मलोध सरकार उनके विद्रोह की नेता बनेगी, लेकिन उन्होंने मना कर दिया और इन्होंने हमला कर दिया। बहुत सम्भव है कि बाबा राम सिंह की बड़ी भारी तैयारी में मलोध सरकार ने मदद देने का वायदा किया हो, लेकिन जब उन्होंने देखा कि विद्रोह तो पहले ही हो गया है और बाबा राम सिंह भी साथ नहीं हैं और पूरी संगत भी नहीं बुलायी गयी है तो उन्होंने मना कर दिया होगा। ख़ैर! जो भी हो, वहाँ लड़ाई हुई। कुछ घोड़े, हथियार और तोपें ले वे वहाँ से चले गये। दोनों ओर के दो-दो आदमी मारे गये और कुछ घायल हुए।

अगले दिन सवेरे 7 बजे वे मलेर कोटला पहुँच गये। अंग्रेज़ी सरकार ने मलेर कोटला सरकार को पहले ही सूचित कर रखा था। उधर बड़ी तैयारियाँ की गयी थीं। सेना हथियार लिये खड़ी थी, लेकिन इन लोगों ने इतनी बहादुरी से हमला किया कि सेना और पुलिस के कुछ वश में न रहा। हमला कर वे शहर में घुस गये और जाकर महल पर हमला कर दिया। वहाँ भी सेना उन्हें रोक न सकी। वे जाकर ख़जाना लूटने की कोशिश करने लगे। लूट ही लिया जाता, लेकिन दुर्भाग्य से वे एक और दरवाज़ा तोड़ते रहे, जिससे कि उनका बहुत-सा समय नष्ट हो गया और भीतर से कुछ भी न मिला।

उधर से सेना ने बड़े जोर से धावा बोला। आख़िर लड़ते-लड़ते वहाँ से लौटना पड़ा। उस लड़ाई में उन्होंने 8 सिपाही मारे और 15 को घायल किया। उनके सात

आदमी मारे गये। वहाँ से भी कुछ हथियार और घोड़े लेकर भाग निकले। आगे-आगे वे और पीछे-पीछे मलेर कोटला की सेना और–

"A sort of running fight was kept along. Shots fired and many more Kookas were wounded till both the parties reached the village of Rur in the Patiala State, the Kookas carrying most of the wounded with them."

यानी भागते जा रहे थे। और लड़ते जा रहे थे। उनके और कई आदमी घायल हो गये और वे उन्हें भी साथ ही उठा ले जाते थे। आख़िर पटियाला राज्य के रूड़ गाँव में ये पहुँचे और जंगल में छिप गये। कुछ घण्टों के बाद शिवपुर के नाजिम ने फिर हमला बोल दिया। लड़ाई छिड़ गयी पर बेचारे कूके थके-हारे थे। आख़िर 68 व्यक्ति पकड़ लिये गये। उनमें से दो औरतें थीं, वे पटियाला राज को दे दी गयीं।

इसी बात को विद्रोह कहा जाता है। डिप्टी कमिश्नर लुधियाना मि. कावन ने एक पत्र में कहा था–

"It looks like the commencement of an insurrection..."

यानी यह एक विद्रोह की तरह नज़र आता है।

अगले दिन मलेर कोटला लाकर तोप गाड़ दी गयी और एक-एक कर 50 कूके वीर तोप के आगे बाँध-बाँधकर उड़ा दिये गये। हरेक बहादुरी से अपनी-अपनी बारी पर तोप के आगे झुक जाता और सत्त श्री अकाल कहता हुआ तोप से उड़ जाता। फिर कुछ पता नहीं चलता कि वह किस संसार में चला गया। इस तरह 49 व्यक्ति उड़ा दिये गये। पचासवाँ एक तेरह वर्ष का लड़का था। उसके पास झुककर डिप्टी कमिश्नर ने कहा कि बेवकूफ़ राम सिंह का साथ छोड़ दे, तुम्हें माफ़ कर दिया जायेगा। लेकिन वह बालक यह बात सहन नहीं कर सका और उछलकर उसने कावन की दाढ़ी पकड़ ली और तब तक न छोड़ी जब तक उसके दोनों हाथ न काट दिये गये। बाक़ी 16 आदमी अगले दिन मलोध जाकर फ़ाँसी पर लटका दिये गये। उधर बाबा राम सिंह को उनके चार सूबों के साथ गिरफ़्तार करके पहले इलाहाबाद और बाद में रंगून भेज दिया गया। यह गिरफ़्तारी (रेगूलेशन) 1818 के अनुसार हुई थी।

जब यह ख़बर देश में फैली तो और लोग बहुत हैरान हुए कि यह क्या बना। विद्रोह शुरू करके बाबाजी ने हमें भी क्यों न बुलाया और सैकड़ों लोग घर-बार छोड़कर भैणी की ओर चल पड़े। एक गिरोह जिसमें कि 172 आदमी थे, कर्नल बायली से मिला। वह अधीक्षक था। उसने झट उन्हें गिरफ़्तार करवा लिया। उनमें से 120 को तो घरों को लौटा दिया, लेकिन 50 ऐसे थे जिनका कोई घरबार नहीं

था। वे सब सम्पत्ति आदि बेच-बाचकर लड़ने-मरने के लिए तैयार होकर निकले थे। उन्हें ज़ेल में डाल दिया गया। इस तरह वह आन्दोलन दबा दिया गया और बाबा राम सिंह का पूरा यत्न निष्फल हो गया। बाद में देश में जितने कूके थे, वे सभी एक तरह से नज़रबन्द कर दिये गये। उनकी हाज़िरी ली जाती थी। भैणी साहिब में आम लोगों का आना-जाना बन्द कर दिया गया। ये बन्दिशें 1920 में आकर हटायी गयीं।

यही पंजाब की आज़ादी के लिए दी गयी सबसे पहली कोशिश का संक्षिप्त इतिहास है।

सम्पादक 'महारथी' के नाम पत्र

शहनशाही कुटिया
सूत मण्डी, लाहौर
27-2-1928

सम्पादक जी, सादर वन्दे!

आपका 17.2.1928 का कृपा पत्र व 'महारथी' के फ़रवरी अंक की एक प्रति भी समय से मिल गयी थी। इसके लिए मेरा हृदय से आभार स्वीकार करें। आपने गुरु राम सिंह जी का तीन रंगों वाले चित्र का फ़ोटो बनवाया या नहीं। मुझे यहाँ पता लगा कि फ़ोटो तो कम से कम आपने अभी प्रकाशित नहीं किया। मैं समझता हूँ कि चित्रों के बगैर इन लेखों की महानता कम हो जाती है। बाक़ी, लेख जो जल्दी ही आपकी सेवा में भेजूँगा, सचित्र ही छपने चाहिए। बहुतों के तो ब्लॉक बने हुए ही मिल सकेंगे। उनका डाक ख़र्च व कुछ माया ही देनी होगी। यदि आप उचित समझो तो लिखें, मैं प्रबन्ध करवा दूँगा। अभी गुरु राम सिंह जी की एक और फ़ोटो भेज रहा हूँ। एक सज्जन कह रहे थे कि ब्लॉक उनके पास है। यदि आप चाहो तो वे भी छपवाकर भेज सकते हैं। कृपा करके यह लिखें कि कितनी फ़ोटोज की ज़रूरत होगी। यह तो 'महारथी' की कुल संख्या पर निर्भर करता है।

लेख पर लेख पड़े हुए हैं किन्तु यहाँ राष्ट्रीय सप्ताह कर शहीदी दिवस मनाने का प्रबन्ध किया जा रहा है। इसलिए तब तक यदि लेख न भेज सका तो कृपया क्षमा कर दीजिएगा। हो सका तो पहला लेख एक सप्ताह तक भेज दूँगा। 'महारथी' का अगला अंक कितने दिनों तक छप जायेगा? लेख और फ़ोटो कब तक पहुँच जाने चाहिए? लिखें ज़रूर। जवाब जल्द देकर आभारी बनायें।

निवेदक
भगतसिंह

चित्र-परिचय

मार्च, 1928 के 'महारथी' में कूका आन्दोलन पर एक लेख छपा था। उसी के साथ दो चित्रों का चित्र-परिचय भगतसिंह ने लिखा था। यह परिचय 'महारथी' से लिया गया है।—स.

इस बार बहुरंग चित्र गुरु राम सिंह जी का है। उनका परिचय विस्तारपूर्वक गत अंक और इस अंक में दिया जा चुका है। वही पर्याप्त है। हाँ, विशेष उल्लेखनीय दो रंगीन चित्र हैं। एक तो इटली के नवयुवकों का—प्रत्येक बालक मुसोलिनी बनने का प्रयत्न कर रहा है। भारत में भी चार दिन के लिए स्काउट दल, महावीर दल और स्वयं-सेवक दल बने थे, अखाड़े स्थापित हुए थे परन्तु वह सब दूध का उफान रहा। नेताओं को चाहिए कि कौंसिलों में स्पीचें झाड़ने की अपेक्षा इन भावी नेताओं को कुछ बनायें।

दूसरा चित्र हुनर-नगर का है जो एक विशेष (आयोजन के) रूप में बम्बई में हुआ था। हमें विस्मय होता है, जब हम इस विशाल हुनर-नगर की और ग़रीब, गँवार कारीगरों की दशा की तुलना करते हैं। इन हुनर-प्रदर्शनियों पर जितना रुपया उजाड़ा जाता है उसका शतांश भी तो कारीगरी की वास्तविक उन्नति में नहीं लगाया जाता। हम पूछते हैं—कितने कारीगरों को धन एवं अधिकार से सहायता देकर समाज अथवा सरकार अपना काम बढ़ाने का अवसर देती है? कितने मुहल्लों, बाज़ारों, नगरों अथवा शहरों में हुनर-शालाएँ खोली जा रही हैं? कितने कारीगरों की प्रतियोगिता करायी जाती है? और कितने नवयुवकों को भिन्न-भिन्न हुनर सीखने की छात्रवृत्ति देकर हुनर सीखने को प्रोत्साहित किया जाता है? हिन्दू सभाएँ और कांग्रेस मण्डल खोलने की अपेक्षा हुनर-शालाएँ स्थापित करने में हमें अपनी सब शक्तियों को लगा देना चाहिए। कारीगरी ही हमको बेकारी, पराधीनता और निर्धनता से बचा सकती है।

श्री मदनलाल ढींगरा

शहीद भगतसिंह ने 'किरती' में मार्च, 1928 से अक्टूबर 1928 तक 'आज़ादी की भेंट शहादतें' शीर्षक से एक लेखमाला लिखी। अगस्त, 1928 के 'किरती' में इस लेखमाला का उद्देश्य इस रूप में बताया गया—"हमारा इरादा है कि उन जीवनियों को उसी तरह छापते हुए भी उनके आन्दोलनों का क्रमशः हाल लिखें ताकि हमारे पाठक यह समझ सकें कि पंजाब में जागृति कैसे पैदा हुई और फिर काम कैसे होता रहा और किन कामों के लिए, किन विचारों के लिए उन शहीदों ने अपने प्राण तक अर्पित कर दिये।"—स.

अब फिर यह बताने की ज़रूरत नहीं कि भारतवर्ष की आज़ादी के लिए जितनी कुर्बानी पंजाब प्रान्त ने की है, उतनी किसी और प्रान्त ने नहीं की। बीसवीं सदी के शुरू होने के साथ ही भारत में एक बार नयी अशान्ति की लहर दौड़ गयी, जिसका परिणाम स्वदेशी-आन्दोलन की शक्ल में प्रकट हुआ। तब भी पंजाब ही बंगाल का साथ दे सका था। गुलामी की जंजीरें दिनोदिन जकड़ी देखकर जब दर्द शुरू हुआ तब बहुत-से नौजवान अपने देशप्रेम में पागल हुए दिलों को केवल लेक्चरबाजी और प्रस्तावबाजी-मात्र से सन्तोष न दे सके और कुछ दिल-जले लोगों ने युग पलट आन्दोलन चलाया। यह आन्दोलन उन देशप्रेमी युवकों को अपनी ओर खींचने में सफल हो गया और इन परवानों ने स्वतन्त्रता देवी के चरणों में अपने जीवन तक बलिदान कर दिये और मुर्दा देश को फिर मृत्यु के प्रति निर्भयता दिखाकर पुराने बुज़ुर्गों की याद ताज़ा कर दी।

यह युग पलटने वाले या विद्रोही लोग कैसे विचित्र होते हैं, इसका कुछ वर्णन बंगाल के विद्रोही कवि नजरुल इस्लाम ने अपनी 'विद्रोही' कविता में किया है। मौत के हाथ में हाथ डालकर खेल करने वाले, ग़रीबों के सहायक, आज़ादी के रक्षक, गुलामी के दुश्मन, जालिमों, अत्याचारियों और मनमानी करने वाले शासकों के शत्रु इन विद्रोही वीरों के दिल का, मन का, स्वभाव का, इच्छा का बड़ा सुन्दर चित्र उन्होंने अपनी कविता में खींचा है। पहले ही वे कहते हैं–

बोलो बीर–
चिर उन्नत मम शीर
शिर नेहारि आमारि
नत शिर ओई शिखर हिमाद्रीर!

यानी हे विद्रोही वीर! तुम एकदम यह कहते हो कि मैं कब से सिर उठाये खड़ा हूँ। मेरा ऊँचा सिर देखकर हिमालय ने भी अपना सिर शर्म के मारे झुका दिया।

आगे जाकर उसकी सख़्ती और नरमी का वर्णन किया है। कहीं वह मौत से (के साथ) नाच कर रहा है, कहीं वह संसार का एक ही बार सर्वनाश करने पर तुला हुआ है। वह बिजली की तरह चमकता है। वह संगीत की तरह मीठा है। विधवा, गुलाम, मजलूम, ग़रीब, भूखे और पीड़ित लोगों में बैठकर वह लगातार रोता रहता है। ऐसे विचित्र जीव की विचित्र महिमा का वर्णन करते हुए अन्त में वे विद्रोही के मुँह से कहलवाते हैं–

महा बिद्रोही रणक्लान्त
आमि शेई दिन हॅबो शान्त,
जॅबे उत्पीड़ितेर क्रन्दन-रोल

आकाशे बातासे ध्वनिबे ना
अत्याचारीर खड्ग कृपाण
भीम रणभूमे रणिबे ना
बिद्रोही रणक्लान्त
आमि शेई दिन हॅबो शान्त!

अर्थात्, मैं विद्रोही अब लड़ाई से थक गया हूँ। और मैं भी उसी दिन शान्त हो जाऊँगा जिस दिन किसी दुखी की आह या चीत्कार आकाश में जाकर आग न लगा सकेगा, यानी कोई दुखी न रहेगा, और जब जालिमों, अत्याचारियों की भयानक तलवार मैदान में चलनी बन्द हो जायेगी, यानी बाक़ी ही न रहेंगी, तब, और तभी मैं शान्त हो सकूँगा और हो भी जाऊँगा।

ऐसे विचित्र विद्रोही जीव जो पूरे विश्व से टकरा जाते हैं और स्वयं को जलती आग में झोक देते हैं, अपना ऐशो-आराम सब भूल जाते हैं और दुनिया की सुन्दरता, शृंगार में कुछ वृद्धि कर देते हैं और उनके बलिदानों से ही विश्व में कुछ प्रगति होती है। ऐसे ही वीर हर देश में हर समय होते हैं। हिन्दुस्तान में भी यही पूजनीय देवते जन्म लेते रहे हैं, ले रहे हैं और लेते रहेंगे। हिन्दुस्तान में से भी पंजाब ने ऐसे रत्न अधिक दिये हैं, बीसवीं शती के ऐसे ही सबसे पहले शहीद श्री मदनलाल जी ढींगरा हैं।

वे कोई लीडर तो थे नहीं कि उनके जीते-जी उनका जीवन-चरित्र छापकर दो-दो आने में बिक जाता। वे अवतार भी नहीं थे कि ज्योतिष से बताकर शोर मचा दिया जाता कि हम तो पहले ही समझ गये थे कि वे बहुत 'बड़े' आदमी थे। उनकी किन्हीं ऐसी बातों का भी हमें पता नहीं कि हम लिख सकें कि 'होनहार बिरवान के होत चीकने पात।'

वह ग़रीब और एक बदकस्मित विद्रोही था। उसके पिता ने उसे अपना पुत्र मानने से इन्कार कर दिया था। देशभक्त और ख़ुशामदी सभी अख़बारों में और उस समय के गर्म नेता बिपिनचन्द्र पाल तक ने उन्हें कोस-कोसकर गालियाँ दीं। तो फिर बताओ इन हालात में, आज बीस साल बाद उनके बारे में तथ्यों को फिर से इकट्ठा करने की कोशिश में किसी को कितनी सफलता मिल पायेगी?

इन कठिनाइयों में हम आज उनका जीवन-वृतान्त लिखने बैठ गये हैं। धीरे-धीरे हम लोग, उनका नाम भी न भूल जायें, यही सोचकर आज उनके बारे में जैसे भी तथ्य मिल सकते हैं, यह वृतान्त पाठकों के सामने रख रहे हैं।

आप शायद अमृतसर के रहने वाले थे। घर से अच्छे थे। बी.ए. पास कर पढ़ने के लिए इंग्लैण्ड चले गये। कहा जाता है कि वहाँ आप कुछ अय्याशी में फँस गये। यह बात यक़ीन से नहीं कही जा सकती, लेकिन यह कोई अनहोनी बात भी नहीं

है। उनका मन बड़ा रसिक व भावुक था, इस बात का प्रमाण भी मिलता है। इंग्लैण्ड के खुफ़िया विभाग (Scotland Yard) के एक प्रसिद्ध जासूस श्री ई.टी. वुडहॉल ने (Union Jack) यूनियन जैक नामक साप्ताहिक अख़बार में अपनी डायरी छापी थी। मार्च, 1925 के अंक में उन्होंने श्री मदनलाल ढींगरा का हाल लिखा है। यह जासूस उनके पीछे लगाया गया था। वह लिखता है–

"Dhingra was and extraordinary man. Dhingra's passion for flowers was remarkable."

यानी ढींगरा एक असाधारण व्यक्ति था। ढींगरा का फूलों के प्रति ज़बरदस्त लगाव था। आगे जाकर उन्होंने लिखा है कि वे बाग़ के किसी सुन्दर कोने में जाकर बैठ जाते थे और घण्टों तक फूलों को एक कवि की तरह मस्त होकर निहारते रहते और कभी उनकी आँखों से बड़ी तेज़ चमक कौंध उठती थी। उसी चमक को देखकर ई.टी. वुडहॉल उस्ताद सिकलाहिन आगे लिखता है–

"There is a man to keep an eye on. He will do something desperate someday."

यानी उस व्यक्ति पर आँख रखनी चाहिए। किसी न किसी दिन वह कुछ धमाका करेगा। ख़ैर।

हम बात कर रहे थे कि वे शायद अय्याशी में फँस गये। उस कहानी के आगे यों कि फिर स्वदेशी आन्दोलन का असर इंग्लैण्ड तक भी पहुँचा और जाते ही श्री सावरकर ने इण्डियन हाउस नामक सभा खोल दी। मदनलाल भी उसके सदस्य बने।

इधर हिन्दुस्तान में खुले आन्दोलन को दबाने के कारण युग-पलट लोगों ने खुफ़िया सोसाइटियाँ स्थापित कर लीं। यहाँ तक कि 1908 में अलीपुर की साजिश का मुक़दमा बन गया। श्री कन्हाई और श्री सतेन्द्रनाथ को फ़ाँसी मिल गयी। धीरेन्द्र और उल्लासकर दत्त को भी उसी समय फ़ाँसी की सजा सुनायी गयी थी। ये ख़बरें इंग्लैण्ड में भी पहुँचीं और इन गरम नौजवानों में आग लग गयी। वे कहते हैं कि एक दिन रात को श्री सावरकर और मदनलाल ढींगरा बहुत देर तक मशवरा करते रहे। अपनी जान तक दे देने की हिम्मत दिखाने की परीक्षा में मदनलाल को ज़मीन पर हाथ रखने के लिए कहकर सावरकर ने हाथ पर सुआ गाड़ दिया, लेकिन पंजाबी वीर ने आह तक न भरी। सुआ निकाल लिया गया। दोनों की आँखों में आँसू भर आये। दोनों एक-दूसरे के गले लग गये। आहा, वह समय कैसा सुन्दर था! वह अश्रु कितने अमूल्य व अलभ्य थे। वह मिलाप कितना सुन्दर, कितना महिमामय था! हम दुनियादार क्या जानें, मौत के विचार तक से डरने वाले हम कायर लोग क्या जानें कि देश की ख़ातिर क़ौम के लिए प्राण दे देने वाले वे लोग कितने ऊँचे, कितने पवित्र और कितने पूजनीय होते हैं।

अगले दिन से ढींगरा फिर इण्डियन हाउस, सावरकर वाली सभा में नहीं गये और भारतीय विद्यार्थियों और विशेष खुफ़िया पुलिस का प्रबन्ध करने वाले और उनकी छोटी-मोटी आज़ादी को कुचलने वाले सर कर्जन बायली, जोकि Secretary of State for India के एड-डी-कांप Aid-de-Camp थे, द्वारा चलायी हिन्दुस्तानी विद्यार्थियों की सभा में जा शामिल हुए। यह देखकर इण्डियन हाउस वाले लड़कों को बड़ा जोश आया और उन्होंने उन्हें देशघातक, देशद्रोही तक कहना शुरू कर दिया, लेकिन उनका गुस्सा भी तो सावरकर ने यह कहकर शान्त किया कि आख़िर उन्होंने हमारी सभा को चलाने के लिए भी तो सर तोड़ प्रयत्न किया था और उनकी मेहनत के फलस्वरूप ही हमारी सभा चल रही है, इसलिए हमें उनका धन्यवाद करना चाहिए। ख़ैर। कुछ दिन तो चुपचाप गुज़र गये।

1 जुलाई, 1909 को इम्पीरियल इंस्टीच्यूट के जहाँगीर हॉल में एक बैठक थी। सर कर्जन बायली भी वहाँ गये हुए थे। वे दो और लोगों से बातें कर रहे थे कि अचानक ढींगरा ने पिस्तौल निकालकर उनके मुँह की ओर तान दीं। कर्जन साहिब की डर के मारे चीख़ निकल गयी, लेकिन कोई इन्तज़ाम होने से पहले ही मदनलाल ने दो गोलियाँ उनके सीने में मारकर उन्हें सदा की नींद सुला दिया। फिर कुछ संघर्ष के बाद वे पकड़े गये। बस फिर क्या था, दुनियाभर में सनसनी मच गयी। सब लोग उन्हें जी-भरकर गालियाँ देने लगे। उनके पिता ने पंजाब से तार भेजकर कहा कि ऐसे बागी, विद्रोही और हत्यारे आदमी को मैं अपना पुत्र मानने से इन्कार करता हूँ। भारतवासियों ने बड़ी बैठकें कीं। बड़े-बड़े भाषण हुए। बड़े-बड़े प्रस्ताव पास हुए। सब उनकी निन्दा में। पर उस समय भी एक सावरकर वीर थे, जिन्होंने खुल्लमखुल्ला उनका पक्ष लिया। पहले तो उनके ख़िलाफ़ प्रस्ताव न पास होने देने के लिए यह बहाना पेश किया कि अभी तक उन पर मुक़दमा चल रहा है और हम उन्हें दोषी नहीं कह सकते। आख़िर में जब इस प्रस्ताव पर वोट लेने लगे तो सभा के अध्यक्ष श्री बिपिनचन्द्र पाल यह कह ही रहे थे कि क्या यह सभी की सर्वसम्मति से पास समझा जाये, तो सावरकर साहब उठ खड़े हुए और आपने व्याख्यान शुरू कर दिया। इतने में ही एक अंग्रेज़ ने इनके मुँह पर घूँसा मार दिया और कहा–"Look! how straight the English fist goes." एक, हिन्दुस्तानी नौजवान ने उस अंग्रेज़ के सिर पर एक लाठी जड़ दी और कहा–"Look! how straight the India club goes!" यानी, "देखा, यारों का हिन्दुस्तानी डण्डा कैसे ठिकाने पर पड़ता है!" शोर मच गया। बैठक बीच में ही छूट गयी। प्रस्ताव भी ऐसे ही रह गया। ख़ैर।

मुक़दमा चल रहा था। मदनलाल बड़े ख़ुश थे। बड़े शान्त थे। सामने दर पर मौत खड़ी देखकर भी वे मुस्कुरा रहे थे। वे निर्भय थे। आहा! वे वीर विद्रोही थे।

आपने अन्त में जो बयान दिया वह आपकी नेक-दिली, आपकी देशभक्ति और योग्यता का बड़ा भारी सबूत है। हम उनके ही शब्दों में देते हैं। यह 12 अगस्त के 'Daily News' (डेली न्यूज) में छपा था–

"I admit the other day, I attempted to shed blood as an humble revenge for the inhuman hangings and deportations of patriotic Indian youth. In the attempt I have consulted none but my own conscience, I have conspired with none but my duty."

"I believe that a nation held down by foreign bayonet is in a perpetual state of war. Since open battle is rendered impossible to disarmed races, I attacked by surprise, since guns were denied to me I drew forth my pistol and fired."

"As an Hindu, I fell that wrong to my country is insult to God. Her cause is the cause of Shri Rama, her service is the service of shri Krishna. Poor in wealth and intellect, a son like myself has nothing else to offer but his own blood, and so I have sacrificed the same on her altar."

"The only lesson required in India at present is to learn how to die, and the only way to teach it is by dying ourselves. Therefore I die and I glory in my martyrdom."

"This war will continue, as long as the Hindu and English races last if this present unnatural relation does not cease."

My only prayer to God is – "May I be reborn of the same mother and may I redie in the same sacred cause, till the cause is successful, and she stands free for the good of humanity and to the glory of God, – Bande Matram."

अर्थात्, मैं मानता हूँ कि मैंने उस दिन एक अंग्रेज़ का ख़ून किया और कहता हूँ कि यह उन निर्दयता भरी सजाओं का मामूली-सा बदला है जोकि हिन्दुस्तानी देशभक्त नौजवानों को फ़ाँसी और कालेपानी की दी गयी हैं। मैंने इस काम में अपने जमीर के सिवा किसी और की सलाह नहीं ली। अपने फ़र्ज़ के सिवाय किसी से साजिश नहीं की।

मेरा यह विश्वास है कि एक राष्ट्र, जिसे विदेशी लोगों ने बन्दूक़ों से दबाया हो, वह हमेशा युद्ध की स्थिति में होता है और चूँकि हथियार छीनकर खुली लड़ाई असम्भव बना दी जाती है, मैंने छिपकर बिना बताये हमला किया है। क्योंकि हमें बन्दूक़ें रखने से मना किया जाता है, इसीलिए मैंने पिस्तौल खींच लिया और चला दिया।

मैं एक हिन्दू के रूप में समझता हूँ कि मेरे देश के साथ किया गया अन्याय ईश्वर का अपमान है, क्योंकि देश की पूजा श्री रामचन्द्र जी की पूजा है और देश की सेवा श्रीकृष्ण जी की सेवा है।

एक ग़रीब और मूर्ख, मेरे जैसे नौजवान के पास अपनी माता की सेवा में भेंट करने के लिए अपने रक्त के सिवाय और क्या हो सकता है? सो मैंने अपना रक्त माता के चरणों में चढ़ाया है।

इस समय यदि हिन्दुस्तान को किसी सबक की ज़रूरत है तो यह कि मरना कैसे चाहिए। और इसे सिखाने का तरीक़ा है कि हम खुद मरकर दिखायें। इसीलिए मैं मर रहा हूँ। इसीलिए मुबारक़ हो शहीदाना मौत।

यह लड़ाई तब तक जारी रहेगी जब तक हिन्दुस्तानी और अंग्रेज़ दो राष्ट्र रहेंगे और इनका यह अस्वाभाविक गठबन्धन बना रहेगा। मेरी ईश्वर के आगे यही प्रार्थना है कि मैं फिर इसी माँ की गोद से जन्म लूँ और जब तक वह स्वतन्त्र न हो जाये और मानव-समाज की पूर्ण सेवा और उन्नति योग्य न बन जाये, मैं यहीं जन्मता रहूँ और मरता रहूँ।

–वन्देमातरम्!

16 अगस्त, 1909 का दिन भी इतिहास में याद रहेगा। उस दिन इंग्लैण्ड में हिन्दुस्तानी युग-पलट पार्टी की आवाज़ गुँजाने वाला ढींगरा वीर अपनी मतवाली चाल चलता हुआ तख़्ते पर जा चढ़ा था। श्रीमती एग्निस स्मेडले एक जगह इस घटना का जिक्र करती हुई लिखती हैं–

"He walked to the scaffold with his head high and shook off hands of those who offered to support him, saying that he was not afraid of death."

आहा! सहारा देकर ले जाने वाले व्यक्तियों के हाथ पीछे झटककर वह कहने लगा, 'मैं मौत से नहीं डरता'। आहा! धन्य हैं मृत्युंजय!

"As he stood on the scaffold he was asked if he had a last word to say. He answered, – *Bande Matram.*"

माँ से इतना प्यार! फ़ाँसी के तख़्ते पर खड़े हुए से पूछा जाता है–कुछ कहना चाहते हो? तो उत्तर मिलता है, 'वन्देमातरम!' माँ! भारत माँ! तुम्हें नमस्कार! वह वीर फ़ाँसी पर लटक गया और उनकी लाश भी भीतर ही दफ़ना दी गयी और हिन्दुस्तानियों को उनकी दाह-क्रिया आदि कराने की इजाज़त नहीं दी गयी। धन्य था वह वीर! धन्य है उसकी याद! मुर्दा देश के अमूल्य हीरे को बारम्बार नमस्कार!

मार्च, 1928 किरती

दस मई का शुभ दिन

अप्रैल, 1928 में 'किरती' के 1857 के गदर सम्बन्धी अंक में '10 मई का शुभ दिन' नाम से लेख छपा। इसके लेखक का नाम तो नहीं दिया गया, लेकिन यह शहीद भगतसिंह के साथियों का ही लेख है। सम्भवतः भगवतीचरण वोहरा का। वे बहुत अच्छे लेखक थे और 'किरती' से गहरे रूप में जुड़े हुए थे। मार्च, 1925 से लेकर जुलाई 1928 तक भगतसिंह ने 'किरती' के सम्पादकीय विभाग में बहुत ही लगन से काम किया था। यह लेख उसी समय छपा था।–स.

"ओ दर्दवाले दिल, दर्द हों चाहे हज़ार
दस मई का दिन भुलाना नहीं,
इसी रोज छिड़ी 'आज़ादी की जंग'
वक़्त ख़ुशी का गमी लाना नहीं।"

दस मई वह शुभ दिन है जिस दिन कि 'आज़ादी की जंग' शुरू हुई थी। भारतवासियों का गुलामी की जंजीरें तोड़ने के लिए यह प्रथम प्रयास था। यह प्रयास भारत के दुर्भाग्य से सफल नहीं हुआ, इसीलिए हमारे दुश्मन इस 'आज़ादी की जंग' को 'गदर' और बगावत के नाम से याद करते हैं और इस 'आज़ादी की जंग' में लड़ने वाले नायकों को कई तरह की गालियाँ देते हैं। विश्व के इतिहास में ऐसी कई घटनाएँ मिलती हैं, जहाँ आज़ादी की जंग को कई बुरे शब्दों में याद किया जाता है। कारण यही है कि वह जंग जीती न जा सकी। यदि विजय हासिल होती तो उन जंगों के नायकों को बुरा-भला न कहा जाता, बल्कि वे विश्व के महापुरुषों में माने जाते और संसार उनकी पूजा करता।

आज दुनिया गैरीबाल्डी और वाशिंगटन की क्यों बढ़ाई व इज़्जत करती है, इसलिए कि उन्होंने आज़ादी की जंग लड़ी और उसमें सफल हुए। यदि वे सफल न होते तो वे भी 'बागी' और 'गदरी' आदि भद्दे शब्दों में याद किये जाते। लेकिन वे सफल हुए, इसलिए वे महापुरुषों में माने जाने लगे। इसी तरह यदि 1857 की आज़ादी की जंग में ताँत्या टोपे, नाना साहिब, झाँसी की महारानी, कुमार सिंह (कुँवर सिंह), और मौलवी अहमद साहिब आदि वीर जीत हासिल कर लेते तो आज वे हिन्दुस्तान की आज़ादी के देवता माने जाते और सारे हिन्दुस्तान में उनके सम्मान में राष्ट्रीय त्यौहार मनाया जाता।

हिन्दुस्तान के मौजूदा इतिहासों को, जोकि हमारे हाथों में दिये जाते हैं, पढ़कर हिन्दुस्तानियों के दिलों में उन शूर-वीरों के लिए कोई अच्छी भावनाएँ पैदा नहीं होतीं, क्योंकि उन 'आज़ादी की जंग' के नायकों को कातिल, डाकू, ख़ूनी, धार्मिक जनूनी

व अन्य कई बुरे-बुरे शब्दों में याद किया गया है और उनके विरोधियों को राष्ट्रीय नायक बनाया गया है। कारण यह है कि 1857 की 'आज़ादी की जंग' के जितने इतिहास लिखे गये हैं, वे सारे के सारे ही या तो अंग्रेज़ों ने लिखे हैं जोकि ज़बरदस्ती तलवार के जोर पर, लोगों की मर्जी के ख़िलाफ़ हिन्दुस्तान पर क़ब्जा जमाये बैठे हैं और या अंग्रेज़ों के चाटुकारों ने। जहाँ तक हमें पता है, इस आज़ादी की जंग का एकमात्र स्वतन्त्र इतिहास लिखा गया, जोकि बैरिस्टर सावरकर ने लिखा था और जिसका नाम '1857 की आज़ादी की जंग का इतिहास' (The history of the Indian war of Independence of 1857) था। यह इतिहास बड़े परिश्रम से लिखा गया था और इण्डिया ऑफ़िस की लाइब्रेरी से छान-बीनकर, कई उद्धरण दे-देकर सिद्ध किया गया था कि यह राष्ट्रीय संग्राम था और अंग्रेज़ों के राज से आजाद होने के लिए लड़ा गया था। लेकिन अत्याचारी सरकार ने इसे छपने ही नहीं दिया और अग्रिम रूप से जब्त कर लिया। इस तरह लोग सच्चे हालात पढ़ने से वंचित रह गये।

इस जंग की असफलता के बाद जो ज़ुल्म और अत्याचार निर्दोष हिन्दुस्तानियों पर किया गया, उसे लिखने की न तो हमारे में हिम्मत है और न ही किसी और में। यह सबकुछ हिन्दुस्तान के आजाद होने पर ही लिखा जायेगा। हाँ, यदि किसी को इस ज़ुल्म, अत्याचार और अन्याय का थोड़ा-सा नमूना देखना हो तो उन्हें मिस्टर एडवर्ड थामसन की पुस्तक, 'तस्वीर का दूसरा पहलू' (The Other side of the Medal) पढ़नी चाहिए, जिसमें उसने सभ्य अंग्रेज़ों की करतूतों को उघाड़ा है और जिसमें बताया गया है कि किस तरह नील हेवलाक, हडसन कूपर और लारेन्स ने निर्दोष हिन्दुस्तानी स्त्री-बच्चों तक पर ऐसे-ऐसे कहर ढाये थे कि सुनकर रोंयें खड़े हो जाते हैं और शरीर काँपने लगता है!

लेकिन इस बात का ख़याल करके स्वतन्त्र व्यक्तियों को शर्म आयेगी कि वे लोग भी, जिनके बुज़ुर्ग इस जंग में लड़े थे, जिन्होंने हिन्दुस्तान की आज़ादी की बाजी पर सबकुछ लगा दिया था और जिन्हें इस पर गर्व होना चाहिए था, वे भी, इस जंग को आज़ादी की जंग कहने से डरते हैं। क़ारण यह कि अंग्रेज़ी अत्याचार ने उन्हें इस क़दर दबा दिया था कि वे सर छुपाकर ही दिन काटते थे। इसलिए उन बुज़ुर्गों की यादगार मनानी या स्थापित करनी तो दूर, उनका नाम लेना भी गुनाह समझा जाता था।

लेकिन हालात कुछ ऐसे बन गये कि जिनसे विदेशों में बसे हिन्दुस्तानी नौजवान 10 मई के दिन को राष्ट्रीय त्यौहार बनाकर मनाने लगे। और कुछ हिन्दी (हिन्दुस्तानी) नौजवान यहाँ भारत में भी यही त्यौहार मनाने की कुछ कोशिशें करते रहे हैं। सबसे पहले, जहाँ तक पता चलता है, यह त्यौहार इंग्लैण्ड में 'अभिनव भारत' ने बैरिस्टर

सावरकर के नेतृत्व में सन् 1907 में मनाया। इस त्यौहार को मनाने का ख़याल कैसे आया, वह कथा इस तरह है (गुलामों में खुद तो ऐसे यादगारी-दिन मनाने के ख़याल कम ही पैदा होते हैं)–

"1907 में अंग्रेज़ों ने विचार किया कि 1857 के गदरियों पर जीत हासिल करने की पचासवीं वर्षगाँठ मनानी चाहिए। 1857 की याद ताज़ा करने के लिए हिन्दुस्तान और इंग्लैण्ड के प्रसिद्ध अंग्रेज़ों के अख़बारों ने अपने-अपने विशेषांक निकाले, ड्रामे किये गये और लैक्चर दिये गये और हर तरह से इन कथित गदरियों को बुरी तरह कोसा गया। यहाँ तक कि जो कुछ भी इनके मन में आया, सब ऊल-जलूल इन्होंने गदरियों के ख़िलाफ़ कहा और कई कुफ्र किये। इन गालियों और बदनाम करने वाली कार्रवाई के विपरीत सावरकर ने 1857 के हिन्दुस्तानी नेताओं–नाना साहिब, महारानी झाँसी, ताँत्या टोपे, कुँवर सिंह, मौलवी अहमद साहिब की याद मनाने के लिए काम शुरू कर दिया, ताकि राष्ट्रीय जंग के सच्चे-सच्चे हालात बताये जायें। यह बड़ी बहादुरी का काम था और शुरू भी अंग्रेज़ी राजधानी में किया गया। आम अंग्रेज़ नाना साहिब और ताँत्या टोपे को शैतान के वर्ग में समझते थे, इसलिए लगभग सभी हिन्दुस्तानी नेताओं ने इस आज़ादी की जंग को मनाने वाले दिन में कोई हिस्सा न लिया। लेकिन मि. सावरकर के साथ सभी नौजवान थे। हिन्दुस्तानी घर में एक बड़ी भारी यादगारी मीटिग बुलायी गयी। उपवास किये गये और क़समें ली गयीं कि उन बुज़ुर्गों की याद में एक हफ्ते तक कोई ऐयाशी की चीज़ इस्तेमाल नहीं की जायेगी। छोटे-छोटे पैम्पफ़लेट 'ओह शहीदो' (Oh! Martyrs) नाम से इंग्लैण्ड और हिन्दुस्तान में बाँटे गये। छात्रों ने आक्सफोर्ड, कैम्ब्रिज और उच्चकोटि के कॉलेजों में छातियों पर बड़े-बड़े, सुन्दर-सुन्दर बैज लगाये जिन पर लिखा था, '1857 के शहीदों की इज़्जत के लिए।' गलियों-बाज़ारों में कई जगह झगड़े हो गये। एक कॉलेज में एक प्रोफ़ेसर आपे से बाहर हो गया और हिन्दुस्तानी विद्यार्थियों ने माँग की कि वह माफ़ी माँगे, क्योंकि उसने उन विद्यार्थियों के राष्ट्रीय नेताओं का अपमान किया है और विरोध में सारे के सारे विद्यार्थी कॉलेज से निकल आये। कई की छात्रवृत्तियाँ मारी गयीं, कइयों ने इन्हें खुद ही छोड़ दिया। कइयों को उनके माँ-बाप ने बुलवा लिया। इंग्लिस्तान में राजनीतिक वायुमण्डल बड़ा गर्म हो गया और हिन्दुस्तानी सरकार बड़ी हैरान व बेचौन हो गयी।"

(बैरिस्टर सावरकर का जीवन, पृष्ठ 45-46, चित्रगुप्त रचित)

इन हालात की ख़बर जहाँ भी पहुँची, विदेशों में, वहाँ-वहाँ दस मई का दिन बड़ी सज-धज से मनाया गया और लोगों में बड़ा जोश आ गया कि अंग्रेज़ किस प्रकार हमारे राष्ट्रीय वीरों को बदनाम करते हैं। उन्होंने रोष के रूप में मीटिगें कीं

और उनकी याद में 10 मई का दिन हर वर्ष मनाना शुरू कर दिया। काफ़ी समय बाद अभिनव भारत सोसायटी टूट गयी और इंग्लैण्ड में यह दिन मनाना बन्द हो गया, लेकिन कुछ समय बाद अमेरिका में हिन्दुस्तान गदर पार्टी स्थापित हो गयी और उसने उसे हर बरस मनाना शुरू कर दिया। गदर पार्टी के स्थापित होने के दिन से लेकर अब तक अमेरिका में यह दिन सज-धज से मनाया जाता है। बड़ी भारी मीटिंग होती है, जिसमें सब हिन्दुस्तानी एकत्र होते हैं। उसमें इन 1857 के शूरवीरों के जीवन और कारनामे बताये जाते हैं। इस तरह इन शहीदों की याद साल दर साल ताज़ा की जाती है और ऐसी कविताएँ–

'ओ दर्द-मन्द दिल, दर्द दे चाहे हज़ार
दस मई का दिन भुलाना नहीं।
इस रोज छिड़ी जंग आज़ादी की
बात ख़ुशी की गमी लाना नहीं।'

आदि पढ़ी जाती हैं। विशेषतः 1914-15 में ये पंक्तियाँ प्रत्येक पुरुष की जीभ पर चढ़ी हुई थीं, क्योंकि उस समय वे एक और आज़ादी की जंग लड़कर हिन्दुस्तान को आजाद करवाना चाहते थे। लेकिन वह प्रयास भी असफल हुआ, जिसमें हज़ारों नौजवानों ने भारतमाता पर शीश वार दिये, लेकिन हमारी गुलामी को न काटा जा सका।

दस मई का दिन क्यों मनाया जाता है? इसका कारण यह है कि दस मई के दिन ही असली जंग शुरू हुई थी। 10 मई को मेरठ छावनी के 85 वीरों ने चर्बी वाले कारतूस इस्तेमाल करने से इन्कार कर दिया था। उनका कोर्ट मार्शल किया गया और प्रत्येक जवान को 10 साल सख़्त क़ैद की सजा दी गयी। बाद में ग्यारह सिपाहियों की क़ैद कम कर पाँच साल कर दी गयी थी। लेकिन यह सारी कार्रवाई ही इस तरीक़े से की गयी थी कि जिसमें हिन्दुस्तानी सिपाहियों के गर्व और मान को भारी चोट पहुँचती थी, वह दृश्य बड़ा दर्दनाक था। देखने वालों की आँखों से टप-टप आँसू गिरते थे। सारे के सारे बुत बने हुए थे। वे 85 सिपाही जो उनके भाई थे, सब दुखों-सुखों में शरीक थे, उनके पैरों में बेड़ियाँ डाली हुई थीं। उनका अपमान सहन करना मुश्किल था, लेकिन कुछ बन नहीं सकता था।

अगले दिन फ्घुड़सवार और पैदल सेना ने जाकर ज़ेल तोड़ दी, अपने साथियों को छुड़ा लिया, अफ़सरों के घरों को फूँक डाला। जिस यूरोपीय को पकड़ सके, उसे मार डाला और दिल्ली की ओर चढ़ाई कर दी। गदर का आरम्भ इसी दिन हुआ और 10 मई से ही गिना जाता है।''

(ऑक्सफोर्ड हिस्ट्री ऑफ़ इण्डिया, पृष्ठ 715)

सो पाठकों ने ऊपर लिखी घटनाओं से देख लिया है कि दस मई का दिन क्यों और कब से मनाना शुरू किया गया। पाठक यह सब हाल पढ़कर देख सकते हैं कि उनका क्या फ़र्ज़ है। क्या उन्होंने उस आज़ादी के लिए, जिसलिए कि हज़ारों-लाखों हिन्दुस्तानियों ने सर लगा दिये थे और हज़ारों लगाने के लिए तैयार बैठे थे, आज तक कुछ किया है या नहीं? यदि आज तक उन्होंने कुछ नहीं किया तो वे कौन-सा मुहूर्त देख रहे हैं? आज़ादी की जंग में शामिल होने के लिए तो साल के 365 दिनों में से 365 ही पवित्र हैं। हर पल भारतमाता तुम्हारा इन्तज़ार कर रही है कि तुम उसकी जंजीरें तोड़ने के लिए अपना फ़र्ज़ पूरा करते हो या नहीं। क्या इन्सान बनकर आज़ादी हासिल करोगे? इसी सवाल के जवाब से भारत का भविष्य निर्भर करता है।

भाई बालमुकुन्द जी

अगस्त, 1928 के 'किरती' में प्रकाशित यह लेख भगतसिंह या उनके किसी साथी का लिखा हुआ है।—स.

अब तक हम पंजाबी शहीदों के जीवन 'किरती' में बिना क्रम के ही छापते रहे हैं। कभी बब्बर अकाली शहीदों के जीवन छापे तो कभी 1914-15 वाले गदर पार्टी के शहीदों के। कभी 1908 वाले मदनलाल जी का ही जीवन छापा। अब हमारा इरादा है कि उनके जीवन-वृत्तान्त को उसी तरह छापते हुए भी उन आन्दोलनों का क्रमशः हाल लिखें ताकि हमारे पाठक समझ सकें कि पंजाब में जागृति कैसे पैदा हुई और फिर काम कैसे होता रहा और किन कामों के लिए, किन विचारों के लिए, उन शहीदों ने अपने प्राण तक उत्सर्ग कर दिये।

वास्तव में अब का आन्दोलन 1907 से ही चलता है और फिर वह कभी किसी रंग में और कभी किसी ढंग से चलता चला गया। 1907 में बड़ा भारी आन्दोलन हुआ। जोश में आये लोगों ने कई जगह दंगे, झगड़े किये, उनकी कुछ बातें सरकार ने मान लीं और फिर आन्दोलन को कुचल डाला। बाद में 1908-09 में लिटरेचर पैदा करने और अच्छे-अच्छे विचारों को पक्का करने का काम होता रहा। बाद में एक खुफ़िया सोसायटी बन गयी, जिसका परिणाम दिल्ली बम केस से प्रकट हुआ। इसमें चार सज्जनों—श्री अमीरचन्द जी, श्री अवध बिहारी, श्री बालमुकुन्द जी और श्री बसन्तकुमार बिस्वास को फ़ाँसी हुई। बाद में कामागाटामारू की बजबज घटना हो गयी और 1914-15 यानी अगले ही वर्ष गदर-लहर की रौनक हुई और तीन-चार साल तक यही हंगामा रहा। 1919 में विद्रोह हुए और मार्शल लॉ लगा। फिर असहयोग आन्दोलन चला और अकाली आन्दोलन चले और आख़िर में बब्बर अकाली आन्दोलन चला, जिसमें 10-12 लोग फ़ाँसी पर लटकाये गये या लड़ते-लड़ते

शहीद हो गये। पंजाब में बलिदानों और आन्दोलनों का इतिहास हिन्दुस्तान में सब प्रान्तों से अधिक सुन्दर और गर्व योग्य है, लेकिन अफ़सोस है कि उसे अभी तक किसी ने क्रमिक रूप में लिखा ही नहीं।

आज हम दिल्ली-षड्यन्त्र के शहीद, शहीद भाई बालमुकुन्द जी का जीवन लिख रहे हैं। अगली बार हम दिल्ली-षड्यन्त्र का इतिहास भी देंगे और हम उनके साथ के और शहीदों के हालात भी लिखेंगे।

श्री गुरु तेगबहादुर साहब की जब औरंगजेब ने दिल्ली में हत्या करवायी थी तब उनके साथ एक ब्राह्मण भाई मतिदास भी थे और उन्हें भी आरे से चीरकर शहीद किया गया था। तब से इनके ख़ानदान को भाई का ख़िताब मिला हुआ है। भाई बालमुकुन्द जी इसी ख़ानदान में से थे। आप करियाला जिला झेलम के रहने वाले थे। भाई परमानन्द जी के चाचा के लड़के थे। आपने बी.ए. तक शिक्षा प्राप्त की थी।

आप तब जोधपुर के राजा के लड़कों को पढ़ाते थे, जब आपको गिरफ़्तार किया गया था। वहाँ आपके घर की तलाशी ली गयी। आपके गाँव में भी घर की तलाशी हुई, लेकिन कोई चीज़ ऐसी न मिली जिससे कि आपके ख़िलाफ़ कुछ साबित किया जा सके।

वास्तव में 1907 में जो आन्दोलन चला था उसके साथ ही कुछ आदमियों में जोश भर गया था। 1908 की भारतमाता बुक सोसायटी और लाला हरदयाल के प्रचार ने भी कुछ और रंग चढ़ा दिया। उसके बाद बंगाल के एक-दो आदमी इधर आये। उन्होंने इनमें बहुत-से नौजवानों को एक ख़ुफ़िया पार्टी में शामिल किया। 1910 में श्री रासबिहारी बोस ने आकर पंजाब का काम स्वयं संगठित किया, जिसमें कि भाई बालमुकुन्द को ही लाहौर का जत्थेदार नियत किया गया।

दिसम्बर, 1912 में दिल्ली में वायसराय का जुलूस निकल रहा था। बड़ी शानो-शौक़त, बड़ी रौनक और हो-हल्ला मचा हुआ था। चाँदनी चौक में से जुलूस जा रहा था। वायसराय लॉर्ड हार्डिंग चौकी पर सवार थे। अचानक एक ओर से बम गिरा। वायसराय घायल हो गया और एक नौकर मर गया। बड़ा शोर हुआ। बड़े हाथ-पाँव मारे गये, लेकिन कुछ पेश न चली। कुछ पता न चला कि यह काम किसने किया। पाँच-छह महीने गुज़र गये। लाहौर के लारेन्स गार्डन के मिण्टगुमरी हॉल में गोरों का नाच हो रहा था। हॉल से बाहर एक बम फट गया। इससे एक हिन्दुस्तानी चपरासी मर गया। उस समय कोई गिरफ़्तारी न हो सकी। फिर कहा जाता है कि एक बम लाहौर के क़िले में चला, उसका भी कुछ पता न चल सका।

लारेन्स बाग के बम चलने से कोई सात-आठ महीने बाद बंगाल में किसी जगह तलाशी थी। अवधबिहारी का दिल्ली का पता हाथ लग गया। उनकी तलाशी हुई

और एक पत्र लाहौर से आया पकड़ा गया। उस पर मेहर सिंह के दस्तख़त थे। पूछने पर उन्होंने बता दिया कि यह पत्र दीनानाथ का लिखा हुआ है। कई दीनानाथ लाहौर में पकड़े गये। आख़िर में असली दीनानाथ भी मिल गया, जिसने कुछ दिनों में पूरा भेद खोल दिया और सरकारी वायदा-माफ़ गवाह बन गया। उसके बयान से कोई बारह आदमी और पकड़े गये। जोधपुर से भाई बालमुकुन्द जी भी पकड़े गये।

दिल्ली में मुक़दमा चला। सबसे बड़ा आरोप था, 'लारेन्स गार्डन का बम और तख़्ता पलटने के परचों की योजना।' भाई बालमुकुन्द चूँकि लाहौर के जत्थेदार थे और बड़े योग्य व कट्टर देशभक्त थे, इसलिए आपके ख़िलाफ़ कुछ भी सबूत न होने के बावजूद फ़ाँसी की सजा दे दी गयी।

चीफ़ कोर्ट का जज अपील के फ़ैसले में स्वयं लिखता है–

"Firstly, it is pointed out rightly enough that the search of his houses at Jodhpur and Karyala, his home in the Jhelum district, failed to reveal anything in his possession any conditions literature. Secondly admittedly he had no direct connection with the Lahore bomb outrage or the July leaflets."

यानी, यह तर्क पेश किया गया है कि उनके घरों की तलाशी से कोई काग़ज़ ऐसा नहीं निकला जोकि विद्रोह का प्रचार करने वाला हो। और दूसरी बात यह भी ठीक है कि लाहौर बम से और जुलाई में बाँटे गये तख़्ता पलट परचों से भी उनका कोई सम्बन्ध प्रमाणित नहीं होता और इस मुक़दमे में और किसी बम का जिक्र भी नहीं, फिर भी उन्हें मौत की सजा क्यों दी गयी? जज लिखता है कि क्या हुआ यदि उनसे लाहौर में बम चलाने से पहले नहीं पूछा गया, क्या हुआ कि यदि वे उन दिनों लाहौर में नहीं थे, क्या हुआ यदि इस बात का भी प्रमाण नहीं कि बाद में भी उन्हें बम चलाने की ख़बर दी गयी। आख़िर वह षड्यन्त्र का सदस्य तो था ही, वह साजिश में शामिल तो हो ही चुका था। बस, इसी से वह हत्या का ज़िम्मेदार है और क़ानून के अनुसार उसे फ़ाँसी की सजा मिलनी चाहिए। क़ानून की विशेषताओं का अब क्या जिक्र करें? हद ही हो गयी है। आपको फ़ाँसी की सजा दी गयी, क्योंकि आप बड़े कट्टर तख़्ता पलटने वाले थे और बड़े योग्य थे। देशभक्ति की भावना बड़े जोरों से भरी हुई थी और दूसरी बात यह थी कि दिल्ली बम के चल जाने के बाद भी उसके चलाने वालों का पता न चल सकने से सरकार का रोब ख़त्म हो गया था। O-Dyre (ओडायर) नया-नया लाट बनकर आया था, वह यह बरदाश्त नहीं कर सका। वह सारा क्रोध इसी मुक़दमे में निकाला गया। एक सज्जन बड़े सुन्दर शब्दों में ओडायर की पॉलिसी का जिक्र करते थे। वे कहते हैं कि ओडायर की पॉलिसी थी–

"Guilty or not guilty, a few must be punished to maintain the prestige of the Govt."

यानी, चाहे अपराधी हों या निर्दोष कुछ आदमियों को सजा ज़रूर दी जाये, ताकि सरकार के रोब में कमी न हो।

ख़ैर! आपको फ़ाँसी की सजा हुई। आपने बड़ी प्रसन्नता से सुनी। अपील ख़ारिज हो चुकने के बाद आपको 1915 में फ़ाँसी पर लटका दिया गया। लोग बताते हैं कि आप बड़े चाव से दौड़े-दौड़े गये। फ़ाँसी के तख़्ते पर चढ़ गये और अपने हाथों से ही फ़ाँसी की रस्सी को गले में डाल लिया।

भाई बालमुकुन्द जी की अपनी शहादत बड़ी ऊँची और पूजा योग्य है, लेकिन उनके बलिदान को उनकी धर्मपत्नी के अतुलनीय प्रेम से, सती होने से और भी चार चाँद लग गये।

भाई बालमुकुन्द जी ज़ेल में बन्द थे। उनकी धर्मपत्नी श्रीमती रामरखी उनसे मिलने आयीं। पूछा, "रोटी कैसी मिलती है?" उत्तर मिला, "आधी रेत और आधे आटे की जली हुई और बिल्कुल कच्ची रोटी मिलती है।'' नमूना ले लिया। घर जाकर वैसा आटा तैयार किया, वैसी ही रोटी पकायी। कहा–"जब मेरे प्रीतम आप ऐसी रोटी खाते हैं तो मैं इससे अच्छी कैसे खा सकती हूँ।'' वैसी ही रोटी खाती रहीं। फिर एक बार मुलाक़ात हुई। पूछा, "इतनी सख़्त गर्मी में सोते कहाँ हैं?" जवाब मिला, "अँधेरी कोठरी में, सख़्त गर्मी में दो कम्बल मिलते हैं।'' घर आ गयीं। घर की सबसे पिछली कोठरी में जाकर सो गयीं। मच्छर काट-काटकर खाते थे। क्या करतीं? वहीं सोना था। सखी-सहेलियों ने कहा, "पगली, यह भी कोई ज़िन्दा रहने वालों का तरीक़ा है?" श्रीमती रामरखी ने पूछा, "तो क्या ऐसे रहने वाले बचते नहीं?" सखियों ने कहा, "और क्या। इस तरह करने वाले भी क्या बचे हैं?" उनकी आँखें भर आयीं। सहेलियाँ चुप होकर बैठ गयीं, वह वहीं सोती रहीं। एक दिन वे भीतर निढाल पड़ी थीं कि बाहर से औरतों के रोने-चिल्लाने की आवाज़ें आयीं। सब समझ लिया कि उनके प्रीतम भाई बालमुकुन्द जी को फ़ाँसी हो चुकी है। उनकी लाश भी नहीं दी गयी। उठीं। नहायी-धोयी, सुन्दर-सुन्दर कपड़े और आभूषण पहनकर फ़र्श पर उनके ध्यान में मग्न होकर बैठ गयीं। फिर वे उठीं नहीं। धन्य थे भाई बालमुकुन्द और धन्य श्रीमती रामरखी। उन्होंने हिन्दुस्तानी क्रान्ति को कितना सुन्दर बना दिया।

दिल्ली केस के शहीद

दिल्ली-केस के शहीद!

सितम्बर, 1928 के 'किरती' में प्रकाशित।—स.

पिछली बार हमने दिल्ली-साजिश का कुछ हाल भाई बालमुकुन्द जी के जीवन से दिया। भाई बालमुकुन्द जी, जैसाकि पिछली बार बताया गया था, गिरफ़्तारी के समय महाराजा जोधपुर के लड़कों को पढ़ाते थे। एक दिन मोटर में राजकुमार के साथ बैठे सैर को जा रहे थे कि अंग्रेज़ अधिकारी उनके गिरफ़्तारी के वारण्ट लेकर पहुँच गया। वहीं गिरफ़्तार कर लिये गये। वहीं आपके घर की तलाशी ली गयी। सरकारी गवाह दीनानाथ ने पहले ही जो बयान दिया था, उसके मुताबिक़ भाई बालमुकुन्द जी पंजाब के नेता चुने गये थे और उन्हें दो बम दिये गये थे। दीनानाथ के कथनानुसार वे दो बम भाई बालमुकुन्द जी के पास ही थे। कहीं लौटाये नहीं गये। इसी ख़याल में घर की तलाशी हुई। सारा घर कमर तक खोद डाला गया। छतें उधेड़ दी गयीं, लेकिन बम नहीं मिले। ख़ैर! उनके पास से कोई काग़ज़-पत्र भी ऐसा-वैसा नहीं मिला, जिससे कोई ख़ास सबूत मिल सकता, लेकिन फिर भी उन्हें फ़ाँसी की सजा मिली। भाई बालमुकुन्द जी पहले लाला लाजपतराय के अछूतों के कार्यक्रम में काम करते रहे थे और पहाड़ों में जहाँ कि छूत-छात बहुत मानी जाती है, वहीं वे प्रचार के लिए निकल गये थे। वहाँ के उनके साथी उनकी योग्यता की बड़ी प्रशंसा करते हैं।

मास्टर अमीरचन्द जी

इस केस में चार आदमियों को फ़ाँसी की सजा हुई थी। उनमें से मास्टर अमीरचन्द जी कोई 50 साल की उम्र के थे। वे बड़े लायक और योग्य आदमी थे। आप दिल्ली के रहने वाले थे। उच्च शिक्षा प्राप्त थे। बड़े धर्मात्मा थे। मिशन स्कूल, दिल्ली में पढ़ाते थे। आपके दिल में हिन्दुस्तान की उन्नति का बहुत ख़याल था। आप उर्दू और अंग्रेज़ी के बड़े अच्छे लेखक थे। पहले जब स्वामी रामतीर्थ पंजाब में आये

तब आपने उनके धार्मिक और देशभक्तिपूर्ण विचारों का प्रचार बड़े जोरों से किया। आपने 'ख़तूते राम' आदि कई पुस्तकें छपवायीं। बाद में लाला हरदयाल जी एम.ए. अपनी छात्रवृत्ति छोड़ विलायत से अंग्रेज़ी शिक्षा का बहिष्कार कर भारत लौट आये। आपने यहाँ आकर एक तरह के संन्यासी वालण्टियर पैदा करने का विचार किया और उन्होंने बहुत-से विद्यार्थियों को शिक्षा से हटाया और उन्हें साथ लेकर संन्यासी जीवन व्यतीत करने लगे। 1908 के आख़िर में ही लाला हरदयाल को हिन्दुस्तान छोड़कर चले जाना पड़ा। सरकार कहती है कि जब वे जाने लगे तो उन्होंने अपनी सम्पत्ति मा. अमीरचन्द जी के हवाले कर दी, जिन्होंने कि उनकी शिक्षा जारी रखी। पहले-पहल दीनानाथ और जितेन्द्रनाथ चटर्जी उनके पास गये। बाद में अवधबिहारी आदि से उनका परिचय हुआ। लेकिन असल में तो अवधबिहारी पहले ही दिल्ली के रहने वाले थे और पहले से ही परिचित थे। ख़ैर!

मास्टर अमीरचन्द बड़े ज़िन्दादिल, बड़े नेकदिल और कट्टर आज़ादी-परस्त थे। आप कहा करते थे कि दिल्ली में 'बन्दर मास्टर' का घर पूछते ही मेरा घर मिल जायेगा।

दिल्ली में वायसराय पर बम चल गया, लेकिन सरकार हाथ मलती रह गयी। कुछ भी पता न चला। बाद में एक बम लाहौर लारेन्स गार्डन में चल गया, लेकिन उसका भी कुछ पता न चला। आख़िर राजा बाज़ार, कलकत्ता की तलाशी में श्री अवधबिहारी का नाम व पता निकल आया। मा. अमीरचन्द को पहले ही शक की निगाह से देखा जाता था। अवधबिहारी उन्हीं के पास रहते थे।

एक दिन अवधबिहारी की तलाशी हुई। बम की टोपी मिल गयी और लाहौर का एक पत्र मिल गया, जिस पर कि मेहर सिंह की ओर से एम.एस.आई. दस्तख़त किये गये थे। पूछने पर आपने बता दिया कि यह ख़त दीनानाथ की ओर से है। दीनानाथ की गिरफ़्तारी की गयी। वह फूट पड़ा और उसने वह सारा भेद खोल दिया। उसने बताया कि लारेन्स गार्डन का बम श्री अवधबिहारी और वसन्तकुमार ने रखा था। ख़ैर, मुक़दमा चला।

मास्टर अमीरचन्द ने अपने भतीजे सुल्तानचन्द को उत्तराधिकारी बनाया था और उससे अपने पुत्रों जैसा प्यार करते थे। उसे अपनी इच्छानुसार शिक्षा देते थे। देशभक्त बनाना चाहते थे। आप पर मुक़दमा चला। वही पुत्र आपके ख़िलाफ़ गवाह बन गया। जरा सोचो बेचारे मास्टर अमीरचन्द जी के बारे में, जिसे अपना पुत्र बनाया था वही सरकारी गवाह बनकर आपके ख़िलाफ़ गवाही दे रहा है! कैसी दर्दनाक स्थिति है। आज जब मुसीबत का समय आया तो अपने दिल का टुकड़ा अपना पुत्र भी साथ न दे सका। उर्दू के एक शायर ने क्या ख़ूब कहा है—

बागबाँ ने आग दी जब आशियाने को मेरे,
जिनपे तकिया था, वही पत्ते हवा देने लगे!

मुक़दमा चलता रहा। गवाह भुगतते रहे। सबूत मिला कि वह एक साजिश के सदस्य भी हैं और चूँकि वह बड़े लायक और बुद्धिमान हैं, इसलिए हत्या आदि करने की साजिश के लिए नौजवानों को बरगला सकते हैं और–

"One who spent his life furthering murderous schemes which he was too timid to carry out himself."

यानी हत्या का प्रचार करने में जिसने अपनी पूरी ज़िन्दगी लगा दी, उसके बारे में वह स्वयं साहसहीन था।

उन्हीं दिनों तख़्ता पलट पार्टी की ओर से स्पइमतजल (आज़ादी) नाम का एक परचा बाँटा जाता था। एक परचे का मसौदा मास्टर जी के हाथ का लिखा उनके घर में मिल गया। उसमें ऐसे वाक्य आपत्तिजनक माने गये–

We are so many that we can seize and from them their cannon.

Reforms will not do. Revolution and a general massacre of all the foreigners specially the English will and alone can serve our purpose.

यानी, हम संख्या में इतने हैं कि हम उनकी तोपें छीन सकते हैं। ये सड़े सुधार या योजनाएँ किसी काम नहीं आयेंगी। एक बार तख़्ता पलट दो और फिरंगी को मार ख़त्म करो। ख़ैर, इन्हीं वाक्यों के कारण ही उन्हें बड़ा खूँख़ार क़ातिल समझा गया और कहा गया।

आपके चरित्र सम्बन्धी कैनन आलनट और मिस्टर एस.के. रुद्र आदि बतौर गवाह पेश हुए। उन्होंने आपकी बहुत तारीफ़ की, लेकिन जज लिखता है कि मास्टर अमीरचन्द्र लामिसाल देशभक्त, बड़े नेक, दर्दमन्द और ऊँचे चरित्र के थे।

मतलब यह है कि आपको उस केस में फ़ाँसी की सजा दी गयी। आपने हँसते हुए सुनी और आख़िर में बड़ी हँसी-खुशी से फ़ाँसी पर लटककर जान दे दी।

मि. अवधबिहारी

आप बड़े होनहार नौजवान थे। बी.ए. पास कर सेण्ट्रल ट्रेनिग कॉलेज, लाहौर से बी.टी. पास की। आप पर कई लिबर्टी परचे लिखने का आरोप था। आपको यू.पी. और पंजाब की पार्टी का प्रमुख नियत किया गया था। 'बन्दी जीवन' के लेखक श्री शचीन्द्रनाथ सान्याल ने आपकी बड़ी तारीफ़ की है। कहते हैं कि आप बड़े ज़िन्दादिल थे और आमतौर पर गुनगुनाते रहते थे–

एहसान नाख़ुदा का उठाये मेरी बला,
किश्ती ख़ुदा पे छोड़ दूँ लंगर को तोड़ दूँ।

इस शेर से ही पता चलता है कि वे कितने मस्ताने वीर थे। आप पर परचे लिखने और लारेन्स गार्डन में बम चलाने का आरोप था। आपको भी फ़ाँसी की सजा हुई। आपने बड़ी ख़ुशी से सुनी। कहते हैं कि फ़ाँसी लगने के दिन आपसे पूछा गया, "आख़िरी इच्छा क्या है?"

जवाब दिया, "यही कि अंग्रेज़ों का बेड़ा गर्क हो।"

कहा गया, "शान्त रहो। आज तो शान्ति से प्राण दो।" कहने वाला एक अंग्रेज़ था। उससे आपने कहा, "देखो जी! आज शान्ति कैसी? मैं तो चाहता हूँ कि आग भड़के। चारों ओर आग भड़के। तुम भी जलो, हम भी जलें। हमारी गुलामी भी जले। आख़िर में हिन्दुस्तान कुन्दन बनकर रहे।" आपने झट उछलकर स्वयं गले में फ़ाँसी का फन्दा डाल लिया। इस तरह वह वीर भी आज़ादी-देवी के चरणों में अपने प्राण बलिदान कर गया।

जज आपके बारे में लिखता है–

"Awadh Behari is a youngman of great intellectual ability. He stood second in the Ist division of the Punjab University B.T. Examination."

कि अवधबिहारी (25 वर्ष का) नौजवान है और बहुत ही योग्य है। वह पंजाब विश्वविद्यालय की बी.टी. की परीक्षा में पंजाबभर में दूसरे स्थान पर रहा है। उनके ख़िलाफ़ यह सबूत भी पेश हुआ कि आपके साथ मास्टर अमीरचन्द का बहुत प्रेम भी इस बात का प्रमाण है कि वे साजिश के सदस्य थे और प्रेम का सबूत यह है कि आपको मास्टर अमीरचन्द जी (ने) 'Dear Awadhji' (प्यारे अवध जी) लिखा था।

श्री बसन्तकुमार बिस्वास

आप नदिया जिला (बंगाल) के रहने वाले नौजवान थे। आपकी उम्र 23 वर्ष थी। अच्छे पढ़े-लिखे सज्जन थे। पहले आपको रासबिहारी अपने साथ ले आये व अपने घर में कर्मचारी बनाकर रखा। बाद में आपको लाहौर भेज दिया गया और वहाँ वह पापुलर डिस्पेंसरी में कम्पाउण्डर भरती हो गये। दिल्ली में बम के दिनों आप लाहौर से कई दिन गायब रहे।

कहा जाता है कि लारेन्स गार्डन का बम आपने ही अवधबिहारी के साथ मिलकर रखा था। बाद में आप दो और बम लाये, जोकि दीनानाथ के कथनानुसार भाई बालमुकुन्द के पास थे। दिसम्बर, 1913 में आप बंगाल लौट गये और 1914 में वहीं से पकड़कर लाहौर लाये गये। ओडायर को दिल्ली में बम चलाने वालों का पता न चलने से बड़ा गुस्सा आ रहा था, इसीलिए जब आपको उम्रक़ैद की सजा हुई तो उन्होंने सजा बढ़ाने की अपील की। ओडायर ने खुद माना है कि उसने भी

सजा बढ़ाने की सिफ़ारिश की। चीफ़ कोर्ट के जज ने लिखा है कि कहा जाता है, वह कोई बहुत बुद्धिमान आदमी नहीं था। साधारण बुद्धि का आदमी था, इसलिए उसे टूल बनाकर उससे काम लिया जाता था और वह रासबिहारी के हाथों में खेलता था। वह ग़लत है। वह लिखता है–

"He is not a boy, for at 23 an Indian has long reached maturity... He looked to me a man of some force of character, without the familiar marks of weakness in his face."

यानी वह लड़का नहीं, 23 वर्ष की उम्र में हिन्दुस्तानी पूरा आदमी हो जाता है। वह बड़ा दिलेर, समझदार और दिल का मज़बूत आदमी है। उसके चेहरे पर कोई कमज़ोरी के निशान नज़र नहीं आते।

और इस सवाल पर कि आपका केन्द्रीय कमेटी में कोई जिक्र नहीं है, इसलिए उन्हें बड़ा मामूली आदमी समझकर टूल बनाया गया था, जज कहता है–

"Basant Kumar Biswas had a long training and was quite ready for anything, though he was kept purposely outside of the inner circle, so that, if caught, he would not be able to give much information to his captors."

यानी, बसन्तकुमार को चूँकि बहुत दिनों से सारा काम सिखाया गया था, इसलिए उसे सिर्फ़ किसी ख़तरनाक काम के लिए ही अलग रखा गया था, ताकि यदि कहीं पकड़ा भी जाये तो ज़्यादा ख़बरें न दे सके।

ख़ैर! चीफ़ कोर्ट के जज ने आपको फ़ाँसी की सजा सुना दी, और आपने बड़ी खुशी से सुनी। एक बात ख़ास क़ाबिले-गौर है कि आपके मुक़दमे के लिए बंगाल से एक वकील मि. सेन आया था, जबकि हमारे लोगों का यह हाल था कि महात्मा हंसराज को एक और आदमी, जिसका पुत्र इनके लड़के बलराज के साथ इसी मामले में पकड़ा हुआ था, मिलने आया ताकि मुक़दमे सम्बन्धी सलाह कर सके। महात्मा जी के मकान से उसे धक्के मार बाहर निकाल दिया गया और आर्यसमाज के लाइफ़ मेम्बर या जिन्होंने अपनी पूरी उम्र आर्यसमाज को दे दी थी, ने भी उनकी कोई मदद न की। यह बात जरा ख़ास क़ाबिले-गौर है।

सर माइकल ओडायर कहता है कि फ़ाँसी लगने से एक दिन पहले बसन्तकुमार ने मान लिया था कि दिल्ली में वायसराय के ऊपर बम उसने ही फेंका था। क्या जाने सच है या नहीं। जो भी हो, आख़िर इनमें से ही किसी का काम था।

आपने भी बड़ी वीरता से फ़ाँसी पर लटककर अपने प्राण देश और क़ौम की आज़ादी के लिए बलिदान कर दिये।

शहीद खुशीराम!

अक्टूबर, 1928 के 'किरती' में प्रकाशित।—स.

1919 का वर्ष भी हिन्दुस्तान के इतिहास में हमेशा ही याद रहेगा। ताजी-ताजी लड़ाई ख़त्म हुई थी। हिन्दुस्तानियों और विशेषतः पंजाबियों ने प्राणों पर खेलकर अंग्रेज़ों को जीत हासिल करवायी थी, लेकिन अहंकारी अंग्रेज़ों ने अहसान का ख़ूब बदला चुकाया। रोल्ट एक्ट पास कर दिया। तूफ़ान मच गया। पंजाब में तो ख़ासतौर पर जोश बढ़ गया। पंजाब में तो अभी पिछले युद्ध की याद ताज़ा थी, उन्हें रोल्ट एक्ट देखकर हद दर्जे की हैरानी हुई। हड़तालें, जुलूस व मीटिगें होने लगीं। जोश बहुत बढ़ा। नौबत जलियाँवाला और मार्शल लॉ तक की आ गयी।

लोग डर गये। कौन कहता था कि निहत्थों पर भी गोली चलायी जा सकती है। आम लोगों ने गिरते-पड़ते पीठ में ही गोलियाँ खायीं। लेकिन उनमें भी श्री ख़ुशीराम जी शहीद ने छाती पर गोलियाँ खा-खाकर क़दम आगे ही बढ़ाया और बहादुरी की लाजवाब मिसाल क़ायम कर दी।

आपका जन्म 27 सावन, सवंत 1957 में गाँव सैदपुर, जिला झेलम में लाला भगवानदास के घर हुआ था। आपकी जाति अरोड़ा थी। पैदा होने पर आपकी जन्म-पत्री बनायी गयी और बताया गया कि यह बालक बड़ा बहादुर और तगड़ा होगा और इसका नाम भी ख़ूब प्रसिद्ध होगा। इसलिए उस समय आपका नाम श्री भीमसेन रखा गया, लेकिन बाद में आप श्री ख़ुशीराम के नाम से ही प्रसिद्ध हुए। आप अभी बहुत छोटे ही थे, जब आपके पिता का देहान्त हो गया। आपका ख़ानदान बहुत ग़रीब था और आपका पालन-पोषण लाहौर नवाँकोट अनाथालय में हुआ था। वहीं पहले-पहल आपकी शिक्षा शुरू हुई। वक़्त गुज़रता चला गया। आप फिर डी.ए.वी. कॉलेज, लाहौर में पढ़ने लगे। 1919 में 19 वर्ष की आयु में आपने पंजाब विश्वविद्यालय से शास्त्री की परीक्षा दी थी और छुट्टियाँ बिताने जम्मू चले गये।

सुना कि तीस मार्च के बाद महात्मा गाँधीजी ने आदेश दिया कि 3 अप्रैल को देशभर में हड़ताल की जाय और जलसे-जुलूस निकाले जायें। आप भी लाहौर पहुँचे। आकर पूरी तरह काम को सफल बनाने का प्रयत्न करने लगे। कॉलेजों के लड़कों ने नंगे सिर बड़े-बड़े जुलूस 'हाय-हाय रोल्ट एक्ट' कहते हुए निकाले थे। यह सब आपके ही यत्नों का फल था। दो-चार दिन बड़ी रौनक रही। 12 अप्रैल को बादशाही मस्जिद, लाहौर में जलसा हुआ। भीड़ का कोई शुमार न था। हज़ारों आदमी थे। गर्मागर्म भाषण हुए। धुआँधार भाषणों के बाद जुलूस बनाकर लोग शहर को चल पड़े। हीरामण्डी जब पहुँचे और शहर में घुसने लगे, उसी समय नवाब मुहम्मद अली सेना के साथ आगे तैनात था। उसने हुक्म दिया कि जुलूस भंग कर दो। लेकिन

वे दिन बड़े अजीब थे। श्री ख़ुशीराम आगे-आगे झण्डा उठाये जा रहे थे। कहा, "यह जुलूस कभी वापस नहीं लिया जा सकता और जुलूस की शक्ल में ही शहर में घुसेगा।" नवाब ने हवा में गोली चला दी। लोग भाग छूटे। शेरमर्द लाला ख़ुशीराम ने गरजकर एक बार तो लोगों को ख़ूब लानत दी। कहा, "तुम्हें शर्म नहीं आती इस तरह गीदड़ों की तरह भागते हो।" लोग एकत्र हो गये। लाला ख़ुशीराम आगे जा रहे थे। नवाब ने फिर गोली चलायी। इस बार गोली हवा में नहीं, बल्कि सीधे महाशय ख़ुशीराम की छाती में लगी। गोली लगी, आप जख़्मी शेर की तरह झपटकर आगे बढ़े। और गोली लगी तो आप और आगे बढ़े। एक-एक कर सात गोलियाँ छाती में लगीं, लेकिन ख़ुशीराम का क़दम आगे ही आगे बढ़ता चला गया। आख़िर आठवीं गोली माथे के दायीं ओर और नवीं बायीं ओर आ लगी। शेर तड़पकर गिर पड़ा। ख़ुशीराम सदा की नींद सो गये, लेकिन आज उनका नाम ज़िन्दा है। उनकी बहादुरी व हिम्मत आज भी उसी तरह ताज़ा है। ख़ैर!

आपकी लाश का बड़ा भारी जुलूस निकला। आम ख़याल किया जाता है कि कम से कम पचास हज़ार लोग इस जुलूस में शामिल थे।

इस तरह उस वीर ने अपने और अपने राष्ट्र के गौरव के लिए प्राणों की बाजी लगा दी और अपना नाम अमर कर गया। कुछ वर्षों बाद एक कवि ने एक बड़ी दर्दभरी कविता लिखी थी, जिसका एक मिसरा यों है–

हाय! ख़ुशीराम की बरसी मनाई न गयी!
क्या ख़ुशीराम की मौत को हम भूल गये?
उसके मक़सद पे चढ़ाने को हम भूल गये।

स्वाधीनता के आन्दोलन में पंजाब का पहला उभार

भगतसिंह ने ज़ेल में पंजाब की राजनीतिक जागृति का इतिहास लिखा था, जिसका निम्नलिखित अंश 1931 में लाहौर के साप्ताहिक 'बन्देमातरम्' में धारावाहिक छपा था। यह उर्दू अनुवाद का हिन्दी रूपान्तर है।–स.

पंजाब के भूतपूर्व गवर्नर सर माइकेल ओडायर ने अपनी पुस्तक 'India : As I Saw' में एक अप्रिय किन्तु साथ ही अत्यन्त महत्त्वपूर्ण सच्चाई को प्रकट किया है। उन्होंने कहा है कि पंजाब राजनीतिक हलचलों में सबसे पीछे है। पंजाब के राजनीतिक आन्दोलनों का जिन्हें थोड़ा-सा भी ज्ञान है, वह इस सच्चाई को भली प्रकार समझ सकते हैं।

आज तक का इतिहास देखिये। भारत को स्वाधीन करने के लिए सर्वाधिक बलिदान इस प्रान्त ने किया है। इसके लिए बड़े भारी-भारी संकट इस प्रान्त की

जनता को सहन करने पड़े हैं। राजनीतिक, धार्मिक आदि आन्दोलनों में पंजाब भारत के अन्य प्रान्तों से आगे रहा है, और देश के लिए जानो-माल की क़ुर्बानी सबसे ज़्यादा इसी सूबे के लोगों ने दी है, किन्तु इस पर भी हमें सिर झुकाकर यह स्वीकार करना पड़ता है कि राजनीतिक क्षेत्र में पंजाब सबसे पीछे है।

इसका कारण केवल यह है कि राजनीतिक आन्दोलन यहाँ की जनता के व्यक्तिगत जीवन का एक आवश्यक अंग नहीं बन सका। साहित्यिक क्षेत्र में भी इस प्रान्त ने यथायोग्य स्थान प्राप्त नहीं किया। शिक्षित वर्ग के लिए उस समय तक–ओडायर के इस पुस्तक के लिखने तक–स्वदेश की स्वाधीनता का प्रश्न सबसे अधिक आवश्यक और महत्त्वपूर्ण नहीं बना था, इसलिए बहुधा कहा जाता है कि यह सूबा बहुत पीछे है। हिन्दुस्तान में और भी बहुत-से ऐसे सूबे हैं जो पंजाब से बहुत पीछे हैं, किन्तु खेद है कि यह अभागा सूबा इस प्रकार के आरोप सहकर भी पीछे ही है।

पंजाब की विशेष अपनी कोई भाषा नहीं। भाषा न होने के कारण साहित्य-सृजन के क्षेत्र में भी कोई प्रगति नहीं हो सकी। अतः शिक्षित समुदाय को पश्चिमी साहित्य पर ही निर्भर रहना पड़ा। इसका खेदजनक परिणाम यह हुआ कि पंजाब का शिक्षित वर्ग अपने प्रान्त की राजनीतिक हलचलों से अलग-थलग-सा रहता रहा। इसी कारण पंजाब के साहित्य और कला-क्षेत्र में राजनीति को स्थान नहीं मिल सका। यही कारण है कि पंजाब में ऐसे कार्यकर्ता इने-गिने ही हैं, जो अपना सम्पूर्ण जीवन राजनीति को दे सके हैं। इसी आधार पर इस प्रान्त पर ऐसे आरोप लगाये जाते हैं। अपने प्रान्त की इस कमी की ओर प्रान्तीय नेताओं और पुरुष समाज का ध्यान आकर्षित करना ही इन लेखों का उद्देश्य है।

गुरु राम सिंह जी के नेतृत्व में हुए कूका विद्रोह से लेकर आज तक पंजाब में जो भी आन्दोलन हुए और जिस प्रकार जनता में चेतना आयी, उससे वह स्वतन्त्रता की वेदी पर अपना सर्वसुख न्योछावर करने के लिए तैयार हो गयी। इनमें जिन व्यक्तियों ने अपने प्राणों का बलिदान दिया। उनका जीवन-चरित्र तथा इतिहास प्रत्येक स्त्री-पुरुष के साहस को बढ़ाने वाला है जिससे वह अपने अध्ययन और अनुभवों के प्रकाश में भावी आन्दोलनों को भी भली प्रकार चला सकेंगे। इस इतिहास को लेखबद्ध करने में मेरा यह उद्देश्य कदापि नहीं है कि भविष्य में भी ठीक इसी प्रकार के आन्दोलन सफल हो सकेंगे। मेरा उद्देश्य तो केवल यह है कि जनता उन शहीदों की कुर्बानियों और उनके आजीवन देश-सेवा में लगे रहने से प्रेरणा प्राप्त करे और उनका अनुकरण करे। समय आने पर किस तरह कार्य करना होगा, इसका फ़ैसला देश की तत्कालीन परिस्थिति को देखते हुए कार्यकर्ता स्वयं कर सकते हैं।

पंजाब में राजनीतिक हलचलें कैसे प्रारम्भ हुई?

सन् 1907 से पूर्व पंजाब में बिल्कुल ही ख़ामोशी थी। विद्रोह (कूका विद्रोह) के बाद कोई ऐसा राजनीतिक आन्दोलन नहीं उठा जो शासकों की नींद खोल सकता। 1908 में पंजाब में पहली बार कांग्रेस का अधिवेशन हुआ। किन्तु उस समय कांग्रेस के कार्य का आधार शासकों के प्रति वफ़ादारी प्रकट करना था। इसलिए राजनीतिक क्षेत्र में उसका कोई उल्लेखनीय प्रभाव नहीं पड़ा। सन् 1905-06 में बंगाल-विभाजन के विरुद्ध जो शक्तिशाली आन्दोलन उठ खड़ा हुआ था और स्वदेशी के प्रचार तथा विदेशी के बहिष्कार की जो हलचल प्रारम्भ हुई थी, इसका पंजाब के औद्योगिक जीवन तथा साधारण जनता पर बड़ा भारी प्रभाव पड़ा था। उन दिनों यहाँ भी (पंजाब) स्वदेशी वस्तुएँ, विशेषतः खाण्ड तैयार करने का सवाल पैदा हुआ और देखते-देखते एक-दो मिलें भी खुल गयीं। यद्यपि सूबे के राजनीतिक जीवन पर इसका कोई प्रत्यक्ष प्रभाव नहीं पड़ा, किन्तु सरकार ने इस उद्योग को नष्ट करने के लिए गन्ने की खेती का लगान तीन गुना कर दिया। पहले एक बीघे का लगान केवल 2.50 रुपये था, जबकि अब साढ़े सात रुपये देने पड़ते थे। इससे किसानों पर एक भारी बोझ आ पड़ा और वह एकदम हतबुद्धि-से रह गये।

नया कलोनी एक्ट

दूसरी ओर सरकार ने लायलपुर इत्यादि में कई नहरें खुदवाकर और जालन्धर, अमृतसर, होशियारपुर के निवासियों को बहुत-सी सुविधाओं का लालच देकर इस क्षेत्र में बुला लिया था। ये लोग अपनी पुरानी ज़मीन-जायदाद छोड़कर आये और कई वर्ष तक अपना ख़ून-पसीना एक करके इन्होंने इस जंगल को गुलजार कर दिया। लेकिन अभी ये चौन भी न ले पाये थे कि नया कलोनी एक्ट इनके सर पर आ गया। यह एक्ट क्या था, किसानों के अस्तित्व को ही मिटा देने का एक तरीक़ा था। इस एक्ट के अनुसार हर व्यक्ति की जायदाद का वारिस केवल उसका बड़ा लड़का ही हो सकता था। छोटे पुत्रों का उसमें कोई हिस्सा नहीं रखा गया था। बड़े लड़के के मरने पर वह ज़मीन या अन्य जायदाद छोटे लड़कों को नहीं मिल सकती थी, जिससे उस पर सरकार का अधिकार हो जाता था।

कोई आदमी अपनी ज़मीन पर खड़े वृक्षों को नहीं काट सकता था। उनसे वह एक दातुन तक नहीं तोड़ सकता था। जो ज़मीनें उनको मिली थीं उन पर वह केवल खेती कर सकते थे। किसी प्रकार का मकान या झोंपड़ा, यहाँ तक कि पशुओं को चारा डालने के लिए खुरली तक नहीं बना सकते थे। क़ानून का थोड़ा-सा भी उल्लंघन करने पर 24 घण्टे का नोटिस देकर तथाकथित अपराधी की ज़मीन जब्त की जा

सकती थी। कहा जाता है कि ऐसा क़ानून बनाकर सरकार चाहती थी कि थोड़े-से विदेशियों को तमाम ज़मीन का मालिक बना दिया जाये और ज़मीन के हिन्दोस्तानी काश्तकार उनके सहारे पर रहें। इसके अतिरिक्त सरकार यह भी चाहती थी कि अन्य प्रान्तों की भाँति पंजाब में थोड़े-से बड़े-बड़े जमींदार हों और बाक़ी निहायत ग़रीब काश्तकार हों। इस प्रकार जनता दो वर्गों में विभक्त हो जाये। मालदार कभी भी और किसी भी हालत में सरकार-विरोधियों का साथ देने का साहस नहीं कर सकेंगे और निर्धन कृषकों को, जो दिन-रात मेहनत करके भी पेट नहीं भर सकेंगे, इसका अवसर ही नहीं मिलेगा। इस प्रकार सरकार खुले हाथों जो चाहेगी, करेगी।

अशान्ति के बीज

उन दिनों उत्तर प्रदेश और बिहार वगैरह सूबों में किसानों की हालत ऐसी ही है (थी) लेकिन पंजाब के लोग जल्द ही सँभल गये। सरकार की इस नीति के विरुद्ध उन्होंने ज़बरदस्त आन्दोलन प्रारम्भ किया। रावलपिण्डी की तरफ़ भी इन दिनों ही नया बन्दोबस्त ख़त्म हुआ था और लगान बढ़ाया गया था। इस प्रकार सन् 1907 के शुरू में ही अशान्ति के समस्त कारण उपस्थित थे। इस वर्ष के शुरू में ही पंजाब के गवर्नर सर डांकिजल ऐबिटसन ने कहा भी था कि इस समय यद्यपि प्रकट रूप से तो शान्ति है, किन्तु जनता के हृदय में असन्तोष बढ़ता जा रहा है।

इन दिनों देशभर में एक ख़ामोशी छायी हुई थी। 'ठहरो और देखो' की मनःस्थिति में जनता थी। यह ख़ामोशी तूफ़ान आने से पहले की शान्ति थी। बेचौनी पैदा होने के सभी कारण उपस्थित थे, विशेषतः पंजाब में तो ऐसी परिस्थितियाँ थीं कि अशान्ति उत्पन्न हो जाना सर्वथा उचित और आवश्यक ही था।

सन् 1906 की कांग्रेस

1906 में कांग्रेस का वार्षिक अधिवेशन कलकत्ता में हुआ। दादा भाई नौरोजी उसके सभापति थे। इस अधिवेशन में उन्होंने सर्वप्रथम अपने भाषण में 'स्वराज्य' शब्द का उच्चारण किया। ठतपजपी च्तसपंउमदज के अपने निजी अनुभवों के आधार पर स्व. दादा भाई ने कहा था कि यदि हम कुछ प्राप्त करना चाहते हैं तो हमें अपने अन्दर ताक़त पैदा करनी होगी। अपने पाँवों के बल पर ही हमें खड़ा होना होगा, पत्थरों की तरह स्थिर दृष्टि से देखतेभर रहने से ही काम नहीं चलेगा।

लाला लाजपत राय

ठीक यही बात एक वर्ष पूर्व बनारस के कांग्रेस अधिवेशन में पंजाब केसरी लाला लाजपत राय जी ने कही थी। पूज्य लाला जी कांग्रेस के प्रधान स्वर्गीय गोखले के

साथ एक डेपूटेशन में इंग्लैण्ड भेजे गये थे। वहाँ से लौटकर उन्होंने एक बहुत ही गरम भाषण दिया था।

लोकमान्य तिलक

1906 के कांग्रेस अधिवेशन में लोकमान्य तिलक का बोलबाला था, नवयुवक समुदाय उनकी खरी और स्पष्ट बातों के कारण उनका भक्त बन गया था। उनकी निर्भीकता, कुछ कर गुज़रने की भावना और बड़े से बड़े कष्ट सहने के लिए हर क्षण तैयार रहने के कारण नवयुवक उनकी ओर खिचे चले आ रहे थे। कांग्रेस अधिवेशन के अतिरिक्त कांग्रेस के पण्डाल से बाहर भी लोकमान्य के अनेक भाषण इस अवसर पर हुए थे।

सरदार किशन सिंह और सरदार अजीत सिंह

जो युवक लोकमान्य के प्रति विशेष रूप से आकर्षित हुए थे, उनमें कुछ पंजाबी नौजवान भी थे। ऐसे ही दो पंजाबी जवान किशन सिंह और मेरे आदरणीय चाचा स. अजीत सिंह जी थे।

'भारतमाता' अख़बार तथा मेहता नन्दकिशोर

स. किशन सिंह तथा स. अजीत सिंह ने वापस लाहौर आकर 'भारतमाता' नामक एक मासिक पत्र का प्रकाशन करना आरम्भ किया और आदरणीय मेहता नन्दकिशोर को साथ लेकर अपने विचारों का प्रचार करना शुरू कर दिया। इनके पास न धन था और न धनी वर्ग से सम्पर्क ही था। किसी सम्प्रदाय के नेता या महन्त भी नहीं थे। अतः प्रचार-कार्य के लिए अपेक्षित सभी साधन स्वयं ही जुटाने पड़े। एक दिन घण्टी बजाकर बाज़ार में कुछ लोगों को जमा कर लिया और इस विषय पर भाषण देने लगे कि विदेशियों ने भारतीय उद्योग एवं व्यवसाय को किस प्रकार नष्ट किया है। वहीं यह भी एलान कर दिया कि आगामी रविवार को एक महत्त्वपूर्ण सभा 'भारतमाता' के कार्यालय के पास, जो लाहौरी और शालामारी दरवाज़े के मध्य स्थित है, होगी। पहली सभा पापड़ मण्डी में, दूसरी लाहौरी मण्डी में हुई। तीसरी सभा में भाषणों से पूर्व एक पंजाबी नवयुवक ने बड़ी ही मर्मस्पर्शी तथा देशभक्तिपूर्ण भावनाओं से सराबोर एक नज़्म पढ़ी, जिसकी श्रोताओं ने बहुत प्रशंसा की। अब यह नौजवान भी इसी दल में सम्मिलित हो गये। यह नौजवान पंजाब के प्रसिद्ध राष्ट्रकवि लाला लालचन्द 'फलक' थे, जो आज तक अपनी उत्साहपूर्ण कविताओं से देश को जगाते रहे हैं। इसी सप्ताह लाला पिण्डीदास जी तथा डॉ. ईश्वरी प्रसाद जी इत्यादि कुछ और सज्जन भी इस दल में सम्मिलित हो गये। इन सबके दल में

आने से 'अंजुमन मुहिब्बताने वतन' के नाम से एक संस्था बनायी गयी, जो बाद में 'भारतमाता सोसाइटी' के नाम से प्रसिद्ध हुई।

आगामी रविवार को फिर एक सार्वजनिक सभा होने वाली थी। उसी दिन लाहौर में श्रीमती ऐनी बीसेण्ट के भाषण का भी आयोजन था। कुछ मित्रों ने परामर्श दिया कि इस अवसर पर भारतमाता सोसाइटी भंग कर दी जावे, किन्तु यह परामर्श स्वीकार नहीं किया गया और न अपनी सभा को ही स्थगित करना उचित समझा। आख़िर सभा हुई तो उपस्थिति पर्याप्त थी। इसी सभा में यह घोषणा कर दी गयी कि प्रत्येक रविवार को सभा हुआ करेगी और इस संस्था के प्रधान स. अजीत सिंह तथा सेक्रेट्री मेहता नन्दकिशोर चुने गये हैं।

जाटों की सभा

एक-दो मास तक इसी प्रकार प्रचार होता रहा। एक दिन लाहौर और अमृतसर क्षेत्र के जाट कृषकों ने लगान बढ़ाये जाने के विरुद्ध एक सभा करने का निश्चय किया। अजमेरी दरवाज़े के बाहर रतनचन्द की सराय में यह सभा आयोजित की गयी थी, किन्तु जब जाट लोग जमा हो गये तो डी.सी. ने रतनचन्द के लड़के को बुलाकर जायदाद जब्त कर लेने की धमकी दी। इस पर रतनचन्द के लड़के ने वहाँ एकत्र हुए किसानों को अपनी सराय से बाहर निकाल दिया। इस स्थिति में किसानों ने नगर के नेता माने जाने वाले सज्जनों से सम्पर्क स्थापित किया, किन्तु वहाँ से भी उन्हें साफ़ जवाब मिला। हर ओर से मायूस होकर वे बेचारे म्युनिसिपल गार्डन में जा बैठे। इसी बीच 'भारतमाता सोसाइटी' के सदस्यों को इसकी सूचना मिली और वे इन लोगों को अपने स्थान पर ले आये। सोसाइटी के पास एक कमरे के अतिरिक्त एक विशाल मैदान भी था। इस मैदान में दरियाँ बिछाकर शामियाना लगवा दिया गया और एक ओर उन किसानों के भोजन के लिए लंगर का प्रबन्ध कर दिया गया। इससे किसानों का उत्साह बहुत बढ़ गया और फिर पूरे एक सप्ताह प्रतिदिन वहीं सभाएँ हुईं, जिनमें निर्भीक भाषण दिये गये। इस सभा में आम किसानों का उत्साह देखकर 'भारतमाता सोसाइटी' के सदस्यों का हौसला और भी बढ़ गया।

इसके बाद देहातों के दौरे का कार्यक्रम बनाया गया, जिससे किसानों को लगानबन्दी के लिए तैयार किया जा सके। यह सरकार के विरुद्ध युद्ध की घोषणा थी और जनता में जोश इतना था कि इस संघर्ष में वह अपना सर्वस्व दाँव पर लगा देने के लिए तत्पर रहती थी।

सूफ़ी अम्बाप्रसाद

ठीक इन्हीं दिनों भारतमाता सोसाइटी में एक उच्च कोटि के देशभक्त, राजनीतिक और लेखक प्रविष्ट हुए। आपका नाम श्री सूफ़ी अम्बाप्रसाद था। सूफ़ी जी का जन्म सन् 1858 में मुरादाबाद में हुआ था। उर्दू के प्रभावशाली लेखक, हिन्दू-मुस्लिम एकता के प्रबल समर्थक तथा स्वतन्त्रता के एक निर्भीक पुजारी थे। आपने एक साप्ताहिक निकाला था और इसके वर्षभर बाद ही राज-विद्रोह के अपराध में सवा दो वर्ष के कारावास का दण्ड मिला। यह सजा काटकर आये तो सालभर के भीतर-भीतर आपके ख़िलाफ़ दूसरा मुक़दमा खड़ा कर दिया गया और इस बार आपको 6 वर्ष के कारावास का दण्ड मिला। उन दिनों राज-विद्रोह में दण्ड पाये हुए क़ैदियों को बहुत ख़तरनाक माना जाता था और उनके साथ ज़ेल में व्यवहार भी बहुत बुरा होता था। सन् 1906 में आप ज़ेल से रिहा हुए और पंजाब में यह नयी राजनीतिक जागृति देखकर पंजाब चले आये। यहीं आकर आप 'हिन्दुस्तान' साप्ताहिक के सहकारी सम्पादक बनाये गये। आपके गर्मागर्म लेखों और सम्पादकियों में आपका नाम दिये जाने से अख़बार के मालिकों को बड़ी घबराहट रहती थी। इस पर आपको उक्त अख़बार से त्यागपत्र देना पड़ा। सबसे पहले आप जाटों की सभा में आये थे और फिर यहीं रह गये। बाद में तो सरदार अजीत सिंह से आपकी ऐसी घनिष्ठता हो गयी थी कि एक-दूसरे से अलग होना सर्वथा असम्भव हो गया।

इन्हीं दिनों लायलपुर में एक बहुत बड़ा मेला होने वाला था। यह मेला 'मण्डी मवेशियाँ' के नाम से प्रसिद्ध था। इस मेले में लोग हज़ारों मवेशियों को ख़रीदने-बेचने के लिए सम्मिलित हुआ करते थे। इस वर्ष दैनिक 'जिमींदार' के मालिक मियाँ सिराजुद्दीन तथा एक-दो अन्य सज्जनों ने इस अवसर पर एक सभा करने का निश्चय किया। इसमें नये कलोनी एक्ट के विरुद्ध प्रस्ताव पास करने थे। इस सभा में भाषण देने के लिए लाला जी को विशेष रूप से बुलाया गया था। भारतमाता सोसाइटी के सदस्यों ने भी इस अवसर पर सभा करने का निश्चय किया। भारतमाता सोसाइटी के सदस्य गरमदली थे, अतः वैधानिक रूप से आन्दोलन चलाने का विचार रखने वाले सज्जन इससे थोड़े घबरा गये। भारतमाता सोसाइटी की ओर से दो कार्यकर्ता वहाँ इस उद्देश्य से भेजे गये कि वे वहाँ पहुँचकर अपने अनुकूल परिस्थिति बना लें, जिससे एक-दो दिन बाद सरदार अजीत सिंह जी अपने अन्य साथियों के साथ पहुँचकर सफलता के साथ प्रचार कर सकें।

जिमींदार-सभा की ओर से जो पण्डाल लगा था उसमें ही दो-एक दिन भाषण देकर 'भारतमाता सोसाइटी' के कार्यकर्ताओं ने जन-साधारण की सहानुभूति प्राप्त कर ली। उधर जिस दिन स्वर्गीय लाला जी लाहौर से रवाना हुए, उसी दिन

स. अजीत सिंह जी ने भी वहाँ के लिए प्रस्थान किया। लाला जी ने स. अजीत सिंह से पुछवाया कि आपका भावी कार्यक्रम क्या है? अपने कार्यक्रम की सूचना भी लाला जी ने दी कि सरकार ने कलोनी एक्ट में जो थोड़ा-सा परिवर्तन कर दिया है उसके लिए सरकार का धन्यवाद देते हुए ये क़ानून को रद्द करने की माँग करेंगे।

सरदार जी ने उत्तर में कहा—हमारा कार्यक्रम तो यह है कि जनता को लगानबन्दी के लिए तैयार किया जाये। साथ ही हमारे कार्यक्रम में सरकार के प्रति धन्यवाद को तो कोई स्थान मिल ही नहीं सकता।

लाला जी और सरदार जी दोनों ही लायलपुर पहुँचे। स्वर्गीय लाला जी का विशाल जुलूस निकाला गया, जिसके कारण लगभग दो घण्टे में लाला जी पण्डाल में पहुँच पाये। लेकिन हमारे ऐसे भी लोग थे जो जुलूस में सम्मिलित न होकर सीधे पण्डाल में ही पहुँच गये थे और वहाँ भाषण आरम्भ हो गये थे। एक-दो छोटे-छोटे भाषणों के पश्चात स. अजीत सिंह जी ने भाषण दिया। आप बहुत ही प्रभावशाली व्याख्यानदाता थे। आपकी निर्भीक भाषण-शैली ने जनता को आपका भक्त बना दिया और श्रोतागण भी जोश में आ चुके थे। जिस समय इस सभा के आयोजक जुलूस को लेकर पण्डाल में पहुँचे, जनता 'भारतमाता सोसायटी' के साथ हो चुकी थी। एक-दो नरमदली नेताओं ने स. अजीत सिंह को बोलने से रोकने की कोशिश की थी, लेकिन श्रोताओं ने उनको ऐसी फटकार लगायी कि वह अपना-सा मुँह लेकर रह गये। इससे जनता के जोश में और भी वृद्धि हो गयी। एक किसान ने उठकर एलान कर दिया कि मेरे पास 10 मुरब्बे ज़मीन है, जिसे मैं आपकी सेवा में अर्पित करता हूँ, और अपनी पत्नी सहित देशसेवा के लिए तैयार हूँ।

स. अजीत सिंह के पश्चात लाला लाजपतराय भाषण देने के लिए उठे। लाला जी पंजाब के बेजोड़ भाषणकर्ता थे, किन्तु उस दिन के वातावरण में वे जिस शान, जिस निर्भीकता तथा निश्चयात्मक भावनाओं के साथ बोले, उसकी बात ही कुछ निराली थी। लाला जी के भाषण की एक-एक लाइन पर तालियाँ बजती थीं और जय के नारे बुलन्द होते थे। सभा के पश्चात बहुत-से व्यक्तियों ने अपने को देश का कार्य करने हेतु अर्पित करने की घोषणा की।

लायलपुर के डी.सी. भी वहाँ उपस्थित थे। सभा की कार्यवाही देखकर उन्होंने यह परिणाम निकाला कि यह सारा आयोजन एक षड्यन्त्र था। लाला लाजपत राय इन सबके गुरु हैं और नवयुवक स. अजीत सिंह उनका शिष्य है। सरकार का यह विचार बहुत दिनों तक बना रहा। सम्भवतः लाला जी और अजीत सिंह जी को नज़रबन्द करने का भी यही कारण था।

लाला जी के भाषण के बाद श्री बाँकेदयाल जी ने एक बहुत ही प्रभावशाली

नज़्म पढ़ी, जो बाद में अत्यन्त लोकप्रिय हो गयी। यह नज़्म 'पगड़ी सँभाल ओ जट्टा' थी।

लाला बाँकेदयाल पुलिस में सब-इंस्पेक्टर थे, और सरकारी नौकरी छोड़कर इस आन्दोलन में सम्मिलित हो गये थे। इस दिन नज़्म पढ़कर जब वह मंच से उतरे तो भारतमाता सोसायटी के कार्यकर्ताओं ने उनको गले से लगा लिया।

लाहौर में हुए दंगे के बाद म्युनिसिपल बोर्ड ने एक प्रस्ताव पास किया था कि शहर में सभी कॉलेजों के प्रिंसिपलों से कहा जाये कि वे विद्यार्थियों को राजनीतिक आन्दोलनों में भाग लेने से रोकें और उन्हें छात्रावास से बाहर न जाने दें। जो विद्यार्थी उनकी आज्ञा का पालन न करे उसे कड़ा से कड़ा दण्ड दिया जाये।

इस प्रस्ताव के सम्बन्ध में लोकमान्य तिलक ने अपने मराठी पत्र 'केसरी' में एक ज़बरदस्त लेख लिखा था। लोकमान्य ने लिखा था कि इस दंगे पर किसे खेद और दुख न होगा? कौन चाहता है कि युवक थोड़े धैर्य से काम न लें? लेकिन म्युनिसिपल बोर्ड के इस प्रस्ताव का क्या आशय है? पचास वर्ष बाद आज देश के युवकों में थोड़ी-सी जागृति दिखायी दी है। उसे एक साधारण-से बलवे के कारण नष्ट करने का प्रस्ताव क्यों किया जाये? आज जब युवकों में देश-भक्ति की भावनाएँ उमड़ रही हैं और वे स्वाधीनता के लिए बेचौन हैं तो उनको प्रेम के साथ समझाना चाहिए कि वे अपनी शक्ति का इस प्रकार अपव्यय न करें।

जनता जोश में आकर जब कुछ कर गुज़रती थी तो गरम दल की यही नीति होती थी। गरम दल के नेता जानते थे कि जब जनता में जागृति होती है, तो उसके साथ जोश और बेचौनी होना भी अवश्यम्भावी है। वे यह भी जानते थे कि फूँक-फूँककर कदम रखने वाले महानुभाव स्वतन्त्रता के संघर्ष में अधिक समय तक नहीं टिक सकते। राष्ट्र के निर्माता तो नवयुवक ही हुआ करते हैं। किसी ने सच कहा है–

"सुधार बूढ़े आदमी नहीं कर सकते, क्योंकि वह बहुत ही बुद्धिमान और समझदार होते हैं। सुधार तो होते हैं युवक के परिश्रम, साहस, बलिदान और निष्ठा से, जिन्हें भयभीत होना आता ही नहीं और जो विचार कम तथा अनुभव अधिक करते हैं।"

ऐसा लगता है कि उस समय इस प्रान्त (पंजाब) के युवक इन भावनाओं से प्रभावित होकर ही स्वतन्त्रता संघर्ष में कूद पड़ते थे। तीन मास पहले जहाँ बिल्कुल ख़ामोशी थी, वहाँ अब स्वदेशी और स्वराज्य का आन्दोलन इतना बलशाली हो गया कि नौकरशाही घबरा उठी। उधर लायलपुर इत्यादि ज़िलों में नये कलोनी एक्ट के विरुद्ध आन्दोलन चल रहा था। वहाँ किसानों की हमदर्दी में रेलवे के मज़दूरों ने भी हड़ताल की और उनकी सहायता के लिए धन भी एकत्रित किया जाने लगा। इसका परिणाम यह हुआ कि अप्रैल के अन्त तक पंजाब सरकार घबरा गयी। पंजाब

के तत्कालीन गवर्नर ने भारत सरकार को अपने एक पत्र में यह सम्पूर्ण स्थिति बताते हुए लिखा था—"प्रान्त के उत्तरी ज़िलों में केवल शिक्षित वर्ग, और उनमें भी ख़ासकर वकील तथा विद्यार्थी तबके तक ही नये विचार सीमित हैं, किन्तु प्रान्त के केन्द्र की ओर बढ़ते ही यह साफ़ नज़र आता है कि असन्तोष और अशान्ति तेज़ी से बढ़ती जा रही है।" इसी पत्र में आगे चलकर उन्होंने लिखा था, "इन लोगों को (आन्दोलन के नेताओं को) अमृतसर और फिरोजपुर में विशेष रूप से सफलता मिली है। रावलपिण्डी तथा लायलपुर की तरफ़ भी वे बेचौनी फैलाने में क़ामयाब हो रहे हैं। लाहौर का तो कहना ही क्या है।" पत्र के अन्त में कहा गया है, "कुछ नेता तो अंग्रेज़ों को देश से निकाल देने के मंसूबे बाँध रहे हैं। कम से कम वे हमें शासन से हटा देने की चेष्टा में अवश्य हैं। वे या तो शक्ति के द्वारा ऐसा करना चाहते हैं, या जनता और शासन के बीच असहयोग द्वारा! ऐसा वातावरण उत्पन्न करने के लिए वे उत्तरदायित्वहीन ढंग से अंग्रेज़ों के प्रति घृणा तथा द्वेष उत्पन्न कर देना चाहते हैं। वर्तमान स्थिति बहुत ही नाजुक है और शीघ्र ही हमें इसका कुछ न कुछ प्रबन्ध करना चाहिए।"

अन्तर्राष्ट्रीय क्रान्तिकारी आन्दोलन का अध्ययन

अराजकतावाद : एक

भारतीय क्रान्तिकारी आन्दोलन के अध्ययन के साथ-साथ भगतसिंह ने अन्तर्राष्ट्रीय क्रान्तिकारी आन्दोलन का भी पर्याप्त अध्ययन किया व उस पर मनन किया। इसी सिलसिले में 'किरती' में 'अराजकतावाद क्या है' आदि लेख व कुछ अनुवाद छपे थे। मई 1928 से 'किरती' में भगतसिंह ने अराजकतावाद पर यह लेखमाला शुरू की, जो अगस्त तक चलती रही।—स.

संसार में आज बहुत हलचल मची है। जाने-माने विद्वान दुनिया में शान्ति-स्थापना के कार्य में उलझे हैं लेकिन जिस शान्ति-स्थापना के प्रयास किये जा रहे हैं, वह अस्थायी नहीं वरन स्थिर, हमेशा स्थापित रहने वाली शान्ति है। उस तक पहुँचने के लिए बड़े-बड़े महापुरुष अपना जीवन अर्पित कर गये और कर रहे हैं। लेकिन आज हम गुलाम हैं। हमारी निगाहें कमज़ोर हैं, हमारे दिमाग कुन्द हैं। हमारा मन कमज़ोर होकर रो रहा है। हम दुनिया की शान्ति के लिए क्या चिन्ता करें, अपने देश के लिए ही कुछ नहीं कर पा रहे हैं। इसे अपनी बदकिस्मती ही कहें। हमें तो अपने दकियानूसी विचार ही तबाह कर रहे हैं। हम भगवान और स्वर्ग पाने के लिए आत्मा-परमात्मा के विलाप में फँसे हैं। यूरोप को हम तुरन्त ही भौतिकवादी कह देते हैं। उनके जो विचार हैं, उनकी ओर ध्यान ही नहीं देते। हम आध्यात्मिक रुझान वाले जो हैं! हम बड़े त्यागी जो हैं! हमें इस संसार की बातें ही नहीं करनी चाहिए! हमारी ऐसी दुरावस्था हो गयी है कि रोने को मन करता है। बीसवीं सदी में हालात सुधर रहे हैं। नौजवानों के सोच-विचार पर यूरोप के विचारों का कुछ-कुछ असर पड़ रहा है। और जो नौजवान दुनिया में कुछ तरक्की करना चाहते हैं, उन्हें वर्तमान युग के महान तथा उच्च विचारों का अध्ययन करना चाहिए।

आज समाज में होने वाले दमन के विरुद्ध कौन-सी आवाज़ उठ रही है और स्थायी शान्ति-स्थापना के लिए कैसे विचार उठ रहे हैं, उन्हें ठीक से समझे बिना

इन्सान का ज्ञान अधूरा रह जाता है। आज हम संक्षेप में साम्यवाद और समाजवाद आदि अनेक विचारों के बारे में सुन रहे हैं। इन सबसे ऊँचा आदर्श अराजकतावाद ही समझा जाता है। यह लेख उसी अराजकतावाद के सम्बन्ध में लिखा जा रहा है।

जनता 'अराजकता' शब्द से बहुत डरती है। जब कोई व्यक्ति अपनी स्वतन्त्रता के लिए कहीं से पिस्तौल या बम लेकर निकलता है तो सभी नौकरशाह और उनके पिट्ठू 'अनार्किस्ट-अनार्किस्ट' कहकर दुनिया को डराते हैं। अनार्किस्ट एक बड़ा ख़ूँख़ार व्यक्ति समझा जाता है, जिसके दिल में कि जरा भी दया न हो, जो रक्तपिपासु हो, नाश-महानाश देखकर जो झूम उठता हो। अनार्किस्ट शब्द इतना बदनाम किया जा चुका है कि भारत में राज-परिवर्तनकारियों को भी–जनता में घृणा पैदा करने के लिए–अनार्किस्ट कहा जाता है। डॉक्टर भूपेन्द्रनाथ दत्त ने बंगला में लिखी पुस्तक 'अप्रकाशित राजनीतिक इतिहास' के प्रथम भाग में इसका जिक्र किया है कि हमें बदनाम करने के लिए सरकार भले ही अनार्किस्ट-अनार्किस्ट कहती रहे, वास्तव में वह राज-परिवर्तनकारियों की टोली थी। और अराजकतावाद तो एक बहुत ऊँचा आदर्श है। उस ऊँचे आदर्श तक तो हमारी साधारण जनता क्या सोचती, क्योंकि वह तो राज-परिवर्तनकारियों से आगे युगान्तकारी भी नहीं थे। वे लोग मात्र राज-परिवर्तनकारी ही थे। ख़ैर।

हम चर्चा कर रहे थे कि अराजकतावादी शब्द बहुत बदनाम किया गया है। और स्वार्थी पूँजीपतियों ने जिस तरह 'बोल्शेविक', 'कम्युनिस्ट', 'सोशलिस्ट' आदि शब्द बदनाम किये हैं, उसी प्रकार इस शब्द को भी बदनाम किया। हालाँकि अराजकतावादी सर्वाधिक संवेदनशील मनवाले, सारी दुनिया का भला चाहने वाले होते हैं। उनके विचारों के साथ भिन्नता रखते हुए भी उनकी गम्भीरता, जनता से स्नेह, त्याग और उनकी सच्चाई आदि पर किसी प्रकार की शंका नहीं हो सकती।

'अनार्किस्ट', जिसके लिए हिन्दी में 'अराजकतावादी' शब्द ही प्रयोग में लाया जाता है, यूनानी भाषा का शब्द है जिसका शाब्दिक अर्थ है–एन = नॉट, आर्की = रूल, अर्थात् शासनविहीन–किसी भी प्रकार से शासित न होना। इन्सान में पहले से ही अधिक से अधिक स्वाधीनता पाने की चाह रही है और बीच-बीच में पूर्ण स्वतन्त्रता, जोकि अराजकतावादी आदर्श है, से मिलता-जुलता विचार प्रकट हुआ। उदाहरणस्वरूप काफ़ी पहले एक यूनानी दार्शनिक ने कहा था–

We wish neither to belong to the governing class nor to the governed। अर्थात्, हम न शासक बनना चाहते हैं और न ही प्रजा।

मैं समझता हूँ कि हिन्दुस्तान में विश्व-भ्रातृत्व और संस्कृत के वाक्य 'वसुधैव कुटुम्बकम्' आदि में भी यही भाव है। अगर हम बहुत पुरानी मान्यताओं से किसी

ख़ास नतीजे तक न भी पहुँच सकें तो भी यह तो स्वीकारना पड़ेगा कि यह विचार उन्नीसवीं अर्थात् पिछली सदी के आरम्भ में एक फ्रांसीसी दार्शनिक प्रूद्धों ने स्पष्ट तौर पर जनता के समक्ष रखा और उसका खुलेआम प्रचार किया। इसलिए उन्हें अराजकतावाद का जन्मदाता कहा जाता है। उन्होंने इसका प्रचार आरम्भ किया। बाद में एक रूसी बहादुर, बैकुनिन ने इसके प्रसार और सफलता के लिए काफ़ी काम किया। बाद में जॉन मास्टर प्रिन्स क्रोपोटकिन जैसे अनेक अराजकतावादियों ने जन्म लिया। आजकल अमेरिका में श्रीमती एमा गोल्डमैन और अलेक्जेण्डर ब्रैकमैन आदि इसके प्रचारक हैं।

अराजकतावाद के सन्दर्भ में श्रीमती गोल्डमैन ने लिखा है–

Anarchism – The philosophy of a new social order based on liberty unrestricted by man-made law. The theory that all forms of Government rest on violence, and therefore wrong and harmful, as well as unnecessary. (अर्थात्)

अराजकतावाद एक नया दर्शन है जिसके अनुसार एक नया समाज बनेगा। जनता का रहन-सहन या भ्रातृत्व ऐसा होगा जिसमें कि मनुष्य के बनाये नियम कोई अवरोध न पैदा कर सकेंगे। उनके अनुसार किसी भी शासन की ज़रूरत नहीं महसूस होती, क्योंकि प्रत्येक सरकार दमन पर टिकी होती है। इसलिए यह अनावश्यक है।

इससे पता चलता है कि अराजकतावादी किसी भी प्रकार की सरकार नहीं चाहते और यह बात सत्य है। लेकिन यह सुनकर हम भयभीत होते हैं। हमारे मनों में कई प्रकार के हौवे पैदा किये जाते हैं। हम अंग्रेज़ी सरकार के बाद अपनी सरकार बनाकर भी भूत देख-देखकर डरें और हमेशा थर-थर काँपते रहें, यही हमारे शासकों की नीयत होती है। ऐसी हालत में हम कैसे एक मिनट के लिए भी सोच सकते हैं कि ऐसा भी कोई समय आयेगा कि जब सरकार के बिना भी हम सुखी और स्वतन्त्र रह सकेंगे। लेकिन इसमें हमारी स्वयं की दुर्बलताएँ हैं। आदर्श या भावना का कोई कसूर नहीं है।

अराजकतावाद के अनुसार जिस आदर्श स्वतन्त्रता की कल्पना की जाती है वह पूर्ण स्वतन्त्रता है, जिसके अनुसार न तो मन पर भगवान या धर्म का भूत सवार हो, न माया या सम्पत्ति के लालच का जनून समाया हुआ हो और न ही शरीर पर किसी प्रकार की या सरकारी जंजीरें कसी हुई हों। इसका अर्थ यह है कि वह (निम्नोक्त) तीनों मोटी-मोटी बातों को दुनिया से पूरी तरह ख़त्म कर देना चाहते हैं: 1. चर्च, भगवान और धर्म, 2. स्टेट (सरकार), 3. प्राइवेट प्रापर्टी (निजी सम्पत्ति)।

यों तो यह विषय बहुत रोचक और विस्तृत है जिसके लिए काफ़ी कुछ लिखा

जा सकता है लेकिन अब यह लेख हम बहुत अधिक बढ़ा नहीं सकते, क्योंकि स्थानाभाव है। इसलिए हम मोटी-मोटी बातों का ही उल्लेख करेंगे।

भगवान और धर्म

सबसे पहले हम भगवान और धर्म को लेते हैं। हिन्दुस्तान में भी अब इन दोनों भूतों के विरुद्ध आवाज़ उठ रही है, लेकिन यूरोप में तो पिछली सदी से ही इसके विरुद्ध विद्रोह उठ खड़ा हुआ था। वह तो आरम्भ ही उस युग से करते हैं जबकि जनता का ज्ञान बहुत ही कम था। उस समय वह प्रत्येक चीज़ से, विशेषकर दैवी शक्तियों से डरते थे। उनमें आत्मविश्वास क़तई न था। वे स्वयं को 'ख़ाक का पुतला' कहते थे। वे कहते हैं कि धर्म और दैवी शक्तियाँ ईश्वर और अज्ञानता का परिणाम हैं, इसलिए उनके अस्तित्व का भ्रम मिटा देना चाहिए। साथ ही यह भी कि हम छुटपन से बच्चों को यह बताना शुरू कर देते हैं कि सबकुछ भगवान है, मनुष्य तो कुछ भी नहीं। अर्थात् मिट्टी का पुतला है। इस तरह के विचार मन में आने से मनुष्य में आत्मविश्वास की भावना मर जाती है। उसे मालूम होने लगता है कि वह बहुत निर्बल है। इस तरह वह भयभीत रहता है। जितने समय यह भय मौजूद रहेगा उतनी देर पूर्ण सुख और शान्ति नहीं हो सकती।

हिन्दुतान में महात्मा बुद्ध ने पहले भगवान के अस्तित्व से इन्कार किया था। उनकी ईश्वर में आस्था नहीं थी। अब भी कुछ साधु ऐसे हैं जो भगवान के अस्तित्व को नहीं मानते। बंगाल के सोहमा स्वामी भी उनमें हैं। आजकल निरालम्ब स्वामी सोहमा स्वामी की एक पुस्तक 'कामन सेंस' अंग्रेज़ी में प्रकाशित हुई है। उन्होंने भगवान के अस्तित्व के विरुद्ध बहुत जमकर लिखते हुए यह सिद्ध करने का प्रयास किया है, लेकिन वे अराजकतावादी नहीं हो गये। 'त्याग' एवं 'योग' के बहाने वे अब यों ही नहीं भटकते। इस प्रकार वैज्ञानिक युग में ईश्वर के अस्तित्व को समाप्त किया जा रहा है जिससे धर्म का भी नामोनिशान मिट जायेगा। वास्तव में अराजकतावादियों के सिरमौर बैकुनिन ने अपनी किताब 'गॉड एण्ड स्टेट' (ईश्वर और राज्य) में ईश्वर को अच्छा लताड़ा है। उन्होंने एंजील की कहानी सामने रखी और कहा कि ईश्वर ने दुनिया बनायी और मनुष्य को अपने जैसा बनाया। बहुत मेहरबानी की। लेकिन साथ ही यह भी कह दिया कि देखो, बुद्धि के पेड़ का फल मत खाना। असल में ईश्वर ने अपने मन-बहलाव के लिए मनुष्य और वायु को बना तो दिया मगर वह चाहता था कि वे सदा उसके गुलाम बने रहें और उसके विरुद्ध सर ऊँचा न कर सकें। इसलिए उन्हें विश्व के समस्त फल तो दिये लेकिन अक्ल नहीं दी। यह स्थिति देखकर शैतान आगे बढ़ा। But here steps in Satan, the eternal rebel, the first free thinker and the emancipator of the world. यानी, दुनिया

के चिर विद्रोही, प्रथम स्वतन्त्रचेता और दुनिया को स्वतन्त्र करने वाले शैतान–आदि आगे बढ़े, आदमी को बगावत सिखायी और बुद्धि का फल खिला दिया। बस, फिर सर्वशक्तिमान, सर्वज्ञाता परमात्मा किसी निम्न दर्जे की कमीनी मानसिकता की भाँति क्रोध में आ गया और स्वनिर्मित दुनिया को स्वयं ही बद्दुआएँ देने लग पड़ा। ख़ूब!

प्रश्न उठता है कि ईश्वर ने यह दुखभरी दुनिया क्यों बनायी? क्या तमाशा देखने के लिए? तब तो वह रोम के क्रूर शहंशाह नीरो से भी अधिक जालिम हुआ। क्या यह उसका चमत्कार है? इस चमत्कारी ईश्वर की क्या आवश्यकता है? बहस लम्बी हो रही है। इसलिए इसे यहीं समाप्त करते हुए इतना ही कहेंगे कि हमेशा से स्वार्थियों ने, पूँजीपतियों ने धर्म को अपनी-अपनी स्वार्थ-सिद्धि के लिए इस्तेमाल किया है। इतिहास इसका साक्षी है। 'धैर्य धारण करो! अपने कर्मों को देखो!' ऐसे दर्शन ने जो यातनाएँ दी हैं, वे सबको मालूम ही हैं।

लोग कहते हैं कि ईश्वर के अस्तित्व को अगर नकारा जाये तो क्या होगा? दुनिया में पाप बढ़ जायेगा। अन्धेरगर्दी मच जायेगी। लेकिन अराजकतावादी कहते हैं कि उस समय मनुष्य इतना अधिक ऊँचा हो जायेगा कि स्वर्ग का लालच और नरक का भय बताये बिना ही वह बुरे कार्यों से दूर हो जायेगा और नेक काम करने लगेगा। वास्तव में बात यह है कि हिन्दुस्तान में श्रीकृष्ण निष्काम कर्म करने का बहुत उपदेश दे गये हैं। गीता दुनिया की एक प्रमुख पुस्तक मानी जाती है, लेकिन श्रीकृष्ण निष्काम भाव के साथ कर्म की प्रेरणा देते हुए भी अर्जुन को मृत्योपरान्त स्वर्ग और विजय प्राप्त कर राजभोग का लालच देने से पीछे न रहे। लेकिन आज हम अराजकतावादियों के बलिदान देखते हैं तो मन में आता है कि उनके पैर चूम लें। साको और वेंजरी की कहानियाँ हमारे पाठक पढ़ ही चुके हैं। न ईश्वर को प्रसन्न करने का कोई लालच है और न स्वर्ग में जाकर मौज मारने का लोभ, न पुनर्जन्म में ही सुख मिलने की आशा। लेकिन फिर भी हँसते-हँसते लोगों के लिए, सत्य के लिए जीवन न्योछावर कर देना क्या कोई मामूली बात है! अराजकतावादी तो कहते हैं कि एक बार मनुष्य स्वतन्त्र हुआ तो उसका जीवन बहुत ऊँचा हो जायेगा। ख़ैर, एक-एक प्रश्न पर लम्बी बहसें हो सकती हैं, लेकिन यहाँ स्थानाभाव है।

अराजकतावाद : दो

स्टेट या सरकार

इससे आगे की बात जो वे सामने नहीं लाना चाहते, वह है राजसत्ता। अगर हम राजसत्ता का मूल खोजें तो दो परिणामों पर पहुँचते हैं। कुछ लोगों की धारणा है

कि जंगली मनुष्य की अक्ल विकसित होती रही, और लोगों ने मिल-जुलकर रहना आरम्भ कर दिया। इस तरह राजसत्ता का जन्म हुआ। इसे उद्‌भव कहते हैं। दूसरे यह कि लोगों को जंगली जानवरों से मुकाबले के लिए तथा अन्य आवश्यकताओं की पूर्ति के लिए मिलना और एकजुट होना पड़ा। फिर गुटों में लड़ाइयाँ हुईं और प्रत्येक को ताक़तवर शत्रु का भय सताने लगा। इस प्रकार मिल-जुलकर राज क़ायम किये गये। उसके पश्चात आवश्यकता या यूटीलिटेरियन थ्योरी यही है। हम चाहे दोनों को ही लें। उद्‌भव वालों से पूछा जा सकता है कि अब ही क्यों उद्‌भव रुक गया? पंचायती राज के बाद अराजकतावाद ही आता है और अन्यों को यह उत्तर है कि अब शासन की कोई ज़रूरत ही नहीं। यह बहस तो पहले हो चुकी है। अगर इन या अन्य ऐसी बातों की ओर अधिक ध्यान न भी दें तो भी यह स्वीकारना होगा कि लोगों ने वास्तव में सौदा किया था, जिसे फ्रांस के प्रसिद्ध युगान्तकारी रूसो ने सामाजिक सौदा कहा है। सौदा यह कि मनुष्य अपनी स्वतन्त्रता का एक विशेष भाग अर्थात् अपनी आय का एक हिस्सा, बलिदान करेगा जिसके एवज में उसे सुरक्षा और शान्ति उपलब्ध करायेंगे। इस सबके पश्चात विचारणीय है कि क्या वह सौदा पूरी तरह ठीक रहा? शासन क़ायम हो जाने के पश्चात राजसत्ता और ईश्वर ने साजिश रच ली। लोगों से कहा कि हम ईश्वर की ओर से भेजे गये हैं। लोग ईश्वर से भयभीत रहे और राजा मनमाने ज़ुल्म करते रहे। जार (रूस) और लुई (फ्रांस) के उदाहरण बहुत अच्छे ढंग से सब ढोल की पोल खोल देते हैं। क्योंकि वह साजिश बहुत समय तक चल नहीं सकी, पोप गेगोरी और किंग हैनरी में फूट पड़ गयी। पोप ने लोगों को हैनरी शासन के विरुद्ध भड़काया। इसी तरह हैनरी ने ईश्वर का हौवा दूर करते हुए लोगों को पोप के विरुद्ध भड़काया। कहने का आशय यह है कि स्वार्थी लोग लड़े और वे आडम्बर टूटे। ख़ैर, पुनः लोग उठे और ज़ुल्मी लुई को मार डाला। दुनिया में भगदड़ मच गयी। पंचायती राज स्थापित हुए, लेकिन पूर्ण स्वतन्त्रता तब भी न मिली। उधर जिस वक़्त आस्ट्रिया का मन्त्री मैटरनिक एकतन्त्र शासन की तरफ़ से दमन कर लोगों को उसका विरोधी बना रहा था, उधर अमेरिका के पंचायती राज में बेचारे गुलामों की बुरी स्थिति हो गयी थी। तब फ्रांस के ग़रीब लोग भी अनेक बार कोशिशें करके उठ और गिर रहे थे। आज भी फ्रांस में पंचायती राज है, लेकिन लोग पूरी तरह स्वतन्त्र नहीं हैं। इसलिए अराजकतावादी कहते हैं कि कोई भी राज नहीं चाहिए। बाक़ी सब बातों में वे साम्यवादियों के समान हैं लेकिन इन दोनों बातों का अन्तर है। प्रख्यात साम्यवादी कार्ल मार्क्स के प्रख्यात साथी फ्रेडरिक एंगेल्स ने भी अपने और मार्क्स के साम्यवाद के सम्बन्ध में लिखा है कि हमारा भी यही आदर्श है: Communism also looks forward to a period in the evolution of society when the State will become superfluous and having no longer any function to perform, will die away. अर्थात् वह भी समझते हैं कि अन्त में राजसत्ता की कोई ज़रूरत नहीं रहेगी।

ख़ैर, तात्पर्य तो यह है कि वे चाहते हैं कि राजसत्ता न रहे और लोग भ्रातृत्व से रहें। मैकियावली इटली का राजनीतिज्ञ था। वह कहता था कि राज कोई न कोई ज़रूर होना चाहिए। चाहे वह पंचायती हो या एक राजा का। उसकी यह मान्यता थी कि राज हो और मज़बूत लोहे के हाथ-सा हो। लेकिन अराजकतावादी कहते हैं कि नरम और गरम क्या? हमें न पंचायती राज चाहिए और न कोई अन्य। वे कहते हैं: "Undermine the whole conception of a State and then and then and then only we have Liberty worth having." अर्थात् राजसत्ता का विचार भी दुनिया में ख़त्म किया जाये, तभी कोई स्वतन्त्रता प्राप्त हो सकेगी।

लोग कहेंगे कि भला यह कोई बात हुई, राजसत्ता न होगी, क़ानून न होगा, क़ानून मनवाने वाली पुलिस न होगी तो अन्धेरगर्दी मच जायेगी। राजनीति के प्रख्यात दार्शनिक डेविड थोरियन ने कहा है कि "Law never made man a whit more just, and by means of their respect for it even the well disposed are daily made gents of injustice."

इसमें तो कोई असत्यता नज़र नहीं आती। हमें नज़र आता है कि ज्यों-ज्यों क़ानून सख़्त होते हैं त्यों-त्यों भ्रष्टाचार भी बढ़ता है। यह तो आम शिकायत है कि पहले किसी प्रकार की लिखा-पढ़ी के बिना हज़ारों रुपयों का लेन-देन होता था और कोई बेईमानी नहीं करता था। अब हस्ताक्षर, अँगूठे, साक्ष्य और रजिस्ट्रियाँ होती हैं। लेकिन बेईमानी बढ़ रही है। फिर वे तो इसका निदान यही सुझाते हैं कि प्रत्येक मनुष्य की आवश्यकताओं की पूर्ति होती रहे, सभी कार्य उसकी इच्छानुसार होते रहें, तब कोई पाप या जुर्म न होगा।

"Crime is naught but misdirected energy. So long as every institution of today, economic, political, social and moral conspires to misdirect human energy into wrong channelsw, so long as most people are out of place doing the things they want to do, living a life they want to live, crime will be inevitable and all the laws on the statues can only increase but never do away with crime."

अर्थात् मनुष्य को अगर पूर्ण स्वतन्त्रता हो तो वह अपनी इच्छानुसार काम-काज कर सके। अन्याय न हों। अगर इस तरह पूँजीपतियों द्वारा शोषण जारी रहेगा तो बड़े-बड़े क़ानून भी कुछ नहीं कर सकते। लोग कहते हैं कि मनुष्य का स्वभाव ही

कुछ ऐसा है कि बिना शासन के रह ही नहीं सकता। बेलगाम होगा तो बहुत नुक़सान पहुँचायेगा। इस मानव-स्वभाव के सम्बन्ध में लॉर्ड ने अपनी किताब 'प्रिसिपल्स ऑफ़ पोलिटिक्स' में लिखा है कि चींटियाँ एकजुट रह सकती हैं, जानवर एकजुट रह सकते हैं, लेकिन मनुष्य नहीं रह सकते। मनुष्य ईश्वर की ओर से ही लालची, अमानवीय और सुस्त बना है। ऐसी बातें सुनकर एमा गोल्डमैन गुस्से में आ गयीं और उन्होंने 'अनार्किज़्म एण्ड अदर एसेज' किताब में लिखा है: "Every fool from king to policeman, from the flat headed person to the visionless dausier in science presumes to speak authoritavely of human nature."

यानी जो भी गधा उठता है वही बढ़कर मानव स्वभाव पर अधिक जोरदार राय देता है। वह कहती हैं कि जो जितना बड़ा मूर्ख हो उतना ही वह इस सम्बन्ध में अपनी राय को बहुमूल्य समझता है। आज तक किसी मनुष्य को पूर्ण स्वतन्त्रता देकर भी देखी है जो हमेशा उसकी बुराइयों का रोना रोया जाता है। वे कहती हैं कि छोटी पंचायतें बनें और स्वतन्त्रता से काम हो।

निजी सम्पत्ति

तीसरी सबसे आवश्यक और महत्त्वपूर्ण बात है निजी सम्पत्ति। वास्तव में दुनिया को पेट का सवाल ही चला रहा है। इसके लिए ही धैर्य, सन्तोष आदि उपदेश गढ़े गये। सभी कुछ इसके लिए किया जाता रहा। अब अराजकतावादी, साम्यवादी, समाजवादी सभी सम्पत्ति के विरुद्ध हो गये हैं। वे कहते हैं: "Property is robbery." (Proudhon) but without risk or danger to the robber. – Emma Goldman.

सम्पत्ति बनाने का विचार मनुष्यों को लालची बना देता है। वह फिर पत्थर-दिल होता चला जाता है। दयालुता और मानवता उसके मन से मिट जाती है। सम्पत्ति की सुरक्षा के लिए राजसत्ता की आवश्यकता होती है। इससे फिर लालच बढ़ता है और अन्त में परिणाम—पहले साम्राज्यवाद, फिर युद्ध होता है। ख़ून-ख़राबा और अन्य बहुत नुक़सान होता है। अगर सबकुछ संयुक्त हो जाये तो कोई लालच न रहे। मिल-जुलकर सभी काम करने लगें। चोरी, डाके की कोई चिन्ता न रहे। पुलिस, ज़ेल, कचहरी, फौज की ज़रूरत न रहे। और मोटे पेटवाले, हराम की खाने वाले भी काम करें। थोड़ा समय काम करके पैदावार अधिक होने लगे। सभी लोग आराम से पढ़-लिख भी सकें। अपनेआप शान्ति भी रहे, खुशहाली भी बढ़े। अर्थात् वह इस बात पर जोर देते हैं कि संसार से अज्ञानता दूर करना बहुत आवश्यक है।

असल में सम्पत्ति सबसे बड़ा प्रश्न है, इसलिए इस पर विचार के लिए एक अन्य लेख आवश्यक है। इसी वास्तविक प्रश्न पर कार्ल मैनिग ने स्पष्ट रूप से घोषित

कर दिया था–'Ask for work and if they don't give you work ask for bread and if they do not give you work or bread, then take bread.' अर्थात् काम भी न मिले और रोटी भी प्राप्त न हो तो रोटी छीनकर खा लो। क्योंकि किसी को क्या अधिकार है कि वह केक खाते हुए मौज उड़ाये जबकि दूसरे को रोटी के सूखे टुकड़े भी न जुटें। इसी मसले पर उन्होंने कहा कि विपन्न के घर जन्म लेने से कोई उम्रभर घिसटते गुज़ारे एवं सम्पन्न के घर जन्मने से ही किसी को हराम की खाने का अवसर क्यों प्राप्त हो? 'माया से माया मिले' वाली बात भी रोकी जाये। इन्हीं कारणों से सभी के लिए समान अवसर वाले सिद्धान्त के समक्ष उन्होंने निजी सम्पत्ति की पवित्रता का भ्रम तोड़ा। वे कहते हैं कि सम्पत्ति भ्रष्टाचार से जुटती है और उसकी रक्षा के लिए क़ानून की आवश्यकता पड़ती है जिससे कि राजसत्ता की आवश्यकता होती है। दरअसल यही सारी गड़बड़ियों की जड़ है। इसे समाप्त करते ही सारी गड़बड़ियाँ दूर हो जायेंगी। आख़िर वे क्या चाहते हैं, काम कैसे चलेगा? यही काफ़ी विस्तृत प्रश्न है।

लेख में ऊपर यह बताया गया है कि अराजकतावादी पहले तो ईश्वर और धर्म के विरुद्ध हैं, क्योंकि वह मानसिक गुलामी के कारण हैं। दूसरे राजसत्ता के विरुद्ध हैं, क्योंकि यह शारीरिक गुलामी है। वे कहते हैं कि मनुष्य को स्वर्ग का लालच, नरक का भय या क़ानून का डण्डा दिखाकर भले काम की प्रेरणा देना ग़लत है। वैसे भी मनुष्य जैसे उच्च जीव का अपमान है। स्वतन्त्रता से ज्ञान प्राप्त करके अपनी इच्छा अनुसार काम करें और प्रसन्नता से जीवन व्यतीत करें। लोग कहते हैं कि इसका अर्थ यह हुआ कि हम उसे पहले की जंगली स्थितियों में रखना चाहते हैं, जिस प्रकार हम आरम्भ में थे। लेकिन यह ग़लत है। उस समय अज्ञानता थी। मनुष्य अधिक दूर तक नहीं जा सकता था। लेकिन अब पूर्ण ज्ञान से दुनिया में सम्पर्क स्थापित करते हुए भी वह स्वतन्त्र रहे। धन का लोभ न हो। और धन का प्रश्न भी समाप्त कर दिया जाये।

अगले लेख में हम इस दर्शन के सम्बन्ध में कुछ अन्य बातें, अनेक प्रकार के विचार, इतिहास और इसके बदनाम होने के कारण और इसमें हिंसा भी शामिल होने के बारे में लिखेंगे।

अराजकतावाद : तीन

पिछले दो लेखों में हमने अराजकतावाद के सम्बन्ध में सर्वसाधारण तथ्य लिखे थे। ऐसे महत्त्वपूर्ण विषय पर जोकि दुनिया के पुराने विचारों एवं परम्पराओं के विरुद्ध नया-नया ही सामने आये, इतने छोटे लेख से पाठकों की जिज्ञासा को शान्त नहीं

किया जा सकता। इस प्रकार अनेक शंकाएँ जन्म लेती हैं। फिर भी हम उनके मोटे-मोटे सिद्धान्त पाठकों के सामने रख रहे हैं जिनसे कि वे इनकी मोटी-मोटी बातें समझ चुके होंगे। अब हम इसी तरह साम्यवाद, समाजवाद और नाशवाद जैसे सिद्धान्तों पर लिखेंगे, ताकि हिन्दुस्तान भी समझ सके कि विदेशों में कौन-कौन-सी विचारधाराएँ चलन में हैं। मगर किसी अन्य विषय पर लिखने से पूर्व अराजकतावाद के सम्बन्ध में बहुत-सी महत्त्वपूर्ण एवं रोचक बातें लिखने का विचार है जिसमें नाशवाद का इतिहास भी है, अर्थात् अराजकतावादियों ने अब तक क्या किया? वे किस प्रकार बदनाम किये गये?

ऊपर हमने उनके विचार बताये हैं। अब हम यह बताना चाहते हैं कि उन्होंने इन विचारों को अमलीजामा पहनाने के लिए क्या किया और किस प्रकार वह बल-प्रयोग से बहुत मज़बूत सरकारों से भिड़ जाते थे और उन मुठभेड़ों में जान की बाजी तक लगा देते थे।

दरअसल जब दमन और शोषण सीमा से अधिक हो जाये, जब शान्तिमय और खुले काम को कुचल दिया जाये, तब कुछ करने वाले हमेशा गुप्त रूप से काम करना शुरू कर देते हैं और दमन देखते ही प्रतिशोध के लिए तैयार हो जाते हैं। यूरोप में जब ग़रीब मज़दूरों का भारी दमन हो रहा था, उनके हर तरह के कार्य को कुचल डाला गया था या कुचला जा रहा था, उस समय रूस के सम्पन्न परिवार से माईकल बैकुनिन को जो रूस के तोपख़ाने में एक बड़े अधिकारी थे, पोलैण्ड के विद्रोह से निबटूने के लिए भेजा गया था। वहाँ विद्रोहियों को जिस प्रकार ज़ुल्म करके दबाया जा रहा था, उसे देखकर उनका मन एकदम बदल गया और वे युगान्तकारी बन बैठे। अन्त में उनके विचार अराजकतावाद की ओर झुक गये। उन्होंने सन् 1834 में नौकरी त्याग दी। उसके पश्चात बर्लिन और स्विट्ज़रलैण्ड के रास्ते पेरिस पहुँचे। उस समय आमतौर पर सरकारें इनके विचारों के कारण इनके विरुद्ध थीं। 1864 तक वह अपने विचार पुख़्ता करते रहे और मज़दूरों में प्रचार करते रहे।

बाद में उन्होंने राष्ट्रीय मज़दूर कांग्रेस पर क़ब्जा कर लिया और 1860 से 1870 तक आप अपने दल को संगठित करते रहे। 4 सितम्बर, 1870 में पेरिस में तीसरा पंचायती राज कायम करने की घोषणा की गयी। फ्रांस में कई स्थानों पर पूँजीपति सरकार के विरुद्ध लड़ाइयाँ व विद्रोह हुए। लियोन शहर में विद्रोह भड़का। उसमें बैकुनिन शामिल हुए। इनका पलड़ा ही भारी रहा। कुछ ही दिनों बाद वहाँ उनकी हार हो ायी और वे वहाँ से लौट आये।

1873 में हसपानिया में बगावत खड़ी हो गयी। उसमें शामिल होकर ये लड़े।

कुछ दिन तक तो मामला ख़ूब गरम रहा लेकिन अन्त में वहाँ भी हार हो गयी। वहाँ से लौटे तो इटली में बगावत जारी थी। वहाँ जाकर इन्होंने युद्ध की बागडोर हाथ में ले ली। गैरीबाल्डी भी कुछ विरोध के बाद उनके साथ मिल गये थे। कुछ दिनों के दंगों के बाद वहाँ भी हार हो गयी। इस तरह उनका सारा जीवन लड़ने-भिड़ने में गुज़र गया। अन्त में जब वह बूढ़े हो गये तो उन्होंने अपने साथियों को ख़त लिखे कि अब मैं अपने हाथों से नेतृत्व की बागडोर छोड़ता हूँ ताकि काम में रुकावट न पड़े। अन्त में जुलाई, 1876 में बीमारी की हालत में उनका निधन हो गया।

बाद में बहुत ताक़तवर चार व्यक्ति इस कार्य के लिए कमर कसकर तैयार हुए। वे थे कारलो केफियर्स, इटली के रहने वाले, काफ़ी सम्पन्न परिवार से थे। दूसरे, माला टेम्टा। आप बड़े विद्वान डॉक्टर थे। लेकिन आप सभी कुछ छोड़कर युगान्तकारी बन गये। तीसरे, पाल ब्रसी भी बड़े मशहूर डॉक्टर थे। आप भी इसी कार्य में लग गये। चौथे थे पीटर क्रोपोटकिन। आप रूसी परिवार से थे। कई बार मजाक़ में कहा जाता था कि असल में आपको ही जार बनना था। आप सभी बैकुनिन के अनुयायी थे। आपने कहा कि हम जबान से बहुत प्रचार कर चुके लेकिन कोई असर नहीं होता। नयी-नयी विचारधाराएँ सुनाकर थक गये हैं। जनता पर कुछ भी प्रभाव नहीं पड़ता। इसलिए अब व्यावहारिक प्रचार आरम्भ किया जाये। क्रोपोटकिन ने कहा–

"A single deed makes more propaganda in a few days than a thousand pamphlets. The Government defends itself. It rages prtilessly, but by this it only caused further deeds to be committed by one or more persons and drives the insurgents to heroism. One deed bringsforth another, opponents join the mutiny, the Govt. splits into factions, harshness intesifies the conflict, concessions come too late, the revolution breaks out."

अर्थात् एक ही व्यावहारिक काम हज़ारों किताबों और पत्रिकाओं से अधिक प्रचार कर देता है। सरकार स्वयं अपनी रक्षा करती है। उसे गुस्सा आता है। जलन होती है और वह दमन करती है। कई लोग थककर प्रतिशोध के लिए तैयार हो जाते हैं। फिर कभी ठीक उसी तरह के काम होते हैं तो उन्हें शहीद कर दिया जाता है। विरोधी भी आकर शामिल हो जाते हैं। सरकार तड़पती है। आपस में उनकी नोक-झोंक होने लगती है। जनता की शर्तें स्वीकारने में बेवजह देर की जाती है और इन्क़मलाब की जंग शुरू हो जाती है। यह विचारों का दृश्य आपके सामने रखा गया है। पीटर क्रोपोटकिन रूसी युगान्तकारियों में से थे। पकड़े जाने के बाद पीटर पाल नामक क़िले में बन्दी बनाये गये थे। उस सख़्त ज़ेल में से ये भाग गये और यूरोप में जाकर अपने विचारों का प्रचार करने लगे। उपरोक्त बातों से पता चलता है कि उस समय उनकी मनःस्थिति क्या थी।

सबसे पहले उन्होंने बर्न नामक शहर में (फ्रांस में) मज़दूरों के शासन की स्थापना वाले दिन की बरसी मनायी। यह बात 18 मार्च, 1876 की है। उस दिन उन्होंने मज़दूरों का जुलूस निकाला और बाज़ार में पुलिस से हाथापाई भी कर बैठे। जब सिपाहियों ने उनके लाल झण्डे को उखाड़ने का प्रयास किया, तब बहुत तगड़ा फसाद खड़ा हो गया। अनेक सिपाही बुरी तरह घायल हुए। अन्त में ये सभी पकड़े गये और 10 से 40 दिनों तक क़ैद की सजा हुई।

उधर अप्रैल माह में इटली में किसानों को उकसाकर अनेक स्थानों पर बगावतें खड़ी कर दीं। वहाँ भी इनके साथी पकड़े गये, जिनमें से काफ़ी बरी हो गये। उनका विचार अब इसी तरह से प्रचार का था। इसलिए वे कहा करते थे–Neither money nor organizations nor literature was needed any longer for (for theri propaganda work). One human being in revolt with torch or dynamite was off to instruct the world. अर्थात् प्रचार-कार्य के लिए न तो धन की आवश्यकता है, न बड़े पोथों की और न बड़े भारी संगठन की। कोई भी एक आदमी–जिसने हाथ में मशाल पकड़ी हुई हो, जिससे वह आग लगा सके या डाइनामाइट हो जिससे वह एक बार मकानों और ऐसे इन्सानों को उड़ा सके–सारी दुनिया को अपनी इच्छानुसार शिक्षा दे सकता है।

अगले बरस, 1868 से बस ऐसे कामों ने जोर पकड़ लिया। बर्लिन में इटली का बादशाह हम्बर्ट जब अपनी बेटी के साथ मोटरकार में जा रहा था, तब उसे मारने का प्रयास किया गया। शहंशाह विलियम को एक साधारण नवयुवक ने गोली मार दी। तीन हफ्ते बाद डॉक्टर कार्ल नौवलिग ने एक बार खिड़की में से शहंशाह पर गोली चला दी। जर्मनी में उस समय ग़रीब मज़दूरों के भाषणों को निर्मम ढंग से कुचला जा रहा था। उसके बाद एक दिन गोष्ठी करके फ़ैसला लिया गया था कि जिस प्रकार भी सम्भव हो, इस भ्रष्ट पूँजीवादी वर्ग और उसकी मददगार सरकार एवं पुलिस आदि को भयभीत किया जाये।

15 दिसम्बर, 1883 को विलीरिड फ्लोडसोर्फ में उलुबैक नाम के कुख्यात पुलिस अफ़सर को मार डाला गया। 23 जून, 1884 को रुजेट को इसी अपराध में फ़ाँसी दे दी गयी। अगले ही दिन इसके बदले में ब्लेटिक, पुलिस अधिकारी की हत्या कर दी गयी। आस्ट्रिया की सरकार गुस्से में आ गयी और वियना में पुलिस ने ज़बरदस्त घेराबन्दी करके अनेक व्यक्ति गिरफ़्तार कर लिये और दो को फ़ाँसी पर टाँग दिया।

उधर लियुन में हड़तालें हुईं। एक हड़ताली फुरनियर ने अपने पूँजीपति मालिक को गोली मार दी। उसके अभिनन्दन समारोह में एक पिस्तौल उपहार-स्वरूप दी गयी। 1888 में वहाँ बहुत गड़बड़ी मची हुई थी और रेशम के मज़दूर भूखों मर

रहे थे। पूँजीपतियों के समाचारपत्र मालिक और उनके दूसरे धनी मित्र एक जगह ऐश उड़ाने में मसरूफ थे। वहीं एक बम फेंक दिया गया। अमीर लोग काँप उठे। 60 अराजकतावादी पकड़े गये। उनमें से केवल तीन ही बरी किये गये। लेकिन फिर भी असली बम फेंकने वाले की बहुत तलाश की जाती रही। अन्त में वह पकड़ा गया और फ़ाँसी पर लटका दिया गया। बस इस तरह ही उनके विचारों की लाइन पर काम चल पड़ा। फिर तो जहाँ भी हड़ताल होती, वहीं क़त्ल भी हो जाता। इन बातों का ज़िम्मेदार भी अराजकतावादियों को ही ठहराया जाता, इसलिए इस नाम से ही लोग थर-थर काँपने लगे।

उधर एक जर्मन अराजकतावादी जहानमोस्ट, जो पहले दफ्तरी का काम करता था, 1882 में अमेरिका जा पहुँचा। उसने भी यह विचार जनता के समक्ष रखने आरम्भ किये। वह भाषण बड़ा सुन्दर देता था और उसका अमेरिका में बहुत प्रभाव पड़ा। 1886 में शिकागो आदि में बहुत-सी हड़तालें हो रही थीं। एक काग़ज़-कारख़ाने के मज़दूरों में एक अराजकतावादी स्पाईज उपदेश दे रहा था। कारख़ाना-मालिकों ने इसे बन्द करने की कोशिश की। वहाँ लड़ाई हो गयी। पुलिस बुलायी गयी, जिसने आते ही गोली चला दी। छह आदमी मारे गये और कई जख़्मी हो गये। स्पाईज को गुस्सा आया। उसने स्वयं जाकर एक नोटिस कम्पोज करके मुद्रित कर दिया कि मज़दूरों को मिलकर अपने निरपराध भाइयों के ख़ून का बदला लेना चाहिए। अगले दिन 4 मई, 1886 को 'हे मार्केट' में जलसा था। शहर का अध्यक्ष इसे देखने आया था। उसने देखा कि वहाँ कोई आपत्तिजनक बातें नहीं हो रही हैं। वह चला गया। बाद में पुलिस ने आकर बिना आगा-पीछा देखे मारपीट करनी शुरू कर दी और कहा कि जलसा बन्द करो। तभी एक बम पुलिसवालों पर फेंका गया जिसके साथ ही बहुत से पुलिसवाले मारे गये। कई व्यक्तियों को पकड़कर फ़ाँसी की सजा दे दी गयी। जाते-जाते उनमें से एक शख़्स कहने लगा—"मैं फिर कहता हूँ, मैं वर्तमान व्यवस्था का कट्टर दुश्मन हूँ। मैं चाहता हूँ कि हम इस राजसत्ता को मिटा दें और ख़ुद राजसत्ता का इस्तेमाल करें। आप शायद हँसें कि मैं तो अब बम नहीं फेंक सकूँगा लेकिन मैं बताता हूँ कि तुम्हारे ज़ुल्मों ने सभी मज़दूरों को बम सँभालने और चलाने पर मजबूर कर दिया है। यह जान लो कि मैं सच कह रहा हूँ कि मेरे फ़ाँसी लगने पर और भी कई आदमी पैदा हो जायेंगे। मैं तुम्हें घृणित दृष्टि से देखता हूँ और तुम्हारी राजसत्ता को मटियामेट कर देना चाहता हूँ। मुझे फ़ाँसी चढ़ा दो।" ख़ैर, इस तरह बहुत-सी घटनाएँ होती रहीं। लेकिन एक-दो प्रसिद्ध घटनाएँ और हुईं। अमेरिका के अध्यक्ष मैकनिल पर गोली चलायी गयी और फिर स्टील कम्पनी में हड़ताल हुई। यहाँ मज़दूरों पर ज़ुल्म ढाये जा रहे थे। उसके मालिक हैनरी-सी फ्रिक को अलेक्जेण

डर नामक अराजकतावादी ने गोली मारकर जख़्मी कर दिया, जिसे आजीवन क़ैद हो गयी। ख़ैर, इसी तरह अमेरिका में भी अराजकतावादियों के इस विचार का प्रचार और उस पर अमल होने लगा।

इधर यूरोप में भी अन्धेर चल रहा था। पुलिस और सरकार के साथ इन अराजकतावादियों का झगड़ा बढ़ गया। अन्त में एक दिन वैलेण्ट नाम के एक नवयुवक ने असेम्बली में बम फेंक दिया, लेकिन एक औरत ने उसका हाथ पकड़कर उसे बाधा दी, परिणामस्वरूप कुछ डिप्टियों के घायल होने के अलावा कुछ और विशेष न हुआ। उसने बड़ी बुलन्द आवाज़ में स्पष्टीकरण देते हुए कहा—"It takes a loud voice to make the deaf hear." यानी बहरों को सुनाने के लिए बड़ी बुलन्द आवाज़ की ज़रूरत है। अब तुम मुझे सजा दोगे, पर मुझे इसका कोई भय नहीं क्योंकि मैंने तुम्हारे दिल को चोट पहुँचायी है। तुम जोकि ग़रीबों के साथ अत्याचार करते हो और मेहनत करने वाले भूखे मरते हैं और तुम उनका ख़ून चूस-चूसकर ऐश कर रहे हो। मैंने तुम्हें चोट मारी है। अब तुम्हारी बारी है।

उसके लिए बहुत-सी अपीलें की गयीं। सबसे ज़्यादा जख़्मी हुए असेम्बली के सदस्य ने भी जूरी से कहा कि इस पर दया की जाये, लेकिन कार्नेट नामक अध्यक्ष की जूरी ने उनकी बातों को अस्वीकारते हुए उसे फ़ाँसी की सजा दे दी। बाद में एक इटैलियन लड़के ने एक छुरी कार्नेट के पार कर दी, जिस पर वैलेण्ट का नाम लिखा हुआ था।

इसी तरह हद दर्जे के अत्याचारों से तंग आकर स्पेन में भी बम चले और अन्ततः एक इटैलियन ने वजीर को मार डाला। इसी तरह यूनान के बादशाह, आस्ट्रिया की मलिका पर भी हमले किये गये। 1900 में गैटाने ब्रैसी ने इटली के बादशाह हर्बर्ट को मार डाला। इसी प्रकार वे लोग ग़रीबों की ख़ातिर अपनी जिन्दगियों से खेलते रहे और हँसते-हँसते फ़ाँसी पर चढ़ते रहे...इसलिए उनके विरोधी भी उनके विरुद्ध कुछ नहीं कर सकते। उनके अन्तिम शहीदों साको और वैल्जेटी को अभी पिछले साल फ़ाँसी हुई। वे जिस दिलेरी से फ़ाँसी पर लटके, सब जानते हैं। बस यही संक्षिप्त इतिहास है—अराजकतावाद और उसके कार्यों का। अगली बार साम्यवाद के बारे में लेख लिखेंगे।

रूस के युगान्तकारी नाशवादी (निहिलिस्ट)

रूस में एक बहुत बड़े नाशवादी हुए हैं इवान तुर्गनेव। उन्होंने 1862 में एक उपन्यास लिखा 'पिता और पुत्र'। इस उपन्यास के प्रकाशन पर बहुत शोर-शराबा हुआ, क्योंकि उसमें नवयुवकों के आधुनिक विचारों का चित्रण किया गया था। पहले-पहल

तुर्गनेव ने ही नाशवाद शब्द इस्तेमाल किया था। नाशवाद का अर्थ है कुछ भी न मानने वाला (निहिल—कुछ भी नहीं); शाब्दिक अर्थ है—जो कुछ भी न माने। लेकिन वास्तव में ये लोग जनता के पुराने रस्मो-रिवाज और कुरीतियों के विरोधी थे। ये लोग देश की मानसिक गुलामी से थक गये थे, इसलिए उन्होंने इसके विरुद्ध विद्रोह किया। इन्होंने सिर्फ़ कहा ही नहीं बल्कि व्यवहार में कर भी दिखाया। तुर्गनेव कहते हैं कि मेरे उपन्यास का नायक कोई काल्पनिक जीव नहीं है, वरन वह वास्तव में ही ऐसे विचारों का था और ऐसे विचारों का प्रचार साधारणतया होने लगा था। वे कहते हैं कि एक दिन धूप सेंकते हुए मुझे इस उपन्यास का विचार सूझा। और उसको थोड़ा-सा विस्तार देकर किताब लिख दी। उसका नायक बजारोव है। वह नास्तिक-सा है। पुरानी बातों का बहुत विरोधी है। उसे मुँह-जुबानी बहुत लम्बी-चौड़ी जी-हजूरी नहीं आती। बहुत मुँहफट है। और जो कहता है वह करता है। वह हर बात मुँह पर तुरन्त और स्पष्ट कह देता है। इसलिए कई बार वह बड़ा अक्खड़-सा लगता है। वह कविता का विरोधी है। संगीत तक को पसन्द नहीं करता। लेकिन वह स्वतन्त्रता-प्रेमी है। आम लोगों की स्वतन्त्रता का बड़ा समर्थक है। वह जो उन दिनों में इन्सानी फितरत बनी हुई थी, उसके विरुद्ध लड़ने का यत्न करता है।

असली नाशवादी इस तस्वीर से थोड़ा भिन्न है, अर्थात् उनमें थोड़ा-सा अन्तर है, क्योंकि उपन्यास का नायक थोड़ी-सी वास्तविकता के साथ काल्पनिकता से बनाया गया है। वास्तविक नाशवादी का चित्र कुछ और तरह का बनता है।

"The Nihilism of 1861 – a philosophical system especially dealing with what Mr. Herbert Spencer would call religious, governmental and social fetishism.

रूसी युगान्तकारी प्रिन्स क्रोपोटकिन ने 1861 में ऊपर लिखे शब्दों में नाशवादिता का जिक्र किया है, जिसका अर्थ है कि नाशवाद उस समय केवल एक दर्शन था जोकि धार्मिक अन्धविश्वास, सामाजिक अन्याय, संकीर्णता और सरकार की अन्धेरगर्दी के सन्दर्भ में था और इन चीज़ों के लिए जो अन्धविश्वास पैदा हो गया था उसके विरुद्ध प्रचार करता था। असल में उस समय की स्थितियों से तंग आकर वे नवयुवक मैदान में कूद पड़े थे। उनका कहना था कि हमें पिछली सभी बातों का पूरी तरह नाश कर देना है। आगे क्या होना चाहिए या क्या होगा, इसका ठीक-ठीक उत्तर न देते हुए भी वे विश्वास करते थे कि एक बड़ी सुन्दर दुनिया का निर्माण करेंगे। 'Nihilism was destructive because it wanted a wholesale destruction but with a pleasure of building up.' अर्थात् नाशवाद विनाशकारी या ध्वंसात्मक विचार थे, क्योंकि वे पिछली या पुरानी बातों के विरोधी

और उनका नाश चाहने वाले थे। परन्तु फिर भी उस विनाश के बाद बड़ी सुन्दर चीज़ों के निर्माण होने की आशा थी।

धीरे-धीरे इन बातों का प्रचार बढ़ता गया और आम नवयुवकों में भी यह विचार घर करने लगे। वे चाहते थे–'To liberate the people from the chains of tradition and autocracy of the Czar.' अर्थात् जनता को पुरानी चली आ रही रस्मों और जारशाही से मुक्त कराया जाये।

उन दिनों उनका कार्यक्रम इन बातों का प्रचार ही था। स्थितियाँ परिवर्तित हो गयीं। उन्हीं दिनों अभी गुलाम आजाद किये ही गये थे लेकिन उनमें से अधिकांश को ज़मीनें नहीं दी गयी थीं जिस पर कि वे मेहनत करके कुछ लाभ उठा सकते या कम से कम भुखमरी से बच सकते।

जो थोड़ी-बहुत ज़मीन उन्हें मिली थी उसी पर टैक्स इतना अधिक लग गया कि लोग भूखों मरने लगे और 1867 में बहुत भयानक अकाल पड़ा। उस समय सरकार का इन्तज़ाम अत्यधिक बुरा था। इतना दमन होता था कि जनता तंग आ गयी थी। सरकारी ज़ुल्म से तंग आकर बड़े-बड़े सरकारी अधिकारी युगान्तकारी बन गये। ऐसिंस्की और किआटकोवस्की, जिन्हें 1880 में फ़ाँसी दी गयी थी, पहले सरकारी कर्मचारी थे। इस तरह दूसरे अनेक जाने-माने अधिकारी, यहाँ तक कि न्यायाधीश भी तंग आकर युगान्तकारी बन गये।

इधर इन पर भी ज़ुल्म की हद हो गयी। लड़कों में अच्छी-अच्छी बातों का प्रचार नहीं होने दिया जाता था। कुछ ऐसी सभाएँ बनी हुई थीं जोकि सभी अच्छी-अच्छी किताबें प्रकाशकों से लेकर मुफ़्त बाँट देते या केवल लागत मूल्य पर बेच देते। ये सभी किताबें सरकारी सदस्य से स्वीकृत होती थीं। लेकिन जब सरकार ने देखा कि यह तो प्रचार के लिए इस्तेमाल होती हैं तो उन्होंने उन किताबों के प्रकाशक और वितरक को तबाह करने का निश्चय किया और उन पर हर तरह के ज़ुल्म करने शुरू कर दिये। 1861 से 1870 तक हरसम्भव और जायज ढंग से जनता की स्थिति सुधारने और सरकार को सही रास्ते पर लाने की कोशिश की गयी, लेकिन कुछ भी प्रभाव न पड़ा।

ऐसी स्थिति में काफ़ी व्यक्ति तो हाथ पर हाथ धरे किसी ऐसे समय की प्रतीक्षा में बैठ गये कि स्वयं ही हालात सुधरेंगे। कैसे सुधरेंगे? यह कोई नहीं जानता था। वे ईश्वर का ही भरोसा रखकर बैठ गये। लेकिन नवयुवकों के दिलों में आग भड़क उठी। उनके दिलों में ईश्वर का भरोसा शेष नहीं बचा था। चुपचाप, बिना कुछ किये ख़ाली बैठना उन्हें मुश्किल हो गया।

प्रिन्स क्रोपोटकिन अपने एक लेख में लिखते हैं–

'There are periods when some generations are penetrated with the noblest feelings f altruism and self sacrifice, when life becomes utterly impossible – for the man or woman who feels that he is not doing duty; and so it was with the youth in Russia.'

अर्थात् कभी-कभी ऐसा वक़्त आ जाता है जब आम जनता में जनसेवा का भाव जोर पकड़ता है, तब उन नर-नारियों के लिए जीना दूभर हो जाता है जो यह समझने लगते हैं कि वे अपना कर्तव्य पूरा नहीं कर रहे हैं। यह स्थिति उस समय रूस की हो गयी थी। वृद्ध व्यक्ति तो हाथ पर हाथ धरे बैठे रहे लेकिन नवयुवकों के दिलों में आग भड़क उठी।

1871 में बहुत-से युवक-युवतियाँ पश्चिमी यूरोप में भाग गये थे। वहाँ वे पढ़ते थे। ज़्यादातर स्विट्ज़रलैण्ड में थे। उन्हें स्वदेश आने की इजाज़त मिल गयी थी। वे लोग नये साम्यवाद या एकसुरता के विचार लेकर आये थे। उन्होंने आते ही जो प्रचार शुरू किया, तो जार ने तुरन्त सबको पकड़ लिया और वे अन्धाधुन्ध साइबेरिया में जलावतन कर दिये गये। काम ने ख़ुफ़िया रूप धारण कर लिया।

उस समय तीन पार्टियाँ काम कर रही थीं। इनके नेता चेर्नीशेवस्की, हशुटिन (हर्जन—स.) और नेचाइफ थे। पहले आवाज़ सुनायी देती थी कि जनता के साथ होना चाहिए अर्थात् जनता से सहानुभूति करनी चाहिए और उन्हें ऊपर उठाने का यत्न करना चाहिए। लेकिन अब नयी आवाज़ उठी कि स्वयं ही जनता बन जाओ। अर्थात् जनता के साथ शामिल हो जाओ। इस आवाज़ के उठते ही बलिदान के ऐसे-ऐसे उदाहरण मिलते हैं कि अभी तक दुनिया के तख़्ते से उनकी कोई मिसाल नहीं मिलेगी।

लेकिन पहले यह बता देना आवश्यक है कि यह आवाज़ आख़िर क्यों उठी? प्रिन्स क्रोपोटकिन ने लिखा है—'Until of late – however the peasant has always regarded the man who wears broad cloth and neither ploughs hews nor hammers nor digs side by side with him as an enemy. We wanted faith and love from him; and to obtain it was necessary to live their life.' अर्थात् उस समय तक रूसी किसान किसी भी ऐसे आदमी को, जिसने ढीले-ढाले कपड़े पहने हों और जिन्हें न तो हल चलाना आता हो और न कुल्हाड़ा, जिनके हाथों में हथौड़ा चलाने से कभी छाले न पड़े हों, और जिसने कभी फसल उगाई व काटी न हो, उसे अपना दुश्मन समझते थे। लेकिन हमें उनकी सहानुभूति और विश्वास चाहिए था। इसलिए उनके पास रहने की ज़रूरत थी। उनके साथ श्रम करने और रहने की आवश्यकता थी।

आहा! आज हम हिन्दुस्तान को स्वतन्त्र कराने की बहुत लम्बी-चौड़ी बातें करते हैं, लेकिन कितने आदमी इस तरह कुर्बानी करने को तैयार हैं? कितने अपने शहरों को छोड़कर गाँवों में किसानों की तरह गन्दे-गन्दे रहने के लिए तैयार होंगे? वहाँ तो अजीब स्थिति बन गयी थी।

Youngmen left their classrooms, their regiments and their desks, learned the smith's trade or the cashier's; or the ploughman's and went to work among the villages. Highborn and wealthy ladies also took themselves to the factories, worked fifteen and sixteen hours a day at the machine, slept in doghols with peasants, went barefoot as our working women go, bringing water from the river for the house.

युवक अपने कॉलेज, अपने स्कूल, अपनी प्लाटून और कुर्सियों को छोड़ आये और किसान-लोहार के काम सीखकर गाँवों की ओर चल पड़े। यह कितना बड़ा त्याग है। बड़े-बड़े समृद्ध परिवारों की पली बहुत नाजुक युवतियाँ कारख़ानों में मज़दूरी करने के लिए चल पड़ीं। अन्य मज़दूरों की भाँति अँधेरी कोठरियों में सोतीं, सोलह-सोलह घण्टे मशीन पर काम करतीं, नंगे पैर नदी से घर के लिए पानी लातीं।

बस, एक ही लगन। एक ही धुन में मस्त। उन ग़रीब मज़दूरों को उनके बुरे हालात का ज्ञान कराना और इसका इलाज बताना है। यह कितना बड़ा बलिदान है। युवतियों ने तो हद दर्जे का काम किया। रूसी युगान्तकारियों की दादी अम्मा कहलाने वाली श्रीमती कैथराईन एक समृद्ध और सुन्दर महिला थीं। वह भी उनमें शामिल हो गयीं। पहले अपनी ख़ूबसूरती को तेज़ाब डालकर जला डाला और दागदार चेहरा बनाकर बदसूरत बन गयीं ताकि बाह्य सौन्दर्य जनता में काम के दौरान कोई रुकावट न बने। ओह! आज ऐसा बलिदान कर सकने का साहस करने वाले कितने व्यक्ति हिन्दुस्तान में मौजूद हैं। रूस में नौजवान युवक-युवतियाँ घरों से भाग जाते और इन्हीं कार्यों में ज़िन्दगी बिता देते थे। लेकिन आज हिन्दुस्तान में कितने नौजवान हैं जो देश को स्वतन्त्र कराने के उद्देश्य से पागल हुए फिर रहे हों? चारों ओर काफ़ी समझदार आदमी नज़र आते हैं, लेकिन प्रत्येक को अपना जीवन सुखपूर्वक गुज़ारने की चिन्ता हो रही है। तब हम अपने हालात, देश के हालात सुधारने की क्या उम्मीद रखें? पिछली सदी का अन्तिम भाग रूसी नौजवानों ने इस तरह प्रचार कार्य में बिताया। युवतियों को घरों से निकाल लाने के अनेक बहुत सुन्दर किस्से मौजूद हैं।

सोनिया एक पादरी की लड़की थी। उसके स्कूल में युगान्तकारी महिलाएँ पढ़ाने वालों में अभी शामिल हुई थीं। उनके उपदेश सुनकर सोनिया के दिल में भी देशसेवा के भाव ने जोर पकड़ा। एक दिन वह घर से भाग गयी। लेकिन कुछ दिनों बाद पिता

ने आकर पकड़ लिया। तब पादरी के घर से उसे मुक्ति दिलाने का बन्दोबस्त किया गया। एक नौजवान उसका प्रेमी बनकर उसके घर गया और उसके पिता को मनाकर उससे शादी कर ली। कहानी बहुत रोचक है और 'रूस के नायक और नायिकाएँ' किताब में प्रकाशित हैं। कभी अवसर मिला तो वह कहानी भी पाठकों के समक्ष रखेंगे। ख़ैर, फिलहाल पाठक संक्षेप में ही समझ लें कि किस प्रकार रूस में कार्य चल रहे थे।

पहले तो काम खुले रूप में आरम्भ किया गया, लेकिन फिर सरकार ने ज़ुल्म ढाकर धर-पकड़ करके हज़ारों की संख्या में लोग साइबेरिया में भेज दिये। बिना वारण्ट हज़ारों व्यक्तियों को पकड़ लिया। चार-पाँच बरस तक वे अँधेरी कोठरियों में बन्द रखे गये। बाद में लगभग सौ व्यक्तियों पर मुक़दमा चलाया गया जिनमें से कुछ को सजा दी गयी। हज़ारों मुक़दमों में से एक 'ट्रायल ऑफ़ दि हण्ड्रेड नाइण्टी थ्री' नाम से प्रसिद्ध है। संक्षेप में, सरकारी संख्या के अनुसार हज़ारों लोग पकड़े गये और उन्हें ज़ेलों की तंग अँधेरी सीलनभरी कोठरियों में चार-चार पाँच-पाँच साल बन्द करके रखा गया। इनमें से तीन सौ व्यक्तियों को तो बहुत दिनों तक बन्दी रखा गया। इसी प्रकार अन्य अनेकों ने भी मरने की कोशिश की। 193 पर मुक़दमा चला। अत्यन्त अन्यायकारी न्यायालय ने सामान्य सबूत के आधार पर ही दस-दस वर्षों की सजा सिर्फ़ इस बात के लिए दी कि वे प्रचारक थे। उनमें से नब्बे को बरी कर दिया और शेष को सात से दस साल तक की सख़्त सजाएँ हुईं तथा बाद में उम्रभर के लिए साइबेरिया की जलावतनी। एक अन्य मुक़दमे में एक महिला को नौ-दस वर्ष की सख़्त सजा मात्र इस आरोप में हुई कि उसने एक मज़दूर को साम्यवादी विचारधारा का एक परचा दिया था।

इस तरह ज़ुल्म होता देखकर काम पहले से भी अधिक गुप्त और सोच- समझकर होने लगा। साथ ही प्रतिशोध की भावना भी सक्रिय हो उठी। साधारणतया एक-आध कमीना खुफ़िया अधिकारी जिसे भी चाहता, पकड़ता और जलावतन कर देता। इससे उसे तो इनाम मिल जाता लेकिन नौजवानों का जीवन ख़तरे में पड़ जाता।

कहा तो यह जाता है कि 16 अप्रैल, 1899 में जिस काराकोज्फ ने जार पर गोली चलायी थी, वह भी नाशवादियों का ही काम था। और एक पोलिश नौजवान बेरेजोवस्की भी जिसने अगले वर्ष जार पर पेरिस में गोली चलायी थी, उस पार्टी का सदस्य था। लेकिन वर्तमान स्थिति पर क्रोपोटकिन ने लिखा है कि हमारे शुरू-शुरू के काम में जार जितना सुरक्षित था उतना कभी नहीं रहा होगा। यह तो हारकर अन्त में शक्ति के इस्तेमाल के क्षेत्र में उतरे। उन्होंने पहले हमेशा जार को बचाने की कोशिशें कीं। एक बार जब कोई नौजवान जार को मारने सेण्ट पीर्ट्सबर्ग पहुँचा तो इस पार्टी वालों ने इसे इस काम से रोक दिया।

लेकिन बाद में तो काम जोरों से चल पड़ा। 1879 में मुलजिम बन्दियों में से एक को, जिन पर अभी मुक़दमा चलना था, बेंत लगाये गये क्योंकि उसने उठकर पुलिस अधिकारी को सलाम नहीं किया था और शेष बन्दियों को जिन्होंने उसकी हिमायत की, जनरल ट्रेपोफ के आदेशानुसार बुरी तरह पीटा गया। इस पर एक बहादुर युवती वीरा जसुलिच ने जनरल ट्रेसोफ पर गोली चला दी। वह मरा तो नहीं लेकिन युवती पर मुक़दमा चला। वह बरी कर दी गयी। पुलिस ने फिर उसे पकड़ना चाहा लेकिन जनता उसे छीनकर ले गयी।

जब से रूसी क्रान्तिकारियों ने देखा कि उनकी कोई मदद नहीं करता, उनकी रक्षा के लिए कोई क़ानून नहीं है, तब से उन्होंने स्वयं ही अपनी रक्षा करनी आरम्भ कर दी। पुलिस सुबह-सुबह लोगों के घर घेर लेती, महिलाओं तक के कपड़े उतारकर सिपाही उनकी तलाशी लेते। लोग बहुत तंग आ गये। कुछ यह भी कहने लगे कि अन्य देशों में तो ऐसा नहीं हो सकता। हम भी यह नहीं होने देंगे। सबसे पहले ओडेसा में कोवल्सकी ने यह काम किया। उसने पुलिस के साथ टक्कर ली। दमन और भी बढ़ा। लेकिन फिर क्या था, प्रतिरोध का काम चल पड़ा। सुरक्षा के लिए शक्ति का इस्तेमाल उचित समझा जाने लगा। पहले पाँच, फिर तीन ख़ुफ़िया अधिकारी क़त्ल किये गये, जिनके बदले में सत्रह नौजवानों को फ़ाँसी दी गयी। फिर तो बस प्रतिशोध लेने, फाँसियाँ देने का यही क्रम चल पड़ा।

1879 में तो पुनः नाशवाद का अर्थ बम और पिस्तौल चलाना ही हो गया। तंग आकर जार ने भी उन्हें ठिकाने लगाने का निर्णय कर लिया।

बस फिर क्या था, सभी इस काम में लग गये। 14 अप्रैल, 1879 को शोलोवियूफ ने जार पर गोली चला दी, लेकिन जार बच गया। उसी बरस जार के विण्टरप्लेस अर्थात् शरद महल को डाइनामाइट से उड़ा दिया गया, लेकिन तब भी जार बच गया। अगले बरस जब जार पीर्ट्सबर्ग से मास्को जा रहा था, उसकी गाड़ी उड़ा दी गयी। गाड़ी के कई डिब्बे उड़ गये, लेकिन जार तब भी बच गया। 13 मार्च, 1881 को जार अपनी विशेष पल्टन और घोड़ों की परेड देखकर वापस आ रहा था कि उस पर एक बम फेंका गया। बम से गाड़ी टूट गयी और जार उतरकर नौकर के पास उसे देखने के लिए झुककर कहने लगा, "ईश्वर की कृपा से मैं बच गया।" तुरन्त एक अन्य नौजवान क्रान्तिकारी ने आगे बढ़कर दूसरा बम फेंकते हुए कहा, "जार, इतनी जल्दी ख़ुदा का शुक्रिया अदा न कर।" तभी बम फटा और जार मर गया। हज़ारों व्यक्तियों की गिरफ़्तारियाँ हुईं। अनेकों फ़ाँसी चढ़ गये। पाँच व्यक्तियों को विशेष रूप से जनता के समक्ष फ़ाँसी दी गयी। इनमें सबसे अधिक प्रसिद्ध एक महिला थी, जिसका नाम सोफिया प्रोवस्किया था।

उस समय पार्टी दब गयी। फिर कई अन्य पार्टियाँ उठीं। लेकिन नाशवादी पार्टी का इतिहास इतना-सा है। नाशवादियों को लोगों ने ग़लत आँका और अराजकतावादियों की तरह इन्हें भी बदनाम किया गया। एक अंग्रेज़ी समाचारपत्र ने एक कार्टून बनाया जिसमें तबाह हुई चीज़ों में निहिलिस्ट बम और डाइनामाइट लिये खड़े थे। एक पूछता है, फ्क्यों बन्धु, कुछ बाक़ी तो नहीं है?" दूसरा कहता है, "दुनिया का गोला ही बाक़ी है।'' पहला कहता है, "लगा देता हूँ डाइनामाइट तुम्हारे उसमें भी!" यह बड़ा ग़लत बयान था। आस्कर वाइल्ड ने एक नाटक 'वीरा दि निहिलिस्ट' लिखा था। उसमें नाशवादियों का अच्छा चित्र बनाने का प्रयास किया गया। लेकिन उसमें बहुत अशुद्धियाँ हैं। एक अन्य किताब 'कैरियर ऑफ़ ए निहिलिस्ट' भी प्रकाशित हुई थी। यह पठनीय है। इसमें नाशवादियों के बारे में ठीक लिखा है। हिन्दी में 'बोल्शेविक के कोम' तथा 'निहिलिस्ट-रहस्य' प्रकाशित हो चुके हैं। पहला काकोरी के शहीद श्री रामप्रसाद बिस्मिल का लिखा है। उसमें उन्होंने निहिलिस्टों की बहुत दर्दनाक तस्वीर खींची है। मगर उन्हें मात्र विनाश चाहने वाले ही दिखाया गया है, जोकि ठीक नहीं है। वे अच्छे जनसेवक थे। वे बहुत बलिदानी और जनता से प्यार करने वाले थे। वे धन्य थे।

अन्यायी व्यवस्था

वे लोग जो महल बनाते और झोंपड़ियों में रहते हैं, वे लोग जो सुन्दर-सुन्दर आरामदायक चीज़ें बनाते हैं, स्वयं पुरानी और गन्दी चटाइयों पर सोते हैं।

ऐसी स्थिति में क्या करना चाहिए? ऐसी स्थितियाँ यदि भूतकाल में रही हैं तो भविष्य में क्यों नहीं बदलाव आना चाहिए? यदि हम चाहते हैं कि देश की जनता की हालत आज से अच्छी हो तो ये स्थितियाँ बदलनी होंगी। हमें परिवर्तनकारी होना होगा।

अगस्त, 1928

रूस की जेलें भी स्वर्ग हैं

डब्ल्यू.जे. ब्राउन लिखित यह लेख 'किरती' सितम्बर, 1928 में प्रकाशित हुआ था, जिस पर एक सम्पादकीय टिप्पणी भी थी। यहाँ यह लेख 'किरती' के सम्पादकीय नोट सहित दिया गया है।—स.

(रूसी क्रान्ति केवल राजनीतिक क्रान्ति ही नहीं थी, बल्कि उसने राष्ट्र के जीवन के हर पहलू में क्रान्ति पैदा कर दी। जहाँ राजनीतिक सत्ता एक जालिम बादशाह जार से छीनकर देश की आम जनता के हाथों में सौंप दी गयी वहाँ आर्थिक मैदान में

'कमाये कोई, और मौज उड़ाये कोई' वाली बात भी समाप्त कर दी गयी। आज वहाँ न तो लाखों और करोड़ों श्रमिक भूखे नज़र आते हैं और न ही चन्द हरामख़ोरी करने वाले मोटे पेटवाले पूँजीपति ही नज़र आते हैं। सामाजिक जीवन में कोई ऊँच-नीच बाक़ी नहीं रही। स्त्रियों के भी समान अधिकार हैं। आज रूस ही ऐसा देश है जहाँ अधिक से अधिक लोग ख़ुश व प्रसन्न हैं। उनकी क्रान्ति वाकई सच्ची क्रान्ति है।

और तो और, उन्होंने ज़ेलों सम्बन्धी भी एक बड़ी भारी क्रान्ति कर दी है। पहले भी कई बार वहाँ की ज़ेलों का हाल पढ़ चुके हैं। वहाँ की ज़ेलें हमारे देश से हज़ार दर्जा अच्छी हैं। और तो और, उनके क़ैदी हमारे आजाद आदमियों से हज़ार दर्जा बेहतर हैं। यहाँ रोटी का सवाल इतना मुश्किल होता जा रहा है कि ख़ामख़ाह दिल करता है कि यहाँ से तो रूस में जाकर ज़ेलों में ही रहें। बड़ा शानदार रहन-सहन, बहुत अच्छा खाना-पीना और साथ में पढ़ाई भी होती है। कौशल सिखाये जाते हैं, काम करने का वेतन दिया जाता है। आज हम एक ताज़ा लेख पाठकों की सेवा में भेंट कर रहे हैं ताकि वे देख लें कि रूस की और बातों के साथ-साथ ज़ेल-विभाग में भी क्या परिवर्तन हो गये हैं? यह ध्यान रहे कि समाजवाद में अपराध रोकने के लिए दण्ड ही पर्याप्त नहीं माना जाता, बल्कि वे अपराधियों को अच्छी शिक्षा देकर उन्हें हमेशा के लिए अपराध से रोकने की कोशिश करते हैं। सजा के दिनों में वे क़ैदी को काम सिखाते हैं। बाहर आते ही काम पर लगा देते हैं, ताकि बेकार रह भूखा मरता वह फिर अपराध न करने लगे। यही अपराध को जड़ से मिटाने का ढंग है।—एडीटर)

मैं रूस गया। बड़ी-बड़ी चीज़ें देखकर हैरान रह गया। सबसे ज़्यादा हैरानी हुई वहाँ की ज़ेलें देखकर। मेरी इच्छा थी कि देखूँ यहाँ ज़ेलों की क्या हालत है। 'जार्जिया' की ज़ेल देखने का मौक़ा मिला। वहाँ पहुँचने पर पता चला कि ज़ेलर को मुझे ज़ेल देखने की अनुमति मिलने की सूचना नहीं थी। इससे पहले थोड़ी मुश्किल हुई। लेकिन फिर यह निर्णय हुआ कि मैं उसके साथ जाऊँ व घूमकर सब देख लूँ। ख़ैर! मैं, ज़ेलर व एक-दो और आदमी ज़ेलयात्रा को निकले। सबसे पहले मुझे ज़ेल के लंगर (खाद्य-भण्डार) का वार्डर मिला। वह आदमी जार के समय भी ज़ेल में नौकरी करता था और क्रेंसकी की अस्थायी पूँजीपति सरकार के अधीन भी ज़ेल कर्मचारी रहा। वह दोनों सरकारों की बड़ी निन्दा करता था। वह कहता था कि उन दोनों सरकारों के अधीन क़ैदियों और वार्डरों को पशुओं की ख़ुराक दी जाती थी और बेचारे क़ैदियों पर बेहद अत्याचार होते थे। लेकिन सुनता कौन था। जार के बाद अस्थायी सरकार भी कुछ अच्छी नहीं थी। हाँ, तब जार की सरकार से एक बात अच्छी थी कि व्यक्ति अपनी तकलीफ़ों की शिकायत कर सकता था। पर इससे

कोई व्यावहारिक लाभ नहीं होता था, क्योंकि कोई शिकायत दूर करने की कोशिश नहीं करता था। और सबसे अधिक क्रोध उसे इस बात पर था कि अस्थायी सरकार ने उनका तीन महीने का वेतन नहीं दिया। इस बात का अब तक बहुत प्रभाव है।

उससे पूछा कि अब क्या स्थिति है? तो उसने कहा, अब तो कमाल हो गया, अब तो ख़ूब मजे हैं। अब क़ैदियों और वार्डरों को बहुत अच्छा भोजन मिलता है। सबको सही समय पर वेतन मिलता है। बहुत ख़ुशी से कहता था, "अब तो मैं भी आदमी बन गया हूँ, भले ही अभी तक ज़ेल का वार्डर हूँ।"

ज़ेल में घुसते ही मैंने एक कमरा देखा, जिसमें बहुत-से आदमी क़ैदियों से मिल रहे थे। वहाँ क़ैदियों और दूसरे आदमियों के बीच सिर्फ़ एक लोहे का डण्डा था। वे बड़ी खुली तरह बातचीत कर सकते, हाथ मिला सकते और अपने प्रियजनों को चूम सकते थे। मैंने उस समय एक आदमी को अपने बच्चे को चूमते देखा, जिसे उसकी पत्नी साथ ले आयी थी। पता चला कि सप्ताह में तीन बार प्रत्येक क़ैदी के दोस्त, रिश्तेदार मुलाक़ात करने आ सकते थे और मुलाक़ात आधे घण्टे तक चल सकती है। मिलने वालों की संख्या पर भी कुछ ख़ास पाबन्दी नहीं, जितने लोग चाहें, मिलने आ जायें। यह देखकर मैं बहुत हैरान हुआ।

फिर यह जानकर बहुत हैरानी हुई कि अब अकेली कोठरी में क़ैदियों को बन्द नहीं रखा जाता। बड़ी-बड़ी बैरकें बनी हुई थीं, जिनमें 20-20 आदमी रहते हैं। उन बैरकों को न रात में और न दिन में ही ताला लगाया जाता है। हाँ, रात को निचली छत और ऊपरी छत के बीच की सीढ़ियों को ताला लगा दिन जाता है। दिन में उसे भी खोल दिया जाता है। प्रत्येक क़ैदी किसी भी कमरे में जा सकता है। वे चाहे सिगरेट पियें या पढ़ें या खेलें, जो चाहे करें, उन्हें पूरी छूट रहती है।

दिन में चार बार उन्हें कसरत के लिए बाहर निकाला जाता है। कसरत भी बन्द अहातों में बन्दूक़ों के पहरे में नहीं, बल्कि बाहर के खेल के मैदानों में बिना किसी ख़ास पहरे के। यह देखकर मेरी हैरानी की हद न रही।

पता चला कि शरीफ क़ैदियों को सप्ताह में एक दिन ज़ेल से छुट्टी दी जाती है, तब वे अपने घर जा सकते हैं और घरवालों के साथ पूरा दिन बिता सकते हैं या सैर कर सकते हैं। मैंने पूछा—इस तरह क़ैदी भागते नहीं? उन्होंने कहा कि ऐसा अवसर कम ही आता है। कभी कोई क़ैदी इस तरह नहीं भागा। गर्मियों में शरीफ क़ैदियों को पन्द्रह दिन की छुट्टी मिल जाती है। तब वे जहाँ चाहे जा सकते हैं। इन छुट्टियों में भी क़ैदी भागते नहीं, समय पूरा होने पर लौट आते हैं।

कई क़ैदी हमारे साथ चल पड़े। एक क़ैदी थोड़ी-सी अंग्रेज़ी सीख गया था। उससे मैंने बात की। वह कहने लगा, ज़ेल बड़ी अच्छी जगह है। क़ैदी आठ घण्टे

काम करते हैं। ख़ुराक बहुत अच्छी मिलती है। कोई सख़्ती और ज़ुल्म नहीं होता। उनकी अपनी अध्ययन-सभा, लाइब्रेरी, संगीत-पार्टी आदि बने हुए हैं, जिनका प्रबन्ध उन्हीं की एक समिति करती है। सारी ज़ेल देखकर कोई उसे ज़ेल नहीं कह सकता। वह तो एक सभा या क्लब लगता है।

इमारत ज़ेल की ही लगती थी और अन्य सामान भी ज़ेल का ही नज़र आता था, लेकिन स्थिति बहुत-से परिश्रम करने वाले स्वतन्त्र लोगों से अच्छी थी। वहाँ सप्ताह में तीन बार सिनेमा और थियेटर भी दिखाये जाते हैं।

क़ैदियों के कपड़े देख बहुत हैरानी हुई। क़रीब चालीस क़ैदी, ज़ेल-दारोगा व कुछ वार्डर खड़े थे। मजिस्ट्रेट साहिब आये। बातचीत में अंग्रेज़ी ज़ेलों पर बात चल पड़ी। सभी लोग, क्या क़ैदी और क्या अधिकारी, एक समान हिस्सा ले रहे थे। यदि कोई अनजान आदमी वहाँ आ जाता तो बिल्कुल न पहचान पाता कि कौन क़ैदी है और कौन दारोगा और कौन मजिस्ट्रेट।

क़ैदियों की अपनी दुकानें हैं। वे स्वयं ही उन्हें चलाते हैं। वहाँ वे तम्बाकू, सिगरेट, मिठाई व ब्रूश आदि हज़ारों आवश्यक चीज़ें ख़रीद सकते हैं और जो मुनाफा हो वह रिहा होने पर क़ैदियों में बाँट दिया जाता है। सवाल उठेगा कि बिना पैसे क़ैदी चीज़ें ख़रीदते कैसे हैं? लेकिन रूस में प्रत्येक क़ैदी को महीना परिश्रम करने के बाद वेतन मिलता है। वे जैसे चाहें, उस रकम को ख़र्च कर सकते हैं। क़ैदियों के अपराध अधिकारियों के पास नहीं जाते। क़ैदियों की समिति स्वयं ही सारी समस्याएँ हल करती है।

क़ैदियों की अपनी एक समिति बनी हुई है ताकि जो तकलीफ़ हो, वह दूर की जा सके। यह समिति अधिकारियों द्वारा मान्य है, वे फ़ौरन दारोगा को अपनी सब तकलीफ़ें बता देते हैं। और यदि कोई फ़ैसला न हो पाये तो स्वयं मजिस्ट्रेट के सामने अदालत में मामला पेश कर सकते हैं। इनका अपना अख़बार भी होता है। हाथ से ही लिखा जाता है। लेखक का नाम नहीं दिया जाता, लेकिन उन्हें ज़ेल-व्यवस्था की आलोचना करने का पूरा अधिकार है। ज़ेलर का एक बड़ा मजेदार कार्टून बना हुआ मैंने स्वयं देखा था।

कई कमरों में मैंने देखा कि क़ैदी अलग-अलग काम सीख रहे हैं। कहीं कपड़े सीने का काम, कहीं जूता सिलने का काम और कहीं बढ़ई का काम सिखाया जा रहा था।

और कई कमरों में पढ़ाई हो रही थी। कई मास्टर बाहर से पढ़ाने आते थे और कई क़ैदियों में से ही थे। क़ैदी अध्यापक को प्रत्येक दो दिन की क़ैद के बदले एक दिन की क़ैद माफ़ की जाती है।

मैं एक क़ैदी को एकान्त में ले गया। अधिकारी बड़ी ख़ुशी से अलग हो गये। उसने भी यही कहा कि सभी क़ैदी ख़ुश हैं और यह जगह बहुत अच्छी है। मुझसे पूछा गया कि इंग्लैण्ड में क़ैदियों से कैसा व्यवहार किया जाता है? उन्हें यह विश्वास ही नहीं होता था कि इंग्लैण्ड में क़ैदियों को अलग-अलग कोठरियों में बन्द किया जाता है और बातचीत करने की भी अनुमति नहीं होती।

वे पूछने लगे, फिर क़ैदियों की समिति क्या करती है? वह यह शिकायत दूर क्यों नहीं करती? मैंने उन्हें बताया कि वहाँ कोई समिति नहीं बनायी जा सकती, नहीं तो ज़ेलर क्रोध से ही मर जायें। वे हैरान रह गये। वे विश्वास नहीं करते थे कि ज़ेल में क़ैदियों की समिति के बगैर क़ैदियों की गुज़र होती होगी।

उन्होंने यही निष्कर्ष निकाला कि मुझे अंग्रेज़ों की ज़ेलों सम्बन्धी कुछ भी जानकारी नहीं है। वे मुझे अपने नहाने के कमरे में ले गये। जार के समय ये अँधेरी कोठरियाँ थीं। अब वहाँ फव्वारे लगा दिये गये हैं और नहाने की बहुत अच्छी व्यवस्था की गयी थी।

आख़िर में मैं उनके साथ लंगर (मेस) में गया। खाना बहुत सादा, बहुत बढ़िया व स्वादिष्ट था। ऐसा बढ़िया खाना हमारे बहुत-से परिश्रम कर खाने वाले स्वतन्त्र मज़दूर भी नहीं पा सकते। मेरे जाने से उन्हें बहुत दुख हुआ। उन्होंने मुझसे इंग्लैण्ड के क़ैदियों तक उनकी दुआ-सलाम पहुँचाने को कहा। मुझे उन्होंने अपने बगीचे का गुलदस्ता भेंट किया और बड़े सम्मान के साथ विदा किया और कहा कि उम्मीद है आप फिर आयेंगे।

मेरी रूस यात्रा

लेखक-भाई शौक़त उस्मानी। प्रताप कार्यालय, कानपुर से प्रकाशित। 144 पृष्ठ, मूल्य– ।। =

हिन्दुस्तान के वर्तमान जन-आन्दोलन में विदेशों की यात्रा का काफ़ी प्रभाव है। पाठक जानते हैं कि 1914-15 के जन-आन्दोलन में अमेरिका से लौटे हुए भाइयों ने ही अपने प्राणों की बाजी लगाकर एक बार हिन्दुस्तान की कस्मित को बदलने का यत्न किया था।

1918 में जब 'ख़िलाफ़त' का मामला खड़ा हुआ तभी मुसलमान भाइयों में हिजरत की लहर चली–कि हमें अंग्रेज़ी मुल्क ही छोड़कर चले जाना है। इस सिलसिले में सैकड़ों आदमी गये और बाहर जाकर उनकी आँखें खुलीं। धर्मान्ध मुसलमानों ने देखा कि कोई भी उनका बोझ उठाने को तैयार नहीं। आख़िर बहुत-से तो अनेक झंझट उठाकर उसी समय वापस लौट आये। कई आगे चले गये। रूस जा पहुँचे।

जिन मुसीबतों को उठाकर वे लोग गये थे वह कस्सा बहुत उत्साहवर्धक है और दर्दनाक भी है। शौक़त उस्मानी उन्हीं व्यक्तियों में से हैं। तुर्किस्तान की लड़ाइयों में से वे किस तरह जान बचाकर निकले और किस तरह रूस पहुँचे और वहाँ की हालत देखकर अचम्भित हो उठे। ये सब बातें किताब पढ़ने से ही सम्बन्ध रखती हैं। नौजवानों को इस किताब की ओर अवश्य ध्यान देना चाहिए और बाहर जाकर दुनिया देखने का शौक़ पैदा करना चाहिए। रूस का बहुत अच्छा हाल लिखा हुआ है। प्रत्येक हिन्दी पढ़े सज्जन को यह किताब मँगवाकर पढ़नी चाहिए।

आयरिश स्वतन्त्रता युद्ध

इस पुस्तक का अनुवाद भगतसिंह ने किया था। यह अनुवाद इसी संकलन के तीसरे खण्ड में प्रकाशित है।–स.

'आयरिश स्वतन्त्रता युद्ध' : हिन्दी में। प्रताप कार्यालय, कानपुर से प्रकाशित। 100 पृष्ठ 100, मूल्य– ।।=

यह किताब आयरलैण्ड के बहादुर युगान्तकारी श्री डॉन बीन की अंग्रेज़ी पुस्तक 'माई फाइट फार आयरिश फ्रीडम' का हिन्दी अनुवाद है। पाठक जानते होंगे कि सौ बरसों से आयरलैण्ड अंग्रेज़ों के पंजे से रिहा होने की कोशिश करता रहा था। पिछली सदी में 1848, '68, '98 की बगावतें प्रसिद्ध हैं। पिछले संघर्ष के दिनों में 1916 में ईस्टर के दिनों में उन्होंने फिर विद्रोह कर दिया था। उसमें भी उनकी हार ही हुई थी। अब तक वह ईस्टर विद्रोह के नाम से प्रसिद्ध है।

बाद में लड़ाई समाप्त हो जाने पर पार्लियामेण्ट के लिए सदस्यों का चुनाव हुआ और आयरलैण्ड के 'सिनफिनरा' के सदस्य ही ज़्यादा चुने गये। उन्होंने अलग ही आयरिश पार्लियामेण्ट स्थापित कर ली और दूसरी तरह युगान्तकारी गुरिल्ला युद्ध, अर्थात् लुकाछिपी वाली लड़ाई आरम्भ कर दी। सबसे पहले लड़ाई छेड़कर देश, देशवासियों और सरकार की नींद भंग करने वाले लोगों में से डेनब्रिल थे। पहले ही दिन सिपाहियों से लड़कर उनसे उनका बारूद छीनकर वे भाग गये थे। बाद में उनके वारण्ट निकाले गये और पकड़वाने के लिए ईनाम की भी घोषणाएँ हुईं। रात-दिन अपना सिर हथेली पर रखे वे जनता के बीच बब्बर अकालियों की तरह दौड़ते-फिरते रहे।

उनसे कहा गया कि तुम अमेरिका चले जाओ, लेकिन उन्होंने इन्कार कर दिया और कहा कि हमें तो आयरलैण्ड में ही लड़ते हुए मरना है। किस प्रकार लोग उन्हें गालियाँ बकते और पास न फटकने देते और किस प्रकार वे बार-बार पुलिस के पंजे

में फँसते-फँसते बचते, ये सब बातें पढ़ने योग्य हैं। श्री डेनब्रिल का लिखने का ढंग बहुत अद्‌भुत है और व्यंगात्मक भी है। इसलिए उन्होंने सारा कस्सिा ऐसी तरतीब से लिखा है कि पढ़ने में बहुत ही आनन्द आता है।

उन्होंने पहली लड़ाई में अपने घबराने की तथा बाद की लड़ाइयों में अपने धैर्य की स्पष्ट और सच्ची कथा लिखी, जोकि बिल्कुल ही स्वाभाविक नज़र आती है। साथियों के गिरफ़्तार किये जाने पर वह किस तरह तड़प उठे और उन्हें छुड़ाने के लिए कोशिशें करने लगे, यह सब पढ़ने वाली कहानी है।

एक बहुत महत्त्वपूर्ण बात है श्री डेनब्रिल की। हमारे देश के नौजवान विवाह कराने के लिए दौड़ते फिरते हैं। बाप ने कभी सवारी नहीं की होती लेकिन वर बना बेटा तलवार बाँधकर मरियल घोड़ी पर चढ़कर निकल पड़ता है। उसकी उस चाल को भी क़ाबू में रखने के लिए दो व्यक्ति आगे से उसे पकड़े रहते हैं। और फिर जाकर कपड़ों की गाँठ की तरह बँधी लड़की के साथ (वर महोदय का) गठबन्धन हो जाता है। सर्वत्र खुशियाँ मनायी जाती हैं। लड़का ब्याहा गया! लानत है ऐसे विवाह पर और ऐसे वर पर।

डेनब्रिल के वारण्ट निकले हुए हैं। आदेश हुआ कि देखते ही गोली मारकर ख़त्म कर दिया जाये। लड़ाई में वे जख़्मी हो जाते हैं। तब एक युवती उनकी सेवा करती है और अपनी जान हथेली पर रखकर उनकी हर प्रकार से मदद करती है। आख़िरकार दोनों में प्रेम हो जाता है और बिल्कुल घमांसान युद्ध के दिनों में एक जगह फौजें इकट्ठी करके यह शादी की जाती है। हर पल ख़तरा है कि दुश्मनों ने हमला कर दिया तो ख़ैर नहीं। नौजवानो, यह असल विवाह है या मुरदों वाला (वह) विवाह? नौजवान इस किताब को ज़रूर पढ़ें और ध्यान से पढ़ें।

अंग्रेज़ों के बेइन्तहा ज़ुल्मों की भी यह दर्दनाक कहानी है। साथ ही यह भी रोचक ढंग से बताया गया है कि 'लातों के भूत बातों से नहीं मानते।'

विविध सामाजिक-राजनीतिक प्रश्न : कुशाग्र विश्लेषक दृष्टि

ट्रेड यूनियन बिल

1927 में पूँजीवादी विश्व आर्थिक मन्दी की चपेट में आ रहा था, और मज़दूर वर्ग के जनवादी अधिकारों पर हमले शुरू हो गये थे। इंग्लैण्ड में जब ट्रेड यूनियन बिल पास हो रहा था तो 'किरती' ने (मई, 1927 में) एक लेख इस सम्बन्ध में प्रकाशित किया। लेख के लेखक के सम्बन्ध में जानकारी हासिल नहीं है, लेकिन यह उस समय क्रान्तिकारियों की सोच के बारे में बताता है। 1929 में जब ट्रेड डिस्प्यूट्स बिल भारत में लागू करने की कोशिश की गयी थी तो भगतसिंह और बी.के. दत्त ने असेम्बली हॉल, दिल्ली में बम फेंका था।–स.

इंग्लिस्तान के एक जगह टिके (Conservation) गुट के लोग कब से इस बात की ताक में थे कि कैसे मज़दूरों में बढ़ती हुई ताकत को रोका जाये। उनको यह बात स्पष्ट नज़र आती थी कि यदि मज़दूरों की बढ़त को अभी न रोका गया तो मज़दूर देखते ही देखते राज के मालिक बन जायेंगे और इस तरह उन्हें राज की बागडोर छोड़नी पड़ेगी। उन्हें यह स्पष्ट पता था कि नाम मात्र स्वतन्त्र (Liberal) गुट तो किसी काम का नहीं है और न ही अभी जल्दी उनके ताक़त में आने की उम्मीद है। इसलिए यदि उन्हें ख़तरा था तो मज़दूरों से ही था और मज़दूरों की मुश्कें बाँधना ही उन्होंने सबसे पहले ठीक समझा।

इस काम के लिए उन्होंने ट्रेड यूनियन बिल का आविष्कार किया, जिसके सम्बन्ध में पिछले अंक में बताया गया था। वे मज़दूरों के सब करे-धरे को यह बिल पास कर कुएँ में डालना चाहते हैं।

मज़दूरों ने इस बिल के ख़िलाफ़ बड़ी जोरदार आवाज़ बुलन्द की है। उन्होंने कहा है कि यह बिल एक वर्ग के द्वारा दूसरे वर्ग को मटियामेट करने के लिए लाया गया वर्ग-बिल है। मि. रामजे मैकडानल्ड जैसे मज़दूर भी इस बिल को वर्ग-युद्ध की घोषणा समझते हैं और श्रमिक-संसार में सब जगह इस बिल से तूफ़ान मच गया है।

मज़दूर फिर एक दिन के लिए बड़ी आम हड़ताल करने की सोच रहे हैं। वे विरोध में मीटिग कर रहे हैं। ख़याल किया जाता है कि संसद में इस बिल पर घमासान बहस होगी, और मज़दूर-नेता यदि ख़रीद न लिये गये तो जी-तोड़कर लड़ेंगे।

आजकल जो लोग अंग्रेज़ी अख़बार पढ़ते हैं उन्हें पता है कि इस बिल का किस तरह अंग्रेज़ी श्रमिक प्रेस में विरोध हो रहा है। इस बिल को वर्ग-क़ानून कहा जाता है। मज़दूर समझते हैं कि बाल्डविन की सरकार ने उनके बुनियादी अधिकारों पर धावा बोल दिया है। इस बिल से उनके संगठन के बिखर जाने का भारी ख़तरा है। मज़दूरों का अपना दैनिक अख़बार 'डेली हेराल्ड' (Daily Heral) लिखता है कि यह बिल मज़दूरों को मानसिक रोगी समझता है और सख़्त अपराधियों के लिए इसने सजा भी नियत कर दी है। एक और मज़दूर नेता ने इसे मुसोलिनी जैसा क़ानून कहा है।

बड़ी हड़ताल के समय से ही एक जगह खड़े (अनुदार) गुट के लोग यह माँग कर रहे थे कि सरकार कोई बिल संसद में पेश करे, जिससे कि सबके सब मज़दूर हड़ताल ही न कर सकें। और यदि एक यूनियन के मज़दूर किसी दूसरी यूनियन की हमदर्दी में हड़ताल कर दें तो वह हड़ताल गैर-क़ानूनी मानी जाये। इस समय यदि कोई यूनियन हड़ताल करती है तो वे मज़दूर जो हड़ताल में शामिल नहीं होंगे, उन्हें यह समझाया नहीं जा सकेगा कि वे भी इसमें शामिल हों, क्योंकि यदि मज़दूर पिकेटिग आदि के ज़रिये ऐसा करेंगे तो उन्हें सजा दी जा सकेगी। इस बिल से सिविल सर्विस के कर्मचारियों के लिए किसी पार्टी में शामिल होना मना हो गया है और सबसे बड़ी चोट मज़दूरों की राजनीतिक पार्टी पर की गयी है। वह यह है कि कोई मज़दूर राजनीतिक कामों के लिए तब तक चन्दा नहीं दे सकता, जब तक कि वह लिखकर न दे कि वह राजनीतिक कामों के लिए चन्दा इकट्ठा कर सकते हैं, लेकिन जो लोग चन्दा नहीं देना चाहते, वे लिखकर दें कि वे चन्दा नहीं देना चाहते। अब स्थिति उलटी हो गयी है।

इस आख़िरी अंक से श्रमिकों के संगठन को बड़ी भारी चोट पड़ेगी और इस जमाने में जबकि कोई पार्टी रुपयों के बगैर चल ही नहीं सकती तो यह स्पष्ट है कि श्रमिक पार्टी का रुपयों के बगैर गला दबाने के लिए यह चाल चली गयी है। अन्य पार्टियों की तरह लेबर पार्टी को भी संसद में अपने उम्मीदवार खड़े करने और उन्हें सफल बनाने के लिए रुपयों की ज़रूरत है। जब दूसरी पार्टियाँ जैसे चाहे रुपये इकट्ठा कर सकती हैं और उन्हें कभी पूछा तक नहीं गया है तो कोई वजह नहीं कि मज़दूरों की पार्टी के भीतर कामों में ख़ामख़ाह टाँग अड़ायी जाये।

इस समय तक मज़दूरों की राजनीतिक पार्टी अपने फण्ड ट्रेड यूनियनों से इकट्ठा करती रही है। अनुदारवादी गुट का यह विचार है कि इस तरह यदि मज़दूर पार्टी के

फण्ड ही बन्द कर दिये गये तो मज़दूरों का संगठन स्वयं ही दोफाड़ हो जायेगा और इनके घरों में घी के दिये जल जायेंगे। इस तरह श्रमिक संगठन के टूट जाने से यह सदा ही इंग्लिस्तान के राज पर क़ब्जा जमाये रखेंगे। पर कौन-सी पार्टी टूटेगी और कौन-सी सत्ता में आयेगी, इस बात का पता तो अनुभव और भविष्य ही बतायेगा।

यदि यह बिल पास हो गया तो मज़दूर फिर उन्हीं जंजीरों में जकड़े जायेंगे जिनमें से कि यत्न से अभी वे निकले ही थे। फिर उन जंजीरों को तोड़ना आसान नहीं होगा। इसलिए श्रमिकों को अब वक़्त सँभालना चाहिए और ऐसा जोरदार आन्दोलन करना चाहिए कि इस पूँजीपति गुट को, जो अभी मज़दूरों को गुलामी से छूटने नहीं देना चाहता, नानी याद आ जाये। पर यह नानी भी तभी याद आ सकती है, यदि आने वाली संसद में इनकी ऐसी हार हो कि याद कर-कर आँखें मला करें। इस समय संसद में इन पूँजीपतियों का बहुमत है। इस बहुमत के अभियान में ही ये लोग अकड़े फिर रहे हैं और मज़दूरों को नज़रों में भी नहीं लाते।

हम चाहते हैं कि मज़दूर नाम मात्र स्वतन्त्र (उदार) गुट में भी प्रचार करें और उनमें से बहुत-से सदस्यों को अपनी ओर कर लें, ताकि यह बिल पास ही न हो सके। और न सिर्फ़ यह बिल ही असफल करा दें वरन इस मौजूदा सरकार को भी उलट दें। इसने यह क़ानून पेश कर राज करने के सभी अधिकार गवाँ दिये हैं।

इस समय ज़रूरत है कि मज़दूरों के अपने घर में भी किसी तरह की फूट न हो और मज़दूरों के नरम और गरम गुटों के सब लोग एकजुट हो जायें ताकि साझे जोर से इस मौजूदा सरकार का डटकर मुक़ाबला किया जा सके और इसे ऐसे चने चबाये जायें कि सारी उम्र ही इस वक़्त को याद कर-कर हाथ मला करें।

गदर आन्दोलन की कुछ व्यथा

सितम्बर, 1927 के 'किरती' में एक बहुत महत्त्वपूर्ण लेख 'गदर लहर की कुछ व्यथा' छपा था। यह एक अख़बार से लेकर छापा गया था। लेखन-शैली और विचारों से यह लेख शहीद भगवतीचरण वोहरा का हो सकता है।—स.

पहले मैं यह बता दूँ कि विप्लववाद का क्या अर्थ है। फिर मैं आगे चलूँगा। हर गिरी हुई क़ौम हमेशा गिरी नहीं रहती और उस क़ौम के वीर उसकी उन्नति का यत्न करते हैं और क़ुर्बानियाँ देते हैं, और अब यह सोचना है कि क़ुर्बानियाँ कई तरह से दी जाती हैं। क़ौमों को उठाने का यत्न भी कई-कई तरीक़ों और हिम्मत से किया जाता है। एक तो देश में शिक्षा का प्रचार करना। यह भी कोई छोटी-सी बात नहीं। दूसरे, लोगों को उनके हक़ बताने और उन्हें हासिल करने के लिए सरकार के आगे प्रार्थना करना। उसे (ऐसे दल को) हम माडरेट कहते हैं। यह शब्द उस समय

इस्तेमाल होता है, जब देश उस स्थिति से कुछ ऊपर उठ जाता है। दूसरा दर्जा होता है गर्म दल का, जिस तरह 1907 में लोकमान्य तिलक जी की पार्टी थी या आजकल महात्मा गाँधीजी का प्रचार कहा जा सकता है। लेकिन जिस समय इन दोनों रास्तों पर चलने से भी सफलता नहीं मिलती तो तेज़ नौजवानों का एक दल कुछ और आगे बढ़ता है। वह हाथोहाथ काम करना चाहता है, मरना और मारना चाहता है और इस ढंग से ही जीत प्राप्त करना चाहता है। उसे (ऐसे लोगों को) अंग्रेज़ी भाषा में रिव्ल्यूशनरीज (Revolutionaries) कहते हैं। इस आरोप में वे गुप्त काम करते हैं और बाद में बदलकर खुल्लमखुल्ला लड़ाई करने को तैयार हो जाते हैं, जिस तरह कि आयरलैण्ड वाले अब तक लड़ते रहे हैं। यह काम जब तक गुप्त रहता है, तब तक उसे दबाने का यत्न किया जाता है। इस स्थिति में उन्हें हिन्दुस्तानी भाषा में विप्लववादी कहते हैं, उर्दू में इन्कयलाबी कहा जाता है। यह शब्द इज़्ज़त और निन्दा, दोनों के लिए इस्तेमाल हो सकता है, अर्थात् जब तक देश कमज़ोर है, तब तक वहाँ ख़ुशामदी अधिक होते हैं, तब तक वहाँ उन्हें सभी लोग बुरा कहते हैं और शासक तो उनके दुश्मन होते ही हैं, लेकिन बाद में उन्हें ही देशभक्त कहा जाता है।

हम किसी डर के कारण चाहे उन्हें बुरा कहें, लेकिन वास्तव में वे किसी से भी कम 'देशभक्त' नहीं होते, बल्कि हम यह कह सकते हैं कि वे दूसरे शोर मचाने वालों से देश का अधिक दर्द रखने वाले होते हैं। उनकी कोई सहायता नहीं करता। अपने-पराये सभी बुरा-भला कहते हैं और शासक तो जो करते हैं उसका पूछना ही क्या है। वे वीर फिर भी डटे रहते हैं और जरा भी घबराते नहीं। तो क्या वे किसी से कम देशभक्त होते हैं? मैं तो कहूँगा कि दुनिया में 'End Justifies the means.' अर्थात् परिणाम से ही पता चल जाता है कि उनके द्वारा इस्तेमाल किये तरीक़े अच्छे थे या बुरे? यदि परिणाम अच्छा हो तो झूठ बोला हुआ, हत्या किया गया भी ठीक हो जाता है, और यदि असफलता हो तो शान्ति से होने वाला काम भी बुरा ही कहा जाता है।

क्या वाशिंगटन को उस समय बागी कहकर दबाने की कोशिश नहीं की गयी थी? क्या यदि वह उस समय दुश्मनों के हाथ आ जाता तो उसे फ़ाँसी न मिलती? क्या स्काटलैण्ड का वीर वालीस सच्चा देशभक्त नहीं था? क्या उसे फ़ाँसी नहीं दी गयी? इस देश में काम ऐसे ही होता है। इटली की हालत देख लो, मैजिनी जैसों ने भी तो गुप्त सोसायटियाँ बनायीं, उनके परिश्रम का ही यह फल हुआ कि गैरीबाल्डी जैसे वीर ने दो-दो हाथ कर दिखाये। दूर क्या जाना है, अभी कल की बात है कि रूस उठा है। कितने आदमी फ़ाँसी पर चढ़े और बागी ठहराये गये। क्या ये सच्चे देशभक्त नहीं थे? इस बात का जवाब आज रूसवालों से पूछिये तो। इन बेचारों

को 'निहिलिस्ट' और 'अनार्किस्ट' अर्थात् दुनिया में 'अराजकता फैलाने वाले' और 'ख़ून-ख़राबा करने वाले' कहा जाता था। उनके परिश्रम के फलस्वरूप ही आज वहाँ पंचायती सरकार बनी हुई है।

हाँ, ये लोग जो निराश होने से ख़ून-ख़राबे पर उतारू हो जाते हैं वे पहले गुप्त सोसायटियाँ बना लेते हैं। उन्हें अंग्रेज़ी में Revolutionaries और हिन्दी में 'विप्लववादी' कहा जाता है।

यदि संसार में देखा जाये तो यह बात कि जोरावर की सात कौड़ी सौ हुआ करती हैं, ठीक लगती है, क्योंकि जितनी देर एक पक्ष का जोर रहा उतनी देर तो कमज़ोर बागी, अनार्किस्ट, निहिलिस्ट, विप्लववादी, इन्क़लाब-पसन्द कहलाते हैं, लेकिन जब दूसरा पक्ष ताक़तवर हो जाता है तो वे सच्चे देशभक्त, क़ौम के परवाने हो जाते हैं और दूसरे जालिम, अत्याचारी, लालची आदि बन जाते हैं।

शिवाजी मराठा यदि राज क़ायम न कर पाता और जालिम औरंगजेब के दाँत खट्टे न कर पाता तो वह डाकू ही कहलाता, लेकिन आज हम भी उसे महापुरुष कहते हैं। ख़ैर!

यह ख़याल कि कोई इन्क़नलाब करे और ख़ून-ख़राबे से न डरे, झटपट नहीं आ जाता। धीरे-धीरे शासक लोग ज़ुल्म करते हैं और लोग दरख़्वास्तें देते हैं, लेकिन अहंकारी शासक उस तरफ़ ध्यान नहीं देते। फिर लोग कुछ हल्ला करते हैं, लेकिन कुछ नहीं बनता। उस समय फिर आगे बढ़े हुए नौजवान इस काम को सँभालते हैं। यदि किसी देश में शान्ति हो और लोग सुख-चौन से बैठे हों तो वहाँ उतनी देर इन विचारों का प्रचार नहीं हो सकता, जब तक कि उन्हें कोई ऐसा बड़ा भारी नया विचार न दिया जाये, जिस पर कि वे परवानों की तरह क़ुर्बान हो जायें। या 'ज़ुल्म' इस बात के लिए लोगों को तैयार करते हैं।

यदि हम अपने देश की ओर ध्यान दें तो इस बात का स्पष्ट पता चल जाता है।

सबसे पहले यह विचार महाराष्ट्र अर्थात् मराठों में किसी महापुरुष को सूझा, लेकिन इसका प्रचार नहीं हो सका। फिर बंगाल में यह विचार आया। वीर वीरेंद्यश सबसे पहले इस बात का प्रचार करने लगा। यह बात 1903 की है। लेकिन लोग पूरे आराम में रहते थे तो ख़ामख़ाह कोई दुख में पड़े, किसी ने भी उनकी बात न मानी। वे अपना जोर लगाकर असफल होकर बैठ गये। यह पूरा विवरण रोल्ट कमेटी की रिपोर्ट में दिया है।

फिर 1905 में बंगभंग हो गया। लोगों ने दरख़्वास्तें दीं, लेकिन लॉर्ड कर्जन ने कहा, 'सूरज पश्चिम से उग जाये लेकिन मैं बंगाल का विभाजन ऐसे ही रखूँगा।' फिर स्वदेशी का प्रचार हुआ। कई बेचारे निर्दोष ही ज़ेलों में ठूँस दिये गये। कर्जन

ने अपनी 'टें' नहीं छोड़ी। बताओ उस समय जब लोग दुखी बैठे हों, तब उनमें इन बातों का प्रचार झटपट हो जाना ही हुआ कि नहीं? बस बम बनने लगे। ख़ैर, 1908 में अलीपुर षड्यन्त्र केस चला। फिर तो काम और भी जोरों पर हो गया और 1916 तक होता रहा। फिर लोगों को डकैतियाँ डालनी पड़ीं। कुछ दिन पहले एक बंगाली सज्जन ने भाषण दिया था कि लोग उन्हें डाकू कहते हैं। लेकिन आप यह तो बताओ कि तुम उन्हें एक पैसा भी देते हो। वे बेचारे अपना तो सबकुछ छोड़ बैठे हैं और आप उनकी सहायता नहीं करते तो आप सोचो कि वे क्या करें, क्या अपना काम रोक दें? मैं बहुतों से मिला हूँ, वे सच्चे संन्यासी हैं, देशभक्त हैं। ख़ैर, अब हम अपने प्रदेश की ओर आते हैं। पहले-पहले यह हल्ला सरदार अजीत सिंह जी के समय हुआ था। सन् 1907 की बात है। दो क़ानूनों के ख़िलाफ़ आवाज़ उठायी गयी। जोश बढ़ता देखकर सरकार ने उनकी बात झटपट मान ली और शोर-शराबा रुक गया। वह जमाना चला गया। कहा जाता है कि 1909 में सरकार को चिन्ता हुई कि बंगाल की बीमारी कहीं पंजाब में भी न आ फैले। उन्होंने सरदार अजीत सिंह को पकड़ने की कोशिश की, लेकिन वे बचकर निकल गये। उसके बाद पंजाब में सिवाय दिल्लीवाले बम केस के और कोई शिगूफा नहीं दीखता। वहाँ वह विचार भी बंगाल ने ही दिया था। लेकिन उन्होंने कितने लोगों को अपने साथ मिलाया था? कुल दस-बारह आदमी होंगे। साधारण लोग जलती आग में क्यों जाने लगे। चार को फ़ाँसी मिली, कुछ को क़ैद कर दिया और बात ख़त्म हुई।

लेकिन झटपट अगले ही बरस 1915 में फिर पंजाब में गदर की तैयारियाँ नज़र आती थीं। तब दो बातें थीं—एक तो लड़ाई छिड़ गयी (प्रथम महायुद्ध—अनु.); दूसरे, सरकार ने कामागाटामारुवालों पर अत्याचार किया। वे भी अमेरिका से, बेचारे विचार ही लेकर आये थे। लेकिन पंजाब में रहने वाले कितने लोगों ने उनका साथ दिया? सिवाय 1907 के कुछ आदमियों के कितने लोग थे उनके साथ? ख़ैर, मैंने अपनी बुद्धि के अनुसार संक्षेप में क्रान्तिकारी विचारों के विकास व प्रचार का कुछ वर्णन करने का यत्न किया है और यदि मुझे समय मिला तो एक लम्बा लेख लिखकर अन्य देशों के विस्तृत हाल समेत इसका वर्णन करने का यत्न करूँगा।

(एक अख़बार से)

तख़्तापलट गुप्त षड्यन्त्र

जनवरी, 1928 में जब शहीद भगतसिंह के दो लेख 'किरती' में छपे तो उनके साथ एक लेख 'तख़्तापलट गुप्त षड्यन्त्र' नाम से भी छपा। इसके लेखक का नाम नहीं दिया गया, लेकिन अंग्रेज़ सरकार किस तरह के तरीक़े इस्तेमाल कर क्रान्तिकारी

आन्दोलन के ख़िलाफ़ प्रचार करती थी, यह लेख इस सम्बन्ध में अच्छी जानकारी देता है।—स.

अख़बार पढ़ने-सुनने वाले लोग इस बात से परिचित हैं कि ऐसी ख़बरें अक्सर छपती ही रहती हैं कि हिन्द में आज फलाँ जगह अंग्रेज़ी सरकार के ख़िलाफ़ षड्यन्त्र का पता पुलिस ने लगाया है। और फलाँ स्थान पर षड्यन्त्र का मुक़दमा चलाया गया है। आज फलाँ जगह षड्यन्त्रकारियों को फ़ाँसी दी गयी है। अभी ही एक ख़बर छपी है कि एक ऐसे षड्यन्त्र का मुक़दमा चलने वाला है जिसमें चारों उत्तरी प्रान्त लपेटे जायेंगे। ऐसी ख़बरें पढ़कर आम भोले-भाले लोग इन षड्यन्त्रों सम्बन्धी अपने दिल में बड़े बुरे विचार रखने लगते हैं। वास्तव में उन्हें इन षड्यन्त्रों से सम्बन्धी कोई जानकारी नहीं होती, जिससे इस विषय पर प्रकाश डालना ज़रूरी है। जिस तरह रात के बाद दिन और दिन के बाद रात आने की वास्तविकता से कोई इन्कार नहीं कर सकता, उसी तरह की वास्तविकता इस कथन में है कि हिन्दुस्तान इस गुलामी को उतारकर आजाद हो जायेगा। यह बात अलग है कि इस मनोरथ को पूरा करने में समय कम या ज़्यादा लगे, और मूल्य भी महँगा ही देना पड़े। यही वास्तविकता मज़दूर वर्ग सम्बन्धी है कि आज वह भी पूँजीपतियों की गुलामी का जुआ उतारकर ही रहेगा।

आज़ादी के आन्दोलन दुनिया में न कभी रुके हैं और न रुक सकते हैं, लेकिन इन्हें रोकने के लिए क़ौमों और मज़दूर वर्ग के आन्दोलन के विरोधियों ने जो-जो हथियार इस्तेमाल किये हैं, वे साक्षात रूप में इतिहास में मौजूद हैं और इन्हें अच्छी तरह समझने के लिए हिन्दुस्तान का मौजूदा इतिहास ही काफ़ी है।

जब आज़ादी का कोई आन्दोलन सफल तरीक़ों पर चलता दिखायी दे तो इसे असफल करने के लिए इसके सेवकों पर सबसे बड़े आरोप जो लगाये जाते हैं, वे यह होते हैं—1. कि ये षड्यन्त्र कर रहे हैं, और 2. ये धर्म-विरोधी हैं। इस लेख में इन दोनों विषयों पर विचार करने का यत्न करना है ताकि आम जनता को इनकी तह तक पहुँचने का अवसर मिले और यह पता चल सके कि सही मायनों में षड्यन्त्र करने वाला और धर्मों का विरोधी कौन होता है और किस तरह दुनिया का भला करने वालों को षड्यन्त्रकारी और अधर्मी कहा जाता है। वास्तव में षड्यन्त्रकारी और अधर्मी तो ये स्वयं होते हैं।

गुप्त तख़्तापलट आन्दोलन

वर्तमान सरकार यह हल्ला करती नहीं थकती कि हिन्दुस्तान में गुप्त तख़्तापलट आन्दोलन क़ायम है। इस आन्दोलन के अस्तित्व को प्रकट करने के लिए कहीं न कहीं से टूटे-फूटे पिस्तौल और बम आदि अपने खुशामदियों के माध्यम से पकड़ने

का ढोंग रच लेती है और कहीं किसी अधिकारी पर कोई ख़ाली जाने वाला हमला ही करवाया जाता है और कभी रेलपटरी के पेंच ढीले किये जाते हैं, जबकि लाट साहिब आदि को गुज़रना हो। यह सब ऐसी बातें हैं, जिन्हें गुप्त तख़्तापलट षड्यन्त्र या आन्दोलन आमतौर पर इस्तेमाल करते हैं। लेकिन इस समय यह सबकुछ पुलिस की ओर से हो रहा है, जिसका सबूत इस बात से मिलता है कि बताये गये तख़्ता पलटने वालों की इस कार्रवाई से नुक़सान कहाँ तक होता है? बंगाल को इस समय सरकार इस आन्दोलन का घर बता रही है। पिछले कुछ सालों में चाहे बंगाल पुलिस ने कितनी ही जगहों से टूटे-फूटे हथियार आदि पकड़े और कई बार सरकारी अधिकारियों पर हमलों की साजिश का अस्तित्व भी बताया, लेकिन आज तक वहाँ किसी भी सरकारी अधिकारी की या कोई राजनीतिक मृत्यु नहीं हुई, जिससे यह सिद्ध होता है कि यह सबकुछ पुलिस के आदमी ही करते हैं। यदि तख़्ता पलटने वाले किसी सरकारी अधिकारी की जान लेने के लिए तैयार हो जायें तो क्या वे उसे सूखा जाने देंगे? यदि तख़्ता पलटने वाले हथियार आदि रखें तो क्या इस तरह के टूटे-फूटे ही रखें, जिनके बारे में बंगाल पुलिस भी अपनी गवाहियों में बता चुकी है कि ये हथियार चलाने वालों के लिए ही ज़्यादा ख़तरनाक हैं और जिस पर चलाये जाते हैं उसके लिए कम! यदि तख़्ता पलटने वाले गाड़ियाँ उलटने का यत्न करें तो क्या इसमें सफल न हों? ये सब ऐसी बातें हैं जो सिद्ध करती हैं कि यह सबकुछ आज़ादी के उपासकों को कुचलने के लिए पुलिस-कर्मचारियों की ओर से किया जाता है।

हमें इस बात से इन्कार नहीं कि हिन्दुस्तान में तख़्ता पलटने का आन्दोलन है, लेकिन हमारा कहना है कि इस समय जो हो रहा है वह पुलिस की ओर से है और इतिहास बताता है कि जब भी कोई तख़्ता पलटने का काम शुरू करते हैं, वे अपने वार कम ही ख़ाली जाने देते हैं। और सरकार को भी यह निश्चय रखना चाहिए कि ऐसे लोगों को (जिनका धर्म-ईमान ही देश की आज़ादी हो और जो बाक़ी सब तरीक़ों से निराश होकर आज़ादी के लिए इस तरीक़े पर भरोसा रखने लगें) दबाने में वह कभी भी सफल नहीं हो सकती, चाहे वह कितनी ही सख़्तियाँ करे और कितनी ही चालें चले और न ही आज तक कोई सरकार इसमें सफल हुई है। इन आन्दोलनों को समाप्त करने का सही तरीक़ा तो यही है कि उन लोगों की माँग पूरी की जाये, ताकि वे शान्त हों।

ऊपर जो बताया गया है यह केवल हमारा अपना ही ख़याल नहीं, बल्कि इसकी पुष्टि बंगाल आर्डिनेंस सम्बन्धी कई ज़िम्मेदार सज्जनों के भाषणों और उनके बयानों से होती है। इन्हीं सज्जनों के सवालों का उत्तर सरकार की ओर से सिवाय चुप के कुछ नहीं मिला। नीचे हम अपने विचारों की पुष्टि के लिए कुछ उद्धरण दे रहे हैं

जिनसे स्पष्ट सिद्ध हो जायेगा कि सरकार कैसे हिन्दुस्तान को गुलाम रखने के लिए कमीनी चालें चल रही है।

श्रीयुत सुभाषचन्द्र बोस को, जोकि कलकत्ता नगर सभा के चीफ़ एग्ज़ूयूक्टिव ऑफ़िसर थे और जिन्हें तख़्ता पलट करने का अपराधी कहकर बंगाल आर्डिनेंस के अनुसार ज़ेल में बन्द किया गया था, अब ख़राब सेहत के कारण रिहा किया गया है। आपने बंगाल आर्डिनेंस के सम्बन्ध में अभी एक बयान प्रकाशित करवाया है, जिसमें आप लिखते हैं–

"बंगाली राजनीतिक नज़रबन्दों को और देर तक ज़ेलों में बन्द रखने की कोई सन्तोषजनक वजह न होने के कारण पुलिस ने अब बम और टूटे हुए पिस्तौल पकड़ने शुरू कर दिये हैं, ताकि सिद्ध किया जा सके कि तख़्तापलट आन्दोलन अभी तक मौजूद है। वास्तव में पिछले कुछ सालों में जब भी कभी बंगाली राजबन्दियों की रिहाई की चर्चा चली है और जब भी कभी असेम्बली या बंगाल कौंसिल में नज़रबन्दों के सवाल पर विचार करने के लिए बैठक हुई है तो पुलिस के हाथों में खेलने वाले कुछ लोग अपने पास से हथियार लेकर झट गिरफ़्तारी के लिए पुलिस के आगे पेश हो जाते रहे हैं और फ़ौरन ही कथित बम-कारख़ानों का पता पुलिस को लग जाता है। इन कारख़ानों में आमतौर पर कुछ मसाला होता है, जो हर जगह मिल सकता है। फिर टूटे हुए पिस्तौल, जोकि जिस पर निशाना साधा जाये उससे ज़्यादा ख़तरनाक उसे चलाने वालों के लिए हो सकते हैं, जैसाकि दक्षिणेश्वर बम केस में पुलिस के गवाहों ने अपने मुँह से माना कि ये दोनों चीज़ें चाहे इस्तेमाल में किसी काम की न हों, लेकिन किसी को अपराधी ठहराने के लिए काफ़ी होती हैं।

तख़्तापलट षड्यन्त्र साबित करने के लिए शस्त्र क़ानून के अन्तर्गत चलाये गये साधारण मुक़दमों को पुलिस और एंग्लो-इण्डियन अख़बारों की ओर से पोलिटिकल मुक़दमे सिद्ध किया जाता है। अभी एक ऐसे पोलिटिकल मुक़दमे में जो वायदा माफ़ गवाह बना, वह एक पुराना पुलिस एजेण्ट है।

पिछले कुछ सालों में निःसन्देह पुलिस की ओर से मनगढ़न्त तख़्तापलट आन्दोलन बनाने के लिए दलाल (Agent Provocation) रखे जाते हैं ताकि ख़ुफ़िया पुलिस के ख़ास हिस्से (Intelligence Branch) को क़ायम रखने की ज़रूरत सिद्ध की जा सके, जिन्हें कुछ साल पहले बंगाल की सरकारी ख़र्च कम करने वाली समिति (Bengal Retrenchment Committee) ने हटाने की सिफ़ारिश की थी। मैं यह बयान अपनी ज़िम्मेदारी को पूरी तरह अनुभव कर लिख रहा हूँ और जो आरोप मैं पुलिस पर लगा रहा हूँ, इनकी जाँच के लिए यदि कोई निष्पक्ष समिति बनायी जाये

और नज़रबन्दों और पब्लिक को यदि इसके सामने गवाहियाँ देने में कोई बाधा न दी जाये और पूरी छूट हो तो इसके प्रमाण देने को भी मैं प्रस्तुत हूँ...।

स्वर्गवासी श्रीयुत देशबन्धुदास जी ने भी बंगाल कौंसिल में भाषण देते हुए 23 जनवरी, 1924 को साफ़-साफ़ बताया कि कैसे ऊल-जलूल (सबूत) इकट्ठा कर बंगाली देशभक्तों को ज़ेल में डाल दिया गया है और किस प्रकार के निराधार आरोप लगाये गये हैं। आपने यह भी जाहिर किया कि इस तरह के आन्दोलन दमनकारी तरीक़ों से दबाये नहीं जा सकते। नीचे आपके द्वारा कौंसिल में दिया गया भाषण पूरे का पूरा दर्ज है–

"हमें यह शिकायत नहीं है कि सरकार ने इन व्यक्तियों को बगैर कोई सूचना एकत्र किये ही गिरफ़्तार कर लिया है, लेकिन हमारी शिकायत यह है कि इन सूचनाओं की अच्छी तरह जाँच नहीं की गयी और हमारी इस शिकायत के उत्तर में एक शब्द भी नहीं कहा। हमें यह बताया गया है कि इस सम्बन्ध में कई आदमियों ने बयान दिये हैं और यह भी बताया गया है कि जो रिपोर्टें मिली हैं, सरकार ने उन पर विचार किया है। लेकिन जो कुछ मैं पूछना चाहता हूँ वह यह है कि कोई सरकारी अधिकारी चाहे कितना भी योग्य क्यों न हो, किसी बयान के ठीक होने का अनुमान कैसे कर सकता है, जब तक कि बयान देने वाले को सामने बुलाकर उससे सवाल न किये जायें?

(जब भगतसिंह और उनके साथ भारतीय और अन्तर्राष्ट्रीय क्रान्तिकारी आन्दोलन की समीक्षा करते हुए लोगों से उसे साझा कर रहे थे तो भारत की स्वतन्त्रता-प्राप्ति के ढंग और स्वतन्त्रता-आन्दोलन के दरपेश पैदा रुकावटों के बारे में चर्चा भी पूरे जोर से चल रही थी। मई, 1928 से सितम्बर, 1928 तक जब भगतसिंह पूरी तरह 'किरती' अख़बार चलाने में व्यस्त थे, उस समय के ये लेख यहाँ दिये जा रहे हैं। चाहे इनके लेखकों के नामों का पता नहीं, लेकिन ये लेख शहीद भगतसिंह और उनके साथियों के तत्कालीन विचारों का प्रतिनिधित्व करते हैं। इसीलिए इन्हें यहाँ दिया जा रहा है। शहीद भगवतीचरण वोहरा 'किरती' अख़बार से गहरे रूप से जुड़े हुए थे।–स.)

हर सम्भव तरीक़े से पूर्ण स्वतन्त्रता

अमृतसर कॉन्फ्रें स में जिन बातों का बहुत झगड़ा हुआ और बहस हुई, उनमें से एक सबसे अधिक ज़रूरी और महत्त्वपूर्ण बात यह थी कि कांग्रेस का उद्देश्य हर सम्भव तरीक़े से 'अंग्रेज़ी राज से बाहर पूर्ण स्वतन्त्रता' प्राप्त करना हो।

प्रस्ताव पास हो गया और बड़े-बड़े नेताओं ने कांग्रेस से इस्तीफे दे दिये और धमकियाँ देनी शुरू कर दीं और प्रस्ताव पास करने वालों को षड्यन्त्रकारी, नेतागिरी के भूखे लोग कहा गया। पंजाबभर के अख़बारों ने आसमान सर पर उठा लिया और हाय-तौबा मचा दी। हमें समझ नहीं आ रहा कि क्या कहर टूट पड़ा।

मद्रास कांग्रेस ने पूर्ण स्वतन्त्रता (Complete Independence) का प्रस्ताव पास कर दिया था। यहाँ उसने स्पष्ट कर दिया कि आज़ादी, पूर्ण आज़ादी अंग्रेज़ी राज से बाहर ही हो सकती है। हाँ, यह बात साफ़ है कि मद्रास के प्रस्ताव को (अब) ज़्यादा जोरदार और निश्चित बना दिया गया है। उस प्रस्ताव पर तो किसी को कोई ख़ास शिकायत हुई नज़र नहीं आयी थी। झगड़ा सिर्फ़ 'हर सम्भव तरीक़े से' (By all possible means) (आज़ादी) प्राप्त करने का है। अब तो कांग्रेस कोड में लिखा हुआ था कि–By all peaceful and legitimate means–सभी शान्तिपूर्ण और न्यायिक तरीक़ों से स्वराज लिया जाये।

पूरा देश तैयार था। नौजवानों ने गाँव-गाँव में सिविल नाफ़रमानी की तैयारी कर दी थी। चौरा-चौरी में एक-दो भाड़े के टट्टुओं ने अत्याचार कर दिया या यों कहो कि कुछ लोगों से करवा दिया। बस पूर्ण शान्ति वाली बात ख़त्म। फिर क्या था, पूरे देश का बेड़ा गर्क कर दिया। क्या ख़ूब फिलासफी है कि शान्तिपूर्ण शब्द का बहाना लेकर हरामख़ोर जमींदारों और ताल्लुकेदारों का पक्ष लिया गया। और बारदौली रैदलीफन में साफ़ कह दिया गया कि हे किसानो, तुम अपने मालिकों को लगान दे दो।

बस शान्तिपूर्ण के बहाने देश का बेड़ा गर्क कर दिया गया। यातनाओं के झूठे आरोपों में फँसाये गये लोगों का पक्ष लेने की हिम्मत तक हमें न हुई और कई ग़रीब वहाँ फ़ाँसी पर चढ़ गये। यह तो अत्याचार हुआ न? इस पूर्वाग्रह को मिटाना बहुत ज़रूरी था। इस प्रस्ताव के पास होने से लोगों के देखने का दायरा कुछ बढ़ गया है।

दूसरी बात यह है कि क्या हमने क़सम खा रखी है कि यदि शान्तिपूर्ण तरीक़े से स्वराज मिलेगा तो लेंगे, अन्यथा हम अंग्रेज़ी राज में ही रहना पसन्द करेंगे? 'हाँ' कहने वाले अन्धे आदर्शवादी लोगों के साथ हम बात नहीं करना चाहते। जिस स्वराज के बारे में दुनिया का सबकुछ क़ुर्बान किया जा सकता है, उसके बारे में ऐसी बेकार बातों की क्या ज़रूरत है?

हाँ, तीसरा सवाल उठा है कि क्या विद्रोह करके, लड़ाई करके हम स्वराज ले सकते हैं? आज तो एक ही जवाब मिल सकता है कि नहीं। आज हम इतने संगठित, सशस्त्र और ताक़तवर नहीं हैं, इसीलिए यह तरीक़ा अभी असम्भव है। फिर झगड़ा किस बात का? सवाल यह है कि क्या हर क़ौम को कभी भी बल-प्रयोग का

अधिकार है या नहीं? डॉक्टर सत्यपाल जी के शब्दों में—Have we not a right to employ all possible means to attain our goal. उसके जवाब में 'ट्रिब्यून' कहता है कि नहीं। (Not a right can either be legal or moral right) बहुत अच्छा जी! क़ानूनी अधिकार तो नहीं हो सकता, क्योंकि क़ानून परायों के हाथ में है। पर क्यों जी, सिविल नाफरमानी- सिविल नाफरमानी करके आसमान सर पर उठा लेने वाले सज्जन यह नहीं जानते कि सिविल नाफरमानी भी कोई क़ानूनी तौर पर जायज (legal right) नहीं कहला सकती। वह भी स्पष्टतः समय के क़ानून (law) को तोड़ना और उसका विरोध करना है। किसी भी राज (State) के ख़िलाफ़ किसी तरह की आवाज़ उठानी कभी भी legal right नहीं कहला सकती। यहाँ नैतिक अधिकार (moral right) होता है। यदि सम्भव होने और अत्यन्त ज़रूरी होने पर भी बल-प्रयोग को Moral right नहीं समझा जाता तो अमेरिका के वीर वाशिगटन और पैट्रिक हेनरी, इटली के मैजिनी और गैरीबाल्डी, रूस के लेनिन आदि आज़ादी दिलाने वालों और अपने सभी बुज़ुर्गों श्री रामचन्द्र, श्री कृष्ण, श्री शिवाजी, श्री प्रताप और गुरु गोविन्द सिंह जी ने कुकर्म किये और वे सम्माननीय न हुए! यह फिलासफी भी कमाल है! सवाल सिर्फ़ यह उठता है कि जब आज विद्रोह करना भी नहीं और है भी असम्भव तब All possible means पास करने की ज़रूरत क्यों पड़ गयी? लेकिन जब आज पूर्ण स्वतन्त्रता का प्रस्ताव पास करते हैं तो क्या आज ही स्वतन्त्रता ले लेते हैं? यह सिर्फ़ ऊँचा आदर्श सामने रखा गया है। इस तरह 'हर सम्भव तरीक़े से' पास करने से लोगों की तंगदिली दूर कर दी गयी और उनके सामने बड़ा भारी आदर्श रख दिया गया है।

साथ ही एक और बात भी है। आज कई साल हो गये हैं, जब से कितने ही वीर 'पूर्ण स्वतन्त्रता, पूर्ण स्वतन्त्रता' की रट लगाये फ़ाँसी पर लटक गये। आज हमारे समझदार नेताओं को पूर्ण स्वतन्त्रता की घोषणा करने की ज़रूरत पड़ी और वे सबसे गर्म नेता कहाने लगे। और हम किसी भी नौजवान को ताक़त में विश्वास रखने पर दुत्कारना शुरू कर देते हैं और उन बेचारे देशभक्तों पर कहर बरपा करते हैं और कोई परवाह नहीं करते। 1914-15 के मुक़दमों में जो अन्धेरगर्दी हुई, क्या वे साथी अपनी ही लापरवाही का परिणाम नहीं थे? तब गला फाड़-फाड़कर काँव-काँव। ये बड़े ख़तरनाक हैं, खूँख़ार हैं। और जब उन बेचारों का फ़ाँसी लग जाना, तब भीतर घुस-घुस बातें करना। वे सच्चे देशभक्त थे। 1908 से लोग फ़ाँसी पर चढ़ते रहे, पर सब अक्लमन्द लोग उन्हें गालियाँ देते रहे। 1925 में विपिनचन्द्र पाल ने एक लेख लिखा कि It were political assasins who passed their way Minto Morely scheme. यानी राजनीतिक हत्यारों की कृपा से ही मिण्टो-मारले स्कीम मिली थी।

और आज काकोरी वाले शहीदों के घरवालों से सहानुभूति प्रकट करने पर बिगड़ जाने वाला Modern Review भी विपिनचन्द्र पाल की उपरोक्त बात की ताईद करता हुआ एक बड़े माडरेट एस.आर. दास के एक पत्र में लिखता है कि इंग्लिस्तान को जगाने के लिए और यह बताने के लिए कि हिन्दुस्तान की स्थिति अच्छी नहीं है, एक बम की ज़रूरत थी–'A bomb was necessary to awaken England from Iber sweet dream that all was well with India.'

यदि उन ग़रीबों की ओर, जोकि शान्ति में विश्वास नहीं करते, लेकिन आज़ादी के लिए हम लोगों से अधिक बलिदान कर सकते हैं, समय पर ध्यान दिया जाये तो कम से कम उनके साथ अन्धेरगर्दी और ज़ुल्म तो न हुआ करें और उनकी मुसीबत में कुछ तो कमी हो जाया करे।

एक और भी बात है कि माडरेटों को सदस्य बनाने के लिए खद्दर की शर्त लगाने पर जोर देने वाले सज्जन यह तो बतायें कि क्या माडरेटों से अधिक बलिदान करने वाले नौजवानों के लिए कांग्रेस का दर खोलना पाप है? उनको आगे नहीं आने देना? यह तो हम जानते हैं कि आज़ादी की जंग में इस्तेमाल के लिए हमारे पास केवल एक ही हथियार है 'सिविल नाफरमानी' और वैसा आन्दोलन अधिक शान्तिपूर्ण होगा ही, लेकिन 'सम्भव' शब्द के आ जाने से किसी को भी कोई शिकायत नहीं रह जानी चाहिए।

और यदि शब्द कहने से डरते हो कि सरकार आ गला पकड़ेगी तो सुन लो–"Freedom has to be won inch by inch and whether peaceful or other methods are employed, the Government of the day will not spare any pains to crush the movement of independence." यानी सरकार तो शान्तिपूर्ण या अशान्तिपूर्ण, सभी आन्दोलनों को दबाने की कोशिश करेगी। इसलिए हमें उस प्रस्ताव से डरना नहीं चाहिए जिसने हमारे काम के दायरे को ज़्यादा खुला कर दिया और हमारी तंगनज़र को खोल दिया है, बल्कि उसका तो स्वागत करना चाहिए।

किरती/मई, 1928

आतंक के असली अर्थ

अपने समय की विचारधारात्मक बहस में हिस्सा लेते हुए भगतसिंह और उनके साथियों ने 'आतंक' शब्द के अर्थ समझने की कोशिश की। मई, 1928 के 'किरती' में यह लेख इसी विषय पर छपा जो बम्बई के अख़बार 'श्रद्धानन्द' से अनूदित था तथा भगतसिंह और उनके साथियों के उस समय के विचारों का प्रतिनिधित्व करता है।–स.

पिछले सात-आठ सालों में जिन कुछ शब्दों ने हमारे राजनीतिक जीवन में तूफ़ान

खड़ा किया है और जिनके बारे में बहुत लोगों को ग़लतफहमी रही है उनमें सबसे ज़रूरी शब्द 'आतंक' है। अब तक किसी ने भी गहन विचार कर इस शब्द के अर्थ समझने के यत्न नहीं किये। इसीलिए आज तक इस शब्द का ग़लत इस्तेमाल होता रहा है। पूरी क़ौम अपने लक्ष्य को ठीक न समझ पाने के कारण दिन को रात और रात को दिन समझती हुई ठोकरें खा रही है।

आतंक पर बोलते ही अनुभव होने लगता है कि वह त्याज्य और बुरा शब्द है। सुनते ही यह विचार पैदा होता है कि वह दुख देने वाला, अत्याचारी, जोर-ज़बरदस्ती और अन्यायपूर्ण है। जिस काम के साथ 'आतंक' शब्द लग जाये वही काम पलीत, हानिकर और त्याज्य लगने लगता है। इस हालत में कोई शरीफ और नेकदिल इन्सान इससे हमेशा के लिए परे रहने का यत्न करे तो यह एक स्वाभाविक बात है। आतंक और ज़ुल्म से आशय ताक़त का अयोग्य ढंग से प्रयोग है। इन दोनों शब्दों से ताक़त के इस्तेमाल की बू तो आती है, लेकिन ताक़त के इस्तेमाल की एक सीमा है। उसी सीमा का ख़याल न रखते हुए कुछ हंगामाबाज लोगों ने 'आतंक' नाम दे दिया है और हिन्दी भाषा में इसकी तुलना में 'अहिंसा' शब्द ठोंक दिया गया है। इसी कारण आज एक बड़ी ख़तरनाक ग़लतफहमी फैली हुई है।

आतंक में ताक़त का इस्तेमाल भी होता है। इसलिए कुछ घटिया दिमाग वालों ने ताक़त के इस्तेमाल को ही आतंक का नाम दे डाला। किसी आदमी को बुरे काम से रोकने के लिए यही कह देना काफ़ी होता है कि वह काम बहुत बुरा और घृणित है। ऐसे ही शब्दों में आतंक भी एक है। कांग्रेस के आदेशानुसार हज़ारों इन्सान बिना किसी न-नकार के शान्ति की क़समें उठाते चले गये। बात तो ठीक थी। आतंक का अर्थ ज़ुल्म और ज़बरदस्ती करना है। ऐसा बुरा काम न करने की क़सम खाने में किसी को क्या उज्र हो सकता है, लेकिन असली बात यह है कि ज़ुल्म को नहीं, बल्कि ताक़त के इस्तेमाल को ही आतंक का नाम देकर लोगों में ग़लतफहमी फैला दी गयी है। बहुत-से लोग जोकि ताक़त के इस्तेमाल के हक़ में थे, वे आतंक का पक्ष लेने की हिम्मत न दिखा सके और उन्होंने भी चुपचाप शान्तिपूर्ण (आन्दोलन) के पक्ष में होने की क़सम उठा ली। इसीलिए अहिंसा (Non-violence) जैसे शब्दों ने बहुत गड़बड़ी मचा दी। हज़ारों ही काम जो आज तक न सिर्फ़ जायज, बल्कि अच्छे माने जाते थे, वह पलक झपकने में ही घृणित माने जाने लगे। वीरता, हिम्मत, शहादत, बलिदान, सैनिक-कर्तव्य, शस्त्र चलाने की योग्यता, दिलेरी और अत्याचारियों का सर कुचलने वाली बहादुरी आदि गुण बल-प्रयोग पर निर्भर थे। अब ये गुण अयोग्यता और नीचता समझे जाने लगे! आतंक शब्द के इन भ्रामक अर्थों ने क़ौम की समझ पर पानी फेर दिया। नौबत यहाँ तक पहुँची कि हथौड़े से पत्थर का बुत

तोड़ना भी आतंक के दायरे में मान लिया गया और लाठी पकड़ने तक को आतंक माना गया। तो क्या बुत को हाथों से तोड़ा जाये?

किसी भी शब्द के सुनते ही हर इन्सान के दिल में एक विचित्र ढंग की भावनाएँ पैदा हो जाती हैं और उसके बाद झटपट एक प्रकार के अर्थ समझ चुकने के कारण इन्सान उसकी तह तक जाने के लिए अधिक दिमाग नहीं लड़ाता। किसी अजनबी इन्सान के आते ही यदि यह कह दिया जाये कि वह बड़ा पापी है, लुच्चा है, तो सुनने वाले के दिल में उसके ख़िलाफ़ स्वभावतः ही एक तरह के घृणित ख़याल उत्पन्न हो जाते हैं। उस आदमी के सम्बन्ध में अधिक जाँच किये बगैर ही राय बना ली जाती है। इसी तरह शब्दों के प्रयोग सम्बन्धी मामले में कहा जा सकता है। वेदों और पुराणों में इस बात पर जोर दिया गया है कि जो भी शब्द बोले जायें, उनका सही प्रयोग होना चाहिए, क्योंकि शाब्दिक भ्रम से देवताओं तक में बड़े-बड़े दंगे हो गये थे और बड़ा भारी नुक़सान हो गया था। ठीक वही दशा पिछले सात साल से हमारी हो रही है। ताक़त के योग्य और अयोग्य इस्तेमाल को बिना किसी जाँच-विचार के फ़ौरन आतंक का फतवा देकर घृणित होने की घोषणा कर दी गयी है।

यदि कोई डाकू कुल्हाड़ी लेकर किसी के घर में आ घुसे तो उसे आतंक (की कार्यवाही) कहा गया, लेकिन यदि घरवालों ने छुरी का इस्तेमाल कर डाकू को मार डाला तो उसे भी आतंक (का काम) माना गया। अर्थात् जब अपने और अपने परिवार की रक्षा के लिए ताक़त का योग्य और नेक इरादों से इस्तेमाल किया गया तब भी उसे आतंक ही कहा गया। रावण जोर-ज़बरदस्ती सीता को उठा ले गया तो वह आतंक। और सीता को छुड़ाने गये राम ने रावण का सिर काट दिया तो वह भी आतंक! इटली, अमेरिका, आयरलैण्ड आदि देशों पर कई प्रकार के ज़ुल्म करने वाले अत्याचारी भी आतंक फैलाने वाले समझे गये और नंगी तलवार पकड़े इन विदेशी डकैतों का छिपी हुई शमशीर से इलाज करने वालों को भी आतंक (फैलाने वाले) की उपाधि दी जाती है। गैरीबाल्डी, वाशिंगटन, एमट और डी वलेरा आदि सभी इसी सूची में डाल दिये गये। क्या इसे इन्साफ़ कहा जा सकता है? आभूषण चुराने के लिए मासूम बच्चे की गरदन काट देने वाला चोर भी घृणित और उस पत्थर-दिल चोर को फ़ाँसी पर लटका देने वाला न्यायकारी सम्राट भी आतंककारी और घृणित! कृष्ण भी उतना ही पापी, जितना कंस! शूरवीर भीम भी उतना ही गुनहगार, जितना कि उसकी धर्मात्मा पत्नी का अपमान करने वाला दुःशासन! आह! कितनी ग़लतफहमी है। कितना बड़ा अन्याय है। इसीलिए कुछ सीधे-सादे लोगों ने अच्छे कामों को भी केवल बल-प्रयोग के कारण अयोग्य और आतंकवादी कह दिया। साँप डसता है, आदमी उसे मार डालता है। पर दोनों बराबर-बराबर नहीं। डसना तो साँप की आदत

थी और वह इस आदत से मजबूर था, लेकिन इन्सान ने यह काम जानबूझकर किया, इसलिए उसे अधिक नीच समझा जाना चाहिए! नौबत यहाँ तक पहुँची कि देश और क़ौम के लिए सशस्त्र हो मैदाने-जंग में शहीद हो जाने वाले बहादुर भी पापी समझे जाने लगे। शिवाजी, राणा प्रताप और रणजीत सिंह जी को आतंक फैलाने वाले कहा गया और वे पूजनीय व्यक्तित्व भी घृणा का शिकार हो गये।

उधर दुनिया के सारे देश शस्त्रधारी हैं। प्रत्येक अपने हथियारों की ताक़त को बढ़ाता चला जा रहा है। इधर हमारा यह भारतवर्ष है, जिसमें रहने वालों का शस्त्र पकड़ना पाप समझा जाता है। 'लाठी मत पकड़ो'–यह शिक्षा देने वाले लाठी देखते ही डरपोक और कायर लोगों की पीठ ठोंकने लगे। देश को गिरी हुई अवस्था से उठाकर उन्नति के रास्ते पर खड़ा करने वाली शूर-वीरता मटियामेट होने लगी और ताक़त से डरने वाले दुश्मन राजी-ख़ुशी दिखायी देने लगे। कुछ बिरले ही लोग थे जो यह दुखद स्थिति न देख सके और उन्होंने इसका खण्डन करना शुरू कर दिया। लेकिन हैरानी की बात तो यह है कि वे स्वयं भी इस गड़बड़ी का शिकार हो गये और ठोस तर्कों से विरोध प्रकट करना उनके लिए कठिन हो गया। बस इसी से युग पलटने वाले लोगों ने चिढ़कर यह कहना शुरू कर दिया–हाँ, हाँ, हम आतंक फैलायेंगे, हम Violence ही करेंगे! जैसे कोई शरीफ आदमी अपने अच्छे काम को गुनाह ठहराये जाते देखकर और फिर तर्कसम्मत उत्तर न दे पाने के कारण हड़बड़ाकर यही कहना शुरू कर दे–हाँ, हाँ, मैं गुनाह ही करूँगा। ठीक यही स्थिति इन बेचारे युग पलटने वालों की हो रही है। मद्रास कांग्रेस के अध्यक्ष तक ने यह कह दिया कि आज यदि हम शान्तिपूर्ण (तरीक़े) के पक्षधर हैं तो इसका यह अर्थ नहीं है कि हम हमेशा ऐसे ही रहेंगे। हो सकता है कि हमें कल ही आतंक (Violence) के लिए तैयार होना पड़े। दुख तो इस बात का है कि यह 'आतंक' शब्द घृणित है। यह अपने गुणों व ठीक अर्थों में व्याख्यायित न होने के कारण दूसरों को अपने पक्ष में नहीं कर सका–अर्थात् वे लोग जोकि बल-प्रयोग के पक्ष में भी हैं, वे भी जालिम या आतंकवादी कहलवाना पसन्द नहीं कर सकते। इस एक शब्द 'आतंक' के अर्थों के अनर्थ होने के कारण ही कितना भारी नुक़सान हो रहा है।

पूरी ग़लतफहमी की जड़ तो इस एक शब्द 'आतंक' की ग़लत व्याख्या है; क्योंकि आतंक व ज़ुल्म भी बल-प्रयोग से ही होते हैं, इसलिए बल-प्रयोग से बहुत सारे अच्छे व बुरे काम होते हैं। ज़ुल्म इनमें से एक है। एक पुरुष चोरी से किसी के घर में आग लगाता है, वह भी आग लगाने वाला है और दूसरी ओर रसोइया भी आग जलाता है, लेकिन रसोइया अपराधी नहीं कहला सकता और न ही आग लगाने का काम बुरा कहा जा सकता है। इसी तरह अपने देश की रक्षा के लिए

या देश की आज़ादी की प्राप्ति के लिए शस्त्र लेकर मैदान में उतरने वाला देशभक्त जब जालिम और बलशाली की गरदन तलवार से उतार देता है या जालिम से किसी मजलूम का बदला लेता हुआ फ़ाँसी पर चढ़ जाता है, वह या कोई और शूरवीर, जोकि अपने सगे-सम्बन्धियों, अपनी पत्नी या घर-बार की रक्षा के लिए हथियार लेकर लुच्चे जालिमों का मुक़ाबला करने के लिए निकलता है, वह बल-प्रयोग तो ज़रूर करता है, लेकिन आतंक नहीं फैलाता, अर्थात् इनके किये काम, आतंक के कामों में नहीं गिने जा सकते, बल्कि वे अच्छे और नेक कहे जाते हैं।

वह बल-प्रयोग जिससे निर्दोषों को बिना किसी कारण से सताया जाये या दूसरों को किसी नीच इच्छा से नुक़सान पहुँचाया जाये, केवल ऐसे ही बेहूदा कामों के लिए (किये गये) बल-प्रयोग को आतंक कहा जा सकता है, लेकिन जब इसी ताक़त को किसी ग़रीब अनाथ की मदद के लिए या ऐसे ही किसी और काम के लिए इस्तेमाल किया जाये तो वह आतंक नहीं, बल्कि पुण्य और परोपकार कहलाता है। या फिर इससे सिद्ध हुआ कि बल-प्रयोग करना कोई ज़ुल्म, अत्याचार या आतंक नहीं, बल्कि यह बल-प्रयोग करने वाले की नीयत पर निर्भर रहता है। यदि उसने किसी भले व नेक काम के लिए बल-प्रयोग किया है तो उसे आतंक का दोषी नहीं ठहराया जा सकता, लेकिन यदि उसने अपने व्यक्तिगत हित या निर्दोषों को दुख देने की ख़ातिर अपने बल का ग़लत प्रयोग किया है तो उसे निःसन्देह, निर्भय होकर 'आतंकवादी' कहा जा सकता है। आतंक हमेशा ही घृणा योग्य है। आतंक ताक़त का ऐसा इस्तेमाल है, जिससे बिना अपराध के किसी को दुख दिया जाये। लेकिन जहाँ जालिमों और गुण्डों की गुण्डई रोकने के लिए बल-प्रयोग किया जाये, वह आतंक नहीं बल्कि अच्छा व भला काम होता है, क्योंकि दुनिया के अच्छे कामों की परख की एक ही कसौटी है—यह कि वे काम दुनिया को सुख व आराम देने वाले हों। किसी को दुख देना आतंक है, लेकिन दुख देने वाले जालिम का खुरा-खोज मिटाना पुण्य है। जालिम कंस जब ज़ुल्म की तलवार पकड़ देवकी के घर में जा घुसता है, उसका उस समय का काम घृणित आतंक है, लेकिन जब इसी जालिम के पंजे से जनता को छुटकारा दिलाने के लिए श्रीकृष्ण तलवार लेकर उसके दरबार में घुस जाते हैं और तलवार से उसका सिर गरदन से अलग कर देते हैं, उस समय की उनकी यह कार्रवाई अभिनन्दनीय है। दोनों तलवारें हैं, दोनों हथियार हैं, दोनों कामों में बल-प्रयोग किया गया है, लेकिन एक काम ज़ुल्मों से भरा है, इसलिए उसे आतंक कहा जायेगा और दूसरा काम नेक है, वह एक जालिम और अत्याचारी की हस्ती को, ग़लत अक्षर की तरह, मिटाकर लोगों पर परोपकार करना है, इसलिए वह नेक काम सम्माननीय है। पर यदि हमारी मौजूदा फिलासफी के हिसाब से देखा जाये तो दोनों ही काम आतंककारी और घृणित हैं। लोगों को दुख देने वाला

जालिम भी आतंककारी, और लोगों को जालिम के पंजे से छुटकारा दिलाने वाला भी आतंककारी! यदि हमारे देश में यही स्थिति रही तो अच्छे-बुरे की पहचान कैसे होगी और सम्माननीय कामों और घृणित कामों के फ़र्क़ का कैसे पता चलेगा?

यदि इतना जान लिया जाये कि ताक़त का ग़लत इस्तेमाल अर्थात् ग़रीबों, अनाथों को सताना आतंक कहलाता है और इन सबको रोकना अच्छे काम समझा जाता है तो सारे भ्रम दूर हो सकते हैं। चोर, डाकू और हत्यारे जब हथियारों का इस्तेमाल करते हैं तो वे आतंक करते हैं (That force being aggressively used become violence), लेकिन जब घर का मालिक समय पाकर उस डाकू या हत्यारे की छाती में छुरी घोंप देता है या उस डाकू को कोई न्यायप्रिय शासक फ़ाँसी की सजा देता है तो वह अच्छा काम होता है। इसीलिए हिन्दू धर्मशास्त्र के कर्ता मनु जी लिखते हैं–

जालिम, हत्यारे, अपराधी को खुफ़िया ढंग से या खुले मैदान चुनौती देकर या किसी और ढंग से छापा मारकर जान से मार डालने वाले दिलेर इन्सान पापी या गुनाहगार नहीं, बल्कि सम्माननीय इन्सान कहलाता है। पुराने से पुराने और नये से नये क़ानून के अनुसार आत्मरक्षा में किये बल-प्रयोग को कभी भी आतंक के नाम से नहीं पुकारा गया। यहाँ तक कि हिन्दू दण्ड-विधान में भी उसे आतंक (Violence) नहीं कहा गया। आतंक फैलाना दण्डनीय है, लेकिन आत्मरक्षा में बल-प्रयोग क़ानूनी ताक़त समझी ज़ाती है।

ठीक वही बात राजनीति की है। इटली पर इस देश की इच्छा के विरुद्ध आस्ट्रिया सिर्फ़ तलवार के जोर से राज करता था, इसलिए इटली को ज़बरदस्ती अधीन रखने का उसका काम आतंक था, घृणित था और ख़त्म करने योग्य था। लेकिन जब गैरीबाल्डी और मैजिनी ने इसके ख़िलाफ़ तलवार उठायी और उस जालिम बादशाहत को उलटा दिया तब उनका यह काम घृणा लायक नहीं, बल्कि पूजनीय माना गया। ठीक यही बात हम 1857 में हिन्दुस्तान की आज़ादी के लिए लड़ी लड़ाई के सम्बन्ध में कह सकते हैं, क्योंकि वह हमारे पहले बताये अनुसार ज़ुल्म या आतंक नहीं था। इस लेख से यह अर्थ निकालना कि हम एक हथियारबन्द बगावत करने की प्रेरणा दे रहे हैं, बिल्कुल झूठ और बेकार होगा। आज हम हथियारबन्द बगावत करने या न करने सम्बन्धी कुछ नहीं लिखते। हथियारबन्द बगावत की प्रौढ़ता या विरोध अलग-अलग देशों के अलग-अलग समाचारों के कारण होते हैं। जो लोग इस समय हथियारबन्द बगावत को कठिन या समयपूर्व मानते हों, वे 'आतंक' शब्द की ओट लेकर उस विचार को ही त्याज्य न बनायें। इस विचार से ही आतंक शब्द की उक्त व्याख्या की गयी है, ताकि लोग फिर वैसी ही ख़तरनाक और ठीक न हो सकने वाली भूल न करें।

('श्रद्धानन्द', बम्बई से) किरती/मई, 1928

धर्म और हमारा स्वतन्त्रता संग्राम

भगतसिंह

मई, 1928 के 'किरती' में यह लेख छपा। अमृतसर में अप्रैल में राजनीतिक कॉन्फ्रेंस और नौजवान सभा की कॉन्फ्रेंस हुई थी, जिसमें धर्म की समस्या पर शहीद भगतसिंह और उनके साथियों में जमकर विचार-विमर्श हुआ। यह लेख उसी मसले पर प्रकाश डालता है।—स.

अमृतसर में 11-12-13 अप्रैल को राजनीतिक कॉन्फ्रेंस हुई और साथ ही युवकों की भी कॉन्फ्रेंस हुई। दो-तीन सवालों पर इसमें बड़ा झगड़ा और बहस हुई। उनमें से एक सवाल धर्म का भी था। वैसे तो धर्म का प्रश्न कोई न उठाता, किन्तु साम्प्रदायिक संगठनों के विरुद्ध प्रस्ताव पेश हुआ और धर्म की आड़ लेकर उन संगठनों का पक्ष लेने वालों ने स्वयं को बचाना चाहा। वैसे तो यह प्रश्न और कुछ देर दबा रहता, लेकिन इस तरह सामने आ जाने से स्पष्ट बातचीत हो गयी और धर्म की समस्या को हल करने का प्रश्न भी उठा। प्रान्तीय कॉन्फ्रेंस की विषय समिति में भी मौलाना जफर अली साहब के पाँच-सात बार ख़ुदा-ख़ुदा करने पर अध्यक्ष पण्डित जवाहरलाल ने कहा कि इस मंच पर आकर ख़ुदा-ख़ुदा न कहें। आप धर्म के मिशनरी हैं तो मैं धर्महीनता (Irreligion) का प्रचारक हूँ। बाद में लाहौर में भी इसी विषय पर नौजवान सभा ने एक मीटिग की। कई भाषण हुए और धर्म के नाम का लाभ उठाने वाले और यह सवाल उठ जाने पर झगड़ा हो जाने से डर जाने वाले कई सज्जनों ने कई तरह की नेक सलाहें दीं।

सबसे ज़रूरी बात जो बार-बार कही गयी और जिस पर श्रीमान भाई अमर सिह जी झबाल ने विशेष जोर दिया, वह यह थी कि धर्म के सवाल को छेड़ा ही न जाये। बड़ी नेक सलाह है। यदि किसी का धर्म बाहर लोगों की सुख-शान्ति में कोई विघ्न न डालता हो तो किसी को भी उसके विरुद्ध आवाज़ उठाने की क्या ज़रूरत हो सकती है? लेकिन सवाल तो यह है कि अब तक का अनुभव क्या बताता है? पिछले आन्दोलन में भी धर्म का यही सवाल उठा और सभी को पूरी आज़ादी दे दी गयी। यहाँ तक कि कांग्रेस के मंच से भी आयतें और मन्त्र पढ़े जाने लगे। उन दिनों धर्म में पीछे रहने वाला कोई भी आदमी अच्छा नहीं समझा जाता था। फलस्वरूप संकीर्णता बढ़ने लगी।

जो दुष्परिणाम हुआ, वह किससे छिपा है? अब राष्ट्रवादी या स्वतन्त्रता प्रेमी लोग धर्म की असलियत समझ गये हैं और वही उसे अपने रास्ते का रोड़ा समझते हैं।

बात यह है कि क्या धर्म घर में रखते हुए भी, लोगों के दिलों में भेदभाव नहीं बढ़ता? क्या उसका देश के पूर्ण स्वतन्त्रता हासिल करने तक पहुँचने में कोई

असर नहीं पड़ता? इस समय पूर्ण स्वतन्त्रता के उपासक सज्जन धर्म को दिमागी गुलामी का नाम देते हैं। वे यह भी कहते हैं कि बच्चे से यह कहना कि—ईश्वर ही सर्वशक्तिमान है, मनुष्य कुछ भी नहीं, मिट्टी का पुतला है—बच्चे को हमेशा के लिए कमज़ोर बनाना है। उसके दिल की ताक़त और उसके आत्मविश्वास की भावना को ही नष्ट कर देना है। लेकिन इस बात पर बहस न भी करें और सीधे अपने सामने रखे दो प्रश्नों पर ही विचार करें तो भी हमें नज़र आता है कि धर्म हमारे रास्ते में एक रोड़ा है। मसलन हम चाहते हैं कि सभी लोग एक-से हों। उनमें पूँजीपतियों के ऊँच-नीच की छूत-अछूत का कोई विभाजन न रहे। लेकिन सनातन धर्म इस भेदभाव के पक्ष में है। बीसवीं सदी में भी पण्डित, मौलवी जी जैसे लोग भंगी के लड़के के हार पहनाने पर कपड़ों सहित स्नान करते हैं और अछूतों को जनेऊ तक देने से इन्कारी है। यदि इस धर्म के विरुद्ध कुछ न कहने की क़सम ले लें तो चुप कर घर बैठ जाना चाहिए, नहीं तो धर्म का विरोध करना होगा। लोग यह भी कहते हैं कि इन बुराइयों का सुधार किया जाये। बहुत ख़ूब! छूत-अछूत को स्वामी दयानन्द ने जो मिटाया तो वे भी चार वर्णों से आगे नहीं जा पाये। भेदभाव तो फिर भी रहा ही। गुरुद्वारे जाकर जो सिख 'राज करेगा खालसा' गायें और बाहर आकर पंचायती राज की बातें करें, तो इसका मतलब क्या है?

धर्म तो यह कहता है कि इस्लाम पर विश्वास न करने वाले को फिर तलवार के घाट उतार देना चाहिए और यदि इधर एकता की दुहाई दी जाये तो परिणाम क्या होगा? हम जानते हैं कि अभी कई और बड़े ऊँचे भाव की आयतें और मन्त्र पढ़कर खींचतान करने की कोशिश की जा सकती है, लेकिन सवाल यह है कि इस सारे झगड़े से छुटकारा ही क्यों न पाया जाये? धर्म का पहाड़ तो हमें हमारे सामने खड़ा नज़र आता है। मान लें कि भारत में स्वतन्त्रता-संग्राम छिड़ जाये। सेनाएँ आमने-सामने बन्दूकें ताने खड़ी हों, गोली चलने ही वाली हो और यदि उस समय कोई मुहम्मद गौरी की तरह—जैसीकि कहावत बतायी जाती है—आज भी हमारे सामने गायें, सूअर, ग्रन्थ साहिब, वेद-क़ुरान आदि चीज़ें खड़ी कर दी जायें, तो हम क्या करेंगे? यदि पक्के धार्मिक होंगे तो अपना बोरिया-बिस्तर लपेटकर घर बैठ जायेंगे। धर्म के होते हुए हिन्दू-सिख गाय पर और मुसलमान सूअर पर गोली नहीं चला सकते। धर्म के बड़े पक्के इन्सान तो उस समय सोमनाथ के कई हज़ार पण्डों की तरह ठाकुरों के आगे लौटते रहेंगे और दूसरे लोग धर्महीन या अधर्मी-काम कर जायेंगे। तो हम किस निष्कर्ष पर पहुँचे? धर्म के विरुद्ध सोचना ही पड़ता है। लेकिन यदि धर्म के पक्ष वालों के तर्क भी सोचे जायें तो वे यह कहते हैं कि दुनिया में अन्धेर हो जायेगा, पाप बढ़ जायेगा। बहुत अच्छा, इसी बात को ले लें।

रूसी महात्मा टॉल्स्टॉय ने अपनी पुस्तक (Essay and Letters)) में धर्म पर बहस करते हुए उसके तीन हिस्से किये हैं–

1. Essentials of Religion यानी धर्म की ज़रूरी बातें अर्थात् सच बोलना, चोरी न करना, ग़रीबों की सहायता करना, प्यार से रहना, वगैरा।

2. Philosophy of Religion, यानी जन्म-मृत्यु, पुनर्जन्म, संसार-रचना आदि का दर्शन। इसमें आदमी अपनी मजी के अनुसार सोचने और समझने का यत्न करता है।

3. Rituals of Religion यानी रस्मो-रिवाज वगैरा। मतलब यह कि पहले हिस्से में सभी धर्म एक हैं। सभी कहते हैं कि सच बोलो, झूठ न बोलो, प्यार से रहो। इन बातों को कुछ सज्जनों ने Individual Religion कहा है। इसमें तो झगड़े का प्रश्न ही नहीं उठता। वरन यह कि ऐसे नेक विचार हर आदमी में होने चाहिए। दूसरा फिलासफी का प्रश्न है। असल में कहना पड़ता है कि Philosophy is the outcome of Human weakness यानी फिलासफी आदमी की कमज़ोरी का फल है। जहाँ भी आदमी देख सकते हैं। वहाँ कोई झगड़ा नहीं। जहाँ कुछ नज़र न आया, वहीं दिमाग लड़ाना शुरू कर दिया और ख़ास-ख़ास निष्कर्ष निकाल लिये। वैसे तो फिलासफी बड़ी ज़रूरी चीज़ है, क्योंकि इसके बगैर उन्नति नहीं हो सकती, लेकिन इसके साथ-साथ शान्ति होनी भी बड़ी ज़रूरी है। हमारे बुज़ुर्ग कह गये हैं कि मरने के बाद पुनर्जन्म भी होता है, ईसाई और मुसलमान इस बात को नहीं मानते। बहुत अच्छा, अपना-अपना विचार है। आइये, प्यार के साथ बैठकर बहस करें। एक-दूसरे के विचार जानें। लेकिन 'मसला-ए-तनासुक' पर बहस होती है तो आर्यसमाजियों व मुसलमानों में लाठियाँ चल जाती हैं। बात यह कि दोनों पक्ष दिमाग को, बुद्धि को, सोचने- समझने की शक्ति को ताला लगाकर घर रख आते हैं। वे समझते हैं कि वेद भगवान में ईश्वर ने इसी तरह लिखा है और वही सच्चा है। वे कहते हैं कि कुरान शरीफ में ख़ुदा ने ऐसे लिखा है और यही सच है। अपने सोचने की शक्ति (Power of Reasoning) को छुट्टी दी हुई होती है। सो जो फिलासफी हर व्यक्ति की निजी राय से अधिक महत्त्व न रखती हो तो एक ख़ास फिलासफी मानने के कारण भिन्न गुट न बनें, तो इसमें क्या शिकायत हो सकती है।

अब आती है तीसरी बात–रस्मो-रिवाज। सरस्वती-पूजा वाले दिन, सरस्वती की मूर्ति का जुलूस निकलना ज़रूरी है। उसमें आगे-आगे बैण्ड-बाजा बजना भी ज़रूरी है। लेकिन हैरीमन रोड के रास्ते में एक मस्जिद भी आती है। इस्लाम धर्म कहता है कि मस्जिद के आगे बाजा न बजे। अब क्या होना चाहिए? नागरिक आज़ादी का हक़ (Civil rights of citizen) कहता है कि बाज़ार में बाजा बजाते हुए भी जाया जा सकता है। लेकिन धर्म कहता है कि नहीं। इनके धर्म में गाय का बलिदान

ज़रूरी है और दूसरे में गाय की पूजा लिखी हुई है। अब क्या हो? पीपल की शाखा कटते ही धर्म में अन्तर आ जाता है तो क्या किया जाये? तो यही फिलासफी व रस्मो-रिवाज के छोटे-छोटे भेद बाद में जाकर (National Religion) बन जाते हैं और अलग-अलग संगठन बनने के कारण बनते हैं। परिणाम हमारे सामने है।

सो यदि धर्म पीछे लिखी तीसरी और दूसरी बात के साथ अन्धविश्वास को मिलाने का नाम है, तो धर्म की कोई ज़रूरत नहीं। इसे आज ही उड़ा देना चाहिए। यदि पहली और दूसरी बात में स्वतन्त्र विचार मिलाकर धर्म बनता हो, तो धर्म मुबारक़ है।

लेकिन अलग-अलग संगठन और खाने-पीने का भेदभाव मिटाना ज़रूरी है। छूत-अछूत शब्दों को जड़ से निकालना होगा। जब तक हम अपनी तंगदिली छोड़कर एक न होंगे, तब तक हममें वास्तविक एकता नहीं हो सकती। इसलिए ऊपर लिखी बातों के अनुसार चलकर ही हम आज़ादी की ओर बढ़ सकते हैं। हमारी आज़ादी का अर्थ केवल अंग्रेज़ी चंगुल से छुटकारा पाने का नाम नहीं, वह पूर्ण स्वतन्त्रता का नाम है—जब लोग परस्पर घुल-मिलकर रहेंगे और दिमागी गुलामी से भी आजाद हो जायेंगे।

सत्याग्रह और हड़तालें

जून, 1928 'किरती' में इन दो विषयों पर टिप्पणियाँ छपीं। भगतसिंह 'किरती' के सम्पादक मण्डल में थे। उस समय उनके विचारों की झलक इनसे मिल सकती है।—स.

सत्याग्रह

1928 में हिन्दुस्तान में फिर प्राण धड़कते नज़र आने लगे हैं। एक ओर हड़तालों का जोर है और दूसरी ओर सत्याग्रह की तैयारियाँ शुरू हो रही हैं। ये लक्षण बड़े अच्छे हैं। सबसे बड़ा सत्याग्रह बारदोली (गुज़रात प्रान्त) के किसान कर रहे हैं। तीस सालों के बाद नया बन्दोबस्त किया जाता है और हर बार ज़मीन का लगान बढ़ा दिया जाता है। इसी तरह इस बार भी बन्दोबस्त हुआ और मामला बढ़ा दिया गया। लोग बेचारे क्या करें? ग़रीब किसान तो पहले ही पेट भरकर रोटी नहीं खा सकते औ' वे पहले से 22 प्रतिशत लगान कहाँ से दें। सत्याग्रह की तैयारियाँ की गयीं। महात्मा गाँधी ने लाट पंजाब के साथ पत्र-व्यवहार कर लगान कम करवाने का यत्न किया था, लेकिन जनाब, सिर्फ़ पत्र-व्यवहार से सर झुकाने वाली सरकार यह नहीं है। कुछ असर न हुआ। सत्याग्रह करना ही पड़ा। गुज़रात में पहले भी किसान एक-दो बार बड़ा भारी सत्याग्रह करके सरकार को हरा चुके हैं। पहले-पहल 1917-18 में बारिश अधिक होने से फ़सलें ख़राब हो गयी थीं और रुपये में चार आना भी नहीं हुई। क़ानून यह था कि रुपये में छह आने से कम फसल होने से उस साल लगान

न लिया जाये, अगले वर्ष एक साथ ले लिया जाये। उस साल लोगों ने जब कहा कि चार आने भी फसल नहीं हुई तो सरकार नहीं मानी। फिर महात्मा गाँधीजी ने काम हाथ में ले लिया। एक सभा की। लोगों को बताया कि यदि आप लगान देने से इन्कार करोगे तो आपकी जायदाद जब्त हो जायेगी, क्या आप तैयार हैं? लोग चुपचाप बैठे रहे तो बम्बई के सत्याग्रही नेता इस बात पर बड़े नाराज हुए और चल दिये। लेकिन फिर एक बुड्ढा किसान उठा और उसने कहा कि हम सबकुछ सहन करेंगे और बाद में सभी लोग यही कहने लगे। सत्याग्रह शुरू हुआ। सरकार ने भी जायदाद और ज़मीनें जब्त करना शुरू कर दिया, लेकिन दो महीने बाद सरकार ने सिर झुका दिया और जमींदारों (?) की शर्त मान ली।

दूसरी बार जब महात्मा जी 1923-24 में ज़ेल में थे तब सत्याग्रह हुआ। पहली बार 600 गाँवों ने हिस्सा लिया था। इस बार 94 गाँवों का लगान बढ़ाया और इन गाँवों ने सत्याग्रह किया। उन पर ताजीरी टैक्स लगाया गया था। वहाँ नियम था कि सूर्यास्त होने पर जायदाद कुर्क नहीं हो सकती थी और किसान सवेरे ही अपने-अपने घरों को ताले लगाकर चले जाते और पुलिस को कोई गवाह तक न मिलता। अधिक तंग आकर सरकार ने टैक्स वापस ले लिया। इस बार बारदोली में सत्याग्रह शुरू हुआ है। बारदोली में 1921-22 में आज़ादी के लिए बड़ा भारी सत्याग्रह करने की तैयारियाँ की गयी थीं। सब कस्मित के खेल! बना-बनाया खेल बिगड़ गया। ख़ैर, उन पिछली बातों का क्या करना। अब उस इलाके का बन्दोबस्त सरकार ने किया। बेचारे किसानों की मुसीबत, अच्छा बन्दोबस्त हुआ, 22 प्रतिशत लगान बढ़ गया! बहुत कहा गया लेकिन सरकार कब मानती है। श्री बल्लभभाई पटेल के नेतृत्व में काम शुरू हो गया और किसानों ने लगान देने से मना कर दिया। अब जब्ती अधिकारी और सारे ही अफ़सर बारदोली ताल्लुके की ओर इकट्ठा हुए हैं। जो उनसे हो सकता है, लोगों को ग़लत रास्ते पर डालने के लिए कर रहे हैं। जायदाद जब्त की जा रही है, ज़मीनें जब्त करने के हुक्म जारी हो रहे हैं। लेकिन माल, सामान उठाने के लिए आदमी नहीं मिलते। इस समय काम वहाँ जोरों पर है, लेकिन एक मजे की बात यह है कि सारा काम बड़ी शान्ति से हो रहा है। वे अफ़सर जो लोगों को तंग करने आये थे, उनके साथ बड़े प्यार का व्यवहार किया जाता है। पहले उन्हें रोटी-पानी नहीं मिलता था, अब पटेल ने कहा कि उन्हें रोटी-पानी ज़रूर दे दिया करो। एक दिन शराब की दुकान से चार टिन कुर्क किये गये, लेकिन उठाने वाला कोई न मिला। जब अधिकारी ने कहा, 'बड़ी प्यास लगी है, पानी तो दो,' तो झट एक सेवादार सत्याग्रही ने सोडे की बोतल लाकर पिलायी। इस तरह काम बड़े जोरों से, पूरी शान्ति से चल रहा है। बड़ी उम्मीद है कि सरकार को अधिक झुकना पड़ेगा।

दूसरी जगह कानपुर है जहाँ सत्याग्रह होने वाला है। पिछले दिनों कानपुर में हिन्दू-मुस्लिम दंगे हुए। बाद में ताजीरी पुलिस बिठायी गयी। कुछ दिन हुए कि कानपुर के कौंसिल सदस्य श्री गणेशशंकर जी विद्यार्थी सम्पादक 'प्रताप', कानपुर को एक पत्र मजिस्ट्रेट से मिला कि अपने दफ्तर के सभी कर्मचारियों की सूची और उनका वेतन या पद लिखकर भेजें, क्योंकि तारी ताजीरी टैक्स वसूल किया जाना है। लेकिन विद्यार्थी जी ने लिख भेजा कि मैं कोई टैक्स देने को तैयार नहीं हूँ और न ही इस काम में कोई सहायता ही करूँगा, क्योंकि दंगा पुलिस ने करवाया था। हमें उसका दण्ड नहीं मिलना चाहिए। लोगों ने विद्यार्थी जी से पूछा कि हम क्या करें? आपने कहा कि मुसीबत आयेगी, नुक़सान अधिक होगा, लेकिन यह अत्याचारी टैक्स नहीं देना चाहिए। जलसे हुए। 7000 व्यक्तियों ने टैक्स न देने के काग़ज़ों पर हस्ताक्षर कर सरकार को भेज दिये। तैयारियाँ हो रही हैं।

तीसरी जगह मेरठ है। वहाँ भी बन्दोबस्त हुआ और लगान बढ़ गया। वहाँ भी सत्याग्रह की घोषणा कर दी गयी है।

पंजाब में भी कुछ ऐसी ही बातें नज़र आ रही हैं। शेखूपुर और लाहौर ज़िलों में ओले गिरने से फ़सलें नष्ट हो गयी थीं। अनाज कुछ भी नहीं हुआ, फिर लगान कैसे दिया जाये? लेकिन यहाँ के सयाने-सयाने आदमी और ही तरह की बातें करते हैं—"कांग्रेस के 'बदनाम' आदमी उन किसानों में भाषण न दें, कहीं सरकार नाराज़ न हो जाये!" ऐसी-ऐसी बातें हो रही हैं, लेकिन उन्हें अच्छी तरह याद रखना चाहिए कि लातों के भूत बातों से नहीं मानते। अंग्रेज़ पैसे के पीर और उम्मीद यह की जाये कि वे लगान अपनेआप माफ़ कर देंगे। यह भ्रम अभी कब तक चलेगा?

हड़तालें

उधर सत्याग्रह की धूम है और इधर हड़तालों का भी कुछ कम जोर नहीं। बड़ी खुशी इस बात की है कि देश में फिर प्राण जगे हैं और पहले-पहल ही किसानों और श्रमिकों का युद्ध छिड़ा है। इस बात का भी आने वाले बड़े भारी आन्दोलन पर असर रहेगा। वास्तव में तो यही लोग हैं कि जिन्हें आज़ादी की ज़रूरत है। किसान और मज़दूर रोटी चाहते हैं और उनकी रोटी का सवाल तब तक हल नहीं हो सकता जब तक यहाँ पूर्ण आज़ादी न मिल जाये। वे गोलमेज कॉन्फ्रें स या अन्य ऐसी किसी बात पर रुक नहीं सकते। ख़ैर।

आजकल लिलुआ रेलवे वर्कशाप, टाटा की जमशेदपुर मिलों, जमशेदपुर शहर के भंगियों और बम्बई की कपड़ा-मिलों में हड़ताल हो गयी है। वास्तव में तो मोटी-मोटी शिकायतें सबकी एक-सी होती हैं। वेतन कम, काम ज़्यादा और व्यवहार बुरा। इस

स्थिति में ग़रीब मज़दूर जैसे-तैसे गुज़ारा करते हैं, लेकिन आख़िर असहनीय हो जाता है। आज बम्बई में डेढ़-दो लाख व्यक्ति हड़ताल किये बैठे हैं। सिर्फ़ एक मिल चलती है। बात यह कि नये हथकरघे आये हैं, जिनमें एक आदमी को दो हथकरघों पर काम करना पड़ता है और मेहनत ज़्यादा करनी पड़ती है। यही काम करने वालों का वेतन ख़ासतौर से बढ़ाने, बाक़ी आम मज़दूरों का वेतन बढ़ाने और 8 घण्टे से अधिक काम न ले सकने और कुछ व्यवहार सम्बन्धी शर्तें पेश की गयी हैं। इस समय हड़ताल का बड़ा जोर है। जमशेदपुर मिल के श्रमिकों की भी कुछ ऐसी ही माँगें हैं। वहाँ भी हड़ताल बढ़ती जा रही है। भंगी अपनी हड़ताल किये हुए हैं और शहर की नाक में दम हुआ है। सबसे अधिक सेवा करने वाले भाइयों को हम भंगी-भंगी कहकर पास न फटकने दें और उनकी ग़रीबी का लाभ उठाकर थोड़े-से पैसे देकर काम कराते रहें और बेगार भी ख़ूब घसीटें। ख़ूब! आख़िर उन्हें भी उठना ही था। वे तो लोगों को, विशेषतः शहरों में, दो दिन में सीधे रास्ते पर ला सकते हैं। उनका उठना बड़ी ख़ुशी की बात है। लिलुआ वर्कशाप से कुछ आदमी निकाल दिये गये थे और वेतन के भी कुछ झंझट थे, इसलिए हड़ताल हो गयी। बाद में एलान हो गया कि कई हज़ार व्यक्तियों का काम बिल्कुल ही बन्द कर दिया जायेगा और हड़ताल ख़त्म होने पर भी उन्हें काम में नहीं लिया जायेगा। इससे बड़ी सनसनी फैली। लेकिन हड़ताल जोरों पर है। श्री स्प्रैट आदि सज्जन ख़ूब काम कर रहे हैं। लोगों को चाहिए कि वे उनकी हर तरह से सहायता करें और उनकी हड़ताल तुड़वाने की जो तैयारी हो रही है, वह बन्द करायी जाये। हम चाहते हैं कि सभी किसान और मज़दूर संगठित हों और अपने अधिकारों के लिए यत्न करें।

साम्प्रदायिक दंगे और उनका इलाज

भगतसिंह

(1919 के जलियाँवाला बाग हत्याकाण्ड के बाद ब्रिटिश सरकार ने साम्प्रदायिक दंगों का ख़ूब प्रचार शुरू किया। इसके असर से 1924 में कोहाट में बहुत ही अमानवीय ढंग से हिन्दू-मुसलमान दंगे हुए। इसके बाद राष्ट्रीय राजनीतिक चेतना में साम्प्रदायिक दंगों पर लम्बी बहस चली। इन्हें समाप्त करने की ज़रूरत तो सबने महसूस की, लेकिन कांग्रेसी नेताओं ने हिन्दू-मुसलमान नेताओं में सुलहनामा लिखवाकर दंगों को रोकने के यत्न किये।

इस समस्या के निश्चित हल के लिए क्रान्तिकारी आन्दोलन ने अपने विचार प्रस्तुत किये। भगतसिंह का यह लेख जून 1928 के 'किरती' में छपा।)

भारत वर्ष की दशा इस समय बड़ी दयनीय है। एक धर्म के अनुयायी दूसरे धर्म के अनुयायियों के जानी दुश्मन हैं। अब तो एक धर्म का होना ही दूसरे धर्म का कट्टर शत्रु होना है। यदि इस बात का अभी यक़ीन न हो तो लाहौर के ताज़ा दंगे ही देख लें। किस प्रकार मुसलमानों ने निर्दोष सिखों, हिन्दुओं को मारा है और किस प्रकार सिखों ने भी वश चलते कोई कसर नहीं छोड़ी है। यह मार-काट इसलिए नहीं की गयी कि फलाँ आदमी दोषी है, वरन् इसलिए कि फलाँ आदमी हिन्दू है या सिख है या मुसलमान है। बस किसी आदमी का सिख या हिन्दू होना मुसलमानों द्वारा मारे जाने के लिए काफ़ी था और इसी तरह किसी व्यक्ति का मुसलमान होना ही उसकी जान लेने के लिए पर्याप्त तर्क था। जब स्थिति ऐसी हो तो हिन्दुस्तान का ईश्वर ही मालिक है।

ऐसी स्थिति में हिन्दुस्तान का भविष्य बहुत अन्धकारमय नज़र आता है। इन 'धर्मों' ने हिन्दुस्तान का बेड़ा गर्क कर दिया है। और अभी पता नहीं कि यह धार्मिक दंगे भारतवर्ष का पीछा कब छोड़ेंगे। इन दंगों ने संसार की नज़रों में भारत को बदनाम कर दिया है। और हमने देखा है कि इस अन्धविश्वास के बहाव में सभी बह जाते हैं। कोई बिरला ही हिन्दू, मुसलमान या सिख होता है, जो अपना दिमाग ठण्डा रखता है, बाक़ी सब के सब धर्म के ये नामलेवा अपने नामलेवा धर्म के रोब को कायम रखने के लिए डण्डे-लाठियाँ, तलवारें, छुरे हाथ में पकड़ लेते हैं और आपस में सिर फोड़-फोड़कर मर जाते हैं। बाक़ी बचे कुछ तो फ़ाँसी चढ़ जाते हैं और कुछ ज़ेलों में फेंक दिये जाते हैं। इतना रक्तपात होने पर इन 'धर्मजनों' पर अंग्रेज़ी सरकार का डण्डा बरसता है और फिर इनके दिमाग का कीड़ा ठिकाने पर आ जाता है।

जहाँ तक देखा गया है, इन दंगों के पीछे साम्प्रदायिक नेताओं और अख़बारों का हाथ है। इस समय हिन्दुस्तान के नेताओं ने ऐसी लीद की है कि चुप ही भली। वही नेता जिन्होंने भारत को स्वतन्त्र कराने का बीड़ा उठाया था और जो 'समान राष्ट्रीयता' और 'स्वराज-स्वराज' दम गजे मारते नहीं थकते थे, वही या तो अपने सिर छिपाये चुपचाप बैठे हैं या इसी धर्मान्धता के बह चले हैं। सिर छिपा कर बैठने वालों की संख्या भी क्या कम है, और क्या साम्प्रदायिकता की ऐसी प्रबल बाढ़ आयी हुई है कि वे भी इसे रोक नहीं पा रहे हैं। ऐसा लग रहा है कि भारत में नेतृत्व का दिवाला पिट गया है।

दूसरे सज्जन जो साम्प्रदायिक दंगों को भड़काने में विशेष हिस्सा लेते रहे हैं, वे अख़बार वाले हैं।

पत्रकारिता का व्यवसाय जो किसी समय बहुत ऊँचा समझा जाता था, आज

बहुत ही गन्दा हो गया है। यह लोग एक-दूसरे के विरुद्ध बड़े मोटे-मोटे शीर्षक देकर लोगों की भावनाएँ भड़काते हैं और परस्पर सिर-फुटौव्वल करवाते हैं। एक-दो जगह ही नहीं, कितनी ही जगहों पर इसलिए दंगे हुए कि स्थानीय अख़बारों ने बड़े उत्तेजनापूर्ण लेख लिखे हैं। ऐसे लेखक जिनका दिल व दिमाग ऐसे दिनों में भी शान्त रहा हो, बहुत कम हैं।

अख़बारों का असली कर्तव्य शिक्षा देना, लोगों से संकीर्णता निकालना, साम्प्रदायिक भावनाएँ हटाना, परस्पर मेल-मिलाप बढ़ाना और भारत की साझी राष्ट्रीयता बनाना थाय लेकिन इन्होंने अपना मुख्य कर्तव्य अज्ञान फैलाना, संकीर्णता का प्रचार करना, साम्प्रदायिक बनाना, लड़ाई-झगड़े करवाना और भारत की साझी राष्ट्रीयता को नष्ट करना बना लिया है। यही कारण है कि भारत वर्ष की वर्तमान दशा पर विचार कर आँखों से रक्त के आँसू बहने लगते हैं और दिल में सवाल उठता है कि 'भारत का बनेगा क्या?'

जो लोग असहयोग के दिनों के जोश व उभार को जानते हैं, उन्हें यह स्थिति देख रोना आता है। कहाँ थे वे दिन कि स्वतन्त्रता की झलक सामने दिखायी देती थी और कहाँ आज यह दिन कि स्वराज्य एक सपना मात्र बन गया है। बस यही तीसरा लाभ है जो इन दंगों से अत्याचारियों को मिला है। वही नौकरशाही-जिसके अस्तित्व को ख़तरा पैदा हो गया था, कि आज गयी, कल गयी-आज अपनी जड़ें इतनी मज़बूत कर चुकी है कि उसे हिलाना कोई मामूली काम नहीं है।

यदि इन साम्प्रदायिक दंगों की जड़ खोजें तो हमें इसका कारण आर्थिक ही जान पड़ता है। असहयोग के दिनों में नेताओं व पत्रकारों ने ढेरों कुर्बानियाँ दीं। उनकी आर्थिक दशा बिगड़ गयी थी। असहयोग आन्दोलन के धीमा पड़ने पर नेताओं पर अविश्वास-सा हो गया, जिससे आजकल के बहुत-से साम्प्रदायिक नेताओं के धन्धे चौपट हो गये। विश्व में जो भी काम होता है, उसकी तह में पेट का सवाल ज़रूर होता है। कार्ल मार्क्स के तीन बड़े सिद्धान्तों में से यह एक मुख्य सिद्धान्त है। इसी सिद्धान्त के कारण ही तबलीग, तनकीम, शुद्धि आदि संगठन शुरू हुए और इसी कारण से आज हमारी ऐसी दुर्दशा हुई, जो अवर्णननीय है।

बस, सभी दंगों का इलाज यदि कोई हो सकता है तो वह भारत की आर्थिक दशा में सुधार से ही हो सकता है, क्योंकि भारत के आम लोगों की आर्थिक दशा इतनी ख़राब है कि एक व्यक्ति दूसरे को चवन्नी देकर किसी और को अपमानित करवा सकता है। भूख और दुख से आतुर होकर मनुष्य सभी सिद्धान्त ताक पर रख देता है। सच है, मरता क्या न करता।

लेकिन वर्तमान स्थिति में आर्थिक सुधार होना अत्यन्त कठिन है क्योंकि सरकार

विदेशी है और यही लोगों की स्थिति को सुधरने नहीं देती। इसलिए लोगों को हाथ धोकर इसके पीछे पड़ जाना चाहिए और जब तक सरकार बदल न जाये, चौन की साँस न लेना चाहिए।

लोगों को परस्पर लड़ने से रोकने के लिए वर्ग चेतना की ज़रूरत है। ग़रीब मेहनतकश व किसानों को स्पष्ट समझा देना चाहिए कि तुम्हारे असली दुश्मन पूँजीपति हैं, इसलिए तुम्हें इनके हथकण्डों से बचकर रहना चाहिए और इनके हत्थे चढ़ कुछ न करना चाहिए। संसार के सभी ग़रीबों के, चाहे वे किसी भी जाति, रंग, धर्म या राष्ट्र के हों, अधिकार एक ही हैं। तुम्हारी भलाई इसी में है कि तुम धर्म, रंग, नस्ल और राष्ट्रीयता व देश के भेदभाव मिटाकर एकजुट हो जाओ और सरकार की ताकत अपने हाथ में लेने का यत्न करो। इन यत्नों में तुम्हारा नुकसान कुछ नहीं होगा, इससे किसी दिन तुम्हारी जंजीरें कट जाएँगी और तुम्हें आर्थिक स्वतन्त्रता मिलेगी।

जो लोग रूस का इतिहास जानते हैं, उन्हें मालूम है कि जार की समय वहाँ भी ऐसी ही स्थितियाँ थीं, वहाँ भी कितने की समुदाय थे जो परस्पर जूत-पतांग करते रहते थे। लेकिन जिस दिन से वहाँ श्रमिक शासन हुआ है, वहाँ नक्शा ही बदल गया है। अब वहाँ कभी दंगे नहीं हुए। अब वहाँ सभी को 'इन्सान' समझा जाता है, 'धर्मजन' नहीं। जार के समय लोगों की आर्थिक दशा बहुत ही ख़राब थी, इसलिए सभी दंगे-फसाद होते थे। लेकिन अब रूसियों की आर्थिक दशा सुधर गयी है, और उनमें वर्ग चेतना आ गयी है, इसलिए अब वहाँ से कभी किसी दंगे की ख़बर नहीं आयी।

इन दंगों में वैसे तो बड़े निराशाजनक समाचार सुनने में आते हैं, लेकिन कलकत्ते के दंगों में एक बात बहुत ख़ुशी की सुनने में आयी। वह यह कि वहाँ दंगों में ट्रेड यूनियनों के मज़दूरों ने हिस्सा नहीं लिया और न ही वे परस्पर गुत्थम-गुत्था ही हुए, वरन् सभी हिन्दू, मुसलमान बड़े प्रेम से कारख़ानों आदि में उठते-बैठते और दंगे रोकने के भी यत्न करते रहे। यह इसलिए कि उनमें वर्ग चेतना थी और वे अपने वर्ग हित को अच्छी तरह पहचानते थे। वर्ग चेतना का यही सुन्दर रास्ता है जो साम्प्रदायिक दंगे रोक सकता है।

यह ख़ुशी का समाचार हमारे कानों को मिला है कि भारत के नवयुवक अब वैसे धर्मों से जो परस्पर लड़ाना व घृणा सिखाते हैं, तंग आकर हाथ धो रहे हैं और उनमें इतना खुलापन आ गया है कि वे भारत के लोगों को धर्म की नज़र से-हिन्दू, मुसलमान या सिख-रूप में नहीं, वरन् सभी को पहले इन्सान समझते हैं, फिर भारतवासी। भारत के युवकों में इन विचारों के पैदा होने से पता चलता है कि भारत का भविष्य सुनहला है और भारतवासियों को इन दंगों आदि को देखकर घबराना

नहीं चाहिए, बल्कि तैयार-बर-तैयार हो यत्न करना चाहिए कि ऐसा वातावरण ही न बने, ताकि दंगे हो ही नहीं।

1914-15 के शहीदों ने धर्म को राजनीति से अलग कर दिया था। वे समझते थे कि धर्म व्यक्ति का व्यक्तिगत मामला है, इसमें दूसरे का कोई दख़ल नहीं। न ही इसे राजनीति में ही घुसाना चाहिए क्योंकि यह सरबत को मिलकर एक जगह काम नहीं करने देता। इसलिए गदर पार्टी-जैसे आन्दोलन एकजुट व एकजान रहे, जिसमें सिख बढ़-चढ़कर फाँसियों पर चढ़े और हिन्दू-मुसलमान भी पीछे नहीं रहे।

इस समय कुछ भारतीय नेता भी मैदान में उतरे हैं, जो धर्म को राजनीति से अलग करना चाहते हैं। झगड़ा मिटाने का यह भी एक सुन्दर इलाज है और हम इसका समर्थन करते हैं।

यदि धर्म को अलग कर दिया जाय तो राजनीति पर हम सभी इकट्ठे हो सकते हैं। धर्मों में चाहें अलग-अलग ही रहें।

हमारा ख़याल है कि भारत के सच्चे हमदर्द हमारे बताये इलाज पर ज़रूर विचार करेंगे और भारत का इस समय जो आत्मघात हो रहा है, उससे हमें बचा लेंगे।

पुलिस की कमीनी चालें

पुलिस के लोग किस तरह नौजवानों को फँसाने और बरगलाने का काम करते हैं, इस सम्बन्ध में यह लेख जून, 1928 'किरती' में छपा था।—स.

कुछ दिनों से पंजाब में बड़ी सनसनी फैली हुई है। एक अजीब कहानी का पता चला है। पुलिस की एक अजीब करतूत का भण्डाफोड़ हुआ है। अब चूँकि भण्डाफोड़ हो ही गया है इसलिए यह कहानी मज़ेदार लगती है, लेकिन दुर्भाग्य से यदि भण्डाफोड़ न हुआ होता तो उसका परिणाम यह होना था कि कई नौजवान फ़ाँसी पर लटक गये होते और कइयों को कालापानी हो गया होता। भण्डाफोड़ लाहौर के अख़बार ट्रिब्यून (The Tribune) ने किया है।

कहानी यों है कि अप्रैल, 1927 में लाहौर स्टेशन पर एक बंगाली और एक मेरठ निवासी नौजवान पकड़े गये। बंगाली के पास से पिस्तौल और मेरठ वाले के पास से तेज़ाब मिला। कुछ दिन हवालात में रखने के बाद पहले तो मेरठ निवासी नौजवान जिसका नाम मोहन सिंह रंक था, छोड़ दिया गया और बंगाली पर मुक़दमा चलाया गया। कुछ दिनों बाद बंगाली को भी जमानत पर छोड़ दिया गया। जमानत पाँच सौ की हुई थी। पेशी वाले दिन वह हाजिर न हुआ, फिर भी उसकी जमानत जब्त नहीं की गयी। उसे वारण्ट निकालकर मेरठ से गिरफ़्तार कर लाया गया और मि. हीरालाल फैलूक्स ने उसे पाँच साल की क़ैद का दण्ड दिया। लाहौर के राष्ट्रीय

कार्यकर्ताओं को उससे हमदर्दी पैदा हुई। उसके लिए अपील का प्रबन्ध किया गया। अपील अभी पेश भी नहीं हुई थी कि वह छूटकर घर चला गया। सब लोग हैरान। उड़ती-उड़ती बात यह सुनी जा रही थी कि वह ख़ुफ़िया पुलिस का भाड़े का टट्टू था। लेकिन निश्चित तौर पर कुछ नहीं कहा जा सकता।

अब कुछ दिन पहले उसके उन दिनों के लिखे हुए कुछ पत्र 'ट्रिब्यून' में छपे हैं। एक पत्र तो मेरठ के पुलिस कप्तान के नाम है और एक लाहौर के पुलिस कप्तान के नाम और एक ऐसा है जिसमें उसने अपना सारा हाल लिखा है। उसने लिखा है कि वह ख़ुफ़िया पुलिस का एक जासूस है और कई बरसों से पुलिस का काम कर रहा है। पुलिस को पता चला कि एक और आदमी 'एन' नाम का मैनपुरी का रहने वाला है। जिसके पास दो पिस्तौलें हैं। के.सी. बनर्जी को, जोकि उस बंगाली का नाम है, उसके साथ दोस्ती करने के लिए कहा गया ताकि उससे पिस्तौलें ले ली जायें। उसने एक पिस्तौल ले लिया और पुलिस अधिकारियों ने उससे कहा कि यह तुम अपने पास ही रखो।

एक दिन लाहौर के किसी आदमी का पत्र बंगाली के मार्फ़त मोहनलाल के नाम लिखा हुआ गया। उसमें लिखा हुआ था कि तुम आदमी और चीज़ें लेकर लाहौर पहुँचो, क्योंकि फिरोजपुर में डाका डालना है। बंगाली ने वह पत्र पुलिस अधिकारियों को दे दिया, जिन्होंने पत्र का फ़ोटो लेकर पत्र लौटा दिया, बनर्जी ने वह पत्र मोहनलाल को दे दिया। अधिकारियों की सलाह से वह पिस्तौल साथ लेकर मोहनलाल के साथ लाहौर आ गया। यहाँ से एक आदमी को डकैती की जगह की देखभाल के लिए भेज दिया गया, पर न जाने किस कारण से डकैती न हुई और दोनों मेरठ के लिए लौट पड़े, लेकिन लाहौर रेलवे स्टेशन पर गिरफ़्तार कर लिये गये।

पकड़े जाते ही बंगाली ने पुलिस को बता दिया था कि वह ख़ुफ़िया पुलिस का आदमी है और पिस्तौल भी एक तरह से सरकारी है और उसे यह कहकर दिया गया था कि तुम यह पिस्तौल किसी दूसरे के हाथ में दे देना। लेकिन स्थिति ऐसी बन गयी कि वह स्वयं गिरफ़्तार हो गया। अब पुलिस उसे छोड़ना भी चाहती थी लेकिन अचानक छोड़ने से सन्देह होने का ख़तरा था, सो उसे 500 रुपये की जमानत पर रिहा कर दिया गया।

तारीख़ के दिन वह पेश न हुआ तो भी उसकी जमानत जब्त न की गयी। लेकिन मजिस्ट्रेट को पूरी कथा मालूम नहीं थी, इसलिए उसने ज़्यादा वफ़ादारी दिखाने के लिए अधिकाधिक सम्भव सजा दे दी। आर्म्स एक्ट के तहत दूसरे प्रान्तों में आमतौर पर छह महीने क़ैद होती है, लेकिन यह पंजाब जो हुआ! यहाँ पाँच साल सजा हुई। अब बंगाली की साँस फूल गयी। पत्र पर पत्र लिखे। कहीं राय साहब,

लाला चुन्नीलाल, कप्तान लाहौर और कहीं कप्तान मेरठ को पत्र लिखे। पूरा हाल बयान किया। उन्हीं में से कुछ पत्र किसी तरह 'ट्रिब्यून' के हाथ लग गये और वही छपवा दिये गये। कौंसिल में इसी पर बहस हुई। सरकारी सदस्यों ने चुपचाप बात मान ली। उन्होंने कहा कि वह हमारा जासूस था। पंजाब पुलिस को पहले पूरी बात पता नहीं थी, पता लगने पर उसे लोगों के सन्देह से बचाने के लिए मुक़दमे का ढोंग किया गया। अब सवाल यह उठता है कि क्या वह सिर्फ़ जासूस ही था या साथ ही भड़काने वाला (Agent Provocateur) भी था? एजेण्ट प्रोवोकेटर का काम (Investigate) या तफ्तीश करना नहीं होता बल्कि (To creat) जुर्म पैदा करना होता है। आमतौर पर पुलिस अपनी ज़रूरत सिद्ध करने के लिए ऐसा कुछ काम करती रहती है। लाला लाजपत राय ने एक बार तुर्की की ख़ुफ़िया पुलिस की करतूत की कहानी लिखी थी। रूस में एजेण्ट प्रोवोकेटर बहुत-सा काम करते रहे हैं। लेकिन आमतौर पर पुलिस भी ऐसे षड्यन्त्र नहीं करती, स्वयं सरकारें करवाती हैं। उदाहरणतः जब कभी बड़े भारी आन्दोलन की सम्भावना होती है, उसे दबाने के लिए, अत्याचार करने का बहाना ढूँढ़ने के लिए वह अपने आदमियों को उनमें मिला देती है और वे कोई न कोई ग़लती करवा देते हैं, जिससे अत्याचार का बहाना मिल जाता है। दूर जाने की ज़रूरत नहीं, आजकल जो भी हड़तालें हुई हैं उनमें भी ऐसे आदमी छोड़े जाते हैं जो दंगा करवाने के लिए लोगों को भड़काते रहते हैं और अत्याचार का बहाना ढूँढ़ने का यत्न करते रहते हैं। रूस में तो इन लोगों ने कई बार बहुत अत्याचार करवाया और हज़ारों निर्दोष लोगों को फ़ाँसी पर लटकवा दिया। बड़े-बड़े आन्दोलन कुचल डाले गये। लेकिन ये आख़िरी चालें होती हैं, इनसे राज प्राप्त नहीं होते, बल्कि ज़ुल्म करने से जड़ें जल्दी उखड़ जाती हैं। ख़ैर! अंग्रेज़ी राज भी अब ऐसी आख़िरी चालों पर उतर आया है। 1923 के आख़िर में जब स्वराज पार्टी बनी, पिछला शान्तिपूर्ण आन्दोलन असफल हो गया था। तब सरकार ने इस स्थिति से डरते हुए कि कहीं फिर आतंकवादियों की बड़ी भारी पार्टी न बन जाये, अपने आदमी इन बातों के प्रचार के लिए छोड़े और जल्द ही नियम 1818 के अधीन बहुत-से लोगों को गिरफ़्तार कर लिया। 25 जुलाई, 1924 को उन बन्दियों में से दो यानी श्री भूपेन्द्रनाथ दत्त और श्री जीवनलाल चटर्जी ने एक पत्र भारत-मन्त्री के नाम लिखा जिसमें उन्होंने कहा कि बंगाल में ऐसे आदमी छोड़े गये हैं जिनकी हम, यदि एक निष्पक्ष समिति बने तो, पूरी पोल खोल दें। लेकिन सरकार कब सुनने वाली थी। इन बातों से सिद्ध होता है कि सरकार की अपनी नीयत भी ऐसी ही है।

सवाल यह पैदा होता है कि के.सी. बनर्जी ख़ुफ़िया काम करने वाला जासूस (Spy) ही था या षड्यन्त्रकारी Agent Provocateur था? या सरकार का इस

मामले में कोई हाथ था? स्थिति पर जरा ध्यान से सोचें तो पता चलता है कि इन तीन-चार आदमियों में से एक से अधिक खुफ़िया जासूस थे और सरकार ने पंजाब के काम करने वाले होनहार नौजवानों के ख़िलाफ़ षड्यन्त्र किया था, सौभाग्य से जिसका बड़े सुन्दर ढंग से भण्डाफोड़ हो गया। बात यह है कि नेशनल कॉलेज के एक ग्रेज्युएट ने, जिसके बारे में ट्रिब्यून में मिस्टर पी. लिखा है, वह पत्र लिखा था। यह नौजवान बहुत मूर्ख व कमीना है। लगता है कि वह भी ऐसा ही एजेण्ट प्रोवोकेटर है। उसके सम्बन्ध में आमतौर पर शिकायत सुनी गयी थी कि वह बहुत बड़ी-बड़ी डींगें हाँकता है और कहता फिरता है कि मैं एक राज क्रान्तिकारी दल का नेता हूँ। ख़ैर, कम से कम वह मूर्ख तो बहुत था, बुरा भले ही न हो। लेकिन आगे की स्थिति से पाठक स्वयं निष्कर्ष निकाल लेंगे। पहले की कहानी ट्रिब्यून में छपी है। उसके बाद जो हाल पता चला है, आगे सब उसी के आधार पर लिखा जा रहा है। उसने यह पत्र लिखा कि आओ, डाका डालें। वे यहाँ आये। जब लौट चले और बड़ा षड्यन्त्र न बन सका और पिस्तौल वाला बंगाली भी हाथों से निकल चला तब उसे गिरफ़्तार करवा दिया गया। उसके पकड़े जाते ही पूरा भण्डाफोड़ हो गया। अब क्या किया जाये? फिर पुलिस उसे छोड़ना भी चाहती थी लेकिन किसी बहाने से। उसी पत्र लिखने वाले 'पी' को बुलाकर उसकी जमानत ले ली गयी। 'पी' के पास कोई सम्पत्ति नहीं थी, उसका पूरा माल 5 रुपये से ज़्यादा का नहीं था, लेकिन 500 की जमानत मंजूर हो गयी। खुफ़िया काम करने वाला आतंकवादी भला किस तरह आगे आकर उस परदेशी से अपनी दोस्ती प्रकट कर षड्यन्त्र का सबूत पैदा कर सकता था? वे तो सभी पुलिस के आदमी थे। फिर तारीख़ पर बंगाली हाजिर न हुआ। जमानत भी जब्त न हुई। वह और तेज़ाब वाला मोहनलाल भी क्यों छूट गया? यदि यह मान भी लें कि उनके ख़िलाफ़ कोई सबूत नहीं थे, तो भी 120बी धारा के अधीन उन पर साजिश का मुक़दमा क्यों न चलाया गया?

एक ने डाका डालने का पत्र लिखा। पुलिस ने उसका चित्र ले लिया। पत्र पत्रवाले के पास पहुँच गया। वह भला आदमी पुलिस को पत्र नहीं देता कि मुझे किसी ने डकैती के लिए बुलाया है, बल्कि वह एक और आदमी को पिस्तौल सहित ले जाता है जो पिस्तौल सहित पकड़ा जाता है। क्या साजिश का मुक़दमा नहीं बनता था? धारा 120बी में साफ़ लिखा है कि– 'Who ever is party to a criminal conspiracy to Commit an offence – be punished is the same manner as if he had abetted such offence.' यानी जो भी ऐसी साजिश का सदस्य हो जिसने कोई जुर्म करने की साजिश की हो, उसे ऐसे जुर्म में मदद करने की सजा मिलनी चाहिए। देवघर (बिहार) में इस समय जो बड़ा भारी साजिश का केस चल रहा है,

उसमें यही है कि–'You – did agree with one another- to do or cause to be done al illegal act – and thereby you committed an offence punishable under section 120B-' तुम लोगों ने आपस में तय किया कि जुर्म किये जायें, इसलिए तुम पर धारा 120बी लगायी जाती है।

उन पर भी किसी जुर्म करने का आरोप नहीं लगाया गया, सिर्फ़ 'यह करने की', 'वह करने की' साजिश का जुर्म लगाया गया। उस मुक़दमे का पूरा हाल पढ़ने पर तो हमारा यही विचार बनता है कि वह मुक़दमा भी पुलिस ने बनाया है। एक व्यक्ति वीरेन्द्रनाथ भट्टाचार्य के घर की तलाशी हुई। उसने पुलिस को अपने कमरे में बुलाकर दो पिस्तौल और एक कॉपी दी, जिसमें साठ व्यक्तियों के पते लिखे हुए थे। पुलिस के आने तक उसने कॉपी को जला डालने की भी कोशिश नहीं की। जानबूझकर ही नहीं की। उनमें से बीस व्यक्ति पकड़कर साजिश का मामला बना दिया गया। एक पंजाबी नौजवान, जिसका नाम श्री इन्द्रचन्द्र नारंग है, को भी रगड़ा जा रहा है। आप कामलियेवाली श्री पार्वती देवी के सबसे छोटे भाई हैं। ठीक वैसा ही मुक़दमा इधर भी बन रहा था। यदि इधर अकेला के.सी. बनर्जी ही ख़ुफ़िया पुलिस का होता तो मुक़दमा ज़रूर चल जाता। पर वहाँ तो पूरी हवा ही बिगड़ी हुई थी और जिन आदमियों को फ़ाँसी पर चढ़ाने की कोशिश की गयी थी, उनके ख़िलाफ़ कोई भी सबूत नहीं मिल पाया था, इसीलिए वह मुक़दमा नहीं चलाया गया। सरकार की यह चाल ख़राब और घृणित है। आतंकवादी आन्दोलन को रोकने के लिए भी यह कोई अच्छा तरीक़ा नहीं। लेकिन नक़ली साजिशों में निर्दोषों को मारने से राज की नींवें पक्की नहीं, बल्कि खोखली हो रही हैं। (इस सन्दर्भ में) रूस के जार और फ्रांस के लुइस को नहीं भूलना चाहिए।

'अछूत का सवाल'

काकीनाडा में 1923 में कांग्रेस-अधिवेशन हुआ। मुहम्मद अली जिन्ना ने अपने अध्यक्षीय भाषण में आजकल की अनुसूचित जातियों को, जिन्हें उन दिनों 'अछूत' कहा जाता था, हिन्दू और मुस्लिम मिशनरी संस्थाओं में बाँट देने का सुझाव दिया। हिन्दू और मुस्लिम अमीर लोग इस वर्ग-भेद को पक्का करने के लिए धन देने को तैयार थे।

उसी समय जब इस मसले पर बहस का वातावरण था, भगतसिह ने 'अछूत का सवाल' नामक लेख लिखा। इस लेख में श्रमिक वर्ग की शक्ति व सीमाओं का अनुमान लगाकर उसकी प्रगति के लिए ठोस सुझाव दिये गये हैं। भगतसिह का यह लेख जून, 1928 के 'किरती' में 'विद्रोही' के नाम से प्रकाशित हुआ था।

भगतसिह

हमारे देश जैसे बुरे हालात किसी दूसरे देश के नहीं हुए। यहाँ अजब-अजब सवाल उठते रहते हैं। एक अहम सवाल अछूत-समस्या है। समस्या यह है कि 30 करोड़ की जनसंख्या वाले देश में जो 6 करोड़ लोग अछूत कहलाते हैं, उनके स्पर्श-मात्र से धर्मभ्रष्ट हो जायेगा! उनके मन्दिरों में प्रवेश से देवगण नाराज़ हो उठेंगे! कुएँ से उनके द्वारा पानी निकालने से कुआँ अपवित्र हो जायेगा! ये सवाल बीसवीं सदी में किये जा रहे हैं, जिन्हें कि सुनते ही शर्म आती है।

हमारा देश बहुत अध्यात्मवादी है, लेकिन हम मनुष्य को मनुष्य का दर्जा देते हुए भी झिझकते हैं जबकि पूर्णतया भौतिकवादी कहलाने वाला यूरोप कई सदियों से इन्कुलाब की आवाज़ उठा रहा है। उन्होंने अमेरिका और फ्रांस की क्रान्तियों के दौरान ही समानता की घोषणा कर दी थी। आज रूस ने भी हर प्रकार का भेदभाव मिटाकर क्रान्ति के लिए कमर कसी हुई है। हम सदा ही आत्मा-परमात्मा के वजूद को लेकर चिन्तित होने तथा इस जोरदार बहस में उलझे हुए हैं कि क्या अछूत को जनेऊ दे दिया जायेगा? वे वेद-शास्त्र पढ़ने के अधिकारी हैं अथवा नहीं? हम उलाहना देते हैं कि हमारे साथ विदेशों में अच्छा सलूक नहीं होता। अंग्रेज़ी शासन हमें अंग्रेज़ों के समान नहीं समझता। लेकिन क्या हमें यह शिकायत करने का अधिकार है?

सिन्ध के एक मुस्लिम सज्जन श्री नूर मुहम्मद ने, जो बम्बई कौंसिल के सदस्य हैं, इस विषय पर 1926 में ख़ूब कहा—"If the Hindu society refuses to allow other human beings, fellow creatures so that to attend public schools, and if...the president of local board representing so many lakhs of people in this house refuses to allow his fellows and brothers the elementary human right of having water to drink, what right have they to ask for more rights from the bureaucracy? Before we accuse people coming from other lands, we should see how we ourselves behave toward our own peoply... How can we ask for greater political rights when we ourselves deny elementary rights to human beings."

वे कहते हैं कि जब तुम एक इन्सान को पीने के लिए पानी देने से भी इन्कार करते हो, जब तुम उन्हें स्कूल में भी पढ़ने नहीं देते तो तुम्हें क्या अधिकार है कि अपने लिए अधिक अधिकारों की माँग करो? जब तुम एक इन्सान को समान अधिकार देने से भी इन्कार करते हो तो तुम अधिक राजनीतिक अधिकार माँगने के कैसे अधिकारी बन गये?

बात बिल्कुल खरी है। लेकिन यह क्योकि एक मुस्लिम ने कही है इसलिए हिन्दू कहेंगे कि देखो, वह उन अछूतों को मुसलमान बनाकर अपने में शामिल करना चाहते हैं!

जब तुम उन्हें इस तरह पशुओं से भी गया-बीता समझोगे तो वह ज़रूर ही दूसरे धर्मों में शामिल हो जायेंगे, जिनमें उन्हें अधिक अधिकार मिलेंगे, जहाँ उनसे इन्सानों जैसा व्यवहार किया जायेगा। फिर यह कहना कि देखो जी, ईसाई और मुसलमान हिन्दू क़ौम को नुक़सान पहुँचा रहे हैं, व्यर्थ होगा।

कितना स्पष्ट कथन है, लेकिन यह सुनकर सभी तिलमिला उठते हैं। ठीक इसी तरह की चिन्ता हिन्दुओं को भी हुई। सनातनी पण्डित भी कुछ न कुछ इस मसले पर सोचने लगे। बीच-बीच में बड़े 'युगान्तरकारी' कहे जाने वाले भी शामिल हुए। पटना में हिन्दू महासभा का सम्मेलन लाला लाजपतराय—जोकि अछूतों के बहुत पुराने समर्थक चले आ रहे हैं—की अध्यक्षता में हुआ, तो जोरदार बहस छिड़ी। अच्छी नोक-झोंक हुई। समस्या यह थी कि अछूतों को यज्ञोपवीत धारण करने का हक है अथवा नहीं? तथा क्या उन्हें वेद-शास्त्रों का अध्ययन करने का अधिकार है? बड़े-बड़े समाज-सुधारक तमतमा गये, लेकिन लाला जी ने सबको सहमत कर दिया तथा ये दो बातें स्वीकृत कर हिन्दू धर्म की लाज रख ली। वरना जरा सोचो, कितनी शर्म की बात होती। कुत्ता हमारी गोद में बैठ सकता है। हमारी रसोई में निःसंग फिरता है, लेकिन एक इन्सान का हमसे स्पर्श हो जाये तो बस धर्म भ्रष्ट हो जाता है। इस समय मालवीय जी जैसे बड़े समाज-सुधारक, अछूतों के बड़े प्रेमी और न जाने क्या-क्या पहले एक मेहतर के हाथों गले में हार डलवा लेते हैं, लेकिन कपड़ों सहित स्नान किये बिना स्वयं को अशुद्ध समझते हैं! क्या ख़ूब यह चाल है! सबको प्यार करने वाले भगवान की पूजा करने के लिए मन्दिर बना है लेकिन वहाँ अछूत जा घुसे तो वह मन्दिर अपवित्र हो जाता है! भगवान रुष्ट हो जाता है! घर की जब यह स्थिति हो तो बाहर हम बराबरी के नाम पर झगड़ते अच्छे लगते हैं? तब हमारे इस रवैये में कृतघ्नता की भी हद पायी जाती है। जो निम्नतम काम करके हमारे लिए सुविधाओं को उपलब्ध कराते हैं, उन्हें ही हम दुरदुराते हैं। पशुओं की हम पूजा कर सकते हैं, लेकिन इन्सान को पास नहीं बिठा सकते।

आज इस सवाल पर बहुत शोर हो रहा है। उन विचारों पर आजकल विशेष ध्यान दिया जा रहा है। देश में मुक्ति-कामना जिस तरह बढ़ रही है, उसमें साम्प्रदायिक भावना ने और कोई लाभ पहुँचाया हो अथवा नहीं लेकिन एक लाभ ज़रूर पहुँचाया है। अधिक अधिकारों की माँग के लिए अपनी-अपनी क़ौम की संख्या बढ़ाने की चिन्ता सभी को हुई। मुस्लिमों ने जरा ज़्यादा जोर दिया। उन्होंने अछूतों को मुसलमान बनाकर अपने बराबर अधिकार देने शुरू कर दिये। इससे हिन्दुओं के अहम को चोट पहुँची। स्पर्धा बढ़ी। फसाद भी हुए। धीरे-धीरे सिखों के बीच अछूतों के जनेऊ उतारने या केश कटवाने के सवालों पर झगड़े हुए। अब तीनों क़ौमें अछूतों को अपनी-अपनी

ओर खींच रही हैं। इसका शोर-शराबा है। उधर ईसाई चुपचाप उनका रुतबा बढ़ा रहे हैं। चलो, इस सारी हलचल से ही देश के दुर्भाग्य की लानत दूर हो रही है।

इधर जब अछूतों ने देखा कि उनकी वजह से इनमें फसाद हो रहे हैं तथा उन्हें हर कोई अपनी-अपनी ख़ुराक समझ रहा है तो वे अलग ही क्यों न संगठित हो जायें? इस विचार के अमल में अंग्रेज़ी सरकार का कोई हाथ हो अथवा न हो लेकिन इतना अवश्य है कि इस प्रचार में सरकारी मशीनरी का काफ़ी हाथ था। 'आदि धर्म मण्डल' जैसे संगठन उस विचार के प्रचार का परिणाम हैं।

अब एक सवाल और उठता है कि इस समस्या का सही निदान क्या हो? इसका जवाब बड़ा अहम है। सबसे पहले यह निर्णय कर लेना चाहिए कि सब इन्सान समान हैं तथा न तो जन्म से कोई भिन्न पैदा हुआ और न कार्य-विभाजन से। अर्थात् क्योंकि एक आदमी ग़रीब मेहतर के घर पैदा हो गया है, इसलिए जीवनभर मैला ही साफ़ करेगा और दुनिया में किसी तरह के विकास का काम पाने का उसे कोई हक़ नहीं है, ये बातें फिजूल हैं। इस तरह हमारे पूर्वज आर्यों ने इनके साथ ऐसा अन्यायपूर्ण व्यवहार किया तथा उन्हें नीच कहकर दुत्कार दिया एवं निम्नकोटि के कार्य करवाने लगे। साथ ही यह भी चिन्ता हुई कि कहीं ये विद्रोह न कर दें, तब पुनर्जन्म के दर्शन का प्रचार कर दिया कि यह तुम्हारे पूर्वजन्म के पापों का फल है। अब क्या हो सकता है? चुपचाप दिन गुज़ारो! इस तरह उन्हें धैर्य का उपदेश देकर वे लोग उन्हें लम्बे समय तक के लिए शान्त करा गये। लेकिन उन्होंने बड़ा पाप किया। मानव के भीतर की मानवीयता को समाप्त कर दिया। आत्मविश्वास एवं स्वावलम्बन की भावनाओं को समाप्त कर दिया। बहुत दमन और अन्याय किया गया। आज उस सबके प्रायश्चित का वक़्त है।

इसके साथ एक दूसरी गड़बड़ी हो गयी। लोगों के मनों में आवश्यक कार्यों के प्रति घृणा पैदा हो गयी। हमने जुलाहे को भी दुत्कारा। आज कपड़ा बुनने वाले भी अछूत समझे जाते हैं। यू-पी- की तरफ़ कहार को भी अछूत समझा जाता है। इससे बड़ी गड़बड़ी पैदा हुई। ऐसे में विकास की प्रक्रिया में रुकावटें पैदा हो रही हैं।

इन तबकों को अपने समक्ष रखते हुए हमें चाहिए कि हम न इन्हें अछूत कहें और न समझें। बस, समस्या हल हो जाती है। नौजवान भारत सभा तथा कांग्रेस ने जो ढंग अपनाया है, वह काफ़ी अच्छा है। जिन्हें आज तक अछूत कहा जाता रहा, उनसे अपने इन पापों के लिए क्षमा-याचना करनी चाहिए तथा उन्हें अपने जैसा इन्सान समझना, बिना अमृत छकाये, बिना कलमा पढ़ाये या शुद्धि किये उन्हें अपने में शामिल करके उनके हाथ से पानी पीना, यही उचित ढंग है। और आपस में खींचतान करना और व्यवहार में कोई भी हक़ न देना, कोई ठीक बात नहीं है।

जब गाँवों में मज़दूर-प्रचार शुरू हुआ, उस समय किसानों को सरकारी आदमी यह बात समझाकर भड़काते थे कि देखो, ये भंगी-चमारों को सिर पर चढ़ा रहे हैं और तुम्हारा काम बन्द करवायेंगे। बस किसान इतने में ही भड़क गये। उन्हें याद रहना चाहिए कि उनकी हालत तब तक नहीं सुधर सकती जब तक कि वे इन ग़रीबों को नीच और कमीना कहकर अपनी जूती के नीचे दबाये रखना चाहते हैं। अक्सर कहा जाता है कि वे साफ़ नहीं रहते। इसका उत्तर साफ़ है–वे ग़रीब हैं। ग़रीबी का इलाज करो। ऊँचे-ऊँचे कुलों के ग़रीब लोग भी कोई कम गन्दे नहीं रहते। गन्दे काम करने का बहाना भी नहीं चल सकता, क्योंकि माताएँ बच्चों का मैला साफ़ करने से मेहतर तथा अछूत तो नहीं हो जातीं।

लेकिन यह काम उतने समय तक नहीं हो सकता जितने समय तक कि अछूत क़ौमें अपनेआप को संगठित न कर लें। हम तो समझते है कि उनका स्वयं को अलग संगठनबद्ध करना तथा मुस्लिमों के बराबर गिनती में होने के कारण उनके बराबर अधिकारों की माँग करना बहुत आशाजनक संकेत है। या तो साम्प्रदायिक भेद का झंझट ही ख़त्म करो, नहीं तो उनके अलग अधिकार उन्हें दे दो। कौंसिलों और असेम्बलियों का कर्तव्य है कि वे स्कूल-कॉलेज, कुएँ तथा सड़क के उपयोग की पूरी स्वतन्त्रता उन्हें दिलायें। जबानी तौर पर ही नहीं, वरन साथ ले जाकर उन्हें कुओं पर चढ़ायें। उनके बच्चों को स्कूलों में प्रवेश दिलायें। लेकिन जिस लेजिस्लेटिव असेम्बली में बाल-विवाह के विरुद्ध पेश किये बिल तथा मजहब के बहाने हाय-तौबा मचायी जाती है, वहाँ वे अछूतों को अपने साथ शामिल करने का साहस कैसे कर सकते हैं?

इसलिए हम मानते हैं कि उनके अपने जन-प्रतिनिधि हों। वे अपने लिए अधिक अधिकार माँगें। हम तो साफ़ कहते हैं कि उठो, अछूत कहलाने वाले असली जन-सेवको तथा भाइयो उठो! अपना इतिहास देखो। गुरु गोविन्द सिह की फौज की असली शक्ति तुम्हीं थे! शिवाजी तुम्हारे भरोसे पर ही सबकुछ कर सके, जिस कारण उनका नाम आज भी ज़िन्दा है। तुम्हारी क़ुर्बानियाँ स्वर्णाक्षरों में लिखी हुई हैं। तुम जो नित्यप्रति सेवा करके जनता के सुखों में बढ़ोत्तरी करके और ज़िन्दगी सम्भव बनाकर यह बड़ा भारी अहसान कर रहे हो, उसे हम लोग नहीं समझते। लैण्ड-एलिएनेशन एक्ट के अनुसार तुम धन एकत्र कर भी ज़मीन नहीं ख़रीद सकते। तुम पर इतना ज़ुल्म हो रहा है कि मिस मेयो मनुष्यों से भी कहती हैं–उठो, अपनी शक्ति को पहचानो। संगठनबद्ध हो जाओ। असल में स्वयं कोशिशें किये बिना कुछ भी न मिल सकेगा। (Those who would be free must themselves strike the blow) स्वतन्त्रता के लिए स्वाधीनता चाहने वालों को स्वयं यत्न करना चाहिए। इन्सान की धीरे-धीरे कुछ ऐसी आदतें हो गयी हैं कि वह अपने लिए तो अधिक अधिकार चाहता है, लेकिन जो उनके मातहत हैं उन्हें वह अपनी जूती के नीचे ही

दबाये रखना चाहते हैं। कहावत है, 'लातों के भूत बातों से नहीं मानते'। अर्थात् संगठनबद्ध हो अपने पैरों पर खड़े होकर पूरे समाज को चुनौती दे दो। तब देखना, कोई भी तुम्हें तुम्हारे अधिकार देने से इन्कार करने की जुर्रत न कर सकेगा। तुम दूसरों की ख़ुराक मत बनो। दूसरों के मुँह की ओर न ताको। लेकिन ध्यान रहे, नौकरशाही के झाँसे में मत फँसना। यह तुम्हारी कोई सहायता नहीं करना चाहती, बल्कि तुम्हें अपना मोहरा बनाना चाहती है। यही पूँजीवादी नौकरशाही तुम्हारी ग़ुलामी और ग़रीबी का असली कारण है। इसलिए तुम उसके साथ कभी न मिलना। उसकी चालों से बचना। तब सबकुछ ठीक हो जायेगा। तुम असली सर्वहारा हो...संगठनबद्ध हो जाओ। तुम्हारी कुछ हानि न होगी। बस ग़ुलामी की जंजीरें कट जायेंगी। उठो, और वर्तमान व्यवस्था के विरुद्ध बगावत खड़ी कर दो। धीरे-धीरे होने वाले सुधारों से कुछ नहीं बन सकेगा। सामाजिक आन्दोलन से क्रान्ति पैदा कर दो तथा राजनीतिक और आर्थिक क्रान्ति के लिए कमर कस लो। तुम ही तो देश का मुख्य आधार हो, वास्तविक शक्ति हो, सोये हुए शेरो! उठो, और बगावत खड़ी कर दो।

विद्यार्थी और राजनीति

इस महत्त्वपूर्ण राजनीतिक मसले पर यह लेख जुलाई, 1928 में 'किरती' में छपा था। उन दिनों अनेक नेता विद्यार्थियों को राजनीति में हिस्सा न लेने की सलाहें देते थे, जिनके जवाब में यह लेख बहुत महत्त्वपूर्ण है। यह लेख सम्पादकीय विचारों में छपा था, और सम्भवतः भगतसिंह का लिखा हुआ है।—स.

इस बात का बड़ा भारी शोर सुना जा रहा है कि पढ़ने वाले नौजवान (विद्यार्थी) राजनीतिक या पोलिटिकल कामों में हिस्सा न लें। पंजाब सरकार की राय बिल्कुल ही न्यारी है। विद्यार्थियों से कॉलेज में दाख़िल होने से पहले इस आशय की शर्त पर हस्ताक्षर करवाये जाते हैं कि वे पोलिटिकल कामों में हिस्सा नहीं लेंगे। आगे हमारा दुर्भाग्य कि लोगों की ओर से चुना हुआ मनोहर, जो अब शिक्षा-मन्त्री है, स्कूलों-कॉलेजों के नाम एक सर्कुलर या परिपत्र भेजता है कि कोई पढ़ने या पढ़ाने वाला पोलिटिक्स में हिस्सा न ले। कुछ दिन हुए जब लाहौर में स्टूडेण्ट्स यूनियन या विद्यार्थी सभा की ओर से विद्यार्थी-सप्ताह मनाया जा रहा था। वहाँ भी सर अब्दुल कादर और प्रोफ़ेसर ईश्वरचन्द्र नन्दा ने इस बात पर जोर दिया कि विद्यार्थियों को पोलिटिक्स में हिस्सा नहीं लेना चाहिए।

पंजाब को राजनीतिक जीवन में सबसे पिछड़ा हुआ (Politically backward) कहा जाता है। इसका क्या कारण है? क्या पंजाब ने बलिदान कम किये हैं? क्या पंजाब ने मुसीबतें कम झेली हैं? फिर क्या कारण है कि हम इस मैदान में सबसे

पीछे हैं? इसका कारण स्पष्ट है कि हमारे शिक्षा विभाग के अधिकारी लोग बिल्कुल ही बुद्धू हैं। आज पंजाब कौंसिल की कार्रवाई पढ़कर इस बात का अच्छी तरह पता चलता है कि इसका कारण यह है कि हमारी शिक्षा निकम्मी होती है और फिजूल होती है। और विद्यार्थी युवा-जगत अपने देश की बातों में कोई हिस्सा नहीं लेता। उन्हें इस सम्बन्ध में कोई भी ज्ञान नहीं होता। जब वे पढ़कर निकलते हैं तब उनमें से कुछ ही आगे पढ़ते हैं, लेकिन वे ऐसी कच्ची-कच्ची बातें करते हैं कि सुनकर स्वयं ही अफ़सोस कर बैठ जाने के सिवाय कोई चारा नहीं होता। जिन नौजवानों को कल देश की बागडोर हाथ में लेनी है, उन्हें आज ही अक्ल के अन्धे बनाने की कोशिश की जा रही है। इससे जो परिणाम निकलेगा वह हमें ख़ुद ही समझ लेना चाहिए। यह हम मानते हैं कि विद्यार्थियों का मुख्य काम पढ़ाई करना है, उन्हें अपना पूरा ध्यान उस ओर लगा देना चाहिए लेकिन क्या देश की परिस्थितियों का ज्ञान और उनके सुधार के उपाय सोचने की योग्यता पैदा करना उस शिक्षा में शामिल नहीं? यदि नहीं तो हम उस शिक्षा को भी निकम्मी समझते हैं, जो सिर्फ़ क्लर्की करने के लिए हासिल की जाये। ऐसी शिक्षा की ज़रूरत ही क्या है? कुछ ज़्यादा चालाक आदमी यह कहते हैं–"काका, तुम पोलिटिक्स के अनुसार पढ़ो और सोचो ज़रूर, लेकिन कोई व्यावहारिक हिस्सा न लो। तुम अधिक योग्य होकर देश के लिए फायदेमन्द साबित होगे।"

बात बड़ी सुन्दर लगती है, लेकिन हम इसे भी रद्द करते हैं, क्योंकि यह भी सिर्फ़ ऊपरी बात है। इस बात से यह स्पष्ट हो जाता है कि एक दिन विद्यार्थी एक पुस्तक 'Appeal to the Young* Prince Kropotkin ('नौजवानों के नाम अपील', प्रिन्स क्रोपोटकिन) पढ़ रहा था। एक प्रोफ़ेसर साहब कहने लगे, यह कौन-सी पुस्तक है? और यह तो किसी बंगाली का नाम जान पड़ता है! लड़का बोल पड़ा–प्रिन्स क्रोपोटकिन का नाम बड़ा प्रसिद्ध है। वे अर्थशास्त्र के विद्वान थे। इस नाम से परिचित होना प्रत्येक प्रोफ़ेसर के लिए बड़ा ज़रूरी था। प्रोफ़ेसर की 'योग्यता' पर लड़का हँस भी पड़ा। और उसने फिर कहा–ये रूसी सज्जन थे। बस! 'रूसी!' कहर टूट पड़ा। प्रोफ़ेसर ने कहा कि फ्तुम बोल्शेविक हो, क्योंकि तुम पोलिटिकल पुस्तकें पढ़ते हो।"

देखिये आप प्रोफ़ेसर की योग्यता! अब उन बेचारे विद्यार्थियों को उनसे क्या सीखना है? ऐसी स्थिति में वे नौजवान क्या सीख सकते हैं?

दूसरी बात यह है कि व्यावहारिक राजनीति क्या होती है? महात्मा गाँधी, जवाहरलाल नेहरू और सुभाषचन्द्र बोस का स्वागत करना और भाषण सुनना तो हुई व्यावहारिक राजनीति, पर कमिशन या वाइसराय का स्वागत करना क्या हुआ? क्या वह पोलिटिक्स का दूसरा पहलू नहीं? सरकारों और देशों के प्रबन्ध से सम्बन्धित कोई

भी बात पोलिटिक्स के मैदान में ही गिनी जायेगी, तो फिर यह भी पोलिटिक्स हुई कि नहीं? कहा जायेगा कि इससे सरकार ख़ुश होती है और दूसरी से नाराज़? फिर सवाल तो सरकार की ख़ुशी या नाराज़गी का हुआ। क्या विद्यार्थियों को जन्मते ही ख़ुशामद का पाठ पढ़ाया जाना चाहिए? हम तो समझते हैं कि जब तक हिन्दुस्तान में विदेशी डाकू शासन कर रहे हैं तब तक वफ़ादारी करने वाले वफ़ादार नहीं, बल्कि गद्दार हैं, इन्सान नहीं, पशु हैं, पेट के गुलाम हैं। तो हम किस तरह कहें कि विद्यार्थी वफ़ादारी का पाठ पढ़ें।

सभी मानते हैं कि हिन्दुस्तान को इस समय ऐसे देश-सेवकों की ज़रूरत है, जो तन-मन-धन देश पर अर्पित कर दें और पागलों की तरह सारी उम्र देश की आज़ादी के लिए न्योछावर कर दें। लेकिन क्या बुड्ढों में ऐसे आदमी मिल सकेंगे? क्या परिवार और दुनियादारी के झंझटों में फँसे सयाने लोगों में से ऐसे लोग निकल सकेंगे? यह तो वही नौजवान निकल सकते हैं जो किन्हीं जंजालों में न फँसे हों और जंजालों में पड़ने से पहले विद्यार्थी या नौजवान तभी सोच सकते हैं यदि उन्होंने कुछ व्यावहारिक ज्ञान भी हासिल किया हो। सिर्फ़ गणित और ज्योग्राफी का ही परीक्षा के परचों के लिए घोंटा न लगाया हो।

क्या इंग्लैण्ड के सभी विद्यार्थियों का कॉलेज छोड़कर जर्मनी के ख़िलाफ़ लड़ने के लिए निकल पड़ना पोलिटिक्स नहीं थी? तब हमारे उपदेशक कहाँ थे जो उनसे कहते—जाओ, जाकर शिक्षा हासिल करो। आज नेशनल कॉलेज, अहमदाबाद के जो लड़के सत्याग्रह के बारदोली वालों की सहायता कर रहे हैं, क्या वे ऐसे ही मूर्ख रह जायेंगे? देखते हैं कि उनकी तुलना में पंजाब का विश्वविद्यालय कितने योग्य आदमी पैदा करता है? सभी देशों को आजाद करवाने वाले वहाँ के विद्यार्थी और नौजवान ही हुआ करते हैं। क्या हिन्दुस्तान के नौजवान अलग-अलग रहकर अपना और अपने देश का अस्तित्व बचा पायेंगे? नौजवानों के 1919 में विद्यार्थियों पर किये गये अत्याचार भूल नहीं सकते। वे यह भी समझते हैं कि उन्हें एक भारी क्रान्ति की ज़रूरत है। वे पढ़ें। ज़रूर पढ़ें। साथ ही पोलिटिक्स का भी ज्ञान हासिल करें और जब ज़रूरत हो तो मैदान में कूद पड़े और अपने जीवन इसी काम में लगा दें। अपने प्राणों का इसी में उत्सर्ग कर दें। वरन बचने का कोई उपाय नज़र नहीं आता।

श्री इन्द्रचन्द्र नारंग का मुक़दमा

श्री इन्द्रचन्द्र नारंग का देवघर षड्यन्त्र केस से सम्बन्धित यह सम्पादकीय टिप्पणी—सितम्बर, 1928 'किरती' में छपी थी। ब्रिटिश शासन में नागरिक स्वतन्त्रता और जनवादी अधिकारों की स्थिति पर यह टिप्पणी महत्त्वपूर्ण प्रकाश डालती है।—स.

पाठक पिछली बार देवघर साजिश केस के बारे में पढ़ चुके हैं। उस मुक़दमे के निर्णय के बारे में हमने संक्षेप में लिखा था। उसमें ही एक पंजाबी नौजवान श्री इन्द्रचन्द्र नारंग को अकारण तीन साल की सजा दी गयी है। आज उनके मुक़दमे का निर्णय हमारे सामने है। इसे पढ़ते हुए आश्चर्य हो रहा है कि किस कारण उन्हें सजा दी गयी है। उनके विरुद्ध यही रहा कि देवघर की तलाशी में जो एक सूची मिली थी उसमें उनका नाम भी था। और तलाशी में 'बन्दी जीवन' की साठ प्रतियाँ मिली थीं और एक अन्य व्यक्ति के पास से तलाशी में डॉक्टर भूपेन्द्रनाथ दत्त, अध्यक्ष राजनीतिक पीड़ित कॉन्फ्रेंस (पोलिटिकल सफ़रर्स कॉन्फ्रेंस) का पता मिला था। उसने कहा था कि यह उसने श्री इन्द्रचन्द्र से लिया था, बस।

सूची में नाम मिलने से इन्द्रचन्द्र का कोई विशेष अपराध नहीं बन जाता। अन्य साठ-सत्तर व्यक्तियों के भी तो नाम थे, लेकिन उनसे तो पूछताछ भी नहीं की गयी।

सबसे अधिक जोर इस बात पर दिया गया है कि वह 'बन्दी जीवन' बेचता था और इसलिए यह राजपरिवर्तनकारी साजिश का सदस्य समझा जाता है। ख़ूब! हम पूछते हैं कि 'बन्दी जीवन' क्या जब्त किताब है? क्या सरकार ने उसकी बिक्री पर रोक लगायी हुई है? यदि नहीं तो श्री इन्द्रचन्द्र को सजा किस बात की दी गयी है? मजा तो यह है कि किताब उसके भाई ने लाहौर-हिन्दी भवन से प्रकाशित की है। उसकी बिक्री के लिए सभी ने प्रयत्न किये हैं। लेकिन इसमें साजिश का क्या सबूत है? क्या डॉक्टर भूपेन्द्रनाथ दत्त का अध्यक्षीय सम्बोधन सरकार ने जब्त कर लिया है? यदि नहीं, तो वह किसी व्यक्ति को पढ़ने के लिए देना ही किस तरह अपराध हो गया? पहले श्री इन्द्रचन्द्र ने समाचारपत्र की एजेंसी लेने का प्रयास किया था। वह जैसे-तैसे पैसे कमाकर गुज़ारा कर रहा था और शिक्षा भी प्राप्त कर रहा था। अगर वह अपने भाई द्वारा प्रकाशित किताब की बिक्री करके कुछ धन कमा लेता है, तो क्या वह अपराध था? हम समझ नहीं पा रहे हैं कि यह अपराध कैसे हो गया? आज हज़ारों व्यक्तियों के घरों में 'बन्दी जीवन' होगा। सैकड़ों आदमी वह किताब बेचते होंगे। तो क्या वे सभी षड्यन्त्रकारी हैं? और ज़ेल भेजने लायक हैं? अगर नहीं तो एक बेचारे इन्द्रचन्द्र के हाथों में जाते ही 'बन्दी जीवन' जहर हो गया है? हमें तो दाल में कुछ काला-वाला नज़र आता है। कहीं किसी और तैयारी के सिलसिले में ही उस ग़रीब को यूँ ही ज़ेल में तो नहीं डाल दिया गया? हमें लगता है कि पंजाब के नौजवानों पर मुसीबत आने वाली है और यह इसी की तैयारी में पहला क़दम उठाया गया है। लेकिन अंग्रेज़ी सरकार जरा जार का इतिहास याद कर लिया करे। इस तरह के ज़ुल्म कर-करके अपने राज को मज़बूत पाँव पर खड़ा करता-करता जार आज अपनी हस्ती मिटा बैठा है। याद रखना चाहिए कि ज़ुल्म के साथ कभी

शान्ति क़ायम नहीं हो सकती, राज मज़बूत नहीं हो सकते, बल्कि यह अपने पैरों पर कुल्हाड़ा मारना है। लेकिन हमारे बड़े शोर-शराबा करने वाले देशभक्तों और नेताओं को यह अन्धेरगर्दी बन्द करने के लिए आन्दोलन करना चाहिए।

युगान्तकारी माँ

सितम्बर, 1928 के 'किरती' में सुप्रसिद्ध देशभक्त शचीन्द्रनाथ सान्याल की माँ के बारे में प्रकाशित एक सम्पादकीय नोट।–स.

हमारे पाठक हिन्दुस्तान के प्रमुख युगान्तकारी श्री शचीन्द्रनाथ सान्याल जी के नाम-काम से अच्छी तरह परिचित हैं। हम उनका चित्र भी 'किरती' में प्रकाशित कर चुके हैं। उनका सम्पूर्ण परिवार ही युगान्तकारी है। 1914-15 वाले गदर आन्दोलन में उनके दो भाई गिरफ़्तार किये गये थे, जिनमें से एक नज़रबन्द है और दूसरे को दो साल की क़ैद हुई और स्वयं उन्हें आजीवन कारावास की सजाएँ हो गयी थीं। अब उन्हें काकोरी केस में फिर आजीवन क़ैद की सजा हो गयी है। साथ ही उनके सबसे छोटे भाई श्री भूपेन्द्रनाथ सान्याल जी को पाँच बरस की क़ैद हो गयी है। यह भी अपने बड़े भाइयों की तरह दिलेर हैं और खुशदिल रहने वाले हैं।

ऐसे वीर पुत्रों की जननी माँ धन्य है। लेकिन हमें अफ़सोस के साथ कहना पड़ रहा है कि 52 साल की उम्र में लगभग एक माह पूर्व उनका देहान्त हो गया था। वह कोई सामान्य स्त्री नहीं थी। वह स्वयं भी पढ़ी-लिखी और क्रान्तिकारी विचारों वाली थी।

इनका जन्म बंगाल के सबसे अधिक शिक्षित विद्वान और भक्ति के गढ़ शान्तिपुर के एक बड़े परिवार में हुआ। इनके एक बहन और एक भाई और थे। इनके बड़े भाई श्री योगेशचन्द्र राय अब तक जीवित हैं। वे 1907 के स्वदेशी आन्दोलन में काफ़ी सक्रिय रूप से काम करने वालों में हैं। बाद में राजपरिवर्तनकारी आन्दोलनों के सम्बन्ध में उनकी अनेकों बार तलाशियाँ हुईं और पुलिस उनके पीछे लगी रहती थी।

श्री शचीन्द्रनाथ की माता श्रीमती क्षीरोदवासिनी देवी काफ़ी शिक्षित थीं। आपको पढ़ाई में अव्वल होने की वजह से वजीफा मिलता रहा। आप हमेशा समाचारपत्र, पत्रिकाएँ और नयी-नयी पुस्तकें पढ़ती रहती थीं।

श्री शचीन्द्र के पिता श्री हरिनाथ सान्याल भी स्वदेशी आन्दोलन के सक्रिय समर्थक थे। 1907 के स्वदेशी आन्दोलन के बहुत पहले से ही वह स्वदेशी वस्तुओं का ही उपयोग करने लगे थे। श्री शचीन्द्र की माता उनके ऐसे विचारों और कार्यों में बहुत सहायता करती थीं और स्वदेशी आन्दोलन चलने पर दोनों इसी काम में लग गये। हालाँकि हरिनाथ सान्याल सरकारी नौकरी में थे और अच्छा-ख़ासा वेतन पाते थे।

श्रीमती क्षीरोदवासिनी देवी अपने बच्चों को घर में स्वयं पढ़ाती थीं। स्वदेशी आन्दोलन के बाद में उन्होंने स्वयं ही अपने पुत्रों को अनुशीलन समिति में भरती करवाया। अनुशीलन समिति बंगाल की एक पार्टी थी, जो उस समय तक खुफ़िया राजपरिवर्तनकारी दल नहीं बनी थी, लेकिन बाद में वही सबसे बड़ी और शक्तिशाली राजपरिवर्तनकारी पार्टी बन गयी थी।

बाद में माँ को यह भी पता लग गया कि शचीन्द्र युगान्तकारी दल में शामिल हुआ है। लेकिन वह कभी घबरायी नहीं, बल्कि हमेशा उनसे सहानुभूतिपूर्वक व्यवहार करती थीं। वह प्रसन्न थीं कि उनका बेटा देश-सेवा में संलग्न है।

उनके सहानुभूतिपूर्ण व्यवहार के कारण काफ़ी दूर-दूर से युगान्तकारी उनके दर्शनों के लिए आते थे। उनमें श्री रासबिहारी बोस, हिन्दुस्तान के राजपरिवर्तनकारी शहीदों के सिरमौर श्री जतीन्द्रनाथ मुकर्जी तथा श्री शशांक हाजरा आदि शामिल थे। वह बंगाल के युगान्तकारियों में 'युगान्तकारी माँ' के रूप में मशहूर थीं। दूर अण्डमान के बन्दियों के बीच भी उनकी ख्याति पहुँच चुकी थी।

1915 में जब गदर पार्टी ने चारों तरफ़ ज़बरदस्त बगावत करने की तैयारियाँ की थीं, उस समय श्री शचीन्द्रनाथ सान्याल और उनके दोनों युवा भाई इस काम में जुटे हुए थे। स्मरण रहे कि इनके पिता का देहावसान हो चुका था। इस कारण परिवार का बोझ भी इनके सिर आ पड़ा। जब फ़रवरी में विद्रोह पैदा करने की तारीख़ भी तय हो चुकी थी, तब इन भाइयों में आपस में विवाद चल पड़ा कि कौन पीछे रहकर परिवार की देखभाल करे, क्योंकि कोई भी पीछे रहने के लिए सहमत नहीं होना चाहता था। दोनों की यह इच्छा थी कि देश के स्वतन्त्रता-संघर्ष में वे सक्रिय रूप से मैदान में कूद पड़ें। तब उनकी वीर माता ने आगे आकर कहा कि वह किसी की राह में नहीं आना चाहती, जिस किसी की भी इच्छा हो, वह उनकी चिन्ता छोड़कर देश-सेवा के कार्य में जुट जाये।

पर वह सारा काम तो बीच में ही रह गया। गदर की सारी योजना फेल हो गयी। मुक़दमा चला। श्री शचीन्द्रनाथ सान्याल को आजीवन क़ैद हो गयी। जब वह बनारस ज़ेल से अण्डमान (कालेपानी) भेजे गये, उस समय उनकी आयु 22 बरस की थी। माँ उनसे मिलने गयी और प्रसन्नतापूर्वक कहा—"मेरा पुत्र सचमुच संन्यासी हो गया है। मैं बहुत प्रसन्न हूँ कि उसने अपना जीवन देश-सेवा के लिए अर्पित कर दिया है।" इसके पश्चात पुलिस उनका पीछा करने लगी और बहुत परेशान करती रही।

अब काकोरी केस चला और जब उनका छोटा पुत्र श्री भूपेन्द्रनाथ सान्याल भी गिरफ़्तार कर लिया गया तो इनको बहुत घबराहट हुई, क्योंकि वह अभी बिल्कुल बच्चा था और पढ़ रहा था। ज़्यादा चिन्ता यह थी कि संकट में कहीं वह घबरा

न जाये। लेकिन मालूम हुआ कि वह ज़ेल में बिल्कुल निश्चिन्तता से रह रहा है। इस बात से इन्हें बहुत खुशी हासिल हुई। कहने लगीं, "मुझे अपने भूपेन्द्र से यही आशाएँ थीं।"

लेकिन उनका सारा जीवन कठिनाइयों में ही गुज़र गया। उन्हें कभी चौन का समय ही नहीं मिला। देखते-देखते काकोरी का मुक़दमा समाप्त हो गया। और कोई ठोस सबूत न मिलने के बावजूद श्री शचीन्द्रनाथ सान्याल को आजीवन क़ैद और भूपेन्द्रनाथ को पाँच साल की सजा हो गयी। यह झटका उनसे बरदाश्त न हो सका। यह चोट उनसे सही न गयी। वह फिर कभी न सँभल सकीं। लेकिन अपने पुत्रों पर उन्हें बहुत फख्र रहा। उन्होंने शचीन्द्रनाथ सान्याल को अपने अन्तिम पत्र में लिखा था कि दुनियादारी के हिसाब से भले ही मैं बहुत ग़रीब हूँ, लेकिन मेरे जैसा अमीर कौन है जिसके पुत्र सत्यपथ पर चल रहे हैं और देश-सेवा में जिन्होंने अपनी जिन्दगियाँ अर्पण कर दी हैं, मुझे अपने पर बहुत नाज है।

आह! ऐसी और कितनी माताएँ आज हमारे देश में हैं? धन्य है यह माँ और धन्य-धन्य हैं इनके सुपुत्र!

षड्यन्त्र क्यों होते हैं और कैसे रुक सकते हैं?

सितम्बर, 1928 के 'किरती' में छपा यह लेख राजनीतिक आन्दोलनकारियों पर चलने वाले मुक़दमों के पीछे के विचारों पर केन्द्रित है। अंग्रेज़ सरकार इन्हें षड्यन्त्र केस कहती थी। इसमें साफ़ कहा गया कि षड्यन्त्रों को रोकने का एक ही तरीक़ा है—दुनिया से ग़रीबी व गुलामी दूर करना। इस लेख में शान्तिपूर्ण व आतंकवादी तरीक़ों पर भी बड़े तर्कपूर्ण ढंग से विचार किया गया है। भगतसिह और उनके साथियों के विचारधारात्मक विकास को जानने के लिए यह लेख महत्त्वपूर्ण दस्तावेज़ों में से एक है।—स.

एक षड्यन्त्र की चर्चा अभी ख़त्म नहीं होती कि दूसरे षड्यन्त्र की चर्चा शुरू हो जाती है। कुछ समय पूर्व हम काकोरी षड्यन्त्र का हाल पढ़ रहे थे, इन दिनों देवघर के षड्यन्त्र के हाल सुन रहे हैं। इनसे पहले लाहौर षड्यन्त्र केस, दिल्ली षड्यन्त्र केस, बोल्शेविक षड्यन्त्र केस और न जाने और कितने षड्यन्त्र केस चल चुके हैं, जिनमें कि दर्जनों ही नौजवान फाँसियों पर लटकाये गये। गोलियों से उड़ा दिये गये। सैकड़ों ही नहीं, हज़ारों कालेपानी भेजे गये, असंख्य देशभक्त अभी तक ज़ेलों में क़ैद काट रहे हैं।

षड्यन्त्र क्या होते हैं? सरकारों का विचार है कि मनुष्य के दिमाग में यह एक बीमारी है, जो नियमित चल रही व्यवस्था को तोड़ने-फोड़ने के लिए षड्यन्त्रकारी को

मजबूर कर देती है। वह इस बीमारी के वश में होकर क़ानून तोड़ता है, शान्ति भंग करता है, हत्याएँ करता है और डकैतियाँ डालता है और कई ऐसे तरीक़े इस्तेमाल करता है जोकि समाज में गड़बड़ी फैलाने और शान्ति-भंग का कारण बनते हैं। वह चल रही व्यवस्था की तोड़-फोड़ की ठान लेता है और फिर इस लक्ष्य के लिए कोई कसर नहीं छोड़ता।

इसके विपरीत षड्यन्त्रकारी लोगों का दावा है कि षड्यन्त्र उन आदर्शवादी लोगों की कोशिश होती है जो चल रही व्यवस्था की कमियों, अन्याय और ज़ुल्म को सहन नहीं कर पाते, जो अमीर-ग़रीब, बड़े-छोटे, जालिम-मजलूम, शासक-प्रजा, पूँजीपति-मज़दूर, जमींदार-किसान आदि का फ़र्क़ ख़त्म कर एक जैसे अधिकारों और आज़ादी का दौर लाना चाहते हैं और जो पुरानी, गन्दी और अत्याचारी व्यवस्था को समाप्त कर एक नयी व सुन्दर व्यवस्था स्थापित करना चाहते हैं, जिसमें कि कोई शासक-प्रजा, अमीर-ग़रीब, जमींदार-किसान न हो, बल्कि सभी एक जैसे भाई-भाई हों। प्रत्येक काम करे और खाये और सभी की प्रत्येक ज़रूरत पूरी हो।

ये बातें सही हैं या ग़लत जोकि दोनों अपने-अपने विचार को सामने रखकर की जाती हैं, यह पाठक स्वयं ही अनुमान लगायें।

गुज़रे वक़्त का इतिहास प्रमाण है कि सख़्त सजाओं और फाँसियों से षड्यन्त्र नहीं रुक सकते, न ही ज़ुल्मों और अत्याचारों से—चाहे वे कितने भी भयानक क्यों न हों—आज़ादी की चाह कुचली जा सकती है। असंख्य नौजवान, जो किसी दूसरे आजाद देश में होते तो अपने देश के लिए तोहफा साबित होते, अत्याचारी और जालिम शासकों के अत्याचारों का शिकार हो गये। हज़ारों देशभक्त टुकड़े-टुकड़े कर क़त्ल कर दिये गये ताकि लोग इससे आतंकित होकर षड्यन्त्र करने से बाज आ जायें और आज़ादी के लिए हाथ-पाँव न हिलायें। तमाम सजाओं, फाँसियों, क़ैद और बेंत मार-मारकर देख लिया गया है, लेकिन ये तमाम सजाएँ भी षड्यन्त्रों को रोकने में असफल रही हैं। बल्कि—'बढ़ता है शौक़े-शहादत हर सजा पाने के बाद' के अनुसार षड्यन्त्रों की आग भड़कती गयी और इन सजाओं से न रुकी। यह क्यों है, आख़िर इन षड्यन्त्रों को रोकने का क्या कोई इलाज भी हो सकता है?

यदि षड्यन्त्रों के पिछले इतिहास को अच्छी तरह देखा जाये तो हमें इस बात का भली प्रकार पता चलता है कि षड्यन्त्रों को रोकने के लिए जितनी अधिक कोशिशें होती हैं, उतने ही अधिक षड्यन्त्र किसी न किसी शक्ल में वजूद में आते रहते हैं। इस तरह पता चलता है कि ये सजाएँ षड्यन्त्रों की आग भड़काने में लकड़ी का ही काम करती हैं।

सैकड़ों नौजवान गोलियों से उड़ा दिये जाते हैं, लेकिन उनकी जगह भरने के

लिए हज़ारों ही नौजवान हथेलियों पर सर रखकर मैदान में कूद पड़ते हैं और अपने प्राणों को ख़तरे में डाल उस अधूरे काम को शुरू कर देते हैं। आख़िर इसका कारण क्या है?

बदला लेना इन्सानी स्वभाव है। इन्सान जब तक इन्सान है, वह अपने दुश्मनों से बदला ज़रूर लेगा, ख़याली पुलाव पकाने वाले चाहे कुछ भी कहें। आम नौजवान जब देखते हैं कि उनके भाई सिर्फ़ देशप्रेम के लिए ही किस बेदर्दी और बेरहमी से ज़ुल्मों का शिकार हो रहे हैं तो उनके दिलों में अपने भाइयों पर हुए ज़ुल्मों का बदला लेने की आग भड़क उठती है। वे शान्ति और सन्तोष को अलविदा कह देते हैं। अपनी किश्ती ईश्वर के सहारे छोड़ लंगर तोड़ देते हैं। फिर या तो वे ख़ुद उस बदले की आग में जलकर राख हो जाते हैं या दुश्मनों को राख करके ही साँस लेते हैं। यह इन्सानी दिलेरी है। भँगेड़ियों, नशेबाजों का पुलाव नहीं है।

दूसरी ओर एक बुजदिल और कायर होता है। उसे अपनी जान बहुत प्यारी होती है, क्योंकि वह नहीं चाहता कि उसके पास से ऐशो-आराम और सफ़ेद-स्याह करने की ताकत छीन ली जाये। पर जब उसकी जान पर हमला किया जाता है और उसके मुँह से झाग गिरने लगती है तो वह गुस्से में आकर ऐसे-ऐसे कष्ट ढहाता है कि ज़मीन और आसमान काँप उठते हैं। वह अत्याचार में अन्धा होकर जिस पर भी हाथ उठाता है, चाहे वह निर्दोष ही क्यों न हो, उसे पार बुलाकर ही छोड़ता है। इस तरह अक्सर गेहूँ के साथ घुन भी पिस जाता है और हज़ारों ही बेगुनाह नौजवान देश पर शहीद हो जाते हैं। यह निर्दोषों का ख़ून होता है जो अन्त में रंग लाता है। जनता में बेचौनी फैल जाती है। षड्यन्त्रकारियों के हाथ मज़बूत हो जाते हैं, क्योंकि यह ज़ुल्म, अन्याय और आतंक ही षड्यन्त्र पैदा करने के कारण हैं। वे खुली घोषणाएँ कर देते हैं कि देखा, हम नहीं कहते थे कि लातों के भूत बातों से नहीं सुधरते, लेकिन तुमने हमारी बातों पर ध्यान नहीं दिया। अब ख़ूब गत बन रही है। लेकिन यह तो—

इब्तिदाए इश्क है रोता है क्या?
आगे-आगे देखिये होता है क्या?

इस तरह षड्यन्त्र का वृक्ष निर्दोषों के ख़ून से सिचकर बढ़ता है और थोड़े ही समय में फलने-फूलने लगता है।

जब तक लोग खुलेआम अपने दुख-तकलीफ़ें व्यक्त कर सकते हैं और सरकारी अत्याचारों की पोल खोल सकते हैं, तब तक तो षड्यन्त्रों की ज़रूरत नहीं पड़ती, लेकिन जब सरकारें खुले आन्दोलनों को कुचलने लगती हैं और जब—

न तड़पने की इजाज़त है, न फरियाद की है।

घुट-घुट के मर जाऊँ, यही मरजी मेरे सैयाद की है।

पर अमल शुरू हो जाता है तो इधर जोशीले और गर्वीले जवान भी इस बुरी स्थिति में नहीं जीना चाहते। वे सिरों की बाजी लगा देते हैं और ऐसे अत्याचारी (शासन) को तोड़ने की सिरतोड़ कोशिशों में व्यस्त हो जाते हैं।

जब तक शान्तिपूर्ण आन्दोलन में आज़ादी की माँग की छूट रही, कोई षड्यन्त्र नहीं हुआ, कोई गुप्त आन्दोलन नहीं चल सका, लेकिन ज्यों ही शान्तिपूर्ण आन्दोलन को कुचलने के आदेश जारी किये गये उसी समय गुप्त आन्दोलन शुरू हो गये और षड्यन्त्रों की तैयारियाँ होने लगीं। सरकार की सख़्ती का दौर शुरू हुआ और काले क़ानूनों के अधीन सैकड़ों नौजवानों को, जो खुले रूप में काम कर रहे थे, ज़ेलों में नज़रबन्द कर दिया गया तो जोशीले नौजवानों को इससे आग लग गयी और वे तड़प उठे। बस फिर क्या था? किसी ओर काकोरी-षड्यन्त्र का तो कहीं किसी और षड्यन्त्र का धुआँ निकलने लगा।

जब तक दुनिया में वहशी जमाने की गुलामी और ग़रीबी जैसी स्मृतियाँ क़ायम रहेंगी तब तक कोई भी ताक़त दुनिया के तख़्त से षड्यन्त्रों और गुप्त आन्दोलनों को मिटा नहीं सकती। यदि जोर-ज़बरदस्ती और ज़ुल्म षड्यन्त्रों के रोकने का सही इलाज होता तो षड्यन्त्रों का नामो-निशान कब का मिट गया होगा। लेकिन यह इलाज नहीं है। सम्भव है, ज़ुल्म और अत्याचार कुछ समय के लिए षड्यन्त्रों को रोक सकें, लेकिन ज़ुल्म और अत्याचार षड्यन्त्र रोकने का कोई कारगर नुस्ख़ा नहीं है। कइयों का विचार है कि केवल आज़ादी ही षड्यन्त्रों को ख़त्म करने का असली इलाज है, लेकिन हमारा इससे मतभेद है। यह तो ठीक है कि यह आज़ादी ही है जो बहुत हद तक षड्यन्त्रों को रोक सकती है, लेकिन फिर भी इसमें सोलह आने सच नहीं है, क्योंकि वर्तमान समय में साबित हो गया है कि केवल (आज़ादी की) प्राप्ति से ही षड्यन्त्र नहीं रुक सकते। हमारे सामने अमेरिका, जर्मनी और फ्रांस आजाद देशों में माने जाते हैं और वे हैं भी बिल्कुल आजाद—किसी के गुलाम या किसी तरह से भी मोहताज नहीं हैं, लेकिन फिर भी वहाँ षड्यन्त्र होते रहते हैं, और अभी बहुत समय नहीं हुआ, जबकि 'साको' और 'वैनजिरी' को अमेरिका की पूँजीपति सरकार ने षड्यन्त्र के अपराध में बिजली की कुर्सी पर बिठाकर मार डाला था। जर्मनी में कम्युनिस्टों ने एक क्षेत्र पर क़ब्ज़ा कर लिया था, लेकिन वे क़ब्ज़ा बनाकर न रख सके। फ्रांस और इंग्लैण्ड में भी षड्यन्त्र होते रहते हैं।

अमेरिका जैसा समृद्ध देश पूरी दुनिया के नक़्शे पर भी नहीं है। वहाँ 'राक-फैलरे' जैसे तगड़े अमीर आदमी हैं। यदि वे चाहें तो अकेले ही पूरे हिन्दुस्तान को ख़रीद सकते हैं। लेकिन दूसरी ओर बेरोजगारी और ग़रीबी का यह हाल है कि हज़ारों ही

नहीं, बल्कि लाखों अमेरिकी मज़दूर ऐसे हैं जो बेरोजगार भूखे दर-दर भटक रहे हैं और जिनका गुज़ारा सिर्फ़ सरकारी दान से ही होता है। तो क्या जब तक यह हद दर्जे की ग़रीबी और हद दर्जे की अमीरी दुनिया में क़ायम रहेगी, षड्यन्त्र दुनिया से ख़त्म हो सकते हैं? हमारा विचार तो 'नहीं' में है। षड्यन्त्रों का हटना या न हटना रोटी के सवाल के हल होने पर निर्भर है। यदि रोटी का सवाल आज हल हो जाये तो आज ही षड्यन्त्रों की समाप्ति हो सकती है, लेकिन यदि रोटी का सवाल न निपटा तो ये षड्यन्त्र कभी भी रुक नहीं सकते, चाहे नीरू और जहाद जैसे जालिम ही क्यों न पैदा हो जायें।

शायद कुछ लोग कहें कि यदि रोटी के सवाल का हल ही षड्यन्त्रों की बीमारी के लिए अमृतधारा है तो फिर रूस में क्यों षड्यन्त्र होते हैं? हमारा जवाब स्पष्ट है कि रूस में जो षड्यन्त्र होते हैं वे सिर्फ़ विदेशी पूँजीपति सरकारों के छोड़े हुए कुछ भाड़े के टट्टुओं द्वारा करवाये जाते हैं और वे विदेशी सरकारें अपने एजेण्टों को धन आदि देकर उनसे षड्यन्त्र करवाती हैं, नहीं तो रूस में षड्यन्त्र करने के लिए कोई कारण ही नहीं है, ना ही रूसी लोगों को कोई तकलीफ़ है, जिससे कि उन्हें षड्यन्त्र करने की ज़रूरत पड़े। कुछ जार के चेले-चपाटे हैं या विदेशी एजेण्ट हैं जो कभी-कभार हंगामा करते हैं, वरना रूस तो इस समय एक ऐसा देश है जो हर इन्सान को ख़ुश देखना चाहता है और प्रत्येक इन्सान की ज़रूरतें पूरी करता है।

हिन्दुस्तान का क्या कहना। पहले तो यह गुलाम है। यहाँ के नौजवान जब दूसरे देशों को उन्नति करते देखते हैं तो उनके कलेजों पर छुरियाँ चल जाती हैं। वे अनुभव करते हैं कि उन्नति करना तो दूर रहा, उनके तो साँस लेने के लिए भी यहाँ जगह नहीं है। इसलिए हिन्दुस्तान का गुलाम होना ही यहाँ आज़ादी की कोशिशों के लिए एक अच्छा तर्क है। आज़ादी के लिए दो ही प्रकार की कोशिशें हो सकती हैं—शान्तिपूर्ण व आतंकवादी तरीक़ों से। आज़ादी की प्राप्ति के हर तरीक़े की एक न एक दिन परीक्षा होती है। वह तरीक़ा परीक्षा में खरा उतरे तो लोग उसमें विश्वास करते हैं, लेकिन यदि परीक्षा में असफल रहे तो लोगों का विश्वास उससे हट जाता है। हिन्दुस्तान में भारी संख्या उन लोगों की है जो शान्तिपूर्ण तरीक़े के समर्थक हैं। शायद इसलिए कि उन्हें इसके सिवा और कुछ सूझता भी नहीं या यदि कुछ सूझता भी है तो वे उस पर व्यवहार करने में स्वयं को असमर्थ पाते हैं। लेकिन यह बात अब सन्देह से परे है कि ऐसे आदमी भी हिन्दुस्तान में मौजूद हैं, जो शान्तिपूर्ण तरीक़ों पर विश्वास खो चुके हैं, और हिन्दुस्तान की आज़ादी के लिए काम भी करना चाहते हैं। जब तक ऐसे आदमी मौजूद हों तब तक षड्यन्त्रों का होते रहना अचम्भे की बात नहीं है। लेकिन एक गुलामी ही क्या? हिन्दुस्तान में इतनी ग़रीबी

है कि तौबा ही भली। हज़ारों नहीं, लाखों नहीं, बल्कि करोड़ों ही आदमी रोटी के दो टुकड़ों के लिए तरसते मर जाते हैं। जब तक गुलामी और ग़रीबी ख़त्म नहीं होती तब तक लोग भला कैसे आराम से बैठ सकते हैं? हो सकता है कि अमीर लोग ऐशो-आराम में आज़ादी को भूल जायें और गुलामी को पसन्द करें क्योंकि उनके लिए तो ऐश-परस्ती ही आज़ादी हो सकती है, लेकिन जो लोग भूखे मर रहे हैं, वे समझते हैं कि हमें मरना ही है, तो फिर क्यों न मर्दे-मैदान बनकर इस अन्यायपूर्ण और जालिम व्यवस्था को रद्द करने में मरें, क्यों न देश के ग़रीबों को जगाने के लिए और भारतमाता को आजाद करवाने के लिए शीश दिये जायें? हो सकता है ऐसे विचार कुछ देर तक ग़रीबों के दिमाग में न आयें, लेकिन कब तक रुक सकेंगे, इस अन्याय, गुलामी और ग़रीबी के ख़िलाफ़ शुरू से ही षड्यन्त्र होते आये हैं। जब तक यह हाल रहेगा, जोशीले लोग षड्यन्त्र करते रहेंगे, क्योंकि तमाम षड्यन्त्रों की जड़ ग़रीबी और गुलामी ही है। चाहे सरकारें इस बात को नहीं मानतीं फिर भी यह बिल्कुल सही है कि शासक जो भी कुछ अधिकार या कुछ सुविधाएँ देते हैं वे इन षड्यन्त्रकारियों के भय से ही दिया करते हैं। नहीं तो—यदि नौजवान हथेलियों पर सिर रखकर बिना किसी स्वार्थ के समाज को अच्छा बनाने के लिए बलिदान न करते तो सरकारों से जितने अधिकार अभी तक छीने जा चुके हैं, उतने भी न छीने जा सकते।

1925 में विपिनचन्द्र पाल ने एक लेख में लिखा था कि "यह पोलिटिकल क़ातिल ही थे, जिन्होंने कि मिण्टो-मारले योजना के लिए रास्ता साफ़ किया।" एक और माडरेट एस.आर. दास ने लिखा था कि "इंग्लिस्तान को इस मीठी नींद से जगाने के लिए कि हिन्दुस्तान के साथ 'अच्छा सलूक' हो रहा है, एक बम की ज़रूरत थी।"

यों आमतौर पर नेता लोग इन षड्यन्त्रकारियों के ख़िलाफ़ ही रहा करते हैं तो भी हमारे नेता साहिब बब्बर अकाली दल की तारीफ़ यह कहकर किया करते हैं कि सिखों को गुरुद्वारा बिल इसी आन्दोलन ने दिलवाया है, नहीं तो गुरुद्वारा बिल कभी भी न मिलता।

यह लेख लिखने से न तो हमारा यह आशय है कि बम फेंकने की प्रेरणा दी जाये और न ही यह कि षड्यन्त्रकारियों की तारीफ़ के बड़े-बड़े पुल बाँध दिये जायें, चाहे हम समझते हैं कि वे सच्चे देशभक्त होते हैं और अपने भीतर सच्ची राष्ट्रीय और देशभक्ति की स्पिरिट रखते हैं और अपने विश्वासों के अनुसार काम करते हैं, वे इसी में देश और क़ौम की बेहतरी समझते हैं। इस लेख को लिखने का आशय तो यह है कि जनता को यह बताया जाये कि जहाँ भी गुलामी और ग़रीबी मौजूद है वहाँ कुछ जोशीले लोग उठते ही रहेंगे और गुलामी और ग़रीबी के जुए को उतार

फेंकने के यत्न करते रहेंगे, चाहे वे सफल हों या नहीं। हम समझते हैं कि इतिहास हमें यही बताता है कि इन षड्यन्त्रों को रोकने और हमेशा के लिए ख़त्म करने का एक ही तरीक़ा है कि दुनिया से ग़रीबी और गुलामी दूर की जाये और प्रत्येक देश में आज़ादी के साथ रोटी के सवाल का भी पूरा समाधान हो। जब तक यह नहीं होता, षड्यन्त्रों का बन्द होना मुश्किल है।

श्रमिक आन्दोलन को दबाने की चालें

सितम्बर, 1928 के 'किरती' के चार और सम्पादकीय महत्त्वपूर्ण हैं। एक पब्लिक सेफ्टी बिल, दूसरा ट्रेड डिस्प्यूट बिल सम्बन्धी भगतसिंह और उनके साथियों के विचारों को प्रकट करता है। इन्हीं बिलों के विरोध में भगतसिंह और बटुकेश्वर दत्त ने 8 अप्रैल, 1929 को असेम्बली हॉल में बम का धमाका किया था। तीसरी सम्पादकीय टिप्पणी में मोतीलाल नेहरू रिपोर्ट पर चर्चा है और इसे बुर्जुआ विचारधारा का प्रतीक बताया गया है। चौथे सम्पादकीय में बारदोली किसान आन्दोलन पर विचार रखे गये हैं। सितम्बर, 1928 में ही हिन्दुस्तान प्रजातान्त्रिक पार्टी, हिन्दुस्तान समाजवादी प्रजातान्त्रिक पार्टी बन गयी थी।–स.

विश्व में जो अन्धेरगर्दी इन खुदगर्ज और बेईमान पूँजीपति शासकों ने मचा रखी है, वह लिखकर लोगों को समझायी नहीं जा सकती। अब जब उनके पर्दे दुनिया में खुल रहे हैं और अब जब श्रमिक भी इन लोगों को अपने श्रम पर हराम की मोटी-मोटी खाल चढ़ाने से रोकने का यत्न करने लगे हैं तो ये तड़पते हैं और शान्ति-शान्ति का शोर मचाने लगते हैं। सम्पत्ति ख़तरे में है, दुनिया कैसे चलेगी, आदि वाक्यों से शोर मचाकर आम लोगों और श्रमिकों को समाजवादी आन्दोलन के विरोधी बना रहे हैं। साथ ही साथ उन आन्दोलनों को दबाने के विचार से अन्धा अत्याचार करने की ठान ली है। आज हम समाचारपत्रों में पढ़ रहे हैं कि लोगों की सुरक्षा नाम का एक (Public Safety – removed from India-bill) बिल असेम्बली में पेश हो रहा है। पेश सरकार की ओर से ही होना है। बिल का आशय यह है कि यदि समाजवादी विचारों का प्रचार करने वाला कोई ऐसा आदमी भारत में आ जायेगा, जो यहाँ का नागरिक न होगा तो उसे नोटिस देकर एकदम देश से निकाल दिया जायेगा। यह बिल क्यों पास किया जायेगा और इसे पास करवाने के लिए क्या-क्या घटिया चालें चली जा रही हैं, यही हम पाठकों को बताना चाहते हैं।

कुछ दिन पहले अख़बारों में एक पत्र छपा था जिसके बारे में कहा जाता था कि कम्युनिस्टों की ओर से यह पत्र इंग्लैण्ड की कम्युनिस्ट पार्टी को लिखा गया

था। उसमें उन्होंने कहा था कि आख़िर में हम सशस्त्र क्रान्ति या हथियारों से युद्ध कर ही क्रान्ति सम्पन्न करेंगे, लेकिन उससे पहले कम्युनिस्ट पार्टी गुप्त रूप में काम करेगी और श्रमिक किसान पार्टी को नियन्त्रण में कर प्रचार का काम खुले रूप में किया जायेगा, आदि। उधर क्योंकि रूस चाहता है कि दुनियाभर में मज़दूरों का शासन स्थापित किये बगैर स्थायी शान्ति नहीं हो सकती, इसीलिए वह हर जगह समाजवादी आन्दोलन करवाना चाहता है। और चूँकि दुनिया में सबसे बड़े पूँजीपति और सम्राटपसन्द अंग्रेज़ हैं, इसलिए उनका राज नष्ट करना ज़रूरी है और उनका राज ही हिन्दुस्तान के सिर पर है, इसीलिए यहाँ क्रान्ति करवाना अनिवार्य है। ऐसी स्थिति में अंग्रेज़ रूस से बहुत भयभीत हैं और वे कम्युनिस्ट या समाजवादी विचारों के प्रचार को रोकना चाहते हैं। पर किया क्या जाये? हिन्दुस्तानी पूँजीपतियों की सहानुभूति जीतने के लिए वह पत्र छपवाया गया। अख़बारों में लिखा गया था—

दिल्ली, अगस्त 20

निम्न पत्र को प्रसारित किया गया।

किसकी ओर से, कब, कहाँ? यह कुछ पता नहीं। और यह पत्र है भी पिछले दिसम्बर की तारीख़ का। अब तक वह कहाँ छिपा रहा?

कम्युनिस्ट पार्टी ने इस पत्र के साथ अपना कोई सम्बन्ध मानने से इन्कार कर दिया है। श्रमिक किसान पार्टी ने भी ऐसी ही घोषणा की है। फिर यह पत्र आया कहाँ से? और इसे अब ही क्यों छापा गया? ये बातें सोचने योग्य हैं। इस पत्र के साथ, और रूस की कुछ घोषणाओं को बार-बार छापने से हिन्दी पूँजीपतियों को भी सरकार ने अपने साथ मिला लिया। हमें पता है कि निठल्ले पूँजीपति मिलकर यह बिल पास करवा लेंगे। पर क्या सरकार समझती है कि इस तरह समाजवादी विचारों का प्रचार रुक जायेगा? क्या इन नीचताभरी चालों से वे अपने पैर पक्के कर स्थिर रह सकेंगे? इतिहास की ओर से जान-बूझकर क्यों आँखें बन्द रखी जाती हैं? आज फ्रांस के फ्यूडल लॉर्ड्स और रूसी नोबल्स कहाँ है? क्या इन लोगों ने इन विचारों को दबाने के लिए अपना-अपना जोर नहीं लगाया और क्या क्रान्ति रुक सकी थी? फिर यहीं क्रान्ति कैसे रुक सकेगी? जब तक भूख है और श्रम करने वाले भूखे मरते रहेंगे और निठल्ले बैठने वाले हर तरह की मौज उड़ाते रहेंगे, तब तक समाजवादी विचार दबाने से और भी जोर पकड़ते रहेंगे। लेकिन श्रमिकों को सँभल जाना चाहिए और समझ लेना चाहिए कि उनके आन्दोलन को दबाने के लिए कितने अत्याचार किये जा रहे हैं और यदि वे अब भी न सँभले तो बाद में पछताने से कुछ हाथ न आयेगा।

एक और दमनकारी क़ानून

जिस तरह हिन्दुस्तान में कारख़ाने बढ़ रहे हैं, उसी तरह हमारे पूँजीपति और अंग्रेज़ों के लाभ-हानि भी साझे होते जा रहे हैं और ये देश में उभर रहे जन-आन्दोलन को सामान्यतया दबाने का संयुक्त रूप से प्रयत्न कर रहे हैं। अब एक समय दो क़ानून स्वीकृत हो रहे हैं: एक है जन-सुरक्षा बिल (पब्लिक सेफ्टी बिल) और दूसरा है औद्योगिक विवाद बिल (ट्रेड्ज़ डिस्प्यूट बिल) अर्थात् किसी पूँजीपति और मज़दूरों का किसी सवाल पर झगड़ा हो जाये तब तुरन्त एक पंचायत गठित कर दी जाये, जिसमें पूँजीपति मालिकों तथा मज़दूरों के प्रतिनिधि शामिल हों और इसका अध्येता एक निष्पक्ष व्यक्ति हो। वह जो निर्णय दे उसे सभी स्वीकारें। हड़ताल का अधिकार नहीं होगा। हड़ताल करने वाले को 500 रुपये जुर्माना या एक माह की क़ैद की सजा दी जायेगी और अगर कोई राजनीतिक विचारधारा को लेकर हड़ताल करेगा, उसे तीन माह की क़ैद तथा 500 रुपये के जुर्माने की सजा होगी। लेकिन ये सजाएँ क्यों? विवाद निपटाने के लिए जो कमेटी बनायी जायेगी, अगर वह मज़दूरों की इच्छाओं के विरुद्ध फ़ैसला कर दे, तब? तो भी क्या उन ग़रीबों को हड़ताल करने का अधिकार नहीं मिलना चाहिए? बड़ी अजीब बात है। मज़दूरों को जल्दी ही सँभल जाना चाहिए, क्योंकि ये उनके ही आन्दोलनों को दबाने का यत्न हो रहे हैं। बम्बई की मज़दूर-किसान पार्टी ने घोषित किया है कि इस बिल के विरुद्ध मज़दूरों को हड़तालें करनी चाहिए, बात भी ठीक है। असेम्बली के पूँजीपति सदस्य तुरन्त ही यह क़ानून स्वीकृत कर देंगे। उन्हीं के लिए तो सरकार ने यह क़ानून बनाया है। पहले ही प्रेमचन्द कीका भाई जैसे पूँजीपति सरकार से गुहार करते थे कि मज़दूर-आन्दोलनों को दबाने की कोशिश की जानी चाहिए। सो सरकार ने इसका हल बनाकर पेश कर दिया है। दोनों क़ानून स्वीकृत हो जायेंगे। लेकिन मज़दूरों को सँभल जाना चाहिए, क्योंकि यदि अभी कोई ध्यान न दिया गया तो बाद में बहुत कठिनाइयों का सामना करना पड़ेगा। यह स्मरण रखना चाहिए कि इंग्लैण्ड में भी ऐसा क़ानून स्वीकृत कराने की अंग्रेज़ी सरकार को हिम्मत नहीं हो सकती। मज़दूरों के साथ रत्तीभर भी सहानुभूति रखने वाले सज्जनों को इस अवैध तथा दमनकारी क़ानून के विरोध में आवाज़ उठानी चाहिए।

बारदोली सत्याग्रह

हम पहले से ही अपने पाठकों के सामने बारदोली के बहादुर किसानों के हालात रखते रहे हैं। उन्होंने सत्याग्रह शुरू किया था, क्योंकि उनका बन्दोबस्त करके लगान

बढ़ा दिया गया है। उन्होंने लगान देने से ही इन्कार कर दिया था! बड़ा झगड़ा बढ़ा। अन्त में समझौता हो गया। फ़ैसला यह हुआ कि एक व्यक्ति ने अपनी तरफ़ से बढ़ा हुआ लगान जमा करवा दिया है तथा अब एक समिति जाँच करेगी कि लगान बढ़ाना उचित है अथवा नहीं। और वह जो फ़ैसला करेगी वह दोनों पक्षों को मंजूर करना पड़ेगा। अगर वह समिति फ़ैसला कर दे कि लगान बढ़ा दिया जाये—कोई डर नहीं, तो फिर क्या होगा? बेचारे किसान पहले ही इतने कमज़ोर तथा असहाय हैं कि वे एक पैसा भी अधिक नहीं दे सकते। फिर यह तो कुछ बात न बनी। लेकिन हम देखते हैं कि यह सत्याग्रह सरकार के साथ संघर्ष के विचार से नहीं आरम्भ किया गया वरन केवल यह शिकायत दूर करने के लिए था। नेताओं ने यह स्वीकार भी किया है। लेकिन समझ में नहीं आता कि एक-एक शिकायत के लिए लड़ने-झगड़ने के बजाय मूल या जड़ का क्यों नहीं इलाज किया जाता? असल में ज़िम्मेदार नेता तो ज़िम्मेदारी से भागते हैं और तुरन्त समझौते पर उतर आते हैं। तो यह बात स्पष्ट है कि इस तरह लाभ हमेशा ताक़तवर को ही होता है।

हम समझते हैं कि जब तक नेता युगान्तकारी भावना और उत्साह के साथ ऐसा क्रान्तिकारी संघर्ष नहीं छेड़ेंगे, तब तक आज़ादी-आज़ादी का शोर करना दूर की बात है।

नेहरू समिति की रिपोर्ट

हिन्दुस्तान भी अजब देश है। यहाँ के नेता भी अजीबो-ग़रीब हैं। बैठे-ठाले विचार किया कि चलो एक संविधान ही तैयार कर लें कि हम हिन्दुस्तान में कैसा राज चाहते हैं। तुरन्त सर्वदलीय कॉन्फ्रेंस बुलायी गयी, जिसमें नेहरू समिति बनायी गयी कि वह एक रिपोर्ट तैयार करे। रिपोर्ट तैयार हो गयी और प्रकाशित भी की गयी। बड़ी प्रशंसा हो रही है, बड़ी श्लाघा हो रही है। तारीफ़ों के पुल बाँधे जा रहे हैं। रिपोर्ट का अर्थ क्या है? क्या हमें भी सरकार कनाडा, आस्ट्रेलिया और आयरलैण्ड जैसा राज दे दे? बहुत ख़ूब! वायसराय अंग्रेज़ होगा जो काफ़ी अधिकार सम्पन्न होगा। लेकिन चुनाव से ही कौंसिल और असेम्बली में सदस्य भेजे जायेंगे और चुनाव में मत देने का अधिकार बालिग व्यक्तियों को ही होगा। सदन में वे स्वयं कुछ नहीं कर सकेंगे। केवल वायसराय की उँगलियों पर नाचेंगे।

ऐसा लगता है कि वे कनाडा और आयरलैण्ड आदि के संविधान खोलकर और सामने रखकर बैठ गये और यह रिपोर्ट लिख दी। लेकिन समस्या यह है कि यह रिपोर्ट लिखी क्यों गयी? जब असहयोग आन्दोलन जोरों पर था, उस समय बाबू

भगवानदास आदि जोर-शोर से अपनी बातें उठाते रहे, लेकिन किसी ने स्वराज्य की व्याख्या करने की आवश्यकता न समझी। पर आज जबकि कोई आन्दोलन भी नहीं है, संविधान तैयार करके रख दिया गया है। आख़िर इसका क्या कारण है? असल में बात यह है कि कुछ लोगों का विचार है कि साइमन कमीशन बना है तो यह ज़रूर कुछ न कुछ देने के लिए ही बना है। और अब सरकार आने वाली जंग और अन्य देशों की स्थितियों को सामने रखती हुई हिन्दुस्तान को कुछ न कुछ देने को तैयार है। कमीशन का बहिष्कार तो इसलिए किया जा रहा है कि मिशन में कोई हिन्दुस्तानी सदस्य नहीं है, और तो कोई बात नहीं। और अब सीधे नहीं बल्कि यों ही दूसरी तरह से कमीशन को बताना चाहते हैं कि हम यह कुछ लेना चाहते हैं। एक सज्जन ने अच्छा उदाहरण दिया कि एक फकीर ने अपनी लम्बी लाठी से एक लोटा बाँध लिया और कहने लगा—मुझे भीख नहीं चाहिए, मेरे लोटे को दे दो! हमारे उग्र नेताओं की यह स्थिति है। ये सभी समझे बैठे हैं कि अब कुछ न कुछ मिलकर ही रहेगा। इसलिए बता दें कि हम क्या लेना चाहते हैं। अक्ल के अन्धे नेता आयरलैण्ड के समान अधिकार तो ज़रूर माँगते हैं लेकिन यह नहीं देखते कि आयरलैण्ड की जनता ने ये अधिकार किस तरह लिए हैं? 1916 से 1923 तक एड़ी-चोटी का जोर लगाकर वे अंग्रेज़ों से संघर्ष करते रहे और इन अंग्रेज़ों की नाक में दम कर दिया। तंग आकर, मजबूर होकर जब वहाँ से जड़ें बिल्कुल ही उखड़ गयीं तब उन्होंने उनको थोड़े-बहुत अधिकार दिये। और हम चाहते हैं कि हमने बैठकर बतियाया है, इसलिए हमें भी उनके समान अधिकार मिल जाने चाहिए! कितनी बड़ी ग़लतफहमी है? अच्छा फिर यह तो है ही बड़ा भारी द्रोह। अभी पिछली कांग्रेस में 'पूर्ण स्वराज्य' का प्रस्ताव पास हुआ था। और अब उन्होंने तुरन्त ही डोमेनियन स्टेट्स बनाया जाना मंजूर कर लिया है। इसका क्या अर्थ है? कहा जाता है कि यह कांग्रेस पार्टी थोड़े ही थी, जिसने कांग्रेस के साथ द्रोह किया हो, यह तो है सर्वदलीय क०न्फ्रेंयस। बहुत ख़ूब! तुम कांग्रेस वाले ही समझौते के ठेकेदार हो गये हो! उदारवादी नेताओं ने क्यों न समझौता करने के लिए पूर्ण स्वतन्त्रता स्वीकार की? उन्हें तो हिन्दुस्तान की स्वतन्त्रता की कोई आवश्यकता नहीं? तब कांग्रेस के होने वाले अध्यक्ष पण्डित मोतीलाल नेहरू आदि कांग्रेस को पीछे खींचने का यत्न न करेंगे? समझ नहीं आता कि पण्डित जवाहरलाल आदि जोकि समाजवादी विचारों के समर्थक हैं, क्यों इस समिति में शामिल होकर अपना आदर्श बदल सके? क्या वह इन्क़लाब नहीं चाहते, वैसे ही इन्क़लाब-इन्क़लाब चिल्लाते रहते हैं? क्या उन्हें आशा है कि यह सरकार स्वयं ही, जो माँगें प्रस्तुत की गयी हैं उन्हें स्वीकार कर लेगी (ऐसा सोचना) जान-बूझकर

आँखें मूँदना है। या नेहरू साहब केवल सरकार को भयभीत करने के लिए ही पूर्ण स्वतन्त्रता का शोर मचाते रहते हैं और चाहते अधीन राज ही हैं? असल में यह आशा कि अभी कुछ मिलेगा, अभी कुछ मिलेगा, बहुत बरबाद करती है। दास, बरकेन हैड की चापलूसी में कितना गिर गया था, यह उसके फरीदपुर के सम्बोधन से ही पता चल सकता है। आज सभी नेता उस राह पर चल पड़े हैं।

स्वतन्त्रता कभी दान में प्राप्त नहीं होगी। लेने से मिलेगी। शक्ति से हासिल की जाती है। जब ताक़त थी तब लॉर्ड रीडिग गोलमेज कॉन्फ्रेंस के लिए महात्मा गाँधी के पीछे-पीछे फिरता था और जब आन्दोलन दब गया, तो दास और नेहरू बार-बार जोर लगा रहे हैं और किसी ने गोलमेज तो दूर, 'स्टूल कॉन्फ्रेंस' भी न मानी। इसलिए अपना और देश का समय बरबाद करने से अच्छा है कि मैदान में आकर देश को स्वतन्त्रता-संघर्ष के लिए तैयार करना चाहिए। नहीं तो मुँह धोकर सभी तैयार रहें कि आ रहा है—स्वराज्य का पार्सल!

नौजवानों को इन बहकावों से बचकर चुपचाप अपना काम करते रहना चाहिए।

दिलचस्प और लाभदायक पुस्तकें

नवयुवकों को इस तरह की पुस्तकें पढ़ने का सुझाव दिया जाता था।—स.

1. हिन्दुस्तान और आने वाली जंग (अंग्रेज़ी में)। लेखक, मिस एग्निस स्मेडली, बर्लिन (जर्मनी)। क़ीमत— =)

2. ए काल टू एक्शन (अंग्रेज़ी में)। इसमें मौजूदा स्थिति को बड़ी भौंड़ी निगाह से बयान किया गया है और साबित किया गया है कि मौजूदा नेता मुल्क़ को निजात नहीं दिला सकते। क़ीमत-।।)

3. नौजवानों से दो-दो बातें (उर्दू)। लेखक, भाई छबीलदास बी.ए. ऑनर्स। क़ीमत—)

4. बन्दी जीवन, दोनों भाग (पंजाबी)

पंजाब और बंगाल की 1914-15 की गदर-लहर के पूरे और दिलचस्प हालात। क़ीमत-2/-

5. शहीदों के दर्शन (पंजाबी)

बड़ा दिलचस्प, उपन्यास के ढंग का राजनीतिक पाठ है। क़ीमत-1)

मैनेजर, किरती, अमृतसर'

सितम्बर, 1928

आर्म्स एक्ट ख़त्म कराओ

1857 के स्वतन्त्रता-संग्राम के बाद भारत को पूरी तरह जकड़ने के लिए बनाये गये क़ानून के ख़िलाफ़ 'किरती' अक्टूबर, 1928 में प्रकाशित एक लेख।—स.

किसी देश पर कुछ लोग जब किसी प्रकार क़ब्ज़ा जमा लेते हैं तो उनकी यही कामना रहती है कि वह देश हमेशा ही उनके क़ब्ज़े में रहे और वे उसका लहू निचोड़-निचोड़कर मोटे होते रहें और मौज मारते रहें। इसके लिए वे लगातार प्रयासरत रहते हैं। वे चाहते हैं कि उस क़ौम का कोई साहित्य तथा भाषा न रहे। देश का कोई इतिहास न रहे। मर्दानगी और बहादुरी का निशान तक मिटा दिया जाये। इस प्रकार वहाँ की जनता को लगातार दबाया जाता है।

आज हम ग़ुलाम हैं। हमारे ऊपर शासन करने वाली क़ौम दुनियाभर की क़ौमों में से ज़्यादा चालाक, बादशाहत के मामले में ज़्यादा योग्य और समझदार है। उन्होंने धीरे-धीरे हिन्दुस्तान को कमज़ोर करने की कोशिशें कीं। गलतियाँ भी उनसे हुईं। उनकी ऐसी ही गलतियों का नतीजा था 1857 में हिन्दुस्तान की स्वतन्त्रता की पहली जंग जो इतनी जोरदार रही। लेकिन वह अपनी गलतियों से सीख लेते रहे। इसलिए हम देखते हैं कि उन्होंने फिर किसी जन-आन्दोलन को जोर नहीं पकड़ने दिया।

उसी समय उन्होंने एक विशेष योजना के अन्तर्गत हिन्दुस्तान को लगातार कमज़ोर करने की कुछ नीतियाँ अपना लीं। उनमें से आज हम एक का जिक्र करना चाहते हैं और वह है हिन्दुस्तानियों से शस्त्र छीनने की नीति। 1857 के गदर, विद्रोह या स्वतन्त्रता-आन्दोलन में सामान्य-जन के पास शस्त्र थे, इसलिए बहुत ऊधम मचा। हिन्दुस्तानी बहादुरों ने एक बार हलचल मचा दी। लेकिन हिन्दुस्तान की कस्मित और पंजाब के बुरे भाग्य। पंजाबियों ने कलंक का टीका माथे पर लगा लिया। स्वतन्त्रता-आन्दोलन को कुचल डाला गया। अंग्रेज़ों ने सोचा, आख़िर यह विदेश है—फिर अवसर मिला तो हिन्दुस्तानी पुनः विद्रोह खड़ा कर देंगे, इसलिए एक बार में ही इनका पूरा इलाज कर देना चाहिए। उन्होंने एक साधारण-पत्र क़ानून बनाया। उसके अनुसार उन्होंने कुछ विशेष ज़िलों के क्षेत्रों को निःशस्त्र कर दिया। तब 17 जुलाई, 1860 को बाक़ायदा जो शस्त्र-क़ानून कौंसिल में स्वीकृत हुआ था, वायसराय ने उसे मंजूर कर लिया। अक्टूबर, 1860 से उसे अमल में लाया गया, लेकिन उसके अनुसार भी सिवाय उन क्षेत्रों के जहाँ वे विशेष अशान्ति की आशंका महसूस करते थे, बाक़ी देश में शस्त्रों की कोई मनाही नहीं थी। उस समय इस बात पर बहुत जोर दिया जाता था कि सामान्य-जन बिना लाइसेंस तोपें न रखें। कुछ सामान्य शस्त्रों के लिए भी मनाही हो गयी। तब 1878 में वह कठोर क़ानून पास हुआ जो 1891, 1919, 1920 के थोड़े-थोड़े संशोधनों के बाद से अब तक चल रहा है।

सामान्य-जन को इस मामले में बड़ी बेचौनी हुई। (उधर) इस विचार के लोग घबराकर कोई और कार्यवाही न कर बैठें, उनको क़ानूनी आन्दोलन (Constitutional Agitation) सिखाने के लिए कांग्रेस की बुनियाद रखी गयी। यह बात तो मानी हुई है कि उस वक़्त के गवर्नर जनरल या वायसराय लॉर्ड रिपन और बाद में लॉर्ड डेफरिन के कथनानुसार, मिस्टर ह्यूम ने कांग्रेस की नींव रखी थी और सभी लोगों को उसके आसपास इकट्ठा किया था। उसमें शस्त्र-क़ानून पर सामान्यतया बहस की जाती रही।

इसी भारतीय राष्ट्रीय कांग्रेस के चौथे अधिवेशन में, जोकि 1888 में इलाहाबाद में हुआ था, जो प्रस्ताव पेश और पास हुआ, उसमें इस बारे में कहा गया कि—

जनता की वफ़ादारी और आर्म्स एक्ट की परेशानियों को देखते हुए यह आवश्यक है कि सरकार को मनाया जाना चाहिए कि वह क़ानून को कुछ इस तरह बना दे जिससे कि सिवाय (ऐसे व्यक्तियों के) जिन्हें सरकार ने विशेष रूप से किसी कारण वश रोका हुआ है, प्रत्येक व्यक्ति को हथियार रखने की मंजूरी दे।

इस प्रस्ताव को स्वीकृत करते हुए उदारवादी नेता सर फिरोजशाह मेहता ने एक बहुत महत्त्वपूर्ण भाषण दिया, जिसमें उन्होंने कहा कि यूँ ही जोश में आकर मैं इस प्रस्ताव का समर्थन करने के लिए खड़ा नहीं हो गया। मैं तो यह कहता हूँ कि आप सारे देश को नपुंसक न बनायें। कहते हैं कि वह समय भी जल्द आयेगा जब शस्त्र-क़ानून हटा दिया जायेगा। लेकिन स्मरण रहे, एक बार यदि हिन्दुस्तानी जनता नपुंसक बना दी गयी तो फिर उससे सँभलना मुश्किल हो जायेगा। साथ ही उन्होंने उस व्यक्ति का उदाहरण दिया जिसके बेटे को बादशाह ने किसी बात पर फ़ाँसी पर टँगवा दिया था। फिर एक बार जब बादशाह उससे सहायता माँगने गया तो उसने जवाब दिया कि मेरे एक बेटा था, जिसे मैं आपकी सहायता के लिए भेज सकता था, लेकिन इस वक़्त वह बेटा है ही नहीं, इसलिए मैं आपकी कोई मदद नहीं कर सकता। आख़िर वह समय जल्दी ही आने वाला है जब हम भी अंग्रेज़ी सरकार को यही उत्तर देंगे। लेकिन निःशस्त्र हम किस काम के हैं और हमारी क्या ताकत, क्या क़ीमत होगी?

ख़ैर, हिन्दुस्तानी पहले से ही (यह क़ानून हटाने की) ज़रूरत महसूस करते रहे हैं, लेकिन दिनोदिन सख़्ती बढ़ती ही चली गयी। पहले कहा गया था कि यह क़ानून केवल चार या पाँच सालों के लिए ही है। बाद में वह ऐसा पक्का हुआ कि अब यह लानत दूर होने में ही नहीं आती। एक बार संशोधन पेश हुआ कि जिस तरह अंग्रेज़ों, एंग्लो-इण्डियनों और ऐसे दूसरे अन्य लोगों को लाइसेंस की आवश्यकता नहीं पड़ती, उसी प्रकार आम हिन्दुस्तानियों को भी स्वतन्त्रता होनी चाहिए। इसमें हमारा अपमान होता है। मगर अपमान का इलाज अंग्रेज़ों ने यह किया कि चलो,

लाइसेंस सभी के लिए आवश्यक कर देते हैं। अंग्रेज़ भी लाइसेंस लें। हिन्दुस्तानियों को छूट नहीं दे सकते। लोग जानते ही हैं कि अंग्रेज़ों को लाइसेंस लेने में कितना 'कष्ट' उठाना पड़ता है और हिन्दुस्तानियों की क्या गत बनती है। ख़ैर, मतलब तो यह है कि अंग्रेज़ी सरकार जोकि जानती है कि उसका क़ब्जा हिन्दुस्तान पर सरासर नाजायज और अन्यायपूर्ण है, वह किसी भी सूरत में हिन्दुस्तानियों को हथियार रखने की इजाज़त नहीं दे सकती। मगर मुल्क के लिए ऐसे क़ानून हद दर्जे के नुक़सानदेह होते हैं। लोगों में नामर्दी, बुजदिली, कमज़ोरी इतनी ज़्यादा आ गयी है कि सुनते ही शर्म आती है। आज हम देखते हैं कि जहाँ अन्य राष्ट्र युद्ध-विद्या की आम शिक्षा देकर पूरे के पूरे देश को एक तरह की बिल्कुल तैयार फौज बनाकर (Nation in Arms) मुल्क को ज़्यादा महफूज और फौजी ख़र्च को हद दर्जे तक घटा देते हैं, वहाँ हमारी यह हालत है कि हिन्दुस्तान में 99 फीसदी से अधिक लोग कभी पिस्तौल और बन्दूक़ की शक्ल भी नहीं देख सकते। फिर कहा जाता है कि हिन्दुस्तान में से कोई प्रतिभाशाली जनरल (Military Genius) पैदा नहीं हो रहे।

कहा जाता है कि हिन्द में अमन क़ायम रखने और अपराध घटाने के लिए ही लोगों को निहत्थे रखा जाता है, लेकिन हम देखते हैं कि चोर और डाकू तो जैसे भी बन पड़ता है, हथियार हासिल कर ही लेते हैं, लेकिन भले लोग अपनी हिफ़ाजत के लिए कहीं से भी हथियार हासिल नहीं कर सकते। कितनी सख़्त तकलीफ़ हमें इस बात से होती है, यह अन्दाज़ा आसानी से ही लग सकता है।

जब भी सैनिक-शिक्षा का सवाल उठता है, उसी समय सरकार आयें-बायें करके टालना शुरू कर देती है। क्या हमें साफ़ तौर पर नहीं समझ लेना चाहिए कि यह हमें ख़ासतौर पर कमज़ोर बनाकर गुलाम बनाये रखने के लिए किया जाता है? हम देखते हैं कि बेचारी औरतें भी अकेली सफ़र नहीं कर सकतीं, क्योंकि उनके पास अपनी रक्षा का भी पूरा सामान मौजूद नहीं। अगर प्रत्येक स्त्री के पास कम से कम एक पिस्तौल हो तो वह भी बेफिक्री के साथ घूम सकें और आराम के साथ ज़िन्दगी गुज़ार सकें।

और यदि जरा ध्यान से देखें तो मालूम होगा कि इस विचार के साथ कि हमें अपनी रक्षा के लिए पुलिस का मुँह देखना चाहिए, हम लोग कितने कमज़ोर हो रहे हैं। इस तरह हमारे भीतर से इन्सानियत ख़त्म की जा रही है। यही तो वजह है कि हरि सिंहजी नलवा जैसे जरनैल पैदा कर सकने वाली क़ौम के आदमियों को महज आज़ादी से डराने के लिए सरहिन्द के पठानों का भूत दिखाकर थर-थर कँपा दिया जाता है।

सबसे बड़ी बात है कि यह इन्सानियत का अपमान है कि सारे मुल्क में से

हथियार गायब कर दिये जायें। जहाँ अपनी फौजी ताक़त को अंग्रेज़ दिनोदिन बढ़ाये चले जा रहे हैं, वहाँ हमें किस तरह निहत्थे करके फेंका गया है। और आजकल ख़ासतौर पर पुलिस और खुफ़िया पुलिस की सारी ताक़त लुके-छिपे हथियार खोजने में और भविष्य में उनका आना बन्द करने में ख़र्च हो रही है। बात क्या है? रोल्ट रिपोर्ट में साफ़तौर पर लिखा हुआ है कि यदि 1914-15 में पंजाब और बंगाल के राजपरिवर्तनकारियों के पास काफ़ी हथियार होते तो बड़ा अन्धेर हो जाना था। यही बात 'बन्दी जीवन' में लिखी गयी है। आजकल लड़ाई के आसार नज़र आ रहे हैं। लड़ाई भी वह सामने सरहद पर। इस बार पिछले अनुभवों से फ़ायदा उठाया जा रहा है और पहले से ही अनुमान लगाये जा रहे हैं।

लेकिन हम अपना क़ौमी हक़ और इन्सानी हक़ समझते हैं कि हम भी हथियार रख सकें। हम पहले श्री अवारी, नागपुर शस्त्र-सत्याग्रह का कुछ हाल दे चुके हैं। लोगों में इसके विरुद्ध विचार तो पैदा हो रहा है। नौजवान भारत सभा की प्रान्तीय कॉन्फ्रेंस, अमृतसर ने भी पास किया था कि जल्द ही यह सत्याग्रह किया जाना चाहिए। नौजवानों के आन्दोलनों को तो ख़ासतौर पर इस ओर ध्यान देना चाहिए। वजह यह है कि नौजवानों के दिल में क़ुदरती जज़्बा पैदा हो जाता है कि वह भी हथियार रखें। अगर कोई सिर पीटकर, कोशिश करके एक-आध पिस्तौल पा भी लेता है तो सरकार झट उस पर साजिश का केस चला देती है, और उम्रक़ैद दे देती है। फिर जरा विचार तो करें कि क्या अन्धेर हो रहा है। कोई ग़रीब पिस्तौल रख ही ले तो 3 साल की क़ैद!! गजब है! हो क्या गया? कोई राजनीतिक विचारों वाला कोई हथियार रख ले तो सात साल की क़ैद! दफ़ा 20 के अनुसार बिना लाइसेंस हथियार रखने के साथ, उनको छुपाने की सजा 7 साल है। यही तो वजह है कि जहाँ आम लोगों को 3-3 महीने की क़ैद होती है, वहाँ के.सी. बनर्जी को राजपरिवर्तनकारी समझकर पाँच साल क़ैद दे दी गयी थी। हम समझते हैं कि प्रत्येक हिन्दुस्तानी को इसके ख़िलाफ़ आवाज़ उठानी चाहिए। पहले लोगों को इसकी ज़रूरत महसूस करवा देनी चाहिए। एक बार चारों तरफ़ से आवाज़ उठनी चाहिए–

आर्म्स एक्ट उड़ा दो! (Repeal the Arms Act)

और फिर साथ ही सत्याग्रह शुरू कर देना चाहिए। असेम्बली और कौंसिलों में ऐसे ही प्रस्ताव पास होने चाहिए। श्री अवारी ने जिस शुभ काम को शुरू किया था, उसको क़ामयाब बनाने की पूरी कोशिश होनी चाहिए, ताकि फिर हिन्दुस्तानी नौजवानों में से कमज़ोरी, बुजदिली दूर हो। फिर हिन्दुस्तान के उठने के आसार हों।

नौजवान भारत सभा और राष्ट्रीय नेतृत्व का मूल्यांकन

नौजवान भारत सभा, लाहौर का घोषणापत्र

भगतसिंह और भगवतीचरण वोहरा ने नौजवानों और विद्यार्थियों को संगठित करने के प्रयास 1926 से ही शुरू कर दिये थे। अमृतसर में 11, 12, 13 अप्रैल, 1928 को हुए नौजवान भारत सभा के सम्मेलन के लिए सभा का घोषणापत्र तैयार किया गया। भगतसिंह इस सभा के महासचिव और भगवतीचरण वोहरा प्रचार-सचिव बने।

नौजवान साथियो,

हमारा देश एक अव्यवस्था की स्थिति से गुज़र रहा है। चारों तरफ़ एक-दूसरे के प्रति अविश्वास और हताशा का साम्राज्य है। देश के बड़े नेताओं ने अपने आदर्श के प्रति आस्था खो दी है और उनमें से अधिकांश को जनता का विश्वास प्राप्त नहीं है। भारत की आज़ादी के पैरोकारों के पास कोई कार्यक्रम नहीं है, और उनमें उत्साह का अभाव है। चारों तरफ़ अराजकता है। लेकिन किसी राष्ट्र के निर्माण की प्रक्रिया में अराजकता एक अनिवार्य तथा आवश्यक दौर है। ऐसी ही नाजुक घड़ियों में कार्यकर्ताओं की ईमानदारी की परख होती है, उनके चरित्र का निर्माण होता है, वास्तविक कार्यक्रम बनता है, और तब नये उत्साह, नयी आशाओं, नये विश्वास और नये जोशो-खरोश के साथ काम आरम्भ होता है। इसलिए इसमें मन ओछा करने की कोई बात नहीं है।

हम अपनेआप को एक नये युग के द्वार पर खड़ा पाकर बड़े भाग्यशाली हैं। अंग्रेज़ नौकरशाही के बड़े पैमाने पर गुणगान करने वाले गीत अब सुनायी नहीं देते। अंग्रेज़ का हमसे यह ऐतिहासिक प्रश्न है कि "तुम तलवार से प्रशासित होगे या कलम से?" अब ऐसा नहीं रहा कि उसका उत्तर न दिया जाता हो। लॉर्ड बर्केनहेड के शब्दों में, "हमने भारत को तलवार के सहारे जीता और तलवार के बल से ही हम उसे अपने हाथ में रखेंगे।" इस खरेपन ने अब सबकुछ साफ़ कर दिया है। जलियाँवाला और मानावाला के अत्याचारों को याद करने के बाद यह उद्धृत करना

कि "अच्छी सरकार स्वशासन का स्थान नहीं ले सकती", बेहूदगी ही कही जायेगी। यह बात तो स्वतः स्पष्ट है।

भारत में अंग्रेज़ी हुकूमत की दी हुई सुख-सम्पदाओं के बारे में भी सुन लीजिए।

भारत के उद्योग-धन्धों के पतन और विनाश के बारे में बतौर गवाही क्या रमेशचन्द्र दत्त, विलियम डिगबी और दादा भाई नौरोजी के सारे ग्रन्थों को उद्धृत करने की आवश्यकता होगी? क्या इस बात को साबित करने के लिए कोई प्रमाण जुटाना पड़ेगा कि अपनी उपजाऊ भूमि तथा ख़ानों के बावजूद आज भारत सबसे ग़रीब देशों में से एक है, कि भारत जो अपनी महान सभ्यता पर गर्व कर सकता था आज बहुत पिछड़ा हुआ देश है, जहाँ साक्षरता का अनुपात केवल पाँच प्रतिशत है? क्या लोग यह नहीं जानते कि भारत में सबसे अधिक लोग मरते हैं और यहाँ बच्चों की मौत का अनुपात दुनिया में सबसे ऊँचा है? प्लेग, हैजा, इनफ्लुएंजा तथा इसी प्रकार की अन्य महामारियाँ आये दिन की व्याधियाँ बनती जा रही हैं? क्या बार-बार यह सुनना कि हम स्वशासन के योग्य नहीं हैं, एक अपमानजनक बात नहीं है? क्या यह तौहीन की बात नहीं है कि गुरु गोविन्द सिंह, शिवाजी और हरी सिंह जैसे शूरवीरों के बाद भी हमसे कहा जाये कि हममें अपनी रक्षा करने की क्षमता नहीं है? खेद है कि हमने अपने वाणिज्य और व्यवसाय को उसकी शैशवावस्था में ही कुचला जाते नहीं देखा। जब बाबा गुरुदत्त सिंह ने 1914 में गुरु नानक स्टीमशिप चालू करने का पहला प्रयास किया था तो दूर देश कनाडा में और भारत आते समय उनके साथ अमानवीय व्यवहार किया गया और अन्त में बज-बज के बन्दरगाह पर उन साहसी मुसाफ़िरों का गोलियों से खूनी स्वागत किया गया। और भी क्या कुछ नहीं किया गया? क्या हमने यह सब नहीं देखा? उस भारत में जहाँ एक द्रौपदी के सम्मान की रक्षा में महाभारत जैसा महायुद्ध लड़ा गया था, वहाँ 1919 में दर्जनों द्रौपदियों को बेइज़्जत किया गया, उनके नंगे चेहरों पर थूका गया। क्या हमने यह सब नहीं देखा? फिर भी हम मौजूदा व्यवस्था से सन्तुष्ट हैं। क्या यह जीने योग्य ज़िन्दगी है?

क्या हमें यह महसूस कराने के लिए कि हम गुलाम हैं और हमें आजाद होना चाहिए, किसी दैवी ज्ञान या आकाशवाणी की आवश्यकता है? क्या हम अवसर की प्रतीक्षा करेंगे या किसी अज्ञात की प्रतीक्षा करेंगे कि हमें महसूस कराये कि हम दलित लोग हैं? क्या हम इन्तज़ार में बैठे रहेंगे कि कोई दैवी सहायता आ जाये या फिर कोई जादू हो जाये कि हम आजाद हो जायें? क्या हम आज़ादी के बुनियादी सिद्धान्तों से अनभिज्ञ हैं? "जिन्हें आजाद होना है उन्हें स्वयं चोट करनी पड़ेगी।" नौजवानो जागो, उठो, हम काफ़ी देर सो चुके!

हमने केवल नौजवानों से ही अपील की है क्योंकि नौजवान बहादुर होते हैं, उदार

एवं भावुक होते हैं, क्योंकि नौजवान भीषण अमानवीय यन्त्रणाओं को मुस्कुराते हुए बरदाश्त कर लेते हैं और बगैर किसी प्रकार की हिचकिचाहट के मौत का सामना करते हैं, क्योंकि मानव-प्रगति का सम्पूर्ण इतिहास नौजवान आदमियों तथा औरतों के ख़ून से लिखा है; क्योंकि सुधार हमेशा नौजवानों की शक्ति, साहस, आत्मबलिदान और भावात्मक विश्वास के बल पर ही प्राप्त हुए हैं—ऐसे नौजवान जो भय से परिचित नहीं हैं और जो सोचने के बजाय दिल से महसूस कहीं अधिक करते हैं।

क्या ये जापान के नौजवान नहीं थे जिन्होंने पोर्ट आर्थर तक पहुँचने के लिए सूखा रास्ता बनाने के उद्देश्य से अपनेआप को सैकड़ों की तादाद में खाइयों में झोंक दिया था? और जापान आज विश्व के सबसे आगे बढ़े हुए देशों में से एक है। क्या यह पोलैण्ड के नौजवान नहीं थे जिन्होंने पिछली पूरी शताब्दीभर बार-बार संघर्ष किये, पराजित हुए और फिर बहादुरी के साथ लड़े? और आज एक आजाद पोलैण्ड हमारे सामने है। इटली को आस्ट्रिया के जुवे से किसने आजाद किया था? तरुण इटली ने!

युवा तुर्कों ने जो कमाल दिखलाया, क्या आप उसे जानते हैं? चीन के नौजवान जो कर रहे हैं, उसे क्या आप रोज समाचारपत्रों में नहीं पढ़ते हैं? क्या यह रूस के नौजवान नहीं थे जिन्होंने रूसियों के उद्धार के लिए अपनी जानें क़ुर्बान कर दी थीं? पिछली शताब्दीभर लगातार केवल समाजवादी परचे बाँटने के अपराध में सैकड़ों-हज़ारों की संख्या में उन्हें साइबेरिया में जलावतन किया गया था, दोस्तोयेव्स्की जैसे लोगों को सिर्फ़ इसलिए ज़ेलों में बन्द किया गया कि वे समाजवादी डिबेटिग (बहस-मुबाहसा चलाने वाली) सोसाइटी के सदस्य थे। बार-बार उन्होंने दमन के तूफ़ान का सामना किया, लेकिन उन्होंने साहस नहीं खोया। ये संघर्षरत नौजवान थे। और सब जगह नौजवान ही निडर होकर बगैर किसी हिचकिचाहट के और बगैर (लम्बी-चौड़ी) उम्मीदें बाँधे लड़ सकते हैं। और आज हम महान रूस में विश्व के मुक्तिदाता के दर्शन कर सकते हैं।

जबकि हम भारतवासी, हम क्या कर रहे हैं? पीपल की एक डाल टूटते ही हिन्दुओं की धार्मिक भावनाएँ चोटिल हो उठती हैं! बुतों को तोड़ने वाले मुसलमानों के ताजिये नामक काग़ज़ के बुत का कोना फटते ही अल्लाह का प्रकोप जाग उठता है और फिर वह 'नापाक' हिन्दुओं के ख़ून से कम किसी वस्तु से सन्तुष्ट नहीं होता! मनुष्य को पशुओं से अधिक महत्त्व दिया जाना चाहिए, लेकिन यहाँ भारत में लोग पवित्र पशु के नाम पर एक-दूसरे का सिर फोड़ते हैं।

हमारे बीच और भी बहुत से लोग हैं जो अपने आलसीपन को अन्तर्राष्ट्रीय तावाद की निरर्थक बकवास के पीछे छिपाते हैं। जब उनसे अपने देश की सेवा करने को

कहा जाता है तो वे कहते हैं, "श्रीमानजी, हम लोग जगत-बन्धु हैं और सार्वभौमिक भाईचारे में विश्वास करते हैं। हमें अंग्रेज़ों से नहीं झगड़ना चाहिए। वे हमारे भाई हैं।" क्या ख़ूब विचार है, क्या ख़ूबसूरत शब्दावली है! लेकिन वे इसके उलझाव को नहीं पकड़ पाते। सार्वभौमिक भाईचारे के सिद्धान्त की माँग है कि मनुष्य द्वारा मनुष्य का और राष्ट्र द्वारा राष्ट्र का शोषण असम्भव बना दिया जाये, सबको बगैर किसी भेदभाव के समान अवसर प्रदान किये जायें। भारत में ब्रिटिश शासन इन सब बातों का ठीक उल्टा है और हम उससे किसी प्रकार का सरोकार नही रखेंगे।

अब दो शब्द समाजसेवा के बारे में। बहुत से नेक मनुष्य सोचते हैं कि समाजसेवा (उन संकुचित अर्थों में जिनमें हमारे देश में इस शब्द का प्रयोग किया जाता है और समझा जाता है) हमारी सभी बीमारियों का इलाज है और देशसेवा का सबसे अच्छा तरीक़ा है। इस प्रकार हम देखते हैं कि बहुत से ईमानदार नौजवान सारी ज़िन्दगी ग़रीबों में अनाज बाँटकर या बीमारों की सेवा करके ही सन्तुष्ट हो जाते हैं। ये अच्छे और आत्मत्यागी लोग हैं लेकिन वे यह समझ पाने में असमर्थ हैं कि भारत में भूख और बीमारी की समस्या को खैरात के माध्यम से हल नहीं किया जा सकता।

धार्मिक अन्धविश्वास और कट्टरपन हमारी प्रगति में बहुत बड़े बाधक हैं। वे हमारे रास्ते के रोड़े साबित हुए हैं और हमें उनसे हर हालत में छुटकारा पा लेना चाहिए। "जो चीज़ आजाद विचारों को बरदाश्त नहीं कर सकती उसे समाप्त हो जाना चाहिए।" इसी प्रकार की और भी बहुत-सी कमजोरियाँ हैं जिन पर हमें विजय पानी है। हिन्दुओं का दकियानूसीपन और कट्टरपन, मुसलमानों की धर्मान्धता तथा दूसरे देशों के प्रति लगाव और आमतौर पर सभी सम्प्रदायों के लोगों का संकुचित दृष्टिकोण आदि बातों का विदेशी शत्रु हमेशा लाभ उठाता है। इस काम के लिए सभी समुदायों के क्रान्तिकारी उत्साह वाले नौजवानों की आवश्यकता है।

हमने कुछ भी हासिल नहीं किया और हम किसी भी उपलब्धि के लिए कुछ भी त्याग करने को तैयार नहीं हैं। सम्भावित उपलब्धि में किस सम्प्रदाय का क्या हिस्सा होगा, यह तय करने में हमारे नेता आपस में झगड़ रहे हैं। महज अपनी बुजदिली को और आत्मत्याग की भावना के अभाव को छिपाने के लिए वे असली समस्या पर पर्दा डालकर नकली समस्याएँ खड़ी कर रहे हैं। ये आरामतलब राजनीतिज्ञ हड्डियों के उन मुट्ठीभर टुकड़ों पर आँखें गड़ाये बैठे हैं जिन्हें, जैसा उनका विश्वास है, सशक्त शासकगण उनके सामने फेंक सकते हैं। यह बहुत ही अपमानजनक बात है। जो लोग आज़ादी की लड़ाई में बढ़कर आते हैं वे बैठकर यह तय नहीं कर सकते कि इतने त्याग के बाद उनकी क़ामयाबी होगी और उसमें उन्हें इतना हिस्सा सुनिश्चित रहना चाहिए। इस प्रकार के लोग कभी भी किसी प्रकार का त्याग नहीं करते। हमें

ऐसे लोगों की आवश्यकता है जो बगैर उम्मीदों के, निर्भय होकर और बगैर किसी प्रकार की हिचकिचाहट के लड़ने को तैयार हों और बगैर सम्मान के, बगैर आँसू बहाने वालों के और बगैर प्रशस्तिगान के मृत्यु का आलिंगन करने को तैयार हों। इस प्रकार के उत्साह के अभाव में हम दो मोर्चों वाले उस महान युद्ध को नहीं लड़ सकेंगे, जिसे हमें लड़ना है—यह युद्ध दो मोर्चों वाला है, क्योंकि हमें एक तरफ़ अन्दरूनी शत्रु से लड़ना है और दूसरी तरफ़ बाहरी दुश्मन से। हमारी असली लड़ाई स्वयं अपनी अयोग्यताओं के ख़िलाफ़ है। हमारा शत्रु और कुछ हमारे अपने लोग निजी स्वार्थ के लिए उनका फ़ायदा उठाते हैं।

पंजाब के नौजवानो, दूसरे प्रान्तों के युवक अपने क्षेत्रों में जी-तोड़ परिश्रम कर रहे हैं। बंगाल के नौजवानों ने 3 फ़रवरी को जिस जागृति तथा संगठन-क्षमता का परिचय दिया उससे हमें सबक लेना चाहिए। अपनी तमाम क़ुर्बानियों के बावजूद हमारे पंजाब को राजनीतिक तौर पर पिछड़ा हुआ प्रान्त कहा जाता है। क्यों? क्योंकि लड़ाकू क़ौम होने के बावजूद हम संगठित एवं अनुशासित नहीं हैं। हमें तक्षशिला विश्वविद्यालय पर गर्व है, लेकिन आज हमारे पास संस्कृति का अभाव है और संस्कृति के लिए उच्चकोटि का साहित्य चाहिए, जिसकी संरचना सुविकसित भाषा के अभाव में नहीं हो सकती। दुख की बात है कि आज हमारे पास उनमें से कुछ भी नहीं है।

देश के सामने उपस्थित उपरोक्त प्रश्नों का समाधान तलाश करने के साथ-साथ हमें अपनी जनता को आने वाले महान संघर्ष के लिए भी तैयार करना पड़ेगा। हमारी राजनीतिक लड़ाई 1857 के स्वतन्त्रता संग्राम के ठीक बाद से ही आरम्भ हो गयी थी। वह कई दौरों से होकर गुज़र चुकी है। बीसवीं शताब्दी के आरम्भ से अंग्रेज़ नौकरशाही ने भारत के प्रति एक नयी नीति अपनायी है। वे हमारे देश के पूँजीपति तथा निम्नपूँजीपति वर्ग को सहूलियतें देकर उन्हें अपनी तरफ़ मिला रहे हैं। दोनों का हित एक हो रहा है। भारत में ब्रिटिश पूँजी के अधिकाधिक प्रवेश का अनिवार्यतः यही परिणाम होगा। निकट भविष्य में बहुत शीघ्र हम उस वर्ग को तथा उसके नेताओं को विदेशी शासकों के साथ जाते देखेंगे। किसी गोलमेज कॉन्फ्रेंस या इसी प्रकार की और किसी संस्था द्वारा दोनों के बीच समझौता हो जायेगा। तब उनमें शेर और लोमड़ी के बच्चे का रिश्ता नहीं रह जायेगा। समस्त भारतीय जनता के आने वाले महान संघर्ष के भय से आज़ादी के इन तथाकथित पैरोकारों की क़तारों की दूरी बगैर किसी समझौते के भी कम हो जायेगी।

देश को तैयार करने के भावी कार्यक्रम का शुभारम्भ इस आदर्श वाक्य से होगा—"क्रान्ति जनता द्वारा, जनता के हित में।" दूसरे शब्दों में, 98 प्रतिशत के लिए स्वराज्य। स्वराज्य, जनता द्वारा प्राप्त ही नहीं, बल्कि जनता के लिए भी। यह

एक बहुत कठिन काम है। यद्यपि हमारे नेताओं ने बहुत से सुझाव दिये हैं लेकिन जनता को जगाने के लिए कोई योजना पेश करके उस पर अमल करने का किसी ने भी साहस नहीं किया। विस्तार में गये बगैर हम यह दावे से कह सकते हैं कि अपने उद्देश्य की पूर्ति के लिए रूसी नवयुवकों की भाँति हमारे हज़ारों मेधावी नौजवानों को अपना बहुमूल्य जीवन गाँवों में बिताना पड़ेगा और लोगों को समझाना पड़ेगा कि भारतीय क्रान्ति वास्तव में क्या होगी। उन्हें समझाना पड़ेगा कि आने वाली क्रान्ति का मतलब केवल मालिकों की तब्दीली नहीं होगा। उसका अर्थ होगा नयी व्यवस्था का जन्म–एक नयी राजसत्ता। यह एक दिन या एक वर्ष का काम नहीं है। कई दशकों का अद्वितीय आत्मबलिदान ही जनता को उस महान कार्य के लिए तत्पर कर सकेगा और इस कार्य को केवल क्रान्तिकारी युवक ही पूरा कर सकेंगे। क्रान्तिकारी से लामुहाला एक बम और पिस्तौल वाले आदमी से अभिप्राय नहीं है।

युवकों के सामने जो काम है, वह काफ़ी कठिन है और उनके साधन बहुत थोड़े हैं। उनके मार्ग में बहुत-सी बाधाएँ भी आ सकती हैं। लेकिन थोड़े किन्तु निष्ठावान व्यक्तियों की लगन उन पर विजय पा सकती है। युवकों को आगे जाना चाहिए। उनके सामने जो कठिन एवं बाधाओं से भरा हुआ मार्ग है, और उन्हें जो महान कार्य सम्पन्न करना है, उसे समझना होगा। उन्हें अपने दिल में यह बात रख लेनी चाहिए कि "सफलता मात्र एक संयोग है, जबकि बलिदान एक नियम है।" उनके जीवन अनवरत असफलताओं के जीवन हो सकते हैं–गुरु गोविन्द सिंह को आजीवन जिन नारकीय परिस्थितियों का सामना करना पड़ा था, हो सकता है उससे भी अधिक नारकीय परिस्थितियों का सामना करना पड़े। फिर भी उन्हें यह कहकर कि अरे, यह सब तो भ्रम था, पश्चाताप नहीं करना होगा।

नौजवान दोस्तो, इतनी बड़ी लड़ाई में अपनेआप को अकेला पाकर हताश मत होना। अपनी शक्ति को पहचानो। अपने ऊपर भरोसा करो। सफलता आपकी है। धनहीन, निस्सहाय एवं साधनहीन अवस्था में भाग्य आजमाने के लिए अपने पुत्र को घर से बाहर भेजते समय जेम्स गैरीबाल्डी की महान जननी ने उससे जो शब्द कहे थे (उन्हें) याद रखो। उसने कहा, "दस में से नौ बार एक नौजवान के साथ जो सबसे अच्छी घटना हो सकती है वह यह है कि उसे जहाज की छत पर से समुद्र में फेंक दिया जाये ताकि वह तैरकर या डूबकर स्वयं अपना रास्ता तय करे।" प्रणाम है उस माँ को जिसने ये शब्द कहे और प्रणाम है उन लोगों को जो इन शब्दों पर अमल करेंगे।

इतालवी पुनरुत्थान के प्रसिद्ध विद्वान मैजिनी ने एक बार कहा था, "सभी महान राष्ट्रीय आन्दोलनों का शुभारम्भ जनता के अविख्यात या अनजाने, गैर-प्रभावशाली

व्यक्तियों से होता है, जिनके पास समय और बाधाओं की परवाह न करने वाला विश्वास तथा इच्छा-शक्ति के अलावा और कुछ नहीं होता।'' जीवन की नौका को लंगर उठाने दो। उसे सागर की लहरों पर तैरने दो और फिर–

लंगर ठहरे हुए छिछले पानी में पड़ता है।
विस्तृत और आश्चर्यजनक सागर पर विश्वास करो
जहाँ ज्वार हर समय ताज़ा रहता है
और शक्तिशाली धाराएँ स्वतन्त्र होती हैं–
वहाँ अनायास, ऐ नौजवान कोलम्बस
सत्य का तुम्हारा नया विश्व हो सकता है।

मत हिचको, अवतार के सिद्धान्त को लेकर अपना दिमाग परेशान मत करो और उसे तुम्हें हतोत्साहित मत करने दो। हर व्यक्ति महान हो सकता है, बशर्ते कि वह प्रयास करे। अपने शहीदों को मत भूलो। करतार सिंह एक नौजवान था, फिर भी बीस वर्ष से कम की आयु में ही देश की सेवा के लिए आगे बढ़कर मुस्कुराते हुए वन्देमातरम् के नारे के साथ वह फ़ाँसी के तख़्ते पर चढ़ गया। भाई बालमुकुन्द और अवधबिहारी दोनों ने ही जब ध्येय के लिए जीवन दिया तो वे नौजवान थे। वे तुममें से ही थे। तुम्हें भी वैसा ही ईमानदार देशभक्त और वैसा ही दिल से आज़ादी को प्यार करने वाला बनने का प्रयास करना चाहिए, जैसेकि वे लोग थे। सब्र और होशो-हवास मत खोओ, साहस और आशा मत छोड़ो। स्थिरता और दृढ़ता को स्वभाव के रूप में अपनाओ।

नौजवानों को चाहिए कि वे स्वतन्त्रतापूर्वक, गम्भीरता से, शान्ति और सब्र के साथ सोचें। उन्हें चाहिए कि वे भारतीय स्वतन्त्रता के आदर्श को अपने जीवन के एकमात्र लक्ष्य के रूप में अपनायें। उन्हें अपने पैरों पर खड़े होना चाहिए। उन्हें अपनेआप को बाहरी प्रभावों से दूर रहकर संगठित करना चाहिए। उन्हें चाहिए कि मक्कार तथा बेईमान लोगों के हाथों में न खेलें, जिनके साथ उनकी कोई समानता नहीं है और जो हर नाजुक मौक़े पर आदर्श का परित्याग कर देते हैं। उन्हें चाहिए कि संजीदगी और ईमानदारी के साथ "सेवा, त्याग, बलिदान" को अनुकरणीय वाक्य के रूप में अपना मार्गदर्शक बनायें। याद रखिये कि "राष्ट्रनिर्माण के लिए हज़ारों अज्ञात स्त्री-पुरुषों के बलिदान की आवश्यकता होती है जो अपने आराम व हितों के मुक़ाबले, तथा अपने एवं अपने प्रियजनों के प्राणों के मुक़ाबले देश की अधिक चिन्ता करते हैं।''

6-4-1928 वन्देमातरम!

(भगवतीचरण वोहरा बी.ए., प्रचारमन्त्री, नौजवान भारत सभा द्वारा अरोड़ वंश प्रेस, लाहौर से मुद्रित एवं प्रकाशित।)

लाला लाजपत राय के नाम खुला ख़त

लाला लाजपत राय को देश के बुज़ुर्ग नेता मानते हुए भी क्रान्तिकारी उनके विचारों से असहमत थे। लाला जी और भगतसिंह व उनके साथियों के बीच बहस में जो तर्क प्रस्तुत किये गये, उसका परिचय देने के लिए 'किरती' पत्रिका से कुछ लेख यहाँ दिये जा रहे हैं।

नवम्बर, 1927 में लाला जी के नाम एक खुला पत्र छापा गया। जनवरी, 1928 में 'लाला लाजपत राय और कुमारी एग्निस स्मेडली' शीर्षक से दूसरा लेख छपा। एग्निस स्मेडली यूरोप की प्रसिद्ध लेखिका थीं, जिनकी भारत व चीन के स्वतन्त्रता-आन्दोलन में गहरी दिलचस्पी थी। लाला जी ने अपने अख़बार में मिस स्मेडली की पुस्तक से कुछ अंश छापकर उनका छपना बन्द कर दिया। उसी सन्दर्भ में यह लेख है। तीसरा लेख अगस्त, 1928 में 'लाला लाजपत राय और नौजवान आन्दोलन' शीर्षक से छपा।—स.

'किरती' की सम्पादकीय टिप्पणी

(जिन सज्जनों को लाला लाजपत राय से राजनीतिक जीवन में अच्छी तरह वास्ता पड़ा है, वे लाला जी की नेतागिरी की कोरी इच्छा और देश के लिए सिवाय टर्र-टर्र करने तथा और कुछ न करने को अच्छी तरह जानते हैं। विदेशों में बसे भाइयों, विशेषतः अमेरिका व कनाडा निवासी सिखों का विश्वास 1914 में ही लाला जी से उठ गया था, जब आप कनाडा-अमेरिका गये थे और आपको उन हिन्दुस्तानी भाइयों ने अपने गाढ़े पसीने की कमाई का काफ़ी रुपया हिन्दुस्तान में आज़ादी के लक्ष्य के लिए दिया था और उन भाइयों के अनुसार लाला जी ने वह रुपया अपनी मर्जी से ख़र्च किया था और बहुत-सा रुपया स्वयं ही हड़प गये थे।

लाला जी की आजकल की मनमरजी और टेढ़ी चालों से हिन्दुस्तान के लोगों व राजनीतिक क्षेत्रों में उनका विश्वास उठ गया है। हमारे पास 22 सज्जनों की ओर से छपा 'लाला जी के नाम ख़त' प्रकाशित होने के लिए आया है, जिसका अनुवाद प्रस्तुत है।—सम्पादक, 'किरती')

लाहौर, 18 सितम्बर, 1927

प्रिय लाला लाजपत राय जी,

असेम्बली चुनाव के दिनों जब जनसभाएँ की जाती थीं, तब आपने एक बार दस हज़ार हिन्दुओं की सभा के समक्ष अपने बारे में सिपाही होने की घोषणा की थी।

इसके उत्तर में कि आप एक मर चुके नेता हैं, आपने कहा था कि बेशक हिन्दुओं के हाथों से एक नेता निकल रहा है, लेकिन नेता की जगह उन्हें एक सिपाही मिल

गया है। आपकी घोषणा सुनकर हमें भी बहुत प्रसन्नता हुई, क्योंकि हम भी ऐसे नेताओं से जोकि राजनीतिक समस्याओं के सम्बन्ध में तो बहुत लम्बी-चौड़ी बातें किया करते थे, तंग आये हुए थे। पिछले भले दिनों में आप तर्कशील भाषणों में यह कहते नहीं थकते थे कि "मैं या तख़्त लूँगा या तख़्ता।" लाहौर के 16 युवकों ने जो घोषणा 'पंजाब के नौजवानों से अपील' शीर्षक के अन्तर्गत की थी, उसके उत्तर में आपने उन पर आरोप लगाया था कि उन्होंने आप पर एक धब्बा लगाकर आपको इस राजनीतिक क्षेत्र से निकालने की कोशिश की है।

यह आरोप देखने से ही कड़वा लगता था। हम आपको फिर मैदान-ए-जंग में लाना चाहते हैं और आप में यह शतरंजी चालें खेलने की जो चाह पैदा हो गयी है उसे ख़त्म करना चाहते हैं। आपने कहा था कि ये तो बोल्शेविक हैं इसलिए अपना नेता लेनिन को मानते हैं। बोल्शेविक होना कोई गुनाह नहीं है और आज हिन्दुस्तान को लेनिन की सबसे ज़्यादा ज़रूरत है। क्या आपने उन नौजवानों को सी.आई.डी. की 'मेहरबान' नज़रों में लाने का कमीना प्रयत्न नहीं किया? आपकी इस बुरी इच्छा को फल लग गया है, इसलिए आप स्वयं को इस सफलता की बधाई दे सकते हैं। आपने लंगे मण्डी में इन नौजवानों पर मात्र इसलिए कीचड़ उछाला क्योंकि उन्होंने जनता को वास्तविक स्थितियों से परिचित कराने का साहस दिखाया। आपकी चुनाव सम्बन्धी लड़ाई का यह आरम्भिक दिन था। मदनमोहन मालवीय जी को इसका शुभारम्भ करने के लिए आमन्त्रित किया गया था। आपको संक्षिप्त-सा अध्यक्षीय भाषण करना था, लेकिन आप अपना संयम खो बैठे। पण्डित मालवीय को लम्बा भाषण करने का समय ही न मिला, जिसकी कि वह तैयारी करके आये थे। आपने दो घण्टे, बल्कि इससे भी अधिक 'पंजाब के नौजवानों से अपील' कर कड़कती आवाज़ में (उनका) विरोध किया। आपने इन नौजवानों को दिल खोलकर कोसा और आरोप लगाये। आपने सारे भाषण में ही तर्कशीलता को बिल्कुल दरकिनार कर दिया। हम आप पर निम्नलिखित आरोप लगाते हैं–

1. राजनीतिक ढुलमुलपन।
2. राष्ट्रीय शिक्षा के साथ विश्वासघात।
3. स्वराज्य पार्टी के साथ विश्वासघात।
4. हिन्दू-मुस्लिम-तनाव को बढ़ाना।
5. उदारवादी बन जाना।

इन आरोपों में से एक का भी आपने कोई तर्क-सम्मत खण्डन नहीं किया। जब चुनावों का जोश शान्त हो गया तब हमने बहुत चिन्तापूर्वक सुना कि आपके शरीर को फिर कोई रोग लग गया है। अफ़सोस, अस्वस्थता हमारे नेताओं का एक हिस्सा

बन गयी है। वे अस्वस्थता की तभी शिकायत करने लग जाते हैं जब उन्हें मालूम होता है कि कोई न कोई हमसे गाँव की प्रगति और जन-एकता के वायदे को पूरा करने के सम्बन्ध में कुछ न कुछ कहेगा। ये वायदे ऐसे हैं जो हज़ारों बार किये तो गये, पर पूरे कभी नहीं उतरे।

चिकित्सा विज्ञान क्या यही कहता है कि बुरे स्वास्थ्य का रोगी केवल यूरोप के ही स्वास्थ्य-लाभ-केन्द्र पर ठीक होगा? रोग की रोकथाम के लिए जो राय डॉक्टर दें उसे मानने से कौन इन्कार कर सकता है? हिन्दुस्तान एक बदक़िस्मत देश है जो जंगल और दलदल से भरा है। यहाँ कोई पहाड़ी स्थान नहीं है और न ही कोई स्वास्थ्य-लाभ-केन्द्र है। इन नेताओं का कश्मीर केवल इटली के उत्तर में है। 'मरी', मसूरी और नैनीताल भी यूरोप में ही मिलते हैं। आप जानते हैं कि अपने देश की सेवा के लिए जीना बहुत ज़रूरी है। इसलिए जीवन बहुमूल्य है। यह भी कहा जाता है कि सिपाही के लिए कोई आराम नहीं। वह मरने के लिए जीता है, ताकि वह दुख झेलते, देश की सेवा में रहते हुए ही मरे। और दुखी देश के लिए मरने के वास्ते कमर कसकर युद्ध में मरे, उसकी, बड़ी इच्छा होती है।

लेकिन यूरोप जाने से पहले आप जब हिन्दुस्तान की ही हवाख़ोरी कर रहे थे और हिन्दुस्तान की ही ज़मीन पर चल रहे थे, तब आपके और आपके साथियों द्वारा बोये काँटे उग पड़े। आपने 'हिन्दुओ, मारो!' का प्रचार किया था और हिन्दू ही मारे गये!

आप जैसे ही अन्य सज्जनों ने 'मुसलमानो, मारो!' का प्रचार किया था। जब मुसलमानों के मारे जाने का समय आया तो उनके नेताओं ने यह कमज़ोरी दर्शायी और वह सिपाही वाला काम न कर सके। इस तरह उन्हें भी काफ़ी मार पड़ी। लेकिन हमारा सिपाही उस समय बुजदिली दर्शाने में बहादुर निकला। जब हिन्दू मारे जाने लगे तो आपने प्रथम श्रेणी के गद्दों पर बैठकर यूरोप चले जाना ही श्रेयस्कर समझा। आपने लाहौर के हिन्दुओं की इस संकट में मदद करने से असमर्थता प्रकट की। चुनाव के दिनों में आप आमतौर पर हिन्दुओं की मुसलमानों के हाथों रक्षा करने की डींगें हाँका करते थे।

लेकिन अफ़सोस है कि यह सबकुछ आपका चुनावी सफलता तक ही सीमित था। इसके साक्ष्य में हम केवल यह कहना ही पर्याप्त समझते हैं कि आपने यूरोप से वापस लौटकर भी लाहौर के ग़रीब और दुखी हिन्दुओं की सहायता के लिए लाहौर पहुँचने तक का भी कष्ट नहीं उठाया। हमें मालूम नहीं कि आपने सीमा से पागल पठानों के निकाले हुए हिन्दुओं की रक्षा के लिए कौन-से तरीक़े इस्तेमाल किये? इसके विपरीत आप सीधे ही शिमला असेम्बली में भाग लेने और अपने साथियों पर भाषण का असर दर्शाने के लिए चले गये। संकट के समय अलग-थलग रहना आपकी बहादुरी का बड़ा हिस्सा है।

अनेक युवतियों के सिर से पति का साया उठ गया और उनकी सारी उम्र दुखों भरी और एकान्तमय रह गयी। कई कुँआरी कन्याएँ अपना सतीत्व भंग होने के कारण अपने भीतर ही भीतर आँसुओं से रो रही हैं। कई मासूमों का क़त्ल किया गया। तीस लाख जिन्दगियाँ भयावह नरक में से गुज़र रही हैं। गवर्नर, पंजाब तो अपनी पहाड़ी आरामगाह छोड़कर इन लोगों के बोये हुए काँटे काटने के लिए लाहौर आ जाता है, लेकिन हमारा सिपाही लाला लाजपत राय इतना बीमार है कि वह अपनी ड्यूटी पर नहीं पहुँच सकता और कह देता है कि लाहौर में गर्मी बहुत है तथा रेलवे की सीटें पहले ही बुक हो चुकी हैं। रोने दो इन विधवा हो चुकी स्त्रियों को, यतीम हो चुके बच्चों को, हमें इनसे क्या लेना! मुसीबतें अजब-अजब लोगों को एकजुट कर देती हैं। जनता के सामने जिनके बारे में हम यह आरोप लगाते थे कि ये लोग आम जनता के विश्वास योग्य नहीं हैं, तो क्या अब उन्हीं के दरवाज़े पर माँगने में हमें सुकून मिलता है? होशियार रहो कि आदमी अपने साथियों से ही पहचाना जाता है। यह कोई विस्मयकारी बात नहीं है कि आप एक उदारवादी गिने जाने लगे हैं जबकि आप जी-हजूरियों और पिछलग्गुओं के साथ बाँह में बाँह डाले साथ चल रहे हैं।

(हस्ताक्षरकर्ता)

1. केदारनाथ सहगल : सदस्य, अखिल भारतीय कांग्रेस कमेटी, अध्यक्ष पंजाब राजनीतिक पीड़ित कॉन्फ्रेंस।

2. मेलाराम वफ़ा : सम्पादक, वन्देमातरम और नेशनल कॉलेज के भूतपूर्व प्रोफ़ेसर।

3. प्रेम प्रकाश देवीश्वर : महासचिव, पंजाब सनातन धर्म राजनीतिक क०न्फ्रेंस।

4. अब्दुल मजीद : सचिव, पंजाब प्रेस कर्मचारी यूनियन।

5. भगवानचरण क़ौमी, बी.ए. : सचिव, क़ौमी ग्रेजुएट यूनियन।

6. नरेन्द्रनाथ क़ौमी, बी.ए. : पूर्व सहायक सम्पादक, 'भीष्म'।

7. धर्मचन्द्र क़ौमी, बी.ए.।

8. गनपतराय क़ौमी, बी.ए.।

9. बाबू सिंह क़ौमी, बी.ए.।

10. जी.आर. दरवेशी : सम्पादक, 'मेहनतकश'।

11. कर्मचन्द : सम्पादक, 'लाहौर'।

12. मोहम्मद युसूफ क़ौमी, बी.ए. : सहायक सम्पादक 'अकाली'।

13. सीताराम मास्टर : राजनीतिक कार्यकर्ता, पंजाब।

14. हरदयाल : हिन्दी साहित्य भवन।

15. धर्मेन्द्र क़ौमी, बी.ए.।
16. सुरेन्द्रनाथ।
17. एन. कालमऊल्ला।
18. पिण्डीदास सोढी : पूर्व सम्पादक, 'भीष्म', लाहौर।
19. धर्मेन्द्र ठाकुर : पूर्व उपदेशक, हिन्दू सभा।
20. डॉ. इन्द्रलाल कपूर।
21. लद्दाराम : पूर्व सम्पादक, 'स्वराज्य', इलाहाबाद।
22. वेदराज भल्ला क़ौमी, बी.ए.।

लाला लाजपत राय और एग्निस स्मेडली

'दि पीपल' (The People) एक अंग्रेज़ी साप्ताहिक समाचारपत्र है। इसके संस्थापक और सम्पादक पंजाब केसरी लाला लाजपत राय हैं। जिस समय वह पत्र आरम्भ किया गया था तब उसमें पहले पृष्ठ पर लाला जी की ओर से यह घोषणा की गयी थी कि इस समाचारपत्र में हर प्रकार के विचार दिये जायेंगे तथा हर विचार को, भले ही वह किसी भी तरह का हो, सुना जाया करेगा और उस पर धैर्य और गम्भीरता से विचार किया जायेगा। कुल मिलाकर यह कि यह पत्र एक खुला विचार-मंच (ओपन फोरम) बनाया गया था, जहाँ प्रत्येक बात पर बहस और विचार होना था ताकि अंग्रेज़ी पढ़ी-लिखी जनता वास्तविक स्थितियों से परिचित हो सके तथा अपनी सही राय क़ायम कर सके।

इन पंक्तियों का लेखक इस पत्र को आरम्भ से पढ़ता रहा है। यह पत्र अच्छे समाचारपत्रों में एक है। इसमें अक्टूबर, 1927 तक घोषित उद्देश्यों का पूर्णतया पालन किया जाता रहा है। इसमें विद्वान लेखकों के अच्छे-अच्छे लेख प्रकाशित होते रहे हैं, लेकिन 10 अक्टूबर, 1927 से इसने अपने मुख्य उद्देश्य से मुँह फेर लिया है और मिस स्मेडली के लेख प्रकाशित करने बन्द कर दिये हैं।

मिस एग्निस स्मेडली यूरोप की एक प्रख्यात लेखिका हैं। वे बर्लिन के एक विश्वविद्यालय में अंग्रेज़ी की प्राध्यापिका हैं। लाला जी व्यक्तिगत तौर पर उन्हें जानते हैं। लाला जी ने उनके सन्दर्भ में लिखा था—"पिछले दस बरसों से मैं मिस स्मेडली को जानता हूँ। मैंने उनकी ईमानदारी पर कभी शक नहीं किया। यह ऐसी स्त्री नहीं जिन्हें कि रुपये-पैसे से ख़रीदा जा सके। वे जन्मजात युगान्तकारी हैं। इसलिए उनका स्वभाव, रुझान एवं आदतें सभी एक युगान्तकारी जैसी हैं। उनका जीवन सम्मान से जीने में बीता है। इन बातों ने युग-परिवर्तन की ओर उनका झुकाव बढ़ा दिया है। व्यक्तिगत तौर पर उनके विचार पूर्णतया पवित्र एवं सुस्पष्ट हैं। वह एक

ऐसी स्त्री हैं जो अपने कार्य एवं मित्रों के लिए बड़े से बड़ा बलिदान कर सकती हैं। मैं व्यक्तिगत परिचय के आधार पर कह सकता हूँ कि उन्हें सोना-चाँदी जैसी चीज़ें बिल्कुल भी नहीं भरमा सकती हैं।''

मिस स्मेडली के लेख 'द पीपल' में प्रकाशित होते रहते हैं। जिसने उनके लेख पढ़े हैं वह उनकी लेखकीय विद्वता एवं ज्ञान की प्रशंसा किये बिना नहीं रह सकता। मिस स्मेडली बहुत अच्छी लेखिका हैं। वह जिस विषय को छूती हैं उसे जीवन्त कर देती हैं। राष्ट्रीय राजनीति, हिन्दुस्तान का युगान्तकारी इतिहास तथा हिन्दुस्तान के जलावतनों के बारे में जितना वह जानती हैं उतना शायद ही कोई हिन्दुस्तानी जानता हो। हिन्दुस्तान के ग़ुलाम होने की वजह से या किन्हीं दूसरे कारणों से वह इससे बहुत लगाव रखती हैं तथा यहाँ के पत्र-पत्रिकाओं के माध्यम से अपने विचारों से अवगत कराती रहती हैं।

लेकिन लाला लाजपत राय को मिस स्मेडली के विचार अच्छे नहीं लगते। उनको मिस स्मेडली के लेखों में से बोल्शेविक वाली बू आती है। उनकी कोमल नाक इस बोल्शेविकी बू को सहन न कर सकी। तभी लाला जी पुराने किस्सों की तरह मानस-गन्ध, मानस-गन्ध चीख़ रहे हैं और मिस स्मेडली के लेखों से तौबा-तौबा कर चुके हैं। इस बोल्शेविकी भय के कारण ही वे अपने मुख्य उद्देश्य को भी छोड़ चुके हैं और अब अच्छे बच्चों के 'बीबे राने' लेख प्रकाशित करने लगे हैं।

लाला लाजपत राय मज़दूरों के कट्टर समर्थक हैं। ट्रेड यूनियन कांग्रेस के अध्यक्ष भी रह चुके हैं। आप जेनेवा की अन्तर्राष्ट्रीय मज़दूर कांग्रेस में मज़दूरों के प्रतिनिधि के रूप में शामिल हुए थे। आप मिस्टर मैकाड०ल्ड एण्ड कम्पनी को पूँजीपति तथा तानाशाही समर्थक लिखते थे। लेकिन आप कौन हैं? मज़दूर हैं? नहीं, बिल्कुल भी नहीं। आप तो असली पूँजीपति हैं तथा पूँजीपतियों से मित्रता रखते हैं। आप अपने स्वास्थ्य-लाभ के बहाने मिस्टर बिरला के साथ जेनेवा गये थे तथा वहाँ उसकी मदद करते रहे थे।

आपने लिखा है कि "मिस स्मेडली ने हमें कोई नयी बात नहीं बतायी। हम जानते हैं, और पिछले दो सौ बरसों से जानते रहे हैं कि इंग्लैण्ड विकासशील देशों में हिन्दुस्तान को अपनी जंग-जंगी तैयारियों के लिए उपयोग करता रहा है।'' लेकिन लाला जी से कोई पूछे कि जब आप अंग्रेज़ों की दो सौ बरसों की चालबाजियों से परिचित हैं कि वह हिन्दुस्तान को युद्ध-कार्य के लिए इस्तेमाल करते रहे हैं, तब आपने इस उपयोग के बारे में शोर क्यों न मचाया? आपने पिछले युद्ध में ही ये सलाह क्यों नहीं दी कि हिन्दुस्तानियो सशक्त हो जाओ, अब वक़्त है कि युद्ध के लिए इन्हें कोई मदद न दो और आज़ादी के लिए संघर्ष करो। लेकिन उस समय

आप ऐसा क्यों कहते? उस समय तो आप आनन्दमग्न बैठे अमेरिका में तमाशा देख रहे थे और जर्मनी के विरुद्ध केवल लिखकर अंग्रेज़ों को यह भरोसा दिला रहे थे कि आप ख़तरनाक नहीं हैं और देश-निकाले के बाद आपके वापस हिन्दुस्तान आने में कोई डर नहीं है।

लाला जी, आप सर्वज्ञाता हैं। आपके समक्ष अनपढ़ सिख भाई अमेरिका में से जत्थे बना-बनाकर यहाँ आये और उन्होंने जनता का आह्वान किया कि जनता जंग में कोई सहायता न करे। अब वक़्त है, लोहा गर्म है, ज़बरदस्त चोट मारकर आजाद हो जाओ। उनकी किसी ने नहीं सुनी। लेकिन वे शहादत पाकर अपना कर्तव्य पूरा कर गये। उस समय आप सबकुछ जानते थे। आपके लिए तो कोई नयी बात नहीं हुई। क्या आपके भीतर का सच मर गया था? आपको हिन्दुस्तान लौटने की चाह ने तड़पाया? दरअसल आप अंग्रेज़ों की नज़र में भले बनकर हिन्दुस्तान आना चाहते थे, इसलिए आप शान्त रहे और मौन धारण कर लिया। अंग्रेज़ों के प्रति वफादार बनने के लिए आप जर्मन के विरुद्ध क़लम उठाते रहे। क्यों लाला जी, ठीक है ना?

लाला जी, वैसे तो सबकुछ आप जानते ही हैं, लेकिन चेतावनी देनी बेहतर होगी। सुनिए, अब फिर युद्ध छिड़ने वाला है। अब फिर अंग्रेज़ हिन्दुस्तान को अपने स्वार्थ के लिए इस्तेमाल करेंगे। देश की जनता को सचेत करने के लिए घोषणा करवा दो, ताकि जनता अंग्रेज़ों की चालबाजियों का शिकार न बने और अपने सहारे खड़े होने के लिए तैयार हो जाये। क्या आप मैदान में आयेंगे?

लेकिन लाला जी तो अपनी अन्तरात्मा की आवाज़ के अनुसार काम करते हैं। वे किसी के कहने पर कोई काम नहीं करते। लेकिन जमाना बुरी चीज़ है। यह किसी तरह भी नहीं जीने देता। क्यों, यह अन्तरात्मा का प्रकाश किसी भीतरी कमज़ोरी का ही तो दूसरा नाम नहीं? प्रकाश प्रकाश में फ़र्क़ होता है, इसलिए लाला जी ने भी अपने भीतर कई प्रकार के प्रकाश रखे हैं। एक आत्मप्रकाश तो वह था जो लाला लाजपत राय को विदेशों में दौड़ाये फिरता था, एक प्रकाश यह है जो उन्हें यहाँ ले आया है। एक प्रकार का प्रकाश लाहौर सेण्ट्रल ज़ेल से छूटने के पश्चात हुआ था। तब लाला जी असहयोग आन्दोलनकारियों का नेतृत्व करते थे। समझ नहीं आता लाला जी, आप किस प्रकाश के पीछे फिरते हैं? कृपया बताइये!

क्या साम्यवाद स्वयं में, कम से कम आजकल की दुनिया में, फिरकेदारी नहीं है? क्या यह एक वर्ग का दूसरे वर्ग के विरुद्ध संगठित संघर्ष नहीं है? लाला जी तो यही कहते हैं। लेकिन लाला जी, आप स्वयं बतायें कि आप साम्यवाद को फिरकेदारी समझकर ही तो नहीं आये? दरअसल आपने सोचा होगा कि लो साम्यवादी क्या बनना, हिन्दू ही फिर बन जाते हैं।

लाला जी वर्ग-संघर्ष के भी विरुद्ध दिखायी देते हैं। क्योंकि मालूम होता है, जैसे लाला जी को दो सौ बरसों से हिन्दुस्तान का ज्ञान है, ऐसे ही जो कुछ महात्मा मार्क्स ने सिखाया है, उसका भी ज्ञान है। लाला जी ठहरे मज़दूर नेता, तो फिर क्यों न वर्ग-संघर्ष के सिद्धान्त के ख़िलाफ़ हों, मज़दूर-आन्दोलन की नींव रखने वाले महात्मा कार्ल मार्क्स के मोटे-मोटे तीन सिद्धान्तों में से एक वर्ग-संघर्ष है और इसी सिद्धान्त पर चलते हुए आज दुनिया के मज़दूर अपनी-अपनी सरकारों और अपने-अपने देश से टूटकर विश्व-मज़दूर-संगठन में शामिल हो रहे हैं। लेकिन लाला जी, आज तो आप वर्ग-संघर्ष के ख़िलाफ़ होकर पूँजीवाद तथा तानाशाही को भी रहने देना चाहते हैं। आप शायद यह समझते हैं कि सामाजिक विकास में, जिस तरह आप जैसे पूँजीवादी कहते हैं, दोनों की ही आवश्यकता है।

असल बात तो यह है कि लाला जी एक-एक करके अपने पहले के सिद्धान्त छोड़ रहे हैं और पुनः आर्यसमाजी बन रहे हैं। इसीलिए आपने बहुत खीजते हुए मिस एग्निस स्मेडली के राष्ट्रवादी सिद्धान्त बताने वाले लेखों को प्रकाशित करना बन्द कर दिया है। इस तरह प्रकाशन बन्द करते हुए जो टिप्पणी आपने 13 अक्टूबर के पत्र में लिखी, उसने आपकी शान में चार चाँद नहीं लगाये। जहाँ तक हमें जानकारी है कि मिस एग्निस स्मेडली अपने लेख बिना कोई पारिश्रमिक लिये भेजती रही हैं। इस टिप्पणी पर अनेक विरोधात्मक पत्र आये हैं, जिन्हें आपने प्रकाशित करने का भी साहस नहीं दिखाया। 15 दिसम्बर के पत्र में आपने इस तरह मिस स्मेडली से क्षमा-याचना की है–"हम अपनी इच्छानुसार कार्य करते हैं। मिस स्मेडली को यह जानना चाहिए कि ज़िन्दगी में मेरा तो अन्य कोई दूसरा (देशसेवा के अलावा) काम ही नहीं है। अगर मैंने उन्हें कष्ट पहुँचाया है तो मुझे इसका बहुत अफ़सोस है। मुझे यह सोचना चाहिए था कि मेरे 'रिमार्क' उन्हें दुख पहुँचाने के अलावा और कर भी क्या सकते थे।"

लाला जी नित्य सूर्योदय से नौजवानों को उपदेश करने आरम्भ कर देते हैं, कि शान्तिपूर्वक बुज़ुर्ग अनुभवी नेताओं के आदेशों को मानना चाहिए, तथा देश के लिए क़ुर्बानियाँ करनी चाहिए। लेकिन लाला जी जब स्वयं पग-पग पर ठोकरें खाते हैं, कई जगहों पर भूलें करते हैं, आत्मसंयम में नहीं रहते। क्षमा-याचनाएँ करते फिरते हैं तो आप कैसे नौजवानों को नेतृत्व दे सकते हैं?

यदि सच पूछें तो 'पंजाब केसरी' अब बूढ़ा हो गया है। इसके ख़तरनाक दाँत झड़ गये हैं। नौकरशाही को डराने वाले इसके भयानक नाख़ून तेज़ नहीं रहे। अब तो यह सर्कस के एक पालतू शेर की तरह बेअसर हो गया है। लाला पहले वाले लाला नहीं रहे। पहले वाला लाला नौजवान था। उसमें नौजवानों वाला जोश, नौजवान

वाला साहस और जवाँमर्दी वाली क़ुर्बानी कूट-कूटकर भरी थी। वह लाला हिंसाबी नहीं था। वह क़ुर्बानी के समुद्र में कूदना जानता था और नौजवान भाइयो, देश का दुर्भाग्य! अब यह लाला हम नौजवानों को उपदेश करने के लिए रह गया है। लाला स्वयं स्वीकारता है और कहता है कि "मेरी तौबा, मैं कोई क़ुर्बानी नहीं कर सकता।" लेकिन वह "नौजवानों को सही मार्ग" पर चलाने को अपना अधिकार समझता है। किसी कवि ने ठीक कहा है, "बदलता है रंग आसमाँ कैसे-कैसे?"

जनवरी, 1928

लाला लाजपत राय और नौजवान

लाला लाजपत राय आदि न जाने क्यों पहले से ही नौजवानों के भाषणों के विरोधी चले आ रहे हैं। आपने देश-भक्ति का आदर्श इटली के महान मैजिनी से सीखा। वह नौजवानों का बहुत बड़ा प्रशंसक था और कहता था कि "महान कार्यों का भार नौजवान ही उठाते हैं, उनकी आवाज़ में जादू-सा असर होता है। वे जनता को स्वतन्त्रता-संग्राम के लिए तुरन्त तैयार कर देते हैं।" ऐसे व्यक्ति को अपने जीवन का आदर्श बताने वाला व्यक्ति इसके बिल्कुल विपरीत आचरण करे, यही देखकर आश्चर्य होता है। 1907-08 के पुराने गड़े मुर्दे क्या उखाड़ने? आजकल की ही कुछ बातें पर्याप्त हैं।

पिछले कौंसिल के चुनावों में लाला जी ने कांग्रेस का साथ छोड़कर उसकी मुख़ालफत करनी आरम्भ कर दी और इसी दौरान ऐसी बातें कहते रहे जोकि किसी भी तरह उन्हें शोभा नहीं देती थीं। यह देखकर कुछ संवेदनशील नौजवानों ने आपके विरुद्ध आवाज़ उठायी। उसका बदला लेने के लिए लाला जी ने खुलेआम भाषणों में कहा कि ये नौजवान बहुत ही ख़तरनाक एवं क्रान्ति-समर्थक हैं तथा लेनिन जैसा नेता चाहते हैं। मुझमें लेनिन बनने की ताक़त नहीं। साथ ही यह भी कह दिया कि इन नौजवानों को अगर पचास रुपये की भी नौकरी मिल गयी तो ये झाग की तरह बैठ जायेंगे। इसका क्या अर्थ है? क्या पचास रुपयों के लिए अपना आदर्श छोड़ने वाले नौजवान ही लेनिन के साथ थे? क्या लेनिन इसी स्तर का है? नहीं तो ऐसी बात क्यों कही गयी? सिर्फ़ इसलिए कि लाला जी जहाँ एक ओर सरकार को इनके विरुद्ध कठोर कार्यवाही करने के लिए उकसा रहे हैं, वहीं जनता की नज़रों में नौजवानों का सम्मान गिराने की कोशिश भी कर रहे हैं।

सद्‌भावना से किसी व्यक्ति के किसी कार्य अथवा विचार की कठोरतम आलोचना करने का प्रत्येक को अधिकार है, लेकिन जानबूझकर किसी के विचारों

की ग़लतबयानी करके, ग़लतफ़हमियाँ फैलाकर किसी को हानि पहुँचाने का प्रयत्न करना प्रत्येक के लिए ना-मुनासिब है। तब चाहे वह लाला लाजपत राय हों या कोई अज्ञात नौजवान। उस चुनाव के बाद अनेक अवसर ऐसे आये, लेकिन उनका उल्लेख करने की आवश्यकता नहीं।

लाला जी ने अभी दूसरा लेख लिखा है। वास्तव में तो यह 'कण्ट्री लीग', जिसका उल्लेख हम पिछले अंक में कर चुके हैं, के सन्दर्भ में लिखा गया था, लेकिन उसमें नौजवानों का उल्लेख आ गया। लाला जी फ़रमाते हैं कि आजकल के उग्र विचारों वाले नौजवानों के भाषणों से जनता को बचना चाहिए। ये युगान्तकारी क्रान्ति समर्थक हैं। सम्पत्ति के लिए इनका प्रचार हानिकारक है, क्योंकि इससे वर्ग-संघर्ष छिड़ने का डर है। अन्त में कहा कि यह काम कुछ विदेशी शरारती तत्त्वों के उकसावे में आकर आरम्भ किया गया है। वह बाहरी तत्त्व हमारे राष्ट्रीय आन्दोलन में फूट डालना चाहते हैं, इसलिए वह बहुत ख़तरनाक हैं। साथ वह यह भी मानते हैं कि इस तरह के प्रचार से सम्पत्ति वाले व्यक्ति सरकार में मिल जायेंगे। इन प्रचारक नौजवानों को गुमराह, बाहरी तत्त्वों के उकसावे में आये हुए, शरारती और लोभी बताते हुए अन्त में कहा है कि उन्हें पण्डित जवाहरलाल नेहरू पर पूरी तरह यक़ीन है। वे यदि कुछ कर रहे हैं अथवा कह रहे हैं तो नेकनीयती और समझबूझ से। बहुत ख़ूब! जिन पण्डित जवाहरलाल नेहरू आदि के विचारों पर रूस का अच्छा-ख़ासा असर हुआ, जिन्होंने रूस से लौट आने पर इन विचारों का प्रचार शुरू किया, उनकी नीयत पर कोई शक नहीं। वह विदेशी प्रभाव या उकसावे में ये बातें नहीं कह रहे, बल्कि नेकनीयती से कह रहे हैं, लेकिन जो बेचारे देश से बाहर नहीं जा सके वे उकसावे में आये हुए हैं! ख़ूब! बहुत ख़ूब! असल बात यह है कि जवाहरलाल नेहरू की हैसियत बहुत बड़ी हो गयी है। उनका नाम कांग्रेस की अध्यक्षता के लिए पेश हो रहा है, तो उम्मीद भी है कि वे जल्द ही अध्यक्ष बन भी जायेंगे। उनके विरुद्ध लिखने पर ईंट का जवाब पत्थर से मिलने का भय होता है, लेकिन गुमनाम नौजवानों के लिए जो मन में आये...कौन पूछता है। नौजवानों को संकटों में फँसाने की इन कोशिशों को हम क्या कहें? लाला जी को यह शोभा नहीं देता। ख़ैर, जो उनके मन में आये, करें। अब हम उनकी कुछ बातों का उत्तर देना चाहेंगे।

सबसे पहले हम यह बताना चाहते हैं कि इस प्रचार के लिए कोई विदेशी हमें गुमराह नहीं कर रहा। नौजवान किसी के उकसावे में आकर ऐसी बातें नहीं कह रहे, बल्कि अब देश के भीतर से ही महसूस करने लगे हैं। लाला जी स्वयं बड़े आदमी हैं। प्रथम या द्वितीय श्रेणी में यात्रा करते हैं। उन्हें क्या मालूम कि तीसरे दर्जे में कौन सफ़र कर रहा है? वे क्या जानें कि तीसरे दर्जे के मुसाफ़िर-ख़ानों में किसे

लातें खानी पड़ती हैं? वे मोटर में बैठकर अपने साथियों के साथ हँसते-खेलते हज़ारों गाँवों से गुज़र जाते हैं। उन्हें क्या मालूम कि हज़ारों लोगों पर क्या गुज़र रही है? क्या आज हम 'अनहैप्पी इण्डिया' जैसी किताब के लेखक को हिन्दुस्तान के करोड़ों भूखों मरने वालों की दयनीय दशा बतायें? क्या आज उन करोड़ों मनुष्यों को देखकर जो सुबह से शाम तक ख़ून-पसीना एक करके पेट भी नहीं भर सकते, यह आवश्यकता शेष रह जाती है कि कोई बाहर से आकर हमें कहे कि उनके पेट भरने की कोई राह निकालो। हम गाँवों में गर्मी, सर्दी, बारिश, धूप, लू और कोहरे में रात-दिन किसानों को काम करते देखते हैं। लेकिन वे बेचारे रूखी-सूखी रोटी खाकर गुज़ारा कर रहे हैं—और क़र्ज के नीचे दबे हुए हैं। तब क्या हम तड़प नहीं उठते? उस समय हमारे दिलों में आग नहीं भड़क उठती? तब भी क्या हमें किसी की आवश्यकता रह जाती है जो आकर यह बताये कि इस व्यवस्था को बदलने का प्रयास करो। जब हम नित्य प्रति देखते हैं कि श्रमिक भूखे मरते हैं और निठल्ले बैठकर खाने वाले आनन्द मना रहे हैं, तो क्या हम इस आर्थिक और सामाजिक व्यवस्था की गड़बड़ियाँ अनुभव नहीं कर सकते? जब हम देखते हैं कि दिनोदिन अपराध बढ़ रहे हैं, जनता की हालत रोज-ब-रोज दयनीय होती जा रही है, तब क्या हमें बाहरी उपदेशकों की आवश्यकता है जो हमें आकर समझायें कि क्रान्ति की आवश्यकता है...करोड़ों मनुष्यों को जिन्हें हमने अछूत कहकर दूर किया हुआ है उनकी दर्दनाक स्थितियाँ देखकर क्या क्रोध नहीं आता? करोड़ों (लोग) दुनिया का बहुत विकास कर सकते हैं, वे जन-सेवा कर सकते थे, लेकिन आज वे हम पर भार महसूस होते हैं। उनकी इस स्थिति में सुधार के लिए, उन्हें पूर्ण रूप से मनुष्य बनाने के लिए और कुओं की जगत पर चढ़ाने-मात्र के लिए क्या आन्दोलनों की ज़रूरत नहीं है? क्या उन्हें ऐसी अवस्था में लाने की आवश्यकता नहीं थी कि वे हमारी तरह कमा-खा सकें? इसके लिए क्या सामाजिक और आर्थिक नियमों में क्रान्ति आवश्यक नहीं है? क्या पंजाब तथा हिन्दुस्तान के नौजवानों में स्वयं कुछ अहसास करने की कोई शक्ति शेष नहीं बची? उनके सीने में क्या दिल नहीं धड़कता? क्या उनके दिलों में मानवता नहीं है? नहीं तो फिर क्यों कहा जाता है कि विदेशियों ने आकर उन्हें उकसाया है। हाँ, हम यह स्वीकारते हैं कि रूसी क्रान्ति ने दुनिया के समक्ष एकदम नये विचार रखे हैं। हम मानते हैं कि जिन बातों का हल शायद अभी हम स्वयं नहीं सोच सकते, रूसी विद्वानों ने उम्रभर कष्ट सहते हुए, तिल-तिल कर जीवन समाप्त करते हुए उनके बारे में अपने विचार दुनिया के सामने रखे। क्या उन्हें उसका कोई लाभ नहीं मिलना चाहिए? क्या उनसे विचारों की समानता भी उकसावा है? तब तो लाला जी को मैजिनी ने देश के नौजवानों को गुमराह करके देशसेवा के काम में जुटाया हुआ था!

प्रश्न यह है कि आजकल, 1928 में, क्या दुनिया को फ्रांसीसी क्रान्ति से कोई सबक सीखना और उसे अपना आदर्श बनाना चाहिए या आज नये वातावरण में नये विचारों से पूर्ण रूसी क्रान्ति को? क्या लाला जी की यह मंशा है कि अब अंग्रेज़ी शासन के विरुद्ध ही क्रान्ति की जाये और शासन की बागडोर अमीरों के हाथों में दी जाये? करोड़ों जन इसी तरह नहीं, इससे भी अधिक बुरी स्थितियों में पड़ें, मरें और तब फिर सैकड़ों बरसों के ख़ून-ख़राबे के पश्चात पुनः इस राह पर आयें और फिर हम अपने पूँजीपतियों के विरुद्ध क्रान्ति करें? यह अव्वल दर्जे की मूर्खता होगी।

लाला जी ने एक-दो बार दास के शब्द सुन-सुनाकर गाँवों में संगठन की बात थोड़ी-सी उठायी थी। लाला जी को तो गाँवों में जाने की फुरसत ही नहीं। वे क्या जानें कि जनता के विचार क्या हैं? लोग साफ़ कहते हैं कि हमें इन्क़लाब का क्या लाभ? जब इसी तरह मर-खपकर दो जून की रोटी जुटनी है और तब भी नम्बरदार, तहसीलदार और थानेदार को इसी तरह अत्याचार करने हैं, इसी तरह किराये वसूल किये जाने हैं तो हम अभी की रोटी क्यों गँवाये? किसी के लिए अपने प्रियजनों को क्यों उलझनों में डालें? हम उन्हें क्या बतायें कि उनके पूर्वज कैसे थे, जिससे कि वे बलिदान के लिए तैयार हो जायें।

अच्छा, माना कि यहाँ क्रान्ति हो जाये तब लाला जी के विचार से किसे शासन सौंपा जायेगा? क्या महाराज वर्द्धमान या महाराज पटियाला को और पूँजीपतियों के टोले को? क्या आज अमेरिका और फ्रांस के करोड़ों मज़दूर भूखों नहीं मर रहे? हम सबकुछ जानते-बुझते क्यों कुएँ में गिरें?

लाला जी कहते हैं कि हमारे साम्यवादी विचारों के प्रचार से पूँजीपति सरकार के साथ मिल जायेंगे। बहुत ख़ूब! पहले वे किधर हैं? कितने पूँजीपति युगान्तरकारी बने हैं? क्रान्ति से जिन्हें अपनी सम्पत्ति में थोड़ी-बहुत हानि होने का डर होगा वे हमेशा ही विरोधी हो जाते हैं। ऐसी स्थितियों में उनकी जी-हजूरी के लिए आदर्श त्यागकर ख़ामख़ाह अपने कार्य को हानि पहुँचाना उचित नहीं। दूसरी बात यह कि पूँजीपति जरा सोचें कि किस स्थिति में उन्हें लाभ है? आज अंग्रेज़ उन्हें अपने स्वार्थ के लिए अपने साथ अवश्य मिला लेंगे, लेकिन धीरे-धीरे उनकी पूँजी छीनकर उसे अपने पूँजीपतियों के हाथों में स्थानान्तरित कर देंगे। तब यह ग़रीब (हो गये सरमायेदार) आज जैसे करोड़ों मज़दूरों में शामिल होकर मरते-खपते रहेंगे। इन्हें सामाजिक व्यवस्था में अन्याय दिखायी देगा। अगर वे साम्यवादी क्रान्ति कर लें तो आज उनकी हरामख़ोरी पर तो ज़रूर रोक लगायी जायेगी लेकिन दुनिया की आम खुशहाली में जोकि निश्चय ही आनी है, शामिल होकर वे बहुत सुखी रहेंगे। हिन्दुस्तानी पूँजीपति सोच लें कि उनको किस मे लाभ है?

लेकिन मज़दूर-आन्दोलन उनके लिए रुक नहीं सकता, उनकी प्रतीक्षा भी नहीं कर सकता। नौजवानों को घबराना नहीं चाहिए। काम को आरम्भ करने में बहुत कठिनाइयाँ पैदा होती हैं, धीरज से मुक़ाबला करना चाहिए। लाला जी और दूसरे प्रकार के पूँजीवादी नीति वाले नेता भी धीरे-धीरे स्वयं मैदान से बाहर हो रहे हैं, जिस प्रकार पहले सुरेन्द्रनाथ बनर्जी हुए थे और आज सप्रू तथा चिन्तामणि जैसे हो रहे हैं। अन्त में मज़दूर-आन्दोलन की जीत होगी। बोलो साम्यवादियों की जय! युगान्तकारी धारा क़ायम रहे!

नये नेताओं के अलग-अलग विचार

(जुलाई, 1928 के 'किरती' में छपे इस लेख में भगतसिंह ने सुभाषचन्द्र बोस और जवाहरलाल नेहरू के विचारों की तुलना की है। बाद में इतिहास ने भगतसिंह के इन विचारों की पुष्टि की।–स.)

असहयोग आन्दोलन की असफलता के बाद जनता में बहुत निराशा और मायूसी फैली। हिन्दू-मुस्लिम झगड़ों ने बचा-खुचा साहस भी ख़त्म कर डाला। लेकिन देश में जब एक बार जागृति फैल जाये तब देश ज़्यादा दिन तक सोया नहीं रह सकता। कुछ ही दिनों बाद जनता बहुत जोश के साथ उठती तथा हमला बोलती है। आज हिन्दुस्तान में फिर जान आ गयी है। हिन्दुस्तान फिर जाग रहा है। देखने में तो कोई बड़ा जन-आन्दोलन नज़र नहीं आता लेकिन नींव ज़रूर मज़बूत की जा रही है। आधुनिक विचारों के अनेक नये नेता सामने आ रहे हैं। इस बार नौजवान नेता ही आगे बढ़े और देश में नौजवानों के ही आन्दोलन चल रहे हैं। नौजवान नेता ही देशभक्त लोगों की नज़रों में आ रहे हैं। बड़े-बड़े नेता बड़े होने के बावजूद एक तरह से पीछे छोड़े जा रहे हैं। इस समय जो नेता आगे आये हैं वे हैं–बंगाल के पूजनीय श्री सुभाषचन्द्र बोस और माननीय पण्डित श्री जवाहरलाल नेहरू। यही दो नेता हिन्दुस्तान में उभरते नज़र आ रहे हैं और युवाओं के आन्दोलनों में विशेष रूप से भाग ले रहे हैं। दोनों ही हिन्दुस्तान की आज़ादी के कट्टर समर्थक हैं। दोनों ही समझदार और सच्चे देशभक्त हैं। लेकिन फिर भी इनके विचारों में ज़मीन-आसमान का अन्तर है। एक को भारत की प्राचीन संस्कृति का उपासक कहा जाता है तो दूसरे को पक्का पश्चिम का शिष्य। एक को कोमल हृदय वाला भावुक कहा जाता है और दूसरे को पक्का युगान्तकारी। हम इस लेख में उनके अलग-अलग विचारों को जनता के समक्ष रखेंगे, ताकि जनता स्वयं उनके अन्तर को समझ सके और स्वयं भी विचार कर सके। लेकिन उन दोनों के विचारों का उल्लेख करने से पूर्व एक और

व्यक्ति का उल्लेख करना भी ज़रूरी है जोकि इन्हीं की भाँति स्वतन्त्रता प्रेमी है और युवा-आन्दोलनों की एक विशेष शख़्सियत है। साधू वासवानी जो चाहे कांग्रेस के बड़े नेताओं की भाँति जाने-माने तो नहीं, चाहे देश के राजनीतिक क्षेत्र में उनका कोई विशेष स्थान तो नहीं, तो भी युवाओं पर, जिन्हें कि कल देश की बागडोर सँभालनी है, उनका असर है और उनके ही द्वारा शुरू हुआ आन्दोलन 'भारत-युवा संघ' इस समय युवाओं में विशेष प्रभाव रखता है। उनके विचार बिल्कुल अलग ढंग के हैं। उनके विचार एक ही शब्द में बताये जा सकते हैं–"वापस वेदों की ओर लौट चलो।" (बैक टु वेद्स) ; यह आवाज़ सबसे पहले आर्यसमाज ने उठायी थी। इस विचार का आधार इस आस्था में है कि वेदों में परमात्मा ने संसार का सारा ज्ञान उँड़ेल दिया है। इससे आगे और अधिक विकास नहीं हो सकता। इसलिए हमारे हिन्दुस्तान ने चौतरफ़ा जो प्रगति कर ली थी उससे आगे न दुनिया बढ़ी है और न बढ़ सकती है! ख़ैर, वासवानी आदि इसी आस्था को मानते हैं। तभी एक जगह कहते हैं–

"हमारी राजनीति ने अब तक कभी तो मैजिनी और वाल्टेयर को अपना आदर्श मानकर उदाहरण स्थापित किये हैं और या कभी लेनिन और टालस्टाय से सबक सीखा। हालाँकि उन्हें ज्ञात होना चाहिए कि उनके पास उनसे कहीं बड़े आदर्श हमारे पुराने ऋषि हैं।" वे इस बात पर यकीन करते हैं कि हमारा देश एक बार तो विकास की अन्तिम सीमा तक जा चुका था और आज हमें आगे कहीं भी जाने की आवश्यकता नहीं, बल्कि पीछे लौटने की ज़रूरत है।

आप एक कवि हैं। कवित्व आपके विचारों में सभी जगह नज़र आता है। साथ ही यह धर्म के बहुत बड़े उपासक हैं। यह 'शक्ति' धर्म चलाना चाहते हैं। यह कहते हैं, "इस समय हमें शक्ति की अत्यन्त आवश्यकता है।" वह 'शक्ति' शब्द का अर्थ केवल भारत के लिए इस्तेमाल नहीं करते। लेकिन उनको इस शब्द से एक प्रकार की देवी का, एक विशेष ईश्वरीय प्राप्ति का विश्वास है। वे एक बहुत भावुक कवि की तरह कहते हैं:

"For in solitude have communicated with her, our admired Bharat Mata, Anad my aching head had heard voices saying… 'The day of freedom is not far off.' …Sometimes indeed a strange feeling visits me and I say to myself-Holly, holy is Hinduism. For still is she under the protection of her mighty Rishish and their beaury is around us, but we behold it not."

अर्थात् एकान्त में भारत की आवाज़ मैंने सुनी है। मेरे दुखी मन ने कई बार यह आवाज़ सुनी है कि 'आज़ादी का दिन दूर नहीं'...कभी-कभी बहुत अजीब विचार

मेरे मन में आते हैं और मैं कह उठता हूँ, हमारा हिन्दुस्तान पाक और पवित्र है, क्योंकि पुराने ऋषि उसकी रक्षा कर रहे हैं और उनकी ख़ूबसूरती हिन्दुस्तान के पास है। लेकिन हम उन्हें देख नहीं सकते।

यह कवि का विलाप है कि वह पागलों या दीवानों की तरह कहते रहते हैं: "हमारी माता बड़ी महान है। बहुत शक्तिशाली है। उसे परास्त करने वाला कौन पैदा हुआ है।" इस तरह वे केवल मात्र भावुकता की बातें करते हुए कह जाते हैं: "Our national movement must become a purifying mass movement. If it is to fulfil its destiny without falling into class was one of the dangers of Bolshevism."

अर्थात् हमें अपने राष्ट्रीय जन-आन्दोलन को देश-सुधार का आन्दोलन बना देना चाहिए। तभी हम वर्गयुद्ध के बोल्शेविज़्म के ख़तरों से बच सकेंगे। वह इतना कहकर ही कि ग़रीबों के पास जाओ, गाँवों की ओर जाओ, उनको दवा-दारू मुफ़्त दो—समझते हैं कि हमारा कार्यक्रम पूरा हो गया। वे छायावादी कवि हैं। उनकी कविता का कोई विशेष अर्थ तो नहीं निकल सकता, मात्र दिल का उत्साह बढ़ाया जा सकता है। बस पुरातन सभ्यता के शोर के अलावा उनके पास कोई कार्यक्रम नहीं। युवाओं के दिमागों को वे कुछ नया नहीं देते। केवल दिल को भावुकता से ही भरना चाहते हैं। उनका युवाओं में बहुत असर है। और भी पैदा हो रहा है। उनके दकियानूसी और संक्षिप्त-से विचार यही हैं जोकि हमने ऊपर बताये हैं। उनके विचारों का राजनीतिक क्षेत्र में सीधा असर न होने के बावजूद बहुत असर पड़ता है। विशेषकर इस कारण कि नौजवानों, युवाओं को ही कल आगे बढ़ना है और उन्हीं के बीच इन विचारों का प्रचार किया जा रहा है।

अब हम श्री सुभाषचन्द्र बोस और श्री जवाहरलाल नेहरू के विचारों पर आ रहे हैं। दो-तीन महीनों से आप बहुत-सी कॉन्फ्रेंसों के अध्यक्ष बनाये गये और आपने अपने-अपने विचार लोगों के सामने रखे। सुभाष बाबू को सरकार तख़्तापलट गिरोह का सदस्य समझती है और इसीलिए उन्हें बंगाल अध्यादेश के अन्तर्गत क़ैद कर रखा था। आप रिहा हुए और गर्म दल के नेता बनाये गये। आप भारत का आदर्श पूर्ण स्वराज्य मानते हैं, और महाराष्ट्र कॉन्फ्रेंस में अध्यक्षीय भाषण में आपने इसी प्रस्ताव का प्रचार किया।

पण्डित जवाहरलाल नेहरू स्वराज पार्टी के नेता पण्डित मोतीलाल नेहरू जी के सुपुत्र हैं। बैरिस्टरी पास हैं। आप बहुत विद्वान हैं। आप रूस आदि का दौरा कर आये हैं। आप भी गर्म दल के नेता हैं और मद्रास कॉन्फ्रेंस में आपके और आपके साथियों के प्रयासों से ही पूर्ण स्वराज्य का प्रस्ताव स्वीकृत हो सका था। आपने

अमृतसर कॉन्फ्रेंस के भाषण में भी इसी बात पर जोर दिया। लेकिन फिर भी इन दोनों सज्जनों के विचारों में ज़मीन-आसमान का अन्तर है। अमृतसर और महाराष्ट्र कॉन्फ्रेंसों के इन दोनों अध्यक्षों के भाषण पढ़कर ही हमें इनके विचारों का अन्तर स्पष्ट हुआ था। लेकिन बाद में बम्बई के एक भाषण में यह बात स्पष्ट रूप से हमारे सामने आ गयी। पण्डित जवाहरलाल नेहरू इस जनसभा की अध्यक्षता कर रहे थे और सुभाषचन्द्र ने भाषण किया। वह एक बहुत भावुक बंगाली हैं। उन्होंने भाषण आरम्भ किया कि हिन्दुस्तान का दुनिया के नाम एक विशेष सन्देश है। वह दुनिया को आध्यात्मिक शिक्षा देगा। ख़ैर, आगे वे दीवाने की तरह कहना आरम्भ कर देते हैं—चाँदनी रात में ताजमहल को देखो और जिस दिल की यह समझ का परिणाम था, उसकी महानता की कल्पना करो। सोचो एक बंगाली उपन्यासकार ने लिखा है कि हममें 'यह हमारे आँसू ही जम-जमकर पत्थर बन गये हैं।' वह भी वापस वेदों की ओर ही लौट चलने का आह्वान करते हैं। आपने अपने पूना वाले भाषण में 'राष्ट्रवादिता' के सम्बन्ध में कहा है कि अन्तर्राष्ट्रीय तावादी, राष्ट्रीयतावाद को एक संकीर्ण दायरे वाली विचारधारा बताते हैं, लेकिन यह भूल है। हिन्दुस्तानी राष्ट्रीयता का विचार ऐसा नहीं है। वह न संकीर्ण है। न निजी स्वार्थ से प्रेरित है और न उत्पीड़नकारी है, क्योंकि इसकी जड़ या मूल तो यह 'सत्यम शिवम सुन्दरम' है, अर्थात् 'सच, कल्याणकारी और सुन्दर।'

यह भी वही छायावाद है। कोरी भावुकता है। साथ ही उन्हें भी अपने पुरातन युग पर बहुत विश्वास है। वह प्रत्येक बात में अपने पुरातन युग की महानता देखते हैं। पंचायतीराज का ढंग उनके विचार में कोई नया नहीं। 'पंचायती राज और जनता का राज' वे कहते हैं कि हिन्दुस्तान में बहुत पुराना है। वे तो यहाँ तक कहते हैं कि साम्यवाद भी हिन्दुस्तान के लिए नयी चीज़ नहीं। ख़ैर, उन्होंने सबसे ज़्यादा उस दिन के भाषण में जोर जिस बात पर दिया था वह यह थी कि हिन्दुस्तान का दुनिया के लिए एक विशेष सन्देश है। पण्डित जवाहरलाल आदि के विचार इसके बिल्कुल विपरीत हैं। वे कहते हैं—

"जिस देश में जाओ वही समझता है कि उसका दुनिया के लिए एक विशेष सन्देश है। इंग्लैण्ड दुनिया को संस्कृति सिखाने का ठेकेदार बनता है। मैं तो कोई विशेष बात अपने देश के पास नहीं देखता। सुभाष बाबू को उन बातों पर बहुत यक़ीन है।" जवाहरलाल कहते हैं—"Everyl youth must rebel. Not only in political speher, but in social, economic and religious spheres also. I have not much use for any man who comes and tells me that such and such thing is said in Koran. Every thing unreasonable be discarded even if they find authority for it in the Vedas and Koran." (यानी) "प्रत्येक नौजवान को विद्रोह करना चाहिए। राजनीतिक क्षेत्र में ही नहीं बल्कि सामाजिक, आर्थिक और धार्मिक क्षेत्र में भी। मुझे ऐसे व्यक्ति की कोई आवश्यकता नहीं जो आकर कहे कि फलाँ बात क़ुरान में लिखी हुई है। कोई बात जो अपनी समझदारी की परख में सही साबित न हो उसे चाहे वेद और क़ुरान में कितना ही अच्छा क्यों न कहा गया हो, नहीं माननी चाहिए।''

यह एक युगान्तकारी के विचार हैं और सुभाष के एक राजपरिवर्तनकारी के विचार हैं। एक के विचार में हमारी पुरानी चीज़ें बहुत अच्छी हैं और दूसरे के विचार में उनके विरुद्ध विद्रोह कर दिया जाना चाहिए। एक को भावुक कहा जाता है और एक को युगान्तकारी और विद्रोही! पण्डित जी एक स्थान पर कहते हैं–"To those who still fondly cherish old ideas and are striving to bring back the conditions which prevailed in Arabia 1300 years ago or in the vedic Age in India. I say, that it is inconcievable that you can bring back the hoary past. The world of reality will not retrac its steps, the world of imagiation may remain stationary."

वे कहते हैं कि जो अब भी कुरान के जमाने के, अर्थात् 1300 बरस पीछे के अरब की स्थितियाँ पैदा करना चाहते हैं या जो पीछे वेदों के जमाने की ओर देख रहे हैं उनसे मेरा यही कहना है कि यह तो सोचा भी नहीं जा सकता कि वह युग वापस लौट आयेगा, वास्तविक दुनिया पीछे नहीं लौट सकती, काल्पनिक दुनिया को चाहे कुछ दिन यहीं स्थिर रखो। और इसीलिए वे विद्रोह की आवश्यकता महसूस करते हैं।

सुभाष बाबू पूर्ण स्वराज के समर्थन में हैं क्योंकि वे कहते हैं कि अंग्रेज़ पश्चिम के वासी हैं। हम पूर्व के। पण्डित जी कहते हैं, हमें अपना राज क़ायम करके सारी सामाजिक व्यवस्था बदलनी चाहिए। उसके लिए पूरी-पूरी स्वतन्त्रता प्राप्त करने की आवश्यकता है।

सुभाष बाबू मज़दूरों से सहानुभूति रखते हैं और उनकी स्थिति सुधारना चाहते हैं। पण्डित जी एक क्रान्ति करके सारी व्यवस्था ही बदल देना चाहते हैं। सुभाष भावुक हैं–दिल के लिए नौजवानों को बहुत कुछ दे रहे हैं, पर मात्र दिल के लिए। दूसरा युगान्तकारी है जोकि दिल के साथ-साथ दिमाग को भी बहुत कुछ दे रहा है–"They should aim at Swaraj for the masses based on socialism. That was a revolutionary chang which they could not bring about without revolutionary methods... Mere reform or gradual reparing of the existing machinery could not achieve the real proper Swaraj for the General

Masses." (अर्थात्) हमारा आदर्श समाजवादी सिद्धान्तों के अनुसार पूर्ण स्वराज्य होना चाहिए, जोकि युगान्तकारी तरीक़ों के बिना प्राप्त नहीं हो सकता। केवल सुधार और मौजूदा सरकार की मशीनरी की धीमी-धीमी की गयी मरम्मत जनता के लिए वास्तविक स्वराज्य नहीं ला सकती।

यह उनके विचारों का ठीक-ठीक अक्स है। सुभाष बाबू राष्ट्रीय राजनीति की ओर उतने समय तक ही ध्यान देना आवश्यक समझते हैं जितने समय तक दुनिया की राजनीति में हिन्दुस्तान की रक्षा और विकास का सवाल है। परन्तु पण्डित जी राष्ट्रीयता के संकीर्ण दायरों से निकलकर खुले मैदान में आ गये हैं।

अब सवाल यह है कि हमारे सामने दोनों विचार आ गये हैं। हमें किस ओर झुकना चाहिए। एक पंजाबी समाचारपत्र ने सुभाष की तारीफ़ के पुल बाँधकर पण्डित जी आदि के बारे में कहा था कि ऐसे विद्रोही पत्थरों से सिर मार-मारकर मर जाते हैं। ध्यान रखना चाहिए कि पंजाब पहले ही बहुत भावुक प्रान्त है। लोग जल्द ही जोश में आ जाते हैं और जल्द ही झाग की तरह बैठ जाते हैं।

सुभाष आज शायद दिल को कुछ भोजन देने के अलावा कोई दूसरी मानसिक ख़ुराक नहीं दे रहे हैं। अब आवश्यकता इस बात की है कि पंजाब के नौजवानों को इन युगान्तकारी विचारों को ख़ूब सोच-विचारकर पक्का कर लेना चाहिए। इस समय पंजाब को मानसिक भोजन की सख़्त ज़रूरत है और यह पण्डित जवाहरलाल नेहरू से ही मिल सकता है। इसका अर्थ यह नहीं है कि उनके अन्धे पैरोकार बन जाना चाहिए। लेकिन जहाँ तक विचारों का सम्बन्ध है, वहाँ तक इस समय पंजाबी नौजवानों को उनके साथ लगना चाहिए, ताकि वे इन्क़लाब के वास्तविक अर्थ, हिन्दुस्तान में इन्क़लाब की आवश्यकता, दुनिया में इन्क़लाब का स्थान क्या है, आदि के बारे में जान सकें। सोच-विचार के साथ नौजवान अपने विचारों को स्थिर करें ताकि निराशा, मायूसी और पराजय के समय में भी भटकाव के शिकार न हों और अकेले खड़े होकर दुनिया से मुक़ाबले में डटे रह सकें। इसी तरह जनता इन्क़लाब के ध्येय को पूरा कर सकेगी।

साण्डर्स की हत्या के बाद : दो नोटिस

17 नवम्बर, 1928 को लाला लाजपत राय का देहान्त हुआ। अक्टूबर में साइमन कमीशन के विरोध में लाहौर में हुए विशाल प्रदर्शन का लाला जी ने नेतृत्व किया था और पुलिस ने उन पर लाठियाँ बरसायी थीं। यही लाठियाँ लाला जी की मृत्यु का कारण बनीं। लाला जी की मृत्यु से देश में दुख व आतंक छा गया। श्रीमती चितरंजन दास ने ऐसे माहौल में सवाल किया था, 'क्या देश में मानवता व जवानी अभी बाक़ी है?'

लाला लाजपत राय के प्रति बहुत अच्छी राय न होने के बावजूद, क्रान्तिकारियों ने लाला जी की मृत्यु को राष्ट्रीय अपमान का मुद्दा बनाया और इसका बदला लाला जी पर लाठियाँ बरसाने वाले ब्रिटिश पुलिस अधिकारी साण्डर्स को मारकर लिया। हालाँकि वरिष्ठ पुलिस अधिकारी स्काट क्रान्तिकारियों से बच गया।

साण्डर्स की हत्या 17 दिसम्बर को की गयी। 18 दिसम्बर को पूरे लाहौर में हिन्दुस्तान समाजवादी प्रजातान्त्रिक सेना के कमाण्डर इन चीफ़ के हस्ताक्षर से एक परचा बाँटा गया। 23 दिसम्बर को फिर एक नोटिस लगाया गया।—स.

'हिन्दुस्तान समाजवादी प्रजातान्त्रिक सेना'

नोटिस

नौकरशाही सावधान!

जे.पी. साण्डर्स की मृत्यु से लाला लाजपत राय जी की हत्या का
बदला ले लिया गया।

यह सोचकर कितना दुख होता है कि जे.पी. साण्डर्स जैसे एक मामूली पुलिस अफ़सर के कमीने हाथों देश की तीस करोड़ जनता द्वारा सम्मानित एक नेता पर हमला करके उनके प्राण ले लिये गये। राष्ट्र का यह अपमान हिन्दुस्तानी नवयुवकों और मर्दों को चुनौती थी।

आज संसार ने देख लिया है कि हिन्दुस्तान की जनता निष्प्राण नहीं हो गयी है, उनका (नौजवानों) ख़ून जम नहीं गया, वे अपने राष्ट्र के सम्मान के लिए प्राणों की बाजी लगा सकते हैं। और यह प्रमाण देश के उन युवकों ने दिया है जिनकी स्वयं देश के नेता निन्दा और अपमान करते हैं।

अत्याचारी सरकार सावधान!

इस देश की दलित और पीड़ित जनता की भावनाओं को ठेस मत लगाओ! अपनी शैतानी हरकतें बन्द करो। हमें हथियार न रखने देने के लिए बनाये तुम्हारे सब क़ानूनों और चौकसी के बावजूद पिस्तौल और रिवाल्वर इस देश की जनता के हाथ में आते ही रहेंगे। यदि वह हथियार सशस्त्र क्रान्ति के लिए पर्याप्त न भी हुए तो भी राष्ट्रीय अपमान का बदला लेते रहने के लिए तो काफ़ी रहेंगे ही। हमारे अपने लोग हमारी निन्दा और अपमान करें। विदेशी सरकार चाहे हमारा कितना भी दमन कर ले, परन्तु हम राष्ट्रीय सम्मान की रक्षा करने और विदेशी अत्याचारियों को सबक सिखाने के लिए सदा तत्पर रहेंगे। हम सब विरोध और दमन के बावजूद क्रान्ति की पुकार को बुलन्द रखेंगे और फ़ाँसी के तख़्तों पर से भी पुकार कर कहेंगे—

इन्क़लाब ज़िन्दाबाद!

हमें एक आदमी की हत्या करने का खेद है। परन्तु यह आदमी उस निर्दयी, नीच और अन्यायपूर्ण व्यवस्था का अंग था जिसे समाप्त कर देना आवश्यक है। इस आदमी की हत्या हिन्दुस्तान में ब्रिटिश शासन के कारिन्दे के रूप में की गयी है। यह सरकार संसार की सबसे अत्याचारी सरकार है।

मनुष्य का रक्त बहाने के लिए हमें खेद है। परन्तु क्रान्ति की वेदी पर कभी-कभी रक्त बहाना अनिवार्य हो जाता है। हमारा उद्देश्य एक ऐसी क्रान्ति से है जो मनुष्य द्वारा मनुष्य के शोषण का अन्त कर देगी।

'इन्क़लाब ज़िन्दाबाद!'

ह. बलराज

18 दिसम्बर, 1928 'सेनापति, पंजाब हि.स.प्र.स.'

हिन्दुस्तान समाजवादी प्रजातान्त्रिक सेना

नोटिस

17 दिसम्बर की घटना सम्बन्धी

अब कोई रहस्य नहीं! कोई अनुमान नहीं!

जे.पी. साण्डर्स मारा गया!

लाला लाजपत राय का बदला ले लिया गया!!

हि.स.प्र.स. की नियमावली (नियम 10-बी व सी) के अनुसार इस बात की सूचना दी जाती है कि यह सीधी राजनीतिक प्रकृति की बदले की कार्रवाई थी। भारत के महान बुज़ुर्ग लाला लाजपत राय पर किये गये अत्यन्त घृणित हमले से उनकी मृत्यु हुई। यह इस देश की राष्ट्रीयता का सबसे बड़ा अपमान था और अब इसका बदला ले लिया गया है।

इसके बाद सभी से यह अनुरोध है कि हमारे शत्रु पुलिस को हमारा पता-ठिकाना बताने में किसी कस्मि की सहायता न दें। जो कोई इसके विपरीत काम करेगा, उस पर सख़्त कार्रवाई की जायेगी।

इन्क़लाब ज़िन्दाबाद!

हस्ताक्षर बलराज

23 दिसम्बर, 1928 कमाण्डर-इन चीफ़

बहरों को सुनाने के लिए बम का धमाका

असेम्बली हॉल में फेंका गया परचा

8 अप्रैल, सन् 1929 को असेम्बली में बम फेंकने के बाद भगतसिंह और बटुकेश्वर दत्त द्वारा बाँटे गये अंग्रेज़ी परचे का हिन्दी अनुवाद।—स.

'हिन्दुस्तान समाजवादी प्रजातान्त्रिक सेना'

सूचना

"बहरों को सुनाने के लिए बहुत ऊँची आवाज़ की आवश्यकता होती है", प्रसिद्ध फ्रांसीसी अराजकतावादी शहीद वैलियाँ के ये अमर शब्द हमारे काम के औचित्य के साक्षी हैं।

पिछले दस वर्षों में ब्रिटिश सरकार ने शासन-सुधार के नाम पर इस देश का जो अपमान किया है उसकी कहानी दोहराने की आवश्यकता नहीं और न ही हिन्दुस्तानी पार्लियामेण्ट पुकारी जाने वाली इस सभा ने भारतीय राष्ट्र के सिर पर पत्थर फेंककर उसका जो अपमान किया है, उसके उदाहरणों को याद दिलाने की आवश्यकता है। यह सब सर्वविदित और स्पष्ट है। आज फिर जब लोग 'साइमन कमीशन' से कुछ सुधारों के टुकड़ों की आशा में आँखें फैलाये हैं और इन टुकड़ों के लोभ में आपस में झगड़ रहे हैं, विदेशी सरकार 'सार्वजनिक सुरक्षा विधेयक' (पब्लिक सेफ्टी बिल) और 'औद्योगिक विवाद विधेयक' (ट्रेड्स डिस्प्यूट्स बिल) के रूप में अपने दमन को और भी कड़ा कर लेने का यत्न कर रही है। इसके साथ ही आने वाले अधिवेशन में 'अख़बारों द्वारा राजद्रोह रोकने का क़ानून' (प्रेस सैडिशन एक्ट) जनता पर कसने की भी धमकी दी जा रही है। सार्वजनिक काम करने वाले मज़दूर नेताओं की अन्धाधुन्ध गिरफ़्तारियाँ यह स्पष्ट कर देती हैं कि सरकार किस रवैये पर चल रही है।

राष्ट्रीय दमन और अपमान की इस उत्तेजनापूर्ण परिस्थिति में अपने उत्तरदायित्व

की गम्भीरता को महसूस कर 'हिन्दुस्तान समाजवादी प्रजातन्त्र संघ' ने अपनी सेना को यह क़दम उठाने की आज्ञा दी है। इस कार्य का प्रयोजन है कि क़ानून का यह अपमानजनक प्रहसन समाप्त कर दिया जाये। विदेशी शोषक नौकरशाही जो चाहे करे परन्तु उसकी वैधानिकता की नकाब फाड़ देना आवश्यक है।

जनता के प्रतिनिधियों से हमारा आग्रह है कि वे इस पार्लियामेण्ट के पाखण्ड को छोड़ कर अपने-अपने निर्वाचन क्षेत्रों को लौट जायें और जनता को विदेशी दमन और शोषण के विरुद्ध क्रान्ति के लिए तैयार करें। हम विदेशी सरकार को यह बतला देना चाहते हैं कि हम 'सार्वजनिक सुरक्षा' और 'औद्योगिक विवाद' के दमनकारी क़ानूनों और लाला लाजपत राय की हत्या के विरोध में देश की जनता की ओर से यह क़दम उठा रहे हैं।

हम मनुष्य के जीवन को पवित्र समझते हैं। हम ऐसे उज्ज्वल भविष्य में विश्वास रखते हैं जिसमें प्रत्येक व्यक्ति को पूर्ण शान्ति और स्वतन्त्रता का अवसर मिल सके। हम इन्सान का ख़ून बहाने की अपनी विवशता पर दुखी हैं। परन्तु क्रान्ति द्व ारा सबको समान स्वतन्त्रता देने और मनुष्य द्वारा मनुष्य के शोषण को समाप्त कर देने के लिए क्रान्ति में कुछ न कुछ रक्तपात अनिवार्य है।

इन्क़लाब ज़िन्दाबाद!

ह. बलराज

कमाण्डर इन चीफ़

बमकाण्ड पर सेशन कोर्ट में बयान

असेम्बली में बम फेंकने के बाद, 6 जून, 1929 को दिल्ली के सेशन जज मि. लियोनार्ड मिडिल्टन की अदालत में दिया गया भगतसिंह और बटुकेश्वर दत्त का ऐतिहासिक बयान।–स.

हमारे ऊपर गम्भीर आरोप लगाये गये हैं। इसलिए यह आवश्यक है कि हम भी अपनी सफ़ाई में कुछ शब्द कहें। हमारे कथित अपराध के सम्बन्ध में निम्नलिखित प्रश्न उठते हैं: (1) क्या वास्तव में असेम्बली में बम फेंके गये थे, यदि हाँ तो क्यों? (2) नीचे की अदालत में हमारे ऊपर जो आरोप लगाये गये हैं, वे सही हैं या ग़लत?

पहले प्रश्न के पहले भाग के लिए हमारा उत्तर स्वीकारात्मक है, लेकिन तथाकथित चश्मदीद गवाहों ने इस मामले में जो गवाही दी है वह सरासर झूठ है। चूँकि हम बम फेंकने से इन्कार नहीं कर रहे हैं इसलिए यहाँ इन गवाहों के बयानों की सच्चाई की परख भी हो जानी चाहिए। उदाहरण के लिए, हम यहाँ बता देना चाहते हैं कि सार्जेण्ट टेरी का यह कहना कि उन्होंने हममें से एक के पास से पिस्तौल बरामद

की, एक सफ़ेद झूठ-मात्र है, क्योंकि जब हमने अपनेआप को पुलिस के हाथों में सौंपा तो हममें से किसी के पास कोई पिस्तौल न थी। जिन गवाहों ने कहा है कि उन्होंने हमें बम फेंकते देखा था, वे झूठ बोलते हैं। न्याय तथा निष्कपट व्यवहार को सर्वोपरि मानने वाले लोगों को इन झूठी बातों से एक सबक लेना चाहिए। साथ ही हम सरकारी वकील के उचित व्यवहार तथा अदालत के अभी तक के न्यायसंगत रवैये को भी स्वीकार करते हैं।

पहले प्रश्न के दूसरे हिस्से का उत्तर देने के लिए हमें इस बमकाण्ड जैसी ऐतिहासिक घटना के कुछ विस्तार में जाना पड़ेगा। हमने वह काम किस अभिप्राय से तथा किन परिस्थितियों के बीच किया, इसकी पूरी एवं खुली सफ़ाई आवश्यक है।

ज़ेल में हमारे पास कुछ पुलिस अधिकारी आये थे। उन्होंने हमें बताया कि लॉर्ड इर्विन ने इस घटना के बाद ही असेम्बली के दोनों सदनों के सम्मिलित अधिवेशन में कहा है कि "यह विद्रोह किसी व्यक्ति-विशेष के ख़िलाफ़ नहीं, वरन सम्पूर्ण शासन-व्यवस्था के विरुद्ध था।" यह सुनकर हमने तुरन्त भाँप लिया कि लोगों ने हमारे इस काम के उद्देश्य को सही तौर पर समझ लिया है।

मानवता को प्यार करने में हम किसी से पीछे नहीं हैं। हमें किसी से व्यक्तिगत द्वेष नहीं है और हम प्राणि-मात्र को हमेशा आदर की नज़र से देखते आये हैं। हम न तो बर्बरतापूर्ण उपद्रव करने वाले देश के कलंक हैं, जैसाकि सोशलिस्ट कहलाने वाले दीवान चमनलाल ने कहा है, और न ही हम पागल हैं, जैसाकि लाहौर के 'ट्रिब्यून' तथा कुछ अन्य अख़बारों ने सिद्ध करने का प्रयास किया है। हम तो केवल अपने देश के इतिहास, उसकी मौजूदा परिस्थिति तथा अन्य मानवोचित आकांक्षाओं के मननशील विद्यार्थी होने का विनम्रतापूर्वक दावाभर कर सकते हैं। हमें ढोंग तथा पाखण्ड से नफरत है।

एक अपकारजनक संस्था

यह काम हमने किसी व्यक्तिगत स्वार्थ अथवा विद्वेष की भावना से नहीं किया है। हमारा उद्देश्य केवल उस शासन-व्यवस्था के विरुद्ध प्रतिवाद करना था जिसके हर एक काम से उसकी अयोग्यता ही नहीं वरन अपकार करने की उसकी असीम क्षमता भी प्रकट होती है। इस विषय पर हमने जितना विचार किया उतना ही हमें इस बात का दृढ़ विश्वास होता गया कि वह केवल संसार के सामने भारत की लज्जाजनक तथा असहाय अवस्था का ढिढोरा पीटने के लिए ही कायम है और वह एक गैर-ज़िम्मेदार तथा निरंकुश शासन का प्रतीक है।

जनता के प्रतिनिधियों ने कितनी ही बार राष्ट्रीय माँगों को सरकार के सामने

रखा, परन्तु उसने उन माँगों की सर्वथा अवहेलना करके हर बार उन्हें रद्दी की टोकरी में डाल दिया। सदन द्वारा पास किये गये गम्भीर प्रस्तावों को भारत की तथाकथित पार्लियामेण्ट के सामने ही तिरस्कारपूर्वक पैरों तले रौंदा गया है, दमनकारी तथा निरंकुश क़ानूनों को समाप्त करने की माँग करने वाले प्रस्तावों को हमेशा अवज्ञा की दृष्टि से ही देखा गया है और जनता द्वारा निर्वाचित सदस्यों ने सरकार के जिन क़ानूनों तथा प्रस्तावों को अवांछित एवं अवैधानिक बताकर रद्द कर दिया था, उन्हें केवल क़लम हिलाकर ही सरकार ने लागू कर लिया है।

संक्षेप में, बहुत कुछ सोचने के बाद भी एक ऐसी संस्था के अस्तित्व का औचित्य हमारी समझ में नहीं आ सका जो, बावजूद उस तमाम शानो-शौक़त के, जिसका आधार भारत के करोड़ों मेहनतकशों की गाढ़ी कमाई है, केवल मात्र दिल को बहलाने वाली, थोथी, दिखावटी और शरारतों से भरी हुई एक संस्था है। हम सार्वजनिक नेताओं की मनोवृत्ति को समझ पाने में भी असमर्थ हैं। हमारी समझ में नहीं आता कि हमारे नेतागण भारत की असहाय परतन्त्रता की खिल्ली उड़ाने वाले इतने स्पष्ट एवं पूर्वनियोजित प्रदर्शनों पर सार्वजनिक सम्पत्ति एवं समय बरबाद करने में सहायक क्यों बनते हैं।

हम इन्हीं प्रश्नों तथा मज़दूर आन्दोलन के नेताओं की धरपकड़ पर विचार कर ही रहे थे कि सरकार औद्योगिक विवाद विधेयक लेकर सामने आयी। हम इसी सम्बन्ध में असेम्बली की कार्यवाही देखने गये। वहाँ हमारा यह विश्वास और भी दृढ़ हो गया कि भारत की लाखों मेहनतकश जनता एक ऐसी संस्था से किसी बात की भी आशा नहीं कर सकती जो भारत के बेबस मेहनतकशों की दासता तथा शोषकों की गलाघोंटू शक्ति की अहितकारी यादगार है।

अन्त में वह क़ानून, जिसे हम बर्बर एवं अमानवीय समझते हैं, देश के प्रतिनिधियों के सरों पर पटक दिया गया और इस प्रकार करोड़ों संघर्षरत भूखे मज़दूरों को प्राथमिक अधिकारों से भी वंचित कर दिया गया और उनके हाथों से उनकी आर्थिक मुक्ति का एकमात्र हथियार भी छीन लिया गया। जिस किसी ने भी कमरतोड़ परिश्रम करने वाले मूक मेहनतकशों की हालत पर हमारी तरह सोचा है वह शायद स्थिर मन से यह सब नहीं देख सकेगा। बलि के बकरों की भाँति शोषकों—और सबसे बड़ी शोषक स्वयं सरकार है—की बलिवेदी पर आये दिन होने वाली मज़दूरों की इन मूक क़ुर्बानियों को देखकर जिस किसी का दिल रोता है वह अपनी आत्मा की चीत्कार की उपेक्षा नहीं कर सकता।

गवर्नर जनरल की कार्यकारिणी समिति के भूतपूर्व सदस्य स्वर्गीय श्री एस.आर. दास ने अपने प्रसिद्ध पत्र में अपने पुत्र को लिखा था कि इंग्लैण्ड की स्वप्ननिद्रा भंग

करने के लिए बम का उपयोग आवश्यक था। श्री दास के इन्हीं शब्दों को सामने रखकर हमने असेम्बली भवन में बम फेंके थे। हमने वह काम मज़दूरों की तरफ़ से प्रतिरोध प्रदर्शित करने के लिए किया था। उन असहाय मज़दूरों के पास अपने मर्मान्तक क्लेशों को व्यक्त करने का और कोई साधन भी तो नहीं था। हमारा एकमात्र उद्देश्य था 'बहरों को सुनाना' और उन पीड़ितों की माँगों पर ध्यान न देने वाली सरकार को समय रहते चेतावनी देना।

हमारी ही तरह दूसरों की भी परोक्ष धारणा है कि प्रशान्त सागर रूपी भारतीय मानवता की ऊपरी शान्ति किसी भी समय फूट पड़ने वाले एक भीषण तूफ़ान की द्योतक है। हमने तो उन लोगों के लिए सिर्फ़ ख़तरे की घण्टी बजायी है जो आने वाले भयानक ख़तरे की परवाह किये बगैर तेज़ रफ्तार से आगे की तरफ़ भागे जा रहे हैं। हम लोगों को सिर्फ़ यह बता देना चाहते हैं कि 'काल्पनिक अहिंसा' का युग अब समाप्त हो चुका है और आज की उठती हुई नयी पीढ़ी को उसकी व्यर्थता में किसी भी प्रकार का सन्देह नहीं रह गया है।

मानवता के प्रति हार्दिक सद्भाव तथा अमिट प्रेम रखने के कारण उसे व्यर्थ के रक्तपात से बचाने के लिए हमने चेतावनी देने के इस उपाय का सहारा लिया है। और उस आने वाले रक्तपात को हम ही नहीं, लाखों आदमी पहले से ही देख रहे हैं।

काल्पनिक अहिंसा

ऊपर हमने 'काल्पनिक अहिंसा' शब्द का प्रयोग किया है। यहाँ पर उसकी व्याख्या कर देना भी आवश्यक है। आक्रामक उद्देश्य से जब बल का प्रयोग होता है उसे हिंसा कहते हैं, और नैतिक दृष्टिकोण से उसे उचित नहीं कहा जा सकता। लेकिन जब उसका उपयोग किसी वैध आदर्श के लिए किया जाता है तो उसका नैतिक औचित्य भी होता है। किसी हालत में बल-प्रयोग नहीं होना चाहिए, यह विचार काल्पनिक और अव्यावहारिक है। इधर देश में जो नया आन्दोलन तेज़ी के साथ उठ रहा है, और जिसकी पूर्व सूचना हम दे चुके हैं वह गुरु गोविन्द सिह, शिवाजी, कमाल पाशा, रिज़ा खाँ, वाशिंगटन, गैरीबाल्डी, लफायत और लेनिन के आदर्शों से ही प्रस्फुरित है और उन्हीं के पद-चिह्नों पर चल रहा है। चूँकि भारत की विदेशी सरकार तथा हमारे राष्ट्रीय नेतागण दोनों ही इस आन्दोलन की ओर से उदासीन लगते हैं और जानबूझकर उसकी पुकार की ओर से अपने कान बन्द करने का प्रयत्न कर रहे हैं, अतः हमने अपना कर्तव्य समझा कि हम एक ऐसी चेतावनी दें जिसकी अवहेलना न की जा सके।

हमारा अभिप्राय

अभी तक हमने इस घटना के मूल उद्देश्य पर ही प्रकाश डाला है। अब हम अपना अभिप्राय भी स्पष्ट कर देना चाहते हैं।

यह बताने की आवश्यकता नहीं है कि इस घटना के सिलसिले में मामूली चोटें खाने वाले व्यक्तियों अथवा असेम्बली के किसी अन्य व्यक्ति के प्रति हमारे दिलों में कोई वैयक्तिक विद्वेष की भावना नहीं थी। इसके विपरीत हम एक बार फिर स्पष्ट कर देना चाहते हैं कि हम मानव-जीवन को अत्यन्त पवित्र मानते हैं और किसी अन्य व्यक्ति को चोट पहुँचाने के बजाय हम मानवजाति की सेवा में हँसते-हँसते अपने प्राण विसर्जित कर देंगे। हम साम्राज्यवाद की सेना के भाड़े के सैनिकों जैसे नहीं हैं जिनका काम ही हत्या होता है। हम मानव-जीवन का आदर करते हैं और बराबर उसकी रक्षा का प्रयत्न करते हैं। इसके बाद भी हम स्वीकार करते हैं कि हमने जान-बूझकर असेम्बली भवन में बम फेंके।

घटनाएँ स्वयं हमारे अभिप्राय पर प्रकाश डालती हैं। और हमारे इरादों की परख हमारे काम के परिणाम के आधार पर होनी चाहिए न कि अटकल एवं मनगढ़न्त परिस्थितियों के आधार पर। सरकारी विशेषज्ञ की गवाही के विरुद्ध हमें यह कहना है कि असेम्बली भवन में फेंके गये बमों से वहाँ की एक ख़ाली बेंच को ही कुछ नुक़सान पहुँचा और लगभग आधे दर्जन लोगों को मामूली-सी खरोंचेंभर आयीं। सरकारी वैज्ञानिकों ने कहा है कि बम बड़े जोरदार थे और उनसे अधिक नुक़सान नहीं हुआ, इसे एक अनहोनी घटना ही कहना चाहिए। लेकिन हमारे विचार से उन्हें वैज्ञानिक ढंग से बनाया ही ऐसा गया था। पहली बात, दोनों बम बेंचों तथा डेस्कों के बीच की ख़ाली जगह में ही गिरे थे। दूसरे, उनके फूटने की जगह से दो फिट पर बैठे हुए लोगों को भी, जिनमें श्री पी.आर. राउ, श्री शंकर राव तथा सर जॉर्ज शुस्टर के नाम उल्लेखनीय हैं, या तो बिल्कुल ही चोटें नहीं आयी या मात्र मामूली आयीं। अगर उन बमों में जोरदार पोटैशियम क्लोरेट और पिक्रिक एसिड भरा होता, जैसाकि सरकारी विशेषज्ञ ने कहा है, तो इन बमों ने उस लकड़ी के घेरे को तोड़कर कुछ गज की दूरी पर खड़े लोगों तक को उड़ा दिया होता। और यदि उनमें कोई और भी शक्तिशाली विस्फोटक भरा जाता तो निश्चय ही वे असेम्बली के अधिकांश सदस्यों को उड़ा देने में समर्थ होते। यही नहीं, यदि हम चाहते तो उन्हें सरकारी कक्ष में फेंक सकते थे जोकि विशिष्ट व्यक्तियों से खचाखच भरा था। या फिर उस सर जॉन साइमन को अपना निशाना बना सकते थे, जिसके अभागे कमीशन ने प्रत्येक विचारशील व्यक्ति के दिल में उसकी ओर से गहरी नफ़रत पैदा कर दी थी और जो उस समय असेम्बली की अध्यक्ष दीर्घा में बैठा था। लेकिन इस तरह का हमारा

कोई इरादा नहीं था और उन बमों ने उतना ही काम किया जितने के लिए उन्हें तैयार किया गया था। यदि उससे कोई अनहोनी घटना हुई तो यही कि वे निशाने पर अर्थात् निरापद स्थान पर गिरे।

एक ऐतिहासिक सबक

इसके बाद हमने इस कार्य का दण्ड भोगने के लिए अपनेआप को जान-बूझकर पुलिस के हाथों समर्पित कर दिया। हम साम्राज्यवादी शोषकों को यह बता देना चाहते थे कि मुट्ठीभर आदमियों को मारकर किसी आदर्श को समाप्त नहीं किया जा सकता और न ही दो नगण्य व्यक्तियों को कुचलकर राष्ट्र को दबाया जा सकता है। हम इतिहास के इस सबक पर जोर देना चाहते थे कि परिचय-पत्र या परिचय-चिह्न (Letter de catchet) तथा बास्तीय (फ्रांस की कुख्यात ज़ेल जहाँ राजनीतिक बन्दियों को घोर यन्त्रणाएँ दी जाती थीं) फ्रांस के क्रान्तिकारी आन्दोलन को कुचलने में समर्थ नहीं हुए थे, फ़ाँसी के फन्दे और साइबेरिया की ख़ानें रूसी क्रान्ति की आग को बुझा नहीं पायी थीं। तो फिर क्या अध्यादेश और सेफ्टी बिल्स भारत में आज़ादी की लौ को बुझा सकेंगे? षड्यन्त्रों का पता लगाकर या गढ़े हुए षड्यन्त्रों द्वारा नौजवानों को सजा देकर या एक महान आदर्श के स्वप्न से प्रेरित नवयुवकों को ज़ेलों में ठूँसकर क्या क्रान्ति का अभियान रोका जा सकता है? हाँ, सामयिक चेतावनी से, बशर्ते कि उसकी उपेक्षा न की जाये, लोगों की जानें बचायी जा सकती हैं और व्यर्थ की मुसीबतों से उनकी रक्षा की जा सकती है। आगाही देने का यह भार अपने ऊपर लेकर हमने अपना कर्तव्य पूरा किया है।

क्या है क्रान्ति?

(भगतसिंह से नीचे की अदालत में पूछा गया था कि क्रान्ति से उन लोगों का क्या मतलब है? इस प्रश्न के उत्तर में उन्होंने कहा था कि) क्रान्ति के लिए ख़ूनी लड़ाइयाँ अनिवार्य नहीं हैं और न ही उसमें व्यक्तिगत प्रतिहिंसा के लिए कोई स्थान है। वह बम और पिस्तौल का सम्प्रदाय नहीं है। क्रान्ति से हमारा अभिप्राय है–अन्याय पर आधारित मौजूदा समाज-व्यवस्था में आमूल परिवर्तन।

समाज का प्रमुख अंग होते हुए भी आज मज़दूरों को उनके प्राथमिक अधिकार से वंचित रखा जा रहा है और उनकी गाढ़ी कमाई का सारा धन शोषक पूँजीपति हड़प जाते हैं। दूसरों के अन्नदाता किसान आज अपने परिवार सहित दाने-दाने के लिए मुहताज हैं। दुनियाभर के बाज़ारों को कपड़ा मुहैया करने वाला बुनकर अपने तथा अपने बच्चों के तन ढँकनेभर को भी कपड़ा नहीं पा रहा है। सुन्दर महलों का निर्माण करने वाले राजगीर, लोहार तथा बढ़ई स्वयं गन्दे बाड़ों में रहकर ही अपनी

जीवन-लीला समाप्त कर जाते हैं। इसके विपरीत समाज के जोंक शोषक पूँजीपति जरा-जरा-सी बातों के लिए लाखों का वारा-न्यारा कर देते हैं।

यह भयानक असमानता और ज़बरदस्ती लादा गया भेदभाव दुनिया को एक बहुत बड़ी उथल-पुथल की ओर लिये जा रहा है। यह स्थिति अधिक दिनों तक कायम नहीं रह सकती। स्पष्ट है कि आज का धनिक समाज एक भयानक ज्वालामुखी के मुख पर बैठकर रंगरेलियाँ मना रहा है और शोषकों के मासूम बच्चे तथा करोड़ों शोषित लोग एक भयानक खड्ड की कगार पर चल रहे हैं।

आमूल परिवर्तन की आवश्यकता

सभ्यता का यह प्रासाद यदि समय रहते सँभाला न गया तो शीघ्र ही चरमराकर बैठ जायेगा। देश को एक आमूल परिवर्तन की आवश्यकता है। और जो लोग इस बात को महसूस करते हैं उनका कर्तव्य है कि साम्यवादी सिद्धान्तों पर समाज का पुनर्निर्माण करें। जब तक यह नहीं किया जाता और मनुष्य द्वारा मनुष्य का तथा एक राष्ट्र द्वारा दूसरे राष्ट्र का शोषण, जिसे साम्राज्यवाद कहते हैं, समाप्त नहीं कर दिया जाता तब तक मानवता को उसके क्लेशों से छुटकारा मिलना असम्भव है, और तब तक युद्धों को समाप्त कर विश्व-शान्ति के युग का प्रादुर्भाव करने की सारी बातें महज ढोंग के अतिरिक्त और कुछ भी नहीं हैं। क्रान्ति से हमारा मतलब अन्ततोगत्वा एक ऐसी समाज-व्यवस्था की स्थापना से है जो इस प्रकार के संकटों से बरी होगी और जिसमें सर्वहारा वर्ग का आधिपत्य सर्वमान्य होगा। और जिसके फलस्वरूप स्थापित होने वाला विश्व-संघ पीड़ित मानवता को पूँजीवाद के बन्धनों से और साम्राज्यवादी युद्ध की तबाही से छुटकारा दिलाने में समर्थ हो सकेगा।

सामयिक चेतावनी

यह है हमारा आदर्श। और इसी आदर्श से प्रेरणा लेकर हमने एक सही तथा पुरजोर चेतावनी दी है। लेकिन अगर हमारी इस चेतावनी पर ध्यान नहीं दिया गया और वर्तमान शासन-व्यवस्था उठती हुई जनशक्ति के मार्ग में रोड़े अटकाने से बाज न आयी तो क्रान्ति के इस आदर्श की पूर्ति के लिए एक भयंकर युद्ध का छिड़ना अनिवार्य है। सभी बाधाओं को रौंदकर आगे बढ़ते हुए उस युद्ध के फलस्वरूप सर्वहारा वर्ग के अधिनायकतन्त्र की स्थापना होगी। यह अधिनायकतन्त्र क्रान्ति के आदर्शों की पूर्ति के लिए मार्ग प्रशस्त करेगा। क्रान्ति मानवजाति का जन्मजात अधिकार है जिसका अपहरण नहीं किया जा सकता। स्वतन्त्रता प्रत्येक मनुष्य का जन्मसिद्ध अधिकार है। श्रमिक वर्ग ही समाज का वास्तविक पोषक है, जनता की

सर्वोपरि सत्ता की स्थापना श्रमिक वर्ग का अन्तिम लक्ष्य है। इन आदर्शों के लिए और इस विश्वास के लिए हमें जो भी दण्ड दिया जायेगा, हम उसका सहर्ष स्वागत करेंगे। क्रान्ति की इस पूजा-वेदी पर हम अपना यौवन नैवेद्य के रूप में लाये हैं, क्योंकि ऐसे महान आदर्श के लिए बड़े से बड़ा त्याग भी कम है। हम सन्तुष्ट हैं और क्रान्ति के आगमन की उत्सुकतापूर्वक प्रतीक्षा कर रहे हैं।

(6 जून, 1929) इन्क़लाब ज़िन्दाबाद!

बमकाण्ड पर हाईकोर्ट में बयान

दिल्ली के सेशन जज ने असेम्बली बम केस में भगतसिंह को आजीवन कारावास का दण्ड दिया था। लाहौर हाईकोर्ट में उसकी अपील की गयी। दिल्ली अदालत के निर्णय की आलोचना करते हुए भगतसिंह ने हाईकोर्ट में यह दूसरा बयान दिया।

हमारे उद्देश्य पर ध्यान दें

माई लॉर्ड,

हम न वकील हैं, न अंग्रेज़ी विशेषज्ञ हैं और न हमारे पास डिग्रियाँ ही हैं, इसलिए हमसे शानदार भाषणों की आशा न की जाये। हमारी प्रार्थना है कि हमारे बयान की भाषा-सम्बन्धी त्रुटियों पर ध्यान न देते हुए, उसके वास्तविक अर्थ को समझने का प्रयत्न किया जाये। दूसरे तमाम नुक्तों को अपने वकीलों पर छोड़ते हुए मैं स्वयं एक मुद्दे पर अपने विचार प्रकट करूँगा। यह मुद्दा इस मुक़दमे में बहुत महत्त्वपूर्ण है। मुद्दा यह है कि हमारी नीयत क्या थी और हम किस हद तक अपराधी हैं।

यह बड़ा पेचीदा मामला है, इसलिए कोई व्यक्ति भी आपकी सेवा में विचारों के विकास की वह ऊँचाई प्रस्तुत नहीं कर सकता, जिसके प्रभाव में हम एक ख़ास ढंग से सोचनें और व्यवहार करने लगे थे। हम चाहते हैं कि इसे दृष्टि में रखते हुए ही हमारी नीयत और अपराध का अनुमान लगाया जाये। प्रसिद्ध क़ानून-विशारद सालोमन के अनुसार किसी भी व्यक्ति को उसके अपराधी आचरण के लिए उस समय तक सजा नहीं मिलनी चाहिए, जब तक उसका उद्देश्य क़ानून-विरोधी सिद्ध न हो।

सेशन जज की अदालत में हमने जो लिखित बयान दिया था, वह हमारे उद्देश्य की व्याख्या भी करता है और उस रूप में हमारी नीयत की व्याख्या करता था, लेकिन सेशन जज महोदय ने क़लम की एक ही नोक से यह कहकर कि "आमतौर पर अपराध को व्यवहार में लाने वाली बात क़ानून के कार्य को प्रभावित नहीं करती और इस देश में क़ानूनी व्याख्याओं में कभी-कभार उद्देश्य और नीयत की चर्चा होती है", हमारी सब कोशिशें बेकार कर दीं।

माई लॉर्ड, इन परिस्थितियों में सुयोग्य सेशन जज के लिए उचित होता कि या तो अपराध का अनुमान परिणाम से लगाते या हमारे बयान की मदद से मनोवैज्ञानिक पहलू का फ़ैसला करते, पर उन्होंने इन दोनों में से एक भी काम नहीं किया।

विचारणीय बात यह है कि असेम्बली में हमने जो दो बम फेंके, उनसे किसी भी व्यक्ति की शारीरिक या आर्थिक हानि नहीं हुई। इस दृष्टिकोण से हमें जो सजा दी गयी है वह कठोरतम ही नहीं, बदला लेने की भावना वाली भी है। यदि दूसरे दृष्टिकोण से देखा जाये तो जब तक अभियुक्त की मनोभावना का पता न लगाया जाये, उसके असली उद्देश्य का पता ही नहीं चल सकता। यदि उद्देश्य को पूरी तरह भुला दिया जाये तो किसी भी व्यक्ति के साथ न्याय नहीं हो सकता, क्योंकि उद्देश्य को नज़रों में न रखने पर संसार के बड़े-बड़े सेनापति साधारण हत्यारे नज़र आयेंगे, सरकारी कर वसूल करने वाले अधिकारी चोर, जालसाज दिखायी देंगे और न्यायाधीशों पर भी क़त्ल करने का अभियोग लगेगा। इस तरह तो समाज-व्यवस्था और सभ्यता ख़ूनख़राबा, चोरी और जालसाजी बनकर रह जायेगी। यदि उद्देश्य की उपेक्षा की जाये, तो किसी हुकूमत को क्या अधिकार है कि समाज के व्यक्तियों से न्याय करने को कहे? उद्देश्य की उपेक्षा की जाये तो हर धर्मप्रचारक झूठ का प्रचारक दिखायी देगा और हरेक पैगम्बर पर अभियोग लगेगा कि उसने करोड़ों भोले और अनजान लोगों को गुमराह किया। यदि उद्देश्य को भुला दिया जाये तो हजरत ईसा मसीह गड़बड़ कराने वाले, शान्ति भंग करने वाले और विद्रोह का प्रचार करने वाले दिखायी देंगे और क़ानून के शब्दों में 'ख़तरनाक व्यक्तित्व' माने जायेंगे, लेकिन हम उनकी पूजा करते हैं, उनके लिए हमारे दिलों में बेहद आदर है, उनकी मूर्ति हमारे दिलों में आध्यात्मिकता का स्पन्दन पैदा करती है। यह क्यों? यह इसलिए कि उनके प्रयत्नों का प्रेरक एक ऊँचे दरजे का उद्देश्य था। उस युग के शासकों ने उनके उद्देश्य को नहीं पहचाना, उन्होंने उनके बाहरी व्यवहार को ही देखा, लेकिन उस समय से लेकर इस समय तक उन्नीस शताब्दियाँ बीत चुकी हैं, क्या हमने तब से लेकर अब तक कोई तरक्की नहीं की? क्या हम ऐसी गलतियाँ दोहरायेंगे? अगर ऐसा हो तो मानना पड़ेगा कि इन्सानियत की क़ुर्बानियाँ, बड़े शहीदों के प्रयत्न बेकार रहे और आज भी हम उसी स्थान पर हैं, जहाँ आज से बीस शताब्दी पहले थे?

क़ानूनी दृष्टि से उद्देश्य का प्रश्न ख़ास महत्त्व रखता है। जनरल डायर का उदाहरण लीजिए। उसने गोली चलायी और सैकड़ों निरपराध और शस्त्रहीन व्यक्तियों को मार डाला, लेकिन फौजी अदालत ने उसे गोली का निशाना बनाने का हुक्म देने की जगह लाखों रुपये इनाम दिये। एक और उदाहरण पर ध्यान दीजिए– श्री खड्गबहादुर सिह ने, जो एक गोरखा नौजवान हैं, कलकत्ता में एक अमीर मारवाड़ी

को छुरे से मार डाला। यदि उद्देश्य को एक तरफ़ रख दिया जाये तो खड्गबहादुर को मौत की सजा मिलनी चाहिए थी, लेकिन उसे कुछ वर्षों की सजा दी गयी और उस अवधि से भी बहुत पहले ही मुक्त कर दिया गया। क्या क़ानून में कोई दरार रखनी थी, जो उसे मौत की सजा न दी गयी? या उसके विरुद्ध हत्या का अभियोग सिद्ध न हुआ? उसने हमारी ही तरह अपना अपराध स्वीकार किया था, लेकिन उसका जीवन बच गया और वह स्वतन्त्र है। मैं पूछता हूँ, उसे फ़ाँसी की सजा क्यों नहीं दी गयी? उसका कार्य जँचा-तुला था। उसने पेचीदा ढंग की तैयारी की थी। उद्देश्य की दृष्टि से उसका कार्य हमारे कार्य की अपेक्षा ज़्यादा घातक और संगीन था। उसे इसलिए बहुत ही नरम सजा मिली क्योंकि उसका मक़सद नेक था। उसने समाज को एक ऐसी जोंक से छुटकारा दिलाया, जिसने कई एक सुन्दर लड़कियों का ख़ून चूस लिया था। श्री खड्गबहादुर सिह को महज क़ानून की प्रतिष्ठा बचाये रखने के लिए कुछ वर्षों की सजा दी गयी।

यह सिद्धान्त किस क़दर ग़लत है। यह न्याय के बुनियादी सिद्धान्त का विरोध है, जोकि इस प्रकार है—'क़ानून आदमियों के लिए है, आदमी क़ानून के लिए नहीं है।' इस दशा में क्या कारण है कि हमें भी वे रियायतें न दी जायें, जो श्री खड्गबहादुर सिह को मिली थीं। स्पष्ट है कि उसे नरम सजा देते समय उसका उद्देश्य दृष्टि में रखा गया था, अन्यथा कोई भी व्यक्ति जो किसी दूसरे को क़त्ल करता है, फ़ाँसी की सजा से नहीं बच सकता। क्या इसलिए हमें आम क़ानूनी अधिकार नहीं मिल रहा कि हमारा कार्य हुकूमत के विरुद्ध था या इसलिए कि इस कार्य का राजनीतिक महत्त्व है?

माई लॉर्ड, इस दशा में मुझे यह कहने की आज्ञा दी जाये कि जो हुकूमत इन कमीनी हरकतों में आश्रय खोजती है, जो हुकूमत व्यक्ति के क़ुदरती अधिकार छीनती है, उसे जीवित रहने का कोई अधिकार प्राप्त नहीं। अगर यह क़ायम है, तो आरजी तौर पर और हज़ारों बेगुनाहों का ख़ून इसकी गरदन पर है। यदि क़ानून उद्देश्य नहीं देखता, तो न्याय नहीं हो सकता और न ही स्थायी शान्ति स्थापित हो सकती है।

आटे में संखिया (जहर) मिलाना जुर्म नहीं, बशर्ते कि इसका उद्देश्य चूहों को मारना हो, लेकिन यदि इससे किसी आदमी को मार दिया जाये, तो यह क़त्ल का अपराध बन जाता है। लिहाजा ऐसे क़ानूनों को जो तर्क पर आधारित नहीं और न्याय के सिद्धान्त के विरुद्ध हैं, समाप्त कर देना चाहिए। ऐसे ही न्याय-विरोधी क़ानूनों के कारण बड़े-बड़े श्रेष्ठ बौद्धिक लोगों ने बगावत के कार्य किये हैं।

हमारे मुक़दमे के तथ्य बिल्कुल सादा हैं। 8 अप्रैल, 1929 को हमने सेण्ट्रल असेम्बली में दो बम फेंके। उनके धमाके से चन्द लोगों को मामूली खरोंचें आयीं।

चेम्बर में हंगामा हुआ, सैकड़ों दर्शक और सदस्य बाहर निकल गये। कुछ देर बाद ख़ामोशी छा गयी। मैं और साथी बी.के. दत्त ख़ामोशी के साथ दर्शक गैलरी में बैठे रहे और हमने स्वयं अपने को प्रस्तुत किया कि हमें गिरफ़्तार कर लिया जाये। हमें गिरफ़्तार कर लिया गया। अभियोग लगाये गये और हत्या करने के प्रयत्न के अपराध में हमें सजा दी गयी, लेकिन बमों से 4-5 आदमियों को मामूली चोटें आयीं और एक बेंच को मामूली-सा नुक़सान पहुँचा, और जिन्होंने यह अपराध किया, उन्होंने बिना किसी किस्म के हस्तक्षेप के अपनेआप को गिरफ़्तारी के लिए पेश कर दिया। सेशन जज ने स्वीकार किया कि यदि हम भागना चाहते तो भागने में सफल हो सकते थे। हमने अपना अपराध स्वीकार किया और अपनी स्थिति स्पष्ट करने के लिए बयान दिया। हमें सजा का भय नहीं है। लेकिन हम यह नहीं चाहते कि हमें ग़लत तौर पर समझा जाये। हमारे बयान से कुछ पैराग्राफ़ काट दिये गये हैं, यह वास्तविक स्थिति की दृष्टि से हानिकारक है।

समग्र रूप में हमारे वक्तव्य के अध्ययन से साफ़ प्रकट होता है कि हमारे दृष्टिकोण से हमारा देश एक नाजुक दौर से गुज़र रहा है। इस दशा में काफ़ी ऊँची आवाज़ में चेतावनी देने की ज़रूरत थी और हमने अपने विचारानुसार चेतावनी दी है। सम्भव है कि हम ग़लती पर हों, हमारा सोचने का ढंग जज महोदय के सोचने के ढंग से भिन्न हो, लेकिन इसका यह अर्थ नहीं कि हमें अपने विचार प्रकट करने की स्वीकृति न दी जाये और ग़लत बातें हमारे साथ जोड़ी जायें।

'इन्क़लाब ज़िन्दाबाद' और 'साम्राज्यवाद मुर्दाबाद' के सम्बन्ध में हमने जो व्याख्या अपने बयान में दी, उसे उड़ा दिया गया है; हालाँकि यह हमारे उद्देश्य का ख़ास भाग है। 'इन्क़लाब ज़िन्दाबाद' से हमारा वह उद्देश्य नहीं था, जो आमतौर पर ग़लत अर्थ में समझा जाता है। पिस्तौल और बम इन्क़लाब नहीं लाते, बल्कि इन्क़लाब की तलवार विचारों की सान पर तेज़ होती है और यही चीज़ थी जिसे हम प्रकट करना चाहते थे। हमारे इन्क़लाब का अर्थ पूँजीवादी युद्धों की मुसीबतों का अन्त करना है। मुख्य उद्देश्य और उसे प्राप्त करने की प्रक्रिया समझे बिना किसी के सम्बन्ध में निर्णय देना उचित नहीं है। ग़लत बातें हमारे साथ जोड़ना साफ़-साफ़ अन्याय है।

इसकी चेतावनी देना बहुत आवश्यक था। बेचौनी रोज-रोज बढ़ रही है। यदि उचित इलाज न किया गया, तो रोग ख़तरनाक रूप ले लेगा। कोई भी मानवीय शक्ति इसकी रोकथाम न कर सकेगी। हमने इस तूफ़ान का रुख़ बदलने के लिए यह कार्रवाई की। हम इतिहास के गम्भीर अध्येता हैं। हमारा विश्वास है कि यदि सत्ताधारी शक्तियाँ ठीक समय पर सही कार्रवाइयाँ करतीं, तो फ्रांस और रूस की ख़ूनी क्रान्तियाँ न बरस पड़तीं। दुनिया की कई बड़ी-बड़ी हुकूमतें विचारों के तूफ़ान

को रोकते हुए ख़ून-ख़राबे के वातावरण में डूब गयीं। सत्ताधारी लोग परिस्थितियों के प्रवाह को बदल सकते हैं। हम पहली चेतावनी देना चाहते थे और यदि हम कुछ व्यक्तियों की हत्या करने के इच्छुक होते, तो हम अपने मुख्य उद्देश्य में असफल हो जाते। माई लॉर्ड, इस नीयत (भावना) और उद्देश्य को दृष्टि में रखते हुए हमने कार्रवाई की और इस कार्रवाई के परिणाम हमारे बयान का समर्थन करते हैं। एक और नुक्ता स्पष्ट करना आवश्यक है। यदि हमें बमों की ताक़त के सम्बन्ध में क़तई ज्ञान न होता, तो हम पं. मोतीलाल नेहरू, श्री केलकर, श्री जयकर और श्री जिन्ना जैसे सम्माननीय राष्ट्रीय व्यक्तियों की उपस्थिति में क्यों बम फेंकते? हम नेताओं के जीवन किस तरह ख़तरे में डाल सकते थे? हम पागल तो नहीं हैं? और अगर पागल होते तो ज़ेल में बन्द करने के बजाय हमें पागलख़ाने में बन्द किया जाता। बमों के सम्बन्ध में हमें निश्चित जानकारी थी। उसी के कारण हमने ऐसा साहस किया। जिन बेंचों पर लोग बैठे थे, उन पर बम फेंकना कहीं आसान काम था, लेकिन ख़ाली जगह पर बमों का फेंकना निहायत मुश्किल काम था। अगर बम फेंकने वाले सही दिमागों के न होते या वे परेशान (असन्तुलित) होते तो बम ख़ाली जगह की बजाय बेंचों पर गिरते। तो मैं कहूँगा कि ख़ाली जगह के चुनाव के लिए जो हिम्मत हमने दिखायी, उसके लिए हमें इनाम मिलना चाहिए। इन हालात में, माई लॉर्ड, हम सोचते हैं कि हमें ठीक तरह समझा नहीं गया। आपकी सेवा में हम सजाओं में कमी कराने नहीं आये, बल्कि अपनी स्थिति स्पष्ट करने के लिए आये हैं। हम चाहते हैं कि न तो हमसे अनुचित व्यवहार किया जाये, न ही हमारे सम्बन्ध में अनुचित राय दी जाये। सजा का सवाल हमारे लिए गौण है।

(जनवरी, 1930)

(लाहौर हाईकोर्ट के जस्टिस एस. फोर्ड ने फ़ैसले में लिखाः "यह बयान कोई ग़लती न होगी कि ये लोग दिल की गहराई और पूरे आवेग के साथ वर्तमान समाज के ढाँचे को बदलने की इच्छा से प्रेरित थे। भगतसिंह एक ईमानदार और सच्चे क्रान्तिकारी हैं। मुझे यह कहने में कोई झिझक नहीं है कि वे इस स्वप्न को लेकर पूरी सच्चाई से खड़े हैं कि दुनिया का सुधार वर्तमान सामाजिक ढाँचे को तोड़कर ही हो सकता है। ये क़ानून के ढाँचे की जगह मनुष्य की स्वतन्त्र इच्छा को स्थापित करना चाहते हैं। अराजकतावादियों की सदा यही मान्यता रही है, परन्तु जो अपराध इनके और इनके साथी पर लगा है, उसकी यह कोई सफ़ाई नहीं है।"—स.)

जेल की सलाख़ों के पीछे से

इंस्पेक्टर जनरल के नाम पत्र

12 जून, 1929 को असेम्बली बमकाण्ड के मुक़दमे का ड्रामा ख़त्म हुआ। भगतसिंह और बटुकेश्वर दत्त को उम्रक़ैद की सजा दी गयी। भगतसिंह को दिल्ली से पंजाब ले जाकर मियाँवाली ज़ेल में व दत्त को लाहौर केन्द्रीय ज़ेल में रखा गया। उन्होंने ज़ेल में राजनीतिक बन्दियों के साथ व्यवहार के लिए संघर्ष की योजना गाड़ी में ही बना डाली। उनके अनुसार, "सजा पाने के बाद हमने देखा कि हमारे वर्ग के राजनीतिक क़ैदियों की स्थिति बहुत ख़राब थी।" 17 जून, 1929 को भगतसिंह और बटुकेश्वर दत्त ने अलग-अलग नोटिसों में 15 जून से भूख हड़ताल शुरू करने की सूचना और अपनी माँगों की सूची सरकार को पेश की। बाद में, 14 सितम्बर, 1929 को ये दोनों नोटिस पं. मदनमोहन मालवीय द्वारा लेजिस्लेटिव असेम्बली में पढ़े गये। एक दूसरे पत्र में भगतसिंह ने स्वयं को लाहौर ज़ेल भेजने की बात उठायी ताकि साथियों के सम्पर्क में रह सकें।

मियाँवाली ज़ेल
17 जून, 1929
सेवा में,
इंस्पेक्टर जनरल, ज़ेल,
पंजाब (जेल्स) लाहौर।
प्रिय महोदय,

इस सचाई के बावजूद कि साण्डर्स शूटिग केस में गिरफ़्तार दूसरे नौजवानों के साथ ही मुझ पर भी मुक़दमा चलेगा, मुझे दिल्ली से मियाँवाली ज़ेल में बदल दिया गया है। उस केस की सुनवायी 26 जून, 1929 से शुरू होने वाली है। मैं यह समझने में सर्वथा असमर्थ रहा हूँ कि मुझे यहाँ तब्दील करने के पीछे क्या भावना काम कर रही है।

जो भी हो, न्याय की माँग है कि हरेक अभियुक्त (अण्डर ट्रायल) को वे सब सुविधाएँ मिलनी चाहिए, जिनसे वह अपने मुक़दमे की तैयारी कर सके और लड़ सके। मैं यहाँ रहते कैसे अपना वकील नियुक्त कर सकता हूँ? क्योंकि यहाँ रहते हुए मुझे अपने पिता या दूसरे रिश्तेदारों से सम्पर्क रखना कठिन है। यह स्थान काफ़ी अलग-थलग है, रास्ता कठिन है और लाहौर से काफ़ी दूर है।

मैं प्रार्थना करता हूँ कि आप मुझे तुरन्त लाहौर सेण्ट्रल ज़ेल में बदलने का आदेश दें, जिससे कि मुझे अपना केस लड़ने की तैयारी करने का उचित अवसर मिले। आशा है कि शीघ्र ध्यान दिया जायेगा।

आपका

भगतसिंह

भूख हड़ताल का नोटिस (भगतसिंह)

17 जून, 1929

प्रति,

इंस्पेक्टर जनरल, जेल्स, पंजाब, लाहौर।

असेम्बली बमकाण्ड दिल्ली के सम्बन्ध में मुझे आजीवन क़ैद की सजा दी गयी है, इसलिए स्पष्ट है कि मैं राजनीतिक बन्दी हूँ। दिल्ली ज़ेल में मुझे विशेष भोजन मिलता था, लेकिन यहाँ पहुँचने पर मेरे साथ सामान्य अपराधियों जैसा सलूक किया जा रहा है इसलिए मैं 15 जून, 1929 की सुबह से भूख हड़ताल पर हूँ। इन दो-तीन दिनों में मेरा वज़न दिल्ली ज़ेल की अपेक्षा 6 पौण्ड कम हो गया है। मैं आपका ध्यान इस ओर आकर्षित करना चाहता हूँ कि मुझे हर हाल में राजनीतिक बन्दी का विशेष दर्जा मिलना चाहिए। मेरी माँगें हैंः अच्छा भोजन (दूध, घी, दाल, चावल आदि के साथ), मशक्क़त न करायी जाये, स्नान-सुविधा (साबुन, तेल-हजामत आदि), प्रत्येक तरह का साहित्य (इतिहास, अर्थशास्त्र, राजनीतिक विज्ञान, कविता, नाटक या उपन्यास, समाचारपत्र)। मुझे उम्मीद है कि आप उदारतापूर्वक मेरे कथन पर विचार करेंगे और अपना फ़ैसला लेंगे।

भगतसिंह

आजीवन बन्दी न. 117,

मियाँवाली ज़ेल

भूख हड़ताल का नोटिस (बी.के. दत्त)

17 जून, 1929

सुपरिण्टेण्डेण्ट, सेण्ट्रल ज़ेल, लाहौर

मैं आपको और उच्च अधिकारियों को बताना चाहता हूँ कि राजनीतिक बन्दी होने के नाते मैं निम्न सुविधाओं की माँग कर सकता हूँ। असेम्बली में बम फेंकने के बाद लॉर्ड इर्विन ने अपने अन्तिम भाषण में कहा था, "यह बम किसी एक व्यक्ति की ओर नहीं बल्कि एक संस्था पर फेंके गये हैं।" फिर श्री मिडल्टन ने अपने फ़ैसले में उल्लेख किया है कि "ये लोग (दत्त और भगतसिंह) अदालत में 'इन्कपलाब ज़िन्दाबाद', 'सर्वहारा ज़िन्दाबाद' आदि के नारे लगाते हुए आते थे जिससे साफ़ जाहिर होता है कि वे इस तरह के राजनीतिक विचारों के हैं। इन्हीं विचारों के प्रचार को रोकने के लिए मैं इनको जीवन क़ैद की सजा देता हूँ।"

मैं पुनः यह बता देना चाहता हूँ कि जब कोई यूरोपियन स्वार्थपरता के लिए स्वयं क़ानून की अवहेलना करता है तब ज़ेल में उसको सभी तरह की सुविधाएँ मिलती हैं। उसे बिजली वाला हवादार कमरा, सबसे अच्छी खुराक (दूध, मक्खन, डबल रोटी, गोश्त आदि) और अच्छे कपड़े मिलेंगे। लेकिन हम राजनीतिक क़ैदियों को ये सुविधाएँ मुहैया नहीं करायी जा रहीं। लॉर्ड इर्विन और श्री मिडल्टन की टिप्पणियाँ यह साबित करने के लिए पर्याप्त हैं कि हम राजनीतिक बन्दी हैं और इस आधार पर मैं माँग करता हूँ कि हमारे साथ राजनीतिक बन्दियों जैसा व्यवहार होना चाहिए। मुझे अच्छी खुराक मिलनी चाहिए, जोकि मनुष्य के स्वास्थ्य के लिए आवश्यक है।

इसके साथ ही राजनीति पर विचार करने के लिए मुझे हर प्रकार का साहित्य और समाचारपत्र मिलने चाहिए। लोग हमें अक्खड़, गुमराह और बेसब्र नौजवान कहते हैं, इसलिए हमें अलग-अलग पुस्तकें पढ़ने का अवसर दिया जाना चाहिए, ताकि हम देख सकें कि हम वास्तव में बेसब्र, गुमराह नौजवान हैं या नहीं, हमारे काम का विचार ठीक है या नहीं। मेरी माँगें इस प्रकार हैं –

1. अच्छी खुराक, सुबह दूध और डबल रोटी। दोपहर को दाल, चावल, घी, सब्जी और चीनी और रात को डबल रोटी, गोश्त और चटनी।
2. मशक्क़त न करायी जाये।
3. समाचारपत्र और हर प्रकार का साहित्य।
4. स्नान, साबुन, तेल, कंघी और हज्जाम आदि सहित।
5. अच्छी रिहायश।
6. अपने कपड़े।

सजा से पहले और बाद में मुझे ये सब चीज़ें ज़ेल के ख़र्च पर मिलती थीं, लेकिन यहाँ ये सब चीज़ें नहीं मिल रहीं। इसलिए मैंने 14 जून, 1929 से भूख हड़ताल शुरू कर दी है। इन्हीं कारणों से मियाँवाली ज़ेल में मेरे साथी भगतसिंह ने भी भूख हड़ताल की हुई है। मैं तब तक भूख हड़ताल नहीं छोडूँगा जब तक कि सरकार हमारी माँगों को नहीं स्वीकार करती।

मैं तुरन्त उत्तर की आशा करता हूँ। जो भी कोई सरकारी अधिकारी आयेगा उससे इस विषय पर विचार-विमर्श के लिए मैं तैयार हूँ।

बी.के. दत्त,
क़ैदी, असेम्बली बम केस

यतीन्द्रनाथ दास का पत्र

3 जुलाई, 1929

सम्राट बनाम यतीन्द्रनाथ दास

महोदय,

आपका प्रार्थी अत्यन्त सम्मानपूर्वक प्रार्थना करता है कि—

(क) क़रीब चार या पाँच दिन पहले रेलवे स्टेशन पुलिस लॉकअप, जहाँ मैं बन्दी रखा गया था, में शिनाख़्ती परेड करवायी गयी।

(ख) कि रेलवे स्टेशन से गन्दे कपड़े पहने व क़रीब तीस-पैंतालीस साल की उम्र के बीच के कुछ पंजाबी भंगियों और कुलियों को लाया गया। इन व्यक्तियों को इस लॉकअप पर एक गली से लाया गया, जिसके क़रीब मजिस्ट्रेट की कार में पहचान कराने वाला बैठा हुआ था। जब मुझे इन छह व्यक्तियों के बीच खड़ा कर दिया गया और यद्यपि ऐसी शिनाख़्ती परेड के बेतुकेपन के विषय में मैंने मजिस्ट्रेट से रोष भी प्रकट किया, क्योंकि ये पंजाबी न सिर्फ़ अत्यन्त हृष्ट-पुष्ट थे उनके चेहरे के रूप तक से कोई भी यह बता सकता था कि वे बंगाली नहीं हैं। लेकिन मेरी आपत्तियों पर कोई ध्यान नहीं दिया गया, हालाँकि मैंने मजिस्ट्रेट से बार-बार यह कहा कि न्यायोचित यह होगा कि मुझे मुझसे मिलते-जुलते बंगालियों के बीच खड़ा किया जाये, क्योंकि पुलिस के पास मेरा फ़ोटो, मेरे हस्ताक्षर आदि थे जिन्हें वे मेरी शिनाख़्त करने आने वाले व्यक्ति या व्यक्तियों को दिखा सकते थे।

(ग) कि जो व्यक्ति मेरी शिनाख़्त करने आया उससे, मैं जिस तारीख़ को उसने कथित रूप से मुझे देखा, उस बारे में कुछ सवाल पूछना चाहता था लेकिन न सिर्फ़ मेरा अनुरोध नहीं माना गया, वहाँ आये पुलिस-अधिकारियों द्वारा शिनाख़्त करने आये, उस व्यक्ति को वहाँ से घसीटकर दूर ले जाया गया।

(घ) कि यह कार्रवाई बड़े गोपनीय तरीक़े व जल्दबाज़ी से की गयी और मुझे डर है कि इसमें गम्भीर अनियमितता पायी गयी है, जिससे मेरे बचाव में भारी नुक़सान होगा।

यतीन्द्रनाथ दास,

3 जुलाई, 1929

2.10 अपराह्न

(क्रान्तिकारियों के विरुद्ध मुक़दमे की कार्रवाई किस ढंग से चल रही थी और ब्रिटिश न्याय किस तरह से एक ढकोसला था, यह तथ्य मजिस्ट्रेट के नाम यतीन्द्रनाथ दास के इस विरोध-पत्र से भली-भाँति उजागर होता है।—स.)

होम मेम्बर के नाम पत्र

सेण्ट्रल ज़ेल, लाहौर

24 जुलाई, 1929

श्रीमान,

होम मेम्बर, भारत सरकार,

हमें (भगतसिंह और बी.के. दत्त) 12 जून, 1929 को दिल्ली के असेम्बली बम केस में आजीवन कारावास का दण्ड सुनाया गया। जब तक हम दिल्ली ज़ेल में हवालाती क़ैदी (अण्डर ट्रायल) रहे, हमारे साथ बड़ा अच्छा सलूक किया गया, पर जब से उस ज़ेल से हमारी तब्दीली मियाँवाली और लाहौर सेण्ट्रल ज़ेल में हुई, तब से हमारे साथ इख़लाकी क़ैदियों जैसा सलूक किया जा रहा है। पहले ही दिन हमने उच्च अधिकारियों से अच्छी खुराक तथा कुछ और सुविधाओं की माँग की और ज़ेल की रोटी खाने से इन्कार कर दिया। हमारी माँगें इस प्रकार थीं—

1. राजनीतिक क़ैदी होने के नाते हमें अच्छा खाना दिया जाना चाहिए, इसलिए हमारे भोजन का रूप यूरोपियन क़ैदियों जैसा होना चाहिए। हम उसी तरह की खुराक की माँग नहीं करते, बल्कि खुराक का स्तर वैसा चाहते हैं।

2. हमें मशक्कत के नाम पर ज़ेलों में सम्मानहीन काम करने के लिए बाध्य नहीं किया जाना चाहिए।

3. बिना किसी रोक-टोक के पूर्व स्वीकृत (जिन्हें ज़ेल-अधिकारी स्वीकृत कर लें) पुस्तकें और लिखने का सामान लेने की सुविधा होनी चाहिए।

4. कम से कम एक दैनिक पत्र हरेक क़ैदी को मिलना चाहिए।

5. हरेक ज़ेल में राजनीतिक क़ैदियों का एक विशेष वार्ड होना चाहिए, जिसमें

उन सभी आवश्यकताओं की पूर्ति की सुविधा होनी चाहिए, जो यूरोपियनों के लिए होती हैं और एक ज़ेल में रहने वाले सभी राजनीतिक क़ैदी उस वार्ड में इकट्ठा रहने चाहिए।

6. स्नान के लिए सुविधाएँ मिलनी चाहिए।

7. अच्छे कपड़े मिलने चाहिए।

हमारी ये माँगें पूर्णतया उचित हैं पर ज़ेल-अधिकारियों ने हमें एक दिन कहा कि उच्च अधिकारियों ने हमारी माँगें मानने से इन्कार कर दिया है। इससे भी अधिक यह कि ज़बरदस्ती खाना देने वाले हमारे साथ बड़ा बुरा सलूक करते हैं। 1 जून, 1929 को भगतसिंह ज़बरदस्ती खाना देने के पन्द्रह मिनट बाद तक पूरी तरह बेसुध पड़े रहे। अतः हम यह निवेदन करते हैं कि बिना किसी ढील के यह दुर्व्यवहार बन्द किया जाना चाहिए।

इसके साथ ही हमें यू.पी. ज़ेल कमेटी में पण्डित जगतनारायण और ख़ान बहादुर हाफिज हिदायत हुसेन की सिफ़ारिश की तरफ़ इशारा करने की आज्ञा दी जाये। उन्होंने यह सिफ़ारिश की है कि राजनीतिक क़ैदियों के साथ अच्छी क्लास के क़ैदियों जैसा सलूक किया जाना चाहिए।

हम आपसे प्रार्थना करते हैं कि हमारी माँगों की ओर ध्यान दिया जाये।

आपके,

भगतसिंह और बी.के. दत्त

नोटरू राजनीतिक क़ैदियों से हमारा मतलब उन लोगों से है, जिन्हें शासन-विरोधी कार्रवाइयों के कारण सजा हुई। उदाहरण के लिए, 1915-17 के लाहौर षड्यन्त्र केस, काकोरी षड्यन्त्र केस व अन्य विद्रोही केसों में सजा पाये लोग।

पंजाब जेष्ल जाँच समिति के अध्यक्ष को पत्रा

6 सितम्बर, 1929

अध्यक्ष, पंजाब ज़ेल जाँच समिति,

और भूख हड़ताल उपसमिति के सदस्यगण, शिमला

(द्वारा, अधीक्षक, बोर्स्टल इंस्टीच्यूट, लाहौर)

प्रिय महोदयो,

निम्न बातें हम आपके विचारार्थ रखने की अनुमति चाहते हैं–

(1) कि हमने भूख हड़ताल छोड़ी नहीं थी बल्कि सिर्फ़ सरकार के निर्णय तक इसे स्थगित किया था। हमारा विचार है कि हमने यह बात आपसे स्पष्ट कह दी

थी और बार-बार फिर आपसे यह आग्रह किया था कि इसे जनता और साथ ही सरकार के सामने स्पष्ट कर दिया जाये।

हमें बहुत हैरानी हुई कि 4 सितम्बर, 1929 के 'सिविल एण्ड मिलिट्री गजट' में भूख हड़ताल उपसमिति के सदस्यों की ओर से दिये प्रेस-वक्तव्य में इस बात का कोई जिक्र नहीं किया गया। फिर भी हमें उम्मीद है कि आप जल्द से जल्द यह कर देंगे।

(2) हमने सिर्फ़ आश्वासन पर भूख हड़ताल स्थगित नहीं की थी कि आप और जाँच समिति के बाक़ी सदस्य हमारे सन्तोष के अनुसार हमारी सारी माँगें मानते हुए इसकी सिफ़ारिश कर देंगे। हममें से एक ने तो आपसे कहा था कि सरकार ने विगत समय में बहुत सारे मामलों में जाँच समिति की ऐसी सिफ़ारिशें नहीं मानी थीं, क्योंकि इससे उनका लक्ष्य पूरा नहीं होता, उदाहरणस्वरूप सकीन समिति का हवाला दिया गया था।

उन्हें संशय था कि आपकी समिति की सिफ़ारिशों के साथ भी यही व्यवहार होगा।

जवाब में आपने कहा था कि हमारे पास आने से पहले आपने स्थानीय सरकार से बात कर ली थी, और आप हमें आश्वासन देने की स्थिति में थे कि सरकार इस मामले में ऐसा नहीं करेगी।

इस स्पष्ट और महत्त्वपूर्ण आश्वासन पर ही, पूरे नौ घण्टे की बहस के बाद, हमने भूख हड़ताल स्थगित करना स्वीकार किया था।

इसके अतिरिक्त, आपने हमें विश्वास दिलाया था कि हमारी दृढ़ इच्छा के अनुसार साथी यतीन्द्रनाथ दास को, उनके स्वास्थ्य की नाजुक स्थिति को देखते हुए रिहा कर दिया जायेगा।

दूसरे यह कि विचाराधीन क़ैदियों के रूप में हमारी माँगें, जिनमें सबसे महत्त्वपूर्ण हम सभी को (समेत साथी भगतसिंह और साथी दत्त) एक साथ आम बैरक में रखने की माँग, सरकार एक या दो दिन में ही मान लेगी।

पर हमारी आशंकाएँ सही सिद्ध हुईं, जब उपसमिति की तगड़ी व एकमत सिफ़ारिशों के बावजूद सरकार ने न तो साथी दास को रिहा करना स्वीकार किया और न ही साथी भगतसिंह और साथी दत्त को हमारे साथ रखना।

अतः इस तथ्य के तत्काल प्रमाण मिल गये हैं कि सरकार को आपकी सिफ़ारिशों की कोई परवाह नहीं और हमें उम्मीद है, आप हमें यह कहने के लिए क्षमा करेंगे कि सरकार यही चाहती थी कि हमारी भूख हड़ताल तुड़वाने के लिए जन-नेता होने के आपके सम्माननीय पद का इस्तेमाल करे। हम और भी बता दें कि भूख हड़ताल स्थगित करने से पहले हमने बहुत ध्यान से इस बात पर विचार किया था कि जाँच समिति के वायदे पर कहाँ तक भरोसा किया जा सकता है? इस सम्बन्ध में साथी

भगतसिंह और साथी दत्त की सलाह थी कि वर्तमान अवसर पर इसकी परीक्षा हो जायेगी। अब हम देख रहे हैं कि सरकार नें, जबकि आपकी दो बहुत साधारण सिफ़ारिशों की ओर भी ध्यान नहीं दिया, हमें तुरन्त भूख हड़ताल आरम्भ करने के लिए विवश किया है।

(3) साथी दास की अवस्था बेहद चिन्ताजनक है और यदि सरकार यह सोचती है कि उनके देहान्त के बाद हम अपने कर्तव्य से पीछे हट जायेंगे तो यह उसकी घातक ग़लती है। हम सभी यह बता रहे हैं कि हम सब उन्हीं के रास्ते पर चलने के लिए तैयार हैं। फिर भी निरन्तर संघर्ष को ध्यान में रखते हुए सुविधा के लिए हम स्वयं को दो गुटों में बाँट रहे हैं, जिनमें से पहला गुट फ़ौरन भूख हड़ताल शुरू कर रहा है।

यह निश्चय किया गया है कि जब पहले गुट के सदस्य का देहान्त हो जाये तो दूसरे गुट में से एक सदस्य आगे आयेगा।

हमने यह निर्णय इसकी पूरी गम्भीरता को देखते हुए लिया है। अपने साथी दास के पद-चिह्नों पर चलने के सिवाय हमारे समक्ष और कोई भी सम्मानजनक व सरल रास्ता नहीं बचा है।

हम अपने कॉज (Cause) को वाजिब व बाइज़्ज़त समझते हैं, जिन्हें ऐसे गम्भीर क़दम उठाने पर मजबूर करने की बजाय कोई भी सरकार मान लेती। हम फिर बता दें कि हम यह संघर्ष इस हद निश्चय के साथ कर रहे हैं कि वाजिब व पवित्र लक्ष्य के लिए मृत्युपर्यन्त संघर्ष करने के सिवाय और कोई भी चीज़ सम्माननीय व शानदार नहीं हो सकती।

अन्त में हम यह महसूस करते हैं कि हम अपना कर्तव्य पूरा नहीं कर रहे होंगे, यदि सरकार के सामने हमारे लक्ष्य को दिये समर्थन के लिए आपकी सच्ची हार्दिक दिलचस्पी और भारी कष्ट के प्रति आपका हार्दिक आभार न मानें।

सच्चे दिल से, हम हैं आपके,
लाहौर षड्यन्त्र केस के भूख हड़ताली
शुक्रवार, 6 सितम्बर, 1929
प्रातः दस बजे

विद्यार्थियों के नाम पत्र

भगतसिंह और बटुकेश्वर दत्त की ओर से ज़ेल से भेजा गया यह पत्र 19 अक्टूबर, 1929 को पंजाब छात्र संघ, लाहौर के दूसरे अधिवेशन में पढ़कर सुनाया गया था। अधिवेशन के सभापति थे सुभाषचन्द्र बोस।—स.

इस समय हम नौजवानों से यह नहीं कह सकते कि वे बम और पिस्तौल उठायें। आज विद्यार्थियों के सामने इससे भी महत्त्वपूर्ण काम है। आने वाले लाहौर अधिवेशन में कांग्रेस देश की आज़ादी के लिए ज़बरदस्त लड़ाई की उद्घोषणा करने वाली है। राष्ट्रीय इतिहास के इन कठिन क्षणों में नौजवानों के कन्धों पर बहुत बड़ी ज़िम्मेदारी आ पड़ेगी। यह सच है कि स्वतन्त्रता के इस युद्ध में अग्रिम मोर्चों पर विद्यार्थियों ने मौत से टक्कर ली है। क्या परीक्षा की इस घड़ी में वे उसी प्रकार की दृढ़ता और आत्मविश्वास का परिचय देने से हिचकिचायेंगे?

नौजवानों को क्रान्ति का यह सन्देश देश के कोने-कोने में पहुँचाना है, फ़ैक्टरी-कारख़ानों के क्षेत्रों में, गन्दी बस्तियों और गाँवों की जर्जर झोंपड़ियों में रहने वाले करोड़ों लोगों में इस क्रान्ति की अलख जगानी है जिससे आज़ादी आयेगी और तब एक मनुष्य द्वारा दूसरे मनुष्य का शोषण असम्भव हो जायेगा।

पंजाब वैसे ही राजनीतिक तौर पर पिछड़ा हुआ माना जाता है। इसकी भी ज़िम्मेदारी युवक वर्ग पर ही है। आज वे देश के प्रति अपनी असीम श्रद्धा और शहीद यतीन्द्रनाथ दास के महान बलिदान से प्रेरणा लेकर यह सिद्ध कर दें कि स्वतन्त्रता के इस संघर्ष में वे दृढ़ता से टक्कर ले सकते हैं।

22 अक्टूबर, 1929 के ट्रिब्यून (लाहौर) में प्रकाशित

इन्क़लाब ज़िन्दाबाद क्या है?
सम्पादक, मॉडर्न रिव्यू के नाम पत्र

लाहौर के स्पेशल मजिस्ट्रेट की अदालत में "इन्क़लाब ज़िन्दाबाद" नारा लगाने के जुर्म में छात्रों की गिरफ़्तारी के ख़िलाफ़ गुज़राँवाला में नौजवान भारत सभा ने एक प्रस्ताव पारित किया। 'म०डर्न रिव्यू' के सम्पादक रामानन्द चट्टोपाध्याय ने इस ख़बर के आधार पर "इन्क़पलाब ज़िन्दाबाद" के नारे की आलोचना की। भगतसिंह और बी.के. दत्त ने 'मॉडर्न रिव्यू' के सम्पादक को उनके उस सम्पादकीय का निम्नलिखित उत्तर दिया था।—स.

सम्पादक महोदय,

मॉडर्न रिव्यू।

आपने अपने सम्मानित पत्र के दिसम्बर, 1929 के अंक में एक टिप्पणी 'इन्क़लाब ज़िन्दाबाद' शीर्षक से लिखी है और इस नारे को निरर्थक ठहराने की चेष्टा की है। आप सरीखे परिपक्व विचारक तथा अनुभवी और यशस्वी सम्पादक की रचना में दोष निकालना तथा उसका प्रतिवाद करना, जिसे प्रत्येक भारतीय सम्मान की दृष्टि

से देखता है, हमारे लिए एक बड़ी धृष्टता होगी। तो भी इस प्रश्न का उत्तर देना हम अपना कर्तव्य समझते हैं कि इस नारे से हमारा क्या अभिप्राय है।

यह आवश्यक है, क्योंकि इस देश में इस समय इस नारे को सब लोगों तक पहुँचाने का कार्य हमारे हिस्से में आया है। इस नारे की रचना हमने नहीं की है। यही नारा रूस के क्रान्तिकारी आन्दोलन में प्रयोग किया गया है। प्रसिद्ध समाजवादी लेखक अप्टन सिक्लेयर ने अपने उपन्यासों 'बोस्टन' और 'आईल' में यही नारा कुछ अराजकतावादी क्रान्तिकारी पात्रों के मुख से प्रयोग कराया है। इसका अर्थ क्या है? इसका यह अर्थ कदापि नहीं है कि सशस्त्र संघर्ष सदैव जारी रहे और कोई भी व्यवस्था अल्प समय के लिए भी स्थायी न रह सके, दूसरे शब्दों में–देश और समाज में अराजकता फैली रहे।

दीर्घकाल से प्रयोग में आने के कारण इस नारे को एक ऐसी विशेष भावना प्राप्त हो चुकी है, जो सम्भव है भाषा के नियमों एवं कोष के आधार पर इसके शब्दों से उचित तर्कसम्मत रूप में सिद्ध न हो पाये, परन्तु इसके साथ ही इस नारे से उन विचारों को पृथक नहीं किया जा सकता, जो इसके साथ जुड़े हुए हैं। ऐसे समस्त नारे एक ऐसे स्वीकृत अर्थ के द्योतक हैं, जो एक सीमा तक उनमें उत्पन्न हो गये हैं तथा एक सीमा तक उनमें निहित हैं।

उदाहरण के लिए हम यतीन्द्रनाथ ज़िन्दाबाद का नारा लगाते हैं। इससे हमारा तात्पर्य यह होता है कि उनके जीवन के महान आदर्शों तथा उस अथक उत्साह को सदा-सदा के लिए बनाये रखें, जिसने इस महानतम बलिदानी को उस आदर्श के लिए अकथनीय कष्ट झेलने एवं असीम बलिदान करने की प्रेरणा दी। यह नारा लगाने से हमारी यह लालसा प्रकट होती है कि हम भी अपने आदर्शों के लिए ऐसे ही अचूक उत्साह को अपनायें। यही वह भावना है, जिसकी हम प्रशंसा करते हैं। इसी प्रकार हमें 'इन्क़लाब' शब्द का अर्थ भी कोरे शाब्दिक रूप में नहीं लगाना चाहिए। इस शब्द का उचित एवं अनुचित प्रयोग करने वाले लोगों के हितों के आधार पर इसके साथ विभिन्न अर्थ एवं विभिन्न विशेषताएँ जोड़ी जाती हैं। क्रान्तिकारियों की दृष्टि में यह एक पवित्र वाक्य है। हमने इस बात को ट्रिब्यूनल के सम्मुख अपने वक्तव्य में स्पष्ट करने का प्रयास किया था।

इस वक्तव्य में हमने कहा था कि क्रान्ति (इन्क़लाब) का अर्थ अनिवार्य रूप में सशस्त्र आन्दोलन नहीं होता। बम और पिस्तौल कभी-कभी क्रान्ति को सफल बनाने के साधन-मात्र हो सकते हैं। इसमें भी सन्देह नहीं है कि कुछ आन्दोलनों में बम एवं पिस्तौल एक महत्त्वपूर्ण साधन सिद्ध होते हैं, परन्तु केवल इसी कारण से

बम और पिस्तौल क्रान्ति के पर्यायवाची नहीं हो जाते। विद्रोह को क्रान्ति नहीं कहा जा सकता, यद्यपि यह हो सकता है कि विद्रोह का अन्तिम परिणाम क्रान्ति हो।

इस वाक्य में क्रान्ति शब्द का अर्थ 'प्रगति के लिए परिवर्तन की भावना एवं आकांक्षा' है। लोग साधारणतया जीवन की परम्परागत दशाओं के साथ चिपक जाते हैं और परिवर्तन के विचार-मात्र से ही काँपने लगते हैं। यही एक अकर्मण्यता की भावना है, जिसके स्थान पर क्रान्तिकारी भावना जाग्रत करने की आवश्यकता है। दूसरे शब्दों में कहा जा सकता है कि अकर्मण्यता का वातावरण निर्मित हो जाता है और रूढ़िवादी शक्तियाँ मानव समाज को कुमार्ग पर ले जाती हैं। ये परिस्थितियाँ मानव समाज की उन्नति में गतिरोध का कारण बन जाती हैं।

क्रान्ति की इस भावना से मनुष्य जाति की आत्मा स्थायी तौर पर ओतप्रोत रहनी चाहिए, जिससे कि रूढ़िवादी शक्तियाँ मानव समाज की प्रगति की दौड़ में बाधा डालने के लिए संगठित न हो सकें। यह आवश्यक है कि पुरानी व्यवस्था सदैव न रहे और वह नयी व्यवस्था के लिए स्थान रिक्त करती रहे, जिससे कि एक आदर्श व्यवस्था संसार को बिगड़ने से रोक सके। यह है हमारा वह अभिप्राय जिसको हृदय में रखकर हम 'इन्क़लाब ज़िन्दाबाद' का नारा ऊँचा करते हैं।

22 दिसम्बर, 1929 — भगतसिंह—बी.के. दत्त

गृह मन्त्री, भारत सरकार को तार

ब्रिटिश साम्राज्य के विरुद्ध क्रान्तिकारियों ने ज़ेल में भी प्रतिदिन संघर्ष जारी रखा। ज़ेलों में सुधार के लिए जो भूख हड़ताल शुरू की गयी, वह कई मंज़िलों से गुज़री। यतीन्द्रनाथ दास शहीद हुए, सरकार ने कुछ वायदे किये। एक बार भूख हड़ताल छोड़ी गयी, और फिर शुरू कर दी गयी, क्योंकि सरकार के वायदे झूठे साबित हुए थे। जनता के सामने सरकार की असलियत लाना उस अभियान का हिस्सा था। फिर शुरू हुई भूख हड़ताल में सरकार ने कई बेहूदा ढंग अपनाये, लेकिन क्रान्तिकारी दृढ़ता से अपने विश्वासों पर स्थिर रहे। भगतसिंह और उनके साथी सभी कष्टों को हँसकर झेलने के सिद्धान्त पर चलते रहे।

20 जनवरी, 1930

प्रति,

गृहमन्त्री, भारत

भगतसिंह और अन्य क़ैदियों की ओर से।

समिति के इस आश्वासन पर कि राजनीतिक क़ैदियों के साथ व्यवहार का प्रश्न

हमारे सन्तोष के अनुसार शीघ्र ही अन्तिम रूप में हल किया जा रहा है, हमने अपनी भूख हड़ताल स्थगित कर दी थी। अखिल भारतीय कांग्रेस समिति के भूख हड़ताल सम्बन्धी प्रस्तावों की प्रतियाँ ज़ेल-अधिकारियों ने रोक ली हैं। कांग्रेस प्रतिनिधि मण्डल को क़ैदियों से मिलने की अनुमति देने से इन्कार कर दिया गया है। षड्यन्त्र केस से सम्बन्धित विचाराधीन व्यक्तियों पर पुलिस-अधिकारियों की आज्ञा से 23, 24 अक्टूबर, 1929 को बुरी तरह हमले किये गये।

तीसरे इण्टरनेशनल, मास्को के अध्यक्ष को तार

24 जनवरी, 1930 को लेनिन-दिबस के अवसर पर लाहौर षड्यन्त्र केस के विचाराधीन क़ैदी अपनी गरदनों में लाल रूमाल बाँधकर अदालत में आये। वे काकोरी-गीत गा रहे थे। मजिस्ट्रेट के आने पर उन्होंने 'समाजवादी क्रान्ति–ज़िन्दाबाद' और 'साम्राज्यवाद–मुर्दाबाद' के नारे लगाये। फिर भगतसिंह ने निम्नलिखित तार तीसरी इण्टरनेशनल, मास्को के अध्यक्ष के नाम प्रेषित करने के लिए मजिस्ट्रेट को दिया–

"लेनिन-दिवस के अवसर पर हम सोवियत रूस में हो रहे महान अनुभव और साथी लेनिन की सफलता को आगे बढ़ाने के लिए अपनी दिली मुबारक़बाद भेजते हैं। हम अपने को विश्व-क्रान्तिकारी आन्दोलन से जोड़ना चाहते हैं। मज़दूर-राज की जीत हो। सरमायादारी का नाश हो।

साम्राज्यवाद–मुर्दाबाद!!"

विचाराधीन क़ैदी,

24 जनवरी, 1930 लाहौर षड्यन्त्र केस

(ट्रिब्यून, लाहौर 26 जनवरी, 1930 में प्रकाशित)

गृह मन्त्रालय, भारत सरकार को स्मरणपत्र

द्वारा,

स्पेशल मजिस्ट्रेट, लाहौर षड्यन्त्र केस, लाहौर

28 जनवरी, 1930

20 जनवरी, 1930 के हमारे तार के सन्दर्भ में, जो नीचे दिया जा रहा है, हमें कोई उत्तर नहीं दिया गया–

गृह सदस्य भारत सरकार, दिल्ली-लाहौर साजिश केस के विचाराधीन (अण्डर ट्रायल) बन्दियों ने इस आश्वासन पर भूख हड़ताल स्थगित की थी कि सरकार ज़ेल कमेटी की सिफ़ारिशों पर विचार कर रही है। अखिल भारतीय सरकारी कॉफ्रेंथस

समाप्त हो गयी लेकिन अभी तक कोई कार्रवाई नहीं की गयी—राजनीतिक बन्दियों के साथ प्रतिशोधात्मक व्यवहार अभी भी किया जा रहा है। निवेदन है कि लाहौर साजिश केस के बन्दियों के बारे में सरकार हमें अपने अन्तिम निर्णय से एक हफ्ते में अवगत करा दे।

जिस प्रकार उपरोक्त तार में संक्षेप में बताया है, आपके ध्यान में हम यह लाना चाहते हैं कि पंजाब की ज़ेलों में बन्द लाहौर साजिश के बन्दियों और प्रत्येक राजनीतिक बन्दी को पंजाब ज़ेल जाँच कमेटी के सदस्यों के इस आश्वासन से कि बहुत जल्द ही राजनीतिक बन्दियों के व्यवहार का प्रश्न हमारी तसल्ली के अनुसार हल किया जा रहा है, भूख हड़ताल स्थगित कर दी। महान शहीद यतीन्द्रनाथ दास की शहादत के बाद यह मामला लेजिस्लेटिव असेम्बली में उठा और सर जेम्स कर्रीर ने सार्वजनिक रूप से यह आश्वासन दिया कि अब मन बदल गया है। और तभी यह कहा गया था कि राजनीतिक क़ैदियों के साथ व्यवहार के प्रश्न पर उन्हें बहुत सहानुभूति है। ऐसे राज-बन्दियों ने जो देश के भिन्न-भिन्न भागों की ज़ेलों में भूख हड़ताल पर थे, उस समय—उपरोक्त आश्वासन और कुछ बन्दियों की बदतर हालत को सामने रखकर पास किये गये अखिल भारतीय कांग्रेस कमेटी के पारित प्रस्ताव और निवेदन पर—अपनी हड़ताल स्थगित कर दी थी। उस समय से सभी स्थानीय सरकारों ने अपनी सिफ़ारिशें पेश कर दी हैं। अलग-अलग राज्यों की ज़ेलों के इंस्पेक्टर जनरलों की बैठक लखनऊ में अभी समाप्त हुई है। अखिल भारतीय सरकारी कॉन्फ्रेंस का विचार-विमर्श दिल्ली में हुआ है। अखिल भारतीय कॉन्फ्रेंस पिछले दिसम्बर महीने में हुई थी। एक माह से अधिक बीत चुका है, लेकिन सरकार ने अभी तक एक भी सिफ़ारिश लागू नहीं की। इस तरह के लटकाये रखने वाले व्यवहार में दूसरों की तरह हमें भी इस बात का भय है कि सम्भवतः इस सवाल को एक ओर कर दिया गया है। पिछले चार महीनों में जिस प्रकार भूख हड़तालियों और राजनीतिक बन्दियों के साथ प्रतिशोधात्मक व्यवहार हुआ है, उससे हमारी आशंका और पक्की हुई है। जो यातनाएँ राजनीतिक बन्दियों को दी जा रही हैं, उनके सम्बन्ध में पूरी जानकारी होना हमारे लिए बहुत कठिन है लेकिन फिर भी ज़ेल की चारदीवारी में से जो थोड़ी-बहुत सूचनाएँ हमें मिल सकती हैं वे हमें वस्तुस्थिति से परिचित कराने के लिए पर्याप्त हैं। ऐसे ही कुछ उदाहरण हम नीचे दे रहे हैं, जिनमें हम विचलित हुए बिना नहीं रह सके और जो सरकारी आश्वासनों में मेल नहीं खाते—

1. श्रीयुत ब.क. बनर्जी, जो दक्षिणेश्वर बम केस के सम्बन्ध में लाहौर सेण्ट्रल ज़ेल में पाँच बरस की सजा भुगत रहे हैं, गत वर्ष आम भूख हड़ताल में शामिल हो गये। उनकी सजा के हिसाब से उनकी रिहाई पिछले दिसम्बर

माह में हो जानी थी, लेकिन अब चार माह के लिए टाल दी गयी है। इस ज़ेल में लाहौर साजिश के सम्बन्ध में आजीवन बन्दी की सजा भुगत रहे सत्तर वर्षीय वृद्ध बाबा सोहन सिंह[1], को सजा दी गयी है। इसके अलावा अन्यों में से मियाँवाली ज़ेल में बन्द सरदार काबल सिंह[2], और सरदार गोपाल सिंह[3], को आम भूख हड़ताल में शामिल होने के कारण सजाएँ दी गयी हैं। इनमें से अनेक मामलों में क़ैद बढ़ा दी गयी है, जबकि कुछ स्पेशल क्लास से हटा दिये गये हैं।

2. इसी अपराध में अर्थात् आम भूख हड़ताल में शामिल होने के कारण आगरा सेण्ट्रल ज़ेल में बन्द सर्वश्री शचीन्द्रनाथ सान्याल, रामकृष्ण खत्री, सुरेश चन्द्र भट्टाचार्य, रामकुमार सिन्हा, शचीन्द्रनाथ बख़्शी, मन्मथनाथ गुप्त तथा काकोरी केस के अनेक बन्दियों को सख़्त सजाएँ दी गयीं। विश्वस्त सूत्र से पता चला है कि श्री सान्याल को बेड़ियाँ डालकर एकान्त कोठरी में रखा गया है, जिसके कारण उनका स्वास्थ्य बिगड़ गया है। उनका वज़न 18 पौण्ड कम हो गया है। मालूम हुआ कि श्री भट्टाचार्य तपेदिक के मरीज हैं। बरेली ज़ेल के तीन बन्दियों को भी सजाएँ दी गयी हैं। उनकी समस्त सुविधाएँ वापस ले ली गयीं। यहाँ तक कि अपने सम्बन्धियों से मुलाक़ात एवं पत्र-व्यवहार करने जैसे आम अधिकार भी छीन लिये गये हैं। उनके वज़न काफ़ी कम हो गये हैं। इस सम्बन्ध में पण्डित जवाहरलाल ने सितम्बर, 1929 और जनवरी, 1930 में दो प्रेस वक्तव्य दिये थे।
3. भूख हड़ताल के सम्बन्ध में अखिल भारतीय कांग्रेस का प्रस्ताव, स्वीकृत होने के पश्चात, तार द्वारा अलग-अलग राजनीतिक बन्दियों को भेजा गया। इनकी कापियाँ ज़ेल-अधिकारियों ने रोक लीं। फिर इस सम्बन्ध में सरकार ने बन्दियों से मुलाक़ात के लिए कांग्रेस प्रतिनिधि मण्डल को इजाज़त नहीं दी।
4. पुलिस के उच्च अधिकारियों के आदेशानुसार 23 एवं 24 अक्टूबर, 1929 को लाहौर साजिश केस के मुलिज़म बन्दियों पर वहशियाना हमला किया गया। विवरण समाचारपत्रों में प्रकाशित हुए हैं। स्पेशल मजिस्ट्रेट पण्डित श्रीकृष्ण ने हममें से एक व्यक्ति का बयान दर्ज किया था। इस बयान की कॉपी आपको 16 दिसम्बर, 1929 को भेजी जा चुकी है। पर न तो पंजाब सरकार और न ही भारत सरकार ने उत्तर देना या हमारी ओर से जाँच

---

1. बाबा सोहन सिंह भकना, (1867-1968), गदर पार्टी के पहले अध्यक्ष, 2. काबल सिंह गोविन्दपूरी, 3. गोपाल सिंह क़ौमी।

कराने की माँग को आवश्यक समझा, जबकि दूसरी ओर से इसी घटना के सम्बन्ध में 'हिंसात्मक प्रतिशोध' लेने के इरादे से स्थानीय सरकार ने हम पर मुक़दमा चलाने की बहुत आवश्यकता महसूस की है।

5. दिसम्बर, 1929 के अन्तिम सप्ताह में लाहौर बोर्स्टल ज़ेल में क़ैद बन्दी श्री किरणचन्द्र दास तथा अन्य आठ को जब मजिस्ट्रेट की अदालत में लाकर पेश किया गया तो उन्हें हथकड़ियों और जंजीरों से जकड़ा हुआ था। यह पंजाब ज़ेल जाँच कमेटी और पंजाब की ज़ेलों के इंस्पेक्टर जनरल के समझौते का सरासर उल्लंघन था। यह ध्यान देने योग्य है कि ये जमानत योग्य जुर्म के तहत बन्दी थे। इस सम्बन्ध में डॉक्टर मोहम्मद आलम, लाला दुनीचन्द लाहौर वाले और लाला दुनीचन्द अम्बाला वाले के लम्बे बयान 'ट्रिब्यून' में प्रकाशित हुए हैं।

जब हमें राजनीतिक बन्दियों की समस्त यातनाओं का पता चला तो हमने भूख हड़ताल पुनः प्रारम्भ करने से गुरेज किया। भले ही इस बात का हमें अत्यन्त दुख था, लेकिन हमने सोचा कि समस्या जल्द ही तय हो जायेगी। लेकिन अब उपरोक्त उदाहरणों की रोशनी में क्या हम यह मानें कि भूख हड़ताल की अनकही, भयंकर यातनाएँ और यतीन्द्रनाथ दास की महान शहादत ऐसे ही चली गयी? क्या हम यही मानें कि उभर रहे जन-आन्दोलन को रोकने और संकटमय दौर को टालने की नीयत से ही सरकार ने हमें आश्वासन दिये थे? हम आशा करते हैं कि आप हमसे असहमत नहीं होंगे कि हमने काफ़ी समय तक धैर्य से प्रतीक्षा की है। लेकिन हम अनन्त काल तक प्रतीक्षा नहीं कर सकते। सरकार के अपने ढुलमुल व्यवहार एवं राजनीतिक बन्दियों के साथ दुर्व्यवहार के चलते हमारे पास पुनः संघर्ष शुरू करने के अलावा कोई विकल्प नहीं रह गया है। हम जानते हैं कि भूख हड़ताल आरम्भ करना और उसे जारी रखना कोई सरल कार्य नहीं, लेकिन साथ ही हम बता देते हैं कि भारत अन्य बहुत-से यतीन्द्र और रामरक्खा और भान सिंह पैदा कर सकता है। (अन्तिम दोनों ने 1917 में अण्डमान द्वीपों में अपने जीवन का उत्सर्ग कर दिया था। पहले ने 92 दिनों की भूख हड़ताल के बाद आख़िरी साँस ली और दूसरा छह महीने तक चुपचाप अमानवीय अत्याचार सहते हुए महान नायक की मृत्यु को प्राप्त हुआ।)

राजनीतिक बन्दियों से अच्छे व्यवहार के समर्थन में जनता में से लोगों ने तथा हमने काफ़ी कुछ कहा है। इसे दोहराने की ज़रूरत नहीं है। वर्गीकरण के मामले में सबसे अहम पक्ष और मूल मन्तव्य की स्थापना के बारे में हम कुछ शब्द कहना चाहेंगे। वर्गीकरण के मापदण्ड के प्रश्न पर हंगामा हुआ है। अलग-अलग सरकारों को सुझाये हुए मापदण्ड में से मूल मन्तव्य को बिल्कुल निकाल दिया गया है। यह

वास्तव में अजब व्यवहार है। मात्र मूल मन्तव्य से ही किसी भी कार्यवाही की सही कद्र का निर्णय किया जा सकता है। क्या हम यह समझें कि सरकार–एक ऐसे हमलावर जो अपने शिकार का शोषण करते हुए उसे जान से मार डालता है और एक खड़गबहादुर, जो एक बदमाश की हत्या करके नौजवान लड़की की इज़्ज़त बचाता है और समाज को सबसे अधिक दुराचारी चापलूस से मुक्ति दिलाता है–दोनों के बीच अन्तर करने में असमर्थ है? क्या दोनों को एक ही वर्ग का व्यक्ति समझा जाये? क्या एक जैसा अपराध करने वाले दो व्यक्तियों में कोई अन्तर नहीं जिनमें एक स्वार्थी है और दूसरा निस्वार्थ? इसी तरह क्या एक सामान्य हत्यारे और एक राजनीतिक कार्यकर्ता में कोई अन्तर नहीं? भले ही राजनीतिक कार्यकर्ता हिंसा भी अपना ले, उसकी यह निस्वार्थता क्या उसे शेष अपराधियों से ऊँचा नहीं कर देती? ऐसी स्थितियों में हमारी मान्यता है कि वर्गीकरण के मापदण्ड में मन्तव्य को सबसे मुख्य पक्ष की तरह लिया जाना चाहिए।

गत वर्ष हमारी भूख हड़ताल आरम्भ होने पर जब इसी बात पर विचार के लिए अनेक जन-नेता–जिनमें डॉ. गोपीचन्द्र और लाला दुनीचन्द अम्बाला वाले भी थे, जिन्होंने पंजाब ज़ेल में जाँच कमेटी की सिफ़ारिशों पर हस्ताक्षर किये हैं–हमारे पास आये और जब उन्होंने बताया कि आतंकवादी अपराध के बन्दियों में से सजा पाये राजनीतिक बन्दियों को सरकार विशेष वर्ग के बन्दी मानने पर विचार कर रही है, तब वास्तव में हत्या के अपराधियों को बाहर रखने वाली हद तक की सिफ़ारिश को समझौते के तौर पर मान लिया गया, लेकिन बाद में बहस के दौरान दूसरा ही रवैया अपना लिया गया और पंजाब ज़ेल जाँच कमेटी के लिए हवाले की शर्तों वाला संयुक्त बयान इस तरह लिखा गया, जिससे प्रतीत होता था कि मूल मन्तव्य का प्रश्न बिल्कुल ही अलग कर दिया गया है और समूचा वर्गीकरण दो चीज़ों पर आधारित था–

1. अपराध का ढंग, और
2. अपराधी का सामाजिक स्तर।

इस मापदण्ड ने समस्या के निदान के बजाय उसे पेचीदा बना दिया।

अहिंसात्मक और हिंसात्मक अपराधों वाले राजनीतिक बन्दियों में दो वर्गों वाली बात हम समझ सकते थे। लेकिन पंजाब ज़ेल जाँच कमेटी की सिफ़ारिशों में सामाजिक स्तर का प्रश्न आ जाता है। जिस प्रकार चौधरी अफजल हक़ ने रिपोर्ट से असहमति की टिप्पणी में ठीक ही कहा है कि स्वतन्त्रता के कार्य में जुटे रहने के कारण कंगाल हो गये राजनीतिक कार्यकर्ताओं का क्या होगा? क्या उन्हें किसी न्यायाधीश की

दया पर छोड़ दिया जाये, जो प्रत्येक को साधारण अपराधी कहकर अपनी वफ़ादारी सिद्ध करने की कोशिश करता रहेगा। या यह आशा की जाये कि एक असहयोगी ज़ेल से अच्छे व्यवहार की प्रार्थना करते हुए उन लोगों के आगे हाथ फैलायेगा, जिनके विरुद्ध वह जूझ रहा है? क्या यह ढंग इस बेचौनी के कारण को दूर करने का है या बढ़ाने का? तर्क दिया जा सकता है कि ज़ेलों के बाहर दरिद्रता में जीते लोगों को ज़ेलों में ऐशो-आराम की आशा नहीं रखनी चाहिए जहाँ कि उन्हें सजा के उद्देश्य से बन्दी बनाकर रखा गया है। पर वे कौन-से सुधार हैं जिनकी ऐश के लिए आवश्यकता होती है? क्या वे मात्र साधारण जीवन-स्तर की आवश्यकताएँ नहीं हैं? माँगी जाने वाली समस्त सुविधाओं के बावजूद ज़ेल सदा ज़ेल ही रहेगी। बाहर के लोगों को आकर्षित करने के लिए (ज़ेल) कोई चुम्बकीय शक्ति नहीं होती और न ही कभी हो सकती है। केवल ज़ेल आने के लिए कोई भी अपराध नहीं करता। हम यह कहने का साहस रखते हैं कि किसी भी सरकार का यह बहुत घटिया तर्क होगा कि नागरिकों को इस दर्जे तक मोहताजगी हो गयी है, और उनके रहने का स्तर ज़ेल के स्तर की अपेक्षा घटिया हो गया है। क्या ऐसे तर्क में सरकार के अस्तित्व की कोई सम्भावना शेष रह जाती है? ख़ैर, इस समय हमें इन बातों से कोई सरोकार नहीं है। हम कहना चाहते हैं कि बेचौनी को दूर करने का सबसे बेहतर ढंग यह है कि राजनीतिक बन्दियों को भिन्न वर्ग में रखा जाये। बाद में अगर आवश्यकता महसूस हो तो इसको पुनः दो वर्गों—एक, जो अहिंसक अपराधों में सजायाफ्ता हैं और दूसरे, जो हिंसक अपराधों में सजायाफ्ता हैं—में बाँटा जा सकता है। इस स्थिति में मन्तव्य निर्णयात्मक पहलू बन जायेगा। यह कहना कि राजनीतिक मामलों में मन्तव्य का फ़ैसला नहीं किया जा सकता, एक झूठा दावा है। वह कौन-सी चीज़ है जो आज ज़ेल-अधिकारियों से ज़ेलों में 'राजनीतिकों' को साधारण सुविधाओं से वंचित करने के लिए कहती है? वह कौन-सी चीज़ है जो उनकी नम्बरदारियाँ छीनती है? वह कौन-सी चीज़ है जो अधिकारियों से यह कहती है कि उन्हें शेष बन्दियों से अलग रखा जाये? यही चीज़ वर्गीकरण में भी मदद कर सकती है।

जहाँ तक विशेष माँगों का सम्बन्ध है, हम पहले ही पंजाब ज़ेल जाँच कमेटी से अपने स्मरण-पत्र में पूरी तरह कह चुके हैं। फिर भी हम इस बात पर जोर देना चाहते हैं कि किसी भी राजनीतिक बन्दी का चाहे जो अपराध हो, उसे सख़्त और सम्मान-विरोधी मशक्क़त नहीं मिलनी चाहिए। एक ज़ेल में ऐसे सभी बन्दियों को एक ही वार्ड में साथ-साथ रखना चाहिए और स्थानीय भाषा या अंग्रेज़ी का कम से कम एक समाचारपत्र उन्हें दिया जाना चाहिए। अध्ययन के लिए सभी आवश्यक

सुविधाएँ दी जानी चाहिए और व्यक्तिगत साधनों से भोजन और कपड़े पर ख़र्च बढ़ाने की इजाज़त दी जानी चाहिए।

हम अभी भी आशान्वित हैं कि सरकार हमें और जनता को दिये गये आश्वासन को अविलम्ब कार्यरूप में लायेगी, ताकि भूख हड़ताल का फिर अवसर न आये। आगामी सात दिनों में यदि सरकार ने अपना आश्वासन पूरा न किया तो हम पुनः भूख हड़ताल करने के लिए बाध्य होंगे।

आपके,

भगतसिंह, दत्त और अन्य क़ैदी

लाहौर षड्यन्त्र केस।

स्पेशल मजिस्ट्रेट, लाहौर के नाम

द्वारा, सुपरिण्टेण्डेण्ट, सेण्ट्रल ज़ेल, लाहौर

11 फ़रवरी, 1930

मिस्टर मजिस्ट्रेट,

4 फ़रवरी, 1930 के सिविल एण्ड मिलिट्री गजट में प्रकाशित आपके बयान के सम्बन्ध में यह ज़रूरी जान पड़ता है कि हम अपने अदालत में न आने के कारणों से आपको परिचित करवायें, ताकि कोई ग़लतफहमी और ग़लत-प्रस्तुति सम्भव न हो।

पहले हम यह कहना चाहेंगे कि हमने अभी तक ब्रिटिश अदालतों का बायकाट नहीं किया है। हम मि. लुइस की अदालत में जा रहे हैं, जो हमारे विरुद्ध ज़ेल एक्ट धारा 22 के अधीन मुक़दमे की सुनवायी कर रहे हैं। यह घटना 29 जनवरी को आपकी अदालत में घटित हुई थी। लाहौर षड्यन्त्र केस के सम्बन्ध में यह क़दम उठाने के लिए हमें विशेष परिस्थितियों ने मजबूर किया है। हम शुरू से ही महसूस करते रहे हैं कि अदालत के ग़लत रवैये द्वारा या ज़ेल के अथवा अन्य अधिकारियों द्वारा हमारे अधिकारों की सीमा लाँघकर हमें निरन्तर जान-बूझकर परेशान किया जा रहा है ताकि हमारी पैरवी में बाधाएँ डाली जा सकें। कुछ दिन पहले जमानत की दरख़्वास्त में हमने अपनी तकलीफ़ें आपके सामने रखी थीं, लेकिन उस दरख़्वास्त को कुछ क़ानूनी नुक्तों पर नामंजूर करते हुए आपने बन्दियों की तकलीफ़ों का ज़िक्र करना ज़रूरी नहीं समझा, जिनके आधार पर जमानत की दरख़्वास्त दी गयी थी।

हम महसूस करते हैं कि मजिस्ट्रेट का पहला व मुख्य फ़र्ज़ यह होता है कि उसका व्यवहार निष्पक्ष व दोनों पक्षों के ऊपर उठा होना चाहिए। यहाँ तक कि उस दिन माननीय जस्टिस कोर्ट ने यह रूलिंग दी थी कि मजिस्ट्रेट को दूसरी सबसे महत्त्वपूर्ण

बात अपने सामने रखनी चाहिए कि विचाराधीन क़ैदी को अपनी पैरवी के सम्बन्ध में किसी मुश्किल का सामना न करना पड़े और यदि कोई मुश्किल हो तो उसे दूर करना चाहिए, अन्यथा पूरा मुक़दमा एक मजाक़ बनकर रह जाता है। लेकिन ऐसे महत्त्वपूर्ण मुक़दमे में मजिस्ट्रेट का व्यवहार इससे उल्टा रहा है, जिसमें 18 नवयुवकों पर गम्भीर आरोपों जैसे हत्या, डकैती और षड्यन्त्र–के अधीन मुक़दमा चलाया जा रहा है, जिनसे सम्भव है उन्हें मृत्युदण्ड दिया जाये। जिन प्रमुख मुद्दों पर हम आपकी अदालत में न आने के लिए विवश हुए हैं, वे इस तरह हैं –

विचाराधीन क़ैदियों में से अधिकांश दूर-दराज प्रान्तों से हैं और सभी मध्य वर्गीय लोग हैं। ऐसी स्थिति में उनके सम्बन्धियों द्वारा उनकी पैरवी के लिए बार-बार आना न सिर्फ़ बहुत मुश्किल है, बल्कि बिल्कुल असम्भव है। वे अपने कुछ दोस्तों से मुलाक़ात करना चाहते थे, जिन्हें वे अपनी पैरवी की सभी ज़िम्मेदारियाँ सौंप सकते थे। साधारण बुद्धि का भी यही तक़ाजा है कि उन्हें मुलाक़ात करने का हक़ हासिल है, इस मक़सद के लिए बार-बार प्रार्थना की गयी, लेकिन सभी प्रार्थनाएँ अनसुनी रहीं।

श्री बी.के. दत्त बंगाल के रहने वाले हैं और श्री कमलनाथ तिवारी बिहार के। दोनों अपनी-अपनी मित्र कुमारी लज्जावती व श्रीमती पार्वती से भेंट करना चाहते थे। लेकिन अदालत ने उनकी दरख़्वास्त ज़ेल-अधिकारियों को भेज दी और उन्होंने यह कहकर दरख़्वास्त रद्द कर दी कि मुलाक़ात सिर्फ़ सम्बन्धियों व वकीलों से ही हो सकती है। यह मामला बार-बार आपके ध्यान में लाया गया, लेकिन ऐसा कोई क़दम नहीं उठाया गया, जिससे बन्दी पैरवी के लिए आवश्यक प्रबन्ध कर सकते। बाद में उन्हें इनका वकालतनामा हासिल करने पर भी मुलाक़ात करने की आज्ञा नहीं दी गयी और यहाँ तक कि मजिस्ट्रेट ने ज़ेल-अधिकारियों को यह लिखने से भी इन्कार कर दिया कि बन्दी उसकी ओर से चलाये जा रहे मुक़दमे की पैरवी के सम्बन्ध में इन मुलाक़ातों की माँग कर रहे थे और इस प्रकार बन्दी ऊपर की अदालत में जाने योग्य नहीं रहे। लेकिन मुक़दमे की सुनवायी जारी रही। इन परिस्थितियों में बन्दी बिल्कुल विवश थे और उनके लिए मुक़दमा मजाक़ से अधिक कुछ नहीं था। यह बात नोट करने योग्य है कि दूसरे बन्दियों में भी अधिकांश की ओर से कोई वकील पेश नहीं हो रहा था।

मेरा कोई वकील नहीं है और न ही मैं पूरे समय के लिए किसी को वकील रख सकता हूँ। मैं कुछ नुक्तों सम्बन्धी क़ानूनी परामर्श चाहता हूँ और एक विशेष पड़ाव पर मैं चाहता था कि वे (वकील) कार्रवाई को स्वयं देखें, ताकि अपनी राय बनाने के लिए वे बेहतर स्थिति में हों, लेकिन उन्हें अदालत में बैठने तक की जगह नहीं दी गयी। हमारी पैरवी रोकने के लिए, हमें परेशान करने के लिए क्या सम्बन्धित अधिकारियों की यह सोची-समझी चाल नहीं थी? वकील अपने सायलों (प्रार्थियों)

के हितों को देखने के लिए अदालत में आता है, जो न तो स्वयं उपस्थित होते हैं और न उनका कोई प्रतिनिधि वहाँ होता है। इस मुक़दमे की ऐसी कौन-सी विशेष परिस्थितियाँ हैं, जिससे मजिस्ट्रेट वकीलों के प्रति ऐसा सख़्त रवैया अपनाने पर मजबूर हुए? इस प्रकार हर उस वकील की हिम्मत तोड़ी गयी जो बन्दियों को मदद के लिए बुलाये जा सकते थे। श्री अमरदास को पैरवी (डिफेंस) की कुर्सी पर बैठने की इजाज़त देने की क्या तुक थी, जबकि वे किसी भी पक्ष का प्रतिनिधित्व नहीं कर रहे थे और न ही उन्होंने किसी को क़ानूनी परामर्श दिया। अपने मुख़्तारों से मुलाक़ातों के सम्बन्ध में मुझे क़ानूनी सलाहकार से विचार-विमर्श करना था और इसी नुक्ते को लेकर हाईकोर्ट जाने के लिए उनसे कहना था। लेकिन उनके साथ इस सम्बन्ध में बात करने का मुझे कोई अवसर ही नहीं मिला और कुछ न हो सका। इस सबका क्या मतलब है? यह दिखाकर कि मुक़दमा क़ानून के अनुसार चलाया जा रहा है, क्या लोगों की आँखों में धूल नहीं झोंकी जा रही? अपने बचाव का इन्तज़ाम करने के लिए बन्दियों को क़तई कोई अवसर नहीं दिया गया। इस बात के ख़िलाफ़ हम रोष प्रकट करते हैं। यदि सबकुछ उचित ढंग से नहीं किया जाता तो इस तमाशे की कोई ज़रूरत नहीं है। न्याय के नाम पर हम अन्याय होता नहीं देख सकते। इन परिस्थितियों में हम सभी ने सोचा कि या तो हमें अपनी ज़िन्दगी बचाने का उचित अवसर मिलना चाहिए, और या हमें हमारी अनुपस्थिति में चले मुक़दमे में हमारे ख़िलाफ़ दी सजाओं को भुगतने के लिए तैयार रहना चाहिए।

तीसरी बड़ी शिकायत अख़बारों के बाँटने सम्बन्धी है। विचाराधीन क़ैदियों को कभी भी दण्ड प्राप्त क़ैदी नहीं माना जाना चाहिए और यह रोक उन पर तभी लगायी जा सकती जब उनकी सुरक्षा के लिए बेहद ज़रूरी हो। इससे अधिक इसे उचित नहीं माना जा सकता। जमानत पर रिहा न हो सकने वाले बन्दी को कभी भी दण्ड के तौर पर कष्ट नहीं देने चाहिए। सो प्रत्येक शिक्षित विचाराधीन क़ैदी को कम से कम एक अख़बार लेने का अधिकार है। अदालत में 'एक्जीक्यूटिव' कुछ सिद्धान्तों पर हमें हर रोज एक अंग्रेज़ी अख़बार देने के लिए सहमत हुई थी। लेकिन अधूरी चीज़ें न होने से भी बुरी होती हैं। अंग्रेज़ी न जानने वाले बन्दियों के लिए स्थानीय अख़बार देने के अनुरोध व्यर्थ सिद्ध हुए। अतः स्थानीय अख़बार न देने के आदेश के विरुद्ध रोष प्रकट करते हुए हम दैनिक ट्रिब्यून लौटाते रहे हैं।

इन तीन आधारों पर हमने 29 जनवरी को अदालत में आने से इन्कार करने की घोषणा की थी। ज्यों ही ये मुश्किलें दूर कर दी जायेंगी, हम बाख़ुशी अदालत में आयेंगे।

भगतसिंह व अन्य

('हिन्दुस्तान टाइम्स' में 13 फ़रवरी, 1930 को प्रकाशित)

हिन्दुस्तानी एसोसिएशन, बर्लिन के नाम तार

कृपया भारत में समाजवादी क्रान्तिकारी आन्दोलन के झण्डा-बरदारों में से एक कामरेड कृष्ण वर्मा के देहान्त पर हमारा हार्दिक शोक अपने साथियों तक पहुँचायें।

उनका जीवन भारतीय मुक्ति के लम्बे संघर्ष के आदर्श में एक राष्ट्रीय सम्पत्ति है, जो आज़ादी की लड़ाई के कार्यकर्ताओं को हमेशा प्रेरणा देता रहेगा।

विचाराधीन क़ैदी,

5 अप्रैल, 1930 — लाहौर षड्यन्त्र केस

('ट्रिब्यून', लाहौर 8 अप्रैल, 1930 में प्रकाशित)

काकोरी केस के बन्दियों के नाम तार

द्वारा, स्पेशल मजिस्ट्रेट, लाहौर

5 अप्रैल, 1930

कृपया निम्न तार तुरन्त काकोरी-क़ैदियों को भेज दें, जो बरेली ज़ेल में भूख हड़ताल पर हैं और जिनके बारे में कहा जाता है कि वे गम्भीर हालत में हैं।

आपके भगतसिंह, बी. के. दत्त

तार

गुप्त, बख्शी, सिन्हा, मुकन्दीलाल
काकोरी-क़ैदी,
सेण्ट्रल ज़ेल,
बरेली।

आपकी नाजुक हालत के बारे में जानकर बहुत दुख है। हमारा पहला तार आप तक नहीं पहुँचा। हम आपसे हार्दिक निवेदन करते हैं कि सरकार की ओर से बन्दियों के वर्गीकरण के अन्तिम नोटिस को ध्यान में रखते हुए आप अपना संघर्ष त्याग दें। जहाँ तक नये नियमों के लागू होने का प्रश्न है, हमें एक साथ इन्तज़ार करना चाहिए।

भगतसिंह और दत्त

गवाहियों की अपेक्षा रसगुल्ले ज़्यादा ज़रूरी

आज अदालत में भगतसिंह ने शिकायत की है कि जब बचाव समिति के एक सदस्य दोपहर में भोजन के लिए कुछ वस्तुएँ ला रहे थे तब खाने योग्य वस्तुएँ अदालत में नहीं लाने दी गयीं।

दोपहर में भोजन के बाद कथित अपराधी जतिन सान्याल ने मजिस्ट्रेट से शिकायत की कि उनके लिए बंगाल से रसगुल्ले का पार्सल आया था, लेकिन ज़ेल-अधिकारियों ने वह इस तरह कुचल डाला कि वे खाने योग्य न रहे।

सरदार भगतसिंह (मजिस्ट्रेट से) : रसगुल्ले बाहर पड़े हैं। क्या आप उनका मुआयना करने का कष्ट करेंगे। आहा! एक ख़ूबसूरत दृश्य है! बस जरा अवलोकन कर लें! इन गवाहियों की अपेक्षा रसगुल्ले हमारे लिए ज़्यादा ज़रूरी हैं।

जतिन सान्याल : सभी चीज़ें बहुत बेहूदा हाल में हैं। क्या आप इसे तर्कसंगत कहते हैं?

सरदार भगतसिंह : यह (मजिस्ट्रेट) बिल्कुल तर्कविहीन हैं।

जतिन सान्याल : यह हम किसे वापस करें, आपको या ज़ेल-अधिकारियों को?

मजिस्ट्रेट : ज़ेल-अधिकारियों को।

सरदार भगतसिंह : लेकिन इसकी क़ीमत कौन देगा? हमारे दोस्त ने काफ़ी रकम ख़र्च की है इस पर।

मजिस्ट्रेट : यह बात ज़ेल-अधिकारियों के साथ सम्बन्ध रखती है।

('ट्रिब्यून', लाहौर, 9 अप्रैल 1930 में प्रकाशित)

विशेष ट्रिब्यूनल की स्थापना पर

भगतसिंह और उनके साथी मुक़दमे के परिणाम से पूरी तरह परिचित थे और मिलने वाली सजाओं की ओर से बिल्कुल बेपरवाह। वे अपने विचार जनता तक ले जाने और लोगों को ऐतिहासिक ज़िम्मेदारी के लिए तैयार करना चाहते थे, इसलिए यह भी इच्छा रखते थे कि मुक़दमे की कार्रवाई धीमी गति से आगे बढ़े, ताकि जनता तक उनके विचार पहुँच सकें। लेकिन सरकार खीझ रही थी। आख़िर 1 मई, 1930 को एक विशेष अध्यादेश द्वारा एक विशेष ट्रिब्यूनल स्थापित किया गया। उस अध्यादेश के बारे में बताये गये सरकारी बहाने का उत्तर भगतसिंह ने 2 मई, 1930 को प्रस्तुत निम्नलिखित दस्तावेज़ में दिया।—स.

गवर्नर जनरल, भारत, शिमला (पंजाब)

श्रीमान,

हमारे मुक़दमे को जल्द निबटाने के लिए जारी किये आर्डिनेंस की पूरी कॉपी पढ़कर सुनायी जा चुकी है। इसके लिए पंजाब हाईकोर्ट के अधिकार-क्षेत्र में एक ट्रिब्यूनल की नियुक्ति की गयी है। अगर इस सम्बन्ध में अपनाये गये व्यवहार का उल्लेख न किया होता और इसकी सारी जवाबदेही हमारे सिर पर न मढ़ी होती तो

हम शायद अपनी जुबान बन्द रखते, परन्तु वर्तमान स्थितियों में इसके सम्बन्ध में हम अपना बयान देना आवश्यक समझते हैं।

हम आरम्भ से ही जानते हैं कि सरकार जान-बूझकर हमारे बारे में ग़लतफहमी पैदा कर रही है। आख़िरकार यह एक लड़ाई है और हम भली प्रकार जानते हैं कि अपने दुश्मनों का मुक़ाबला करने के लिए ग़लतफ़हमियों का जाल बनाना सरकार का सबसे बड़ा हथकण्डा है। इस घृणित कार्य को रोकने का हमारे पास कोई साधन नहीं, लेकिन कुछ ऐसी बातें हैं जिन्हें ध्यान में रखते हुए हम कुछ कहने के लिए मजबूर हैं।

आपने लाहौर साजिश केस के बारे में जारी अध्यादेश में हमारी भूख हड़ताल के बारे में अपना स्पष्टीकरण शामिल किया है। आपने स्वयं स्वीकारा है कि हममें से दो ने इस मुक़दमे के सम्बन्ध में स्पेशल मजिस्ट्रेट पण्डित श्रीकृष्ण की अदालत में होने वाली जाँच-पड़ताल होने से पहले भूख हड़ताल शुरू कर दी थी। सामान्य समझ वाले साधारण व्यक्ति की समझ में भी यह बात आ सकती है कि इस मुक़दमे का भूख हड़ताल से कोई सम्बन्ध नहीं है। भूख हड़ताल आरम्भ करने के कुछ विशेष कारण थे, इस स्थिति में सरकार को उन कारणों के बारे में स्पष्टीकरण देना था जिसके आधार पर भूख हड़ताल की गयी थी। जब सरकार ने इस समस्या को सुलझाने के लिए कुछ प्रबन्ध करने की स्वीकृति दी और ज़ेल जाँच कमेटी स्थापित की तब हमने भूख हड़ताल समाप्त की थी। लेकिन सबसे पहले हमें यह बताया गया था कि यह समस्या नवम्बर तक सुलझा दी जायेगी लेकिन उसमें दिसम्बर तक विलम्ब किया गया। जनवरी भी बीत गयी लेकिन इस बात का कोई संकेत नहीं मिल रहा कि सरकार वास्तव में इस सम्बन्ध में कुछ करेगी भी या नहीं। हमें लगा कि मामला समाप्त कर दिया गया है। इन स्थितियों में हमने पूरे एक हफ्ते का नोटिस देकर 4 फ़रवरी, 1930 से पुनः भूख हडताल आरम्भ कर दी। इसके बाद ही सरकार ने इस समस्या को अन्तिम रूप से हल करने के लिए कुछ क़दम उठाये।

इस आशय का एक विज्ञापन फिर सरकार ने समाचारपत्रों में जारी किया। तब हमने भूख हड़ताल समाप्त कर दी। यहाँ तक कि हमने इस बात का इन्तज़ार भी नहीं किया कि सरकार अपने अन्तिम निर्णय लागू करती भी है या नहीं? लेकिन आज ही हमने यह महसूस किया है कि अंग्रेज़ सरकार ऐसे साधारण मामलों में भी झूठ और फरेब का सहारा लेने से बाज नहीं आयी। वह विज्ञापन ख़ास निश्चित और निर्णय निकालने वाले आधार पर निर्धारित थे, लेकिन हमने देखा कि उस पर भी विपरीत अमल किया गया। जो भी हो, इस विषय पर बहस करने का यह

उचित अवसर नहीं। अगर यह मामला पुनः कभी उठा तो हम इसका अवश्य निर्णय करेंगे। लेकिन हम पुरजोर कहना चाहते हैं कि भूख हड़ताल का उद्देश्य इस्तगासा की कार्यवाही के विरुद्ध कोई क़दम नहीं था, ऐसे साधारण कारणों से हमने इतनी यातनाएँ नहीं सही थीं। यतीन्द्रनाथ दास ने इतने सामान्य कारण के लिए अपने जीवन का बलिदान नहीं दिया, राजगुरु और सुखदेव ने भी इस बचाव के लिए ही अपने जीवन संकट में नहीं डाले थे।

आप स्वयं हमारे मुक़दमे के सन्दर्भ में यह अच्छी तरह जानते थे कि अध्यादेश जारी करने की वजह भूख हड़ताल नहीं थी। लेकिन असल कारण तो कुछ और हैं जिनके बारे में सोचकर आपकी सरकार के होश-हवास गुम हो गये। न तो वे इस मुक़दमे में विलम्ब के कारण हुए और न ही कोई ऐसी संकटमय स्थिति पैदा हुई, जिसके कारण इस बेक़ानून के क़ानून के ऊपर हस्ताक्षर किये। ज़रूर ही इसके पीछे कुछ और है।

लेकिन हम यह बता देना चाहते हैं कि उन अध्यादेशों से हमारी भावनाओं को कुचला नहीं जा सकता। भले ही आप कुछ इन्सानों को कुचल देने में सफलता हासिल कर लें, लेकिन याद रहे, आप इस राष्ट्र को नहीं कुचल सकते। जहाँ तक इस अध्यादेश का सन्दर्भ है, हम इसे अपनी शानदार सफलता मानते हैं। हम आरम्भ से ही यह बताने का प्रयास करते रहे हैं कि आपका यह क़ानून एक ख़ूबसूरत फरेब है। यह न्याय नहीं दे सकता। लेकिन अफ़सोस है कि ज़ेल में जो सुविधाएँ क़ानूनन और इन्साफ़ करके अपराधियों को मिलती हैं और साधारण बन्दियों को भी दी जाती हैं, वे सुविधाएँ भी हम राजनीतिक बन्दियों को नहीं दी जातीं। हम चाहते थे कि सरकार पर्दे से बाहर आये और स्पष्ट कहे कि राजनीतिक बन्दियों को बचाव का कोई अवसर नहीं दिया जा सकता।

हमें लगता है कि सरकार ने यही बात स्पष्ट रूप से स्वीकारी है। हम आपको और आपकी सरकार को इस साफ़गोई के लिए धन्यवाद देते हैं और अध्यादेश का स्वागत करते हैं।

आपके प्रतिनिधि स्पेशल मजिस्ट्रेट और इस्तगासा के सरकारी वकील द्वारा लगातार हमारे उचित व्यवहार को साफ़-साफ़ स्वीकारने के बावजूद सिर्फ़ हमारे मुक़दमे के वजूद के बारे में सोचते ही आपके मस्तिष्क में भयंकर खलबली मची हुई है। हमारे इस संघर्ष की शानदार सफलता का इससे बढ़कर भरोसा और क्या हो सकता है?

आपके आदि-आदि

भगतसिंह

अदालत एक ढकोसला है छह साथियों का एलान

कमिश्नर,

विशेष ट्रिब्यूनल, लाहौर साजिश केस, लाहौर

जनाब,

अपने छह साथियों की ओर से, जिनमें कि मैं भी शामिल हूँ, निम्नलिखित स्पष्टीकरण इस सुनवायी के शुरू में ही देना आवश्यक है। हम चाहते हैं कि यह दर्ज किया जाये।

हम मुक़दमे की कार्यवाही में किसी भी प्रकार भाग नहीं लेना चाहते, क्योंकि हम इस सरकार को न तो न्याय पर आधारित समझते हैं और न ही क़ानूनी तौर पर स्थापित। हम अपने विश्वास से यह घोषणा करते हैं कि "समस्त शक्ति का आधार मनुष्य है। कोई व्यक्ति या सरकार किसी भी ऐसी शक्ति की हक़दार नहीं है जो जनता ने उसको न दी हो।" क्योंकि यह सरकार इन सिद्धान्तों के विपरीत है इसलिए इसका अस्तित्व ही उचित नहीं है। ऐसी सरकारें जो राष्ट्रों को लूटने के लिए एकजुट हो जाती हैं उनमें तलवार की शक्ति के अलावा कोई आधार क़ायम रहने के लिए नहीं होता। इसीलिए वे वहशी ताक़त के साथ मुक्ति और आज़ादी के विचार और लोगों की उचित इच्छाओं को कुचलती हैं।

हमारा विश्वास है कि ऐसी सरकारें, विशेषकर अंग्रेज़ी सरकार जो असहाय और असहमत भारतीय राष्ट्र पर थोपी गयी है, गुण्डों, डाकुओं का गिरोह और लुटेरों का टोला है जिसने क़त्लेआम करने और लोगों को विस्थापित करने के लिए सब प्रकार की शक्तियाँ जुटायी हुई हैं। शान्ति-व्यवस्था के नाम पर यह अपने विरोधियों या रहस्य खोलने वाले को कुचल देती है।

हमारा यह भी विश्वास है कि साम्राज्यवाद एक बड़ी डाकेजनी की साजिश के अलावा कुछ नहीं। साम्राज्यवाद मनुष्य के हाथों मनुष्य के और राष्ट्र के हाथों राष्ट्र के शोषण का चरम है। साम्राज्यवादी अपने हितों, और लूटने की योजनाओं को पूरा करने के लिए न सिर्फ़ न्यायालयों एवं क़ानून को क़त्ल करते हैं, बल्कि भयंकर हत्याकाण्ड भी आयोजित करते हैं। अपने शोषण को पूरा करने के लिए जंग जैसे ख़ौफनाक अपराध भी करते हैं। जहाँ कहीं लोग उनकी नादिरशाही शोषणकारी माँगों को स्वीकार न करें या चुपचाप उनकी ध्वस्त कर देने वाली और घृणा योग्य साजिशों को मानने से इन्कार कर दें तो वह निरपराधियों का ख़ून बहाने से संकोच नहीं करते। शान्ति-व्यवस्था की आड़ में वे शान्ति-व्यवस्था भंग करते हैं। भगदड़ मचाते हुए लोगों की हत्या, अर्थात् हर सम्भव दमन करते हैं।

हम मानते हैं कि स्वतन्त्रता प्रत्येक मनुष्य का अमिट अधिकार है। हर मनुष्य को अपने श्रम का फल पाने जैसा सभी प्रकार का अधिकार है और प्रत्येक राष्ट्र अपने मूलभूत प्राकृतिक संसाधनों का पूर्ण स्वामी है। अगर कोई सरकार जनता को उसके इन मूलभूत अधिकारों से वंचित रखती है तो जनता का केवल यह अधिकार ही नहीं बल्कि आवश्यक कर्तव्य भी बन जाता है कि ऐसी सरकार को समाप्त कर दे। क्योंकि ब्रिटिश सरकार इन सिद्धान्तों, जिनके लिए हम लड़ रहे हैं, के बिल्कुल विपरीत है, इसलिए हमारा दृढ़ विश्वास है कि जिस भी ढंग से देश में क्रान्ति लायी जा सके और इस सरकार का पूरी तरह ख़ात्मा किया जा सके, इसके लिए हर प्रयास और अपनाये गये सभी ढंग नैतिक स्तर पर उचित हैं। हम वर्तमान ढाँचे के सामाजिक, आर्थिक और राजनीतिक क्षेत्रों में क्रान्तिकारी परिवर्तन लाने के पक्ष में हैं। हम वर्तमान समाज को पूरे तौर पर एक नये सुगठित समाज में बदलना चाहते हैं। इस तरह मनुष्य के हाथों मनुष्य का शोषण असम्भव बनाकर सभी के लिए सब क्षेत्रों में पूरी स्वतन्त्रता विश्वसनीय बनायी जाये। जब तक सारा सामाजिक ढाँचा बदला नहीं जाता और उसके स्थान पर समाजवादी समाज स्थापित नहीं होता, हम महसूस करते हैं कि सारी दुनिया एक तबाह कर देने वाले प्रलय-संकट में है।

जहाँ तक शान्तिपूर्ण या अन्य तरीक़ों से क्रान्तिकारी आदर्शों की स्थापना का सम्बन्ध है, हम घोषणा करते हैं कि इसका चुनाव तत्कालीन शासकों की मर्जी पर निर्भर है। क्रान्तिकारी अपने मानवीय प्यार के गुणों के कारण मानवता के पुजारी हैं। हम शाश्वत और वास्तविक शान्ति चाहते हैं, जिसका आधार न्याय और समानता है। हम झूठी और दिखावटी शान्ति के समर्थक नहीं जो बुजदिली से पैदा होती है और भालों और बन्दूक़ों के सहारे जीवित रहती है।

क्रान्तिकारी अगर बम और पिस्तौल का सहारा लेता है तो यह उसकी चरम आवश्यकता में से पैदा होता है और आख़िरी दाँव के तौर पर होता है। हमारा विश्वास है कि अमन और क़ानून मनुष्य के लिए है, न कि मनुष्य अमन और क़ानून के लिए।

फ्रांस के उच्च न्यायाधीश का यह कहना उचित है कि क़ानून की आन्तरिक भावना स्वतन्त्रता समाप्त करना या प्रतिबन्ध लगाना नहीं, वरन स्वतन्त्रता को सुरक्षित रखना और उसे आगे बढ़ाना है। सरकार को क़ानूनी शक्ति बनाये गये उन उचित क़ानूनों से मिलेगी जो केवल सामूहिक हितों के लिए बनाये गये हैं, और जो जनता की इच्छाओं पर आधारित हों, जिनके लिए यह बनाये गये हैं। इससे विधायकों समेत कोई भी बाहर नहीं हो सकता।

क़ानून की पवित्रता तभी तक रखी जा सकती है जब तक वह जनता के दिल यानी भावनाओं को प्रकट करता है। जब यह शोषणकारी समूह के हाथों में एक पुर्जा

बन जाता है तब अपनी पवित्रता और महत्त्व खो बैठता है। न्याय प्रदान करने के लिए मूल बात यह है कि हर तरह के लाभ या हित का ख़ात्मा होना चाहिए। ज्यों ही क़ानून सामाजिक आवश्यकताओं को पूरा करना बन्द कर देता है त्यों ही ज़ुल्म और अन्याय को बढ़ाने का हथियार बन जाता है। ऐसे क़ानूनों को जारी रखना सामूहिक हितों पर विशेष हितों की दम्भपूर्ण ज़बरदस्ती के सिवाय कुछ नहीं है।

वर्तमान सरकार के क़ानून विदेशी शासन के हितों के लिए चलते हैं और हम लोगों के हितों के विपरीत हैं। इसलिए इनकी हमारे ऊपर किसी भी प्रकार की सदाचारिता लागू नहीं होती।

अतः हर भारतीय की यह ज़िम्मेदारी बनती है कि इन क़ानूनों को चुनौती दे और इनका उल्लंघन करे। अंग्रेज़ न्यायालय, जो शोषण के पुर्जे हैं, न्याय नहीं दे सकते। विशेषकर राजनीतिक क्षेत्रों में, जहाँ सरकार और लोगों के हितों का टकराव है। हम जानते हैं कि ये न्यायालय सिवाय न्याय के ढकोसले के और कुछ नहीं हैं।

इन्हीं कारणों से हम इसमें भागीदारी करने से इन्कार करते हैं और इस मुक़दमे की कार्यवाही में भाग नहीं लेंगे।

5-5-30

जज ने नोट किया–यह रिकॉर्ड में तो रखा जाये लेकिन इसकी कॉपी न दी जाये, क्योंकि इसमें कुछ अनचाही बातें लिखी हैं।

विशेष ट्रिब्यूनल के पुनर्गठन पर

1 मई, 1930 को अध्यादेश द्वारा स्थापित विशेष ट्रिब्यूनल के सदस्य थे–जस्टिस जे. कोल्डस्ट्रीम (अध्यक्ष), जस्टिस आगा हैदर व जस्टिस जी.सी. हिल्टन। 5 मई को कार्रवाई शुरू हुई। पुंज हाउस को अदालत बनाया गया। क्रान्तिकारी युवक अदालत में क्रान्तिकारी गीत गाते और क्रान्तिकारी नारे लगाते आते। भगतसिंह ने माँग की कि उन्हें 15 दिन का समय दिया जाये, ताकि वे ट्रिब्यूनल के गैर-क़ानूनी होने सम्बन्धी तर्क पेश कर सकें। लेकिन यह माँग मानी नहीं गयी। 24 क्रान्तिकारियों के नाम मुक़दमे के लिए लिये गये, जिनमें से 16 पर मुक़दमा चलाया गया। बाद में बटुकेश्वर दत्त के ख़िलाफ़ केस वापिस ले लिया गया। जिन पर मुक़दमा शुरू किया गया वे थे–सुखदेव, भगतसिंह, किशोरी लाल, देसराज, प्रेमदत्त, जयदेव कपूर, शिव वर्मा, महावीर सिंह, यतीन्द्रनाथ दास, अजयकुमार घोष, यतीन्द्र सान्याल, विजयकुमार सिन्हा, शिवराम राजगुरु, कुन्दनलाल व कमलनाथ तिवारी। भगतसिंह और उनके साथियों ने वकील करने से इन्कार कर दिया। 12 मई, 1930 को भगतसिंह और उनके साथियों को हथकड़ियों में अदालत में लाया गया। हथकड़ियाँ न खोलने के

विरोध में उन्होंने बस से उतरने से इन्कार कर दिया। ट्रिब्यूनल के अध्यक्ष ने उन्हें ज़बरदस्ती उतारने का आदेश दिया। भगतसिंह और उनके साथियों ने अदालत का बायकाट कर दिया। यद्यपि उन लोगों की हथकड़ियाँ दोपहर के खाने के लिए खोली गयीं, लेकिन खाने के बाद फिर लगाने का आदेश दे दिया गया, जिसका भगतसिंह और उनके साथियों ने विरोध किया। अध्यक्ष ने भारतीयों को गाली देते हुए भगतसिंह को लाठियों से पीटने का आदेश दिया।

अदालत में क्रान्तिकारियों, ख़ासकर भगतसिंह को संवाददाताओं और जनता के सामने लाठियों और जूतों से मारा गया। भगतसिंह ने भारतीयों को गाली देने पर आपत्ति करते हुए जस्टिस आगा हैदर के भारतीय होने पर सवाल किया और पूछा कि ऐसी मानसिक स्थिति वाले जज न्याय कैसे करेंगे? जस्टिस आगा हैदर ने उस दिन की कार्रवाई पर हस्ताक्षर करने से इन्कार कर दिया। इस घटना की दुनियाभर में चर्चा हुई। सारे भारत में भगतसिंह-दिवस मनाया गया, जिसके फलस्वरूप जस्टिस कोल्डस्ट्रीम को लम्बी छुट्टी पर जाना पड़ा और 21 जून को ट्रिब्यूनल नये सिरे से गठित किया गया। अब जस्टिस जी.सी. हिल्टन को अध्यक्ष व जस्टिस जे.के. टैप और जस्टिस अब्दुल कादिर को सदस्य बनाया गया।

इस पर भगतसिंह और बटुकेश्वर दत्त ने निम्नलिखित पत्र में अपने विचार प्रकट किये।—स.

कमिश्नर,
विशेष ट्रिब्यूनल
लाहौर षड्यन्त्र केस, लाहौर

श्रीमान जी,

जबकि ट्रिब्यूनल के दो न्यायाधीशों को हटा दिया गया है या वे हट गये हैं और दो नये न्यायाधीश उनके स्थान पर नियुक्त कर दिये गये हैं, इसलिए हम अपना स्पष्टीकरण दर्ज कराना आवश्यक समझते हैं, ताकि हम अपना पक्ष स्पष्ट कर सकें और किसी भी प्रकार की शंकाएँ पैदा होने से बचा जा सके।

12 मई, 1930 को न्यायाधीश कोल्डस्ट्रीम ने जोकि अध्यक्ष भी हैं, एक अदालती आदेश पास किया जिसके अन्तर्गत हमें अदालत में हथकड़ियाँ पहनाने का आदेश दिया गया। इस आदेश का पालन कराने के लिए पुलिस को बल-प्रयोग करने के लिए भी कहा गया।

इस अचानक और असाधारण आदेश का कारण जानने के लिए हमने इस अदालत से निवेदन किया था, जिसे सुनने की आवश्यकता महसूस नहीं की गयी। ऐसी स्थितियों में पुलिस हमें जबरन हथकड़ियाँ लगाकर वापिस ज़ेल ले आयी। अगले

दिन तीन में से एक न्यायाधीश आगा हैदर ने अध्यक्ष के इस आदेश से अपने को अलग कर लिया। उस दिन से हम न्यायालय में नहीं जा रहे।

जिन शर्तों पर हम न्यायालय में आने को तैयार हैं, वे अगले दिन न्यायालय के समक्ष रखी गयी थीं। शर्तें थीं कि या तो अध्यक्ष क्षमा माँगें या फिर उन्हें बदल दिया जाये। लेकिन इसका अर्थ यह नहीं था कि उनकी जगह पर ऐसे एक न्यायाधीश को बैठा दिया जाये जो उस आदेश में भागीदार था।

पाँच हफ्ते तक तो अपराधियों की शिकायत को विचार-योग्य ही नहीं समझा गया।

वर्तमान ट्रिब्यूनल के निर्माण में दोनों अध्यक्ष और दूसरे न्यायाधीश—जो उनके साथ सहमत नहीं हुए थे—को बदलकर दो नये न्यायाधीश लगाये गये हैं। इस तरह एक न्यायाधीश को जो उस आदेश में भागीदार था, क्योंकि आदेश बहुमत के आधार पर दिया गया था, ट्रिब्यूनल का अध्यक्ष बनाया गया है। ऐसी स्थिति में हम पुरजोर यह कहना चाहते हैं कि न्यायाधीश कोल्डस्ट्रीम से व्यक्तिगत स्तर पर हमारा कोई शिकवा नहीं था और न ही शिकायत थी। हमारे विरोध का कारण तो न्यायाधीश कोल्डस्ट्रीम की ओर से पास किया बहुमत का आदेश और उसके बाद हमारे साथ हुआ दुर्व्यवहार था। न्यायाधीश कोल्डस्ट्रीम और न्यायाधीश हैमिल्टन का हम सम्मान करते हैं, जैसाकि एक मनुष्य द्वारा दूसरे मनुष्य का किया जाना चाहिए। हमारा रोष एक विशेष आदेश के विरोध में था जिसके कारण ट्रिब्यूनल, जोकि उस आदेश के लिए ज़िम्मेदार है, के अध्यक्ष से क्षमा माँगने की माँग की गयी थी। अध्यक्ष को हटा देने से कोई अन्तर नहीं पड़ता, क्योंकि अब जज हैमिल्टन, जो उस आदेश में शरीक थे, न्यायाधीश कोल्डस्ट्रीम के स्थान पर अध्यक्षता कर रहे हैं। हम तो केवल यह कह सकते हैं कि बदली हुई स्थितियों ने अब जख़्म पर नमक छिड़कने का ही काम किया है।

आपके,
भगतसिंह, बी.के. दत्त
25 जून, 1930

राजनीतिक मामलों की पैरवी पर

23 दिसम्बर, 1930 को पंजाब के गवर्नर सर ज़्याफ्रेडी पर क्रान्तिकारी युवक हरिकृष्ण ने गोली चलायी और उसे घायल कर दिया। हरिकृष्ण पकड़ा गया और उस पर केस चला। लेकिन वकील की सलाह पर हरिकृष्ण जिस तरह केस की पैरवी कर रहा था, भगतसिंह उसके तरीके से असहमत थे। इसलिए उन्होंने अपने एक साथी को ज़ेल से दो पत्र जोकि जून, 1931 में लाहौर से प्रकाशित 'पीपुल्स' नामक अंग्रेज़ी

साप्ताहिक में छपा था, नीचे दिया जा रहा है। उल्लेखनीय है कि हरिकृष्ण को 9 जून, 1931 को फ़ाँसी दी गयी।–स.

मुझे यह जानकर बहुत अफ़सोस है कि इस सम्बन्ध में मेरा पहला पत्र समय पर अपने ठिकाने नहीं पहुँच सका और इसलिए उससे कोई फ़ायदा न हो सका, या यह कि वह उस उद्देश्य की पूर्ति में असफल रहा, जिसके लिए वह लिखा गया था। इसलिए मैं आमतौर पर यह पत्र राजनीतिक मुक़दमों में पैरवी के सवाल के बारे में और ख़ासतौर पर क्रान्तिकारी मुक़दमे के बारे में अपने विचारों को प्रकट करने के लिए लिख रहा हूँ। पहले पत्र में विचारे गये ख़ास-ख़ास नुक्तों के अलावा इसका एक और मक़सद भी होगा, और वह यह कि मैं घटनाओं से गुज़र जाने के बाद समझदार नहीं बन रहा हूँ।

ख़ैर, मैंने उस ख़त में यह लिखा था कि वकील पैरवी के लिए जो दलीलें दे रहा था, उन्हें माना न जाये, पर बावजूद आपके और मेरे विरोध के उन्हें मान लिया गया है।

बावजूद इसके हम अधिक रोशनी में इस बात पर विचार कर सकते हैं और पैरवी से सम्बन्धित आगामी नीति के बारे में ठोस विचार बना सकते हैं।

आप यह जानते ही हैं कि मैं कभी भी हमारे राजनीतिक बन्दियों की बचाव वाली पैरवी करने का समर्थक नहीं रहा, परन्तु इसका यह मतलब नहीं कि उचित संघर्ष की ख़ूबसूरती बिल्कुल ही बिगाड़ दी जाये। इस पर विशेष ध्यान की आवश्यकता है कि ख़ूबसूरती शब्द यहाँ अवास्तविक शक्ल में प्रयोग नहीं किया गया है और इसका उस उद्देश्य से सम्बन्ध है, जिसने कि एक ख़ास कार्रवाई के लिए हरिकृष्ण को प्रेरित किया। जब मैं यह जानता हूँ कि सब राजनीतिक बन्दियों को अपनी पैरवी स्वयं करनी चाहिए, तो यह कुछ विशेष मान्यताओं के साथ कहता हूँ। मेरा मतलब सिर्फ़ एक ही बात से साफ़ हो सकता है।

एक मनुष्य एक ही विशेष मक़सद को सामने रखकर काम नहीं करता। उसकी गिरफ़्तारी के बाद उसके काम का राजनीतिक महत्त्व समाप्त नहीं होना चाहिए और काम की अपेक्षा मरने की तैयारी ही ज़्यादा ज़रूरी नहीं बन जानी चाहिए। हम इसे उदाहरण की मदद से और साफ़ करें। हरिकृष्ण गवर्नर को गोली मारने के लिए आये। मैं इस कार्रवाई का नैतिक पक्ष नहीं लेना चाहता। मैं सिर्फ़ इस केस के राजनीतिक पहलू पर विचार करना चाहता हूँ। गोली मारने वाला व्यक्ति गिरफ़्तार कर लिया गया। दुर्भाग्य से पुलिस-कर्मचारी इस कार्रवाई में मर गया। अब पैरवी का सवाल सामने आता है। जब गवर्नर बच गया तो हरिकृष्ण के केस में बड़ा सुन्दर बयान आ सकता थाय अर्थात् असली तथ्यों का बयान, जैसाकि हमारे केस में नीचे

की अदालत में दिया गया था। इस प्रकार यह क़ानूनी मक़सद को भी पूरा कर देता और कार्य के उद्देश्य को भी ऊपर उठाता, पर वकील की कोशिश और क़ाबिलियत सब-इंस्पेक्टर की मौत के बारे में दलीलें देने में उलझी रही। उसे यह कहकर क्या मिला कि हरिकृष्ण सिर्फ़ गवर्नर को जख़्मी करना चाहता था, मारना नहीं चाहता था? इसी तरह की दूसरी बातें थीं। क्या कोई समझदार एक क्षण के लिए भी ऐसी बात की उम्मीद कर सकता है? क्या इस दलील की कोई क़ानूनी क़ीमत थी? बिल्कुल कोई क़ीमत नहीं, तो फिर गवर्नर पर गोली चलाने के विशेष कार्य की ही नहीं, बल्कि सारी क्रान्तिकारी लहर की ख़ूबसूरती ख़राब करने से क्या फ़ायदा था?

प्रतिवाद तथा भावनाएँ ज़्यादा देर तक नहीं चल सकतीं। क्रान्तिकारी दल के द्वारा सरकार को बहुत समय पहले चेतावनी दी जा चुकी। इसके लिए क्रान्तिकारी दल को भारत ने बेहद इ़ज्जत दी थी और क्रान्ति की लहर सही स्वरूप में आरम्भ हो गयी थी। वायसराय की गाड़ी पर बम फेंकने का कार्य एक चेतावनी नहीं थाय भले ही वह असफल रहा। चिटगाँव की घटनाएँ न चेतावनी थीं और न केवल विरोध-प्रदर्शन। इसी तरह हरिकृष्ण का एक्शन अपनेआप में क्रान्तिकारी संघर्ष का एक हिस्सा था, चेतावनी बिल्कुल नहीं। कार्रवाई की असफलता के बाद अभियुक्त इस चीज़ को खिलाड़ी की तरह ले सकता है। मक़सद पूरा होने पर सम्भव है भाग्यवश गवर्नर के बच जाने से हरिकृष्ण प्रसन्न हुआ हो। व्यक्तिगत रूप में किसी को मारने से कोई लाभ भी नहीं। इन कार्यों का राजनीतिक महत्त्व होता है, ये वह वातावरण और सोचने का ढंग बनाने में मदद करते हैं जोकि आख़िरी संघर्ष के लिए बहुत ज़रूरी है। इतना ही पर्याप्त है। व्यक्तिगत कार्य लोगों की सहानुभूति जीतने के लिए होते हैं। हम कभी-कभी इनको अपने कार्यों के द्वारा प्रोपेगेण्डा का नाम दे देते हैं।

इस विचार की रोशनी में क्रान्तिकारी मुक़दमों की पैरवी होनी चाहिए। यह एक आम समझ वाला नियम है कि संघर्ष करने वाली सभी पार्टियाँ प्राप्त अधिक करना चाहती हैं और खोना कम। कोई भी जनरल ऐसी युद्धनीति नहीं अपना सकता जिसमें उसे सोचे हुए लाभ से अधिक बलिदान देना पड़े। मुझसे अधिक कोई भी हरिकृष्ण के अमूल्य जीवन को बचाने के लिए बेताब नहीं होगा, पर मैं आपको बताना चाहता हूँ कि जो चीज़ उसकी ज़िन्दगी को अनमोल बनाती है उसे आँख से ओझल नहीं करना चाहिए। किसी भी क़ीमत पर जीवन को बचाना ही हमारी नीति नहीं है। यह कांग्रेस की नीति हो सकती है, यह आरामकुर्सियों वाले राजनीतिज्ञों की नीति हो सकती है, परन्तु यह हमारी नीति नहीं है। बचाव-नीति (डिफेंस पालिसी) अधिकतर अभियुक्त के अपने सोचने के ढंग पर आधारित होती है, पर यदि अभियुक्त न सिर्फ़ निडर हो, बल्कि हमेशा की तरह जोशीला भी रहे तो जिस कार्य के लिए उसने

अपनी ज़िन्दगी का ख़तरा मोल लिया उसे बयान में पहले लिया जाना चाहिए और व्यक्तिगत मसलों को बाद में। इसके बाद भी एक तरह की उलझन भरी स्थिति हो सकती है क्योंकि कुछ ऐसे केस हो सकते हैं जिनमें स्थानीय महत्त्व के होने पर भी कार्रवाई (एक्शन) का आम महत्त्व न हो। वहाँ अपनी ज़िम्मेदारी स्वीकार करने में अभियुक्त को भावुक नहीं होना चाहिए। निर्मलकान्त राय का मशहूर मुक़दमा इसका सबसे अच्छा उदाहरण है, परन्तु इस तरह के राजनीतिक महत्त्व के केस में व्यक्तिगत पहलू को राजनीतिक पहलू से अधिक महत्त्व नहीं दिया जाना चाहिए। अगर आप मेरा निष्पक्ष मत प्रस्तुत केस के बारे में पूछना चाहते हैं तो मैं साफ़-साफ़ बताना चाहता हूँ कि यह ऐतिहासिक महत्त्व की राजनीतिक हत्या बिल्कुल नहीं है।

यहाँ मैं एक बात अवश्य बताना चाहता हूँ कि इस केस का गला घोंटने वाले लोग–जिन्हें अपनी ग़लती का अहसास हो गया है और उसके बाद जो समझदार बन गये हैं, लेकिन अपने कन्धों पर उत्तरदायित्व लेने का हौसला नहीं कर पा रहे हैं–हमारे नौजवान साथी के चमत्कारी चरित्र के सौन्दर्य को नीचा दिखाने की कोशिश कर रहे हैं। मैंने उन्हें यह कहते सुना है कि हरिकृष्ण बहादुरी से सामना करने में काँप गया है यह एक हद दर्जे का शर्मनाक झूठ है। मुझे उस जैसा हौसले वाला नौजवान कभी कोई नहीं मिला। लोगों को हमारे ऊपर मेहरबानी करनी चाहिए। हौसला पस्त करने और नीचा दिखाने से तो अच्छा है कि वे हमारी तरफ़ ध्यान ही न दें।

वकीलों को उन नौजवानों की ज़िन्दगियाँ, यहाँ तक कि मौतों को ख़राब करने में इतने आत्महीन विशेषज्ञ (बेजमीरे एक्सपर्ट) नहीं होना चाहिए, जो दुखी जनता की मुक्ति के पवित्र काम में अपना आपा न्योछावर करने के लिए आते हैं। मुझे यह जानकर सचमुच बहुत दुख होता है कि धीरे-धीरे हम राजनीतिक कार्यकर्ताओं की एक नयी अफ़सरशाही बना रहे हैं। यह बात ठीक नहीं है तो भला एक वकील किसी राजनीतिक मुक़दमे में यक़ीन न आने वाली फीस क्यों माँगे, जैसाकि इस केस में फीस दी गयी है।

राजद्रोह के केसों में मैं वह हद बता सकता हूँ जिस तक हम पैरवी की इजाज़त दे सकते हैं। गत वर्ष जब एक साथी पर समाजवादी भाषण देने का मुक़दमा चला और उसे ग़लत ढंग पर लड़ा गया तो हमें केवल हैरानगी ही हुई थी। ऐसे केसों में हमें अपने द्वारा प्रचारित विचारों और आदर्शों को स्वीकार कर लेना चाहिए और स्वतन्त्र भाषण का अधिकार माँगना चाहिए, परन्तु कहाँ यह बात और कहाँ यह कहना कि हमने कुछ कहा ही नहीं! हम इस तरह अपने ही आन्दोलन के हितों के विरुद्ध जाते हैं। कांग्रेस को मौजूदा आन्दोलन में बिना मुक़दमों की पैरवी किये ज़ेल जाने से नुक़सान पहुँचा है। मेरे विचार में यह एक ग़लती थी।

ख़ैर, मेरा ख़याल है कि आप मेरा यह पत्र पिछले पत्र के साथ पढ़ेंगे और राजनीतिक मुक़दमों की पैरवी के बारे में मेरे विचारों से अच्छी तरह परिचित हो जायेंगे। हरिकृष्ण के केस में मेरे ख़याल में जल्दी से जल्दी हाईकोर्ट में अपील कर देनी चाहिए और उसको बचाने की पूरी कोशिश होनी चाहिए। मुझे आशा है कि मेरे ये दोनों पत्र प्रत्येक बात आपको बता देंगे, जो मैं आपको बताना चाहता हूँ।

आपका

भगतसिंह

गाँधीजी के नाम सुखदेव की खुली चिट्ठी

गाँधीजी के नाम सुखदेव की यह 'खुली चिट्ठी' मार्च, 1931 में लिखी गयी थी जो गाँधीजी के उत्तर सहित हिन्दी 'नवजीवन' 30 अप्रैल, 1931 के अंक में प्रकाशित हुई थी।–स.

परम कृपालु महात्मा जी,

आजकल की ताज़ा ख़बरों से मालूम होता है कि समझौते की बातचीत की सफलता के बाद आपने क्रान्तिकारी कार्यकर्ताओं को फिलहाल अपना आन्दोलन बन्द कर देने और आपको अपने अहिंसावाद को आजमा देखने का आख़िरी मौक़ा देने के लिए कई प्रकट प्रार्थनाएँ की हैं। वस्तुतः किसी आन्दोलन को बन्द करना केवल आदर्श या भावना से होने वाला काम नहीं है। भिन्न-भिन्न अवसरों की आवश्यकताओं का विचार ही अगुआओं को उनकी युद्धनीति बदलने के लिए विवश करता है।

माना कि सुलह की बातचीत के दरम्यान, आपने इस ओर एक क्षण के लिए भी न तो दुर्लक्ष्य किया, न इसे छिपा ही रखा कि यह समझौता अन्तिम समझौता न होगा। मैं मानता हूँ कि सब बुद्धिमान लोग बिल्कुल आसानी के साथ यह समझ गये होंगे कि आपके द्वारा प्राप्त तमाम सुधारों का अमल होने लगने पर भी कोई यह न मानेगा कि हम मंज़िले-मकसूद पर पहुँच गये हैं। सम्पूर्ण स्वतन्त्रता जब तक न मिले, तब तक बिना विराम के लड़ते रहने के लिए महासभा लाहौर के प्रस्ताव से बँधी हुई है। उस प्रस्ताव को देखते हुए मौजूदा सुलह और समझौता सिर्फ़ कामचलाऊ युद्ध-विराम है, जिसका अर्थ यही होता है कि आने वाली लड़ाई के लिए अधिक बड़े पैमाने पर अधिक अच्छी सेना तैयार करने के लिए यह थोड़ा विश्राम है। इस विचार के साथ ही समझौते और युद्ध-विराम की शक्यता की कल्पना की जा सकती है और उसका औचित्य सिद्ध हो सकता है।

किसी भी प्रकार का युद्ध-विराम करने का उचित अवसर और उसकी शर्तें

ठहराने का काम तो उस आन्दोलन के अगुआओं का है। लाहौर वाले प्रस्ताव के रहते हुए भी आपने फिलहाल सक्रिय आन्दोलन बन्द रखना उचित समझा है, तो भी वह प्रस्ताव तो कायम ही है। इसी तरह 'हिन्दुस्तानी सोशियलिस्ट रिपब्लिकन पार्टी' के नाम से ही साफ़ पता चलता है कि क्रान्तिवादियों का आदर्श समाज-सत्तावादी प्रजातन्त्र की स्थापना करना है। यह प्रजातन्त्र मध्य का विश्राम नहीं है। उनका ध्येय प्राप्त न हो और आदर्श सिद्ध न हो, तब तक वे लड़ाई जारी रखने के लिए बँधे हुए हैं। परन्तु बदलती हुई परिस्थितियों और वातावरण के अनुसार वे अपनी युद्धनीति बदलने को तैयार अवश्य होंगे। क्रान्तिकारी युद्ध जुदा-जुदा मौक़ों पर जुदा-जुदा रूप धारण करता है। कभी वह प्रकट होता है, कभी गुप्त, कभी केवल आन्दोलन-रूप होता है, और कभी जीवन-मरण का भयानक संग्राम बन जाता है। ऐसी दशा में क्रान्तिवादियों के सामने अपना आन्दोलन बन्द करने के लिए विशेष कारण होने चाहिए। परन्तु आपने ऐसा कोई निश्चित विचार प्रकट नहीं किया। निरी भावपूर्ण अपीलों का क्रान्तिवादी युद्ध में कोई विशेष महत्त्व नहीं होता, हो नहीं सकता।

आपके समझौते के बाद आपने अपना आन्दोलन बन्द किया है, और फलस्वरूप आपके सब क़ैदी रिहा हुए हैं। पर क्रान्तिकारी क़ैदियों का क्या? 1915 ई. से ज़ेलों में पड़े हुए गदर-पक्ष के बीसों क़ैदी सजा की मियाद पूरी हो जाने पर भी अब तक ज़ेलों में सड़ रहे हैं। मार्शल लॉ के बीसों क़ैदी आज भी ज़िन्दा क़ब्रों में दफ़नाये पड़े हैं। यही हाल बब्बर अकाली क़ैदियों का है। देवगढ़, काकोरी, मछुआ-बाज़ार और लाहौर षड्यन्त्र के क़ैदी अब तक ज़ेल की चहारदीवारी में बन्द पड़े हुए बहुतेरे क़ैदियों में से कुछ हैं। लाहौर, दिल्ली, चटगाँव, बम्बई, कलकत्ता और अन्य जगहों में कोई आधी दर्जन से ज़्यादा षड्यन्त्र के मामले चल रहे हैं। बहुसंख्यक क्रान्तिवादी भागते फिरते हैं, और उनमें कई तो स्त्रियाँ हैं। सचमुच आधी दर्जन से अधिक क़ैदी फ़ाँसी पर लटकने की राह देख रहे हैं। इन सबका क्या? लाहौर षड्यन्त्र केस के सजायाफ्ता तीन क़ैदी, जो सौभाग्य से मशहूर हो गये हैं और जिन्होंने जनता की बहुत अधिक सहानुभूति प्राप्त की है, वे कुछ क्रान्तिवादी दल का एक बड़ा हिस्सा नहीं हैं। उनका भविष्य ही उस दल के सामने एकमात्र प्रश्न नहीं है। सच पूछा जाये तो उनकी सजा घटाने की अपेक्षा उनके फ़ाँसी पर चढ़ जाने से ही अधिक लाभ होने की आशा है।

यह सब होते हुए भी आप उन्हें अपना आन्दोलन बन्द करने की सलाह देते हैं। वे ऐसा क्यों करें? आपने कोई निश्चित वस्तु की ओर निर्देश नहीं किया है। ऐसी दशा में आपकी प्रार्थनाओं का यही मतलब होता है कि आप इस आन्दोलन को कुचल देने में नौकरशाही की मदद कर रहे हैं, और आपकी विनती का अर्थ उनके दल को द्रोह, पलायन और विश्वासघात का उपदेश करना है। यदि ऐसी बात नहीं है, तो आपके

लिए उत्तम तो यह था कि आप कुछ अग्रगण्य क्रान्तिकारियों के पास जाकर उनसे सारे मामले के बारे में बातचीत कर लेते। अपना आन्दोलन बन्द करने के बारे में पहले आपको उनकी बुद्धि की प्रतीति करा लेने का प्रयत्न करना चाहिए था। मैं नहीं मानता कि आप भी इस प्रचलित पुरानी कल्पना में विश्वास रखते हैं कि क्रान्तिकारी बुद्धिहीन हैं, विनाश और संहार में आनन्द मानने वाले हैं। मैं आपको कहता हूँ कि वस्तुस्थिति ठीक इसकी उलटी है, वे सदैव कोई भी काम करने से पहले उसका ख़ूब सूक्ष्म विचार कर लेते हैं, और इस प्रकार वे जो ज़िम्मेदारी अपने माथे लेते हैं, उसका उन्हें पूरा-पूरा ख़याल होता है। और, क्रान्ति के कार्य में दूसरे किसी भी अंग की अपेक्षा वे रचनात्मक अंग को अत्यन्त महत्त्व का मानते हैं, हालाँकि मौजूदा हालत में अपने कार्यक्रम के संहारक अंग पर डटे रहने के सिवा और कोई चारा उनके लिए नहीं है।

उनके प्रति सरकार की मौजूदा नीति यह है कि लोगों की ओर से उन्हें अपने आन्दोलन के लिए जो सहानुभूति और सहायता मिली है, उससे वंचित करके उन्हें कुचल डाला जाये। अकेले पड़ जाने पर उनका शिकार आसानी से किया जा सकता है। ऐसी दशा में उनके दल में बुद्धि-भेद और शिथिलता पैदा करने वाली कोई भी भावपूर्ण अपील एकदम बुद्धिमानी से रहित और क्रान्तिकारियों को कुचल डालने में सरकार की सीधी मदद करने वाली होगी।

इसलिए हम आपसे प्रार्थना करते हैं कि या तो आप कुछ क्रान्तिकारी नेताओं से बातचीत कीजिए–उनमें से कई ज़ेलों में हैं–और उनके साथ सुलह कीजिए या ये सब प्रार्थनाएँ बन्द रखिये। कृपा कर हित की दृष्टि से इन दो में से कोई एक रास्ता चुन लीजिए और सच्चे दिल से उस पर चलिये। अगर आप उनकी मदद न कर सकें, तो मेहरबानी करके उन पर रहम करें। उन्हें अलग रहने दें। वे अपनी हिफ़ाज़त आप अधिक अच्छी तरह कर सकते हैं। वे जानते हैं कि भावी राजनीतिक युद्ध में सर्वोपरि स्थान क्रान्तिकारी पक्ष को ही मिलने वाला है। लोकसमूह उनके आस-पास इकट्ठा हो रहे हैं, और वह दिन दूर नहीं है, जब ये जनसमूह को अपने झण्डे तले, समाज-सत्ता प्रजातन्त्र के उम्दा और भव्य आदर्श की ओर ले जाते होंगे।

अथवा अगर आप सचमुच ही उनकी सहायता करना चाहते हों, तो उनका दृष्टिकोण समझ लेने के लिए उनके साथ बातचीत करके इस सवाल की पूरी तफसीलवार चर्चा कर लीजिए।

आशा है, आप कृपा करके उक्त प्रार्थना पर विचार करेंगे और अपने विचार सर्वसाधारण के सामने प्रकट करेंगे।

आपका,

अनेकों में से एक

क्रान्तिकारी जीवन की तस्वीर : पत्रों के आईने में

मित्र अमरचन्द को लिखा भगतसिंह का पत्र

भगतसिंह ने यह पत्र अपने मित्र अमरचन्द को 1927 में लिखा था जो उस समय अमेरिका में पढ़ रहे थे।—स.

प्यारे भाई अमरचन्द जी,

नमस्ते।

अर्ज है कि इस दफा अचानक माँ के बीमार होने पर इधर आया और आपकी मोहतरिमा वाल्दा (आदरणीया माँ) के दर्शन हुए। आपका ख़त पढ़ा। इनके लिए यह ख़त लिखा। साथ ही दो-चार अल्फाज लिखने का मौक़ा मिल गया। क्या लिखूँ, करम सिंह विलायत गया है, उसका पता भेजा जा रहा है। अभी तो उसने लिखा है कि लॉ पढ़ेगा, मगर कैसे चल रहा है, सो खुदा जाने, ख़र्च बहुत ज़्यादा हो रहा है।

भाई, हमारी मुमालिक गैर (विदेश) में जाकर तालीम हासिल करने की ख़्वाहिश ख़ूब पायमाल (बरबाद) हुई। अच्छा, तुम्हीं लोगों को सब मुबारक़, कभी मौक़ा मिले तो कोई अच्छी-अच्छी कुतब (पुस्तकें) भेजने की तकलीफ़ उठाना। आख़िर अमेरिका में लिट्रेचर तो बहुत है। ख़ैर, अभी तो अपनी तालीम में बुरी तरह फँसे हुए हो।

सानफ्रांसिस्को वगैरह की तरफ़ से सरदारजी (अजीत सिंह जी) का शायद कुछ पता मिल सके। कोशिश करना। कम अज कम ज़िन्दगी का यक़ीन तो हो जाये। मैं अभी लाहौर जा रहा हूँ। कभी मौक़ा मिले तो ख़त तहरीर फरमाइयेगा। पता सूत्र मण्डी लाहौर होगा। और क्या लिखूँ? कुछ लिखने को नहीं है। मेरा हाल भी ख़ूब है। बारहा (कई बार) मुसायब (मुसीबतों) का शिकार होना पड़ा। आख़िर केस वापस ले लिया गया। बादवाँ (बाद में) फिर गिरफ़्तार हुआ। साठ हज़ार की जमानत पर रिहा हूँ। अभी तक कोई मुक़दमा मेरे ख़िलाफ़ तैयार नहीं हो सका और ईश्वर ने चाहा तो हो भी नहीं सकेगा। आज एक बरस होने को आया, मगर जमानत वापस

नहीं ली गयी। जिस तरह ईश्वर को मंजूर होगा। ख़्वाहमख़्वाह तंग करते हैं।[1], भाई, ख़ूब दिल लगाकर तालीम हासिल करते चले जाओ।

आपका ताबेदार

भगतसिंह

अपने मुताल्लिक और क्या लिखूँ, ख़ुवाहमख़ुवाह शक का शिकार बना हुआ हूँ। मेरी डाक रुकती है। ख़तूत (पत्र) खोल लिये जाते हैं। न जाने मैं कैसे इस क़दर शक की निगाह से देखा जाने लगा। ख़ैर भाई, आख़िर सच्चाई सतह पर आयेगी और इसी की फतह होगी।

सुखदेव के नाम भगतसिंह का पत्र

मार्च, 1929 में पब्लिक सेफ्टी बिल को असेम्बली में भारतीय सदस्यों द्वारा रद्द करने पर दोबारा लाया गया। यद्यपि बिल मतगणना से पास नहीं हो सकता था, तो भी वायसराय उसे आर्डिनेंस द्वारा लागू करना चाहते थे। राष्ट्रीय नेता एक बार फिर ब्रिटिश सरकार की ताक़त के सामने लाचारी और अप्रभावी होने की स्थिति पेश कर रहे थे। ऐसे समय पर भगतसिंह ने सुझाव दिया कि असेम्बली हॉल में बम का धमाका किया जाये और क्रान्तिकारी पार्टी के विचारों से जनता को शिक्षित किया जाये। इसके लिए दो साथियों–शिव वर्मा और जयदेव कपूर को चुना गया। सुखदेव उस मीटिंग में नहीं थे। जब उन्हें इस फ़ैसले की जानकारी हुई तो उन्होंने भगतसिंह से कुछ ऐसे सवाल किये कि पार्टी की मीटिंग दोबारा बुलायी गयी। इस मीटिंग में भगतसिंह और बटुकेश्वर दत्त को असेम्बली हॉल में बम का धमाका करने के लिए चुना गया। 8 अप्रैल, 1929 को हॉल में बम का धमाका किया गया।

सुखदेव और भगतसिंह में काफ़ी घनिष्ठता थी और बमकाण्ड में जाने वाले व्यक्ति को लेकर दोनों में कुछ ग़लतफ़हमी भी हुई। उसी ग़लतफ़हमी को दूर करने के लिए भगतसिंह ने सुखदेव को एक पत्र लिखा। नीचे उद्धृत यह पत्र 11 अप्रैल, 1929 को सुखदेव की गिरफ़्तारी के समय उनसे बरामद हुआ और मुक़दमे की कार्रवाई का हिस्सा बन गया।–स.

प्रिय भाई,

जब तक तुम्हें यह ख़त मिलेगा, मैं दूर मंजिल की ओर जा चुका होऊँगा। मेरा यक़ीन कर, आजकल मैं बहुत प्रसन्नचित्त अपने आख़िरी सफ़र के लिए तैयार हूँ। अपनी ज़िन्दगी की सारी ख़ुशियों और मधुर यादों के बावजूद मेरे दिल में एक

1. काले अक्षरों में दिये शब्द लिखकर काट दिये गये हैं।

बात आज तक चुभती रही। वह यह कि मुझे भाई ने ग़लत समझा और मुझ पर कमज़ोरी का बहुत ही गम्भीर आरोप लगाया। आज मैं पहले से कहीं ज़्यादा पूरी तरह से सन्तुष्ट हूँ। मैं आज भी महसूस करता हूँ कि वह बात कुछ भी नहीं, बस ग़लतफ़हमी थी। ग़लत शक था। मेरे खुले व्यवहार के कारण मुझे बातूनी समझा गया और मेरे द्वारा सबकुछ स्वीकार कर लेने को कमज़ोरी माना गया। लेकिन आज मैं महसूस कर रहा हूँ कि कोई ग़लतफ़हमी नहीं, मैं कमज़ोर नहीं, अपनों में से किसी से भी कमज़ोर नहीं।

भाई मेरे, मैं साफ़ दिल से विदा लूँगा और तुम्हारी शंका भी दूर करूँगा। इसमें तुम्हारी बहुत कृपालुता होगी। ध्यान रहे, तुम्हें जल्दबाज़ी से कोई क़दम नहीं उठाना चाहिए। सोच-समझकर और शान्ति से काम को आगे बढ़ाना। अवसर पा लेने की जल्दबाज़ी न करना। जनता के प्रति जो तुम्हारा फ़र्ज़ है उसे निभाते हुए काम को सावधानीपूर्वक करते रहना। सलाह के तौर पर मैं कहना चाहता हूँ कि शास्त्री मुझे पहले से अधिक अच्छा लग रहा है। मैं उसे सामने लाने की कोशिश करता, बशर्ते कि वह साफ़गोई से अपनेआप को एक अँधेरे भविष्य के लिए अर्पित करने के लिए सहमत हो। उसे साथियों के नज़दीक आने दो ताकि वह उनके आचार-विचार का अध्ययन कर सके। यदि वह अर्पित भाव से काम करेगा तो काफ़ी लाभदायक और मूल्यवान सिद्ध होगा। लेकिन जल्दबाज़ी न करना। तुम स्वयं अच्छे पारखी हो। जिस तरह जँचे, देख लेना। आ मेरे भाई, अब हम खुशियाँ मना लें।

ख़ैर, मैं कह सकता हूँ कि बहस के मामले में मुझसे अपने पक्ष पेश किये बिना नहीं रहा जाता। मैं पुरजोर कहता हूँ कि मैं आशाओं और आकांक्षाओं से भरपूर जीवन की समस्त रंगीनियों से ओतप्रोत हूँ, लेकिन वक़्त आने पर मैं सबकुछ क़ुर्बान कर दूँगा। सही अर्थों में यही बलिदान है। ये वस्तुएँ मनुष्य की राह में कभी भी अवरोध नहीं बन सकतीं, बशर्ते कि वह इन्सान हो। जल्द ही तुम्हें इसका प्रमाण मिल जायेगा। किसी के चरित्र के सन्दर्भ में विचार करते समय एक बात विचारणीय होनी चाहिए कि क्या प्यार किसी इन्सान के लिए मददगार साबित हुआ है? इसका जवाब मैं आज देता हूँ–हाँ वह मेजिनी था, तुमने अवश्य पढ़ा होगा कि अपने पहले नाकाम विद्रोह, मन को कुचल डालने वाली हार का दुख और दिवंगत साथियों की याद–यह सब वह बरदाश्त नहीं कर सकता था। वह पागल हो जाता या खुदकशी कर लेता। लेकिन प्रेमिका के एक पत्र से वह दूसरों जितना ही नहीं, बल्कि सबसे अधिक मज़बूत हो गया।

जहाँ तक प्यार के नैतिक स्तर का सम्बन्ध है, मैं यह कह सकता हूँ कि यह अपने में एक भावना से अधिक कुछ भी नहीं और यह पशुवृत्ति नहीं बल्कि मधुर

मानवीय भावना है। प्यार सदैव मानव चरित्र को ऊँचा करता है, कभी भी नीचा नहीं दिखाता बशर्ते कि प्यार प्यार हो। इन लड़कियों (प्रेमिकाओं) को कभी भी पागल नहीं कहा जा सकता है जैसाकि हम फ़िल्मों में देखते हैं–वे सदैव पाशविक वृत्ति के हाथों में खेलती हैं। सच्चा प्यार कभी भी सृजित नहीं किया जा सकता। यह अपने ही आप आता है–कब, कोई कह नहीं सकता?

मैं यह कह सकता हूँ कि नौजवान युवक-युवती आपस में प्यार कर सकते हैं और वे अपने प्यार के सहारे अपने आवेगों से ऊपर उठ सकते हैं। अपनी पवित्रता क़ायम रखे रह सकते हैं। मैं यहाँ स्पष्ट कर देना चाहता हूँ कि जब मैंने प्यार को मानवीय कमज़ोरी कहा था तो यह किसी सामान्य व्यक्ति को लेकर नहीं कहा था, जहाँ तक कि बौद्धिक स्तर पर सामान्य व्यक्ति होते हैं पर वह सबसे उच्च आदर्श स्थिति होगी जब मनुष्य प्यार, घृणा और अन्य सभी भावनाओं पर नियन्त्रण पा लेगा। जब मनुष्य कर्म के आधार पर अपना पक्ष अपनायेगा। एक व्यक्ति की दूसरे व्यक्ति से प्यार की मैंने निन्दा की है, वह भी एक आदर्श स्थिति होने पर। मनुष्य के पास प्यार की एक गहरी भावना होनी चाहिए जिसे वह एक व्यक्ति विशेष तक सीमित न करके सर्वव्यापी बना दे।

मेरे विचार से मैंने अपने पक्ष को काफ़ी स्पष्ट कर दिया है। हाँ, एक बात मैं तुम्हें ख़ासतौर पर बताना चाहता हूँ कि बावजूद क्रान्तिकारी विचारों के हम नैतिकता सम्बन्धी सभी सामाजिक धारणाओं को नहीं अपना सके। क्रान्तिकारी बातें करके इस कमज़ोरी को बहुत सरलता से छिपाया जा सकता है, लेकिन वास्तविक जीवन में हम तुरन्त ही थर-थर काँपना शुरू कर देते हैं।

मैं तुमसे अर्ज करूँगा कि यह कमज़ोरी त्याग दो। अपने मन में बिना कोई ग़लत भावना लाये अत्यन्त नम्रतापूर्वक क्या मैं तुमसे आग्रह कर सकता हूँ कि तुममें जो अति आदर्शवाद है उसे थोड़ा-सा कम कर दो। जो पीछे रहेंगे और मेरी जैसी बीमारी का शिकार होंगे, उनसे बेरुख़ी का व्यवहार न करना, झिड़ककर उनके दुख-दर्दों को न बढ़ाना, क्योंकि उनको तुम्हारी हमदर्दी की ज़रूरत है। क्या मैं यह आशा रखूँ कि तुम किसी विशेष व्यक्ति के प्रति खुन्दक रखने के बजाय उनसे हमदर्दी रखोगे, उनको इसकी बहुत ज़रूरत है। तुम तब तक इन बातों को नहीं समझ सकते जब तक कि स्वयं इस चीज़ का शिकार न बनो। लेकिन मैं यह सबकुछ क्यों लिख रहा हूँ? दरअसल मैं अपनी बातें स्पष्ट तौर पर कहना चाहता हूँ। मैंने अपना दिल खोल दिया है।

तुम्हारी सफलताओं और जीवन के लिए शुभकामनाओं के साथ।

तुम्हारा,

भगतसिह

पिता के नाम भगतसिंह का पत्र

यह पत्र भगतसिंह ने असेम्बली हॉल में बम फेंकने के बाद दिल्ली ज़ेल से अपने पिता जी को लिखा था।–स.

दिल्ली ज़ेल, 26 अप्रैल, 1929

पूज्य पिता जी,

अर्ज यह है कि हम लोग 22 अप्रैल को पुलिस की हवालात में दिल्ली ज़ेल में तब्दील कर दिये गये हैं। लगभग एक महीने में सारा नाटक समाप्त हो जायेगा। ज़्यादा चिन्ता करने की ज़रूरत नहीं। मुझे पता चला था कि आप यहाँ आये थे और किसी वकील आदि से बातचीत की थी, लेकिन कोई इन्तज़ाम न हो सका। परसों मुझे कपड़े मिल गये थे। जिस दिन आप आयेंगे अब मुलाकात हो जायेगी। वकील आदि की कोई ख़ास ज़रूरत नहीं है। हाँ, एक-दो नुक्तों पर थोड़ा-सा मशवरा लेना चाहता हूँ, लेकिन वे कोई ख़ास महत्त्व नहीं रखते। आप बिना वजह ज़्यादा कष्ट न करें। अगर आप मिलने आयें तो अकेले ही आना। बेबे जी (माँ) को साथ न लाना। ख़ामख़ाह में वे रो पड़ेंगी और मुझे भी कुछ तकलीफ़ ज़रूर होगी। घर के सब हालात आपसे मुलाक़ात पर मालूम हो जायेंगे। हाँ, अगर सम्भव हो तो 'गीता रहस्य', 'नेपोलियन की जीवनगाथा' जो आपको मेरी किताबों में से मिल जायेंगी और अंग्रेज़ी के कुछ अच्छे उपन्यास लेते आना। बेबे जी (माँ), मामी जी, माता जी और चाची जी को चरणस्पर्श। कुलबीर सिंह, कुलतार सिंह को नमस्ते। बापू जी को चरणस्पर्श। इस समय पुलिस हवालात और ज़ेल में हमसे बहुत अच्छा व्यवहार हो रहा है। आप किसी कस्मि की फिक्र न करना। मुझे आपका पता नहीं मालूम, इसलिए इस पते पर लिख रहा हूँ।

आपका आज्ञाकारी,

भगतसिंह

सुखदेव को भूख हड़ताल के दौरान भगतसिंह का एक और पत्र

भूख हड़ताल शुरू होने के बाद भारतीय जनता की चेतना में भगतसिंह व बटुकेश्वर दत्त गहरे उतरते गये। भगतसिंह के शब्दों में 'हमारा कष्ट सहना फलीभूत हुआ। सारे देश में एक जन-आन्दोलन छिड़ गया। हम अपने लक्ष्य में सफल रहे।' 13 सितम्बर, 1929 को यतीन्द्रनाथ दास 63 दिन की भूख हड़ताल के बाद शहीद हो गये। जब उनका पार्थिव शरीर लाहौर से कलकत्ता ले जाया जा रहा था तो हर

बड़े शहर के स्टेशन पर लाखों की भीड़ उनके अन्तिम दर्शनों के लिए उमड़ पड़ती थी। कलकत्ता में 4 लाख लोग उनके अन्तिम संस्कार में शामिल हुए।

इन दिनों भगतसिंह अपने किन विचारों के माध्यम से अपनी सारी लड़ाई लड़ रहे थे, इसका स्पष्ट पता उस पत्र में चलता है, जो उन्होंने सुखदेव के साथ चल रहे विचार-संघर्ष के सन्दर्भ में लिखा था। खेद है कि सुखदेव के जिस पत्र के उत्तर में भगतसिंह ने यह महत्त्वपूर्ण ख़त लिखा था, वह आज उपलब्ध नहीं है। फिर भी विचार और बहस के अन्तर्गत आने वाले प्रायः सभी बिन्दु यहाँ स्पष्ट हैं।—स.

कष्टों से भागना कायरता है

प्रिय भाई,

मैंने आपके पत्र को कई बार ध्यानपूर्वक पढ़ा। मैं अनुभव करता हूँ कि बदली हुई परिस्थितियों ने हम पर अलग-अलग प्रभाव डाला है। जिन बातों से ज़ेल के बाहर घृणा करते थे, वे आपके लिए अब अनिवार्य हो चुकी हैं। इसी प्रकार मैं ज़ेल से बाहर जिन बातों का विशेष रूप से समर्थन करता था, वे अब मेरे लिए विशेष महत्त्व नहीं रखतीं। उदाहरणार्थ, मैं व्यक्तिगत प्रेम को विशेष रूप से मानने वाला था, परन्तु अब इस भावना का मेरे हृदय एवं मस्तिष्क में कोई विशेष स्थान नहीं रहा। बाहर आप इसके कड़े विरोधी थे, परन्तु इस सम्बन्ध में अब आपके विचारों में भारी परिवर्तन एवं क्रान्ति आ चुकी है। आप इसे मानव-जीवन का एक अत्यन्त आवश्यक एवं अनिवार्य अंग अनुभव करते हैं और अनुभूति से आपको एक प्रकार का आनन्द भी प्राप्त हुआ है।

आपको याद होगा कि एक दिन मैंने आत्महत्या के विषय में आपसे चर्चा की थी। तब मैंने आपको बताया था, कई परिस्थितियों में आत्महत्या उचित हो सकती है, परन्तु आपने मेरे इस दृष्टिकोण का विरोध किया था। मुझे उस चर्चा का समय एवं स्थान भली प्रकार याद है। हमारी यह बात शहंशाही कुटिया में शाम के समय हुई थी। आपने मजाक़ के रूप में हँसते हुए कहा था कि इस प्रकार की कायरता का कार्य कभी उचित नहीं माना जा सकता। आपने कहा था कि इस प्रकार का कार्य भयानक और घृणित है, परन्तु इस विषय पर भी मैं देखता हूँ कि आपकी राय बिल्कुल बदल चुकी है। अब आप उसे कुछ अवस्थाओं में न केवल उचित, वरन अनिवार्य एवं आवश्यक अनुभव करते हैं। मेरी इस विषय में अब वही राय है, जो पहले आपकी थी, अर्थात् आत्महत्या एक घृणित अपराध है, यह पूर्णतः कायरता का कार्य है। क्रान्तिकारी का तो कहना ही क्या, कोई भी मनुष्य ऐसे कार्य को उचित नहीं ठहरा सकता।

आप कहते हैं कि आप यह नहीं समझ सके कि केवल कष्ट-सहन करने से आप

अपने देश की सेवा किस प्रकार कर सकते हैं। आप जैसे व्यक्ति की ओर से ऐसा प्रश्न करना बड़े आश्चर्य की बात है; क्योंकि नौजवान भारत सभा के ध्येय 'सेवा द्वारा कष्टों को सहन करना एवं बलिदान करना' को हमने सोच-समझकर कितना प्यार किया था। मैं यह समझता हूँ कि आपने अधिक से अधिक सम्भव सेवा की। अब वह समय है कि जो कुछ आपने किया है, उसके लिए कष्ट उठायें। दूसरी बात यह है कि यही वह अवसर है, जब आपको सारी जनता का नेतृत्व करना है।

मानव किसी भी कार्य को उचित मानकर ही करता है, जैसेकि हमने लेजिस्लेटिव असेम्बली में बम फेंकने का कार्य किया था। कार्य करने के पश्चात उसका परिणाम और उसका फल भोगने की बारी आती है। क्या आपका यह विचार है कि यदि हमने दया के लिए गिड़गिड़ाते हुए दण्ड से बचने का प्रयत्न किया होता, तो हमारा यह कार्य उचित होता? नहीं, इसका प्रभाव लोगों पर उल्टा होता। अब हम अपने लक्ष्य में पूर्णतया सफल हुए हैं।

बन्दी होने के समय हमारी संस्था के राजनीतिक बन्दियों की दशा अत्यन्त दयनीय थी। हमने उसे सुधारने का प्रयास प्रारम्भ कर दिया। मैं आपको पूरी गम्भीरता से बताता हूँ कि हमें यह विश्वास था कि हम बहुत कम समय के भीतर ही मर जायेंगे। हमें उपवास की स्थिति में कृत्रिम रीति से भोजन दिये जाने का न तो ज्ञान ही था, न हमें यह विचार सूझता ही था। हम तो मृत्यु के लिए तैयार थे। क्या आपका यह अभिप्राय है कि हम आत्महत्या करना चाहते थे? नहीं, प्रयत्नशील होना एवं श्रेष्ठ और उत्कृष्ट आदर्श के लिए जीवन दे देना कदापि आत्महत्या नहीं कही जा सकती। हमारे मित्र (श्री यतीन्द्रनाथ दास) की मृत्यु तो स्पृहणीय है। क्या आप इसे आत्महत्या कहेंगे? हमारा कष्ट सहन करना फलीभूत हुआ। समस्त देश में एक विराट और सर्वव्यापी आन्दोलन शुरू हो गया। हम अपने लक्ष्य में सफल हुए। इस प्रकार के संघर्ष में मरना एक आदर्श मृत्यु है।

इसके अतिरिक्त हममें से जिन लोगों को यह विश्वास है कि उनको मृत्युदण्ड दिया जायेगा, उनको धैर्यपूर्वक उस दिन की प्रतीक्षा करनी चाहिए जब यह सजा सुनायी जायेगी और तत्पश्चात उन्हें फ़ाँसी दी जायेगी। यह मृत्यु भी सुन्दर होगी, परन्तु आत्महत्या करना, केवल कुछ दुखों से बचने के लिए अपने जीवन को समाप्त कर देना, तो कायरता है। मैं आपको बताना चाहता हूँ कि विपत्तियाँ व्यक्ति को पूर्ण बनाने वाली होती हैं। मैं और आप, वरन मैं कहूँगा, हममें से किसी ने भी किंचित कष्ट सहन नहीं किया है। हमारे जीवन का यह भाग तो अभी आरम्भ होता है।

आपको यह याद होगा कि अनेक बार इस विषय पर हमने बातचीत की है कि रूसी साहित्य में प्रत्येक स्थान पर जो वास्तविकता मिलती है, वह हमारे साहित्य में

कदापि नहीं दिखायी देती। हम उनकी कहानियों में कष्टों और दुखदायी स्थितियों को बहुत पसन्द करते हैं, परन्तु कष्ट-सहन की उस भावना को अपने भीतर अनुभव नहीं करते। हम उनके उन्माद और उनके चरित्र की असाधारण ऊँचाइयों के प्रशंसक हैं, परन्तु इसके कारणों पर सोच-विचार करने की कभी चिन्ता नहीं करते। मैं कहूँगा कि केवल विपत्तियाँ सहन करने के उल्लेख ने ही उन कहानियों में सहृदयता, दर्द की गहरी टीस और उनके चरित्र तथा साहित्य में ऊँचाई उत्पन्न की है। हमारी दशा उस समय दयनीय और हास्यास्पद हो जाती है, जब हम अपने जीवन में अकारण ही रहस्यवाद प्रविष्ट कर लेते हैं, यद्यपि इसके लिए कोई प्राकृतिक या ठोस आधार नहीं होता। हमारे जैसे व्यक्तियों को, जो प्रत्येक दृष्टि से क्रान्तिकारी होने का गर्व करते हैं, सदैव हर प्रकार से उन विपत्तियों, चिन्ताओं, दुखों और कष्टों को सहन करने के लिए तत्पर रहना चाहिए जिनको हम स्वयं आरम्भ किये संघर्ष के द्वारा आमन्त्रित करते हैं एवं जिनके कारण हम अपनेआप को क्रान्तिकारी कहते हैं।

मैं आपको बताना चाहता हूँ कि ज़ेलों में और केवल ज़ेलों में ही कोई व्यक्ति अपराध एवं पाप जैसे महान सामाजिक विषय का प्रत्यक्ष अध्ययन करने का अवसर पा सकता है। मैंने इस विषय का कुछ साहित्य पढ़ा है और ज़ेलें ही ऐसे विषयों का स्वाध्याय करने के सबसे अधिक उपयुक्त स्थान हैं। स्वाध्याय का सर्वश्रेष्ठ भाग है: स्वयं कष्टों को सहना।

आप भली प्रकार जानते हैं कि रूस में राजनीतिक बन्दियों का बन्दीगृहों में विपत्तियाँ सहन करना ही जारशाही का तख़्ता उलटने के पश्चात उनके द्वारा ज़ेलों के प्रबन्ध में क्रान्ति लाये जाने का सबसे बड़ा कारण था। क्या भारत को ऐसे व्यक्तियों की आवश्यकता नहीं है, जो इस विषय से पूर्णतया परिचित हों और इस समस्या का निजी अनुभव रखते हों। केवल यह कह देना कि दूसरा कोई इस काम को कर लेगा या इस कार्य को करने के लिए बहुत लोग हैं, किसी प्रकार भी उचित नहीं कहा जा सकता। इस प्रकार जो लोग क्रान्तिकारी क्षेत्र के कार्यों का भार दूसरे लोगों पर छोड़ने को अप्रतिष्ठापूर्ण एवं घृणित समझते हैं, उन्हें पूरी लगन के साथ वर्तमान व्यवस्था के विरुद्ध संघर्ष आरम्भ कर देना चाहिए। उन्हें चाहिए कि वे उन विधियों का उल्लंघन करें, परन्तु उन्हें औचित्य का ध्यान रखना चाहिए, क्योंकि अनावश्यक एवं अनुचित प्रयत्न कभी भी न्यायपूर्ण नहीं माना जा सकता। इस प्रकार का आन्दोलन क्रान्ति के कार्यकाल को बहुत सीमा तक कम कर देगा। जितने आन्दोलन अब तक आरम्भ हुए हैं, उन सबसे पृथक रहने के लिए आपने जो तर्क दिये हैं, मैं उन्हें समझने में असमर्थ हूँ। कुछ मित्र ऐसे हैं, जो या तो मूर्ख हैं या नासमझ। वे आपके इस व्यवहार को (जिसे वे स्वयं कहते हैं कि हमें किंचित

भी नहीं समझ सकते, क्योंकि आप उनसे बहुत ऊँचे और उनकी समझ से बहुत परे हैं) अनोखा और अद्भुत समझते हैं।

वास्तव में यदि आप यह अनुभव करते हैं कि बन्दीगृह का जीवन वास्तव में अपमानपूर्ण है, तो आप उसके विरुद्ध आन्दोलन करके उसे सुधारने का प्रयास क्यों नहीं करते? सम्भवतया आप यह कहेंगे कि यह संघर्ष सफल नहीं हो सकता, परन्तु यह तो वही तर्क है, जिसकी आड़ लेकर साधारणतया निर्बल लोग प्रत्येक आन्दोलन से बचना चाहते हैं। यह वह उत्तर है, जिसे हम उन लोगों से सुनते रहे हैं, जो ज़ेल से बाहर क्रान्तिकारी प्रयत्नों में सम्मिलित होने से जान बचाना चाहते थे। क्या आज यही उत्तर मैं आपके मुख से सुनुँगा? कुछ मुट्ठीभर कार्यकर्ताओं के आधार पर संगठित हमारी पार्टी अपने लक्ष्यों और आदर्शों की तुलना में क्या कर सकती थी? क्या हम इससे यह निष्कर्ष निकालें कि हमने इस काम के प्रारम्भ करने में नितान्त भूल की है? नहीं, इस प्रकार का परिणाम निकालना उचित नहीं होगा। इससे तो उस व्यक्ति की भीतरी निर्बलता प्रकट होती है; जो इस प्रकार सोचता है।

आगे चलकर आप लिखते हैं कि चौदह वर्ष तक बन्दीगृह के कष्टों से भरपूर जीवन बिताने के पश्चात किसी व्यक्ति से यह आशा नहीं की जा सकती कि उस समय भी उसके विचार वही होंगे, जो ज़ेल से पूर्व थे, क्योंकि ज़ेल का वातावरण उसके समस्त विचारों को रौंदकर रख देगा। क्या मैं आपसे पूछ सकता हूँ कि क्या ज़ेल से बाहर का वातावरण हमारे विचारों के अनुकूल था? फिर भी असफलताओं के कारण क्या हम उसे छोड़ सकते थे? क्या आपका आशय यह है कि यदि हम इस क्षेत्र में न उतरे होते, तो कोई भी क्रान्तिकारी कार्य कदापि नहीं हुआ होता? यदि ऐसा है तो आप भूल कर रहे हैं। यद्यपि यह ठीक है कि हम भी वातावरण को बदलने में बड़ी सीमा तक सहायक सिद्ध हुए हैं, तथापि हम तो केवल अपने समय की आवश्यकता की उपज हैं।

गैं तो यह भी कहूँगा कि साम्यवाद का जन्मदाता मार्क्स, वास्तव में इस विचार को जन्म देने वाला नहीं था। असल में यूरोप की औद्योगिक क्रान्ति ने ही एक विशेष प्रकार के विचारों वाले व्यक्ति उत्पन्न किये थे। उनमें मार्क्स भी एक था। हाँ, अपने स्थान पर मार्क्स भी निस्सन्देह कुछ सीमा तक समय के चक्र को एक विशेष प्रकार की गति देने में आवश्यक सहायक सिद्ध हुआ है।

मैंने (और आपने भी) इस देश में समाजवाद और साम्यवाद के विचारों को जन्म नहीं दिया, वरन यह तो हमारे ऊपर हमारे समय एवं परिस्थिति के प्रभाव का परिणाम है। निस्सन्देह हमने इन विचारों का प्रचार. करने के लिए कुछ साधारण एवं तुच्छ कार्य अवश्य किया है, इसलिए मैं कहता हूँ कि जब हमने इस प्रकार

एक कठिन कार्य को हाथ में ले ही लिया है, तो हमें उसे जारी रखना चाहिए और आगे बढ़ना चाहिए। विपत्तियों से बचने के लिए आत्महत्या कर लेने से जनता का मार्गदर्शन नहीं होगा, वरन यह तो एक प्रतिक्रियावादी कार्य होगा।

ज़ेल के नियमों के अनुसार जीवन की निराशाओं, दबाव और हिंसा के असीम परीक्षायुक्त वातावरण का विरोध करते हुए हम कार्य करते रहे। जिस समय हम अपना कार्य करते थे, उस समय नाना प्रकार से हमें कठिनाइयों का निशाना बनाया जाता था। यहाँ तक कि जो लोग अपनेआप को महान क्रान्तिकारी कहने का गौरव अनुभव करते थे, वे भी हमको छोड़ गये। क्या ये परिस्थितियाँ असीम परीक्षायुक्त न थीं? फिर अपने आन्दोलन एवं प्रयासों को जारी रखने के लिए हमारे पास क्या कारण और तर्क था?

क्या स्वयं यही तर्क हमारे विचारों को शक्ति नहीं देता है? और क्या ऐसे क्रान्तिकारी कार्यकर्ताओं के उदाहरण हमारे सामने नहीं हैं, जो ज़ेलों से दण्ड भोगकर लौटे और अब भी कार्य कर रहे हैं? यदि बाकुनिन ने आपके समान सोच-विचार किया होता, तो वह प्रारम्भ में ही आत्महत्या कर लेता। आज आपको असंख्य ऐसे क्रान्तिकारी दिखायी देते हैं, जो रूसी राज्य में उत्तरदायी पदों पर विराजमान हैं और जिन्होंने अपने जीवन का अधिकतर भाग दण्ड भोगते हुए ज़ेलों में बिताया है। मनुष्य को अपने विश्वासों पर दृढ़तापूर्वक अडिग रहने का प्रयत्न करना चाहिए। कोई नहीं कह सकता कि भविष्य में क्या घटना होने वाली है।

क्या आपको याद है कि जब हम इस विषय पर चर्चा कर रहे थे कि हमारी बम-फ़ैक्टरियों में अत्यन्त तीव्र एवं प्रभावकारी विष भी रखा जाना चाहिए, तो आपने बड़ी दृढ़ता से इसका विरोध किया था। आप इस विचार से ही घृणा करते थे। आपको इस पर विश्वास नहीं था। फिर अब क्या हुआ? यहाँ तो ऐसी विकट और जटिल परिस्थितियाँ भी नहीं हैं। मुझे तो इस प्रश्न पर विचार करने में भी घृणा होती है। आपको उस मनोवृत्ति से भी घृणा थी, जो आत्महत्या करने की अनुमति देती है। आप मुझे यह कहने के लिए क्षमा करें कि यदि आपने अपने बन्दी बनाये जाने के समय ही इन विचारों के अनुकूल कार्य किया होता (अर्थात् आपने विष खाकर उस समय आत्महत्या कर ली होती) तो आपने क्रान्तिकारी कार्य की बहुत बड़ी सेवा की होती, परन्तु इस समय तो इस कार्य पर विचार करना भी हमारे लिए हानिकारक है।

एक और विशेष बात, जिस पर मैं आपका ध्यान आकर्षित करना चाहता हूँ, यह है कि हम लोग ईश्वर, पुनर्जन्म, नरक-स्वर्ग, दण्ड एवं पारितोषिक, अर्थात् भगवान द्वारा किये जाने वाले जीवन के हिसाब आदि में कोई विश्वास नहीं रखते। अतः हमें जीवन एवं मृत्यु के विषय में भी नितान्त भौतिकवादी रीति से सोचना

चाहिए। एक दिन जब मुझे पहचाने जाने के लिए दिल्ली से यहाँ लाया गया था, तो गुप्तचर विभाग के कुछ अधिकारियों ने मेरे पिता जी की उपस्थिति में मुझसे इस विषय पर बातचीत की थी। उन्होंने कहा था कि मैं कोई भेद खोलने और इस प्रकार अपना जीवन बचाने के लिए तैयार नहीं हूँ, इससे यह सिद्ध होता है कि मैं जीवन से बहुत दुखी हूँ। उनका तर्क था कि मेरी यह मृत्यु तो आत्महत्या के समान होगी, परन्तु मैंने उनको उत्तर दिया था कि मेरे जैसे विश्वास और विचारों वाला व्यक्ति व्यर्थ में ही मरना कदापि सहन नहीं कर सकता। हम तो अपने जीवन का अधिक से अधिक मूल्य प्राप्त करना चाहते हैं। हम मानवता की अधिक से अधिक सम्भव सेवा करना चाहते हैं। विशेषकर मेरे जैसा भला मनुष्य, जिसका जीवन किसी भी रूप में दुखी या चिन्तित नहीं है, किसी समय भी, आत्महत्या करना तो दूर रहा, उसका विचार भी हृदय में लाना ठीक नहीं समझता। वही बात मैं इस समय आपसे कहना चाहता हूँ।

आशा है कि आप मुझे अनुमति देंगे कि मैं आपको यह बताऊँ कि मैं अपने बारे में क्या सोचता हूँ। मुझे अपने लिए मृत्युदण्ड सुनाये जाने का अटल विश्वास है। मुझे किसी प्रकार की पूर्ण क्षमा या नम्र व्यवहार की तनिक भी आशा नहीं है। यदि कोई क्षमा हुई भी तो पूर्णतः सबके लिए न होगी, वरन वह भी हमारे अतिरिक्त अन्य लोगों के लिए नितान्त सीमित एवं कई बन्धनों से जकड़ी हुई होगी। हमारे लिए तो न क्षमा हो सकती है और न वह होगी ही। इस पर भी मेरी इच्छा है कि हमारी मुक्ति का प्रस्ताव सम्मिलित रूप में और विश्वव्यापी हो और उसके साथ ही मेरी अभिलाषा यह है कि जब यह आन्दोलन अपनी चरम सीमा पर पहुँचे, तो हमें फ़ाँसी दे दी जाये। मेरी यह इच्छा है कि यदि कोई सम्मानपूर्ण और उचित समझौता होना कभी सम्भव हो जाये, तो हमारे जैसे व्यक्तियों का मामला उसके मार्ग में कोई रुकावट या कठिनाई उत्पन्न करने का कारण न बने। जब देश के भाग्य का निर्णय हो रहा हो तो व्यक्तियों के भाग्य को पूर्णतया भुला देना चाहिए। हम क्रान्तिकारी होने के नाते अतीत के समस्त अनुभवों से पूर्णतया अवगत हैं। इसलिए हम नहीं मान सकते कि हमारे शासकों और विशेषकर अंग्रेज़ जाति की भावनाओं में इस प्रकार का आश्चर्यजनक परिवर्तन उत्पन्न हो सकता है। इस प्रकार का परिवर्तन क्रान्ति के बिना सम्भव ही नहीं है। क्रान्ति तो केवल सतत कार्य करते रहने से, प्रयत्नों से, कष्ट सहन करने एवं बलिदानों से ही उत्पन्न की जा सकती है, और की जायेगी।

जहाँ तक मेरे दृष्टिकोण का सम्बन्ध है, मैं तो केवल उसी दशा में सबके लिए सुविधाओं और क्षमादान का स्वागत कर सकता हूँ जब उसका प्रभाव स्थायी हो और

देश के लोगों के हृदयों पर हमारी फाँसियों से कुछ अमिट चिह्न अंकित हो जायें। बस यहीय इससे अधिक कुछ नहीं।

क्रान्तिकारी साथी जयदेव के नाम पत्र

24 फ़रवरी, 1930

बेहद ज़रूरी

न. 103/फ़ाँसी कोठरी
केन्द्रीय ज़ेल, लाहौर

मेरे प्रिय जयदेव,

मुझे उम्मीद है कि तुमने 16 दिन के बाद हमारी भूख हड़ताल छोड़ने की बात सुन ली होगी और तुम अन्दाज़ा लगा सकते हो कि इस समय तुम्हारी मदद की हमें कितनी ज़रूरत है। हमें कल कुछ सन्तरे मिले, लेकिन कोई मुलाक़ात नहीं हुई। हमारा मुक़दमा दो सप्ताह के लिए स्थगित कर दिया गया है। इसलिए एक टिन घी और एक 'क्रेवन-ए' सिगरेट का टिन भेजने की तुरन्त कृपा करो। कुछ रसगुल्लों के साथ कुछ सन्तरों का भी स्वागत है। सिगरेट के बिना दल की हालत ख़राब है। अब हमारी ज़रूरतों की अनिवार्यता समझ सकते हो।

अग्रिम आभार सहित
सच्ची भावनाओं सहित तुम्हारा
भगतसिंह

जयदेव के नाम एक और पत्र

28 मई, 1930

प्रिय भाई जयदेव,

आज फिर तुम्हें कुछ तकलीफ़ देने के लिए मैं यह ख़त लिख रहा हूँ, उम्मीद है कि तुम बुरा नहीं मानोगे। कृपया मेरे लिए पैरों का फलीट जूता भेजने का प्रबन्ध करना। 9-10 नम्बर का चल जायेगा। चप्पल से बहुत बेआरामी है। कृपया इन्हें शुक्रवार या शनिवार को कुलबीर के हाथ भेजने की कोशिश करना, जब वह हमारी मुलाक़ात के लिए आयेगा। सच में मैं बहुत उदास हूँ कि मुझे तुम्हारे साथ अभी तक मुलाक़ात की इजाज़त नहीं मिली है। यदि मुक़दमे में यह गतिरोध न आया होता तो मैंने अधिकारियों से तुम्हारे साथ मुलाक़ात की इजाज़त के लिए बार-बार आग्रह किया होता। जो भी हो, इस समस्या के सुलझते ही मुलाक़ात की इजाज़त

की फिर कोशिश करूँगा। मुझे उम्मीद है कि तुम जूते अवश्य ही और बिना देर किये भेज दोगे। इन दिनों मेरे पास एक ही किताब है और वह भी बहुत शुष्क। देखना अगर हाल में प्रकाशित कुछ दिलचस्प उपन्यास भेज सको। कृपया दोस्तों को मेरी याद पहुँचाना।

सच्ची भावनाओं के साथ तुम्हारा

भगतसिंह

तारीख़ 26/5/30

लाहौर डाकखाने की मोहर 28/5/30

पता—जयदेव प्रसाद गुप्त द्वारा स. किशन सिंह

ब्रैडले हॉल, लाहौर

बचपन के दोस्त जयदेव को भगतसिंह का पत्र

सेण्ट्रल ज़ेल, लाहौर

3 जून, 1930

मेरे प्रिय जयदेव,

'विक्ट्री' जूते और 'क्विक' दवात भेजने के लिए मेरी ओर से धन्यवाद स्वीकारो! आपके शब्दानुसार जैसाकि कुलबीर ने कहा है, मैं यह ख़त कुछ अन्य चीज़ें मँगवाने के लिए लिख रहा हूँ।

आपका बहुत धन्यवाद होगा अगर आप एक दूसरा जोड़ा कपड़े के जूते श्री दत्त के लिए भेज सको। लेकिन दुकानदार से उन्हें पूरा न आने की स्थिति में वापसी की शर्त से लें। मैं इस बारे में अपने पहले ख़त में ही लिख सकता था, लेकिन उस समय श्री दत्त अच्छे मूड में नहीं थे। मगर मेरे लिए यह बहुत कठिन बात है कि मैं अकेला ही इन जूतों को पहनूँ। मैं उम्मीद करता हूँ कि अगली मुलाक़ात के समय जूतों का एक और जोड़ा यहाँ पड़ा होगा।

कृपया 34 नम्बर छाती की सफ़ेद शेक्सपीयर कालर वाली आधी आस्तीन वाली खेल शर्ट भेजना। यह भी श्री दत्त के लिए चाहिए। यह न सोचना कि ज़ेल में होते हुए भी हमने अपना रहन-सहन का खर्चीला ढंग नहीं त्यागा। क्योंकि यह फिर भी आवश्यक ज़रूरतें हैं, विलासिताएँ नहीं। किसी मुलायम कपड़े के बने हुए दो लँगोट नहाने और वर्जिश करने के लिए भेज दो। और कपड़े धोने के लिए साबुन की कुछ टिक्की भेज देना। साथ ही थोड़े बादाम और एक स्वान इंक की दवात भी भेज देना। सरदार जी का क्या हाल है? क्या वे लुधियाना से आ गये हैं?

आजकल कचहरी बन्द रहेगी। मुक़दमा नहीं चल रहा होगा। यदि वे आज अभी तक वापस नहीं आये तो उनको लाने के लिए किसी को भेज देना। फिर उनके और मेरे मुक़दमों का फ़ैसला होने वाला है। कहा नहीं जा सकता कि हमें आपस में मुलाक़ात का भी मौक़ा मिलेगा अथवा नहीं, इसलिए आप उन्हें फ़ौरन बुला लें ताकि वे इस हफ्ते के भीतर मुझसे दो मुलाक़ातें कर सकें और अगर यदि वे जल्द नहीं आ पा रहे तो कृपया कुलबीर और बहन अमर कौर को मुझसे मुलाक़ात के लिए कल या फिर परसों भेज दें। मित्रों को मेरी ओर से याद कहें।

साथ ही, क्या आप उर्दू अनुवाद के साथ एक फ़ारसी क़ायदा भेज सकते हो?

आपका,

भगतसिंह

जयदेव को एक और पत्र

सेण्ट्रल ज़ेल, लाहौर

24 जुलाई, 1930

मेरे प्रिय जयदेव!

कृपया निम्नलिखित किताबें द्वारकानाथ पुस्तकालय से मेरे नाम पर जारी करवाकर शनिचरवार को कुलबीर के हाथ भेज देना:

मैटीरियेलिज़्म : कार्ल लीब्नेखत

व्हाईमैन फाइट—बी. रसेल

सोवियट्स एट वर्क

कोलेप्स ऑफ़ सेकिण्ड इण्टरनेशनल

लेफ्ट विंग कम्युनिज़्म

म्यूचुअल एण्ड प्रिन्स क्रोपोटकिन

फील्ड्स फेक्ट्रीज एण्ड वर्कशाप्स

सिविल वार इन फ्रांस : मार्क्स

लैण्ड रिवोल्यूशन इन एशिया, और

अप्टन सिक्लेयर की 'स्पाई'

कृपया यदि हो सके तो मुझे एक और किताब भेजने का प्रबन्ध करना, जिसका नाम 'थ्योरी ऑफ़ हिस्टोरिकल मैटिरियेलिज़्मः बुखारिन' है। (यह पंजाब पब्लिक लाइब्रेरी से मिल जायेगी)। और पुस्तकालयाध्यक्ष से यह मालूम करना कि कुछ किताबें क्या बोर्स्टल ज़ेल में भेजी गयी हैं? उन्हें किताबों की बहुत ज़रूरत है। उन्होंने सुखदेव के भाई जयदेव के हाथों एक सूची भेजी थी, लेकिन उनको अभी तक किताबें नहीं

मिलीं। अगर उनके (पुस्तकालय) पास कोई सूची न हो तो कृपया लाला फिरोजचन्द से जानकारी ले लेना और उनकी पसन्द के अनुसार कुछ रोचक किताबें भेज देना। इस रविवार जब मैं वहाँ जाऊँ तो उनके पास किताबें पहुँची हुई होनी चाहिए। कृपया यह काम किसी भी हालत में कर देना। इसके साथ ही डार्लिंग की 'पंजाब पेजेण्ट्री इन प्रॉसपैरिटी एण्ड डैट' और इसी तरह की एक-दो अन्य किताबें किसान समस्या पर डॉ. आलम के लिए भेज देना।

आशा है तुम इन कष्टों को ज़्यादा महसूस न करोगे। भविष्य के लिए तुम्हें यक़ीन दिलाता हूँ कि तुम्हें कभी भी कोई कष्ट न दूँगा। सभी मित्रों को मेरी याद कहना और लज्जावती जी को मेरी ओर से अभिवादन। उम्मीद है कि अगर दत्त की बहन आयीं तो वे मुझसे मुलाक़ात करने का कष्ट करेंगी।

आदर के साथ,

भगतसिंह

बटुकेश्वर दत्त की बहन प्रोमिला को भगतसिंह का पत्र

सेण्ट्रल ज़ेल, लाहौर

17 जुलाई, 1930

प्यारी बहन,

कल बत्तू[1], ने आपको चिट्ठी लिखी थी। आपको यह ख़बर देने के लिए कि जब तक आपको उसकी दूसरी चिट्ठी न मिले, आप यहाँ न आयें। बत्तू को कल रात किसी अन्य ज़ेल में भेज दिया गया है। अभी तक हम उसके पड़ाव के बारे में अनजान हैं। इसलिए मैं आपसे अर्ज करता हूँ कि आप बनारस से लाहौर के लिए तब तक न चलें जब तक उसकी चिट्ठी न मिले। उसका बिछोह मेरे लिए भी असहनीय है। आज भी मैं बड़ी परेशानी महसूस कर रहा हूँ। हर पल बोझिल बन गया है। सच में ऐसे दोस्त से बिछड़ना जोकि मेरे अपने भाइयों से ज़्यादा प्यारा हो, बहुत दुखद है। ख़ैर, हमें यह सबकुछ हौसला करके सहना चाहिए। मैं आपसे अर्ज करता हूँ कि आप धीरज रखेंय कोई चिन्ता न करें।

समय बीतने से कोई अच्छा ही परिणाम निकलेगा।

आपका भाई,

भगतसिंह

---

1. बटुकेश्वर दत्त का लाड़ का नाम।

कुलबीर को एक और पत्र

सेण्ट्रल ज़ेल, लाहौर

25 सितम्बर, 1930

प्रिय भाई कुलबीर सिंह जी,

सत श्री अकाल!

मुझे यह जानकर कि एक दिन तुम माँजी को साथ लेकर आये और मुलाक़ात का आदेश न मिलने से निराश होकर वापस लौट गये, बहुत दुख हुआ। तुम्हें तो पता चल चुका था कि ज़ेल में मुलाक़ात की इजाज़त नहीं देते। फिर माँजी को साथ क्यों लाये? मैं जानता हूँ कि इस समय वे बहुत घबरायी हुई हैं, लेकिन इस घबराहट और परेशानी का क्या फ़ायदा, नुक़सान ज़रूर है, क्योंकि जब से मुझे पता चला कि वे बहुत रो रही हैं, मैं स्वयं भी बेचैन हो रहा हूँ। घबराने की कोई बात नहीं, फिर इससे कुछ मिलता भी नहीं। सभी साहस से हालात का मुक़ाबला करें। आख़िरकार दुनिया में दूसरे लोग भी तो हज़ारों मुसीबतों में फँसे हुए हैं। और फिर अगर लगातार एक बरस तक मुलाक़ातें करके भी तबीयत नहीं भरी तो और दो-चार मुलाक़ातों से भी तसल्ली न होगी। मेरा ख़याल है कि फ़ैसले और चालान के बाद मुलाक़ातों से पाबन्दी हट जायेगी, लेकिन माना कि इसके बावजूद मुलाक़ात की इजाज़त न मिले तो...इसलिए घबराने से क्या फ़ायदा?

तुम्हारा भाई,

भगतसिंह

पिता जी के नाम भगतसिंह का पत्र

30 सितम्बर, 1930 को भगतसिंह के पिता सरदार किशन सिंह ने ट्रिब्यूनल को एक अर्जी देकर बचाव पेश करने के लिए अवसर की माँग की। सरदार किशन सिंह स्वयं देशभक्त थे और राष्ट्रीय आन्दोलन में ज़ेल जाते रहते थे। उन्हें व कुछ अन्य देशभक्तों को लगता था कि शायद बचाव-पक्ष पेश कर भगतसिंह को फ़ाँसी के फन्दे से बचाया जा सकता है, लेकिन भगतसिंह और उनके साथी बिल्कुल अलग नीति पर चल रहे थे। उनके अनुसार, ब्रिटिश सरकार बदला लेने की नीति पर चल रही है व न्याय सिर्फ़ ढकोसला है। किसी भी तरीक़े से उसे सजा देने से रोका नहीं जा सकता। उनका मानना था कि उनका नाम भारतीय क्रान्ति का प्रतीक बन गया है और अपनी क़ुर्बानी से वे जनता में इन्क़लाबी भावनाएँ जगाना चाहते थे। पिता

द्वारा दी गयी अर्ज़ी से भगतसिंह की भावनाओं को ठेस लगी थी, लेकिन अपनी भावनाओं को नियन्त्रित कर अपने उसूलों पर जोर देते हुए उन्होंने 4 अक्टूबर, 1930 को यह पत्र लिखा जो उनके पिता को देर से मिला। 7 अक्टूबर, 1930 को मुक़दमे का फ़ैसला सुना दिया गया।—स.

4 अक्टूबर, 1930

पूज्य पिता जी,

मुझे यह जानकर हैरानी हुई कि आपने मेरे बचाव-पक्ष के लिए स्पेशल ट्रिब्यूनल को एक आवेदन भेजा है। यह ख़बर इतनी यातनामय थी कि मैं इसे ख़ामोशी से बरदाश्त नहीं कर सका। इस ख़बर ने मेरे भीतर की शान्ति भंग कर उथल-पुथल मचा दी है। मैं यह नहीं समझ सकता कि वर्तमान स्थितियों में और इस मामले पर आप किस तरह का आवेदन दे सकते हैं?

आपका पुत्र होने के नाते मैं आपकी पैतृक भावनाओं और इच्छाओं का पूरा सम्मान करता हूँ लेकिन इसके बावजूद मैं समझता हूँ कि आपको मेरे साथ सलाह-मशवरा किये बिना ऐसे आवेदन देने का कोई अधिकार नहीं था। आप जानते हैं कि राजनीतिक क्षेत्र में मेरे विचार आपसे काफ़ी अलग हैं। मैं आपकी सहमति या असहमति का ख़याल किये बिना सदा स्वतन्त्रतापूर्वक काम करता रहा हूँ।

मुझे यकीन है कि आपको यह बात याद होगी कि आप आरम्भ से ही मुझसे यह बात मनवा लेने की कोशिशें करते रहे हैं कि मैं अपना मुक़दमा संजीदगी से लड़ूं और अपना बचाव ठीक से प्रस्तुत करूँ, लेकिन आपको यह भी मालूम है कि मैं सदा इसका विरोध करता रहा हूँ। मैंने कभी भी अपना बचाव करने की इच्छा प्रकट नहीं की और न ही मैंने कभी इस पर संजीदगी से गौर किया है।

आप जानते हैं कि हम एक निश्चित नीति के अनुसार मुक़दमा लड़ रहे हैं...मेरा हर क़दम इस नीति, मेरे सिद्धान्तों और हमारे कार्यक्रम के अनुरूप होना चाहिए। आज स्थितियाँ बिल्कुल अलग हैं। लेकिन अगर स्थितियाँ इससे कुछ और भी अलग होतीं तो भी मैं अन्तिम व्यक्ति होता जो बचाव प्रस्तुत करता। इस पूरे मुक़दमे में मेरे सामने एक ही विचार था और वह यह कि हमारे विरुद्ध जो संगीन आरोप लगाये गये हैं, बावजूद उनके हम पूर्णतया इस सम्बन्ध में अवहेलना का व्यवहार करें। मेरा नजरिया यह रहा है कि सभी राजनीतिक कार्यकर्ताओं को ऐसी स्थितियों में उपेक्षा दिखानी चाहिए और उनको जो भी कठोरतम सजा दी जाये, वह उन्हें हँसते-हँसते बरदाश्त करनी चाहिए। इस पूरे मुक़दमे के दौरान हमारी योजना इसी सिद्धान्त के अनुरूप रही है। हम ऐसा करने में सफल हुए या नहीं, यह फ़ैसला करना मेरा काम नहीं। हम खुदगर्ज़ी को त्यागकर अपना काम कर रहे हैं।

वायसराय ने लाहौर साजिश केस आर्डिनेंस जारी करते हुए इसके साथ जो वक्तव्य दिया था, उसमें उन्होंने कहा था कि इस साजिश के मुजरिम शान्ति-व्यवस्था को समाप्त करने के प्रयास कर रहे हैं। इससे जो हालात पैदा हुए उसने हमें यह मौक़ा दिया कि हम जनता के समक्ष यह बात प्रस्तुत करें कि वह स्वयं देख ले कि शान्ति-व्यवस्था एवं क़ानून समाप्त करने की कोशिशें हम कर रहे हैं या हमारे विरोधी? इस बात पर मतभेद हो सकते हैं। शायद आप भी उनमें से एक हों जो इस बात पर मतभेद रखते हैं, लेकिन इसका मतलब यह नहीं कि आप मुझसे सलाह किये बिना मेरी ओर से ऐसे क़दम उठायें। मेरी ज़िन्दगी इतनी क़ीमती नहीं जितनी कि आप सोचते हैं। कम से कम मेरे लिए तो इस जीवन की इतनी क़ीमत नहीं कि इसे सिद्धान्तों को क़ुर्बान करके बचाया जाये। मेरे अलावा मेरे और साथी भी हैं जिनके मुक़दमे इतने ही संगीन हैं जितना कि मेरा मुक़दमा। हमने एक संयुक्त योजना अपनायी है और इस योजना पर हम अन्तिम समय तक डटे रहेंगे। हमें इस बात की कोई परवाह नहीं कि हमें व्यक्तिगत रूप में इस बात के लिए कितना मूल्य चुकाना पड़ेगा।

पिता जी, मैं बहुत दुख का अनुभव कर रहा हूँ। मुझे भय है, आप पर दोषारोपण करते हुए या इससे बढ़कर आपके इस काम की निन्दा करते हुए मैं कहीं सभ्यता की सीमाएँ न लाँघ जाऊँ और मेरे शब्द ज़्यादा सख़्त न हो जायें। लेकिन मैं स्पष्ट शब्दों में अपनी बात अवश्य कहूँगा। यदि कोई अन्य व्यक्ति मुझसे ऐसा व्यवहार करता तो मैं इसे गद्दारी से कम न मानता, लेकिन आपके सन्दर्भ में मैं इतना ही कहूँगा कि यह एक कमज़ोरी है—निचले स्तर की कमज़ोरी।

यह एक ऐसा समय था जब हम सबका इम्तिहान हो रहा था। मैं यह कहना चाहता हूँ कि आप इस इम्तिहान में नाकाम रहे हैं। मैं जानता हूँ कि आप भी इतने ही देशप्रेमी हैं, जितना कि कोई और व्यक्ति हो सकता है। मैं जानता हूँ कि आपने अपनी पूरी ज़िन्दगी भारत की आज़ादी के लिए लगा दी है, लेकिन इस अहम मोड़ पर आपने ऐसी कमज़ोरी दिखायी, यह बात मैं समझ नहीं सकता।

अन्त में मैं आपसे, आपके अन्य मित्रों एवं मेरे मुक़दमे में दिलचस्पी लेने वालों से यह कहना चाहता हूँ कि मैं आपके इस क़दम को नापसन्द करता हूँ। मैं आज भी अदालत में अपना कोई बचाव प्रस्तुत करने के पक्ष में नहीं हूँ। अगर अदालत हमारे कुछ साथियों की ओर से स्पष्टीकरण आदि के लिए प्रस्तुत किये गये आवेदन को मंजूर कर लेती, तो भी मैं कोई स्पष्टीकरण प्रस्तुत न करता।

भूख हड़ताल के दिनों में ट्रिब्यूनल को जो आवेदन पत्र मैंने दिया था और उन दिनों में जो साक्षात्कार दिया था उन्हें ग़लत अर्थों में समझा गया है और अख़बारों में यह प्रकाशित कर दिया गया कि मैं अपना स्पष्टीकरण प्रस्तुत करना चाहता हूँ,

हालाँकि मैं हमेशा स्पष्टीकरण प्रस्तुत करने के विरोध में रहा। आज भी मेरी वही मान्यता है जो उस समय थी।

बोर्स्टल ज़ेल में बन्दी मेरे साथी इस बात को मेरी ओर से गद्दारी और विश्वासघात ही समझ रहे होंगे। मुझे उनके सामने अपनी स्थिति स्पष्ट करने का अवसर भी नहीं मिल सकेगा।

मैं चाहूँगा कि इस सम्बन्ध में जो उलझनें पैदा हो गयी हैं, उनके विषय में जनता को असलियत का पता चल जाये। इसलिए मैं आपसे प्रार्थना करता हूँ कि आप जल्द से जल्द यह चिट्ठी प्रकाशित कर दें।

आपका आज्ञाकारी,

भगतसिंह

बटुकेश्वर दत्त को भगतसिंह का पत्र

सेण्ट्रल ज़ेल, लाहौर

अक्टूबर, 1930

प्रिय भाई,

मुझे सजा सुना दी गयी है और फ़ाँसी का हुक्म हुआ है। इन कोठरियों में मेरे अलावा फ़ाँसी का इन्तज़ार करने वाले बहुत-से मुजरिम हैं। ये लोग यही प्रार्थनाएँ कर रहे हैं कि किसी तरह वे फ़ाँसी से बच जायें। लेकिन उनमें से शायद मैं अकेला ऐसा आदमी हूँ जो बड़ी बेसब्री से उस दिन का इन्तज़ार कर रहा हूँ जब मुझे अपने आदर्श के लिए फ़ाँसी के तख़्ते पर चढ़ने का सौभाग्य मिलेगा। मैं ख़ुशी से फ़ाँसी के तख़्ते पर चढ़कर दुनिया को दिखा दूँगा कि क्रान्तिकारी अपने आदर्शों के लिए कितनी वीरता से क़ुर्बानी दे सकते हैं।

मुझे फ़ाँसी की सजा मिली है, मगर तुम्हें उम्रक़ैद। तुम ज़िन्दा रहोगे और ज़िन्दा रहकर तुम्हें दुनिया को यह दिखा देना है कि क्रान्तिकारी अपने आदर्शों के लिए सिर्फ़ मर ही नहीं सकते, बल्कि ज़िन्दा रहकर हर तरह की यातनाओं का मुक़ाबला भी कर सकते हैं। मौत सांसारिक मुसीबतों से छुटकारा पाने का साधन नहीं बननी चाहिए, बल्कि जो क्रान्तिकारी संयोगवश फ़ाँसी के फन्दे से बच गये हैं उन्हें ज़िन्दा रहकर दुनिया को यह दिखा देना चाहिए कि वे न सिर्फ़ अपने आदर्शों के लिए फ़ाँसी पर चढ़ सकते हैं, बल्कि ज़ेलों की अँधेरी कोठरियों में घुट-घुटकर हद दर्जे के अत्याचारों को भी सहन कर सकते हैं।

तुम्हारा,

भगतसिंह

सुखदेव का तायाजी के नाम पत्र

बोर्स्टल, लाहौर

मान्य ताया जी,

दो पत्र पहले लिख चुका हूँ। कोई उत्तर नहीं मिला।

मैं सुन रहा हूँ मेरे कारण आपको बहुत कुछ मानसिक कष्ट उठाना पड़ रहा है इसके पूर्व भी इस ख़याल से आपको पत्र द्वारा कहने की चेष्टा की है। अब फिर वही कह रहा हूँ।

मैं जानता हूँ कि आपको मेरे स्वभाव (मूलपत्र में 'स्वाभाव' लिखा है।–स.) के कारण बहुत चिन्तित रहना पड़ता है और मैं यह भी चाहता हूँ कि आपकी यह चिन्ता किसी प्रकार दूर हो जाये। ख़ासकर इन दिनों में जबकि आपके लिए दूसरे कष्ट काफ़ी इकट्ठा हो रहे हैं। परन्तु एक बात मैं आपसे साफ़ कहना चाहता हूँ। मुझसे कोई बात सिर्फ़ इसीलिए कि उससे दूसरे खुश होंगे–नहीं हो सकती। दाढ़ी ही की बात लीजिए। भला इससे आपको इतना दुखी होने की क्या आवश्यकता थी। जैसे दाढ़ी-मूँछ कटाना एक फैशन है वैसे ही दाढ़ी रखना भी तो एक फैशन ही है। अब क्या किसी व्यक्ति को इस बारे में भी माता-पिता द्वारा इतना बाध्य होना पड़ेगा और उसे सर, दाढ़ी और मूँछ के बाल अपने माता-पिता की इच्छा पर ही रखाने या कटाने चाहिए। तो क्या वे लोग जो दाढ़ी इत्यादि धर्म अथवा माँ-बाप की ख़ातिर या रूढ़ी को कायम रखने की ख़ातिर रखाते हैं ऐसा करने में (justified) हुए न। मैं नहीं समझता कि आप जैसे स्वतन्त्र विचार रखने वाला पुरुष क्यों अपने पुत्र से ऐसी आशा करता है कि वह मामूली-मामूली बात करने में इस बात का विचार रखे कि उसके वैसा करने से उसका पिता तो बुरा नहीं मानेगा। और वह आदमी आजाद विचारों वाला ही कैसे हो सकता है जो दूसरे व्यक्ति को उसके अपनी इच्छानुसार करने पर बुरा समझे जबकि वह बात कोई ऐसी नहीं है जिसे बुरी दृष्टि से (Morally) देखा जाना चाहिए।

हाँ, एक बात और है, शायद आपका यह विचार होता होगा कि इससे मैं बदसूरत मालूम होता हूँ और मैं जान-बूझकर अपनी हालत ज़्यादा गन्दी रखना चाहता हूँ, जिसे आप अपने पुत्र के लिए अच्छा नहीं समझते। यदि ऐसा है तो मैं आपको बताना चाहता हूँ कि आपका ऐसा विचार करना भूल है। अपने शरीर की जितनी फिकर मुझे रहती है और देश तथा धर्म की ख़ातिर अपने शरीर को ख़राब करने के बरख़िलाफ़ जितना मैं हूँ और शायद ही कोई हो। ऐसी अवस्था में मैं नहीं समझता कि आपकी नाराजगी का क्या कारण है।

साथ ही यह बात भी मैं आपके आगे रख देना चाहता हूँ कि मैं इस बात को बहुत बुरा समझता हूँ कि मैं यह कुछ भी करने में सदा इस बात का ध्यान रखूँ कि दूसरे क्या विचार करेंगे और न ही मैं यह अच्छा समझता हूँ कि और कोई मेरे व्यक्तिगत जीवन की बातों में मुझे अपनी इच्छाओं से बाध्य करे। मैं चाहे कोई भी हो—किसी की ख़ातिर अपना व्यक्तित्व खोना नहीं चाहता और फिर ऐसी-ऐसी मामूली बातों की ख़ातिर मैं स्वयं इन बातों से तंग हो जाता हूँ।

दूसरा कारण आपके दुखी रहने का है मेरा आजकल का Attitude। ठीक है। माता-पिता के लिए गौरव की बात यही है कि उनका लड़का उनके लिए नेकनामी पैदा करे न कि कलंक। माता-पिता की सदा यह इच्छा रहती है कि उनका लड़का बड़ा नाम कमाये और जीवन के संग्रामों में किसी से भी पीछे न रहे। मैं जानता हूँ आपकी भी ऐसी ही मानसिक अवस्था है और जब आप देखते हैं कि मैं किसी बात में भाग नहीं लेता और हमेशा चुप रहता हूँ तो आपको बहुत दुख होता है। सचमुच, मैं आपसे सच्चे दिल से कहता हूँ, आपको इस बारे में दुखी देखकर मैं स्वयं बहुत दुखी होता हूँ। और क्या कहूँ, मैंने इस कारण से कितने अपनों को नाराज किया है और कितनों की नज़र में बुरा बना हूँ। इतना होने पर भी इस बारे में मैं कुछ नहीं कहना चाहता और न सफ़ाई देना चाहता हूँ। पर आपसे यह अवश्य कहूँगा कि आप कभी इन विचारों को लेकर दुखी न हों और मैं क्या करता हूँ और मुझे क्या करना चाहिए, इन बातों पर कभी विचार ही न करना चाहिए।

क्योंकि आपको यक़ीन करना चाहिए कि मैं आपका पुत्र हूँ। बस यही मेरी सफ़ाई है। इस पर यक़ीन कीजिए।

क्या मैं आशा कर सकता हूँ कि आप मेरी ओर से निश्चिन्त हो जायेंगे।

आपका पुत्र,

सुखदेव

सुखदेव का अधूरा पत्र

राष्ट्रीय अभिलेखागार, भारत सरकार, नयी दिल्ली के सौजन्य से प्राप्त सुखदेव की यह अपूर्ण, अप्रेषित चिट्ठी सुखदेव के बोर्स्टल ज़ेल से, सेण्ट्रल ज़ेल लाहौर में स्थानान्तरण के समय प्राप्त हुई थी। मूल चिट्ठी पाकिस्तान सरकार के रिकॉर्ड में है लेकिन इसकी फ़ोटोस्टेट प्रतिलिपि राष्ट्रीय अभिलेखागार में उपलब्ध है।—स.

7 अक्टूबर, 1930

बिरादरमन,

देर से कुछ भावनाएँ हृदय में उठ रही थीं जिनको कुछ कारणोंवश अब तक

दबाये हुए था। किन्तु अब अधिक नहीं दबा सकता। दबा सकता ही नहीं वरन उनको दबाना उचित भी नहीं समझता। कह नहीं सकता मेरे इस प्रकार भाव प्रकट करने को आप अच्छा समझें या बुरा। इनको कुछ महत्त्व दें या नहीं। ये आपके अनुकूल हों या नहीं। आप इनसे सहमत हों या नहीं। लेकिन मैं तो वही कर रहा हूँ जो मुझे उचित मालूम दे रहा है। आप इन्हें ग्रहण करना चाहें करें, यह आपकी इच्छा है। और यदि आप इसका उत्तर देना चाहें तो बड़ी अच्छी बात हो। इससे यह लाभ होगा कि मेरे विचार भी कुछ clear हो जायेंगे और मुझे इस बात की तसल्ली भी हो जायेगी कि ज़ेल की चारदीवारी ने मुझे मेरे ठीक-ठीक judge कर सकने की शक्ति से वंचित नहीं कर दिया और practical life के field से अलग हो जाने पर मैं idle और Vain Schemes के सोचने का आदी नहीं हो गया हूँ।

जब से हम लोग ज़ेल में आये हैं बाहिर का वातावरण बहुत गरम हो रहा है। जहाँ तक actions का सम्बन्ध है, पत्रों द्वारा पता चलता है कि क़रीब हर एक province में, ख़ासकर पंजाब और बंगाल में तो हद ही हो गयी है। इस पर bomb तो एक साधारण-सी बात हो गयी है। बम द्वारा इतने actions हमारे इतिहास में शायद ही कभी हुए होंगे। इन्हीं actions के बारे में ही मैं यहाँ पर आपसे कुछ कहना चाहता हूँ। इस बारे में actions के सम्बन्ध में हमारी अपनी policy क्या थी, आपके सम्मुख रखूँगा। इसके पश्चात actions के सम्बन्ध में अपने विचार कहूँगा।

हम लोग कुछ दो actions कर पाये। एक साण्डर्स मर्डर, दूसरा असेम्बली बम। इसके अतिरिक्त हमने दो-तीन और actions करने का प्रयत्न किया था यद्यपि उनमें सफलता प्राप्त नहीं हुई। इनके सम्बन्ध में मैं इतना कह सकता हूँ कि हमारे actions तीन प्रकार के थे—1. Propaganda 2. Money 3. Special इन तीनों में से हमारा मुख्य ध्यान propaganda के actions की ओर था। बाक़ी दोनों गौण कहे जा सकते हैं। इससे मेरा अभिप्राय उनकी importance को कम करने का नहीं है तो भी हमारे लिए हमारी existence का उद्देश्य propaganda के actionas करना ही था। बाक़ी दोनों प्रकार के actions हमारा उद्देश्य नहीं थे, वरन उद्देश्य की पूर्ति के लिए आवश्यक। इन तीनों को clear करने के लिए 1. Assembly action 2. Punjab National Bank Dacoity और 3. जोगेश चटर्जी को छुड़ाने की कोशिश आप (शायद 'आज'—स.) आपके सम्मुख रखता हूँ।

पिछले दो प्रकार के actions को छोड़कर मैं propaganda actions को इस स्थान पर discuss करना चाहता हूँ। propaganda शब्द से शायद इन actions को ठीक-ठीक नहीं समझा जा सकता। दरअसल मतलब यह है कि हमारे ये actions हमारी जनता के भावों के अनुकूल होते थे। उदाहरण के लिए Saunders' murder

को लो। लाला (ला. लाजपत राय) पर लाठियाँ पड़ने से हमने देखा कि देश में इनके कारण बहुत हलचल है। इस पर Govt. के रवैये ने तेल का काम किया। लोग बहुत नाराज़ हो गये। जनता का ध्यान revolutinaries की ओर खींचने के लिए हमारे लिए यह बड़ा अच्छा अवसर था। पहले हमने सोचा था कि एक आदमी पिस्तौल लेकर जाये और Scott को मारकर वहीं पर अपनेआप को पेश कर दे। फिर Statement द्वारा यह कह दे कि National insult का बदला जब तक revolutionaries ज़िन्दा हैं, इसी प्रकार लिया जा सकता है। किन्तु आसपास man-power कम होने के कारण तीन आदमियों को भेजना ज़्यादा उचित समझा गया। इसमें भी बचकर निकल जाने की आशा का विचार मुख्य नहीं था। इसकी तो आशा भी नहीं थी। हमारा विचार यह था कि यदि murder के बाद पुलिस पीछा करे तो ख़ूब मुक़ाबला किया जाये। जो इस मुक़ाबले में बच जाये और पकड़ा जाये तो Statement दे दे। इसी विचार से भागकर D.A.V. College boarding की छत पर चढ़ गये थे। Action के समय यह प्रबन्ध था कि भगतसिंह जो Scott को पहचानता था, पहली गोली चलाये और राजगुरु थोड़ी दूर पर उसकी हिफ़ाज़त करे। यदि भगतसिंह पर कोई हमला करे तब राजगुरु उसको रोके। इसके बाद ये दोनों वहाँ से भागें और चूँकि भागते हुए मुड़कर पीछा करने वालों पर निशाना नहीं लिया जा सकता इसलिए पण्डित जी को इन दोनों की रक्षा के निमित्त पीछे खड़ा किया था। इसके साथ ही यह विचार हमारे सामने था कि अपने बचने के बजाय उसको मारने का ज़्यादा ध्यान रखना है। हम यह भी नहीं चाहते थे कि जिस पर गोली चलायी जाये वह हस्पताल जाकर मरे। इसीलिए राजगुरु द्वारा गोली मार देने के बाद भी भगतसिंह ने तब तक गोली चलानी बन्द न की जब तक उसे तसल्ली नहीं हो गयी कि वह मर गया है।

मारकर भाग जाना ही हमारा उद्देश्य नहीं था। हम तो चाहते थे कि देश जान जाये कि यह political murder है और इस action के करने वाले revolutinaries हैं न कि मालंगी के साथी, इसलिए हमने उसके बाद posters लगाये और कुछ posters अख़बार वालों को छापने के लिए भेजे। अफ़सोस, हमारे नेताओं और अख़बार वालों ने हमें इस सम्बन्ध में कुछ सहायता न की और Govt. को धोखे में रखने के विचार से देशवासियों को धोखा दिया। हम तो केवल इतना ही चाहते थे कि वह इसके सम्बन्ध में यह गोल-मोल करके लिख दें कि यह political murder है और Govt. की policy का ही परिणाम है। ऐसे actions के लिए वह responsible है। लेकिन उन्होंने जानते-बूझते और मेरे बार-बार कहने के बावजूद भी ऐसा कहने की हिम्मत नहीं की। अच्छा हुआ हम पकड़े गये और देश के सम्मुख सब प्रगट हो गया।

मैं तो भाई, अपने पकड़े जाने को सौभाग्य समझता हूँ। सिर्फ़ इसीलिए इस action की nature को clear कर देने के पश्चात अब मैं इस policy को (Note: इसी समय पता लगा है कि आज Judgement होगी, चलना है कि नहीं यह पूछने के लिए ख़ाँ साहिब और बख़्शी जी आये थे। हम सबने इन्कार कर दिया है) रखना चाहता हूँ। हमारा विचार था कि हमारे actions जनता की desires और Govt. द्वारा grievances के उत्तर में होने चाहिए ताकि हम लोग जनता को अपने साथ ले सकें और जनता हमारे प्रति सहानुभूति और सहायता दिखाने के लिए तैयार हो जाये। इसके साथ-साथ हमारा यह विचार था कि revolutionary ideals और tactics को public में फैलाया जाये और यह उसके मुख से ज़्यादा अच्छी लगती है जो इनकी ख़ातिर gallows पर खड़ा हो। तीसरा उद्देश्य यह था कि Govt. से direct टक्कर लेने से हमारी organisation एक निश्चित programme अपने लिए बना सकेगी।

बाक़ी दो प्रकार के actions के सम्बन्ध में कुछ ज़्यादा नहीं कहना चाहता हूँ। Maney actions के लिए इतना आवश्यक होना चाहिए कि बंगाल वालों की तरह dacoities में ज़्यादा energy और attention देना ठीक नहीं है। साथ ही छोटी-छोटी dacoities क़तई लाभदायक सिद्ध नहीं हुई हैं। इसलिए हम सबकुछ देकर भी एक जुआ खेलने को तैयार हो गये थे ताकि अगर बच गये तो अच्छी तरह से निश्चिन्त होकर अपना काम करते जायेंगे और पैसा की समस्या को हम एक बार risk लेकर हल करेंगे। साण्डर्स के murder के बाद तो हमें पैसा के लिए ज़्यादा चिन्ता भी नहीं करनी पड़ी। साधारण dacoities में जितना धन हमें नहीं मिलता उतना हम चुपचाप इकट्ठा कर लिया करते थे। आज तो उससे कहीं ज़्यादा आसानी है। Special actions अनिवार्य होते हैं लेकिन उसी दशा में जब अत्यन्त आवश्यक हों। हाँ, इनकी संख्या बहुत कम होनी चाहिए।

अब मैं उन actions के सम्बन्ध में कुछ कहना चाहता हूँ जो हमारे बाद घटित हुए। वायसराय की ट्रेन को उड़ाने के प्रयत्न के अतिरिक्त बम द्वारा कई actions हुए हैं। इनमें एक विशेष प्रकार के actions हुए हैं। अर्थात् बम रास्ते में रख आयें या जो actions पंजाब के चार-पाँच शहरों में एक साथ हुए हैं। मुझे समझ में नहीं आयी कि यह actions किस विचार से किये गये हैं। जहाँ तक मैं अनुभव करता हूँ जनता में ऐसे actions से विशेष जागृति तो आती नहीं है। यदि terrorise करने का विचार था तो मैं पूछना चाहता हूँ कि आप लिखें कि इन actions ने इस उद्देश्य की कहाँ तक पूर्ति की है। इस सम्बन्ध में चिटगाँववाले actions की यहाँ पर प्रशंसा नहीं करना चाहता।

आवाज़ दबाना दुखदायी है!

सुखदेव के भाई मथुरादास की पुस्तक 'अमर शहीद सुखदेव' में प्रकाशित लेखकीय टिप्पणी के अनुसार सुखदेव ने यह पत्र सम्भवतः चन्द्रशेखर आजाद के नाम लिखा था, जो उन तक पहुँच नहीं पाया।—स.

प्यारे साथी,

अभी-अभी पता चला है कि हमारा वह statement जो हमने 3 तारीख़ को दिया है अख़बार वालों ने नहीं छापा। कारण यह कहा जाता है कि उसमें लीडरों को criticise किया गया है और उनके इस समझौते को बुरा कहा गया है। उफ, कैसी शरम की बात है! भाई, सच पूछो तो हमें सरकार फ़ाँसी नहीं लगा रही। हमारा गला तो हमारे So-called leaders ही दबा रहे हैं जो हमारी आवाज़ निकलने नहीं देते। सरकार द्वारा गला दबाना हमारे लिए बुरा सिद्ध नहीं हो सकता। उसको हम सहन कर सकते हैं लेकिन यह बात हमारे से बरदाश्त नहीं हो सकती कि हमारा गला हमारे ये स्वार्थी high class leaders दबायें। इसके विरुद्ध हमें लड़ना पड़ेगा। अपनी struggle को हमें उनसे अलग होकर स्वतन्त्र रूप से चलाना होगा और सरकार का विरोध करते-करते इन उच्च जाति-नेताओं की पोल भी खोलनी पड़ेगी।

परन्तु दोस्तो, यह कार्य ज़्यादा देरी तक neglect नहीं किया जा सकता। इस पर हमें विचार करना चाहिए और उसके लिए शीघ्र ही प्रबन्ध करना चाहिए। और कब तक ऐसा व्यवहार सहते रहोगे। हम क्रान्तिकारियों के प्रति उनके इस प्रकार neutral relation और हमारी गिरावट के दो मुख्य कारण हैं। पहला यह कि हमारी कोई स्थायी organisation नहीं है, जो उनके मुक़ाबले में और उनसे अलग अपनी lines पर काम कर रही हो। दूसरा यह कि जो भी थोड़ा-बहुत scattered element है उसके हाथ में Press नहीं है जिसके द्वारा वह अपनी आवाज़ जनता तक पहुँचा सके और जिसके बल पर वह बढ़े, डटकर सरकार तथा इन उच्च जाति-सन्तों का भलीभाँति विरोध कर सके।

अनेक कारणोंवश हम लोगों को आज तक केवल गुप्त समितियाँ बनाकर ही काम करते रहना पड़ा है। परन्तु यारो, अब समय आ गया है कि हम इस policy का त्याग करें। साधारण जनता हमें और हमारे आदर्शों को मानने लग गयी है। उसकी सहानुभूति हमारे साथ है। ठीक है, अपने कार्य को successfully चलाने और अपनी organisation को क़ायम रखने हेतु बहुत कुछ गुप्त रखना पड़ेगा। हमें अपने काम को गाँधी की सपदमे पर नहीं चलाना है तो भी अब केवल इस जत्थेबन्दी और गोली-बारूद द्वारा ही काम करना उचित नहीं। अब हमें आगामी struggle के लिए एक force बनने की ज़रूरत है।

उसके लिए, जैसा मैंने पहले भी लिखा है, खुफ़िया सोसायटी के ढंग पर पंजाब में एक Central Red Revolutionary Party क़ायम करने की आवश्यकता है, जिसका मुख्य काम भिन्न-भिन्न local स्थानों पर Revolutinary work और tactics का प्रचार और अच्छे क्रान्तिवादी worker तथा व्यवस्था होनी चाहिए। इसके साथ-साथ उस कांग्रेस की नकेल अपने हाथ में रखनी चाहिए। अपने ideas को legally or illegally दोनों प्रेसों द्वारा बराबर फैलाने की कोशिश करनी चाहिए।

ये सब शायद तुम्हें शेखचिल्ली की बातें जान पड़ती होंगी। लेकिन प्यारे, यह तो करना ही होगा और शीघ्र करना होगा। मैं नहीं कह सकता इस कांग्रेस में इसी वक़्त से कोई ऐसा wing तैयार हो जायेगा लेकिन इस कांग्रेस की तैयारी चाहे कितनी भी मामूली हो उसकी begining कर देनी चाहिए।

(Important) हमें मरने का दुख नहीं है। अपनी आवाज़ का दबाया जाना हमारे लिए बहुत कष्टदायक है। मैं चाहता हूँ कि हमारी वह statement तुम सरदार जी या हमारे वकील से प्राप्त कर एक छोटे-से appealing note के साथ उर्दू, गुरमुखी और अंग्रेज़ी में लिखवाकर छपने का प्रबन्ध करो।

—सुखदेव

क्रान्तिकारी दोस्तों के नाम सुखदेव का पत्र

प्यारे साथियो!

दो साल का समय हो चुका है जबकि पहले-पहल Long Live Revolution का आरम्भ हुआ था। यह छोटी-सी आवाज़ आज एक भारी और भयानक रूप धारण कर चुकी है। हमारे देश का बच्चा-बच्चा इन्कभलाब-ज़िन्दाबाद चिल्ला रहा है।

किन्तु क्या यही काफ़ी है? क्या अब हमारे लिए कोई कार्य बाक़ी नहीं रहा? नहीं। कार्य का आरम्भ तो अभी होना चाहिए। नहीं तो यह इन्क़?लाब-ज़िन्दाबाद भी गाँधी के 'स्वराज्य' की भाँति एक बेमानी चीज़ हो जायेगा, जिसे थोड़े समय बाद जनता घृणा और नफरत की दृष्टि से देखेगी। काफ़ी देर तक हमने पब्लिक के sentiments को उभारा है। अब समय आ गया है कि हम public को इसका अर्थ समझाएँ। हम उनके आगे रखें कि Revolutin क्या है। उसका masses के साथ क्या सम्बन्ध है। उसकी क्या आवश्यकता है। और वह क्योंकर Successful की जा सकती है।

याद रखो इन प्रश्नों को छुपाकर रखना हितकर नहीं होगा। मैं देख रहा हूँ—लोगों के दिलों में ये प्रश्न उठ रहे हैं। यदि इन प्रश्नों का उत्तर न दिया गया, यदि गाँधी की तरह इनको vague रखा गया तो सब गुड़गोबर हो जायेगा। आज तक की

सब मेहनत व्यर्थ हो जायेगी। परन्तु इसके साथ ही एक introductory काम और भी है। यदि तुम्हारी यह धारणा है कि Long Live Revolution कह लेने से तुम Revolutionary हो गये हो तो यह तुम्हारी भूल है। तुम लोगों में कोई ही होगा जो वास्तव में Revolutionary कहलाने के योग्य होगा। लेकिन यह कोई शरम की बात नहीं। अपने इस अभाव को हमें मानना चाहिए और इसे मानकर इसकी पूर्ति करनी चाहिए। अपनी और सभी साथियों की revolutionary education के प्रबन्ध करने चाहिए। उसके लिए कार्य आरम्भ करने चाहिए।

याद रखो, अपनी सफलता इस बात पर निर्भर है कि हमारे workers अपने revolution ideals, tactics और struggles को ख़ूब समझते हैं। आज के arm chair politicians और sentimental lectures द्वारा क्रान्ति का कार्य नहीं चलाया जाना चाहिए। बल्कि ऐसे व्यक्तियों को अपनी Organisation में ही नहीं लेना चाहिए। क्रान्ति करने के हेतु वे ही व्यक्ति लाभदायक सिद्ध हो सकते हैं जो Self scrificing devotion के हों, जो revolutionary education प्राप्त किये हों और जीवन में क्रान्ति को profession समझे हों। जो व्यक्ति Revolutionary work को अपना profession नहीं बना सकता वह एक Sympathiser के सिवा कुछ नहीं है।

मैं आशा करता हूँ कि समय की आवश्यकता को अनुभव कर आप मेरी इन बातों पर ध्यान देंगे और जितनी जल्दी हो सके चनइसपब कमउंदक को पूरा करने का यत्न करेंगे।

(मूल पत्र यहीं समाप्त होता है और अन्तिम अक्षर अस्पष्ट हैं–स.)

कुलबीर के नाम भगतसिंह का अन्तिम पत्र[1]

सेण्ट्रल ज़ेल, लाहौर

3 मार्च, 1931

प्रिय कुलबीर सिंह,

तुमने मेरे लिए बहुत कुछ किया। मुलाक़ात के समय तुमने अपने ख़त के जवाब में कुछ लिख देने के लिए कहा था। कुछ शब्द लिख दूँ, बस। देख, मैंने किसी के लिए कुछ न किया। तुम्हारे लिए भी कुछ न कर सका। आज तुम सबको विपदाओं में छोड़कर जा रहा हूँ। तुम्हारी ज़िन्दगी का क्या होगा? गुज़र किस तरह करोगे? यही सब सोचकर काँप जाता हूँ। लेकिन भाई हौसला रखना। विपदाओं में भी कभी न घबराना। इसके सिवाय और क्या कह सकता हूँ। अमेरिका जा सकते

1 फ़ाँसी लगने से बीस दिन पूर्व।

तो बहुत अच्छा होता। लेकिन अब तो यह नामुमकिन जान पड़ता है। धीरे-धीरे हिम्मत से पढ़ लो। अगर कोई काम सीख सको तो बेहतर होगा। लेकिन सबकुछ पिता जी की सलाह से करना। जहाँ तक सम्भव हो प्यार-मुहब्बत से रहना। इसके सिवाय और क्या कहूँ? जानता हूँ कि आज तुम्हारे दिल में गम का समुद्र ठाठें मार रहा है। तुम्हारे बारे में सोचकर मेरी आँखों में आँसू आ रहे हैं; लेकिन क्या किया जा सकता है? हौसला रख मेरे अजीज! मेरे प्यारे भाई, ज़िन्दगी बड़ी सख़्त है और दुनिया बड़ी बेरहम। लोग भी बहुत बेरहम हैं। सिर्फ़ हिम्मत और प्यार से ही गुज़ारा हो सकेगा। कुलतार की पढ़ाई की चिन्ता भी तुम्हीं करना। बहुत शर्म आती है और अफ़सोस के सिवाय मैं कर भी क्या सकता हूँ। साथ वाला ख़त हिन्दी में लिखा है। ख़त बी.के. की बहन को दे देना। अच्छा नमस्कार अजीज भाई अलविदा...रुख़सत।

तुम्हारा शुभाकांक्षी,

भगतसिंह

कुलतार के नाम भगतसिंह का अन्तिम पत्र[1]

सेण्ट्रल ज़ेल, लाहौर

3 मार्च, 1931

प्यारे कुलतार,

आज तुम्हारी आँखों में आँसू देखकर बहुत दुख पहुँचा। आज तुम्हारी बातों में बहुत दर्द था। तुम्हारे आँसू मुझसे सहन नहीं होते।

बरख़ुरदार, हिम्मत से विद्या प्राप्त करना और स्वास्थ्य का ध्यान रखना। हौसला रखना, और क्या कहूँ—

उसे यह फ़िक्र है हरदम नया तर्ज़े-जफ़ा क्या है,
हमें यह शौक़ है देखें सितम की इन्तहा क्या है।
दहर से क्यों ख़फ़ा रहे, चर्ख़ का क्यों गिला करें,
सारा जहाँ अदू सही, आओ मुक़ाबला करें।
कोई दम का मेहमाँ हूँ ऐ अहले-महफ़िल,
चराग़े-सहर हूँ बुझा चाहता हूँ।
मेरी हवा में रहेगी ख़याल की बिजली,
ये मुश्ते-ख़ाक़ है फानी, रहे रहे न रहे।

1. फ़ाँसी लगने से बीस दिन पूर्व।

अच्छा रुख़सत। ख़ुश रहो अहले-वतनय हम तो सफ़र करते हैं। हिम्मत से रहना। नमस्ते।

तुम्हारा भाई,

भगतसिंह

फ़ाँसी से पहले साथियों को भगतसिंह का अन्तिम पत्र

22 मार्च, 1931

साथियो,

स्वाभाविक है कि जीने की इच्छा मुझमें भी होनी चाहिए, मैं इसे छिपाना नहीं चाहता। लेकिन मैं एक शर्त पर ज़िन्दा रह सकता हूँ, कि मैं क़ैद होकर या पाबन्द होकर जीना नहीं चाहता।

मेरा नाम हिन्दुस्तानी क्रान्ति का प्रतीक बन चुका है और क्रान्तिकारी दल के आदर्शों और क़ुर्बानियों ने मुझे बहुत ऊँचा उठा दिया है–इतना ऊँचा कि जीवित रहने की स्थिति में इससे ऊँचा मैं हरगिज नहीं हो सकता।

आज मेरी कमजोरियाँ जनता के सामने नहीं हैं। अगर मैं फ़ाँसी से बच गया तो वे जाहिर हो जायेंगी और क्रान्ति का प्रतीह-चिह्न मद्धिम पड़ जायेगा या सम्भवतः मिट ही जाये। लेकिन दिलेराना ढंग से हँसते-हँसते मेरे फ़ाँसी चढ़ने की सूरत में हिन्दुस्तानी माताएँ अपने बच्चों के भगतसिंह बनने की आरजू किया करेंगी और देश की आज़ादी के लिए क़ुर्बानी देने वालों की तादाद इतनी बढ़ जायेगी कि क्रान्ति को रोकना साम्राज्यवाद या तमाम शैतानी शक्तियों के बूते की बात नहीं रहेगी।

हाँ, एक विचार आज भी मेरे मन में आता है कि देश और मानवता के लिए जो कुछ करने की हसरतें मेरे दिल में थीं, उनका हज़ारवाँ भाग भी पूरा नहीं कर सका। अगर स्वतन्त्र, ज़िन्दा रह सकता तब शायद इन्हें पूरा करने का अवसर मिलता और मैं अपनी हसरतें पूरी कर सकता।

इसके सिवाय मेरे मन में कभी कोई लालच फ़ाँसी से बचे रहने का नहीं आया। मुझसे अधिक सौभाग्यशाली कौन होगा? आजकल मुझे स्वयं पर बहुत गर्व है। अब तो बड़ी बेताबी से अन्तिम परीक्षा का इन्तज़ार है। कामना है कि यह और नज़दीक हो जाये।

आपका साथी,

भगतसिंह

शहीद महावीर सिंह का पिता के नाम पत्र

शहीद महावीर सिंह को लाहौर षड्यन्त्र केस में उम्रक़ैद की सजा हुई थी। डॉ. गया प्रसाद, शिव वर्मा, पण्डित किशोरीलाल, जयदेव कपूर, विजय कपूर सिन्हा और कमलनाथ तिवारी को भी उम्रक़ैद हुई थी। इन सभी साथियों को सेल्युलर ज़ेल, अण्डमान भेजा गया था। ब्रिटिश सरकार के अत्याचारों के विरुद्ध ज़ेलों के भीतर भी क्रान्तिकारियों का संघर्ष जारी रहा। महावीर सिंह ने 23 जनवरी, 1933 को अण्डमान से पिता को यह पत्र लिखा था।—स.

पोर्ट ब्लेयर, अण्डमान

परम पूज्य पिताजी,

आपको पढ़कर आश्चर्य होगा कि उपरोक्त स्थान पर मैं कब आ गया। यही पहेली हल करने मैं जा रहा हूँ। तारीख़ 19 जनवरी को प्रातःकाल लगभग 11 बजे ज़ेलर साहब सेण्ट्रल ज़ेल बिलारी आये ओर कोठरी का दरवाज़ा खोलकर सूचना दी कि तुम्हारा ट्रॉसफ़र है, पर यह नहीं बताया कि कहाँ को है। पूछने पर केवल इतना कहा कि शायद पंजाब में नये लाहौर साजिश केस में गवाही देने के लिए मद्रास भेजे जाओगे। अस्तु, 19 तारीख़ की शाम को जब मैंने सेण्ट्रल ज़ेल मद्रास में पैर रखा तो मेरे जीवन-मरण के साथी श्रीयुत भाई कमलनाथ तिवारी के दर्शन—लगभग दो वर्ष बाद—हुए और रात को भाई बी.के. दत्त और भाई कुन्दनलाल जी की आवाज़ें सुनीं। आप स्वयं ही जान सकते हैं कि मुझे कितनी प्रसन्नता हुई। परन्तु अलस्सुबह फिर कुछ निराशा की झलक नज़र आयी जब देखा कि तिवारी और भाई दत्त और कुन्दनलाल हमसे पहले पृथक ले जाये गये हैं, परन्तु 15 मिनट बाद वह फिर हर्ष में बदल गयी और मोटर ल०री में हम फिर मिल गये। बहुत दिनों का वियोग मिट गया। उस समय तक हम मन की खिचड़ी पका रहे थे और मिलने के आनन्द में विह्वल थे, परन्तु यह पता नहीं था कि कहाँ जा रहे हैं। सोचते थे शायद पंजाब जावें, बाद में यहाँ आवें। परन्तु हमारी लॉरी बन्दरगाह पर पहुँची और विख्यात महाराजा जहाज के दर्शन हुए। उस समय समझा कि हम लोग अण्डमान अर्थात् 'कालापानी' जा रहे हैं। मातृभूमि से तथा बन्धु वर्ग से सदैव के लिए अथवा कम से कम 18 साल के लिए पृथक हो रहे हैं। जिस जननी की गोद में पले हैं और धूलि में लोटे हैं उसके दर्शन से भी वंचित हो रहे हैं। आप लोगों के पदारविन्द की रज से सदैव के लिए दूर हो रहे हैं। ऐसी दशा में प्यारे देश को छोड़ते हुए हृदय में कितना ही कष्ट हुआ परन्तु साथ ही प्रसन्नता भी हुई, जोकि इसके सम्मुख कुछ अधिक ही थी। वह थी एक साथ क्रान्तिकारी की दर्शनाभिलाषा—पुण्य पवित्र तीर्थ स्थान की,

जिसको भाई रामरक्खा मल ने अपनी समाधि बनाकर पवित्र किया है और दूसरे बंगाली तथा सिक्ख वीरों की तपोभूमि रही है। और साथ ही आशा थी कि हमारे जीवन के बन्धुगण सर्वदा साथ रहेंगे, और भी अनेक अपने कन्धे से कन्धा सटाने वाले भाइयों के दर्शन होंगे। अस्तु, 23 जनवरी की सन्ध्या को विस्तृत नील गम्भीर जल-राशि की 850 मील से अधिक लम्बी यात्रा करके हम इस पोर्ट ब्लेयर की ज़ेल में पहुँचे जहाँ पर अपने वर्तमान साथियों को मिलने के लिए अति उत्कण्ठित पाया। उनकी वैसी ही दशा हो रही थी जैसी हमारी थी। यहाँ सम्प्रति लगभग 40बी. क्लास के तथा 24सी. क्लास के राजनीतिक क़ैदी हैं और कुछ लोगों की निकट भविष्य में आशा भी करते हैं।

हमारी ज़ेल तिमंज़िला है और पास ही कुछ गजों के फ़ासले पर नीलास्व (जल) राशि गम्भीर गर्जन के साथ किनारे से टक्करें मारती है, जो ऊपर से दीख पड़ती है। यह द्वीप समूह जंगलों से भरा सुना जाता है जिसमें केवल नंगे रहने वाले असभ्य लोग रहते हैं, परन्तु खुली हुई जगहों में कुछ भारतीय लोग भी बस गये हैं, जिनकी भाषा हिन्दुस्तानी है। इन लोगों में से बहुत-से क़ैदी हैं, कुछ सरकारी नौकर हैं और कुछ तिजारती लोग भी हैं। अभी हाल में तो ज़ेल वालों का कुछ ठीक-ठीक हाल मालूम होता है, लेकिन आगे की कह नहीं सकते। हमारे पुराने साथियों में अभी हमारे साथ डॉ. गयाप्रसाद, मि. बी.के. दत्त, भाई कुन्दनलाल जी तथा कमलनाथ तिवारी हैं। बाक़ी तीन साथी मद्रास सूबे में होंगे जोकि शायद अभी भी हंगर स्ट्रायक पर होंगे। हमारे साथियों में 3/4 से अधिक संख्या बंगाल प्रदेश वालों की है।

पूज्यवर, शायद आप चिन्तित होंगे कि मैंने इतने दिनों से पत्र क्यों नहीं लिखा। इसका कारण थी घनघोर घटाएँ जो चारों ओर मँडरा रही थीं। तनिक भी शान्ति का अवसर नहीं देती थीं। इसी कारण मैंने उनमें फँसकर पत्र लिखने का सुयोग न पाया। अब यह बहुत दिनों बाद पत्र लिख रहा हूँ, जिससे आप शान्ति-लाभ करेंगे। परन्तु पिताजी, आप शान्ति हर दशा में रखें क्योंकि आप जानते हैं कि हमें कष्टों में आनन्द और सुख मालूम होता है। अब कुछ इस कारागार में वास करके तथा अपने ध्येय को सम्मुख रखते हुए कष्ट भी सुख ही प्रतीत होता है और यही है हमारा जीवन और जहाँ ये बातें इसमें नहीं रहीं तो समझिए कि हम मर गये। इसलिए आप या हमारी पूज्य बुआ जी तथा माता जी इस बात का ध्यान रखते हुए कभी कोई चिन्ता न करें और सर्वदा शान्तिपूर्वक आनन्दित रहें।

प्यारे भाई का क्या हाल है, इसकी सूचना मुझे शीघ्र दीजिएगा। उसे केवल वैद्य ही बनने का उपदेश न देना, बल्कि साथ ही साथ मनुष्य बनना भी बतलाना। आजकल मनुष्य वही हो सकता है जिसे वर्तमान वातावरण का ज्ञान हो, जो मनुष्य

के कर्तव्य को जानता ही न हो परन्तु उसका पालन भी करता हो। इसलिए समाज की धरोहर को आलस्य तथा आरामतलबी तथा स्वार्थपरता में डालकर समाज के सामने कृतघ्न न साबित हो। इससे शारीरिक तथा मानसिक दोनों ही प्रकार की उन्नति करता रहे, क्योंकि दोनों आवश्यक हैं। शारीरिक पुष्टि अन्न तथा व्यायाम से तथा मानसिक अध्ययन से। उसे आजकल के वातावरण का ज्ञान करने के लिए समाचारपत्र तथा ऐतिहासिक, साम्पत्तिक तथा राजनीतिक, सामाजिक पुस्तकों का अवलोकन (अध्ययन) को कहिये। समाज से मेरा मतलब आर्य समाज अथवा अन्य संकीर्णताव्यंजक समाज नहीं है, परन्तु जन-साधारण का है। क्योंकि ये धार्मिक समाज मेरे सामने संकीर्ण होने के कारण कोई भी मूल्य नहीं रखते हैं और साथ ही इस संकीर्णता तथा स्वार्थपरता तथा अन्यायपूर्ण होने के कारण सब धर्मों से दूर रहना चाहता हूँ और दूसरों को भी ऐसा ही उपदेश देता हूँ। केवल एक बात मानता हूँ (और) उसको सबसे बढ़कर तथा मनुष्य तथा समाज का (के लिए) कल्याणकारी समझता हूँ। वह है, "मनुष्य का मनुष्य तथा प्राणी-मात्र के साथ कर्तव्य—बिना किसी जाति-भेद, रंग-भेद, धर्म तथा धन-भेद के।" यही मेरा उपदेश बेटी सरोजिनी को है और दूसरे हमारे भाइयों को भी है।

पूज्यवर, आज जब मैं देखता हूँ कि सबकी बहनें समाज की सेवा के लिए अपने को तन, मन, धन से लगाये हुए हैं, अभागा मैं ही ऐसा हूँ जिसकी ऐसी कोई बहन नहीं। यद्यपि यह मेरी संकीर्णता है क्योंकि अपने मन के अनुसार दूसरी बहनें भी अपनी ही हैं और वैसी ही समझता भी हूँ, परन्तु मैं उनकी संख्या में बढ़ती चाहता हूँ, जिसकी कुछ आशा में अपनी पूजनीय जिया महताब कुँवरि से करता था। उनका बहुत समय से कोई समाचार नहीं पाया है। यदि हो सके, मेरा चरण-स्पर्श कहियेगा। श्रीमान दादा जी सरदार सिंह जी को जो मेरे पहले-पहल गुरु और आपके शिष्य हैं, सादर प्रणाम कहें। धनराज सिंह का हाल लिखना। चाचा वर्ग तथा सब माताओं को चरण-स्पर्श, भाइयों को नमस्ते। पूज्य बुआ जी तथा माता जी को प्रणाम, लली दोनों बहनों को, मुंशी सिंह जी को नमस्कार, भानजे तथा भतीजों को प्यार। इति शुभम। पत्र शीघ्र भेजियेगा।

पता : महावीर सिंह पी.आई. 68
सेल्युलर ज़ेल, पोर्टब्लेयर (अण्डमान)

आपका आज्ञाकारी पुत्र,
महावीर

विचारों की सान पर क्रान्ति की तलवार

हिन्दुस्तान सोशलिस्ट रिपब्लिकन एसोसिएशन का घोषणापत्र

लाहौर कांग्रेस में बाँटे गये इस दस्तावेज़ को भगतसिंह और अन्य साथियों से विचार-विमर्श के बाद मुख्य रूप से भगवतीचरण वोहरा ने लिखा था। दुर्गा भाभी और दूसरे क्रान्तिकारी साथियों ने इसे वहाँ वितरित किया। सी.आई.डी. ने इसे जब्त कर लिया था और उसी के काग़ज़ों से इसकी प्रति मिली।

स्वतन्त्रता का पौधा शहीदों के रक्त से फलता है। भारत में स्वतन्त्रता का पौधा फलने के लिए दशकों से क्रान्तिकारी अपना रक्त बहाते रहे हैं। बहुत कम लोग हैं जो उनके मन में पाले हुए आदर्शों की उच्चता तथा उनके महान बलिदानों पर प्रश्नचिह्न लगायें, लेकिन उनकी कार्रवाइयाँ गुप्त होने की वजह से उनके वर्तमान इरादे और नीतियों के बारे में देशवासी अँधेरे में हैं, इसलिए हिन्दुस्तान सोशलिस्ट रिपब्लिकन एसोसिएशन ने यह घोषणापत्र जारी करने की आवश्यकता महसूस की है।

विदेशियों की गुलामी से भारत की मुक्ति के लिए यह एसोसिएशन सशस्त्र संगठन द्वारा भारत में क्रान्ति के लिए दृढ़ संकल्प है। गुलाम रखे हुए लोगों की ओर से स्पष्ट तौर पर विद्रोह से पूर्व गुप्त प्रचार और गुप्त तैयारियाँ होनी आवश्यक हैं। जब देश क्रान्ति की उस अवस्था में आ जाता है तब विदेशी सरकार के लिए उसे रोकना कठिन हो जाता है। वह कुछ देर तक तो इसके सामने टिक सकती है, लेकिन उसका भविष्य सदा के लिए समाप्त हो चुका होता है। मानवीय स्वभाव भ्रमपूर्ण और यथास्थितिवादी होने के कारण क्रान्ति से एक प्रकार का भय प्रकट करता है। सामाजिक परिवर्तन सदा ही ताकत और विशेष सुविधाएँ माँगने वालों के लिए भय पैदा करता है। क्रान्ति एक ऐसा करिश्मा है जिसे प्रकृति स्नेह करती है और जिसके बिना कोई प्रगति नहीं हो सकती—न प्रकृति में और न ही इन्सानी कारोबार में। क्रान्ति निश्चय ही बिना सोची-समझी हत्याओं और आगजनी की दरिन्दा मुहिम नहीं है और न ही यहाँ-वहाँ चन्द बम फेंकना और गोलियाँ चलाना है; और न ही यह

सभ्यता के सारे निशान मिटाने तथा समयोचित न्याय और समता के सिद्धान्त को ख़त्म करना है। क्रान्ति कोई मायूसी से पैदा हुआ दर्शन भी नहीं और न ही सरफरोशों का कोई सिद्धान्त है। क्रान्ति ईश्वर-विरोधी हो सकती है लेकिन मनुष्य-विरोधी नहीं। यह एक पुख़्ता और ज़िन्दा ताक़त है। नये और पुराने के, जीवन और ज़िन्दा मौत के, रोशनी और अँधेरे के आन्तरिक द्वन्द्व का प्रदर्शन है, कोई संयोग नहीं है। न कोई संगीतमय एकसारता है और न ही कोई ताल है, जो क्रान्ति के बिना आयी हो। 'गोलियों का राग' जिसके बारे में कवि गाते आये हैं, सच्चाई रहित हो जायेगा अगर क्रान्ति को समूची सृष्टि में से ख़त्म कर दिया जाये। क्रान्ति एक नियम है, क्रान्ति एक आदर्श है और क्रान्ति एक सत्य है।

हमारे देश के नौजवानों ने इस सत्य को पहचान लिया है। उन्होंने बहुत कठिनाइयाँ सहते हुए यह सबक सीखा है कि क्रान्ति के बिना—अफ़रा-तफ़री, क़ानूनी गुण्डागर्दी और नफ़रत की जगह, जो आजकल हर ओर फैली हुई है—व्यवस्था, क़ानूनपरस्ती और प्यार स्थापित नहीं किया जा सकता। हमारी सर्वसम्पन्न धरती पर किसी को ऐसा विचार नहीं आना चाहिए कि हमारे नौजवान गैर-ज़िम्मेदार हैं। वे पूरी तरह जानते हैं कि वे कहाँ खड़े हैं। उनसे बढ़कर किसे मालूम है कि उनकी राह कोई फूलों की सेज नहीं है। समय-समय पर उन्होंने अपने आदर्शों के लिए बहुत बड़ी क़ीमत चुकायी है। इस कारण किसी के मुँह से यह नहीं निकलना चाहिए कि नौजवान उतावलेपन में किन्हीं मामूली बातों के पीछे लगे हुए हैं।

यह कोई अच्छी बात नहीं है कि हमारे आदर्शों पर कीचड़ उछाला जाता है। यह काफ़ी होगा अगर आप जानें कि हमारे विचार बेहद मज़बूत और तेज़-तर्रार हैं जो न सिर्फ़ हमें आगे बढ़ाये रखते हैं बल्कि फ़ाँसी के तख़्ते पर भी मुस्कुराने की हिम्मत देते हैं।

आजकल यह फैशन-सा हो गया है कि अहिंसा के बारे में अन्धाधुन्ध और निरर्थक बात की जाये। महात्मा गाँधी महान हैं और हम उनके सम्मान पर कोई भी आँच नहीं लाने देना चाहते, लेकिन हम यह दृढ़ता से कहते हैं कि हम देश को स्वतन्त्र कराने के उनके ढंग को पूर्णतया नामंजूर करते हैं। यदि हम देश में चलाये जा रहे उनके असहयोग आन्दोलन द्वारा लोक-जागृति में उनकी भागीदारी के लिए उनको सलाम न करें तो यह हमारे लिए बड़ा नाशुक्रापन होगा। परन्तु हमारे लिए महात्मा असम्भवताओं के दार्शनिक हैं। अहिंसा भले ही एक नेक आदर्श है लेकिन यह अतीत की चीज़ है। जिस स्थिति में आज हम हैं, सिर्फ़ अहिंसा के रास्ते से कभी भी आज़ादी प्राप्त नहीं कर सकते। दुनिया सिर से पाँव तक हथियारों से लैस है और (ऐसी) दुनिया पर हम हावी है। अमन की सारी बातें ईमानदार हो सकती

हैं, लेकिन हम जो गुलाम क़ौम हैं, हमें ऐसे झूठे सिद्धान्तों के ज़रिये अपने रास्ते से नहीं भटकना चाहिए। हम पूछते हैं कि जब दुनिया का वातावरण हिंसा और ग़रीब की लूट से भरा हुआ है, तब देश को अहिंसा के रास्ते पर चलाने का क्या तुक है? हम अपने पूरे जोर के साथ कहते हैं कि क़ौम के नौजवान कच्ची नींद के ऐसे सपनों से रिझाये नहीं जा सकते।

हम हिंसा में विश्वास रखते हैं—अपनेआप में अन्तिम लक्ष्य के रूप में नहीं, बल्कि एक नेक परिणाम तक पहुँचने के लिए अपनाये गये तौर-तरीक़े के नाते। अहिंसा के पैरोकार और सावधानी के वकील यह बात तो मानते हैं कि हम अपने यक़ीन पर चलने और उसके लिए कष्ट सहने के लिए तैयार रहते हैं। तो क्या हमें इसीलिए अपने साथियों की साझी माँ की बलिवेदी पर क़ुर्बानियों की गिनती करानी पड़ेगी? अंग्रेज़ सरकार की ज़ेलों की चारदीवारी के अन्दर रूह कँपा देने और दिल की धड़कन रोक देने वाले कई दृश्य खेले जा चुके हैं। हमें हमारी आतंकवादी नीति के कारण कई बार सजाएँ हुई हैं। हमारा जवाब है कि क्रान्तिकारियों का मुद्दा आतंकवाद नहीं होताय तो भी हम यह विश्वास रखते हैं कि आतंकवाद के रास्ते ही क्रान्ति आ जायेगी। पर इसमें कोई शक नहीं है कि क्रान्तिकारी बिल्कुल दुरुस्त सोचते हैं कि अंग्रेज़ी सरकार का मुँह मोड़ने के लिए इन तरीक़ों का इस्तेमाल करना ही कारगर तरीक़ा है। अंग्रेज़ों की सरकार इसलिए चलती है, क्योंकि वे सारे भारत को भयभीत करने में क़ामयाब हुए हैं। हम इस सरकारी दहशत का किस तरह मुक़ाबला करें? सिर्फ़ क्रान्तिकारियों की ओर से मुक़ाबले की दहशत ही उनकी दहशत को रोकने में क़ामयाब हो सकती है। समाज में एक लाचारी की गहरी भावना फैली हुई है। इस ख़तरनाक मायूसी को कैसे दूर किया जाये? सिर्फ़ क़ुर्बानी की रूह को जगाकर खोये आत्मविश्वास को जगाया जा सकता है। आतंकवाद का एक अन्तर्राष्ट्रीय पहलू भी है। इंग्लैण्ड के काफ़ी शत्रु हैं जो हमारी ताक़त के पूर्ण प्रदर्शन से हमारी सहायता करने को तैयार हैं। यह भी एक बड़ा लाभ है।

भारत साम्राज्यवाद के जुवे के नीचे पिस रहा है। इसमें करोड़ों लोग आज अज्ञानता और ग़रीबी के शिकार हो रहे हैं। भारत की बहुत बड़ी जनसंख्या जो मज़दूरों और किसानों की है, उनको विदेशी दबाव एवं आर्थिक लूट ने पस्त कर दिया है। भारत के मेहनतकश वर्ग की हालत आज बहुत गम्भीर है। उसके सामने दोहरा ख़तरा है—विदेशी पूँजीवाद का एक तरफ़ से और भारतीय पूँजीवाद के धोखे भरे हमले का दूसरी तरफ़ से। भारतीय पूँजीवाद विदेशी पूँजी के साथ हर रोज बहुत से गँठजोड़ कर रहा है। कुछ राजनीतिक नेताओं का डोमिनियन (प्रभुतासम्पन्न) का दर्जा स्वीकार करना भी हवा के इसी रुख को स्पष्ट करता है।

भारतीय पूँजीपति भारतीय लोगों को धोखा देकर विदेशी पूँजीपति से विश्वासघात की कीमत के रूप में सरकार में कुछ हिस्सा प्राप्त करना चाहता है। इसी कारण मेहनतकश की तमाम आशाएँ अब सिर्फ़ समाजवाद पर टिकी हैं और सिर्फ़ यही पूर्ण स्वराज्य और सब भेदभाव ख़त्म करने में सहायक साबित हो सकता है। देश का भविष्य नौजवानों के सहारे है। वही धरती के बेटे हैं। उनकी दुख सहने की तत्परता, उनकी बेख़ौफ बहादुरी और लहराती क़ुर्बानी दर्शाती है कि भारत का भविष्य उनके हाथ में सुरक्षित है। एक अनुभूतिमय घड़ी में देशबन्धु दास ने कहा था, "नौजवान भारतमाता की शान एवं आशाएँ हैं। आन्दोलन के पीछे उनकी प्रेरणा है, उनकी क़ुर्बानी है और उनकी जीत है। आज़ादी की राह पर मशालें लेकर चलने वाले ये ही हैं। मुक्ति की राह पर ये तीर्थयात्री हैं।"

भारतीय रिपब्लिक के नौजवानो, नहीं सिपाहियो, क़तारबद्ध हो जाओ। आराम के साथ न खड़े रहो और न ही निरर्थक क़दमताल किये जाओ। लम्बी दरिद्रता को, जो तुम्हें नाकारा कर रही है, सदा के लिए उतार फेंको। तुम्हारा बहुत ही नेक मिशन है। देश के हर कोने और हर दिशा में बिखर जाओ और भावी क्रान्ति के लिए, जिसका आना निश्चित है, लोगों को तैयार करो। फ़र्ज़ के बिगुल की आवाज़ सुनो। वैसे ही ख़ाली ज़िन्दगी न गँवाओ। बढ़ो, तुम्हारी ज़िन्दगी का हर पल इस तरह के तरीक़े और तरतीब ढूँढ़ने में लगना चाहिए, कि कैसे अपनी पुरातन धरती की आँखों में ज्वाला जागे और एक लम्बी अँगड़ाई लेकर वह जाग उठे। अंग्रेज़ साम्राज्य के ख़िलाफ़ नवयुवकों के उर्वर हृदयों में एक उकसाहट और नफरत भर दो, ऐसे बीज डालो जोकि उगें और बड़े वृक्ष बन जायें क्योंकि इन बीजों को तुम अपने गर्म ख़ून के जल से सींचोगे। तब एक भयानक भूचाल आयेगा, जो बड़े धमाके से ग़लत चीज़ों को नष्ट कर देगा और साम्राज्यवाद के महल को कुचलकर धूल में मिला देगा और यह तबाही महान होगी।

तब, और सिर्फ़ तभी, एक भारतीय क़ौम जागेगी, जो अपने गुणों और शान से इन्सानियत को हैरान कर देगी। तब चालाक और बलवान सदा से कमज़ोर लोगों से हैरान रह जायेंगे। तभी व्यक्तिगत मुक्ति भी सुरक्षित होगी और मेहनतकश की सरदारी और प्रभुसत्ता को सत्कारा जायेगा। हम ऐसी ही क्रान्ति के आने का सन्देश दे रहे हैं। क्रान्ति अमर रहे!

—करतार सिंह*, अध्यक्ष

(1929) रिपब्लिकन प्रेस, अरहवन, भारत से प्रकाशित।

---

* भगतसिंह का छद्‌म नाम।

बम का दर्शन

भगतसिंह

23 दिसम्बर, 1929 को? क्रान्तिकारियों ने ब्रिटिश साम्राज्यवाद के स्तम्भ वायसराय की गाड़ी को उड़ाने का प्रयास किया, जो असफल रहा। गाँधीजी ने इस घटना पर एक कटुतापूर्ण लेख 'बम की पूजा' लिखा, जिसमें उन्होंने वायसराय को देश का शुभचिन्तक और नवयुवकों को आज़ादी के रास्ते में रोड़ा अटकाने वाले कहा। इसी के जवाब में हिन्दुस्तान सोशलिस्ट रिपब्लिकन एसोसिएशन की ओर से भगवतीचरण वोहरा ने 'बम का दर्शन' लेख लिखा, जिसका शीर्षक 'हिन्दुस्तान सोशलिस्ट रिपब्लिकन एसोसिएशन का घोषणापत्र' रखा गया। भगतसिह ने ज़ेल में इसे अन्तिम रूप दिया। 26 जनवरी, 1930 को इसे देशभर में बाँटा गया।

हाल ही की घटनाएँ! विशेष रूप से 23 दिसम्बर, 1929 को वायसराय की स्पेशल ट्रेन उड़ाने का जो प्रयत्न किया गया था, उसकी निन्दा करते हुए कांग्रेस द्वारा पारित किया गया प्रस्ताव तथा 'यंग इण्डिया' में गाँधीजी द्वारा लिखे गये लेखों से स्पष्ट हो जाता है कि भारतीय राष्ट्रीय कांग्रेस ने गाँधीजी से साँठ-गाँठ कर भारतीय क्रान्तिकारियों के विरुद्ध घोर आन्दोलन प्रारम्भ कर दिया है। जनता के बीच भाषणों तथा पत्रों के माध्यम से क्रान्तिकारियों के विरुद्ध बराबर प्रचार किया जाता रहा है। या तो यह जान-बूझकर किया गया या फिर केवल अज्ञान के कारण उनके विषय में ग़लत प्रचार होता रहा और उन्हें ग़लत समझा जाता रहाय परन्तु क्रान्तिकारी अपने सिद्धान्तों तथा कार्यों की ऐसी आलोचना से नहीं घबराते हैं। बल्कि वे ऐसी आलोचना का स्वागत करते हैं, क्योंकि वे इसे इस बात का स्वर्णिम अवसर मानते हैं कि ऐसा करने से उन्हें उन लोगों को क्रान्तिकारियों के मूलभूत सिद्धान्तों तथा उच्चादर्शों को, जो उनकी प्रेरणा तथा शक्ति के अनवरत स्रोत हैं, समझाने का अवसर मिलता है। आशा की जाती है कि इस लेख द्वारा आम जनता को यह जानने का अवसर मिलेगा कि क्रान्तिकारी क्या हैं, और उनके विरुद्ध किये गये भ्रमात्मक प्रचार से उत्पन्न होने वाली ग़लतफ़हमियों से उन्हें बचाया जा सकेगा।

पहले हम हिंसा और अहिंसा के प्रश्न पर ही विचार करें। हमारे विचार से इन शब्दों का प्रयोग ही ग़लत किया गया है, और ऐसा करना ही दोनों दलों के साथ अन्याय करना है, क्योंकि इन शब्दों से दोनों ही दलों के सिद्धान्तों का स्पष्ट बोध नहीं हो पाता। हिंसा का अर्थ है अन्याय के लिए किया गया बल-प्रयोग, परन्तु क्रान्तिकारियों का तो यह उद्देश्य नहीं है; दूसरी ओर अहिंसा का जो आम अर्थ समझा जाता है, वह है आत्मिक शक्ति का सिद्धान्त। उसका उपयोग व्यक्तिगत

तथा राष्ट्रीय अधिकारों को प्राप्त करने के लिए किया जाता है। अपनेआप को कष्ट देकर आशा की जाती है कि इस प्रकार अन्त में अपने विरोधी का हृदय-परिवर्तन सम्भव हो सकेगा।

एक क्रान्तिकारी जब कुछ बातों को अपना अधिकार मान लेता है तो वह उनकी माँग करता है, अपनी उस माँग के पक्ष में दलीलें देता है, समस्त आत्मिक शक्ति के द्वारा उन्हें प्राप्त करने की इच्छा करता है, उसकी प्राप्ति के लिए अत्यधिक कष्ट सहन करता है, इसके लिए वह बड़े से बड़ा त्याग करने के लिए प्रस्तुत रहता है और उसके समर्थन में वह अपना समस्त शारीरिक बल-प्रयोग भी करता है। इसके इन प्रयत्नों को आप चाहे जिस नाम से पुकारें, परन्तु आप इन्हें हिंसा के नाम से सम्बोधित नहीं कर सकते, क्योंकि ऐसा करना कोष में दिये इस शब्द के अर्थ के साथ अन्याय होगा। सत्याग्रह का अर्थ है सत्य के लिए आग्रह। उसकी स्वीकृति के लिए केवल आत्मिक शक्ति के प्रयोग का ही आग्रह क्यों? इसके साथ-साथ शारीरिक बल-प्रयोग भी क्यों न किया जाये? क्रान्तिकारी स्वतन्त्रता-प्राप्ति के लिए अपनी शारीरिक एवं नैतिक शक्ति दोनों के प्रयोग में विश्वास करता है, परन्तु नैतिक शक्ति का प्रयोग करने वाले शारीरिक बल-प्रयोग को निषिद्ध मानते हैं। इसलिए अब सवाल यह नहीं है कि आप हिंसा चाहते हैं या अहिंसा, बल्कि प्रश्न तो यह है कि आप अपनी उद्देश्य-प्राप्ति के लिए शारीरिक बल सहित नैतिक बल का प्रयोग करना चाहते हैं, या केवल आत्मिक शक्ति का?

क्रान्तिकारियों का विश्वास है कि देश को क्रान्ति से ही स्वतन्त्रता मिलेगी। वे जिस क्रान्ति के लिए प्रयत्नशील हैं और जिस क्रान्ति का रूप उनके सामने स्पष्ट है उसका अर्थ केवल यह नहीं है कि विदेशी शासकों तथा उनके पिट्ठुओं से क्रान्तिकारियों का सशस्त्र संघर्ष हो, बल्कि इस सशस्त्र संघर्ष के साथ-साथ नवीन सामाजिक व्यवस्था के द्वार देश के लिए मुक्त हो जायें। क्रान्ति पूँजीवाद, वर्गवाद तथा कुछ लोगों को ही विशेषाधिकार दिलाने वाली प्रणाली का अन्त कर देगी। यह राष्ट्र को अपने पैरों पर खड़ा करेगी, उससे नवीन राष्ट्र और नये समाज का जन्म होगा। क्रान्ति से सबसे बड़ी बात तो यह होगी कि वह मज़दूर तथा किसानों का राज्य कायम कर उन सब सामाजिक अवांछित तत्त्वों को समाप्त कर देगी जो देश की राजनीतिक शक्ति को हथियाये बैठे हैं।

आज की तरुण पीढ़ी को जो मानसिक गुलामी तथा धार्मिक रूढ़िवादी बन्धन जकड़े हैं और उससे छुटकारा पाने के लिए तरुण समाज की जो बेचौनी है, क्रान्तिकारी उसी में प्रगतिशीलता के अंकुर देख रहा है। नवयुवक जैसे जैसे यह मनोविज्ञान आत्मसात करता जायेगा वैसे-वैसे राष्ट्र की गुलामी का चित्र उसके सामने स्पष्ट होता

जायेगा तथा उसकी देश को स्वतन्त्र करने की इच्छा प्रबल होती जायेगी। और यह क्रम तब तक चलता रहेगा जब तक कि युवक न्याय, क्रोध और क्षोभ से ओतप्रोत हो अन्याय करने वालों की हत्या न प्रारम्भ कर देगा। इस प्रकार देश में आतंकवाद का जन्म होता है। आतंकवाद सम्पूर्ण क्रान्ति नहीं और क्रान्ति भी आतंकवाद के बिना पूर्ण नहीं। यह तो क्रान्ति का एक आवश्यक और अवश्यम्भावी अंग है। इस सिद्धान्त का समर्थन इतिहास की किसी भी क्रान्ति का विश्लेषण कर जाना जा सकता है। आतंकवाद आततायी के मन में भय पैदा करता है और पीड़ित जनता में प्रतिशोध की भावना जागृत कर उसे शक्ति प्रदान करता है। अस्थिर भावना वाले लोगों को इससे हिम्मत बँधती है तथा उनमें आत्मविश्वास पैदा होता है। इससे दुनिया के सामने क्रान्ति के उद्देश्य का वास्तविक रूप प्रकट हो जाता है क्योंकि यह किसी राष्ट्र की स्वतन्त्रता की उत्कट महत्त्वाकांक्षा का विश्वास दिलाने वाला प्रमाण है। जैसे दूसरे देशों में होता आया है, वैसे ही भारत में भी आतंकवाद क्रान्ति का रूप धारण कर लेगा और अन्त में क्रान्ति से ही देश को सामाजिक, राजनीतिक तथा आर्थिक स्वतन्त्रता मिलेगी।

तो ये हैं क्रान्तिकारी के सिद्धान्त, जिनमें वह विश्वास करता है और जिन्हें देश के लिए प्राप्त करना चाहता है। इस तथ्य की प्राप्ति के लिए वह गुप्त तथा खुले, दोनों ही तरीक़ों से प्रयत्न कर रहा है। इस प्रकार एक शताब्दी से संसार में जनता तथा शासक वर्ग में जो संघर्ष चला आ रहा है, वही अनुभव उसके लक्ष्य पर पहुँचने का मार्गदर्शक है। क्रान्तिकारी जिन तरीक़ों में विश्वास करता है, वे कभी असफल नहीं हुए।

इस बीच कांग्रेस क्या कर रही थी? उसने अपना ध्येय स्वराज्य से बदलकर पूर्ण स्वतन्त्रता घोषित किया। इस घोषणा से कोई भी व्यक्ति यही निष्कर्ष निकालेगा कि कांग्रेस ने ब्रिटिश शासन के विरुद्ध युद्ध की घोषणा न कर क्रान्तिकारियों के विरुद्ध युद्ध की घोषणा कर दी है। इस सम्बन्ध में कांग्रेस का पहला वार था उसका वह प्रस्ताव जिसमें 23 दिसम्बर, 1929 को वायसराय की स्पेशल ट्रेन उड़ाने के प्रयत्न की निन्दा की गयी। इस प्रस्ताव का मसविदा गाँधीजी ने तैयार किया था और उसे पारित कराने के लिए गाँधीजी ने अपनी सारी शक्ति लगा दी। परिणाम यह हुआ कि 1913 की सदस्य संख्या में वह केवल 31 मतों से पारित हो सका। क्या इस अत्यल्प बहुमत में भी राजनीतिक ईमानदारी थी? इस सम्बन्ध में हम सरलादेवी चौधरानी का मत ही यहाँ उद्धृत करें। वे तो जीवनभर कांग्रेस की भक्त रही हैं। इस सम्बन्ध में प्रश्न के उत्तर में उन्होंने कहा है—मैंने महात्मा गाँधी के अनुयायियों के साथ इस विषय में जो बातचीत की, उससे मुझे मालूम हुआ कि वे इस सम्बन्ध में

अपने स्वतन्त्र विचार महात्मा जी के प्रति व्यक्तिगत निष्ठा के कारण प्रकट न कर सके, तथा इस प्रस्ताव के विरुद्ध मत देने में असमर्थ रहे, जिसके प्रणेता महात्मा जी थे। जहाँ तक गाँधीजी की दलील का प्रश्न है, उस पर हम बाद में विचार करेंगे। उन्होंने जो दलीलें दी हैं वे कमोबेश इस सम्बन्ध में कांग्रेस में दिये गये भाषण का ही विस्तृत रूप हैं।

इस दुखद प्रस्ताव के विषय में एक बात मार्के की है जिसे हम अनदेखा नहीं कर सकते, वह यह कि यह सर्वविदित है कि कांग्रेस अहिंसा का सिद्धान्त मानती है और पिछले दस वर्षों से वह इसके समर्थन में प्रचार करती रही है। यह सब होने पर भी प्रस्ताव के समर्थन में भाषणों में गाली-गलौच की गयी। उन्होंने क्रान्तिकारियों को बुजदिल कहा और उनके कार्यों को घृणित। उनमें से एक वक्ता ने धमकी देते हुए यहाँ तक कह डाला कि यदि वे (सदस्य) गाँधीजी का नेतृत्व चाहते हैं तो उन्हें इस प्रस्ताव को सर्वसम्मति से पारित करना चाहिए। इतना सबकुछ किये जाने पर भी यह प्रस्ताव बहुत थोड़े मतों से ही पारित हो सका। इससे यह बात निःशंक प्रमाणित हो जाती है कि देश की जनता पर्याप्त संख्या में क्रान्तिकारियों का समर्थन कर रही है। इस तरह से इसके लिए गाँधीजी हमारी बधाई के पात्र हैं कि उन्होंने इस प्रश्न पर विवाद खड़ा किया और इस प्रकार संसार को दिखा दिया कि कांग्रेस, जो अहिंसा का गढ़ माना जाता है, वह सम्पूर्ण नहीं तो एक हद तक तो कांग्रेस से अधिक क्रान्तिकारियों के साथ है।

इस विषय में गाँधीजी ने जो विजय प्राप्त की वह एक प्रकार की हार ही के बराबर थी और अब वे 'दि कल्ट ऑफ़ दि बम' लेख द्वारा क्रान्तिकारियों पर दूसरा हमला कर बैठे हैं। इस सम्बन्ध में आगे कुछ कहने से पूर्व इस लेख पर हम अच्छी तरह विचार करेंगे। इस लेख में उन्होंने तीन बातों का उल्लेख किया है। उनका विश्वास, उनके विचार और उनका मत। हम उनके विश्वास के सम्बन्ध में विश्लेषण नहीं करेंगे, क्योंकि विश्वास में तर्क के लिए स्थान नहीं है। गाँधीजी जिसे हिंसा कहते हैं और जिसके विरुद्ध उन्होंने जो तर्कसंगत विचार प्रकट किये हैं, हम उनका सिलसिलेवार विश्लेषण करेंगे।

गाँधीजी सोचते हैं कि उनकी यह धारणा सही है कि अधिकतर भारतीय जनता को हिंसा की भावना छू तक नहीं गयी है, और अहिंसा उनका राजनीतिक शस्त्र बन गया है। हाल ही में उन्होंने देश का जो भ्रमण किया है उस अनुभव के आधार पर उनकी यह धारणा बनी है, परन्तु उन्हें अपनी इस यात्रा के इस अनुभव से इस भ्रम में न पड़ना चाहिए। यह बात सही है कि (कांग्रेसी) नेता अपने दौरे वहीं तक सीमित रखता है जहाँ तक डाकगाड़ी उसे आराम से पहुँचा सकती है, जबकि गाँधीजी ने

अपनी यात्रा का दायरा वहाँ तक बढ़ा दिया है जहाँ तक कि मोटरकार द्वारा वे जा सकें। इस यात्रा में वे धनी व्यक्तियों के ही निवास-स्थानों पर रुके। इस यात्रा का अधिकतर समय उनके भक्तों द्वारा आयोजित गोष्ठियों में की गयी उनकी प्रशंसा, सभाओं में यदा-कदा अशिक्षित जनता को दिये जाने वाले दर्शनों में बीता, जिसके विषय में उनका दावा है कि वे उन्हें अच्छी तरह समझते हैं, परन्तु यही बात इस दलील के विरुद्ध है कि वे आम जनता की विचारधारा को जानते हैं।

कोई व्यक्ति जनसाधारण की विचारधारा को केवल मंचों से दर्शन और उपदेश देकर नहीं समझ सकता। वह तो केवल इतना ही दावा कर सकता है कि उसने विभिन्न विषयों पर अपने विचार जनता के सामने रखे। क्या गाँधीजी ने इन वर्षों में आम जनता के सामाजिक जीवन में भी कभी प्रवेश करने का प्रयत्न किया? क्या कभी उन्होंने किसी सन्ध्या को गाँव की किसी चौपाल के अलाव के पास बैठकर किसी किसान के विचार जानने का प्रयत्न किया? क्या किसी कारख़ाने के मज़दूर के साथ एक भी शाम गुज़ारकर उसके विचार समझने की कोशिश की है? पर हमने यह किया है और इसीलिए हम दावा करते हैं कि हम आम जनता को जानते हैं। हम गाँधीजी को विश्वास दिलाते हैं कि साधारण भारतीय साधारण मानव के समान ही अहिंसा तथा अपने शत्रु से प्रेम करने की आध्यात्मिक भावना को बहुत कम समझता है। संसार का तो यही नियम है—तुम्हारा एक मित्र है, तुम उससे स्नेह करते हो, कभी-कभी तो इतना अधिक कि तुम उसके लिए अपने प्राण भी दे देते हो। तुम्हारा शत्रु है, तुम उससे किसी प्रकार का सम्बन्ध नहीं रखते हो। क्रान्तिकारियों का यह सिद्धान्त नितान्त सत्य, सरल और सीधा है और यह ध्रुव सत्य आदम और हौवा के समय से चला आ रहा है तथा इसे समझने में कभी किसी को कठिनाई नहीं हुई। हम यह बात स्वयं के अनुभव के आधार पर कह रहे हैं। वह दिन दूर नहीं जब लोग क्रान्तिकारी विचारधारा को सक्रिय रूप देने के लिए हज़ारों की संख्या में जमा होंगे।

गाँधीजी घोषणा करते हैं कि अहिंसा के सामर्थ्य तथा अपनेआप को पीड़ा देने की प्रणाली से उन्हें यह आशा है कि वे एक दिन विदेशी शासकों का हृदय-परिवर्तन कर अपनी विचारधारा का उन्हें अनुयायी बना लेंगे। अब उन्होंने अपने सामाजिक जीवन की इस चमत्कार की 'प्रेम संहिता' के प्रचार के लिए अपनेआप को समर्पित कर दिया है। वे अडिग विश्वास के साथ उसका प्रचार कर रहे हैं, जैसाकि उनके कुछ अनुयायियों ने भी किया है। परन्तु क्या वे बता सकते हैं कि भारत में कितने शत्रुओं का हृदय-परिवर्तन कर वे उन्हें भारत का मित्र बनाने में समर्थ हुए हैं? वे कितने ओडायरों, डायरों तथा रीडिंग और इरविन को भारत का मित्र बना सके हैं? यदि किसी को भी नहीं तो भारत उनकी इस विचारधारा से कैसे सहमत हो सकता

है कि वे इंग्लैण्ड को अहिंसा द्वारा समझा-बुझाकर इस बात को स्वीकार करने के लिए तैयार कर लेंगे कि वह भारत को स्वतन्त्रता दे दे।

यदि वायसराय की गाड़ी के नीचे बमों का ठीक से विस्फोट हुआ होता तो दो में से एक बात अवश्य हुई होती, या तो वायसराय अत्यधिक घायल हो जाते या उनकी मृत्यु हो गयी होती। ऐसी स्थिति में वायसराय तथा राजनीतिक दलों के नेताओं के बीच मन्त्रणा न हो पाती, यह प्रयत्न रुक जाता और उससे राष्ट्र का भला ही होता। कलकत्ता कांग्रेस की चुनौती के बाद भी स्वशासन की भीख माँगने के लिए वायसराय भवन के आसपास मंडराने वालों के ये घृणास्पद प्रयत्न विफल हो जाते। यदि बमों का ठीक से विस्फोट हुआ होता तो भारत का एक शत्रु उचित सजा पा जाता। 'मेरठ' तथा 'लाहौर षड्यन्त्र' और 'भुसावल काण्ड' का मुक़दमा चलाने वाले केवल भारत के शत्रुओं को ही मित्र प्रतीत हो सकते हैं। साइमन कमीशन के सामूहिक विरोध से देश में जो एकजुटता स्थापित हो गयी थी, गाँधी तथा नेहरू की राजनीतिक 'बुद्धिमत्ता' के बाद ही इरविन उसे छिन्न-भिन्न करने में समर्थ हो सका। आज कांग्रेस में भी आपस में फूट पड़ गयी है। हमारे इस दुर्भाग्य के लिए वायसराय या उसके चाटुकारों के सिवा कौन ज़िम्मेदार हो सकता है! इस पर भी हमारे देश में ऐसे लोग हैं जो उसे भारत का मित्र कहते हैं।

देश में ऐसे भी लोग होंगे जिन्हें कांग्रेस के प्रति श्रद्धा नहीं, इससे वे कुछ आशा भी नहीं करते। यदि गाँधीजी क्रान्तिकारियों को इस श्रेणी में गिनते हैं तो वे उनके साथ अन्याय करते हैं। क्रान्तिकारी इस बात को अच्छी तरह जानते हैं कि कांग्रेस ने जन-जागृति का महत्त्वपूर्ण कार्य किया है। उसने आम जनता में स्वतन्त्रता की भावना जागृत की है, गोकि उनका यह दृढ़ विश्वास है कि जब तक कांग्रेस में सेनगुप्ता जैसे 'अद्भुत प्रतिभाशाली' व्यक्तियों का, जो वायसराय की ट्रेन उड़ाने में गुप्तचर विभाग का हाथ होने की बात करते हैं, तथा अंसारी जैसे लोग, जो राजनीति कम जानते हैं और उचित तर्क की उपेक्षा कर बेतुकी और तर्कहीन दलील देकर यह कहते हैं कि किसी राष्ट्र ने बम से स्वतन्त्रता नहीं प्राप्त की–जब तक कांग्रेस के निर्णयों में इनके जैसे विचारों का प्राधान्य रहेगा, तब तक देश उससे बहुत कम आशा कर सकता है। क्रान्तिकारी तो उस दिन की प्रतीक्षा में हैं जब कांग्रेसी आन्दोलन से अहिंसा की यह सनक समाप्त हो जायेगी और वह क्रान्तिकारियों के कन्धे से कन्धा मिलाकर पूर्ण स्वतन्त्रता के सामूहिक लक्ष्य की ओर बढ़ेगी। इस वर्ष कांग्रेस ने इस सिद्धान्त (पूर्ण स्वतन्त्रता) को स्वीकार कर लिया है, जिसका प्रतिपादन क्रान्तिकारी पिछले 25 वर्षों से करते चले आ रहे हैं। हम आशा करें कि अगले वर्ष वह स्वतन्त्रता प्राप्ति के तरीक़ों का भी समर्थन करेगी।

गाँधीजी यह प्रतिपादित करते हैं कि जब-जब हिंसा का प्रयोग हुआ है तब-तब सैनिक ख़र्च बढ़ा है। यदि उनका मन्तव्य क्रान्तिकारियों की पिछली 25 वर्षों की गतिविधियों से है तो हम उनके वक्तव्य को चुनौती देते हैं कि वे अपने इस कथन को तथ्य और आँकड़ों से सिद्ध करें। बल्कि हम तो यह कहेंगे कि उनके अहिंसा और सत्याग्रह के प्रयोगों का परिणाम, जिनकी तुलना स्वतन्त्रता-संग्राम से नहीं की जा सकती, नौकरशाही अर्थव्यवस्था पर हुआ है। आन्दोलनों का, फिर वे हिंसात्मक हों या अहिंसात्मक, सफल हों या असफल, परिणाम तो भारत की अर्थव्यवस्था पर होगा ही।

हमें समझ में नहीं आता कि देश में सरकार ने जो विभिन्न वैधानिक सुधार किये, गाँधीजी उनमें हमें क्यों उलझाते हैं? उन्होंने मार्ले-मिण्टो रिफार्म, मॉण्टेग्यू रिफार्म या ऐसे ही अन्य सुधारों की न तो कभी परवाह की और न ही उनके लिए आन्दोलन किया। ब्रिटिश सरकार ने तो ये टुकड़े वैधानिक आन्दोलनकारियों के सामने फेंके थे, जिससे उन्हें उचित मार्ग पर चलने से पथभ्रष्ट किया जा सके। ब्रिटिश सरकार ने उन्हें तो यह घूस दी थी, जिससे वे क्रान्तिकारियों को समूल नष्ट करने की उनकी नीति के साथ सहयोग करें। गाँधीजी जैसाकि इन्हें सम्बोधित करते हैं, कि भारत के लिए ये खिलौने जैसे हैं, उन लोगों को बहलाने-फुसलाने के लिए जो समय-समय पर होमरूल, स्वशासन, ज़िम्मेदार सरकार, पूर्ण ज़िम्मेदार सरकार, औपनिवेशिक स्वराज्य जैसे अनेक वैधानिक नाम जो गुलामी के हैं, माँग करते हैं। क्रान्तिकारियों का लक्ष्य तो शासन-सुधार का नहीं है, वे तो स्वतन्त्रता का स्तर कभी का ऊँचा कर चुके हैं और वे उसी लक्ष्य की प्राप्ति के लिए बिना किसी हिचकिचाहट के बलिदान कर रहे हैं। उनका दावा है कि उनके बलिदानों ने जनता की विचारधारा में प्रचण्ड परिवर्तन किया है। उसके प्रयत्नों से वे देश को स्वतन्त्रता के मार्ग पर बहुत आगे बढ़ा ले गये हैं और यह बात उनसे राजनीतिक क्षेत्र में मतभेद रखने वाले लोग भी स्वीकार करते हैं।

गाँधीजी का कथन है कि हिंसा से प्रगति का मार्ग अवरुद्ध होकर स्वतन्त्रता पाने का दिन स्थगित होता जाता है, तो हम इस विषय में अनेक ऐसे उदाहरण दे सकते हैं, जिनमें जिन देशों ने हिंसा से काम लिया उनकी सामाजिक प्रगति होकर उन्हें राजनीतिक स्वतन्त्रता हुई। हम रूस तथा तुर्की का ही उदाहरण लें। दोनों ने हिंसा के उपायों से ही सशस्त्र क्रान्ति द्वारा सत्ता प्राप्त की। उसके बाद भी सामाजिक सुधारों के कारण वहाँ की जनता ने बड़ी तीव्र गति से प्रगति की। एकमात्र अफगानिस्तान के उदाहरण से राजनीतिक सूत्र सिद्ध नहीं किया जा सकता। यह तो अपवाद-मात्र है।

गाँधीजी का विचार है कि 'असहयोग आन्दोलन के समय जो जन-जागृति हुई

है वह अहिंसा के उपदेश का ही परिणाम था'। परन्तु यह धारणा ग़लत है और यह श्रेय अहिंसा को देना भी भूल है, क्योंकि जहाँ भी अत्यधिक जन-जागृति उत्पन्न हुई वह सीधे मोर्चे की कार्रवाई से हुई। उदाहरणार्थ रूस में शक्तिशाली जन-आन्दोलन से ही वहाँ किसान और मज़दूरों में जागृति उत्पन्न हुई। उन्हें तो किसी ने अहिंसा का उपदेश नहीं दिया था, बल्कि हम तो यहाँ तक कहेंगे कि अहिंसा तथा गाँधीजी की समझौता-नीति से ही उन शक्तियों में फूट पड़ गयी जो सामूहिक मोर्चे के नारे से एक हो गयी थीं। यह प्रतिपादित किया जाता है कि राजनीतिक अन्यायों का मुक़ाबला अहिंसा के शस्त्र से किया जा सकता है, पर इस विषय में संक्षेप में तो यही कहा जा सकता है कि यह अनोखा विचार है, जिसका अभी प्रयोग नहीं हुआ है।

दक्षिण अफ्रीका में भारतीयों के जो न्यायोचित अधिकार माँगे जाते थे उन्हें प्राप्त क़रने में अहिंसा का शस्त्र असफल रहा। वह भारत को स्वराज्य दिलाने में भी असफल रहा, जबकि राष्ट्रीय कांग्रेस के स्वयंसेवकों की एक बड़ी सेना उसके लिए प्रयत्न करती रही तथा उस पर लगभग सवा करोड़ रुपया भी ख़र्च किया गया। हाल ही में बारदोली सत्याग्रह में इसकी असफलता सिद्ध हो चुकी है। इस अवसर पर सत्याग्रह के नेता गाँधी और पटेल ने बारदोली के किसानों को जो कम से कम अधिकार दिलाने का आश्वासन दिया था, उसे भी वे न दिला सके। इसके अतिरिक्त अन्य किसी देशव्यापी आन्दोलन की बात हमें मालूम नहीं। अब तक इस अहिंसा को एक ही आशीर्वाद मिला और वह था असफलता का। ऐसी स्थिति में यह आश्चर्य नहीं कि देश ने फिर उनके प्रयोग से इन्कार कर दिया। वास्तव में गाँधीजी जिस रूप में सत्याग्रह का प्रचार करते हैं, वह एक प्रकार का आन्दोलन है, एक विरोध है जिसका स्वाभाविक परिणाम समझौते में होता है, जैसाकि प्रत्यक्ष देखा गया है। इसलिए जितनी जल्दी हम समझ लें कि स्वतन्त्रता और गुलामी में कोई समझौता नहीं हो सकता, उतना ही अच्छा है।

गाँधीजी सोचते हैं 'हम नये युग में प्रवेश कर रहे हैं।' परन्तु कांग्रेस विधान में शब्दों का हेर-फेर मात्र कर, अर्थात् स्वराज्य को पूर्ण स्वतन्त्रता कह देने से नया युग प्रारम्भ नहीं हो जाता। वह दिन वास्तव में एक महान दिवस होगा जब कांग्रेस देशव्यापी आन्दोलन प्रारम्भ करने का निर्णय करेगी, जिसका आधार सर्वमान्य क्रान्तिकारी सिद्धान्त होंगे। ऐसे समय तक स्वतन्त्रता का झण्डा फहराना हास्यास्पद होगा। इस विषय में हम सरलादेवी चौधरानी के उन विचारों से सहमत हैं जो उन्होंने एक समाचारपत्र संवाददाता को भेंट में व्यक्त किये। उन्होंने कहा– "31 दिसम्बर, 1929 की अर्धरात्रि के ठीक एक मिनट बाद स्वतन्त्रता का झण्डा फहराना एक विचित्र घटना है। उस समय जी.ओ.सी., असिस्टेण्ट जी.ओ.सी. तथा अन्य लोग इस बात

को अच्छी तरह जानते थे कि स्वतन्त्रता का झण्डा फहराने का निर्णय आधी रात तक अधर में लटका है, क्योंकि यदि वायसराय या सेक्रेटरी ऑफ़ स्टेट का कांग्रेस को यह सन्देश आ जाता है कि भारत को औपनिवेशिक स्वराज्य दे दिया गया है, तो रात्रि को 11 बजकर 59.मिनट पर भी स्थिति में परिवर्तन हो सकता था। इससे स्पष्ट है कि पूर्ण स्वतन्त्रता प्राप्ति का ध्येय नेताओं की हार्दिक इच्छा नहीं थी, बल्कि एक बाल हठ के समान था। भारतीय राष्ट्रीय कांग्रेस के लिए उचित तो यही होता कि वह पहले स्वतन्त्रता प्राप्त कर फिर उसकी घोषणा करती।" यह सच है कि अब औपनिवेशिक स्वराज्य के बजाय कांग्रेस के वक्ता जनता के सामने पूर्ण स्वतन्त्रता का ढोल पीटेंगे। वे अब जनता से कहेंगे कि जनता को उस संघर्ष के लिए तैयार हो जाना चाहिए जिसमें एक पक्ष तो मुक्केबाजी करेगा और दूसरा उन्हें केवल सहता रहेगा, जब तक कि वह ख़ूब पिटकर इतना हताश न हो जाये कि फिर न उठ सके। क्या उसे संघर्ष कहा जा सकता है और क्या इससे देश को स्वतन्त्रता मिल सकती है? किसी भी राष्ट्र के लिए सर्वोच्च लक्ष्य-प्राप्ति का ध्येय सामने रखना अच्छा है, परन्तु साथ मूं यह भी आवश्यक है कि इस लक्ष्य तक पहुँचने के लिए उन साधनों का उपयोग किया जाये जो योग्य हों और जो पहले उपयोग में आ चुके हों, अन्यथा संसार के सम्मुख हमारे हास्यास्पद बनने का भय बना रहेगा।

गाँधीजी ने सभी विचारशील लोगों से कहा कि वे लोग क्रान्तिकारियों से सहयोग करना बन्द कर दें तथा उनके कार्यों की निन्दा करें, जिससे हमारे इस प्रकार उपेक्षित देशभक्तों की हिंसात्मक कार्यों से जो हानि हुई, उसे समझ सकें। लोगों को उपेक्षित तथा पुरानी दलीलों के समर्थक कह देना जितना आसान है, उसी प्रकार उनकी निन्दा कर जनता से उनसे सहयोग न करने को कहना, जिससे वे अलग-अलग हो अपना कार्यक्रम स्थगित करने के लिए बाध्य हो जायें, यह सब करना विशेष रूप से उस व्यक्ति के लिए आसान होगा जोकि जनता के कुछ प्रभावशाली व्यक्तियों का विश्वासपात्र हो। गाँधीजी ने जीवनभर जन-जीवन का अनुभव किया है, पर यह बड़े दुख की बात है कि वे भी क्रान्तिकारियों का मनोविज्ञान न तो समझते हैं और न समझना ही चाहते हैं। वह सिद्धान्त अमूल्य है, जो प्रत्येक क्रान्तिकारी को प्रिय है। जो व्यक्ति क्रान्तिकारी बनता है, जब वह अपना सिर हथेली पर रखकर किसी क्षण भी आत्मबलिदान के लिए तैयार रहता है तो वह केवल खेल के लिए नहीं। वह यह त्याग और बलिदान इसलिए भी नहीं करता कि जब जनता उसके साथ सहानुभूति दिखाने की स्थिति में हो तो उसकी जय-जयकार करे। वह इस मार्ग का इसलिए अवलम्बन करता है कि उसका सद्विवेक उसे इसकी प्रेरणा देता है, उसकी आत्मा उसे इसके लिए प्रेरित करती है।

एक क्रान्तिकारी सबसे अधिक तर्क में विश्वास करता है। वह केवल तर्क और तर्क में ही विश्वास करता है। किसी प्रकार का गाली-गलौच या निन्दा, चाहे वह ऊँचे से ऊँचे स्तर से की गयी हो, उसे अपने निश्चित उद्देश्य-प्राप्ति से वंचित नहीं कर सकती। यह सोचना कि यदि जनता का सहयोग न मिला या उसके कार्य की प्रशंसा न की गयी तो वह अपने उद्देश्य को छोड़ देगा, निरी मूर्खता है। अनेक क्रान्तिकारी, जिनके कार्यों की वैधानिक आन्दोलनकारियों ने घोर निन्दा की, फिर भी वे उसकी परवाह न कर फ़ाँसी के तख़्ते पर झूल गये। यदि तुम चाहते हो कि क्रान्तिकारी अपनी गतिविधियों को स्थगित कर दें तो उसके लिए होना तो यह चाहिए कि उनके साथ तर्क द्वारा अपना मत प्रमाणित किया जाये। यह एक, और केवल यही एक रास्ता है, और बाक़ी बातों के विषय में किसी को सन्देह नहीं होना चाहिए। क्रान्तिकारी इस प्रकार के डराने-धमकाने से कदापि हार मानने वाला नहीं।

हम प्रत्येक देशभक्त से निवेदन करते हैं कि वे हमारे साथ गम्भीरतापूर्वक इस युद्ध में शामिल हों। कोई भी व्यक्ति अहिंसा और ऐसे ही अजीबो-ग़रीब तरीक़ों से मनोवैज्ञानिक प्रयोग कर राष्ट्र की स्वतन्त्रता के साथ खिलवाड़ न करे। स्वतन्त्रता राष्ट्र का प्राण है। हमारी गुलामी हमारे लिए लज्जास्पद है, न जाने कब हममें यह बुद्धि और साहस होगा कि हम उससे मुक्ति प्राप्त कर स्वतन्त्र हो सकें? हमारी प्राचीन सभ्यता और गौरव की विरासत का क्या लाभ, यदि हममें यह स्वाभिमान न रहे कि हम विदेशी गुलामी, विदेशी झण्डे और बादशाह के सामने सिर झुकाने से अपनेआप को न रोक सकें।

क्या यह अपराध नहीं है कि ब्रिटेन ने भारत में अनैतिक शासन किया? हमें भिखारी बनाया तथा हमारा समस्त ख़ून चूस लिया? एक जाति और मानवता के नाते हमारा घोर अपमान तथा शोषण किया गया है। क्या जनता अब भी चाहती है कि इस अपमान को भुलाकर हम ब्रिटिश शासकों को क्षमा कर दें? हम बदला लेंगे, जो जनता द्वारा शासकों से लिया गया न्यायोचित बदला होगा। कायरों को पीठ दिखाकर समझौता और शान्ति की आशा से चिपके रहने दीजिए। हम किसी से भी दया की भिक्षा नहीं माँगते हैं और हम भी किसी को क्षमा नहीं करेंगे। हमारा युद्ध विजय या मृत्यु के निर्णय तक चलता ही रहेगा। इन्क लाब ज़िन्दाबाद!

करतार सिह (भगतसिह का छद्‌म नाम)

अध्यक्ष

(26 जनवरी, 1930) हिन्दुस्तान सोशलिस्ट रिपब्लिकन एसोसिएशन

भारतीय क्रान्ति का आदर्श

भगतसिंह क्रान्ति के वैचारिक प्रश्नों पर निरन्तर अध्ययन-मनन कर रहे थे। वह बड़े व्यवस्थित ढंग से नोट्स लेते थे और अपने चिन्तन को तरतीब देने का काम करते रहते थे। उनकी ज़ेल नोटबुक इस बात का ठोस प्रमाण है। नीचे दिया गया दस्तावेज़ भी इसका साक्ष्य है। यह एक टिप्पणी की शक्ल में है, जिसे अदालत में पेश किया गया था।–स.

1. भारतीय क्रान्ति का आदर्श

(क) अंग्रेज़ी भारत में प्रकट और गुप्त क्रान्तियों का इतिहास

(ख) रिपब्लिक का आदर्श

(ग) 1914-15 का विद्रोह, स्वतन्त्रता, समानता एवं भ्रातृत्व का आदर्श

(घ) भारतीय राजकुमार और क्रान्तिकारी 'सरकार का परचा'।

('सरकार' एक बंगाली लेखक थे।–स.)

(घ) भारतीय मुसलमान राजाओं को तुर्की का सन्देश

(च) बर्लिन कमेटी और जर्मन प्लाट

(छ) 1919 का विद्रोह और दंगे

(ज) असहयोग

स्वराज्य बिना किसी स्पष्ट परिभाषा के

(झ) असहयोग आन्दोलन की असफलता और क्रान्तिकारी दल

(ञ) 1925 का घोषणापत्र

(त) विचारधाराओं के अब के स्कूल–

1. सरकार के स्कूल की विचारधारा (साम्प्रदायिक)

2. बंगाल स्कूल की विचारधारा (राष्ट्रवादी)

3. चन्द्रनगर आम विचारधारा का स्कूल–मोतीलाल (अध्यात्मवादी)

4. उच्च विहार (समाजवादी) डॉ. भूपेन्द्रनाथ दत्त

5. कम्युनिस्ट विचारधारा का स्कूल

6. बूर्ज्वाजी

नेहरू रिपोर्ट (मोतीलाल नेहरू रिपोर्ट, जिसमें डोमिनियन स्टेटस की माँग की गयी थी।–स.)

7. पी.बी. *(शायद प्रोविशियल बोर्ड की ओर संकेत है, जो क्रान्तिकारी दल की स्थापना के सिलसिले में एक और जगह आया है।–स.)*

8. ढंग

9. आतंकवादी

10. जनक्रान्तिकारी

11. अहिसक सिविल नाफ़रमानी

अराजकतावाद

समाजवाद

साम्यवाद

सिडनीकेनिज़्म

कुल्किटीविज़्म

1. भारतीय क्रान्ति का आदर्श

2. क्रान्ति या दुनिया की क्रान्ति का आदर्श

3. विवाह।

मैं नास्तिक क्यों हूँ?

भगतसिह

(भगतसिह ने ज़ेल में यह लेख 5-6 अक्टूबर, 1930 को लिखा था। यह पहली बार लाहौर से प्रकाशित अंग्रेज़ी पत्र 'द पीपुल' के 27 सितम्बर 1931 के अंक में प्रकाशित हुआ था। इस महत्त्वपूर्ण लेख में भगतसिह ने सृष्टि के विकास और गति की भौतिकवादी समझ पेश करते हुए उसके पीछे किसी मानवेतर ईश्वरीय सत्ता के अस्तित्व की परिकल्पना को अत्यन्त तार्किक ढंग से निराधार सिद्ध किया है।)

एक नया सवाल उठ खड़ा हुआ है। क्या मैं अहम्मन्यता के कारण सर्वशक्तिमान, सर्वव्यापी और सर्वज्ञ ईश्वर के अस्तित्व में विश्वास नहीं करता हूँ? मैंने कल्पना भी नहीं की थी कि मुझे कभी ऐसे सवाल का सामना करना पड़ेगा। लेकिन कुछ मित्रों से हुई बातचीत में मुझे यह संकेत मिला कि मेरे कुछ दोस्त—अगर उन्हें दोस्त मान कर उन पर मैं बहुत ज़्यादा अधिकार नहीं जता रहा हूँ तो—मेरे साथ के अपने थोड़े से सम्पर्क से इस नतीजे पर पहुँचना चाहते हैं कि मैं ईश्वर के अस्तित्व को नकार कर बड़ी ज़्यादती कर रहा हूँ और यह कि मुझमें कुछ अहम्मन्यता है जिसने मुझे इस अविश्वास के लिए प्रेरित किया है।

बहरहाल, समस्या गम्भीर है। मैं ऐसी शेख़ी नहीं बघारता कि मैं इन मानवीय कमजोरियों से एकदम ऊपर हूँ। मैं एक मनुष्य हूँ, इससे ज़्यादा कुछ होने का दावा कोई भी नहीं कर सकता। सो मुझमें भी यह कमज़ोरी है। सचमुच अहम्मन्यता मेरे स्वभाव का एक अंग है। अपने साथियों के बीच मुझे निरंकुश कहा जाता था। यहाँ

तक कि मेरे मित्र श्री बी.के. दत्त भी कभी-कभी मुझे निरंकुश कहा करते थे। कई अवसरों पर तानाशाह कह कर मेरी निन्दा की गयी। कुछ मित्रों को सचमुच यह शिकायत है, और गम्भीर शिकायत है, कि मैं अनजाने ही अपने विचार दूसरों पर थोपता हूँ और अपनी बातें जबरन मनवा लेता हूँ। मैं इन्कार नहीं करता कि एक हद तक यह बात सच है। इसे अहम्मन्यता भी कहा जा सकता है। जितनी अहम्मन्यता अन्य लोकप्रिय मतों के मुक़ाबले हमारे मत में है, उतनी मुझमें भी है। मगर वह निजी नहीं है। हो सकता है, हमारे मत में यह केवल एक समुचित गर्व हो और इसे अहम्मन्यता न माना जाता हो। अहम्मन्यता, अथवा और ज़्यादा ठीक-ठीक कहें तो अहंकार, किसी को अपने ऊपर हो जाने वाले अनुचित गर्व का नाम है। यहाँ मैं जिस सवाल पर चर्चा करना चाहता हूँ, वह यही है कि क्या मैं नास्तिक इसलिए बन गया हूँ कि मुझे अपने ऊपर ऐसा अनुचित गर्व है? अथवा इस विषय के सचेत अध्ययन और काफ़ी सोच-विचार के बाद मैंने ईश्वर में विश्वास करना छोड़ा है? वैसे, मैं यह स्पष्ट कर दूँ कि अहंकार और अहम्मन्यता दो भिन्न चीज़ें हैं।

अव्वल तो मैं यह बात क़तई नहीं समझ सका कि अनुचित गर्व या मिथ्या दम्भ किसी को आस्तिक बनने से कैसे रोक सकता है। वास्तव में मैं किसी महान व्यक्ति की महानता से इन्कार कर सकता हूँ, बशर्ते कि वैसी योग्यता न होने पर भी, अथवा महान होने के लिए वास्तव में आवश्यक या अनिवार्य गुण न होने पर भी, मुझे किसी हद तक वैसी ही लोकप्रियता मिल जाये। यहाँ तक तो बात समझ में आती है। मगर यह कैसे हो सकता है कि कोई आस्तिक निजी अहम्मन्यता के कारण ईश्वर में विश्वास करना छोड़ दे? दो ही बातें हो सकती हैं: आदमी या तो स्वयं को ईश्वर का प्रतिद्वन्द्वी समझने लगे या यह मानने लगे कि वह स्वयं ही ईश्वर है। लेकिन इन दोनों ही स्थितियों में वह सच्चा नास्तिक नहीं बन सकता। पहली स्थिति में वह अपने प्रतिद्वन्द्वी के अस्तित्व से इन्कार ही नहीं करता, दूसरी स्थिति में भी वह एक ऐसी सत्ता के अस्तित्व को स्वीकार करता है जो अदृश्य रहकर प्रकृति की तमाम क्रियाओं को निर्देशित करती है। हमारे लिए इस बात का कोई महत्त्व नहीं कि वह स्वयं को सर्वोच्च सत्ता समझता है अथवा किसी सर्वोच्च सचेत सत्ता को स्वयं से अलग समझता है। मूल बात ज्यों की त्यों है। उसका विश्वास ज्यों का त्यों है। वह किसी भी तरह से नास्तिक नहीं है।

बहरहाल, मेरी बात मान लीजिए। मैं न तो पहली श्रेणी में आता हूँ न दूसरी में। मैं उस सर्वशक्तिमान परमात्मा के अस्तित्व से ही इन्कार करता हूँ। क्यों इन्कार करता हूँ, इसकी चर्चा बाद में करूँगा। यहाँ मैं केवल यह स्पष्ट करना चाहता हूँ कि नास्तिकता के सिद्धान्तों को अपनाने की दिशा में मुझे मेरी अहम्मन्यता ने प्रेरित

नहीं किया है। मैं न तो ईश्वर का प्रतिद्वन्द्वी हूँ न उसका अवतार, न स्वयं परमात्मा। पक्की बात है कि अहम्मन्यता ने मुझे ऐसा सोचने के लिए प्रेरित नहीं किया है। इस आरोप को मिथ्या सिद्ध करने के लिए मुझे तथ्यों की जाँच-पड़ताल करने की इजाज़त दीजिए। मेरे इन दोस्तों के मुताबिक़ दिल्ली बमकाण्ड और लाहौर षड्यन्त्र काण्ड के कारण चले मुक़दमों के दौरान मुझे जो आवश्यक लोकप्रियता मिल गयी है, शायद उसी ने मुझमें मिथ्या दम्भ पैदा कर दिया है। ख़ैर, देख लेते हैं कि उनकी बात सही है या नहीं।

मेरी नास्तिकता इतनी नयी चीज़ नहीं। मैंने तो ईश्वर को मानना तभी बन्द कर दिया था जब मैं एक अज्ञात नौजवान था और मेरे उपर्युक्त मित्रों को मेरे अस्तित्व का पता भी नहीं था। कम से कम कॉलेज का एक छात्र ऐसा अनुचित गर्व नहीं पाल सकता जो उसे नास्तिक बना दे। हालाँकि कुछ प्रोफ़ेसर मुझे पसन्द करते थे और कुछ नापसन्द, पर मैं कभी भी परिश्रमी या पढ़ाकू लड़का नहीं रहा। अहम्मन्यता जैसी भावनाएँ पालने का मेरे लिए कोई मौक़ा नहीं था। मैं तो बड़े शर्मीले स्वभाव का लड़का था और अपने भविष्य को लेकर कुछ निराशावादी ख़यालों में खोया रहता था। और उन दिनों मैं पक्का नास्तिक नहीं था। मेरे दादा, जिनके प्रभाव में मेरा पालन-पोषण हुआ, कट्टर आर्यसमाजी हैं। आर्यसमाजी और चाहे कुछ भी हो, नास्तिक नहीं होता। अपनी प्राथमिक शिक्षा पूरी करने के बाद मैं लाहौर के डी.ए.वी. स्कूल में दाखिल हुआ और वहाँ के बोर्डिंग हाउस में पूरे एक साल तक रहा। वहाँ सुबह और शाम की प्रार्थनाओं के अलावा भी मैं घण्टों गायत्री मन्त्र जपता रहता था। उन दिनों मैं पूरा भगत था। आगे चलकर मैं अपने पिता के साथ रहने लगा। जहाँ तक धार्मिक कट्टरता का सवाल है, वे उदारतावादी हैं। उन्हीं के उपदेशों से मुझमें आज़ादी के उद्देश्य के लिए अपना जीवन अर्पित कर देने की आकांक्षा उत्पन्न हुई। लेकिन वे नास्तिक नहीं हैं। वे मुझे प्रतिदिन सन्ध्या उपासना करने के लिए प्रोत्साहित किया करते थे। इस ढंग से मेरा पालन-पोषण हुआ। असहयोग आन्दोलन के दिनों में मैं नेशनल कॉलेज में दाख़िल हुआ। वहीं जाकर मैने उदारतावादी ढंग से सोचना और सारी धार्मिक समस्याओं के बारे में, यहाँ तक कि ईश्वर के बारे में भी, बहस और आलोचना करना शुरू किया। मगर ईश्वर में मेरा अब भी पक्का विश्वास था। अब, मैं बिना कटे-छँटे दाढ़ी और केश रखने लगा था, मगर मैं सिख मत या किसी अन्य धर्म के मिथकों और सिद्धान्तों में विश्वास कभी नहीं कर पाया। फिर भी ईश्वर के अस्तित्व में मेरी पक्की आस्था थी।

आगे चलकर मैं क्रान्तिकारी दल में शामिल हुआ। सबसे पहले मैं जिन नेता के सम्पर्क में आया, वे ईश्वर को मानते तो नहीं थे, लेकिन उसके अस्तित्व को

नकारने का साहस उनमें नहीं था। मैं ईश्वर के बारे में लगातार उनसे प्रश्न करता जाता तो वे कह दिया करते थे, "जब तुम्हारा मन करे, प्रार्थना कर लिया करो।" अब यह तो ऐसी नास्तिकता हुई कि नास्तिक बनने चले हैं और नास्तिक बनने की हिम्मत आप में नहीं। मैं जिन दूसरे नेता के सम्पर्क में आया, वे आस्तिक थे। उनका नाम बता ही दूँ—वे थे आदरणीय साथी शचीन्द्रनाथ सान्याल, जो कराची षड्यन्त्र काण्ड के सिलसिले में आजीवन कालेपानी की सजा भुगत रहे हैं। उनकी प्रसिद्ध और एकमात्र पुस्तक 'बन्दी-जीवन' में पहले पृष्ठ से ही ईश्वर की महिमा का ज़बरदस्त गुणगान किया गया है। उस ख़ूबसूरत किताब के दूसरे भाग के अन्तिम पृष्ठ पर अपने वेदान्तवाद के कारण उन्होंने ईश्वर को जो रहस्यवादी स्तुतियाँ गायी हैं, वे उनके विचारों का बड़ा अजीबोग़रीब हिस्सा हैं। 28 जनवरी, 1926 को जो क्रान्तिकारी परचा पूरे भारत में बाँटा गया था, वह मुक़दमे के काग़ज़ात के अनुसार उन्हीं के मानसिक श्रम का परिणाम था। अब यह तो होता ही है कि गुप्त कार्रवाई में प्रमुख नेता अपने उन निजी विचारों को व्यक्त कर डालता है जो उसे निजी तौर पर बहुत प्रिय होते हैं, और शेष कार्यकर्ताओं को मतभेदों के बावजूद उन विचारों से मौन सहमति प्रकट करनी पड़ती है। उस पर्चे में एक पूरा पैराग्राफ़ सर्वशक्तिमान ईश्वर की लीला और करनी की प्रशंसा से भरा हुआ था। वह सब रहस्यवाद है।

मैं कहना यह चाहता हूँ कि नास्तिकता का विचार क्रान्तिकारी दल में भी पैदा नहीं हुआ था। काकोरी काण्ड के चारों विख्यात शहीदों ने अपना अन्तिम दिन प्रार्थनाएँ करते हुए बिताया था। रामप्रसाद बिस्मिल कट्टर आर्यसमाजी थे। समाजवाद और साम्यवाद के अपने विस्तृत अध्ययन के बावजूद राजेन्द्र लाहिड़ी उपनिषदों और गीता के श्लोकों का पाठ करने की अपनी इच्छा को दबा नहीं सके थे। उन लोगों में मैंने सिर्फ़ एक आदमी ऐसा देखा जो कभी प्रार्थना नहीं करता था और कहा करता था कि "दर्शन मानवीय दुर्बलता या सीमित ज्ञान से पैदा होता है।" वह भी आजीवन कालेपानी की सजा भुगत रहा है। लेकिन ईश्वर के अस्तित्व को नकारने का साहस वह भी कभी नहीं जुटा सका।

तब तक मैं रूमानी आदर्शवादी क्रान्तिकारी ही था। तब तक हम केवल अनुयायी थे, आगे चलकर पूरी ज़िम्मेदारी अपने कन्धों पर उठाने का समय आया। अनिवार्यतः प्रतिक्रिया इतनी ज़बरदस्त थी कि कुछ समय तक तो दल का अस्तित्व ही असम्भव लगता रहा। उत्साही साथी, नहीं-नहीं, नेता हमारा मजाक़ उड़ाने लगे। कुछ समय तक मुझे ऐसा लगता रहा कि कहीं मैं भी अपने कार्यक्रम को व्यर्थ न मानने लगूँ। यह मेरे क्रान्तिकारी जीवन का एक मोड़ था। मेरे दिमाग के हर कोने-अन्तरे से एक ही आवाज़ रह-रह कर उठती—"अध्ययन करो। स्वयं को विरोधियों के तर्कों

का सामना करने लायक बनाने के लिए अध्ययन करो!" "अपने मत के समर्थन में तर्कों से लैस होने के लिए अध्ययन करो!"

मैंने अध्ययन करना शुरू किया, उससे मेरी पूर्ववर्ती आस्थाओं और मान्यताओं में महत्त्वपूर्ण परिवर्तन हुए। केवल हिंसात्मक उपायों में विश्वास रखने का रूमानीपन, जो हमसे पहले के लोगों पर हावी था, दूर हो गया और उसका स्थान गम्भीर विचारों ने ले लिया। रहस्यवाद और अन्धविश्वास के लिए अब कोई गुंजाइश नहीं रही। यथार्थवाद हमारा मत बन गया। अब हमारी समझ में आया कि शक्ति का प्रयोग अत्यन्त आवश्यक होने पर ही उचित है और आम जनता के तमाम आन्दोलनों के लिए अहिंसा की नीति अपरिहार्य है। यह तो हुई तरीक़ों की बात। सबसे महत्त्वपूर्ण बात थी उस आदर्श की स्पष्ट अवधारणा जिसके लिए हमें लड़ना था। चूँकि उस समय सक्रियता के स्तर पर कोई ख़ास गतिविधियाँ नहीं थीं, इसलिए विश्व-क्रान्ति के विभिन्न आदर्शों का अध्ययन करने के अवसर मुझे ख़ूब मिले। मैंने अराजकतावादी नेता बाकुनिन को पढ़ा, थोड़ा-सा साम्यवाद के जनक मार्क्स को पढ़ा, और अपने देश में सफलतापूर्वक क्रान्ति करने वाले लेनिन, त्रात्स्की तथा अन्य लोगों को ख़ूब पढ़ा। ये सब नास्तिक थे। बाकुनिन की पुस्तक 'ईश्वर और राज्य' अधूरी-सी होने के बावजूद इस विषय का एक रोचक अध्ययन है। बाद में निर्लम्ब स्वामी की पुस्तक 'सहज ज्ञान' मेरे पढ़ने में आयी। उसमें महज एक रहस्यवादी नास्तिकता थी। अब यह विषय मेरे लिए सबसे ज़्यादा रोचक बन गया। 1926 के अन्त तक मैं इस बात का कायल हो गया कि सारी दुनिया को बनाने, चलाने और नियन्त्रित करने वाली सर्वशक्तिमान परमसत्ता के अस्तित्व का सिद्धान्त निराधार है। मैंने अपने अविश्वास के बारे में दूसरों को बता भी दिया था। मित्रों के साथ मैं इस विषय पर बहस करने लगा। मैं घोषित रूप से नास्तिक बन चुका था। मगर इसका मतलब क्या था, इसकी चर्चा नीचे की जा रही है।

मई 1927 में लाहौर में मेरी गिरफ़्तारी हुई। गिरफ़्तारी अचानक हुई। मुझे जरा भी अन्देशा नहीं था कि पुलिस मेरी तलाश में है। अचानक एक बाग में से गुज़रते हुए मैंने पाया कि मैं पुलिस द्वारा घेर लिया गया हूँ। मुझे ख़ुद इस बात की हैरानी है कि मैं उस समय एकदम शान्त रहा। न तो मुझे कोई घबराहट हुई, न मैंने किसी उत्तेजना का अनुभव किया। मुझे हिरासत में ले लिया गया। अगले दिन मुझे रेलवे पुलिस की हवालात में ले जाया गया जहाँ मैंने पूरा एक महीना गुज़ारा।

पुलिस अफ़सरों से कई दिन की बातचीत के बाद मैंने अनुमान लगाया कि उन्हें काकोरी दल से मेरे सम्बन्ध होने तथा क्रान्तिकारी आन्दोलन से सम्बन्धित मेरी अन्य गतिविधियों के बारे में कुछ जानकारी है। उन्होंने मुझे बताया कि जिन

दिनों मुक़दमा चल रहा था, मैं लखनऊ गया थाय कि मैंने अभियुक्तों से मिलकर उन्हें छुड़ाने की योजना बनाई थी; कि उनकी अनुमति पाकर हम लोगों ने कुछ बम जमा कियेय कि जाँच के तौर पर उनमें से एक बम 1926 के दशहरे के दिन भीड़ में फेंका गया था, फिर उन्होंने मुझसे कहा कि तुम्हारी भलाई इसी में है कि तुम क्रान्तिकारी दल की गतिविधियों पर प्रकाश डालते हुए एक बयान दे दो, इससे तुम्हें ज़ेल में नहीं डाला जायेगा। बल्कि अदालत में मुख़बिर बतौर पेश किये बिना ही तुम्हें छोड़ दिया जायेगा। मैं उनके इस प्रस्ताव पर हँस दिया। उनकी सब बातें वाहियात थीं। हमारे जैसे विचारों वाले लोग अपनी बेकसूर जनता पर बम नहीं फेंका करते। एक दिन सी.आई.डी. के तत्कालीन वरिष्ठ अधीक्षक मिस्टर न्यूमैन मेरे पास आये। और काफ़ी देर तक सहानुभूति जताने वाली बातें करने के बाद उन्होंने मुझे यह ख़बर सुनायी–जो उनके हिसाब से अत्यन्त दुखद थी–कि वे लोग जैसा बयान मुझसे चाहते हैं, मैंने नहीं दिया तो मजबूर होकर उन्हें मुझ पर काकोरी काण्ड के सिलसिले में शासन के विरुद्ध लड़ाई छेड़ने के षड्यन्त्र और दशहरा बमकाण्ड के सिलसिले में हुई क्रूर हत्याओं के लिए मुक़दमा चलाना पड़ेगा। फिर उन्होंने मुझे बताया कि उनके पास मुझे सजा दिलाने और फ़ाँसी चढ़ाने के लिए काफ़ी सबूत मौजूद हैं। उन दिनों मैं यह मानता था–हालाँकि मैं बिल्कुल निर्दोष था–कि पुलिस चाहे तो ऐसा कर सकती है। उसी दिन कुछ पुलिस अफ़सरों ने मुझे सुबह-शाम दोनों समय नियम से प्रार्थना करने के लिए प्रेरित करना शुरू कर दिया। अब मैं ठहरा नास्तिक। मैंने अपने मन में यह फ़ैसला कर लेना चाहा कि मैं सुख-शान्ति के दिनों में ही नास्तिक होने की शेखी बघारता हूँ या ऐसी कठिन परिस्थितियों में भी अपने सिद्धान्तों पर अटल रह सकता हूँ। बहुत सोच-विचार के बाद मैंने यह निश्चय किया कि मैं स्वयं को ईश्वर में विश्वास करने और उसकी प्रार्थना करने के लिए तैयार नहीं कर सकता। और मैंने प्रार्थना नहीं की। एक बार भी नहीं की। यह असली परीक्षा थी और में उसमें उत्तीर्ण हुआ। एक क्षण के लिए भी मेरे मन में यह विचार नहीं आया कि कुछ अन्य चीज़ों की क़ीमत पर मैं अपनी जान बचा लूँ। इस तरह मैं पक्का नास्तिक था और तब से आज तक हूँ। उस परीक्षा में उत्तीर्ण होना कोई आसान काम नहीं था। आस्तिकता मुश्किलों को आसान कर देती है, यहाँ तक कि उन्हें ख़ुशगवार भी बना सकती है। आदमी ईश्वर में बड़ी ज़बरदस्त राहत और दिलासा पा सकता है। उसके बिना आदमी को अपने ऊपर ही भरोसा करना पड़ता है। और आँधियों-तूफ़ानों के बीच अपने पैरों पर खड़े रहना बच्चों का खेल नहीं है। परीक्षा की ऐसी घड़ियों में अहम्मन्यता अगर हो भी तो कपूर की तरह उड़ जाती है और आदमी प्रचलित विश्वासों को ठुकराने की हिम्मत

नहीं कर पाता, अगर करता है तो हमें कहना पड़ेगा कि उसमें निरी अहम्मन्यता के अलावा कोई और ताक़त है।

ठीक यही स्थिति आज है। सब लोग अच्छी तरह जानते हैं कि हमारे मुक़दमे का फ़ैसला क्या होना है। हफ्तेभर में वह सुना भी दिया जायेगा। मेरे लिए इस ख़याल के अलावा और क्या राहत हो सकती है कि मैं एक उद्देश्य के लिए अपने प्राणों का बलिदान करने जा रहा हूँ? ईश्वर में विश्वास करने वाला हिन्दू राजा बनकर पुनर्जन्म लेने की आशा कर सकता है, मुसलमान या ईसाई जन्नत में मिलने वाले मजे लूटने और अपनी मुसीबतों और क़ुर्बानियों के बदले इनाम हासिल करने के सपने देख सकता है। मगर मैं किस चीज़ की उम्मीद करूँ? मैं जानता हूँ कि जब मेरी गरदन में फ़ाँसी का फ़न्दा डालकर मेरे पैरों के नीचे से तख़्ते खींचे जायेंगे, सबकुछ समाप्त हो जायेगा। वही मेरा अन्तिम क्षण होगा। मेरा, अथवा आध्यात्मिक शब्दावली में कहूँ तो मेरी आत्मा का, सम्पूर्ण अन्त उसी क्षण हो जायेगा। बाद के लिए कुछ नहीं रहेगा। अगर मुझमें इस दृष्टि से देखने का साहस है तो एक छोटा-सा संघर्षमय जीवन ही, जिसका अन्त भी कोई शानदार अन्त नहीं, अपनेआप में मेरा पुरस्कार होगा। बस और कुछ नहीं। किसी स्वार्थपूर्ण इरादे के बिना, इहलोक या परलोक में कोई पुरस्कार पाने की इच्छा के बिना, बिल्कुल अनासक्त भाव से मैंने अपना जीवन आज़ादी के उद्देश्य के लिए अर्पित किया है, क्योंकि मैं ऐसा किये बिना रह नहीं सका।

जिस दिन ऐसी मानसिकता वाले बहुत से लोग हो जायेंगे जो मानव-सेवा और पीड़ित मानवता की मुक्ति को हर चीज़ से ऊपर समझ कर उसके लिए अपनेआप को अर्पित करेंगे, उसी दिन आज़ादी का युग शुरू होगा। जब वे राजा बनने के लिए नहीं; इहलोक में, अगले जन्म या मृत्यु के उपरान्त स्वर्ग में जाकर कोई अन्य पुरस्कार पाने के लिए नहीं बल्कि मानवता की गरदन पर रखा दासता का जुवा उतार फेंकने के लिए और स्वतन्त्रता एवं शान्ति की स्थापना के लिए दमनकारियों, शोषकों और अत्याचारियों को चुनौती देने की प्रेरणा ग्रहण करेंगे, तभी वे इस मार्ग पर चल सकेंगे जो व्यक्तिगत रूप से उनके लिए भले ही ख़तरनाक हो लेकिन उनकी महान आत्माओं के लिए एकमात्र गौरवपूर्ण मार्ग है।

इस महान उद्देश्य के लिए स्वयं को अर्पित करने में उन्हें जो गर्व होगा, क्या उसे अहम्मन्यता कहा जा सकता है? उन पर ऐसा घृणित लांछन लगाने की हिम्मत कौन कर सकता है? अगर कोई करता है तो मैं कहूँगा कि या तो वह मूर्ख है या धूर्त। चलिए, हम उसे माफ़ किये देते हैं, क्योंकि वह हृदय की गहराई और आवेग को, उसमें उठने वाली भावनाओं और उदात्त अनुभूतियों को समझ ही नहीं सकता।

उसका दिल मांस का बेजान लोथड़ा है। उसकी आँखों पर अन्य स्वार्थों का परदा पड़ा हुआ है, इसलिए वे अच्छी तरह देख ही नहीं सकतीं।

आत्मनिर्भरता को अहम्मन्यता के रूप में व्याख्यायित कर लेने की गुंजाइश हमेशा बनी रहती है। यह बड़ी दुखद और बुरी बात है, लेकिन इसके बारे में कुछ किया नहीं जा सकता। आप किसी प्रचलित विश्वास का विरोध करके देखिये, किसी ऐसे नायक या महान व्यक्ति की आलोचना करके देखिये, जिसके बारे में लोग यह मानते हों कि वह कभी कोई ग़लती कर ही नहीं सकता इसलिए उसकी आलोचना की ही नहीं जा सकती, आप के तर्कों की ताक़त लोगों को मजबूर करेगी कि वे अहंकारी कहकर आप का मजाक़ उड़ायें। इसका कारण मानसिक जड़ता है। आलोचना और स्वतन्त्र चिन्तन क्रान्तिकारी के दो अनिवार्य गुण होते हैं। यह नहीं कि महात्माजी महान हैं इसलिए किसी को उनकी आलोचना नहीं करनी चाहिएय चूँकि वे पहुँचे हुए आदमी हैं इसलिए राजनीति, धर्म, अर्थशास्त्र या नीतिशास्त्र पर वे जो कुछ कह देंगे वह सही ही होगाय आप सहमत हों या न हों पर आप को कहना ज़रूर पड़ेगा कि यही सत्य है। यह मानसिकता प्रगति की ओर नहीं ले जाती। साफ़ जाहिर है कि यह प्रतिक्रियावादी मानसिकता है।

चूँकि हमारे पूर्वजों ने किसी परमसत्ता में–सर्वशक्तिमान ईश्वर में विश्वास बना लिया था, इसलिए उस विश्वास को या उस परम सत्ता को चुनौती देने वालों को अगर काफिर और गद्दार कहा जाना है; चूँकि उसके तर्क इतने वज़नी हैं कि उनकी काट सम्भव नहीं और उसकी भावना इतनी प्रबल है कि सर्वशक्तिमान के कोप से उस पर पड़ने वाली मुसीबतों का भय दिखा कर भी उसे दबाया नहीं जा सकता, इसलिए अहंकारी कह कर उसका और अहम्मन्यता कहकर उसकी भावना का मजाक उड़ाया ही जाना है तो फिर इस बेकार बहस में समय नष्ट करने की ज़रूरत ही क्या? इस सारे मसले पर जिरह करने की कोशिश ही क्यों? मैं जो गह विस्तृत चर्चा छेड़ बैठा हूँ, उसकी वजह यह है कि जनता के सामने यह सवाल पहली बार आ रहा है और पहली बार इस पर किसी लागलपेट के बिना बातचीत हो रही है।

जहाँ तक पहले सवाल का सम्बन्ध है, मेरा ख़याल है मैंने यह स्पष्ट कर दिया है कि मैं अहम्मन्यता से प्रेरित होकर नास्तिक नहीं बना। मेरी तर्कपद्धति स्वीकार्य है या नहीं, यह फ़ैसला मुझे नहीं, बल्कि मेरे पाठकों को करना है। मैं जानता हूँ कि यदि मैं आस्तिक होता तो इन परिस्थितियों में मेरी ज़िन्दगी आसान हो गयी होती, मेरा बोझ हलका हो गया होता। ईश्वर में विश्वास न करने के कारण मेरी हालत खुश्क है और इससे भी बदतर हो सकती है। थोड़ा-सा रहस्यवाद इस स्थिति को खुशगवार बना सकता था, मगर मैं अपनी नियति का सामना करने के लिए किसी

नशे का सहारा लेना नहीं चाहता। मैं यथार्थवादी हूँ। मैं अपनी सहजवृत्ति पर विवेक से विजय पाने की कोशिश करता रहा हूँ। मैं इस कोशिश में हमेशा क़ामयाब नहीं रहा हूँ। मगर इन्सान का फ़र्ज़ है कि वह कोशिश करे। सफलता तो संयोग और परिस्थितियों पर निर्भर करती है।

जहाँ तक दूसरे सवाल का सम्बन्ध है कि यदि ईश्वर के अस्तित्व सम्बन्धी पुराने और प्रचलित विश्वास में अविश्वास अहम्मन्यता के कारण नहीं तो उसका कोई और कारण होना चाहिए, मुझे यह कहना है कि हाँ, कारण है। मेरे विचार से जिस आदमी में थोड़ा-सा भी विवेक होता है, वह हमेशा अपनी परिस्थितियों को तर्कसंगत ढंग से समझना चाहता है। जहाँ सीधे प्रमाण नहीं मिलते वहाँ दर्शन हावी हो जाता है। जैसाकि मैं पहले कह चुका हूँ, मेरे एक क्रान्तिकारी मित्र कहा करते थे कि दर्शन मानवीय दुर्बलता का परिणाम है। हमारे पूर्वज जब इस दुनिया के रहस्यों की गुत्थी सुलझाने की कोशिश करते थे; इसके अतीत, वर्तमान और भविष्य को तथा इससे सम्बन्धित 'क्यों' और 'कहाँ से' आदि को समझने चलते थे, तो उनके पास फुरसत की तो कोई कमी नहीं होती थी मगर प्रत्यक्ष प्रमाण बहुत ही कम होते थे। इसलिए हर आदमी अपने ढंग से समस्या को हल करने की कोशिश करता था। यही कारण है कि विभिन्न धार्मिक मतों में बुनियादी सिद्धान्त पर भारी मतभेद मिलते हैं, जो कभी-कभी नितान्त विरोधी और शत्रुतापूर्ण रूप ग्रहण कर लेते हैं।

प्राच्य और पाश्चात्य दर्शनों में भिन्नता है ही, विश्व के प्रत्येक भू-भाग की अपनी विचार प्रणालियों में भी मतभेद है। प्राच्य धर्मों में इस्लाम और हिन्दू धर्मों में कोई अनुकूलता नहीं है। केवल भारत में ही देखें तो बौद्ध और जैन धर्म कहीं-कहीं ब्राह्मणवाद से बिल्कुल अलग हैं, जो स्वयं आर्यसमाज और सनातन धर्म जैसे परस्पर विरोधी विश्वासों में बँटा हुआ है। इन सबसे अलग प्राचीन काल में चार्वाक दर्शन में एक अपने ही ढंग का स्वतन्त्र विचार मिलता है। चार्वाक ने बहुत पहले ही ईश्वर की प्रभुसत्ता को चुनौती दे दी थी। जीवन और जगत-सम्बन्धी आधारभूत प्रश्न पर इन सभी मतों में भिन्नता है और हर कोई अपनेआप को ही सही मानता है। यही है सारी बुराई की जड़।

प्राचीन काल के विद्वानों और चिन्तकों के प्रयोगों तथा उद्‌गारों को आधार बनाकर अज्ञान के विरुद्ध आगे की लड़ाई लड़ने और इस रहस्यमयी समस्या का समाधान खोजने के बजाय हम निकम्मे लोग—हमने सिद्ध कर दिया है कि हम निकम्मे हैं—विश्वास की, अपने-अपने मतों में अटल और अडिग विश्वास की, चीख़-पुकार मचाते रहते हैं। इस प्रकार हम मानवीय प्रगति को अवरुद्ध कर देने के दोषी हैं।

प्रगति के समर्थक प्रत्येक व्यक्ति के लिए यह अनिवार्य है कि वह पुराने विश्वास

से सम्बन्धित हर बात की आलोचना करे, उसमें अविश्वास करे और उसे चुनौती दे। प्रचलित विश्वास की एक-एक बात के हर कोने-अन्तरे की विवेकपूर्ण जाँच-पड़ताल उसे करनी होगी। यदि कोई विवेकपूर्ण ढंग से पर्याप्त सोच-विचार के बाद किसी सिद्धान्त या दर्शन में विश्वास करता है तो उसके विश्वास का स्वागत है। उसकी तर्क-पद्धति भ्रान्तिपूर्ण, ग़लत, पथ-भ्रष्ट और कदाचित हेत्वाभासी हो सकती है, लेकिन ऐसा आदमी सुधरकर सही रास्ते पर आ सकता है, क्योंकि विवेक का ध्रुवतारा सही रास्ता बनाता हुआ उसके जीवन में चमकता रहता है। मगर कोरा विश्वास और अन्धविश्वास ख़तरनाक होता है। क्योंकि वह दिमाग को कुन्द करता है और आदमी को प्रतिक्रियावादी बना देता है।

यथार्थवादी होने का दावा करने वाले को तो समूचे पुरातन विश्वास को चुनौती देनी होगी। यदि विश्वास विवेक की आँच बरदाश्त नहीं कर सकता तो ध्वस्त हो जायेगा। तब यथार्थवादी आदमी को सबसे पहले उस विश्वास के ढाँचे को पूरी तरह गिराकर उस जगह एक नया दर्शन खड़ा करने के लिए ज़मीन साफ़ करनी होगी।

यह तो हुआ नकारात्मक पक्ष। इसके बाद शुरू होता है सकारात्मक कार्य, जिसमें कई बार पुराने विश्वास की कुछ सामग्री पुनर्निर्माण के लिए इस्तेमाल की जा सकती है। जहाँ तक मेरी बात है, पहले ही कह दूँ कि मैं इस विषय का ज़्यादा अध्ययन नहीं कर पाया हूँ। मेरी बड़ी इच्छा थी कि प्राच्य दर्शन का अध्ययन करूँ, लेकिन वैसा कोई संयोग या अवसर मुझे नहीं मिला, मगर जहाँ तक नकारात्मक पक्ष का सम्बन्ध है, मैं पुराने विश्वास के सही होने की बात पर प्रश्नचिह्न लगाने का कायल हो चुका हूँ। मुझे पक्का विश्वास हो गया है कि प्रकृति का निर्देशन और संचालन करने वाली किसी चेतन परम सत्ता का कोई अस्तित्व नहीं है। हम प्रकृति में विश्वास करते हैं और प्रकृति को मानव सेवा में नियोजित करने के लिए उसे मनुष्य की वशवर्ती बनाना समूचे प्रगतिशील आन्दोलन का लक्ष्य है। उसे चलाने वाली कोई चेतन शक्ति उसके पीछे नहीं है, यही हमारा दर्शन है।

नकारात्मक पक्ष की ओर से हम आस्तिकों से कुछ सवाल पूछते हैंः यदि आप के विश्वास के अनुसार कोई सर्वशक्तिमान, सर्वव्यापी और सर्वज्ञ ईश्वर है, जिसने इस पृथ्वी या दुनिया की सृष्टि की तो कृपया यह बताइये कि उसने ऐसा क्यों किया? उसने ऐसी दुनिया क्यों बनाई जिसमें तमाम दुख हैं, तकलीफ़ें हैं, जिसमें वास्तविक जीवन की त्रासदियों का एक अनन्त सिलसिला है और जिसमें एक भी प्राणी पूरी तरह सन्तुष्ट नहीं है?

कृपा करके यह न कहिये कि यह उसका नियम है, क्योंकि वह किसी नियम से बँधा हुआ है तो सर्वशक्तिमान नहीं है, तब तो वह हम जैसा ही एक गुलाम है।

कृपया यह भी न कहिये कि यह उसकी लीला या क्रीड़ा है जिसमें उसे आनन्द आता है। नीरो ने तो एक ही रोम को जलाया था। उसने तो थोड़े-से लोगों की ही जानें ली थीं। उसने तो पूर्णतः अपने आनन्द के लिए कुछ ही त्रासदियों को जन्म दिया था। और इतिहास में उसकी जगह कहाँ है? इतिहासकार उसे किस नाम से याद करते हैं? दुनियाभर की नफरतभरी लानतें उस पर बरसायी जाती हैं। अत्याचारी, हृदयहीन और दुष्ट नीरो की भर्त्सना करते हुए पृष्ठ पर पृष्ठ गालियों से भरी कटु निन्दाओं से काले किये गये हैं। एक चंगेजख़ाँ था, जिसने हत्या का आनन्द लेने के लिए कुछ हज़ार लोगों की जानें ले ली थी और हम उसके नाम तक से नफरत करते हैं। तब आप अपने सर्वशक्तिमान, शाश्वत नीरो को उचित कैसे ठहरायेंगे जो हर दिन, हर घण्टे और हर मिनट असंख्य त्रासदियों को जन्म देता रहा है और आज भी दे रहा है? कैसे आप उसके उन दुष्कृत्यों का समर्थन करेंगे, जो प्रतिक्षण चंगेजख़ाँ के दुष्कृत्यों को मात करते हैं?

मैं पूछता हूँ, उसने यह दुनिया बनायी ही क्यों, जो साक्षात नर्क है, जो अनन्त और तल्ख़ बेचौनी का घर है? उस सर्वशक्तिमान ने मनुष्य की सृष्टि क्यों की जबकि उसके पास ऐसी सृष्टि न करने की शक्ति थी? इस सबका औचित्य क्या है? क्या कहा, परलोक में निर्दोष उत्पीड़ितों को पुरस्कार और कुकर्म करने वालों को दण्ड देने के लिए? अच्छा, तो यह बताइये कि उस आदमी को आप कहाँ तक सही ठहरायेंगे जो बाद में मुलायम और आरामदेह मरहम लगाने के लिए आपके शरीर को जख़्मों से छलनी कर दे? ग्लैडिएटरों की संस्था के समर्थक और प्रबन्धक, जो पहले तो लोगों को भूखे और क्रुद्ध शेरों के सामने फेंक देते थे और बाद में अगर वे लोग ज़िन्दा बच जाते तो उनकी बड़ी अच्छी देखभाल करते थे, कहाँ तक सही थे? इसीलिए मैं पूछता हूँ कि उस चेतन परम सत्ता ने इस दुनिया की और उसमें मनुष्य की सृष्टि क्यों की? अपने मजे के लिए? तो फिर उसमें और नीरो में क्या फ़र्क़ है?

हिन्दू दर्शन के पास तो अभी और भी तर्क होंगे, लेकिन मुसलमानो और ईसाइयो, मैं आप लोगों से पूछता हूँ कि आप के पास ऊपर के सवाल का क्या जवाब है? आप तो पूर्वजन्म में विश्वास नहीं करते। हिन्दुओं की तरह आप यह तर्क नहीं दे सकते कि प्रत्यक्ष रूप से निर्दोष लोग इसलिए दुख पा रहे हैं कि पूर्वजन्म में उन्होंने बुरे कर्म किये थे। मैं तो आप से पूछता हूँ कि उस सर्वशक्तिमान ने छह दिनों तक शब्द के द्वारा इस दुनिया को बनाने की मेहनत क्यों की और क्यों प्रतिदिन यह कहा कि सब ठीक है? आज उसे बुलाइये। उसे पिछला इतिहास दिखाइए। उससे कहिये कि वह वर्तमान स्थिति का अध्ययन करे। देखें वह कैसे कहता है कि "सब ठीक है"! ज़ेलों की कालकोठरियों, गन्दी बस्तियों और झुग्गी-झोंपड़ियों में भूखे मरते

लाखों लोग, पूँजीवादी राक्षसों द्वारा अपना रक्त चूसे जाने की प्रक्रिया को धैर्यपूर्वक या रिक्त भाव से देखने वाले शोषित मज़दूरों, मामूली समझ वाले आदमी को भी आतंकित कर देने वाली मानवीय ऊर्जा की फिजूलख़र्चियों और ज़रूरतमन्द उत्पादकों में बाँटने के बजाय अतिरिक्त उत्पादन को समुद्र में फेंक देने जैसे कार्यों से लेकर नरकंकालों की नींव पर खड़े किये गये शाही महलों तक, हर चीज़ उसे दिखाइये और जरा उससे कहलाइये कि "सब ठीक है"! यह सब क्यों और कहाँ से आया? यह है मेरा सवाल। आप ख़ामोश हैं? तो ठीक है, मैं अपनी बात आगे बढ़ाता हूँ।

अच्छा, हिन्दुओ, आप कहते हैं कि जो लोग आज दुख पा रहे हैं वे पूर्वजन्मों के पापी हैं। ठीक, आप यह भी कहते हैं कि आज के उत्पीड़क लोग पूर्वजन्मों के धर्मात्मा हैं इसलिए उनके हाथ में सत्ता है। मानना पड़ेगा कि आप के पूर्वज बड़े चालाक थे। उन्होंने ऐसे सिद्धान्त खोज निकालने का प्रयास किया जिनसे विवेक और अविश्वास के आधार पर की जाने वाली तमाम कोशिशों को दबा दिया जाये। लेकिन आइये, विश्लेषण करके देखें कि वास्तव में इस तर्क में कितना दम है।

क़ानून के प्रसिद्धतम जानकारों की राय में दुष्कर्म करने वाले को दी जाने वाली सजा केवल तीन-चार उद्देश्यों की दृष्टि से ही उचित ठहरायी जाती है। ये उद्देश्य हैं: प्रतिकार, यानी बदला लेनाय सुधार यानी दोषी व्यक्ति को सुधारकर सही रास्ते पर लानाय और निवारण यानी दण्ड का भय दिखाकर लोगों को दुष्कर्म करने से रोकना। प्रतिकार के सिद्धान्त की भर्त्सना तो आज के सभी प्रगतिशील विचारक करते ही हैं, निवारण के सिद्धान्त का भी यही हश्र होने वाला है। एकमात्र सुधार का सिद्धान्त ही सारवान और मानवीय प्रगति के लिए अपरिहार्य है। इसका उद्देश्य है दोषी व्यक्ति को अत्यन्त सुयोग्य एवं शान्तिप्रिय नागरिक बनाकर समाज को लौटा देना। लेकिन अगर हम सभी मनुष्यों को अपराधी मान भी लें तो ईश्वर द्वारा उन्हें दी जाने वाली सजा कैसी है? आप कहते हैं कि वह उन्हें गाय, बिल्ली, वृक्ष, जड़ी-बूटी या जानवर बनाकर दुनिया में भेजता है। आप इन सजाओं की संख्या 84 लाख बताते हैं। मैं पूछता हूँ, इसका मनुष्य पर कौन-सा सुधारात्मक प्रभाव पड़ता है? आप को ऐसे कितने लोग मिले जो कहते हों कि पाप करने के कारण पिछले जन्म में वे गधा बने थे? एक भी नहीं। अपने पुराणों के उद्धरण रहने दीजिए। आप की पौराणिक कहानियों में उलझने की फुरसत मेरे पास नहीं है। आप तो यह बताइये, क्या आप जानते हैं कि इस दुनिया में सबसे बड़ा पाप ग़रीब होना है, लेकिन आप के अनुसार यह लोगों को ईश्वर द्वारा दी गयी सज़ा है। मैं पूछता हूँ, आप उस अपराधविज्ञानी को, उस विधिवेत्ता या विधायक को कैसे उचित ठहरायेंगे जो आदमी को अनिवार्यतः और ज़्यादा अपराध करने के लिए मजबूर करने वाली सजाएँ तजवीज करे? क्या

आपके ईश्वर ने इस चीज़ पर गौर नहीं किया? या उसे भी ऐसी बातें अनुभव से सीखनी पड़ती हैं? लेकिन मानवता को अकथनीय दुख झेलकर इसके लिए कितनी बड़ी क़ीमत चुकानी पड़ती है!

किसी ग़रीब और अनपढ़ चमार या भंगी के घर पैदा होने वाले आदमी की नियति आप के ख़याल से क्या होगी? वह ग़रीब है इसलिए पढ़-लिख नहीं सकता। तथाकथित ऊँची जाति में पैदा होने के कारण स्वयं को श्रेष्ठ मानने वाले उसके संगी-साथी उससे नफ़रत करते हैं और अछूत मानकर अलग-थलग रखते हैं। उसका अज्ञान, उसकी ग़रीबी और उसके साथ किया जाने वाला बरताव समाज के प्रति उसके हृदय को कठोर बना देगा। मान लीजिए, वह कोई पाप करता है, तो उसकी सजा कौन भुगतेगा? ईश्वर? वह स्वयं, या समाज के ज्ञानवान लोग? घमण्डी और स्वार्थी ब्राह्मणों द्वारा जान-बूझकर अज्ञानी बनाकर रखे गये उन लोगों की सजा के बारे में आप क्या कहते हैं जिन्हें आप के पवित्र ज्ञान-ग्रन्थों, यानी वेदों की कुछ पंक्तियाँ सुन लेने का दण्ड अपने कानों में पिघले हुए गरम सीसे की धार झेलकर भरना पड़ता था? अगर उनका कोई अपराध था भी तो उसके लिए ज़िम्मेदार कौन था और उसका नतीजा किसको भुगतना चाहिए था?

मेरे प्यारे दोस्तो, ये सिद्धान्त विशेषाधिकार प्राप्त लोगों के मनगढ़न्त सिद्ध ान्त हैं। वे इन सिद्धान्तों के ज़रिये ज़बरदस्ती हथियाई हुई अपनी शक्ति, सम्पन्नता और श्रेष्ठता को उचित ठहराते हैं। याद आया, शायद अप्टन सिक्लेयर ने कहीं लिखा है कि आदमी को अमरता में विश्वास करने वाला बना दो और उसके पास धन-सम्पत्ति आदि जो कुछ भी है, सब लूट लो। वह उफ़ नहीं करेगा, यहाँ तक कि अपने को लूटने में खुद आप की मदद करेगा। धार्मिक उपदेशकों और सत्ताधारियों की मिलीभगत से ही ज़ेलों, फाँसियों, कोड़ों और इन सिद्धान्तों का निर्माण हुआ है।

मैं पूछता हूँ, जब कोई आदमी पाप या अपराध करना चाहता है तो आपका सर्वशक्तिमान ईश्वर उसे रोकता क्यों नहीं? उसके लिए तो यह बहुत ही आसान काम होगा। उसने जंगबाजों को मारकर या उनके भीतर युद्धोन्माद को मारकर मनुष्यता को विश्वयुद्ध की महाविपत्ति से क्यों नहीं बचाया? वह अंग्रेज़ों के मन में कोई ऐसी भावना क्यों नहीं पैदा कर देता कि वे हिन्दुस्तान को आजाद कर दें? वह तमाम पूँजीपतियों के दिलों में परोपकार का ऐसा जज़्बा क्यों नहीं भर देता कि वे उत्पादन के साधनों पर अपने निजी स्वामित्व के अधिकार को त्याग दें और इस प्रकार सारे मेहनतकश वर्ग को ही नहीं बल्कि सम्पूर्ण मानव समाज को पूँजीवाद के बन्धन से मुक्त कर दें? आप समाजवाद के सिद्धान्त की व्यावहारिकता पर बहस करना चाहते हैं। चलिये, मैं यह ज़िम्मेदारी आपके सर्वशक्तिमान पर ही डालता हूँ

कि वह उसे व्यावहारिक बना दे। लोग इतना तो मानते ही हैं कि आम जनता की भलाई के लिए समाजवाद अच्छी चीज़ है। उसका विरोध करने के लिए उनके पास एक ही बहाना है कि वह व्यावहारिक नहीं है। तो अपने सर्वशक्तिमान को बुलाइये और उससे कहिए कि वह बाकायदा सारी दुनिया में समाजवाद क़ायम कर दे।

अब आप गोलमाल तर्क देना बन्द कीजिए, वे चलेंगे नहीं। मैं आपको बता दूँ, अंग्रेज़ों का शासन यहाँ इसलिए नहीं है कि यह ईश्वर की इच्छा है, बल्कि इसलिए है कि उनके पास ताक़त है और हम उनका विरोध नहीं करते। वे ईश्वर की सहायता से नहीं, बल्कि तोपों, बन्दूक़ों, बमों और गोलियों, पुलिस और फौज तथा हमारी उदासीनता की सहायता से हमें ग़ुलाम बनाये हुए हैं और एक राष्ट्र द्वारा दूसरे राष्ट्र का निर्लज्ज शोषण करने का सबसे घृणित पाप समाज के विरुद्ध सफलतापूर्वक करते चले जा रहे हैं। ईश्वर कहाँ है? वह क्या कर रहा है? क्या वह मानवजाति के इन सब दुखों और तकलीफ़ों का मजा ले रहा है? तब तो वह नीरो है, चंगेजख़ाँ है, उसका नाश हो!

क्या आप मुझसे यह जानना चाहते हैं कि यदि मैं ईश्वर को नहीं मानता तो दुनिया और इन्सान को कहाँ से पैदा हुआ मानता हूँ? ठीक है, बताता हूँ। चार्ल्स डार्विन ने इस विषय पर कुछ प्रकाश डालने की कोशिश की है। उसका अध्ययन कीजिए। निर्लम्ब स्वामी की पुस्तक 'सहज ज्ञान' पढ़िए। इससे कुछ हद तक आपके सवाल का जवाब मिल जायेगा। यह प्राकृतिक घटना है। विभिन्न पदार्थों के आकस्मिक संयोग से उत्पन्न नीहारिका से पृथ्वी की उत्पत्ति हुई। कब? यह जानने के लिए इतिहास देखिये। इसी प्रकार जीवधारी उत्पन्न हुए और उनमें से ही एक लम्बे अरसे के बाद मनुष्य का विकास हुआ। डार्विन की पुस्तक 'जीवों की उत्पत्ति' पढ़िए। और इसके बाद की तमाम प्रगति प्रकृति पर विजय प्राप्त करने के लिए मनुष्य द्वारा उसके विरुद्ध किये गये अनवरत संघर्ष से हुई है। इस घटना की यह संक्षिप्ततम व्याख्या है।

आपका दूसरा तर्क यह हो सकता है कि जन्म से ही अन्धे या लंगड़े पैदा होने वाले बच्चे यदि पूर्वजन्म के कर्मों के कारण नहीं तो और किस कारण से ऐसे पैदा होते हैं। जीवविज्ञानी इसकी व्याख्या कर चुके हैं और उनके अनुसार यह महज एक जीववैज्ञानिक घटना है। उनके अनुसार इसके लिए माता-पिता उत्तरदायी होते हैं, चाहे वे गर्भावस्था में ही बच्चे में हो जाने वाली विकृतियों को जन्म देने वाले अपने कार्यों के प्रति सचेत हों या न हों।

स्वाभाविक है कि अब आप एक और सवाल पूछेंगे—हालाँकि सारतः वह सवाल बचकाना है। आपका सवाल होगारू यदि ईश्वर था ही नहीं तो लोग उसमें

विश्वास कैसे करने लगे? मेरा उत्तर स्पष्ट और संक्षिप्त है। लोग जिस तरह भूतों और प्रेतात्माओं में विश्वास करने लगे, उसी तरह ईश्वर में विश्वास करने लगेय फ़र्क़ सिर्फ़ यह है कि ईश्वर में विश्वास सर्वव्यापी है और इसका दर्शन बहुत विकसित है। कुछ परिवर्तनवादी यह मानते हैं कि ईश्वर की उत्पत्ति शोषकों की चालबाजी से हुई, जो एक परमसत्ता के अस्तित्व का प्रचार करके और फिर उससे प्राप्त सत्ता और विशेष अधिकारों का दावा करके लोगों को गुलाम बनाना चाहते थे। मैं यह नहीं मानता कि उन्हीं लोगों ने ईश्वर को पैदा किया, हालाँकि मैं इस मूल बात से सहमत हूँ कि सभी विश्वास, धर्म, मत और इस प्रकार की अन्य संस्थाएँ अन्ततः दमनकारी तथा शोषक संस्थाओं, व्यक्तियों और वर्गों की समर्थक बनकर ही रहीं। राजा के विरुद्ध विद्रोह करना हर धर्म के मुताबिक़ पाप है।

ईश्वर की उत्पत्ति के बारे में मेरा अपना विचार यह है कि मनुष्य ने जब अपनी कमियों और कमजोरियों पर विचार करते हुए अपनी सीमाओं का अहसास किया तो मनुष्य को तमाम कठिन परिस्थितियों का साहसपूर्वक सामना करने और तमाम ख़तरों के साथ वीरतापूर्वक जूझने की प्रेरणा देने वाली तथा सुख-समृद्धि के दिनों में उसे उच्छृंखल हो जाने से रोकने और नियन्त्रित करने वाली सत्ता के रूप, ईश्वर, की कल्पना की। अपने निजी नियमों वाले और पालनहार जैसी उदारता वाले ईश्वर की कल्पना ख़ूब बढ़ा-चढ़ाकर की गयी और वैसा ही उसका विशद चित्रण किया गया। उसके क्रोध और मनमाने नियमों की चर्चा करके उसका इस्तेमाल एक निवारक तत्त्व के रूप में किया जाता था, ताकि आदमी समाज के लिए ख़तरा न बन जाये। उसके पालनहार जैसे गुणों की चर्चा करके उससे पिता, माता, बहिन और भाई, मित्र और सहायक का काम लिया जाता था, ताकि आदमी जब भारी मुसीबत में हो और सब लोग धोखा देकर उसका साथ छोड़ गये हो तो वह इस विचार से तसल्ली पा सके कि कम से कम एक तो उसका सच्चा मित्र है जो उसकी सहायता करेगा, उसे सहारा देगा, और जो ऐसा सर्वशक्तिमान है कि कुछ भी कर सकता है। आदिम युग के समाज में यह चीज़ सचमुच बड़ी उपयोगी थी। मुसीबत में पड़े आदमी के लिए ईश्वर का विचार मददगार होता था।

समाज ने जिस प्रकार मूर्तिपूजा और धार्मिक संकीर्णताओं के विरुद्ध संघर्ष किया है, उसी प्रकार उसे इस विश्वास के विरुद्ध भी संघर्ष करना होगा। इसी तरह इन्सान जब अपने पैरों पर खड़े होने की कोशिश करेगा और यथार्थवादी बनेगा, तो उसे अपनी आस्तिकता को झटककर फेंक देना पड़ेगा और परिस्थितियाँ चाहे उसे कैसी भी मुसीबत और परेशानी में डाल दें, उनका सामना मर्दानगी के साथ करना पड़ेगा। मेरी हालत ठीक इसी तरह की है।

मेरे दोस्तो, यह अहम्मन्यता नहीं है। यह मेरे सोचने का तरीक़ा है, जिसने मुझे नास्तिक बना दिया है। मैं नहीं जानता कि ईश्वर में विश्वास करने और रोज प्रार्थना करने से–जिसे मैं आदमी का सबसे स्वार्थपूर्ण और घटिया काम समझता हूँ–मुझे राहत मिलती या मेरी हालत और भी बदतर हुई होती। मैंने उन नास्तिकों के बारे में पढ़ा है, जिन्होंने साहसपूर्वक सारी मुसीबतों का सामना किया। उन्हीं की तरह मैं भी यह कोशिश कर रहा हूँ कि आख़िर तक, फ़ाँसी के तख़्ते पर भी, मर्द की तरह सिर ऊँचा किये खड़ा रहूँ।

देखिये, इस कोशिश में कहाँ तक क़ामयाब होता हूँ। एक मित्र ने मुझसे प्रार्थना करने के लिए कहा था। जब उन्हें पता चला की मैं नास्तिक हूँ, तो उन्होंने कहा, "अपने अन्तिम दिनों में तुम ईश्वर को मानने लगोगे।" मैंने कहा, "नहीं जनाब, यह नहीं होगा। मैं इसे अपने लिए अपमान और पस्तहिम्मती का काम समझूँगा। स्वार्थपूर्ण इरादों से प्रार्थना हरगिज नहीं करूँगा।" पाठको और मित्रो, क्या यह अहम्मन्यता है? अगर है तो मैं इसका हामी हूँ।

(अक्टूबर, 1930)

'ड्रीमलैण्ड' की भूमिका

लाला रामसरन दास आज़ादी की लड़ाई के पुराने सिपाही थे। 1907 में जब भगतसिंह का जन्म हुआ तब वह उनके चाचा अजीत सिंह के साथ जंगे-आज़ादी में क़दम रख चुके थे। उम्रक़ैद काटकर बाहर आये तो क्रान्तिकारियों की मदद करने लगे। लाहौर षड्यन्त्र केस में उन्हें फँसाया गया और फिर पाँच साल की क़ैद हुई। ज़ेल में ही वे अंग्रेज़ी में कविता लिखते थे। उनकी काव्य पुस्तक 'द ड्रीमलैण्ड' जब तैयार हुई तो भगतसिंह से उन्होंने इसकी भूमिका लिखने का अनुरोध किया। भगतसिंह ने इसे बड़े संकोच से स्वीकारा और लाहौर सेण्ट्रल ज़ेल में ही 15 जनवरी, 1931 को भूमिका के तौर पर यह आलोचनात्मक लेख लिखा। यह उनकी साहित्यिक समझ, गहन अन्तर्दृष्टि, गहरी संवेदना और आलोचनात्मक विवेक का एक श्रेष्ठ उदाहरण है।–स.

मेरे श्रेष्ठ मित्र लाला रामसरन दास ने मुझसे अपनी काव्यकृति 'द ड्रीमलैण्ड' की भूमिका लिखने के लिए कहा है। मैं न तो कवि हूँ, न साहित्यकार हूँ और न पत्रकार या आलोचक ही हूँ, इसलिए उनकी इस माँग का औचित्य मैं किसी भी तरह से नहीं समझ पा रहा हूँ। लेकिन जिन परिस्थितियों में मैं हूँ उनमें लेखक से इस बारे में बहस-मुबाहसा कर पाना सम्भव नहीं है, इसलिए मेरे सामने मित्र की इच्छा पूरी करने के अतिरिक्त कोई विकल्प नहीं रह जाता।

चूँकि मैं कवि नहीं हूँ, इसलिए मैं उस दृष्टिकोण से इस पर बहस करने नहीं जा रहा हूँ। मैं छन्दों-तुकों के ज्ञान से सर्वथा अनभिज्ञ हूँ और यह भी नहीं जानता कि छन्दों के मानदण्डों पर यह खरी उतरेगी या नहीं। एक साहित्यकार नहीं होने के नाते मैं राष्ट्रीय साहित्य में इसका उचित स्थान दिलाने के दृष्टिकोण से इस पर बहस करने नहीं जा रहा हूँ।

एक राजनीतिक कार्यकर्ता होने के नाते अधिक से अधिक मैं इस पर उसी दृष्टिकोण से बहस कर सकता हूँ। लेकिन यहाँ भी एक बात मेरे काम को व्यावहारिक तौर पर असम्भव, या कम से कम बहुत कठिन बना देती है। नियमानुसार भूमिका हमेशा वह आदमी लिखता है जो कृति की विषयवस्तु के बारे में वही विचार रखता हो जो लेखक रखता है। लेकिन यहाँ मामला काफ़ी भिन्न है। मैं अपने मित्र से सभी मामलों पर एकमत नहीं हूँ। वे इस तथ्य से परिचित थे कि विभिन्न अहम बिन्दुओं पर मैं उनसे भिन्न विचार रखता हूँ। इसलिए, मैं यह जो लिख रहा हूँ वह कम से कम इस पुस्तक की भूमिका नहीं होने जा रही है, और चाहे जो हो। यह काफ़ी हद तक उसकी आलोचना हो सकती है, इसलिए इसका स्थान पुस्तक के अन्त में होगा न कि उसके आरम्भ में।

राजनीतिक क्षेत्र में 'ड्रीमलैण्ड' का स्थान अत्यन्त महत्त्वपूर्ण है। वर्तमान परिस्थिति में वह आन्दोलन की एक महत्पूर्ण रिक्तता को भरती है। वास्तव में, हमारे देश के सभी राजनीतिक आन्दोलनों में, जिन्होंने हमारे आधुनिक इतिहास में कोई न कोई महत्त्वपूर्ण भूमिका निभायी है, उस आदर्श की कमी रही है जिसकी प्राप्ति उसका लक्ष्य था। क्रान्तिकारी आन्दोलन इसका अपवाद नहीं है। एक गदर पार्टी को छोड़कर जिसने अमेरिकी प्रणाली की सरकार से प्रेरित होकर स्पष्ट शब्दों में कहा था कि वे मौजूदा सरकार की जगह गणतान्त्रिक ढंग की सरकार क़ायम करना चाहते हैं, मुझे अपनी तमाम कोशिशों के बावजूद एक भी ऐसी क्रान्तिकारी पार्टी नहीं मिली जिसके सामने यह विचार स्पष्ट हो कि वह किसलिए लड़ रही है। सभी पार्टियों में केवल ऐसे लोग थे जिनके पास केवल एक विचार था और वह यह था कि उन्हें विदेशी शासकों के विरुद्ध संघर्ष करना है। यह विचार पर्याप्त रूप से सराहनीय है। लेकिन इसे एक क्रान्तिकारी विचार नहीं कहा जा सकता। हमें यह स्पष्ट कर देना चाहिए कि क्रान्ति का अर्थ मात्र उथल-पुथल या रक्तरंजित संघर्ष नहीं होता। क्रान्ति में, मौजूदा हालात (यानी सत्ता) को पूरी तरह से ध्वस्त करने के बाद, एक नये और बेहतर स्वीकृत आधार पर समाज के सुव्यवस्थित पुनर्निर्माण का कार्यक्रम अनिवार्य रूप से अन्तर्निहित रहता है।

राजनीतिक क्षेत्र में, उदारवादी लोग मौजूदा सरकार में ही कुछ सुधार चाहते थे, जबकि उग्रवादी इससे कुछ अधिक चाहते हैं और उस उद्देश्य के लिए उग्रवादी

साधन अपनाने के लिए तैयार थे। क्रान्तिकारी लोग हमेशा अतिवादी साधनों को अपनाने के पक्षधर रहे हैं और उनका एक ही उद्देश्य रहा है—विदेशी प्रभुत्व को उखाड़ फेंकना। बेशक इनमें कुछ ऐसे लोग भी रहे हैं जो इन साधनों से कुछ सुधार प्राप्त करने के पक्षधर थे। इन सभी आन्दोलनों को सही मायने में क्रान्तिकारी आन्दोलन की संज्ञा नहीं दी जा सकती।

लेकिन, लाला रामसरन दास पहले क्रान्तिकारी हैं जिन्हें 1908 में एक बंगाली फरार (क्रान्तिकारी) ने पंजाब में औपचारिक रूप से क्रान्तिकारी पार्टी में शामिल किया था। तब से वे लगातार क्रान्तिकारी आन्दोलन से जुड़े रहे और अन्ततोगत्वा गदर पार्टी में शामिल हो गये, लेकिन उन्होंने अपने उन विचारों का परित्याग नहीं किया जो आन्दोलन के आदर्शों के बारे में पुराने क्रान्तिकारियों के थे। पुस्तक के आकर्षण और मूल्य को बढ़ाने वाला यह दूसरा दिलचस्प तथ्य है। लाला रामसरन दास को 1915 में मौत की सजा मिली थी और बाद में उसे आजीवन कारावास में बदल दिया गया था। आज खुद फ़ाँसी की कालकोठरी में बैठकर मैं पाठकों को साधिकार बता सकता हूँ कि आजीवन कारावास मौत की अपेक्षा कहीं अधिक कठोर है। लाला रामसरन दास को पूरे चौदह वर्ष ज़ेल की सजा भुगतनी पड़ी। यह कविता उन्होंने दक्षिण की किसी ज़ेल में लिखी थी। लेखक की उस समय की मनःस्थिति और मानसिक संघर्ष का कविता पर स्पष्ट प्रभाव है जो इसे और अधिक सुन्दर और दिलचस्प बना देता है। उसने जिस समय इसे लिखने का निश्चय किया उस समय वह किन्हीं नैराश्यपूर्ण मनोभावों के विरुद्ध कठिन संघर्ष कर रहा था। उन दिनों में, जब बहुत से साथी आश्वासन ('अण्डरटेकिंग') देकर छूट चुके थे और सबके सामने, उसके (लेखक के) सामने भी बड़े-बड़े प्रलोभन थे, और जब पत्नी और बच्चों की मधुर दुखदायी यादें अपनी मुक्ति की आकांक्षा को और अधिक मज़बूत कर रही थीं, ऐसी स्थिति में लेखक को इन चीज़ों के पस्तहिम्मती पैदा करने वाले प्रभाव के विरुद्ध कठिन संघर्ष करना पड़ा था और उसने अपना ध्यान इस रचना-कार्य की ओर मोड़ दिया था। इसलिए, प्रारम्भिक पदों में हमें इस तरह का आकस्मिक भावोद्वेग मिलता है—

"पत्नी, बच्चे और मित्र
जो मुझे घेरे रहते थे
वे चारों ओर घूमते
जहरीले साँपों के समान थे।"

("Wife, children, friends, that me surround
Were poisonous snakes all around")

वह (कवि) शुरू में दर्शन की चर्चा करता है। यह दर्शन बंगाल और पंजाब के सभी क्रान्तिकारी आन्दोलनों की रीढ़ है। इस बिन्दु पर मैं लेखक से बहुत व्यापक मतभेद रखता हूँ। उसकी ब्रह्माण्ड की व्याख्या हेतुवादी और आधिभौतिक है, जबकि मैं एक भौतिकवादी हूँ और इस परिघटना (फेनॉमेना) की मेरी व्याख्या कारणसम्बद्ध होगी। फिर भी किसी भी तरह से यह रचना देश-काल की दृष्टि से अनुपयुक्त नहीं है। जो सामान्य विचार हमारे देश में मौजूद हैं वे लेखक द्वारा अभिव्यक्त विचारों के अनुरूप अधिक हैं। अपनी नैराश्यपूर्ण मनोदशा से संघर्ष के लिए उसने प्रार्थना का रास्ता अख़्तियार किया है। यह इस बात से स्पष्ट है कि पुस्तक का प्रारम्भ पूरी तरह ईश्वर, उसकी महिमा के वर्णन और उसकी परिभाषा को समर्पित है। ईश्वर में विश्वास रहस्यवाद का परिणाम है जो निराशा का स्वाभाविक प्रतिफलन है। यह विश्व एक 'माया', एक स्वप्न या कल्पना है—यह स्पष्टतः रहस्यवाद है जिसे शंकराचार्य तथा दूसरे अन्य प्राचीन काल के हिन्दू सन्तों ने जन्म दिया और विकसित किया। लेकिन भौतिकवादी दर्शन में इस चिन्तन-पद्धति के लिए कोई स्थान नहीं है। फिर भी लेखक का यह रहस्यवाद किसी भी तरह से हेय या खेदजनक नहीं है। इसका अपना सौन्दर्य और आकर्षण है। उसके विचार उत्साहप्रद हैं, उदाहरण के लिए—

"नींव के पत्थर बनो, अनजाने-अज्ञात,
और अपने सीने पर बरदाश्त करो ख़ुशी-ख़ुशी
विशाल भारी-भरकम निर्माण का बोझ,
पा लो आश्रय कष्ट सहन में,
मत करो ईर्ष्या शीर्ष पर जड़े पत्थर से
जिस पर उड़ेली जाती है सारी लौकिक प्रशंसा," आदि आदि।

("Be a foundation stone obscure,
And on thy breast cheerfully bear
The architecture vast and huge,
In suffering find true refuge.
On which all worldly praise is thrown", etc. etc.)

अपने निजी अनुभव के आधार पर मैं अधिकारपूर्वक कह सकता हूँ कि गुप्त कार्यों के दौरान, जब मनुष्य 'बिना किसी आशा और भय के', लगातार अपरिचित, असम्मानित, अप्रशंसित व्यक्ति की मौत मरने के लिए तैयार रहते हुए' लगातार एक जोख़िम भरी ज़िन्दगी बिताता है, तो वह व्यक्तिगत प्रलोभनों और इच्छाओं से सिर्फ़ इस तरह के रहस्यवाद के सहारे ही लड़ सकता है और ऐसा रहस्यवाद किसी भी तरह से पस्तहिम्मती पैदा करने वाला नहीं होता। असली चीज़ जिसका उन्होंने

वर्णन किया है वह एक क्रान्तिकारी की मानसिकता है। लाला रामसरन दास जिस क्रान्तिकारी पार्टी के सदस्य थे, उसे कई हिंसात्मक कार्यों के लिए ज़िम्मेदार ठहराया गया था। लेकिन इससे किसी भी तरह यह साबित नहीं होता कि क्रान्तिकारी ध्वंस में सुख अनुभव करने वाले ख़ून के प्यासे राक्षस होते हैं। पढ़िये–

"अगर ज़रूरत हो, तो उग्र बनो ऊपरी तौर पर
लेकिन हमेशा नरम रहो अपने दिल में
अगर ज़रूरत हो, तो फुँफकारो पर डसो मत
दिल में प्यार को ज़िन्दा रखो और लड़ते रहो ऊपरी तौर पर।"

("If need be, outwardly be wild,
But in thy heart be always mild
Hiss if need be, but do not bite
Love in thy heart and outside fight".)

निर्माण के लिए ध्वंस ज़रूरी ही नहीं, अनिवार्य है। क्रान्तिकारियों को इसे अपने कार्यक्रम के एक आवश्यक अंग के रूप में अपनाना पड़ता है, और ऊपर की पंक्तियों में हिंसा और अहिंसा के दर्शन को ख़ूबसूरत ढंग से बयान किया गया है। लेनिन ने एक बार गोर्की से कहा कि उन्हें ऐसा संगीत सुनने को नहीं मिला जो सभी नाड़ियों-शिराओं को झकझोर दे और जिसे सुनकर कलाकार का सिर थपथपाने की इच्छा पैदा हो जाये। "लेकिन," उन्होंने आगे कहा था, "यह समय सिर थपथपाने का नहीं है। इस समय हाथों को खोपड़ियाँ तोड़नी हैं, हालाँकि हमारा चरम उद्देश्य हर प्रकार की हिंसा को समाप्त करना है।" एक भयानक आवश्यकता के रूप में हिंसात्मक साधनों का उपयोग करते हुए क्रान्तिकारी भी ठीक ऐसा ही सोचते हैं।

इसके बाद लेखक परस्पर-विरोधी धर्मों की समस्या पर विचार करता है। वह सभी धर्मों में समन्वय स्थापित करने की चेष्टा करता है जैसाकि प्रायः सभी राष्ट्रवादी किया करते हैं। इस सवाल को हल करने का यह तरीका लम्बा और गोलमोल है। जहाँ तक मेरा प्रश्न है, मैं इस मसले को कार्ल मार्क्स के एक वाक्य द्वारा ख़ारिज कर दूँगा कि "धर्म जनता के लिए अफ़ीम है।"

अन्त में उसकी कविता का सर्वाधिक महत्त्वपूर्ण हिस्सा आता है जहाँ उसने उस भावी समाज के बारे में लिखा है जिसकी रचना करने के लिए हम सभी लालायित हैं। लेकिन मैं शुरू में ही एक बात स्पष्ट कर देना चाहता हूँ। 'ड्रीमलैण्ड' दरअसल एक यूटोपिया है। लेखक ने स्वयं इस बात को स्पष्ट रूप से शीर्षक में ही स्वीकार किया है। वह इस विषय पर कोई वैज्ञानिक शोध-प्रबन्ध लिखने का दावा नहीं करता। लेकिन निस्सन्देह, यूटोपिया की सामाजिक प्रगति में महत्त्वपूर्ण भूमिका होती

है। सेण्ट साइमन, फूरिये, रॉबर्ट ओवेन और उनके सिद्धान्तों के अभाव में वैज्ञानिक मार्क्सवादी समाजवाद भी नहीं होता। लाला रामसरन दास की 'यूटोपिया' का भी उसी तरह से महत्त्व है। जब हमारा कार्यकर्ता अपने आन्दोलन के दर्शन को व्यवस्थित रूप देने और एक वैज्ञानिक दृष्टिकोण अपनाने का महत्त्व समझेगा, उस समय यह पुस्तक उसके लिए बहुत ही उपयोगी साबित होगी।

इस बात की ओर मेरा ध्यान गया है कि लेखक की अभिव्यक्ति की शैली अपरिष्कृत है। अपनी 'यूटोपिया' का वर्णन करते हुए लेखक वर्तमान समाज के विचारों से अछूता नहीं रह पाया है।

ज़रूरतमन्दों को दान देना

भविष्य के समाज में यानी कम्युनिस्ट समाज में जिसे हम बनाना चाहते हैं हम धर्मार्थ संस्थाएँ स्थापित करने नहीं जा रहे हैं, बल्कि उस समाज में न ज़रूरतमन्द होंगे न ग़रीब। न दान देने वाले। इस असंगति के बावजूद, इस प्रश्न को बड़े ख़ूबसूरत ढंग से प्रस्तुत किया गया है।

लेखक ने समाज की जिस सामान्य रूपरेखा की चर्चा की है वह काफ़ी हद तक वैज्ञानिक समाजवाद जैसी ही है। लेकिन कुछ ऐसी भी चीज़ें पुस्तक में हैं जिनका विरोध या खण्डन करने, या और सटीक ढंग से कहें, तो जिनमें सुधार करने की ज़रूरत है। उदाहरण के तौर पर 427वें पद के नीचे के एक फुटनोट में वे लिखते हैं कि सरकारी कर्मचारियों को अपनी रोजी कमाने के लिए प्रतिदिन चार घण्टे खेतों या कारख़ानों में काम करना होगा। लेकिन यह फिर एक काल्पनिक और अव्यावहारिक बात है। सम्भवतः आज की व्यवस्था में राजकर्मचारी जो अनावश्यक रूप से ऊँचा वेतन पाते हैं, यह बात उसी की प्रतिक्रिया की उपज है। वास्तव में बोल्शेविकों को भी यह मानना पड़ा था कि मानसिक श्रम भी उतना ही उत्पादक श्रम है जितना शारीरिक श्रम। और भविष्य के समाज में जब विभिन्न तत्त्वों के सम्बन्धों का समायोजन समानता के आधार पर होगा तो उत्पादक और वितरक दोनों को समान महत्त्व का दर्जा प्राप्त होगा। आप एक नाविक से यह उम्मीद नहीं कर सकते कि वह चौबीस घण्टे में एक बार जहाज चलाना रोक कर उतर जाये और रोजी कमाने के लिए चार घण्टे काम करने चला जाये, या एक वैज्ञानिक अपनी प्रयोगशाला या अपना प्रयोग (काम) छोड़कर अपना काम का कोटा पूरा करने खेत में चला जाये। दोनों ही अत्यन्त उत्पादक श्रम कर रहे हैं। समाजवादी समाज में एकमात्र इस अन्तर की आशा की जानी चाहिए कि मानसिक श्रम करने वाला शारीरिक श्रम करने वाले से श्रेष्ठ नहीं माना जायेगा।

निःशुल्क शिक्षा के बारे में लाला रामसरन दास के विचार वाक़ई ध्यान देने योग्य हैं। रूस में समाजवादी सरकार ने बहुत कुछ उसी तरह के क़दम उठाये हैं।

अपराध के बारे में उन्होंने जो चर्चा की है, वह सचमुच सर्वाधिक विकसित चिन्तनधारा है। अपराध सर्वाधिक गम्भीर सामाजिक समस्या है जिसे हल करने में बहुत सतर्कता की ज़रूरत है। लेखक ने अपनी ज़िन्दगी का बड़ा हिस्सा ज़ेल में बिताया है। उनके पास कुछ व्यावहारिक अनुभव हैं। एक स्थान पर उन्होंने 'हलकी मशक्क़त, दरमियानी मशक्क़त, सख़्त मशक्क़त' जैसे ठेठ ज़ेल की शब्दावली का इस्तेमाल किया है। सभी दूसरे समाजवादियों की तरह वे सुझाव देते हैं कि दण्ड का आधार प्रतिशोध के बजाय सुधार का सिद्धान्त होना चाहिए। न्याय व्यवस्था का निर्देशक सिद्धान्त दण्ड देना न होकर सुधारना होना चाहिए और ज़ेलों का रूप वास्तविक नर्क के बजाय सुधारालयों का होना चाहिए। इस सम्बन्ध में पाठकों को रूसी ज़ेल-व्यवस्था का अध्ययन करना चाहिए।

सेना की चर्चा करते समय उन्होंने युद्ध की भी चर्चा की है। मेरे विचार से उस समय विश्वकोशों में एक संस्था के रूप में युद्ध की चर्चा बहुत थोड़े पन्नों में रहेगी और युद्ध सामग्रियाँ संग्रहालयों की गैलरियों की शोभा बढ़ायेंगी, क्योंकि उस समाज में परस्पर शत्रुतापूर्ण हित नहीं रह जायेंगे जो युद्ध को जन्म देते हैं।

ज़्यादा से ज़्यादा हम यह कह सकते हैं कि एक संस्था के रूप में युद्ध का अस्तित्व संक्रमण काल तक रहेगा। वर्तमान रूस के उदाहरण से इस बात को अच्छी तरह समझा जा सकता है। वहाँ पर इस समय सर्वहारा का अधिनायकत्व कायम है। वे समाजवादी समाज की स्थापना करना चाहते हैं। तब तक के लिए पूँजीवादी समाज से अपनी रक्षा के लिए उन्हें एक सेना रखनी पड़ रही है। पर उनके युद्ध-उद्देश्य भिन्न होंगे। हमारे स्वप्नलोक की जनता को साम्राज्यवादी योजनाएँ युद्ध के लिए प्रेरित नहीं करेंगी। युद्ध की ट्राफियों का अस्तित्व शेष नहीं रह जायेगा। क्रान्तिकारी सेनाएँ दूसरे देशों में वहाँ की जनता पर शासन करने के लिए या उन्हें लूटने के लिए नहीं बल्कि वहाँ के परजीवी शासकों को सिहासनों से नीचे गिराने के लिए, वहाँ की जनता का ख़ून चूसने वाले शोषण को बन्द करने के लिए और मेहनतकश जनता को मुक्त करने के लिए जायेंगी। लेकिन हमारे जवानों को युद्ध के लिए उकसाने वाले पुराने राष्ट्रीय या जातीय विद्वेष का अस्तित्व नहीं रह जायेगा।

मुक्त चिन्तन करने वाले सभी लोगों के लिए, विश्व संघ की स्थापना सर्वाधिक लोकप्रिय और फौरी उद्देश्य है। लेखक ने इस विषय पर अच्छी चर्चा की है और तथाकथित 'लीग ऑफ़ नेशंस' की सुन्दर आलोचना की है।

571(572) वें पद के नीचे के एक फुटनोट में लेखक ने साधन के प्रश्न की

संक्षिप्त चर्चा की है। वह कहता है, "ऐसा राज्य शारीरिक हिंसात्मक क्रान्तियों द्वारा स्थापित नहीं हो सकता। यह समाज पर बाहर से थोपा नहीं जा सकता। यह अन्दर से विकसित होगा...इसकी प्राप्ति धीरे-धीरे क्रमविकास की प्रक्रिया द्वारा और जनता को ऊपर चर्चित लाइन पर प्रशिक्षित करके होगी", आदि। यह वक्तव्य अपनेआप में असंगत नहीं है। यह सर्वथा सही है, लेकिन पूरी तरह व्याख्या न की जाने के कारण यह ग़लतफ़हमी या भ्रम पैदा कर सकता है। क्या इसका यह मतलब है कि लाला रामसरन दास को बल-प्रयोग के रास्ते की निरर्थकता का आभास हो गया है? क्या वे अहिंसा के पुरातनपन्थी समर्थक हो गये है? नहीं, इसका यह मतलब नहीं है।

आइये, इस बात की व्याख्या करें कि ऊपर उद्धृत बयान का क्या मतलब है? किसी अन्य व्यक्ति की अपेक्षा क्रान्तिकारी इस बात को ज़्यादा अच्छी तरह समझते हैं कि समाजवादी समाज की स्थापना हिंसात्मक साधनों से नहीं हो सकती है बल्कि उसे अन्दर से प्रस्फुटित और विकसित होना चाहिए। लेखक इसके लिए एकमात्र अस्त्र के रूप में शिक्षा को अपनाने का सुझाव देता है। लेकिन हर आदमी इस बात को आसानी से समझ सकता है कि यहाँ की वर्तमान सरकार और दरअसल सभी पूँजीवादी सरकारें न केवल ऐसे प्रयासों की सहायता नहीं करेंगी बल्कि इसके विपरीत निर्दयतापूर्वक इसका दमन करेंगी। तब उसके 'क्रमिक विकास' से क्या उपलब्धि होगी? हम क्रान्तिकारी लोग सत्ता पर अधिकार करने और एक क्रान्तिकारी सरकार के गठन का प्रयास कर रहे है, जो जन-शिक्षा के लिए अपने सभी साधनों का इस्तेमाल करेगी जैसाकि आज रूस में हो रहा है। सत्ता पर अधिकार करने के पश्चात रचनात्मक कार्यों के लिए शान्तिपूर्ण तरीक़े अपनाये जायेंगे और बाधाओं को कुचलने के लिए शक्ति का प्रयोग किया जायेगा। यदि लेखक का यही मतलब है तो हम उससे सहमत हैं और मुझे विश्वास है कि यही उसका मतलब है।

मैंने इस पुस्तक पर विस्तार से चर्चा की है। बल्कि मैंने उसकी आलोचना ही कर डाली है। लेकिन मैं पुस्तक में किसी प्रकार का परिवर्तन करने के लिए नहीं कहने जा रहा हूँ क्योंकि उसका एक ऐतिहासिक मूल्य है। 1914-15 के क्रान्तिकारियों के यही विचार थे।

मैं विशेष तौर पर नौजवानों के लिए इस पुस्तक की जोरदार सिफ़ारिश करता हूँ लेकिन एक चेतावनी के साथ, कृपया आँख मूँदकर अनुकरण करने के लिए इसे मत पढ़िये। इसे पढ़िये, इसकी आलोचना कीजिए, इस पर सोचिये और इसकी सहायता से अपनी समझदारी क़ायम करने की कोशिश करिये।

(जनवरी, 1931)

क्रान्तिकारी कार्यक्रम का मसविदा

भगतसिंह

भगतसिह द्वारा तैयार किये गये क्रान्तिकारी कार्यक्रम की योजना के दो हिस्से हैं। एक, छापकर बाँटने के लिए जो एक पत्र की तरह लिखा गया है और दूसरा, एक लेख के रूप में क्रान्तिकारी साथियों में विचार, बहस व काम में दिग्दर्शन के लिए है। इसका पहला हिस्सा 'नौजवान राजनीतिक कार्यकर्ताओं के नाम' शीर्षक से उस समय के विभिन्न समाचारपत्रों में काट-छाँटकर छपा था। भगतसिह को फ़ाँसी के बाद लाहौर के 'द पीपुल' में 29 जुलाई, 1931 और इलाहाबाद के 'अभ्युदय' में 8 मई, 1931 के अंक में इसके कुछ अंश प्रकाशित हुए थे।

यह दस्तावेज़ अपने समग्र रूप में कुछ वर्ष पहले अंग्रेज़ सरकार की एक गुप्त पुस्तक में मिला। यह पुस्तक सी.आई.डी. अधिकारी सी.ई.एस. फेयरवेदर ने 1936 में 'बंगाल में संयुक्त मोर्चा-आन्दोलन की प्रगति पर नोट' शीर्षक से लिखी थी। उसके अनुसार यह मसविदा भगतसिह ने लिखा था और 3 अक्टूबर, 1931 को श्रीमती विमला प्रभा देवी के घर से तलाशी में हासिल हुआ था। इस पुलिस अधिकारी ने यह कहा था कि अब सभी क्रान्तिकारी शक्तियाँ इस कार्यक्रम में उल्लिखित सुझावों के अनुसार काम कर रही हैं।

यह दस्तावेज़ यहाँ अपने सम्पूर्ण रूप में प्रस्तुत किया जा रहा है।

नौजवान राजनीतिक कार्यकर्ताओं के नाम पत्र

प्रिय साथियो

इस समय हमारा आन्दोलन अत्यन्त महत्त्वपूर्ण दौर से गुज़र रहा है। एक साल के कड़े संघर्ष के बाद गोलमेज सम्मेलन ने हमारे सामने, संवैधानिक सुधारों-सम्बन्धी कुछ निश्चित बातें प्रस्तुत की हैं और कांग्रेसी नेताओं से कहा गया है कि वर्तमान परिस्थितियों में अपना आन्दोलन वापस लेकर इसमें मदद करें। इस बात का हमारे लिए कोई महत्त्व नहीं है कि वे आन्दोलन समाप्त करने का निर्णय करते हैं या नहीं करते। यह तो निश्चित है कि वर्तमान आन्दोलन का अन्त किसी न किसी तरह के समझौते के रूप में होगा। यह बात अलग है कि समझौता जल्द होता है या देर से। वास्तव में समझौता कोई घटिया या घृणित वस्तु नहीं है, जैसाकि प्रायः समझा जाता है। राजनीतिक संघर्षों का यह एक ज़रूरी दाँव पेंच है। कोई भी राष्ट्र जो अत्याचारी शासकों के ख़िलाफ़ उठ खड़ा होता है, शुरू में अवश्य असफल रहता

है। संघर्ष के बीच में समझौते द्वारा कुछ आधे-अधूरे सुधार हासिल करता है और सिर्फ़ अन्तिम दौर में ही – जब सभी शक्तियाँ और साधन पूरी तरह संगठित हो जाते हैं – शासक वर्ग को नष्ट करने के लिए आखिरी जोरदार हमला किया जा सकता है। लेकिन यह भी सम्भव है कि तब भी असफलता हाथ लगे और किसी प्रकार का समझौता अनिवार्य हो जाये। रूस के उदाहरण से यह बात अच्छी तरह स्पष्ट की जा सकती है।

1905 में जब रूस में क्रान्तिकारी आन्दोलन शुरू हुआ तो राजनीतिक नेताओं को बड़ी आशाएँ थीं। लेनिन तब विदेश से, जहाँ वे शरण लिये हुए थे, लौट आये थे और संघर्ष का नेतृत्व कर रहे थे। लोग उन्हें यह बताने पहुँचे कि दर्जनों जागीरदार मार दिये गये हैं और बीसियों महल जला दिये गये हैं। लेनिन ने उत्तर में कहा कि लौटकर 1200 जागीरदार मारो और इतने ही महल व हवेलियाँ जला दो, क्योंकि यदि असफल रहे तो भी इसका कुछ मतलब होगा। ड्यूमा (रूसी संसद) की स्थापना हुई। अब लेनिन ने ड्यूमा में हिस्सा लेने की वकालत की। यह 1907 की बात है, जबकि 1906 में वे पहली ड्यूमा में हिस्सा लेने के ख़िलाफ़ थे, बावजूद इसके कि उस ड्यूमा में काम करने का अवसर अधिक था और इस ड्यूमा के अधिकार अत्यन्त सीमित कर दिये गये थे। वह फ़ैसला बदली हुई परिस्थितियों के कारण था। अब प्रतिक्रियावादी शक्तियाँ बहुत बढ़ रही थीं और लेनिन ड्यूमा के मंच को समाजवादी विचारों पर बहस के लिए इस्तेमाल करना चाहते थे।

पुनः 1917 की क्रान्ति के बाद, जब बोल्शेविक ब्रेश्त-लितोव्स्क सन्धि पर हस्ताक्षर करने के लिए विवश हुए तो सिवाय लेनिन के बाक़ी सभी इसका विरोध कर रहे थे। लेकिन लेनिन ने कहा, "शान्ति, शान्ति और पुनः शान्ति! किसी भी कीमत पर शान्ति होनी चाहिए।" जब कुछ बोल्शेविक-विरोधियों ने इस सन्धि के लिए लेनिन की निन्दा की तो उन्होंने स्पष्ट कहा कि "बोल्शेविक जर्मन हमले का सामना करने की सामर्थ्य नहीं रखते, इसीलिए सम्पूर्ण तबाही की जगह सन्धि को प्राथमिकता दी गयी है।"

जो बात मैं स्पष्ट करना चाहता हूँ वह यह है कि समझौता एक ऐसा ज़रूरी हथियार है, जिसे संघर्ष के विकास के साथ ही साथ इस्तेमाल करना ज़रूरी बन जाता है, लेकिन जिस चीज़ का हमेशा ध्यान रहना चाहिए वह है आन्दोलन का उद्देश्य। जिन उद्देश्यों की प्राप्ति के लिए हम संघर्ष कर रहे हैं, उनके बारे में हमें पूरी तरह स्पष्ट होना चाहिए। इस बात से अपने आन्दोलन की उपलब्धियों, सफलताओं व असफलताओं को आँकने में हमें सहायता मिलती है और अगला कार्यक्रम बनाने व तय करने में भी। तिलक की नीति – उनके उद्देश्यों के बावजूद – यानी उनके

दाँव-पेंच बहुत अच्छे थे। आप अपने शत्रु से सोलह आना पाने के लिए लड़ रहे हैं। आपको एक आना मिलता है, उसे जेब में डालिए और बाक़ी के लिए संघर्ष जारी रखिए। नर्म दल के लोगों में जिस चीज़ की कमी हम देखते हैं वह उनके आदर्श की है। वे इकन्नी के लिए लड़ते हैं और इसलिए उन्हें मिल ही कुछ नहीं सकता। क्रान्तिकारियों को यह बात हमेशा अपने मन में रखनी चाहिए कि वे आमूल परिवर्तन लाने वाली क्रान्ति के लिए लड़ रहे हैं। उन्हें ताकत घी बागडोर पूरी तरह अपने हाथों में लेनी है। समझौतों से इसलिए डर महसूस होता है, क्योंकि प्रतिक्रियावादी शक्तियाँ समझौते के बाद क्रान्तिकारी शक्तियों को समाप्त करवाने की कोशिशें करती हैं लेकिन समझदार और बहादुर क्रान्तिकारी नेता, आन्दोलन को ऐसे गड्ढों में गिरने से बचा सकते हैं। हमें ऐसे समय और ऐसे मोड़ पर वास्तविक मुद्दों और विशेषतः उद्देश्यों-सम्बन्धी कुछ गड़बड़ नहीं होने देनी चाहिए। इंग्लैण्ड की लेबर पार्टी ने वास्तविक संघर्ष से धोखा किया है और वे (उसके नेता) सिर्फ़ कुटिल साम्राज्यवादी बनकर रह गये हैं।

मेरे विचार में इन रंगे हुए साम्राज्यवादी लेबर नेताओं से कट्टर प्रतिक्रियावादी हमारे लिए बेहतर हैं। दाँव-पेंचों और रणनीति-सम्बन्धी लेनिन के जीवन और लेखन पर हमें विचार करना चाहिए। समझौते के मामले पर 'वामपंथी कम्युनिज़्म' में उनके स्पष्ट विचार मिलते हैं।

कांग्रेस का उद्देश्य क्या है?

मैंने कहा है कि वर्तमान आन्दोलन किसी न किसी समझौते या पूर्ण असफलता में समाप्त होगा।

मैंने यह इसलिए कहा है क्योंकि मेरी राय में इस समय वास्तविक क्रान्तिकारी ताकतें मैदान में नहीं हैं। यह संघर्ष मध्यवर्गीय दुकानदारों और चन्द पूँजीपतियों के बलबूते किया जा रहा है। यह दोनों वर्ग, विशेषतः पूँजीपति, अपनी सम्पत्ति या मिल्कियत ख़तरे में डालने की जुर्रत नहीं कर सकते। वास्तविक क्रान्तिकारी सेनाएँ तो गाँवों और कारख़ानों में हैं – किसान और मज़दूर। लेकिन हमारे 'बुर्जुआ' नेताओं में उन्हें साथ लेने की हिम्मत नहीं है, न ही वे ऐसी हिम्मत कर सकते हैं। यह सोये हुए सिंह यदि एक बार गहरी नींद से जग गये तो वे हमारे नेताओं की लक्ष्य-पूर्ति के बाद भी रुकने वाले नहीं हैं। 1920 में अहमदाबाद के मज़दूरों के साथ अपने प्रथम अनुभव के बाद महात्मा गाँधी ने कहा था, "हमें मज़दूरों के साथ साँठ-गाँठ नहीं करना चाहिए। कारख़ानों के सर्वहारा वर्ग का राजनीतिक हितों

के लिए इस्तेमाल करना खतरनाक है।'' (मई, 1921 के 'दि टाइम्स') से। तब से उन्होंने इस वर्ग को साथ लेने का कष्ट नहीं उठाया। यही हाल किसानों के साथ है। 1922 का बारदोली-सत्याग्रह पूरी तरह यह स्पष्ट करता है कि नेताओं ने जब किसान वर्ग के उस विद्रोह को देखा, जिसे न सिर्फ़ विदेशी राष्ट्र के प्रभुत्व से ही मुक्ति हासिल करनी थी वरन देशी जमींदारों की जंजीरें भी तोड़ देनी थीं, तो कितना ख़तरा महसूस किया था।

यही कारण है कि हमारे नेता किसानों के आगे झुकने की जगह अंग्रेज़ों के आगे घुटने टेकना पसन्द करते हैं। पण्डित जवाहर लाल को छोड़ दें तो क्या आप किसी नेता का नाम ले सकते हैं, जिसने मज़दूरों या किसानों को संगठित करने की कोशिश की हो। नहीं, वे ख़तरा मोल नहीं लेंगे। यही तो उनमें कमी है, इसलिए मैं कहता हूँ कि वे सम्पूर्ण आज़ादी नहीं चाहते। आर्थिक और प्रशासकीय दबाव डालकर वे चन्द और सुधार, यानी भारतीय पूँजीपतियों के लिए चन्द और रियायतें हासिल करना चाहेंगे। इसीलिए मैं कहता हूँ कि इस आन्दोलन का बेड़ा तो डूबेगा ही – शायद किसी न किसी समझौते या ऐसी किसी चीज़ के बिना ही। नवयुवक कार्यकर्ता, जो पूरी तनदेही से 'इन्क़लाब ज़िन्दाबाद' के नारे लगाते हैं, स्वयं पूरी तरह संगठित नहीं हैं और अपना आन्दोलन आगे ले जाने की ताकत नहीं रखते हैं। वास्तव में पण्डित मोतीलाल नेहरू के सिवाय हमारे बड़े नेता कोई ज़िम्मेदारी नहीं लेना चाहते। यही कारण है कि वे हर बार गाँधी के आगे बिना शर्त घुटने टेक देते हैं। अलग राय होने पर भी वे पूरे जोर से विरोध नहीं करते और गाँधी के कारण प्रस्ताव पास कर दिये जाते हैं। ऐसी परिस्थितियों में, क्रान्ति के प्रति पूरी संजीदगी रखने वाले नौवजान कार्यकर्ताओं को मैं चेतावनी देना चाहता हूँ कि कठिन समय आ रहा है, वे चौकस रहें, हिम्मत न हारें और उलझनों में न फँसे। 'महान गाँधी' के दो संघर्षों के अनुभवों के बाद हम आज की परिस्थिति व भविष्य के कार्यक्रम के बारे में स्पष्ट राय बना सकते हैं। अब मैं बिल्कुल सादे ढंग से यह केस बताता हूँ। आप 'इन्क़लाब-ज़िन्दाबाद' का नारा लगाते हो। मैं यह मानकर चलता हूँ कि आप इसका मतलब समझते हो। असेम्बली बम केस में दी गयी हमारी परिभाषा के अनुसार इन्क़लाब का अर्थ मौजूदा सामाजिक ढाँचे में पूर्ण परिवर्तन और समाजवाद की स्थापना है। इस लक्ष्य के लिए हमारा पहला कदम ताकत हासिल करना है। वास्तव में 'राज्य', यानी सरकारी मशीनरी, शासक वर्ग के हाथों में अपने हितों की रक्षा करने और उन्हें आगे बढ़ाने का यन्त्र ही है। हम इस यन्त्र को छीनकर अपने आदर्शों की पूर्ति के लिए इस्तेमाल करना चाहते हैं। हमारा आदर्श है – नये ढंग से सामाजिक संरचना, यानी मार्क्सवादी ढंग से। इसी लक्ष्य के लिए हम सरकारी

मशीनरी का इस्तेमाल करना चाहते हैं। जनता को लगातार शिक्षा देते रहना है ताकि अपने सामाजिक कार्यक्रम की पूर्ति के लिए अनुकूल व सुविधाजनक वातावरण बनाया जा सके। हम उन्हें संघर्षों के दौरान ही अच्छा प्रशिक्षण और शिक्षा दे सकते हैं।

इन बातों के बारे में स्पष्टता, यानी हमारे फौरी और अन्तिम लक्ष्य को स्पष्टता से समझने के बाद हम आज की परिस्थिति का विश्लेषण कर सकते हैं। किसी भी स्थिति का विश्लेषण करते समय हमें हमेशा बिल्कुल बेझिझक, बेलाग या व्यावहारिक होना चाहिए।

हम जानते हैं कि जब भारत सरकार में भारतीयों की हिस्सेदारी को लेकर हल्ला हुआ था तो मिण्टो-मार्ले सुधार लागू हुए थे, जिनके द्वारा केवल सलाह देने का अधिकार रखने वाली वायसराय-परिषद बनायी गयी थी।

विश्वयुद्ध के दौरान जब भारतीय सहायता की अत्यन्त आवश्यकता थी तो स्वायत्त-शासनवाली सरकार का वायदा किया गया और मौजूदा सुधार लागू किये गये। असेम्बली को कुछ सीमित क़ानून बनाने की ताकत दी गयी, लेकिन सब कुछ वायसराय की ख़ुशी पर निर्भर है। अब तीसरी स्टेज है।

अब सुधारों-सम्बन्धी विचार हो रहा है और निकट भविष्य में ये लागू होंगे। अब नौजवान इनकी परीक्षा कैसे कर सकते हैं? यह एक सवाल है। मैं नहीं जानता कि कांग्रेसी नेता कैसे उनकी परख करेंगे? लेकिन हम क्रान्तिकारी इन्हें निम्नलिखित कसौटी पर परखेंगे–

1. किसी सीमा तक शासन की ज़िम्मेदारी भारतीयों को सौंपी जाती है?
2. शासन चलाने के लिए किस तरह की सरकार बनायी जाती है और सामान्य जनता को इसमें हिस्सा लेने का कहाँ तक अवसर मिलता है?
3. भविष्य में क्या सम्भावनाएँ हो सकती हैं और इन उपलब्धियों को किस प्रकार बचाया जा सकता है?

इसके लिए शायद कुछ और स्पष्टीकरण की ज़रूरत हो। पहली बात यह है कि हमारी जनता के प्रतिनिधियों को कार्यपालिका पर कितना अधिकार और ज़िम्मेदारी हासिल होती है। अब तक कार्यपालिका को लेजिस्लेटिव असेम्बली के सामने उत्तरदायी नहीं बनाया गया है। वायसराय के पास वीटो की ताकत है, जिससे चुने हुए प्रतिनिधियों की सारी कोशिशें बेअसर और ठप्प कर दी जाती हैं।

हम स्वराज्य पार्टी के शुक्रगुज़ार हैं जिनकी कोशिशों से वायसराय ने अपनी इस ताकत का बड़ी बेशर्मी से बार-बार इस्तेमाल किया और राष्ट्रीय प्रतिनिधियों के मर्यादा भरे निर्णय पाँव तले कुचल दिये। यह बात पूरी तरह स्पष्ट है और इस पर और बहस की ज़रूरत नहीं है।

आइए, सबसे पहले कार्यकारिणी की स्थापना के ढंग पर विचार करें? क्या कार्यकारिणी को असेम्बली के चुने हुए सदस्य चुनते हैं या पहले की ही तरह ऊपर से थोपी जायेगी? क्या यह असेम्बली के आगे उत्तरदायी होगी या पहले की ही तरह असेम्बली का अपमान करेगी?

जहाँ तक दूसरी बात का सम्बन्ध है, उसे हम वयस्क मताधिकार की सम्भावना से देख सकते हैं। सम्पत्ति होने कीं धारा को पूरी तरह समाप्त कर व्यापक मताधिकार दिये जाने चाहिए। हर वयस्क स्त्री-पुरुष को वोट का अधिकार मिलना चाहिए। अब तो सिर्फ़ यह देख सकते हैं कि मताधिकार किस सीमा तक दिये जाते हैं।

जहाँ तक व्यवस्था का प्रश्न है, अभी दो सभाओं वाली सरकार है। मेरे ख्याल में उच्च सभा बुर्जुआ भ्रमजाल या बहकावे के अतिरिक्त कुछ नहीं। मेरी समझ से जहाँ तक उम्मीद की जा सके, एक सभा वाली सरकार अच्छी है।

यहाँ मैं प्रान्तीय स्वायत्तता के बारे में कुछ कहना चाहता हूँ। जो कुछ मैंने सुना है, उसके आधार पर मैं यह कह सकता हूँ कि ऊपर थोपा हुआ गवर्नर, जिसके पास असेम्बली से ऊपर विशेष अधिकार होंगे, तानाशाह से कम सिद्ध नहीं होगा। हम इसे प्रान्तीय स्वायत्तता न कहकर प्रान्तीय अत्याचार कहें। राज्य की संस्थाओं का यह अजीब लोकतान्त्रीकरण है।

तीसरी बात तो बिल्कुल स्पष्ट है। पिछले दो साल से अंग्रेज़ राजनीतिज्ञ उस वायदे को मिटाने में लगे हैं, जिसे मोंटेग्यू ने यह कह कर दिया था कि जब तक अंग्रेज़ी खजाने में दम है, प्रत्येक दस वर्ष पर और सुधार किये जाते रहेंगे।

हम देख सकते हैं कि उन्होंने भविष्य के लिए क्या फ़ैसला किया है। मैं यह बात स्पष्ट कर दूँ कि हम इन बातों का विश्लेषण इसलिए नहीं कर रहे कि उपलब्धियों पर जश्न मनाये जायें, वरन इसलिए कि जनता में जागृति लायी जा सके और उन्हें आनेवाले संघर्षों के लिए तैयार किया जा सके। हमारे लिए समझौता घुटने टेकना नहीं है, बल्कि एक कदम बढाना और फिर कुछ आराम करना है।

लेकिन इसके साथ ही हमें यह भी समझ लेना चाहिए कि समझौता इससे अधिक कुछ और है भी नहीं। यह अन्तिम लक्ष्य और अन्तिम विश्राम की जगह नहीं है। वर्तमान परिस्थिति पर कुछ हद तक विचार करने के बाद भविष्य के कार्यक्रम और कार्यनीति पर भी विचार कर लिया जाये।

जैसाकि मैंने पहले भी कहा है कि किसी क्रान्तिकारी पार्टी के लिए निश्चित कार्यक्रम होना बहुत ज़रूरी है। आपको यह पता होना चाहिए कि क्रान्ति का मतलब गतिविधि है। इसका मतलब संगठित व क्रमबद्ध काम द्वारा सोची-समझी तब्दीली लाना है और यह तोड़-फोड़ — असंगठित, एकदम या स्वतः परिवर्तन

के विरुद्ध है। कार्यक्रम बनाने के लिए अनिवार्य रूप से इन बातों के अध्ययन की ज़रूरत है–

1. मंजिल (लक्ष्य) या उद्देश्य।

2. आधार, जहाँ से शुरू करना है, यानी वर्तमान परिस्थिति।

3. कार्यरूप, यानी साधन व दाँव-पेंच।

जब तक इन तत्वों के सम्बन्ध में कुछ स्पष्ट संकल्प नहीं है, तब तक कार्यक्रम-सम्बन्धी कोई विचार सम्भव नहीं।

वर्तमान परिस्थिति पर हम कुछ हद तक विचार कर चुके हैं, लक्ष्य-सम्बन्धी भी कुछ चर्चा हुई है। हम समाजवादी क्रान्ति चाहते हैं, जिसके लिए बुनियादी ज़रूरत राजनीतिक क्रान्ति की है। यही है जो हम चाहते हैं। राजनीतिक क्रान्ति का अर्थ राजसत्ता (यानी मोटे तौर पर ताकत) का अंग्रेज़ी हाथों में से भारतीय हाथों में आना है और वह भी उन भारतीयों के हाथों में, जिनका अन्तिम लक्ष्य हमारे लक्ष्य से मिलता हो। और स्पष्टता से कहें तो – राजसत्ता का सामान्य जनता की कोशिश से क्रान्तिकारी पार्टी के हाथों में आना। इसके बाद पूरी संजीदगी से पूरे समाज को समाजवादी दिशा में ले जाने के लिए जुट जाना होगा। यदि क्रान्ति से आपका यह अर्थ नहीं है तो महाशय, मेहरबानी करें और 'इन्क़लाब ज़िन्दाबाद' के नारे लगाने बन्द कर दें। कम से कम हमारे लिए 'क्रान्ति' शब्द में बहुत ऊँचे विचार निहित हैं और इसका प्रयोग बिना संजीदगी के नहीं करना चाहिए, नहीं तो इसका दुरुपयोग होगा। लेकिन यदि आप कहते हैं कि आप राष्ट्रीय क्रान्ति चाहते हैं जिसका लक्ष्य भारतीय गणतन्त्र की स्थापना है तो मेरा प्रश्न यह है कि उसके लिए आप, क्रान्ति में सहायक होने के लिए, किन शक्तियों पर निर्भर कर रहे हैं? क्रान्ति राष्ट्रीय हो या समाजवादी, जिन शक्तियों पर हम निर्भर हो सकते हैं – वे हैं किसान और मज़दूर। कांग्रेसी नेताओं में इन्हें संगठित करने की हिम्मत नहीं है, इस आन्दोलन में यह आपने स्पष्ट देख लिया है। किसी और से अधिक उन्हें इस बात का अहसास है कि इन शक्तियों के बिना वे विवश हैं। जब उन्होंने सम्पूर्ण आज़ादी का प्रस्ताव पास किया तो इसका अर्थ क्रान्ति ही था, पर इनका (कांग्रेस का) मतलब यह नहीं था। इसे नौजवान कार्यकर्ताओं के दबाव में पास किया गया था और इसका इस्तेमाल वे धमकी के रूप में करना चाहते थे, ताकि अपना मनचाहा डोमिनियन स्टेटस में हासिल कर सकें। आप कांग्रेस के पिछले तीनों अधिवेशनों के प्रस्ताव पढ़कर उस सम्बन्ध में ठीक राय बना सकते हैं। मेरा इशारा मद्रास, कलकत्ता व लाहौर अधिवेशनों की ओर है। कलकत्ता में डोमिनियन स्टेटस की माँग का प्रस्ताव पास किया गया। 12 महीने के भीतर इस माँग को स्वीकार करने के लिए कहा गया और यदि ऐसा

न किया गया तो कांग्रेस मजबूर होकर पूर्ण आज़ादी को अपना उद्देश्य बना लेगी। पूरी संजीदगी से वे 31 दिसम्बर, 1929 की आधी रात तक इस तोहफे को प्राप्त करने का इन्तज़ार करते रहे और तब उन्होंने पूर्ण आज़ादी का प्रस्ताव मानने के लिए स्वयं को 'वचनबद्ध' पाया, जो कि वे चाहते नहीं थे। और तब भी महात्मा जी ने यह बात छिपाकर नहीं रखी कि बातचीत के दरवाज़े खुले हैं। यह था इसका वास्तविक आशय। बिल्कुल शुरू से ही वे जानते थे कि उनके आन्दोलन का अन्त किसी न किसी तरह के समझौते में होगा। इस बेदिली से हम नफरत करते हैं न कि संघर्ष के किसी मसले पर समझौते से।

हम इस बात पर विचार कर रहे थे कि क्रान्ति किन-किन ताकतों पर निर्भर है? लेकिन यदि आप सोचते हैं कि किसानों और मज़दूरों को सक्रिय हिस्सेदारी के लिए आप मना लेंगे तो मैं बताना चाहता हूँ वे कि किसी प्रकार की भावुक बातों से बेवकूफ़ नहीं बनाये जा सकते। वे साफ़-साफ़ पूछेंगे कि उन्हें आपकी क्रान्ति से क्या लाभ होगा, वह क्रान्ति जिसके लिए आप उनके बलिदान की माँग कर रहे हैं। भारत सरकार का प्रमुख लार्ड रीडिंग की जगह यदि सर पुरुषोत्तम दास ठाकुर दास हो तो उन्हें (जनता को) इससे क्या फ़र्क़ पड़ता है? एक किसान को इससे क्या फ़र्क़ पड़ेगा, यदि लार्ड इरविन को जगह सर तेज़ बहादुर सप्रू आ जायें। राष्ट्रीय भावनाओं की अपील बिल्कुल बेकार हैं। उसे आप अपने काम के लिए 'इस्तेमाल' नहीं कर सकते। आपको गम्भीरता से काम लेना होगा और उन्हें समझाना होगा कि क्रान्ति उनके हित में है और उनकी अपनी है। सर्वहारा श्रमिक वर्ग की क्रान्ति, सर्वहारा के लिए।

जब आप अपने लक्ष्य के बारे में स्पष्ट अवधारणा बना लेंगे तो ऐसे उद्देश्य की पूर्ति के लिए आप अपनी शक्ति संजोने में जुट जायेंगे। अब दो अलग-अलग पड़ावों से गुज़रना होगा – पहला तैयारी का पड़ाव, दूसरा उसे कार्यरूप देने का।

जब यह वर्तमान आन्दोलन ख़त्म होगा तो आप अनेक ईमानदार व गम्भीर क्रान्तिकारी कार्यकर्ताओं को निराश व उचाट पायेंगे। लेकिन आपको घबराने की ज़रूरत नहीं है। भावुकता एक ओर रखो। वास्तविकता का सामना करने के लिए तैयार होओ। क्रान्ति करना बहुत कठिन काम है। यह किसी एक आदमी की ताकत के वश की बात नहीं है और न ही यह किसी निश्चित तारीख़ को आ सकती है। यह तो विशेष सामाजिक-आर्थिक परिस्थितियों से पैदा होती है और एक संगठित पार्टी को ऐसे अवसर को सम्भालना होता है और जनता को इसके लिए तैयार करना होता है। क्रान्ति के दुस्साध्य कार्य के लिए सभी शक्तियों को संगठित करना होता है। इस सबके लिए क्रान्तिकारी कार्यकर्ताओं को अनेक क़ुर्बानियाँ देनी होती

हैं। यहाँ मैं यह स्पष्ट कह दूँ कि यदि आप व्यापारी हैं या सुस्थिर दुनियादार या पारिवारिक व्यक्ति हैं तो महाशय! इस आग से न खेलें। एक नेता के रूप में आप पार्टी के किसी काम के नहीं हैं। पहले ही हमारे पास ऐसे बहुत से नेता हैं जो शाम के समय भाषण देने के लिए कुछ वक्त ज़रूर निकाल लेते हैं। ये नेता हमारे किसी काम के नहीं हैं। हम तो लेनिन के अत्यन्त प्रिय शब्द 'पेशेवर क्रान्तिकारी' का प्रयोग करेंगे। पूरा समय देने वाले कार्यकर्ता, क्रान्ति के सिवाय जीवन में जिनकी और कोई ख़्वाहिश ही न हो। जितने अधिक ऐसे कार्यकर्ता पार्टी में संगठित होंगे, उतने ही सफलता के अवसर अधिक होंगे।

पार्टी को ठीक ढंग से आगे बढ़ाने के लिए जिस बात की सबसे अधिक ज़रूरत है वह यह है कि ऐसे कार्यकर्ता स्पष्ट विचार, प्रत्यक्ष समझदारी, पहलकदमी की योग्यता और तुरन्त निर्णय कर सकने की शक्ति रखते हों। पार्टी में फौलादी अनुशासन होगा और यह ज़रूरी नहीं कि पार्टी भूमिगत रहकर ही काम करे, बल्कि इसके विपरीत खुले रूप में काम कर सकती है, यद्यपि स्वेच्छा से ज़ेल जाने की नीति पूरी तरह छोड़ दी जानी चाहिए। इस तरह बहुत से कार्यकर्ताओं को गुप्त रूप से काम करते जीवन बिताने की भी ज़रूरत पड़ सकती है, लेकिन उन्हें उसी तरह से पूरे उत्साह से काम करते रहना चाहिए और यही है वह ग्रुप जिससे अवसर सँभाल सकने वाले नेता तैयार होंगे।

पार्टी को कार्यकर्ताओं की ज़रूरत होगी, जिन्हें नौजवानों के आन्दोलनों से भरती किया जा सकता है। इसीलिए नवयुवकों के आन्दोलन सबसे पहली मंजिल हैं, जहाँ से हमारा आन्दोलन शुरू होगा। युवक आन्दोलन को अध्ययन-केन्द्र(स्टडी सर्किल) खोलने चाहिए। लीफलेट, पैम्फलेट, पुस्तकें, मैगजीन छापने चाहिए। क्लासों में लेक्चर होने चाहिए। राजनीतिक कार्यकर्ताओं के लिए भरती करने और प्रशिक्षण देने की यह सबसे अच्छी जगह होगी।

उन नौजवानों को पार्टी में ले लेना चाहिए, जिनके विचार विकसित हो चुके हैं और वे अपना जीवन इस काम में लगाने के लिए तैयार हैं। – पार्टी कार्यकर्ता नवयुवक आन्दोलन के काम को दिशा देंगे। पार्टी अपना काम प्रचार से शुरू करेगी। यह अत्यन्त आवश्यक है। गदर पार्टी (1914-15) के असफल होने का मुख्य कारण था – जनता की अज्ञानता, लगावहीनता और कई बार विरोध। इसके अतिरिक्त किसानों और मज़दूरों का सक्रिय समर्थन हासिल करने के लिए भी प्रचार ज़रूरी है। पार्टी का नाम कम्युनिस्ट पार्टी हो। ठोस अनुशासन वाली राजनीतिक कार्यकर्ताओं की यह पार्टी बाक़ी सभी आन्दोलन चलायेगी। इसे मज़दूरों व किसानों की तथा अन्य पार्टियों का संचालन भी करना होगा और लेबर यूनियन कांग्रेस तथा इस तरह

की अन्य राजनीतिक संस्थाओं पर प्रभावी होने की कोशिश भी पार्टी करेगी। पार्टी एक बड़ा प्रकाशन-अभियान चलायेगी जिससे राष्ट्रीय चेतना ही नहीं, वर्ग चेतना भी पैदा होगी। समाजवादी सिद्धान्तों के सम्बन्ध में जनता को सचेत बनाने के लिए सभी समस्याओं की विषयवस्तु प्रत्येक व्यक्ति की समझ में आनी चाहिए और ऐसे प्रकाशनों को बड़े पैमाने पर वितरित किया जाना चाहिए। लेखन सादा और स्पष्ट हो।

मज़दूर आन्दोलन में ऐसे व्यक्ति हैं जो मज़दूरों और किसानों की आर्थिक और राजनीतिक स्वतन्त्रता के बारे में बड़े अजीब विचार रखते हैं। ये लोग उत्तेजना फैलाने वाले हैं या बौखलाये हुए हैं। ऐसे विचार या तो ऊलजलूल हैं या कल्पनाहीन। हमारा मतलब जनता की आर्थिक स्वतन्त्रता से है और इसी के लिए हम राजनीतिक ताकत हासिल करना चाहते हैं। इसमें कोई सन्देह नहीं कि शुरू में छोटी-मोटी आर्थिक माँगों और इन वर्गों के विशेष अधिकारों के लिए हमें लड़ना होगा। यही संघर्ष उन्हें राजनीतिक ताकत हासिल करने के अन्तिम संघर्ष के लिए सचेत व तैयार करेगा।

इसके अतिरिक्त सैनिक विभाग संगठित करना होगा। यह बहुत महत्त्वपूर्ण है। कई बार इसकी बुरी तरह ज़रूरत होती है। उस समय शुरू करके आप ऐसा ग्रुप तैयार नहीं कर सकते जिसके पास काम करने की पूरी ताकत हो। शायद इस विषय को बारीक़ी से समझाना ज़रूरी है। इस विषय पर मेरे विचारों को ग़लत रंग दिये जाने की बहुत अधिक सम्भावना है। ऊपरी तौर पर मैंने एक आतंकवादी की तरह काम किया है, लेकिन मैं आतंकवादी नहीं हूँ। मैं एक क्रान्तिकारी हूँ, जिसके दीर्घकालिक कार्यक्रम-सम्बन्धी ठोस व विशिष्ट विचार हैं जिन पर यहाँ विचार किया जा रहा है। 'शस्त्रों के साथी' मेरे कुछ साथी मुझे रामप्रसाद बिस्मिल की तरह इस बात के लिए दोषी ठहरायेंगे कि फ़ाँसी की कोठरी में रहकर मेरे भीतर कुछ प्रतिक्रिया पैदा हुई है। इसमें कुछ भी सच्चाई नहीं है। मेरे विचार वही हैं, मुझमें वही दृढ़ता है और जो वही जोश व स्पिरिट मुझमें यहाँ है, जो बाहर थी – नहीं, उससे कुछ अधिक है। इसलिए अपने पाठकों को मैं चेतावनी देना चाहता हूँ कि मेरे शब्दों को वे पूरे ध्यान से पढ़ें।

उन्हें पंक्तियों के बीच कुछ भी नहीं देखना चाहिए। मैं अपनी पूरी ताकत से यह कहना चाहता हूँ कि क्रान्तिकारी जीवन के शुरू के चन्द दिनों के सिवाय न तो मैं आतंकवादी हूँ और न ही थाय और मुझे पूरा यकीन है कि इस तरह के तरीक़ों से हम कुछ भी हासिल नहीं कर सकते। हिन्दुस्तान समाजवादी रिपब्लिकन पार्टी के इतिहास से यह बिल्कुल स्पष्ट हो जाता है। हमारे सभी काम इसी दिशा में थे, यानी बड़े राष्ट्रीय आन्दोलन के सैनिक विभाग की जगह अपनी पहचान करवाना। यदि किसी ने मुझे ग़लत समझ लिया है तो वे सुधार कर लें। मेरा मतलब यह कदापि

नहीं है कि बम व पिस्तौल बेकार हैं, वरन् इसके विपरीत, ये लाभदायक हैं। लेकिन मेरा मतलब यह ज़रूर है कि केवल बम फेंकना न सिर्फ़ बेकार, बल्कि नुकसानदायक है। पार्टी के सैनिक विभाग को हमेशा तैयार रहना चाहिए, ताकि संकट के समय काम आ सके। इसे पार्टी के राजनीतिक काम में सहायक के रूप में होना चाहिए। यह अपने आप स्वतन्त्र काम न करे।

जैसे ऊपर इन पंक्तियों में बताया गया है, पार्टी अपने काम को आगे बढ़ाये। समय-समय पर मीटिंगें और सम्मेलन बुलाकर अपने कार्यकर्ताओं को सभी विषयों के बारे में सूचनाएँ और सजगता देते रहना चाहिए। यदि आप इस तरह से काम शुरू कराते हैं तो आपको काफ़ी गम्भीरता से काम लेना होगा। इस काम को पूरा होने में कम से कम बीस साल लगेंगे। क्रान्ति-सम्बन्धी यौवन काल के दस साल में पूरे होने के सपनों को एक ओर रख दें, ठीक वैसे ही जैसे गाँधी के (एक साल में स्वराज के) सपने को परे रख दिया था। न तो इसके लिए भावुक होने की ज़रूरत है और न ही यह सरल है। ज़रूरत है निरन्तर संघर्ष करने, कष्ट सहने और कुर्बानी भरा जीवन बिताने की। अपना व्यक्तिवाद पहले ख़त्म करो। व्यक्तिगत सुख के सपने उतारकर एक ओर रख दो और फिर काम शुरू करो। इंच-इंच कर आप आगे बढ़ेंगे। इसके लिए, हिम्मत, दृढ़ता और बहुत मज़बूत इरादे की ज़रूरत है। कितने ही भारी कष्ट, कठिनाइयाँ क्यों न हों, आपकी हिम्मत न काँपे। कोई भी पराजय या धोखा आपका दिल न तोड़ सके। कितने भी कष्ट क्यों न आयें, आपका क्रान्तिकारी जोश ठण्डा न पड़े। कष्ट सहने और कुर्बानी करने के सिद्धान्त से आप सफलता हासिल करेंगे और यह व्यक्तिगत सफलताएँ क्रान्ति की अमूल्य सम्पत्ति होगीं।

इन्क़लाब-ज़िन्दाबाद!

2 फ़रवरी, 1931

हमारे लिए सुनहरा अवसर

भारत की स्वतन्त्रता अब शायद दूर का स्वप्न नहीं रहा। घटनाएँ बड़ी तेज़ी से घट रही हैं इसलिए स्वतन्त्रता अब हमारी आशाओं से भी जल्द ही एक सच्चाई बन जाएगी। ब्रिटिश साम्राज्य बुरी तरह लड़खड़ाया हुआ है। जर्मनी को मुँह की खानी पड़ रही है, फ्रांस थर-थर काँप रहा है और अमेरिका हिला हुआ है और इन सबकी कठिनाइयाँ हमारे लिए सुनहरा अवसर हैं। प्रत्येक चीज़ उस महान भविष्यवाणी की ओर संकेत कर रही है, जिसके अनुसार समाज का पूँजीवादी ढाँचा नष्ट होना अटल है। कूटनीतिज्ञ लोग स्वयं को बचाने के लिए प्रयत्नशील हो सकते हैं और पूँजीवादी षडयन्त्र से 'क्रान्ति के बाघ' को अपने घर से दूर रखने की कोशिशें कर सकते हैं।

अंग्रेज़ों का बजट सन्तुलित हो सकता है और मृत्यु के मुँह में पड़े पूँजीवाद को कुछ पलों की राहत मिल सकती है। 'डालर राजा' चाहे अपना ताज संभाल ले तो भी व्यापक मंदी यदि जारी रही और जिसका जारी रहना लाजिमी है, तो बेरोज़गारों की फ़ौज तेज़ी से बढ़ेगी और यह बढ़ भी रही है, क्योंकि पूँजीवादी उत्पादन-व्यवस्था ही ऐसी है। यह चक्कर पूँजीवादी व्यवस्था को पटरी से उतार देगा। बस, बात कुछ महीनों की ही है। इसलिए क्रान्ति अब भविष्यवाणी या सम्भावना नहीं, वरन् 'व्यावहारिक राजनीति' है जिसे सोची-समझी योजना और कठोर अमल से सफल बनाया जा सकता है। इसके विभिन्न पहलुओं और तात्पर्य, इसके तरीक़ों और उद्देश्यों-सम्बन्धी कोई विचारधारात्मक उलझन नहीं होनी चाहिए।

गाँधीवाद

कांग्रेस आन्दोलन की सम्भावनाओं, पराजयों और उपलब्धियों के बारे में हमें किसी प्रकार का भ्रम नहीं होना चाहिए। आज चल रहे इस आन्दोलन को गाँधीवाद कहना ही उचित है। यह दावे के साथ आज़ादी के लिए स्टैण्ड नहीं लेता, बल्कि सत्ता में 'हिस्सेदारी' के पक्ष में है। 'पूर्ण स्वतन्त्रता' के अजीब अर्थ निकाले जा रहे हैं, इसका तरीका अनूठा है, लेकिन बेचारे लोगों के किसी काम का नहीं है। साबरमती के सन्त को गाँधीवाद कोई स्थायी शिष्य नहीं दे पायेगा। यह एक बीच की पार्टी-यानी लिबरल-रैडिकल मेल-जोल, का काम कर रही है और करती भी रही है। मौके की असलियत से टकराने में इसे शर्म आती है। इसे चलाने वाले देश के ऐसे ही लोग हैं जिनके हित इससे बँधे हुए हैं और वे अपने हितों के लिए बुर्जुआ हठ से चिपके हुए हैं। यदि क्रान्तिकारी रक्त से इसे गर्मजोशी न दी गयी तो इसका ठण्डा होना लाजिमी है। इसे इसी के दोस्तों से बचाने की ज़रूरत है।

आतंकवाद

आइए, हम इस कठिन सवाल के बारे में स्पष्ट हों। बम का रास्ता 1905 से चला आ रहा है और क्रान्तिकारी भारत पर यह एक दर्दनाक टिप्पणी है। अभी यह महसूस नहीं किया गया कि इसका उपयोग व दुरुपयोग क्या है। आतंकवाद हमारे समाज में क्रान्तिकारी चिन्तन की पकड़ के अभाव की अभिव्यक्ति है; या एक पछतावा। इसी तरह ये अपनी असफलता का स्वीकार भी है। शुरू-शुरू में इसका कुछ लाभ था। इसने राजनीति को आमूल बदल दिया। नवयुवक बुद्धिजीवियों की सोच को चमकाया, आत्म-त्याग की भावना को ज्वलन्त रूप दिया और दुनिया व अपने दुश्मनों

के सामने अपने आन्दोलन की सच्चाई और शक्ति को जाहिर करने का अवसर मिला। लेकिन यह स्वयं में पर्याप्त नहीं है। सभी देशों में इसका (आतंकवाद का) इतिहास असफलता का इतिहास है – फ्रांस, रूस, जर्मनी में, बाल्कन देशों, स्पेन में – हर जगह इसकी यही कहानी है। इसकी पराजय के बीज इसके भीतर ही होते हैं। साम्राज्यवादियों को अच्छी तरह पता है कि 30 करोड़ लोगों पर शासन के लिए प्रति वर्ष 30 व्यक्तियों की बलि दी जा सकती है। शासन करने का स्वाद बमों या पिस्तौलों से किरकिरा तो किया जा सकता है, लेकिन शोषण के व्यावहारिक लाभ उसे बनाये रखने पर विवश करेंगे। भले ही हमारी उम्मीद के अनुसार हथियार आसानी से मिल जायें और यदि हम पूरे जोर से लड़ें, जैसा कि इतिहास में पहले कभी न घटा हो, तो भी आतंकवाद अधिक-से-अधिक साम्राज्यवादी ताकत को समझौते के लिए ही मजबूर कर सकता है। ऐसे समझौते, हमारे उद्देश्य-पूर्ण आज़ादी-से हमेशा ही कहीं दूर रहेंगे। इस प्रकार आतंकवाद, एक समझौता, सुधारों की एक किश्त निचोड़कर निकाल सकता है और इसे ही हासिल करने के लिए गाँधीवाद जोर लगा रहा है। वह चाहता है कि दिल्ली का शासन गोरे हाथों से भूरे हाथों में आ जाये। यह लोगों के जीवन से दूर हैं और इनके गद्दी पर बैठते ही जालिम बन जाने की बहुत सम्भावनाएँ हैं। आयरिश उदाहरण यहाँ लागू नहीं होगा, यह चेतावनी मैं देना चाहता हूँ। आयरलैण्ड में इक्की-दुक्की आतंकवादी कार्रवाइयाँ नहीं थीं, बल्कि यह राष्ट्रीय स्तर पर जनसाधारण की बगावत थी, जिसमें बन्दूक़धारी अपनी नज़दीकी जानकारी और हमदर्दी से लोगों से जुड़ा हुआ था। उन्हें बड़ी आसानी से हथियार मिल जाते थे, क्योंकि अमेरिकी आयरिश उन्हें अथाह आर्थिक मदद दे रहे थे। भौगोलिक स्थिति भी ऐसे युद्ध के लिए लाभदायक थी। लेकिन तो भी आयरलैण्ड को अपने आन्दोलन के अपूर्ण उद्देश्यों के साथ ही सन्तोष करना पड़ा। इसने आयरिश जनता की गुलामी तो कम की है, लेकिन आयरिश श्रमिक वर्ग को पूँजीपतियों के जंजाल से मुक्त नहीं करवाया। भारत को आयरलैण्ड से सीखना है। यह एक चेतावनी भी है कि किस प्रकार क्रान्तिकारी सामाजिक आधार से खाली राष्ट्रवादी आदर्शवाद, हालात के साजगार होने पर भी साम्राज्यवाद से समझौते की रेत में गुम हो सकता है। क्या भारत को अभी भी आयरलैण्ड की नकल करनी चाहिए-यदि वह की भी जा सके, तो भी?

एक प्रकार से गाँधीवाद अपना भाग्यवाद का विचार रखते हुए भी, क्रान्तिकारी विचारों के कुछ नज़दीक पहुँचने का यतन करता है, क्योंकि यह सामूहिक कार्रवाई पर निर्भर करता है, यद्यपि यह कार्रवाई समूह के लिए नहीं होती। उन्होंने मज़दूरों को आन्दोलन में भागीदार बनाकर उन्हें मज़दूर-क्रान्ति के रास्ते पर डाल दिया है।

यह बात अलग है कि उन्हें कितनी असभ्यता या स्वार्थ से अपने राजनीतिक कार्यक्रम के लिए इस्तेमाल किया गया है। क्रान्तिकारियों को 'अहिंसा के फ़रिश्ते' को उसका योग्य स्थान देना चाहिए।

आतंकवाद के शैतान को दाद देने की ज़रूरत नहीं है। आतंकवादियों ने काफ़ी काम कर लिया है, काफ़ी कुछ सिखा दिया है। यदि हम अपने उद्देश्यों और तरीक़ों सम्बन्धी भूलें न करें तो यह अभी भी कुछ लाभप्रद हो सकता है। विशेषतः निराशा के समय आतंकवादी तरीका हमारे प्रचार-अभियान में सहायक हो सकता है, लेकिन यह पटाखेबाजी के सिवाय है कुछ नहीं और इसे विशेष समय और कुछ गिने-चुने लोगों के लिए सुरक्षित रखना चाहिए। क्रान्तिकारी को निरर्थक आतंकवादी कार्रवाइयों और व्यक्तिगत आत्म-बलिदान के दूषित चक्र में न डाला जाये। सभी के लिए उत्साहवर्द्धक आदर्श, उद्देश्य के लिए मरना न होकर उद्देश्य के लिए जीना – और वह भी लाभदायक तरीक़े से योग्य रूप में जीना-होना चाहिए।

यह कहने की तो कोई ज़रूरत नहीं है कि हम आतंकवाद से पूरी तरह सम्बन्ध नहीं तोड़ रहे। हम श्रमिक क्रान्ति के दृष्टिकोण से इसका पूरे तौर पर मूल्यांकन चाहते हैं। जो नवयुवक परिपक्व व चुपचाप (तरीक़े से) संगठन के काम में फिट नहीं होते, उनकी दूसरी भूमिका हो सकती है। उन्हें नीरस कामों से मुक्त कर अपनी इच्छा पूरी करने के लिए छोड़ देना चाहिए। लेकिन संचालक संस्था को पार्टी और उस काम के प्रभाव को, लोगों पर उसके प्रभाव और दुश्मन की ताकत को पहले ही देखना चाहिए। ऐसे काम पार्टी और जनता का ध्यान जुझारू जनसंघर्ष से हटाकर तेज़ भड़कीले कामों की ओर लगा सकते हैं और इस प्रकार पार्टी की जड़ों पर प्रहार करने का बहाना बन सकता है। इस प्रकार किसी भी स्थिति में इस आदर्श को आगे नहीं बढ़ाना है।

लेकिन गुप्त सैनिक विभाग कोई श्रापग्रस्त चीज़ नहीं है। वास्तव में यह तो अग्रिम पंक्ति है। क्रान्तिकारी पार्टी की 'गोलीमार पंक्ति' 'आधार' से पूरी तरह जुड़ी होनी चाहिए। 'आधार' जुझारू व गतिशील जन-पार्टी को बनना है। संगठन के लिए धन और हथियार संग्रह करने में कोई झिझक नहीं होनी चाहिए।

क्रान्ति

क्रान्ति से हमारा क्या आशय है, यह स्पष्ट है। इस शताब्दी में इसका सिर्फ़ एक ही अर्थ हो सकता है – जनता के लिए जनता का राजनीतिक शक्ति हासिल करना। वास्तव में यही है 'क्रान्ति', बाक़ी सभी विद्रोह तो सिर्फ़ मालिकों के परिवर्तन

द्वारा पूँजीवादी सड़ाँध को ही आगे बढ़ाते हैं। किसी भी हद तक लोगों से या उनके उद्देश्यों से जतायी हमदर्दी जनता से वास्तविकता नहीं छिपा सकती, लोग छल को पहचानते हैं। भारत में हम भारतीय श्रमिक के शासन से कम कुछ नहीं चाहते। भारतीय श्रमिकों को – भारत में साम्राज्यवादियों और उनके मददगार हटाकर जो कि उसी आर्थिक व्यवस्था के पैरोकार हैं, जिसकी जड़ें, शोषण पर आधारित हैं – आगे आना है। हम गोरी बुराई की जगह काली बुराई को लाकर कष्ट नहीं उठाना चाहते। बुराइयाँ, एक स्वार्थी समूह की तरह, एक-दूसरे का स्थान लेने के लिए तैयार हैं।

साम्राज्यवादियों को गद्दी से उतारने के लिए भारत का एकमात्र हथियार श्रमिक क्रान्ति है। कोई और चीज़ इस उद्देश्य को पूरा नहीं कर सकती। सभी विचारों वाले राष्ट्रवादी एक उद्देश्य पर सहमत हैं कि साम्राज्यवादियों से आज़ादी हासिल हो। पर उन्हें यह समझाने की भी ज़रूरत है कि उनके आन्दोलन की चालक शक्ति विद्रोही जनता है और उसकी जुझारू कार्रवाईयों से ही सफलता हासिल होगी। चूँकि इसका सरल समाधान नहीं हो सकता, इसलिए स्वयं को छलकर वे उस ओर लपकते हैं, जिसे वे आरजी इलाज, लेकिन झटपट और प्रभावशाली मानते हैं – अर्थात् चन्द सैकड़े दृढ़ आदर्शवादी राष्ट्रवादियों के सशक्त विद्रोह के जरिए विदेशी शासन को पलटकर राज्य का समाजवादी रास्ते पर पुनर्गठन। उन्हें समय की वास्तविकता में झाँककर देखना चाहिए। हथियार बड़ी संख्या में प्राप्त नहीं हैं और जुझारू जनता से अलग होकर अशिक्षित गुट की बगावत की सफलता का इस युग में कोई चांस नहीं है। राष्ट्रवादियों की सफलता के लिए उनकी पूरी क़ौम को हरकत में आना चाहिए और बगावत के लिए खड़ा होना चाहिए। क़ौम कांग्रेस के लाउडस्पीकर नहीं हैं, वरन् वे मज़दूर-किसान हैं जो भारत की 95 प्रतिशत जनसंख्या है। राष्ट्र स्वयं को राष्ट्रवाद के विश्वास पर ही हरकत में लायेगा, यानी साम्राज्यवाद और पूँजीपति की गुलामी से मुक्ति का विश्वास दिलाने से।

हमें याद रखना चाहिए कि श्रमिक क्रान्ति के अतिरिक्त न किसी और क्रान्ति की इच्छा करनी चाहिए और न ही वह सफल हो सकती है।

कार्यक्रम

क्रान्ति का स्पष्ट और ईमानदार कार्यक्रम होना समय की ज़रूरत है और इस कार्यक्रम को लागू करने के लिए मज़बूत कार्रवाई होनी चाहिए।

1917 में अक्टूबर क्रान्ति से पूर्व, जब लेनिन अभी मास्को में भूमिगत थे तो उन्होंने सफल क्रान्ति के लिए तीन ज़रूरी शर्तें बतायी थीं–

1. राजनीतिक-आर्थिक परिस्थिति।

2. जनता के मन में विद्रोह-भावना।

3. एक क्रान्तिकारी पार्टी, जो पूरी तरह प्रशिक्षित हो और परीक्षा के समय जनता को नेतृत्व प्रदान कर सके।

भारत में पहली शर्त पूरी हो चुकी है, दूसरी वह तीसरी शर्त अन्तिम रूप में अपनी पूर्ति की प्रतीक्षा कर रही हैं। इसके लिए हरकत में आना आज़ादी के सभी सेवकों का पहला काम है। इसी मुद्दे को सामने रखकर कार्यक्रम बनाया जाना चाहिए। इसकी रूपरेखा नीचे दी जा रही है और उसके प्रत्येक अनुभाग-सम्बन्धी सुझाव अनुसूची 'क' व 'ख' में दर्ज हैं–

बुनियादी काम

कार्यकर्ताओं के सामने सबसे पहली ज़िम्मेदारी है जनता को जुझारू काम के लिए तैयार व लामबन्द करना। हमें अन्धविश्वासों, भावनाओं, धार्मिकता या तटस्थता के आदर्शों से खेलने की ज़रूरत नहीं है। हमें जनता से सिर्फ़ प्याज के साथ रोटी का वायदा ही नहीं करना। ये वायदे सम्पूर्ण व ठोस होंगे और इन पर हम ईमानदारी और स्पष्टता से बात करेंगे। हम कभी भी उनके मन में भ्रमों का जमघट नहीं बनने देंगे। क्रान्ति जनता के लिए होगी। कुछ स्पष्ट निर्देश यह होंगे–

1. सामन्तवाद की समाप्ति।
2. किसानों के कर्जे समाप्त करना।
3. क्रान्तिकारी राज्य की ओर से भूमि का राष्ट्रीयकरण ताकि सुधरी हुई व साझी खेती स्थापित की जा सके।
4. रहने के लिए आवास की गारण्टी।
5. किसानों से लिए जाने वाले सभी ख़र्च बन्द करना। सिर्फ़ इकहरा भूमि-कर लिया जायेगा।
6. कारख़ानों का राष्ट्रीयकरण और देश में कारख़ाने लगाना।
7. आम शिक्षा।
8. काम करने के घण्टे ज़रूरत के अनुसार कम करना।

जनता ऐसे कार्यक्रम के लिए ज़रूर हामी भरेगी। इस समय सबसे ज़रूरी काम यही है कि हम लोगों तक पहुँचें। थोपी हुई अज्ञानता ने एक ओर से और बुद्धि जीवियों की उदासीनता ने दूसरी ओर से – शिक्षित क्रान्तिकारियों और हथौड़े-दराँत वाले उनके अभागे अर्धशिक्षित साथियों के बीच एक बनावटी दीवार खड़ी कर दी

है। क्रान्तिकारियों को इस दीवार को अवश्य ही गिराना है। इसके लिए निम्न काम ज़रूरी हैं–

1. कांग्रेस के मंच का लाभ उठाना।
2. ट्रेड यूनियनों पर कब्जा करना और नयी ट्रेड यूनियनों व संगठनों को जुझारू रूप में स्थापित करना।
3. राज्यों में यूनियनें बनाकर उन्हें उपरोक्त बातों के आधार पर संगठित करना।
4. प्रत्येक सामाजिक व स्वयंसेवी संगठनों में (यहाँ तक कि सहकारिता सोसायटियों), जिनसे जनता तक पहुँचने का अवसर मिलता है, गुप्त रूप से दाखिल होकर इनकी कार्रवाइयों को इस रूप में चलाना कि असल मुद्दे और उद्देश्यों को आगे बढ़ाया जा सके।
5. दस्तकारों की समितियाँ, मज़दूरों और बौद्धिक काम करने वालों की यूनियनें हर जगह स्थापित की जायें।

ये कुछ रास्ते हैं जिनसे पढ़े-लिखे, प्रशिक्षित क्रान्तिकारी लोगों तक पहुँच सकते हैं। और एक बार पहुँच जायें तो प्रशिक्षण के ज़रिये पहले तो अपने अधिकारों की उत्साहपूर्वक पुष्टि कर सकते हैं और फिर हड़तालों और काम रोकने के तरीक़ों से जुझारू हल निकाल सकते हैं।

क्रान्तिकारी पार्टी

क्रान्तिकारियों के सक्रिय ग्रुप की मुख्य ज़िम्मेदारी, जनता तक पहुँचने और उन्हें सक्रिय बनाने की तैयारी में होती है। यही हैं वे चलते-फिरते दृढ़ इरादों के लोग जो राष्ट्र को जुझारू जीवनी शक्ति देंगे। ज्यों-ज्यों परिस्थितियाँ पकती हैं तो इन्हीं क्रान्तिकारी बुद्धिजीवियों-जो बुर्जुआ व पेटी बुर्जुआ वर्ग से आते हैं और कुछ समय तक इसी वर्ग से आते भी रहेंगे, लेकिन जिन्होंने स्वयं को इस वर्ग की परम्पराओं से अलग कर लिया होता है – से क्रान्तिकारी पार्टी बनेगी और फिर इसके गिर्द अधिक से अधिक सक्रिय मज़दूर-किसान और छोटे दस्तकार राजनीतिक कार्यकर्ता जुड़ते रहेंगे। लेकिन मुख्य तौर पर यह क्रान्तिकारी बुद्धिजीवियों, स्त्रियों व पुरुषों की पार्टी होगी, जिनकी मुख्य ज़िम्मेदारी यह होगी कि वे योजना बनायें, फिर उसे लागू करें, प्रोपेगण डा या प्रचार करें, अलग-अलग यूनियनों में काम शुरू कर उनमें एकजुटता लायें, उनके एकजुट हमले की योजना बनायें, सेना व पुलिस को क्रान्ति-समर्थक बनायें और उनकी सहायता या अपनी अन्य शक्तियों से विद्रोह या आक्रमण की शक्ल में क्रान्तिकारी टकराव की स्थिति बनायें, लोगों को विद्रोह के लिए प्रयत्नशील करें और समय पड़ने पर निर्भीकता से नेतृत्व दे सकें।

वास्तव में वही आन्दोलन का दिमाग हैं। इसीलिए उन्हें दृढ़ चरित्र की ज़रूरत होगी, यानी पहलकदमी और क्रान्तिकारी नेतृत्व की क्षमता। उनकी समझ राजनीतिक, आर्थिक और ऐतिहासिक समस्याओं, सामाजिक रुझानों, प्रगतिशील विज्ञान, युद्ध के नये वैज्ञानिक तरीक़ों और उसकी कला आदि के अनुशासित भाव से किये गये गहरे अध्ययन पर आधारित होनी चाहिए। क्रान्ति परिश्रमी विचारकों और परिश्रमी कार्यकर्ताओं की पैदावार होती है। दुर्भाग्य से भारतीय क्रान्ति का बौद्धिक पक्ष हमेशा दुर्बल रहा है, इसलिए क्रान्ति की अत्यावश्यक चीज़ों और किये कामों के प्रभाव पर ध्यान नहीं दिया जाता रहा। इसलिए एक क्रान्तिकारी को अध्ययन-मनन अपनी पवित्र ज़िम्मेदारी बना लेना चाहिए।

यह तो स्पष्ट है कि पार्टी कुछ विशेष मामलों में खुले रूप में काम कर सकती है। जहाँ तक सम्भव हो, पार्टी को गुप्त नहीं होना चाहिए। इससे सन्देह नहीं रहेंगे और पार्टी को शक्ति और प्रतिष्ठा मिलेगी। पार्टी को बहुत बड़ी ज़िम्मेदारी उठानी होगी, इसलिए सुविधा की दृष्टि से पार्टी को कुछ समितियों में बाँटा जा सकता है जो प्रत्येक क्षेत्र के लिए विशेष कामों की देखभाल करेंगी। काम का यह विभाजन समय की आवश्यकता के अनुसार लचीला होना चाहिए या सदस्य की सम्भावनाएँ आँककर उसे किसी स्थानीय समिति में काम दिया जा सकता है। स्थानीय समिति, प्रान्तीय बोर्ड के अधीन होगी व बोर्ड सुप्रीम कौंसिल के अधीन। प्रान्त के भीतर सम्पर्क का काम प्रान्तीय बोर्ड के अधीन होगा। बिखरे-बिखरे सभी कामों या बिखराने वाले तत्वों को रोकना चाहिए, लेकिन अधिक केन्द्रीयकरण की सम्भावना नहीं है, इसलिए उसकी अभी कोशिश भी नहीं करनी चाहिए।

सभी स्थानीय समितियों को एक दूसरे से सम्पर्क रखते हुए काम करने चाहिए और समिति में एक सदस्य भी होना चाहिए। समिति छोटी, संयुक्त व कुशल हो और इसे वाद-विवाद-क्लब में पतित नहीं होने देना चाहिए।

इसलिए प्रत्येक क्षेत्र में क्रान्तिकारी पार्टी इस तरह हो–

(क) सामान्य समिति : भर्ती करना, सेना में प्रचार, सामान्य नीति, संगठन, जन-संगठनों में सम्पर्क-(परिशिष्ट क)।

(ख) वित्त समिति : समिति में महिला सदस्यों की संख्या अधिक हो सकती है। इस समिति के सिर पर सबसे मुश्किल कामों से भी मुश्किल काम है, इसलिए सभी को खुले दिल से इसकी सहायता करनी चाहिए। धन के स्रोत प्राथमिकता के अनुसार हों – स्वैच्छिक चन्दा, जबरी चन्दा (सरकारी धन), विदेशी पूँजीपति या बैंक, विदेश में रहने वालों की देशी व्यक्तिगत सम्पत्ति पर कब्जा या गैरक़ानूनी तरीक़े, जैसे गबन। (अन्तिम दोनों हमारी नीति के विपरीत हैं और पार्टी को हानि पहुँचाते हैं, इसलिए इन्हें अधिक बढ़ावा नहीं देना चाहिए।)

(ग) ऐक्शन कमेटी (कार्रवाई समिति) : इसका रूप – साबोताज, हथियार-संग्रह और विद्रोह का प्रशिक्षण देने के लिए एक गुप्त समिति।

ग्रुप (क) – नवयुवक : शत्रु की खबरें एकत्रा करना, स्थानीय सैनिक-सर्वेक्षण।

ग्रुप (ख) – विशेषज्ञ : शस्त्र संग्रह, सैनिक-प्रशिक्षण आदि।

(घ) स्त्री-समिति : यद्यपि जाहिरा तौर पर स्त्री-पुरुषों में कोई भेदभाव नहीं रखा जाता तथापि पार्टी को सुरक्षा व सुविधा के लिए ऐसी समिति की ज़रूरत है जो अपने सदस्यों की पूरी ज़िम्मेदारी ओढ़ सके। उन्हें वित्त समिति का पूरा भार सौंपा जा सकता है और काफ़ी हद तक सामान्य समिति के काम भी दिये जा सकते हैं – स्त्रियों को क्रान्तिकारी बनाना और इनमें से प्रत्यक्ष सेवा के लिए सक्रिय सदस्य भर्ती करना।

ऊपर बताये गये कार्यक्रम से यह निष्कर्ष निकालना सम्भव है कि क्रान्ति या आज़ादी के लिए कोई छोटा रास्ता नहीं है। 'यह किसी सुन्दरी की तरह सुबह-सुबह हमें दिखायी नहीं देगी' और यदि ऐसा हुआ तो वह बड़ा मनहूस दिन होगा। बिना किसी बुनियादी काम के, बगैर जुझारू जनता के और बिना किसी पार्टी के, अगर (क्रान्ति) हर तरह से तैयार हो, तो यह एक असफलता होगी। इसीलिए हमें स्वयं को झिंझोड़ना होगा। हमें हमेशा यह याद रखना चाहिए कि पूँजीवादी व्यवस्था चरमरा रही है और तबाही की ओर बढ़ रही है। दो या तीन साल में शायद इसका विनाश हो जाये। यदि आज भी हमारी शक्ति बिखरी रही और क्रान्तिकारी शक्तियाँ एकजुट होकर न बढ़ सकीं तो ऐसा संकट आयेगा कि हम उसे सम्भालने के लिए तैयार नहीं होंगे। आइए, हम यह चेतावनी स्वीकार करें और दो या तीन वर्ष में क्रान्ति की ओर आगे बढ़ने की योजना बनायें।

फ़रवरी, 1931

युद्ध अभी जारी है...

फ़ाँसी पर लटकाये जाने से 3 दिन पूर्व–20 मार्च, 1931 को–भगतसिंह, सुखदेव और राजगुरु ने पंजाब के गवर्नर को यह पत्र भेजकर माँग की थी कि उन्हें युद्धबन्दी माना जाये तथा फ़ाँसी पर लटकाये जाने के बजाय गोली से उड़ा दिया जाये।–स.

हमें फ़ाँसी देने के बजाय गोली से उड़ा दिया जाये।

20 मार्च, 1931

प्रति, गवर्नर पंजाब, शिमला

महोदय,

उचित सम्मान के साथ हम नीचे लिखी बातें आपकी सेवा में रख रहे हैं–

भारत की ब्रिटिश सरकार के सर्वोच्च अधिकारी वायसराय ने एक विशेष अध्यादेश जारी करके लाहौर षड्यन्त्र अभियोग की सुनवायी के लिए एक विशेष न्यायाधिकरण (ट्रिब्यूनल) स्थापित किया था, जिसने 7 अक्टूबर, 1930 को हमें फ़ाँसी का दण्ड सुनाया। हमारे विरुद्ध सबसे बड़ा आरोप यह लगाया गया है कि हमने सम्राट जॉर्ज पंचम के विरुद्ध युद्ध किया है।

न्यायालय के इस निर्णय से दो बातें स्पष्ट हो जाती हैं–

पहली यह कि अंग्रेज़ जाति और भारतीय जनता के मध्य एक युद्ध चल रहा है। दूसरे यह कि हमने निश्चित रूप में इस युद्ध में भाग लिया है, अतः हम युद्धबन्दी हैं।

यद्यपि इनकी व्याख्या में बहुत सीमा तक अतिशयोक्ति से काम लिया गया है, तथापि हम यह कहे बिना नहीं रह सकते कि ऐसा करके हमें सम्मानित किया गया है। पहली बात के सम्बन्ध में हम तनिक विस्तार से प्रकाश डालना चाहते हैं। हम नहीं समझते कि प्रत्यक्ष रूप में ऐसी कोई लड़ाई छिड़ी हुई है। हम नहीं जानते कि युद्ध छिड़ने से न्यायालय का आशय क्या है? परन्तु हम इस व्याख्या को स्वीकार करते हैं और साथ ही इसे इसके ठीक सन्दर्भ में समझाना चाहते हैं।

युद्ध की स्थिति

हम यह कहना चाहते हैं कि युद्ध छिड़ा हुआ है और यह लड़ाई तब तक चलती रहेगी जब तक कि शक्तिशाली व्यक्तियों ने भारतीय जनता और श्रमिकों की आय के साधनों पर अपना एकाधिकार कर रखा है–चाहे ऐसे व्यक्ति अंग्रेज़ पूँजीपति और अंग्रेज़ या सर्वथा भारतीय ही हों, उन्होंने आपस में मिलकर एक लूट जारी कर रखी है। चाहे शुद्ध भारतीय पूँजीपतियों के द्वारा ही निर्धनों का ख़ून चूसा जा रहा हो तो भी इस स्थिति में कोई अन्तर नहीं पड़ता। यदि आपकी सरकार कुछ नेताओं या भारतीय समाज के मुखियों पर प्रभाव जमाने में सफल हो जायें, कुछ सुविधाएँ मिल जायें, अथवा समझौते हो जायें, इससे भी स्थिति नहीं बदल सकती, तथा जनता पर इसका प्रभाव बहुत कम पड़ता है। हमें इस बात की भी चिन्ता नहीं कि युवकों को एक बार फिर धोखा दिया गया है और इस बात का भी भय नहीं है कि हमारे राजनीतिक नेता पथ-भ्रष्ट हो गये हैं और वे समझौते की बातचीत में इन निरपराध, बेघर और निराश्रित बलिदानियों को भूल गये हैं, जिन्हें दुर्भाग्य से क्रान्तिकारी पार्टी का सदस्य समझा जाता है। हमारे राजनीतिक नेता उन्हें अपना शत्रु समझते हैं, क्योंकि उनके विचार में वे हिंसा में विश्वास रखते हैं। हमारी वीरांगनाओं ने अपना सबकुछ बलिदान कर दिया है। उन्होंने अपने पतियों को बलिवेदी पर भेंट किया, भाई भेंट किये, और जो कुछ भी उनके पास था–सब न्योछावर कर दिया। उन्होंने

अपनेआप को भी न्योछावर कर दिया। परन्तु आपकी सरकार उन्हें विद्रोही समझती है। आपके एजेण्ट भले ही झूठी कहानियाँ बनाकर उन्हें बदनाम कर दें और पार्टी की प्रसिद्धि को हानि पहुँचाने का प्रयास करें. परन्तु यह युद्ध चलता रहेगा।

युद्ध के विभिन्न स्वरूप

हो सकता है कि यह लड़ाई भिन्न-भिन्न दशाओं में भिन्न-भिन्न स्वरूप ग्रहण करे। किसी समय यह लड़ाई प्रकट रूप ले ले, कभी गुप्त दशा में चलती रहे, कभी भयानक रूप धारण कर ले, कभी किसान के स्तर पर युद्ध जारी रहे और कभी यह घटना इतनी भयानक हो जाये कि जीवन और मृत्यु की बाज़ी लग जाये। चाहे कोई भी परिस्थिति हो, इसका प्रभाव आप पर पड़ेगा। यह आपकी इच्छा है कि आप जिस परिस्थिति को चाहें चुन लें, परन्तु यह लड़ाई जारी रहेगी। इसमें छोटी-छोटी बातों पर ध्यान नहीं दिया जायेगा। बहुत सम्भव है कि यह युद्ध भयंकर स्वरूप ग्रहण कर ले। पर निश्चय ही यह उस समय तक समाप्त नहीं होगा जब तक कि समाज का वर्तमान ढाँचा समाप्त नहीं हो जाता, प्रत्येक वस्तु में परिवर्तन या क्रान्ति समाप्त नहीं हो जाती और मानवी सृष्टि में एक नवीन युग का सूत्रपात नहीं हो जाता।

अन्तिम युद्ध

निकट भविष्य में अन्तिम युद्ध लड़ा जायेगा और यह युद्ध निर्णायक होगा। साम्राज्यवाद व पूँजीवाद कुछ दिनों के मेहमान हैं। यही वह लड़ाई है जिसमें हमने प्रत्यक्ष रूप में भाग लिया है और हम अपने पर गर्व करते हैं कि इस युद्ध को न तो हमने प्रारम्भ ही किया है और न यह हमारे जीवन के साथ समाप्त ही होगा। हमारी सेवाएँ इतिहास के उस अध्याय में लिखी जायेंगी जिसको यतीन्द्रनाथ दास और भगवतीचरण के बलिदानों ने विशेष रूप में प्रकाशमान कर दिया है। इनके बलिदान महान हैं। जहाँ तक हमारे भाग्य का सम्बन्ध है, हम जोरदार शब्दों में आपसे यह कहना चाहते हैं कि आपने हमें फ़ाँसी पर लटकाने का निर्णय कर लिया है। आप ऐसा करेंगे ही, आपके हाथों में शक्ति है और आपको अधिकार भी प्राप्त है। परन्तु इस प्रकार आप जिसकी लाठी उसकी भैंस वाला सिद्धान्त ही अपना रहे हैं–और आप उस पर कटिबद्ध हैं। हमारे अभियोग की सुनवायी इस बात को सिद्ध करने के लिए पर्याप्त है कि हमने कभी कोई प्रार्थना नहीं की और अब भी हम आपसे किसी प्रकार की दया की प्रार्थना नहीं करते। हम आपसे केवल यह प्रार्थना करना चाहते हैं कि आपकी सरकार के ही एक न्यायालय के निर्णय के अनुसार हमारे विरुद्ध युद्ध जारी रखने का अभियोग है। इस स्थिति में हम युद्धबन्दी हैं, अतः इस आधार पर हम

आपसे माँग करते हैं कि हमारे प्रति युद्धबन्दियों जैसा ही व्यवहार किया जाये और हमें फ़ाँसी देने के बदले गोली से उड़ा दिया जाये।

अब यह सिद्ध करना आपका काम है कि आपको उस निर्णय में विश्वास है जो आपकी सरकार के एक न्यायालय ने किया है। आप अपने कार्य द्वारा इस बात का प्रमाण दीजिए। हम विनयपूर्वक आपसे प्रार्थना करते हैं कि आप अपने सेना-विभाग को आदेश दे दें कि हमें गोली से उड़ाने के लिए एक सैनिक टोली भेज दी जाये।

भवदीय,

भगतसिंह, राजगुरु, सुखदेव

दि रिवोल्यूशनरी

हिन्दुस्तान रिपब्लिकन एसोसिएशन का यह घोषणापत्र दिसम्बर 1924 के आसपास शचीन्द्रनाथ सान्याल द्वारा लिखा गया था। 31 दिसम्बर 1924 की रात और 1 जनवरी 1925 के बीच इसे उत्तर भारत के लगभग सभी प्रमुख शहरों में वितरित किया गया था।—स.

हर इन्सान को निःशुल्क
न्याय चाहे वह
ऊँच हो या नीच
अमीर हो या ग़रीब
हरेक इन्सान को वास्तविक
समान अवसर, चाहे वह
ऊँच हो या नीच
अमीर हो ग़रीब
रिवोल्यूशनरी पार्टी ऑफ़ इण्डिया का मुखपत्र

पहली जनवरी, 1925

भाग 1

(हर एक ईमानदार हिन्दुस्तानी को इसे पूरा पढ़ना चाहिए और अपने दोस्तों के बीच बाँटना चाहिए)

भारतीय क्रान्तिकारी पार्टी का घोषणापत्र

"नये तारे के जन्म के लिए उथल-पुथल ज़रूरी है।" और जीवन पीड़ा और व्यथा के साथ जन्म लेता है। हिन्दुस्तान का भी एक नया जन्म हो रहा है और यह उस उथल-पुथल और पीड़ा के दौर से गुज़र रहा है जिससे बचा नहीं जा सकता है।

हिन्दुस्तानी जन अपनी नियत भूमिका अदा करेंगे और तब सारे अनुमान बेकार सिद्ध होंगे, सीधे-सादे और कमज़ोर लोगों से होशियारों और ताकतवरों के हाथ-पैर फूल जायेंगे, विशाल साम्राज्य चकनाचूर हो जायेंगे और नये राष्ट्रों का उदय होगा जो अपनी शान और महिमा से मानवता को स्तब्ध कर देंगे।

यह नयी शक्ति, जो दुनिया की जड़ों तक को हिला रही है, यह नया जोश जो पर्दे के पीछे चमत्कार कर रहा है, हिन्दुस्तान के युवा रक्त में भी प्रकट हो रहा है और एक आन्दोलन को आकार दे रहा है। इस आन्दोलन से बुद्धिमान और विद्वान नफरत करते और इसकी उपेक्षा करते हैं और इसे चन्द सिरफिरे लोगों के पागलपन भरे सपने कहा जाता है। यह अनोखा आन्दोलन नौजवान हिन्दुस्तान का क्रान्तिकारी आन्दोलन है। इस क्रान्तिकारी आन्दोलन ने नाजुक लोगों के होश उड़ा दिये हैं और बलवान तथा स्वस्थ को प्रेरित किया है। इसने दुनियाभर और ज्ञानी लोगों को हैरान कर दिया है। जिस तरह आने वाले बसन्त को रोका नहीं जा सकता है उसी तरह से इस आन्दोलन को कभी कुचला नहीं जा सकता। जब तक यह उस मिशन को पूरा नहीं कर लेता जिसके लिए उसने जन्म लिया है, तब तक यह मर नहीं सकता। अत्याचारी इसे दबायेंगे। अविश्वासी इस पर ताने कसेंगे और सम्भ्रान्त इसकी निन्दा करेंगे, लेकिन विचारों और सपनों को कभी भी तलवार से हराया नहीं जा सकता और जो उदात्त संवेग इसके अस्तित्व की गहराई से पैदा हो गया है, उसको कभी न तो अनदेखा किया जा सकता है और न ही हँसी में उड़ाया जा सकता है।

क्रान्तिकारी आन्दोलन उस नए जीवन की अभिव्यक्ति है जो राष्ट्र में जन्म ले चुका है। इस जीवन की निन्दा अपनी खुद की समझ की निन्दा करना है।

बीस साल का बेरहम दमन इसको कुचल नहीं पाया है। विख्यात जन-नेताओं द्वारा की गयी कठोर निन्दाएँ इसके बढ़ाव को रोक नहीं पायी हैं। क्रान्तिकारी पार्टी की सम्भावनाएँ जितनी उज्ज्वल आज हैं उतनी पहले कभी नहीं थीं। भविष्य सुनिश्चित है।

विदेशी शासकों के दमनकारी उपायों की निन्दा करने के लिए किसी भी भारतीय को इस क्रान्तिकारी पार्टी के अस्तित्व से इन्कार नहीं करना चाहिए। विदेशियों को भारत पर राज करने का कोई अधिकार नहीं है और इसलिए उनकी निन्दा करनी चाहिए और उनको निकाल बाहर करना चाहिए। बात यह नहीं कि उन्होंने हिंसा अथवा अपराध की कोई ख़ास कार्रवाई की है, विदेशी राज के कुछ स्वाभाविक परिणाम होते हैं। इस विदेशी राज को ख़त्म कर दिया जाना ज़रूरी है। भारत पर राज करने का उनका कोई औचित्य नहीं है सिवा तलवार के और इसलिए क्रान्तिकारी पार्टी ने तलवार उठा ली है। लेकिन क्रान्तिकारी पार्टी की तलवार पर विचारों की धार है।

राजनीति के क्षेत्र में क्रान्तिकारी पार्टी का फौरी उद्देश्य संगठित एवं सशस्त्र क्रान्ति के द्वारा भारत के मुक्त प्रान्तों के संघीय गणतन्त्र की स्थापना करना है। इस गणतन्त्र के संविधान को ऐसे समय अन्तिम रूप दिया और घोषित किया जायेगा जब भारत के प्रतिनिधियों के पास अपने फ़ैसले को अमल में लाने की शक्ति होगी। अलबत्ता, इस गणतन्त्र का मूलभूत सिद्धान्त सार्विक मताधिकार और ऐसी समस्त व्यवस्थाओं का उन्मूलन होगा जोकि मनुष्य द्वारा मनुष्य के शोषण को सम्भव बनाती हैं। अर्थात् रेलवे और परिवहन के दूसरे साधनों, खानों और इस्पात एवं जलयानों के विनिर्माण जैसे दूसरी तरह के बड़े-बड़े उद्योगों आदि का राष्ट्रीयकरण कर दिया जायेगा। इस गणतन्त्र में निर्वाचकों के पास अपने प्रतिनिधियों को ज़रूरत पड़ने पर वापस बुलाने का अधिकार होगा, ऐसा नहीं होने पर जनतन्त्र मख़ौल बनकर रह जायेगा। इस गणतन्त्र में विधायिका के पास कार्यपालिका को नियन्त्रित करने और आवश्यकता उत्पन्न होने पर उसे बदल देने का अधिकार होगा।

क्रान्तिकारी पार्टी राष्ट्रीय नहीं अपितु इन अर्थों में अन्तर्राष्ट्रीय है कि उसका अन्तिम उद्देश्य विभिन्न राष्ट्रों के भाँति-भाँति के हितों का सम्मान और उनकी गारण्टी के द्वारा दुनिया में मेल-मिलाप कायम करना है। इसका मक़सद विभिन्न राष्ट्रों और राज्यों के बीच प्रतियोगिता नहीं वरन सहयोग है और इस लिहाज़ से यह गौरवशाली अतीत के महान भारतीय ऋषियों और आधुनिक युग के बोल्शेविक रूस के पदचिह्नों का अनुसरण करती है। भारतीय क्रान्तिकारियों के लिए मानवता की भलाई बेकार के एवं खोखले शब्द नहीं हैं। लेकिन कमज़ोर कायर और शक्तिहीन अपनी या मानवता की कोई भलाई नहीं कर सकते।

साम्प्रदायिक प्रश्न के सम्बन्ध में क्रान्तिकारी पार्टी का विचार है कि विभिन्न समुदायों को उनकी माँग के अनुसार अधिकार प्रदान कर दिये जायें बशर्ते कि वे दूसरे समुदायों के हितों से न टकराते हों और निकट भविष्य में वे अन्ततोगत्वा विभिन्न समुदायों के बीच दिली और जैविक एकता की ओर ले जाते हों।

आर्थिक एवं सामाजिक कल्याण के क्षेत्र में पार्टी यथासम्भव बड़े से बड़े पैमाने पर सहयोग की भावना को बढ़ावा देगी। निजी एवं असंगठित कारोबारी उपक्रमों की बजाय पार्टी सहकारी यूनियन को तरजीह देती है।

आत्मिक क्षेत्र में पार्टी का उद्देश्य सत्य की स्थापना करना और इस बात का प्रचार-प्रसार करना है कि दुनिया माया-मोह नहीं है जिसे कि दरकिनार कर दिया जाये और जिससे नफरत की जाये, वरन यह एक ही आत्मा की अभिव्यक्ति है जोकि समस्त शक्ति, समस्त ज्ञान और समस्त सौन्दर्य का सर्वोपरि स्रोत है।

क्रान्तिकारी पार्टी के पास अपनी स्वयं की नीति और अपना स्वयं का कार्यक्रम

है। सुस्पष्ट कारणों से यह अपनी समस्त गोपनीय बातों को प्रकट नहीं कर सकती। परन्तु जब यह बिल्कुल निश्चित हो जायेगा कि सरकार हमारे अपने लोगों से ज़्यादा जानती है तो जनसाधारण को भी बेहिचक उसकी योजना और तौर-तरीक़ों के बारे में जानकारी दे दी जायेगी।

यह क्रान्तिकारी पार्टी कांग्रेस और उसके विभिन्न दलों के साथ सम्भव होने पर सहयोग और आवश्यकता पड़ने पर विलगाव की नीति का अनुसरण करती है। अलबत्ता यह पार्टी इस देश में समस्त संवैधानिक आन्दोलन को नफरत और उपेक्षा की नज़र से देखती है। यह कहना हास्यास्पद है कि भारत की मुक्ति संवैधानिक उपायों के ज़रिये हासिल की जा सकती है जहाँ पर कि किसी संविधान का अस्तित्व ही नहीं है। यह कहना आत्मप्रवंचना है कि भारत की राजनीतिक स्वतन्त्रता को शान्तिपूर्ण एवं वैध तरीक़ों से हासिल किया जा सकता है। जब दुश्मन अपनी सुविधा के अनुसार शान्ति को भंग कर देने के लिए कटिबद्ध है तो "वैध" की सुन्दर उक्ति उस समय अपना समस्त आकर्षण और महत्त्व गँवा बैठती है जब हम अपने से हर क़ीमत पर शान्ति बनाये रखने की प्रतिज्ञा करते हैं।

हमारे जन-नेता दो-टूक शब्दों में यह कहने में हिचकिचाते हैं कि भारत विदेशी नियन्त्रण से मुक्त पूर्ण स्वायत्तता चाहता है। सम्भवतः वे इस तथ्य से अनजान हैं कि महान आदर्शों की प्रेरणा के ज़रिये राष्ट्र जन्म लेते हैं। यह आत्मिक आदर्श को, जोकि पूर्ण स्वायत्तता की भावना को स्वीकार करने से हिचकिचाता है, शायद ही आत्मिक कहा जा सकता होय हालाँकि बहुत सम्भव है कि एक नज़र में वे बेहद उदात्त जान पड़े। अब समय आ गया है कि बेलाग-लपेट ढंग से सच कहा जाये और राष्ट्र के सम्मुख ऐसे आदर्श रखे जायें जिन्हें वास्तव में आदर्श कहा जा सकता है।

हमारा आदर्श संगठित तरीक़े से मानवता की सेवा करना है। भारत इस आदर्श को मूर्त रूप प्रदान नहीं कर सकता क्योंकि वह बन्धन या गुलामी की अवस्था में बना हुआ है। भारत के ब्रिटिश भारत बने रहने तक इस आदर्श को कदापि प्राप्त नहीं किया जा सकता। भारत अपने आदर्श को मूर्त रूप दे सके इसके लिए उसका पृथक और स्वतन्त्र अस्तित्व बहुत ज़रूरी है। इस स्वतन्त्रता को कभी भी शान्तिपूर्ण एवं संवैधानिक तरीक़ों से हासिल नहीं किया जा सकता। कोई बच्चा भी इस बात को समझ सकता है कि ब्रिटिश भारत का शासन चलाने वाले क़ानून भारतीयों द्वारा नहीं बनाये जाते और न ही उनके ऊपर उनका कोई नियन्त्रण ही हो सकता है। ब्रिटिश भारत को कभी भी ब्रिटिश क़ानून और संविधान के ज़रिये कभी भी युक्त प्रान्तों के संघीय गणतन्त्र में रूपान्तरित नहीं किया जा सकता। भारत के युवाओं, अपने भ्रमों को दूर भगाओ और मज़बूत हृदय से वास्तविकता का सामना करो और

संघर्ष कठिनाइयों एवं कुर्बानियों से बचो नहीं। जो होना है वह होकर रहेगा। अब और गुमराह नहीं होना है। आप शान्तिपूर्ण एवं वैध तरीक़े से शान्ति हासिल नहीं कर सकते। महान अंग्रेज़ लेखक श्री रॉबर्ट्सन ये स्मरणीय शब्द भारत के बुद्धिमान लोगों को और भी ज़्यादा समझदार बनाने का काम कर सकते हैंरू

"सुधार का आन्दोलन और कार्यक्रम मुख्यतया आयरिश और प्रोटेस्टेण्ट नेताओं की उपलब्धि थाय जिनके आगे ब्रिटिश वक्तव्य ने यह घातक रहस्य उजागर किया कि इंग्लैण्ड को धकियाया तो जा सकता है लेकिन उसे तर्क व विवेक से न्याय एवं उदारता के पक्ष में नहीं खड़ा किया जा सकता" इंग्लिश अण्डर हैनोवेरियंस, पृष्ठ 197)।

भारतीय जन-नेताओं को अभी भी इस घातक रहस्य की जानकारी नहीं या फिर वे जानबूझकर मूर्ख बने हुए हैं।

भारत के समझदार लोगों का कहना है कि इस बात की आशा पालना बेतुका है कि भारत को हथियारों की ताक़त से आजाद कराया जा सकता है, हालाँकि वे यह भूल जाते हैं कि यह मान लेना उतना ही या उससे भी ज़्यादा बेतुका है कि मुट्ठीभर अंग्रेज़ों ने हथियारों के दम पर समूची मानव जाति के पाँचवें हिस्से को अपने अधीन बनाकर रखा है। आगे आने वाली पीढ़ी बहुत सम्भव है कि इस तथ्य की प्रामाणिकता पर सन्देह करे कि मुट्ठीभर अंग्रेज़ों ने भारत के ऊपर एक शताब्दी तक शासन भी किया है; यह बात इतनी तो अकल्पनीय है।

आतंकवाद और अराजकतावाद के बारे में कुछ शब्द और। आज ये शब्द भारत में सर्वाधिक क्षतिकारक भूमिका अदा कर रहे हैं। इन शब्दों को निरपवाद रूप से क्रान्ति का सन्दर्भ आने पर ग़लत ढंग से प्रयुक्त किया जाता है क्योंकि इन नामों की आड़ में क्रान्तिकारियों की भर्त्सना करना बहुत सुविधाजनक होता है। भारतीय क्रान्तिकारी न तो आतंकवादी हैं और न ही अराजकतावादी। इस देश में अराजकता फैलाना कभी भी उनका उद्देश्य नहीं रहा है और यही कारण है कि उन्हें कभी भी अराजकतावादी नहीं कहा जा सकता। आतंकवाद कभी भी उनका लक्ष्य नहीं रहा और उन्हें आतंकवादी नहीं कहा जा सकता। वे यह नहीं मानते कि अकेला आतंकवाद ही आज़ादी दिला सकता है और वे आतंकवाद के लिए आतंकवाद नहीं चाहते, हालाँकि यह सम्भव है कि वे समय-समय पर प्रतिकार के बहुत ही प्रभावी साधन के रूप में इस तरीक़े को काम में ले आयें। मौजूदा सरकार का अस्तित्व सिर्फ़ इसलिए क़ायम है कि विदेशी लोग भारतीय जनता को आतंकित करने में सफल रहे हैं। भारतीय जनता अपने अंग्रेज़ मालिकों से प्रेम नहीं करती, वह नहीं चाहती है कि वे यहाँ बने रहें, लेकिन वह अंग्रेज़ों के साथ सहयोग सिर्फ़ इसलिए करती है कि वह उनसे बुरी तरह से डरी हुई है और यही वह डर है जोकि भारतीयों को क्रान्तिकारियों के साथ सहयोग करने से रोकता है, ऐसा नहीं है कि वे उन्हें प्यार नहीं करते।

सरकारी आतंकवाद का जवाब प्रति आतंकवाद से दिया जाना तय है। हमारे समाज के प्रत्येक संस्तर में पूरी तरह से बेचारगी की भावना व्याप्त है और समाज में समुचित जज़्बे की बहाली के लिए आतंकवाद प्रभावी उपाय है, जिसके बगैर प्रगति मुश्किल होगी। इसके अलावा अंग्रेज़ मालिकों और उनके किराये के टट्टुओं को कभी भी निर्बाध ढंग से मनमानी करने की इजाज़त नहीं दी जा सकती। उनके रास्ते में हरसम्भव कठिनाई और प्रतिरोध खड़ा करना होगा। आतंकवाद का अन्तर्राष्ट्रीय प्रभाव भी होता है, क्योंकि इंग्लैण्ड के उत्कट शत्रु आतंकवाद और क्रान्तिकारी प्रदर्शनों के ज़रिये फ़ौरन भारत की ओर उन्मुख होते हैं, और क्रान्तिकारी पार्टी वर्तमान आन्दोलन में इस उग्र अभियान में शामिल होने से जानबूझकर खुद को बचाये हुए है, इसका कारण बस यह है कि पार्टी निर्णायक प्रहार करने के लिए इन्तज़ार कर रही है।

यह स्थिति तो तब है जबकि विदेशी सरकार के एजेण्टों ने उसकी माताओं एवं बहिनों की मर्यादा भंग करके उकसावे की बड़ी-बड़ी कार्रवाइयाँ की हैं। अलबत्ता, समय आने पर पार्टी आतंकवाद के बेतहाशा अभियान में शामिल होने से हिचकिचायेगी नहीं, ऐसा होने पर ऐसे प्रत्येक अधिकारी और व्यक्ति का जीवन असहय बना दिया जायेगा, जोकि विदेशी शासकों की किसी भी रूप में मदद करेंगे फिर वे चाहे भारतीय हों या यूरोपीय, ऊपरी दर्जे के हों या निचले दर्जे के। लेकिन उस स्थिति में भी पार्टी कभी भी यह नहीं भूलेगी कि आतंकवाद लक्ष्य नहीं है और वे निरन्तर ऐसे निस्स्वार्थ एवं समर्पित कार्यकर्ताओं के दल संगठित करने की कोशिश करते रहेंगे जोकि अपने देश की राजनीतिक एवं सामाजिक मुक्ति के लिए अपनी पूरी ऊर्जा झोंक देंगे।

वे सदैव यह याद रखेंगे कि राष्ट्र-निर्माण के लिए हज़ारों ऐसे गुमनाम स्त्री-पुरुषों के आत्मबलिदान की आवश्यकता पड़ती है जोकि अपने खुद के आराम या स्वार्थ अपने स्वयं के जीवन या अपने प्रियजनों के जीवन के मुक़ाबले अपने देश के विचार की अधिक परवाह करते हैं।

ह. वी.के.
अध्यक्ष, केन्द्रीय परिषद
भारत की क्रान्तिकारी पार्टी

हिन्दुस्तान रिपब्लिकन एसोसिएशन का संविधान

1925 की फाइल न. 375, गृह विभाग (राजनीतिक), भारत सरकार (एनएआई)।

1924 के आख़िर में शचीन्द्रनाथ सान्याल द्वारा तैयार किया गया। इसे पीले काग़ज़ पर मुद्रित किया गया था और यही कारण है कि इसका उल्लेख आमतौर पर 'येलो पेपर' के नाम से किया जाता है।—स.

नाम : एसोसिएशन का नाम हिन्दुस्तान रिपब्लिकन एसोसिएशन होगा।

उद्देश्य : एसोसिएशन का उद्देश्य संगठित एवं सशस्त्र क्रान्ति के द्वारा भारत के संयुक्त प्रान्तों का संघबद्ध गणतन्त्र स्थापित करना होगा।

गणतन्त्र के संविधान का अन्तिम स्वरूप का निर्धारण और घोषणा जन प्रतिनिधियों के द्वारा उस समय की जायेगी जबकि वे अपने फ़ैसलों को क्रियान्वित करने की स्थिति में होंगे। गणतन्त्र का मूलभूत सिद्धान्त सार्विक मताधिकार और ऐसी समस्त व्यवस्थाओं का उन्मूलन होगा जोकि किसी भी प्रकार के मनुष्य द्वारा मनुष्य के शोषण को सम्भव बनाती हैं।

संविधान : संचालन समिति/एसोसिएशन की संचालन समिति भारत के प्रत्येक प्रान्त के प्रतिनिधियों से मिलकर बनी केन्द्रीय परिषद होगी। केन्द्रीय परिषद के फ़ैसलों को पूरा अधिकार प्राप्त होगा।

केन्द्रीय परिषद का प्रमुख कार्य विभिन्न प्रान्तों की गतिविधियों पर निगरानी रखना, उनके बीच तालमेल और समन्वय क़ायम करना होगा, जिसके बारे में उसे पूरी जानकारी होगी। भारत के बाहर दूसरे देशों में किये जाने वाले कामों को सीधे केन्द्रीय परिषद की देखरेख में किया जायेगा।

प्रान्तीय संगठन : एक समिति होगी जोकि प्रत्येक प्रान्त में एसोसिएशन के पाँच भिन्न-भिन्न विभागों का प्रतिनिधित्व करने वाले पाँच लोगों से मिलकर बनी होगी, जोकि प्रान्त में एसोसिएशन की समस्त गतिविधियों का नियमन करेगी।

समिति के समस्त फ़ैसले सर्वानुमति से लिये जायेंगे।

विभाग–प्रत्येक प्रान्तीय संगठन में निम्नलिखित विभाग होंगे :

1. प्रचार
2. लोगों को जुटाना
3. निधियों की व्यवस्था करना और आतंकवाद
4. अस्त्र-शस्त्र एवं गोला-बारूद का संग्रह एवं भण्डारण
5. विदेशी सम्बन्ध
6. प्रचार का काम इस प्रकार से किया जायेगा:

(ए) खुले एवं गुप्त प्रेस के द्वारा (बी) व्यक्तिगत वार्तालाप के ज़रिये (सी) सार्वजनिक मंचों के ज़रिये (डी) संगठित कथाओं की व्यवस्था के ज़रिये और (ई) मैजिक लैण्टर्न स्लाइड्स के ज़रिये।

2. लोगों को जुटाने का काम विभिन्न ज़िलों के प्रभारी संगठनकर्ताओं द्वारा किया जायेगा।

3. निधियों की व्यवस्था करने का काम आमतौर पर स्वैच्छिक चन्दे के उपाय को काम में लाकर किया जायेगा और यदा-कदा जबरन उगाही के उपाय को काम में लाया जायेगा। विदेशी सरकार के एजेण्ट या एजेण्टों द्वारा दमन के अतीव मामलों में एसोसिएशन का यह कर्तव्य होगा कि वह जिस भी रूप में ठीक समझे उसका प्रतिकार करे।
4. एसोसिएशन के हर सदस्य को शस्त्र सज्जित करने के लिए समस्त प्रयास किये जायेंगे; लेकिन इस तरह के सभी हथियारों को विभिन्न केन्द्रों पर रखा जायेगा और उनका उपयोग केवल प्रान्तीय समिति के दिशा-निर्देशों के अनुसार ही किया जायेगा।

   जिला संगठनकर्ता या विभाग के प्रभारी अधिकारी की जानकारी और अनुमति के बगैर एक भी हथियार ज़िले के किसी भी स्थान से हटाया या उपयोग में नहीं लाया जायेगा।
5. विदेशी सम्बन्ध। विभाग केन्द्रीय समिति से मिलने वाले सीधे आदेशों के तहत अपने काम को पूरा करेगा।

जिला संगठनकर्ता-उसके कर्तव्य

जिला संगठनकर्ता अपने ज़िले के सदस्यों का अकेला प्रभारी होगा। वह अपने ज़िले के प्रत्येक हिस्से में अपने एसोसिएशन की शाखाएँ खोलने की कोशिश करेगा। भरती का काम प्रभावी तरीके से चलाने के लिए उसे अपने ज़िले के विभिन्न सार्वजनिक निकायों और संस्थाओं के साथ सम्पर्क बनाये रखना होगा। जिला संगठनकर्ताओं को हर प्रकार से प्रान्तीय समिति के अधीन रखा जायेगा जोकि समस्त गतिविधियों की निगरानी और निर्देशन करेगी।

जिला संगठनकर्ता यह सुनिश्चित करेगा कि सदस्यगण अलग-अलग समूहों में विभाजित हों और विभिन्न समूहों को एक-दूसरे के बारे में जानकारी न हो। जहाँ तक सम्भव है कि किसी भी प्रान्त के जिला संगठनकर्ता एक-दूसरे की गतिविधियों से अवगत न हों, उन्हें एक-दूसरे को व्यक्तिगत रूप से या नाम से भी नहीं जानना चाहिए। कोई भी जिला संगठनकर्ता अपने से बड़े अधिकारी को सूचना दिये बगैर अपनी जगह को नहीं छोड़ेगा।

जिला संगठनकर्ता की योग्यताएँ

1. उसके पास अलग-अलग मिजाज के लोगों को दिशा-निर्देश देने और उनसे काम लेने की कुशलता और योग्यता होनी चाहिए।

2. उसके पास अपनी मातृभूमि के विशेष सन्दर्भ में सम-सामयिक राजनीतिक, सामाजिक और आर्थिक समस्याओं को समझने की क्षमता होनी चाहिए।
3. उसे भारत द्वारा विकसित की गयी सभ्यता-विशेष के विशिष्ट सन्दर्भ में भारत के इतिहास की मूल भावना को आत्मसात करने में सक्षम होना चाहिए।
4. स्वतन्त्र भारत के जीवन लक्ष्य और मंजिल को लेकर उसे अवश्य ही आस्थावान होना चाहिए, जोकि मनुष्य की आत्मिक एवं भौतिक दोनों प्रकार की गतिविधियों के विभिन्न क्षेत्रों में सामंजस्य क़ायम करती है। उसे अवश्य ही साहसी और आत्मबलिदान के जज़्बे से परिपूर्ण होना चाहिए जिसके बिना उसके समस्त देदीप्यमान गुणों का कोई मोल नहीं होगा।

प्रान्तीय परिषद और केन्द्रीय परिषद

प्रान्तीय समिति और केन्द्रीय समिति के सदस्यों को यह सुनिश्चित करना होगा कि उसके एसोसिएशन के प्रत्येक सदस्य को अपनी व्यक्तिगत योग्यताओं को विकसित करने और उसे काम में लाने की पूरी स्वतन्त्रता और विपुल अवसर मिले, इसके बगैर एसोसिएशन विघटित होने की ओर प्रवृत्त होगा।

कार्यक्रम

एसोसिएशन की समस्त गतिविधियों को दो हिस्सों—सार्वजनिक एवं निजी—में बाँटा जायेगा।

सार्वजनिकः

1. क्लबों, पुस्तकालयों, सेवा समितियों आदि की शक्ल में एसोसिएशनों की स्थापना करना।
2. मज़दूरों और किसानों का संगठन बनाना। विभिन्न फ़ैक्टरियों, रेलवे और कोयला क्षेत्रों में मज़दूरों को संगठित और नियन्त्रित करने के लिए एसोसिएशन की तरफ़ से उपयुक्त व्यक्तियों को लगाया जाना चाहिए और उनके दिलो-दिमाग में इस बात को बैठा देना होगा कि वे क्रान्ति के लिए नहीं हैं वरन यह कि क्रान्ति उनके लिए है। इसी प्रकार से किसानों को भी संगठित करना होगा।
3. स्वतन्त्र भारतीय गणतन्त्र के विचार को प्रचारित करने के लिए प्रत्येक प्रान्त में साप्ताहिक अख़बार शुरू करने होंगे।
4. समसामयिक घटनाक्रम और विदेशों में प्रचलित विचारों के प्रवाह से जनसाधारण को अवगत कराने के लिए पुस्तिकाओं और परचों का प्रकाशन।

5. कांग्रेस और दूसरी सार्वजनिक गतिविधियों को जहाँ तक हो सके प्रभावित करना और उसे अपने उपयोग में लाना।

निजीः

1. गुप्त प्रेस की स्थापना करना और उसके ज़रिये ऐसे साहित्य को प्रकाशित करना जिसे कि आसानी से खुले में न प्रकाशित किया जा सकता हो।
2. इस प्रकार के साहित्य को प्रसारित करना।
3. देश के प्रत्येक भाग में ज़िलेवार ढंग से इस एसोसिएशन की शाखाएँ स्थापित करना।
4. जिस भी तरीक़े से सम्भव हो पैसों की व्यवस्था करना।
5. उपयुक्त लोगों को दूसरे देशों में भेजना जहाँ पर वे सैनिक या वैज्ञानिक प्रशिक्षण प्राप्त कर सकते हों ताकि वे खुले विद्रोह के समय पर सेनाओं एवं आयुध फ़ैक्टरियों की कमान सँभालने के लिए सैन्य या वैज्ञानिक विशेषज्ञ हासिल कर सकें।
6. हथियारों एवं गोला-बारूद का आयात करना और इसके अलावा जहाँ तक सम्भव हो उनका देश के भीतर ही निर्माण करना।
7. भारत के बाहर के भारतीय क्रान्तिकारियों के साथ निकट सम्पर्क बनाये रखना और उनके साथ सहयोग करना।
8. एसोसिएशन के सदस्यों को मौजूदा सेना में सूचीबद्ध करना।
9. कभी-कभार के प्रतिकारी उपायों और प्रचार के द्वारा अपने ध्येय के प्रति जनता की हमदर्दी हासिल करना और इस प्रकार हमदर्दों के दल का निर्माण करना।

सभी सदस्यों को प्रत्येक प्रान्त के विभिन्न ज़िलों के प्रभारी संगठनकर्ताओं द्वारा भरती किया जायेगा। प्रत्येक सदस्य को अपना पूरा समय एसोसिएशन के कामों को देने और ज़रूरत पड़ने पर अपनी जान को जोखिम में डालने के लिए तैयार रहना होगा।

उसे जिला संगठनकर्ता के आदेशों का अक्षरशः पालन करना होगा।

उसे अपनी स्वयं की पहलक़दमी का विकास करना चाहिए और यह याद रखना चाहिए कि एसोसिएशन की सफलता उसके एक-एक सदस्यों की सूझबूझ, पहलक़दमी और दायित्वबोध पर काफ़ी कुछ निर्भर करती है।

उसका व्यवहार इस प्रकार का होना चाहिए कि जोकि उसे ध्येय के बारे में पूर्वाग्रह न क़ायम करे जिसके लिए उसका एसोसिएशन लगा हुआ है और इस संगठन को प्रत्यक्ष या परोक्ष रूप से नुक़सान पहुँचाने वाले व्यवहार से दूर रहना चाहिए।

जिला संगठनकर्ता की सहमति के बगैर इस एसोसिएशन का कोई भी सदस्य किसी भी दूसरे संगठन से सम्बन्ध नहीं रख सकेगा।

कोई भी सदस्य जिला संगठनकर्ता को बताये बगैर अपनी जगह को नहीं छोड़ेगा।

प्रत्येक सदस्य को इस बात की भरसक कोशिश करनी होगी कि वह पुलिस या जनता की निगाह में क्रान्तिकारी जमात से सम्बन्ध रखने के लिए सन्देह के घेरे में न आ जाये।

प्रत्येक सदस्य को यह याद रखना होगा कि उसका अपना व्यवहार और गलतियाँ समूचे संगठन को विनष्ट करने की ओर ले जा सकती हैं।

कोई भी सदस्य जहाँ तक उसके सार्वजनिक जीवन का सम्बन्ध है, जिला संगठनकर्ता से कुछ भी नहीं छिपायेगा।

गद्दारी करने वाले सदस्यों को निष्कासन या मौत के द्वारा दण्डित किया जायेगा।

दण्ड देने का अधिकार पूरी तरह से 'प्रा. स.' के पास होगा।

गाँधीजी के नाम शचीन्द्रनाथ सान्याल का खुला पत्र

मैं समझता हूँ कि यह मेरा दायित्व है कि मैं आपको उस वादे की याद दिलाऊँ जिसे कि आपने कुछ समय पहले किया था कि जब क्रान्तिकारी एक बार फिर अपनी चुप्पी तोड़कर भारतीय राजनीति के क्षेत्र में दाख़िल होंगे तो आप राजनीति के क्षेत्र से संन्यास ले लेंगे। अहिंसावादी असहयोग आन्दोलन का प्रयोग अब ख़त्म हो चुका है। आप अपने प्रयोग के लिए पूरा एक साल चाहते थे, लेकिन प्रयोग अगर पाँच नहीं तो कम से कम पूरे चार सालों तक चला, और क्या अभी भी आप यह कहना चाहते हैं कि यह काफ़ी लम्बे समय तक नहीं चला है?

आप वर्तमान युग के महानतम व्यक्तित्वों में से एक हैं और आपके प्रत्यक्ष मार्गदर्शन एवं प्रेरणा के तहत आपके कार्यक्रम को वास्तव में एक या दूसरे कारण से देश के सर्वश्रेष्ठ लोगों द्वारा आगे बढ़ाया गया। हज़ारों नौजवानों, हमारे देश के युवाओं ने आपके कल्ट (व्यक्ति-पूजा) को अपने समूचे उत्साह से गले लगाया। व्यवहार में समूचे राष्ट्र ने आपके आह्वान का उत्तर दिया। यह कहना ग़लत नहीं होगा कि जनता की यह प्रतिक्रिया चमत्कारिक नहीं तो असाधारण अवश्य थी। इससे अधिक आप क्या चाहते? आपके अनुयायियों में बलिदान और ईमानदारी की कमी न थी, सर्वाधिक स्वार्थी पेशेवर लोगों ने अपने पेशों का त्याग कर दिया, देश के युवाओं ने अपनी समस्त सांसारिक सम्भावनाओं का त्याग करके आपके झण्डे तले एकत्रित शक्तियों में शामिल हो गये, रुपये-पैसे की आमद नहीं होने से हज़ारों

परिवार कंगाल हो गये। पैसे की कमी न थी। आप एक करोड़ रुपया चाहते थे और आपको उससे अधिक मिला जितना कि आप चाहते थे। वस्तुतः अगर मैं कहूँ कि आपके आह्वान का प्रत्युत्तर स्वयं आपकी उम्मीद से भी अधिक था तो सम्भवतः मैं बहुत ग़लत नहीं होऊँगा। मैं यह कहना चाहूँगा कि भारत ने अपनी योग्यता के अनुसार भरसक आपका अनुसरण किया और मैं समझता हूँ कि इस बात से शायद ही इन्कार किया जा सके और अभी भी आप यह कहना चाहते हैं कि प्रयोग पर्याप्त समय तक नहीं चला?

दरअसल, आपका कार्यक्रम विफल रहा है जिसमें भारतीयों की कोई ग़लती नहीं है। आपके पास देश के लिए केवल एक कार्यक्रम है लेकिन आप विजयी लक्ष्य तक राष्ट्र को नहीं ले जा सकते। यह कहना कि अहिंसक असहयोग इसलिए विफल रहा कि लोग पर्याप्त मात्रा में अहिंसक नहीं थे, वकील की भाँति तर्क करना है न कि पैगम्बर की भाँति। लोग उससे अधिक अहिंसक नहीं हो सकते जितना कि पिछले कुछ वर्षों के दौरान रहे हैं। मैं यह कहना चाहूँगा कि वे उस हद तक अहिंसक थे, जहाँ से कायरता की बू आती है। आप सम्भवतः यह कहेंगे कि यह वह अहिंसा, कायरों की अहिंसा नहीं थी जोकि आपका अभीष्ट थी। बल्कि आपके कार्यक्रम में वह बात ही नहीं थी जोकि कायरों को नायकों में रूपान्तरित कर पाती या जो नायकों के समूहों के बीच से कायरों का पता लगाकर अन्ततोगत्वा उन्हें ख़ारिज कर देती। इसमें जनता की कोई ग़लती नहीं थी। और यह कहना कि असहयोग आन्दोलन में शामिल लोगों की बहुसंख्या नायकों की नहीं वरन कायरों की थी, ज़िम्मेदारियों से पल्ला झाड़ना है। यह कहना राष्ट्र के पौरुष के साथ खिलवाड़ करने जैसा कहीं अधिक है। भारतीय कायर नहीं हैं। उनकी बहादुरी की तुलना हमेशा ही विश्व के सर्वश्रेष्ठ नायकों की बहादुरी के साथ की जा सकेगी। इस बात से इन्कार करना इतिहास से इन्कार करना है। जब मैं भारतीयों की वीरता की बात करता हूँ तो मेरा मतलब गौरवशाली अतीत की जाज्वल्यमान वीरता से ही नहीं होता वरन मैं उस वीरता को भी शामिल करता हूँ जोकि स्वयं को वर्तमान में प्रकट कर रही है क्योंकि भारत में अभी भी मुरदे नहीं बसते।

भारत को गुरु गोबिन्द सिंह या गुरु रामदास और शिवाजी जैसे नेता की तरह असली नेता की आवश्यकता है। भारत को एक कृष्ण की आवश्यकता है जोकि उचित आदर्श प्रदान कर सकेय जिसका अनुसरण अकेले भारत ही नहीं वरन सारी मानवता द्वारा इस मानवता के विविध मिजाजों एवं क्षमताओं वाले सभी सदस्यों द्वारा किया जाना वाला हो।

अहिंसक असहयोग आन्दोलन इसलिए नहीं विफल हुआ कि यत्र-तत्र दबी

हुई भावनाएँ फूट पड़ीं वरन इसलिए विफल हुआ कि आन्दोलन के पास उचित आदर्श का अभाव था। आपके द्वारा बताया जाने वाला आदर्श भारतीय संस्कृति एवं परम्पराओं के अनुरूप नहीं है। उसमें नकल की बू आती है। अहिंसा का आपका दर्शन, कम से कम वह दर्शन जिसे आप लोगों को स्वीकार करने के लिए कहते हैं, हताशा से उपजा हुआ दर्शन है। यह भारतीय ऋषियों की अहिंसा की भावना नहीं है। यह टॉलस्टायवाद और बौद्ध-धर्म का अपूर्ण भौतिक मिश्रण है न कि पूरब और पश्चिम का रासायनिक मिश्रण। आपने कांग्रेसों एवं सम्मेलनों की पश्चिमी पद्धति को अपनाया और देश-काल से निरपेक्ष रहकर अहिंसा की भावना को स्वीकार करने के लिए समूचे राष्ट्र को तैयार करने की कोशिश की। लेकिन यह भावना भारतीयों के लिए में व्यक्तिगत साधना का मामला था। और सर्वोपरि तौर पर भारत के अन्तिम राजनीतिक लक्ष्य की बाबत आपकी समझ साफ़ नहीं थी और भी अस्पष्ट बनी हुई है। यह दुखद स्थिति है। स्वतन्त्रता का आपका विचार भारतीय आदर्शों से मेल नहीं खाता है। भारत सर्वम परवश्म दुखम् सर्वमत्वमसम सुखम और इस आदेश की हिमायत करता है कि व्यक्ति का अस्तित्व पूर्णतया मानवता के उद्देश्य के लिए होता है और मानवता के ज़रिये ईश्वर की सेवा होती है, जगताथित्मच, कृष्णमा च। वह अहिंसा जिसका भारत उपदेश देता है अहिंसा के लिए अहिंसा नहीं है, वरन मानवता की भलाई के लिए अहिंसा है और जब मानवता की भलाई हिंसा और रक्त-पात की माँग करेगी तो भारत ख़ून बहाने से उसी प्रकार नहीं हिचकिचायेगा जिस प्रकार से शल्यक्रिया से ख़ून बहाने की आवश्यकता उत्पन्न कर देती है। आदर्श भारतीय के लिए हिंसा या अहिंसा का एक जैसा महत्त्व होता है, बशर्ते कि उनसे अन्ततोगत्वा मानवता की भलाई होती हो। विनाशाय च दुष्कृताम् व्यर्थ में ही नहीं कहा गया है।

अतएव मेरे विचार में आपके द्वारा राष्ट्र के सम्मुख रखा गया आदर्श या आपके द्वारा उसके सामने प्रस्तुत किया गया कार्रवाई का कार्यक्रम न तो भारतीय संस्कृति के अनुरूप है और न ही राजनीतिक कार्यक्रम के तौर पर अमल में लाने योग्य।

यह सोचना बस अकल्पनीय और अबोधगम्य है कि आप अभी भी थोड़ी-बहुत यह आशा पाले हुए हैं कि इंग्लैण्ड अपनी स्वयं की इच्छा से न्यायपूर्ण और उदार हो सकता है—यह इंग्लैण्ड 'जोकि आत्मरक्षा के वैध उपाय के तौर पर जलियाँवाला बाग नरसंहार' में यक़ीन करता है, यह जिसने इंग्लैण्ड ओडायर—नायर मामले की सुनवायी की और बर्बरता के पक्ष में फ़ैसला सुनाया। अगर आप के मन में ब्रिटिश सरकार की सद्‌बुद्धि में लेशमात्र भी आस्था बची हुई है तो आपके अनुसार किसी कार्यक्रम की आवश्यकता ही आख़िर क्या है? अगर ब्रिटिश सरकार को होश में लाने के लिए किसी आन्दोलन की आवश्यकता है, तो फिर ब्रिटिश सरकार की ईमानदारी

और नेक इरादों की बात क्यों की जाये? मुझे लगता है कि आपके भीतर का पैगम्बर मर चुका है और आप एक बार फिर कमज़ोर मामले की पैरवी करने वाले वकील हैं; या सम्भवतः आप हमेशा से भाष्यकार रहे हैं—केवल अर्द्ध-सत्यों के—जोरदार व्याख्याकार। दुनिया के दूसरे स्वतन्त्र राष्ट्रों के साथ गँठजोड़ या महासंघ में समप्रभु स्वतन्त्र भारतीय गणतन्त्र एक बात है और इस साम्राज्यवादी ब्रिटिश साम्राज्य के भीतर स्वशासित भारत पूर्णतया दूसरी बात है। ब्रिटिश साम्राज्य के भीतर बने रहने की आपकी भावना बहुतेरी भयंकर भूलों में से एक की याद दिलाती है, कि आपने मिथ्या औचित्य की वर्तमान ज़रूरतों के साथ बेशकीमती आदर्श का समझौता किया है, और यही वह कारण है कि आप देश के युवाओं की कल्पनाशीलता आकृष्ट करने में विफल रहे हैं—ये वे युवा हैं जो दिलेरी दिखा सकते थे और जो अभी भी आपकी इच्छाओं के ख़िलाफ़ जाने की दिलेरी दिखा रहे हैं। हालाँकि वे बेहिचक इस बात को स्वीकार करते हैं कि आप आधुनिक युग की महानतम शख़्सियतों में से एक हैं। ये भारतीय क्रान्तिकारी हैं। उन्होंने अब और अधिक ख़ामोश नहीं रहने का फ़ैसला किया है, अतएव वे आपसे राजनीति के क्षेत्र से अवकाश लेने का अनुरोध करते हैं, अथवा राजनीतिक आन्दोलन को इस प्रकार से निर्देशित करें जिससे कि क्रान्तिकारी आन्दोलन को उससे मदद हासिल हो न कि उसके मार्ग में रुकावट पैदा हो। अभी तक उन लोगों ने प्रत्यक्ष या परोक्ष रूप से आपके अनुरोध को स्वीकार करते हुए अपनी गतिविधियों को स्थगित रखा है पर अब वे आगे बढ़ चुके हैं। वास्तव में उन लोगों ने अपनी ओर से आपको अपने कार्यक्रम को अमल में लाने में भरसक सहायता प्रदान की है। लेकिन अब प्रयोग ख़त्म हो चुका है, लिहाजा क्रान्तिकारी लोग अपने वादे से आजाद हैं। वस्तुतः उन्होंने केवल सालभर के लिए चुप रहने का वादा किया था, इससे अधिक समय के लिए नहीं।

आगे, मैं इस बात का उल्लेख करना चाहूँगा कि जब आपने 39वीं कांग्रेस में अपने हालिया अध्यक्षीय सम्बोधन में क्रान्तिकारियों पर दोषारोपण किया था तो आपने कई पहलुओं से उनका ग़लत मूल्यांकन किया था। आपने कहा कि क्रान्तिकारी भारत की प्रगति में बाधा डाल रहे हैं। मुझे नहीं पता कि 'प्रगति' शब्द से आपका मतलब क्या है। अगर आपका मतलब राजनीतिक प्रगति से है तो क्या आप इससे इन्कार कर सकते हैं कि भारत द्वारा पहले ही हासिल की जा चुकी प्रत्येक राजनीतिक प्रगति, फिर वह चाहे मामूली ही क्यों न हो, मुख्यतया क्रान्तिकारी पार्टी की क़ुर्बानियों एवं प्रयत्नों के द्वारा हासिल हुई है? क्या आपको इससे इन्कार है कि बंगाल का विभाजन बंगाल के क्रान्तिकारियों के प्रयासों से रद्द हुआ? क्या आपको इस बात में सन्देह है कि मोर्ले-मिण्टो सुधार भारतीय क्रान्तिकारी आन्दोलन

का फल है, जैसाकि मोण्टफोर्ड सुधार को अमल में लाने में अगर पूरी तरह नहीं तो मुख्य भूमिका अवश्य थी? अगर आप इन प्रश्नों का सकारात्मक उत्तर देते हैं तो मुझे बहुत अधिक हैरानी नहीं होगी लेकिन मैं आपको यक़ीन दिला सकता हूँ कि ब्रिटिश सरकार को इस आन्दोलन के सम्भावना सम्पन्न होने का अहसास है। यहाँ तक कि स्वर्गीय मोंशेग्यू ने एक जाने-माने भारतीय से यह बात कही थी कि महज युवा भारतीय क्रान्तिकारियों की गतिविधियों के चलते ही उन्होंने भारत आने की जहमत उठाई और अपने प्राणों को जोखिम में डाला।

अगर आप यह कहते हैं कि ये सुधार सच्ची प्रगति के सूचक नहीं हैं तो मैं यह कहना चाहूँगा कि इस क्रान्तिकारी आन्दोलन ने भारत की नैतिक उन्नति में कोई कम प्रगति नहीं हासिल की है। भारतीय मौत को लेकर दयनीय रूप से भयभीत रहते हैं और इस क्रान्तिकारी पार्टी ने एक बार फिर भारतीयों को उदात्त ध्येय के लिए मरने में निहित भव्यता और सौन्दर्य का अहसास कराया। क्रान्तिकारियों ने एक बार फिर यह प्रदर्शित किया कि मृत्यु का भी कुछ आकर्षण होता है और वह हमेशा भयावह चीज़ नहीं होती। अपने स्वयं के विश्वासों और आस्था के लिए मरना, इस चेतना के साथ मौत को गले लगाना कि इस तरह से मरकर वह ईश्वर और राष्ट्र की सेवा कर रहा है, ऐसे ध्येय के लिए जिस के न्यायोचित और वैध होने का हमें ईमानदारी के साथ विश्वास होता है, मौत को स्वीकार करना या जान को उस समय जोखिम में डालना जबकि मौत की पूरी सम्भावना हो क्या यह कोई नैतिक प्रगति नहीं है?

यहाँ तक कि विपरीत परिस्थितियों और क्षणिक विफलताओं में भी अपने प्यारे आदर्श को नहीं छोड़ना–क्षणिक उत्तेजनाओं और किसी आकर्षक व्यक्तित्व के प्रकरतः उदात्त सिद्धान्तों के बहकावे में नहीं लम्बी क़ैद बा-मशक़्क़त से विचलित नहीं होना, सालों-साल अपनी अन्तरात्मा के प्रति सच्चे बने रहना–यह उद्देश्य की दृढ़ता, चरित्र की यह मज़बूती उस सच्ची नैतिक प्रगति का सूचक नहीं है, जिसे भारत ने हासिल किया है? और क्या यह क्रान्तिकारी आदर्शों का स्पष्ट परिणाम नहीं है?

आपने क्रान्तिकारियों से कहा है, "हो सकता है कि आपको अपने जीवन की परवाह न हो लेकिन आप अपने उन देशवासियों की अनदेखी नहीं कर सकते जिनकी शहीद की मौत मरने की कोई इच्छा नहीं है।" अलबत्ता, क्रान्तिकारी इस वाक्य के अर्थ को समझने में दुखद रूप से विफल रहे हैं। क्या आपके कहने का मतलब यह है कि क्या क्रान्तिकारी उन 70 लोगों की मौत के लिए ज़िम्मेदार हैं जिन्हें कि चौरी-चौरा मुक़दमे में फ़ाँसी की सजा सुनायी गयी? क्या आपके कहने का मतलब यह है कि जलियाँवाला बाग और गुज़राँवाला में बमबारी और मासूमों की हत्या के लिए क्रान्तिकारी ज़िम्मेदार हैं? क्या क्रान्तिकारियों ने पिछले बीस वर्षों में अपने संघर्ष

के दौरान या मौजूदा समय में भूखे-नंगे लोगों से कभी क्रान्तिकारी संघर्ष में भाग लेने के लिए कहा है? सम्भवतः अधिकतर वर्तमान नेताओं के मुक़ाबले क्रान्तिकारियों को जन-मनोविज्ञान का अधिक ज्ञान है। और यही वजह थी कि उन्होंने तब तक अवाम को अपने साथ कभी नहीं लेना चाहा जब तक वे अपनी स्वयं की शक्ति को लेकर आश्वस्त नहीं हो गये। उनका हमेशा से विश्वास रहा है कि उत्तर भारत की जनता किसी भी आपात स्थिति के लिए तैयार है और उनका यह सोचना भी सही है कि उत्तर भारत की जनता अत्यन्त घनीभूत विस्फोटक पदार्थ है जिसके साथ सँभालकर पेश आना चाहिए। जनता की भावनाओं का ग़लत आकलन तो आप और आपके सहयोगियों ने किया था जो उन्हें सत्याग्रह आन्दोलन में घसीट ले गये। भीतर और बाहर से हज़ारों उत्पीड़न झेल रहे लोगों का गुस्सा भड़क उठना स्वाभाविक ही था, और आपको इसकी क़ीमत चुकानी ही थी। लेकिन क्या आप ऐसा कोई उदाहरण दे सकते हैं जहाँ क्रान्तिकारियों ने अनिच्छुक लोगों को मौत की घाटी में धकेला हो?

लेकिन अगर इस वाक्य से आपका यह मतलब है कि क्रान्तिकारियों की गतिविधियों के कारण निर्दोष लोगों को सताया, क़ैद किया और मारा जा रहा है, तो मैं बेहिचक और ईमानदारी से स्वीकार करूँगा कि जहाँ तक मेरी जानकारी है, ऐसे एक भी व्यक्ति को फ़ाँसी नहीं दी गयी जो किसी क्रान्तिकारी कार्रवाई से निर्दोष थाय और गिरफ्तारियों तथा यातनाओं के बारे में मैं कह सकता हूँ कि निर्दोष स्त्री-पुरुषों को वास्तव में क़ैद किया गया और यातनाएँ दी गयीं। लेकिन क्या विदेशी सरकार द्वारा किये गये अत्याचार के लिए क्रान्तिकारी पार्टी को दोषी ठहराया जा सकता है? विदेशी सरकार राष्ट्र में पौरुष की हर अभिव्यक्ति को कुचल देने पर आमादा है। लेकिन इस तरह कुचलने के दौरान सरकार भयंकर भूलें करेगी और वीरों के साथ ही कायरों को भी क़ैद में डालेगी और यातनाएँ देगी। लेकिन क्या कायरों के दुखों के लिए देश के वीर जन ज़िम्मेदार हैं? इतना ही नहीं, इन दुखों को शहीद की मौत नहीं कहा जा सकता।

अन्त में, मैं ब्रिटिश सरकार की शक्ति के बारे में आपकी टिप्पणियों के बारे कुछ कहना चाहूँगा। आपने क्रान्तिकारियों से कहा है, “आप जिन्हें गद्दी से हटाना चाहते हैं वे आपमे बेहतर ढंग से हथियारबन्द हैं और आपसे बहुत अधिक अच्छी तरह संगठित हैं।” लेकिन क्या यह शर्मनाक नहीं है कि मुट्ठीभर अंग्रेज़ हिन्दुस्तान पर राज कर रहे हैं, हिन्दुस्तानी जनता की स्वतन्त्र इच्छा से नहीं बल्कि तलवार के बल पर?और अगर अंग्रेज़ बेहतर ढंग से हथियारबन्द और संगठित हो सकते हैं तो हिन्दुस्तानी और भी बेहतर ढंग से हथियारबन्द और संगठित क्यों नहीं हो सकते—वे हिन्दुस्तानी जो उच्च आत्मिक भावना से ओत-प्रोत हैं? हिन्दुस्तानी भी

उसी तरह मनुष्य हैं जिस तरह अंग्रेज़ हैं। फिर भला कौन-सा कारण हिन्दुस्तानियों को इतना लाचार बना देता है कि वे अपने अंग्रेज़ स्वामियों से बेहतर हथियारबन्द और संगठित नहीं हो सकते? किस तर्क से आप उन क्षमताओं की अनदेखी कर सकते हैं जिनमें क्रान्तिकारियों को पूरा भरोसा है? और इस लाचारगी तथा हताशा से जन्मी अहिंसा की भावना शक्तिशाली की अहिंसा, भारतीय ऋषियों की अहिंसा कभी नहीं हो सकती। यह सीधे-सीधे तमस है, और कुछ नहीं।

मुझे क्षमा करें महात्माजी, यदि मैंने आपके दर्शन और सिद्धान्तों की आलोचना करने में कुछ कड़े शब्दों का प्रयोग किया हो। आपने क्रान्तिकारियों की बहुत असहानुभूतिपूर्वक आलोचना की है और आप यहाँ तक चले गये कि उन्हें देश का शत्रु तक बता डाला। केवल इसलिए कि वे आपके विचारों और तरीक़ों से मतभेद रखते हैं। आप उन्हें सहिष्णुता की सीख देते हैं लेकिन क्रान्तिकारियों की आलोचना करने में आप स्वयं अत्यन्त असहिष्णु रहे हैं। क्रान्तिकारियों ने मातृभूमि की सेवा के लिए अपना सबकुछ दाँव पर लगा दिया है, और यदि आप उनकी सहायता नहीं कर सकते, तो कम से उनके प्रति असहिष्णु तो न बनें।

शहीद राजेन्द्रनाथ लाहिड़ी का पत्र

भगतसिंह काकोरी के शहीद राजेन्द्र लाहिड़ी से इतने प्रभावित हुए कि अपने सबसे छोटे भाई, जिसका जन्म 1927 में हुआ, का नाम उन्होंने राजेन्द्र रखा। इसका एक कारण यह था कि राजेन्द्र लाहिड़ी वैचारिक स्तर पर अपने साथियों से आगे थे। यह पत्र भगतसिंह की टिप्पणी सहित अक्टूबर, 1927 में 'किरती' में छपा।—स.

मैं फिर जन्म लूँगा

काकोरी षड्यन्त्र केस में जिन चार भाइयों को फ़ाँसी की सजा हुई है उनके नाम ये हैं—1. रामप्रसाद 2. राजिन्द्रनाथ लाहिड़ी 3. रोशन सिंह 4. अशफ़ाक़उल्ला खान।

इनमें से राजिन्द्रनाथ लाहिड़ी, एम.ए. कक्षा का छात्र था। वह बनारस हिन्दू विश्वविद्यालय में पढ़ता था। वह 1925 में पकड़ा गया था। इसकी अपील व रहम की दरख़्वास्त की गयी थी, लेकिन वे सब नामंज़ूर हो गयीं।

इस बहादुर भाई ने निम्न पत्र अपने बड़े भाई को लिखा है।

मेरे प्रिय भाई!

आज मुझे सुपरिण्टेण्डेण्ट ने बताया कि वायसराय ने मेरी रहम की दरख़्वास्त नामंज़ूर कर दी है। ज़ेल के नियमों के अनुसार मुझे एक सप्ताह के भीतर फ़ाँसी पर चढ़ाया जायेगा। तुम्हें मेरे लिए अफ़सोस नहीं करना चाहिए क्योंकि मैं अपना

पुराना शरीर छोड़कर नया जन्म धारण कर रहा हूँ। आपको यहाँ आकर मुलाक़ात करने की ज़रूरत नहीं, क्योंकि कुछ दिन पहले ही आप मुलाक़ात कर चुके हो। जब मैं लखनऊ में था तो बहिन ने दो बार मुलाक़ात की थी। सभी को मेरी ओर से प्रणाम और लड़कों को प्यार।

आपका प्रिय

राजेन्द्रनाथ लाहिड़ी

इस पत्र ने हमें फिर करतार सिंह सराभा और भाई पिगले आदि का समय याद दिला दिया है और हमारे पुराने घावों को हरा कर दिया है।

शहीद रामप्रसाद बिस्मिल का अन्तिम सन्देश

दिसम्बर 1927 में काकोरी के चार क्रान्तिकारियों को फ़ाँसी दे दी गयी। जनवरी, 1928 के 'किरती' में भगतसिंह ने 'विद्रोही' नाम से इन पर कुछ लेख छपवाये। यह उन्हीं में से एक है। इसमें भगतसिंह ने बिस्मिल के अन्तिम सन्देश को प्रस्तुत किया है।—स.

आपने एक लेख 'निज-जीवन घटा' लिखा था जो गोरखपुर के 'स्वदेश' अख़बार में छपा था। उसी को संक्षेप में हम पाठकों की सेवा में रख रहे हैं, ताकि वे जान सकें कि उन क्रान्तिकारी वीरों के शहादत के समय क्या विचार थे।

आप 16 तारीख़ को लिखते हैं—

19 तारीख़ सुबह साढ़े छह बजे फ़ाँसी का समय निश्चित हो चुका है। कोई चिन्ता नहीं, ईश्वर की कृपा से मैं बार-बार जन्म लूँगा और मेरा उद्देश्य होगा कि संसार में पूर्ण स्वतन्त्रता हो, कि प्रकृति की देन पर सबका एक-सा अधिकार हो कि कोई किसी पर शासन न करे। सभी जगह लोगों के अपने पंचायती राज्य स्थापित हों। अब मैं उन बातों का उल्लेख कर देना ज़रूरी समझता हूँ जो सेशन जज के 6 अप्रैल, 1927 के फ़ैसले के बाद काकोरी के क़ैदियों के साथ हुईं। 18 जुलाई को अवध चीफ़ कोर्ट में अपील हुई। वह सिर्फ़ मौत की सजा पाये चार क़ैदियों की ओर से थी। लेकिन पुलिस की ओर से सजा बढ़ाने की अपील हुई। फिर बाक़ी क़ैदियों ने भी अपील कर दी, लेकिन श्री शचीन्द्रनाथ सान्याल, श्री भूपेन्द्रनाथ सान्याल और इक़बालिया गवाह बनवारीलाल ने अपील नहीं की थी और फिर प्रणव चटर्जी ने इक़बाल कर लिया और अपील वापस ले ली। फ़ाँसीवालों की सजा बहाल रही और श्री जोगेशचन्द्र चटर्जी, श्री गोविन्दचरण क्यू और श्री मुकन्दीलाल जी को दस साल की उम्रक़ैद हो गयी। श्री सुरेशचन्द भट्टाचार्य और श्री विष्णुशरण दुबलिस की सजा

7-7 साल से बढ़ाकर 10-10 साल कर दी गयी। रामनाथ पाण्डे की तीन साल और प्रणवेश की क़ैद चार साल रह गयी। प्रेमकिशन खन्ना पर से डकैती की सजा कम कर पाँच वर्ष क़ैद रह गयी। बाक़ी सबकी अपीलें ख़ारिज कर दी गयीं। अशफ़ाक़ की मौत की सजा बनी रही, शचीन्द्रनाथ बख़्शी ने अपील ही नहीं की थी।

अपील से पहले मैंने गवर्नर के पास प्रार्थनापत्र लिख भेजा था जिसमें मैंने कहा था कि मैं गुप्त षड्यन्त्रों में हिस्सा न लिया करूँगा और कोई सम्बन्ध भी उनसे नहीं रखूँगा। रहम की अपील में भी इस प्रार्थनापत्र का ज़िक्र कर दिया था। लेकिन जजों ने कोई ध्यान देना ज़रूरी न समझा। ज़ेल से अपना बचाव मैंने ख़ुद लिखकर चीफ़ कोर्ट में भेजा, लेकिन जजों ने कहा कि यह बचाव रामप्रसाद का लिखा हुआ नहीं, ज़रूर किसी बड़े सयाने आदमी की मदद से लिखा गया है। उल्टे उन्होंने यह कहा दिया कि रामप्रसाद बड़ा भयानक क्रान्तिकारी है और यदि रिहा हुआ तो फिर वही काम करेगा।

उन्होंने (मेरी) बुद्धिमत्ता-समझदारी आदि की प्रशंसा करने के बाद कहा कि यह एक ऐसा निर्दयी क़ातिल है, जो उन पर भी गोली चला सकता है जिसके साथ उसकी कोई दुश्मनी नहीं है। ख़ैर! क़लम उनके हाथ थी, जो चाहते वह लिखते। लेकिन चीफ़ कोर्ट के फ़ैसले से स्पष्ट पता चलता है कि बदला लेने के विचार से ही हमें फ़ाँसी की सजा दी गयी है।

अपील ख़ारिज हो गयीय फिर लाट साहिब और वायसराय के पास रहम का प्रार्थनापत्र दिया गया। श्री राजिन्द्रनाथ लाहिड़ी, श्री अशफ़ाक़उल्ला खान, श्री रोशन सिंह और रामप्रसाद की मौत की सजा बदलने के लिए यू.पी. कौंसिल के लगभग सभी चुने हुए सदस्यों के हस्ताक्षर से एक प्रार्थनापत्र दिया गया। मेरे पिता के प्रयत्नों से 250 आनरेरी मजिस्ट्रेटों और बड़े-बड़े जमींदारों के हस्ताक्षरों सहित एक अलग प्रार्थनापत्र दिया गया। असेम्बली और कौंसिल ऑफ़ स्टेट के 108 सदस्यों ने भी हमारी मौत की सजा बदलने के लिए वायसराय के पास प्रार्थनापत्र दिया। उन्होंने यह भी कहा कि जज ने कहा था कि यदि ये लोग पश्चाताप करें तो सजाएँ बहुत कम कर दी जायेंगी। चारों ओर से इतनी घोषणाएँ हो चुकी थीं, लेकिन एक सिरे से दूसरे सिरे तक सभी हमारे रक्त के प्यासे थे और वायसराय ने भी हमारी एक न सुनी।

पण्डित मदनमोहन मालवीय जी कई और सज्जनों को लेकर वायसराय से मिले। सबको उम्मीद थी कि अब ज़रूर मौत की सजा हटा ली जायेगी। लेकिन क्या होना था। चुपचाप दशहरे से दो दिन पहले सभी ज़ेलों में तार दे दी गयी कि फ़ाँसी की तारीख़ निश्चित हो गयी है। जब ज़ेल के सुपरिण्टेण्डेण्ट ने यह तार मुझे सुनायी तो मैंने कहा, अच्छा! आप अपना काम करो। लेकिन उनके जोर देकर कहने से एक

रहम की तार बादशाह को भेज दी। उस समय प्रिवी कौंसिल में अपील करने का विचार भी मन में आया। श्री मोहनलाल सक्सेना वकील को तार दी गयी। जब उन्हें बताया गया कि वायसराय ने सभी की दरख़्वास्तें नामंजूर कर दी हैं तो किसी को यकीन ही नहीं हो रहा था। उनसे कह-सुनकर प्रिवी कौंसिल में अपील करवायी गयी। परिणाम पहले ही पता था, अपील ख़ारिज हो गयी।

अब सवाल उठेगा कि सबकुछ पहले से ही जानते हुए मैंने माफ़ीनामा, रहम की दरख़्वास्त, अपीलों पर अपीलें क्यों लिख-लिख भेजीं? मुझे तो इसका एक ही कारण समझ में आता है कि राजनीति एक शतरंज का खेल है। सरकार ने बंगाल आर्डिनेंस के क़ैदियों सम्बन्धी असेम्बली में जोर देकर कहा था कि उनके ख़िलाफ़ बड़े सबूत हैं, जो गवाहों की सुरक्षा के लिए हम खुली अदालत में पेश नहीं करते। हालाँकि दक्षिणेश्वर बमकाण्ड और शोभा बाज़ार षड्यन्त्र के मुक़दमे खुली अदालत में चले। ख़ुफ़िया पुलिस के सुपरिण्टेण्डेण्ट को मारने का मुक़दमा भी खुली अदालत में चला। काकोरी केस भी डेढ़ साल चला सरकार की ओर से 300 गवाह पेश हुए। कभी किसी गवाह पर मुसीबत न आयी, हालाँकि यह भी कहा गया था कि काकोरी षड्यन्त्र की शुरुआत बंगाल में हुई। सरकारी घोषणाओं की पोल खोलने की इच्छा से ही मैंने यह सब किया। माफ़ीनामे भी लिखे, अपीलें भी कीं, लेकिन क्या होना था। असलियत तो यह है कि जोरावर मारे भी और रोने भी न दे।

हमारे ज़िन्दा रहने से कहीं विद्रोह नहीं हो चला था। अब तक क्रान्तिकारियों के लिए किसी ने इतनी भारी सिफ़ारिश नहीं की थी, लेकिन सरकार को इससे क्या? उसे अपनी ताक़त पर नाज है, अपने बल पर अहंकार है। सर विलियम मौरिस ने स्वयं शाहजहाँपुर और इलाहाबाद के दंगों में मौत की सजा पाने वालों की मौत की सजाएँ माफ़ की थीं, जबकि वहाँ रोज दंगे होते थे। यदि हमारी सजा कम करने से औरों की हिम्मत बढ़ती है तो यही बात साम्प्रदायिक दंगों सम्बन्धी भी कही जा सकती है। लेकिन यहाँ मामला ही कुछ और था।

आज प्राण उत्सर्ग करते हुए मुझे कोई निराशा नहीं हो रही कि यह व्यर्थ गये। बलिदान कभी व्यर्थ नहीं जाते। क्या पता हमारे जैसे लोगों की ठण्डी आहों से ही यह परिणाम हुआ कि लॉर्ड बर्कन हैड के दिमाग में हिन्दुस्तान की जंजीरें जकड़ने के विचार आया और उसने रॉयल कमीशन भेजा, जिसके बायकाट के लिए हिन्दू-मुसलमानों में फिर कुछ एकता हो रही है। ईश्वर करे कि इनको शीघ्र ही सद्बुद्धि आये और यह फिर एक हो जायें। हमारी अपील नामंजूर होते ही मैंने श्री मोहनलाल सक्सेना से कहा था कि इस बार हमारी यादगार मनाने के लिए हिन्दू-मुसलमान नेताओं को इकट्ठा बुलाया जाये।

अशफ़ाक़उल्ला को सरकार ने रामप्रसाद का दायाँ हाथ बताया है। अशफ़ाक़ कट्टर मुसलमान होते हुए भी रामप्रसाद जैसे कट्टर आर्यसमाजी का क्रान्ति में दाहिना हाथ हो सकता है तो क्या भारत के अन्य हिन्दू-मुसलमान आज़ादी के लिए अपने छोटे-मोटे लाभ भुला एक नहीं हो सकते? अशफ़ाक़ तो पहले ऐसे मुसलमान हैं जिन्हें कि बंगाली क्रान्तिकारी पार्टी के सम्बन्ध में फ़ाँसी दी जा रही है। ईश्वर ने मेरी पुकार सुन ली। मेरा काम ख़त्म हो गया। मैंने मुसलमानों में से एक नौजवान निकालकर हिन्दुस्तान को यह दिखा दिया है कि मुस्लिम नौजवान भी हिन्दू नौजवानों से बढ़-चढ़कर देश के लिए बलिदान दे सकता है और वह सभी परीक्षाओं में सफल हुआ। **अब यह कहने की हिम्मत किसी में नहीं होनी चाहिए कि मुसलमानों पर विश्वास नहीं करना चाहिए**। यह पहला तजुर्बा था जो पूरा हुआ।

अशफ़ाक़! ईश्वर तुम्हारी आत्मा को शान्ति दे। तुमने मेरी और देश के सभी मुसलमानों की लाज बचा ली है यह दिखा दिया है कि भारत में भी तुर्की और मिस्र जैसे मुसलमान युवक मिल सकते हैं।

अब देशवासियों के सामने यही प्रार्थना है कि यदि उन्हें हमारे मरने का जरा भी अफ़सोस है तो वे जैसे भी हो, हिन्दू-मुस्लिम एकता स्थापित करें—यही हमारी आख़िरी इच्छा थी, यही हमारी यादगार हो सकती है। सभी धर्मों और सभी पार्टियों को कांग्रेस को ही प्रतिनिधि मानना चाहिए। फिर वह दिन दूर नहीं, जब अंग्रेज़ों को भारतीयों के आगे शीश झुकाना होगा।

जो कुछ मैं कह रहा हूँ, ठीक वही श्री अशफ़ाक़उल्ला ख़ान वारसी का विचार है। अपील लिखते समय लखनऊ ज़ेल में मैंने उनसे बातचीत की थी। श्री अशफ़ाक़ तो रहम की दरख़्वास्त देने के लिए राजी नहीं थे। उन्होंने तो सिर्फ़ मेरी जिद पर, मेरे कहने पर ही ऐसा किया था।

सरकार से मैंने यहाँ तक कहा था कि जब तक उसे विश्वास न हो, तब तक मुझे ज़ेल में क़ैद रखे या किसी दूसरे देश में निर्वासित कर दे, और हिन्दुस्तान न लौटने दे। लेकिन सरकार को क्या करना था। सरकार को यही मंजूर था कि हमें फ़ाँसी ज़रूर दी जाये, हिन्दुस्तानियों के जले दिल पर नमक छिड़का जाये और वे तड़प उठेंय कुछ सँभल जायें और हमारे पुनर्जन्म लेकर काम के लिए तैयार होने तक देश की हालत सुधर गयी हो।

अब तो मेरी यही राय है कि अंग्रेज़ी अदालत के आगे न तो कोई बयान दे और न ही कोई सफ़ाई पेश करे। अपील करने के पीछे एक कारण यह भी था कि फ़ाँसी की तारीख़ बदलवाकर मैं एक बार देशवासियों की सहायता और नवयुवकों का दम देखूँ। इसमें मुझे बहुत निराशा हुई। मैंने निश्चय किया था कि सम्भव हो

तो ज़ेल से भाग जाऊँ। यदि ऐसा हो सकता तो बाक़ी तीनों की मौत की सजा भी माफ़ हो जाती। यदि सरकार न करती तो मैं करवा लेता। इसका तरीक़ा मुझे ख़ूब आता था। मैंने बाहर निकलने के लिए बड़े यत्न किये, लेकिन बाहर से कोई सहायता नहीं मिली। अफ़सोस तो इसी बात का है कि जिस देश में मैंने इतना बड़ा क्रान्तिकारी दल खड़ा कर दिया था, वहीं अपनी रक्षा के लिए मुझे एक पिस्तौल तक न मिला। कोई नौजवान मेरी सहायता के लिए आगे नहीं आया। मेरी नौजवानों से प्रार्थना है कि जब तक सभी लोग पढ़-लिख न जायें, तब तक कोई भी गुप्त पार्टियों की ओर ध्यान नहीं दे। यदि देश-सेवा की इच्छा है तो खुला काम करें। व्यर्थ बातें सुन-सुनकर ख़याली पुलाव पकाते हुए अपने जीवन को मुसीबतों में न डालें। अभी गुप्त काम का समय नहीं आया। हमें इस मुक़दमे के दौरान बड़े अनुभव हुए, लेकिन उनका लाभ उठाने का अवसर सरकार ने हमें नहीं दिया। लेकिन इस बात के लिए हिन्दुस्तान और ब्रिटिश सरकार बहुत पछतायेगी।

मुलाक़ात के समय आपने यह भी कहा था कि, "क्रान्तिकारी लोगों में भी हिम्मत की बहुत कमी है और जनता की हमदर्दी अभी उनके साथ नहीं है। साथ ही इनमें भी प्रान्तीयता की भावना बहुत है। परस्पर पूरा विश्वास भी नहीं है।" इन बातों के कारण हमारी हसरतें दिल में ही रह गयीं। मौखिक रूप से इन्कार करने से ही मुझे 5000 रुपये नक़द और विलायत भेज बैरिस्टर बनने का वायदा मिल रहा था। लेकिन इस बात को घोर पाप समझकर मैंने इसकी ओर ध्यान भी नहीं दिया। लेकिन अफ़सोस इस बात का है कि बड़े-बड़े विश्वसनीय कहे जाने वाले साथियों ने अपने सुख के लिए छिप-छिपकर पार्टी को धोखा दिया और हमारे साथ दगा किया।

शहीद अशफ़ाक़उल्ला का फ़ाँसीघर से सन्देश

यह सन्देश 16 दिसम्बर, 1927 को फैजाबाद ज़ेल से देशवासियों के लिए भेजा गया।—स.

भारतमाता के रंगमंच पर हम अपनी भूमिका अदा कर चुके हैं। ग़लत किया या सही, जो भी हमने किया, स्वतन्त्रता-प्राप्ति की भावना से प्रेरित होकर किया। हमारे अपने (अर्थात् कांग्रेसी नेता) हमारी निन्दा करें या प्रशंसा, लेकिन हमारे दुश्मनों तक को हमारी हिम्मत और वीरता की प्रशंसा करनी पड़ी है। लोग कहते हैं हमने देश में आतंकवाद (Terrorism) फैलाना चाहा है, यह ग़लत है। इतनी देर तक मुक़दमा चलता रहा। हमारे में से बहुत-से लोग बहुत दिनों तक आजाद रहे और अब भी कुछ लोग आजाद हैं (संकेत चन्द्रशेखर आजाद की ओर है।—स.) फिर

भी हमने या हमारे किसी साथी ने हमें नुक़सान पहुँचाने वालों तक पर गोली नहीं चलायी। हमारा उद्देश्य यह नहीं था। हम तो आज़ादी हासिल करने के लिए देशभर में क्रान्ति लाना चाहते थे।

जजों ने हमें निर्दयी, बर्बर, मानव-कलंकी आदि विशेषणों से याद किया है। हमारे शासकों की क़ौम के जनरल डायर ने निहत्थों पर गोलियाँ चलायी थीं और चलायी थीं बच्चों, बूढ़ों, व स्त्री-पुरुषों पर। इन्साफ़ के इन ठेकेदारों ने अपने इन भाई-बन्धुओं को किस विशेषण से सम्बोधित किया था? फिर हमारे साथ ही यह सलूक क्यों?

हिन्दुस्तानी भाइयो! आप चाहे किसी भी धर्म या सम्प्रदाय को मानने वाले हों, देश के काम में साथ दो! व्यर्थ आपस में न लड़ो। रास्ता चाहे अलग हों, लेकिन उद्देश्य सबका एक है। सभी कार्य एक ही उद्देश्य की पूर्ति के साधन हैं, फिर यह व्यर्थ के लड़ाई-झगड़े क्यों? एक होकर देश की नौकरशाही का मुक़ाबला करो अपने देश को आजाद कराओ। देश के सात करोड़ मुसलमानों में मैं पहला मुसलमान[1], हूँ, जो देश की आज़ादी के लिए फ़ाँसी चढ़ रहा हूँ, यह सोचकर मुझे गर्व महसूस होता है।

अन्त में सभी को मेरा सलाम!

हिन्दुस्तान आजाद हो!

मेरे भाई ख़ुश रहें!

आपका भाई

अशफ़ाक़

वर्ग-रुचि का आन्दोलनों पर असर

सितम्बर, 1928 के 'किरती' में 'एक निर्वासित' एम.ए. के नाम से एक बहुत ही दिलचस्प लेख प्रकाशित हुआ था। यह लेख लाला हरदयाल की रचना है। भगतसिंह और उनके साथियों ने इस पर गहराई से विचार किया था।—स.

दुनियाभर में दर्शनशास्त्रों तथा भ्रातृत्व के उपदेश की सारी उलझनों और मुसीबतों के होते हुए भी एक बात बिल्कुल स्पष्ट रूप से सामने है। वह यह कि दुनिया इस समय अनेक वर्गों में बँटी हुई है। जो मनुष्य इस सच्चाई को नज़रअन्दाज़ करता है या जो ईश्वर के बन्दों की सच्ची सेवा करना चाहता है वह उस ज्योतिषी के समान

---

1. ऐतिहासिक तथ्य है कि एक सौ के क़रीब मुसलमान गदर पार्टी आन्दोलन में शहीद हुए और हज़ारों 1857 के आन्दोलन में। लेकिन अशफाक़ को कमज़ोर करने और धोखा देने के लिए पुलिस ने एक बार उनसे कहा था कि शहीद होने वाले तुम एकमात्र मुसलमान हो, शायद इसीलिए उन्होंने यह लिखा है।—स.

है जोकि कोशिश के सिद्धान्त तथा सितारों की गर्दिश से अनजान है। ख़ाली, बेवकूफ़ और निकम्मा है। दुनिया के लोग, हालाँकि, अन्धे भी अच्छी तरह जानते हैं कि दुनिया में अमीर और ग़रीब दो वर्ग हैं। दुनियाभर की भाषा-बोलियों में अपने-अपने अलग-अलग शब्द इस वर्ग-विभाजन को जताने के लिए मौजूद हैं। मालिक और नौकर, जमींदार और मज़दूर, शासक और प्रजा, पूँजीपति और मेहनतकश आदि शब्द उस बुरे कस्सि की याद दिलाते हैं, जिसने दुनिया से बन्धुत्व को नष्ट कर दिया है।

इस समय दुनिया में अलग-अलग पार्टियाँ मौजूद हैं, लेकिन सरसरी निगाह से देखने पर हम दो प्रकार के वर्गों को तो स्पष्ट तौर पर देखते हैं। एक तो वह वर्ग जो शारीरिक श्रम करके कुछ अर्जित करता है। दूसरे वह जो मेहनत नहीं करता। जो लोग खेतों, खदानों अथवा कारख़ानों आदि में काम करते हैं, वे मेहनतकश वर्ग में शामिल हैं। जो लोग इन जगहों पर या अन्यत्र भी मेहनत करने के लिए मजबूर नहीं किये जाते उनका वर्ग भिन्न है। दरअसल इस दुनिया में दो ही क़ौमें हैं—ये ही दोनों वर्ग। इससे अधिक अगर कोई दूसरा विभाजन किया गया है तो वह बेहूदा और हानिकारक है। इसी प्रकार हम देखते हैं कि प्रत्येक मेहनतकश व्यक्ति की यह इच्छा रहती है कि उसका पुत्र उन्नति करे और उस मेहनतकश वर्ग में से निकलकर खुशहाल वर्ग में शामिल हो जाये। दुनिया में हर जगह और हर सूरत में बढ़ई, लोहार और किसान आदि मेहनतकश लोगों से राजा, वजीर, वकील, न्यायाधीश, प्रोफ़ेसर, जमींदार, साहूकार, बैंकर आदि कहीं ज़्यादा कमाते हैं। दुनिया की कोई शक्ति इन वर्गों को संयुक्त नहीं कर सकती। हिन्दुस्तानी 'सफ़ेदपोश' शब्द उस गैर-मेहनतकश वर्ग के लिए ही इस्तेमाल में लाया जाता है। यह तमाम चीज़ें जिनके कारण कि ज़िन्दगी रहने योग्य बन सकती है, अथवा आराम, शिक्षा, हुनर, सफ़ाई, आरोग्य आदि दौलत के साथ ही प्राप्त किये जाते हैं। बेचारे ग़रीब हर समय, हर जगह गन्दी जगहों पर ही बुरी ज़िन्दगी गुज़ारने के लिए लाचार होते हैं। इन्हें शिक्षा प्राप्त करने के लिए समय ही नहीं मिलता। ग़रीब मज़दूर सारा-सारा दिन सिर्फ़ गुज़ारे के लिए पसीना-पसीना होकर काम करता रहता है, जबकि विद्वान और अमीर लोग बढ़िया से बढ़िया भोजन पाते हैं। घोड़ागाड़ियों और मोटरों पर चढ़कर सैर के लिए जाते हैं। खुशबूदार तेल और इत्र के साथ मालिश करते हैं। रेशमी कपड़े पहनते हैं। कहने का मतलब यह कि हर तरह ऐश की ज़िन्दगी गुज़ारते हैं।

प्रश्न उठता है कि यह अजीब हालत पैदा ही किस तरह हो गयी? क्या कारण है कि जो लोग खेती करते, कपड़े बुनते, कपड़े सिलते, नालियाँ साफ़ करते या आटा पीसते हैं, उनकी आमदनी उन लोगों से कई गुना कम है जो केवल लेक्चर देते हैं या मुक़दमों पर बहस करते हैं, जो न्याय करते या हकूमत करते हैं, जो केवल दुआ

करते या कुछ भी नहीं करते। क्या कभी किसी ने सोचकर देखा है कि भगवान के हर बन्दे और समाज के लिए खेती-बाड़ी, कारीगरी, दस्तकारी आदि करने वाले 'क़ानून' या 'सरकार', मजहब या साहूकार या केवल जमींदार (वे लोग जो ज़मीनों के मालिक तो बने बैठे हैं लेकिन काम कुछ नहीं करते) से ज़्यादा ज़रूरी हैं। फिर क्या कारण है कि उस आदमी को, जोकि कुछ घण्टे कुर्सी पर बैठकर कुछ आदमियों को ज़ेल में भेज देता है, गेहूँ बोने वाले किसान और जूते गाँठने वाले मोची से कई गुना अधिक तनख्वाह दी जाती है? एक राजा या मजिस्ट्रेट या साहूकार ही मेहनतकश लोगों से कौन-सा अच्छा, लाभदायक और ज़रूरी काम करता है? अनेक लोग सारा दिन चोटी का जोर लगाकर काम करते हुए भी अपनी ज़रूरी चीज़ें प्राप्त नहीं कर सकते। क्या वजह है कि एक आदमी बैठा पंखा खींचता है और एक अन्दर पड़ा—भले ही वह हिन्दू, मुसलमान या ईसाई हो—खर्राटे मारता है। इसे ही पंखा खींचने पर क्यों नहीं लगाया जाता? वह लोग जो अनाज, दूध, मेवे, सब्जी पैदा नहीं करते, बल्कि इन चीज़ों को इस्तेमाल करते और खाते हैं, वास्तव में तो वही बेचारे किसान की मेहनत का लाभ उठाते हैं। इस बात को समझने के लिए किसी फिलासफी की ज़रूरत नहीं है। वे लोग जो रोटी पैदा नहीं करते और न रुई कातकर, बुनकर कपड़ा तैयार करते हैं, और फिर भी रोटी खाते और कपड़ा पहनते हैं, तब इसका केवल यही अर्थ है कि वे अपना हिस्सा ग़रीब मेहनतकशों की मेहनत में से ले लेते हैं जोकि रोटी पैदा करते हैं, कपड़े तैयार करते हैं। लेकिन जब हम देखते हैं कि खेती करने वाले उस मेहनतकश किसान को इन मुफ़्तख़ोर लोगों की तरह अच्छी खुराक भी नहीं मिलती, तो दिल में ख़याल आता है कि इस व्यवस्था में ज़रूर कहीं न कहीं धोखा है, ग़लती है, ज़ुल्म है। लेकिन यह मसला 'सर्व दर्शन संग्रह' आदि शास्त्रों की सोलह प्रकार की फिलासफी पढ़ने से हल नहीं हो सकता। सेहत और ज़िन्दगी के सवाल को छोड़कर आज हम एक बहुत बड़ा सवाल पूछना चाहते हैं कि दुनिया में यह जो दो पार्टियाँ हैं—एक ओर अमीर, विद्वान, सुस्त और हरामख़ोरय दूसरी तरफ़ ग़रीब, मेहनतकश, जाहिल अनपढ़ लोग जोकि दुनिया की दौलत पैदा करते हैं, तो यह दूसरा पक्ष किस तरह अस्तित्व में आया? दुनिया के तमाम आन्दोलन जो इस सच्चे सवाल को ओझल करते हैं, केवल बेहूदा, फिजूल और ख़तरनाक हैं—फिर वह भले ही मजलिसी हों, भले ही मजहबी हों या भाईचारे वाले, आर्थिक हों या राजनीतिक, राष्ट्रीय हो या अन्तर्राष्ट्रीय ।

अगर इन पार्टियों को मिला दिया जाये तो दुनिया में कोई ऐसी चीज़, जिसको कि एक भगवान के बन्दे या क़ौम या मजहब कहा जाता है, बाक़ी नहीं रह जाती, क्योंकि सदा ही कभी आँखों के सामने और कभी आँखों से ओझल, अमीर ग़रीबों

के दुश्मन ही बने रहते हैं। क्योंकि वे अपनी दौलत इन ग़रीबों से ही छीनते हैं, उनको यह आसमानी तोहफे की तरह नहीं मिलती और न उनके पास (पारस) पत्थर है। राजा, वजीर और जज लोग सुख से जीवन गुज़ारते हैं, हालाँकि पैदावार में वह किसी प्रकार की मेहनत नहीं करते, क्योंकि बेचारा किसान सदा टैक्स देता रहता है। जमींदार ख़ाली बैठकर ऐशो-आराम और बदमाशियाँ करता है, क्योंकि बेचारा ग़रीब खेत-मज़दूर लगान अदा करता रहता है। साहूकार या महाजन आराम से बैठा हुआ अमीर होता चला जाता है, क्योंकि ऋण का देनदार हमेशा ब्याज देता रहता है और एक सरमायेदार कारख़ाने के हिस्से ख़रीदकर घर बैठे ही मुनाफा प्राप्त करके मालामाल हो सकता है, क्योंकि मज़दूरों को मज़दूरी कम दी जाती है। वकील सैकड़ों रुपये महीना कमा सकता है, हालाँकि वह एक आराम कुर्सी पर बैठा रहता है और कभी-कभी किसी अदालत में जाकर भाषण झाड़ आता है, क्योंकि वह अमीरों को जायदाद प्राप्त करने और ग़रीबों से लूटने में सहायता करता है। बात यह है कि जहाँ कहीं भी यह दिखायी दे कि कोई आदमी बिना हाथ-पैर हिलाये आराम की ज़िन्दगी भोग रहा है तो फ़ौरन समझ लो कि यहाँ ज़रूर कोई न कोई धोखा है, फरेब है। उसके साफ़ अर्थ यह होते हैं कि अमीर तबका कभी भी यह नहीं चाहता कि ग़रीब लोग भी उन्नति कर लें, क्योंकि ग़रीबों की उन्नति और विद्या में बढ़ोतरी से तो, हरामख़ोरी फ़ौरन पंख लगाकर उड़ जायेगी। जो कोई टैक्स न दे तो यह राजे-महाराजे, जज-वकील आदि किस तरह जीवित रह सकते हैं? अगर मज़दूरों को लूटा न जाये तो कारख़ानों के मालिक और मैनेजर किस तरह करोड़पति बन सकते हैं? संस्कृत का कथन है कि 'खानेवाले और खाये जानेवाले में कभी दोस्ती नहीं हो सकती।' शेर-बकरी के इकट्ठा लौटने पर एक मसखरा शायर कहता है, 'लौटेंगे तो दोनों बेशक इकट्ठा ही, लेकिन उस समय बकरी शेर के पेट में होगी!'

अमीर वर्ग की हरामख़ोरी में देशभक्ति और मजहब आदि भी कोई ख़ास रोल अदा नहीं कर सकते। क्या कभी कोई मुसलमान जमींदार अपने खेत-मज़दूरों का लगान इसलिए माफ़ कर देता है कि वे मुसलमान हैं? क्यों जी, कभी कोई हिन्दू साहूकार अपने हिन्दू ऋणदाता से ब्याज लेना इसलिए छोड़ देता है कि वह हिन्दू है? क्या सिख राजे-महाराजे, वजीर, अमीर, अपनी सिख रियासतों के सिख किसानों और मज़दूरों से टैक्स और लगान कम वसूल करते हैं? क्या इस लगान व टैक्स की वसूली के लिए वह कम ज़ुल्म करते हैं? क्या अंग्रेज़ मालिक अपने अंग्रेज़ मज़दूरों की तनख्वाहें तब बढ़ा देते हैं जब तक कि वे उनकी नाक में दम नहीं कर देते? क्या स्काटलैण्ड के जमींदारों ने अपने जंगल और मैदान ग़रीबों में बाँटकर उनको अमेरिका जाने से रोकने की कोशिश की है?

पिछले इतिहास से यदि कोई शिक्षा मिलती है तो वह यह कि अमीर वर्ग को दौलत ही सबसे अधिक प्यारी चीज़ है। उनको मजहब और देशभक्ति से ज़्यादा जायदाद और व्यक्तिगत स्वार्थों से प्रेम है। देशभक्ति और मजहब अच्छी चीज़ें हैं लेकिन वह भी अमीर वर्ग को दौलत की चेटक से आजाद कराने में निष्फल साबित हुई हैं। दुनिया में आज तक ऐसा ही होता चला आया है और जब तक बड़े-छोटे अमीर तबके ही ख़त्म नहीं हो जाते तब तक ऐसा ही होता चला जायेगा।

महात्मा बुद्ध, महात्मा टालस्टाय और शहजादा क्रोपोटकिन जैसे महापुरुष अपनी जायदाद छोड़कर ग़रीबों जैसी ज़िन्दगी बसर करने लगे थे, लेकिन इन एक-दो दृष्टान्तों से उसूल नहीं बदला जा सकता। यह हस्तियाँ तो सम्माननीय हैं, लेकिन बाक़ी अमीर वर्ग तो बेईमानी और धोखेबाज़ी—हर प्रकार से अपनी जायदाद की सुरक्षा करता है।

दूसरों के सिर पर मौज करने वाली यह जमात जो भी काम करती है तो केवल अपने लाभ के लिए ही करती है। वह किसी भी तरह दूसरों का कुछ नहीं सँवार सकती, क्योंकि दुनिया में दोनों ही क़ौमें मौजूद हैं—अमीर और ग़रीब। इनमें कोई प्यार और हमदर्दी नहीं है। वह तो एक-दूसरे के पक्ष के विचार समझने में भी असमर्थ हैं। साधारण लोग तो कम समझी की वजह से दूसरों के ख़याल और काम के बारे में नहीं समझ सकते और समझदार लोगों को जमाती बँटवारा दूसरों को समझने से वंचित रखता है। इससे हम देखते हैं कि जमाती बँटवारे के अलावा हालात भी अमीरों को ग़रीबों की असली हालत से परिचित नहीं होने देते। मनुष्य के विचार आमतौर पर उसके तजुर्बे पर निर्भर हुआ करते हैं और अमीर लोगों को ग़रीबों की हालत का कुछ भी तजुर्बा नहीं। इनका दायरा अपने ही तक सीमित सरगर्मियों में बहुत तंग होता है। उनको अपनी जमात से बाहर कुछ भी नज़र नहीं आता। हर एक मनुष्य के उसूलों पर जमात का बहुत असर रहता है। अमीर लोग भले ही भगवान के हर बन्दे के लाभ के लिए क्यों न कोई आन्दोलन चलायें, आख़िर में वह उनके अपने लिए ही लाभदायक साबित होते हैं। हर एक मनुष्य की बेहतरी और आम लोगों की तरक्की के विचार की मौजूदगी के बावजूद अमीर लोग अपने वर्ग से बाहर नहीं देख सकते और तंग दायरे में ही चक्कर काटते रहते हैं। दुनिया में जितनी ताक़त इस जमातवाद की वजह से नष्ट होती है उतनी और कहीं नहीं होती। लोग ग़रीबों की सहायता का ऊँचा आदर्श सामने रखकर मैदान में कूदते हैं, लेकिन बाद में अक्सर यही देखा जाता है कि उनकी सारी कोशिशें केवल अमीर जमात के फायदे के लिए ही इस्तेमाल हो रही हैं। इसी कारण ख़ुशी रंज में बदल जाती है। लेकिन बहुत सारे भोले-भाले लोग आख़िर तक यह समझ ही नहीं सकते और इस भ्रम में मरते हैं कि उन्होंने आम लोगों की तरक्की के लिए बहुत कुछ काम किया है।

आजकल हिन्दुस्तान के तमाम आन्दोलनों पर नज़रेसानी (पुनर्विचार) करके हर व्यक्ति इस हसरतनाक सच्चाई की एक बढ़िया मिसाल पा सकता है। चन्द सज्जनों की व्यक्तिगत कोशिशों को छोड़कर राजनीतिक और सामाजिक क्षेत्र में जो लहरें उठीं वह अलग तरह के पढ़े-लिखे लोगों के आस-पास ही रहीं जोकि शहरों में रहते हैं और आजाद पेशावर लोग कहलाते हैं। मैं आज यह साबित करना चाहता हूँ कि पिछले तीस सालों से जो शैक्षणिक और राजनीतिक लहरें उठीं उनसे हिन्दुस्तान के आम लोगों ने बहुत कम लाभ उठाया, क्योंकि ऊँचे दर्जे के कहे जाने वाले लोग ही इन लहरों को उठाते थे। इसलिए इनके आदर्श भी इनके जमाती रंग में रँगे रहते हैं। हर एक लहर, इस लहर के उठाने वाले लोगों का असली निचोड़ ही हुआ करती है। निचले दर्जे के सुधारक लोग ग़रीब किसानों और मज़दूरों के अन्दर घुसकर (इसे) अच्छी तरह समझ सकते हैं। वे अपनी जमात के दुख और तकलीफ़ें ही समझ सकते हैं। उनका आदर्श ही उनके वर्गगत तंग दायरे में चला जाता है। वह इस काम को, जोकि इन दोनों जमातों को अलग-अलग करता है, लाँघ नहीं सकते। अगर किसानों ने कोई आन्दोलन न खड़ा किया हो तो उनका आदर्श अलग ही होता है। आम लोग अपनी वर्ग-रुचि के अनुसार ही हर एक चीज़ को अपने-अपने दृष्टिकोण से देखते हैं। वे लोग यह भी नहीं जान सकते कि वे इस राह पर किस तरह आ गये। फिर भले ही वे कितने ऊँचे आदर्श लेकर भगवान के बन्दों की सेवा और उनके भले के ख़याल से ही क्यों न आगे आयें, लेकिन वर्ग-रुचि उनका पीछा नहीं छोड़ती, क्योंकि वह बहुत ज़बरदस्त ताकत है और उसने समाजी आन्दोलन में बड़ा भारी असर दिखाया है। इतिहास में अधिकतर चीज़ें जिस तरह नज़र आती हैं, असल में उस तरह की नहीं होतीं। मजलिसी वर्ग-रुचि को समझने वाला फिलासफ़र काम करने वाले की अपेक्षा उसकी वर्ग-रुचि को अच्छी तरह समझ और समझा सकता है।

मैं यह लेख केवल इसलिए लिख रहा हूँ कि किसान और मज़दूर ही हमारे प्यार के हक़दार हैं। अंग्रेज़ी अदब से परिचित लोग कार्लाइल के प्रसिद्ध उसूल को कई बार पढ़ चुके होंगे कि "मैं केवल दो ही आदमियों की इज़्ज़त और उनसे मुहब्बत करता हूँ, किसी तीसरे की नहीं।" मैं एक क़दम और आगे बढ़ता हूँ और कहता हूँ कि मैं केवल एक आदमी को ही प्यार और इज़्ज़त की निगाह से देखता हूँ, किसी दूसरे को नहीं और वह है ग़रीब मज़दूर (किरती), जो दुनिया की दौलत पैदा करता है।

पिछले तीस सालों से जो (आन्दोलनात्मक) लहरें हिन्दुस्तान में उठ रही हैं, उनको निम्नलिखित तीन हिस्सों में बाँटा जा सकता है—

1. राजनीतिक, 2. शैक्षिक, 3. धार्मिक।

अब मैं यह दिखाना चाहता हूँ कि इन आन्दोलनों का फ़ायदा उच्च वर्ग के लोगों को ही हुआ है। ग़रीबों को इससे कोई लाभ नहीं पहुँचा।

1. राजनीतिक लहरों ने अलग-अलग सूरतें पकड़ीं। इनमें समाजवादी और अतिवादी दोनों तरह के आदमी हैं। शान्तिमय रहकर सत्याग्रह करने वाले लोग भी पैदा हो गये और भयानक समय लाने वाले ख़तरनाक इन्क़लाबी लोग भी हो गये। इस शोर-शराबे में एक बात साफ़ है और वह यह कि इनके परिणामों से जनता को कोई भी लाभ नहीं हुआ। इण्डियन नेशनल कांग्रेस (हिन्दुस्तानभर की कांग्रेस) मध्यम वर्ग के लोगों की एक ख़ासी और अच्छी पार्टी (जमात) है। उसकी माँगें भी दरमियाने दर्जे के लोगों के लिए ही हैं। कांग्रेस कभी भी अपना कार्यक्रम मज़दूरों और किसानों के साथ मिलकर तैयार नहीं कर सकी। क्योंकि इसमें ग्रेजुएट, वकील, प्रोफ़ेसर, व्यापारी लोग ही शामिल हुए, इसलिए कांग्रेस का कार्यक्रम भी उनकी मर्जी के अनुसार ही बना। एक आन्दोलन एक समय में अमीर-ग़रीब दोनों वर्गों के लाभ के लिए काम नहीं कर सकता, यह दुनिया की कुछ बड़ी अनहोनी बातों में से एक है। कांग्रेस की माँग है कि इसे हिन्दुस्तान में ख़ास हिस्सा मिलना चाहिए। यह हिस्सा किस तरह मिलेगा? जिन बातों की कांग्रेस की ओर से माँग की जा रही है वह किसके लिए पूरी होंगी? अगर सरकारे-हिन्द की नौकरियाँ हिन्दुस्तानियों को मिलनी हैं तो उन्हें कौन लोग प्राप्त करेंगे? यह तो पक्का है कि मज़दूर-किसान लोग उन नौकरियों को प्राप्त नहीं कर सकेंगे। कुछेक हिन्दुस्तानियों को 'इण्डियन सिविल सर्विस' में ओहदे मिल जाने से ही किसानों और मज़दूरों को शिक्षा, ख़ुराक और रिहायश की तो बात ही क्या, ज़रूरी चीज़ें भी नसीब नहीं होंगी। ग़रीब किसानों को इस बात से क्या मतलब कि उनकी कमाई का ख़ासा बड़ा हिस्सा टैक्स आदि के रूप में लूट-पाटकर ले जाने वालों में से कितने हिन्दुस्तानी हैं और कितने दूसरे? माल-असबाब में से मुहम्मदुल्ला या स्वामी को भी हिस्सा मिलता है जोकि इसी देश के हैं। फिर कांग्रेस ने कभी यह भी माँग की है कि देशी सरकारी नौकरों की तनख्वाह घटा दी जाये और किसानों का टैक्स कम कर दिया जाये? कांग्रेस ने सरकारी अफ़सरों की तनख्वाह कम करवाकर ग़रीब किसानों का भार कम करने की कभी कोशिश की है? फिर आम जनता को इन आन्दोलनों और माँगों से क्या मतलब?

असल में ऐसी (आन्दोलनकारी) लहरें तो मध्यम दर्जे के लोगों के दिमाग में से ही निकल सकती थीं, क्योंकि वह लोग अपने बच्चों के लिए अच्छी से अच्छी आसामी चाहते हैं। वकीलों की आँखें सदा जज की पदवी को तरसती रहती हैं, ग्रेजुएट लोग सूबों की सरकारों में अच्छी-अच्छी आसामियों को देख-देखकर ललचाते

रहते हैं। क्योंकि यह मध्यम वर्ग के लोगों की माँगें हैं, इसलिए उन्होंने मध्यम वर्ग के लोगों को ही मुल्क और क़ौम समझना आरम्भ कर दिया है।

कांग्रेस वाले अक्सर चीख़ा करते हैं कि पंजाब कौंसिल और असेम्बली में हिन्दुस्तानियों की गिनती बढ़नी चाहिए। इससे भी आम हिन्दुस्तानियों को क्या लाभ हो सकता है? कौंसिलों के लिए कौन चुने जाते हैं? क्या वे लोग अपनी सेवाओं का इनाम नहीं लेते? क्या वे लोग इसमें अपनी इज़्ज़त और फख्र नहीं समझते? क्या आनरेबल कहने से लोग किसी को 'शहीद' कहने लगते हैं? क्या सदस्यता के लिए चुने जाना सख़्त मुसीबत की ज़िन्दगी गुज़ारना है या इससे बिल्कुल विपरीत? यह सवाल ज़रूर पूछे जाने चाहिए और जवाब भी मिलने चाहिए।

कौंसिल के असली फ़ायदों का सवाल एक तरफ़ छोड़कर भी अगर देखें तो नज़र आयेगा कि यह ख़याल केवल उस जमात के दिमाग में पैदा हो सकता है जिसे इससे कोई लाभ पहुँचने की आशा हो। कौंसिल के लिए कुछेक और वकील एवं साहूकार चुने जाने से करोड़ों मेहनतकश लोगों की जमात में क्या फ़र्क पड़ सकता है? क्या इन लोगों के टैक्स कम कर दिये जायेंगे? क्या उन लोगों के पुराने ख़तरे—बेगार, पुलिस या तहसीलदार, अकाल या प्लेग दूर हो जायेंगे? क्या उन लोगों के लिए गाँवों में साफ़ पानी पहुँचाने का बन्दोबस्त किया जायेगा? क्या गाँवों में स्कूल और लाइब्रेरी खोल दी जायेंगी। कुछ हिन्दुस्तानियों के कौंसिल में चले जाने के साथ तो हम उपरोक्त बातों में कोई जमा-घटा नहीं देखते। हाँ, कुछेक तालीम वाले लोग इससे रुपया ज़रूर कमा सकेंगे और कुछ उनकी इज़्ज़त भी बढ़ेगी और वह बड़े रोब के साथ इधर-उधर फिर सकेंगे और ये अँधेर ढाने वाले लोग क़ौम पर मुफ़्त का रौब दाब डालकर गिरावट पैदा करेंगे। अभी सयाने सज्जन समझते हैं कि यह उन्नति की राह नहीं है, लेकिन वह बेचारे यह नहीं समझते कि यह लहरें कहाँ उठती हैं और किस तरह बढ़ती हैं? लेकिन सारा ताना-बाना समझ में आ सकता है, यदि वे इतना ही समझ लें कि यह सबकुछ मध्यम दर्जे के लोगों का ही निचोड़ है और किसानों और मज़दूरों को इससे कोई लाभ नहीं।

इस तरह हम देखते हैं कि इन लहरों की कामयाबी से मध्यम दर्जे के लोगों को ही लाभ पहुँचता है। उन्होंने कभी बेगार, प्लेग आदि मर्जों के विरुद्ध बन्दोबस्त करने की कोशिश नहीं की। न कभी लगान, नमक-टैक्स, आबियाना कम करवाने या लोगों की शिक्षा का ठीक प्रबन्ध किया है, हालाँकि यही ज़रूरी सवाल हैं जिनके हल हो जाने से जनता को लाभ हो सकता है। बेचारे मज़दूर या किसान को सिविल सर्विस या पंजाब कौंसिल से क्या लाभ है? वह इज़्ज़त नहीं चाहता, पदवी नहीं चाहता। हाँ, वह रोटी, आरोग्यता और आज़ादी ज़रूर चाहता है। लेकिन इस तरफ़

तो कांग्रेस ने कभी ध्यान ही नहीं दिया। हाँ, कई सारे ज़रूरी प्रस्ताव पास कर दिये। लेकिन इनसे क्या हो सकता है? गवर्नमेंट अच्छी तरह समझती है कि इन मध्यम दर्जे के लोगों की वर्ग-रुचि क्या है? वह अच्छी तरह जानती है कि यह कुछ मामूली-सा सुधार चाहते हैं, जिसके साथ इनकी जमात को लाभ होने की आशा हो। इनको इससे कोई वास्ता नहीं कि गाँवों में रहने वालों पर किस तरह की गुज़रती है? इसी कारण गवर्नमेण्ट इन लोगों को कौंसिल और सिविल सर्विस आदि में कुछ पद देकर जनता के आन्दोलन रोकने के यत्न किया करती है। इस तरह बड़े-बड़े नेकदिल सच्चे सेवकों की मेहनतें भी मध्यम दर्जे के लोगों के लिए सोना साबित होती हैं, जबकि मज़दूरों और किसानों को थोड़ा भी लाभ नहीं पहुँचता।

इस बात को अच्छी तरह समझने के लिए मैं कहूँगा कि खेत-मज़दूरों के हक़ों पर ध्यान दिया जाये। ऐसा करने पर मालूम पड़ जायेगा कि सारे राजनीतिक दल जमींदारों की ओर से जमींदारों के हक़ के लिए तो ज़रूर आन्दोलन करते हैं लेकिन खेत-मज़दूरों के हक़ों के लिए आवाज़ उठाने की कभी हिम्मत नहीं करते, हालाँकि हमारे देश में बहुसंख्यक खेत-मज़दूर जमींदारों के ज़ुल्मों, टैक्सों और लगान के नीचे पीसे जा रहे हैं।

वह आन्दोलन जो अपने कार्यक्रम में इस बात को सबसे पहले सामने नहीं रखते और इसके लिए आन्दोलन नहीं करते, वह आम जनता के आन्दोलन नहीं कहला सकते। इसलिए हम कांग्रेस को गुनहगार नहीं ठहरा सकते, क्योंकि वह अपने सदस्यों के अलावा दूसरे लोगों की ओर अधिक ध्यान नहीं दे सकती। जूती पहनने वाला ही अच्छी तरह समझ सकता है कि पैर में कील किस तरह चुभती है। यह बात किसान ही अच्छी तरह अनुभव कर सकता है कि लगान आदि से आये दिन दुखी होकर मेरी ज़िन्दगी किस तरह गुज़र रही है। तालीमयाफ्ता मध्यम वर्ग के लोग ख़ाक इसका अन्दाज़ा लगा सकेंगे।

हम तो साफ़ कहते हैं कि किसानों की कांग्रेस के प्रस्ताव इस कांग्रेस से बिल्कुल अलग और नये ढंग के हैं और उनकी माँगें भी दूसरे ही ढंग की होंगी।

शैक्षणिक लहरें

राजनीतिक लहरों में देश ने बहुत-सी क़ुर्बानियाँ दीं। दर्जनों बहुमूल्य जानें इसमें लग गयीं। लेकिन शैक्षणिक लहरों के लिए तो हमारी बहुत-सी ताक़त ख़र्च हुई और बहुत से नेक मर्द और औरतों की जिन्दगियाँ इनके लिए वक़्फ हो गयीं। लेकिन परिणाम यहाँ भी निराशा भरा हो गया है, क्योंकि इससे भी मध्यम वर्ग को ही कुछ लाभ पहुँच सका है। हमारे बहुत-से नेताओं ने शहरों में अलग-अलग क़ौमों, बिरादरियों और

सभाओं की ओर से स्कूल-कॉलेज खोल दिये, लेकिन क्या हम पूछ सकते हैं कि उन देशभक्तों के दिलों में स्कूल-कॉलेज खोलने का ख़याल किस तरह पैदा हुआ? और क्यों उन्होंने अपने इस बड़े काम को गाँवों में नहीं किया, जिससे ख़र्च तो कम होता और लाभ अधिक पहुँचता। उन्होंने वकील और दफ्तरों के लिए क्लर्क पैदा करना ही अपना मन्तव्य क्यों बना लिया है और फिर हिन्दू और मुसलमान अलग-अलग अपनी-अपनी यूनिवर्सिटियाँ क्यों क़ायम कर रहे हैं? हम तो यह समझते हैं कि यह लोग भी वर्ग-रुचि के साये के नीचे ही अपना काम करते हैं। दृष्टान्त पंजाब के आर्य समाज का ही ले लें।

वे (स्वामी दयानन्द की यादगार) एक ऐसे कॉलेज से क्या चाहते हैं जोकि पंजाब की सरकारी यूनिवर्सिटी के साथ मिलने वाला हो? कितना अँधेर है। कहाँ स्वामी दयानन्द का आदर्श, कहाँ सरकारी यूनिवर्सिटी और इसके कॉलेज! लेकिन आख़िर यह हुआ क्यों? इसकी वजह साफ़ है। इसके उपासकों में अधिकतर वकील और ग्रेजुएट आदि मध्यम वर्ग के लोग ही थे। यदि कहीं संस्कृत पढ़े पण्डितों के सामने स्वामी दयानन्द की यादगार स्थापित करने का सवाल आता तो वह बिल्कुल अलग चीज़ क़ायम करते। यदि उनके (स्वामी दयानन्द के) पुरातन उपासकों में किसानों की बहुसंख्या होती तो उन लोगों में ही कॉलेज क़ायम किया होता। इनके ख़याल में किसी अन्य प्रकार की यादगार ही अच्छी और लाभदायक होती। समाज के शैक्षणिक अड्डे केवल इसीलिए क़ायम हुए कि मध्यम दर्जे के लोगों के बाल-बच्चे अच्छी तरह कमा सकें। यही वर्ग-रुचि काम कर रही है। दक्षिण के देशभक्तों ने शिक्षा के लिए बहुत क़ुर्बानियाँ कीं, लेकिन किनकी शिक्षा के लिए? फरगूसन कॉलेज ने मध्यम वर्ग के हज़ारों नौजवानों को शिक्षा दी। रोजी कमाने और उन्नति करने योग्य बनाया, लेकिन किसानों के लिए इसने क्या किया? इस कॉलेज में से जितने वकील और प्रोफ़ेसर निकलते हैं, वे बेचारे किसानों के सिरों पर यूँ ही ख़ाली बैठे मौज मारते हैं। वे भी किसानों का लहू पीने वाली जमात में शामिल हैं। आम लोग देशभक्तों की क़ुर्बानियों और योग्यता का कोई ख़ास फ़ायदा नहीं उठा सकते। क्या यह सही न होता कि ये लोग पुराने समय के साधुओं की तरह ही सीधे आम लोगों के पास चले गये होते और अपनी बहुमूल्य ज़िन्दगी मध्यम वर्ग को ही अर्पित करके न गँवा दी होती। यह इतना ज़रूरी सवाल है जो कभी आँखों से ओझल नहीं किया जा सकता। मैं हर एक बन्दे की ख़िदमत करने को अपना आदर्श समझने वाले नौजवानों से कहूँगा कि मध्यम वर्ग के लोगों के फ़ायदों को अपनी राह में न ठहरने दो। सीधे साधारण लोगों के पास जाओ। हम क्योंकि मध्यम वर्ग के लोगों में से हैं, इसलिए हो सकता है कुछ भूल करें और अपनी-अपनी जमात को कलंकित करें और दिल

को तसल्ली देते रहें कि हम लोगों की सेवा कर रहे हैं। मैं चाहता हूँ कि नौजवान इस ख़तरे से बचे रहें।

स्त्री-शिक्षा का शोर भी मध्यम वर्ग के लोगों का ही मसला है। हमारी कन्या-पाठशालाओं में किसानों की कितनी लड़कियाँ शिक्षा ग्रहण कर रही हैं? असल में गाँवों में तो यह सवाल ही नहीं है, क्योंकि वहाँ तो मर्द भी अनपढ़ हैं। यह सवाल तो तालीमयाफ्ता नौजवानों के लिए पढ़ी हुई लड़कियों की ज़रूरत से ही पैदा हुआ कि लड़कियों को भी शिक्षा दी जाय। इससे मध्यम वर्ग के लोगों के घर अधिक खुशहाल और आराम वाले बन गये। लेकिन कुछ एक महलों की मौजूदगी से आम लोगों की हालत किस तरह सुधर सकती है? उन लोगों के आराम और तरक्की से किसानों और मज़दूरों को कोई लाभ नहीं पहुँच सकता। वह ग़रीब इन चीज़ों से कोई भी लाभ नहीं उठा सकते। यदि यह शैक्षणिक लहरें आम लोगों की बेहतरी के लिए जारी की गयी होतीं तो सबसे पहले गाँवों में स्कूल खोले जाते (क्योंकि) किसी भी मुल्क के आम लोगों में प्रारम्भिक शिक्षा के बिना जागृति नहीं आ सकती। हमें अपने देश की उन्नति के लिए सबसे पहले यही नींव डालनी पड़ेगी।

साम्प्रदायिक और भाईचारे की लहरें

इस समय हमारे देश में जो अलग-अलग साम्प्रदायिक और भाईचारे की लहरें शोर मचा रही थीं यह भी इन्हीं मध्यम वर्ग के लोगों के दिमाग की उपज है। उदाहरण के रूप में पर्दे के सवाल को ही ले लें। ग़रीब मज़दूर औरतें तो सारा-सारा दिन सिरों पर टोकरियाँ उठाती हैं या खेतों में मेहनत-मज़दूरी करके बड़ी मुश्किल से रोटी कमा सकती हैं। उनके आगे यह पर्दे का सवाल किस तरह पेश हो सकता है? मध्यम वर्ग के लोगों की आराम भरी ज़िन्दगी में ही यह सवाल उठ सकते हैं। मैं एक-एक कर ऐसी सभी साम्प्रदायिक और भाईचारे की लहरों में वर्ग-रुचि का असर देखता हूँ।

अन्त में इतना ही कहूँगा कि वह नौजवान जो दुनिया में कुछ काम करना चाहते हैं या जो लोग भगवान के हर बन्दे की सेवा करने के लिए अपनी कीमती जिन्दगियाँ वक़्फ करना चाहते हैं, वे हिन्दुस्तानी मज़दूरों और किसानों में मिलकर उनकी रुचि समझने की कोशिश करें और उनकी असली तकलीफ़ें दूर करते हुए उनकी सच्ची उन्नति के लिए आन्दोलन करें। मैंने सरसरी निगाह से वर्तमान समय की गतिविधियों के कुछेक प्रमाण देकर एक ख़ास रुचि की ओर इशारा किया है। इसमें कुछेक नेकदिल लोगों को जोकि इन लहरों में शामिल हैं, नाराज नहीं होना चाहिए। मैं उनकी हमदर्दी और सच्चाई को अनुभव करते हुए भी इस ग़लती की ओर उनका ध्यान दिलाना अपना फ़र्ज़ समझता हूँ, क्योंकि मैं मानता हूँ कि यूरोपियन

मुदबर का यह कथन सोलह आने सही है कि एक कारकुन का अपने काम से ही अनजान होना ख़तरनाक और हलाल कर देने वाली बात है।

एक दुर्लभ दस्तावेज़

श्रीमान जी,

मुझे 29 मई 1927 को भारतीय दण्ड विधान की धारा 302 के अन्तर्गत गिरफ़्तार किया गया और पाँच सप्ताह तक पुलिस हिरासत में बन्द रखा गया। मुझे 4 जुलाई 1927 को जमानत पर छोड़ा गया। तब से मुझे कभी भी पुलिस द्वारा या किसी भी अदालत द्वारा इस धारा के अन्तर्गत मुक़दमे का सामना करने के लिए नहीं बुलाया गया, अतः मैं मान रहा हूँ कि आपकी छानबीन पूरी हो गयी है और मेरे ख़िलाफ़ कुछ नहीं मिला है और व्यवहारतः आपने केस वापिस ले लिया है। इन परिस्थितियों में मैं आपसे अनुरोध करता हूँ कि मेरी गिरफ़्तारी के समय मेरे शरीर से बरामद सभी वस्तुएँ कृपया लौटा दें। मुझे सूचित करें कि इस उद्देश्य के लिए मैं आपसे कब और कहाँ मिलूँ। जल्द अनुग्रह का बहुत आभार होगा।

आपका इत्यादि

भगतसिह का उर्दू हस्तलेख, भगतसिह का अंग्रेज़ी हस्तलेख

भगतसिंह को सजा-ए-मौत की तामीली का ट्रिब्यूनल द्वारा जारी वारण्ट

WARRANT OF EXECUTION ON SENTENCE OF DEATH

Section 381 of the Criminal Procedure Code. Sections 8 and II of Ordinance No. III of 1930.

In the Court. of the Lahore Conspiracy Tribunal, Lahore, constituted under Ordiance No. III of 1930.

TO THE SUPERINTENDENT OF THE CENTRAL JAIL AT LAHORE

WHEREAS Bhagat Singh, son of Kishen Singh, resident of Khawasrian, Lahore, one of the prisoners in the Lahore Conspiracy Case, having been found guilty by us of offence under section 121 and section 302 of te Indeian Penal Code and also under section 4(b) of the Explosive Substances Act read with section 5 of that Act and with section 12-F of the Indian Penal Code at a trial commencing from the 5th May, 1930 and ending with the 7 October, 1930, is hereby sentenced to death.

This is to authorise and requrire you, the said Superintendent, to carry the said sentence into execution by causing the said BHAGAT SINGH to be hanged by the neck until he to be dead at Lahore on the 17th day of October, 1930, and to return this warrant to the High Court with an endorsement certifying that the sentence hasbeen executed.

Given under our hands and the seal of the Court this day 7th day of October, 1930.

Seal of the tribunal,

Sd/- PRESIDENT OF THE TRIBUNAL

Sd/- Member of the Tribunal

Sd/- Member of the Tribunal

मृत्युदण्ड पर अमल का वारण्ट

अपराध प्रक्रिया संहिता की धारा 381, 1930 के अध्यादेश सं. III की धारा 8 एवं II।

1930 के अध्यादेश सं. III के तहत गठित लाहौर षड्यन्त्र केस ट्रिब्यूनल की अदालत में।

लाहौर सेण्ट्रल ज़ेल के सुपरिण्टेण्डेण्ट के लिए

भगतसिंह, वल्द किशनसिंह, निवासी खवासरियाँ, लाहौर, जो लाहौर षड्यन्त्र केस के क़ैदियों में से एक है, को 5 मई, 1930 को शुरू होकर 7 अक्टूबर, 1930 को ख़त्म हुए मुक़दमे में भारतीय दण्ड संहिता की धारा 121 और धारा 302 के तहत और विस्फोटक पदार्थ क़ानून की धारा 5 के साथ पठित उस क़ानून की धारा 4(बी) और भारतीय दण्ड संहिता की धारा 120-एफ के तहत अपराध का दोषी पाया गया है और एतद्द्वारा मृत्युदण्ड दिया जाता है।

इस आदेश द्वारा आपको, उपरोक्त सुपरिण्टेण्डेण्ट को, अधिकृत किया जाता है और अपेक्षा की जाती है कि इस आदेश पर अमल करते हुए 17 अक्टूबर के दिन लाहौर में उपरोक्त भगतसिंह को गरदन से तब तक लटकाया जाये जब तक उसकी मृत्यु न हो जाये, और आदेश पर अमल के प्रमाणपत्र के साथ इस वारण्ट को हाईकोर्ट को वापस भेज दें।

हमारे हाथों से तथा अदालत की मुहर के साथ आज 7 अक्टूबर 1930 को दिया गया।

ट्रिब्यूनल की मुहर

ह. ट्रिब्यूनल के अध्यक्ष

ह. ट्रिब्यूनल के सदस्य

ह. ट्रिब्यूनल के सदस्य

भगतसिंह को फाँसी के बाद जेल सुपरिण्टेण्डेण्ट का प्रमाणपत्र

CERTIFICATE OF EXECUTION OF THE DEATH SENTENCE

Seal of the

Judicial Department

I HEREBY certify that the sentence of death passed on Bhagat Singh has been duly executed, and that the said Bhagat Singh was accordingly hanged by the neck till he was dead, at Lahor Central Jail on Monday, the 23rd day of March, 1931, at 7 p.m., that the body remained suspended for a full hour, and was not taken down until life was ascertained by a medical officer to be exinct; and that no accident, error or other misadventure occured.

Sd, Illegel   Superintendent of the Jail.

मृत्युदण्ड पर अमल का प्रमाणपत्र

न्यायिक विभाग

की मुहर

मैं एतद् द्वारा प्रमाणित करता हूँ कि भगतसिंह को दिये गये मृत्युदण्ड की तामील कर दी गयी है, और कि तद्नुसार उपरोक्त भगतसिंह को सोमवार 23 मार्च, 1931 को शाम 7 बजे लाहौर सेण्ट्रल ज़ेल में गरदन से उस समय तक लटकाये रखा गया जब तक उसकी मृत्यु न हो गयी, कि शरीर पूरे एक घण्टे तक लटका रहा, और उसे तब तक नीचे नहीं उतारा गया जब तक मेडिकल अफ़सर द्वारा जीवन निश्शेष होने की पुष्टि नहीं कर ली गयीय और कि कोई दुर्घटना, त्रुटि या कोई अन्य अनिष्ट नहीं हुआ।

ह. अस्पष्ट   ज़ेल सुपरिण्टेण्डेण्ट

खण्ड दो

शहीदेआज़म की जेल नोटबुक

भगतसिंह की जेल नोटबुक जो शहादत के तिरसठ वर्षों बाद छप सकी

रूसी विद्वान एल.वी. मित्रोखिन वे पहले व्यक्ति थे जिन्होंने 1981 में प्रकाशित अपनी पुस्तक 'Lenin and India' में पहली बार, एक अलग अध्याय में, भगतसिंह की दुर्लभ ज़ेल नोटबुक से विस्तृत हवाले देते हुए उनके द्वारा अन्तिम दिनों में किये गये क्रान्तिकारी और मार्क्सवादी साहित्य के गहन अध्ययन पर प्रकाश डाला था और उन योजक-सूत्रों को संयोजित करने की कोशिश की थी, जो भगतसिंह के चिन्तन के संघटक अवयव थे।

भगतसिंह और उनके साथियों ने 1928 में 'हिन्दुस्तान सोशलिस्ट रिपब्लिकन एसोसिएशन' की स्थापना के समय ही समाजवाद को लक्ष्य और सिद्धान्त के रूप में स्वीकार कर लिया था, पर कमोबेश 1929 के मध्य तक समाजवाद और मार्क्सवाद के प्रति उनका लगाव भावात्मक ही था, बुद्धिसंगत नहीं। भगतसिंह के सहयोगी क्रान्तिकारी शिववर्मा सहित अनेक इतिहासकारों ने इस बात का उल्लेख किया है कि 1929 में गिरफ़्तारी के बाद एच.एस.आर.ए. के युवा क्रान्तिकारियों के एक धड़े ने, और विशेषकर भगतसिंह ने ज़ेल में बड़ी मुश्किलों से जुटाकर, क्रान्तिकारी साहित्य और मार्क्सवाद का गहन अध्ययन और उस पर विचार-विमर्श किया। इसके परिणामस्वरूप वे अराजकतावादी और मध्यवर्गीय दुस्साहसवाद को छोड़कर तेज़ी से सर्वहारा क्रान्ति के मार्क्सवादी सिद्धान्तों को अपनाने की दिशा में आगे बढ़े। वैयक्तिक शौर्य एवं बलिदान से जनता को जगाने और आतंकवादी रणनीति द्वारा उपनिवेशवाद के विरुद्ध संघर्ष का रास्ता छोड़कर उन्होंने अपने अतीत की आलोचना व समाहार किया तथा इस बात पर बल दिया कि क्रान्ति की मुख्य शक्ति मज़दूर और किसान हैं, साम्राज्यवाद को केवल सर्वहारा क्रान्ति द्वारा ही शिकस्त दी जा सकती है, मुख्यतः पेशेवर क्रान्तिकारियों पर आधारित सर्वहारा वर्ग की क्रान्तिकारी पार्टी के मार्गदर्शन में व्यापक मेहनतकश जनता व मध्यवर्ग के जनसंगठन खड़ा करके जनान्दोलन का मार्ग अपनाया जाना चाहिए और यह कि, इसके बाद ही सशस्त्र क्रान्ति द्वारा सत्ता

पलटकर सर्वहारा अधिनायकत्व की स्थापना की जा सकती है। एच.एस.आर.ए. के सिद्धान्तकारों में भगतसिंह सर्वोपरि थे और उनकी पूरी विचार-यात्रा को 1929 से मार्च 1931 तक (यानी फ़ाँसी चढ़ने तक) के उनके दस्तावेज़ों, लेखों, पत्रों और वक्तव्यों में देखा जा सकता है। भगतसिंह के सर्वोन्नत विचार फ़रवरी 1931 के दो भाग के उस मसविदा दस्तावेज़ में देखने को मिलते हैं जो 'क्रान्तिकारी कार्यक्रम का मसविदा' नाम से 'भगतसिंह और उनके साथियों के दस्तावेज़' (सं.—जगमोहन सिंह, चमनलाल, राजकमल प्रकाशन, नई दिल्ली) में संकलित है।

भगतसिंह की ज़ेल नोटबुक मिलने के बाद भगतसिंह के चिन्तक व्यक्तित्व की व्यापकता और गहराई पर और अधिक स्पष्ट रोशनी पड़ी है, उनकी विकास की प्रक्रिया समझने में मदद मिली है और यह सच्चाई और अधिक पुष्ट हुई है कि भगतसिंह ने अपने अन्तिम दिनों में, सुव्यवस्थित एवं गहन अध्ययन के बाद बुद्धि संगत ढंग से मार्क्सवाद को अपना मार्गदर्शक सिद्धान्त बनाया था। एकबारगी तो यह बात अविश्वसनीय-सी लगती है कि क्रान्तिकारी जीवन और ज़ेल की बीहड़ कठिनाइयों में भगतसिंह ने ब्रिटिश सेंसरशिप की तमाम दिक्कतों के बावजूद पुस्तकें जुटाकर इतना गहन और व्यापक अध्ययन कर डाला। महज 23 वर्ष की छोटी-सी उम्र में चिन्तन का जो धरातल उन्होंने हासिल कर लिया था, वह उनके युगद्रष्टा युगपुरुष होने का ही प्रमाण था। ऐसे महान चिन्तक ही इतिहास की दिशा बदलने और गति तेज़ करने का माद्दा रखते हैं। भगतसिंह की शहादत भारतीय जनता को आज भी क्षितिज पर अनवरत जलती मशाल की तरह प्रेरणा देती है, पर यह भी सच है कि उनकी फ़ाँसी ने इतिहास की दिशा बदल दी। यह सोचना गलत नहीं है कि भगतसिंह को 23 वर्ष की अल्पायु में यदि फ़ाँसी नहीं हुई होती तो राष्ट्रीय मुक्ति संघर्ष का इतिहास और भारतीय सर्वहारा क्रान्ति का इतिहास शायद कुछ और ही ढंग से लिखा जाता।

बहरहाल, इतिहास की उतनी ही दुखद विडम्बना यह भी है कि आज भी इस देश के शिक्षित लोगों का एक बड़ा हिस्सा भगतसिंह को एक महान वीर तो मानता है, पर यह नहीं जानता कि 23 वर्ष का वह युवा एक महान चिन्तक भी था। राजनीतिक आज़ादी मिलने के पचास वर्षों बाद भी सम्पूर्ण गाँधी वाङ्मय, नेहरू वाङ्मय से लेकर सभी राष्ट्रपतियों के अनुष्ठानिक भाषणों के विशद्ग्रन्थ तक प्रकाशित होते रहे पर किसी भी सरकार ने भगतसिंह और उनके साथियों के सभी दस्तावेज़ों को अभिलेखागार, पत्र-पत्रिकाओं और व्यक्तिगत संग्रहों से निकालकर छापने की सुध नहीं ली।

छिटपुट पत्र-पत्रिकाओं में प्रकाशित लेखों, अजय कुमार घोष, शिव वर्मा, सोहन

सिंह जोश, जितेन्द्र नाथ सान्याल आदि भगतसिंह के समकालीन क्रान्तिकारियों की विभिन्न पुस्तकों-लेखों, भगतसिंह के अनुज की पुत्री वीरेन्द्र सिन्धु की पुस्तकों तथा गोपाल ठाकुर, जी. देवल, मन्मथनाथ गुप्त, बिपन चन्द्र, हंसराज रहबर, कमलेश मोहन आदि इतिहासकारों-लेखकों के विभिन्न लेखों एवं पुस्तकों से भगतसिंह के विचारक व्यक्तित्व पर रोशनी अवश्य पड़ती रही है, पर बहुसंख्यक शिक्षित आबादी भी इससे बहुत कम ही परिचित रही है। भगतसिंह के कुछ ऐतिहासिक बयानों-दस्तावेज़ों को सत्तर के दशक के पूर्वार्द्ध में दिल्ली से कुछ क्रान्तिकारी वामपन्थी संस्कृतिकर्मियों की पहल पर प्रकाशित होने वाली 'मुक्ति' पत्रिका ने प्रकाशित किया। इसके बाद कई पत्रिकाओं ने और क्रान्तिकारी ग्रुपों ने पुस्तिकाओं के रूप में भगतसिंह के चुने हुए कुछ लेखों को छापने का काम किया। भगतसिंह के साथी शिववर्मा ने उनके चुनिन्दा लेखों का संकलन अंग्रेज़ी और हिन्दी में प्रकाशित किया।

सबसे पहले जगमोहन सिंह (भगतसिंह की बहन के पुत्र) और चमनलाल ने भगतसिंह और उनके साथियों के अधिकांश वक्तव्यों, लेखों, पत्रों और दस्तावेज़ों को एक जगह संकलित किया (हालाँकि यह संकलन भी सम्पूर्ण नहीं है) जो 1986 में राजकमल प्रकाशन, नई दिल्ली से प्रकाशित हुआ।

इस तथ्य की चर्चा भगतसिंह के कई साथियों और इतिहासविदों ने की है कि ज़ेल में उन्होंने चार और पुस्तकें लिखी थींरू 'आत्मकथा', 'समाजवाद का आदर्श', 'भारत में क्रान्तिकारी आन्दोलन' तथा 'मृत्यु के द्वार पर'। दुर्भाग्यवश इनकी पाण्डुलिपियाँ आज उपलब्ध नहीं हैं और माना यही जाता है कि वे नष्ट हो चुकी हैं। हालाँकि इनके गायब होने की कहानी भी रहस्यमय है और इसमें भी किसी साजिश से पूरी तरह इन्कार नहीं किया जा सकता। बहरहाल, यह भारतीय इतिहास के सर्वाधिक दुर्भाग्यपूर्ण प्रसंगों में से एक है।

अब हम भगतसिंह की उस ऐतिहासिक ज़ेल नोटबुक की चर्चा पर आते हैं जो पहली बार 1993 में जयपुर से 'इण्डियन बुक क्रॉनिकल' से 'A Martyrs Notebook' नाम से प्रकाशित हुई। इसका सम्पादन भूपेन्द्र हूजा ने किया था। इस डायरी के प्रारम्भ में दी गयी परिचयात्मक टिप्पणी के अनुसार, इसकी हस्तलिखित/ डुप्लीकेटेड प्रतिलिपि एक पैकेट के रूप में पहली बार जी.बी. कुमार हूजा (गुरुकुल कांगड़ी, हरिद्वार के तत्कालीन कुलपति) को 1981 में गुरुकुल, इन्द्रप्रस्थ के दौरे के समय स्वामी शक्तिवेश से मिली थी।

पर इससे भी पहले यह डायरी 1977 में एल.वी. मित्रोखिन ने फरीदाबाद में रह रहे भगतसिंह के भाई कुलबीर सिंह के पास देखी थी और उसका विस्तृत अध्ययन करके एक लेख लिखा था, जो 1981 में अंग्रेज़ी में प्रकाशित उनकी पुस्तक

'Lenin and India' में एक अध्याय के रूप में शामिल किया गया। पुनः 1990 में इस पुस्तक का हिन्दी अनुवाद भी प्रगति प्रकाशन, मास्को से 'लेनिन और भारत' नाम से प्रकाशित हुआ।

अब तक इस डायरी के सम्बन्ध में प्राप्त जानकारी को हम यहाँ सिलसिलेवार प्रस्तुत कर रहे हैं।

1968 में भारतीय इतिहासकार जी. देवल ने 'पीपुल्स पाथ' पत्रिका में भगतसिंह पर एक लेख लिखा था जिसमें 200 पन्नों की एक कॉपी का ज़िक्र किया गया है। उक्त कॉपी में पूँजीवाद, समाजवाद, राज्य की उत्पत्ति, मार्क्सवाद, कम्युनिज़्म, धर्म, दर्शन, क्रान्तियों के इतिहास आदि पर विभिन्न पुस्तकों के अध्ययन के दौरान भगतसिंह द्वारा ज़ेल में लिए गये नोट्स हैं। यह नोटबुक भगतसिंह की फ़ाँसी के बाद उनके परिवार वालों को सौंप दी गयी थी। देवल ने इसे फरीदाबाद में रह रहे भगतसिंह के छोटे भाई कुलबीर सिंह के पास देखा था और अध्ययन करके नोट्स लिए थे। अपने लेख में देवल ने इस बात पर जोर दिया कि यह डायरी प्रकाशित की जानी चाहिए, पर ऐसा हुआ नहीं।

उक्त डायरी की जानकारी होने पर 1977 में रूसी विद्वान मित्रोखिन भारत आये और कुलबीर सिंह के हवाले से उक्त डायरी के विस्तृत अध्ययन के बाद एक लेख लिखा जो उनकी पुस्तक 'Lenin and India' का एक अध्याय बना।

हमें उपलब्ध जानकारी के अनुसार, 1979 के बाद इतिहास के कई शोधार्थियों ने 404 पृष्ठों की उक्त ज़ेल नोटबुक की एक फ़ोटो प्रतिलिपि तीन मूर्ति भवन स्थित जवाहर लाल नेहरू मेमोरियल म्यूजियम व लायब्रेरी में भी देखी-पढ़ी। पर इस पर अलग से कोई शोध निबन्ध कहीं भी प्रकाशित नहीं हुआ।

गुरुकुल कांगड़ी के तत्कालीन कुलपति जी.बी. कुमार हूजा 1981 में गुरुकुल इन्द्रप्रस्थ (दिल्ली से 20 किलोमीटर दक्षिण तुगलकाबाद रेलवे स्टेशन के निकट) के दौरे पर गये थे। वहाँ संस्था के तत्कालीन मुख्य अधिष्ठाता स्वामी शक्तिवेश ने गुरुकुल के 'हॉल ऑफ़ फेम' के तहख़ाने में सुरक्षित इस ऐतिहासिक धरोहर की एक हस्तलिखित/डुप्लीकेटेड प्रतिलिपि दिखलायी, जिसे जी.बी. कुमार हूजा ने कुछ दिनों के लिए माँग लिया। बाद में स्वामी शक्तिवेश की हत्या हो गयी और उक्त डायरी (प्रतिलिपि) हूजा जी के पास ही रह गयी।

1989 में भगतसिंह की शहादत के दिन 23 मार्च को जयपुर में कुछ बुद्धिजीवियों ने 'हिन्दोस्तानी मंच' का गठन किया। उसी की प्रारम्भिक बैठकों में जी.बी. कुमार हूजा ने भगतसिंह की ज़ेल डायरी की जानकारी दी और 'हिन्दोस्तानी मंच' ने इसे प्रकाशित करने का निश्चय किया।

'इण्डियन बुक क्रॉनिकल' पत्रिका (जयपुर) के सम्पादक भूपेन्द्र हूजा को इस परियोजना के सम्पादन की ज़िम्मेदारी दी गयी और 'हिन्दोस्तानी मंच' के महासचिव सरदार ओबेराय, प्रो. आर.पी. भटनागर और डॉ. आर.सी. भारतीय ने उनके सहयोगी की भूमिका निभायी। दुर्भाग्यवश, अर्थाभाव के कारण यह योजना खटाई में पड़ गयी।

इसी दौरान डॉ. आर.सी. भारतीय को उक्त ज़ेल नोटबुक की एक और टाइप की हुई प्रतिलिपि प्राप्त हुई जो एक स्थानीय विद्वान डॉ. प्रकाश चतुर्वेदी मास्को अभिलेखागार से फ़ोटो-प्रतिलिपि कराकर लाये थे। 'मास्को प्रति' और 'गुरुकुल प्रति' शब्दशः एक-दूसरे से मिल रहे थे।

1991 में भूपेन्द्र हूजा ने नोटबुक को किश्तों में अपनी पत्रिका 'इण्डियन बुक क्रॉनिकल' में प्रकाशित करना शुरू किया। भगतसिंह की ज़ेल नोटबुक इस रूप में पहली बार व्यापक पाठक समुदाय तक पहुँची। डॉ. चमनलाल ने भी भूपेन्द्र हूजा को सूचित किया कि उक्त नोटबुक की एक प्रतिलिपि उन्होंने भी नेहरू म्यूज़ियम लायब्रेरी, नई दिल्ली में देखी थी।

इस तरह भूपेन्द्र हूजा व उनके सहयोगियों की नज़र में उक्त ज़ेल नोटबुक की आधिकारिकता और अधिक पुष्ट हुई। पहली बार 1994 में उक्त ज़ेल नोटबुक 'इण्डियन बुक क्रॉनिकल' की ओर से ही भूपेन्द्र हूजा और जी.बी. कुमार हूजा (बलभद्र भारती) की भूमिकाओं के साथ पुस्तकाकार प्रकाशित हुई। उक्त दोनों भूमिकाओं से भी स्पष्ट है कि जी.बी. कुमार हूजा और भूपेन्द्र हूजा को इस तथ्य की जानकारी नहीं थी कि उक्त डायरी की मूल प्रति भगतसिंह के भाई कुलबीर सिंह के पास फरीदाबाद में भी मौजूद है। उन्हें जी. देवल के उस लेख की भी सम्भवतः जानकारी नहीं थी जिन्होंने सबसे पहले 1968 में यह तथ्य उद्घाटित किया था, न ही उन्हें मित्रोखिन का वह लेख (1981) ही मिला था जो उक्त डायरी के विशद अध्ययन के बाद लिखा गया था।

बहरहाल, मित्रोखिन ने कुलबीर सिंह के पास उपलब्ध नोटबुक/डायरी से लिए गये हवालों पर जो पृष्ठ अंकित किये हैं, उन्हें देखने से स्पष्ट हो जाता है कि जी.बी. कुमार हूजा को प्राप्त 'गुरुकुल टेक्स्ट' उक्त मूल डायरी की ही डुप्लीकेट/हस्तलिखित प्रतिलिपि है।

ऐसा सम्भव है कि डॉ. प्रकाश चतुर्वेदी ने डायरी/नोटबुक की जो प्रतिलिपि मास्को अभिलेखागार में देखी थी, वह मित्रोखिन ही भारत से ले गये हों। या यह भी हो सकता है कि किसी और रूसी विद्वान ने भी डायरी का अध्ययन किया हो।

बहरहाल, इन तथ्यों से डायरी की आधिकारिकता ही और अधिक पुष्ट होती है।

'भगतसिंह और उनके साथियों के दस्तावेज़' पुस्तक के सम्पादक-द्वय जगमोहन

सिंह और चमनलाल ने भी पुस्तक के दूसरे संस्करण की भूमिका (23 मार्च '89) में लिखा है : "भगतसिंह की ज़ेल में लिखित 404 पृष्ठों की डायरी, जिसमें महत्त्वपूर्ण राजनीतिक व दार्शनिक नोट्स हैं, अब भी सामान्य पाठकों की पहुँच से बाहर है, हालाँकि इसकी फ़ोटो प्रति तीन मूर्ति स्थित जवाहरलाल नेहरू मेमोरियल म्यूजियम व लायब्रेरी में सुरक्षित है। इस पर क्या कहा जा सकता है, पाठक स्वयं ही सोचें।"

इस टिप्पणी से ऐसा लगता है कि जगमोहन सिंह और चमनलाल को भी यह तथ्य ज्ञात नहीं था कि भगतसिंह की मूल ज़ेल नोटबुक उनके भाई कुलबीर सिंह के पास मौजूद है, जिसका अध्ययन 1968 में जी. देवल ने और 1977 में मित्रोखिन ने किया था। यह विशेष आश्चर्य की बात इसलिए भी है क्योंकि जगमोहन सिंह भी स्वयं भगतसिंह के परिवार के सदस्य हैं। वे भगतसिंह की बहन बीबी अमर कौर के पुत्र हैं। भगतसिंह के दूसरे भाई कुलतार सिंह की पुत्री वीरेन्द्र सिन्धू ने भी भगतसिंह पर दो पुस्तकें लिखी हैं। उन्होंने भी इसका उल्लेख नहीं किया है कि भगतसिंह की ज़ेल नोटबुक उनके परिवार के ही एक सदस्य के पास मौजूद है। यदि इन परिवार-जनों को भी यह तथ्य नहीं पता था तो इस बारे में हमें कुछ नहीं कहना। न ही इसकी अन्तर्कथा को जानने में हमारी कोई रुचि है।

यह सवाल हम यहाँ इसलिए उठा रहे हैं कि यह भारत में इतिहास की एक गम्भीर समस्या है। आजाद भारत की कांग्रेसी सरकार ही नहीं, किसी भी पूँजीवादी संसदमार्गी दल से हम यह अपेक्षा नहीं रखते कि उनकी सरकारें भगतसिंह के विचारों को जनता तक पहुँचाने का काम करेंगी। उनका बस चलता तो वे भगतसिंह की स्मृति तक को दफ़्न कर देतीं। पर यह उनके बस के बाहर की बात है।

लेकिन शहीदे-आजम भगतसिंह के परिवार-जनों का उनकी वैचारिक विरासत के बारे में जो रुख रहा, उसके बारे में क्या कहा जाये? सीधा सवाल यह है कि कुलबीर सिंह के पास यदि भगतसिंह की ज़ेल नोटबुक मौजूद थी, तो उन्होंने उसे भारतीय जनता तक पहुँचाने के लिए क्या कोशिश की? उन्होंने अख़बारों में, इतिहासकारों को पत्र लिखकर इसे छपाने और जनता तक पहुँचाने की कोई कोशिश क्यों नहीं की? क्या इसे प्रकाशित करने के लिए प्रकाशक नहीं मिलते? या जनता से स्रोत-संसाधन नहीं जुटते? हमारी जानकारी के अनुसार, शहीदेआज़म के परिवार के लोग स्वयं भी इतने विपन्न नहीं हैं। उन्हें यदि भगतसिंह के आदर्शों से प्यार होता और उनके विचारों को जन-जन तक पहुँचाने की चिन्ता होती तो वे उक्त डायरी स्वयं छपवा सकते थे। आश्चर्य तो तब होता है जब लगता है कि ज़ेल नोटबुक के कुलबीर सिंह के पास उपलब्ध होने का तथ्य स्वयं जगमोहन सिंह या वीरेन्द्र सिन्धू को ही नहीं पता था। क्या यह एक शर्मनाक विडम्बना नहीं है कि भगतसिंह की ज़ेल नोटबुक

पर आधारित पहला विस्तृत शोध-निबन्ध 1981 में एक रूसी विद्वान मित्रोखिन की पुस्तक में संकलित होकर सामने आया? वैसे इस काहिली और गैरज़िम्मेदारी के लिए उन इतिहासकारों को भी माफ़ नहीं किया जा सकता जो इतिहास को केवल प्रोफ़ेसरी का ज़रिया बनाये हुए हैं और इतिहास की बहुमूल्य विरासत को भी जनता तक पहुँचाने की जिन्हें रत्तीभर चिन्ता नहीं है। और भला क्यों हो? वे इतिहास पढ़ाने वाले मुदर्रिस हैं, इतिहास बनाने से उनका भला क्या सरोकार?

जहाँ तक भगतसिंह के परिवार के उन सदस्यों का सवाल है, जिन्होंने आज़ादी के इतने वर्षों बाद तक इतिहास की एक बहुमूल्य धरोहर को पारिवारिक सम्पत्ति की तरह दाबे रखा और उसे जनता तक पहुँचाने की कोई कोशिश नहीं कीय दे भी अपनी इस करनी के चलते इतिहास में अपना नाम दर्ज करा चुके हैं। वैसे हमारे देश में यह कोई नई बात नहीं है। क्रान्तिकारी राजनीति और साहित्य में ऐसे कई उदाहरण हैं कि महान विभूतियों के रक्त-सम्बन्धी उत्तराधिकारी उनसे जुड़े होने के नाते इज़्जत तो ख़ूब पा रहे हैं पर उनके आदर्शों और सपनों से उन्हें कुछ भी नहीं लेना-देना। उनकी रुचि या तो सम्मान-प्रतिष्ठा-सुविधा में है या फिर रायल्टी की मोटी रकम में। भगतसिंह हों या राहुल सांकृत्यायन, उनका कृतित्व आज पूरे राष्ट्र की, पूरी जनता की या उनके वैचारिक उत्तराधिकारियों की धरोहर न बनकर परिवार-जनों की निजी सम्पत्ति बन गयी है। क्रान्तिकारियों के तमाम बेटे-भतीजे-भांजे आज क्रान्तिकारियों के रक्त-सम्बन्धी होने के नाते स्वाभाविक तौर पर जनता से इज़्जत पाते हैं और सीना फुलाते हैं। पर उन्हें इस बात में कोई दिलचस्पी नहीं कि क्या उन क्रान्तिकारियों के सपने पूरे हुए? इसके विपरीत वे उसी सत्ता से सुविधाएँ लेने और उन्हीं राजनीतिक दलों की राजनीति करने तक का काम करते हैं, जिन्होंने क्रान्तिकारियों के सपनों के साथ विश्वासघात किया। क्रान्तिकारियों के ऐसे वारिस भी क्या अपने महान पूर्वजों के आदर्शों का व्यापार नहीं कर रहे हैं?

बहरहाल, 1994 में भूपेन्द्र हूजा और उनके साथियों ने भगतसिंह की ज़ेल नोटबुक का मूल अंग्रेज़ी संस्करण छापकर भारत की जनता और क्रान्तिकारी आन्दोलन के लिए जो उपयोगी कार्य किया उसे कभी भी भुलाया नहीं सकता।

आम जनता को इतिहास की बहुमूल्य धरोहर से परिचित कराने के महत्त्वपूर्ण कार्यभारों में से यह भी एक है कि भगतसिंह की ज़ेल नोटबुक और उनके तथा उनके साथियों के सभी दस्तावेज़ों को सभी भारतीय भाषाओं में अनूदित करके जन-जन तक पहुँचाया जाये।

भगतसिंह की ज़ेल नोटबुक स्कूली कॉपी की सामान्य साइज (17.50 से.मी. × 21 से.मी.) की पुस्तिका है। नोटबुक खोलते ही पहले पेज (टाइटिल पेज) पर अंग्रेज़ी

में लिखा है : "भगतसिंह के लिए/चार सौ चार (404) पृष्ठ..." नीचे एक हस्ताक्षर है और 12.9.29 की तिथि दी गयी है। स्पष्ट है कि यह प्रविष्टि ज़ेल अधिकारियों द्वारा भगतसिंह को कॉपी देते समय की गयी है। ज़ेल मैनुअल/नियमावली के जानकार जानते होंगे कि जब भी कोई क़ैदी लिखने के लिए कॉपी माँगता है तो ज़ेल अधिकारी को कॉपी के शुरू और अन्त में ऐसा लिखना होता है और क़ैदी को भी प्राप्त करते समय वहाँ हस्ताक्षर करना होता है। भगतसिंह के हस्ताक्षर (अंग्रेज़ी में) टाइटिल पेज पर भी मौजूद हैं और 12.9.29 की तिथि के साथ कॉपी के अन्त में भी। नोटबुक की जो डुप्लीकेटेड/हस्तलिखित प्रतिलिपि जी.बी. कुमार हूजा को गुरुकुल इन्द्रप्रस्थ में मिली, उसमें नीचे बायें कोने पर अंग्रेज़ी में यह भी लिखा हुआ था : "प्रतिलिपि शहीद भगतसिंह के भतीजे अभय कुमार सिंह द्वारा तैयार।"

मूल नोटबुक के पृष्ठ भगतसिंह की छोटे अक्षरों वाली लिखाई से भरे हुए हैं। ज़्यादा नोट्स अंग्रेज़ी में लिए गये हैं, लेकिन कहीं-कहीं उर्दू का भी इस्तेमाल किया गया है।

भगतसिंह की जेल नोटबुक : एक महान विचारयात्रा का दुर्लभ साक्ष्य

–एल. वी. मित्रोखिन

अक्टूबर, 1967 में एक वयोवृद्ध भारतीय क्रान्तिकारी विजय कुमार सिन्हा से मेरी भेंट हुई। 1929 में अंग्रेज़ सरकार ने उन्हें उस मुक़दमे में सज़ा दिलवायी थी, जो इतिहास में लाहौर षड्यन्त्र केस के नाम से जाना जाता है। उन दिनों की घटनाओं को याद करते हुए श्री सिन्हा ने महान भारतीय क्रान्तिकारी भगतसिंह के बारे में बताया, जो फ़ाँसी के तख़्ते पर चढ़ने से कुछ घण्टे पहले तक लेनिन की जीवनी पढ़ते रहे थे।

कैसा अनुपम इच्छा-बल था उस वीर का! उन अकथनीय परिस्थितियों में, फ़ाँसी से पहले एक पुस्तक पढ़ना! परन्तु लेनिन के व्यक्तित्व का प्रभाव इतना प्रबल था कि सुदूर औपनिवेशिक भारत में मृत्युदण्ड प्राप्त क़ैदी उनके जीवन का वर्णन करने वाली पंक्तियों को यों पढ़ते थे, मानो जीवनदायी स्रोत से घूँट भर रहे हों।

...सुबह का वक़्त था। इस दिन भगतसिंह तेईस वर्ष, पाँच महीने और छब्बीस दिन के हुए थे। लाहौर का एक अख़बार देखते हुए भगतसिंह की नज़र हाल ही में छपी लेनिन की जीवनी के बारे में एक लेख पर पड़ी।

लेनिन पर एक किताब...वह हर हालत में उसे पढ़ना चाहते थे। भगतसिंह जानते थे कि औपनिवेशिक 'न्यायालय' अपना फ़ैसला सुना चुका है और उन्हें फ़ाँसी मिलकर रहेगी। ये ऐसे क्षण होते हैं, जब आदमी की सबसे बड़ी इच्छा होती है कि अपने प्रियजनों के अन्तिम दर्शन पा ले।

'युगदृष्टा भगतसिंह और उनके मृत्युंजय पुरखे' पुस्तक में भगतसिंह की भतीजी वीरेन्द्र सिन्धु ने उनके अन्तिम दिनों का वर्णन इस प्रकार किया है। वह लिखती हैं : "भगतसिंह के लिए लेनिन से अधिक क़रीबी और कौन था? वह अपनी मृत्यु से पहले उनसे मिलने को उत्सुक थे और उनके लिए लेनिन की जीवनी पढ़ने का अर्थ लेनिन से मिलना था।"

एक विलक्षण क्रान्तिकारी और भारत के राष्ट्रीय नायक भगतसिंह का जीवन, जिन्हें ब्रिटिश औपनिवेशिक अधिकारियों ने 1931 में फ़ाँसी दे दी, एक वीर का जीवन था। भारत के अलावा उनके बारे में सोवियत संघ और दूसरे देशों में भी पुस्तकें लिखी गयी हैं।[1] मेरी 'लेनिन के बारे में भारत' में एक पूरा अध्याय 'वह पुस्तक, जो भगतसिंह ने पढ़ी' इस वीर के ज़ेल के जीवन को समर्पित है।[2]

और अब दस साल बाद मुझे नये दस्तावेज़ों के होने का पता चला, जो भगतसिंह के भाई कुलबीर सिंह ने कृपापूर्वक मुझे दिखाये। उनका सारा परिवार अपने रिश्तेदार से, जिसे नेहरू ने भारतीय लोगों के स्वतन्त्रता संग्राम का प्रतीक कहा, सम्बन्धित सभी दस्तावेज़ जमा करता और सँभालकर रखता है। इन दस्तावेज़ों से इस बात पर नया प्रकाश पड़ता है कि किस प्रकार भगतसिंह एक आतंकवादी से विकसित होते हुए एक आस्थावान मार्क्सवादी बने। इनसे उनके साथियों पर भगतसिंह के प्रभाव तथा उनके विचारधारात्मक विकास में भगतसिंह की भूमिका का पता चलता है।

ये दस्तावेज़ हैं भगतसिंह की ज़ेल डायरी, उन्होंने जो पुस्तकें पढ़ीं, उनके सारांश और उद्धरण। इनके अस्तित्व का ज्ञान भारतीय पत्र-पत्रिकाओं से हुआ। 1968 में भारतीय इतिहासकार जी. देवल ने 'पीपुल्स पाथ' पत्रिका के लिए 'शहीद भगतसिंह' लेख लिखा, जिसमें उन्होंने 200 पृष्ठों की एक कॉपी का ज़िक्र किया और बताया कि उसमें अनेक विषयों पर भगतसिंह के नोट हैं, जिनसे उनकी रुचि की व्यापकता का पता चलता है। कॉपी में पूँजीवाद, समाजवाद, राज्य की उत्पत्ति, कम्युनिज़्म, धर्म, समाजविज्ञान, भारत, फ्रांस की क्रान्ति, मार्क्सवाद, सरकार के रूपों, परिवार और अन्तर्राष्ट्रीय तावाद पर नोट हैं। देवल ने ये नोट पढ़े और इस बात पर जोर दिया कि इन्हें प्रकाशित किया जाना चाहिए, हालाँकि उनकी यह इच्छा अभी तक साकार नहीं हो पायी है।

यह कॉपी, जिसके बारे में श्री देवल ने लिखा, क्रान्तिकारी के दूसरे काग़ज़ात के साथ ज़ेल अधिकारियों ने 23 मार्च, 1931 को भगतसिंह को फ़ाँसी देने के बाद उनके परिवारवालों को सौंप दी और अब फरीदाबाद में रह रहे उनके भाई कुलबीर सिंह के पास है।

इन दस्तावेज़ों की प्रामाणिकता की न केवल इस तथ्य से पुष्टि होती है कि वे क्रान्तिकारी के परिवार में सुरक्षित रखे गये हैंय कॉपी के पृष्ठ भगतसिंह की छोटे अक्षरों की लिखायी से भरे हुए हैं, वह अंग्रेज़ी में लिखते थे, कहीं-कहीं उर्दू का भी इस्तेमाल उन्होंने किया। पृष्ठ 68 पर तिथि अंकित है : 12.7.1930 और हस्ताक्षर हैं : 'भगतसिंह'।

ये दस्तावेज़ युवा क्रान्तिकारी के समृद्ध आत्मिक जीवन पर, आत्म शिक्षा के

लिए उनके घोर परिश्रम तथा ज़ेल में क़ैद के दौरान उनकी विचारधारात्मक खोज पर प्रकाश डालते हैं। इन काग़ज़ों को सरसरी तौर पर देखने पर भी यह पता चलता है कि इनका लेखक प्रखर बुद्धि का धनी व्यक्ति था, जो सोचने के आदतन ढंग को त्यागने में सफल रहा और जिसने प्रगतिशील पश्चिमी चिन्तकों के विचारों को आत्मसात किया। इन नोटों में मार्क्सवाद में भगतसिंह की रुचि ही शायद सबसे अधिक महत्त्वपूर्ण है। उनके दृष्टिकोणों के इस पहलू को ही भारत और दूसरे देशों के बुर्जुआ इतिहासकार छिपाने का यत्न करते हैं। अमेरिकी इतिहासकारों जी. डी. ओवरस्ट्रीट और एम. विण्डमिलर का दावा है कि "ज़्यादातर इस सम्बन्ध के आधार पर ही भारतीय कम्युनिस्ट पार्टी ने भगतसिंह को पार्टी का हीरो दिखाने की कोशिश की है।"[3]

भगतसिंह के नोट, जो उन्होंने संक्षिप्त, सारगर्भित शीर्षकों के साथ लिखे, उनकी व्यक्तिगत भावनाओं को भी प्रतिबिम्बित करते हैं। वह आज़ादी के लिए तड़प रहे थे, इसीलिए उन्होंने बायरन, व्हिट्मैन और वर्ड्सवर्थ की स्वतन्त्रता के विषय पर पंक्तियाँ अपनी कॉपी में उतारीं। उन्होंने इब्सन के नाटक, दोस्तोयेव्स्की का 'अपराध और दण्ड' और ह्यूगो का 'पददलित' उपन्यास पढ़े। रूसी क्रान्तिकारी वेरा फिग्नर तथा रूसी विद्वान और क्रान्तिकारी न. मोरोजोव की रचनाओं से ज़ेल जीवन की कठिनाइयों के जो उद्धरण उतारे, वे उनकी मनोभावनाओं के अनुरूप थे। उमर ख़य्याम की पंक्तियाँ भी थीं, जो यह दिखाती हैं कि किस प्रकार भगतसिंह ने जीवन और मृत्यु के प्रश्नों पर मनन किया, जबकि वे औपनिवेशिक अदालत के फ़ैसले की प्रतीक्षा कर रहे थे। भगतसिंह ने अपने को मुक़दमे के लिए तैयार करने के उद्देश्य से क़ानून का भी अध्ययन किया।

ज़ेल में पुस्तकें भगतसिंह की चिन्ता का प्रमुख विषय थीं। जुलाई, 1930 में उन्होंने अपने मित्र जयदेव गुप्ता को लिखा : "कृपया लाहौर के द्वारकादास पुस्तकालय के लाइब्रेरियन से पूछना कि बोर्स्टल ज़ेल में क़ैदियों को किताबें भेजी गयी हैं या नहीं। उन्हें किताबों की बहुत तंगी है। उन्होंने सुखदेव के भाई जयदेव के हाथ सूची भेजी थी, मगर किताबें उन्हें नहीं मिलीं। अगर सूची खो गयी है, तो जरा लाला फिरोजचन्द से विनती करना कि उसके बदले अपनी पसन्द से कुछ रोचक पुस्तकें भेज दें। इस इतवार को उन्हें किताबें मिल जानी चाहिए थीं। कृपया विनती करना कि किताबें ज़रूर भेज दें।"[4]

16 सितम्बर, 1930 को उन्होंने दुखी मन से अपने भाई कुलबीर सिंह को लिखा कि फ़ैसला सुनाये जाने तक उनसे मिलने कोई नहीं आ सकता : "इसलिए मेरी विनती है कि तुम ख़ान साहब के दफ़्तर जाना और वहाँ से मेरी किताबें और दूसरी

जो चीज़ें मैंने वहाँ छोड़ी हैं, ले लेना। मुझे लाइब्रेरी की पुस्तकों की बड़ी चिन्ता है। फिलहाल मेरे लिए कोई किताबें लाने की ज़रूरत नहीं है, क्योंकि मेरे पास अभी कुछ हैं। अच्छा हो, अगर तुम लाइब्रेरी से उन किताबों की सूची माँग लो, जो मैंने वहाँ से निकलवायी थीं।"

क्रान्तिकारी जे. सान्याल ने, जो कुछ समय तक भगतसिंह के साथ ज़ेल में रहे थे, इस बात पर जोर दिया है कि वह बड़े ध्यान से पढ़ने के लिए पुस्तकें चुनते थे, डिकेंस, सिक्लेयर, वाइल्ड और गोर्की उन्हें अधिक पसन्द थे।[5]

ज़ेल में उन्होंने जिस राजनीतिक और वैज्ञानिक साहित्य की माँग की, उससे उनकी रुचियों का पता चलता है। जुलाई, 1930 में उन्होंने दूसरे इंटरनेशनल का पतन और 'वामपन्थी' कम्युनिज़्म ('वामपन्थी' कम्युनिज़्म : एक बचकाना मर्ज–प्रत्यक्षतः ये दोनों पुस्तकें लेनिन की थीं), प. क्रोपोत्किन की 'परस्पर सहायता' तथा मार्क्स की 'फ्रांस में गृहयुद्ध' रचनाएँ मँगवायीं।

भगतसिंह के कुछ नोट उनकी जीवनी का आदर्शवाक्य हो सकते हैं। उदाहरण के लिए, अमेरिकी समाजवादी यूजीन वी. डेब्स का निम्न कथन : "जब तक निम्न वर्ग है, मैं उसमें हूँ। जब तक कोई अपराधी तत्त्व है, मैं उसमें हूँ। जब तक कोई ज़ेल में है, मैं स्वतन्त्र नहीं हूँ" (भगतसिंह की डायरी का पृष्ठ 21। आगे उनकी डायरी की पंक्तियों के बाद उसका पृष्ठ इंगित किया गया है)। पृष्ठ 29 पर उन्होंने लिखा : "निरर्थक घृणा की ख़ातिर नहीं, सम्मान, यश और आत्मश्लाघा की ख़ातिर नहीं, बल्कि अपने ध्येय की कीर्ति की ख़ातिर तुमने ऐसा कुछ किया है, जो कभी भुलाया नहीं जायेगा।"

स्वतन्त्रता के लिए संघर्ष और दूसरों के लिए आत्मबलिदान के विचार हम उनकी डायरी के हर पृष्ठ पर पाते हैं। पृष्ठ 23 पर भगतसिंह ने टॉमस जैफरसन[6], के ये प्रसिद्ध शब्द लिखे : "आज़ादी के बिरवे को समय-समय पर देशभक्तों और तानाशाहों के ख़ून से ताज़ा किया जाना चाहिए। यह क़ुदरती खाद है।" इतिहास, दर्शन और अर्थशास्त्र के विभिन्न विद्वानों की पुस्तकों से जो उद्धरण भगतसिंह ने अपनी डायरी में उतारे, वे अत्यन्त रोचक हैं। कहना न होगा कि ज़ेल के हालात में वह कोई सुव्यवस्थित अध्ययन नहीं कर सकते थे, उनके लिए तो बाहर से किताबें पाना तक मुश्किल था। उनके नोट पढ़ते हुए एक बात की ओर ध्यान जाता है : उन्होंने ठेठ भारतीय समस्याओं की ओर कहीं कम ध्यान दिया। केवल कुछेक बार ही लाला लाजपत राय, बिपिनचन्द्र पाल और मदन मोहन मालवीय जैसे स्वतन्त्रता सेनानियों का उल्लेख किया। एक ब्रिटिश लेखक की पुस्तक में से उन्होंने महात्मा गाँधी का केवल एक उद्धरण उतारा। वर्षों तक अंग्रेज़ों द्वारा भारत के शोषण की

विधियों का विश्लेषण और औपनिवेशिक राज्यतन्त्र के निरंकुश उपायों का भण्डाफोड़ भारतीय देशभक्तों के अध्ययन का परम्परागत विषय रहा था। भगतसिंह ने केवल दो-तीन बार इसका ज़िक्र किया है, शायद यह मानते हुए कि इस विषय पर बहुत कुछ लिखा जा चुका है, कि औपनिवेशिक दासता से उनके देश को मुक्त कराने की आवश्यकता सबके लिए स्पष्ट और प्रमाणित बात हो गयी है। उस समय उनका ध्यान समाज के विकास की आम समस्याओं में अधिक था, सो वह भारतीय चिन्तकों की अपेक्षा पश्चिमी चिन्तकों की ओर अधिक उन्मुख हुए। जहाँ उनके पूर्ववर्ती–राष्ट्रीय क्रान्तिकारी–भारत को ही विश्व के अन्तरविरोधों का केन्द्र मानते थे, वहीं भगतसिंह संकीर्ण राष्ट्रीयतावादी पूर्वाग्रहों से पूरी तरह ऊपर उठ गये थे और यह मानते थे कि भारत की समस्याएँ विश्व के विकास की परिधि में ही हल की जा सकती हैं।

जिन लेखकों के उद्धरण भगतसिंह ने अपनी डायरी में उतारे, उनके प्रति उनके रुख में पूरी सुसंगति है। शुरू में वह 18वीं सदी की अमेरिकी और फ्रांसीसी क्रान्तियों तथा विचारकों के प्रति भारतीय क्रान्तिकारियों का परम्परागत लगाव दर्शाते हैं। उन्होंने रूसो[7], टॉमस पेन[8], टॉमस जैफरसन और पैट्रिक हेनरी[9] के स्वतन्त्रता तथा मानव के जन्मसिद्ध अधिकारों पर विचार नोट किये। पृष्ठ 16 पर उन्होंने पैट्रिक हैनरी का निम्न भावपूर्ण कथन नोट किया : "क्यान ज़िन्दगी इतनी प्यारी और चौन इतना मीठा है कि बेड़ियों और दासता की कीमत पर उन्हें ख़रीदा जाये। क्षमा करो, सर्वशक्तिमान प्रभु! मैं नहीं जानता कि वे क्या रास्ता अपनायेंगे, मुझे तो बस : 'स्वतन्त्रता या मौत' दो।"

तानाशाही की भर्त्सना करने के लिए भगतसिंह दर्शन की रचनाओं का ही नहीं, ललित साहित्य का भी सहारा लेते हैं। मार्क ट्वेन के निम्न शब्द उन्होंने अपनी डायरी में उतारे : "हम इस बात को भयानक मानते हैं कि लोगों की गरदनें उड़ायी जाती हैं, लेकिन हमें यह देखना नहीं सिखाया गया है कि ज़िन्दगी भर लम्बी वह मौत कितनी भयानक है, जो ग़रीबी और तानाशाही पूरी आबादी पर लादती है।"

पूँजीवादी विकास के नियमों को समझने के भगतसिंह के प्रयासों को प्रदर्शित करती भी बहुत सारी सामग्री है। उन्होंने इस विषय को गम्भीरता से लिया और सांख्यिक सामग्रियों का अध्ययन किया। ज्वलन्त सामाजिक अन्तरविरोधों को दिखाते आँकड़ों की ओर उन्होंने सबसे पहले ध्यान दिया। विभिन्न लेखकों से जो उद्धरण उन्होंने लिए, वे संक्षिप्त, किन्तु प्रभावोत्पादक हैं। उदाहरण के लिए, वह लिखते हैं कि ब्रिटेन की आबादी का नौवाँ हिस्सा वहाँ के आधे उत्पाद को हथियाता है और इस उत्पाद का केवल सातवाँ हिस्सा दो तिहाई आबादी के हिस्से में आता है; कि अमेरिका की आबादी का एक प्रतिशत से कम अंश वह धनिक वर्ग है, जिसके पास

67 अरब डालर तक की सम्पत्ति है, जबकि 70 प्रतिशत आबादी सर्वहाराओं की है, जो राष्ट्रीय उत्पाद के केवल चार प्रतिशत पर दावा कर सकती है।

बहुत से उद्धरण यह दिखाते हैं कि श्रमिकों के प्रति उनके मन में गहरी सद्भावना थी और पूँजीवादी व्यवस्था के प्रति उनका रुख़ आलोचनात्मक था। उदाहरणतः, फूरिये का एक उद्धरण उन्होंने नोट किया और उसका शीर्षक रखा : 'सबके ख़िलाफ़ अकेला' : "वर्तमान सामाजिक व्यवस्था एक बेहूदा कार्यतन्त्र है, जिसमें समग्र के अंश एक-दूसरे के विपरीत हैं और समग्र के ख़िलाफ़ काम करते हैं। हम देखते हैं कि समाज में प्रत्येक वर्ग अपने स्वार्थ के कारण दूसरे वर्गों का अहित चाहता है, हर तरह से व्यक्तिगत हित को जन कल्याण के ख़िलाफ़ रखता है" (और आगे यह लिखते हैं कि डॉक्टर का स्वार्थ यह है कि समाज में ज़्यादा से ज़्यादा रोग हों, वकील ज़्यादा से ज़्यादा मुक़दमे चाहता है, वास्तुकार और बढ़ई चाहते हैं कि मकान जलें, इत्यादि)। इसी भावना में रवीन्द्रनाथ ठाकुर के जापानी विद्यार्थियों के समक्ष उस भाषण का उद्धरण है, जिसमें ठाकुर ने जापान में पैसे के पीछे दौड़ को "मानवजाति के लिए भयानक ख़तरा" बताया, जो "शक्ति के आदर्श को परिष्कार के ऊपर रखती है।"

ये सभी उद्धरण दिखाते हैं कि भगतसिंह पूँजीवाद को अस्वीकार करते हैं। इसीलिए उन्होंने यह निष्कर्ष निकाला : "सवाल यह नहीं है कि वर्तमान सभ्यता को बदला जाना चाहिए या नहीं, बल्कि यह कि उसे कैसे बदला जायेगा।"

भगतसिंह ने पूँजीवाद की आलोचना सामाजिक और राजकीय, दोनों व्यवस्थाओं के प्रसंग में की। पृष्ठ 46 पर लेनिन का नाम पहली बार आया है। यहाँ भगतसिंह ने अमेरिकी समाजवादी मॉरिस हिलक्विट की पुस्तक 'मार्क्स से लेनिन तक' से बुर्जुआ लोकतन्त्र के सीमित स्वरूप पर उद्धरण लिया : "पूँजीवाद में लोकतन्त्र एक सार्विक अमूर्त लोकतन्त्र नहीं था, बल्कि विशिष्ट बुर्जुआ लोकतन्त्र, या जैसाकि लेनिन ने इसे कहा था, बुर्जुआ वर्ग के लिए लोकतन्त्र।" आगे वह लिखते हैं : "लोकतन्त्र सिद्धान्ततः राजनीतिक और क़ानूनी समानता की व्यवस्था है, किन्तु ठोस और व्यावहारिक रूप में यह झूठ है, क्योंकि जब तक आर्थिक सत्ता में भारी असमानता है, तब तक कोई समानता नहीं हो सकती, न राजनीति में और न ही क़ानून के सामने।...पूँजीवादी शासन में लोकतन्त्र की सारी मशीनरी शासक अल्पमत को श्रमिक बहुमत की यातनाओं के जरिये सत्ता में बनाये रखने के लिए काम करती है।"

भगतसिंह ने बुर्जुआ व्यवस्था की विचारधारात्मक संरचना की ओर भी ध्यान दिया और इस सिलसिले में बुर्जुआ समाज में धर्म की भूमिका में रुचि ली। अपने लिए वह धर्म का प्रश्न हल कर चुके थे, इस समय तक वह एक पक्के निरीश्वरवादी बन चुके

थे। लेकिन उन्होंने भारतीय समाज में धर्म की भूमिका और स्थान को तथा अपने साथियों, राष्ट्रीय क्रान्तिकारियों की विचारधारा पर इसके प्रभाव को समझना चाहा।

'धर्म-स्थापित व्यवस्था का समर्थक : दासता' शीर्षक से उन्होंने अमेरिका के प्रेसबिटेरियन चर्च की महासभा (1835) के प्रस्ताव का यह उद्धरण नोट किया कि "दासता को बाइबिल के पुराने और नये धर्मग्रन्थों में मान्यता प्राप्त है और ईश्वर की सत्ता उसकी निन्दा नहीं करती।" भगतसिंह आगे लिखते हैं कि उसी वर्ष चार्ल्सटन बैपटिस्ट एसोसिएशन ने "अपने दासों के समय का उपयोग करने के मालिकों के अधिकार" की पुष्टि की। इस सिलसिले में भगतसिंह ने इस बात पर जोर दिया कि धर्म ने 'पूँजीवाद का समर्थन' किया है।

धर्म की उत्पत्ति के कारणों और उसके मर्म को समझने की चेष्टा में वह मार्क्स की ओर उन्मुख हुए। पृष्ठ 40 पर हम मार्क्स की रचना 'हेगेल के न्याय-दर्शन की समालोचना का प्रयास' से 'धर्म के बारे में मार्क्स के विचार' शीर्षक का एक उद्धरण पाते हैं : "...मनुष्य धर्म की रचना करता है, धर्म मनुष्य की रचना नहीं करता।... मनुष्य का अर्थ है मनुष्य का संसार, राज्य, समाज। यह राज्य, यह समाज धर्म को, एक विकृत विश्वदृष्टिकोण को जन्म देते हैं, क्योंकि वे स्वयं एक विकृत संसार हैं। धर्म इस संसार का सामान्य सिद्धान्त, उसका सार-संग्रह, सुबोध रूप में उसका तर्क है।...धर्म के विरुद्ध संघर्ष परोक्ष रूप से उस संसार के विरुद्ध संघर्ष है, जिसका आध्यात्मिक सन्तोष धर्म है।–धर्म जनता के लिए अफ़ीम है।'' उल्लेखनीय है कि पृष्ठ 192 पर भगतसिंह ने अन्तिम वाक्य दोहराया है।

सो, अपने नोटों में भगतसिंह ने पूँजीवाद के उन्मूलन के पक्ष में ठोस तर्क पेश किये। मार्क्सवाद-लेनिनवाद के संस्थापकों की भाँति वह भी यही मानते थे कि भावी समाज केवल समाजवादी समाज ही हो सकता है। उनके नोटों में भावी समाज का कोई विस्तृत विवरण तो नहीं है, किन्तु कुछ विचार यह दिखाते हैं कि वह समाजवाद की धारणा का वैज्ञानिक अर्थ लगाते थे। उन्होंने भावी समाज के दक्षिणपन्थी सामाजिक-जनवादियों के आदर्श को अस्वीकार किया तथा पूँजीवाद के स्थान पर समाजवाद लाने की समस्या के प्रति सामाजिक-सुधारवादी रुख को भी। उन्होंने पश्चिम के दक्षिणपन्थी समाजवादियों की भर्त्सना की और आर. मैकडोनाल्ड को 'ब्रिटिश लेबर पार्टी का साम्राज्यवादी नेता' कहा (पृष्ठ 13)। पृष्ठ 52 पर दूसरे इंटरनेशनल के नेताओं द्वारा मज़दूर वर्ग के ध्येय से की गयी गद्दारी के बारे में हिलक्विट की पुस्तक से एक उद्धरण है।

ज़ेल में वह पूरी तरह पूँजीवादी व्यवस्था का तख़्ता पलटने तथा सारी मानवजाति के हित में अर्थव्यवस्था और सारी प्राकृतिक सम्पदा पर नियन्त्रण स्थापित करने

की ओर लक्षित विश्व समाजवादी क्रान्ति के विचार में तल्लीन रहे। पृष्ठ 190 पर उन्होंने लिखा : "समाजवादी व्यवस्था : प्रत्येक से उसकी योग्यता के अनुसार, प्रत्येक को उसकी आवश्यकता के अनुसार।" भगतसिंह समाजवाद में संक्रमण को सर्वहारा के संघर्ष के साथ जोड़ते थे, जो भावी समाज में शासक वर्ग बनेगा। पृष्ठ 69 पर 'कम्युनिस्ट पार्टी के घोषणापत्र' का एक उद्धरण है :

"...मज़दूर वर्ग की क्रान्ति का पहला कदम सर्वहारा वर्ग को उठाकर शासक वर्ग के आसन पर बैठाना और जनवाद के लिए होने वाली लड़ाई को जीतना है।

"सर्वहारा वर्ग अपना राजनीतिक प्रभुत्व पूँजीपति वर्ग से धीरे-धीरे कर सारी पूँजी छीनने के लिए, उत्पादन के सारे औजारों को राज्य, अर्थात् शासक वर्ग के रूप में संगठित सर्वहारा वर्ग, के हाथों में केन्द्रीकृत करने के लिए तथा समग्र उत्पादक शक्तियों में यथाशीघ्र वृद्धि के लिए इस्तेमाल करेगा।"[10]

भगतसिंह ने यह भी इंगित किया कि यदि सर्वहारा का पथप्रदर्शन उसका हरावल दस्ता, उसकी पार्टी, जो सर्वहारा क्रान्ति का अनिवार्य उपकरण है, न कर रही हो, तो कोई क्रान्ति नहीं हो सकती। उन्होंने सर्वहारा गीत 'इंटरनेशनल' के शब्द अपनी डायरी में उतारे।

यह तर्कसंगत ही था कि भगतसिंह क्रान्ति के आरम्भ के नाते सशस्त्र विद्रोह के प्रश्न पर पहुँचे। ऐसा विद्रोह भारतीय क्रान्तिकारियों की अनेक पीढ़ियों का लक्ष्य रहा था, परन्तु वे इसे ला पाने में सफल नहीं रहे थे। यही कारण है कि भगतसिंह ने इस विषय पर मार्क्सवादी रचनाओं में ख़ास दिलचस्पी ली। उन्होंने एंगेल्स की रचना 'जर्मनी में क्रान्ति तथा प्रतिक्रान्ति' से लम्बे उद्धरण उतारे, हालाँकि ऐसा उन्होंने मूल रचना से नहीं, बल्कि एक अन्य पुस्तक से किया था और इसीलिए वह इस भ्रम में रहे कि वह मार्क्स को उद्धृत कर रहे हैं : "पहली चीज़—विद्रोह से तब तक खिलवाड़ न करें, जब तक आप उस खेल के परिणामों का सामना करने के लिए पूरी तरह तैयार नहीं होते। विद्रोह तो एक ऐसा कलन है, जिसके परिमाण सर्वथा अनिश्चित होते हैं, जिनका मूल्य रोज़ बदल सकता है। मुक़ाबले में खड़ी शक्तियों को संगठन, अनुशासन तथा परम्परागत प्रतिष्ठा के सारे लाभ उपलब्ध होते हैं। यदि विद्रोही अपने दुश्मनों के ख़िलाफ़ और बड़ी ताक़त मैदान में नहीं उतारेंगे, तो वे हार जायेंगे और बरबाद हो जायेंगे। दूसरी चीज़—एक बार विद्रोह शुरू होने पर अधिकतम दृढ़संकल्प के साथ काम करने तथा प्रहार करने की ज़रूरत होती है। प्रतिरक्षा की स्थिति प्रत्येक सशस्त्र विद्रोह की मौत हुआ करती हैय अपने शत्रु से मुक़ाबला होने से पहले ही मैदान हाथ से निकल जाता है।"[11]

इस उद्धरण में प्रत्येक शब्द विद्रोह के प्रश्न पर भगतसिंह के साथियों के सतही

रुख के ख़िलाफ़ तथा कुछ हद तक क्रान्तिकारी गतिविधियों के आरम्भ में स्वयं भगतसिंह के दृष्टिकोण के ख़िलाफ़ चेतावनी देता है।

काफ़ी लम्बे समय तक भारतीय क्रान्तिकारियों ने न तो भावी स्वतन्त्र भारत में सत्ता के स्वरूप पर और न ही उसकी सरकार की सामाजिक-आर्थिक नीति के प्रश्न पर विचार किया। वे यह सोचते थे कि स्वतन्त्रता ही एक 'रामबाण' होगी। मार्क्सवादी साहित्य से प्रभावित होकर भगतसिंह ने इन सभी प्रश्नों में गहरी दिलचस्पी ली। उनके कुछ नोट यह दिखाते हैं कि उन्होंने सर्वहारा अधिनायकत्व के विचार को स्वीकार कर लिया था। शुरू में उन्होंने एंगेल्स का यह कथन नोट किया कि विजयी सर्वहारा को वर्ग-शत्रु को कुचलने के लिए अधिनायकत्व की ज़रूरत है और इसलिए एक 'स्वीतन्त्र लोक राज्य' की बात करना बेतुका है (पृष्ठ 62)। इसके आगे उन्होंने लेनिन की परिभाषा जोड़ी : "अधिनायकत्व प्रत्यक्ष रूप से हिंसा पर आधारित और किसी भी क़ानून से न बँधी हुई सत्ता है।

"सर्वहारा वर्ग का क्रान्तिकारी अधिनायकत्व सर्वहारा वर्ग द्वारा बुर्जुआ वर्ग के विरुद्ध हिंसा द्वारा हासिल की जाने वाली और बरक़रार रखी जाने वाली सत्ता है, किसी भी क़ानून से न बँधी हुई सत्ता है।"[12]

भगतसिंह के नोटों में सर्बहारा अधिनायकत्व के सार पर संशोधनवादी रुखों की आलोचना हम पाते हैं। उन्होंने लेनिन की रचना 'सर्वहारा क्रान्ति और गद्दार काउत्स्की' से लम्बे उद्धरण उतारे और लेनिन के इस विचार पर ख़ास ध्यान दिया कि बुर्जुआ निन्दक 'शुद्ध लोकतन्त्र' के नारे का सहारा लेकर सोवियत सरकार पर अत्याचार का आरोप लगाते हैं : "परन्तु अब चूँकि श्रमिक तथा शोषित वर्गों ने साम्राज्यवादी युद्ध के कारण विदेशों के अपने भाइयों से कटे रहकर भी इतिहास में पहली बार स्वयं अपनी सोवियतों की स्थापना कर ली है, उन जन समूहों को राजनीतिक निर्माण के काम में जुटा दिया है, जिनका बुर्जुआ वर्ग उत्पीड़न करता था, जिन्हें वह कुचलता था और जिन्हें मतिमूढ़ बनाता था, अब चूँकि उन्होंने स्वयं एक नये, सर्वहारा राज्य का निर्माण करना आरम्भ कर दिया है, भीषण संघर्ष की ज्वाला के बीच, गृहयुद्ध की ज्वाला के बीच शोषकों से मुक्त राज्य के बुनियादी सिद्धान्तों की रूपरेखा तैयार करनी शुरू कर दी है—इसलिए सारे लुच्चे बुर्जुआ जन, ख़ून चूसने वालों का पूरा गिरोह 'मनमानेपन' का शोर मचाने लगा है और काउत्स्की भी उन्हीं के स्वर को प्रतिध्वनित कर रहे हैं!"[13]

सर्वहारा अधिनायकत्व को नये समाज के निर्माण का उपकरण मानते हुए भगतसिंह ने ऐसे समाज की स्थापना के पथों की ओर बहुत ध्यान दिया। इस सिलसिले में वह सोवियत रूस के अनुभव और वहाँ कुछ समय पहले हुए क्रान्तिकारी

पुनर्गठन की ओर निरन्तर उन्मुख होने लगे। डायरी के पृष्ठ 36 पर पहली बार 'बोल्शेविक रूस' का ज़िक्र आया है। इसके आगे हाशियों पर विभिन्न लेखकों द्वारा रूस पर लिखी गयी पुस्तकों की सूची है: रेने फुलोप-मिलर की 'बोल्शेविज़्म का चेहरा और दिमाग़', एम. ओ'हारा की 'रशिया', लैंसलो लोटन की 'रूसी क्रान्ति', एण्टन कार्लग्रीन की 'बोल्शेविक रूस' और 'मार्क्स, लेनिन तथा क्रान्ति का विज्ञान' (पृष्ठ 191)। इस सूची में रूस पर वे सभी पुस्तकें नहीं हैं, जिनमें भगतसिंह ने ज़ेल में दिलचस्पी दिखायी थी। जे. सान्याल के अनुसार भगतसिंह ने जॉन रीड की 'दस दिन जब दुनिया हिल उठी', गोर्की की 'माँ' और स. स्तेप्न्याक-क्राव्चींस्की की 'रूसी लोकतन्त्र का जन्म' भी पढ़ी थीं।[14]

जे. सान्याल आगे लिखते हैं : "हालाँकि समाजवाद उनका विशेष विषय था, तथापि उन्होंने 19वीं सदी के आरम्भ में रूसी क्रान्तिकारी आन्दोलन की उत्पत्ति से लेकर 1917 की अक्टूबर क्रान्ति तक उसके इतिहास का गहराई से अध्ययन किया। यह माना जाता है कि भारत में बहुत कम लोग ऐसे थे, जिनके इस विषय पर ज्ञान की तुलना भगतसिंह के ज्ञान की जा सकती है। बोल्शेविक शासन में रूस में हो रहे आर्थिक प्रयोग में भी उनकी गहरी दिलचस्पी थी।"[15]

भगतसिंह यह समझते थे कि समाजवादी क्रान्ति के सम्मुख विराट सृजनात्मक कार्यभार हैं जो इसे बुर्जुआ क्रान्ति से अलग करते हैं। निम्न उद्धरण में इस भेद पर जोर दिया गया है : "बुर्जुआ क्रान्ति आमतौर पर सत्ता पाने के साथ समाप्त हो जाती है। सर्वहारा क्रान्ति के लिए सत्ता पाना एक शुरुआत ही है; सत्ता पा लेने पर उसका उपयोग पुरानी अर्थव्यवस्था का कायाकल्प करने और नयी अर्थव्यवस्था गठित करने के लिए किया जाता है।" (पृष्ठ 120)

क्रान्ति के मार्क्सवादी सिद्धान्त का स्वयं ही स्वतन्त्र रूप में अध्ययन करते हुए भगतसिंह ने उसके सर्वाधिक महत्त्वपूर्ण तत्त्व पहचाने। उन्होंने पुरानी राजकीय मशीनरी को तोड़ने और नयी मशीनरी बनाने की आवश्यकता पर लेनिन के विचार नोट किये और यह इंगित किया कि आन्तरिक कार्यों के अलावा समाजवादी क्रान्ति के सामने अन्तर्राष्ट्रीय कार्यभार भी होते हैं, क्योंकि विश्व क्रान्ति के बिना किसी एक देश में कम्युनिस्ट शासन ख़तरे से मुक्त नहीं हो सकता, क्योंकि अन्तर्राष्ट्रीय पूँजीवादी हस्तक्षेप का ख़तरा उसके सिर पर सदा मँडराता रहेगा। (पृष्ठ 120)

भारतीय क्रान्तिकारी हरावल के, जिसका जनसाधारण के साथ पहले कोई सम्पर्क नहीं रहा, प्रतिनिधि के नाते भगतसिंह द्वारा लेनिन के इस विचार को स्वीकार किया जाना एक बहुत बड़ी बात थी कि जनता पर पार्टी का प्रभाव बहुत महत्त्वपूर्ण है। पृष्ठ 121 पर उनके नोट लेनिन के इस विचार को प्रतिबिम्बित करते हैं कि

सर्वहारा को आबादी के बड़े भाग को अपने पक्ष में लाना होता है और साथ ही वर्ग-सहयोग की वकालत करने वाले बुर्जुआ और टुटपुँजिया तत्त्वों के श्रमिकों पर प्रभाव को मिटाना होता है।

इस तरह हम देखते हैं कि ज़ेल में थोड़े समय में ही भगतसिंह ने मार्क्सवादी शिक्षा के प्रमुख सिद्धान्तों को समझ लिया और आत्मसात कर लिया। उनके जीवन का ऐसे क्षण में त्रासद अन्त हो गया, जबकि वह मार्क्सवाद के ज्ञान का उपयोग करने के लिए तैयार हो गये थे।

परन्तु ज़ेल में उन्होंने जो भगीरथ परिश्रम किया, वह निरर्थक नहीं था। भगतसिंह ने स्वयं जो कुछ जाना-समझा, उसे उन्होंने अपने मित्रों और साथियों तक पहुँचाने की कोशिश की, यह समझते हुए कि भारत में क्रान्तिकारी आन्दोलन के विकास के लिए मार्क्सवादी सिद्धान्त कितना महत्त्वपूर्ण है। यह कोई संयोग की बात नहीं कि अपने एक पत्र में उन्होंने अपने को एक स्वतन्त्रता सेनानी नहीं, समाजवादी विचारों का प्रचारक कहा।[16]

ज़ेल में भगतसिंह ने अपने क्रान्तिकारी साथियों के साथ ही नहीं, बल्कि गदर पार्टी के बहुत से सदस्यों के साथ भी सम्पर्क स्थापित किये, जो प्रथम विश्वयुद्ध के दिनों से ज़ेल में बन्द थे। राष्ट्रीय मुक्ति आन्दोलन की समस्याओं पर उन्होंने गदर पार्टी वालों से लम्बी बातें कीं। जी. देवल ने गदर पार्टी के सदस्यों के साथ भगतसिंह के सम्बन्धों के बारे में एक लेख लिखा है।[17] ज़ेल में वह गदर पार्टी के एक नेता सोहन सिंह भकना से मिले, जो कालान्तर में भारत में कम्युनिस्ट आन्दोलन के एक प्रमुख नेता बने।[18]

भगतसिंह अपने साथियों को सलाह देते थे कि वे मार्क्सवाद का अध्ययन करें। उदाहरण के लिए, उन्होंने मार्क्स की 'पूँजी' के अध्ययन की आवश्यकता पर जोर दिया। जयदेव प्रसाद गुप्त को 24 जुलाई, 1930 को लिखे पत्र में उन्होंने अपने लिए किताबें मँगवायी थीं और कहा था कि अपने साथियों के लिए किताबों की सूची पहले भेज चुके हैं और विनती की थी कि उनका यह अनुरोध जल्दी पूरा किया जाये, क्योंकि उन्हें किताबों की सख़्त तंगी है।[19]

इस बात के भी प्रमाण मिलते हैं कि जो साथी सौभाग्यवश ज़ेल जाने से बच गये, उनके साथ भी भगतसिंह ने सम्पर्क बनाये रखे। अपनी कालकोठरी से भी वह 1929 में लाहौर में हुई नौजवान भारत सभा की कांग्रेस को एक महत्त्वपूर्ण सन्देश भेजने में सफल रहे। अपनी क्रान्तिकारी पुस्तिकाओं की, जिनमें 'बम का दर्शन' भी था, पाण्डुलिपियाँ उन्होंने ज़ेल से बाहर भिजवा दीं। फ़ाँसी पर चढ़ने से कुछ दिन पहले ही उन्होंने युवा राजनीतिक कार्यकर्ताओं के नाम अपनी घोषणा लिखी और

बाहर भिजवायी, जिसे उनकी अन्तिम इच्छा और वसीयतनामा कहा जा सकता है।[20]

ज़ेल में उन्होंने कुछ पुस्तकें भी लिखीं : 'आत्मकथा', 'समाजवाद का आदर्श' और 'भारत में क्रान्तिकारी आन्दोलन'। दुर्भाग्यवश, इन पुस्तकों की पाण्डुलिपियाँ नहीं बची रहीं, हालाँकि उनके व्यक्तिगत और राजनीतिक पत्र बचे रहे। इन पत्रों से भगतसिंह के इस आत्ममूल्यांकन की पुष्टि होती है कि वह समाजवादी विचारों का प्रचारक हैं और इस बात की भी कि उन्होंने अपने साथियों की मार्क्सवादी रुख अपनाने में मदद करने की कोशिश की।

सुखदेव को, जिन्हें भगतसिंह के साथ ही फ़ाँसी दी गयी, उनका एक पत्र प्रकाशित हुआ है। इससे इस बात की पुष्टि होती है कि भगतसिंह इस सच्चाई को समझने लगे थे कि भारत में व्याप्त परिस्थितियों में समाजवाद एक तर्कसंगत रास्ता है। इससे यह भी पता चलता है कि भगतसिंह भारत के सामाजिक जीवन पर अपने प्रभाव को समझते थे।

उन्होंने लिखा कि अपने साथियों के साथ उन्होंने (राजनीतिक) वातावरण को काफ़ी बदला और वे अपने समय की पैदाइश थे। मार्क्स का हवाला देते हुए, जिन्होंने, भगतसिंह के शब्दों में, औद्योगिक क्रान्ति से जन्मी विचारधारा को निरूपित किया, उन्होंने लिखा कि उन्होंने और उनके साथियों ने भारत में समाजवादी और कम्युनिस्ट विचारों की रचना नहीं की है, वे तो काल और परिस्थितियों के प्रभाव का परिणाम हैं। परन्तु इसमें कोई सन्देह नहीं कि उन्होंने यथाशक्ति इन विचारों का प्रचार करने में मदद की है।[21]

भगतसिंह अपने जीवन के अन्तिम क्षण तक मार्क्सवादी विचारों का प्रचार करते रहे। 'बम का दर्शन' पुस्तिका में उन्होंने वर्ग रहित समाज और सर्वहारा अधिनायकत्व का समर्थन किया।[22] फ़ाँसी की सज़ा सुनायी जा चुकने के बाद पंजाब के गवर्नर को भेजे एक पत्र में भगतसिंह ने लिखा कि भारत में मेहनतकश जनसाधारण और उनके उत्पीड़कों के बीच लम्बा संघर्ष चल रहा है, कि यह संघर्ष दुगने उत्साह, साहस और अटूट संकल्प के साथ तब तक चलता रहेगा, जब तक कि एक समाजवादी गणतन्त्र की स्थापना नहीं हो जाती, वर्तमान व्यवस्था का स्थान एक नयी व्यवस्था नहीं ले लेती, जिसका उद्देश्य जन कल्याण होगा और जिसमें हर तरह के शोषण का अन्त हो जायेगा और मानवजाति सच्ची और विश्वव्यापी शान्ति के युग में पदार्पण करेगी। (इस पत्र की एक नकल मुझे भगतसिंह के साथी विजय कुमार सिन्हा ने दी।)

भारत की स्वतन्त्रता के अदम्य सेनानी भगतसिंह ने अपना तन-मन देश की आज़ादी के संघर्ष की समस्याओं में तथा राष्ट्रीय क्रान्तिकारी संगठनों को सुदृढ़ करने में लगाया। व्यक्तिगत आतंक की नीति से उन्होंने पूरी तरह इन्कार कर दिया।

उन्होंने सारी पेचीदगियों, अप्रत्याशित मोड़ों और उतार-चढ़ावों के साथ राजनीतिक संघर्ष के महत्त्व को स्वीकार किया और वह इस बात के लिए उत्सुक थे कि उनके जो साथी ज़ेल जाने से बच गये हैं, वे ठीक ऐसे संघर्ष में जुटें। 2 फ़रवरी, 1931 के अपने पत्र में साथियों को यह सलाह देते हुए उन्होंने लेनिन के अनुभव को ध्यान में रखा। इससे पता चलता है कि उन्होंने तत्कालीन भारतीय क्रान्तिकारियों के लिए लाक्षणिक बहुत से 'वामपन्थी' दृष्टिकोणों से छुटकारा पा लिया था। उन्हें इस बात का क़ायल करने के लिए कि संघर्ष की कुछ मंज़िलों में शत्रु के साथ बातचीत की जा सकती है, उन्होंने लिखा कि समझौता अपनेआप में कोई बुरी बात नहीं है और अपना उद्देश्य पाने में आरम्भ में उसका उपयोग किया जा सकता है। 1905-1907 में दूमा के प्रति लेनिन की नीति का हवाला देते हुए उन्होंने लिखा कि 'समझौता' एक ऐसा हथियार है, जिसका राजनीतिक संघर्ष में इस्तेमाल किया जाना चाहिए, ताकि राष्ट्र को थोड़ी देर के लिए आराम मिल सके और वह अपने को आगे के संघर्ष के लिए तैयार कर सके। भगतसिंह ने क्रान्तिकारियों का आह्वान किया कि वे अपने अन्तिम लक्ष्य को कभी न भूलें।

मई, 1931 में यह पत्र भारतीय प्रेस में छप गया था। इसे प्रकाशित करने वालों में इलाहाबाद का साप्ताहिक 'अभ्युदय' और पंजाब का 'केसरी' था।[23] इस तरह भारतीय जनता इससे अवगत हो पायी और इसने वह प्रयोजन पूरा किया, जिसके लिए लेखक ने इसे लिखा था।

भगतसिंह की अप्रकाशित रचनाओं में वह भूमिका ध्यान देने योग्य है, जो उन्होंने गदर पार्टी के लाला रामशरण की यूटोपियाई रचना 'स्वप्नलोक' (ड्रीमलैण्ड) के लिए 15 जनवरी, 1931 को लिखी थी। यह पुस्तक तो नहीं छपी, लेकिन इसकी भूमिका भगतसिंह के परिवारवालों ने सँभालकर रखी हुई है।[24] इस भूमिका की अन्तर्वस्तु पुस्तक के विषय से कहीं अधिक व्यापक है : भगतसिंह ने घनीभूत रूप में अपने विचार व्यक्त करने के लिए तथा अपने साथियों को सलाह देने के लिए इस अवसर का लाभ उठाया।

भूमिका इस कथन से आरम्भ होती है कि भारत के राजनीतिक आन्दोलन का कोई सुस्पष्ट आदर्श नहीं है और इस दृष्टि से क्रान्तिकारी आन्दोलन भी कोई अपवाद नहीं है। केवल गदर पार्टी ने ही अपना आदर्श स्पष्टतः निरूपित किया थारू शासन के गणतन्त्रीय रूप का समर्थन किया था। भगतसिंह ने लिखा कि यह साफ़-साफ़ समझना चाहिए कि क्रान्ति का अर्थ उथल-पुथल या ख़ूनी युद्धमात्र नहीं है। क्रान्ति का आशय अनिवार्यतः एक ऐसे कार्यक्रम को लागू करना है, जो नये तथा अधिक अच्छे आधार पर समाज का पुनर्गठन करे। उन्होंने कहा कि न केवल

वामपन्थी कांग्रेसी, बल्कि राष्ट्रीय क्रान्तिकारी आन्दोलन के प्रतिनिधि भी 'क्रान्तिकारी' कहलाने के अधिकारी नहीं हैं, क्योंकि संघर्ष के उग्र उपायों को मानना ही इसके लिए पर्याप्त नहीं है।

लाला रामशरण की पुस्तक की चर्चा करते हुए भगतसिंह ने लिखा कि लेखक उस दर्शन के विवेचन से शुरू करता है, जिसे वह बंगाल और पंजाब के सारे क्रान्तिकारी आन्दोलन का आधार मानता है। उन्होंने कहा कि वह लेखक से सहमत नहीं है, क्योंकि लेखक संसार की प्रयोजनपरक और अधिभूतवादी व्याख्या करता है, जबकि वह स्वयं भौतिकवादी हैं। उन्होंने ईश्वर में विश्वास और रहस्यवाद के लिए लेखक की आलोचना की, अलग-अलग धर्मों में सामंजस्य बिठाने के लेखक के प्रयासों को अस्वीकार किया और इस प्रश्न पर अपना रुख मार्क्स के शब्दों में व्यक्त किया : "धर्म जनता के लिए अफ़ीम है।"

लेखक द्वारा चित्रित भावी समाज का विश्लेषण करते हुए भगतसिंह ने सामाजिक प्रगति में यूटोपियाई सिद्धान्तों की उपयोगी भूमिका को स्वीकार किया : "सेंट-सिमों, फूरिये और राबर्ट ओवेन और उनके सिद्धान्तों के बिना मार्क्स का वैज्ञानिक समाजवाद निरूपित नहीं हो सकता था।" उन्होंने इस बात पर जोर दिया कि भावी समाज कम्युनिस्ट समाज होगा, जिसके निर्माण के लिए वह और उनके साथी प्रयत्नशील हैं। एकाधिक बार वह सोवियत रूस के इतिहास की ओर उन्मुख हुए, शारीरिक और बौद्धिक श्रम के लिए समान पारिश्रमिक तथा जन शिक्षा के क्षेत्र में उसकी नीति का उदाहरण दिया। भावी समाज में युद्धों के उन्मूलन की भविष्यवाणी करते हुए उन्होंने लिखा कि सोवियत रूस को सर्वहारा अधिनायकत्व का देश होने के कारण पूँजीवादी समाज से अपनी रक्षा के लिए फ़ौज रखनी पड़ रही है।

भगतसिंह की ज़ेल की डायरी और दूसरी सामग्रियाँ, जिन पर यहाँ गौर किया गया है, इस युवा क्रान्तिकारी के दृष्टिकोण का विकास दिखाती हैं। साथ ही वे इस लिहाज से भी अमूल्य हैं कि इनमें हमें भगतसिंह की विचारधारात्मक खोजों का पता चलता है, हम देखते हैं कि भारतीय राष्ट्रीय क्रान्तिकारियों का मार्क्सवाद की ओर रुझान था और वे लेनिन तथा अक्टूबर क्रान्ति के विचारों से प्रभावित हुए थे।

भगतसिंह तत्कालीन मध्यवर्गीय नौजवानों की, जो कांग्रेस के बुर्जुआ नेताओं से निराश थे, भावनाओं का मूर्त रूप हैं। इन नौजवानों को भगतसिंह ने यह दिखाया कि उन्हें कौन-सा रास्ता पकड़ना चाहिए। जब इस क्रान्तिकारी को फ़ाँसी दे दी गयी, तो उनके उदाहरण का अनुसरण करते हुए क्रान्तिकारी दलों ने ज़ेल में ही मार्क्सवाद के अध्ययन के लिए पाठ्यक्रमों का प्रबन्ध किया।

सोवियत संघ में हो रहे क्रान्तिकारी कायाकल्प तथा पार्टी कार्यकर्ताओं को

शिक्षित करने की उसकी विचारधारात्मक और राजनीतिक प्रणाली से भगतसिंह बहुत आकर्षित हुए। वह अक्टूबर क्रान्ति के अनुभव का प्रत्यक्ष अध्ययन करना चाहते थे और उन्होंने अपने साथियों से ऐसे योग्य उम्मीदवार चुनने को भी कहा, जिन्हें इस उद्देश्य से मास्को भेजा जा सके।

सुविख्यात स्वतन्त्रता सेनानी बाबा पृथ्वी सिंह आजाद ने 'लेनिन की धरती में' नामक अपनी पुस्तक में लिखा है :

"उन दिनों भगतसिंह ज़ेल में मार्क्सवाद-लेनिनवाद का अध्ययन कर रहे थे और उनकी क्रान्तिकारी दृष्टि को एक नया, अधिक परिपक्व आयाम प्राप्त हो रहा था। वह भारत की स्वतन्त्रता तथा जनसाधारण की शोषण से मुक्ति की समस्या पर अधिक व्यापक परिप्रेक्ष्य में पुनर्विचार कर रहे थे। वह भली भाँति जानते थे कि उन्हें फ़ाँसी होगी। परन्तु शहीद होने से पहले वह आश्वस्त हो जाना चाहते थे कि भारत में क्रान्तिकारी आन्दोलन उस नयी अवस्था में पदार्पण कर ले, जिसकी कल्पना उन्होंने मार्क्सवादी सिद्धान्तों और सोवियत क्रान्ति के अध्ययन के आधार पर की थी।"

आगे वह लिखते हैं : "चन्द्रशेखर और धन्वन्तरि ने मुझसे कहा : सरदार भगतसिंह ज़ेल में मार्क्स और लेनिन के कम्युनिस्ट दर्शन का गहरा अध्ययन करते रहे थे और अपने साथियों को भी इसकी प्रेरणा देते रहे थे।...उन्होंने ही तुमसे मिलने और तुम्हें इंडियन सोशलिस्ट रिपब्लिकन आर्मी का सदस्य बनाकर सोवियत संघ में अध्ययन के लिए भेजने को कहा था।"[25]

गिरफ़्तारी से पहले भगतसिंह खुद भी सोवियत संघ जाकर समाजवाद के देश को अपनी आँखों से देखना चाहते थे। 'सोवियत संघ में नव मानव' पुस्तक में विजय कुमार सिन्हा लिखते हैं :

"उन दिनों ही शौकत उस्मानी, जो कुछ दूसरे लोगों के साथ तीसरे कम्युनिस्ट इन्टरनेशनल की छठी कांग्रेस में भाग लेने के लिए चोरी-छिपे मास्को जा रहे थे, कानपुर में मुझसे मिले और अपने साथ चलने को कहा।...मैंने भगतसिंह से बात की : हमें लगा कि यह उचित समय नहीं है। हमने तय किया कि हम दोनों कुछ समय बाद मास्को जायेंगे।"[26] दुर्भाग्यवश, यह योजना कभी साकार नहीं हो पायी।

कुलबीर सिंह ने, जिनकी कृपा से मैं उनके बड़े भाई भगतसिंह की ज़ेल डायरी का अध्ययन कर और उसकी नक़ल उतार सका, उनके जीवन तथा कार्यकलाप पर अद्वितीय सामग्री जमा की है, जिसका बारीक़ी से अध्ययन किया जाना चाहिए। उनके विचार में भगतसिंह ज़ेल में कूट भाषा में भी एक डायरी रखते थे, जो अभी तक नहीं मिल पायी है।

भगतसिंह के दूसरे भाई, कुलतार सिंह भी बड़े सौहार्द से मुझसे मिले। उनकी

सुपुत्री वीरेन्द्र सिन्धू ने उपरोक्त पुस्तक लिखी है। इसमें वह बताती हैं कि जुलाई, 1929 में दिल्ली में मुक़दमे की सुनवाई में भगतसिंह ने कहा था : हम उस ऐतिहासिक निष्कर्ष पर जोर देते हैं, जिस पर हम पहुँचे हैं।...जिस तरह फ़ाँसी के तख़्ते और साइबेरिया की ख़ानों के डर से रूस में क्रान्ति की ज्वाला नहीं बुझी, उसी तरह सरकार के आदेश और 'असाधारण' क़ानून भारत में स्वतन्त्रता संग्राम की ज्वाला नहीं बुझा सकते।

21 जनवरी, 1930 को लेनिन की पुण्य तिथि पर भगतसिंह और उनके साथी लाल रूमाल गले में बाँधकर अदालत में आये। कटघरे में पहुँचते ही उन्होंने नारे लगाये : "समाजवादी क्रान्ति ज़िन्दाबाद", "कम्युनिस्ट इंटरनेशनल ज़िन्दाबाद", "लेनिन का नाम अमर है", "जनता ज़िन्दाबाद", "साम्राज्यवाद मुर्दाबाद"।

इसके बाद भगतसिंह ने वह तार पढ़ा, जो उन्होंने और उनके साथियों ने तीसरे इंटरनेशनल को भेजने के लिए अदालत को दिया था। इसमें कहा गया था : लेनिन दिवस पर हम उन सब लोगों का हार्दिक अभिवादन करते हैं, जो महान लेनिन के विचारों को आगे ले जाने के लिए प्रयत्नशील हैं। रूस जो महान प्रयोग कर रहा है, उसमें सफलता की कामना हम करते हैं। हम अन्तरराष्ट्रीय मज़दूर आन्दोलन की आवाज़ में आवाज़ मिलाते हैं। सर्वहारा की जीत होकर रहेगी, पूँजीवाद की हार होगी। साम्राज्यवाद मुर्दाबाद।

भारत में एक ऐसे व्यक्ति से भी मेरी मुलाक़ात हुई, जो भगतसिंह को फ़ाँसी दिये जाने से कुछ घण्टे पहले ही उनसे मिले थे। यह थे प्राणनाथ मेहता, भगतसिंह के मित्र और वकील। उन्होंने मुझे बताया :

"उन दिनों मैं डायरी रखता था (अपने काम के लिए भी मुझे इसकी ज़रूरत होती थी)। बदक़िस्मती से 1947 में पार्टिशन के वक़्त मुझे लाहौर छोड़ना पड़ा, मेरे काग़ज़ात वहीं रह गये, कुछ पता नहीं उनका क्या हुआ।

"बहरहाल डायरियाँ तो खो गयी हैं, मगर उन दिनों की घटनाओं ने मेरे दिमाग़ पर इतनी गहरी छाप छोड़ी है कि उसे न वक़्त मिटा सका है, न कोई दूसरी घटनाएँ।...

"23 मार्च, 1931 को मुझे वह किताब मिल गयी, जो भगतसिंह ने मँगवायी थी। मैं उससे मिलने गया। ज़ेल के गेट पर मुझे बताया गया कि भगतसिंह और उसके दोस्तों ने किसी से भी मिलने से इन्कार कर दिया है। वजह यह थी कि ज़ेल के अधिकारियों ने क़रीबी रिश्तेदारों को छोड़कर और किसी से मिलने पर पाबन्दी लगा दी थी। इसके विरोध में भगतसिंह और उसके साथियों ने कहा कि वे किसी से भी नहीं मिलेंगे।

"कुछ करना चाहिए था। मैं ज़ेल के अधिकारियों से मिलने गया। उनमें एक

मि. पुरी नेक इन्सान निकला। उसने मुझे सलाह दी कि तीन क़ैदियों के वकील के नाते मैं अर्जी दूँ कि मुझे उनकी आख़िरी इच्छा लिखने के लिए उनसे मिलना है। फिर उसने मुझे भगतसिंह की कालकोठरी में ही उससे मिलने की इजाजत दे दी। थोड़ी देर बाद राजगुरु और सुखदेव को भी वहाँ लाया गया।

"उस वक़्त मुझे यह पता नहीं था कि लाहौर ज़ेल के इन तीन क़ैदियों से यह मेरी आख़िरी मुलाक़ात है, कि दो घण्टे बाद इन्हें फ़ाँसी दे दी जायेगी।

"भगतसिंह ने मुझसे पूछा कि मैं किताब लाया हूँ या नहीं। मैंने उसे किताब दी, तो वह बड़ा ख़ुश हुआ। किताब लेते हुए बोला : 'आज रात को ही इसे ख़त्म कर दूँगा, इससे पहले कि वे...' उस बेचारे को क्या पता था कि वह किताब आख़िर तक कभी नहीं पढ़ पायेगा।"

मैंने प्राणनाथ मेहता से पूछा कि उन्हें उस किताब का नाम याद है, जो वह भगतसिंह के लिए ले गये थे। उनका जवाब था : "सच पूछें, तो मुझे याद नहीं कि यह लेनिन के बारे में किताब थी, या लेनिन की। एक छोटी-सी किताब थी।...अगले दिन ज़ेल के सन्तरी ने मुझे बताया कि जब भगतसिंह को लिवाने आये थे, तो वह यह किताब पढ़ रहा था। बाद में भगतसिंह मेरे लिए जो चीज़ें छोड़ गये थे, उनके साथ मुझे वह किताब भी मिली।"

"शायद उसी सन्तरी ने, "मेहता ने आगे कहा, "भगतसिंह के रिश्तेदारों को उनके अन्तिम क्षणों के बारे में बताया।"

वीरेन्द्र सिन्धू ने अपनी पुस्तक में लिखा है कि भगतसिंह प्राणनाथ मेहता की लायी लेनिन की जीवनी पढ़ रहे थे, जब दरवाज़ा खुला। दहलीज़ पर अफ़सर खड़ा था।

"'सरदार जी,' उसने कहा। 'फ़ाँसी लगाने का हुक्म आ गया है। तैयार हो जाइये।'

"भगतसिंह के दायें हाथ में किताब थी, उससे नज़रें उठाये बिना ही उन्होंने बायाँ हाथ उठाकर कहा : 'ठहरिये। यहाँ एक क्रान्तिकारी दूसरे क्रान्तिकारी से मिल रहा है।'

"कुछ पंक्तियाँ और पढ़कर उन्होंने किताब एक तरफ़ रख दी और उठ खड़े हुए बोले : 'चलिए!'"

भगतसिंह के क्रान्तिकारी दल में से एक और कर्मठ क्रान्तिकारी निकला, जो आगे चलकर भारतीय कम्युनिस्ट पार्टी का महासचिव बना। यह थे अजय कुमार घोष।

'भगतसिंह और उनके साथी' नामक पुस्तक में अजय घोष ने लिखा कि भगतसिंह भारत के राजनीतिक क्षितिज पर अल्पांश के लिए एक उल्का पिण्ड की तरह चमके और लुप्त होने से पहले वह लाखों लोगों के लिए एक नये भारत की आत्मा और आशाओं का प्रतीक बन गये, उन लोगों के लिए, जिन्हें मृत्यु का डर नहीं था, जो साम्राज्यवादी अंकुश को उतार फेंकने और अपने महान देश में एक स्वतन्त्र राज्य का भवन खड़ा करने के लिए कृतसंकल्प थे।

भगतसिंह और उनके साथियों जैसे निडर क्रान्तिकारियों का बलिदान व्यर्थ नहीं था। उनके दल के सर्वश्रेष्ठ प्रतिनिधि इस निष्कर्ष पर पहुँचे कि मुट्ठीभर नौजवान क्रान्ति नहीं ला सकते, कि बड़े धीरज और परिश्रम के साथ जनसाधारण के बीच काम करना चाहिए, लोगों को संघर्ष के लिए संगठित करना चाहिए, ठोस कार्यनीतियाँ तैयार करना, उन पर अमल करना तथा लोगों को सत्ता के अन्तिम संघर्ष की ओर ले जाना चाहिए।

(1981)

सन्दर्भ

1. अ. व. राइकोव, 'भगतसिंह और उनकी विचारधारात्मक धरोहर', 'नरोदी आजीइ ई आफ्रीकी' ('एशिया और अफ्रीका के जनगण'), अंक 1, 1971 (रूसी में)।
2. ल.व. मित्रोखिन, 'लेनिन के बारे में भारत', 'नाऊका' ('विज्ञान') प्रकाशन, मास्को, 1971, पृ. 124-130 (रूसी में)।
3. M. Windmiller and G.D. Overstreet, Communism in India, Berkley, 1959, p. 240
4. पूरा पत्र परिशिष्ट में देखें (शहीद भगतसिंह और उनके साथियों के सम्पूर्ण उपलब्ध दस्तावेज़, राहुल फाउंडेशन प्रकाशित)।
5. J. Sanyal, Sardar Bhagat Singh, Lahore, 1930, p. 104 सान्याल की पुस्तक पर औपनिवेशिक अधिकारियों ने प्रतिबन्ध लगा दिया था। उल्लेखनीय है कि भगतसिंह और उनके साथियों के बारे में पुस्तकों, कविताओं और उनकी रक्षा की अपीलों का निषिद्ध साहित्य की सूची में विशेष स्थान था। अमेरिकी शोधकर्ता एन. जेरल्ड बैरियर की पुस्तक में सोलह ऐसे प्रकाशन गिनाये गये हैं (देखें : N. Gerald Barrier, Banned Controversial Literature and Political Control in British India, 1907-1947, pps. 224-225)।
6. टॉमस जैफ़रसन (1743-1828)-अमेरिकी राजनेता, 1801-1809 में संयुक्त राज्य अमेरिका के राष्ट्रपति।
7. ज्याँ जाक रूसो (1712-1778)–फ्रांसीसी दार्शनिक और प्रबोधक।
8. टॉमस पेन (1737-1809)–अमेरिकी और ब्रिटिश सामाजिक एवं राजनीतिक नेता, प्रबोधकों के क्रान्तिकारी पक्ष के प्रतिनिधि।
9. पैट्रिक हेनरी (1736-1799)–अमेरिकी राजनीतिज्ञ और वक्ता।
10. कार्ल मार्क्स और फ़्रेडरिक एंगेल्स, 'कम्युनिस्ट पार्टी का घोषणा पत्र', 1847-1848 (का. मार्क्स, फ़्रे. एंगेल्स, संकलित रचनाएँ, तीन खण्डों में, हिन्दी संस्करण, मास्को, प्रगति प्रकाशन, खण्ड-1, भाग-1, 1978, पृ. 152-153)।
11. फ़्रे. एंगेल्स, 'जर्मनी में क्रान्ति तथा प्रतिक्रान्ति', 1851-1852 (का. मार्क्स, फ़्रे. एंगेल्स, संकलित रचनाएँ, तीन खण्डों में, खण्ड-1, भाग-2, 1978, पृ. 103)।

12. व्ला. इ. लेनिन, 'सर्वहारा क्रान्ति और गद्दार का उत्सकी', 1918 (व्ला. इ. लेनिन, संकलित रचनाएँ, दस खण्डों में, खण्ड 8, 1984, पृष्ठ 88
13. व्ला. इ. लेनिन, 'सर्वहारा क्रान्ति और गद्दार काउत्स्की', 1918 (व्ला. इ. लेनिन, संकलित रचनाएँ, दस खण्डों में, खण्ड-8, 1984, पृ. 137)।
14. J. Sanyal, Sardar Bhagat Singh, Lahore, 1930, p. 104
15. J. Sanyal, Sardar Bhagat Singh, Lahore, 1930, p. 103. वीरेन्द्र सिन्धू ने अपनी पुस्तक में लिखा है कि भगतसिंह रूसी क्रान्ति को, उसने जो रास्ते तय किये थे और जो नतीजे हासिल किये थे, उनको समझ पाने के लिए रात दिन प्रयास करते रहे।
16. N. K. Singh, The impact of the Marxist ideas on Indian Revolutionary Movement after the October Revolution, Mitteilgen des Institus fur Orientforschung, BD. XVII, H. 2, 1971, S. 248
17. G. Deol, The Ghadarites and Shaheed Bhagat Singh, Peoples Path, March 1968
18. S.S. Josh, Baba Sohan Singh Bhakna, New Delhi, 1970, pp. 61 and 62
19. Peoples Path, June 1968, p. 17
20. N. K. Singh, The Impact of the Marxist Ideas on Indian Revolutionary Movement after the October Revolution., p. 247
21. N. K. Singh, The Impact of the Marxist Ideas on Indian Revolutionary Movement after the October Revolution.] p. 71
22. B. Hardas, Armed Struggle for Freedom, Poona, 1958. pp. 383-389
23. M. N. Gupta, History of the Indion Revolutionary Movement, Bombay-New Delhi, 1972, p. 132
24. इस भूमिका का सारांश 'लिक' ने 24 अगस्त, 1969 के अंक में छापा था।
25. Baba Prithvi Singh Azad, In Lenin's Land, New Delhi, 1978, pp. 29, 32 and 35
26. Bejoy Kumar Sinha, the New Man in The Soviet Union, Peoples Publishing House, New Delhi, 1971, p. 2

शहीदेआज़म की जेल नोटबुक

भगतसिंह द्वारा ज़ेल में (1929-31) अध्ययन के दौरान लिए गये नोट्स और उद्धरण

भूमिका

शहीदेआजम की ज़ेल नोटबुक को हिन्दी पाठकों के हाथों में देते हुए हमें मिश्रित अनुभूति हो रही है। इतिहास की इस अनमोल धरोहर को आप तक पहुँचाकर हम गौरवान्वित अनुभव कर रहे हैं, पर साथ ही इसमें हुई देरी की कचोट भी है।

भारतीय इतिहास के इस दुर्लभ दस्तावेज़ का महत्त्व सिर्फ़ इसकी ऐतिहासिकता में ही नहीं है। भगतसिंह के अधूरे सपने को पूरा करने वाली भारतीय क्रान्ति आज एक ऐसे पड़ाव पर है जहाँ से नये, प्रचण्ड वेग से आगे बढ़ने के लिए इसके सिपाहियों को 'इन्क़लाब की तलवार को विचारों की सान पर' नयी धार देनी है। यह नोटबुक उन सबके लिए विचारों की रोशनी से दमकता एक प्रेरणापुंज है जो इस विरासत को आगे बढ़ाने का जज़्बा रखते हैं।

आज जब भारतीय क्रान्ति सामने उपस्थित सवालों-चुनौतियों से जूझ रही है, युवा क्रान्तिकारियों की नयी पीढ़ी के कन्धों पर रास्ता निकालने और उस पर बढ़ने का कार्यभार है तथा एक नये सर्वहारा नवजागरण और प्रबोधन का काम इतिहास के एजेण्डे पर है, तो इस नोटबुक को पढ़ते हुए हमारी आँखों के सामने बार-बार उस नौजवान की छवि उभरती है जो फ़ाँसी के फन्दे के साये में बैठकर भारतीय इन्क़लाब के रास्ते की सही समझ हासिल करने और उसे लोगों तक पहुँचाने के लिए आख़िरी पल तक अध्ययन-मनन और लेखन में जुटा रहा।

ज़ेल में भगतसिंह ने चार पुस्तकें लिखी थीं। हो सकता है ये नोट्स इन पुस्तकों की तैयारी में लिए गये हों। चारों पाण्डुलिपियाँ आज नष्ट हो चुकी हैं। लेकिन आज भी उनके बारे में न तो कोई प्रामाणिक जानकारी उपलब्ध है और न ही किसी ने भारतीय इतिहास के इस अँधेरे पक्ष पर शोध करने की ज़रूरत समझी है।

नोट बुक के महान ऐतिहासिक महत्त्व और आज इसकी विशेष प्रासंगिकता को

रेखांकित करने के लिए हमने आलोक रंजन और एल. वी. मित्रोखिन के दो लेख भी शामिल किये हैं। हम चाहेंगे कि आप नोटबुक से पहले इन लेखों को अवश्य पढ़ें। नोटबुक को सही परिप्रेक्ष्य और पृष्ठभूमि में समझने में इन लेखों से काफ़ी मदद मिलेगी। भारत के क्रान्तिकारी आन्दोलन के वैचारिक विकास पर हमने भगतसिंह के साथी शिववर्मा का विस्तृत लेख भी शामिल किया है।

दोनो लेखों के लिंक

1. भगतसिंह की ज़ेल नोटबुक : एक महान विचारयात्रा का दुर्लभ साक्ष्य
2. भगतसिंह की ज़ेल नोटबुक जो शहादत के तिरसठ वर्षों बाद छप सकी

नोटबुक की प्रस्तुति के बारे में कुछ बातें

हमारी इच्छा थी कि जहाँ तक सम्भव हो हस्तलिखित नोटबुक की मूल शक्ल बनी रहे, भगतसिंह ने जिस तरीक़े से नोट्स लिए हैं उन्हें लगभग उसी ढंग से प्रस्तुत किया जाये। लेकिन किताब की शक्ल में प्रस्तुत करने के लिए कुछ बदलाव करने पड़े हैं।

पूरी नोटबुक भगतसिंह के छोटे अक्षरों वाली लिखावट में लिखी गयी है। ज़्यादातर नोट्स के भगतसिंह ने छोटे पर सटीक और सारगर्भित शीर्षक दिये हैं। अनेक शीर्षक हाशिये पर भी दिये गये हैं। कहीं-कहीं कुछ महत्त्वपूर्ण वाक्यों या वाक्यांशों को भी हाशिये में लिखा गया है।

– हमने सभी शीर्षकों तथा हाशिये पर अंकित वाक्यों को टेक्स्ट के साथ ही रखा है पर भगतसिंह द्वारा दिये गये महत्त्व के अनुसार उन्हें छोटे या बड़े अक्षरों में दिया गया है।
– भगतसिंह द्वारा रेखांकित किये गये हिस्सों को मोटे अक्षरों में दिया गया है।
– भगतसिंह ने कई जगहों पर कुछ हिस्सों पर अतिरिक्त बल देने के लिए बायीं ओर खड़ी लकीर खींची है। इसे पुस्तक में ऐसे ही दिखाया गया है।

नोटबुक में आये अधिकांश सन्दर्भों की जानकारी हमने पाठकों को देने की कोशिश की है, फिर भी कुछ सन्दर्भ अज्ञात रह गये हैं। पाठकों से अनुरोध है कि यदि उन्हें इस बारे में जानकारी हो तो हमें बतायें। इस सम्बन्ध में हमें श्री भूपेन्द्र हूजा के सम्पादन में 'इण्डियन बुक क्रॉनिकल' द्वारा सर्वप्रथम अंग्रेज़ी में प्रकाशित । Martyr's Notebook से काफ़ी मदद मिली जिसके लिए हम उनका आभार व्यक्त करते हैं।

–सत्यम

जेल नोटबुक अंग्रेज़ी से हिन्दी अनुवाद : विश्वनाथ मिश्र

नोटबुक खोलते ही पहले पेज (टाइटिल पेज) पर अंग्रेज़ी में लिखा है :

"भगतसिंह के लिए चार सौ चार (404) पृष्ठ..."

नीचे एक हस्ताक्षर है और 12.9.29 की तिथि दी गयी है। स्पष्ट है कि यह प्रविष्टि ज़ेल अधिकारियों द्वारा भगतसिंह को कॉपी देते समय की गयी है। इसके नीचे भगतसिंह के दो पूरे और दो लघु हस्ताक्षर हैं।

पृष्ठ के ऊपरी दायें किनारे पर भी अंग्रेज़ी में भगतसिंह का नाम लिखा है।

(देखें सामने का पृष्ठ)

ज़ेल मैनुअल/नियमावली के जानकार जानते होंगे कि जब भी कोई क़ैदी लिखने के लिए कॉपी माँगता है तो ज़ेल अधिकारी को कॉपी के शुरू और अन्त में ऐसा लिखना होता है और क़ैदी को भी प्राप्त करते समय वहाँ हस्ताक्षर करना होता है। भगतसिंह के हस्ताक्षर (अंग्रेज़ी में) टाइटिल पेज पर भी मौजूद हैं और 12.9.29 की तिथि के साथ कॉपी के अन्त में भी।

नोटबुक की जो डुप्लीकेटेड/हस्तलिखित प्रतिलिपि जी.बी. कुमार हूजा को गुरुकुल इन्द्रप्रस्थ में मिली, उसमें नीचे बायें कोने पर अंग्रेज़ी में यह भी लिखा हुआ था : "प्रतिलिपि शहीद भगतसिंह के भतीजे अभय कुमार सिंह द्वारा तैयार।"

नोटबुक आम स्कूली कॉपी के आकार की थी, लगभग 6.75 × 8.50 इंच या 17.50 × 21 सेण्टीमीटर।

–सम्पादक

पृष्ठ 2 (2)[1]

ज़मीन के माप[2] :

जर्मन 20 हेक्टेयर–50 एकड़ अर्थात् 1 हेक्टेयर = 2½ एकड़

पृष्ठ 6 (3)

सम्पत्ति से मुक्ति–"सम्पत्ति की स्वतन्त्रता"...जहाँ तक छोटे पूँजीपति और किसान सम्पत्तिधारकों का सवाल है, "सम्पत्ति से मुक्ति" बन गयी।

विवाह अपनेआप में, पहले की भाँति ही, वेश्यावृत्ति का क़ानूनी तौर पर स्वीकृत रूप, औपचारिक आवरण, बना रहा...। *(सोशलिज़्म, साइण्टिफिक एंड यूटोपिया)*[3]

दिमाग़ी गुलामी–"एक शाश्वत सत्ता ने मानवसमाज को वैसा ही रचा, जैसा आज वह है, तथा 'श्रेष्ठतर' और 'सत्ता' के प्रति समर्पण दैवी इच्छा से ही 'निम्नतर'

वर्गों पर लागू किया गया है।" उपदेशक गण, उपदेश मंच और प्रेस की ओर से दिये जाने वाले इस सन्देश ने आदमी के दिमाग़ को सम्मोहित कर रखा है और यह शोषण के सबसे मज़बूत स्तम्भों में से एक है। *(ओरिजिन ऑफ़ द फैमिली में अनुवादक की भूमिका)*[4]

पृष्ठ 7 (4)

एंगेल्स कृत *द ओरिजिन ऑफ़ द फैमिली...*

आदिम समाज के इतिहास में एक तर्कसंगत व्यवस्था प्रस्तुत करने का प्रयास सबसे पहले मार्गन ने किया।[5]

वह इसे तीन मुख्य युगों में बाँटता है :

1. असभ्यता, 2. बर्बरता, 3. सभ्यता

2. **असभ्यता** पुनः तीन अवस्थाओं में विभाजित :

3. निम्नतर; 2. मध्यय 3. उच्चतर

4. **असभ्यता की निम्नतर अवस्था :** मानवजाति की शैशवावस्था।

5. पेड़ों पर रहना। 2. भोजन था फल, गिरीफल और कन्दमूल। 3. सुसंगत बोली का विकास इस काल की प्रधान उपलब्धि।

6. **मध्य अवस्था :** 1. आग की खोज। 2. मछली भोजन के रूप में प्रयुक्त। 3. शिकार के लिए पत्थर के औजार आविष्कृत। 4. मानव मांसभक्षण अस्तित्व में आ जाता है।[6]

7. **उच्चतर अवस्था :** 1. धनुष और बाण, कुम्हारी नहीं। 2. ग्रामीण बस्तियाँ। 3. घर बनाने में इमारती लकड़ी का इस्तेमाल। 4. कपड़े बुने जाने लगे।

असभ्यता की अवस्था में धनुष और बाण वैसे ही थे, जैसे बर्बरता की अवस्था में लोहे की तलवार, और सभ्यता की अवस्था में आग्नेयास्त्र–यानी, प्रभुत्व के हथियार।

पृष्ठ 8 (5)

2. **बर्बरता :**

3. **निम्नतर अवस्था :** 1. कुम्हारी का आरम्भ। पहले लकड़ी के बरतनों पर मिट्टी की परतें चढ़ायी जाती थीं, लेकिन बाद में चलकर मिट्टी के बरतन आविष्कृत कर लिए गये।

4. मानवजातियाँ दो स्पष्ट वर्गों में विभाजित :

(i) पूर्वी, जो जानवर पालती थीं और अनाज पैदा करती थींय

(ii) पश्चिमी, जिनके पास सिर्फ़ 'मक्का' था।

2. **मध्य अवस्था :**

(अ) *पश्चिमी गोलार्द्ध :* अर्थात् अमेरिका में वे खाद्य-फ़सलें उगाते थे, (खेती और सिचाई), और घर बनाने के लिए ईंटें पकाते थे।

(ब) *पूर्वी :* वे दूध और मांस के लिए पशुपालन करती थीं। इस अवस्था में कोई खेती नहीं।

3. **उच्चतर अवस्था :**

4. कच्चे लोहे को गलाना।
5. दस्तावेज़ लिखने के लिए अक्षर-लिपि का विकास और उसका इस्तेमाल। इस अवस्था में अनेक आविष्कार होते हैं। यूनानी नायकों का यही काल है।
6. बड़े पैमाने पर मक्का की खेती करने के लिए पशुओं द्वारा लोहे के हल खींचे जाते हैं।
7. जंगलों की कटाई, तथा लोहे की कुल्हाड़ियाँ एवं लोहे की कुदालें इस्तेमाल में आने लगीं।

5. महान उपलब्धियाँ : (i) लोहे के उन्नत औजार, (ii) भाथियाँ, (iii) जान्ता, (iv) कुम्हार का चाक, (v) तेल और शराब निकालना, (vi) धातुओं की ढलाई, (vii) गाड़ी और रथ (viii) जहाज-निर्माण [पृष्ठ 9 (6)] (ix) कलात्मक वास्तु-शिल्प, (x) शहर और क़िलों का निर्माण, (xi) होमर युग और सम्पूर्ण मिथकशास्त्र

इन उपलब्धियों के साथ ही, यूनानी तीसरी अवस्था–**"सभ्यता"**–में प्रवेश कर जाते हैं।

संक्षेप में :

1. *असभ्यता :* मुख्य तौर पर तैयारशुदा प्राकृतिक उत्पादों के विनियोजन का कालय मानवीय बुद्धि-कुशलता मुख्यतः इस विनियोजन में सहायक सिद्ध होने वाले उपयोगी औजारों का आविष्कार करती है।
2. *बर्बरता :* पशुपालन, कृषि एवं मानवीय अभिकर्ता द्वारा प्रकृति की उत्पादकता बढ़ाने के नये-नये तरीक़ों का ज्ञान हासिल करने का काल।
3. *सभ्यता :* प्राकृतिक उत्पादों के व्यापकतर उपयोग सीखने का, मैन्युफैक्चरिग का, तथा कला का काल।

इस प्रकार, हमें, मानव-विकास की तीन मुख्य अवस्थाओं से आमतौर पर मेल खाते हुए परिवार के तीन मुख्य रूप मिलते हैं :

1. असभ्यता के काल में : "यूथ विवाह"
2. बर्बरता के काल में : युग्म परिवार

3. सभ्यता के काल में : एकनिष्ठ विवाह के साथ-साथ व्यभिचार और वेश्यावृत्ति। युग्म परिवार और एकनिष्ठ विवाह के दरम्यान, बर्बरता की उच्चतर अवस्था में, दासियों के ऊपर पुरुषों के शासन और बहुपत्नी-विवाह का प्रवेश। (पृष्ठ 90)

पृष्ठ 10 (7)

विवाह के दोष

ख़ासतौर से एक दीर्घकालिक लगाव, दस मामलों में से नौ में, व्यभिचार का एक पक्का प्रशिक्षण स्कूल होता है। (पृष्ठ 91)

समाजवादी क्रान्ति और विवाह संस्था

अब हम एक ऐसी सामाजिक क्रान्ति की ओर अग्रसर हो रहे हैं जिसके परिणामस्वरूप एकनिष्ठ विवाह का वर्तमान आर्थिक आधार उतने ही निश्चित रूप से मिट जायेगा, जितने निश्चित रूप से एकनिष्ठ विवाह के अनुपूरक का, वेश्यावृत्ति का आर्थिक आधार मिट जायेगा। एकनिष्ठ विवाह की प्रथा एक व्यक्ति के—और वह भी एक पुरुष के—हाथों में बहुत-सा धन एकत्रित हो जाने के कारण और इस इच्छा के फलस्वरूप उत्पन्न हुई थी कि वह यह धन किसी दूसरे की सन्तान के लिए नहीं, केवल अपनी सन्तान के लिए छोड़ जाये। इस उद्देश्य के लिए स्त्री की एकनिष्ठता आवश्यक थी, पुरुष की नहीं। इसलिए नारी की एकनिष्ठता से पुरुष के खुले या छिपे बहुपत्नीत्व में कोई बाधा नहीं पड़ती थी।

परन्तु आने वाली सामाजिक क्रान्ति स्थायी दायाद्य धन-सम्पदा के अधिकतर भाग को—यानी उत्पादन के साधनों को—सामाजिक सम्पित्त बना देगी और ऐसा करके सम्पत्ति की विरासत के बारे में इस सारी चिन्ता को अल्पतम कर देगी। पर एकनिष्ठ विवाह चूँकि आर्थिक कारणों से उत्पन्न हुआ था, इसलिए क्या इन कारणों के मिट जाने पर वह भी मिट जायेगा? (पृष्ठ 91)[7]

पृष्ठ 11 (8)

"भर दो प्याला हे प्रिय मेरे, जो दूर करे
आज विगत के दुख औ' आगत के भय को—
कल?—क्यों, कल हो सकता मैं हो जाऊँ
सात हज़ार वर्षों के कल का अतीत।

. . . .

यहाँ घने गाछ के नीचे, साथ में रोटी,
मदिरा की सुराही, शायरी की किताब—और तुम
गा रही बगल में मेरे इस निर्जन बीहड़ में!
अब तो स्वर्ग बना यह निर्जन बीहड़ ही!

–उमर ख़य्याम

राज्य : राज्य की पूर्वापेक्षा है बल प्रयोग की एक सार्वजनिक सत्ता, जो अपने सदस्यों के सम्पूर्ण निकाय से पृथक हो चुकी हो।

–(एंगेल्स) (पृष्ठ 116)[8]

राज्य की उत्पत्ति

...पुराने जमाने में क़बीलों के बीच होने वाले युद्धों द्वारा भ्रष्ट होते हुए नया रूप धारण—जीविकोपार्जन के साधन के रूप में ढोर, दास और धन-दौलत लूटने के लिए ज़मीन और पानी के रास्ते से बाक़ायदा धावेय संक्षेप में, धन-दौलत को दुनिया में सबसे बड़ी चीज़ समझा जाने लगा, उसे प्रशंसा और आदर की दृष्टि से देखा जाने लगा और पुराने गोत्र-समाज की संस्थाओं और प्रथाओं को भ्रष्ट किया जाने लगा ताकि धन-दौलत को ज़बरदस्ती लूटना उचित ठहराया जा सके। अब केवल एक चीज़ दरकार थी : ऐसी संस्था की, जो न केवल अलग-अलग व्यक्तियों की नयी हासिल की हुई सम्पत्ति को गोत्र-व्यवस्था की पुरानी सामुदायिक परम्पराओं से बचा सके, जो निजी स्वामित्व को, जिसकी पहले अधिक प्रतिष्ठा नहीं थी, न केवल पवित्र करार दे और इस पवित्रता को मानवसमाज का चरम लक्ष्य घोषित कर दे, बल्कि जो सम्पत्ति प्राप्त करने, और इसलिए धन-दौलत को लगातार बढ़ाते रहने के नये और विकसित होते हुए तरीक़ों पर सार्वजनिक मान्यता की मुहर भी लगा दे; ऐसी संस्था की, जो न केवल समाज के नवजात वर्ग-विभाजन को, बल्कि सम्पत्तिवान वर्ग द्वारा सम्पत्तिहीन वर्ग के शोषण किये जाने के अधिकार को और सम्पत्तिहीन वर्ग पर सम्पत्तिवान वर्ग के शासन को भी स्थायी बना दे।

और यह संस्था भी आ पहुँची। **राज्य** का आविष्कार हुआ। *(पृष्ठ 129-130)*[9]

एक अच्छी सरकार की परिभाषा : "अच्छी सरकार स्व-शासन का विकल्प कभी नहीं हो सकती।"

"हेनरी कैम्पबेल बैनरमैन"[10]

"हमें यक़ीन है कि सरकार का केवल एक ही रूप है, चाहे इसे जिस नाम से भी पुकारा जाये, जिसमें अन्तिम नियन्त्रण जनता के हाथों में होता है।"

"अर्ल ऑफ़ बालफोर"[11]

धर्म : "धर्म के प्रति मेरा अपना दृष्टिकोण वही है जो ल्यूक्रेतियस का है। मैं इसे भय से पैदा हुई एक बीमारी के रूप में, और मानवजाति के लिए एक अकथनीय दुख के रूप में मानता हूँ। लेकिन, मैं इससे इन्कार नहीं कर सकता कि इसने सभ्यता में कुछ योगदान भी किया है। इसने आरम्भिक काल में पंचांग-निर्धारण में मदद की, और इसी के चलते मिस्र के पुरोहितों ने ग्रहणों का लेखा-जोखा इतनी सावधानी के साथ रखा कि बाद में वे इनके बारे में भविष्यवाणी कर सकने में समर्थ हो गये। इन दो सेवाओं को तो मैं मानने के लिए तैयार हूँ, लेकिन और किसी के बारे में मैं नहीं जानता।

—बर्ट्रेण्ड रसेल[12]

पृष्ठ 13 (10)

परोपकारी निरंकुशता : मॉण्टेग्यू-चेम्सफ़ोर्ड[13] ने ब्रिटिश सरकार को एक 'परोपकारी निरंकुशता' कहा है और, ब्रिटिश लेबर पार्टी के साम्राज्यवादी नेता, रैम्जे मैक्डोनाल्ड[14] के अनुसार "एक 'परोपकारी निरंकुशता' द्वारा किसी देश पर शासन करने के सभी प्रयासों में, शासितों को कुचल डाला जाता है। वे व्यवहारशील नागरिक नहीं, आज्ञाकारी प्रजा बन जाते हैं। उनका साहित्य, उनकी कला, उनकी आत्मिक अभिव्यक्ति मर जाती है।"

भारत के प्रभारी विदेशमन्त्री, आनरेबल एस. मॉण्टेग्यू ने हाउस ऑफ़ कामंस में 1917 में कहा "भारत सरकार, आधुनिक उद्देश्यों के लिए किसी भी काम लायक होने की दृष्टि से बेहद जड़, बेहद निर्मम, बेहद आदिम, और बेहद दकियानूस है। भारत सरकार असमर्थनीय है।"

डॉ. रथफोर्ड[15] के शब्द : "भारत में ब्रिटिश शासन जैसे ब्रिटिश शासन : चलाया जा रहा है वह दुनिया में सरकार की सबसे निकृष्ट और सबसे अनैतिक प्रणाली—एक राष्ट्र द्वारा दूसरे का शोषण—है।"

"अंग्रेज़ लोग आज़ादी को स्वयं अपनी ख़ातिर ही प्यार करते हैं। वे अन्याय की सभी कार्रवाइयों से घृणा करते हैं, सिवाय उनके जो वे स्वयं करते हैं। वे ऐसे आज़ादी-प्रेमी लोग हैं कि कांगो में दख़लअन्दाज़ी करते हैं, और बेल्जियनों पर 'शर्म-शर्म' चिल्लाते हैं। लेकिन वे भूल जाते हैं कि उनकी एड़ियाँ भारत की गरदन पर हैं।"

—एक आयरिश लेखक[16]

पृष्ठ 14 (11)

भीड़ का प्रतिशोध

..."अब आइये हम देखें कि कैसे लोग इस ढंग से सज़ा देने के विचार के कायल हुए।

"वे इसे उन्हीं सरकारों से सीखते हैं जिनके अन्तर्गत वे जी रहे होते हैं, और बदले में वही सज़ा देते हैं जिसको भोगने के वे आदी हो चुके होते हैं। सूली पर टँगे सिर, जो वर्षों तक टेम्पल बार के ऊपर लगे रहे, पेरिस में सूली पर टाँगे जाने वाले सिरों के दृश्य की भयावहता से तनिक भी भिन्न नहीं थे; फिर भी अंग्रेज़ सरकार ने यही किया। शायद कहा जा सकता है कि इससे आदमी को कोई ख़ास फर्क़ नहीं पड़ता कि मरने के बाद उसके साथ क्या किया जाता है; लेकिन जीवितों को इससे काफ़ी फर्क़ पड़ता है, इससे या तो उनकी भावनाएँ विदीर्ण हो जाती हैं या उनके दिल पत्थर हो जाते हैं, और दोनों ही सूरतों में, यह उन्हें शिक्षित करता है कि जब सत्ता उनके हाथ में आये तो वे कैसे सज़ा दें।

"तब कुल्हाड़ी से जड़ पर ही प्रहार करो, और सरकारों को मानवता सिखा दो। ये उनकी खूंखार सज़ाएँ ही हैं जो मानवजाति को भ्रष्ट करती हैं...। जनसामान्य के सामने प्रदर्शित इन क्रूर दृश्यों का प्रभाव संवेदनशीलता को ख़त्म करने या प्रतिशोध भड़काने के रूप में सामने आता है, तथा विवेक के बजाय आतंक के द्वारा लोगों पर शासन करने की इसी निकृष्ट और झूठी धारणा के जरिये वे मिसाल बनते हैं।"

(राइट्स ऑफ़ मैन, (पृष्ठ 32), टी. पेन)[17]

पृष्ठ 15 (12)

राष्ट्र ने लुई चौदहवें के विरुद्ध नहीं, बल्कि सरकार के निरंकुश सिद्धान्तों के विरुद्ध विद्रोह किया। ये सिद्धान्त मूलतः उससे नहीं, बल्कि कई सदी पहले स्थापित आरम्भिक व्यवस्था से पैदा हुए थे, और इतनी गहराई में जड़ जमा चुके थे कि ख़त्म नहीं किये जा सके थे, तथा परजीवियों एवं लुटेरों का गन्दगी से भरा हुआ अस्तबल भी इतने घृणास्पद रूप से गन्दा था कि एक सम्पूर्ण क्रान्ति ही उसे साफ़ कर सकती थी। जब कोई काम करना ज़रूरी हो जाता है, तो उसे दत्त-चित्त होकर करना चाहिए, या उसे करने की कोशिश ही नहीं करनी चाहिए–। राजा और राजतन्त्र दो अलग-अलग भिन्न चीज़ें थीं; और पूर्वोक्त (यानी राजा–स.) या उसके सिद्धान्तों के ही विरोध में यह विद्रोह हुआ और क्रान्ति की गयी। *–(पृष्ठ 19)*[18]

मनुष्य ने समाज में प्रवेश इसलिए नहीं किया कि वह पहले से भी बदतर हो जाये, बल्कि इसलिए कि उसके अधिकार पहले से बेहतर ढंग से सुरक्षित हों। उसके प्राकृतिक अधिकार ही उसके सभी नागरिक अधिकारों की आधारशिला हैं।

प्राकृतिक अधिकार वे हैं जो मनुष्य के जीने के अधिकार से सम्बन्धित हैं (बौद्धिक-मानसिक आदि)।

नागरिक अधिकार वे हैं जो मनुष्य के समाज का एक सदस्य होने से सम्बन्धित हैं।

—(पृष्ठ 44)[19]

पृष्ठ 16 (13)

एक व्यक्ति के भरण-पोषण के लिए, किसी देश के सार्वजनिक टैक्सों में से, दस लाख स्ट्रलिंग सालाना देने की बात करना अमानवीय है, जबकि हज़ारों लोग जो इसमें योगदान करने के लिए मजबूर किये जाते हैं, अभाव से त्रस्त और बदहाली से जूझ रहे हैं। **सरकार ज़ेलों और राजमहलों के बीच, या कंगाली और शान-शौक़त के बीच किसी समझौते के रूप में नहीं होती;** यह इसलिए नहीं गठित की जाती कि ज़रूरतमन्द से उसकी दमड़ी भी लूट ली जाये और ख़स्ताहालों की दुर्दशा और बढ़ा दी जाये।

—(पृष्ठ 204)[20]

मुझे आज़ादी दो या मौत

“...मामले को हलका बनाना बेकार है, महाशय। शरीफ लोग शान्ति, शान्ति चिल्ला सकते हैं—लेकिन कोई शान्ति नहीं है। युद्ध तो वास्तव में शुरू ही हो चुका है। अब अगला झंझावात जो उत्तर से उठकर...हमारे कानों तक पहुँच रहा है, गुंजायमान हथियारों की टकराहटों का है। हमारे बन्धु-बान्धव तो पहले ही से लड़ाई के मैदान में हैं। हम यहाँ बेकार क्यों खड़े हैं? आख़िर शरीफ लोग चाहते क्या हैं? वे क्या करेंगे? क्या जीवन इतना प्यारा या शान्ति इतनी मीठी है कि उसे बेड़ियों और गुलामी की क़ीमत पर भी ख़रीद लिया जाये?

रोको इसे, हे सर्वशक्तिमान ईश्वर। मैं नहीं जानता कि और लोग कौन-सा रास्ता अख़्तियार करेंगे। लेकिन जहाँ तक मेरी बात है, मुझे ‘आज़ादी’ दो या ‘मौत’।

—पैट्रिक हेनरी[21]

मज़दूर का अधिकार

“जो कोई भी कठिन श्रम से कोई चीज़ पैदा करता है उसे यह बताने के लिए किसी ख़ुदाई पैगाम की ज़रूरत नहीं कि पैदा की गयी चीज़ पर उसी का अधिकार है।”

—राबर्ट जी. इंगरसोल[22]

पृष्ठ 17 (14)

“लोगों के सिर कलम कर दिये जाने को तो हम भयंकर मानते हैं, पर हमें जीवन-पर्यन्त

बरकरार रहने वाली मृत्यु की उस भयंकरता को देखना नहीं सिखाया गया है जो ग़रीबी और अत्याचार द्वारा व्यापक आबादी पर थोप दी गयी है।" *–मार्क ट्वेन*[23]

"...साहित्य के चयन में अराजकतावादियों और विद्रोह भड़काने वालों को भी स्थान मिल जाता है; और यदि उसकी कुछ चीज़ें पाठक को महज आक्रोश का उद्गार ही लगें, तो भी मैं कहना चाहूँगा कि इसके लिए साहित्य के समर्पित चयनकर्ता को दोष नहीं देना चाहिए, यहाँ तक कि रचनाकार को भी दोष नहीं देना चाहिए–उसे (यानी पाठक को–स.) को स्वयं अपनेआप को ही दोष देना चाहिए, कि उसने उन परिस्थितियों की मौजूदगी में चुप्पी साध ली है, जिनके चलते उसके देश-समाज के लोग पागलपन और निराशा की चरम सीमा पर जा पहुँचे हैं।"

–अप्टन सिंक्लेयर[24]*, भूमिका, 19, क्राइ फ़ॉर जस्टिस*

"...वह (बेरोजगार बूढ़ा मज़दूर) उम्र से, प्रकृति से, और परिस्थितियों से जूझ रहा था; समाज, क़ानून और व्यवस्था का सारा बोझ उसके ऊपर भारी पड़ता हुआ, उसे अपना आत्मसम्मान और आज़ादी खो देने पर मजबूर कर रहा था...। उसने फार्मों के दरवाज़े खटखटाये और वह सिर्फ़ मनुष्य में ही अच्छाई पा सका–क़ानून और व्यवस्था में नहीं, बल्कि सिर्फ़ मनुष्य में ही।"

–रिचर्ड जेफरीज़ (80)[25]

पृष्ठ 18 (15)

"...और हम लोग, जिन्होंने इस काम को अंजाम देने का बीड़ा उठाया, इस दुनिया में कुजात ही रहे। एक अन्धी क़िस्मत, एक विराट निर्मम तन्त्र ने काट-छाँटकर हमारे अस्तित्व का ढांचा निर्धारित कर दिया। हम उस वक़्त तिरस्कृत हुए, जब हम सबसे अधिक उपयोगी थे, हमें उस वक़्त दुत्कार दिया गया, जब हमारी ज़रूरत नहीं थी, और हमें उस वक़्त भुला दिया गया, जब हमारे ऊपर विपत्तियों का पहाड़ टूटा हुआ था। हमें बीहड़-बंजर साफ़ करने के लिए, उसकी सारी आदिम भयंकरताओं को दूर करने के लिए, तथा उसके विश्व-पुरातन अवरोधों को छिन्न-भिन्न कर डालने के लिए भेज दिया जाता। हम जहाँ भी काम करते, वहाँ एक दिन एक नया शहर जन्म ले लेताय और जब यह जन्म ले ही रहा होता, तब यदि हममें से कोई वहाँ चला जाता, तो उसे 'बिना निश्चित पते का आदमी' कहकर पकड़ लिया जाता और सिरफिरा-आवारा कहकर उस पर मुक़दमा चलाया जाता।"–*(पैट्रिक मैकगिल की कृति, चिल्ड्रेन ऑफ़ द डेड एंड, सी.जे. 48 से)*[26]

"नैतिकता और धर्म उस व्यक्ति के लिए महज शब्दभर हैं जो आजीविका का जुगाड़

करने के लिए गन्दे नाले में मछली मारता है, और जाड़े की रात में कड़ाके की शीतलहरी से बचने के लिए सड़कों पर पीपों के पीछे पनाह लेता है।" –*होरेस ग्रीले (128)*[27]

"शासक के लिए उचित यही है कि उसके शासन में कोई भी आदमी ठण्ड और भूख से पीड़ित न रहे। आदमी के पास जब जीने के मामूली साधन भी नहीं रहते, तो वह अपने नैतिक स्तर को बनाये नहीं रख सकता।" –*कोंको होशी (जापान का बौद्ध भिक्षु, 14वीं सदी, पृष्ठ 135)*

पृष्ठ 19 (16)

मुक्ति

अरे मनुष्यो! करते हो गर्वोक्ति
कि तुम सन्तति हो मुक्त और वीर पितरों की,
पर यदि लेता साँस एक भी दास धरा पर,
तो क्या सचमुच तुम हो मुक्त और वीर?
यदि तुमको अहसास नहीं जब
बेड़ी पीड़ा देती एक भाई को,
तो क्या सचमुच तुम नहीं अधम दास
जो क़ाबिल नहीं मुक्त होने के?
क्या है वह सच्ची मुक्ति, जो तोड़े
जंजीरें बस अपनी ख़ातिर,
और भुला दे संगदिल होकर
कि मानवता का क़र्ज़ है हम पर?
नहीं, सच्ची मुक्ति तभी जब हम बाँटें
सब जंजीरें, जो पहने हैं अपने भाई,
और भाव औ' कर्म से लगकर
हाँ औरों की मुक्ति में तत्पर!
दास तो वे जो भय खाते हैं स्वर देने में
गिरे हुए और दुर्बल की ख़ातिर;
दास तो वे जो नहीं चुनेंगे
घृणा, डाँट और गाली
औ॰ दुबककर मुँह मोड़ेंगे

सच से, इस पर सोच ज़रूरी;
दास तो वे जो हिम्मत न करें
दो या तीन भी हों गर सच के हक़ में।

—"जेम्स रसेल लॉवेल" (पृष्ठ 189)[28]

पृष्ठ 20 (17)

भरे पड़े हैं शुभ्र और निर्मल आभा के रत्न घनेरे
सागर के गहन अगाध गह्वर में,
खिलते हैं बहुतेरे फूल अनदेखे लज्जारुण होते,
और लुटा देते अपनी सुगन्ध निर्जन बयार में।[29]

अब तक यह सवाल क़ायम है कि क्या अब तक किये गये सारे के सारे आविष्कार किसी भी आदमी की रोजमर्रा की कड़ी मशक्क़त भरी ज़िन्दगी को आसान बना पाये हैं।

—जे.एस. मिल[30]*, 199*

"धरती पर उस आदमी से अधिक घृणास्पद और अरुचिकर और कोई नहीं है जो भीख देता है। और, वैसे ही उस आदमी से अधिक दयनीय और कोई नहीं है जो उसे स्वीकार करता है।"

—मक्सिम गोर्की[31]*, पृष्ठ 204*

स्वतन्त्रता

वे मृत शरीर नवयुवकों के,
वे शहीद जो झूल गये फ़ाँसी के फन्दे से—
वे दिल जो छलनी हो गये भूरे सीसे से,
सर्द और निष्पन्द जो वे लगते हैं, जीवित हैं और कहीं
अबाधित ओज के साथ।
वे जीवित हैं अन्य युवा-जन में, ओ राजाओ।
वे जीवित हैं अन्य बन्धु-जन में, फिर से तुम्हें चुनौती देने को तैयार।
वे पवित्र हो गये मृत्यु से—
शिक्षित और समुन्नत।

पृष्ठ 21 (18)

दफ़न न होते आज़ादी पर मरने वाले
पैदा करते हैं मुक्ति-बीज, फिर और बीज पैदा करने को।

जिसे ले जाती दूर हवा और फिर बोती है और जिसे
पोषित करते हैं वर्षा जल और हिम।
देहमुक्त जो हुई आत्मा उसे न कर सकते विच्छिन्न
अस्त्र-शस्त्र अत्याचारी के
बल्कि हो अजेय रमती धरती पर, मरमर करती,
बतियाती, चौकस करती।

—(वाल्ट हिटमैन[32], पृष्ठ 268)

मुक्त चिन्तन : "यदि कोई ऐसी चीज़ हो जो मुक्त चिन्तन को बरदाश्त न कर सके, तो वह भाड़ में जाये।" *—विण्डेल फिलिप[33], पृष्ठ 271*

"राज्य दफा हो जाये! मैं ऐसी क्रान्ति में भाग लूँगा। राज्य की समूची अवधारणा का मूलोच्छेदन कर दो, मुक्त चयन और आत्मिक बन्धुता को ही किसी एकता की एकमात्र सर्वाधिक महत्त्वपूर्ण शर्तें होने की घोषणा करो, और तभी तुम एक ऐसी आज़ादी की शुरुआत करोगे जिसकी कोई सार्थकता होगी।"

—हेनरिक इब्सन[34], पृष्ठ 273

उत्पीड़न : "उत्पीड़न निश्चय ही एक समझदार आदमी को पागल बना देता है।"

—(पृष्ठ 278)[35]

पृष्ठ 22 (19)

जो आदमी अपने साथी मनुष्यों द्वारा किये जाने वाले अत्याचार का विरोध करने के प्रयास में, अपनी जान पर खेलते हुए, अपनी सारी ज़िन्दगी निछावर कर देता है, वह अत्याचार और अन्याय के सक्रिय और निष्क्रिय समर्थकों की तुलना में एक सन्त है, भले ही उसके विरोध से उसकी अपनी ज़िन्दगी के साथ-साथ अन्य ज़िन्दगियाँ भी क्यों न नष्ट हो जाती हों। ऐसे व्यक्ति पर पहला पत्थर वही मारने का हक़दार हो सकता है जिसने कभी कोई पाप न किया हो। *(पृष्ठ 287)[36]*

जब तक कोई निचला वर्ग है, मैं उसमें ही हूँ।

निचला वर्ग : जब तक कोई अपराधी तत्त्व है, मैं उसमें ही हूँ।

जब तक कोई ज़ेल में क़ैद है, मैं आज़ाद नहीं हूँ। *—यूजीन बी. डेब्स[37]* *(144)*

सबके विरुद्ध एक *(चार्ल्स फूरिए : 1772-1837)[38]*

वर्तमान सामाजिक व्यवस्था एक हास्यास्पद तन्त्र है, जिसमें सम्पूर्ण के अंश, इस सम्पूर्ण के विरुद्ध एक टकराव में सक्रिय हैं। हम देखते हैं कि समाज का प्रत्येक वर्ग, सार्वजनिक हित के स्थान पर हर तरह से, अपने निजी हित को आगे रखते हुए, दूसरे वर्गों के दुर्भाग्य की कीमत पर, अपने हित की कामना करता है। वकील,

ख़ासतौर से धनिकों के बीच, मुक़दमेबाजी और मुक़दमों की कामना करता हैय डॉक्टर बीमारी की कामना करता है। (यदि हर कोई बिना बीमारी के मरने लगे तो ये (डॉक्टर) वैसे ही बरबाद हो जायेंगे, जैसे यदि सारे झगड़े बातचीत से हल होने लगें तो (वकील) हो जायेंगे। सैनिक लड़ाई चाहता है, ताकि उसके आधे साथी मर जायें और उसकी तरक्की सुनिश्चित हो जाये; अन्त्येष्टि कराने वाला कफ़न-दफ़न की कामना करता हैय इजारेदार और जमाख़ोर, अनाज की क़ीमत दुगुनी या तिगुनी करने के लिए, अकाल चाहते हैं, वास्तुकार, बढ़ई, राजगीर आगजनी चाहते हैं, ताकि सैकड़ों घर जलकर भस्म हो जायें और उनकी अपनी-अपनी शाखाओं का कारोबार चलता रहे। *—(पृष्ठ 202)*

पृष्ठ 22 (20)

समाज हत्या, व्यभिचार या ठगी को नज़रअन्दाज़ कर सकता है; पर वह एक नये सिद्धान्त के प्रचार को कभी माफ़ नहीं करता।

—फ्रेडरिक हैरिसन[39] *(पृष्ठ 327)*

आज़ादी के बिरवे का समय-समय पर देशभक्तों और अत्याचारियों के ख़ून से सींचा जाना आवश्यक है। यही इसकी क़ुदरती खाद है।

—टॉमस जेफरसन[40] *(पृष्ठ 332)*

शिकागो के शहीद

अब कोई भले ही यह कहे कि उसने भारी ग़लती की, परन्तु यदि उनकी ग़लती दस गुना भी अधिक बड़ी होती, तो भी इसे उसकी क़ुर्बानी मानव-स्मृति पटल से पोंछ ही डालेगी...

चलिए हम यह पूरी तरह मान लेते हैं कि उन्होंने अपनी नज़र में विरोध का जो सबसे अच्छा तरीक़ा अपनाया, उसकी धारणा पूरी तरह गलत और असम्भव थी, मान लिया कि उन्होंने कार्रवाई का सबसे अच्छा रास्ता नहीं अपनाया। लेकिन वह क्या चीज़ थी जिसने उन्हें अपनी मौजूदा सामाजिक व्यवस्था के विरुद्ध धावा बोलने के लिए उकसाया? वे और हज़ारों लोग जो उनके साथ उठ खड़े हुए, बुरे आदमी नहीं थे, भ्रष्ट नहीं थे, ख़ून के प्यासे नहीं थे, संगदिल नहीं थे, अपराधी नहीं थे, और न ही स्वार्थी या पागल थे। तब वह क्या चीज़ थी जिसने इतने तीखे और गहरे प्रतिवाद को उकसावा दिया...?

किसी ने भी इस सरल-सीधी बात पर गौर नहीं किया कि मनुष्य अपनेआप को किसी विरोध के लिए बिना इस विश्वास के एकजुट नहीं करते कि कोई न कोई

चीज़ ऐसी है जिसका उन्हें विरोध करना है और कि किसी भी संगठित समाज में व्यापक विरोध एक ऐसी चीज़ है जो गहरी छानबीन की दरकार रखती है।

–चार्ल्स एडवर्ड रसेल[41] *(333)*

पृष्ठ 24 (21)

क्रान्तिकारी की वसीयत

"मैं अपने दोस्तों से यह भी कहना चाहूँगा कि वे मेरे बारे में कम से कम चर्चा करेंगे या बिल्कुल ही चर्चा नहीं करेंगे, क्योंकि जब आदमी की तारीफ़ होने लगती है तो उसे इन्सान के बजाय देवप्रतिमा-सा बना दिया जाता है और यह मानवजाति के भविष्य के लिए बहुत बुरी बात है...। सिर्फ़ कर्मों पर ही गौर करना चाहिए, उन्हीं की तारीफ़ या निन्दा होनी चाहिए, चाहे वे किसी के द्वारा किये गये हों। अगर लोगों को इनसे सार्वजनिक हित के लिए प्रेरणा मिलती दिखायी दे, तो वे इनकी तारीफ़ कर सकते हैं, लेकिन अगर ये सामान्य हित के लिए हानिकर लगें, तो वे इनकी निन्दा भी कर सकते हैं, ताकि फिर इनकी पुनरावृत्ति न हो सके।

"मैं चाहूँगा कि किसी भी अवसर पर, मेरी क़ब्र के निकट या दूर, किसी भी कस्मि के राजनीतिक या धार्मिक प्रदर्शन न किये जायें, क्योंकि मैं समझता हूँ कि मरे हुए के लिए ख़र्च किये जाने वाले समय का बेहतर इस्तेमाल उन लोगों की जीवन-दशाओं को सुधारने में किया जा सकता है, जिनमें से बहुतेरों को इसकी भारी आवश्यकता है।"

–फ्रांसिस्को फेरेर[42] *की वसीयत*

दान : "रे पीछे आओ", ईसा मसीह ने धनी युवक को कहा।

लेकिन अपने व्यवसाय में लगे रहना और अपनी कुछ दौलत को दान-कर्म में लगाना तुलनात्मक रूप से आसान था। परोपकार हरेक युग का चलन रहा है। दान ग़रीबी के विद्रोही तेवर को नष्ट कर देता है। अतः परोपकारी धनी आदमी अपने सरीखे दौलतमन्दों का ही हितैषी होता है, और उन्हीं की एहसानमन्दी महसूस करता है; उसके लिए सभ्य समाज के सारे दरवाज़े खुले होते हैं। इसीलिए उन्होंने (यानी ईसा मसीह ने–स.) भिक्षा-दान को सामाजिक काया के गहरे घावों की मरहम-पट्टी के रूप में स्वीकार्यता देने से इन्कार कर दिया...। परोपकार को न्याय के एक विकल्प के रूप में उन्होंने कतई तरजीह नहीं दी। [पृष्ठ 25 (22) पर जारी]

दान दोहरा अभिशाप है–यह दाता को संगदिल और प्राप्तकर्ता को नरमदिल

बनाता है। यह ग़रीबों का शोषण से कहीं अधिक नुक़सान करता है, क्योंकि यह उन्हें शोषित होने का इच्छुक बनाता है। यह दास भावना को जन्म देता है, जो नैतिक आत्महत्या ही है। ईसा मसीह ने अथाह दौलत के लिए सिर्फ़ एक ही इजाज़त दी थी और वह यह थी कि उसे क्रान्तिकारी प्रचार के लिए समर्पित कर दिया जाये, ताकि बाद में अथाह दौलत का जमा होना ही हमेशा के लिए असम्भव हो जाये...।*—बक व्हाइट, पादरी, जन्म 1870, यू.एस.ए. पृष्ठ (353)*[43]

मुक्ति-युद्ध

फ़ौजों की ताक़त एक दिखायी देने वाली चीज़ है
सुस्पष्ट, और देश काल में आबद्ध,
लेकिन कौन खोज सकता उस शक्ति की सीमाओं को
जिसे एक बहादुर जनता ही प्रकट कर सकती है
या चाहे तो, छिपा सकती है—मुक्ति-युद्ध में।
भड़क उठे न्यायसंगत प्रतिरोध का—कोई पाँव पीछा नहीं कर सकता,
कोई आँख नहीं देख सकती उस जानलेवा जगह को,
यह ताक़त चाहे तो उड़ान भरे पंख लगाकर
प्रचण्ड वायु की भाँति, या सोये मन्द वायु की भाँति
अपनी डरावनी गुफाओं में—साल दर साल
फैलाती मिट्टी से जन्मे इस विचार को—निकट और दूर,
नहीं बाँध सकती कोई भी कला—इस सूक्ष्म ताक़त को
जो फूटती ज़मीन से जलधारा की भाँति,
और पा लेती हर कोने में एक होंठ
जो इसकी क़द्र करे।

—डब्ल्यू. वर्ड्सवर्थ[44]

पृष्ठ 26 (23)

लाइट ब्रिगेड का धावा
आधा लीग आधा लीग,
आधा लीग और,
मौत की घाटी में
बढ़ चले छः सौ वीर।
'बढ़े चलो लाइट ब्रिगेड!
भर लो बन्दूकें!' वह बोला,

मौत की घाटी में
बढ़ चले छः सौ वीर।
'बढ़े चलो लाइट ब्रिगेड!'
क्या कोई था घबराया?
नहीं, गोकि मालूम था सैनिकों को
किसी न कर दी थी भारी भूल,
उनका काम नहीं था उत्तर देना,
उनका काम नहीं था सवाल पूछना,
उन्हें था बस लड़ना और मर जाना
मौत की घाटी में
बढ़ चले छः सौ वीर।
तोपें उनके दायें बाजू,
तोपें उनके बायें बाजू,
तोपें उनके ठीक सामने,
दगतीं और गरजतीं,
गोलाबारी की आँधी में,
बढ़ चले निडर वे सीधे
मौत के जबड़ों के भीतर,
नर्क के मुँह के भीतर,
बढ़ चले छः सौ वीर।
चमकाते सब नंगी तलवारें,
हवा में जब उनको लहराते
काटते जाते तोपचियों को,
हमला करते सेना पर, जबकि
सारी दुनिया चकराती,

पृष्ठ 27 (24)

पिल पड़े तोप के धुएँ में
बढ़ चले तोड़कर मोर्चा
कज्जाक और रूसी सिपाही
खाकर तलवार की चोटें
छिन्न-भिन्न हो जाते।

तोपें उनके दायें बाजू,
तोपें उनके बायें बाजू,
तोपें उनके पीछे से,
दगतीं और गरजतीं,
गोलाबारी की आँधी में,
भले गिरे अश्व और नायक
फिर भी वे इतना अच्छा जूझे
कि होकर मौत के जबड़ों से
लौटे वे नर्क के मुँह से,
जो भी थे बचे रह गये
छः सौ में से बचे रह गये।
कब हो सकता धूमिल उनका यश?
अरे वह उनकी विकट चढ़ाई!
सारी दुनिया चकराती।
आदर, उस हमले को
आदर, लाइट ब्रिगेड को!
श्रेष्ठ छः सौ वीरों को। *—लॉर्ड टेनीसन*[45]

नोट : पृष्ठ 27 (24) के अन्त में ये तीन शे'र उर्दू में लिखे हुए हैं। ये किस शायर के हैं, यह स्पष्ट नहीं है। नीचे ये शे'र देवनागरी में प्रस्तुत हैं :

दिल दे तू इस मिज़ाज का परवरदिगार दे
जो ग़म की घड़ी को भी ख़ुशी से गुज़ार दे।
सज़ा कर मय्यत-ए-उम्मीद नाकामी के फूलों से
किसी हमदर्द ने रख दी मेरे टूटे हुए दिल में।
छेड़ ना ऐ फ़रिश्ते! तू ज़िक्रे ग़मे-जानाँ।
क्यों याद दिलाते हो भूला हुआ अफ़साना।

पृष्ठ 28 (25)

जन्मसिद्ध अधिकार

हम बेटे हैं उन पितरों के जिन्होंने मात दी थी
तख़्तो-ताज और पुरोहितों[46] *के अत्याचार कोय*
उन्होंने दी थी चुनौती मैदाने-जंग में और फ़ाँसी के तख़्ते से
अपने जन्मसिद्ध अधिकार के लिए—हम भी यही करेंगे! (टी. कैम्पबेल)[47]

लक्ष्य की महिमा

अरे! बेकार की नफरत के लिए नहीं,
न सम्मान के लिए, न ही अपनी शाबासी के लिए
बल्कि लक्ष्य की महिमा के लिए,
किया जो तुमने, भुलाया नहीं जायेगा। (आर्थर क्लो)[48]

आत्मा की अमरता

यदि तुम्हें कभी एक ऐसा आदमी मिल जाये जो अमरता में विश्वास रखता हो, तो बस समझ लो कि अब तुम्हारी कोई भी कामना शेष नहीं रह जायेगीय तुम उसकी सारी की सारी चीज़ें ले सकते हो–अगर तुम चाहो तो जीते-जी उसकी खाल उतार सकते हो–और वह इसे एकदम ख़ुशी-ख़ुशी उतार लेने देगा।

–(अप्टन सिक्लेयर 403) सी.जी.

ख़ुदाई अत्याचारी

एक अत्याचारी शासक के लिए ज़रूरी है कि वह जाहिरा तौर पर धर्म में असाधारण आस्था दिखाये। जनता एक ऐसे शासक के दुर्व्यवहार के प्रति कम सचेत होती है, जिसे वह ईश्वर से डरने वाला और पवित्र मानती है। दूसरे, वह आसानी से उसके विरोध में भी नहीं जाती, क्योंकि उसे विश्वास रहता है कि देवता भी शासक के साथ हैं।[49]

पृष्ठ 29 (26)

सैनिक और चिन्तन

"यदि मेरे सैनिक सोचना शुरू कर दें, तब तो उनमें से कोई भी सेना में नहीं रहेगा।"
(फ्रेडरिक महान[50]*) 562*

मरे जो सर्वश्रेष्ठ वीर

मारे गये हैं सर्वश्रेष्ठ वीर। दफ़ना दिये गये वे
चुपचाप, एक निर्जन भूमि में,
कोई आँसू नहीं बहे उन पर
अजनबी हाथों ने उन्हें पहुँचा दिया क़ब्र में,
कोई सलीब नहीं, कोई घेरा नहीं, कोई समाधि-लेख नहीं
जो बता सके उनके गौरवशाली नाम।

घास उग रही है उन पर, एक दुर्बल पत्ती
झुकी हुई, जानती है इस रहस्य को,
बस एकमात्र साक्षी थीं उफनती लहरें,
जो प्रचण्ड आघात करती हैं तट पर,
लेकिन वे प्रचण्ड लहरें भी नहीं ले जा सकतीं
अलविदा के सन्देश
उनके सुदूर घर तक। —*(वी.एन. फिग्नर)*[51]

कारागार

"तारे नहीं, देश नहीं, काल नहीं,
ठहराव नहीं, बदलाव नहीं, नेकी नहीं, बदी नहीं,
बल्कि खामोशी, और एक निष्पन्द साँस
जो न जीवन की, न मृत्यु की। —*(द प्रिजनर ऑफ़ चिलोन)*[52]

पृष्ठ 30 (27)

आरोप-सिद्धि के बाद

अपनी सज़ा सुन लेने के तुरन्त बाद के क्षणों में सज़ा के लिए अभिशप्त व्यक्ति का दिमाग़ कई मायनों में उस आदमी के दिमाग़ जैसा हो जाता है जो मौत के कगार पर झूल रहा होता है। चुपचाप, और मानो अन्तःप्रेरित होकर, अब वह उन सभी चीज़ों से विरक्त हो जाता है जिन्हें उसे छोड़ जाना है, और वह, दृढ़भाव से, अपने सामने देखता हुआ, उस सच्चाई के प्रति पूरी तरह सचेत हो जाता है, जो अपरिहार्यतः घटित होने वाली होती है। —*(वी.एन. फिग्नर)*

क़ैदी

"घुटन होती है इस नीची, गन्दी छत के नीचे;
निचुड़ती जा रही है मेरी ताक़त साल दर साल;
उत्पीड़ित करते हैं मुझे—यह पथरीला फ़र्श,
यह लौह-ज़ंजीरों से बँधी मेज
यह खाट, यह कुर्सी, बँधी हुई ज़ंजीर से
दीवारों के साथ, ताबूत के पटरों की भाँति,
इस चिरस्थायी, मूक, मुर्दा ख़ामोशी में
खुद को बस एक लाश ही समझा जा सकता है।" "एन.ए. मोरोजोव"[53]

नंगी दीवारें, ज़ेल के ख़्यालात,
कितने अँधियारे और उदास हो तुम,
कितना मुश्किल है कि बन्दी हो निष्क्रिय रहना
और देखना सपने आज़ादी के दिनों के। (मोरोजोव)[54]

पृष्ठ *31* *(28)*

"हर चीज़ यहाँ है कितनी ख़ामोश, बेजान, फीकी
वर्षों गुज़र जाते हैं यों ही, कुछ पता नहीं चलता,
हफ्ते और दिन कटते हैं बड़ी मुश्किल से,
देता है सिर्फ़ बोरियत इनका यह सिलसिला। (मोरोजोव)

लम्बी क़ैद से हमारे ख़्याल हो जाते हैं मनहूस;
भारीपन महसूस होता है हमारी हड्डियों में;
यन्त्रणा की पीड़ा से, लम्हे लगते हैं अन्तहीन
चार डग चौड़ी इस कोठरी में।
हमें जीना है पूरी तरह अपने हमसफ़र भाइयों के लिए,
हमें देना होगा अपना सर्वस्व उनके लिए,
और उन्हीं की ख़ातिर लड़ना होगा बदनसीबी के ख़िलाफ़! (मोरोजोव)

आये मुझे आज़ाद करने

आख़िर लोग आये मुझे आजाद करने;
मैंने न पूछा क्यों और न सोचा कहाँ,
मेरे लिए तो कुल मिलाकर एक ही था,
बँधे रहना या बन्धनमुक्त होना,
मैंने निराशा से प्यार करना सीख लिया था,
और इस तरह अन्ततः जब वे प्रकट हुए,
और उतार डाले मेरे सारे बन्धन
ये भारी दीवारें बन चुकी थीं मेरे लिए
एक संन्यास-आश्रम—पूरी तरह अपना। (द प्रिज़नर ऑफ़ चिलोन)

पृष्ठ *32* *(29)*

"और हम सम्मानित किये गये हैं एक मिशन देकर!
हमने एक कठिन स्कूल पास किया, लेकिन हासिल कर लिया

ऊँचा ज्ञान।
निर्वासन, ज़ेल, और मुश्किल दिनों की बदौलत
हम जान गये हैं और क़ीमत समझते हैं सच्चाई और आज़ादी की
दुनिया की।" *(प्रिज़नर ऑफ़ श्लुसेलबर्ग)*[55]

एक शिशु की मृत्यु और पीड़ा

'एक बच्चा पैदा हुआ। उसने सचेत तौर पर न तो कोई बुरा काम किया, न अच्छा काम किया। वह बीमार पड़ गया, वह लम्बे समय तक काफ़ी तकलीफ़ झेलता रहा, तब तक जब तक कि उस असह्य वेदना से मर नहीं गया। क्यों? क्या वजह थी? दार्शनिक के लिए यह एक शाश्वत पहेली है।'[56]

एक क्रान्तिकारी के दिमाग़ की बनावट

"जो व्यक्ति कभी भी ईसा मसीह के जीवन से प्रभावित रहा है, जिन्होंने एक आदर्श के नाम पर पीड़ा, अपमान और मृत्यु का वरण किया; जिसने उन्हें कभी एक आदर्श तथा उनके जीवन को अनासक्त प्रेम की प्रतिमूर्ति माना है—वही उस क्रान्तिकारी के दिमाग़ की बनावट को समझ सकता है जिसे सज़ा दी गयी है, और जनता की आज़ादी के लिए काम करने के जुर्म में जीवित ही मक़बरे में डाल दिया गया है।" *(वेरा एन. फिग्नर)*

अधिकार

अधिकार माँगो नहीं। बढ़कर ले लो। और उन्हें किसी को भी तुम्हें देने मत दो। यदि मुफ़्त में तुम्हें कोई अधिकार दिया जाता है तो समझो कि उसमें कोई न कोई राज ज़रूर है। ज़्यादा सम्भावना यही है कि किसी गलत बात को उलट दिया गया है।[57]

पृष्ठ 33 (30)

कोई दुश्मन नहीं?

तुम कहते हो, तुम्हारा कोई दुश्मन नहीं?
अफ़सोस! मेरे दोस्त, इस शेख़ी में दम नहीं,
जो शामिल होता है फ़र्ज़ की लड़ाई में,
जिसे बहादुर लड़ते ही हैं
उसके दुश्मन होते ही हैं। अगर नहीं हैं तुम्हारे
तो वह काम ही तुच्छ है जो तुमने किया है।

तुमने किसी गद्दार के कूल्हे पर वार नहीं किया है,
तुमने झूठी क़समें खाने वाले होंठ से प्याला नहीं छीना है,
तुमने कभी किसी ग़लती को ठीक नहीं किया है,
तुम कायर ही बने रहे लड़ाई में। (चार्ल्स मैके, 747)[58]

बाल-श्रम

गौरैये का बच्चा गौरैये को दाना नहीं चुगाता,
चूज़ा मुर्ग़ी को चुग्गा नहीं कराता,
बिल्ली का बच्चा बिल्ली के लिए चूहे नहीं मारता–
यह महानता तो सिर्फ़ मनुष्य को नसीब है।
हम सबसे बुद्धिमान, सबसे बलवान नस्ल हैं–
हम क़ाबिले तारीफ़ हैं।
एकमात्र ज़िन्दा प्राणी
जो जीता है अपने बच्चों की मेहनत पर। (शार्लोट पर्किन्स गिलमैन)[59]

पृष्ठ 34 (31)

कोई वर्ग नहीं! कोई समझौता नहीं!!*(जॉर्ज डी. हेरसन)*

समाजवादी आन्दोलन के दौरान एक ऐसा वक़्त आ रहा है, और सम्भव है, वह वक़्त आ चुका है, जब सुधरी हुई दशाएँ या समायोजित उजरतें मज़दूरों की माँग का जवाब नहीं रह जायेंगी, और तब ये चीज़ें सामान्य बुद्धि के लिए एक अपमान के अलावा और कुछ नहीं सिद्ध होंगी। आज दुनियाभर में जो समाजवादी आन्दोलन चल रहा है वह बेहतर उजरतों, सुधरी हुई पूँजीवादी दशाओं या पूँजीवादी मुनाफ़े में हिस्सा बँटाने के लिए नहीं चल रहा है; यह चल रहा है उजरतों और मुनाफ़ों के ख़ात्मे के लिए, और पूँजीवाद एवं निजी पूँजीपतियों की समाप्ति के लिए। सुधरी हुई राजनीतिक संस्थाएँ, पूँजी और श्रम के बीच समझौता कराने वाली परिषदें, परोपकार और विशेषाधिकार जो पूँजीपतियों की खैरातों के अलावा और कुछ नहीं हैं–इनमें से कोई भी चीज़ उस सवाल का जवाब नहीं दे सकती जो मन्दिरों, सत्ता के सिंहासनों और संसदों को कँपकँपा रहा है। जो लोग दबे-कुचले हैं और जो लोग उनकी पीठ पर सवार होकर आगे बढ़े हुए हैं, अब इन दोनों के बीच कोई अमन-चैन नहीं रह सकता। अब वर्गों के बीच कोई मेल-मिलाप नहीं हो सकता; अब तो वर्गों का सिर्फ़ अन्त ही हो सकता है। जब तक पहले न्याय न हो, तब तक सद्भावना की बात करना अनर्गल प्रलाप है, और जब तक इस दुनिया का निर्माण करने वालों का अपनी मेहनत पर अधिकार न हो, तब तक न्याय की बात करना बेकार है।

दुनिया के मज़दूरों की माँग का जवाब उनकी मेहनत की समूची कमाई के अलावा और कुछ नहीं हो सकता। *(जॉर्ज डी. हेरसन)*[60]

पृष्ठ 35 (32)

पूँजीवाद की बर्बादियाँ[61]

आस्ट्रेलिया के बारे में आर्थिक अनुमान, *थिओडोर हर्ट्ज़का*[62] (1886) द्वारा :

प्रत्येक परिवार = 40 वर्ग फुट में 5 कमरों वाला मकान 50 वर्षों तक चलने लायक।[63]

मज़दूरों की काम करने की उम्र = 16-50 (वर्ष–स.)

इस प्रकार हमारे पास हैं 5,000,000 (मज़दूर–स.)

615,000 मज़दूरों का श्रम = श्रम का 12.3 प्रतिशत 22,000,000 लोगों का भोजन पैदा करने के लिए पर्याप्त है।

यातायात-परिवहन की श्रम लागत समेत, विलासिताओं हेतु सिर्फ़ 315,000 = 6.33 प्रतिशत मज़दूरों के श्रम की आवश्यकता पड़ती है।

इसका मतलब यह हुआ कि उपलब्ध श्रम का 20 प्रतिशत ही समूचे महाद्वीप के भरण-पोषण के लिए पर्याप्त है। शेष 80 प्रतिशत समाज की पूँजीवादी व्यवस्था के कारण शोषित और बरबाद हो जाता है।

पृष्ठ 36 (33)

ज़ारशाही शासन और बोल्शेविक शासन

ब्रेजियर हण्ट[64] का कहना है कि बोल्शेविकों ने अपने शासन के पहले चौदह महीनों में, 4500 लोगों को मौत की सज़ा दी जिनमें से ज़्यादातर का जुर्म चोरी और सट्टेबाजी था।

1905 की क्रान्ति के बाद, जार के मन्त्री, स्तोलीपिन[65] ने, बारह महीनों के भीतर 32,773 लोगों को मौत की सज़ा दी थी। *(पृष्ठ 390, ब्रास चेक)*[66]

पृष्ठ 37 (34)

सामाजिक संस्थाओं का स्थायित्व

प्रत्येक पीढ़ी के भ्रमों में से एक भ्रम यह है कि वह जिन सामाजिक संस्थाओं के तहत जी रही होती है वे, कुछ ख़ास अर्थ में, 'प्राकृतिक', अपरिवर्तनीय और स्थायी

हैं। फिर भी, अनगिनत हज़ार वर्षों से, सामाजिक संस्थाएँ उत्तरोत्तर पैदा होती रही हैं, विकास करती रही हैं, पतनशील होती रही हैं और समसामयिक आवश्यकताओं के अनुरूप दूसरी बेहतर संस्थाओं द्वारा क्रमशः विस्थापित की जाती रही हैं...। तब, सवाल यह नहीं है कि हमारी वर्तमान सभ्यता बदलेगी या नहीं, बल्कि यह है कि वह कैसे बदलेगी?

यह, सुविचारित अनुकूलन के जरिये, क्रमशः और चुपचाप एक नया रूप ले सकती है। या, यदि अनुकूलन के बजाय कोई उग्र प्रतिरोध उठ खड़ा होता है, तो यह धमाके के साथ ध्वस्त हो सकती है, और मानवजाति को सामाजिक अराजकता और अव्यवस्था की अवस्था के निचले स्तर से एक नयी सभ्यता के निर्माण का कष्टसाध्य कार्यभार सौंप सकती है, जिसमें पिछली व्यवस्था की सिर्फ़ बुराइयाँ ही नहीं, बल्कि उसकी भौतिक, बौद्धिक और नैतिक उपलब्धियाँ भी नहीं रहेंगी।

—पी.आई. डिके ऑफ़ कैप. सिविलाइजेशन[67]

पृष्ठ 38 (35)

पूँजीवाद और वाणिज्यवाद

जापानी छात्रों की एक सभा में रवीन्द्रनाथ[68] का भाषण :

जापान में आपका अपना उद्योग था; वह कितने कर्तव्यनिष्ठ भाव से ईमानदार और सच्चा था, इसे आप इसके उत्पादों से—उनकी स्तरीयता और तादाद से, छोटी-छोटी चीज़ों के प्रति उनके ध्यान देने से जान सकते हैं, जिन पर शायद ही कोई टीका-टिप्पणी की जा सके। परन्तु आपकी भूमि पर झूठ की एक लहर दुनिया के उस भाग से बहकर आ चुकी है जहाँ व्यापार सिर्फ़ व्यापार है और ईमानदारी को सिर्फ़ सबसे अच्छी नीति माना जाता है। क्या आपको कभी शर्म नहीं महसूस होती, जब आप उन व्यापारिक विज्ञापनों को देखते हैं, जो सिर्फ़ समूचे शहरी क्षेत्र को ही झूठ और अतिशयोक्तियों से नहीं पाट रहे हैं, बल्कि उन हरित क्षेत्रों पर भी धावा बोलते जा रहे हैं, जहाँ किसान ईमानदारी से मेहनत करते हैं, और उन पर्वत-शिखरों को भी अपने हमले का निशाना बनाते जा रहे हैं, जो भोर के प्रथम निर्मल प्रकाश का स्वागत करते हैं?...। अपनी भद्दी सज़ावटों की बर्बरता के साथ यह वाणिज्यवाद समूची मानवता के लिए एक.भयानक महाविपदा है, क्योंकि यह प्रवीणता के ऊपर ताकत के आदर्श का आरोपण कर रहा है। यह अपनी नग्न बेशर्मी के साथ अपने में ही मगन रहने के चलन को गौरवान्वित कर रहा है। इसकी हरकतें हिसक हैं, और इसका शोर-शराबा बेसुरा और कर्कश है। यह अपने ही सर्वनाश की ओर बढ़ रहा है, क्योंकि यह उसी मानवता को कुचल कर विकृत कर रहा है...जिस पर यह स्वयं

खड़ा है। [पृष्ठ 39 (36) पर जारी] यह आनन्द की क़ीमत पर धन पैदा करने की कड़ी मशक्कत में लगा हुआ है...। यूरोप की वर्तमान सभ्यता की मुख्य महत्त्वाकांक्षा यही है कि शैतान पर उसी का एकछत्र अधिकार हो।

पूँजीवादी समाज

"राजनीतिक अर्थशास्त्र की सबसे बड़ी सच्चाई यह है कि हर कोई यथासम्भव कम से कम त्याग करके व्यक्तिगत सम्पदा प्राप्त कर लेना चाहता है।" *"नासाउ सीनियर"*[69]

पृष्ठ 40 (37)

धर्म के बारे में कार्ल मार्क्स का दृष्टिकोण

मनुष्य धर्म को बनाता है; धर्म मनुष्य को नहीं बनाता। धर्म वास्तव में, मनुष्य की ही आत्मचेतना और आत्मभावना है, जिसने या तो अभी तक अपनेआप को पाया नहीं है, या (यदि अपनेआप को पाया भी है तो) अपनेआप को फिर से खो दिया है। लेकिन आदमी कोई ऐसी अमूर्त सत्ता नहीं है जो दुनिया से बाहर कहीं पालथी मारे बैठी हुई हो। मनुष्य की दुनिया मनुष्यों, राज्य, समाज की दुनिया है। यह राज्य, यह समाज धर्म पैदा करता है, एक उल्टी विश्व चेतना पैदा करता है, क्योंकि ये ख़ुद एक उल्टी दुनिया है। धर्म इसी दुनिया का एक सामान्यीकृत सिद्धान्त है, इसका विश्वकोशीय सार-संग्रह है, एक लोकप्रिय रूप में इसका तर्क है...। इसलिए धर्म के विरुद्ध संघर्ष उस दुनिया के विरुद्ध एक प्रत्यक्ष अभियान है जिसकी आत्मिक सुगन्ध धर्म है। [पृष्ठ 41 (38) पर जारी]

धर्म उत्पीड़ित प्राणी की आह है, एक हृदयहीन दुनिया का अहसास है, ठीक वैसे ही जैसेकि यह आत्महीन दशाओं की आत्मा है। **यह जनता के लिए अफ़ीम है।**

लोग वास्तव में तब तक सुखी नहीं हो सकते जब तक कि वे धर्म का उन्मूलन कर, इसके मिथ्या सुख से निजात नहीं पा लेते। यह अपेक्षा कि लोग इस मरीचिका से अपनेआप को स्वयं अपनी ही दशा की ख़ातिर मुक्त करें, यह अपेक्षा है कि वे **उस दशा का ही त्याग करें जिसे इस मरीचिका की ज़रूरत होती है।**

आलोचना का हथियार हथियारों की आलोचना का स्थान नहीं ले सकता। भौतिक शक्तियों को निश्चित रूप से भौतिक शक्तियों द्वारा ही उखाड़ फेंका जाना चाहिए; लेकिन सिद्धान्त भी जब जनसमुदायों में रच-बस जाता है, तो एक भौतिक शक्ति बन जाता है।[70]

पृष्ठ 42 (39)

क्रान्ति यूटोपियाई नहीं

एक आमूल परिवर्तनवादी क्रान्ति, यानी मानवजाति की आम मुक्ति, जर्मनी के लिए कोई यूटोपियाई स्वप्न नहीं हैय यूटोपियाई तो एक आंशिक, एक विशुद्ध राजनीतिक क्रान्ति की धारणा होती है, जो (पूँजीवादी व्यवस्था की–स.) इमारत के खम्भों को खड़ा छोड़ देगी।[71]

"महान इसलिए महान हैं क्योंकि
हम घुटनों पर हैं
आओ उठ खड़े हों!"[72]

पृष्ठ 43 (40)

राज्य के बारे में हर्बर्ट स्पेंसर[73] का दृष्टिकोण

"भले ही यह सच हो या न हो कि मनुष्य निष्लंक पैदा हुआ और पाप में सन गया, लेकिन यह निश्चित रूप से सच है कि सरकार का जन्म आक्रामकता से और आक्रामकता के द्वारा हुआ।"

मनुष्य और मनुष्यजाति

"मैं एक मनुष्य हूँ,

और उन सभी चीज़ों से मेरा सरोकार है जो मनुष्य-जाति को प्रभावित करती हैं।" *"रोमन नाटककार"*[74]

इंग्लैंड की स्थिति की समीक्षा

"अच्छे लोगो, इंग्लैंड में स्थितियाँ तब तक अच्छी नहीं हो सकतीं, जब तक अच्छाइयाँ आम नहीं हो जातीं, और जब तक सज्जन लोगों के साथ दुर्जन लोग भी बने रहते हैं। वे जिन्हें हम लॉर्ड कहते हैं, किस अधिकार से हमसे महान हैं? किस आधार पर वे इसके क़ाबिल बने हुए हैं? वे क्यों हमें भू-दास बनाये हुए हैं? अगर हम सभी एक ही बाप और माँ, आदम और हव्वा की सन्तानें हैं, तो वे यह कैसे कहते या साबित करते हैं कि वे हमसे महान या बेहतर हैं? अगर वे अपने फ़ायदे के लिए हमसे मेहनत नहीं करवाते तो वे अपनी शान-शौक़त में क्या ख़र्च करते? वे ख़ुद तो मख़मल पहनते हैं और अपनेआप को फ़रकोटों और शाही लबादों से गर्म रखते हैं, जबकि हम चिथड़े लपेटे रहते हैं। उनके पास तो शराब, लज़ीज़ खाना और

डबलरोटी है, और हमारे पास जई की लिट्टी, घासपात और पानी। उनके पास फ़ुरसत ही फ़ुरसत है और बढ़िया घर भी, और हमारे पास है तकलीफ़ और मेहनत, खेतों में बारिश और आँधी; फिर भी यह हमारी मेहनत ही है जिसके बूते पर वे राज कर रहे हैं। *फ्रायर ऑफ़ वॉट टाइलर्स रिबेल*[75]

पृष्ठ 44 (41)

क्रान्ति और वर्ग

सारे के सारे वर्ग सत्ता पाने की कोशिश में क्रान्तिकारी ही होते हैं, और समानता की बातें करते हैं। और सारे के सारे वर्ग जब सत्ता प्राप्त कर लेते हैं तो संकीर्णतावादी हो जाते हैं और मान लेते हैं कि समानता सिर्फ़ एक रंगीन सपनाभर है। सारे के सारे वर्ग, सिर्फ़ एक को—मज़दूर वर्ग को छोड़कर, क्योंकि जैसाकि कॉम्ते[76] ने कहा है, "सच कहा जाये तो मज़दूर वर्ग एक वर्ग होता ही नहीं, बल्कि वह तो समाज के निकाय का संघटक होता है।" लेकिन मज़दूर वर्ग का वक़्त, यानी सभी लोगों के एक हो जाने का वक़्त अभी भी नहीं आया है। *"वर्ल्ड हिस्ट्री फॉर वर्कर्स" पृष्ठ 47, अल्फ्रेकड बार्टन कृत*[77]

पृष्ठ 45 (42)

सर हेनरी मेन[78] ने कहा है :

"इंग्लैंड की अधिकांश भूमि वकीलों की ग़लती से इसके वर्तमान स्वामियों के हाथ में चली गयी है—जिन ग़लतियों के परिणामस्वरूप छोटे-छोटे अपराधियों को भी फ़ाँसी की सज़ा दे दी गयी।"

"क़ानून मुजरिम क़रार कर देता है उस पुरुष या स्त्री को
जो चुराते हैं आम आदमी की मुर्गियाँ,
लेकिन छोड़ देता है बड़े अपराधियों को
जो चुरा लेते हैं मुर्गियों से आम आदमी को ही।"[79]

पृष्ठ 46 (43)

जनतन्त्र

जनतन्त्र, सैद्धान्तिक तौर पर, राजनीतिक और क़ानूनी समानता की एक प्रणाली है। लेकिन ठोस और व्यावहारिक कार्रवाई में, यह मिथ्या है, क्योंकि कोई समानता तब तक नहीं हो सकती, यहाँ तक कि राजनीति में और क़ानून के समक्ष भी नहीं, जब

तक कि आर्थिक शक्ति में असमानता मुँह बाये बरक़रार रहेगी; जब तक कि सत्ताधारी वर्ग मज़दूरों के रोजगार पर, देश के प्रेस और स्कूलों पर तथा जनमत तैयार करने और अभिव्यक्त करने के सभी साधनों पर अपना अधिकार जमाये रखेगा, जब तक कि यह सभी प्रशिक्षित सार्वजनिक कार्यकारी निकायों पर अपना एकाधिकार बनाये रखेगा, और चुनावों को प्रभावित करने के लिए बेशुमार धन ख़र्च करता रहेगा, जब तक कि क़ानून सत्ताधारी वर्ग द्वारा बनाये जाते रहेंगे और अदालतों में इसी वर्ग के सदस्य अध्यक्षता करते रहेंगे, जब तक वकील प्राइवेट प्रैक्टिशनर बने रहेंगे और अपनी विधि विशेषज्ञता का कौशल सबसे अधिक फ़ीस देने वाले को बेचते रहेंगे, तथा अदालती कार्रवाई तकनीकी और महँगी बनी रहेगी, तब तक क़ानून के समक्ष यह नाममात्र की समानता भी एक खोखला मजाक़ ही बनी रहेगी।

एक पूँजीवादी व्यवस्था में, जनतन्त्र की पूरी मशीनरी बहुसंख्यक मज़दूर वर्ग को पीड़ित कर, सत्ताधारी अल्पसंख्यक वर्ग को सत्ता में बनाये रखने का काम करती है, और जब बुर्जुआ सरकार को जनतान्त्रिक संस्थाओं से ख़तरा महसूस होता है, तब ऐसी संस्थाओं को अक्सर बड़ी बेरहमी के साथ कुचल दिया जाता है। *"फ्राम मार्क्स टु लेनिन" (मॉरिस हिलक्विट[80] कृत) (पृष्ठ 58)*

जनतन्त्र "हरेक वर्ग या पार्टी से सम्बन्धित हरेक व्यक्ति के लिए समान अधिकार और सभी राजनीतिक अधिकारों में भागीदारी" सुनिश्चित नहीं करता (काउत्स्की)। यह तो मौजूदा आर्थिक असमानताओं के लिए खुले राजनीतिक और क़ानूनी खेल की अनुमति देता है...। इस प्रकार पूँजीवाद के अन्तर्गत जनतन्त्र सामान्य, अमूर्त जनतन्त्र नहीं, बल्कि विशिष्ट बुर्जुआ जनतन्त्र...या जैसाकि लेनिन ने इसका नाम दिया है—बुर्जुआ वर्ग के लिए जनतन्त्र होता है।[81]

पृष्ठ 47 (44)

क्रान्ति शब्द की परिभाषा

"क्रान्ति की अवधारणा को इस शब्द की पुलिसिया व्याख्या के अर्थ में, यानी सशस्त्र विद्रोह के अर्थ में नहीं लेना चाहिए। यदि किसी पार्टी के पास दूसरे, कम ख़र्चीले, और अपेक्षाकृत अधिक सुरक्षित तरीक़े इस्तेमाल करने की गुंजाइश है, और तब भी वह सिद्धान्त के नाते विद्रोह का ही तरीक़ा अपनाती है, तो उसे पागल ही कहा जायेगा। इस अर्थ में, सामाजिक जनवाद कभी भी सिद्धान्त के नाते क्रान्तिकारी नहीं रहा। ऐसा यह सिर्फ़ इसी अर्थ में है कि यह इस बात को मानता है कि जब इसे राजनीतिक सत्ता हासिल हो जायेगी, तो यह इसका इस्तेमाल वर्तमान व्यवस्था को टिकाये रखने वाली उत्पादन-प्रणाली को ख़त्म करने के अलावा और किसी मक़सद के लिए नहीं करेगा।" *"कार्ल काउत्स्की"*[82]

संयुक्त राज्य अमेरिका के बारे में कुछ तथ्य और आँकड़े[83]

5 आदमी 1000 लोगों के लिए रोटी पैदा कर सकते हैं
1 आदमी 250 लोगों के लिए सूती कपड़ा पैदा (कर सकता) है
1 आदमी 300 लोगों के लिए ऊनी कपड़ा पैदा कर सकता है
1 आदमी 1000 लोगों के लिए बूट और जूते पैदा कर सकता है

—आयरन हील[84] (पृष्ठ 78)

15,000,000 लोग बेपनाह ग़रीबी (में) जी रहे हैं जो अपनी श्रम-दक्षता को भी बनाये नहीं रख सकते।

3,000,000 बाल-श्रमिक।

पुनश्चः इंग्लैंड[85]

युद्ध-पूर्व अनुमान (!)
इंग्लैंड का कुल उत्पादन £ 2000,000,000 (प्रतिवर्ष)
विदेशी निवेशों से लाभ £ 200,000,000
£ 2200,000,000
जनसंख्या के 1/9वें भाग ने ले लिया ½ = £ 1100,000,000
जनसंख्या के 2/9वें भाग ने ले लिया शेष = £ 1100,000,000
का 1/3 अर्थात् = £ 300,000,000
(विवरण का बाक़ी हिस्सा फटा हुआ—स. ...)

पृष्ठ 48 (45)

इंटरनेशनल[86]

उठ जाग प्रताड़ित धरती के
उठ जाग भूख के बन्दी
न्याय की बजती रणभेरी,
एक बेहतर दुनिया जन्मे।
अब बाँध सके ना हमको परम्परा की बेड़ी
अरे! उठो! गुलामो जागो! अब करनी नहीं गुलामी!
अब नयी नींव पर बनेगी दुनिया,
हम अब तक रहे न कुछ भी, अब सब कुछ होंगे। *(टेक)*
यह है अन्तिम संघर्ष

आओ होलें अविकल
कल मानवजाति बनेगी
इंटरनेशनल।
देखो उनको जो बैठे हैं महिमामण्डित
रेलों, ख़ानों, धरती के राजा!
श्रम को ही रहे लूटते ये
बस इसके सिवा किया क्या है?
दफ़्न हैं जनता की मेहनत के फल
कुछ की मज़बूत तिजोरियों में;
देना होगा इसे वापस
है यह जनता का हक।   (वही टेक)
एकजुट हों कारख़ानों-खेतों के मेहनतकश
पार्टी हम सबकी जो काम करें;
यह धरती है हमारी, जनता की,
यहाँ न जगह कामचोर की,
हमारे मांस पर हुए हैं कितने मोटे?
लेकिन यदि ये घृणित शिकारी पक्षी,
हमारे आसमान से एक सुबह हो जायें गायब
सूरज की आभा तब भी बनी रहेगी। (वही टेक फिर)

पृष्ठ *49 (46)*

मार्सइयेज[87]

ओ मेहनत के बेटो, जागो, गौरव हासिल करो!
सुनो, सुनो, वे कोटि-कोटि आवाज़ें कि तुम जागो,
बच्चे, बीवी, और पुरातन पितर तुम्हारे,
देखो तुम उनके आँसू, और सुनो तुम उनकी चीखें!
क्या घृणित निरंकुश शासक करते रहें शरारत
ले भाड़े के टट्टू, और गुण्डों के जत्थे—
करते रहें धरा को सन्त्रस्त और वीरान
जबकि शान्ति और आज़ादी का बहता रहे ख़ून?   (कोरस)
आओ शस्त्र सँभालें, पंक्तिबद्ध हो जायें
खेत सींचते उनके ख़ूँ से आगे बढ़ते जायें

बेपनाह ऐयाशी और शान-शौक़त की
जुर्रत करते हैं अधम अतृप्त निरंकुश,
स्वर्ण और सत्ता की उनकी भूख अपरिमित
भोगते और बेचते धूप-हवा भी;
हम ढोते उनका भार बन के लद्दू घोड़े
वे कहें कि उनके दास उन्हें देवता मानें,
लेकिन इन्सान से बढ़कर और कौन है?
फिर वे कब तक टिके रहेंगे, कब तक मारेंगे हमको? (फिर वही कोरस)
अरे आज़ादी! मानव क्या त्याग सकेगा तुमको,
अनुभव कर लेने के बाद तुम्हारी दिलकश लौ को?
क्या रोक सकेंगी तुमको तहख़ानों के फाटक और सलाखें
या क्या कोड़े बाँध सकेंगे तेरे उदात्त जीवट को?
लम्बे अर्से से बिलख रही है दुनिया,
चला रहे हैं झूठ की कटार निरंकुश,
लेकिन आज़ादी है तलवार और ढाल हमारी,
और व्यर्थ है उनकी सारी कलाकारी। (फिर वही कोरस)

पृष्ठ 50 (47)

अवसरवाद का जन्म

क़ानून के दायरे में रहकर काम करने की सम्भावना ने ही दूसरे इंटरनेशनल के समय में मज़दूर पार्टियों के भीतर अवसरवाद को जन्म दिया। *(लेनिन, कोलैप्स ऑफ़ II इंट. ने.)*[88]

गैर-क़ानूनी काम

"किसी देश में जहाँ बुर्जुआ वर्ग या प्रतिक्रान्तिकारी सामाजिक जनवाद सत्ता में है, कम्युनिस्ट पार्टी को अपने क़ानूनी और गैर-क़ानूनी कामों के बीच एक तालमेल रखना अवश्य सीख लेना चाहिए, तथा क़ानूनी काम को हमेशा और निश्चित रूप से गैर-क़ानूनी पार्टी के प्रभावी नियन्त्रण में ही रहना चाहिए।–*बुखारिन*[89]

दूसरे इंटरनेशनल के लक्ष्य के साथ विश्वासघात

समाजवाद और श्रम के इस विराट संगठन को ऐसी शान्तिकालीन गतिविधियों के लिए अनुकूलित कर दिया गया, और जब संकट आया, तो बहुत से नेता और

जनसमुदायों के भारी हिस्से अपनेआप को इस नयी स्थिति के अनुरूप बनाने में असमर्थ हो गये...। यही वह अपरिहार्य स्थिति है जो बहुत हद तक दूसरे इंटरनेशनल के विश्वासघात का कारण है। *मार्क्स टु लेनिन, पृष्ठ 140 (मॉरिस हिलक्विट) "द सिनिक्स वर्ड बुक" (1906)*[90]

एम्ब्रोस प्रियर्स लिखता है :

"ग्रेप शॉट[91]–(संज्ञा)–एक तर्क जिसे भविष्य अमेरिकी समाजवाद की माँगों के जवाब में तैयार कर रहा है।"

पृष्ठ 51 (48)

धर्म, स्थापित व्यवस्था का समर्थक

दासता :

1835 में, प्रेस्बिटेरियन चर्च की जनरल असेम्बली ने प्रस्ताव पारित किया कि : "दासता पुराने और नये दोनों ही टेस्टामेण्टों में स्वीकृत है, और इसे ईश्वरीय सत्ता ने वर्जित नहीं किया है।"

द चार्ल्सटन बैप्टिस्ट एसोसिएशन ने 1835 में निम्नलिखित फ़रमान जारी किया :

"मालिकों द्वारा अपने गुलामों के समय का इस्तेमाल करने के अधिकार को सभी चीज़ों के सृष्टा ने स्पष्टतः मान्यता दे रखी है, जो अपनी मर्जी से जिस भी चीज़ पर चाहे सम्पत्ति का अधिकार लागू कर सकता है।"

वर्जीनिया के मेथॉडिस्ट कॉलेज के एक प्रोफ़ेसर रेवरण्ड ई. डी. साइमन, डॉक्टर ऑफ़ डिवाइनिटी, ने लिखा :

"होली रिट (ईसाई धर्मशास्त्र–स.) के अवतरणों में साफ़ तौर पर गुलामों के ऊपर सम्पत्याधिकार और इस अधिकार से सम्बन्धित रोजमर्रा की बातों का उल्लेख किया गया है। तब, कुल मिलाकर, बात यही है, चाहे हम स्वयं ईश्वर द्वारा स्थापित यहूदी नीति को देखें, या सभी युगों में मानवजाति के एक समान विचार और व्यवहार को लें, या न्यू टेस्टामेण्ट और नैतिक नियम के विधि-निषेध सम्बन्धी निर्देशों को देखेंय हम इसी निष्कर्ष पर पहुँचते हैं कि दासता अनैतिक नहीं है। जब यह बात सिद्ध हो चुकी है कि अफ़्रीकी दास क़ानूनी तौर पर ख़रीदकर बँधुआ बनाये जाते थे, तब उनके बच्चों को बँधुआ बनाकर रखने की बात भी अपरिहार्यतः सिद्ध ही हो जाती है। इस प्रकार हम देखते हैं कि अमेरिका में जो दासता मौजूद है, उसकी स्थापना सही थी।"

पूँजीवाद का समर्थन

हेनरी वॉन डाईक[92] "एस्से इन एप्लीकेशन" (1905) में लिखता है :

"बाइबिल की शिक्षा है कि ईश्वर दुनिया का मालिक है। वह अपनी शुभंकर इच्छा से, सामान्य नियमों के अनुरूप, प्रत्येक आदमी को उसका भाग देता है।"

पृष्ठ 52 (49)

संयुक्त राज्य अमेरिका के बारे में आँकड़े :

सैन्य-संख्या 50,000 थी अब यह 300,000 है।

धनकुबेरों के पास 67 अरब की सम्पदा है।

व्यवसायों में लगे कुल व्यक्तियों में से केवल 9/10 प्रतिशत ही धनिकतन्त्र में शामिल हैं। फिर भी उनके पास कुल सम्पदा का 70 प्रतिशत है।

व्यवसायों में लगे कुल व्यक्तियों में से 29 प्रतिशत मध्यम वर्ग से सम्बन्धित हैं उनके पास कुल सम्पदा का 25 प्रतिशत है = 24 अरब

व्यवसायों में लगे लोगों में से शेष 70 प्रतिशत सर्वहारा वर्ग से सम्बन्धित हैं और उनके पास कुल सम्पदा का सिर्फ़ 4 प्रतिशत अर्थात् 4 अरब है।

लूसियन सैनियल के अनुसार, 1900 में व्यवसाय में लगे कुल लोगों में से = 250,251 धनिकतन्त्र से सम्बन्धित थे = 8,429,845 मध्यम वर्ग से सम्बन्धित थे = 20,395,137 सर्वहारा वर्ग से सम्बन्धित थे।–*आयरन हील*[93]

रायफलें

"तुम कहते हो कि संसद और राजकीय पदों पर तुम्हारा बहुमत होगा, लेकिन तुम्हारे पास रायफलें कितनी हैं? क्या तुम्हें मालूम है कि पर्याप्त सीसा तुम्हें कहाँ से मिल सकता है? जहाँ तक बारूद की बात है, रासायनिक मिश्रण, यान्त्रिक मिश्रणों से बेहतर होते हैं, ये बात मेरी मान लो।"–*आयरन हील, पृष्ठ 198*[94]

पृष्ठ 53 (50)

सत्ता...[95]

एक समाजवादी नेता ने धनिकतन्त्र की एक मीटिंग को सम्बोधित किया और उन पर समाज के कुप्रबन्ध का दोष लगाया और इस प्रकार पीड़ित मानवता के सम्मुख उपस्थित सभी विकरालताओं और दुख-तकलीफ़ों की सारी की सारी ज़िम्मेदारी उन्हीं पर थोप दी। बाद में एक पूँजीपति (मि. विक्सन) उठ खड़ा हुआ और उसे इस प्रकार सम्बोधित किया :[96]

"इस पर हमारा जवाब यह है। हमारे पास तुम्हारे ऊपर बरबाद करने के लिए शब्द नहीं हैं। जब तुम अपने गर्वीले मज़बूत हाथ हमारे महलों और वैभव की ओर बढ़ाओगे, तब हम तुम्हें दिखा देंगे कि हमारी क्या ताक़त है। बमगोलों की गड़गड़ाहट और मशीनगनों की तड़तड़ाहट से हम अपना जवाब देंगे। हम तुम क्रान्तिवादियों को अपनी एड़ियों तले पीस डालेंगे, और तुम्हारे चेहरों को कुचल डालेंगे। यह दुनिया हमारी है। हम इसके मालिक हैं और यह हमारी ही रहेगी। जहाँ तक श्रम की बात है, यह तो जब से इतिहास शुरू हुआ तभी से धूल चाटता रहा है, और मैंने इतिहास को ठीक से पढ़ा है। और यह तब तक धूल चाटता रहेगा जब तक हमारे और हमारे उत्तराधिकारियों के हाथ में सत्ता रहेगी।

"एक शब्द है–सत्ता। यह सभी शब्दों का राजा है। ईश्वर नहीं, धन-वैभव नहीं, बल्कि सत्ता। अपनी जबान पर रख लो और तब तक रखे रहो जब तक कि यह उसे झनझनाने न लगे।"

"मुझे उत्तर मिल गया", अर्नेस्ट (उस समाजवादी नेता)[97] ने निर्विकार भाव से कहा। "एकमात्र यही उत्तर दिया भी जा सकता था। सत्ता। हम मज़दूर वर्ग के लोग इसी का तो प्रचार करते हैं। हम जानते हैं और अपने कटु अनुभव से भलीभाँति जानते हैं, कि सत्य की, न्याय की, मानवता की, कोई भी अपील कभी तुम्हें छू नहीं सकती। तुम्हारे दिल भी तुम्हारी उन एड़ियों की तरह ही कठोर हैं जिनसे तुम ग़रीबों के चेहरे कुचलते हो। इसीलिए तो हमने सत्ता का प्रचार किया है। लेकिन, चुनाव के दिन हमारे मतपत्रों की ताकत तुमसे तुम्हारी सरकार छीन ले जायेगी...।"

"अगर चुनाव के दिन तुम्हें बहुमत, भारी बहुमत मिल ही जाये, तो भी उससे क्या फर्क़ पड़ने वाला है", मि. विक्सन तपाक से बोला।

"मान लो यदि मतपेटिकाओं में तुम्हारी जीत के बावजूद हम तुम्हें सत्ता सौंपने से इन्कार कर दें तो?" [पृष्ठ 54 (51) पर जारी]

"हमने उस पर भी सोच रखा है", अर्नेस्ट ने जवाब दिया। "और इसका जवाब हम तुम्हें गोलियों से देंगे। सत्ता, तुम्हीं ने इसे शब्दों का राजा कहा है। बहुत अच्छा! सत्ता, देखेंगे इसे। और जिस दिन हम चुनाव में विजय हासिल कर लेंगे, और तुम हमारी इस संवैधानिक और शान्तिपूर्ण ढंग से हासिल की गयी सत्ता को हमें सौंपने से इन्कार कर दोगे, तो तुम्हारे इस सवाल के जवाब में कि हम क्या करेंगे–उस दिन, मैं बता दूँ, कि हम तुम्हें इसका जवाब देंगे, हम बमगोलों की गड़गड़ाहट और मशीनगनों की तड़तड़ाहट से अपना जवाब देंगे।

"तुम हमसे बच नहीं सकते। यह सही है कि तुमने इतिहास को ठीक से पढ़ा है। यह सही है कि श्रम इतिहास के आरम्भ से ही धूल चाटता आ रहा है। और

यह भी सही है कि जब तक तुम्हारे और तुम्हारे उत्तराधिकारियों के हाथ में सत्ता रहेगी, तब तक श्रम धूल ही चाटता रहेगा। मैं तुमसे सहमत हूँ। तुमने जो कुछ कहा है उन सारी बातों से मैं सहमत हूँ। सत्ता ही निर्णायक होगी, जैसाकि हमेशा होता आया हैय यही तो वर्गों का संघर्ष है। जैसे तुम्हारे वर्ग ने पुराने सामन्ती तन्त्र को ध्वस्त किया, ठीक वैसे ही मेरा वर्ग, मज़दूर वर्ग, तुम्हारे वर्ग को ध्वस्त कर डालेगा। अगर तुम अपने प्राणिविज्ञान और अपने समाज विज्ञान को भी उतनी ही स्पष्टता से पढ़ो, जितनी स्पष्टता से तुम इतिहास पढ़ते हो, तो तुम देखोगे कि मैंने जिस हश्र का वर्णन किया है वह अपरिहार्य है। इससे कोई फर्क़ नहीं पड़ता कि इसमें एक वर्ष लगेगा, दस वर्ष लगेंगे या हज़ार वर्ष लगेंगे—यह तय है कि तुम्हारा वर्ग मिट्टी में मिल जायेगा। और यह सत्ता के जरिये ही होगा। हम मेहनतकश इस शब्द को इतना रट चुके हैं कि हमारे दिमाग़ इससे झनझना रहे हैं। सत्ता। यह एक राजोचित शब्द है।"

—जैक लण्डन कृत आयरन हील (पृष्ठ 88)

पृष्ठ 55 (52)

आँकड़े[98]

इंग्लैंड

1922—बेरोजगारों की संख्या = 1,135,000

1926—यह 1¼ से 1½ मिलियन के बीच

अर्थात् 1,250,000 से 1,500,000 के बीच रही है।

अंग्रेज़ मज़दूर नेताओं का विश्वासघात

1911 से 1913 तक के वर्ष आमतौर पर खदान मज़दूर, रेलकर्मियों और परिवहन मज़दूरों के बेमिसाल वर्ग-संघर्षों का समय था। अगस्त 1911 में, रेलवे की राष्ट्रीय, दूसरे शब्दों में, आम हड़ताल, फूट पड़ी थी। उन दिनों ब्रिटेन के ऊपर क्रान्ति की एक धुँधली छाया मँडरा रही थी। लेकिन नेतागण ने इस आन्दोलन को पंगु कर डालने के लिए अपनी पूरी ताक़त लगा दी। उनका इरादा 'देशभक्ति' का था; यह हरकत अगादिर की उस घटना के समय की जा रही थी, जिसने जर्मनी के साथ युद्ध का ख़तरा उपस्थित कर दिया था। जैसाकि आज भलीभाँति मालूम है, प्रधानमन्त्री ने मज़दूर-नेताओं को एक गुप्त बैठक में बुलाया और उनसे पितृभूमि की रक्षा की अपील की। और नेताओं ने, बुर्जुआ वर्ग को मज़बूत करने के लिए अपने बूतेभर सब कुछ दिया, और इस प्रकार साम्राज्यवादी नरसंहार के लिए रास्ता साफ़ किया। *(पृष्ठ 3) ह्वेयर इज़ ब्रिटेन गोइंग?*[99]

त्रात्स्की[100]

पृष्ठ 56 (53)

विश्वासघात

केवल 1920, यानी 'काले शुक्रवार' के बाद ही, आन्दोलन सीमाओं में वापस लौटा, जब ख़ानकर्मियों, रेलकर्मियों और परिवहनकर्मियों के त्रिपक्षीय संश्रय के नेताओं ने आम हड़ताल के साथ विश्वासघात कर दिया। *(पृष्ठ 3)*[101]

सुधार के लिए क्रान्ति का ख़तरा ज़रूरी है

...ब्रिटिश बुर्जुआ वर्ग ने यह समझ लिया था कि ऐसे उपाय (सुधार) के जरिये क्रान्ति को टाला जा सकता है। अतः इससे निष्कर्ष निकलता है कि सुधारों तक को भी लागू करवाने के लिए, सिर्फ़ धीरे-धीरे काम करते रहने का सिद्धान्त पर्याप्त नहीं है, और कि क्रान्ति का एक वास्तविक ख़तरा ज़रूरी है। *(पृष्ठ 29)*[102]

सामाजिक एकता

...ऐसा हो सकता है कि एक बार जब हम एक ऐसे विशेषाधिकारप्राप्त वर्ग के सफाये के लिए उठ खड़े हों, जो रंगमंच से हटना न चाहता हो, तब वर्ग-संघर्ष की बुनियादी अन्तर्वस्तु, उसी में निहित प्रतीत हो। लेकिन नहीं। मैकडोनाल्ड[103] सामाजिक एकता की चेतना 'जागृत' करना चाहते हैं। पर किसकी? मज़दूर वर्ग की एकता तो बुर्जुआ वर्ग के विरुद्ध संघर्ष में उसकी आन्तरिक सुसम्बद्धता की अभिव्यक्ति होती है।

मैकडोनाल्ड जिस सामाजिक एकता का उपदेश देते हैं, वह शोषकों के साथ शोषितों की एकता, या दूसरे शब्दों में, शोषण को बनाये रखने के अलावा और कुछ नहीं है।[104]

क्रान्ति एक आफत

'रूस की क्रान्ति ने' मैकडोनाल्ड के कथनानुसार, "हमें बड़ा सबक सिखाया। इसने दिखा दिया कि क्रान्ति एक बरबादी और विपदा के सिवाय और कुछ नहीं है।" [पृष्ठ 57 (54) पर जारी]

क्रान्ति तो विपदा को ही जन्म देती है लेकिन ब्रिटिश जनतन्त्र ने तो साम्राज्यवादी युद्ध को जन्म दे दिया...जिसकी बरबादी की तुलना क्रान्ति की विपदाओं से तो निश्चित तौर पर तनिक भी नहीं की जा सकती। फिर भी, जिस क्रान्ति ने जारशाही, कुलीनतन्त्र और बुर्जुआ वर्ग को उखाड़ फेंका, चर्च को हिला कर रख दिया, 13 करोड़ लोगों के एक राष्ट्र या राष्ट्रों के एक समूचे कुल में, एक नये जीवन का संचार किया,

उसके सामने यह घोषणा करने के लिए कि—क्रान्ति एक विपदा के सिवाय और कुछ नहीं है—ऐसे ही बहरे कानों और निर्लज्ज चेहरों की ज़रूरत है। *(पृष्ठ 64)*[105]

शान्तिपूर्ण?

कब और कहाँ सत्ताधारी वर्ग ने शान्तिपूर्ण मतदान के जरिये कभी सत्ता और सम्पत्ति सौंपी है—और वह भी, ख़ासतौर से ब्रिटिश बुर्जुआ वर्ग ने, जो सदियों से दुनियाभर में लूटपाट करता आया है? *(पृष्ठ 66)*[106]

समाजवाद का लक्ष्य : शान्ति

यह एकदम निर्विवाद सच्चाई है कि समाजवाद का लक्ष्य, सर्वप्रथम रूप से, ताक़त के सबसे भोंड़े और ख़ूनी रूपों को ख़त्म करना है, और फिर उसके बाद उसके और छिपे रूपों को भी ख़त्म करना है। (पृष्ठ 80) *"व्हेयर इज ब्रिटेन गोइंग?", त्रात्स्की*

विश्व क्रान्ति का लक्ष्य

1. पूँजीवाद को उखाड़ फेंकना
2. मानवता की सेवा के लिए प्रकृति का नियन्त्रण करना।

बुखारिन ने इसे ऐसे ही परिभाषित किया।

पृष्ठ 58 (55)

आदमी और मशीनरी

द युनाइटेड स्टेट्स ब्यूरो ऑफ़ लेबर का कहना है :

—मशीन पर काम करके एक आदमी 1 घण्टा 34 मिनट में पिनों का 12 पौण्ड का पैकेट तैयार कर सकता है।

—अगर आदमी मशीन पर नहीं, बल्कि सिर्फ़ औजारों से काम करे तो उतने ही काम में 140 घण्टा 55 मिनट का समय लगेगा। (अनुपात—1.34 : 140.55 मिनट)

—मशीन पर काम करके 100 जोड़े जूते बनाने में 234 घं. 25 मिनट लगते हैं।

—हाथ से इसमें 1,831 घण्टे 40 मिनट लगेंगे।

—मशीन पर काम करने पर श्रम की लागत $ 69.55 आती है।

—हाथ से...$ 457.79 आती है।

—मशीनी श्रम द्वारा 500 गज चारख़ानेदार कपड़ा तैयार करने में 73 घण्टे लगते हैं।

—हाथ के श्रम द्वारा, इसमें 5,844 घण्टे लगते हैं।

—मशीनी श्रम द्वारा 100 पौण्ड सिलाई का सूती धागा 39 घण्टों में तैयार होता है।

—हाथ से इसमें 2,895 घण्टे लगते हैं।

पुनश्चः कृषि

—एक भला-चंगा आदमी हँसुआ से एक एकड़ फसल एक दिन (12 घं.) में काट सकता है।

—एक मशीन उसी काम को 20 मिनट में कर देती है।

—छः आदमी मूसल से 60 लीटर गेहूँ की मंड़ाई आधे घण्टे में कर सकते हैं।

—एक मशीन उतने ही समय में 12 गुना अधिक काम कर सकती है।

"मशीनरी के इस्तेमाल से मानव-श्रम की प्रभावकारिता में होने वाली बढ़ोत्तरी ...राई के मामले में 150 प्रतिशत से लेकर जौ के मामले में 2,244 प्रतिशत तक हो जाती है...।"[107]

पृष्ठ 59 (56)

सं.रा.अ. और उसकी आबादी की सम्पदा : (1850-1912)[108]

		प्रति व्यक्ति		कुल आबादी
1850 में कुल सम्पदा थी				
	$ 7,135,780,000	$ 308	=	23,191,876
1860	$ 16,159,616,000	$ 514	=	31,443,321
1870	$ 30,068,518,000	$ 780	=	38,558,371
1880	$ 43,642,000,000	$ 870	=	50,155,783
1890	$ 65,037,091,000	$ 1,036	=	62,947,714
1900	$ 88,517,307,000	$ 1,165	=	75,994,575
1904	$ 107,104,202,000	$ 1,318	=	82,466,551
1912	$ 187,139,071,000	$ 1,965	=	95,40503

मशीनरी इस्तेमाल के कारण।

मशीन अपनी प्रकृति में सामाजिक है, जैसेकि औजार व्यक्तिगत था।[109]

"हमें ख़राब कपड़ा दो, लेकिन हमें बेहतर आदमी दो", एमर्सन[110] का कहना है।

"सुखण्डी रोग से मरते शिशुओं की प्राण-रक्षा करो, फिर उसके बाद कपड़ा व्यापार को तरजीह दो।" पृष्ठ 81[111]

आदमी को मशीन पर कुर्बान नहीं किया जा सकता। मशीन को निश्चय ही मानवजाति की सेवा में लगना चाहिए, जबकि अभी ही इस औद्योगिक व्यवस्था में

मानवजाति के ऊपर भारी कहर बरपा होने का ख़तरा मँडराने लगा है। *पॉवर्टी एंड रिचेज (पृष्ठ 81), स्काट नीअरिंग*[112]

पृष्ठ 60 (57)

आदमी और मशीनरी

सी. नैनफोर्ड हेण्डरसन अपनी कृति 'रे डे' में लिखता है :

यह उद्योग की संस्था, जो सभी संस्थाओं में सबसे पुरानी है, मानवजाति को चीज़ों की निरंकुशता से मुक्त करने की गरज से संगठित और विकसित हुई, लेकिन अब यह स्वयं उससे बड़ी निरंकुशता बन चुकी है, जो विशाल आबादी को गुलामों की दशाओं में—ऐसे गुलामों की दशाओं में धकेलती जा रही है जो लम्बे और थका देने वाले घण्टों तक काम करते हुए, ढेरों चीज़ें पैदा करते रहने के लिए अभिशप्त हैं, जबकि वे जो चीज़ें पैदा करते हैं, खुद उन्हीं के अभाव से त्रस्त रहने के लिए विवश हैं। *"पाव. रिचेज़, (पृष्ठ 87)"*

आदमी मशीनरी के लिए नहीं है

आदमी ने इस्पात और आग के संयोग से जो चीज़ पैदा की है और जिसे मशीन कहा है, उसे निश्चय ही हमेशा मनुष्य का स्वामी नहीं, बल्कि सेवक ही रहना चाहिए। न तो मशीन और न ही मशीन के मालिक को मानवजाति पर शासन करने का अधिकार है। *पृष्ठ 88*

साम्राज्यवाद

"साम्राज्यवाद विकास के उस चरण का पूँजीवाद है जिसमें इजारेदारियों और वित्तीय पूँजी ने एक प्रभुत्वकारी प्रभाव हासिल कर लिया है, निर्यात-पूँजी भारी महत्त्व प्राप्त कर चुकी है, अन्तर्राष्ट्रीय ट्रस्टों ने दुनिया का बँटवारा करना शुरू कर दिया है, और सबसे बड़े पूँजीवादी देशों ने पृथ्वी के समूचे भौगोलिक क्षेत्रफल का आपस में बँटवारा पूरा कर लिया है।" *—लेनिन*[113]

पृष्ठ 61 (58)

अधिनायकत्व

अधिनायकत्व एक सत्ता है जो सीधे ताक़त पर आधारित होती है, और किसी क़ानून से नहीं बँधी होती।

सर्वहारा वर्ग का क्रान्तिकारी अधिनायकत्व एक ऐसी सत्ता है जो बुर्जुआ वर्ग

के विरुद्ध और उसके ऊपर, सर्वहारा वर्ग द्वारा ताक़त की बदौलत लागू की जाती है, और जो किसी क़ानून से नहीं बँधी होती। *प्रोलि. रिवो. (पृष्ठ 18)*[114] *—लेनिन*

क्रान्तिकारी अधिनायकत्व

क्रान्ति एक कार्रवाई है जिसके तहत आबादी का एक तबका दूसरे तबकों पर रायफलों, संगीनों, बन्दूक़ों और ऐसे ही अन्य अत्यन्त सत्तावादी उपायों के जरिये, अपनी इच्छा आरोपित करता है। और जो पक्ष विजयी होता है वह अपना शासन आवश्यक रूप से, उस भय के जरिये स्थापित करता है, जिसे उसके हथियार प्रतिक्रियावादियों में उत्पन्न करते हैं। यदि पेरिस के कम्यून ने बुर्जुआ वर्ग के ख़िलाफ़ हथियारबन्द जनता पर भरोसा नहीं किया होता, तो क्या वह अपनेआप को चौबीस घण्टे से भी अधिक क़ायम रख सका होता? इसके विपरीत, क्या हमारी यह आलोचना जायज नहीं है कि कम्यून ने इस सत्ता का बहुत ही कम इस्तेमाल किया? *—एफ. एंगेल्स*[115]

बुर्जुआ जनतन्त्र

बुर्जुआ जनतन्त्र, सामन्तवाद की तुलना में, एक महान ऐतिहासिक प्रगति होने के बावजूद, एक बहुत ही सीमित, बहुत ही पाखण्डपूर्ण संस्था, धनिकों के लिए एक स्वर्ग और शोषितों एवं ग़रीबों के लिए एक जाल और छलावे के अलावा न तो कुछ है, और न ही हो सकता है। *लेनिन (पृष्ठ 28)*[116]

पृष्ठ 62 (59)

श्रम का शोषण और राज्य

"सिर्फ़ प्राचीन और सामन्ती ही नहीं, बल्कि आज का प्रतिनिधि राज्य भी पूँजी द्व ारा उजरती श्रम के शोषण का एक उपकरण ही है।" *—एंगेल्स*[117]

अधिनायकत्व

"चूँकि राज्य सिर्फ़ एक अस्थायी संस्थाभर है जिसका उपयोग अपने शत्रुओं का बलपूर्वक दमन करने के लिए क्रान्ति में किया जाता है, इसलिए जनता के स्वतन्त्र राज्य की बात करना कोरी बकवास है, जब तक सर्वहारा वर्ग को राज्य की आवश्यकता रहती है, तब तक इसकी आवश्यकता स्वतन्त्रता के हित में नहीं, बल्कि अपने विरोधियों का दमन करने के लिए पड़ती है, और जैसे ही स्वतन्त्रता की बात करना सम्भव हो जाता है, वैसे ही इसका अस्तित्व अपनेआप ख़त्म हो जाता है।" *बेबेल को लिखे एंगेल्स के पत्र से, 28 मार्च, 1875*[118]

अधीर आदर्शवादी

अधीर आदर्शवादी के लिए—और बिना कुछ अधीरता के शायद ही आदमी प्रभावी सिद्ध हो सके—यह लगभग तय बात है कि दुनिया को खुशहाल बनाने की कोशिश में उसे अपने विरोधियों की घृणा का पात्र बनना होगा और निराश भी होना पड़ सकता है।—*बर्ट्रेण्ड रसेल*

पृष्ठ 63 (60)

नेता

कार्लाइल[119] लिखता है, "कोई भी समय बरबाद न हुआ होता", यदि कोई महान आदमी मिल जाता जो काफ़ी समझदार और नेक होता, जिसमें इतनी समझदारी होती कि वह सही-सही जान ले कि वक़्त का तकाजा क्या है; जिसमें इतना पराक्रम होता कि वक़्त के लिहाज से सही रास्ते पर नेतृत्व कर सकता, तब तो इनकी बदौलत कोई भी समय मुक्ति का समय हो सकता था।

स्वेच्छाचारिता

काउत्स्की ने 'प्रोलितारियत डिक्टेटरशिप' शीर्षक से एक पुस्तिका लिखी, जिसमें उसने बोल्शेविकों द्वारा बुर्जुआ वर्ग के लोगों को वोट देने के अधिकार से वंचित किये जाने की निन्दा की। इस पर लेनिन ने अपनी : प्रोलितारियन रिवोल्यूशन' : (पृष्ठ 77) में लिखा :

"स्वेच्छाचारिता! जरा सोचें तो कि इस खेद प्रकाश में कमीनेपन के किस निकृष्ट स्तर पर उतरकर बुर्जुआ वर्ग की चापलूसी की गयी है, और कितना अधिक मूर्खतापूर्ण पाण्डित्य बघारा गया है। जबकि सदियों से, मज़दूरों का दमन करने के लिए, ग़रीब लोगों के हाथ-पाँव बाँधे रखने के लिए, और जनता के सीधे-सादे और मेहनतकश समुदायों के रास्ते में एक सौ एक अड़ंगे और अड़चनें खड़े करते रहने के लिए, पूरी तरह से बुर्जुआ, और उसमें भी पूँजीवादी देशों के प्रतिक्रियावादी विधिवेत्ता ही नियम-विधान बनाते आये हैं, और वे ही विविध संहिताओं और क़ानूनों पर सैकड़ों ग्रन्थ और उनकी व्याख्याएँ लिखते आये हैं—जहाँ इतना सब किया गया है, वहाँ बुर्जुआ उदारपन्थियों और श्री काउत्स्की को कोई 'स्वेच्छाचारिता' नहीं दिखायी देती! तब तो यह सब क़ानून.व्यवस्था है! यह सब इसलिए सोचा और लिखा गया है कि कैसे ग़रीबों को दबाये रखकर निचोड़ते रहा जाये। हज़ारों-हज़ार बुर्जुआ वकील और सरकारी अहलकार क़ानूनों की ऐसी व्याख्या करते रहते हैं कि मज़दूर और औसत किसान उनकी कंटीले तारों की घेरेबन्दी को कभी तोड़ न सकें। बेशक, यह कोई

स्वेच्छाचारिता नहीं है। बेशक, यह उन गन्दे या मुनाफ़ाखोर शोषकों का अधिनायकत्व नहीं है जो जनता का ख़ून पी रहे हैं। ओह, यह ऐसा कुछ भी नहीं है! यह तो 'शुद्ध जनतन्त्र' है, जो दिन.प्रतिदिन शुद्धतर होता जा रहा है। [पृष्ठ 64 (61) पर जारी] लेकिन जब, साम्राज्यवादी युद्ध द्वारा सरहद पार के अपने भाइयों से अलग कर दिये गये मेहनतकश और शोषित जनसमुदायों ने इतिहास में पहली बार अपनी सोवियतें गठित कर ली हैं, जब उन्होंने राजनीतिक निर्माण के लिए मज़दूरों का और उन वर्गों का आह्वान किया है जिन्हें बुर्जुआ वर्ग उत्पीड़ित और जड़ बनाये रखता था, और जब से वे एक नया सर्वहारा राज्य निर्मित करने के काम में लग गये हैं, तथा विकट रूप से जारी युद्ध के दौरान, गृहयुद्ध की ज्वाला में, जब वे 'शोषकों से रहित राज्य' के बुनियादी सिद्धान्त निरूपित करने लगे, तब बुर्जुआ वर्ग के सभी पाजी तत्त्व, और ख़ून चूसने वालों के सभी गिरोह काउत्स्की के सुर में सुर मिलाकर, स्वेच्छाचारिता की चीख़-पुकार मचाने लगे हैं! *(लेनिन) पृष्ठ 77-78*[120]

पार्टी

लेकिन यह स्पष्ट हो चुका है कि जब तक क्रान्ति का नेतृत्व करने के लिए एक सक्षम पार्टी न हो, तब तक कोई क्रान्ति सम्भव नहीं हो सकती। *(पृष्ठ 15, लेसंस ऑफ़ अक्टूबर, 1917)*[121]

सर्वहारा क्रान्ति के लिए पार्टी एक अपरिहार्य उपकरण है। *(पृष्ठ 17, वही, त्रात्स्की कृत) पृष्ठ 65 (62)*[122]

उसके (मेहनतकश, आदमी के) लिए क़ानून, नैतिकता, धर्म ये सब उसके (सर्वहारा के) लिए नाना बुर्जुआ पूर्वाग्रह मात्र हैं, जिनकी आड़ में इतने ही बुर्जुआ स्वार्थ घात लगाये रहते हैं। *कार्ल मार्क्स—घोषणापत्र*[123]

पृष्ठ 67 (64)

नोटबुक में पृष्ठ 66 (63) नहीं है। इस पृष्ठ, यानी नोटबुक पृष्ठ 67 (64) पर, मध्य में, बी.के. दत्त का तारीख़ (12.7.1930) सहित हस्ताक्षर है।

इसके नीचे भगतसिंह की लिखावट में पृष्ठ पर नीचे, दायीं तरफ़ यह टिप्पणी अंकित है :

श्री बी.के. दत्त का इस ज़ेल से फाइनल डिपार्चर से चार दिन पहले कोठरी न. 137, सेण्ट्रल ज़ेल लाहौर, में 12वीं जुलाई '30 को लिया गया आटोग्राफ, इसके नीचे भगतसिंह के हस्ताक्षर हैं। इन प्रविष्टियों के अलावा नोटबुक में और किसी प्रविष्टि में तारीख़ नहीं है।

नोटबुक में पृष्ठ 68 (65) नहीं है।

पृष्ठ 69 (66)

कम्युनिस्टों का लक्ष्य

"कम्युनिस्ट अपने दृष्टिकोण और लक्ष्य छिपाने से घृणा करते हैं। वे खुले तौर पर एलान करते हैं कि उनका लक्ष्य सिर्फ़ समस्त मौजूदा सामाजिक दशाओं को बलपूर्वक उखाड़ फेंकने के द्वारा ही हासिल हो सकता है। शासक वर्गों को कम्युनिस्ट क्रान्ति के भय से कांपने दो। सर्वहाराओं के पास अपनी बेड़ियों के सिवाय खोने के लिए कुछ नहीं है। जीतने के लिए उनके सामने सारी दुनिया है। *दुनिया के मज़दूरो, एक हो!*[124]

कम्युनिस्ट क्रान्ति का लक्ष्य

"हम ऊपर देख चुके हैं, कि मज़दूर वर्ग की क्रान्ति में पहला क़दम, सर्वहारा वर्ग को उठाकर शासक वर्ग की स्थिति में लाना है, जनवाद की लड़ाई को जीतना है। सर्वहारा अपने राजनीतिक प्रभुत्व का प्रयोग बुर्जुआ वर्ग से धीरे-धीरे करके सारी पूँजी छीनने, उत्पादन के सभी उपकरणों को राज्य के, अर्थात् शासक वर्ग के रूप में संगठित सर्वहारा वर्ग के हाथों में केन्द्रीकृत करने तथा उत्पादक शक्तियों की समग्रता में यथाशीघ्र वृद्धि करने के लिए करेगा।" *'कम्युनिस्ट मैनिफेस्टो'*[125]

पृष्ठ 70 (67)

कार्ल मार्क्स की गलतियाँ निकालना

...और यह निश्चित मालूम पड़ता है कि त्रात्स्की मानो उससे सम्बन्धित थे जिसे जर्मन 'असली राजनीति' का स्कूल कहा करते थे, और किसी भी विचारधारा के प्रति एकदम उतना ही मासूम थे जितना कि बिस्मार्क। और, इसीलिए, यह देखकर कुतूहल होता है कि त्रात्स्की भी इतने क्रान्तिकारी नहीं हैं कि कह सकें कि मार्क्स ने एक ग़लती की थीय बल्कि वह एक या अधिक पृष्ठ अर्थनिरूपण के काम में—अर्थात् यह सिद्ध करने में लगाना ज़रूरी समझते हैं कि पवित्र पुस्तकों में जो कुछ कहा गया है, उसका अर्थ उससे एकदम भिन्न है। *त्रात्स्की कृत 'लेसंस ऑफ़ अक्टूबर 1917' की भूमिका, भूमिका ए. सूसन लॉरेंस द्वारा लिखित*

जनता की आवाज़

हमें जितनी सरकारों के बारे में जानकारी है, वे सबके सब मुख्य रूप से, जनता के प्रति उदासीन रहकर ही शासन करती रही हैं, वे हमेशा ही देश के राजनीतिक रूप से सचेत इस या उस तबके की, अल्पसंख्यक सरकारें ही रही हैं। लेकिन जब यह

दैत्य (यानी जनता—स.) जाग जायेगा, तो उसी की मर्जी लागू होगी, लेकिन सबसे बड़ी बात है कि यह समय से जागेगा या नहीं। *भूमिका*[126]

पृष्ठ 71 (68)

लेनिन ने जुलाई, 1917 में लिखा, "यह अक्सर होता है कि जब घटनाएँ अचानक मोड़ ले लेती हैं, तो एक अग्रणी पार्टी भी कुछ समय तक के लिए इस नयी परिस्थिति के साथ अपनी सुसंगति नहीं बना पाती। वह वे ही पुराने जुमले दुहराती रहती है, जो इस नयी परिस्थिति में अर्थहीन हो चुके होते हैं, तथा जिस अनुपात में घटनाओं में 'अप्रत्याशित' परिवर्तन हो चुका होता है, उसी अनुपात में उनकी अर्थवत्ता भी 'अप्रत्याशित रूप से' ख़त्म हो चुकी होती है।" *लेसंस ऑफ़ अक्टूबर (पृष्ठ 17)*[127]

रणकौशल और रणनीति

जैसे युद्ध में, वैसे ही राजनीति में भी, रणकौशल का अर्थ है अलग-अलग कार्रवाई का संचालन करने की कलाय रणनीति का अर्थ है विजय पाने की, अर्थात् सत्ता पर वास्तविक क़ब्जा करने की कला। *(पृष्ठ 18)*[128]

प्रचार और कार्रवाई

और जब सर्वहारा वर्ग की पार्टी तैयारी से, यानी प्रचार और संगठन एवं आन्दोलन से, आगे बढ़कर सत्ता के लिए वास्तविक संघर्ष में उतरती है और बुर्जुआ वर्ग के विरुद्ध एक वास्तविक जन-विद्रोह को अंजाम देने लगती है, तब एक अत्यन्त अचानक बदलाव घटित होता है। ऐसे में पार्टी के भीतर ऐसे तत्त्व जो दृढ़संकल्प नहीं रखते, या संदेहशील, या समझौतावादी, या कायर होते हैं—वे जन-विद्रोह का विरोध करने लगते हैं, अपने विरोध को उचित ठहराने के लिए सैद्धान्तिक दलीलें खोजने लगते हैं, और उन्हें ये दलीलें, अपने कल के विरोधियों के बीच, एकदम पके-पकाये तौर पर, मिल भी जाती हैं। *त्रात्स्की 19*[129]

पृष्ठ 72 (69)

"अब ज़रूरत इस बात कि है कि हम अपनेआप को पुराने फार्मूलों से नहीं, बल्कि नयी वास्तविकताओं से निर्देशित करें।" *लेनिन (पृष्ठ 25)*[130]

वह हमेशा ही भविष्य के लिए अतीत से लड़ते रहे। *पृष्ठ 41*[131]

...लेकिन एक क्षण ऐसा आता है जब सोचने की यह आदत, कि दुश्मन अधिक बलवान है, विजय के लिए मुख्य बाधा बन जाती है। *त्रात्स्की पृष्ठ 48*[132]

...लेकिन ऐसी परिस्थितियों में हरेक पार्टी के पास अपना लेनिन तो होगा नहीं।

...महत्त्वपूर्ण क्षण को गँवा देने का क्या मतलब होता है?...

रणकौशलों की सारी कला इसी में है, कि जब परिस्थितियों का संयोग सर्वाधिक अनुकूल हो तो उस क्षण के अनुरूप कार्रवाई की जाये...।

परिस्थितियों ने ऐसा ही संयोग उपस्थित किया था और लेनिन ने कहा था कि संकट को किसी न किसी पक्ष में हल करना ज़रूरी है। लेनिन ने बार-बार कहा, 'अभी या कभी नहीं'। *पृष्ठ 52*[133]

पृष्ठ 73 (70)

एक क्रान्तिकारी पार्टी की ताकत एक निश्चित सीमा तक बढ़ती है, लेकिन उसके बाद इसका उल्टा भी हो सकता है...।[134]

'हिचकिचाना अपराध है'...अक्टूबर की शुरुआत में...(लेनिन ने)...लिखा, "सोवियतों की कांग्रेस का इन्तज़ार करना औपचारिकताओं का एक बचकाना खेल खेलना है, औपचारिकताओं के साथ एक अपमानजनक खेल खेलना है, यह क्रान्ति के साथ विश्वासघात करना है।"

उपयुक्त क्षण

राजनीति में समय एक महत्त्वपूर्ण कारक है, और युद्ध एवं क्रान्ति में तो यह हज़ारों गुना अधिक महत्त्वपूर्ण है। चीज़ें जो आज की जा सकती हैं, कल नहीं की जा सकतीं। हथियार लेकर उठ खड़े होना, दुश्मन को पराजित करना, सत्ता पर क़ब्जा करना, आज सम्भव हो सकता है, और कल असम्भव हो सकता है। लेकिन आप कह सकते हैं कि सत्ता पर क़ब्जा करने का मतलब तो इतिहास की धारा को बदल डालना होता है, और क्या यह सम्भव है कि एक ऐसी चीज़ महज 24 घण्टे की देरी पर निर्भर हो? हाँ, जब सशस्त्र जन-विद्रोह की घड़ी आ जाती है, तब घटनाएँ राजनीति के लम्बे पैमानों से नहीं, बल्कि युद्ध के छोटे पैमानों से नापी जाती हैं। इसमें कुछेक हफ़्ते, कुछेक दिन, या यहाँ तक कि कभी-कभी एक दिन की देरी का मतलब क्रान्ति का परित्याग हो सकती है, घुटने टेक देना हो सकता है।

राजनीतिक चालबाजी, ख़ासतौर से क्रान्ति में, हमेशा ख़तरनाक होती है। आप दुश्मन को धोखा दे सकते हैं, लेकिन इससे आपके पीछे चलने वाले जनसमुदाय दिग्भ्रमित हो सकते हैं।

पृष्ठ 74 (71)

हिचकिचाहट

नेताओं की ओर से दिखायी जाने वाली, और उनके अनुयायियों द्वारा महसूस की

जाने वाली हिचकिचाहट राजनीति में आमतौर पर नुक़सानदेह साबित होती है, और सशस्त्र जन-विद्रोह की स्थिति में तो यह एक घातक ख़तरा है।

युद्ध

...'युद्ध युद्ध है', चाहे जो भी हो, इसमें कोई हिचकिचाहट या वक़्त की बरबादी नहीं होनी चाहिए।[135]

अक्षम नेता

...ऐसे नेताओं की दो कस्मिें हैं जो पार्टी को ऐसे वक़्त पीछे खींचने की रुझान रखते हैं, जब उसे सबसे तेज़ गति से आगे बढ़ने की ज़रूरत होती है। एक कस्मि ऐसे नेताओं की है जिनकी प्रवृत्ति क्रान्ति के रास्ते में हमेशा ही बेपनाह कठिनाइयाँ और बाधाएँ देखने की होती है, और जो उन्हें देखकर—सचेत या अचेतन तौर पर—उनसे बचने की इच्छा रखते हैं। ये मार्क्सवाद को तोड़-मरोड़कर इस रूप में व्याख्यायित करने लगते हैं कि क्रान्तिकारी कार्रवाई क्यों असम्भव है।

दूसरे कस्मि के नेता महज सतही आन्दोलनकर्ताभर होते हैं। वे जब तक बाधाओं से टकराकर अपना सिर नहीं फोड़ लेते, तब तक उन्हें कभी बाधाएँ नज़र ही नहीं आतीं। वे समझते हैं कि बस भाषण झाड़ कर ही वास्तविक कठिनाइयों से निजात पा लेंगे। वे प्रत्येक चीज़ को अति आशावाद के साथ देखते हैं, और जब सचमुच कुछ करने को होता है, तब ठीक उसी वक़्त पाला बदल लेते हैं। *पृष्ठ 80*[136]

पृष्ठ सं. 75 से 100 नोटबुक की हमें उपलब्ध हुई प्रति में नहीं थे। अगली पृष्ठ सं. 101 (74) है।—सम्पादक

पृष्ठ 101 (74)

समाजशास्त्र[137]

मूल्य

"1 पाव मक्का = क⁄ लोहे की क़ीमत। यह समीकरण हमें क्या बताता है? यह हमें बताता है कि दो भिन्न-भिन्न चीज़ों में—मक्का पावभर में और लोहे की क क़ीमत में—समान गुणों वाली कोई चीज़ दोनों में उभयनिष्ठ रूप से मौजूद है। अतः इन दो चीज़ों को अवश्य ही किसी ऐसी तीसरी चीज़ के बराबर होना चाहिए, जो स्वयं न तो पहली चीज़ हो, और न ही दूसरी चीज़...। अब आइये हम इन दोनों उत्पादों में से प्रत्येक के भीतर निहित इस तीसरी अवशिष्ट चीज़ पर विचार करें, यह प्रत्येक उत्पाद में, एक ही अभौतिक यथार्थ के रूप में, एकसार मानवीय श्रम, यानी उस

श्रम शक्ति के महज एक जमाव के रूप में निहित है, जिसमं इससे कोई फर्क़ नहीं पड़ता कि उस श्रमशक्ति के ख़र्च किये जाने की विधा क्या रही है। अब ये सारी चीज़ें हमें बताती हैं कि उपर्युक्त उत्पादों के उत्पादन में मानव-श्रम ख़र्च किया गया है, यानी कि उनमें श्रम ही मूर्तमान हुआ है। जब हम इस सामाजिक पदार्थ यानी श्रम को उसके अलग सम्भवतः लेसंस ऑफ़ अक्टूबर 1917 से ही अलग स्पष्ट मूर्तमान रूपों में देखते हैं, तो सर्वसाधारण के लिए, वे ही 'मूल्य' कहलाते हैं। *मार्क्स–'पूँजी', अंग्रेज़ी अनुवाद (पृष्ठ 3,4,5)*

क़ानून[138] :

"बहरहाल, समाज क़ानून पर नहीं आधारित होता है। यह तो एक क़ानूनी गल्प है। इसके विपरीत, क़ानून को अवश्य ही समाज पर आधारित होना चाहिए। इसे निश्चय ही समाज के हित और आवश्यकताओं की अभिव्यक्ति होना चाहिए, और इसे औद्योगिक उत्पादन की स्वेच्छाचारिता के बजाय, उत्पादन की सामाजिक और निरपवाद रूप से भौतिक उत्पादन-प्रणाली से निःसृत होना चाहिए। इस समय मेरे हाथ में नेपोलियन संहिता है, लेकिन इसने आधुनिक नागरिक समाज को नहीं पैदा किया है। 18वीं सदी में जन्मा और 19वीं सदी में विकसित हुआ समाज इस संहिता में सिर्फ़ एक क़ानूनी अभिव्यक्ति के रूप में निहित है। जब यह सामाजिक दशाओं के अनुरूप नहीं रह जायेगा, तब यह महज रद्दी काग़ज़ का पुलिन्दा ही सिद्ध होगा...। जीवन की बदलती दशाओं के साथ-साथ क़ानून भी निश्चित तौर पर बदलते रहे हैं। परन्तु सामाजिक विकास की नयी आवश्यकताओं और अपेक्षाओं को दरकिनार कर (युग की पुकार के लिहाज से) पुराने क़ानून को बनाये रखना, दरअसल, सर्वसाधारण के हित के विपरीत किन्हीं ख़ास हितों की पाखण्डपूर्ण हिमायत के अलावा और कुछ नहीं है।" *मार्क्स (कोलोन की जूरी अदालत में)*[139]

जनसमुदाय

"जनता एक ऐसे भारी-भरकम और पंचमेल जानवर की भाँति होती है, जो अपनी ही ताक़त से अनभिज्ञ रहता है और इसीलिए बोझ ढोते हुए कोड़े-डण्डे खाता रहता है। यह उस फितने बच्चे द्वारा भी हाँक लिया जाता है, जिसे वह जब चाहे धक्के मारकर फेंक सकता है। लेकिन यह उस बच्चे से डरता है और इसीलिए यह उसकी सारी सनकों और मनबहकियों को झेलता रहता है, और कभी महसूस नहीं करता कि वह बच्चा खुद उससे कितना डरता है...। अद्भुत है! लोग खुद अपने ही हाथों से अपनेआप को फ़ाँसी दे देते हैं और खुद ही ज़ेल चले जाते हैं तथा खुद ही अपने

ऊपर युद्ध और मौत का कहर बरपा कर लेते हैं। किसलिए? बस एक दमड़ी के लिए, जो उन्हीं तमाम दमड़ियों में से एक होती है जिन्हें वे ख़ुद ही राजा को दे चुके होते हैं। जबकि धरती और आकाश के बीच जो कुछ है सब तो उनका ही है, लेकिन वे इसे नहीं जानते और अगर उन्हें कोई यह बता दे तो वे उस आदमी को गिराकर मार डालेंगे। *टोमासो कैम्पानेला*[140]

पृष्ठ 102 (75)

'मार्क्सवाद बनाम समाजवाद' (1908-12)

व्लादिमीर जी. सिखोविच

पी.एच.डी., कोलम्बिया विश्वविद्यालय

वह एक-एक करके मार्क्स के सारे सिद्धान्तों की आलोचना करते हैं और इन सभी को ख़ारिज करते हैं :

1. मूल्य का सिद्धान्त
2. इतिहास की आर्थिक व्याख्या
3. सम्पदा का थोड़े से हाथों, अर्थात् पूँजीपतियों के हाथों में संकेन्द्रण, मध्यम वर्ग का पूरी तरह ख़ात्मा और सर्वहारा वर्ग की बाढ़
4. बढ़ती ग़रीबी का सिद्धान्त, जिसकी परिणति के तौर पर
5. आधुनिक राज्य और सामाजिक व्यवस्था का अपरिहार्य संकट।

वह निष्कर्ष निकालते हैं कि मार्क्सवाद सिर्फ़ इन्हीं मूलभूत सिद्धान्तों पर आधारित है, और उन्हें एक-एक करके ख़ारिज करते हुए, निष्कर्ष के तौर पर कहते हैं कि क्रान्ति के जल्दी फूट पड़ने की सारी धुँधली आशंकाएँ अभी तक निर्मूल ही साबित हुई हैं। मध्यम वर्ग घट नहीं, बल्कि बढ़ रहा है। धनी वर्ग संख्या में बढ़ रहा है, तथा उत्पादन और उपभोग की प्रणाली भी परिस्थितियों के अनुसार बदल रही है, अतः मज़दूरों की दशा में सुधार करके किसी भी प्रकार के संघर्ष को टाला जा सकता है। सामाजिक अशान्ति का कारण बढ़ती ग़रीबी नहीं, बल्कि औद्योगिक केन्द्रों पर ग़रीब वर्गों का संकेन्द्रण है, जिसके नाते वर्ग-चेतना पैदा हो रही है। इसीलिए यह सब चिल्ल-पों है।[141]

पृष्ठ 103 (76)

लेस मिजरेबल्स की भूमिका

जब तक क़ानून और परम्परा की बदौलत एक ऐसी सामाजिक अधोगति मौजूद

रहेगी जिसमें सभ्यता के भीतर नर्क निर्मित होते रहेंगे और दैवीय नियति के साथ मानवीय नियति का उलझाव होता रहेगा, जब तक इस युग की तीन समस्याएँ ग़रीबी के कारण मनुष्य की दुर्गति, भूख के कारण नारी की अधोगति, और अज्ञानता के कारण बच्चों की अशक्तता—हल नहीं होतीं, जब तक कुछ क्षेत्रों में सामाजिक घुटन मौजूद रहेगी—दूसरे शब्दों में, तथा एक और भी व्यापक दृष्टिकोण से—जब तक इस धरती पर अज्ञानता और बदहाली बरक़रार रहेगी, तब तक ऐसी किताबें व्यर्थ नहीं सिद्ध होंगी। *'विक्टर ह्यूगो'*[142]

न्यायाधीश की परिभाषा

"न्याशयाधीश (अपने फ़ैसले से) जो कष्ट पहुँचाता है, यदि वह स्वयं उसके प्रति निष्ठुर हो, तो वह न्याय करने का अधिकार खो बैठता है।'' *'रवीन्द्रनाथ ठाकुर'*[143]

"लेकिन अप्रतिरोधी शहादत जो कर पाने में असफल रह जाती है, उसे न्यायप्रिय और प्रतिरोधी शक्ति कर डालती है, तथा अत्याचारी को और अधिक हानि पहुँचाने में नाकाम कर देती है।''[144]

"धर्मान्तरित होने के बजाय मार डाले जाओ" उस समय हिन्दुओं के बीच यही पुकार प्रचलित थी। लेकिन रामदास[145] उठ खड़े हुए और कहा, "नहीं! ऐसे नहीं! धर्मान्तरित होने से बेहतर है मार डाले जाना—यह कहना काफ़ी अच्छा है, लेकिन इससे भी बेहतर है यह कोशिश करना कि न तो मारे जाओ और न ही धर्मान्तरित होओ, बल्कि खुद हिंसा की शक्तियों को मार डालो। इसमें अगर मरना ही हो तो मार दिये जाओ, लेकिन विजय की ख़ातिर मारते हुए मरो—न्याय की जीत के लिए मरो।'' *हिन्दू पद पादशाही पृष्ठ 181-82*

पृष्ठ 104 (77)

सभी विधि-निर्माता अपराधियों के रूप में परिभाषित

आदिकाल से लेकर लाइकरगस[146], सोलोन[147], मोहम्मद[148], नेपोलियन[149], आदि तक मनुष्यों के लिए जितने भी विधि-निर्माता और शासक हुए हैं वे सब के सब अपराधी रहे हैं, क्योंकि नये क़ानूनों का विधान करके, स्वाभाविक तौर पर, उन्होंने उन पुराने क़ानूनों को भंग किया, जिन्हें समाज श्रद्धापूर्वक मानता आ रहा था और जो पूर्वजों से विरासत में मिले हुए थे। *(पृष्ठ 205) अपराध और दण्ड—दोस्तोव्स्की*[150]

बर्क[151] का कहना है, "एक सच्चा राजनीतिज्ञ, हमेशा इस बात पर सोचता रहता है कि कैसे वह अपने देश में मौजूद संसाधनों से ज़्यादा से ज़्यादा अर्जित करे।"

पृष्ठ 105 (78)

विधिशास्त्र[152] :

क़ानून

1. क़ानून का प्राविधान जिस रूप में वह मौजूद है।
2. क़ानून का इतिहास जिस रूप में उसका विकास हुआ।
3. क़ानून-विधान का विज्ञान जैसा उसे होना चाहिए।
1. सैद्धान्तिक (i) दर्शन विधि के विज्ञान के लिए
2. सामान्य विधिशास्त्र आधार प्रदान करना।
1. विश्लेषणात्मक
2. ऐतिहासिक विधिशास्त्र
3. नीतिशास्त्रीय
4. 1. **विश्लेषणात्मक विधिशास्त्र** क़ानून के प्रथम सिद्धान्त की व्याख्या करता है। इसकी विषय-वस्तु है :

(अ) नागरिक क़ानून की अवधारणा

(ब) नागरिक और अन्य क़ानूनों के बीच सम्बन्ध

(स) विविध संघटक विचार जो क़ानून की धारणा, जैसे राज्य, सम्प्रभुता और न्याय-प्रशासन का संघटन करते हैं।

(द) क़ानून के क़ानूनी स्रोत और विधि निर्माण का सिद्धान्त आदि।

(य) क़ानून के वैज्ञानिक वर्गीकरण।

(र) क़ानूनी अधिकार

(ल) क़ानूनी (नागरिक और फ़ौजदारी) दायित्व का सिद्धान्त

(व) अन्य क़ानूनी अवधारणाएँ।

पृष्ठ 106 (79)

2. ऐतिहासिक विधिशास्त्र क़ानून, क़ानूनी अवधारणाओं की उत्पत्ति और विकास को निर्धारित करने वाले सामान्य सिद्धान्तों का अध्ययन करता है। यह इतिहास है।
3. नीतिशास्त्रीय विधिशास्त्र : यह क़ानून के सम्बन्ध में न्याय के सिद्धान्त से सम्बन्धित है।

क़ानून और न्याय

क़ानून के नीतिशास्त्रीय निहितार्थों की पूर्ण अवहेलना विश्लेषणात्मक विधिशास्त्र को एक बेजान प्रणाली में तब्दील कर सकती है।

इंग्लैंड में

दो भिन्न-भिन्न शब्द 'क़ानून' और 'न्याय' लगातार इस बात को याद दिलाते रहते हैं कि ये दोनों एक ही चीज़ नहीं बल्कि दो भिन्न चीज़ें हैं। लेकिन इनके इस्तेमाल में इन दोनों के बीच मौजूद वास्तविक और घनिष्ठ सम्बन्ध अक्सर आँख-ओझल हो जाया करता है।

और महाद्वीप में

[रेचेट : राइट (अधिकार) = ड्रॉइट : लॉ (क़ानून)]

महाद्वीपीय भाषा-शैली 'क़ानून' और 'अधिकार' के बीच के फर्क़ को छिपाती है, जबकि अंग्रेज़ी भाषा-शैली उनके बीच के सम्बन्ध को छिपाती है।

पृष्ठ 107 (80)

क़ानून

'हम उस किसी भी कस्मि के नियम या सिद्धान्त को क़ानून नाम दे देते हैं, जिसके द्वारा कार्रवाइयाँ निर्धारित की जाती हैं।'' *(हूकर)*[153]

"क़ानून अपने सर्वाधिक सामान्य अर्थ में कार्रवाई सम्बन्धी नियम को विशिष्टीकृत करता है, और यह सभी प्रकार की कार्रवाई पर बिना भेदभाव के, लागू होता है, चाहे वे तर्कपरक हों या तर्कहीन, जीवधारी से सम्बन्धित हों, या निर्जीव से। इसीलिए हम गति के, गुरुत्वाकर्षण के, प्रकाश के, भौतिकी के, प्रकृति के और राष्ट्रों के नियमों की बात करते हैं।" *(ब्लैकस्टोन)*[154]

क़ानूनों के प्रकार

1. अनिवार्य क़ानून
2. भौतिक नियम या वैज्ञानिक क़ानून
3. प्राकृतिक या नैतिक क़ानून
4. प्रचलित क़ानून
5. परम्परागत क़ानून
6. व्यावहारिक या तकनीकी क़ानून
7. अन्तर्राष्ट्रीय क़ानून
8. नागरिक क़ानून या राज्य का क़ानून

पृष्ठ 108 (81)

अनिवार्य क़ानून की 1. अनिवार्य क़ानून का अर्थ है कार्रवाई का नियम,
अनुज्ञप्ति–1 सज़ा, जो किसी ऐसी सत्ता द्वारा लोगों पर लागू किया जाता है
युद्ध आदि जो इसका अनुपालन बलपूर्वक करवा लेती है।

'क़ानून एक आदेश है जो व्यक्ति या व्यक्तियों को एक निश्चित आचरण करने के लिए विवश करता है' *(ऑस्टिन)*[155]

समाज की प्रत्यक्ष नैतिकता भी अनिवार्य क़ानूनों के दायरे में आती है।

हॉब्स का दृष्टिकोण

मनुष्य और हथियार ही क़ानूनों की शक्ति और सम्बल है। *(हॉब्स)*[156]

2. **भौतिक क़ानून** चल रही कार्रवाइयों की अभिव्यक्ति है। (नैतिक क़ानून या विवेक का क़ानून कार्रवाइयों की इस रूप में अभिव्यक्ति है, जैसी वे होनीं चाहिए)।
3. **प्राकृतिक या नैतिक क़ानून** का अर्थ है प्राकृतिक रूप से सही या गलत के सिद्धान्त–यानी सभी सही कार्रवाइयों समेत प्राकृतिक न्याय के सिद्धान्त।

न्याय के दो प्रकार हैं–प्रत्यक्ष और प्राकृतिक।

प्राकृतिक न्याय वह न्याय है जो वास्तव में और सचमुच हो।

प्रत्यक्ष न्याय न्याय का वह रूप है जिस रूप में उसे समझा जाता है, स्वीकार किया जाता है, और अभिव्यक्त किया जाता है।

पृष्ठ 109 (82)

4. **प्रचलित क़ानून :** ऐसा कोई भी नियम या नियमों की प्रणाली है जिस पर लोग अपने आचरण के नियमन के लिए सहमत होते हैं। सहमत होने वाले पक्षों की सहमति ही क़ानून है।
5. **परम्परागत क़ानून :** मनुष्यों द्वारा वास्तव में की जाने वाली कार्रवाई का कोई भी नियम–जो स्वैच्छिक कार्रवाई की किसी वास्तविक समरूपता की अभिव्यक्ति है। परम्परा उन लोगों का क़ानून है जो इसे मानते हैं।
6. **व्यावहारिक या तकनीकी क़ानून :** इसमें ऐसे नियम आते हैं जो व्यावहारिक उद्देश्य की प्राप्ति के लिए होते हैं। खेलों में, 'प्रचलित क़ानून' और 'व्यावहारिक क़ानून' दोनों ही आते हैं, जिनमें पहले प्रकार के क़ानूनों के अन्तर्गत वे नियम आते हैं जिन पर खिलाड़ियों की सहमति होती है, और

दूसरे प्रकार के क़ानूनों के अन्तर्गत वे नियम आते हैं, जो खेल को सफल बनाते हैं, या खेल को सफलतापूर्वक चलाने के लिए होते हैं।

7. **अन्तर्राष्ट्रीय क़ानून :** इसमें वे नियम आते हैं जो सम्प्रभुतासम्पन्न राज्यों के आपसी सम्बन्धों एवं एक-दूसरे के प्रति आचरण का नियमन करते हैं।
   (i) एक्सप्रेस क़ानून (सन्धियाँ आदि)
   (ii) अन्तर्निहित क़ानून (परम्परागत)
   पुनः दो प्रकारों में विभाजित :
   (i) सामान्य क़ानून (सभी राष्ट्रों के बीच)
   (ii) विशिष्ट क़ानून (दो या अधिक राष्ट्र विशेष के बीच)
8. **नागरिक क़ानून :** राज्य या देश का क़ानून, जो न्यायिक अदालत में प्रयुक्त होता है।

पृष्ठ 110 (83)

सज़ा

राजनीतिक जुर्म : हम विधि-निर्माताओं के भारी समुदाय की इस सोच से सहमत हैं कि, भले ही, आमतौर पर उस व्यक्ति पर कड़ी कार्रवाई नहीं की जानी चाहिए, जो ऐसी मुजरिमाना साजिश में शामिल रहा हो, जिस साजिश को अंजाम नहीं दिया गया हो, फिर भी राज्य के ख़िलाफ़ किये गये बड़े जुर्मों के सिलसिले में इस नियम का एक अपवाद ज़रूर रखा जाना चाहिए, कारण कि राज्य के ख़िलाफ़ किये जाने वाले जुर्मों की ख़ासियत यह होती है कि यदि उनमें मुजरिम क़ामयाब हो जाता है, तो वह सज़ा से तक़रीबन साफ़ बच जाता है। क़ातिल क़त्ल करने के बाद, क़त्ल करने की अपेक्षा कहीं अधिक ख़तरे में होता है, लेकिन राजद्रोही जब सरकार का तख़्ता पलट देता है, तो वह ख़तरे से बाहर हो जाता है। चूँकि दण्डात्मक क़ानून एक क़ामयाब विद्रोही के विरुद्ध नपुंसक ही सिद्ध होता है, इसलिए ज़रूरी है कि इसे विद्रोह की पहली शुरुआत के ख़िलाफ़ ही सशक्त और कड़ा बनाया जाये...।"
(II एल.सी.सी. जजमेण्ट 1906, पृष्ठ 120)[157]

पृष्ठ 111 (84)

सज़ा

स्वप्न जो प्राणदण्ड का कारण बना : जब मार्सेज ने सपना देखा कि उसने **डायोनीसियस**[158] का गला काट दिया है, तब निरंकुश शासक ने उसे प्राणदण्ड दे

दिया, जिसके पीछे उसकी दलील यह थी कि यदि उसने दिन में ऐसा सोचा न होता तो रात में यह सपना कदापि नहीं देखता।

प्राणदण्ड और ड्रैको का क़ानून : ड्रैको[159] के क़ानून में लगभग सभी प्रकार के जुर्मों, जैसे मामूली चोरी से लेकर धर्म-द्रोह और हत्या तक के लिए एक समान मौत की सज़ा का विधान था, और कहा जाता है कि इसका एकमात्र स्पष्टीकरण जो ड्रैको ने दिया था, वह यह कि छोटे-मोटे जुर्मों की तो यही सज़ा होनी चाहिए और बड़े जुर्मों के लिए इसे बड़ी सज़ा वह सोच नहीं सका।

सज़ा को बहुतेरे दार्शनिकों ने एक **आवश्यक बुराई** माना है।

राज्य और मनुष्य : राज्य अपनेआप में कोई लक्ष्य नहीं है, और मनुष्य क़ानून या राज्य के लिए नहीं, बल्कि ये ही मनुष्य के लिए होते हैं।

पृष्ठ 112 (85)

न्याय : राज्य की भौतिक ताक़त के जरिये एक राजनीतिक समुदाय के भीतर अधिकार बनाये रखना।

इसने उस व्यक्तिगत प्रतिशोध का स्थान ले लिया है, जब लोग ग़लतियों का प्रतिशोध स्वयं या अपने बन्धु-बान्धवों के सहयोग से ले लिया करते थे। उन दिनों, 'जिसकी लाठी उसकी भैंस' का सिद्धान्त काम करता था।

दीवानी और फ़ौजदारी न्याय

नागरिक न्याय अधिकार लागू करता है। फ़ौजदारी न्याय ग़लतियों के लिए सज़ा देता है।

एक आदमी अपने बकाये का, या उससे गलत ढंग से दबा ली गयी सम्पत्ति को फिर से वापस पाने का दावा करता है। यह दीवानी (न्याय का मामला) है।

फ़ौजदारी के मामले में, प्रतिवादी पर गलत करने का आरोप लगा होता है। अदालत इस मुल्जिम को कर्तव्य की अवहेलना के जुर्म में तथा अधिकार के उल्लंघन के जुर्म में, सज़ा देती है, जिसमें यदि हत्या का जुर्म है तो फ़ाँसी और यदि चोरी का जुर्म है तो ज़ेल की सज़ा देती है। [पृष्ठ 113 (86) पर जारी]

दीवानी और फ़ौजदारी, दोनों ही प्रकार की कार्रवाई में, **ग़लती** की शिकायत दर्ज की जाती है।

दीवानी (कार्रवाई) में अधिकार का दावा किया जाता है,

फ़ौजदारी (कार्रवाई) में ग़लती का आरोप लगाया जाता है।

दीवानी न्याय का सरोकार, प्राथमिक तौर पर, वादी और उसके अधिकारों से होता है,

फ़ौजदारी (न्याय) का प्रतिवादी और उस पर लगे आरोप से।

फ़ौजदारी न्याय के उद्देश्य

सज़ा

यह तटस्थ 'अपराधकर्ताओं' जैसे राजनीतिक व्यक्तियों के मामलों में उपयोगी नहीं हो सकती। यह उनके लिए एक बुरा सौदा सिद्ध हो सकती है।

1. **निवारक :** क़ानून का प्रमुख उद्देश्य दोषी व्यक्ति को एक नजीर बनाना और उस जैसे बाक़ी सभी व्यक्तियों को एक चेतावनी देना है। यह प्रत्येक अपराध को "अपराधकर्ता की एक दुर्भावना" सिद्ध करता है। (इरादे का बदलाव)

प्राणदण्ड का औचित्य

2. **निरोधक :** दूसरे मामले में, यह निरोधक या अयोग्य सिद्ध करने वाला है। इसका विशेष उद्देश्य अपराधकर्ता को नाकाम कर उसे पुनः गलत काम करने से रोकना है।

हम हत्यारों को फ़ाँसी महज इसीलिए नहीं देते कि यह दूसरों को (हत्या करने से) विरत करती है, बल्कि उसी कारण से, जिस कारण से हम, उदाहरण के लिए, साँप को मार डालते हैं, क्योंकि हमारे लिए यही बेहतर है कि वे इस दुनिया में रहने के बजाय इससे बाहर हो जायें।

3. **सुधारात्मक :** अपराध चरित्र के ऊपर इरादों के प्रभाव से किये जाते हैं, और वे या तो इरादों के बदलाव से या चरित्र के बदलाव से रोके जा सकते हैं।

निवारक सज़ा पहले मामले में दी जाती है, (कुछ शब्द अस्पष्ट–स.) जबकि सुधारात्मक (सज़ा) दूसरे मामले में दी जाती है।

पृष्ठ 114 (87)

'सुधारात्मक सिद्धान्त' के पैरोकार सज़ा के सिर्फ़ उन्हीं रूपों की हिमायत करते हैं, जो अपराधी की शिक्षा और उसे अनुशासित करने के लिए उपयोगी होते हैं, और बाक़ी उन सभी (सज़ाओं) को अमान्य ठहराते हैं जो लाभकारी तौर पर सिर्फ़ निवारक या अयोग्यकारी (होती हैं)। उनकी दृष्टि में मृत्यु कोई उपयुक्त सज़ा नहीं हैं, **'हमें अपने अपराधियों का इलाज करना चाहिए, उनकी हत्या नहीं।'** पिटाई और अन्य शारीरिक सज़ाएँ बर्बरता की निशानी कहकर निन्दित की जाती हैं। वे ऐसी सज़ाओं को सज़ा भोगने वाले और सज़ा देने वाले दोनों को ही नीचे गिराने वाली और क्रूर मानते हैं।

राज्य की बलप्रयोग की कार्रवाई जितनी सक्षम होती है, वह सभी सामान्य मनुष्यों को ख़तरनाक रास्तों (पर जाने) से रोकने में उतनी ही सफल होती है, लेकिन क़ानून तोड़ने वालों में अधःपतन का अनुपात भी उतना ही अधिक होता है।

4. **प्रतिकारात्मक सज़ा :** सर्वाधिक भयावह सिद्धान्त! ऐसी सोच रखने वाले लोग वास्तव में प्राचीन और सभ्यतापूर्व कालों की बर्बर मनःस्थितियों के हिमायती होते हैं।[160]

यह प्रतिशोध या बदले की उस नैसर्गिक प्रवृत्ति को तुष्ट करती है, जो सिर्फ़ ग़लती का शिकार हुए व्यक्ति में ही नहीं मौजूद रहती, बल्कि व्यापक पैमाने पर समाज में उसके प्रति हमदर्दी के रूप में भी मौजूद रहती है।

इस दृष्टिकोण के अनुसार, यह सही और उचित है कि बुराई का बदला बुराई से लिया जाये। आँख के बदले आँख और दाँत के बदले दाँत प्राकृतिक न्याय का एक सीधा और अपनेआप में पूर्ण नियम माना जाता है। सज़ा खुद में एक मक़सद बन जाती है।

पृष्ठ 115 (88)

सज़ा एक बुराई

सज़ा अपनेआप में ही एक बुराई है, और इसे सिर्फ़ एक महत्तर उद्देश्य की प्राप्ति के साधन के तौर पर ही उचित ठहराया जा सकता है।

लेकिन प्रतिकारात्मक सिद्धान्त के समर्थक इस ढंग से दलील देते हैं : "दोष धन सज़ा बराबर निर्दोषता।"

"उसने न्याय के क़ानून का जिस ग़लती द्वारा उल्लंघन किया है, उससे उसके ऊपर एक ऋण आयद हो गया है। अतः न्याय का तक़ाजा है कि वह ऋण चुका दिया जाये...सज़ा का पहला उद्देश्य भंग किये गये क़ानून को तुष्ट करना है।''

Peine forte et dure : यातना देकर मौत...जिसका फ़ैसला निम्नलिखित रूप में दिया गया :

"कि तुम्हें फिर उसी ज़ेल में वापस ले जाया जाये जहाँ से तुम आये थे, यानी कि उसी लम्बी कालकोठरी में, जिसके भीतर कोई रोशनी न जा सके, फिर तुम्हें वहाँ नंगी फ़र्श पर पीठ के बल लिटाया जाये, सिर्फ़ तुम्हारी कमर में एक कपड़ा लिपटा रहे, जबकि शेष सभी भाग नंगा रहे, कि तुम्हारे शरीर पर लोहे का एक इतना भारी बोझ रखा जाये जितना कि तुम बरदाश्त कर सको, और फिर उससे भी अधिक भारी, कि तुम्हें पहले दिन खाने के लिए मोटी से मोटी रोटियों के सिवाय, और कोई चीज़ न दी जाये, दूसरे दिन ज़ेल के फाटक के सबसे नज़दीक के गड्ढे में जमा पानी

के तीन घूँट दिये जायें, तीसरे दिन फिर पहले जैसा ही खाना दिया जाये, और ऐसी रोटियाँ और ऐसा पानी एक-एक दिन के अन्तर पर तब तक दिया जाये, जब तक कि तुम मर न जाओ।"[161]

यह सज़ा स्त्री-पुरुष दोनों को समान रूप से उन सभी प्रकार के जुर्मों के लिए दी गयी जो गैर-मामूली नहीं थे।[162]

पृष्ठ 116 (89)

विदेशी अधीनता

विदेशी जुवे की अधीनता राष्ट्रों के पतन के सबसे प्रबल कारणों में से एक है। *–प्रो. ए.ई.रॉस*[163]

एक विदेशी जनता के ऊपर एक जनतन्त्र की कार्रवाइयाँ जितनी झपट्टामार और निर्मम होती हैं, उतनी और किसीरूभी शासन की नहीं होती।–*लालाजी*[164]

विवाह

डॉ. टैगोर[165] का मानना है कि आदिम युगों से लेकर आज तक विवाह की प्रणाली सिर्फ़ भारत में ही बल्कि सारी दुनिया में स्त्री और पुरुष के सच्चे मिलन के रास्ते में एक बाधा ही बनी हुई है, जोकि केवल तभी सम्भव है जब समाज इतना सक्षम हो जाये कि वह स्त्री को, घर में रचनात्मक कार्य करने से रोके बगैर, उसकी विशिष्ट प्रतिभा को रचनात्मक कार्य में लगाने के लिए एक व्यापक क्षेत्र मुहैया कर सके।

पृष्ठ 117 (90)

नागरिक और मनुष्य

स्पार्टावासी पेडार्कटीज तीन सौ की परिषद में दाखलि के लिए उपस्थित हुआ, परन्तु उसे वापस कर दिया गयाय वह इस ख़ुशी में चला गया कि 300 स्पार्टावासी उससे बेहतर तो थे। मैं समझता हूँ कि इसमें सन्देह की कोई गुंजाइश नहीं कि वह सच्चा था, वह एक सच्चा नागरिक था।

एक स्पार्टावासी माँ के पाँच बेटे सेना में थे। एक दास आया। काँपते हुए उसने समाचार पूछा। "तुम्हारे पाँचों बेटे मार डाले गये।"

"तुच्छ दास, क्या तुमसे मैंने यह पूछा था?"

"हमने विजय हासिल कर ली है।" वह देवताओं को धन्यवाद देने के लिए दौड़ी-दौड़ी मन्दिर चली गयी। वह एक सच्ची नागरिक थी।–*एमिली, पृष्ठ 8*[166]

जीवन और शिक्षा

लोग सिर्फ़ अपने बच्चे की ज़िन्दगी की सलामती के ही बारे में सोचते रहते हैं, लेकिन इतना ही काफ़ी नहीं है, अगर वह मनुष्य है तो उसे स्वयं भी अपनी ज़िन्दगी की सलामती के बारे में शिक्षित होना ज़रूरी है, ताकि वह भाग्य के थपेड़ों को सह सकें, सम्पदा और ग़रीबी का बहादुरी से मुक़ाबला कर सके, ज़रूरत पड़ने पर आइसलैण्ड की बर्फ़ के बीच या माल्टा की तपती चट्टानों पर निवास कर सकें। बेकार ही तुम मौत के ख़िलाफ़ खैर मनाते हो, उसे मरना तो है ही, और भले ही तुम अपनी सतर्कताओं के चलते उसे न मरने देना चाहो, लेकिन यह मुगालता ही है।

उसे मौत से बचने के बजाय जीने की शिक्षा दो! जीवन साँस लेना नहीं बल्कि कर्म है। अपनी इन्द्रियों का, अपने दिमाग़ का, अपनी क्षमताओं का, और अपने अस्तित्व को चेतन बनाये रखने वाले प्रत्येक भाग का इस्तेमाल करना है। जीवन का अर्थ उम्र की लम्बाई में कम, जीने के बेहतर ढंग में अधिक है। एक आदमी सौ वर्ष जीने के बाद क़ब्र में जा सकता है, लेकिन उसका जीना निरर्थक भी हो सकता है। अच्छा होता कि वह जवानी में ही मर गया होता।–*एमिली, पृष्ठ 10*

पृष्ठ 118 (91)

सत्य

सत्य कोई ख़जाना नहीं प्रदान करता, और जनता कोई राजदूत या प्रोफ़ेसर का पद या पेंशन नहीं प्रदान करती।–*रूसो, 122 एस.सी.*[167]

जुर्म और मुजरिम

“...पकी-पकायी धारणाएँ देकर जुर्म को समझा नहीं सकता। लोग जैसा सोचते हैं उससे इसका फलसफा कुछ अधिक ही जटिल है। यह तो मानी हुई बात है कि न तो कोई क़ैद, न कोई कालकोठरी और न कोई कड़ी मशक्क़त की प्रणाली ही किसी मुजरिम को सुधार सकती है। दण्ड-विधान के ये रूप सिर्फ़ उसे दण्डित करते हैं और समाज को यह आश्वासन देते हैं कि वह और जुर्म नहीं करेगा। क़ैद, नियम-विधान और कड़ी से कड़ी मशक्क़त उस पर कोई असर नहीं डाल पाते, सिवाय इसके कि ऐसे व्यक्तियों में एक भारी नफरत, वर्जित काम को और चाव से करने की एक ललक, और एक ख़ौफनाक नाफरमानी ही विकसित हो जाती है। इसीलिए मेरा पक्के तौर पर मानना है कि यह कालकोठरी वाली परम्परागत प्रणाली दिखावटी और कपटपूर्ण नतीजे ही देती है। यह मुजरिम से उसकी ताक़त निचोड़ लेती है, उसे अशक्त करके और डरा कर उसकी आत्मा को निस्तेज़ कर डालती है, और इस प्रकार अन्ततः उसे

पश्चाताप और सुधार के एक नमूने के तौर पर, एक बेजान यादगार के रूप में ही प्रस्तुत करती है। *द हाउस ऑफ़ डेड पृष्ठ, 17 फ्योदोर दोस्तोव्स्की*[168]

पृष्ठ 119 (92)

इच्छा बनाम सन्तुष्टि!

यदि एक चेतन प्राणी की शक्तियाँ उसकी इच्छाओं के बराबर होतीं तो वह पूरी तरह सुखी होता...। लेकिन सिर्फ़ अपनी इच्छाओं को सीमित करना ही काफ़ी नहीं है, क्योंकि यदि वे हमारी शक्तियों से कम हैं, तब तो हमारी क्षमताओं का एक अंश यों ही बेकार चला जायेगा, और तब हम अपने पूरे अस्तित्व का आनन्द भी नहीं ले पायेंगे। इसी तरह, अपनी शक्तियों का महज विस्तार भी पर्याप्त नहीं है, क्योंकि यदि हमारी इच्छाएँ भी बढ़ जायें, तब तो हम और अधिक दुखी ही हो जायेंगे। सच्चा सुख तो अपनी इच्छाओं और अपनी शक्तियों के बीच के अन्तर को घटाते जाने में निहित है।*—44, एमिली*

पृष्ठ 120 (93)

"बुर्जुआ क्रान्ति का जन्म अपनी पूर्ववर्ती शासन.व्यवस्था में पहले से मौजूद परिस्थिति से होता है।

"बुर्जुआ क्रान्ति आमतौर पर सत्ता पर कब्जे के साथ ही ख़त्म हो जाती है। लेकिन सर्वहारा क्रान्ति के लिए सत्ता पर क़ब्जा तो महज एक शुरुआतभर है, सत्ता, जब क़ब्जे में आ जाती है, तब वह पुरानी अर्थव्यवस्था के रूपान्तरण और एक नयी अर्थव्यवस्था के संगठन के लिए एक उत्तोलक के रूप में इस्तेमाल की जाती है।" *पृष्ठ 20*[169]

"अभी भी दो भारी-भरकम और अत्यन्त दुष्कर कार्यभार बाक़ी हैं—(एक देश—यानी रूस—में मौजूदा शासन.व्यवस्था को उखाड़ फेंकने के बाद भी)।

"सबसे पहला कार्यभार है आन्तरिक संगठन।

"दूसरी महत्त्वपूर्ण समस्या विश्व क्रान्ति की...—अन्तर्राष्ट्रीय समस्याओं को हल करने की, विश्व क्रान्ति को आगे बढ़ाने की है (जिसके हल किये बिना कम्युनिस्ट शासन-व्यवस्था अन्तर्राष्ट्रीय पूँजीवाद के ख़तरे के विरुद्ध सुरक्षित नहीं रह सकती।) *पृष्ठ 21-22*[170]

पृष्ठ 121 (94)

1. यदि सर्वहारा को आबादी के बहुमत को अपने पक्ष में करना है तो उसके

लिए सबसे पहले ज़रूरी है कि वह बुर्जुआ वर्ग को उखाड़ फेंके और राज्य सत्ता पर क़ब्जा करे।

2. दूसरे, उसे पुराने राज्य उपकरण को तोड़कर सोवियत सत्ता स्थापित करना, और एक झटके में उस प्रभाव को ख़त्म कर देना ज़रूरी है, जिसे बुर्जुआ वर्ग और वर्ग-सहयोग के निम्न बुर्जुआवर्गीय समर्थक मेहनतकश (गैर-सर्वहारा) जनसमुदायों के ऊपर डालते रहते हैं।
3. तीसरे, सर्वहारा वर्ग के लिए आवश्यक है कि वह उस प्रभाव को पूरी तरह और अन्तिम रूप से नष्ट कर दे, जिसे बुर्जुआ वर्ग और निम्न-बुर्जुआ समझौतावादी बहुसंख्यक मेहनतकश (गैर-सर्वहारा) जनसमुदायों के ऊपर डालते रहते हैं। यह शोषकों की क़ीमत पर इन समुदायों की आर्थिक आवश्यकताओं के क्रान्तिकारी तुष्टिकरण के द्वारा किया जाना चाहिए। *निकोलाई लेनिन*[171]

पृष्ठ 23

"सर्वहारा अधिनायकत्व का मतलब है जनसमुदायों का कम्युनिस्ट पार्टी द्वारा मार्गदर्शन और निर्देशन। यद्यपि पार्टी काफ़ी प्रभाव या नियन्त्रण रखे हुए है, फिर भी इतना ही सब कुछ नहीं है। अपने मार्गदर्शन के अलावा, जनसमुदायों की 'इच्छा' भी किसी उद्देश्य विशेष की प्राप्ति के लिए आवश्यक होती है।

"हमें यह स्वीकार करना होगा कि मज़दूरों के व्यापक समुदायों का वर्ग-चेतन अल्पसंख्या द्वारा नेतृत्व और मार्गदर्शन आवश्यक है। और यह पार्टी ही हो सकती है। पार्टी के पास पार्टी को सर्वहारा मज़दूरों के साथ जोड़ने के लिए 'ट्रेड यूनियनें' हैं...राजनीतिक क्षेत्र में सभी मेहनतकश जनसमुदायों को इससे जोड़ने के लिए सोवियतें हैं। [पृष्ठ 122 (95) पर जारी]

आर्थिक क्षेत्र में ख़ासतौर से किसान समुदायों को जोड़ने के लिए 'कोआपरेटिवें' हैं, उदीयमान पीढ़ी के बीच से कम्युनिस्टों को प्रशिक्षित करने के लिए 'युवा लीग' है। अन्ततः पार्टी स्वयं ही सर्वहारा अधिनायकत्व के अन्तर्गत एक अनन्य मार्गदर्शक शक्ति है।"[172]

पृष्ठ 123 (96)

आँकड़े : आमदनियों में असमानता

उत्पादन

युद्ध पूर्व यूनाइटेड किंग्डम का (इंग्लैंड)
वार्षिक उत्पादन का मान रहा : £ 2000,000,000

विदेशी निवेशों से लाभ	£ 200,000,000
योग	£ 2200,000,000

वितरण

कुल आबादी के 1/9 अर्थात्, पूँजीपति या बुर्जुआ ने ले लिया
कुल उत्पादन का 1/2 अर्थात् £ 1100,000,000
कुल आबादी के 2/9 अर्थात् निम्न बुर्जुआ वर्ग ने शेष आधे का 1/3 या
कुल का 1/6 ले लिया अर्थात् £ 300,000,000
आबादी के 2/3 अर्थात्
शारीरिक श्रम करने वाले या सर्वहारा को बाक़ी मिला £ 800,00,000

संयुक्त राज्य अमेरिका : 1890 में
कुल उत्पादन का 40 प्रतिशत (उत्पादन के) साधनों के मालिकों को मिला
कुल उत्पादन का 60 प्रतिशत सभी मज़दूरों को दिया गया।[173]

पृष्ठ 124 (97)

जीवन का उद्देश्य

"जीवन का उद्देश्य मन को नियन्त्रित करना नहीं बल्कि उसका सुसंगत विकास करना है, मरने के बाद मोक्ष प्राप्त करना नहीं, बल्कि इस संसार में ही उसका सर्वोत्तम इस्तेमाल करना है, केवल ध्यान में ही नहीं, बल्कि दैनिक जीवन के यथार्थ अनुभव में भी सत्य, शिव और सुन्दर का साक्षात्कार करना है, सामाजिक प्रगति कुछेक की उन्नति पर नहीं, बल्कि बहुतों की समृद्धि पर निर्भर करती है, और आत्मिक जनतन्त्र या सार्वभौमिक भ्रातृत्व केवल तभी प्राप्त किया जा सकता है, जब सामाजिक-राजनीतिक और औद्योगिक जीवन में अवसर की समानता हो।"[174]

नोटबुक में पृष्ठ सं. 125 से 164 नहीं है। हमें उपलब्ध प्रति में पृष्ठ (97) के बाद पृष्ठ (100) है।—सम्पादक

पृष्ठ 165 (100)

राज्य का विज्ञान

प्राचीन राज्य व्यवस्था : रोम[175] और स्पार्टा[176], अरस्तू[177] और प्लेटो[178] : राज्य के प्रति व्यक्ति की मातहती इन प्राचीन राज्य व्यवस्थाओं, स्पार्टा और रोम की प्रमुख विशेषता थी। हेलास[179] में, या रोम में, नागरिक को बस थोड़े से निजी अधिकार प्राप्त थे। उसका

आचरण काफ़ी हद तक सार्वजनिक सेंसरशिप के अधीन था, और उसका धर्म राज्यसत्ता द्वारा लागू किया गया होता था। एकमात्र सच्चे नागरिक और सम्प्रभुतासम्पन्न निकाय के सदस्य विशेषाधिकार प्राप्त कुलीन वर्ग के मुक्त लोग होते थे, जिनके लिए शारीरिक श्रम दास किया करते थे, जिनके पास कोई नागरिक अधिकार न थे।

सुकरात

सुकरात[180] को यह दलील देते हुए प्रस्तुत किया जाता है कि जो कोई भी नागरिक राज्य में पहुँचने के बाद, यदि स्वेच्छा से एक नगर में रहने लगे, तो उसे सरकार की मातहती स्वीकार करनी चाहिए, भले ही उसे इसके क़ानून अनुचित क्यों न लगें, तदनुसार ही, इस आधार पर कि यदि वह ज़ेल से फरार होकर भाग जाये, तो राज्य के साथ उसका क़रार भंग हो जायेगा, वह एक अनुचित सज़ा के लागू होने का भी इन्तज़ार करते रहने के लिए तैयार रहे।

प्लेटो : (सामाजिक समझौता)

वह समाज और राज्य की उत्पत्ति को पारस्परिक आवश्यकताओं में देखता है, क्योंकि मनुष्य अलग-अलग रहकर अपनी बहुविध आवश्यकताओं को तुष्ट करने में असमर्थ होते हैं। वह एक कस्मि के आदर्शीकृत स्पार्टा का चित्रण करते हुए कहता है, "एक आदर्श राज्य में, दार्शनिकों को शासन करना चाहिए, और नागरिकों के निकाय को इस कुलीन तन्त्र या सर्वश्रेष्ठों की सरकार के प्रति निश्चित रूप से आज्ञाकारी होना चाहिए।" वह नागरिकों के सचेत प्रशिक्षण और शिक्षा पर जोर देता है।

अरस्तू

वह पहला व्यक्ति था जिसने राजनीति को नीतिशास्त्र से मुक्त किया, हालाँकि वह सतर्क भी था कि ये दोनों एक-दूसरे से बिल्कुल पृथक न हो जायें। उसकी दलील थी, "लोगों की बहुसंख्या विवेक के बजाय अपनी भावनाओं से शासित होती है, और इसीलिए राज्य के लिए ज़रूरी है कि वह उन्हें जीवन-पर्यन्त अनुशासन में रहने का प्रशिक्षण दे, जैसाकि स्पार्टा में है। जब तक राजनीतिक समाज स्थापित नहीं होता, तब तक न्याय का कोई प्रशासन नहीं हो सकता...(लेकिन) इसके लिए आवश्यक है कि सर्वोत्तम संविधान और विधि-निर्माण की सर्वोत्तम प्रणाली की खोज की जाये...।
[पृष्ठ 166 (101) पर जारी]

"राज्य का बीज परिवार या कुटुम्ब में होता है। कई कुटुम्बों के संयुक्त होने से ग्राम समुदाय की उत्पत्ति हुई है (जिसके) सदस्य **पितृसत्तात्मक सरकार** के अधीन होते हैं।

"कई गाँवों को मिलाकर **राज्य का निर्माण** हुआ, जो एक प्राकृतिक, स्वतन्त्र, और आत्मनिर्भर संगठन था।

"लेकिन जहाँ कुटुम्ब एक व्यक्तित्व द्वारा शासित होता है, वहीं संवैधानिक सरकारों में व्यक्ति स्वतन्त्र और अपने शासकों के समान होते हैं।

"प्राकृतिक सामाजिक मैत्री और परस्पर लाभ से एकता गठित होती है। मनुष्य अपने स्वभाव से एक राजनीतिक (**सामाजिक**) प्राणी है।

"राज्य एक संश्रय से कहीं अधिक है, जिससे व्यक्ति जुड़ सकते हैं या बिना कोई फर्क पड़े छोड़ सकते हैं, लेकिन स्वतन्त्र या नागरिकतारहित मनुष्य अविश्वसनीय, असभ्य, और एक नागरिक से भिन्न कोई चीज़ होता है।

प्लेटो

प्लेटो ने एक ऐसे निकाय के रूप में राज्य की इस अवधारणा का पूर्वानुमान किया था जिसके सदस्य **एक सर्वमान्य लक्ष्य के लिए सामंजस्यपूर्ण ढंग से संयुक्त हों।**

अरस्तू

अरस्तू का मानना था कि जहाँ स्वतन्त्रता और समानता हो, वहाँ बारी-बारी से शासन और अधीनीकरण हो, लेकिन सबसे अच्छा यही है कि यदि सम्भव हो तो, वे ही व्यक्ति हमेशा शासन करते रहें।

प्लेटो के साम्यवाद के विरोध में उसकी दलील बाक़ायदा **नियम निर्धारित निजी सम्पत्ति** के पक्ष में थी, जिसके पीछे उसका विचार यह था कि राज्य में सिर्फ़ एक नैतिक एकता ही सम्भव या वांछनीय है।

(सरकारों के प्रकार)

उसने सरकारों को राजतन्त्रों, कुलीनतन्त्रों और गणतन्त्रों तथा क्रमशः उनके विकृत रूपों, जैसे निरंकुश तन्त्रें, अल्पतन्त्रें और जनतन्त्रें में वर्गीकृत किया, जिसका आधार यह था कि इनमें सर्वोच्च सत्ता एक या कुछ या कई के हाथों में होती है, और इनका उद्देश्य सामान्य हित या शासकों का निजी हित होता है तथा इनमें स्वतन्त्रता, सम्पदा, संस्कृति और कुलीनता को भी तवज्जो दी जाती है।

प्रत्येक राज्य व्यवस्था के तीन अंग होते हैं : (1) **विमर्शात्मक** (2) **कार्यात्मक** और (3) **न्यायिक निकाय**। नागरिकता का निर्धारण न तो निवास से होता है न ही क़ानूनी अधिकार रखने से, बल्कि न्यायिक सत्ता और सरकारी कामकाज में भागीदारी से होता है।

नैतिकता का एक निश्चित स्तर प्राप्त करके कइयों को शासन करना चाहिए,

क्योंकि अलग-अलग व्यक्तिगत तौर पर कम योग्य होने के बावजूद, वे सम्मिलित रूप से, कुछेक चुनिन्दा व्यक्तियों से कहीं अधिक चतुर और अधिक सद्गुणसम्पन्न होते हैं। लेकिन सारी विमर्शात्मक और न्यायिक कार्यवाहियों को सँभालने के बावजूद, **उन्हें उच्चतम कार्यात्मक पदों से बाहर ही रखना चाहिए**। सबसे अच्छी राज्यव्यवस्था वह है जिसमें बहुत धनी और बहुत ग़रीब के बीच का मध्यम वर्ग सरकार चलाये, कारण कि इस वर्ग का जीवन सबसे स्थायी होता है तथा यह सबसे विवेकसम्मत, और साथ ही संवैधानिक कार्यवाही में सबसे सक्षम भी होता है। [पृष्ठ 167 (102) पर जारी] वस्तुतः इसी के लिए यह कहा जाता है कि **सम्प्रभुता को नागरिकों की बहुसंख्या में निहित होना चाहिए,** जिसमें बेशक दास नहीं आते।

जनतन्त्र **व्यक्तिगत स्वतन्त्रता के मामले में समानता** पर एकमत होते हैं, जिसका निहितार्थ यह है कि सभी नागरिक, राज्य के पदों पर आसीन होने या चुने जाने के लिए, तथा हरेक सब पर और सभी हरेक पर शासन करने के लिए अर्हय होते हैं।

अरस्तू भी, प्लेटो की भाँति ही जनतन्त्र को सरकार का एक विकृत रूप मानता था, और कहता था कि यह अन्य किसी प्रकार के राज्यों की अपेक्षा बड़े राज्यों के लिए अधिक उपयुक्त है।

स्टोइकवादी : सिनिकवादी

एपीक्यूरसवादी : एपीक्यूरस[181] का कहना था, "न्यातय स्वयं में कुछ नहीं है, यह बस परस्पर नुक़सान रोकने के लिए (न्याय के आधार के तौर पर) समझौते की एक तरकीबभर है।

स्टोइक : (वाद)

दार्शनिक ज़ेनो (340-260 ई.पू.)[182] का एक शिष्य, जिसने एथेंस के 'स्टोआ पॉइकलाइट' (पेण्टेड पोर्च) नामक बगीचे में अपनी दार्शनिक शाखा का शिक्षण-संस्थान खोला। बाद में कैटो द यंगर[183], सेनेका[184], मार्क्यूस ऑरेलियस[185], रोमन स्टोइकवादी हुए। स्टोइक शब्द का शाब्दिक अर्थ है : 'वह व्यक्ति जो सुख या दुख के प्रति विरक्त हो।'

स्टोइकवाद पुराने दर्शन की एक शाखा है, जो जीवन और कर्तव्य के प्रति अपने दृष्टिकोण में एपीक्यूरसवाद का प्रबल विरोधी हैय और सुख या दुख के प्रति उदासीन है।

सिनिकवाद

दार्शनिकों का एक सम्प्रदाय जिसकी स्थापना एथेंस के एण्टीस्थेनीज[186]

(जन्म 444 ई.पू.) ने की थी, जिसकी अभिलाक्षणिक विशिष्टता धन-दौलत, कला, विज्ञान और आमोद-प्रमोद के विरुद्ध एक प्रकट घृणा के रूप में थी। इन्हें सिनिक इनके रूखे व्यवहार के कारण कहा जाता है। सिनिकवाद कभी-कभी मानव-स्वभाव के प्रति तिरस्कार भावना के लिए भी इस्तेमाल किया जाता है।

एपीक्यूरसवादी

एपीक्यूरस (341-270 ई.पू.) एक यूनानी दार्शनिक था, जिसकी शिक्षा थी कि सुख ही असली चीज़ है। एपीक्यूरसवादी उसे कहा जाता है जो खाओ-पीओ और मौज-मस्ती में विश्वास करता है।

पृष्ठ 168 (103)

रोमन राज्य-व्यवस्था

रोमनों ने राजनीतिक सिद्धान्त में कम ही ऐसा इजाफा किया गया जिसका प्रत्यक्ष महत्त्व हो, लेकिन एक घनिष्ठ रूप से सम्बन्धित विभाग, यानी विधिशास्त्र में—उन्होंने गहरी रुचि वाला और मूल्यवान योगदान किया।

गणतन्त्र के अन्तर्गत, 'नागरिक क़ानून' *(जस-सिविक)* के अतिरिक्त, *जस-जेण्टियम* (राष्ट्र के क़ानून) नाम से ढेरों नियम और सिद्धान्त अस्तित्व में आ चुके थे, जो इतालवी क़बीलों के बीच प्रचलित सामान्य विशेषताओं को प्रतिबिम्बित करते थे।

महान रोमन *ज्यूरिस-कंसल्ट्स* (क़ानून-विज्ञान के विशेषज्ञ) (स्टोइकवादियों के विचार से प्रेरणा लेकर) धीरे-धीरे प्रकृति के क़ानून *(जस नेचुरेल)* को *जस-जेण्टियम* के समरूप मानने लगे।

उनकी शिक्षा थी कि यह क़ानून दैवीय और शाश्वत था, और कि यह किन्हीं विशिष्ट राज्यों के क़ानूनों से अपनी भव्यता और वैधता में कहीं अधिक श्रेष्ठ था। **प्राकृतिक क़ानून** को वास्तव में अस्तित्वमान माना जाता था, और इसे नागरिक क़ानून से सम्बद्ध समझा जाता था।

एण्टोनियाई काल [187, में] जब रोमन क़ानून अपना चरम विकास कर चुका था और स्टोइकवादी सिद्धान्त सर्वाधिक प्रभावी हो चुके थे, तब विधिवेत्ताओं ने राजनीतिक सिद्धान्तों के रूप में नहीं, बल्कि न्यायशास्त्रीय रूप से, यह सिद्धान्त सूत्रबद्ध किया कि :

सारे मनुष्य जन्मजात स्वतन्त्र होते हैं।

और कि प्रकृति के क़ानून से, **"सारे मनुष्य समान होते हैं"**—जिसका निहितार्थ यह

था कि भले ही नागरिक क़ानून में वर्ग-भेद की मान्यता थी, प्रकृति के क़ानून के समक्ष समूची मानवजाति बराबर थी।

रोमन राज्य व्यवस्था में सामाजिक समझौता

यद्यपि रोमन विधिवेत्ताओं ने नागरिक समाज की उत्पत्ति के तौर पर किसी समझौते को स्वीकार नहीं किया था फिर भी स्वीकृत अधिकारों और दायित्वों को एक कल्पित, लेकिन गैर-मौजूद समझौते से निगमित करने की एक रुझान मौजूद थी।

सम्प्रभुता के मामले में, नागरिक *कोमिटिया ट्रिब्यूरा*[188] में एकत्र होकर, गणतन्त्र के स्वर्णिम दिनों में, सर्वोच्च सत्ता के रूप में काम करते थे।

साम्राज्य के अन्तर्गत, सम्प्रभु सत्ता सम्राट में निहित थी, और बाद के *ज्यूरिस कंसल्ट्स* के अनुसार, जनता *लेक्स रेजिया*[189] के अनुसार, सर्वोच्च कमान प्रत्येक सम्राट को, उसके शासन के शुरू होते ही, सौंप देती थी, और इस प्रकार शासन करने और क़ानून बनाने के अपने सारे अधिकार उसे सौंप देती थी।

पृष्ठ 169 (104)

मध्य युग (टॉमस एक्विनास)

टॉमस एक्विनास [190] : (1226-1274) के बारे में कहा जाता है कि वह मध्य युग के राजनीतिक सिद्धान्त का प्रमुख प्रवर्तक था। उसने, रोमन विधिवेत्ताओं का अनुसरण करते हुए, एक प्राकृतिक क़ानून को मान्यता दी, जिसके सिद्धान्त मानवीय विवेक में दैवीय रूप से निविष्ट किये गये (माने गये–स.) और इसके साथ ही उसने उन प्रत्यक्ष क़ानूनों को भी मान्यता दी, जो भिन्न-भिन्न राज्यों में भिन्न-भिन्न हुआ करते थे।

उसका कहना था कि क़ानून बनाने वाली सत्ता, जोकि सम्प्रभुता की अनिवार्य विशेषता होती है, सामान्य कल्याण की दिशा में निर्देशित होनी चाहिए, और कि इस उद्देश्य की प्राप्ति के लिए, **इसे बहुसंख्यक जनता या उसके प्रतिनिधि, राजा, से सम्बद्ध होना चाहिए।** उसे **राजा, कुलीनों,** और **जनता** की मिली-जुली सरकार सर्वोत्तम प्रतीत होती थी जिसमें सर्वोच्च सत्ता के रूप में पोप हो।

पादुआ का मार्सिलिओ [191]

(1328 में निधन)

समझौते की धारणा

अपनी कृति *'डिफेंसर पैसिस'* में पादुआ के मार्सिलिओ ने लोकाधारित सम्प्रभुता के सिद्धान्त की हिमायत की, और **लौकिक सत्ता के प्रति उन पोपवादी पाखण्डों का विरोध किया**, जो फाल्सो डिक्रिटल्स पर आधारित थे।

(जनता की सम्प्रभुता)

चूँकि मनुष्य ने नागरिक जीवन अपने पारस्परिक हित के लिए अपनाया इसलिए क़ानून भी नागरिक के निकाय द्वारा ही बनाये जाने चाहिएय क़ानून जब तक उन लोगों द्वारा नहीं बनाये जाते, जिनके हित इनसे सीधे प्रभावित होते हैं और जिन्हें पता होता है कि उनकी आवश्यकताएँ क्या हैं, तब तक न तो वे सर्वोत्तम कहे जा सकते हैं, और न ही उनका तत्परता से पालन किया जा सकता है।

उसने दावे के साथ कहा कि **क़ानून बनाने वाली सत्ता जनता में निहित होती है,** और कि विधायिका का काम कार्यपालिका का गठन करना है, लेकिन वह उसे भी परिवर्तित या रद्द कर सकती है।

पुनर्जागरण-सुधार!!

पुनर्जागरण में, ज्ञान के सभी क्षेत्र जागरूक हो उठे और जो लीकबद्ध दर्शन हज़ारों वर्षों से धर्मशास्त्र की चाकरी करता आ रहा था, अब उसका स्थान **प्रकृति और मनुष्य** के एक नये दर्शन ने ले लिया, जो अधिक उदार, अधिक गहरा, और अधिक बोधगम्य था।

बेकन[192] ने मनुष्य को अधिभूतवाद से प्रकृति और यथार्थ की ओर लौटने का आह्वान किया।

दर्शन की शुरुआत निश्चय ही सार्वभौमिक सन्देहवाद से होनी चाहिए। लेकिन जल्द ही यह तथ्य असन्दिग्ध पाया जाता है: मनुष्य में चिन्तनशील सिद्धान्त का अस्तित्व। **चेतना का अस्तित्व!**

कार्तवादी दर्शन

सुधार काल में आत्मगत सच्चाई पर विश्वास और व्यक्ति की सत्ता का जिस जोर-शोर के साथ आह्वान किया गया वही **कार्तवादी दर्शन** का आधार बना।

कार्तवादी—फ्रांसीसी दार्शनिक रेने द कार्त[193] (1596-1650) और उसके दर्शन से सम्बन्धित।

पृष्ठ 170 (105)

नया युग

सुधार-काल के बाद, पोप की सत्ता चरमरा गयी, तथा शासक और जनता दोनों के

दिमाग़ आज़ादी की लहर में तरंगायित हो चले। लेकिन एक ऊहापोह की स्थिति भी पैदा हो गयी। इस नयी स्थिति से निपटने के लिए बहुतेरे चिन्तकों ने राज्य के सवाल पर सोचना शुरू कर दिया। चिन्तन की विभिन्न शाखाएँ उठ खड़ी हुईं।

मैकियावेली

मैकियावेली—इस मशहूर इतालवी राजनीतिक विचारक ने सरकार के गणतान्त्रिक रूप को सर्वोत्तम माना, लेकिन सरकार के इस रूप के स्थायित्व पर सन्देह होने के कारण, उसने एक सशक्त राजतन्त्रत्मक शासन को सुरक्षित रखने के सिद्धान्तों का भी निरूपण किया, और इसी नाते उसने 'द प्रिन्स'[194] की रचना की।

एक **केन्द्रीकृत सरकार** की उसकी हिमायत का यूरोप के राजनीतिक सिद्धान्त और व्यवहार पर भारी प्रभाव पड़ा।

मैकियावेली सम्भवतः पहला लेखक था जिसने एकदम धर्मनिरपेक्ष दृष्टिकोण से 'राजनीति' पर विचार किया।

अन्य विचारक

क़रार और समझौता

अन्य विचारकों में से ज़्यादातर ने क़रार या समझौते के सिद्धान्त का समर्थन किया। रोमन क़ानून में (क़रार) व्यक्तियों के बीच एक सहमति का नतीजा हुआ करता था और इसका दायरा समझौते से छोटा हुआ करता था, जबकि समझौता क़रार के साथ-साथ एक बाध्यकारी दायित्व भी होता था।

ऐसे विचारकों के दो अलग-अलग सम्प्रदाय थे। पहले प्रकार का सम्प्रदाय ईश्वर और मनुष्य के बीच क़रार की यहूदी धारणा पर आधारित सिद्धान्त का प्रतिपादन करता था, जो समझौते की रोमन धारणा से सम्पूरित था। यह सरकार और जनता के बीच एक अलिखित समझौते का प्रतिपादन करता था।

दूसरा या आधुनिक प्रकार का सम्प्रदाय व्यक्तियों के बीच एक क़रार के जरिये राजनीतिक समाज की संस्थाबद्धता से सम्बन्धित है। चिन्तन की इस शाखा के प्रमुख विचारक हूकर[195], हॉब्स[196], लॉक[197] और रूसो[198] हुए हैं।

लोक-स्वतन्त्राता के हिमायती

ह्यूजिनॉत[199]

1. *विण्डिसिए कोण्ट्रा टाइरैनॅस*[200] (1576) **ह्यूजिनॉत लैंगुएत** की रचना। इसमें दलील दी गयी थी कि राजा अपनी सत्ता जनता की इच्छा से प्राप्त करे,

और कि यदि राजा क़ानूनों के परिपालन में उस क़रार को भंग करे जो उसके और जनता के बीच संयुक्त रूप से राजशाही की स्थापना के समय किया गया होता है, तब **जनता भी राज्यनिष्ठा से मुक्त हो जायेगी**।

बुकानन[201]

2. बुकानन का भी यही कहना था कि राजा और जनता एक पैक्ट के तहत वचनबद्ध होते हैं, और कि यदि राजा इसे भंग कर दे, तो वह अपने अधिकार भी खो बैठता है।

पृष्ठ 171 (106)

जेसुइट[202]

3. यहाँ तक कि जेसुइट बेलार्मिन[203] और मारिएना[204] की भी यही दलील थी कि राजा अपनी सत्ता जनता से प्राप्त करेय परन्तु पोप के अधीन रहे।

राजा जेम्स प्रथम[205] (1609) : जेम्स प्रथम ने इस सिद्धान्त को, 1609 में, संसद में एक वक्तव्य देते हुए यह कहकर स्वीकार किया कि "एक स्थापित राज्य का हरेक न्यायप्रिय राजा यह देखने के लिए बाध्य है कि उसकी सरकार के गठन में, जनता के साथ उसके क़ानूनों के तहत जो पैक्ट किया जाता है वह जनता को स्वीकार्य भी हो।"

कनवेंशन पार्लियामेंट (1688) : कनवेंशन पार्लियामेंट ने 1688 में घोषित किया कि जेम्स द्वितीय[206] को "राजा और जनता के बीच मूल समझौते को तोड़कर संविधान को उलटने की कोशिश करने के कारण सिंहासन ख़ाली कर देना पड़ा।"

बोदें[207] (1586) : आधुनिक काल के पहले सम्पूर्ण राजनीतिक दार्शनिक और 'रिपब्लिक' (1577 और 1586) के लेखक, बोदिन का कहना है कि **"समझौता नहीं, बल्कि ताक़त से गणराज्य की उत्पत्ति हुई है।"** आदिकालीन पितृसत्तात्मक सरकारों को जीत करके उखाड़ फेंका गया, और इस प्रकार, प्राकृतिक स्वतन्त्रता का अन्त हो गया।

उसके विचार से, **"सम्प्रभुता नागरिकों के ऊपर सर्वोच्च सत्ता है।"** वह मानता था कि **"सम्प्रभुता स्वतन्त्र, अविभाज्य, स्थायी, अहस्तान्तरणीय और निरपेक्ष सत्ता"** है। उसने सम्प्रभुता की अपनी धारणा और उस समय की मौजूद राजशाही के बीच घालमेल कर दिया।

अल्थूसियस (1557-1638)[208] : वह स्पष्ट रूप से यह कहने के लिए जाना जाता है कि **सम्प्रभुता एकमात्र जनता में ही निहित होती है**। राजा सिर्फ़ उसका मजिस्ट्रेट

या प्रशासकभर होता है, और कि समुदाय का सम्प्रभुता का अधिकार अहस्तान्तरणीय होता है।

ग्रोटियस (1625)[209] : अपनी कृति *"डि ज्यूरे बेली एट पेरिस"* (1628) में ग्रोटियस कहता है कि **मनुष्य में एक शान्तिप्रिय और व्यवस्थित समाज की प्रबल इच्छा होती है।** लेकिन वह अ-प्रतिरोध का सिद्धान्त विकसित करता है, और इस बात से इन्कार करता है कि **लोग हमेशा और हर जगह सम्प्रभुता सम्पन्न होते हैं अथवा यह कि सारी सरकारें शासितों के लिए गठित होती हैं।** सम्प्रभुता या तो विजय से आती है या सहमति से, लेकिन वह इस धारणा पर जोर देता है कि **सम्प्रभुता अविभाज्य सत्ता है।**

हूकररू वह अपनी कृति *'एक्लेसियस्टिकल पालिटी'*–खण्ड 1 (1592-3) में प्रकृति की एक ऐसी मौलिक दशा को स्वीकार करता है जिसमें सभी मनुष्य बराबर थे और किसी भी क़ानून के मातहत नहीं थे। मानवोचित गरिमा के अनुकूल जीवन की इच्छा और एकाकीपन के प्रति अरुचि ने उन्हें *'राजनीतिक समाजों'* में एकबद्ध होने के लिए प्रेरित किया। **'प्राकृतिक रुझान'** और एक साथ जीवन जीने की उनकी एकबद्धता के तौर-तरीक़े पर प्रत्यक्ष या गुप्त सहमति से चलने वाली व्यवस्था ही वर्तमान 'राजनीतिक समाजों' के दो बुनियादी आधार बने। इनमें से दूसरे आधार को ही हम **"सामान्य हित के क़ानून"** कहते हैं।

पृष्ठ 172 (107)

सम्प्रभुता : **विधायी सत्ता का कार्यपालिका पर भी नियन्त्रण**

'सभी आपसी शिकायतों, क्षतियों और ग़लतियों को दूर करने के लिए एकमात्र तरीक़ा किसी क़िस्म की सरकार, या सर्वमान्य न्यायकर्ता की व्यवस्था करना ही था।'

वह इस बात पर अरस्तू से सहमत था कि **सरकार की उत्पत्ति राजतन्त्र से हुई।** लेकिन वह यह भी कहता है कि 'क़ानून सिर्फ़ भलाई की शिक्षा ही नहीं देते, बल्कि एक बाध्यकारी शक्ति भी रखते हैं, जो शासितों की सहमति से प्राप्त होती है, और जो या तो व्यक्तिगत तौर पर या प्रतिनिधियों के माफ़र्त प्रदर्शित होती है।'

"क़ानून, चाहे जिस किसी भी क़िस्म के मनुष्यों के लिए हों, वे उनकी सहमति से ही उपलब्ध (अर्थात् वैध) होते हैं।"

"वे क़ानून क़ानून नहीं हैं जो जनता के अनुमोदन से नहीं बनाये गये होते हैं।"

जनता की सम्प्रभुता

इस प्रकार उसने स्पष्ट तौर पर कहा कि सम्प्रभुता या क़ानून.निर्मात्री सत्ता अन्ततः जनता में ही निहित होती है।

1620

मेफ्लावर (1620) पर सवार **'पिलग्रिम फादर्स'[210] की मशहूर घोषणा :** "ईश्वर को साक्षी मानकर हम सब मिलकर एक दूसरे क़रार की घोषणा करते हैं और अपनेआप को एक नागरिक राजनीतिक निकाय के रूप में संयुक्त करते हैं।"

1647

इंग्लैंड की जनता का क़रार : एक और मशहूर प्यूरिटन[211], दस्तावेज़, जो आर्मी ऑफ़ द पार्लियामेंट (1647) से निःसृत हुआ, सोच की इसी प्रवृत्ति का संकेत देता है। *मिल्टन*[212]

1649 ***(जनता की सम्प्रभुता)***[213]

अपनी कृति *"टेन्योर ऑफ़ किंग्स एंड मैजिस्ट्रेट्स"* (1649) में वह भी ऐसे ही सिद्ध
ान्तों का प्रतिपादन करता है। वह दावे के साथ कहता है कि "सभी मनुष्य प्राकृतिक रूप से स्वतन्त्र ही पैदा हुए थे।" वे एक "सामान्य संघ के रूप में एक-दूसरे के साथ बँधने के लिए इसलिए सहमत हुए कि वे एक-दूसरे को क्षति पहुँचाने से बच सकें तथा एक साथ मिलकर उस किसी भी चीज़ से अपना बचाव कर सकें जो गड़बड़ी पैदा करने वाली हो या इस तरह की सहमति के ख़िलाफ़ पड़ती हो। इसी की बदौलत क़स्बे, नगर और राज्य अस्तित्व में आये। तब आत्मरक्षा और संरक्षण की यह आधिकारिक सत्ता जो बुनियादी तौर पर उनमें से प्रत्येक के भीतर तथा संयुक्त रूप से सबमें निहित थी, डिप्टियों और कमिश्नरों के रूप में राजाओं और मजिस्ट्रेटों को सौंप दी गयी।"

"राजाओं और मजिस्ट्रेटों की सत्ता और कुछ भी नहीं है, सिवाय इसके कि यह सिर्फ़ उन्हें जनता द्वारा सबकी भलाई के विश्वास के साथ प्रदानित, हस्तान्तरित और सौंपी गयी सत्ता है, **जो अभी भी बुनियादी तौर पर उसी में** (यानी जनता में—स.) **निहित होती है** और जो उसके प्राकृतिक जन्मसिद्ध अधिकार का उल्लंघन किये बगैर छीनी नहीं जा सकती। अतः राष्ट्र राजाओं को चुन या हटा सकते हैं, स्वतन्त्र-जन्मा मनुष्यों के महज इस अधिकार और स्वतन्त्रता के आधार पर कि वे किनसे शासित होना सर्वोत्तम समझते हैं।"

पृष्ठ 173 (108)

राजाओं के दैवी अधिकारों का सिद्धान्त

पितृसत्तात्मक सिद्धान्त

इसी युग में जहाँ बहुतेरे विचारक 'जनता की सम्प्रभुता' के इन सिद्धान्तों का इस

प्रकार प्रतिपादन करने में लगे हुए थे, वहीं दूसरे सिद्धान्तकार भी थे, जो यह साबित करने की कोशिश कर रहे थे कि राज्य वृहदाकार परिवार ही हैं, जिनमें एक कुटुम्ब के मुखिया की पैतृक सत्ता, ज्येष्ठता क्रम की वंशपरम्परा में पूर्ववर्ती सम्प्रभु शासक के उस प्रतिनिधि को हस्तान्तरित कर दी जाती है जो किसी राष्ट्र पर शासन करने में सक्षम सिद्ध हो सके। **इसीलिए राजशाही को एक अजेय अधिकार पर आधारित माना गया, और राजा को केवल ईश्वर के प्रति ही उत्तरदायी ठहराया गया।** इसे ही **"राजाओं का दैवी अधिकार"** कहा गया। इसे ही **"पितृसत्तात्मक सिद्धान्त"** कहा गया।[214]

टॉमस हॉब्स

1642-1650-1651 में लिखी गयी अपनी विविध रचनाओं में उसने सम्प्रभु शासक की असीमित सत्ता के सिद्धान्त को जनता के आरम्भिक क़रार के विरोधी सिद्धान्त के साथ संयुक्त कर दिया। परन्तु निरंकुशतावाद–मूक आज्ञाकारिता–के प्रति हॉब्स की पक्षधरता धर्मशास्त्रीय न होकर, धर्मनिरपेक्ष और तर्कसंगत थी। वह समुदाय (पूरी समष्टि) के सुख को सरकार का महान लक्ष्य मानता था।

(मनुष्य एक असामाजिक प्राणी)

हॉब्स का दर्शन सिनिकवादी है। उसके अनुसार, मनुष्य के मनोवेग स्वाभाविक रूप से उसके निजी संरक्षण और सुख की दिशा में ही निर्दिष्ट होते हैं, और वह उनकी प्राप्ति के अलावा और कोई उद्देश्य नहीं रखता। **अतः मनुष्य स्वभाव से असामाजिक है।** वह कहता है, **"प्राकृतिक अवस्था में, हरेक आदमी अपने जैसों से युद्धरत रहता है,** और हरेक का जीवन ख़तरे में, अकेला, असहाय, असुरक्षित, पशुवत और अल्पकालिक होता है।" **इस प्रकार के जीवन का भय ही उसे राजनीतिक एकता में बँधने के लिए विवश करता है।**

(लगातार ख़तरा उन्हें राज्य गठित करने पर विवश करता है!)

चूँकि महज पैक्ट काम नहीं देता, इसलिए **'एक सर्वोच्च सर्वमान्य सत्ता'–"सरकार"** की स्थापना

("जीत" या "अधिग्रहण" और "संस्थाबद्धता" सभी राज्यों के एकमात्र आधार)

समाज की स्थापना **"अधिग्रहण"** अर्थात् जीत द्वारा या **"संस्थाबद्धता"** द्वारा, मसलन, पारस्परिक समझौते या क़रार द्वारा, होती है। इस प्रकार, एक बार जब सम्प्रभु सत्ता क़ायम हो जाती है, तब सभी को इसका आज्ञाकारी होना आवश्यक हो जाता है। इससे विद्रोह करने वाले किसी भी व्यक्ति को ख़त्म कर दिया जाना चाहिए। उसे तबाह कर दिया जाना चाहिए।

(सम्प्रभु शासक की असीमित सत्ता!)

वह[215] विधायिका, न्यायपालिका और कार्यपालिका के सारे के सारे अधिकार सम्प्रभु शासक के हवाले कर देता है। वह लिखता है, "प्रभावी होने के लिए सम्प्रभु सत्ता को निश्चय ही असीमित, अहस्तान्तरणीय और अविभाज्य होना चाहिए। बेशक असीमित सत्ता गड़बड़ियों को जन्म दे सकती है, लेकिन सबसे इसका बुरा से बुरा रूप भी उतना बुरा नहीं है जितना कि गृहयुद्ध या अराजकता।

पृष्ठ 174 (109)

उसके विचार से राजशाही, कुलीनतन्त्र, या जनतन्त्र में सत्ता को लेकर कोई अन्तर नहीं है। सामान्य शान्ति और सुरक्षा की दिशा में इनकी उपलब्धियाँ इनके द्वारा शासित जनता या लोगों की आज्ञाकारिता पर निर्भर करती हैं। फिर भी वह 'राजशाही' को ही अधिक पसन्द करता है। उसके विचार से 'सीमित राजशाही' ही सर्वोत्तम है। लेकिन वह इस बात पर भी जोर देता है कि सम्प्रभु शासक को निश्चय ही धार्मिक के साथ-साथ नागरिक मामलों का भी नियमन करना चाहिए, और यह तजबीज भी करनी चाहिए कि कौन से सिद्धान्त शान्ति-व्यवस्था बनाये रखने में सहायक सिद्ध हो सकते हैं।

इस प्रकार, वह सम्प्रभुता के एक स्पष्ट और वैध सिद्धान्त की हिमायत तो करता है, लेकिन इसके साथ ही वह राजा या सम्प्रभु शासक पैदा करने के लिए सामाजिक समझौते की कल्पना को भी बरकरार रखता है।

स्पिनोजा[216] : (1677)

(मनुष्य की असमाजिकता)

अपनी कृति *ट्रैक्टेटस पॉलिटिकस* (1677), में वह मानता है कि शुरू-शुरू में मनुष्यों का सभी चीज़ों पर समान अधिकार था, इसलिए प्राकृतिक अवस्था **युद्ध की अवस्था** था। मनुष्यों ने अपने विवेक से प्रेरित होकर अपनी शक्तियों को नागरिक सरकार की स्थापना के लिए संयुक्त किया। चूँकि मनुष्यों के पास निरंकुश सत्ता थी, इसलिए इस प्रकार स्थापित **सम्प्रभु सत्ता** भी निरंकुश सत्ता ही थी। उसके विचार से 'अधिकार' और 'सत्ता' एक समान है। अतः सत्ता से लैस होकर सम्प्रभु शासक को सारे के सारे अधिकार स्वयमेव प्राप्त हो जाते हैं। इस प्रकार, वह 'निरंकुशतावाद' का समर्थन करता है।

पुफेन्डोर[217]

(लॉ ऑफ़ नेचर एंड नेशंस 1672)[218]

उसके विचार से, मनुष्य एक सामाजिक प्राणी है, जो परिवार और शान्तिमय जीवन की ओर स्वाभाविक रुझान रखता है।

एक आदमी द्वारा दूसरे आदमी को पहुँचायी जा सकने वाली क्षतियों का अनुभव ही नागरिक सरकार की प्रेरणा देता है, जो इस प्रकार गठित होती है:

1. एक कामनवेल्थ गठित करने हेतु कुछ लोगों के बीच एक सर्वसम्मत आपसी क़रार द्वारा, 2. बहुमत के इस प्रस्ताव द्वारा कि अमुक शासक को सत्ता पर आसीन किया जाये, 3. सरकार और जनता के बीच इस क़रार द्वारा कि सरकार शासन करे और जनता विधिसम्मत आदेशों का पालन करे।

पृष्ठ 175 (110)

लॉक

(नागरिक सरकार के दो सिद्धान्त-1690)

"किसी भी मनुष्य को शासन करने का प्राकृतिक अधिकार नहीं होता।"

वह प्राकृतिक अवस्था का—यानी शासनाधिकार और प्रभुत्व के मामले में स्वतन्त्रता और समानता वाली एक ऐसी अवस्था का चित्रण करता है जो सिर्फ़ प्राकृतिक क़ानून या विवेक के ही अधीन रहे, जो लोगों को एक-दूसरे के जीवन, स्वास्थ्य, आज़ादी और स्वामित्व अधिकारों के मामले में नुक़सान पहुँचाने से रोकते हैं। निषेध या क्षतिपूर्ति के रूप में सज़ा देने का अधिकार प्रत्येक व्यक्ति के हाथ में होता है।

प्राकृतिक अवस्था!

"प्राकृतिक अवस्था वास्तव में वह है जिसमें लोग आपस में फ़ैसला करने के अधिकार के साथ, बिना किसी एक सर्वमान्य शासक के, विवेक के अनुसार एक साथ रहते हैं।"

निजी सम्पत्ति!

"प्रत्येक व्यक्ति का यह प्राकृतिक अधिकार है कि वह अपने पास सम्पत्ति रखे और प्राकृतिक सामग्री पर अपने निजी श्रम से प्राप्त उत्पाद पर भी अपना अधिकार रखे। एक आदमी जितनी अधिक भूमि को जोत, बो, सुधार सकता है और खेती-बाड़ी के काम में ला सकता है तथा उससे प्राप्त जितनी पैदावार इस्तेमाल में ला सकता है, वह सब उसी की सम्पत्ति हैं।

सम्पत्ति और नागरिक समाज!

उसके अनुसार **'सम्पत्ति'** **'नागरिक समाज'** की पूर्ववर्ती है।

नागरिक समाज की उत्पत्ति!

लेकिन ऐसा लगता है कि लोगों को किसी प्रकार का ख़तरा और भय रहता था, और इसीलिए, उन्होंने **नागरिक स्वतन्त्रता** के पक्ष में, अपनी **प्राकृतिक स्वतन्त्रता** को तिलांजलि दे दी। संक्षेप में, **आवश्यकता, सहूलियत और रुझान ने लोगों को समाज में बँधने के लिए विवश किया।**

नागरिक समाज की परिभाषा!

जो लोग एक निकाय में गठित हो चुके होते हैं, और जिनके पास एक ऐसा सर्वमान्य स्थापित क़ानून और न्यायाधिकरण होता है जिसमें अपील की जा सके तथा जिसे आपसी विवादों को निपटाने एवं दोषी को दण्डित करने का अधिकार हो, वे एक नागरिक समाज में होते हैं।

सहमति

दूसरों पर विजय सरकार का 'स्रोत' नहीं है। सहमति ही किसी भी वैध सरकार का स्रोत थी, और हो सकती है।

क़ानून.निर्मात्री सभा लोगों के जीवन, स्वतन्त्रता और सम्पत्ति के ऊपर पूर्णतः मनमाना अधिकार नहीं रखती, क्योंकि इसके पास सिर्फ़ वही संयुक्त अधिकार होता है जो समाज के गठन से पहले अलग-अलग सदस्यों के पास हुआ करता था, और जिसे उन्होंने अपने विशेष और सीमित उद्देश्यों के लिए सौंप दिया है।

क़ानून

"क़ानून का उद्देश्य स्वतन्त्रता को ख़त्म करना या रोकना नहीं, बल्कि उसे सुरक्षित करना और विस्तृत करना है।"

विधायिका

विधायिका कुछ निश्चित उद्देश्यों के लिए सिर्फ़ एक न्यासधारी सत्ताभर है, जो यदि इसमें न्यस्त किये गये विश्वास को खण्डित करे, तो जनता द्वारा भंग या परिवर्तित की जा सकती है।

जनता की सर्वोपरि सम्प्रभुता!

इस प्रकार सर्वोच्च सत्ता या सर्वोपरि सम्प्रभुता हमेशा जन-समुदाय के पास ही रहती है, परन्तु वह इसका इस्तेमाल तब तक नहीं करता, जब तक कि सरकार भंग नहीं हो जाती।

पृष्ठ 176 (111)

विधायिका और कार्यपालिका

निजी हितों पर सामान्य हित की बलि रोकने के लिए, यह ज़रूरी है कि **विधायिका** और **कार्यपालिका** की सत्ताएँ अलग-अलग हाथों में रहें, और कार्यपालिका विधायिका के मातहत रहे।

जहाँ ये दोनों सत्ताएँ एक ही निरंकुश राजा में निहित होती हैं, वहाँ कोई नागरिक सरकार नहीं होती, क्योंकि राजा और उसकी जनता के बीच कोई सर्वमान्य न्यायिक सत्ता नहीं होती।

स्वतन्त्र समाजों में राज्यों के भिन्न-भिन्न रूप हैं, जनतन्त्र1, अल्पतन्त्र, या निर्वाचित राजतन्त्र तथा मिश्रित रूपों वाली व्यवस्थाएँ।

'क्रान्ति का अधिकार'!

"जब सरकार समझौते के प्रति अपना दायित्व पूरा करने—यानी व्यक्तिगत अधिकारों का संरक्षण करने—में विफल हो जाती है तो क्रान्ति न्यायसंगत बन जाती है।

रूसो[219]

रूसो[220]

समानता

कोई भी आदमी इतना अधिक धनी नहीं होना चाहिए कि वह दूसरे को ख़रीद सके, और न ही कोई आदमी इतना अधिक ग़रीब होना चाहिए कि वह अपनेआप को बेचने के लिए मजबूर हो जाये। भारी असमानताएँ निरंकुशता के लिए रास्ता तैयार करती हैं।

सम्पत्ति और नागरिक समाज

जिस पहले आदमी ने ज़मीन के एक टुकड़े को घेरकर यह कहने को सोचा होगा कि 'यह मेरा है', तथा जिसे अपनी बात पर विश्वास करने वाले सीधे-सादे लोग मिल गये होंगे, वही नागरिक समाज का असली संस्थापक था।

अगर किसी ने इस धोखेबाजी का पर्दाफाश कर दिया होता, और यह एलान कर दिया होता कि **यह धरती किसी की सम्पत्ति नहीं है और कि इसके फल सबके हैं**, तब मानवजाति को इतने युद्ध, अपराध और सन्त्रास नहीं झेलने पड़े होते।

पृष्ठ 177 (112)

"जो आदमी ध्यान करता है वह दुराचारी प्राणी है।"[221]

नागरिक क़ानून

कमज़ोरों के उत्पीड़न और सबकी असुरक्षा की ओर इशारा कर धनिकों ने बड़ी चालाकी से न्याय और शान्ति के नियम निरूपित किये, ताकि उनके द्वारा सबके स्वामित्वों की गारण्टी रहे, और क़ानूनों को लागू करने के लिए एक सर्वोच्च शासक की स्थापना की।

निश्चय ही समाज और क़ानूनों की उत्पत्ति इसी भाँति हुई होगी, जिसने ग़रीबों को नयी बेड़ियाँ पहना दीं और धनिकों को नयी ताक़त प्रदान कर दी, प्राकृतिक स्वतन्त्रता को अन्तिम रूप से ख़त्म कर दिया, और थोड़े से महत्त्वाकांक्षी लोगों के लाभ के लिए, हमेशा-हमेशा के लिए सम्पत्ति और असमानता का क़ानून निर्धारित कर दिया, **एक चालाकी भरी, लूट को एक अटल अधिकार में तब्दील कर दिया**, और इस प्रकार आइन्दा के लिए सारी मानवजाति को श्रम, दासता, और दुर्गति का शिकार बना दिया।[222]

पुनश्चः असमानताएँ

लेकिन यह बात पूरी तरह प्राकृतिक क़ानून के ख़िलाफ़ है कि मुट्ठीभर लोग तो बेशुमार दौलत गटकते रहें, जबकि विशाल भूखी आबादी जीवन की ज़रूरी चीज़ों के लिए भी तरसती रहे।[223]

पृष्ठ 178 (113)

उसकी रचनाओं का हश्र

एमिली और सोशल *काण्ट्रैक्ट* दोनों ही 1762 में प्रकाशित हुईं, पहली को पेरिस में जलाया गया, रूसो बमुश्किल गिरफ़्तार होते-होते बचा, फिर दोनों किताबों को सार्वजनिक तौर पर, जेनोआ में, उसकी जन्मस्थली में, जलाया गया, जहाँ उसे कहीं अधिक शोहरत मिलने की उम्मीद थी।

राजा की सम्प्रभुता से जनता की सम्प्रभुता की ओर

रूसो एकता और केन्द्रीकरण की फ्रांसीसी धारणाओं को बनाये रखता हैय जबकि सत्रहवीं सदी में राज्य (या सम्प्रभुता) को राजशाही के साथ गड्डमड्ड कर दिया गया था। 18वीं सदी में रूसो के प्रभाव से यह जनता में निहित समझी जाने लगी।

अनुबन्ध

अनुबन्ध के जरिये लोग नागरिक स्वतन्त्रता और नैतिक स्वतन्त्रता के लिए प्राकृतिक स्वतन्त्रता का प्रतिदान करते हैं।[224]

प्रथम स्वामित्व का अधिकार सम्पत्ति का अधिकार

इसका औचित्य इन दशाओं पर निर्भर करता है :

(अ) कि ज़मीन गैर-आबाद है, (ब) कि एक आदमी सिर्फ़ उतने ही रकबे पर क़ब्जा करता है जितना कि उसके गुज़ारे के लिए ज़रूरी हो; (स) कि वह इस पर महज खोखली औपचारिकता के जरिये नहीं, बल्कि मेहनत और खेती-बाड़ी करने के नाते दख़ल रखता है।[225]

पृष्ठ 179 (114)

धर्म

रूसो धर्म को भी सम्प्रभु शासक की निरंकुशता के अधीन रखता है।

भूमिका[226]

मैं इस बात की जाँच करना चाहता हूँ कि क्या, आज लोग जैसे हैं और जैसे क़ानून बनाये जा सकते हैं, उनको मद्देनज़र रखते हुए, यह सम्भव है कि नागरिक मामलों के प्रशासन हेतु कुछ न्यायसंगत और निश्चित नियम स्थापित किये जायें...।

...मुझसे पूछा जा सकता है कि क्या मैं कोई राजा या विधि निर्माता हूँ जो मैं राजनीति पर लिखता हूँ। मेरा उत्तर है कि मैं नहीं हूँ। अगर मैं वैसा होता, तो यह कहने में समय नष्ट नहीं करता कि क्या किया जाना चाहिए, बल्कि उसे कर डालता या ख़ामोश रहता।

मनुष्य जन्म से स्वतन्त्र होता है लेकिन हर जगह बेड़ियों में जकड़ दिया जाता है।[227]

गुलामी के जुवे को बलपूर्वक उतार फेंकना!

मैं कहना चाहूँगा कि जब तक लोग आज्ञापालन के लिए मजबूर किये जाते रहें और वे आज्ञापालन करते रहें, अच्छा हैय लेकिन वे जितनी जल्दी इस जुवे को उतार फेंक सकें और उतार फेंकते हैं, तो वह और भी अच्छा हैय कारण कि, यदि लोग अपनी आज़ादी फिर उसी अधिकार (अर्थात् ताक़त) से वापस लेते हैं जिस अधिकार से यह उनसे छीनी गयी होती है, तो या तो उनका ऐसा करना न्यायसंगत है, या उनसे इसे छीन लिए जाने का कोई औचित्य नहीं था।[228]

पृष्ठ 180 (115)

ताक़त

"सत्ता, जो हिंसा के द्वारा हासिल की जाती है, महज एक हड़पी गयी सत्ता होती है, और सिर्फ़ तब तक ही बनी रहती है जब तक उसकी कमान सँभालने वाले की ताक़त उसको मानने वालों की ताक़त पर हावी रहती है, और जब इसको मानने वालों की ताक़त सबसे अधिक हो जाती है और वे उसके जुवे को उतार फेंकते हैं, तो ऐसा वे उतने ही अधिकार और न्याय के साथ करते हैं जिसके साथ उन पर सत्ता थोप रखी गयी थी। वही (ताक़त का) क़ानून जो सत्ता का अधिकार देता है, बाद में उसे छीन भी लेता है; यह सबसे ताक़तवर का क़ानून है।" *दिदेरो—इंसाइक्लोपीडिया*[229]

सत्ता

दास अपनी बेड़ियों में सब कुछ खो देते हैं, यहाँ तक कि उनसे निजात पाने की इच्छा भी![230]

सबसे ताक़तवर का अधिकार

"सत्ताधिकारियों का आज्ञापालन करो। यदि इसका मतलब ताक़त के आगे झुकना है, तो यह आदेश अच्छा तो है लेकिन गैर-ज़रूरी है; मेरा कहना है कि इसका कभी उल्लंघन नहीं होगा।"[231]

दासता का अधिकार

"क्या तब पराधीन जन अपनी अस्मिताओं का इस शर्त पर त्याग कर दें कि उनकी सम्पत्ति भी ले ली जाये? मैं समझ नहीं पाता कि उनके लिए क्या शेष रह जायेगा?

"कहा जा सकता है कि निरंकुश शासक अपने शासितों के लिए नागरिक शान्ति सुनिश्चित करता है। हो सकता है, ऐसी ही बात होय लेकिन इससे उनको मिलता क्या है, जबकि युद्ध, जो उसकी महत्त्वाकांक्षाओं के चलते उन पर थोप दिये जाते हैं, तथा उसकी अतोषणीय लोलुपता और उसके प्रशासन के सन्ताप, उनके अपने बैर-विरोध से कहीं अधिक ही उन्हें तंग करते हैं? [पृष्ठ 181(116) पर जारी]

"यह कहना, कि एक आदमी अपनेआप को बिना किसी एवज में यों ही सौंप देता है, एकदम वाहियात और अकल्पनीय बात है।"

इस तरह की बात, चाहे एक आदमी दूसरे आदमी को सम्बोधित करके कहे या राष्ट्र को सम्बोधित करके कहे, हमेशा मूर्खतापूर्ण ही कही जायेगी :

"मैं पूरी तरह से तुम्हारी क़ीमत पर और पूरी तरह से अपने लाभ के लिए तुमसे एक समझौता करता हूँ, और मैं इसे तब तक लागू किये रखूँगा, जब तक मैं चाहूँगा, और तुम भी इसे तब तक लागू किये रखोगे जब तक मैं चाहूँगा।"[232]

समानता

यदि तुम राज्य को स्थायित्व प्रदान करना चाहते हो, तो इन दो चरम अवस्थाओं को, जहाँ तक सम्भव हो सके, क़रीब लाओ : न तो धनिकों को बरदाश्त करो, न ही भिखारियों को। ये दोनों ही स्थितियाँ, जो स्वाभाविक तौर पर एक-दूसरे से अविभाज्य हैं, सामान्य हित के लिए समान रूप से सांघातिक हैं : एक वर्ग से निरंकुश पैदा होते हैं, तो दूसरे वर्ग से, निरंकुशता के समर्थक : हमेशा इन्हीं दोनों के बीच सार्वजनिक स्वतन्त्रता का व्यापार चलता रहता हैः एक ख़रीदता है, दूसरा बेचता है।[233]

पृष्ठ 182 (117)

"ओलावृष्टि कुछेक क्षेत्रों को बरबाद कर डालती है, पर इससे अकाल बिरले ही पड़ता है। दंगे-फसाद और गृहयुद्ध सदारत करने वाले लोगों को काफ़ी चौंका देते हैंय फिर भी वे राष्ट्रों के लिए कोई वास्तविक संकट नहीं पैदा करते, जब तक इस बात को लेकर विवाद चलता है कि कौन उन पर निरंकुश शासन करे। उनकी वास्तविक समृद्धि या विपदाएँ तो उनकी स्थायी स्थितियों से पैदा होती हैं। जब सब कुछ जुवे तले कुचल कर रख दिया जाता है, तभी सब कुछ नष्ट हो जाता हैय तभी ये शासक, इत्मीनान से सब कुछ नष्ट करने के बाद, एक मुर्दा ख़ामोशी पैदा कर देते हैं, जिसे वे शान्ति कहते हैं।" *पृष्ठ 176*[234]

पृष्ठ 183 (118)

फ्रांसीसी क्रान्ति[235]

अमेरिका : अमेरिकी स्वतन्त्रता-संग्राम का फ्रांस की स्थिति पर भारी प्रभाव पड़ा। (1776)

टैक्स

'राजा' के नाम पर काम करने वाले कोर्ट या मन्त्रिमण्डल ने मनमाने ढंग से टैक्सों के फरमान तैयार किये और उसे पार्लियामेंट[236] में इन्दराज किये जाने के लिए भेज दिया, क्योंकि जब तक पार्लियामेंट उनका इन्दराज नहीं कर लेती, तब तक वे लागू नहीं हो सकते थे।

कोर्ट का दावा था कि पार्लियामेंट की सत्ता को एतराज का कारण बताने के अलावा और कोई अधिकार न था, जबकि वह (यानी कोर्ट या मन्त्रिमण्डल) अपने पास यह फ़ैसला करने का अधिकार सुरक्षित रखे हुए था कि कारण वाजिब हैं या गैर-वाजिब, और कि तदनुसार ही वह अपनी मर्जी से चाहे तो फरमान वापस ले ले या बाकायदा उसे आधिकारिक तौर पर इन्दराज किये जाने का आदेश जारी कर दे।

दूसरी तरफ़, पार्लियामेंट का दावा था कि उसके पास इन्कार कर देने का अधिकार था।

मन्त्री **एम. कैलोन**[237] को मुद्रा चाहिए थी। वह टैक्सों के मामले में पार्लियामेंट के कड़े रुख से परिचित था। उसने **'असेम्बली ऑफ़ नोटेबल्स'**[238] आहूत की (1787)।

यह **स्टेट्स-जनरल**[239] नहीं थी, जोकि चुनी जाती थी, बल्कि इसके सभी सदस्य राजा द्वारा मनोनीत किये गये थे और इसमें कुल **141 सदस्य थे**। तब भी वह बहुमत का समर्थन हासिल न कर सका। तब उसने इसे **7 कमेटियों** में विभक्त कर दिया। प्रत्येक कमेटी में **20 सदस्य** थे। हरेक सवाल कमेटियों में बहुमत से और असेम्बली में कमेटियों के बहुमत से तय किया जाता था। उसने किन्हीं चार या प्रत्येक कमेटी में 11 ऐसे सदस्य रखने की कोशिश की, जिन पर वह विश्वास कर सकता था। लेकिन उसकी ये युक्तियाँ भी असफल रहीं।

पृष्ठ 184 (119)

एम. द लफायत[240] एक दूसरी कमेटी का उपाध्यक्ष था। उसने एम. कैलोन पर दो मिलियन लाइवर में शाही ज़मीन बेच डालने का आरोप लगाया। इसे उसने लिखित रूप में भी पेश किया। उसके कुछ ही समय बाद, **एम. कैलोन** को बरख़ास्त कर दिया गया।

तोलूस का आर्कबिशप प्रधानमन्त्री और वित्तमन्त्री नियुक्त हुआ। उसने पार्लियामेंट के समक्ष दो प्रकार के टैक्सों का प्रस्ताव रखा—स्टाम्प टैक्स और एक किस्म का भूमि टैक्स। इस पर पार्लियामेंट ने जवाब दिया,

कि राष्ट्र अब तक जिस तरह के राजस्व की हिमायत करता आ रहा है, उसके साथ टैक्सों की चर्चा उनमें कटौती करने के अलावा और किसी भी उद्देश्य से नहीं करनी चाहिए, और उन दोनों ही प्रस्तावों को उठाकर रद्दी की टोकरी में फेंक दिया। तब उन्हें वर्साई बुलाया गया, जहाँ राजा ने 'ए बेड ऑफ़ जस्टिस' नाम से एक विशेष बैठक की और उन **प्रस्तावों** का इन्दराज कर लिया। पार्लियामेंट पेरिस लौट गयी। वहाँ एक अधिवेशन किया। वर्साई में की गयी प्रत्येक कार्यवाही को गैर-क़ानूनी क़रार देते हुए, इन्दराज को रद्द कर देने का आदेश दिया। तब सबको

'लेटर डि कैशेत्स' नामक शाही फरमान जारी हुआ और सभी को निर्वासित कर दिया गया। फिर बाद में उन्हें वापस बुला लिया गया। और फिर वे ही फरमान उनके सामने रखे गये। [पृष्ठ 185 (120) पर जारी]

फिर स्टेट्स जनरल की बैठक बुलाने का सवाल उठा। राजा ने इसके लिए पार्लियामेंट से वादा किया। लेकिन मन्त्रिमण्डल ने विरोध किया, और एक 'फुल कोर्ट' गठित करने का नया प्रस्ताव रखा। लेकिन इसका दो आधारों पर विरोध हुआरू पहला यह कि सैद्धान्तिक आधार पर सरकार को स्वयं को बदलने का कोई अधिकार नहीं था। इस तरह की नजीर नुक़सानदेह होगी। दूसरा विरोध स्वरूप को लेकर था, इसके विरोध में यह दलील दी गयी कि यह एक विस्तारित मन्त्रिमण्डल के अलावा और कुछ न होता।

अतः पार्लियामेंट ने इस प्रस्ताव को ठुकरा दिया। तब उसे सशस्त्र सेनाओं से घेर लिया गया। कई दिनों तक यह घेरेबन्दी चलती रही। फिर भी पार्लियामेंट अपनी बात पर अड़ी रही। तब उसके कई सदस्यों को गिरफ़्तार करके अलग-अलग ज़ेलों में भेज दिया गया।

इसका विरोध-प्रदर्शन करने के लिए ब्रिटैनी से एक प्रतिनिधिमण्डल आया। उसके सदस्यों को बास्तीय (ज़ेल) भेज दिया गया।

'असेम्बली ऑफ़ नोटेबल्स' फिर बुलायी गयी, और स्टेट्स जनरल की बैठक बुलाने के लिए फिर वही तरीक़ा अपनाने का फ़ैसला किया गया, जो 1614 में अपनाया गया था।

पार्लियामेंट ने तय किया कि इसके लिए कुल 1200 सदस्यों में से 600 साधारण जनता से, 300 पादरी वर्ग से, और 300 कुलीन वर्ग से चुने जाने चाहिए।

स्टेट्स जनरल[241] की बैठक **मई 1789** में हुई। कुलीन वर्ग और पादरी वर्ग के प्रतिनिधि दो अलग-अलग कक्षों में बैठे।

पृष्ठ 186 (121)

तीसरी श्रेणी, या साधारण जनता के प्रतिनिधियों ने पादरी वर्ग और कुलीन वर्ग के इस अधिकार को मानने से इन्कार कर दिया और स्वयं को 'राष्ट्र के प्रतिनिधि' घोषित करते हुए, अपने कक्ष में साथ बैठे राष्ट्रीय प्रतिनिधियों के अलावा, अन्य किसी भी हैसियत के किसी भी सदस्य का कोई भी अधिकार मानने से इन्कार कर दिया। इस प्रकार, स्टेट्स जनरल ही 'राष्ट्रीय असेम्बली' हो गयी। उसने दूसरे कक्षों में आमन्त्रण भेजे। पादरी वर्ग के प्रतिनिधियों की अधिकतर संख्या उनके साथ आ गयी। कुलीन वर्ग के 45 सदस्य उनके साथ आ गये, फिर उनकी संख्या बढ़कर 80 और बाद में उससे भी अधिक हो गयी।

पृष्ठ 187 (122)

टेनिस कोर्ट की शपथ

कुलीन वर्ग और पादरी वर्ग के दुष्ट तत्त्व राष्ट्रीय असेम्बली को उखाड़ फेंकना चाहते थे। उन्होंने मन्त्रिमण्डल के साथ मिलकर षड्यन्त्र रचा। राष्ट्र के प्रतिनिधियों की मौजूदगी में ही कक्ष का दरवाज़ा बन्द कर दिया गया और उस पर अंगरक्षक सेना का पहरा बैठा दिया गया। तब वे एक टेनिस कोर्ट की ओर बढ़ गये, और वहाँ सबने मिलकर शपथ खायी कि जब तक वे एक संविधान की स्थापना नहीं कर लेते, तब तक अलग नहीं होंगे।

बास्तीय[242]

दूसरे दिन कक्ष का दरवाज़ा उनके लिए फिर खोल दिया गया। लेकिन चुपके-चुपके 30 हज़ार की फ़ौज पेरिस को घेरने के लिए रवाना की जा चुकी थी। पेरिस की निहत्थी भीड़ ने बास्तीय पर धावा बोल दिया, बास्तीय का पतन हो गया।

14 **जुलाई** 1789

वर्साई[243]

5 अक्टूबर 1789—हज़ारों स्त्री-पुरुष राष्ट्रीय प्रतीक के प्रति अंगरक्षक सेना द्वारा किये गये गुस्ताख़ी भरे व्यवहार का बदला लेने के लिए वर्साई की ओर कूच कर गये। इसे वर्साई अभियान के नाम से जाना जाता है। उसके बाद घटी घटनाओं के फलस्वरूप राजा को पेरिस लाया गया।

पृष्ठ 188 (123)

प्रत्येक राष्ट्र का विवेक जब जाग जाता है, तो वह अपने सभी उद्देश्यों के लिए पर्याप्त सिद्ध होता है।

(पृष्ठ 112, राइट्स ऑफ़ मैन)[244]

चूँकि हर काल में सरकार का स्वरूप पूरी तरह से राष्ट्र की इच्छा का ही मामला रहा है, यानी कि अगर उसने राजतन्त्रात्मक स्वरूप चुना, तो ऐसा करने का उसे अधिकार थाय और उसके बाद अगर उसने गणतान्त्रिक होना पसन्द किया, तो उसका अधिकार था कि वह गणतान्त्रिक हो, और राजा से यह कहे कि "अब तुम्हारे लिए हमारे पास कोई गुंजाइश नहीं है।" *हाउस ऑफ़ लॉर्ड्स में, मन्त्री अर्ल ऑफ़ सेलबोर्न*[245]

पृष्ठ 189 (124)

राजा

यदि कहीं कोई ऐसा आदमी हो जो अन्य सबसे लोकोत्तर रूप में इतना अधिक बुद्धिमान हो कि राष्ट्र के संचालन के लिए उसकी बुद्धि ज़रूरी हो, तब तो राजशाही का कुछ औचित्य माना जा सकता है, लेकिन जब हम किसी देश पर नज़र दौड़ाते हैं और देखते हैं कि कैसे उसका हरेक हिस्सा अपने मामलों की सूझबूझ रखता हैय और जब हम पूरी दुनिया पर नज़र दौड़ाते हैं और देखते हैं कि इसमें रहने वाले सभी मनुष्यों में से राजाओं का ही वंश ऐसा है जो अपनी क्षमता में सबसे नगण्य है, तब हमारी बुद्धि इस सवाल पर चकराने लगती है कि—आख़िर इन लोगों को क्यों बरक़रार रखा गया है? *112*[246]

अपमानकर्ता

"यदि टैक्सों के ज़ुल्मो-सितम को ख़त्म करने की गरज से राजशाही और हरेक किस्म की वंशानुगत सरकार की धोखाधड़ी और छल-कपट से भरी टैक्स.नीति का भण्डाफोड़ करना—असहाय बच्चों की शिक्षा तथा बूढ़ों एवं मुसीबत के मारे लोगों की सहायता की योजनाएँ प्रस्तावित करना—युद्ध के घृणित चलन को ख़त्म करना—सार्वभौमिक शान्ति, सभ्यता और वाणिज्य को प्रोत्साहित करना—और राजनीतिक अन्धविश्वास की बेड़ियों को तोड़ डालना, तथा अधोगति के शिकार मनुष्य को उसकी वाजिब गरिमा तक उठाना—यदि ये सब चीज़ें अपमानजनक हैं, तो मुझे एक अपमानकर्ता का जीवन जीने दो, और मेरी क़ब्र पर 'अपमानकर्ता' का नाम खुदवा देना।" *xi*[247]

पृष्ठ 190 (125)

लेकिन जब स्थान नहीं बल्कि सिद्धान्त कर्म को ऊर्जस्वित करने वाला कारण बन जाता है, तो मैं देखता हूँ कि आदमी हर जगह एक ही जैसा हो जाता है।[248]

मृत्यु

यदि हम अमर होते तो बहुत दुखी होते, इसमें कोई शक नहीं कि मरना कठिन है, पर यह सोचना मधुर लगता है कि हम हमेशा जीते ही नहीं रहेंगे।[249] *(पृष्ठ 45, एमिली)*

समाजवादी व्यवस्था

"प्रत्येक से उसकी योग्यता के अनुसार, प्रत्येक को उसकी आवश्यकता के अनुसार।"[250]

साहसिकता क्रान्ति में सफलता की जान है।

दान्तों[251] का कहना था, “कार्रवाई, कार्रवाई। सत्ता पहले, बहस बाद में।”[252]

पृष्ठ 191 (126)

रूसी प्रयोग[253]

1917-27

1. *फेस एंड माइण्ड ऑफ़ बोल्शेविज़्म,* ले. रेने फुलप-मिलर
2. *रशिया* ले. माकीव-ओ'हारा
3. *रशियन रिवोल्यूशन,* ले. लैंसलॉट लोटन (मैकमिलन)
4. *बोल्शेविस्ट रशिया,* ले. एण्टन कार्लग्रीन
5. *लिटरेचर एंड रिवोल्यूशन-त्रात्स्की*
6. *मार्क्स-लेनिन एंड साइंस ऑफ़ रिवोल्यूशन,* ले. एण्टन कार्लग्रीन

“बोल्शेविकों का दर्शन एकदम, आक्रामक रूप से भौतिकवादी है, जिसकी एक मुक्तिदायी विशेषता को उनके कट्टर से कट्टर दुश्मनों तक को स्वीकार करना पड़ेगा, और वह यह कि उनमें किसी भी प्रकार के विभ्रम का पूरी तरह भाव है।

वे अपने संस्थापक के इस विशवास पर पूरी दृढ़ता से कायम हैं कि “प्रत्येक चीज़ को प्राकृतिक नियमों द्वारा या, एक संकीर्णतर अर्थ में कहें तो, भौतिक क्रिया विज्ञान (फिजिऑलिजी) द्वारा व्यख्व्यायित किया जा सकता है।” –*पृष्ठ 30*

मार्क्स ने कहा है, “दार्शनिकों ने, इस दुनिया की महज तरह-तरह से व्याख्या की है, दरअसल महत्त्वपूर्ण बात तो इसे बदलने की है।”[254]

पृष्ठ 192 (127)

धर्म और समाजवाद

“धर्म मानवता के लिए अफ़ीम है”, मार्क्स का कहना था।[255]

“सारे के सारे भाववादी चिन्तन अन्ततः एक न एक प्रकार की दैवीयता की अवधारणा पर ही जा पहुँचते हैं, और इसीलिए, मार्क्सवादियों की नज़र में, वे शुद्ध बकवास हैं। यहाँ तक कि हेगेल[256] को भी इस दुनिया पर शासन करने वाली प्रत्येक अच्छी और तर्कसंगत चीज़ का ठोस रूप ईश्वर में ही दिखायी देता था। भाववादी सिद्धान्त प्रत्येक चीज़ को बरबस इसी अभागे पकी दाढ़ी वाले (अर्थात् ईश्वर–स.) के कन्धों पर डाल देता है, जो उसके भक्तों की शिक्षाओं के अनुसार, पूर्ण है, और जिसने, आदम के अलावा, पिस्सुओं और वेश्याओं, क़ातिलों और कोढ़ियों, भूख और दुख, प्लेग और वोदका की सृष्टि की है, ताकि उन पापियों को सज़ा दे सके,

जिनको उसने खुद ही पैदा किया, और जो खुद उसी की मर्जी से पाप करते हैं...। वैज्ञानिक दृष्टिकोण से, यह सिद्धान्त वाहियात ही सिद्ध होता है। इस दुनिया की सभी परिघटनाओं की एकमात्र वैज्ञानिक व्याख्या तो पूर्ण भौतिकवाद ही देता है। *(पृष्ठ 32, बुखारिन)*[257]

उनके (यानी भौतिकवादियों के—स.) अनुसार, आरम्भ में थी प्रकृति; उससे जीवनय और जीवन से चिन्तन और वे सारी अभिव्यक्तियाँ, जिन्हें हम मानसिक या नैतिक परिघटनाएँ कहते हैं। आत्मा जैसी कोई चीज़ है ही नहीं, और मनःचेतना पदार्थ की, एक ख़ास ढंग से संगठित, एक क्रिया के अलावा और कुछ नहीं है।[258] *(पृष्ठ) 33*

पृष्ठ 193 (128)

आम बगावत के बारे में मार्क्स का दृष्टिकोण

पहली बात

"अगर आम बगावत को उसके कड़वे अंजाम तक ले जाने (अर्थात्—उसके सारे परिणामों को झेलने) का दृढ़संकल्प न हो, तो उसके साथ खेलो मत। आम बगावत एक ऐसा समीकरण है जिसके मान बहुत अनिश्चित होते हैं, जो हर दिन बदल सकते हैं। इसमें जिन शक्तियों का विरोध किया जाना होता है उनके पास संगठन, अनुशासन और परम्परागत सत्ता की सारी अनुकूल स्थितियाँ होती हैं।

"अगर आम बगावत करने वाले अपने शत्रुओं के ख़िलाफ़ भारी ताक़त नहीं जुटा पायें, तो वे कुचल डाले और नष्ट कर दिये जायेंगे।

दूसरी बात

"यदि आम बगावत एक बार शुरू हो गयी, तो यह आवश्यक है कि पूरे संकल्प के साथ कार्रवाई की जाये और आक्रामक रुख़ अख़्तियिर किया जाये। रक्षात्मक रुख़ हरेक सशस्त्र आम बगावत की मौत साबित होता हैय यह दुश्मन से जोर-आजमाइश करने से पहले ही तबाह हो जाता है। दुश्मन को उसी वक़्त हक्का-बक्का कर डालना आवश्यक है जब उसके सैनिक अभी बिखरे हुए हों, और हर रोज नयी-नयी सफलताएँ हासिल करना ज़रूरी है, चाहे वे कितनी भी छोटी क्यों न हों। पहली सफलता से बढ़े मनोबल को बनाये रखना ज़रूरी है। डाँवाँडोल तत्त्वों को आम बगावत के पक्ष में लामबन्द करना ज़रूरी है, जो हमेशा ही ताक़तवर के पीछे हो लेते हैं, और हमेशा अधिक सुरक्षित पक्ष तलाशते रहते हैं... एक शब्द में दान्तों—अब तक की जानकारी में क्रान्तिकारी नीति के सबसे बड़े विशारद—के इन शब्दों के अनुसार कार्रवाई करो : साहसिकता... साहसिकता...और एक बार फिर साहसिकता!"[259]

पृष्ठ 273 (130)

"...क्या तुम चाहते हो कि विधान परिषदों का और विस्तार हो? क्या तुम चाहते हो कि कुछेक भारतीय तुम्हारे प्रतिनिधियों के रूप में हाउस ऑफ़ कामंस में जाकर बैठें? क्या तुम चाहते हो कि भारतीयों की एक बड़ी संख्या सिविल सर्विस में भरती हो जाये? तो आओ देखें कि क्या 50, 100, 200, या 300 (भारतीय–स.) सिविलियन भरती हो जाने से सरकार हमारी हो जायेगी...। भले ही पूरी की पूरी सिविल सर्विस भारतीय हो जाये, लेकिन सिविल सर्वेण्ट्स को तो सिर्फ़ हुक्म की ही तामील करनी होगी—वे कोई निर्देश नहीं दे सकते, कोई नीति नहीं निर्धारित कर सकते। एक मुर्गा विहान नहीं लाता। ब्रिटिश सरकार की सेवा में एक सिविलियन, 100 सिविलियन या 1000 सिविलियन भरती होकर सरकार को भारतीय नहीं बना सकते। जो परम्पराएँ हैं, क़ानून हैं, नीतियाँ हैं, उनकी ताबेदारी तो हर सिविलियन को करनी होगी, चाहे वह काला हो, भूरा हो, गोरा हो, और जब तक ये परम्पराएँ नहीं बदली जातीं, जब तक इनके सिद्धान्तों में रद्दोबदल नहीं किया जाता, और जब तक इनकी नीतियों में आमूलचूल परिवर्तन नहीं किया जाता, तब तक यूरोपियनों के स्थान पर भारतीयों को भरती कर देने मात्र से ही इस देश में अपनी सरकार नहीं क़ायम हो सकती...।

अगर आज सरकार आकर मुझसे कहे कि, 'स्व राज ला', तो मैं इस उपहार के लिए धन्यवाद तो दे दूँगा, पर उस चीज़ को स्वीकार नहीं करूँगा जिसे मैंने स्वयं अपने हाथों से अर्जित नहीं किया है...।

"कोई भी सत्ता जो हमारे विरुद्ध जाती है, उसे हम बरबस अपनी मर्जी के आगे झुकने के लिए मजबूर करेंगे।

"...बुनियादी चीज़ सरकार की गरिमा है। [पृष्ठ 274 (131) पर जारी]

"क्याब साम्राज्य के भीतर स्व-शासन का होना वास्तव में एक व्यावहारिक आदर्श हो सकता है? इसका मतलब क्या होगा? इसका मतलब या तो हमारा कोई स्व-शासन नहीं होगा, या इंग्लैंड का हमारे ऊपर कोई वास्तविक आधिपत्य नहीं होगा। क्या हम स्व-शासन के मात्र छायाभास से ही सन्तुष्ट हो लेंगे? अगर नहीं तो क्या इंग्लैंड हमारे ऊपर अपने मात्र छायाभासी आधिपत्य से ही सन्तुष्ट हो लेगा? दोनों ही दशाओं में, इंग्लैंड एक छायाभासी आधिपत्यभर से ही सन्तुष्ट नहीं हो सकता, और हम भी मात्र छायाभासी स्व-शासन से सन्तुष्ट होने से इन्कार करते हैं। और इसीलिए भारत में स्व-शासन और इंग्लैंड के उस पर आधिपत्य के बीच ऐसी परिस्थितियों में कोई समझौता सम्भव नहीं है...। यदि स्व-शासन—वास्तविक—हो, तो सिर्फ़ भारत में ही नहीं, बल्कि स्वयं ब्रिटिश साम्राज्य के भीतर इंग्लैंड की स्थिति क्या होगी? स्व-शासन का मतलब है स्वयं टैक्स लगाने का अधिकार, इसका मतलब है

अपना नियन्त्रण, इसका मतलब है अपनी जनता को विदेशी निर्यातों पर संरक्षणात्मक और निषेधात्मक चुंगी लगाने का अधिकार। जिस क्षण हमको खुद टैक्स लगाने का अधिकार मिल जायेगा, उस क्षण हम क्या करेंगे? तब हम औद्योगिक बायकाट के इस कठिन काम में लगने की कोशिश नहीं करेंगे। बल्कि वही करेंगे जो हरेक राष्ट्र करता आया है। आज हम जिन परिस्थितियों में जी रहे हैं, उनके मद्देनज़र हम मैनचेस्टर से आने वाले कपड़े के एक-एक इंच पर, और लीड्स से आने वाली एक-एक ब्लेड या छुरी पर, भारी निषेधात्मक और संरक्षणात्मक चुंगी लगा देंगे। हम अपने देश में एक भी अंग्रेज़ को घुसने की अनुमति नहीं देंगे। आज जिस तरह ब्रिटिश पूँजी भारतीय संसाधनों के विकास के नाम पर यहाँ लगी हुई है, उसकी हम कतई अनुमति नहीं देंगे। हम ब्रिटिश पूँजीपतियों को देश की खनिज सम्पदा की खुदाई करने और उसे अपने देश उठा ले जाने का कोई अधिकार नहीं देंगे। [पृष्ठ 275 (132) पर जारी] हमें विदेशी पूँजी की ज़रूरत होगी। पर इसके लिए हम पूरी दुनिया के खुले बाज़ारों से विदेशी कर्ज लेने की दरख़्वास्त करेंगे, और क़र्ज की वापसी के लिए भारतीय सरकार, भारतीय राष्ट्र की साख की गारण्टी देंगे...। और आज जिस तरह से इंग्लैंड के वाणिज्यिक हित सिद्ध हो रहे हैं, तब, जनता के स्व-शासन की दशा में, नहीं सिद्ध होंगे, भले ही यह सरकार साम्राज्य के अधीन ही क्यों न रहे। लेकिन तब साम्राज्य के भीतर इसका क्या मतलब होगा? इसका मतलब यह होगा कि इंग्लैंड को चुंगी सम्बन्धी कुछ तरजीह पाने के लिए हमारे साथ कुछ क़रार करने को बाध्य होना पड़ेगा। अगर इंग्लैंड भारत के हमारे बाज़ारों में प्रवेश की खुली छूट चाहेगा, तो उसे हमारे द्वारा रखी गयी शर्तों के तहत ही आना होगा, और एक समय के बाद जब हम अपने संसाधनों का विकास कर लेंगे और अपने औद्योगिक जीवन को सुव्यवस्थित कर लेंगे, तब हम सिर्फ़ इंग्लैंड के लिए ही नहीं, बल्कि ब्रिटिश साम्राज्य के हरेक हिस्से के लिए अपना दरवाज़ा खोल देंगे। और क्या तुम समझते हो कि इंग्लैंड जैसा मुट्ठीभर आबादी वाला एक छोटा-सा देश, जो चाहे कितना भी अधिक सम्पन्न क्यों न हो, निष्पक्षता और बराबरी की शर्तों पर, भारत जैसे प्राकृतिक संसाधनों से भरपूर देश के साथ प्रतियोगिता कर सकेगा, जिसके पास इतनी भारी आबादी है, जो दुनिया के किसी भी भाग में सबसे शालीन और संयमी समझी जाती है?

"अगर साम्राज्य के भीतर सचमुच हमारी अपनी सरकार हो जाये, अगर 30 करोड़ लोगों को वही स्वतन्त्रता मिल जाये जो साम्राज्य को हासिल है, तब तो ब्रिटिश साम्राज्य रह ही नहीं जायेगा। भारतीय साम्राज्य हो जायेगा...।" *बि.च. पाल*[260] *न्यू स्पिरिट, 1907 में*

पृष्ठ 276 (133)

हिन्दू सभ्यता

हमें ऐसा लग सकता है कि अपने कई पक्षों की दृष्टि से यह एक ऐसा लगभग अकल्पनीय-सा समुच्चय है जिसमें एक तरफ़ आध्यात्मिक भाववाद है तो दूसरी तरफ़ स्थूल भौतिकवाद भी है, एक तरफ़ इन्द्रियनिग्रह है तो दूसरी तरफ़ इन्द्रियलिप्सा भी है, एक तरफ़ यह मानवीय आत्मा को वैश्विक आत्मा के साथ एकाकार करने का दर्पभरा दावा करती है तथा मनुष्य को दैवीयता में और दैवीयता को मनुष्य में समाहित करती है, तो दूसरी तरफ़ वह हताश कर देने वाला निराशावाद भी है जिसके तहत यह उपदेश देती है कि जीवन अपनेआप में दुखदायी प्रतीति के अलावा और कुछ नहीं है और कि इससे मुक्ति का एवं सभी बुराइयों के अन्त का, एकमात्र उपाय अस्तित्वहीन हो जाने में ही है। *शिरोल पृष्ठ 26 इण्डियन अनरेस्ट*[261]

शिक्षा नीति

भारत में पश्चिमी शिक्षा को चालू करने का मूल मन्तव्य नौजवान भारतीयों की एक अच्छी-ख़ासी संख्या को प्रशिक्षित करना था, ताकि सरकारी दफ्तरों में मातहती पदों को अंग्रेज़ी बोलने वाले देशज लोगों से भरा जा सके। *पृष्ठ 34*[262]

पृष्ठ 277 (134)

ब्रिटिश नौकरशाही के अत्याचार के ख़िलाफ़ अपनेआप को राजनीतिक आन्दोलन में झोंक देने वाले कितने पश्चिमी शिक्षाप्राप्त भारतीयों ने अपने देशवासियों को उनकी सामाजिक बुराइयों की नृशंसता से मुक्त करने के लिए कभी अँगुली उठायी है? उनमें से कितने ऐसे हैं जो स्वयं इससे मुक्त हैं, या, यदि मुक्त भी हैं, तो क्या उनमें अपने विचार के अनुसार आचरण करने का साहस भी है? *इंडिया ओल्ड एंड न्यू, पृष्ठ 107*[263]

पृष्ठ 278 (135)

किसी भारतीय संसद की कल्पना करना कठिन है!

भारतीय राष्ट्रीय कांग्रेस लगभग शुरू से ही एक संसद की कार्यशैली अख़्तियार कर चुकी थी। परन्तु भारत में संसद की न तो कोई गुंजाइश थी, और न है कारण कि जब तक ब्रिटिश शासन एक वास्तविकता बना रहेगा, तब तक भारतीय सरकार, जैसाकि लॉर्ड मोसली ने साफ़तौर पर कहा है, एक निरंकुश तन्त्र ही हो सकता

है—जो भले ही कल्याणकारी हो और भारतीय विचारों के साथ पूरी सहानुभूति रखे, फिर भी एक निरंकुशतन्त्र ही होगा। *154, अनरेस्ट*[264]

कांग्रेस का उद्देश्य या लक्ष्य

"भारतीय राष्ट्रीय कांग्रेस का उद्देश्य भारतीय जनता को सरकार की एक ऐसी प्रणाली उपलब्ध कराना है जो ठीक वैसी ही हो जैसीकि ब्रिटिश साम्राज्य के अन्तर्गत स्व-शासित देश चला रहे हैं, जिसमें वे साम्राज्य के अधिकारों और दायित्वों में बराबर के भागीदार हों।" *मालवीय जी का अध्यक्षीय भाषण 1909*[265]

(कांग्रेस का लाहौर अधिवेशन)

पृष्ठ 279 (136)

स्वतन्त्रा भारत का संविधान

और कोई नहीं, बल्कि स्वयं (भारत) माँ ही यह तय करेगी और कर सकती है कि एक बार जब वह अपनी अस्मिता पा लेती है और आजाद हो जाती है तो इस क्रान्ति के सम्पन्न हो जाने के बाद वह अपने जीवन के मार्ग-दर्शन के लिए कौन-सा संविधान अपनायेगी...। बिना विस्तार में गये, हम इतना कह सकते हैं कि भारतीय राष्ट्र की इम्पीरियल सरकार का मुखिया राष्ट्रपति बनेगा या राजा, यह इस पर निर्भर करता है कि यह क्रान्ति स्वयं को कैसे आगे बढ़ाती है...। माँ का आजाद होना, उसका अखण्ड और एक होना, तथा उसकी इच्छा का सर्वोपरि रहना ज़रूरी है। उसके बाद ही वह अपनी इच्छा जाहिर कर सकती है कि वह अपने सिर पर राजसी मुकुट धारण करे या अपनी पवित्र काया को गणतान्त्रिक परिधान से आवेष्ठित करे।

पर मत भूलो हे राजाओ! कि तुम्हारे कृत्यों और अकृत्यों का कड़ा हिसाब लिया जायेगा, और नया जन्म पायी हुई जनता तुम्हारे साथ तुम्हारे ही ढंग से हिसाब चुकता करने में नहीं चूकेगी। हर कोई जो जनता के साथ सक्रिय रूप से विश्वासघात करेगा, अपने पुरखों का तिरस्कार करेगा, और माँ के ख़िलाफ़ जाकर अपने ख़ून को गन्दा करेगा...उसे कुचल कर धूल और गर्द में मिला दिया जायेगा...। क्या तुम्हें हमारे इस कठोर संकल्प पर शुबहा है? अगर है, तो सुन लो नाम धींगरा[266] का और चुप कर जाओ। उस शहीद का नाम लेकर कहते हैं कि अरे भारतीय राजाओ, इन शब्दों पर गम्भीरता से और गहराई से सोचो। जैसी मर्जी हो करो, लेकिन तुम वही पाओगे जो बोओगे। चुन लो कि तुम राष्ट्र के संस्थापकों में पहला बनोगे या राष्ट्र के अत्याचारियों में आख़िरी। *पृष्ठ 196, इण्डियन अनरेस्ट, ज्तय करो, ओ*

भारतीय शासकों'[267]

अछूत

राजनीतिक दृष्टिकोण से भारतीय आबादी के लाखों-लाख लोगों का अपने शासकों की आस्था के अनुरूप धर्मान्तरण ऐसी सम्भावनाओं के द्वार खोल देगा कि मैं उनका विस्तारपूर्वक वर्णन करने की ज़रूरत नहीं महसूस करता। *पृष्ठ 184*[268]

पृष्ठ 280 (137)

हत्या नॉय यज्ञ[269]

सोने की मुद्रा पाने के लालच में मानव वेषधारी कुछ देशी नरपिशाचों, भारत के कलंक–पुलिस–ने वारीन्द्र घोष[270] आदि उन महान सपूतों को गिरफ़्तार कर लिया, जो अपने निजी हितों का बलिदान करके और बम बनाने जैसे 'यज्ञ' के पवित्र अनुष्ठान को पूरा करने में अपने जीवन को समर्पित करके, अपने देश की आज़ादी के लिए काम कर रहे थे। इन नरपिशाचों में सबसे बड़ा नरपिशाच, आशुतोष विश्वास[271] इन बहादुर सपूतों को फ़ाँसी के तख़्ते पर पहुँचाने का रास्ता साफ़ करने लगा। लेकिन शाबास चारु[272]! (आशुतोष विश्वास को ख़त्म करने वाले) तुम्हारे माँ-बाप सर्वपूज्य हैं। तुमने उनका गौरव बढ़ाया, सर्वोच्च साहस का परिचय दिया, जो इस क्षणभंगुर जीवन की परवाह न करते हुए, उस नरपिशाच की इस दुनिया से छुट्टी कर दी। अभी ज़्यादा दिन नहीं हुए जब गोरों ने, छल-बल से भारत को भारतीयों (मूल पाठ में मुहम्मडनों–स.) से, उचक्कों की तरह झपट लिया था। और वह कमीना शम्स-उल-आलम[273], जिसने उस आलमगीर पादशा[274] का रास्ता अपनाया, जिसने सोने की मुद्रा पाने की लालच में पूर्वजों के नाम को कलंकित किया–आज उस दुराचारी को तुमने भारत की इस पवित्र धरती से मिटा दिया है। नरेन गोसाईं[275] से लेकर तलित चक्रवर्ती तक सभी उस कमीने जालसाज शम्स-उल-आलम की जालसाजियों और यातना के फलस्वरूप सरकारी गवाह बन गये थे। अगर तुमने नरपिशाचों के इस मददगार की छुट्टी नहीं कर दी होती, तो क्या भारत के लिए कोई उम्मीद बची रह जाती?

कई लोग यह चीख़-पुकार मचा रहे हैं कि विद्रोह करना महापाप है। लेकिन विद्रोह है क्या? क्या भारत में कोई ऐसी चीज़ है, जिसके ख़िलाफ़ विद्रोह किया जाए? क्या एक फिरंगी को भारत का राजा माना जा सकता है, जिसके स्पर्शमात्र से, जिसकी महज परछाईं पड़ जाने से ही हिन्दू अपना शुद्धिकरण करने के लिए बाध्य हो जाते हैं?

ये महज पश्चिमी लुटेरे हैं जो भारत को लूट रहे हैं...। उन्हें निकाल बाहर

करो, हे भारत के सपूतो! वे तुम्हें जहाँ कहीं भी मिलें, उन पर और उनके साथी जासूसों और खुफ़िया एजेण्टों पर कोई रहम मत करो। पिछले वर्ष, अकेले बंगाल में ही 19 लाख लोग बुखार, चेचक, हैजा, प्लेग और दूसरी बीमारियों से मर गये। तुम अपनेआप को भाग्यशाली समझो कि तुम बच गये, लेकिन याद रखो कि कल तुम भी प्लेग और हैजा की चपेट में आ सकते हो। क्या तुम्हारे लिए बेहतर नहीं होगा कि तुम बहादुरों की मौत मरो?

जब ईश्वर का यही विधान है, तो जरा सोचो, कि क्या इस शुभ बेला में भारत के हरेक सपूत का कर्तव्य नहीं है कि वह इन गोरे दुश्मनों का संहार करे? ख्पृष्ठ 282 (138) पर जारी,[276] अपनेआप को प्लेग और हैजा से मत मरने दो, ऐसा करके भारत माँ की पवित्र धरती को दूषित मत करो। पुण्य और पाप में फर्क करने के लिए हमारे शास्त्र हमारे मार्गदर्शक हैं। हमारे शास्त्र बार-बार हमें बताते हैं कि इन गोरे कमीनों और उनके सहयोगियों एवं सहअपराधियों को क़त्ल करना अश्वमेध यज्ञ के बराबर है। आओ, सब के सब आओ। आओ हम सब मिलकर इस बलिवेदी पर अपनी यज्ञाहुति अर्पित करें, और प्रार्थना करें कि इस यज्ञ में सारे गोरे साँप इसकी ज्वाला में वैसे ही भस्म हो जायें जैसे जनमेजय यज्ञ में साँप नष्ट हो गये थे। याद रखो, यह हत्या नहीं, यज्ञ है। *(पृष्ठ 342, नोट्स) आइ.यू.*[277]

“भारत में कुल मतदाता 62,00,000 अर्थात् भारत की कुल आबादी का 2¾ प्रतिशत हैं जिसमें वे क्षेत्र शामिल नहीं, जिन पर 1919 का क़ानून नहीं लागू होता था।”

194

आइ.ओ.एन. [278]

पृष्ठ 283 (140)[279]

इंडिया ओल्ड एंड न्यू : शिरोल वी.

“ब्रिटिश लोग यह जान लें कि यदि वे न्याय नहीं करना चाहते, तो यह प्रत्येक भारतीय का परम कर्तव्य बन जायेगा कि इस साम्राज्य को नष्ट कर दे।” *महात्माजी*[280] *(नागपुर कांग्रेस)*

देहात और शहर का सवाल

कुछ सरकारी बुद्धिमत्ता इस रूप में दिखायी गयी थी कि भौगोलिक स्थिति पर बिना ध्यान दिये, दूर-दराज के शहरों को एक निर्वाचन क्षेत्र में रख दिया गया था, ताकि ऐसे शहरी व्यक्तियों को, जोकि (सरकार के) न चाहते हुए भी अधिक विकसित राजनीतिक दृष्टिकोण पा चुके थे, उन देहाती निर्वाचन क्षेत्रों से उम्मीदवार बनने से

रोका जा सके, जिनमें यदि उपर्युक्त व्यवस्था न की गयी होती तो कई एक छोटे शहर भी स्वाभाविक तौर पर शामिल हो जाते। यह एक आख़िरी कोशिश थी जो इस विश्वास पर आधारित थी कि पंजाब की आबादी को बकरियों और भेड़ों के रूप में विभाजित किया जा सकता था, जिसमें बकरियाँ 'विश्वासघाती' शहरी लोग तथा भेड़ें 'विश्वासपात्र' किसान समुदाय के लोग माने गये थे।[281]

खालसा कालेज 1892 में स्थापित हुआ[282]

पृष्ठ 284 (141)

भारत जैसा मैंने इसे जाना[283]

एक 'महात्मा' का रास्ता सचमुच कठिन है, और यह आश्चर्यजनक नहीं है कि गाँधी ने हाल ही में इस उपाधि को—और इसकी ज़िम्मेदारियों को त्याग देने की कोशिश की है। भारत में उनका प्रभाव निरन्तर घटता जा रहा है, फिर भी उनका संन्यासी का बाना और महान नैतिक सच्चाइयों के रूप में उनके द्वारा अत्यन्त कुशलता से निरूपित किये जाने वाले अस्पष्ट और अव्यावहारिक तोलस्तोय मार्का सिद्धान्त बहुतेरे लोगों को सार्थक लगने का भ्रम देते हैं तथा भावुक इंग्लैंड के दुर्बल मन वाले तथा फ्रांस के कुछ तर्कशील लोग भी इसी भ्रम में हैं, जो पूर्व से एक नयी रोशनी की उम्मीद लगाये हुए हैं। *पृष्ठ 65*

भेदिया[284]

आयरिश षड्यन्त्रों में जो घृणित लेकिन उपयोगी वर्ग आमतौर पर (भेदियों की—स.) आपूर्ति किया करता था, वह जड़मूल से क्यों सूख गया, इसके मुख्य कारणों में से मैं समझता हूँ एक तो यही रहा है कि सत्ताधारी अपने भेदिये को छिपाने और बचाने में असफल रहे (जैसे जेम्स कैरी के मामले में, जबकि उसी ने क्रान्तिकारियों के अभेद्य गिरोह का रहस्योद्घाटन किया था और उसी के साक्ष्य पर ब्रैडी, फिट्ज़हरबर्ट और मुलेन को फीनिक्स पार्क की दो हत्याओं, अर्थात् चीफ सेक्रेटरी और अण्डरसेक्रेटरी की हत्याओं के बदले फ़ाँसी पर चढ़ा दिया गया। उस भेदिये की एक नौजवान क्रान्तिकारी ओ'डॉनेल ने, डरबन में, दिन-दहाड़े गोली मारकर हत्या कर दी।[285]) गो कि हत्या करने वाला पकड़ा गया। महायुद्ध से पहले और उसके दौरान, पंजाब के लेफ्टीनेण्ट गवर्नर के रूप में, मेरा कई क्रान्तिकारी षड्यन्त्रों से पाला पड़ा, जिनका पर्दाफाश करने में भेदियों की जाति ने एक बड़ी भूमिका अदा की, और हमारी सतर्कता इतनी मुकम्मल रही कि एक भी मामले में किसी भी भेदिये पर कोई आँच नहीं आयी।[286]

पृष्ठ 285 (142)

मैं समझ सकता हूँ कि अपनी नीचताभरी चालबाजी, असामान्य अहम्मन्यता, दुरभिसन्धि रचने की अपनी जन्मजात रुझान, और अरुचिकर तथ्यों पर पर्दा डालने की क्षमता से पूरी तरह लैस भारतीय षड्यन्त्रकारी कैसे इस माहौल में आराम से काम करते थे। *पृष्ठ 187 इंडिया ऐज आइ निउ इट*[287]

आर्यसमाज

वास्तव में आर्यसमाज पश्चिमी प्रभाव के विरुद्ध एक राष्ट्रवादी पुनर्जागरण है। यह इस सम्प्रदाय के संस्थापक दयानन्द के आधिकारिक ग्रन्थ, सत्यार्थ प्रकाश में अपने अनुयायियों का आह्वान करता है कि वे वेदों की ओर लौटें और आर्यों के काल्पनिक स्वर्णिम अतीत में स्वर्णिम भविष्य की तलाश करें। सत्यार्थ प्रकाश गैर-हिन्दू शासन के विरुद्ध दलीलें भी देता है, और कुछ वर्ष पहले, इस सम्प्रदाय के एक अग्रण ी मुखपत्र ने तो दयानन्द को ही स्वराज के सिद्धान्त का असली प्रवर्तक होने का दावा भी किया।

लेकिन 1907 में जब कुछ शरारती लोगों ने आर्य समाज के विरुद्ध अफवाहें फैलाना शुरू किया, तब इस सम्प्रदाय ने अपने पुराने धर्म सिद्धान्त को दुहराते हुए इस आशय का एक प्रस्ताव प्रकाशित करने की बुद्धिमत्ता दिखायी कि इस संगठन का किसी भी किस्म के राजनीतिक निकाय या किसी भी कस्मि के राजनीतिक आन्दोलन से कोई सम्बन्ध नहीं है। अब यदि एक निकाय के रूप में समाज द्वारा चरमपन्थी राजनीति से सम्बन्ध-विच्छेद के इस दावे को मान भी लिया जाये, तब भी कट्टर हिन्दुओं के लिए यह बात गौरतलब होनी ही चाहिए कि भले ही, आर्य समाज में पंजाब की हिन्दू आबादी के 5 प्रतिशत से अधिक लोग शामिल नहीं हैं, फिर भी 1907 से लेकर आज तक हिन्दुओं की एक बड़ी आबादी जो राजद्रोह और दूसरे राजनीतिक अभियोगों के तहत दण्डित होती रही है, वह इस समाज की ही सदस्य रही है। *पृष्ठ 184, वही*

पृष्ठ 286 (143)

भारत के बारे में सांख्यिकीय आँकड़े

इंग्लैंड और वेल्स में 4/5 आबादी शहरों में रहती है।

शहरी जीवन का मानक वहाँ से	भारत (ब्रिटिश)
शुरू होता है जब 1000 लोग	
एक साथ रहने लगते हैं। केवल	कुल
तभी नगरपालिका की ओर से	244,000,000

जलनिकास, रोशनी और पानी की आपूर्ति की व्यवस्था की जा सकती है।	में से 226,000,000 गाँवों में रहते हैं।

इंग्लैंड–सामान्य समयों में

मुहैया करता है 58% (आबादी का–स.) उद्योग को
8% कृषि को
भारत देता है 71% कृषि को
12% उद्योग को
5% व्यापार को
2% घरेलू सेवाओं को
1% स्वतन्त्र पेशों को
1% सेना समेत, सरकारी सेवा को।

– पूरे भारत में 31 करोड़ 50 लाख लोगों में से 22 करोड़ 60 लाख लोग भूमि पर आश्रित हैं।
– उनमें से 20 करोड़ 80 लाख लोग सीधे कृषि पर जीते या आश्रित हैं। (मॉण्टफोर्ड रिपोर्ट)[288]

पृष्ठ 288 (144)

कुल क्षेत्रफल 1,800,000 वर्ग मील
ग्रेट ब्रिटेन से 20 गुना बड़ा

–700,000 वर्गमील या 1/3 से अधिक राज्यों के अधीन है। भारतीय राज्यों की संख्या 600 है।

–बर्मा फ्रांस से बड़ा है। मद्रास और बम्बई (प्रान्त), अलग-अलग इटली से बड़े हैं।
भारत की कुल जनसंख्या (1921 की जनगणना)–318, 942, 000
अर्थात् कुल मानवजाति का 1/5

–247,000,000 आबादी ब्रिटिश भारत में और 71,900,000 राज्यों में है।

25 लाख लोग अंग्रेज़ी पढ़ना जानते हैं–प्रति एक हज़ार पुरुषों में से 16 और प्रति हज़ार स्त्रियों में से 2 **देशी भाषाओं** की कुल संख्या 222 है। **गाँवों** की कुल संख्या **500,000**[289]

पृष्ठ 288 (145)

स्वेज नहर 1869 में खुली। उस समय भारत का कुल निर्यात था :

रु. 80 करोड़ = £ 80,000,000

1926-27 और उसके पहले के दो वर्षों में इसका औसत था :

रु. 350 करोड़, अर्थात् लगभग £ 262,500,000

कुल जनसंख्या = 31 करोड़ 90 लाख

जिसमें से 3 करोड़ 20 लाख 50 हज़ार अर्थात् 10.2 प्रतिशत लोग क़स्बों और शहरों (शहरी क्षेत्र) में रहते हैं, जबकि इंग्लैंड में यह 79% है।[290]

और काम का सबसे कठिन हिस्सा होगा झुग्गी-झोंपड़ियों में रहने वालों के दिमाग़ में कुछ बेहतरी की इच्छा को बिठाना। *पृष्ठ 22, साइमन रिपोर्ट*[291], *पृष्ठ 304*[292]

भगतसिंह के लघु हस्ताक्षर

दिनांक : 12.9.1929

सन्दर्भ

1. नोटबुक की पृष्ठ संख्या टाइटिल पृष्ठ से गिनी गयी है। कोष्ठक में दी गयी संख्या उन पृष्ठों की है जिन पर लिखा हुआ है। उदाहरण के लिए पृष्ठ 2 (2) के बाद तीन पृष्ठ सादे हैं और अगली लिखावट पृष्ठ 6 (3) पर है। नोटबुक में बीच-बीच में कुछ पृष्ठ नहीं हैं तथा कई पृष्ठ ख़ाली छोड़े हुए हैं। कुल 145 पृष्ठों पर भगतसिंह ने नोट्स लिए हैं।
2. नोटबुक के पृष्ठ दो पर ज़मीन की माप सम्बन्धी सिर्फ़ इन्हीं दो इकाइयों–हेक्टेयर और एकड़ की आपसी तुलना अंकित है।
3. फ्रेडरिक एंगेल्स; समाजवाद, काल्पनिक एवं वैज्ञानिक।
4. फ्रेडरिक एंगेल्सय परिवार, निजी सम्पत्ति और राज्य की उत्पत्ति।
5. लुइस एच. मार्गन (1818-1881); अमेरिकी समाजशास्त्री जिन्होंने 1877 में प्रकाशित अपनी पुस्तक प्राचीन समाज *(Ancient Society, or Researches in the Lines of Human Progress from Savagery through Barbarism to Civilization)* में विस्तृत सामाजिक अध्ययन के आधार पर इतिहास विकास की भौतिकवादी धारणा को पुष्ट किया था। एंगेल्स ने अपनी पुस्तक परिवार, निजी सम्पत्ति और राज्य की उत्पत्ति लिखने में मुख्य रूप से मार्गन द्वारा प्रस्तुत सामग्री को आधार बनाया था।
6. यहाँ भगतसिंह ने हाशिये पर लिखा है : वेनिजन = शिकार से प्राप्त पशु-मांस।
7. फ्रेडरिक एंगेल्स; परिवार, निजी सम्पत्ति और राज्य की उत्पत्ति।
8. फ्रेडरिक एंगेल्स; परिवार, निजी सम्पत्ति और राज्य की उत्पत्ति।
9. फ्रेडरिक एंगेल्स; परिवार, निजी सम्पत्ति और राज्य की उत्पत्ति।
10. सर हैनरी कैम्पबेल-बैनरमैन (1836-1908) : ब्रिटिश उदारवादी राजनेता, 1905-08 तक प्रधानमन्त्री रहे।
11. सम्भवतः आर्थर जेम्स (1848-1930) : प्रथम अर्ल ऑफ़ बालफोर, ब्रिटिश राजनयिक एवं प्रधानमन्त्री (1902-1905)

12. महान गणितज्ञ और दार्शनिक बर्ट्रेण्ड आर्थर विलियम रसेल (1872-1972)
13. भारत में संवैधानिक सुधारों के सम्बन्ध में मॉण्टेग्यू-चेम्सफोर्ड रिपोर्ट (1918) जिसके आधार पर भारत सरकार अधिनियम, 1919 के तहत दोहरा शासन लागू हुआ। एडविन सैमुअल मॉण्टेग्यू (1877-1924) 1917 से 1922 तक भारत के मामलों का प्रभारी ब्रिटिश विदेशमन्त्री और लॉर्ड चेम्सफोर्ड 1916 से 1920 तक भारत का वायसराय रहा।
14. जेम्स रैम्जे मैक्डोनाल्ड (1866-1937) : ब्रिटिश राजनयिक और ब्रिटिश लेबर पार्टी का संस्थापक सदस्य। 1923-24 में तथा 1929-35 में ब्रिटेन का प्रधानमन्त्री रहा।
15. डॉ. वी.एच. रदरफोर्ड की पुस्तक *मॉडर्न इंडिया :' इट्स प्रोब्लम्स एंड देयर सोल्यूशंस*, लन्दन, 1927 से।
16. सम्भसवतः डॉ. वी.एच. रदरफोर्ड की पुस्तक *मॉडर्न इंडिया*; इट्स प्रोब्लम्स एंड देयर सोल्यूशंस, लन्दन, 1927 से।
17. टॉमस पेन की कृति, द राइट्स ऑफ़ मैन; अंग्रेज़ लेखक और प्रचारक टॉमस पेन (1737-1809) अमेरिकी स्वतन्त्रता-संग्राम और फ्रांसीसी क्रान्ति में अपनी अविस्मरणीय भूमिका के लिए सारी दुनिया में विख्यात हैय उसका परचा कामन सेंस तथा यह कृति राइट्स ऑफ़ मैन, इतिहास की अमूल्य धरोहर हैं। अमेरिकी स्वतन्त्रता-संग्राम के दौरान लिखा गया राइट्स ऑफ़ मैन अमेरिकी संविधान का मुख्य आधार बना।
18. *द राइट्स ऑफ़ मैन से।*
19. *द राइट्स ऑफ़ मैन से।*
20. *द राइट्स ऑफ़ मैन से।*
21. *पैट्रिक हेनरी* (1736-1790) : अमेरिकी स्वतन्त्रता संग्राम के नेताओं में से एक, प्रखर वक्ता और सांसद।
22. रॉबर्ट जी. इंगरसोल (1832-1899) : अमेरिकी वकील, वक्ता और लेखक।
23. असली नाम सैमुअल लैंग्हॉर्न क्लीमेंस (1835-1910) : मशहूर अमेरिकी उपन्यासकार और व्यंग्यकार।
24. मशहूर अमेरिकी उपन्यासकार और समाजवादी-सुधारक (1878-1968)। क्राइ फॉर जस्टिस सामाजिक प्रतिरोध के साहित्य का एक अनूठा संकलन है जो सिक्लेयर के सम्पादन में 1915 में प्रकाशित हुआ था। आगे कई पृष्ठों तक के नोट्स इसी पुस्तक से लिए गये हैं।
25. अंग्रेज़ प्रकृतिवादी और उपन्यासकार (1848-1887)।
26. पैट्रिक मैकगिल (1889-1963) : आइरिश पत्रकार, कवि और उपन्यासकार। (सी.जे. –क्राइ फॉर जस्टिस का संक्षिप्त)
27. अमेरिकी पत्रकार और राजनीतिज्ञ (1811-1872)।
28. अमेरिकी कवि, निबन्धकार और सम्पादक (1819-91)।
29. अंग्रेज़ कवि टॉमस ग्रे (1716-7) की रचना एलिजी रिटेन इन एक कण्ट्री चर्चयार्ड से।
30. जॉन स्टुअर्ट मिल, अंग्रेज़ निबन्धकार और उदारवादी दार्शनिक (1808-73)।

31. मक्सिम गोर्की (1868-1936) : प्रसिद्ध रूसी सर्वहारा क्रान्तिकारी लेखक।
32. वाल्ट व्हिटमैन (1819-92) : प्रसिद्ध अमेरिकी कवि; उनकी विख्यात कविता लीव्ज ऑफ़ ग्रास से।
33. विण्डेल फिलिप्स (1811-1884) : अमेरिकी वक्ता, सुधारक, और दासता विरोधी आन्दोलन के सक्रिय कार्यकर्ता।
34. हेनरिक इब्सन (1828-1906) : नार्वे के प्रसिद्ध नाटककार, आधुनिक गद्य नाटक की शुरुआत करने वाले माने जाते हैं।
35. एक्लेजिआस्तिज (हिब्रू बाइबिल का एक हिस्सा) अध्याय 7, पद 7।
36. अमेरिकी अराजकतावादी एमा गोल्डमान (1869-1940) के एक निबन्ध से।
37. यूजीन वी. डेब्स (1855-1926) : अमेरिकी समाजवादी नेता, 1918 में प्रथम विश्वयुद्ध विरोधी एक भाषण के कारण हुई दस वर्ष क़ैद की सज़ा सुनाये जाते वक़्त अदालत में बयान।
38. फ्राँस्वा मेरी चार्ल्स फूरिये (1772-1837) : फ्रांसीसी समाजवादी लेखक; उद्धरण का स्रोत अज्ञात।
39. फ्रेडरिक हैरिसन (1831-1923) : प्रसिद्ध विधिवेत्ता; इतिहास, राजनीति और साहित्य पर कई पुस्तकों के लेखक।
40. टॉमस जेफरसन (1743-1826) : अमेरिका के तीसरे राष्ट्रपति, अमेरिकी स्वतन्त्रता संग्राम के अग्रणी नेता और संविधान निर्माताओं में प्रमुख।
41. चार्ल्स ई. रसेल (1860-1941) : मकरेकर्स नाम से प्रसिद्ध अमेरिकी लेखकों, पत्रकारों के समूह के प्रमुख सदस्य थे, जिन्होंने अपनी रचनाओं में पूँजीवादी व्यवस्था की बुराइयों का भण्डाभोड़ किया।
42. पूरा नाम फ्रांसिस्को फेरेर गुआर्दिया (1859-1909) : स्पेनी शिक्षाशास्त्री, जो बाद में समाजवादी बन गये; यद्यपि उन्होंने हिसा का विरोध किया था, फिर भी उन पर मुक़दमा चलाया गया, और फ़ाँसी दे दी गयी, जिसे बाद में चलकर 'अदालती हत्या' नाम दिया गया।
43. बक व्हाइट (1874-1951) : अमेरिकी समाजवादी और लेखक।
44. विलियम वर्ड्सवर्थ (1750-1850) : प्रसिद्ध अंग्रेज़ कवि, जो अपनी युवावस्था में रैडिकल और गणतन्त्र समर्थक रहे।
45. लॉर्ड अल्फ्रे ड टेनीसन (1809-1897) : प्रसिद्ध अंग्रेज़ राष्ट्रवादी कवि।
46. अंग्रेज़ी में शब्द स्पष्ट नहीं।
47. टॉमस कैम्पबेल (1777-1844) : स्कॉट कवि के गीत मैन *ऑफ़ इंग्लैंड* की अन्तिम पंक्तियाँ। नोटबुक के पिछले संस्करणों में त्रुटिवश 'टी' को 'जे' पढ़ा जाने के कारण इनका परिचय आइरिश कवि जोजेफ कैम्पबेल के रूप में दिया गया था।
48. आर्थर ह्यू क्लो (1819-61) : अंग्रेज़ कवि की कविता *पेस्चिएरा* की पंक्तियाँ। जिसमें इटली के प्रथम स्वाधीनता संग्राम के दौरान पेस्चिएरा नामक स्थान पर 1848 में हुई लड़ाई का वर्णन है।
49. अरस्तू, *पॉलिटिक्स*।

50. प्रशा का फ्रेडरिक (1712-1786) : प्रबुद्ध निरंकुश शासक के रूप में प्रसिद्ध।
51. वेरा निकोलायेव्ना फिग्नर (1852-1942) रूसी महिला क्रान्तिकारी और शहीद, जारशाही के विरुद्ध युद्ध की घोषणा करने वाली प्रथम रूसी महिलाओं में एक।
52. प्रसिद्ध अंग्रेज़ कवि लॉर्ड बायरन (1788-1824) की इस कविता में जेनेवा झील के पास चिलोन के क़िले में क़ैद एक देशभक्त फ्राँस्वा दि बोनिवार के ज़ेल-जीवन का वर्णन किया गया है।
53. निकोलाई अलेक्सान्द्र मोरोजोव (1854-1946) : रूसी क्रान्तिकारी, लेखक, कवि और वैज्ञानिकय 1880 में लन्दन में मार्क्स से मुलाक़ात और *मेनिफेस्टो ऑफ़ द कम्युनिस्ट पार्टी* के रूसी में अनुवाद का जिम्मा, 1875 से 1878 तक, तथा 1881 से 1905 तक, क़रीब 25 वर्षों तक ज़ेल की सज़ा के दौरान, रसायन विज्ञान, भौतिकी, गणित और खगोल विज्ञान पर 28 पुस्तकों के अलावा कविताएँ और कहानियाँ भी लिखीं।
54. मूल में उर्दू में यह शे'र लिखा हुआ है :

तुझे जबह करने की ख़ुशी, मुझे मरने का शौक़,
मेरी भी मर्जी वही है, जो मेरे सैयाद की है।

55. लेनिनग्राद क्षेत्र में स्थित श्लुसेलबर्ग क़स्बे के पास एक द्वीप पर पीटर महान की सेना द्वारा 1702 में बनाये गये क़िले को बाद में एक कारागार में बदल दिया गया था। इस कारागार में अनेक दिसम्बरवादी क्रान्तिकारी, अराजकतावादी बाकुनिन, पोलिश देशभक्त लुकासोविस्लाग, मार्शल दोलगोरुकी, और लेनिन के भाई अलेक्सान्द्र को क़ैद करके रखा गया था (लेनिन के भाई को यहीं फ़ाँसी दी गयी)।
56. स्रोत अज्ञात।
57. रोजर एन. बाल्डविन : अमेरिकन सिविल लिबर्टी यूनियन के निदेशक रहे। *फ़्री स्पीच फाइट ऑफ़ द आई. डब्ल्यू. डब्ल्यू.* (इण्डस्ट्रियल वर्कर्स ऑफ़ द वर्ल्ड) से।
58. चार्ल्स मैके (1814-1889) : स्कॉट कवि, पत्रकार और गीतकार।
59. शार्लोट पर्किन्स गिलमैन (1860-1935) : अमेरिकी उपन्यासकार, कहानीकार और समाज सुधारक की कविता जिसे 1920 के दशक में अमेरिका में बालश्रम क़ानून में संशोधन पर चली बहस में एक सांसद द्वारा उद्धृत किया गया।
60. सम्भवतः जॉर्ज डेविस हैरोन (1862-1925), जो एक जमाने में क्रिश्चियन सोशलिस्ट पादरी थे और अमेरिका की सोशलिस्ट पार्टी के सदस्य भी रहे।
61. यह शीर्षक बड़े अक्षरों में लिखा हुआ है।
62. थियोडोर हर्ट्ज़का (1845-1924) : हंगारी-ऑस्ट्रियाई अर्थशास्त्री और पत्रकार। *फ़्री लैण्ड : सोशियल एण्टिसिपेशन* के लेखक।
63. मकान के क्षेत्रफल में कुछ गड़बड़ है, आँकड़े स्पष्ट नहीं।
64. अमेरिकी पत्रकार।
65. प्योत्र अर्कादिएविच स्तोलीपिन (1862-1911) : 1906 से 1911 तक जार की मन्त्रिपरिषद का अध्यक्ष और गृहमन्त्री।
66. अप्टन सिक्लेयर की पुस्तक जिसे बुर्जुआ पत्रकारिता की बखिया उधेड़ने वाली पहली पुस्तक माना जाता है।

67. सम्भवतः प्युट्रिफैक्शन एंड इण्टर्नल डिके ऑफ़ कैपिटलिस्ट सिविलाइजेशन—पर ठीक-ठीक स्रोत एवं सन्दर्भ का पता नहीं।

68. रवीन्द्रनाथ ठाकुर (1861-1941) भाषण का स्थान, समय तथा अन्य ब्योरे उपलब्ध नहीं हैं।

69. नासाउ विलियम सीनियर (1790-1864) : अंग्रेज़ अर्थशास्त्री।

70. कार्ल मार्क्स, *हेगेल के न्याय-दर्शन की समालोचना का प्रयास* से उद्धृत।

71. कार्ल मार्क्स, *हेगेल के न्याय-दर्शन की समालोचना का प्रयास* से उद्धृत।

72. मूल में ये पंक्तियाँ पृष्ठ पर तिरछे लिखी हुई हैं।

73. हर्बर्ट स्पेंसर (1820-1903) : अंग्रेज़ दार्शनिक; महत्त्वपूर्ण कृतियाँ : *द प्रिंसिपल्स ऑफ़ साइकोलाजी और फर्स्ट प्रिंसिपल्स।*

74. अज्ञात।

75. कुछ शब्द स्पष्ट नहीं; आगे पन्ना फटा हुआ; उपरोक्त शब्द जॉन बॉल के हैं। जॉन बॉल और वॉट टाइलर्स इंग्लैंड में हुए 1381 के किसान विद्रोह के नेता थे।

76. आगस्त कॉम्ते (1798-1857) : फ्रांसीसी विचारक।

77. अन्य विवरण अनुपलब्ध।

78. सम्भवतः ब्रिटिश इतिहासकार और विधिवेत्ता सर हेनरी समर मेन (1822-1888), भारत में 1863 से 1869 तक काउंसिल के सदस्य, और कलकत्ता विश्वविद्यालय के वाइस-चांसलर भी रहे।

79. इंग्लैंड में 19वीं सदी में एक अज्ञात कवि के द्वारा लिखी कविता का अंश।

80. मॉरिस हिलक्विट (1869-1933) : अमेरिकी समाजवादी।

81. पैरे का स्रोत और सन्दर्भ वाला हिस्सा फटा हुआ। सम्भवतः मॉरिस हिलक्विट की ही पुस्तक से उद्धृत।

82. कार्ल काउत्स्की (1854-1938) : जर्मन सामाजिक-जनवादी आन्दोलन तथा दूसरे इंटरनेशनल के एक नेता। शुरू में मार्क्सवादी थे पर बाद में मार्क्सवाद के साथ गद्दारी की और मज़दूर आन्दोलन में मौजूद एक अवसरवादी प्रवृत्ति (काउत्स्कीवाद) के सिद्धान्तकार बन गये।

83. यह तथा नीचे आया इंग्लैंड सम्बन्धी शीर्षक मोटे अक्षरों में लिखे हुए हैं।

84. जैक (जॉन) ग्रिफिथ लण्डन (1876-1916) का उपन्यास *आयरन हील,* जो 1908 में प्रकाशित हुआ। इस उपन्यास में पूँजीवाद के रक्तपिपासु और दमनकारी चरित्र तथा इसके विरुद्ध मज़दूरों के संघर्ष का अत्यन्त प्रभावशाली चित्रण है।

85. स्रोत का पता नहीं।

86. यूजीन पोतिए द्वारा पेरिस कम्यून (1871) के दौरान फ्रेंच में लिखा गया यह गीत इंटरनेशनल नाम से विश्व सर्वहारा का संघर्षगीत बन गया।

87. **ला मार्सइयेज;** फ्रांस का राष्ट्रगान। 24 अप्रैल, 1792 को रचा गया। फ्रांसीसी क्रान्ति की हिफाजत करने के लिए युद्धरत सैनिकों के लिए इसे एक फ्रांसीसी कप्तान क्लोद जोजेफ द लिल ने संगीतबद्ध किया। मार्सइयेज शहर से पेरिस की ओर मार्च करते सैनिकों ने जब इसे पहली बार गाया तो ऐसा आवेग और जोश पैदा हुआ कि लोग

उमड़ पड़े। एक फ्रेंच जनरल ने एक बार सन्देश भेजा था कि उसके पास तत्काल *मार्सइयेज* भेजा जाए क्योंकि इसकी ताकत कई बटालियनों के बराबर है।

88. लेनिन की पुस्तक, *द्वितीय इंटरनेशनल का पतन*।
89. निकोलाई हवानोविच बुखारिन (1888-1938)–रूसी सामाजिक-जनवादी मज़दूर पार्टी के सदस्य। राज्य, सर्वहारा अधिनायकत्व, राष्ट्रीयताओं के आत्मनिर्णय के अधिकार तथा ऐसे ही अन्य प्रश्नों पर लेनिन विरोधी दृष्टिकोण अपनाते रहे। अक्टूबर समाजवादी क्रान्ति के बाद बार-बार लेनिनवादी पार्टी नीति का विरोध किया। 1937 में अपनी पार्टी विरोधी गतिविधियों के कारण पार्टी से निकाले गये।
90. व्यंग्यात्मक परिभाषाओं की पुस्तक, जो बाद में डेविल्स डिक्शनरी के नाम से प्रकाशित हुई। एम्ब्रोस बियर्स (1842-1914) अमेरिकी पत्रकार, कथाकार और व्यंग्यकार थे।
91. बन्दूक़ के छर्रे।
92. हेनरी वॉन डाईक (1852-1933) : अमेरिकी धार्मिक विचारक और लेखक।
93. जैक लण्डन का उपन्यास।
94. जैक लण्डन का उपन्यास
95. शीर्षक का शेष हिस्सा फटा हुआ है।
96. भगतसिंह के शब्द।
97. कोष्ठक में भगतसिंह के शब्द।
98. स्रोत का पता नहीं।
99. त्रात्स्की की कृति *ह्वेयर इज ब्रिटेन गोइंग?*
100. लिओन त्रात्स्की : लेव दवीदोविच त्रात्स्की (1879-1940)–लेनिनवाद के घोर विरोधी। रूसी सामाजिक-जनवादी मज़दूर पार्टी (बोल्शेविक) की छठी कांग्रेस में (1917) बोल्शेविक पार्टी के सदस्य बन गये। अक्टूबर क्रान्ति में महत्त्वपूर्ण हिस्सेदारी। क्रान्ति के बाद कई सरकारी पदों पर रहे। 1923 में पार्टी की आम नीति और समाजवाद के निर्माण के लेनिन के कार्यक्रम के ख़िलाफ़ गुटबाजी भरा संघर्ष चलाया तथा इस बात का प्रचार किया कि सोवियत संघ में समाजवाद की विजय असम्भव है। कम्युनिस्ट पार्टी ने त्रात्स्कीवाद को पार्टी में निम्न पूँजीवादी प्रवृत्ति के रूप में बेनकाब किया और उसे संगठन व विचारधारा के दृष्टिकोण से पराजित किया। त्रात्स्की 1927 में पार्टी से निकाल दिये गये ओर 1929 में सोवियत विरोधी गतिविधियों के कारण उन्हें देश निकाला दे दिया गया।
101. त्रात्स्की की कृति *ह्वेयर इज ब्रिटेन गोइंग?*
102. त्रात्स्की की कृति *ह्वेयर इज ब्रिटेन गोइंग?*
103. सम्भवतः जेम्स रैम्जे मैक्डोनाल्ड (1866-1937) : ब्रिटिश लेबर पार्टी के नेता और दो बार प्रधानमन्त्री।
104. त्रात्स्की की कृति *ह्वेयर इज ब्रिटेन गोइंग?*
105. त्रात्स्की की कृति *ह्वेयर इज ब्रिटेन गोइंग?*
106. त्रात्स्की की कृति *ह्वेयर इज ब्रिटेन गोइंग?*
107. स्रोत अज्ञात।

108. स्रोत अज्ञात।

109. अज्ञात।

110. रैल्फ वाल्डो एमर्सन (1803-1882) : प्रसिद्ध अंग्रेज़ कवि, चिन्तक और निबन्धकार।

111. टॉमस कार्लाइल (1795-1881), पास्ट एंड प्रजेण्ट, बुक IV

112. स्कॉट नीअरिग (1883-1983) : अमेरिकी पर्यावरणवादी, युद्धविरोधी कार्यकर्ता, प्रचारक और लेखक। पॉवर्टी एंड रिचेज 1916 में प्रकाशित हुई थी।

113. वी.आई. लेनिन, *साम्राज्यवाद, पूँजीवाद की चरम अवस्था*।

114. लेनिन, *सर्वहारा क्रान्ति और गद्दार काउत्स्की* से।

115. फ्रेडरिक एंगेल्स, *सत्ता के बारे में* से।

116. लेनिन, सर्वहारा *क्रान्ति और गद्दार काउत्स्की* से।

117. *परिवार, निजी सम्पत्ति और राज्य की उत्पत्ति* से।

118. अगस्त बेबेल (1840-1913)—जर्मन तथा अन्तर्राष्ट्रीय मज़दूर आन्दोलन के एक प्रसिद्ध नेता। 1867 से जर्मन मज़दूर संघों की लीग के नेता, पहले इंटरनेशनल के सदस्य, 1867 से राइख़स्टाग (जर्मन संसद) के सदस्य, जर्मन सामाजिक-जनवाद के संस्थापकों में से एक, मार्क्स तथा एंगेल्स के मित्र तथा सहयोगी, दूसरे इंटरनेशनल के प्रमुख नेता।

119. टॉमस कार्लाइल (1795-1881) : ब्रिटिश लेखक व निबन्धकार।

120. लेनिन, *सर्वहारा क्रान्ति और गद्दार काउत्स्की*।

121. लिओन त्रात्स्की की किताब, *लेसंस ऑफ़ अक्टूबर 1917* से।

122. पृष्ठ का ऊपरी लगभग दो-तिहाई भाग ख़ाली है। इसमें सिर्फ़ बी.के. दत्त (बटुकेश्वर दत्त) का तिरछा हस्ताक्षर है। और दिनांक 12.7.30 दो बार अंकित है।

123. मार्क्स-एंगेल्स, *कम्युनिस्ट पार्टी का घोषणापत्र*।

124. *कम्युनिस्ट पार्टी का घोषणापत्र* का आख़िरी पैरा।

125 *कम्युनिस्ट पार्टी का घोषणापत्र*।

126. त्रात्स्की कृत *'लेसंस ऑफ़ अक्टूबर 1917'* की भूमिका ए. सूसन लॉरेंस द्वारा लिखित।

127. 1926 में प्रकाशित त्रात्स्की की पुस्तक *लेसंस ऑफ़ अक्टूबर 1917* से।

128. 1926 में प्रकाशित त्रात्स्की की पुस्तक *लेसंस ऑफ़ अक्टूबर 1917* से।

129. त्रात्स्की की किताब *लेसंस ऑफ़ अक्टूबर 1917* से।

130. त्रात्स्की की किताब *लेसंस ऑफ़ अक्टूबर 1917* से।

131. त्रात्स्की की किताब *लेसंस ऑफ़ अक्टूबर 1917* से।

132. त्रात्स्की की किताब *लेसंस ऑफ़ अक्टूबर 1917* से।

133. त्रात्स्की की किताब *लेसंस ऑफ़ अक्टूबर 1917* से।

134. आख़िरी शब्द मूल में अस्पष्टय *लेसंस ऑफ़ अक्टूबर 1917* से।

135. उपरोक्त सभी उद्धरण सम्भवतः त्रात्स्की की किताब *लेसंस ऑफ़ अक्टूबर 1917* हैं।

136. सम्भवतः *लेसंस ऑफ़ अक्टूबर 1917* से ही।

137. हाशिये पर नोट किया हुआ।

138. मूल में शीर्षक की बायीं तरफ़ 'सही' (ü) का निशान।

139. 1848 में, मार्क्स के ऊपर उनके अख़बार को लेकर कोलोन (जर्मनी) में एक प्रसिद्ध मुक़दमा चला। मई 1848 में कार्ल मार्क्स और फ्रेडरिक एंगेल्स ने कुछ साथियों की मदद से न्यू राइनिश जाइटुंग (Neue Rheinische Zeitung) नामक एक राजनीतिक दैनिक अख़बार की स्थापना की। मार्क्स इसके सम्पादक थे। यह यूरोप में क्रान्तिकारी उथल-पुथल का दौर था। नवम्बर 1848 में जब प्रशा के राजा ने नेशनल असेम्बली को भंग कर दिया तो मार्क्स और उनके साथियों ने जनता से कर न चुकाने का आह्वान किया और हथियारबन्द विरोध की वकालत की। कोलोन की घेरेबन्दी कर ली गयी और उनका अख़बार बन्द कर दिया गया। मुक़दमे के दौरान मार्क्स ने अपने तर्कों से जूरी को ही दोषी क़रार दिया। उन्हें बरी कर दिया गया लेकिन प्रशा से निर्वासित कर दिया गया।

140. तोमास्सो कैम्पानेला (1568-1639) : इतालवी कवि और दार्शनिक।

141. भगतसिंह द्वारा पुस्तक पर दर्ज टिप्पणी।

142. विक्टर ह्यूगो (1802-1885) : फ्रांसीसी कवि, नाटककार, उपन्यासकार और रोमांसवाद के एक प्रवर्तक; लेस मिजरेबल्स उनका 1862 में लिखा एक क्लासिकीय उपन्यास है।

143. *माँ की प्रार्थना* नामक कविता की पंक्तियाँ।

144. अज्ञात।

145. प्रसिद्ध मराठा सन्त और शिवाजी के प्रेरणा-गुरु।

146. लाइकरगस : प्राचीन स्पार्टा (यूनान) का संविधान निर्माता। उसके जीवनीकार प्लुटार्क के अनुसार वह 'विधि निर्माता' था, और हेरोदोतस के अनुसार, उसने 'सारी परम्पराएँ' बदल डालीं।

147. सोलोन (639 ई.पू.-559 ई.पू.) : प्राचीन एथेंस (यूनान) का राजनयिक, जिसने सीमित जनतन्त्र देने के लिए एथेंस के संविधान का संशोधन किया, और भूमि-सुधार लागू किया।

148. हजरत मोहम्मद (570-632 ई.) का उल्लेख अरब देशों में प्रचलित पुराने क़ानूनों और प्रथाओं के स्थान पर इस्लामी क़ानूनों के संस्थापक के रूप में किया गया है।

149. नेपोलियन बोनापार्ट (1769-1821) ने नेपोलियन संहिता तैयार की जिसे यूरोप में लागू किया गया।

150. प्रसिद्ध रूसी उपन्यासकार फ्योदोर मिखाइलोविच दोस्तोयेव्स्की (1821-1881) का प्रसिद्धतम उपन्यास *अपराध और दण्ड* जो 1866 में प्रकाशित हुआ।

151. एडमण्ड बर्क (1729-1797) : ब्रिटिश राजनीतिज्ञ और लेखक।

152. ऐसा प्रतीत होता है कि भगतसिंह ने विधिशास्त्र सम्बन्धी व्यापक अध्ययन की रूपरेखा बनायी थी, जो नोटबुक के अगले कई पृष्ठों तक जारी है।

153. सम्भवतः अंग्रेज़ धर्मशास्त्रीय रिचर्ड हूकर (1554-1600) जिसने *द लॉ ऑफ़ एक्लेसिएस्टिकल पॉलिसी* में *एंग्लीकनिज़्म* के सिद्धान्तों को संहिताबद्ध किया।

154. सम्भवतः सर विलियम ब्लैकस्टोन (1723-1780) : अंग्रेज़ विधिवेत्ता, जिसने *कमेण्ट्रीज ऑन द लॉज ऑफ़ इंग्लैंड* (1765-1769) लिखी, जो अंग्रेज़ी क़ानून के सिद्धान्त पर एक आधिकारिक पुस्तक मानी जाती है।

155. जॉन ऑस्टिन (1811-1680) : ब्रिटिश दार्शनिक राजनीतिक चिन्तक।

156. टॉमस हॉब्स (1588-1689) : अंग्रेज़ दार्शनिक-राजनीतिक चिन्तक। राज्य की उत्पत्ति के सामाजिक समझौते के सिद्धान्त का जनक। राजतन्त्रात्मक निरंकुशतावाद का समर्थक था।

157. स्रोत और विवरण अनुपलब्ध।

158. डायोनीसियस द एल्डर (430-367 ई. पू.) : सिसली का यूनानी राजनेता, जो 400 ई.पू. में साइरेक्यूस का निरंकुश शासक बना।

159. ड्रैको (ई.पू. सातवीं सदी) : एथेंस (यूनान) का राजनीतिज्ञ जिसने परम्परागत अल्लिखित संविधान को संहिताबद्ध किया, छोटे से लेकर, बड़े तक सभी प्रकार के जुर्मों के लिए प्राणदण्ड देने के लिए कुख्यात उसका क़ानून (ड्रैकनियन लॉ) आज भी ऐसे काले क़ानूनों के लिए मुहावरे के तौर पर इस्तेमाल होता है।

160. हाशिये पर लिखा हुआ।

161. उन्नीसवीं सदी के पूर्वार्द्ध में इंग्लैंड में एक जज द्वारा सुनायी गयी मौत की सज़ा।

162. हाशिये पर नोट किया हुआ और रेखांकित।

163. अज्ञात।

164. लाला लाजपत राय (1865-1928), लाहौर में साइमन कमीशन का विरोध करने पर ब्रिटिश पुलिस ने बर्बर लाठीचार्ज किया, और इसी में लगी सांघातिक चोट के फलस्वरूप बाद में, लाला जी की मृत्यु हो गयी। उनकी मौत और पंजाब के अपमान का बदला लेने के लिए भगतसिंह और उनके क्रान्तिकारी साथियों ने ब्रिटिश पुलिस अफ़सर, साण्डर्स की गोली मार कर हत्या कर दी।

165. रवीन्द्रनाथ ठाकुर।

166. *एमिली*–फ्रांसीसी दार्शनिक ज्याँ जाक रूसो (1712-1778) का उपन्यास (1762) जिसमें यह सिद्धान्त निरूपित किया गया है कि बच्चे को सभ्यता के बुरे प्रभावों से बचाने के लिए प्राकृतिक वातावरण में विकास का पूर्ण अवसर दिया जाना चाहिए।

167. रूसो की पुस्तक *सोशल कान्ट्रैक्ट* : इसमें एक ऐसे आदर्श राज्य का वर्णन प्रस्तुत किया गया है जिसमें सम्प्रभुता पूरी जनता में निहित थी। उसके विचार 1789 की फ्रांसीसी क्रान्ति की एक महत्त्वपूर्ण प्रेरकशक्ति बने।

168. फ्योदोर मिखाइलोविच दोस्तोयेव्स्की (1821-1881) का उपन्यास *द हाउस ऑफ़ डेड*, जो स्वयं उनके कारावास के अनुभवों के आधार पर 1861 में लिखा गया।

169. लेनिन की रचनाओं से उद्धृत अंश।

170. लेनिन की रचनाओं से उद्धृत अंश।

171. लेनिन की रचनाओं से।

172. लेनिन की रचनाओं से।

173. स्रोत अज्ञात।

174. स्रोत अज्ञात।

175. प्राचीन रोमन गणराज्य और साम्राज्य।

176. यूनान का प्राचीन नगरराज्य।

177. अरस्तू (384-322 ई.पू.) : यूनानी दार्शनिक और प्लेटो का शिष्य। उसने बहुतेरे विषयों पर लिखा, जिनमें से पालिटिक्स और पोयटिक्स विशेष रूप से उल्लेखनीय हैं।

178. प्लेटो (427-347 ई.पू.) : यूनानी दार्शनिक और सुकरात का शिष्य, और आदर्श राज्य के यूटोपिया के तौर पर, रिपब्लिक का लेखक, जिसमें उसने एक दार्शनिक राजा और विवेकसम्मत राज्य-व्यवस्था की कल्पना की थी।

179. हेलास : प्राचीन यूनान।

180. सुकरात (469-399 ई. पू.) : यूनानी दार्शनिक जिसे नौजवानों को 'भ्रष्ट करने' के आरोप में जहर का प्याला पीकर आत्महत्या कर लेने की सज़ा दी गयी।

181. एपीक्यूरस : (341-270 ई.पू.) यूनानी दार्शनिक, जो मानता था कि आत्मसंयम से जीवन सुखमय बनाया जा सकता है। नैतिकता सन्तोषप्राप्ति का एक साधन है।

182. जेनो : यूनानी दार्शनिक, जो आत्मसंयम और प्रकृति की संगति में जीवन जीने का हिमायती था।

183. कैटो द यंगर (95-46 ई.पू.) : रोमन दार्शनिक जो स्टोइकवादियों का संरक्षक सन्त बना।

184. सेनेका : पूरा नाम ल्यूसियस एनीयस सेनेका (4 ई.पू.-65 ई.) : रोमन लेखक और राजनीतिज्ञ तथा रोमन सम्राट नीरो का शिक्षक, जिसने स्टोइकवाद पर कई निबन्ध और दुखान्त नाटक भी लिखे। थोड़े समय के लिए वह एक तरह से रोम का शासक भी रहा, फिर बाद में आत्महत्या करने की सज़ा मिली।

185. मार्कस आरेलियस एन्तोनियस : (121-180 ई.) : रोमन दार्शनिक और सम्राट (161-180 ई. तक)। उसने *मेडिटेशंस* नाम से एक क्लासिकीय स्टोइकवादी ग्रन्थ लिखा।

186. एण्टीस्थेनीज (444-365 ई. पू.) : सुकरात से प्रभावित यूनानी दार्शनिक। उसके सादगी भरे जीवन और शिक्षाओं ने ग़रीबों को आकर्षित किया।

187. रोमन सम्राट एन्टोनियस पायस (86-161 ई.) का शासन काल (138-161 ई.)। उसका शासनकाल शान्ति और उत्तम प्रशासन का काल माना जाता है।

188. राजकीय या शाही कमेटी, जो सम्राट द्वारा गठित की जाती थी।

189. राजकीय क़ानून।

190. टॉमस एक्विनास (1226-1274) : इतालवी दार्शनिक

191. पादुआ का मार्सिलिओ (मृत्यु 1328 ई.) : इटली के पादुआ शहर का निवासी राजनीतिक सिद्धान्तकार जिसने चर्च और राज्य को एक-दूसरे से पृथक करने को लेकर बादशाह लुई चतुर्थ के लिए *डिफेंसर पैसिस* ग्रन्थ लिखा, जो काफ़ी विवादास्पद सिद्ध हुआ।

192. सम्भवतः फ्रांसिस बेकन (1561-1626) : अंग्रेज़ दार्शनिक और राजनीतिज्ञ की किसी रचना से उद्धृत।

193. फ्रांसीसी दार्शनिक और गणितज्ञ। कार्तवादी दर्शन चेतना और पदार्थ के भेद पर

आधारित है, जो द कार्त की कृति *डिस्कोर्स ऑन मैटर* (1673) में उसके इस सूत्र-वाक्य से स्पष्ट है : *कॉगनिटो अर्गो सम* (Cognito ergo sum)–अर्थात् "मैं सोचता हूँ, इसलिए मैं हूँ।''

194. द प्रिन्स : 1527 में, इतालवी राजनीतिक चिन्तक मैकियावेली द्वारा लिखी गयी प्रसिद्ध पुस्तक, जिसमें राज्यसत्ता हासिल करने के उपायों का विस्तारपूर्वक विवेचन और विश्लेषण किया गया है। मैकियावेली और उसकी पुस्तक ने अपने समय तथा बाद के युग में भी राजनीति पर काफ़ी प्रभाव डाला।

195. रिचर्ड हूकर : देखें नोटबुक पृष्ठ 107 (80) का सन्दर्भ 1।

196 टॉमस हॉब्स : देखें नोटबुक पृष्ठ 108 (81) का सन्दर्भ 2।

197. जॉन लॉक (1632-1707) : अंग्रेज़ दार्शनिक और एक अग्रणी व्यवहारवादी। उसने सामाजिक संविदा के हॉब्स के सिद्धान्त की आलोचना की जो राजतन्त्र के समर्थन तक जाते थे; 1689 में अपनी प्रसिद्ध कृति *टू ट्रीटाइजेज ऑन गवर्नमेण्ट* लिखी, जिसने आगे चलकर अमेरिकी संविधान निर्माताओं को प्रभावित किया; उसकी दूसरी प्रसिद्ध पुस्तक *एस्से कंसर्निंग ह्यूमन अंडरस्टैंडिंग* है जो ऐन्द्रिक अनुभव पर आधारित ज्ञान की अवधारणा के समर्थन में है।

198. ज्याँ जाक रूसो : देखें नोटबुक पृष्ठ 119 (92) का सन्दर्भ 1।

199. ह्यूजिनात : यह नाम सोलहवीं सदी के मध्य से फ्रांस के प्रोटेस्टेण्टों को दिया जाने लगा था, कारण कि तूर्स शहर में स्थानीय प्रोटेस्टेण्ट ईसाई रात में राजा ह्यूगो के फाटक पर मुलाक़ात किया करते थे। राजा ह्यूगो को जनता एक दैवीय शक्ति मानती थी।

200. *विण्डीसिए कोण्ट्रा टाइरैनस* : ह्यूबर्ट लैंगुएत (1518-1581) की रचना जिसमें निरंकुश शासन के विरुद्ध प्रतिरोध करने का सिद्धान्त प्रतिपादित किया गया थाय परन्तु इसके लिए यह भी ज़रूरी बताया गया था कि ऐसा प्रतिरोध एक समुचित रूप से गठित आधिकारिक निकाय द्वारा ही किया जाना चाहिए।

201. जॉर्ज बुकानन (1506-1582) : स्कॉट विचारक, जिन्होंने अपनी रचना *डि ज्यूर रेग्नी एपुड स्कोटोस* (1579) में लिखा कि राजा उन परिस्थितियों से बँधा होता है जिनके तहत उसे सर्वोच्च सत्ता प्रदान की गयीय और निरंकुश शासकों का प्रतिरोध करना तथा यहाँ तक कि उन्हें दण्डित करना भी न्यायपूर्ण है।

202. जेसुइट : *सोसायटी ऑफ़ जीसस* नामक सम्प्रदाय का सदस्यय इस कैथोलिक धार्मिक सम्प्रदाय की स्थापना 1540 में, सेण्ट इग्नेशियस लोयोला ने की थी।

203. बेलार्मिन (इतालवी में बेलार्मिनो)–राबर्टो फ्रांसिस्को रोमोलो (1542-162) इतालवी धर्मशास्त्री, वह मानता था कि पोप के पास एक अयोग्य शासक को हटा देने का अप्रत्यक्ष अधिकार होता है।

204. जुआन डि मारिएना (1536-1624) : स्पेन का इतिहासकार और जेसुइट; वह एक निरंकुश शासक को उखाड़ फेंकने को वैध मानता था।

205. जेम्स प्रथम (1602-1625) : ब्रिटेन का राजा। उसने राजा के दैवीय अधिकार की घोषणा की, जिसको लेकर संसद से उसका टकराव हुआ।

206. जेम्स द्वितीय (1633-1701) : ब्रिटेन का राजा। अपनी कैथोलिक पक्षधरता और स्वेच्छाचारी शासन के कारण उसे 1688 की 'गौरवशाली क्रान्ति' के बाद, सिंहासन छोड़कर फ्रांस भागना पड़ा।

207. ज्याँ बोदैं (1530-1596) : फ्रांसीसी दार्शनिक। उसका मानना था कि सम्प्रभु शासक की सत्ता को जनतान्त्रिक संसद संशोधित कर सकती है।

208. जोहान्स अल्थूसियस (1557-1638) : एक जर्मन विधिवेत्ता और डच गणराज्य की सीमा पर स्थित एक इम्पीरियल शहर एमडैन का चीफ़ मजिस्ट्रेट।

209. ह्यूगो ग्रोटियस (1583-1645) : डच विधिवेत्ता और राजनीतिज्ञ। उसकी पुस्तक अन्तर्राष्ट्रीय क़ानून का सबसे पहले निरूपण करने वाली कृति मानी जाती है।

210. पिलग्रिम फादर्स : इंग्लैंड के चर्च के प्यूरिटन विद्रोहियों का एक जत्था जो परेशान किये जाने से बचने तथा उत्तरी अमेरिका में जा बसने के लिए, *मेफ्लावर* नामक जहाज से भाग निकला।

211. प्यूरिटन : प्रोटेस्टेण्ट ईसाई सम्प्रदाय का सदस्य।

212. जॉन मिल्टन (1608-1674) : अंग्रेज़ कवि। *पैराडाइज लॉस्ट और पैराडाइज रिगेन्ड* के रचयिता

213. मोटे अक्षरों में हाशिये पर दर्ज।

214. यह स्पष्ट नही है कि भगतसिंह किसी पुस्तक से उद्धरण नोट कर रहे थे या ये उनकी अपनी टिप्पणियाँ हैं।

215. हॉब्स।

216. स्पिनोजा (1632-1677) : देकार्त से प्रभावित डच दार्शनिक। उसने अपनी पुस्तक *एथिक्स* (1677) में यह विचार प्रकट किया कि मानव-जीवन ईश्वर (या प्रकृति) से ओतप्रोत है। अपारम्परिक विचारों के कारण अपने मूल सम्प्रदाय से 1956 में निष्कासित।

217. सैमुअल बैरन फान पुफेन्डोर (1632-1684) : जर्मन विधिवेत्ता और इतिहासकार। उसका विचार था कि राज्य के क़ानून प्राकृतिक क़ानून में ही शामिल हैं।

218. सम्भवतः पुफेन्डोर की पुस्तक, *दि ज्यूरे नेचुरी एट जेण्टियम* का अंग्रेज़ी शीर्षक।

219. मूल में ऐसे ही नोट किया हुआ; देखें नोटबुक पृष्ठ सं. 118 (91) का।

220. मूल में ऐसे ही नोट किया हुआ; देखें नोटबुक पृष्ठ सं. 118 (91) का।

221. सम्भवतः रूसो का उद्धरण।

222. रूसो, *सोशल कॉण्ट्रैक्ट*।

223. रूसो, *सोशल कॉण्ट्रैक्ट*।

224. *सोशल कॉण्ट्रैक्ट* के आधार पर।

225. *सोशल कॉण्ट्रैक्ट* के आधार पर।

226. रूसो, *सोशल काण्ट्रैक्ट* की भूमिका से।

227. रूसो की प्रसिद्ध उक्ति, *सोशल कॉण्ट्रैक्ट* से।

228. रूसो की प्रसिद्ध उक्ति, *सोशल कॉण्ट्रैक्ट* से।

229. देनी दिदेरो (1713-1784) : प्रबोधन काल का फ्रांसीसी दार्शनिक। विश्वकोष

(इन्साइक्लोपीडिया) का प्रमुख सम्पादक। फ्रांसीसी क्रान्ति की वैचारिक ज़मीन तैयार करने में रूसो और वाल्तेयर के साथ उसकी मुख्य भूमिका थी।

230. रूसो, *सोशल कॉण्ट्रैक्ट*।

231. रूसो, *सोशल कॉण्ट्रैक्ट*।

232. रूसो, *सोशल कॉण्ट्रैक्ट*।

233. रूसो, *सोशल कॉण्ट्रैक्ट*।

234. रूसो, *सोशल कॉण्ट्रैक्ट*।

235. फ्रांसीसी क्रान्ति के बारे में भगतसिंह के इन नोट्स के स्रोत का पता नहीं चलता।

236. पार्लियामेंट : वास्तव में यह कोई निर्वाचित प्रतिनिधियों का निकाय नहीं, बल्कि राजा के सलाहकारों का एक निकाय या इजलास हुआ करती थी।

237. चार्ल्स अलेक्सान्द्र द कैलोन (1734-1802), फ्रांसीसी राजनीतिज्ञ, जो नवम्बर 1783 में वित्तमन्त्री बना।

238. असेम्बली ऑफ़ नोटेबल्स : राज्य का ख़जाना ख़ाली होने के कारण, वित्तमन्त्री कैलोन शाही ख़जाने के लिए क़र्ज लेना चाहता था, परन्तु पार्लियामेंट ने इसे मंजूर नहीं किया। तब उसने राजा को सलाह दी कि आन्तरिक सीमाशुल्कों को ख़त्म कर दिया जाये और नोटेबल्स यानी कुलीनों और पादरियों पर टैक्स लगा दिया जाये। इसके लिए कुलीनों की एक सभा (असेम्बली ऑफ़ नोटेबल्स) जनवरी 1787 में बुलायी गयी। परन्तु कुलीनों ने अपने विशेषाधिकारों में कटौती किये जाने का विरोध कर दिया।

239. स्टेट्स जनरल : यह कुलीन वर्ग, पादरी वर्ग और बुर्जुआ वर्ग से चुने गये प्रतिनिधियों की एक सभा थी।

240. मार्क्विस द लफायत (1757-1834) : अमेरिकी स्वतन्त्रता संग्राम और फ्रांस की क्रान्ति में भाग लिया। वह फरांसीसी सेना का कर्नल (1779) और बाद में मेजर जनरल (1781) भी रहाय 1790 में उसकी तरक्की नेशनल गार्ड ऑफ़ पेरिस के कर्नल-जनरल पद पर हो गयी, और उसने क्रान्ति के आरम्भिक दौरों में बहुत सक्रिय भूमिका निभायी। लेकिन 1792 में संवैधानिक राजतन्त्र का समर्थन करने के कारण असेम्बली ने उसे गद्दार करार कर निर्वासित कर दिया। अपने निर्वासन काल में भी वह अपनी क्रान्तिकारी भूमिका के कारण 5 वर्षों तक प्रशा, जर्मनी, और आस्ट्रिया की ज़ेलों में क़ैद रहा, और नेपोलियन बोनापार्त के हस्तक्षेप से ही ज़ेल से रिहा होकर 1799 में फ्रांस लौटा।

241. स्टेट्स जनरल : 175 वर्ष के लम्बे अन्तराल के बाद मई 1789 में इसकी बैठक हुई। ख़जाना ख़ाली हो जाने के कारण मजबूर होकर सम्राट लुई चौदहवें को सामन्तों, चर्च और बुर्जुआ वर्ग के प्रतिनिधियों की यह बैठक बुलानी पड़ी। पहली दोनों श्रेणियों के क़रीब 300-300 और तीसरी श्रेणी के इससे दोगुने प्रतिनिधि आये। जल्द ही यह एक नये राजनीतिक संघर्ष का केन्द्र बन गयी। जनता के प्रतिनिधियों ने बढ़कर पहल अपने हाथ में ले ली। फरांसीसी क्रान्ति के तूफानी घटनाक्रम की शुरुआत इसी से हुई।

242. बास्तीय : पेरिस से कुछ दूर स्थित बास्तीय का क़िला, जहाँ राजतन्त्र विरोधी बन्दियों को रखा और यातनाएँ दी जाती थीं, निरंकुशता और दमन का एक घृणित प्रतीक था। 14 जुलाई 1789 को निहत्थी जनता की भीड़ ने इस पर धावा बोलकर क़ब्जा कर लिया।

243. वर्साई : पेरिस से कुछ दूर स्थित वर्साई के महलों में राजा और उसके मन्त्रियों का ठिकाना था जहाँ से वे सेना के सहारे क्रान्ति को दबाने की कोशिश कर रहे थे। 5 अक्टूबर 1789 को हज़ारों लोगों ने वर्साई पर धावा बोला और राजा लुई चौदहवें, रानी मैरी अन्तोयनेत तथा उनके अमले को बन्दी बनाकर पेरिस ले आये।

244. टॉमस पेन की रचना *राइट्स ऑफ़ मैन* से (देखें पृष्ठ 14 (11) का सन्दर्भ 3)।

245. प्रथम अर्ल ऑफ़ सेल्बोर्न राउण्डेल पामर (1812-1895) या उसका पुत्र द्वितीय अर्ल ऑफ़ सेल्बोर्न विलियम वाल्डग्रेव पामर (1859-1942)। दोनों ही ब्रिटिश संसद के सदस्य थे।

पेन और सेल्बोर्न के उद्धरण मोटे अक्षरों में पेज पर तिरछे लिखे हुए हैं।

246. टॉमस पेन, *राइट्स ऑफ़ मैन*।

247. ब्रिटिश सरकार द्वारा राजद्रोह का मुक़दमा चलाये जाने पर टॉमस पेन द्वारा दिया गया प्रसिद्ध जवाब।

248. ये उद्धरण मोटे अक्षरों में पेज पर तिरछा लिखा हुआ है।

249. ये उद्धरण मोटे अक्षरों में पेज पर तिरछा लिखा हुआ है।

250. शोषण-विहीन, वर्ग-विहीन, राज्य-विहीन साम्यवादी समाज को अभिलक्षित करने वाला मार्क्स-एंगेल्स का प्रसिद्ध सूत्र वाक्य।

251. जॉर्ज जाक दान्तों (1769-1794) : फ्रांसीसी क्रान्तिकारी। प्रखर वक्ता और फ्रांसीसी क्रान्ति के सबसे रैडिकल नेताओं में से एक। राजशाही को उखाड़ फेंकने (1792) में उसकी प्रमुख भूमिका थी। वह अस्थायी सरकार का प्रमुख बना और 'नागरिक सुरक्षा की कमेटी' की स्थापना की जो बाद में क्रान्तिकारी आतंक क़ायम करने का साधन बन गयी।

252. ये दोनों वाक्य मोटे अक्षरों में पेज पर तिरछे लिखे हुए हैं।

253. भगतसिंह ने एक ओर कुछ पुस्तकों और उनके लेखकों के नाम दर्ज किये हैं और उनके सामने एक उद्धरण लिखा है जिसका स्रोत स्पष्ट नहीं है।

254. मार्क्स की *थीसिस ऑन फायरबाख़* से।

255. देखें नोटबुक पृष्ठ 40 (37) का सन्दर्भ 1।

256. गेओर्ग विल्हेल्म फ्रेडरिक हेगेल (1770-183) : जर्मन दार्शनिक जिसने चिन्तन और व्याख्या की द्वन्द्वात्मक पद्धति दी, जिसे मार्क्स ने भौतिकवादी दर्शन के लिए अपनाया—परन्तु उलटकर, क्योंकि इस पद्धति से हेगेल ने चेतना या परम तत्व या ईश्वर को प्राथमिक कहा था जबकि इसी का इस्तेमाल कर मार्क्स ने पदार्थ को प्राथमिक और चेतना को उससे व्युत्पन्न सिद्ध किया।

257. देखें नोटबुक पृष्ठ 50 (47) का सन्दर्भ 2।

258. देखें नोटबुक पृष्ठ 50 (47) का सन्दर्भ 2।

259. एंगेल्स, जर्मनी में क्रान्ति तथा प्रतिक्रान्ति से। भगतसिंह ने यह उद्धरण मूल रचना से नहीं, बल्कि एक अन्य पुस्तक से लिया था और इसीलिए वह इस भ्रम में रहे कि वह मार्क्स को उद्धृत कर रहे हैं।

260. बिपिनचन्द्र पाल (1858-1932) : स्वाधीनता संग्राम के दौरान बंगाल में एवं अन्यत्र स्वदेशी एवं विदेशी वस्तुओं के बहिष्कार आन्दोलनों के प्रमुख नेताय बाल गंगाधर तिलक, लाला लाजपत राय और बिपिनचन्द्र पाल यानी 'लाल-बाल-पाल' की तिकड़ी ने कांग्रेस में 'गरम दल' का नेतृत्व किया। पाल ने कई अख़बारों जैसे न्यू इंडिया, वन्देमातरम, स्वराज, द इण्डिपेण्डेण्ट एवं न्यू स्पिरिट का सम्पादन किया।

261. सर वैलेण्टाइन शिरोल (1858-1929) : एक मशहूर ब्रिटिश पत्रकार, जिन्होंने भारत का 17 बार दौरा किया; उन्होंने भारत सम्बन्धी दो प्रमुख किताबें लिखीं : *इण्डियन अनरेस्ट* और *इंडिया : ओल्ड एंड न्यू*। वह 1890 से 1912 तक लन्दन के 'टाइम्स' अख़बार के विदेश विभाग के प्रभारी थे तथा 1912 से 1914 तक भारतीय लोक सेवा आयोग के सदस्य भी रहे।

262. *इंडियन अनरेस्ट* से।

263. शिरोल की पुस्तक।

264. शिरोल की *इंडियन अनरेस्ट*; भगतसिंह ने शिरोल की पुस्तक से विस्तृत नोट्स लिए हैं। ख़ासकर इसमें उद्धृत नेताओं के भाषणों और परचों से। पीछे आया बिपिनचन्द्र पाल का लम्बा उद्धरण और आगे आया मदनमोहन मालवीय का उद्धरण इसी पुस्तक से लिया गया है।

265. पण्डित मदन मोहन मालवीय (1861-1946)।

266. मदनलाल धींगरा : लन्दन में 'इण्डियन होमरूल सोसायटी' तथा 'इंडिया हाउस ग्रुप' से जुड़े युवा क्रान्तिकारी। इसकी स्थापना क्रान्तिकारी श्यामजी कृष्ण वर्मा ने लाला हरदयाल, सावरकर और धींगरा जैसे देशभक्त युवाओं को साथ लेकर की थी। मदनलाल धींगरा ने बंग-भंग और उसके बाद देश में चले आन्दोलन पर बर्बर दमन के विरोध में सर विलियम कर्जन वार्यली की लन्दन में 1 जुलाई 1909 को गोली मार कर हत्या कर दी। उन्हें बाद में फ़ाँसी दे दी गयी।

267. 'तय करो, ओ भारतीय शासको' शीर्षक यह परचा राष्ट्रवादी क्रान्तिकारियों ने भारत के रजवाड़ों/रियासतों के शासकों के नाम भेजा था। एक शासक ने इसे शिरोल को दिया था जिसने इसके दो हिस्से अपनी पुस्तक *इंडियन अनरेस्ट* में शामिल किये।

268. शिरोल, *इण्डियन अनरेस्ट*, अध्याय *'दलित जातियाँ'* से।

269. हत्या नहीं यज्ञ : यह पूरा अवतरण शिरोल की पुस्तक *इंडियन अनरेस्ट* (मैकमिलन एंड कम्पनी, लन्दन से 1910 में प्रकाशित) के टिप्पणियों वाले हिस्से से लिया गया है। इसमें 'द रिमूवल ऑफ़ इनफार्मर्स' (भेदियों का सफाया) शीर्षक के अन्तर्गत लिखा गया है कि शम्स-उल-आलम की हत्या के तुरन्त बाद निम्नलिखित अपील क्रान्तिकारियों द्वारा कलकत्ते में जारी की गयी :
'हत्या नॉय यज्ञ' (हत्या नहीं यज्ञ)

नकद इनाम : एक यूरोपीय या दो भेदियों का सिर काटने पर
50वाँ अंक, कलकत्ता, रविवार चौत्रा अष्टमी 1316)

270. वारीन्द्र घोष : अरविन्दो घोष के छोटे भाई और क्रान्तिकारियों के मानिकतला ग्रुप के एक नेता, जो अलीपुर षड्यन्त्र केस (मई 1909) के अभियुक्त थे वे 'युगान्तर' नामक क्रान्तिकारी पत्र भी प्रकाशित करते थे।

271. आशुतोष विश्वास : क्रान्तिकारियों को सज़ा दिलाने के लिए तमाम गलत तरीक़े अपनाने वाला अंग्रेज़परस्त एक सरकारी वकील जिसे अलीपुर पुलिस कोर्ट से बाहर क्रान्तिकारी चारुचन्द्र गुहा ने गोली मारकर मौत के घाट उतार दिया।

272. चारुचन्द्र गुहा : एक वीर तरुण जिसने दायें हाथ की हथेली जन्म से ही नहीं होने के बावजूद देशद्रोही सरकारी वकील आशुतोष विश्वास को गोली मार दी। उसे 10 मार्च 1909 को अलीपुर सेण्ट्रल ज़ेल में फ़ाँसी दे दी गयी।

273. शम्स-उल-आलम : ब्रिटिश पुलिस का सी.आई.डी. इंस्पेक्टर जो क्रान्तिकारियों की सुरागरशी करता था। उसे वीरेन्द्रनाथ दत्त ने 24 जनवरी, 1910 को गोली से उड़ा दियाय इस नौजवान क्रान्तिकारी को 21 फ़रवरी 1910 को फ़ाँसी दे दी गयी।

274. आलमगीर पादशा : मुगल बादशाह औरगंजेब।

275. पूरा नाम नरेन्द्रनाथ गोसाई : मुजफ्फरपुर बम काण्ड में (जिसके लिए खुदीराम बोस को फ़ाँसी दे दी गयी) ब्रिटिश सरकार का मुख़बिर, जिसे 31 अगस्त 1908 को कनाई लाल दत्त और सत्येन्द्र नाथ दत्त ने मार डाला।

276. नोटबुक पृष्ठ संख्या 281 नहीं है, पर पृष्ठ (137) के बाद पृष्ठ (138) का क्रम ठीक है।

277. शिरोल की पुस्तक *इण्डियन अनरेस्ट*।

278. शिरोल की पुस्तक *इंडिया ओल्ड एंड न्यू*।

279. नोटबुक पृष्ठ 282 के बाद पृष्ठ 283 का क्रम तो ठीक है पर (138) के बाद (139) नहीं, बल्क़ि (140) दिया गया है।

280. महात्मा गाँधी; शिरोल की पुस्तक *इंडिया ओल्ड एंड न्यू* से उद्धृत।

281. *इंडिया ओल्ड एंड न्यू* से ही उद्धृत।

282. मूल में, पेज के नीचे की ओर हाशिये पर तिरछा लिखा हुआ।

283. सर माइकेल ओ'ड्वायर (1885-1823) की पुस्तक *इंडिया ऐज आई निउ इट* से उद्धृत, जो 1925/28 में लन्दन से प्रकाशित हुई। 1988 में मित्तल पब्लिकेशंस, दिल्ली से पुनर्मुद्रित। ओ'ड्वायर प्रथम विश्वयुद्ध के दौरान पंजाब का लेफ्टिनेण्ट गवर्नर था, उसने पंजाब से बड़े पैमाने पर नौजवानों की जबरन सेना में भरती करायी, लोगों को युद्ध के लिए सरकार को ऋण देने पर बाध्य किया और राजनीतिक नेताओं को क्रूरतापूर्वक प्रताड़ित किया। जलियाँवाला बाग काण्ड का उसने समर्थन किया। बाद में, ऊधमसिंह ने लन्दन में उसकी हत्या कर दी।

284. इस हिस्से में ओ'ड्वायर ने आयरलैण्ड के क्रान्तिकारियों द्वारा ब्रिटिश सरकार के भेदियों के सफाये का उदाहरण देते हुए पंजाब में खुद उसके द्वारा क्रान्तिकारियों के विरुद्ध अपनाये तरीक़ों की चर्चा की है।

खण्ड तीन

आयरिश स्वतन्त्रता-संग्राम

आयरिश स्वतन्त्रता-संग्राम

(आयरलैण्ड के प्रसिद्ध क्रान्तिकारी डॉन ब्रीन की आत्मकथा 'माई फ़ाइट फ़ॉर आयरिश फ्रीडम' का हिन्दी अनुवाद)

अनुवादक—**भगतसिंह**

प्रथम परिच्छेद
पूर्वेतिहास

उस समय ब्रिटिश पार्लियामेंट में 'आयरिश-होम रूल-बिल' पास हो चुका था। उसे क्रियात्मक रूप देने में अंग्रेज़ तो आनाकानी करते ही थे, उत्तर-आयरिश निवासी औरेंज वालों ने भी घोषणा कर दी कि उस बिल का व्यवहार किया गया और डबलिन में आयरिश पार्लियामेंट खड़ी कर दी गयी तो वे उसका हर तरह से विरोध करेंगे, यहाँ तक कि शस्त्रों के प्रयोग से भी न झेंपेंगे। अंग्रेज़ टोरी दल की सहायता से उन लोगों ने, इसी उद्देश्य से, अपने स्वेच्छा-सेवकों को पूर्णरूप से संगठित तथा शस्त्रों से सुसज्जित करना भी शुरू कर दिया। उनको देखते ही आयरिश देशभक्तों के हृदय में भी अपना स्वेच्छा-सेवक संघ बनाने की प्रबल इच्छा जागृत हो उठी। उन्होंने इसके लिए देशवासियों से अपील की और आयरिश लोगों ने भी पूरी तत्परता दिखायी।

गत महायुद्ध के छिड़ते समय आयरलैण्ड में तीन सैनिक-संघ विद्यमान थे। एक तो पूर्वोक्त उत्तर निवासी औरेंज वालों का, दूसरा आयरिश देशभक्तों का आयरिश रिपब्लिकन (प्रजातन्त्र) स्वेच्छा-सेवक-संघ और तीसरा ब्रिटिश सेना (British Party of Occupation); आयरिश लोगों का नेतृत्व तथा प्रतिनिधित्व पार्लियामेंट के सदस्य जॉन रैडमाण्ड तथा उनके अनुयायियों के हाथ में था। यह कट्टर देशभक्त तो थे परन्तु महायुद्ध के छिड़ते ही उन्होंने अंग्रेज़ों का पक्ष ले लिया। औरेंज वालों ने भी अंग्रेज़ों की पूर्ण रूप से सहायता की और उधर आयरिश स्वेच्छा-सेवक-संघ में मतभेद हो गया। बहुत से लोग जाकर ब्रिटिश सेना में भरती हो गये। उस समय बहुत थोड़े ऐसे बचे जिन्हें कि अंग्रेज़ों के 'छोटी जातियों के स्वत्वों तथा सन्धिपत्रों

की पवित्रता की रक्षा के लिए युद्ध में सम्मिलित होना' आदि मधुर वाक्य पथभ्रष्ट न कर सके। वे ऐसे वीर थे जिनका एकमात्र आदर्श, अविचल विश्वास और अटल आशा केवल स्वतन्त्रता-प्राप्ति थी।

मैं 1914 में टिप्रेरी नगर से चार मील की दूरी पर स्थित डोनोहिल गाँव के स्वेच्छा-सेवकों में सम्मिलित हुआ था। उन थोड़े लोगों में, जिन्होंने उस समय भी आयरलैण्ड माता का अंचल छोड़ना स्वीकार न किया था, हमारा छोटा-सा दल भी था। सैनिक-फण्ड में सहायता देने तथा भरती के विरोध करने के कारण पुलिस की दया-दृष्टि मुझ पर पड़ी और मुझे भी वह उस समय कहीं-कहीं पाये जाने वाले भयंकर जन्तु, सिनफिनर, समझने लगी। बाद में उन्होंने अपार कृपा कर मुझे 'हत्यारों के राजा' की बहुत ऊँची पदवी प्रदान कर दी थी। हम लोग सप्ताह में एक-दो बार जंगल में एकत्रित होकर कवायद तथा रिवाल्वर चलाने आदि का अभ्यास करते और अवसर पाते ही जहाँ कहीं से बन पड़ता रिवाल्वर उड़ाने में भी न चूकते थे।

1916 के ईस्टर विद्रोह की निष्फलता का हमारे कार्यक्रम पर बहुत प्रभाव पड़ा। देशभर का संगठन छिन्न-भिन्न हो गया और सरकार ने उसे गैर-क़ानूनी घोषित कर दिया। परन्तु जो लोग उस समय पुलिस की क्रूर दृष्टि से बच निकले, उन्होंने शीघ्र ही डबलिन में दो गुप्त समितियाँ स्थापित कर लीं और संगठन कार्य प्रारम्भ कर दिया। हमें भी अपना कार्य गुप्त रूप से ही करना पड़ा। हमारी संख्या भी बहुत कम हो गयी। एक बार तो यहाँ तक नौबत आयी कि केवल हम तीन ही व्यक्ति शेष रह गये। तो भी मैं और मेरे सहकारी श्री सीनट्रीसी (Sean Treasy) बड़ी तत्परता से कार्य करते रहे। धीरे-धीरे हमारी संख्या तेरह तक पहुँच गयी। वे सभी बड़े दृढ़-प्रतिज्ञ, अदम्य साहसी तथा निर्भीक देशभक्त थे। हम चुपचाप उनका शिक्षण करते रहे। उनको ड्रिल तथा रिवाल्वर आदि का अभ्यास कराया जाता। साधारणतया हम अंग्रेज़ सैनिकों की पुस्तकों के आधार पर ही सब अभ्यास किया करते, कभी-कभी एकदम भोले दर्शक बनकर अंग्रेज़ सैनिकों का ड्रिल और परेड आदि देखा करते और बड़ी भूलें कर जाते। परन्तु हमारी तत्परता उन सब असुविधाओं पर विजय पाती। 1917 तक इसी तरह कार्य चलता गया। सन् 1917 के अगस्त में फिर हमने खुल्लमखुल्ला परेड कर दी। श्री एमन डी. वैलरा (Emon de Valera) का जोकि अभी-अभी लुईस ज़ेल से छूट कर आये थे, टिप्रेरी नगर की एक सार्वजनिक सभा में भाषण हुआ। उस समय हम यूनीफ़ार्म (वर्दी) पहनकर, रायफलों के स्थान पर लाठियाँ उठाकर उनके शरीर-रक्षक बने थे। हमारे साहस को देखकर शत्रु शायद इतने चकित न होंगे जितने कि हमारे मित्र। जनसाधारण की दृष्टि में उस दिन हमने तीन प्रकार से सरकारी आज्ञाओं का उल्लंघन किया। पहले तो वर्दी पहनना

मना था। दूसरे मार्चिंग करते हुए चलना भी बन्द किया जा चुका था और अभी कुछ दिन पहले लोगों का लाठी उठाना भी निषेध कर दिया गया था। इसलिए उस दिन नियमानुसार समिति की सभा न बुलाकर, एक लम्बा-चौड़ा प्रस्ताव पास किये बिना ही, जो हमने ऐसा कर दिया था, यह मित्र-मण्डली के लिए असह्य हो उठा। सिनफिन लोगों के सार्वजनिक विभाग ने हमें जी भरकर कोसा, परन्तु चुपचाप सब सहन करते रहे और अपने कार्य में जुटे रहे।

उधर शत्रुओं ने भी कोई कसर उठा न रखी। मेरे तथा श्री ट्रीसी के वारण्ट निकाले गये। पर हमें सम्राट का आतिथ्य एकदम अस्वीकार था, अतः हम इधर-उधर मित्रों के घरों में दिन बिताने लगे। यदि उस समय के ज़ेलों को विद्रोह-विश्वविद्यालय (University of the Rebels) कहें तो अनुचित न होगा। बहुत-से लोग वहीं से ड्रिल तथा बम बनाने की शिक्षा पाकर आते थे। श्री ट्रीसी को उस समय दो वर्ष कारागार मिला, जिसमें से बाद में सोलह महीने घटा दिये गये थे। उन दिनों कोर्ट में भी ख़ूब दिल्लगी रहती। अभियुक्त गवाहियों के समय या तो समाचारपत्र पढ़ने में इस तरह जुट जाते मानो किसी क्लब में बैठे हैं, अथवा मधुर संगीत अलापते हुए उसे संगीत विद्यालय बना देते। ज़ेल में क़ैदियों के साथ किये जाने वाले दर्व्यवहार के कारण श्री ट्रीसी तथा अन्य राजनीतिक क़ैदियों ने अनशन शुरू कर दिया। परन्तु सरकार के दिल पर तब तक कोई प्रभाव न हुआ, जब तक कि एक क़ैदी कमाण्डेण्ट टाम आशि, बलपूर्वक भोजन खिलाने के प्रयत्न में परलोक न सिधार गये, और समस्त देश में क्रोध की आग न भड़क उठी। इस तरह के बलिदानों से जब लोगों में बहुत उत्तेजना फैली तब कहीं सरकार समझौते पर राजी हुई और तभी हमारे राजनीतिक क़ैदियों को सांग्रामिक बन्दी (War Prisoners) माना गया। आदत से मजबूर ब्रिटिश सरकार ने सन्धि की शर्तें फिर तोड़ डालीं और श्री ट्रीसी को फिर अनशन शुरू करना पड़ा। परन्तु बाद में वे शीघ्र ही छोड़ दिये गये।

इधर परिस्थिति अनुकूल होने के कारण हमारा सैनिक संगठन 1916 से भी अधिक सुदृढ़ तथा सुविस्तृत हो गया। श्री सीन ट्रीसी ने आते ही इस बात पर जोर देना शुरू किया कि अब हमें सब कार्य खुल्लम-खुल्ला करना चाहिए। यह ध्यान में रखना चाहिए कि शस्त्रों आदि के रखने का बहुत प्रबल निषेध किया गया था, अतः हमें गुप्त उपायों से ही शस्त्र-संग्रह करना पड़ता था। बल्कि ड्रिल तथा संगठन-कार्य भी गुप्त ही रूप से करना पड़ता था, परन्तु ट्रीसी महोदय के आग्रह से जब हमारा काम खुल्लम-खुल्ला शुरू हुआ, तो वे बेचारे फिर पकड़े गये। यह 1918 की बात है। महायुद्ध में अंग्रेज़ मुँह की खा रहे थे। जर्मनों का सबसे बड़ा आक्रमण तथा अंग्रेज़ों की सबसे बड़ी पराजय उसी समय हुई थी। उस समय अंग्रेज़ों ने आयरलैण्ड

में ज़बरदस्ती सेना भरती करने की बात पर जोर दिया। उनकी चिल्ल-पौं सुनकर और तैयारियाँ देखकर समस्त देश में हो-हल्ला मच गया। स्वेच्छा-सेवक-संघ के सदस्यों की संख्या उत्तरोत्तर बढ़ने लगी। हमारे पास कमी केवल शस्त्रों की थी। उसके लिए हमारे कार्यकर्ताओं ने उन लोगों की सूची तैयार कर ली जिनके पास शस्त्र रहते थे। हम रात्रि में उन लोगों के घरों में चले जाते, और वे चुपचाप अपने शस्त्र हमारे सुपुर्द कर देते। कुछ एक ने तो हमें निमन्त्रण देकर बुला भेजा। हमें इस कार्य में किसी भी विशेष रुकावट व बाधा का सामना नहीं करना पड़ा। पीछे अंग्रेज़ों ने सभी लोगों से शस्त्र लौटाने शुरू कर दिये, परन्तु हमने बड़ी तत्परता से अपना कार्य जारी रखा।

ज़बरदस्ती की जाने वाली भरती के विरोध में हम युद्ध की तैयारियाँ करने लगे। उधर स्त्रियों तथा बालकों के भी संघ स्थापित हो गये, जो हर समय हमें सहायता देने को तैयार रहते थे। हमने नकली लड़ाइयाँ लड़नी भी शुरू कर दीं। हमने कई बार टिप्रेरी नगर पर आक्रमण करने तथा उसकी रक्षा करने का अभिनय किया और फिर कई सड़कों तथा बाज़ारों को फ़ौजी क्षेत्र (Military Area) घोषित कर दिया, जहाँ पर कि अंग्रेज़ों के जाने का भी निषेध कर दिया जाता था। ऐसे अवसरों पर हम रायफ़लें आदि नहीं ले जाते थे क्योंकि उनके छिन जाने की आशंका थी। परन्तु मेरे जैसे कई व्यक्ति विशेष कारणों से अपना रिवाल्वर हर समय अपने पास रखते थे। सरकार को अपनी बात पर व्यवहार करने का साहस ही न हुआ और धीरे-धीरे उसका यह विचार ढीला होने लगा। उसके इस विचार के ढीला होते ही हमारा संगठन भी ढीला होने लगा। वे लोग, जो युद्ध क्षेत्र की भीषणता तथा मोर्चों की भयंकरता से त्रस्त हो उठे थे, और वहाँ से बचने मात्र के विचार से ही हमारे संघ में आ मिले थे, अब हमें छोड़कर चलते बने। पीछे थोड़े ही व्यक्ति बच रहे परन्तु वे बड़े दृढ़ थे।

उधर बेचारे सीन ट्रीसी डण्डल्क ज़ेल में अनशन का मजा लूट रहे थे। पर हमारी दयालु सरकार को उनकी किंचित मात्र भी चिन्ता न हुई। हम समझ गये कि सरकार उन्हें भूखों मरने देना चाहती है। हमें शीघ्र ही कुछ न कुछ करने की आवश्यकता महसूस हुई। मुझे बड़ी दूर की सूझी। क्यों न एक सिपाही को धर पकड़ें और उसे अनशन व्रत का मजा उठाने को विवश करें? सभी साथियों ने मेरे दिमाग़ की ख़ूब दाद दी और इसे क्रियात्मक रूप देने की चिन्ता करने लगे परन्तु आयरिश प्रजातन्त्र भ्रातृमण्डल (Irish Republican Brotherhood) के लोगों ने हमारी योजना को सफल न होने दिया। हमने भी उनसे अपना सम्बन्ध तोड़ लिया। जुलाई 1918 में ट्रीसी छूट आये। प्रजा तथा संगठन के सम्बन्ध में इस बार वे बड़ी-बड़ी योजनाएँ सोचकर आये। परन्तु मुझे प्रचार तथा संगठन का पूरा अनुभव हो चुका था। मैं इन शुष्क कार्यों में सिर फोड़ने की बजाय युद्ध छेड़ने की चिन्ता में था। मैंने अपना

यह मन्तव्य उसके सामने रखा। पर उन्होंने जिद की और इस कारण हम अपने ही मतानुसार अलग कार्य करने लगे।

दूसरा परिच्छेद

विद्रोह-भवन (कुटी)

श्री सीन ट्रीसी अपने संगठन कार्य में जुट गये और मैंने श्री पैट्रिकक्योह के साथ बम फ़ैक्टरी बना ली। हम दोनों में आवश्यक तथा अनावश्यक बातों पर खींचातानी हो जाती और श्री ट्रीसी आकर हमारी सुलह करवाया करते थे। फ़ैक्टरी शब्द बहुत बड़ा है। 'बम फ़ैक्टरी' सुनते ही पाठक क्रुप (Krupp) आदि किसी भारी कारख़ाने की कल्पना न करने लगें। वह एक साधारण ग्रामीण कुटिया थी। हमारा सामान भी मामूली ही था। साधारण गन पाउडर (बारूद) बनाना तो आसान काम है ही, हम बम भी ऐसे सादा-से ही बना लेते थे, जिन्हें फेंकने से पहले पलीता लगाने की आवश्यकता हुआ करती। हमें जहाँ से भी जिस किसी तरह के कारतूस मिल जातेय ले लेते और फिर उन्हें स्वेच्छानुसार भर लेते। मेरा और पैट्रिक का झगड़ा इस बात पर भी हो जाता कि उसमें सिक्के की चार अथवा आठ गोलियाँ डाली जायें। शस्त्र-संग्रह का हमारा कार्य भी उसी तरह जारी रहा। शत्रु से मेरी पहले मुठभेड़ तभी हुई, जब एक रात को हम अपने शस्त्र-संग्रह सम्बन्धी एक छापे से लौट रहे थे। हम लोग टिप्रेरी से घर जा रहे थे कि मेरी साइकिल की हवा निकल गयी। मैं अपने साथियों को आगे चलने को कह स्वयं उसे पम्प से भरने लगा। सामने ही पुलिस की बैरक थी। जब मैं उठा तो मैंने अनुभव किया कि कोई व्यक्ति मुझे पकड़कर खींच रहा है। मुड़ा तो एक पुलिसमैन को खड़ा पाया। मेरे हाथ में ताला तोड़ने की एक सलाख थी। उसकी शक्ति की आजमाइश उस दिन उसी के सिर पर की। वह पृथ्वी पर गिर पड़ा और फिर मैंने अपना रिवाल्वर सँभालकर शेष सिपाहियों के सामने तान दिया और बोल उठा—"हाथ उठा लो, वरना अभी ठिकाने लगाता हूँ।" (हाथ उठा दो के मायने अधीनता स्वीकार करना होता था) स्वाभाविक निर्भीकता के कारण वे लोग वहीं खड़े रह गये और मैं लौटकर दूसरे रास्ते से फ़ैक्टरी में जा पहुँचा।

एक दिन मैं कुएँ पर पानी खींच रहा था, कि एकाएक धमाके का शब्द सुनायी दिया। देखा तो हमारी फ़ैक्टरी (कारख़ाना) की छत आकाश में उड़ी जा रही थी और कुटिया में आग लग रही थी। मैं घबराया कि बेचारे क्योह का क्या हुआ होगा, और उन्हें बेसुध पड़ा पाया। उन्हें उठाकर निकटवर्ती नदी के तट पर ले गया और डोल से उनके मुँह पर पानी डालने लगा। थोड़ी ही देर बाद उन्हें सामने खड़ा पाया,

"बेवकूफ़, गधे, नालायक, क्या तुम मुझे इस तरह डुबो डालोगे?" आदि-आदि न जाने क्या-क्या मधुर वाक्य उच्चारण करते हुए वे मुझ पर घूँसा तानने लगे। तब फ़ैक्टरी की चिन्ता न कर हम ख़ूब हँसे। पर यह हम पर एक वज्रपात ही हुआ था। कई दिन बाद तक बड़ी चिन्ता रही। हम दोनों एकदम दरिद्र हो गये थे। हमारे पास एक भी पैसा न था। घर वाले का घर तैयार करा देने की अलग चिन्ता थी। सभी साथियों ने मिलकर उसकी छत बना डाली और फिर तो वह कुटिया बड़ी अच्छी दिखने लगी। कुछ देर बाद पुलिस ने भी इस बेचारी कुटिया पर मनमाना अत्याचार कर हमारा बदला निकालने की चेष्टा की थी। कुछ दिनों बाद हमने घर बदल लिया। दूसरे घर में हमारी दशा पहले से भी बड़ी शोचनीय रही। हमें दो कम्बल भी माँगकर उधार लेने पड़े और नीचे के लिए घास ही काफ़ी समझी गयी। कई कई दिन तक अल्पाहार का अभ्यास भी करना पड़ा। साधारणतया उबले हुए चावलों पर ही गुज़ारा करना पड़ता। सबसे बड़ी मुश्किल तो चूहों के कारण थी। वे कम्बख़्त आफ़त के परकाले थे। कभी-कभी रात को आँख खुलती तो क्या देखते कि सिर के बालों में चूहा फँसा हुआ है। जब कभी मैं उन्हें भगाने पर उतारू होता, तो झट 'विश्व प्रेमी' ट्रीसी महोदय अत्यन्त गम्भीरता से उपदेश झाड़ने लगते, "देखो भाई, तुम्हें तो सुख मिलेगा नहीं, इन्हें तो मन की मौज करने दो। जरा कष्ट भी हो तो शान्ति से सहन करो।" हमें भी कहना पड़ता, "अरे भाई! सिपाहियों ने ही नाकों दम कर रखा है। यदि ये भले हों जो हमें अपने हाल पर छोड़ दें।'' इसी तरह दिन कट रहे थे।

बाद में क्योह महाशय भी चले गये। उनके स्थान पर एक तरुण श्री सीन हागन आ गये। फिर उनका और मेरा बहुत घनिष्ट सम्बन्ध रहा। उपरोक्त दोनों सीन और मैं, एक दूसरे को इतना प्यार करते थे कि विभिन्न शरीरों के रहने पर भी हम में एक ही आत्मा का अस्तित्व मान लिया जाता जो अनुचित न होता। बाद में श्री राबिन्सन भी आ मिले। वे भी हम तीनों के साथ घुल-मिलकर एक हो गये। हमारी आशाएँ, हमारा आदर्श, हमारे जीवनों का उद्देश्य वही एकमात्र आयरिश स्वतन्त्रता की प्राप्ति थी। हम केवल आयरलैण्ड के लिए जीते थे। हम बैठे-बैठे घण्टों भावी स्वातन्त्र्य युद्ध की कल्पनाएँ किया करते थे। भावी महान स्वतन्त्र आयरलैण्ड की बातें सोच-सोचकर हमें कितना आनन्द होता, हम उसकी कल्पना मात्र से पुलकित हो उठते थे।

कुछ दिनों बाद हमें उपरोक्त घर ख़ाली कर देने का नोटिस दे दिया गया। क्या करतेय साधारण किरायेदारों के अधिकार भी तो हमें प्राप्त न थे। चुपचाप घर छोड़ देना पड़ा। हम लोग श्री हागन के एक बन्धु के फार्म में जा टिके पुलिस की नज़र

से हम यहाँ भी न बच पाये। उन्होंने उसे कलई खाना का नाम दे दिया था। हमारी आर्थिक दशा बड़ी शोचनीय थी। वैयक्तिक आवश्यकताएँ तो हम जैसे बन पड़ती, पूरी कर ही लेते परन्तु बाहर आने-जाने में बड़ी असुविधा होती। एक बार मुझे और श्री ट्रीसी को डबलिन तक (110 मील) बाइसिकलों पर ही जाना पड़ा। हमारे पास भाड़ा नहीं था। रविवार सायंकाल के 6 बजे अपनी एक सभा में बुलाये गये थे और सोमवार को प्रातः 8 बजे हमें डबलिन पहुँचना ज़रूरी था। तो भी हम डबलिन ठीक समय पर पहुँच गये। आगामी शनिवार तक हमें वहीं ठहरना पड़ा। उधर शनिवार को सायंकाल अध्यक्ष समिति की एक बैठक उसी दिन होने वाली थी, वहाँ पर भी हमारा पहुँचना बहुत ज़रूरी था। अतः 6 रिवाल्वर, 500 कारतूस और एक दर्जन बम लेकर हम दोनों वहाँ से चल दिये और ठीक समय पर टिप्रेरी आ पहुँचे।

महायुद्ध का अन्त हो गया था। शस्त्र छोड़ दिये जा चुके थे। एक सप्ताह बाद घोषणा कर दी गयी कि आयरलैण्ड का चिर-स्थगित चुनाव दिसम्बर में होगा। वहाँ युद्ध के दिनों में यह चुनाव न हुआ था। इस अन्तर में लोगों के भाव बहुत बदल गये थे। उनका इंग्लैंड तथा पार्लियामेंट पर कोई विश्वास न रहा था। वे जानते थे कि आयरलैण्ड के अल्पसंख्यक सदस्यों की वहाँ के नक़्क़ारख़ाने में कोई नहीं सुनता। वे अपने सदस्यों को वहाँ भेजना व्यर्थ समझते थे। ख़ैर! अब के चुनाव के लिए सिनफिनर उम्मीदवार खड़े किये गये ताकि वे पार्लियामेंट का बहिष्कार कर दें। कुछ महीने ख़ूब जोर रहा। हम लोग भी अपना कार्य छोड़कर सिनफिनर उम्मीदवारों की सफलता के लिए प्रयत्न करने लगे। बड़े-बड़े वक्ताओं ने देशभर में जीवन संचारित कर दिया। देश में ख़ूब जागृति थी, बड़ा जोश था। 105 में से 73 सिनफिनर उम्मीदवार सफल हुए, जिन्होंने ब्रिटिश पार्लियामेंट तक न जाकर डबलिन में प्रजातान्त्रिक देश पार्लियामेंट स्थापित कर ली। उस पार्लियामेंट की पहली बैठक 21 जनवरी, 1919 को हुई। उस दिन उन्होंने स्वतन्त्रता की घोषणा की तथा अन्य स्वतन्त्र जातियों के नाम मैत्री के सन्देश भेजे। ठीक उसी दिन हमारे छोटे से दल ने एक बड़ा भारी कार्य कर दिया। वह 'सोलोहैडबेग घटना' के नाम से प्रसिद्ध है। उसका ब्यौरा अगले परिच्छेद में दिया जायेगा। बात यह थी कि उपरोक्त चुनाव के कारण हमारा कार्य बहुत ढीला पड़ गया था। बहुत-से कार्यकर्ता अब योद्धा अथवा सैनिक न रहकर राजनीतिज्ञ बन गये। दिनोंदिन अपने सैनिकों को ढीला होता देखकर, हमने उन्हें जोर-शोर से कार्य में जुटा देने का निश्चय किया। कई बार मैंने इस बारे में श्री ट्रीसी से परामर्श भी किया। आख़िर वह अवसर भी मिल ही गया, जिस दिन कि हमने अंग्रेज़ों के विरुद्ध युद्ध प्रारम्भ कर दिया।

तीसरा परिच्छेद

विस्फोटक की लूट, आज़ादी की जंग का श्रीगणेश

जनवरी, 1919 के आरम्भ में हमें पता चला कि सोलोहैडबेग की ख़ान की तरफ़ सरकारी विस्फोटक पदार्थ भेजे जायेंगे। मैंने तुरन्त ट्रीसी से जाकर कहा कि अब चिर-प्रतीक्षित स्वातन्त्र्य-युद्ध को प्रगतिशील करने का समय आ पहुँचा है, और यह बड़ा सुन्दर अवसर है जिसका सदुपयोग करने में हमें चूकना न चाहिए। मैं तब यह भूला न था कि हमारे सैनिकों की संख्या बहुत ही कम थी और हमें महान शक्तिशाली शत्रु से सामना करना था। परन्तु यह भी विश्वास था कि युद्ध छिड़ते ही हमारी संख्या बढ़ने लगेगी और कार्य होते देख युवक हमारे आसपास आ एकत्र होंगे। गनीमी युद्ध (Guerilla Warfare) में संख्या के बजाय दृढ़ता तथा गुणों का आधिक्य आवश्यक तथा लाभकारी होता है। प्रस्ताव स्वीकृत हुआ। सबने मिलकर यही निश्चय किया कि उस दिन पहरेदार सिपाहियों को निशस्त्र कर विस्फोटक पदार्थ छीन लिए जायें। घात का स्थान भी निश्चित कर लिया गया। सोलोहैडबेग, टिप्रेरी नगर से लगभग 2) मील की दूरी पर है। लिम्मर्क जंक्शन वहाँ से एक मील के लगभग होगा। उसे चारों ओर से कुटिया, बाड़े आदि घेरे हुए थे, परन्तु डोबोहिल के अतिरिक्त और कोई गाँव निकट नहीं था, और वह भी 1) मील की दूरी पर था। ख़ान की ओर जाने वाली सड़क के दोनों ओर खाइयाँ थीं और उनमें झाड़ियाँ उग रही थीं। दुर्भाग्यवश हमें निश्चित तिथि का पता न लग सका। हम समझते थे कि विस्फोटक की गाड़ी 16 जनवरी को आयेगी परन्तु वह 21 जनवरी तक न आ पाई। हम पाँचों दिन बिल्कुल तैयार घात के स्थान पर बैठे रहते और दो-दो बजे तक प्रतीक्षा करके उठ जाते। तीन दिनों के बाद आठ के अतिरिक्त सभी साथियों को घर लौटा दिया। बाक़ी हम 9 व्यक्ति बड़ी सतर्कता से प्रातः ही अपने स्थानों पर जा बैठते। उन दिनों पुलिस बहुत सशंक रहती थी। अतः हमें इस बात का विशेष ध्यान रखना पड़ता कि हमारी कार्यवाही से किसी को किंचित मात्र भी सन्देह न होने पाये, वरना सब खेल बिगड़ जायेगा। सभी मित्र मेरे घर में ठहरते और प्रातः 4 बजे मेरी माँ सबके लिए भोजन पकाती। 5 बजे उन्होंने एकाएक घोषणा कर दी कि "अगर आज तुम काम पर नहीं जाओगे तो कल के भोजन का भी स्वयं ही कहीं प्रबन्ध कर लेना।"

आख़िर 21 जनवरी 1919 का सुदिन आ पहुँचा। उसी दिन हमारे देश ने प्रजातन्त्र शासन की स्थापना कर स्वतन्त्रता की घोषणा की थी। उसी दिन स्वतन्त्र जातियों के नाम मैत्री का सन्देश भेजा था। इसी दिन आयरिश प्रजातन्त्र पार्लियामेंट

का प्रथम सम्मेलन हुआ था। हम आज भी नित्य की तरह अपनी जगह पर जाकर बैठ गये। प्रतीक्षा के शान्तिदायक कितने ही घण्टे न जाने क्या-क्या सोचते हुए बिता चुके थे। उस दिन डबलिन में होने वाली उपरोक्त महान घटना पर बातचीत करते हुए कितना आनन्द अनुभव कर रहे थे। यह सोचकर कि आज की घटना से समस्त संसार के सामने आयरलैण्ड भी उन्नत-शिर होकर खड़ा हो पायेगा, हम पुलकित हो उठे। ठीक उसी समय निरन्तर टिप्रेरी की ओर ताक़ता रहने वाला हमारा जासूस आ धमका। उसके नेत्रों से सांग्रामिक तत्परता तथा असीम आनन्द की ज्योति निकल रही थी। उसने शीघ्रता से परन्तु दृढ़ता के साथ कह दिया, "वे आ रहे हैं! वे आ रहे हैं!!" एकाएक हम सभी चौंक पड़े। हम सभी अपना-अपना स्थान तथा कर्तव्य जानते थे। हर एक अपनी-अपनी जगह पर जा डटा। गुप्तचर ने लौटकर उनकी संख्या तथा अन्तर भी बता दिया। अब उस नीरव स्थान में घोड़े की टाप तथा गाड़ी की गड़गड़ाहट भी सुनायी देने लगी! उस दिन मैं किसी तरह धैर्य न रख सका। उस समय मेरी नसें तनी जा रही थीं। सफलता और असफलता दोनों का भीषण परिणाम उस समय मेरी आँखों के सामने दीख रहा था। हमें उन चिर अभ्यस्त सिपाहियों का सामना करना था जोकि युद्ध विद्या में पूर्ण रूप से निपुण थे। और हम? हमारे छोटे से दल में से कितनों ने गोली चलाने का अभ्यास किया था? अभ्यास मात्र के लिए गोली चलाने की फिजूलखर्ची करने का तो हम कभी साहस भी नहीं कर पाये थे। गोलियाँ मिलती ही कहाँ थीं? हम कितनी बार अभ्यास की इस आवश्यकता पर वादविवाद करते हुए ऐसे अवसर पर अवश्यम्भावी अधीरता की ओर संकेत कर हँस देते थे! परन्तु अब तो समय आ ही पहुँचा। अभी-अभी कुछेक क्षण बाद हमारी परीक्षा हो जायेगी। वे सामने आ पहुँचे। ड्राइवर तथा इंचार्ज घोड़े के जरा पीछे-पीछे चल रहे थे और केवल दो सिपाही रायफ़लें लिए गाड़ी के पीछे-पीछे चले जा रहे थे। यह लो, वे हमारे रिवाल्वरों की जद (पहुँच या मार) में आ गये। अब तो हमें उठना ही चाहिए! Hands up! Hands up!! (हाथ उठा दो! हाथ उठा दो!!) कहते हुए हमारे साथी अपने-अपने स्थान पर से कूद पड़े। परन्तु हमारे आदेश का सिपाहियों पर कुछ भी प्रभाव न हुआ। वे लिहाज करने वाले नहीं हैं। बस! एक ही क्षण में 'बैक! बैक!!' का स्वर करती हुई हमारी गोलियाँ अपने ठिकाने पर जा रहीं। दोनों सिपाही ज़मीन पर लोट गये! परन्तु अब?

घबराहट का समय तो अब आया। यदि बिना गोली चलाये ही सब कार्य हो गया होता, तो इतनी ख़तरनाक बात न होती। परन्तु अब तो प्रत्येक घर और बाड़े से स्त्री और पुरुष सड़क पर निकल आयेंगे और ड्राइवर तथा इंचार्ज महाशय भी सामने ही त्रस्त हुए खड़े थे। अभी एक घण्टे के अन्दर यहाँ सैकड़ों सिपाही आ इकट्ठा होंगे और

हमें कुछ ही दिनों में लुटेरा डाकू घोषित कर हमारे सिर बड़ा भारी ईनाम रख दिया जायेगा। ख़ैर! पुलिस वालों की रायफ़लें उठाकर गाड़ी पर चढ़ बैठे! हागन महोदय कोचवान बने। मैं और ट्रीसी पीछे बैठ गये। कोड़े पर कोड़ा बरसाते हुए घोड़े को दौड़ाते जा रहे थे। लोग बड़े आश्चर्य से हमारी ओर देखते थे। हम डनसकेह की ओर जा रहे थे। बहुत देर तक हम चुपचाप बैठे रहे। फिर ट्रीसी महोदय बोले, "डेन, याद है। उस दिन विस्फोटक सम्बन्धी पुस्तक पढ़ रहे थे न, कि विस्फोटकों को झटका नहीं लगना चिाहए, नहीं तो बहुत बड़ी हानि हो सकती है?" वे बड़ी शान्ति के साथ बोले थे। परन्तु बोले गिरा दिया। और किसी के विस्फोटकों को क्या, मानो एक विपत्ति का पहाड़ और जा भी रहे थे बड़ी तेज़ी के साथ। इसलिए विस्फोटकों के झटके की तो बात ही क्या कहते? हमने स्थान पर लूट का माल छिपा दिया और घोड़े को दूसरी ओर ले जाकर एलीने ब्रिज पर छोड़ दिया और थोड़ा-सा विस्फोटक पदार्थ वहाँ पर रख दिया। यह सब तो हो गया, परन्तु अब प्रश्न यह था कि हम कहाँ जायें?

टिप्रेरी में अब हमारे लिए जगह न थी। ऋतु अनुकूल न थी। कई दिन की प्रतीक्षा तथा आज के परिश्रम से हम थक भी चुके थे। परन्तु अब तो बहुत दिनों के लिए सुख आराम बदा ही न था। आख़िर दक्षिण की ओर चल दिये। आगे गालूटी पहाड़ सीधा दीवार की तरह खड़ा था। हमारे जैसे सभी अभागे इन पर्वतों में आश्रय पाते थे। उन्हीं लोगों की सहायता को पाने की ही हमें पूर्ण आशा थी। इसी आशा में हम इन पर्वतों की घाटियों में बहुत दूर तक निकल गये।

घोड़ा छोड़ने की जगह से चार मील की दूरी पर श्रीमती फिज़ जर्ल्ड (Fizgerld) के घर हमने भोजन किया और आगे चल दिये शीत को तो मानो हमसे प्रेम हो गया था। ऐसा जान पड़ता था कि ठण्डी हवा हमारे शरीर के अन्दर घुस जाने के लिए लालायित हो उठी है। हमें उस समय दो जीव और मिले, जो बिल्कुल सिकुड़े खड़े थे। फिर हम न जाने किधर चलते चले गये। किसी घर अथवा बाड़े में जाकर मार्ग पूछने का तो हमें साहस ही न होता था! उस समय लोग बड़े मुँहफट थे। वे अभी गम्भीरता और मौन का महत्त्व समझ न पाये थे। चलते-चलते श्री ट्रीसी 20 फुट गहरी खाई में गिर गये। हमें बहुत चिन्ता हुई। पर निकाला तो देखा कि भले-चंगे सामने खड़े मुस्कुरा रहे हैं। आप बड़े हँसमुख व्यक्ति थे। हमें भी सदा हँसाते ही रहते थे। हम पहाड़ी पर चढ़ते ही चले गये। परन्तु यकायक क्या देखते हैं कि मार्ग ख़त्म हो गया। आगे किसी ओर भी जाने का रास्ता नहीं। उस समय क्लान्ति और शीत के मारे हम बिल्कुल संज्ञाहीन हो गये थे। निराश होकर लौटना पड़ा। उस समय हागन महाशय बोल उठे, "ठीक है, घरों में अंगीठी के पास आराम से बैठे हुए कम्बख़्त कवि लोग पर्वतों के सौन्दर्य की प्रशंसा में इतनी बड़ी कविताएँ लिख डालते

हैं। वे कभी हमारी तरह हमारी अवस्था में इस शीत में इस तरह पत्थरों में ठोकर खायें। फिर देखें कि कैसे पर्वतों तथा प्रकृति के सौन्दर्य की उपासना करते हैं।"

लौट आने पर काहिट जाने का निश्चय हुआ। रेलवे लाइन के साथ-साथ चले। पक्की सड़क पर बड़ी रोशनी वाली मोटरगाड़ियों में सिपाही हमारी तलाश में फिर रहे थे। घोर अन्धकार था। हमने एक मूर्ति देखी। मैंने तुरन्त पिस्तौल तानकर वही सैनिक आज्ञा (Hands up) (हाथ उठा दो) दे डाली। मूर्ति वहीं खड़ी हो गयी। मैं अपना रिवाल्वर ताने उसके पास गया, तो अपने को रेल के एक बोर्ड के सामने खड़ा पाया, जिस पर लिखा था, कि गुज़रने वाला गिरफ़्तार किया जायेगा। हमारी दशा इतनी चिन्ताजनक, विपत्तिपूर्ण तथा शोचनीय थी, पर फिर भी हम तीनों खिलखिलाकर हँस पड़े। श्री ट्रीसी से बार-बार काहिट का अन्तर पूछते और 'बस सड़क के अगले मोड़ पर ही' (जोकि करीब दो तीन मील पर आता) हर बार यही उत्तर सुनते। आख़िर हम काहिट आ ही पहुँचे। श्रीमती टोकि के घर गये। वहाँ बिस्तर मिल गया। उत्तेजना, क्लान्ति, अवसाद और ठण्ड ने हमारे लिए सोना असम्भव कर दिया। परन्तु लेटे रहने से श्रान्त अंगों को कुछ विश्राम मिल गया। अब समाचारपत्र पढ़ने की प्रबल इच्छा हो उठी। हमारी भविष्यवाणी के अनुसार बड़े-बड़े भयंकर शीर्षकों से संवाद प्रकाशित किया गया। उदाहरणार्थ 'टिप्रेरी उपद्रव', 'भीषण हत्याकाण्ड', 'भयंकर अपराध' आदि आदि। हागन के छोटे भाई और एक बालक जिसकी आयु बारह वर्ष की थी, पकड़े गये, परन्तु शीघ्र ही छोड़ दिये गये। इस देश में और भी अशान्ति मच गयी। दक्षिण टिप्रेरी में मार्शल ला (फ़ौजी क़ानून) जारी कर दिया गया। ताजीदी पुलिस की चौकियाँ गाँव-गाँव में बिठा दी गयीं। हमारे लिए ईनाम रख दिया गया जो पहले एक हज़ार पौण्ड था और बाद में दस हज़ार कर दिया गया। हमारे छोटे से दल की उद्दण्डता के कारण अंग्रेज़ों को नग्न मुख होकर संसार को दिखा देना पड़ा कि आयरलैण्ड का उनका अधिकार केवल सैनिक बल पर निर्भर था। इस ज़बरदस्ती और बल प्रयोग के अतिरिक्त उनके पास और कोई युक्ति न थी। 1916 के ईस्टर विद्रोह के बाद पहली गोली चलने की घटना का यही अत्युक्तिरहित सच्चा विवरण है। इसी से आयरलैण्ड का स्वातन्त्र्य-संग्राम प्रारम्भ हुआ।

चौथा परिच्छेद

अंग्रज़ों के देश निकाले का हुक्म

श्रीमती टरविन के घर दो दिन ठहरने के बाद हम आगे चल दिये और विभिन्न मित्रों के घरों में विश्राम करते रहे। एक बार कलिड निवासी श्री रीयन (Ryan) के घर जाने का निश्चय किया। उन्हें कहला भी भेजा, परन्तु जा नहीं सके। यह अच्छा ही हुआ क्योंकि ठीक उसी समय जबकि हमें वहाँ पहुँचना था, पुलिस ने उनका घर घेर

लिया और उन्हें गिरफ़्तार कर लिया। बालघ के श्री ओब्रीन के घर एक दिन ठहरे। हम छत पर सो रहे थे। घर में अपरिचित लोगों का शब्द सुनकर उठ बैठे। देखा, पुलिस वाले घर में घुस आये हैं। युद्ध के लिए तैयार होकर बैठ गये और उनकी प्रतीक्षा करने लगे। परन्तु वे यों ही लौट गये। पता चला कि कुत्तों का टैक्स लेने आये थे। अन्त में हम्म गल्टी के दूसरी ओर मिकेल्स टाउन में जा पहुँचे। हमें घर छोड़े बहुत दिन हो गये थे। परन्तु अभी तक सोलोहैडबेग से दस मील से अधिक दूर नहीं जा पाये थे। पुलिस वालों ने हमारी तलाश में रात दिन एक कर रखा था। सार्वजनिक नेताओं, पादरियों तथा संवाद पत्रों ने हमारी निन्दा करने में कोई कसर उठा न रखी। प्रार्थनाओं के समय गिरजों में हमें अभिशाप दिये जाते। परन्तु हम जानते थे कि 98 के विद्रोही वीरों, 67 के वीर फिनीयन्स तथा 1916 के ईस्टर के विद्रोह के सैनिकों के साथ भी उस समय ऐसा ही बर्ताव हुआ था और बाद में लोगों ने उनके पक्ष का ही समर्थन किया था। इसलिए बाद में लोग हमारी भी प्रशंसा करेंगे।

हमारे साथ बीत ख़ूब रही थी। एक दिन एक जमींदार के बाड़े में उसके साथ बैठे आग सेंक रहे थे। रात्रि का समय था। एकाएक किसी ने जोर से द्वार खटखटाना शुरू कर दिया। जमींदार ने बैठे-बैठे ही पूछा, 'कौन है?' उत्तर मिला, 'पुलिस!' बस! एकदम अपने रिवाल्वर निकालकर हम तैयार होकर बैठ गये। परन्तु द्वार खुलने पर पड़ोस का एक कृषक अपनी दिल्लगी पर हँसता हुआ प्रविष्ट हुआ। हमने अपने रिवाल्वर छिपाने का प्रयत्न तो बहुत किया परन्तु वे उस जमींदार की नज़र से न बच पाये। उस कमबख़्त ने एकदम कह ही तो दिया, 'महाशय, सशस्त्र लोगों को अपने घर में आश्रय देने को मैं तो हरगिज तैयार नहीं।' बाहर गजब की ठण्ड थी, घोर अन्धकार था, परन्तु विवश हो अग्नि तथा गरम कमरे की ओर सतृष्ण नेत्रों से देखते हुए बाहर निकलना पड़ा। पशुओं के कमरे में घुसकर रात वहीं बितायी। कपड़े आदि भी फट गये। मित्र लोग मिलने तक से झेंपते थे। आख़िर हम दोनों नगर में पहुँचे। यह स्थान सोलोहैडबेग से 7 मील की दूरी पर था। यहीं पर हमारे साथी श्री राबिन्सन भी हमसे आ मिले। इस पुनर्मिलन से हमें अत्यन्त आनन्द हुआ। हमें जुदा हुए अभी कुछ सप्ताह ही हुए थे, तथापि ऐसा मालूम होता था मानो हम सहोदर चिर-आयोग के बाद फिर मिले हों। इसके बाद घूमते-घामते एक वृद्ध व्यापारी के घर पहुँचे, वहाँ कुछ आराम मिला। पेटभर भोजन किया, और फिर युद्ध की सूझने लगी। "नहीं, इस तरह निरुद्देश्य यात्रा में समय नष्ट हो रहा है, अतः हमें किसी न किसी क्रियात्मक कार्य में जुट जाना चाहिए।" युद्ध घोषणा तैयार की गयी। उसमें अंग्रेज़ों को देश ख़ाली कर देने की आज्ञा दे दी गयी थी और आज्ञोल्लंघन के अपराध में मृत्यु दण्ड निश्चित किया गया था। हमने वह युद्ध-घोषणा अपने केन्द्र डबलिन में

मंजूरी के लिए भेजी, परन्तु उसकी मंजूरी के स्थान पर हमें आज्ञा मिली कि तुम्हें अमेरिका जाना होगा, सब तैयारी हो चुकी है। यह हमारे लिए वज्रपात से कम न था। हम तो आयरलैण्ड में रहकर युद्ध करना चाहते थे। पर उधर जिनसे सहायता पाने की आशा थी, वे ही हमें निर्वासित करने की गुप्त मन्त्रणा कर रहे थे। हमने दृढ़ता के साथ स्पष्ट कह दिया, "हम मृत्यु से नहीं डरते और आयरलैण्ड में रहते हुए उसके लिए लड़ते हुए मर जाने में ही गौरव अनुभव करेंगे।" वे नाराज़ हो गये, परन्तु हमने उन्हें विश्वास दिलाया कि, "हमारे विचार से हमारे लिए पृथ्वी पर यदि कहीं स्थान है तो आयरलैण्ड में! हम इसी देश में रहते हुए, इसी की स्वतन्त्रता के लिए इसी के चौराहों, सड़कों, नगरों तथा खेतों में शत्रु से युद्ध करते हुए प्राण दे देंगे।" हमें बाहर जाकर लेख लिखकर हृदय को शान्त कर लेना पर्याप्त न जँचता था। ख़ैर, वे मान गये, परन्तु इस शर्त पर कि हम चुपचाप किसी कोने में बैठे रहें। हमने सोचा हम इस असुविधा को भी जल्दी ही दूर कर लेंगे।

कुछ दिन बाद हम नोर्दस टाऊन निवासी डोनल्ली के घर पहुँचे। वहीं पर ब्रिगेड काउंसिल की बैठक हुई और हमने पूर्वोक्त घोषणा-पत्र प्रकाशित करने का निश्चय कर ही लिया। फ़रवरी, 1919 के अन्तिम दिनों में वह सभी बड़े-बड़े नगरों तथा कस्बों में लगा दिया गया। इस समय संवाद-पत्रों ने बड़े व्यंग्यपूर्ण शीर्षकों से उसे प्रकाशित किया। सचमुच हमारी दशा को देखकर कोई भी यह कह सकता है कि छोटा मुँह बड़ी बात की कहावत हम पर चरितार्थ होती थी। जो भी बाद में उसका प्रभाव पड़ा, इसका सभी ने लोहा माना। एक दिन हम भूख से पीड़ित हुए। बहुत दूर तक चलकर क्रीनीवासी श्री मर्फी के घर पहुँचे। भूख के मारे अधपका मांस खाकर बेचारे हागन बीमार हो गये। हम डबलिन पहुँचना चाहते थे परन्तु उनकी बीमारी से बड़ी विपत्ति पड़ी। ख़ैर, श्री ट्रीसी और श्री राबिन्सन को हमने पहले भेज दिया। वे वहाँ बिल्कुल सुरक्षित तौर से पहुँच गये। नित्य गजट में हम सभी का हुलिया और पुरस्कार की बड़ी भारी रक़म प्रकाशित होती रहती थी। ऐसी दशा में नगर में जाना और वहाँ पर कार्य करना कितना ख़तरनाक है, इसका अनुमान आसानी से किया जा सकता है। इधर मैं और हागन भी यहाँ अधिक न ठहर सकते थे। आख़िर टामीमिक अनरनी मोटर लेकर आ पहुँचे। यह वहाँ से 1916 के विद्रोह में मोटर की टक्कर लगाकर दो अभागों को नदी में डुबो चुके थे और स्वयं किसी न किसी तरह बच आये थे। ख़ैर हम चल दिये।

लिम्बर्क लिम्मर्क तक तो कोई विशेष घटना नहीं हुई परन्तु वहाँ हमें सैनिक लारियों की एक बड़ी श्रृंखला का सामना हुआ। सभी लारियों पर सैनिक लदे हुए थे और प्रत्येक लारी के साथ एक-एक मशीनगन थी। हम समझे थे कि यह किसी बड़े

भारी कार्य पर जा रहे थे। पर बाद में शीघ्र ही पता चला कि वे हमारी ही ख़ातिर आ रहे थे। उनमें कितने सैनिक घण्टों हमारा हुलिया याद करने का परिश्रम करते रहे होंगे। किसी का किंचित मात्र भी सन्देह हमारी मृत्यु का कारण हो सकता था। हम भी बड़े राजभक्तों की तरह मुग्ध-दृष्टि से उनकी ओर देख रहे थे। लारियाँ धड़ाधड़ गुज़र रही थीं। कोई बीस एक के गुज़र जाने के बाद हमने देखा कि एक सैनिक महाशय बन्दूक़ उठाये हमारी ओर आ रहे हैं उन्होंने आज्ञा दे ही दी, 'ठहरो!' अब समझे पहली लारियाँ चुपचाप आगे क्यों बढ़ा दी गयीं। ड्राइवर महोदय ने तुरन्त ब्रेक कस दिये। मैं अपना अन्तिम समय निकट समझ पिस्तौल तानकर सोच ही रहा था कि कौन-से सिपाही को सबसे पहले सुलाऊँ कि एक अफ़सर आगे बढ़ा और कहने लगा, "महाशय आपको देरी हो रही होगी, क्षमा कीजियेगा, दो लारियाँ टूट गयी हैं, और सड़क रुक गयी है।" मैंने तुरन्त पिस्तौल छिपा लिया। उन्होंने फिर कहा, "यदि आप पैदल उतरकर चले जायें जो बहुत अच्छा हो।" इस समय तक मेरी उद्विग्नता दूर हो चुकी थी। मैंने दृढ़ता से कहा, "महाशय, हम बड़ी दूर से चले आ रहे हैं और थके हुए हैं। हमें बहुत ज़रूरी कार्य है और शीघ्र पहुँचना है। हम पैदल नहीं जा सकते।" उसने तुरन्त सैनिकों को हमारी मोटर ढकेलने की आज्ञा दे दी, जो 200 गज तक उसे ढकेलते चले गये। उस समय निश्चय ही वे समझे थे, कि मोटर में बैठने वाला आयरिश व्यक्ति पार्लियामेंट तक में प्रश्न छेड़ सकता है। ख़ैर! मैं और हागन बड़ी मुश्किल से हँसी रोक पाये और सैनिकों के कष्ट के लिए उन्हें बार-बार धन्यवाद देते हुए विदा हुए। कोई आधा घण्टा बाद तक मोटर को पूरी रफ्तार पर चलाते रहे। इसी प्रकार उन सैनिकों ने जो हमारी ही तलाशी में जा रहे थे, हमारी ही सहायता की! बहुत स्थानों पर होते हुए, विभिन्न मित्रों के घरों में ठहरते हुए, हम लोग डबलिन की ओर चले जा रहे थे। हमारे परिचित हमारी ओर देखकर बड़े चकित होते और हमें नमस्कार आदि कहने से पहले चारों ओर बड़ी सावधानी से ताक लेते तथा बाद में भी बड़े धीमे स्वर से बात करते। उनका यह व्यवहार देख हमें बड़ी हँसी आती। डबलिन में हम चारों फिर मिल गये। हम जब भी मिलते तब हमें बिल्कुल ख़याल न रहता कि हमारे पीछे पुलिस मारी-मारी फिरती है। हम ठीक छुट्टी पर आये हुए विद्यार्थियों की तरह हँसते-खेलते रहते थे। हमने उन दोनों को चिढ़ाने के विचार से उपरोक्त सिपाहियों की सहायता पाने की बात कही तो उन्होंने भी झट अपनी मोटर ठीक ज़ेल के द्वार के सामने रुक जाने तथा सिपाहियों के उसे धकेलने की बात सुनायी।

हमने मिलकर परामर्श किया तो बहुत पछताये कि विगत तीन मास हमने व्यर्थ खो दिये। सोलोहैडबेग की घटना से तो माना देशभर में जीवन संचारित हो उठा

था, परन्तु अब तो वह स्मृति मात्र रह गयी थी। देशभर में सुविस्तृत सैनिक संगठन विद्यमान था। शस्त्र भी पर्याप्त थे। लोग भी अब वैसे भीरू और कायर नहीं थे। वे ड्रिल करने तथा शस्त्र रखने के अपराध में प्रसन्नतापूर्वक ज़ेलों में जा रहे थे। परन्तु आवश्यकता थी उन्हें शस्त्रों का प्रयोग करने का परामर्श देने की। इस तरह बहुत देर तक सोच विचार करते रहने के बाद हमने चार साइकिलों का प्रबन्ध कर लिया और डोनोहिल को वापिस चले गये। हम अपने मित्र होरेन परिवार के पास गये तो उन्हें यह विश्वास दिलाने के लिए कि हम वास्तव में मनुष्य ही हैं–प्रेतात्मा नहीं, बड़ी चेष्टा करनी पड़ी। मैं अपनी माँ से भी जा मिला। बेचारी मुझे देख बहुत विस्मित तथा प्रसन्न हुई। उन्होंने मेरे कारण बहुत कष्ट सहन किये। मेरे बाद तो दिन में दो-दो तीन-तीन बार उनकी तलाशी हो जाती। घर का सब सामान पुलिस ले गयी थी। मुर्गी और उसके बच्चे मारकर वे बदला निकालते थे। तो भी वे हतोत्साह नहीं हुईं। जब कभी पुलिसमैन पूछता, "क्यों जी, तुम्हारा पुत्र डेनब्रीन कहाँ है?" तो तुरन्त व्यंग्यपूर्ण उत्तर देतीं, "क्यों? क्या उसके साथ एक छत के नीचे बैठने का साहस है?" इसी तरह एक बार पूछने पर उन्होंने कह दिया, "हाँ। डेनब्रीन ऊपर बैठा है, और तुम्हें ऊपर चले आने का निमन्त्रण देता है। क्यों, साहस है?" बस पुलिसमैन भाग गया और बड़ी भारी सेना ने घर घेरकर तलाशी लेनी शुरू कर दी। जो भी हो, माँ ने एक भीषण अपराध किया था। उसी के फलस्वरूप वह सब कष्ट उसे सहन करने पड़े। उसका वह भयंकर अपराध था अपने पुत्र को कर्तव्य-पालन की शिक्षा देना तथा उसके हृदय में स्वदेश प्रेम जागृत करना! इसी अपराध का दण्ड वह धैर्य से सहन करती रहीं! वह वीर माता थीं।

पाँचवाँ परिच्छेद

ट्रेन में से बन्दी मित्र को छुड़ाया

हम टिप्रेरी में अपने सभी सैनिकों को युद्ध के लिए तैयार करने लगे। उसके लिए हमने समुचित प्रयत्न किया। एक दिन प्रातःकाल दो बजे अपनी साइकिल लिए जा रहा था कि एक दूसरी ओर से आने वाली साइकिल के साथ टक्कर हो गयी। उसकी साइकिल का हैण्डिल मेरी छाती में धँस गया और मैं वहाँ अचेत होकर गिर गया। मेरे मुँह से बहुत रक्त बहा। उस समय बहुत घबराया। क्या जीवन का इसी तरह अन्त होना था? युद्धक्षेत्र में शत्रु के विरुद्ध लड़ते हुए मुझे गोली लग गयी होती, अहा! मैं कितना प्रसन्न होता। परन्तु आज इस तरह अनजान में व्यर्थ ही जीवन समाप्त हो जायेगा, यह विचार ही मेरे लिए एक विपत्ति बन बैठा। अर्धचेतनावस्था

में मैंने देखा कि अंग्रेज़ सैनिकों ने मुझे पहचान लिया है। बस यमदूत के साक्षात दर्शन होने लगे। चेतना हुई, उठा। ज्यों-त्यों घर पहुँचकर चिकित्सा की। स्वस्थ होकर फिर अपने कार्य में जुट गया। दिन रात एक-सा परिश्रम करता। कभी रात अच्छे बिस्तर में कट गयी, तो कहीं पृथ्वी पर लेटना पड़ा। कहीं अँगीठी मिल गयी तो कहीं पशुओं के साथ रात बितायी। अब इस प्रकार की छोटी-छोटी असुविधाएँ सहन करने का अभ्यास हो गया था।

इधर चार दिन से हम सोये नहीं थे। परिश्रम करते चले आ रहे थे। पता लगा, कि बालघ (Bailagh) में ईमन ओ' डुभिर (Eamon O' Dubhir) के यहाँ नृत्य होने वाला है। बस! सब रुकावट दूर हो गयी। हम युवक थे। विपत्तियाँ सहन करते चले आ रहे थे। चिरकाल से किसी उत्सव में सम्मिलित होने का अवसर न मिला था। हम सीधे उसी घर की ओर हो लिए। वहाँ पर बहुत से परिचित बालक तथा बालिकाएँ आनन्द विहार में निमग्न थे। हमारे भी हृदयों का भार हलका हो गया। कितना सुन्दर संगीत था! रातभर वहाँ नाच किया। ठीक उसी समय पुलिस के कई दस्ते विभिन्न घरों में हमारी ही खोज में तलाशी ले रहे थे। उन बालक-बालिकाओं में से कोई भी चुपचाप खिसक जाकर, पुलिस वालों को लेकर हमें पकड़वा सकता था, परन्तु इसका किसी को स्वप्न में भी विचार न आया होगा। आयरलैण्ड वासियों में सहस्रों दोष होंगे, परन्तु उनमें देशद्रोही बहुत कम होते हैं। प्रातः समय मैं वहाँ से चला आया। ओकीफ के घर जाकर विश्राम करने का तय हुआ था। थोड़ी देर बाद राबिन्सन और ट्रीसी भी आ गये। परन्तु हागन नहीं आये। हमें चिन्ता भी नहीं हुई। यह हम जानते थे कि अभी उनके अठारह वर्ष पूरे होने में भी दो दिन शेष हैं, तो भी हमें विश्वास था कि वे किसी सुदृढ़ सैनिक से किसी प्रकार भी कम नहीं हैं। हमारी आँखों में नींद भरी थी। श्री ट्रीसी के शब्दों में हम उस समय किसी भी कण्टकाकीर्ण शैय्या तक पर सो सकते थे। अभी शायद श्री ट्रीसी अपनी माला भी समाप्त न कर पाये थे कि श्री पैट्रिक किन्नेन (Kinnane) हमें जगाने लगे। आँखें खुलने से साफ़ इन्कार कर रही थीं। कान सुनते तो थे, परन्तु कुछ समझ नहीं पाते थे। एकाएक आलस्य और निद्रा भाग गये। मैं सिंहर उठा, 'बेचारे हागन पकड़े गये?' विश्वास नहीं हुआ। हागन गोली से मर गये, यह हम मान सकते थे परन्तु वे बिना शस्त्र चलाये ही पकड़े गये, यह बात कुछ जँचती नहीं थी। ख़ैर उठे। हम तीनों ने एक दूसरे की ओर देखा। बोलने की आवश्यकता न थी। सभी एक दूसरे का मतलब समझ गये। निश्चय हो गया, "हागन को छुड़ायेंगे।" पता लिया, तो मालूम हुआ कि उन्हें अभी थर्लूस की कोतवाली में रखा गया है, परन्तु शीघ्र ही कार्क ज़ेल को भेज दिये जायेंगे। फ़ैसला हुआ, 'इमली' स्टेशन पर ट्रेन में से या

तो हागन को लिया जाये, अथवा इसी प्रयत्न में प्राण दे दिये जायें। हमारा सबसे छोटा, सबसे प्यारा साथी शत्रु के हाथ में हो, यह हमारे लिए असह्य था। हममें से कोई भी स्वयं ज़ेल में जा उसे छुड़ाने को तैयार हो सकता था। आज तक हमने कभी उसके गुणों की प्रशंसा नहीं की थी, परन्तु अब तो उसके गुण ही गुण हमारी आँखों के सामने घूमने लगे।

उधर पुलिस वाले भी समझते थे कि वे भी सोलोहैडबेग के मुख्य पात्रों में से हैं। हम सभी लोगों की अनुपस्थिति तथा अज्ञातवास के कारण ही पुलिस को यह विश्वास हो गया था। एक स्वेच्छा सेवक के हाथ हमने टिप्रेरी रेजिमेण्ट के अध्यक्ष के पास कुछ स्वेच्छा सेवक भेजने का सन्देश भेज दिया। हम स्वयं साइकिलों पर इमली को चल दिये। सीधे रास्ते पुलिस के हाथ पड़ जाने के भय से, लम्बा चक्कर काटकर दूसरे मार्ग से गये। साइकिलों पर नींद आ गयी, परन्तु फिर आँख खुल गयी। धड़ाम का शब्द सुन, मुड़कर क्या देखा कि श्री राबिन्सन साइकिल से गिर पड़े हैं। उठकर फिर चले। हमारे पास एक बम आ गिरा समझे शत्रु ने आक्रमण किया है, परन्तु वह राबिन्सन की जेब से ही गिरा था। 12 मई, 1919 के दिन सारा प्रबन्ध कर 11 बजे थर्ल्स से चले थे। अगले दिन जिस गाड़ी में हागन के आने की आशा थी। वह दोपहर से पहले न आ सकती थी। निरन्तर प्रतीक्षा करते रहे, परन्तु टिप्रेरी से कोई स्वेच्छा सेवक न पहुँचा। साढ़े ग्यारह बज चुके थे, बारह बजे गाड़ी आने को थी। गाड़ी को हम बिना प्रयत्न किये भी न जाने देना चाहते थे। यह भी जानते थे कि बन्दी के साथ कम से कम चार सशस्त्र सैनिक होंगे। परन्तु करते ही क्या? ट्रेन आ गयी। हम प्लेटफ़ार्म पर घुस ही तो गये। भागते समय एक मोटी-सी वृद्ध स्त्री से टक्कर लग गयी। मैंने उसके गिर्द बाँहें डाल दीं और दोनों घूमते-घूमते पृथ्वी पर गिर पड़े। क्षमायाचना का तो अवसर था ही नहीं, उठकर फिर भागे। परन्तु बन्दी इस गाड़ी में नहीं आया था। दूसरी गाड़ी सायंकाल सात बजे आने वाली थी। हमने गाल्टी बटालियन के कुछ स्वेच्छा सेवक बुला भेजे। पाँच स्वेच्छा सेवक पाँच बजे आ पहुँचे। वे बड़े वीर तथा निर्भीक सैनिक थे। हम एक साथी को इमली स्टेशन पर छोड़कर स्वयं सभी साथी नाकलांग (Knocklong) स्टेशन पर चले गये। इमली स्टेशन स्थित स्वेच्छा सेवक का कर्तव्य बन्दी वाली गाड़ी के साथ सतर्कता से चढ़कर हमें उस गाड़ी की ओर संकेत करना था।

मदमत्त इंजन धक-धक करता हुआ प्लेटफार्म पर आ पहुँचा। स्वेच्छा सेवक के संकेत से हम सीधे बन्दी की गाड़ी में जा पहुँचे। ट्रेन केवल दो मिनट ही ठहरेगी, यह हमें ख़ूब मालूम था। बन्दी को एक लम्बी गाड़ी के छोटे से ख़ाने में चार सशस्त्र सिपाही घेरे बैठे थे। सभी डिब्बे एक छोटे संकुचित मार्ग द्वारा एक दूसरे से मिले हुए

थे। आक्रमण का नेतृत्व श्री ट्रीसी को सौंपा गया था। गाड़ी में घुसते ही 'हाथ उठा दो' की सैनिक आज्ञा दे दी गयी...अभी कुछ ही क्षण पहले सिपाहियों के अध्यक्ष सार्जेण्ट वालीस ने बेचारे हागन को बन्दूक़ से ठेलते हुए बड़े व्यंग्यपूर्ण स्वर में पूछा था, "क्यों जी, तुम्हारे डेनब्रीन और ट्रीसी किधर ठोकरें खा रहे हैं?" इसका उत्तर, क्रियात्मक उत्तर, जिसकी कि उन्होंने कभी भी आशा न की होगी, उन्हें मिल गया। दोनों रिवाल्वर ताने उसके सामने खड़े थे। कांस्टेबल स्नराईट तत्क्षण रिवाल्वर तानकर बन्दी पर गोली चलाने ही वाला था कि हमारी गोली ने उसे ठण्डा कर दिया। उन्हें यह आज्ञा दी गयी थी कि यदि बन्दी को छुड़ाने का कोई प्रयत्न किया जाये तो उसे तुरन्त गोली से मार दिया जाये। गोलियाँ चलीं। ठीक उसी समय प्लेटफार्म पर खाकी वर्दी पहने एक अंग्रेज़ सैनिक ने—जिसके हृदय में आयरिश ख़ून दौड़ रहा था—बहुत आनन्द और चाव से चिल्लाकर, 'प्रजातन्त्र की जय' कहा!

स्नराईट मर गया था। दूसरा घायल होकर गाड़ी से कूद गया। शेष सार्जेण्ट वालीस और कांस्टेबल रेली बचे। दोनों के साथ ख़ूब लड़ाई हुई। वालीस एक वीर सैनिक थे, शत्रु दल में हमें वैसे साहसी बहुत कम दीख पड़े। हमारे सभी साथियों के रिवाल्वर भी कहीं गुम हो गये। ख़ैर, लड़ते-झगड़ते बन्दी हागन को, जो बेड़ियों और हथकड़ियों से जकड़ा हुआ था, लेकर हम बाहर निकल पड़े। मैं बुरी तरह घायल हो चुका था। कब और कैसे घायल हुआ, इसका कुछ पता नहीं। ट्रीसी, राबिन्सन और ओब्रीन भी घायल हो चुके थे। रेली अब भी रायफल से गोली चला रहा था। एक गोली मेरे दाहिने हाथ में आ लगी। मेरा रिवाल्वर गिर गया। यदि रेली में सार्जेण्ट वालीस की तरह तत्परता होती तो हममें कोई भी न बच पाता। परन्तु उसकी सुस्ती से मुझे अपना रिवाल्वर उठाकर बायें हाथ से उसे चलाने का अवसर मिल ही गया। वह भाग गया। वालीस भी लगभग मर चुका था। रेली ही एक ऐसा था जोकि घटना का पूरा-पूरा वर्णन कर सकता था। परन्तु जूरी के जजों ने तो उसे साफ़ कह दिया, "जरा सच सच कह सुनाओ, लीपा पोती मत करो।" उन्होंने यह भी फ़ैसला दिया कि इस घटना का उत्तरदायित्व पुलिस पर है, क्योंकि माननीय लोगों को धर पकड़ने का ही यही परिणाम है।

मैं वहाँ से बाहर निकला तो ख़ून बह जाने के कारण अपने को दुर्बल पाया। बाहर एक मोटर खड़ी थी, शायद किसी की प्रतीक्षा कर रही थी। मैंने झट रिवाल्वर तानकर ड्राइवर से मोटर छीन ली। परन्तु उसका उपयोग करने की सुधि न रही। बाहर हागन की बेड़ियाँ काट दी गयीं और स्वेच्छा सेवकों ने उसकी रक्षा का भार ले लिया। हम चारों घायल व्यक्ति अँधेरे में भूलते भटकते, गिरते पड़ते शानहन की ओर चल दिये। वहाँ पहुँचने पर मुझे बिस्तर पर लिटा दिया गया। डॉक्टर और

285. जब आयरिश क्रान्तिकारियों ने फीनिक्स पार्क में चीफ और अंडरसेक्रेटरियों की हत्या कर दी, तब उन्हें पकड़वाने और फ़ाँसी चढ़वाने में जेम्स कैरी ने मुखबिर की भूमिका निभायी, हालाँकि उसकी भी पैट्रिक ओ'डोनेल नामक क्रान्तिकारी ने गोली मारकर हत्या कर दी, जिससे भारत के क्रान्तिकारियों को भारी मनोबल प्राप्त हुआ।

286. ओ'ड्वायर की पुस्तक *इंडिया ऐज आई निउ इट* से।

287. ओ'ड्वायर की पुस्तक।

288. मॉण्टफोर्ड रिपोर्ट : भारतीय संवैधानिक सुधारों पर तैयार की गयी रिपोर्ट। इसे मॉण्टफोर्ड रिपोर्ट इसलिए कहा गया कि इसे सेक्रेटरी ऑफ़ स्टेट, मॉण्टेग्यू, और गवर्नर जनरल चेम्सफोर्ड ने मिलकर तैयार किया था। यह रिपोर्ट 8 जुलाई 1918 को प्रस्तुत की गयी।

289. उपरोक्त सभी आँकड़ों का स्रोत सम्भवतः मॉण्टफोर्ड रिपोर्ट।

290. आँकड़ों का स्रोत अस्पष्ट।

291. साइमन रिपोर्ट : रिपोर्ट ऑफ़ द इण्डियन स्टैट्यूटरी कमीशन (साइमन कमीशन) (लन्दन, 1930)।

292. नोटबुक में पृष्ठ 289 से पृष्ठ 303 तक कुछ नहीं अंकित है। नोटबुक के प्रथम पृष्ठ पर नोटबुक में पृष्ठों की संख्या 404 अंकित है। परन्तु पृष्ठ 305 से लेकर पृष्ठ 404 तक के पन्नों का कोई अता-पता नहीं है। कुल 304 पृष्ठ उपलब्ध हैं जिन पर रबर की मुहर से नम्बर डाले गये हैं। ये नम्बर कब और किसने डाले यह स्पष्ट नहीं है। शेष 100 पृष्ठ क्या हुए? वे गायब हो गये या किसी अन्य काम के लिए इस्तेमाल किये गये, यह भी स्पष्ट नहीं है।

भगतसिंह ने कुल 145 पृष्ठों पर नोट्स लिए हैं जिनमें बीच-बीच में ख़ाली पृष्ठ हैं।

पादरी बुला लिए गये। बाहर क्लेमेंसी नामक एक नवयुवक की अध्यक्षता में पहरा खड़ा कर दिया गया। डॉक्टर ने कह दिया, "बस। सब खेल 24 घण्टे में समाप्त हो जायेगा।" मैं एकदम अधीर हो उठा। यह मेरे लिए असह्य था। परन्तु हमारे लिए अन्तिम 24 घण्टों में भी तो शान्ति न बदी थी। चारों ओर पुलिस ही पुलिस दीखने लगी। क़ब्रिस्तान तक में नई क़ब्रें ढूँढ़ी गयीं, क्योंकि पुलिस की रिपोर्ट के अनुसार दो आक्रमणकारी लगभग मर गये थे।

आगे चलने से पहले यदि दो बातें और कह दूँ तो अनुचित न होगा। जिस समय स्टेशन पर हम लोग लड़ रहे थे, उसी समय दूसरे प्लेटफार्म पर एक और गाड़ी खड़ी हुई थी जिसमें बहुत से सैनिक आ रहे थे। उन लोगों ने हस्तक्षेप क्यों न किया, यह हमारी समझ में न आया। उसी समय दो मील की दूरी पर एल्टेन के सिपाहियों ने गोली की आवाज़ सुनी। वे भागकर बैरकों में घुस गये तथा अन्दर से साँकल लगाकर बैठ गये। काउण्टी इंस्पेक्टर मिस्टर ईगन ने तो भी द्वार न खोला। मोटर से दरवाज़ा तोड़कर वे भीतर घुस गये और "बुजदिलो! कायरो! तुम यहाँ छिपे पड़े हो, तुम्हारे चार साथी मारे गये हैं, हत्यारे भाग गये हैं और तुम अभी तक यहीं पड़े हो, तुम्हें लज्जा नहीं आती," आदि आदि कहकर उनसे साँकल खुला पाये।

यहाँ श्री हागन की कथा लिख दें तो अनुचित न होगा। नृत्य के बाद वे आना फील्ड निवासी मोघर परिवार के मकान पर चले गये। भोजन करते करते मेज़ पर ही सो गये। फिर बिस्तर पर सुलाये गये। अभी लेटे ही थे कि 'पुलिस आ गयी, पुलिस आ गयी' के शब्दों से उन्हें जगा दिया गया। वे यह समझे कि सैनिक इधर से आ रहे होंगे, दक्षिण की ओर भागे। कुछ दूर जाकर उन्होंने अपना रिवाल्वर बन्द कर दिया—परन्तु एकदम क्या देखा कि सैनिकों ने आ पकड़ा। रिवाल्वर छिन गया। मोटर में बिठाकर थर्ल्स की चौकी में ले जाये गये। पहले लोभ दिया गया, फिर बुरी तरह पीटा गया। परन्तु उस वीर ने एक शब्द भी मुँह से न निकाला। अपना नाम तक नहीं बताया। फिर एक सिपाही ने सहानुभूति प्रदर्शित करते हुए कह दिया, "तुम्हें डेनब्रीन और ट्रीसी ने तो धोखा दिया। वे लन्दन ले जाये जा रहे हैं, जहाँ पर कि वे पुरस्कार पायेंगे। तुम भी गुप्त बातें बताकर मौत से बच जाओ।" परन्तु वहाँ तो मौत के अतिरिक्त और कुछ था ही नहीं। गाड़ी में बैठाये जाने के बाद वालीस उसे बार-बार चिढ़ाते हुए कहता, "क्यों जी, तुम्हारे ट्रीसी और ब्रीन कहाँ गये?" ऐसा ही प्रश्न अभी यह पूछ ही रहा था कि हम जा धमके थे।

एक स्वेच्छा-सेवक ने पता दिया कि पुलिस हमारे पीछे आ रही है। झट सांग्रामिक सभा की गयी। आख़िर मोटर लाकर मुझे उसमें बैठा दिया गया। पुलिस बैरकों के बीच में से गुज़रकर हम लोग वेस्ट लिम्मर्क में श्री सीन फीन के घर जा पहुँचे।

नाकलांग के साथियों में से जे.जे. ओब्रीन तथा लियमलिच, जोकि घण्टों में वापिस जाकर अपने कार्य में लग गये, के अतिरिक्त सभी को हमारी तरफ़ भागना पड़ा।

श्री सीन फीन दया की साक्षात प्रतिमा थे। आप लोगों ने हमें पूरे आराम से रखा। परन्तु पुलिस के आ पहुँचने के कारण फिर और पश्चिम की ओर जाना पड़ा। मैं स्वस्थ हो गया। फिर तो मुझे डॉक्टरों आदि की भविष्यवाणियों को तोड़ डालने का अभ्यास ही हो गया। मैं तब भी बच जाता, जबकि वैधिक नियमों के अनुसार मुझे ज़रूर ही मर जाना चाहिए था।

घोर विपत्ति के समय, निराशा के निविड़ अन्धकार में भी श्री ट्रीसी की रसिकता तथा हँसी का स्वभाव बड़ी सान्त्वना का कारण होता। नाकलांग-युद्ध में मेरे पेट में गोली लगी थी और ट्रीसी के मुँह में। इसलिए हम दोनों कुछ भी खा नहीं सकते थे। एक दिन वे भूख से तंग आकर बोले, "अरे ब्रीन जरा अपना बड़ा-सा सिर कुछ मिनट के लिए उधार दे दो, एक बार भोजन तो कर लूँ। तुम तो खा सकने पर भी नहीं खाते।" एक बार रात्रि के समय कलन से टिप्रेरी जा रहे थे। पुलिस से भेंट होने का भय था। सोलोहैडबेग औरनाकलांग वहाँ से बहुत निकट थे। परिचित लोगों से मिलने का भी डर था, हम बड़ी तेज़ी के साथ जा रहे थे कि एकाएक, 'ठहरो। ठहरो।।' चिल्लाते हुए ट्रीसी ने सभी को रोक लिया, और एक-एक से पूछने लगे, "क्या। जी आपके पास पिन होगा? वर्षा और शीत में कोट के बटन कौन खोले। हर एक ने इन्कार कर दिया। मैंने पूछा, "आख़िर, तुम्हें इस समय एकाएक पिन की क्या ज़रूरत आ पड़ी?" अत्यन्त सहज भाव से आपने कहा—"मुझे आशंका है कि शायद मेरी टाई सीधी नहीं लटक रही है।'' हम लोग बहुत झुंझलाये और उन्हें कोसने लगे। परन्तु आलोचना शुरू होने से शेष यात्रा सुगमता से तय हो गयी। कैर्टी में कुछ दिन ठहरकर मैं पूर्णतया स्वस्थ ही हुआ था। हम नित्य संवाद-पत्रों में घोर निन्दा पढ़ा करते। हमारा अपने छोटे वीर साथी को छुड़ाने का सफल प्रयत्न सभी लोगों की दृष्टि में घृणित समझा गया।

ग्रीष्म ऋतु में जासूस विभाग का पुनर्संगठन किया गया। अब का संगठन बड़े जोरों से किया गया था। हमें भी जासूस बहुत सताने लगे। हमने भी जहाँ कहीं देखा, जासूसों को ठीक ठिकाने लगाना शुरू कर दिया। लोग प्रातःकाल जब गलियों में कई मृत शव देखते जिन पर ये शब्द लिखे रहते, 'अंग्रेज़ी जासूसो ख़बरदार। आयरिश प्रजातन्त्र सेना।।' तो बहुत विस्मित होते। एक दिन नदी किनारे हम धूप-सेवन कर रहे थे। नदी में पुलिस से भरी हुई नावें गुज़रीं। पता चला कि वे हमारी ही तलाश कर रहे थे। उस समय उन्होंने शायद समझा होगा, कि हम लोग कहीं पर्वतों की कन्दराओं में छिपे हुए पड़े होंगे। ठीक इसी तरह और भी कई अवसरों पर हम सामने

बैठे तमाशा देखा किये। खिड़की में बैठे, अपनी तलाश में जाने वाली सिपाहियों से भरी मोटर भागती फिरती देखी। कभी पुलिस स्टेशन के साथ वाले घरों में बैठे, केवल एक ईंट के अन्तर से अपनी तलाश सम्बन्धी उनकी स्कीमें सुनते रहे।

श्री हागन और राबिन्सन को टिप्रेरी छोड़कर मैं और ट्रीसी डबलिन को चल दिये। वहाँ स्वेच्छा-सेवकों के अध्यक्षों से मिले और बहुत वादविवाद के बाद उन्हें युद्ध के पक्ष में कर पाये। उन्होंने हमारे रहने का प्रबन्ध कर देने का वचन दिया। तब मैं साइकिल ले श्री हागन और राबिन्सन को लाने टिप्रेरी की ओर चल दिया। जाते जाते पिछले ट्यूब में बड़ा पंचर हो गया। उस समय मैं पादरी के वेष में था। एक साइकिल वाले की दुकान पर गया। उसे तुरन्त मरम्मत के लिए कहा, परन्तु उसने साफ़ इन्कार कर दिया। मैंने क्रोध से उसे बहुत भला बुरा कहा। वह बड़े आश्चर्य से पादरी के मुख से वे शब्द सुनता रहा। मुझे तो भूल ही गया था कि मैं इस तरह शान्ति का अवतार पादरी बना बैठा था। ख़ैर, वहाँ से सीधा पुलिस चौकी में घुस गया। प्रहरी ने 'पितावन्दे!' कहकर अभिवादन किया। यथोचित उत्तर दे अन्दर घुसा। मेरी असुविधा जान सभी बेचारे झट मेरी सहायता के लिए तैयार हो गये। कुछ ही मिनटों में मेरी साइकिल तैयार हो गयी। उधर मैं नोटिस बोर्ड पर अपने हुलिए तथा पुरस्कार का विज्ञापन पढ़ता रहा। साइकिल ले उन लोगों को धन्यवाद दे विदा हुआ। कुछ दूर जाकर ख़याल आया, 'पुलिस वालों को अपना विजिटिग कार्ड न देने में मैंने निश्चय ही कुछ कृतघ्नता का परिचय दिया। ख़ैर!'

डबलिन में जाकर हमने देखा कि गनीमी (गुरीला) युद्ध के लिए क्षेत्र तैयार हो रहा है। परिस्थितियाँ ही देश को स्वातन्त्र्य संग्राम की ओर हाँके ले जा रही थीं। हमने भी परिस्थितियों की सहायता करने में कोई कसर उठा न रखी। स्काटलैण्ड यार्ड[1], के जासूस आयरलैण्ड में बहुत संख्या में आ पहुँचे थे। उन लोगों का हौसला बहुत बढ़ गया था। वे तो सिनफिन लोगों (क्रान्तिकारी) की सभाओं तक में पहुँचते और तलाशी में अंग्रेज़ी सेना की सहायता करते। बहुत से निर्दोष व्यक्ति, जिन्होंने कि शायद शस्त्र कभी छुए भी न होंगे, उनकी कोप-दृष्टि से न बच सके। वे 'जी' कहलाते थे। उस वक़्त बहुत से 'जी' मारे भी गये और मारने वाले सदा बचते ही रहे। आख़िर तंग आकर उन लोगों ने घरों से बाहर निकलना ही बन्द कर दिया। एक-एक दिन जासूसों की हत्या पर ख़ूब वाद-विवाद हुआ। मेरी अनोखी सूझ! मैंने कहा कि जासूसों की हत्या की बजाय, ब्रिटिश सरकार के प्रमुख प्रतिनिधि वायसराय महोदय पर हाथ साफ़ करने से बहुत प्रभाव होगा। बात अच्छी थी। सभी ने इसे स्वीकार कर लिया।

---

1. स्कॉटलैंड यार्ड इंग्लैंड के जासूस विभाग का नाम है।

छठा परिच्छेद

लाट साहब पर हमला

निश्चय होते ही हमने सभी मित्रों से परामर्श लिया। सभी सुदृढ़ तथा निर्भीक साथी हमारा साथ देने के लिए तैयार हो गये। तीन मास तो तैयारी में ही लग गये। वायसराय महोदय की प्रतीक्षा में कितनी ही बार बड़ी निराशा भी हुई। उनका प्रोग्राम विशेष तौर से गुप्त रखा जाता। कई स्थानों पर जहाँ कि उनका जाना आवश्यक होता, वे न जाते। कितनी ही बार कुछेक क्षण के हेर-फेर से बच गये थे। आते आते एकदम एक मोड़ पर मुड़ जाने से ही, कई बार उनके प्राण बच गये। इन तीन मास में हम 12 दफे आक्रमण करने की पूरी तैयारी कर वायसराय महोदय की प्रतीक्षा ही करते रह गये। परन्तु हर बार उनका न आना, या आते-आते मुड़ जाना ही कारण हुआ। 11 नवम्बर के दिन महायुद्ध की सन्धि होने के उपलक्ष्य में होने वाले उत्सव में सम्मिलित होने के लिए उन्हें जाना था। ग्रेटीन ब्रिज पर से गुज़रते समय उन पर बम गिरा दिये जायें, यही हमने सोचा। ठीक समय पर हमारे सभी साथियों ने बम तैयार कर लिए। पिन खोले, कितनी ही देर तक वे प्रतीक्षा करते रहे। परन्तु वायसराय महोदय न पधारे। उस दिन बर्फ़ गिर रही थीरू तो भी हम पुल पर डटे रहे। इतने में हमारे एक परिचित मित्र उधर से गुज़रेरू उन्होंने समझ लिया, और व्यंग्य मिश्रित स्वर में इतना ही कहा, 'क्या ख़ूब। बर्फ़ से बचने के लिए यह स्थान तो ख़ूब ढूँढ़ा।' हम चौंक पड़े। हमारी ओर देखकर कोई भी व्यक्ति सन्देह कर सकता था। हम एकाएक वहाँ से चल दिये। कुछ ही क्षण बाद सैनिक लारियों ने पुल को घेर लिया और आने जाने वाले की तलाशी ली जाने लगी। हम बाल-बाल बच गये। बात यह हुई थी कि हमें पहचान कर अथवा सन्देहवश किसी जासूस ने तुरन्त गवर्नमेण्ट हाउस को टेलीफ़ोन कर दिया था। इसी कारण वायसराय महोदय नहीं आये।

इससे हम बहुत निराश हो गये। कुछ आत्मग्लानि-सी भी मालूम होने लगी। सोचने लगे—क्या हम उतना भी नहीं कर पायेंगे? परन्तु यह अवस्था कुछ अधिक देर नहीं रही। शीघ्र ही हमें पता चल गया कि वायसराय महोदय उत्तर की ओर से डबलिन आ रहे हैं। संवाद-पत्रों में तो प्रकाशित हो चुका था कि वे विदेश गये हैं। सम्पादकों को शायद यह विश्वास भी था, परन्तु हमें तो ख़ूब मालूम था कि वे 'फ्रेंच पार्क को रास्कामन' में अपने मित्रों के साथ आनन्द विहार में निमग्न थे। वहाँ पर वे बिल्कुल आरक्षित थे। बहुत थोड़ी-सी सेना वहाँ रहती थी। 'लौज' भी कोई बड़ी मज़बूत न थी। हम वहाँ पर बड़ी सुगमता से उन पर आक्रमण कर सफल हो सकते

थे, परन्तु हमने जान-बूझकर वैसा नहीं किया। हम उस जगत प्रसिद्ध व्यक्ति पर, जगत प्रसिद्ध फोनिक्स पार्क आयलैण्ड में अंग्रेज़ी शक्ति का मुख्य केन्द्र के ठीक द्वार पर आक्रमण करके समस्त संसार का ध्यान अपनी ओर आकर्षित करना चाहते थे। जरा सोचिये तो जिस दिन संवाद-पत्रों में यह समाचार निकलेगा, "आयरलैण्ड-स्थित अंग्रेज़ों के सर्वोपरि प्रतिनिधि, ब्रिटिश सेना के फील्ड मार्शल, फोनिक्स पार्क के ठीक सामने, जहाँ पर कि कुछ ही मिनट में बीस हज़ार से अधिक सब प्रकार के आधुनिक शस्त्रों से सुसज्जित सैनिक आ एकत्र हो सकते हैं, क्रान्तिकारियों के द्वारा मार दिये गये।"—उस दिन कैसा लुत्फ आयेगा? क्या यह समाचार पढ़कर संसारभर के लोग यह न कहने लगेंगे कि वे वीर क्रान्तिकारी सच्चे देशभक्त हैं। वे भीरु नहीं, कायर नहीं, बोदे नहीं, स्वार्थी नहीं हैं! उन्हें कुछ न कुछ शिकायत ज़रूर है। परन्तु वह है क्या? उसे जानने के लिए लोग अधीर न हो उठेंगे?...हाँ वही तो!

हमें विश्वस्त सूत्र से पता चल गया कि वायसराय महोदय 19 दिसम्बर 1919 के दिन वायसरीगल लौज फोनिक्स पार्क में पहुँचेंगे। बड़े-बड़े अफ़सर—यहाँ तक कि लौज के प्रबन्धक इस समाचार से अनभिज्ञ रखे गये थे। परन्तु हमें तो तिथि के साथ समय भी मालूम था। हम तो यह भी जान गये थे कि 11 बजकर 40 मिनट पर उनकी गाड़ी टर्मीनस न जाकर ऐशटाउन स्टेशन पर ही खड़ी हो जायेगी। कैसे पता चला, यह बताने का अभी समय नहीं आया। ऐशटाउन डबलिन नगर के केन्द्र से 4 मील की दूरी पर मीथ की ओर जाने वाली सुन्दर रमणीक सड़क के निकट है। उसे बड़ी सड़क से सम्बन्धित करने के लिए एक छोटी-सी सड़क जाती है जोकि 200 गज लम्बी है। दोनों सड़कों के संगम पर एक सराय भी है। आयरिश भाषा में ऐसे ही सार्वजनिक स्थान को ऐशटाउन कहते हैं। स्टेशन की सड़क बड़ी सड़क से गुज़रकर सीधी फोनिक्स पार्क को चली जाती है। फोनिक्स पार्क बड़ी सड़क से 100 गज की दूरी पर है, उसके निकट और कोई बस्ती नहीं है, परन्तु घुड़दौड़ के घोड़ों को उतारने और चढ़ाने के लिए ही यह स्टेशन बनाया गया था।

हम आध घण्टा पहले दो-दो की गिनती में साइकिल लेकर वहाँ पहुँचे और अपरिचित लोगों की भाँति वहाँ जाकर बैठ गये, और कृषि या पशु-पालन सम्बन्धी विषयों की बातचीत करने लगे, परन्तु हमें उसमें भी बहुत असुविधा हुई। हमारे कई व्यक्ति तो इन दोनों विषयों से एकदम अनभिज्ञ थे। ज्यों-ज्यों समय निकट आने लगा, त्यों-त्यों हमारी उत्सुकता भी बढ़ने लगी। हम ग्यारह व्यक्ति थे। चार तो वे ही, तथा मिक मैक्डानल्ड (Mick Macdonald), टाम क्योह (Tom Keogh), मार्टिन सैबेज आदि सात व्यक्ति और थे। हममें से केवल सात के पास रिवाल्वर थे। मार्टिन तो उसी दिन वीरगति को प्राप्त हुए। समय पूरा होते न होते डबलिन

मेट्रोपोलिटन पुलिस के सिपाही आ धमके। वे सड़क पर खड़े हो गये। अन्दर बैठे हुए एक सिपाही पहरे पर खड़ा नज़र आया। उसकी बाँकी टोपी, अभी-अभी पालिश किये हुए बूट, चमकती हुई बेल और भड़कीले बदन देखकर मालूम होता था कि वे महाशय सजधज में कोई कसर छोड़कर नहीं आये थे। उसके पास रिवाल्वर भी था। बाद में सैनिकों की मोटर लारियाँ भी आ गयीं। स्टेशन के पास सड़क में पुलिस ही पुलिस भर गयी। यह हमें पहले भी मालूम था। हमने सभी लोगों के स्थान भी पहले से ही निश्चित कर रखे थे।

सीटी सुनायी दी, सभी चौंक पड़े। एक ने दूसरे की ओर देखा परन्तु हिले नहीं। एक क्षणभर की तेज़ी से बना-बनाया खेल बिगड़ सकता था। फिर हमने स्टेशन से मोटरों के चलने का स्वर भी सुना। बाहर निकलकर खड़े हुए। कार्य की स्कीम यह थी कि वायसराय महोदय दूसरी मोटर में आयेंगे। अतः जिस समय पहली मोटर गुज़र जाये, उस समय मैं, श्री क्योह तथा श्री मार्टिन सैबेज वहाँ खड़े छकड़े को ढकेलकर दूसरी मोटर के सामने खड़ा कर दें, ताकि वह मोटर वहीं रुक जाये। हमने छकड़े को खींचना शुरू किया, परन्तु—ओह। यह तो बहुत भारी था। उस अभिनय का पहले रिहर्सल भी तो न किया था, ख़ैर उस समय उसे ज्यों-त्यों खींचा। परन्तु क्या देखता हूँ कि वही डबलिन मेट्रोपोलिटन पुलिस का सिपाही मेरे सामने खड़ा, मुझे आगे जाने से मना कर रहा है। उसने मुझे बड़े यत्न से यह समझाने की चेष्टा की कि अभी यहाँ से वायसराय गुज़रने वाले हैं, परन्तु मैं भला उसे किन शब्दों में समझाता कि उन्हीं से तो अभी हमारी विशेष मुलाकात होने को है। मैंने पहले तो चाहा कि उसकी कुछ परवाह ही न करूँ; परन्तु वह मूर्ख तो अपनी ही हाँके जा रहा था। रिवाल्वर का प्रयोग करना भी अनुचित था। गोली के शब्द से यदि सारी सैनिक शक्ति चौकन्नी हो गयी, तो भी सारा काम बिगड़ जायेगा। करें तो क्या? इधर समय व्यर्थ नष्ट हो रहा था। आख़िर लोहे का सींखचा उसके सिर पर दे मारा। वह वहीं लोट-पोट हो गया।

उधर हमारी असुविधा को देख हमारे एक साथी ने बम भी फेंक दिया था। परन्तु उसने पिन निकाल दिया था। बम फटा। हमारे घाव तो नहीं आये, परन्तु धमक से एक बार तो सभी धराशायी हो गये। उठे तो पहली मोटर आ पहुँची थी। उसके गुज़रते ही हमने छकड़ा जरा और आगे धकेलकर उस पर गोली छोड़ दी। पहली मोटर तो हवा हो गयी और दूसरी वहीं रुक गयी। मोटर पर हमारे साथी बमों की वर्षा करने लगे। शत्रु की गोली के निशाने के साथ-साथ उनके बिल्कुल पास रहने के कारण अपने साथियों द्वारा फेंके गये बमों की जद में भी हम थे। और दूसरी ओर से एक और सैनिक लारी गोलियाँ बरसाती हुई आ धमकी। मेरी बायीं टाँग में

गोली लगी। देखभाल करने का तो अवसर नहीं था, परन्तु इतना ज़रूर अनुभव हुआ कि गोली उस पार निकल गयी है। उस समय सिपाही लोग बहुत घबरा गये थे। वरना हम लोगों के लिए वहाँ अधिक देर तक ज़िन्दा बचे रहना एकदम असम्भव था।...परन्तु आह! एक निर्दयी गोली बेचारे मार्टिन सैबेज के आ ही लगी। आह! बेचारा मेरी गोद में आ रहा। भोला-सा यह सुन्दर बालक, कितने चाव और उत्साह से अभी एक घण्टा पहले आयरिश स्वतन्त्रता तथा आत्मोत्सर्ग के वीरतापूर्ण गीत गाता आ रहा था और अब...अब वह उन्हीं को क्रियात्मक रूप दे रहा था। मैंने उसे पृथ्वी पर लिटा दिया। होंठ हिलते देख, झुका तो उसके मन्द क्षीण स्वर में यह सुन पाया। 'डेन। मैं जाता हूँ, परन्तु संग्राम जारी रखो।' वह करुणाजनक दृश्य मुझे कभी नहीं भूलेगा। मानो तरुण आयरलैण्ड अपने रक्त से स्वतन्त्रता की पुस्तक की भूमिका लिखने की तैयारी में था। आह! वह दृश्य कभी नहीं भूल सकूँगा। मैं उस ग़रीब का सिर गोद में लिए बैठा उसका अन्तिम सन्देश सुन रहा था, और चारों ओर से गोलियों की वर्षा हो रही थी। अपने वीर साथी की वीरगति पर, उनकी शोकजनक मृत्यु पर आँसू बहाने का अवसर कहाँ था? जिस वीर ने 1916 में पहली बार अपने देश के लिए शस्त्र उठाया था, वही आज, अपने देश के लिए ही लड़ते हुए स्वर्ग-धाम सिधार गया। वह आयरिश माता की सेवा के लिए जीता रहा और अन्त में उसी के चरणों में अपना प्राणोत्सर्ग कर गया। बम ख़त्म हो गये, पिस्तौल ख़ाली हो गयी, एक साथी मारा गया, कुछ देर बाद गोली चलनी भी बन्द हो गयी। हम उस सराय में जा पहुँचे। वहाँ से गोली चलाने की सोचने लगा तो खाकी वर्दी वाला कोई भी न दीख पड़ा। सब रफू-चक्कर हो चुके थे। वहाँ पर मोटर का जख़्मी ड्राइवर, जिससे बाद में एक बार और मेरा वास्ता, बिल्कुल विपरीत अवस्था में पड़ा, तथा जख़्मी श्री मार्टिन का शव पड़ा था। श्री मार्टिन का शव सराय में छोड़कर हम लोग साइकिलों पर नगर की ओर चल दिये।

सातवाँ परिच्छेद

वायसराय बाल-बाल बच गया

जिस दुकान या सराय पर पहले आकर बैठे थे, वहीं पर श्री सैबेज का सिर रखकर हम लोगों ने सांग्रामिक मन्त्रणा की। हम बड़े हर्ष और चाव से अपनी सफलता की आलोचना कर रहे थे, यह सोचकर कि सैनिक लारी वायसराय महोदय का शव मात्र ही ले जा पायी है, हम फूल उठते। ख़ैर! शेष नौ साथियों को किंचित मात्र खरोंच तक नहीं आयी। केवल मैं ही बुरी तरह घायल हो गया था। मेरे घाव से रक्त की

धारा बह रही थी। अपने वीर साथी के शव पर अन्तिम प्रार्थना पढ़कर, हम लोग अपनी-अपनी साइकिलों पर डबलिन नगर की ओर चल दिये। अभी कुछ अधिक दूर नहीं गये थे कि सीमस राबिन्सन की साइकिल ख़राब हो गयी। वे झट कूदकर श्री ट्रीसी के पीछे जा खड़े हुए, परन्तु दो को लेकर चलना कितना कठिन है, और इस स्थिति में कितना हानिकारक, यह कोई भी अनुमान कर सकता है। परन्तु यह असुविधा अधिक देर तक नहीं रही। सामने से एक महाशय अपनी साइकिल लिए पैदल चले आ रहे थे। सांग्रामिक नियमों और कर्तव्यों तथा शान्ति परिस्थितियों के नियमों के कर्तव्यों में बहुत अन्तर होता है। इसी विश्वास के कारण झट राबिन्सन महोदय ने अपनी पिस्तौल के बल पर साइकिल माँग ली, जो तुरन्त मिल गयी। परन्तु उन महाशय से यह भी कह दिया गया कि वे संध्या समय ग्रैशम होटल के द्वार पर पड़ी हुई अपनी इस साइकिल को ले आवें।

नगर में हम शान्तिपूर्वक पहुँच गये। फिब्स बीरी सड़क पर स्थित श्रीमती टूमी (Tomei) के घर पर ठहराया गया। मेरे रक्त के छींटों के चिह्न से पुलिस नगर तक तो आ गयी, परन्तु फिर उसे आगे कुछ पता न चल पाया, यहाँ पर अच्छे-अच्छे डॉक्टर लोग मेरा इलाज करने लगे। श्रीमती टूमी का व्यवहार बहुत ही प्रशंसनीय था।

उसी दिन सायंकाल नगरभर में हो-हल्ला मच गया। अख़बार बेचने वालों ने इतना कोलाहल मचाया कि बस तौबा भली। मैंने सुना, वे चिल्ला रहे थे, 'लॉर्ड लेफ्टीनेण्ट पर भीषण आक्रमण! एक्स टाऊन पर भयंकर युद्ध!! एक आक्रमणकारी की मृत्यु!!!' परन्तु यह क्या? वह तो यह भी कह रहा है–'लॉर्ड महोदय साफ़ बच निकले?' निश्चय ही हमारा सब प्रयत्न निष्फल हो गया। आज ही पहली बार लॉर्ड महोदय दूसरी मोटर पर न बैठकर, पहली मोटर में चढ़ बैठे थे। आह। तभी तो...। जिस गाड़ी को भयभीत कर भगा देने में ही हम सन्तुष्ट हो गये थे, वही हमारे उद्देश्य की अपूर्णता-उद्योग की निष्फलता का कारण हो गयी। यह समाचार हमारे लिए वज्रपात से कुछ कम न था। मेरे घावों की पीड़ा बहुत बढ़ गयी। मुझे बहुत दुख हुआ। परन्तु हर समय प्रसन्न रहने वाले श्री ट्रीसी ने इस बार हँसी में कह ही तो दिया, "डेन। हर बार तो तुम्हें नाकलांग नहीं मिल सकते। सफलता का आनन्द उठाया है, तो ज़रा असफलता का भी मजा चखो।" लॉर्ड महोदय पर फिर कभी आक्रमण करने का अवसर हमें नहीं मिला। अब तो प्रसन्न हैं कि लॉर्ड महोदय उस दिन बच गये थे। वैयक्तिक रूप से तो उनके प्रति हमें कोई द्वेष नहीं था। हम तो अपने एकमात्र शत्रु–इंग्लैंड के विरुद्ध युद्ध कर रहे थे।

जो भी हो, पादरी लोगों तथा संवाद-पत्रों ने हमें जी भरके कोसा। परन्तु जनसाधारण की सहानुभूति हमारे ही प्रति थी। वे जानते थे कि हमारा यह युद्ध

स्वतन्त्रता के लिए लड़ा जा रहा है, और यह तब तक जारी रहेगा जब तक कि या तो इंग्लैंड घुटनों के बल न झुक जाये, या फिर हम ही कब्जों में न जा रहें। परन्तु लोगों के धन से चलने वाले 'आयरिश इण्डिपेण्डेण्ट' (Irish Independent) ने एक अग्र-लेख द्वारा हमें जी भरकर कोसा। नीचतापूर्ण मूर्खता, घृणित हत्या आदि-आदि शब्दों से वह लेख भरा पड़ा था। जिस पत्र ने आयरिश प्रजातन्त्र की स्थापना के लिए चिल्ल-पौं मचाया था, वही आज चौन से न बैठ सका। वही, सरकारी कमीशन द्वारा की जाने वाली खोज अथवा अनुसन्धान की परीक्षा न कर हमारे मृत वीर पर घृणित और नीच आक्षेप करने पर तुल पड़ा। यह हम लोगों के लिए एकदम असह्य हो उठा। मैं तो घायल हो चुका था परन्तु श्री पोडर क्लेंसी अपने साथ 20-25 युवकों को लेकर उक्त समाचारपत्र के कार्यालय में जा धमके। सम्पादक महोदय को यह जताकर कि आज आपका कार्यालय व प्रेस स्वर्गारोहण कर जायेगा, अपने इन शब्दों की सार्थकता का प्रमाण देने लगे। मशीनें आदि तोड़-फोड़कर सभी कुछ नष्ट-भ्रष्ट कर, वे लोग यह समझकर कि अब कुछ दिन सम्पादकगण विश्राम कर पायेंगे, लौट आये। परन्तु अगले ही दिन अन्य मुद्रणालयों की सहायता से पत्र नियमित रूप से प्रकाशित होने लगा। यह भी अच्छा ही हुआ, क्योंकि हमारे कई आयरिश प्रजातन्त्रवादी सैनिक वहाँ पर काम करते थे, उन्हें बेकार नहीं होना पड़ा। इस घटना से समाचारपत्रों की लेखन शैली में महान अन्तर आ गया। सरकार ने क्षतिपूर्ति के लिए उक्त संवाद-पत्र को 16,000 पाउण्ड प्रदान किये थे, परन्तु अब वह संवाद-पत्र अंग्रेज़ों के विरुद्ध बहुत जोर से लिखने लगा।

श्री मार्टिन सैबेज का शव पुलिस ले गयी और जाँच के बाद शव उनके सम्बन्धियों को दे दिया गया। डबलिन के पादरियों ने तो उन्हें क़ब्रिस्तान में स्थान देने से भी साफ़ इन्कार कर दिया। श्री मार्टिन के शव का जुलूस निकला और वह जुलूस इतना विस्तृत हो गया था कि शायद ही कभी पश्चिम आयरलैण्ड में ऐसा जुलूस देखने में आया होगा। मीलों तक शोकग्रस्त लोग अश्रुपात करते हुए पीछे-पीछे चले आ रहे थे। बिशप ने प्रार्थना आदि की परन्तु सैनिक अन्त तक सबको रायफलों से घेरे खड़े रहे। वह वीर, धीर और निर्भीक सैनिक सर्वथा इस सब सम्मान का पात्र था।

संवाद-पत्रों में अपने आक्रमण सम्बन्धी विवरण पढ़कर हमें बहुत हँसी आती। लिखा था, सैनिकों ने लारियों में सवार होकर आक्रमणकारियों का पीछा किया। परन्तु उसी समय मेरे सामने फोनिक्स पार्क की ओर भाग जाने वाले सैनिकों का चित्र खिच गया। अगर सशस्त्र सैनिकों ने मोटरों में बैठकर हमारा पीछा किया होता, तो हम बच कैसे जाते?

बाद में मुझे डबलिन के दक्षिण भाग में श्रीमती मैलोन के घर भेज दिया गया,

इनसे पहले से भी हमारा परिचय था। उनका एक पुत्र 1916 के विद्रोह में मारा गया था। वहाँ पर मेरी चिकित्सा ख़ूब अच्छी तरह हुई। इसके कुछ ही दिन पहले उनकी बड़ी लड़की ब्रिघिड मैलोन से मैंने हँसी में कहा था, कि अगर मैं घायल हो गया, तो सुश्रुषा का भार आप ही पर पड़ेगा, सो सच ही निकला। उनका सहवास मेरे लिए अत्यन्त सुखकर था और इससे मेरे घाव भी शीघ्र ही ठीक हो गये। इस सहवास से ही श्रीमती ब्रिघिड मैलोन से मेरा प्रेम हो गया था और डेढ़ वर्ष बाद हमारा विवाह भी उनसे ही हुआ। वह घटना किसी प्रकार की औपन्यासिक रोमांचकारी घटनाओं से कम नहीं। उसका विवरण हम फिर लिखेंगे।

1920 के प्रारम्भ में 1919 की घटनाओं का सिंहावलोकन करने का मुझे ख़ूब अवसर मिल गया। सोलोहैडबेग की घटना के बाद अपराधों, हत्याओं आदि की संख्या उत्तरोत्तर बढ़ने लगी। कई स्थानों पर उनके शस्त्र छीन लिए गये थे। सरकारी रिपोर्ट में यह घटनाएँ ख़ास जोरदार शब्दों में लिखी गयी थीं। परन्तु हमारा तो जी चाहता था कि आगामी वर्ष में इन 'अपराधों' की संख्या बहुत बढ़ चढ़ जाये। सरकार से इनका वर्णन करते हुए अपने अत्याचारों की ओर निर्देश मात्र भी न करने में बहुत बुद्धिमता का परिचय दिया था। आयरिश प्रजातन्त्र को गैर-क़ानूनी घोषित कर देना, स्त्रियों तथा बालकों के संघों को ख़िलाफ़-क़ानून क़रार देना, स्वेच्छा-सेवक संघ को तहस-नहस करने का पूर्ण प्रयत्न करना, उसके लिए मामूली बातें थीं। श्री आर्थर ग्रिफिथ ने तो लिखा है कि 'समस्त आयरिश जाति' गैर-क़ानूनी घोषित कर दी गयी थी। अभी (उस समय) तो सरकार ने रात्रि के घण्टे'[2], (Curfew) नहीं लटकाये थे, अभी तो उसने बिस्तरों में सोये हुए निर्दोष व्यक्तियों को मार डालने का उद्योग भी शुरू नहीं किया था। गाँव के गाँव जला देना, भागने का प्रयत्न करने के अपराध मैं क़ैदियों को गोली से मार देना, पादरियों तथा बालकों की हत्याएँ, आयरिश महिलाओं की लांच्छना—यह सब बातें तो अभी तक नहीं हुई थीं। मैं यह सब क्यों कहता हूँ, केवल इसलिए कि सरकार ने जब अपने इन आरम्भ के ही अत्याचारों का उल्लेख तक न किया था, तो बाद को ये सब अत्याचार प्रदोष का घण्टा बजने पर पुलिस की गोलियों की बौछार से नित्य बीसों स्त्री-पुरुषों को सदा सर्वदा के लिए अनन्त निद्रा में सुला देना आदि...लोगों के सामने कैसे आ सकता है?

1920 की वसन्त ऋतु में, मैं उस अति सुन्दर तथा रमणीक ग्रेन्थम स्ट्रीट के घर को छोड़ तारा पर्वत के पास 'रायलमीथ' में जा रहा। यह ऐतिहासिक स्थान है,

---

2. इस घण्टे के बजने के बाद अपने घर से निकालने की सख़्त मुमानियत रहती है और निकालने वाले अमूमन पुलिस की गोलियों के शिकार होते हैं।

वहाँ पर रहते हुए आयरलैण्ड के उज्ज्वल भूत तथा भविष्य के न जाने क्या क्या विचार मेरे दिल में आ-आकर मुझे रोमांचित कर गये। 1099 के विद्रोही वीर भी इसी स्थान पर धराशायी होकर वीरगति को प्राप्त हुए थे। वहीं पर झुककर न जाने कितनी बार हमने यह प्रार्थना की "उनकी इच्छा, उत्कटेच्छा–जिसके लिए उन्होंने अपना सर्वस्व न्योछावर कर दिया था आज हमारे ही युग में पूर्ण हो जाये।" यहाँ पर हमारा बहुत से मित्रों से परिचय हुआ।

कुछ दिन बाद अकर्मण्यता चुभने लगी, उधर कार्क लॉर्ड मेयर श्री टायरमैक कर्टन घर से सोये हुए परिवार के सामने पुलिस द्वारा मार दिये गये। और भी बहुत-सी ऐसी ही अत्याचारपूर्ण हत्याएँ हुईं। तुरन्त डबलिन पहुँचा। सभी मित्रों से मन्त्रणा की ओर फिर मैं तथा श्री ट्रीसी साइकिल ले टिप्रेरी को चल दिये। उस दिन वहाँ 12 मास के पश्चात प्रवेश किया था। 1920 के ईस्टर सप्ताह में श्री राबिन्सन तथा मैंने, डबलिन में ईस्टर के उत्सव में सम्मिलित होने का दृढ़ निश्चय कर लिया। श्री विनसैण्ट के साथ हम भी मोटरों में बैठकर उधर चल दिये। 1916 के विद्रोह के बाद से अंग्रेज़ी सेना इन दिनों में विशेष तैयारी करती, नगर से कई-कई मील बाहर तक मोर्चेबन्दी की जाती तथा प्रत्येक आने जाने वाली मोटर की तलाशी ली जाती। परन्तु हमें इस बात का ध्यान ही न था। ह्वाइट हॉल ट्राम्बे टरमिनस के पास पहुँचने पर एक मोड़ पर मुड़ते ही हमारी एक सैनिक लारी से भेंट हो गयी। वे हमारी तलाशी लेने के लिए रुक गये। परन्तु हमारी भोली आकृति से प्रभावित होकर सैनिकों के अध्यक्षों ने हमारी तलाशी लिए बिना ही, सैनिकों को चलने की आज्ञा दे दी। हम बहुत प्रसन्न हुए। ख़ूब जी खोलकर हँस ही रहे थे कि 'ठहरो' का शब्द सुनकर चौंक पड़े। क्या देखा, मोर्चा-सा बना हुआ है और क़रीब 20 सैनिक रायफ़लें लिए वहाँ खड़े हैं। हँसी तो गयी ही, साथ ही अब विपत्ति की आशंका से कुछ घबराये भी। ख़ैर! सामने से एक अफ़सर हाथ में रिवाल्वर लिए आगे बढ़ा और उसने कहा कि मुझे आपकी मोटर की तलाशी लेनी है। मैंने अत्यन्त सहज भाव से कहा, आप निःसंकोच ही तलाशी ले लीजिये परन्तु हमें जरा जल्दी है। कार्य बहुत ज़रूरी है किंचित मात्र की देरी होने से हमारी भारी हानि हो सकती है। क्षणभर सोचकर उन्होंने हमें चले जाने की आज्ञा दे दी।

हम मोटर की तलाशी लेने की आज्ञा न दे सकते थे, क्योंकि उसमें तो बहुत कुछ रायफ़लें, रिवाल्वर आदि भरे पड़े थे। पर यदि उनमें से किसी ने तलाशी लेने का प्रयत्न भी किया होता जो यही प्रयत्न उनका अन्तिम प्रयत्न होता। जो भी हो उन दिनों में सिवाय हमारी मोटर के कोई भी मोटर ऐसी न जा पायी जिनकी उन लोगों ने तलाशी न ली हो! सौभाग्य!

आठवाँ परिच्छेद

जनरल लकसा का कैद, पुलिस बैरकों पर आक्रमण

पुलिस वालों ने बैरकों से निकलना बन्द कर दिया। छोटे-छोटे बैरकों के नित्य प्रति जलाये जाने के समाचार आ रहे थे। सरकार ने भी अब बड़ी चौकियाँ बनवानी शुरू कर दीं। उनके मकान बड़े सुदृढ़ तथा सुरक्षित होते और पुलिस वाले अधिकतर उन्हीं में छिपे पड़े रहते। हमने सोचा, यदि पर्वत हजरत मुहम्मद के पास नहीं जाते, जो हजरत मुहम्मद को ही उनके पास जाना होगा। अगर पुलिस वाले बाहर नहीं आते तो हमें ही वहाँ जाना होगा। उस समय उनके अत्याचारों के कारण जनसाधारण में भी उनके विरुद्ध बहुत घृणा बढ़ चुकी थी। दूसरी ओर सरकार बदमाशों को उत्साहित कर, अपराधों के लिए उत्तेजित करने लगी। यहाँ तक कि हत्या के अपराधी भी निर्दोष कहकर मुक्त कर दिये जाते। इसी अवसर पर आयरिश स्वेच्छा सेवक लोगों की रक्षा का कार्य करने लगे, जिससे प्रजा की उनके प्रति सहानुभूति और भी बढ़ गयी।

इन्हीं दिनों में निश्चय किया गया कि अब पुलिस चौकियों पर आक्रमण करना चाहिए। सबसे पहला आक्रमण आईराग्लैन में हुआ। इस आक्रमण का नेतृत्व श्री लियमलिच के हाथ में था। आप आयरिश रिपब्लिकन (प्रजातन्त्र) सेना के प्रमुख कार्यकर्ता थे। उनसे मेरा परिचय 1919 की शरद ऋतु में हुआ था। उस समय वे भी मेरी तरह दौरे पर ही थे। उन्होंने फर्माये के गिरजे में जाते हुए 12 सिपाहियों की रायफ़लें छीन ली थीं। लड़ाई में एक सिपाही मारा गया था और लियम महाशय घायल हो गये थे। उसके प्रतिकार में उस समय पुलिस वालों ने बहुत-सी दुकानें लूट ली थीं। उन्हीं लियमलिच के नेतृत्व में आईराग्लैन का यह सफल आक्रमण हुआ था। इसके बाद ऐसी ही दूसरी घटना क्लेयर में श्री माईकेल ब्रेनन के नेतृत्व में हुई। उन्होंने वहाँ के सारे शस्त्र तथा बारूद आदि छीन लिए। तीसरा आक्रमण लैण्डर्स की चौकी पर हुआ। यहाँ पर तीन सिपाही घायल हो गये और चौकी जला दी गयी। एक बार सीनमैलोन नायक थे।

इधर हमने टिप्रेरी पहुँचकर यही कार्य शुरू कर दिया। एक बार तो रातभर लड़ाई होती रही। हम सड़कों पर बड़े-बड़े वृक्ष काट कर डाल देते, ताकि सैनिक लारियाँ धड़ाधड़ न चल पायें। टेलीफोन आदि के तार काट डालते, मकान के आमने-सामने जहाँ कहीं स्थान मिलता, बैठकर छोटी मोटी ख़ान में बारूद भर कर उसे एकाएक उड़ा देते और फिर उन लोगों को आत्मसमर्पण करने का आदेश देते। उपरोक्त घटना के समय पुलिस वाले भी डट गये। उन्होंने आज्ञा का पालन नहीं किया। ख़ूब लड़ाई हुई। आख़िर उन्होंने आत्मसमर्पण कर दिया। उन्हें 'मार्च'

की आज्ञा दे बाहर निकाला। उनके शस्त्रादि छीन लिए और उन्हें छोड़ दिया। उस समय प्रातःकाल हो चुका था।

यह 4 जून 1920 की घटना है। ठीक उसी दिन कैपह्वाईट पर भी आक्रमण हुआ था। इन सब आक्रमणों में हमारे 30-40 व्यक्ति हुआ करते थे। हमारे तीनों आक्रमणों में किसी भी व्यक्ति को कोई घाव नहीं लगा था। इन्हीं दिनों, 27 जून 1920 के दिन सीन मैलोन महाशय ने किलमैलोक पुलिस स्टेशन पर जोकि नगर के ठीक मध्य में स्थापित था, आक्रमण कर दिया, ख़ूब लड़ाई हुई, मकान में आग लगा दी गयी। परन्तु आक्रमणकारियों में से श्री स्कल्ली मारे गये। अतः युद्ध रोक देना पड़ा। विपक्षी दल के 2 मरे, 6 घायल हुए और जो 2 आत्मसमर्पण की मन्त्रणा देने के अपराध में एक कमरे में बन्द किये गये थे, वे वहीं जल मरे।

आयरिश-स्वेच्छा-सेवक संघ के एक प्रमुख कार्यकर्ता बॉब बार्टन राजद्रोह के अपराध में दस वर्ष के लिए कारागार में बन्द कर दिये गये। सरकार का एकदम ऐसा अनुचित व्यवहार देखकर निश्चय किया गया कि ब्रिगेड जनरल लूकस को पकड़ लिया जाये। वे उन दिनों फर्माय में मछलियों का शिकार खेलने गये हुए थे। उन्हें तथा उनके दो साथियों को लिच महोदय क़ैद कर लाये। वे लोग मोटर में बैठे-बैठे अरबी भाषा में बातचीत करने लगे। इसका सारांश तो कुछ मिनट बाद स्वतः ही स्पष्ट हो गया, जब उन्होंने एकदम आक्रमण कर दिया। उनमें से एक व्यक्ति घायल हो गया। लूकस को तो लिच महोदय साथ ले आये, परन्तु शेष दोनों को उन्होंने फर्माय की पुलिस चौकी में पहुँचा दिया। परिणामस्वरूप सरकार ने फर्माय नगर को जला डाला। जो भी हो, लूकस महाशय को क़ैद रखा गया। वे एक वीर सैनिक थे। उनके साथ बहुत सहानुभूतिपूर्ण व्यवहार किया जाता रहा। इस बात को बाद में उन्होंने भी स्वीकार किया। उन्हें पूर्व लिम्मर्क के एक मकान में क़ैद किया गया। वहीं से वे 29 जुलाई को भाग निकले।

उधर नित्य प्रति डाक लुट जाने के कारण सरकार ने लिम्मर्क नगर से लिम्मर्क जंक्शन तक सैनिक लारियाँ भेजने का प्रबन्ध कर दिया था। हमने इस पार्टी पर आक्रमण करने के लिए 30 जुलाई का दिन निश्चित किया। उधर लूकस महाशय कहीं दौड़ते-भागते इन मोटरवालों से जा मिले। उन्होंने आपको मोटर में बिठा लिया। इसी लारी पर हमने आक्रमण किया। लड़ाई में सिपाहियों के दो साथी मारे गये। दूसरे दिन संवाद-पत्रों में 'जनरल लूकस को पुनः गिरफ़्तार करने का निष्फल उद्योग' शीर्षक देखकर ही हमें मालूम हुआ कि लूकस महाशय भाग निकले थे।

जो भी हो, इस प्रकार की घटनाओं की संख्या नित्य प्रति अधिक होती जा रही थी और उधर पुलिस के अत्याचार भी बढ़ते चले जा रहे थे।

नवाँ परिच्छेद

उड़ाऊ जत्था

मैंने अपने दल के सामने एक नया प्रस्ताव रखा। यदि प्रत्येक काउण्टी में एक-एक उड़ाऊ जत्था स्थापित किया जाये तो बहुत सुविधा हो। अर्थात् अब तक तो हमारे सारे आक्रमण उन लोगों पर निर्भर रहे, जो रातभर हमारे साथ रहते और प्रातः होते ही अपने घरों को लौट जाते। उनकी पारिवारिक परिस्थितियाँ कई बार उनके कार्य में विघ्नकारी सिद्ध होती थीं। अतः मेरा तो यही अनुभव था कि युद्ध में भरोसा उन्हीं लोगों पर किया जा सकता है जोकि हर समय साथ रहें। ट्रिप्रेरी के स्वेच्छा-सेवकों की सहायता पाने की आशा से नाकलांग वाली घटना के समय हमें बड़ी असुविधा हुई थी! फिर वे लोग रातभर तो लड़ते, दिन को उन्हें घर लौट आना आवश्यक हो जाता। और यदि 20-30 मील की दूरी पर युद्ध करने की ठनती तो और भी कठिनाई का सामना होता। अब सहस्रों युवक हमारे इर्द-गिर्द एकत्र होने लगे। उन्हें भी संगठित तथा शिक्षित करने के लिए बहुत से कार्यकर्ताओं की आवश्यकता थी। उन जत्थों को सुप्तप्रायः देशों में भेजकर वहाँ भी उथल-पुथल मचायी जा सकती थी। अन्त में मेरा प्रस्ताव स्वीकार हो गया।

अंग्रेज़ लोग भी बड़ा उग्र रूप धारण कर रहे थे। उन्होंने पुलिस वालों को असीम अधिकार दे डाले! वे लोग कभी भी किसी भी व्यक्ति को बाज़ार में घेर कर उसकी तलाशी ले डालते। जब, जहाँ जी में आता, जिसे बन पड़ता, किले में ले जाते, तथा उन्हें हमारे सम्बन्ध में सूचनाएँ देने के लिए उत्पीड़ित किया करते। वे लोग इच्छानुसार किसी नगर में किसी भी भाग को घेर लेते और कई कई दिनों तक छोटे छोटे कमरों से लेकर अट्टालिकाओं तक हमारी तलाश किया करते। सबसे मुख्य बात तो थी 'हत्यारे दल' की स्थापना। उसमें भूतपूर्व सैनिक तथा साधारण अपराधों के क़ैदी आदि ही थे। उन लोगों को भारी वेतन दिये जाते और यह विश्वास दिलाया जाता कि उनके किसी भी कार्य का उत्तरदायित्व उन पर न डाला जायेगा। उनका कर्तव्य था कि वे क्रान्तिकारियों को जहाँ कहीं पावें, निस्संकोच मार डालें। उसके लिए भी उन्हें विशेष प्रमाणों की आवश्यकता न होती। जिस किसी पर उन्हें किंचित मात्र भी सन्देह हो उसे ही वे मार डालते थे। ऐसी दशा में हमें अनेक असुविधाओं का सामना करना पड़ा। ऐसी भयंकर दशा में भी उक्त जत्थे का अस्तित्व साधारण सिपाहियों तथा सैनिकों से गुप्त रखा गया था। परन्तु हम लोगों को तो उन लोगों के बारे में बहुत कुछ ज्ञात हो चुका था। किस व्यक्ति ने किस हत्या में भाग लिया है, यह भी हमसे छिपा न था। कौन किस ड्यूटी पर लगाया गया है, हम ख़ूब जान

गये थे। उनके प्रमुख कार्यकर्ताओं के चित्र भी हमारे पास विद्यमान थे, जोकि हमने अपने सभी मित्रों में बाँट दिये थे।

एक दिन मैं भी इन लोगों के फन्दे में फँस गया। रात के ग्यारह बज चुके थे। 12 बजे के बाद घरों से बाहर रह, निर्दयी अंग्रेज़ सैनिकों की गोलियों की निरन्तर बौछार से मरना सभी को नापसन्द था और हमें तो वह विशेष तौर से! शीघ्र ही 'केरोलेन' के घर पहुँचने के विचार से एक कार पर चढ़ गया। मैं उस समय नैलसन पिल्लर के पास था। मेरे साथ ही पाँच व्यक्ति और चढ़े। मैंने उन्हें पहचान लिया। वे सभी उसी 'हत्यारा दल' के सदस्य थे। उनमें दो तो मेरे साथ ही एक बैंच पर मेरे दायें बायें बैठ गये। करूँ तो क्या? शान्ति के अतिरिक्त कोई उपाय न था। सिगरेट निकालकर सुलगा लिया। कुछ देर तक वे भी बिल्कुल शान्त होकर बैठे रहे। सोचा, शायद किसी अन्य कार्य के लिए किसी ओर जा रहे होंगे। मेरा तो उन्हें ध्यान भी नहीं होगा। ऐसी बात सोचकर हृदय की उद्विग्नता को शान्त करने की चेष्टा कर ही रहा था कि एकाएक उन दोनों व्यक्तियों को जोकि मेरे दाहिने बायें बैठे थे, हाथ एकाएक जेबों में घुसे, और वे कुछ निकालने लगे। मुझे यह सब समझ जाने में कुछ देरी नहीं लगी। मैंने तुरन्त अपना रिवाल्वर निकाल लिया। मेरी इस तेज़ी से वे घबरा उठे। मैंने अपना रिवाल्वर उनके सामने तान दिया। वे तीनों नीचे उतर गये और मैं भी। परन्तु अब क्या होगा? गोली चलेगी तो अभी बहुत से सैनिक आ एकत्र होंगे। थोड़ी देर बाद रात्रि का घण्टा बज उठेगा। सभी लोग घरों में घुस जायेंगे और शिकारी सैनिक गोलियों की वर्षा शुरू कर देंगे। वहाँ पर क्षणभर ठहर कर मैं सेण्ट जोसेफ टेरिस की ओर भाग निकला। तीन ही चार क़दम जाकर वहीं खड़ा थपथप करता रहा। वे समझे बहुत तेज़ी से भाग रहा हूँ। वे गिरजे के पास वाली सड़क से मुझे मेरे रास्ते में आगे से रोकने के विचार से दौड़े, पर मैं आगे न बढ़ लौट आया। इतने में अन्तिम ट्राम-कार आयी और मैं झट से कूदकर उसी में चढ़ बैठा। मैं यह न समझ पाया कि उनके शेष दो साथी क्यों शान्त भाव से वहीं बैठे रहे। विपत्ति के समय अपने सहकारियों का साथ देना शायद उनके कर्तव्यों में से न था। अस्तु, उस दिन मैं ड्रम कोण्ड्रा के फ्लेमिंग के परिवार में जा ठहरा। परन्तु उस दिन से दृढ़ निश्चय कर लिया कि अब कभी भी अकेले बाहर नहीं जाऊँगा।

दसवाँ परिच्छेद

स्थान-स्थान पर युद्ध

इस बार हमें बहुत दिनों तक डबलिन में ही ठहरे रहना पड़ा। कारण यह था अब तक तो हमारे मुख्य केन्द्र वाले सदैव हमारा विरोध ही करते रहे थे। किन्तु अब

हमारी सफलता से प्रभावित होकर वे लोग हमारी ओर झुकने लगे। उन्होंने कुछ उत्साह बढ़ाया और कुछ कार्यक्रम भी निश्चित करने की बात सोचने लगे। इन दिनों निकम्मे रहना पड़ता। समय बिताने के विचार से अधिकतर गैलिक मल्लशाला में चले जाया करते। पर वहाँ भी उस दिन एक भारी विपत्ति आ पड़ी! कैसे? यह सोच लेना कल्पना शक्ति से बाहर है। हम ग़रीब तो थे ही। कहीं कुछ धनादि देख पाते तो मुँह में पानी भर आता। उस दिन ताश के साथ कुछ जुआ भी हुआ और सौभाग्यवश कुछ जीत भी लिया। परन्तु अब एक बड़ी भारी चिन्ता ने आ घेरा। जितनी जल्दी हो सके, उसे खर्च कर देना चाहिए। क्योंकि क्या जाने कब लड़ाई में मारे जायें और फिर किसी साहसी सिपाही को हमारी जेब में से निकालने का मौक़ा मिल जाये और वह हमारा जामे-सेहत ही पीता फिरे। वहाँ से हम घुड़दौड़ में अपने भाग्य की आजमाइश करने गये, वहाँ भी बहुत कुछ जीत लिया। जो भी जीता उस सभी पर केवल मेरा ही नहीं, बल्कि सभी लोगों का समान अधिकार था। हमारे छोटे से दल से अधिक व्यावहारिक साम्यवादी और कहाँ मिलते?

हम सिनेमा देखने गये। दशा यह थी कि पुलिस आदि भी पूरी शक्ति के साथ हम लोगों को शीघ्रातिशीघ्र अनन्त निद्रा में सुला देने की चेष्टा कर रही थी। एक दिन टालवेट स्ट्रीट में हत्यारे दल से भेंट हो गयी। दोनों ओर से रिवाल्वर निकाल लिए गये। किसी ने भी उन्हें दाग क्यों नहीं दिया, यह नहीं कहा जा सकता। इसी प्रकार एक दिन श्री सीमसकर्मान के घर विश्राम करने के विचार से गये थे कि वहाँ घुसने पर एक अपरिचित व्यक्ति अन्दर प्रविष्ट हुआ। और सीमस महोदय को सूचित कर गया कि इन नवागन्तुकों के पीछे एक खुफ़िया भी था। सुनते ही हम बाहर निकल पड़े। हमें लौटते देख वह खुफ़िया भी सिर पर पैर रखकर नौ दो ग्यारह हो गया। इस प्रकार जासूस बराबर हमारे पीछे बहुत ही बुरी तरह से लगे रहते थे। उस दिन सिनेमा देखने गया, तो वहाँ फ्लेमिंग परिवार की दो लड़कियों तथा श्रीमती ओब्रीन से भेंट हुई। श्रीयुत ओब्रीन नाकलांग के युद्ध में हमारे साथ थे। इस समय स्वास्थ्य बिगड़ जाने के कारण अमेरिका गये हुए थे। वे सभी मुझे सिनेमा में देखकर एकदम स्तम्भित रह गयीं। एक व्यक्ति जिसको देखते ही गोली से मार देने की आज्ञा पुलिस वालों को दी जा चुकी हो, वही सिनेमा आदि सार्वजनिक स्थानों में निस्संकोच भाव से आनन्द विहार में निमग्न फिर रहा हो। अब तक मैं भी नित्य विपत्ति सहन करने में अभ्यस्त हो गया था। इसी से इतना लापरवाह रहता था। सिनेमा देखकर मैं बाहर निकला, तो देखता क्या हूँ कि उसी रात्रि की घटना वाले उन्हीं तीन हत्यारों में से एक खड़ा है। परन्तु मेरे लिए उसका मनोभाव ताड़ लेना कुछ भी कठिन न था। जी में तो आया, जरा रिवाल्वर की भूख को शान्त करने के लिए, इसे भी एक गोली

का ग्रास बनाऊँ, परन्तु अपने दायें-बायें चली जाने वाली कोमलाँगी बालिकाओं को एकाएक चकित कर देना मुझे वांछनीय न जँचा इसलिए चुपचाप चला गया। हमारे थोड़ी दूर जाने पर एक लड़की ने कहा, 'एक मित्र पीछे चले आ रहे हैं।' सभी को ट्राम कार पर चढ़ा, मैं स्वयं भी चढ़ा। ट्राम चल दी। वह जासूस भी ट्राम पर चढ़ने के विचार से आगे बढ़ा, परन्तु मैंने द्वार में बाजू फैला, खड़ा होकर उसकी तरफ़ जरा घूरकर देखा। मेरा मनोभाव ताड़कर वह चुपचाप वहीं रह गया।

फ्लेमिंग के परिवार के घर में इस सब बात पर वादविवाद हुआ और अन्त में यही निश्चय हुआ कि हमें उस दिन वहाँ नहीं ठहरना चाहिए, ग्यारह बजे घर के पिछले द्वार से मैं और श्री ट्रीसी निकल पड़े। कहाँ जायें—इस बात पर कुछ क्षण तक विचार हुआ। अन्त में यह निश्चय कर कि बेल्टफास्ट रोड स्थित प्रोफ़ेसर केरोलेन के 'फर्न साइड' नामक घर में—जिसकी कि एक चाबी हमें इन्हीं अवसरों के लिए दी गयी थी—ही जाना चाहिए। हम चल दिये। वहाँ के सभी व्यक्ति सो रहे थेः चुपचाप अपने निर्दिष्ट चले गये और वहाँ जाकर लेट गये। नींद नहीं आयी। हृदय में जाने कैसी अव्यक्त वेदना, उत्सुकता और भयमिश्रित भाव उठने लगे। ऐसी ही कुछ दशा श्री ट्रीसी की भी थी, मैं उन पर यही भाव व्यक्त करने के लिए वाक्य बनाने की चिन्ता ही में था, कि वे बोल उठे, "भैया, डेन! क्या तुम सो रहे हो? मुझे नींद नहीं आती, हृदय में न जाने क्या हो रहा है? क्यों?"

मैंने भी अपनी वही दशा बताई। फिर हँसी में कहा, "कोई आश्चर्य नहीं कोई जासूस हमारे पीछे यहाँ तक आ पहुँचा हो, और अभी पुलिस वालों के साथ यहाँ आ धमके।" सीनट्रीसी महोदय ने सहज भाव से इतना ही कहा, "अब तो कोई चिन्ता की बात नहीं। अगर हमारी मृत्यु भी हो जाये, तो भी यह युद्ध जारी रहेगा ही। परन्तु अब क्या हम दोनों को इकट्ठा ही मरना होगा।"

एक ऊँघ आ गयी फिर एकाएक उठकर बैठ गये। सीढ़ियों पर से किसी के आने की पद्ध्वनि सुनायी दी। कुछ फुसफसाहट का शब्द सुनायी दिया। फिर सीढ़ियों पर जल्दी जल्दी चढ़ने वालों की आवाज़ सुनायी दी। हम दोनों एकाएक आकर अपने रिवाल्वर सँभालने लगे। द्वार खुल गया। सीनट्रीसी महोदय ने मुझे इतना ही कहा, "डेन भैया, विदा! अब आकाश में ही पुनर्मिलन होगा।"

बेंग-बेंग करती हुई गोलियाँ अन्दर आने लगीं। क्रेक-क्रेक करते हुए, मेरे जर्मन माउजर पिस्तौल ने प्रत्युत्तर में गोलियों की वर्षा कर दी। एक अंग्रेज़ अध्यक्ष उस समय पुकार पुकार कर कह रहा था, "रीयन कहाँ है? रीयन कहाँ है?" मेरे दाहिने हाथ पर एक गोली आ लगी। परन्तु मैं इसकी कोई परवाह न कर निरन्तर गोलियों की वर्षा करता रहा। इस बीच धड़ाम का शब्द हुआ और सभी सिपाही लौट पड़े।

परन्तु उन्हें कार्यक्षेत्र में डटे रहने को बाध्य करने के लिए पीछे से रायफ़लें चलने लगीं, मैंने सीढ़ियों की ओर लपककर देखा कि एक दर्जन सैनिक फिर अनिच्छुक भाव से ऊपर चढ़े आ रहे हैं। परन्तु मेरी पिस्तौल की कृपा से वे फिर लौटने को बाध्य हो गये। मैं उनका पीछा करने लगा। वे भाग खड़े हुए। परन्तु फिर भी पीछे से कोई न कोई रायफल की गोली चलती और किसी का आर्तनाद तथा धड़ाम से गिरने का स्वर सुनायी देता। मैं निचली छत पर आ गया था। उस छत में छेद कर गार्डर से लटककर नीचे खड़े हुए सिपाहियों पर गोलियाँ चलाने की बात सोच ही रहा था कि वे लोग वहाँ से भी भाग गये। अब मुझे बेचारे ट्रीसी की चिन्ता होने लगी। मैंने वहीं लेटकर धीमे स्वर में पुकारना शुरू किया, "सीन कहाँ हो? सीन! सीन!" परन्तु कोई उत्तर न मिला। चिन्ता और भय से मैं कुछ व्याकुल-सा होने लगा। इधर मेरे घावों से रक्त की धारा बह रही थी और मैं प्रति क्षण दुर्बल हुआ जा रहा था। ख़ैर यह सोचकर कि श्री ट्रीसी येनकेन प्रकारेण बच ही निकले होंगे, मैं भी उठा। एकाएक नीचे से कई बम फटने के धमाके से सारा घर प्रतिध्वनित हो उठा। जब मैं पहले पहले इस घर में आया था तब मुझे इस घर की छोटी-सी दीवार ऐसे ही अवसरों के लिए ख़ास तौर से दिखायी गयी थी। मैं वाटिका में से लपककर उस दीवार की ओर बढ़ा। सामने दीवार पर से एक सिपाही ने सिर उठाकर गोली छोड़ते हुए मुझे ठहरने को कहा। उसे मौक़ा न दे, मैंने उस पर गोली छोड़ी तो वह कराहता हुआ धड़ाम से ज़मीन पर जा गिरा। इतने में सिपाहियों के एक गुट ने मुझ पर गोली चलानी शुरू कर दी। मैं भी गोली चलाता हुआ निर्दिष्ट स्थान की ओर चलता गया। फिर कैसे क्या हुआ, कब दीवार फाँदकर बाहर निकल आया, आदि मैं कुछ नहीं जानता। बाद में मैंने अपनेआप को ड्रमकोण्ड्रा पुल तथा उस गृह के बीच में सड़क पर खड़ा पाया। वहाँ पर अधिक देर तक ठहरना बड़ी मूर्खता होती। एक सशस्त्र लारी से मैं टकराया। और तो कुछ न सूझ पड़ा पर गोली चलाकर उनमें से एक व्यक्ति को मार डाला। उधर से भी गोलियों की वर्षा होने लगी। मैं नगर की ओर भाग खड़ा हुआ। दायें हाथ ट्रेनिग कॉलेज की 18 फुट ऊँची दीवार थी। यदि उस पर से कूद जाऊँ तो बस बिल्कुल सुरक्षित हो जाऊँ। घायल रहने की हालत में ऐसी 18 फुट दीवार पर चढ़ना कोई आसान कार्य नहीं। परन्तु प्राणों की बाजी लगाते ही मनुष्य में असीम शक्ति का संचार हो उठता है यही मेरा अनुभव है। इस बार भी निश्चय किया और दीवार पर चढ़ गया! कैसे? सो नहीं कह सकता। बाद में स्वयं भी बड़े आश्चर्य से उसकी ओर देखा करता!

अब के कुछ चेतना हुई तो अपने को नदी तट पर खड़ा पाया। किधर जाऊँ, कुछ समझ में न आया। नदी पार करनी होगी, परन्तु पुल पर से नहीं। फिर नदी

ही में घुस गया। सौभाग्यवश पानी अधिक गहरा नहीं था। परन्तु मेरे शरीर के अनेक घावों में वह एकदम ठण्डा जल प्रवेश कर एक विचित्र झनझनाहट-सी पैदा करने लगा। तिस पर भी मुझे कोई विशेष तकलीफ़ तथा ठण्ड अनुभव नहीं हुई। मैं समझता हूँ, किन्हीं विशेष अवसरों पर परिस्थितियाँ मनुष्य में प्रकृति के विरुद्ध ऐसी-ऐसी कठिनाइयों को अनुभव तक न करने की शक्ति प्रस्फुटित कर देती हैं।

नदी के उस पार कुछ घर देखे। अधिक परिश्रम करना अब मेरे लिए असम्भव था, अतः उन्हीं घरों में विश्राम करने का निश्चय कर उधर बढ़ा। न जाने कौन-सी अज्ञात शक्ति मुझे उनमें एक घर विशेष की ओर धकेले जा रही थी। उसी घर का द्वार क्यों खटखटाऊँगा, वहीं आश्रय पाने की आशा से जाऊँगा, कुछ नहीं समझ सका। परन्तु वही द्वार खटखटाने पर एक वृद्ध को सामने खड़ा पाया। रक्तरंजित शरीर को देखकर सहज में ही मेरी स्थिति समझ गया। उसने बिना कोई प्रश्न पूछे इतना कहा, "आइये, यथाशक्ति आपकी सहायता तथा सेवा करेंगे।" भीतर ले जाकर एक चारपाई पर लिटा दिया और श्रीमती लांग नामक नर्स को बुलाकर मेरी मरहम-पट्टी की। बाद में पता चला कि मेरे मेहरबान श्री फ्रेड मोम्स थे जिनकी पूर्ण सहानुभूति विपक्ष में थी, तथापि उन्होंने मेरी सुश्रूषा तथा देखभाल ठीक उसी प्रकार से की जैसेकि कोई पुत्र अपने पिता से आशा कर सकता हो। प्रातः समय मैंने उन्हें अपना परिचय दिया। प्रातः होते ही 20 अक्टूबर, 1920 श्रीमती मोम्स के द्वारा फिल्सानहन के घर पत्र भेजा कि मुझे शीघ्र कहीं सुरक्षित स्थान पर ले जाने का प्रबन्ध किया जाये। यह पत्र भेजने के बाद मालूम हुआ कि इस घर के दोनों ओर के घरों में पुलिस रहती है। अनजाने में इसी द्वार विशेष को खटखटाने मात्र से ही मैं कितना बाल-बाल बच गया था!

मोटर आने पर हम मेटर अस्पताल की ओर चल दिये। रास्ते में एक पुलिस मैन द्वारा रोक दिये जाने पर कुछ अधीर हुए। परन्तु उसने केवल यही कहा "महाशय! मोटर जरा मन्द गति से चलाइए, उधर से सैनिक लारियाँ जा रही हैं।" अस्पताल के द्वार पर श्री डिकमैकली को खड़ा पाया। उन्हें गिरफ़्तार करवाने वालों के लिए भी भारी पुरस्कार घोषित किया जा चुका था। उन्हें वहाँ देख बहुत आश्चर्य हुआ, परन्तु उन्होंने हमें अस्पताल से आगे गुज़र जाने का संकेत किया। हम माउण्ट जाम स्क्वायर में चले गये। वहाँ पर एक अस्तबल में घुसे। मेरी पीड़ा उस समय बहुत असह्य हो उठी थी। पर श्री ट्रीसी को सामने देख मेरी प्रसन्नता की हद न रही। उनको जरा भी चोट नहीं आयी थी। उस दिन उन्होंने भी भाग्य पर विश्वास करके कोई एक द्वार खटखटाया था जहाँ से कि उनके चचेरे भाई श्री फिलरिपन बाहर निकले। यह घर उन्हीं का था।

सबसे अधिक वेदनाजनक समाचार था हमारे मित्र प्रो. केरोलेन के घायल किये जाने का। हमारे वहाँ से बच निकलने पर उन्हें दीवार की ओर मुँह कर खड़ा होने को विवश किया गया और गोली मार दी गयी क्योंकि वे हमारे सम्बन्ध में कुछ भी सूचना देने को तैयार न थे। उनकी मेटर अस्पताल में ही कुछ रोज़ बाद मृत्यु हो गयी। उस वीर ने हमारी ख़ातिर प्राण तक न्योछावर कर दिये। निश्चय ही वे सच्चे वीर थे! आदर्श देशभक्त थे!!

अस्पताल में आये तीन दिन ही हुए थेरू बाज़ार में गोलियाँ चलने की आवाज़ सुनी। सोचने लगा, अब यह युद्ध बन्द न होगा। इसी विचार से मुझे असीम आनन्द भी अनुभव होता। कुछ देर बाद एक नर्स हड़बड़ाती हुई मेरे कमरे में दाख़िल हुई। कुछ अशुभ समाचार है, यह समझ लेने में मुझे देर न लगी। उसने कहा, 'सैनिकों ने अस्पताल को घेर लिया है। तलाशी हो रही है कि हम वहीं हैं।' उचककर खिड़की में से देखा, सैनिक अस्पताल को घेरे खड़े थे। यह सोचकर कि अब बचना असम्भव है, मैं मुस्कुराने लगा। परन्तु सौभाग्य देखिये। कुछ ही घण्टे पहले बम से घायल हुआ एक स्वेच्छा-सेवक जिसकी शक्ल मुझसे बिल्कुल मिलती-जुलती थी वहाँ लाया गया था। पुलिस वालों के तलाशी लेते न लेते उसके प्राण पखेरू उड़ गये। पुलिस वाले यह समझकर कि डेन ब्रीन मर गया, बहुत प्रसन्न हुए और वहाँ से लौट गये। प्रातःकाल जो गोलियाँ सुनी थीं, उनका ब्यौरा यह है कि कुछ स्वेच्छा-सेवकों ने एक सशस्त्र लारी छीनने के विचार से उस पर आक्रमण कर दिया था। परन्तु थोड़ी देर युद्ध करने के बाद उन्हें असफल लौटना पड़ा।

ग्यारहवाँ परिच्छेद

श्री ट्रीसी आदि की वीरगति

अस्पताल में लाने से पहले अस्तबल में जो कुछ क्षण ठहरना पड़ा था, वही मेरा और श्री ट्रीसी का अन्तिम मिलन था। जिस समय मुझे स्ट्रेचर पर डाल कर वे लोग ले जाने के लिए उठाने लगे थे, उस समय ही श्री ट्रीसी से मैंने अन्तिम बार हाथ मिलाया था। उस समय तो यह सोचने का शायद साहस भी न होता था कि यह हमारा अन्तिम मिलन है। उस दिन तो मेरे हृदय के भीतर यह भाव बिल्कुल नहीं उठा था कि वह मेरा सहोदर से भी अधिक प्रिय ट्रीसी मुझसे फिर कभी नहीं मिल पायेगा। ट्रीसी! प्यारे ट्रीसी!! जीवन का एक बड़ा भाग हमने एक साथ विपत्तियाँ सहन करने में बिता दिया था। घोर अन्धकार में भी हमने एक दूसरे को उत्साहित कर किसी की आशा डिगने न दी थी। आह! आज तुम

मुझे छोड़-छाड़कर यों ही चले गये! तुम्हारी यह आमोद भरी मंजुल मूर्ति आँखों के सामने उसी तरह नाच रही है।

अस्पताल में जाने के तीसरे दिन—14 अक्टूबर 1920 को जब पुलिस वहाँ आ पहुँची तब श्री ट्रीसी विह्वल हो उठे थे। उन्होंने तुरन्त हेडक्वार्टर में जाकर प्रस्ताव किया कि पकड़े जाने की दशा में मुझे पुलिस से छुड़ा ले जाने के लिए एक दल अश्वयमेव भेजा जाये उनकी बात मान ली गयी। वे अपने साथ कुछ स्वेच्छा-सेवकों को लेकर चल दिये। वे निर्भीक देशभक्त तथा साहसी सैनिक! तुम्हें एक साथी की विपत्ति ने इतना विह्वल कर दिया कि तुम अपनी स्थिति बिल्कुल भूल ही गये। जासूस ने उन्हें पहचान लिया और पीछा किया।

सारा प्रबन्ध कर चुकने के बाद ट्रीसी महोदय टालबोट स्ट्रीट के रिपब्लिकन आउट फिटर्ज नामक दुकान में अन्तिम स्कीम का निश्चय करने के लिए गये थे! प्रजातन्त्रवादी सैनिक अधिकतर हम वहीं पर मिला-जुला करते थे। कुछ ही क्षण बाद सैनिक लारियों ने दुकान घेर ली। श्री ट्रीसी सबसे आगे खड़े थे, पुलिस वालों का हाथ उन्हीं पर पड़ता परन्तु एक व्यक्ति एक तरफ़ भागा। सिपाही उधर लपके इसी क्षण में सुअवसर पाकर, साइकिल ले चुपचाप श्री ट्रीसी खिसकने ही लगे थे कि एक साधारण वेशधारी व्यक्ति मोटर में से उन पर झपट पड़ा और बोला, "जिसे हम गिरफ़्तार करना चाहते हैं वह तो यह व्यक्ति है।" श्री ट्रीसी ने अन्तिम समय निकट देखकर रिवाल्वर निकाल लिया उधर से मशीनगन धाँय-धाँय कर चलने लगी। आख़िर में ट्रीसी वहाँ पर घायल और धराशाई होकर वीरगति को प्राप्त हुए। अन्तिम श्वास तक उनके बदन पर प्रसन्नता की झलक विद्यमान थी। उस वीर ने अपनी जननी जन्मभूमि के चरणों पर अपना प्राणोत्सर्ग कर दिया।

राजनीतिक संसार ने यह निस्संकोच भाव से माना कि आयरिश गनीमी युद्ध का नेतृत्व बड़े-बड़े युद्ध विद्या-विशारदों तथा बुद्धिमान व्यक्तियों के हाथ में था। अतः उनकी सांग्रामिक चालें बड़ी महत्त्वपूर्ण सिद्ध हुईं। आज मैं दावे से कहता हूँ कि मेरे ट्रीसी उन युद्ध विद्या विशारदों के सर्वोपरि नेता थे। उस वीर के दिमाग़ ने जो बताया उस निर्भीक योद्धा की अलौकिक बुद्धि ने जो सुझाव दिया, वही स्वेच्छा-सेवकों ने निभाया और विजय लाभ किया। आज मैं दावे से कह सकता हूँ कि श्री ट्रीसी हमारे युग के कट्टर, निर्भीक तथा साहसी देशभक्त ही न थे, बल्कि वे चोटी के योग्य सेनापतियों में से भी थे। 28 वर्ष की आयु में ही स्वर्गलोक सिधारने वाले एक युवक के प्रति यह वाक्य कहना विस्मयजनक मालूम हुए बिना न रहे, पर एक बात दरअसल ऐसी ही थी। यदि उन्हें अन्य प्रसिद्ध योद्धाओं की तरह पूर्ण रूप से शिक्षण का अवसर मिला होता, यदि उन्हें भी अनुकूल स्थितियों में रखकर पूर्ण

रूप से शिक्षा दी जाती तो निश्चय ही वे संसार के किसी भी योद्धा तथा सेनापति से कम न रहते।

मुझे बहुत दिनों तक उनकी मृत्यु का समाचार बताया न गया। मैं अन्धविश्वासी नहीं हूँ। मैं अलौकिक बातों में विश्वास नहीं रखता। परन्तु सच कहता हूँ, मुझे उसी दिन पता चल गया था कि मेरे प्यारे ट्रीसी अब इस संसार में नहीं रहे। वे मुझे अपने पैताने खड़े मुस्कुराते हुए दिखायी दिये थे। उसी दिन सायंकाल मिक कोलिन्स मेरी ख़बर लेने को आये। उत्सुकतावश मैंने पहला प्रश्न यही पूछा—ट्रीसी कहाँ हैं? सजल नेत्रों को दूसरी ओर फेरकर छिपाने का प्रयत्न करते हुए रुँधे गले से वे इतना ही कह पाये, कि 'वे कहीं बहुत दूर गये हैं।' दस दिन बाद मुझे ठीक समाचार मिला। शिपस्ट्रीट बेरेक से श्री ट्रीसी का शव ट्रिप्रेरी ले जाया गया। वहाँ उनका जो सत्कार हुआ, वह शायद किसी नरेश को भी नसीब न हुआ होगा। सोलोहैडबेग चर्च से—जहाँ कि वे बाल्यावस्था में प्रार्थनाएँ किया करते थे-चलकर उनका शव किल फीकल नगर से गुज़रा। शोकग्रस्त लोगों का यह जुलूस मीलों लम्बा था। टिप्रेरी का ऐसा कौन-सा व्यक्ति था जिसके हृदय में उस दिन देशभक्ति के भाव हिण्डौले न ले रहे हों और जो उस दिन उस जुलूस के साथ शुष्क नेत्रों से गया हो? वह समाचार उस समय प्रदेश के लिए बड़ा शोकजनक समाचार था। उनकी कब्र आज तीर्थ बन गयी है।

अगले शुक्र के दिन मैं मेटर अस्पताल में ले जाया गया। यहाँ पर ख़ूब ख़ातिरदारी होने से शीघ्र ही आरोग्य लाभ करने लगा। एक दिन एकाएक क्या देखता हूँ कि मकान घिर गया है। सैनिक लोग तलाशी लेने की तैयारी कर रहे हैं। एकदम ऊपर वाली छत पर जाने के विचार से उधर जो लपका, तो ख़ाकी वर्दी वालों को खड़ा पाया। मृत्यु निश्चय समझ लौटकर वहीं आ बैठा। दर्शकों के जमघट में जो दृष्टि गयी तो मिक कोलिज को खड़ा पाया। पता चला कि मेरे गिरफ़्तार होने पर मुझे छुड़ाने के विचार से ही वे अपने दल सहित आये थे। पर सब स्थानों की तलाशी लेकर, केवल मेरा ही कमरा छोड़कर पुलिस वाले क्यों लौट गये, मैं कभी भी नहीं समझ पाया। वहाँ से डन लेघायर के घर पर ले जाया गया। वहाँ भी पुलिस ने तलाशी ली, परन्तु मेरे कमरे की नहीं। इस रहस्य का भी कुछ पता न चला। मैं हैरान रह गया।

21 नवम्बर 1920 का ख़ूनी रविवार मैं कभी न भूल सकूँगा। उस दिन प्रातः ही नगरभर में सनसनी फैल गयी। नगरभर में 14 जासूस अपने अपने घरों में ही मार डाले गये थे। हमारे और तो सभी व्यक्ति बच गये, परन्तु फ्रैंकटीलिंग पकड़े गये। उन्हें फ़ाँसी का दण्ड सुना दिया गया। परन्तु आप वहीं से रफूचक्कर हो गये। बाद में पेड़ीमोर को पकड़कर फ़ाँसी पर लटका दिया गया। हालाँकि वे उस दिन वहाँ थे ही नहीं। वे एक बड़े वीर सैनिक थे।

उस दिन सरकार ने प्रतिहिंसा के भाव से प्रेरित होकर दो बड़े भीषण और क्रूर कार्य कर डाले। सायंकाल के समय पुलिस ने 'कार्क पार्क' को घेर लिया। उस समय वहाँ 10,000 व्यक्ति फुटबाल का मैच देख रहे थे। उन पर पुलिस ने गोलियों की वर्षा कर अपनी बर्बरता, क्षुद्रता तथा नृशंसता का परिचय देने में कुछ कसर उठा न रखी। 17 व्यक्ति परलोक सिधार गये, 50 बुरी तरह घायल हुए।

दूसरा अत्यन्त वेदनाजनक समाचार था श्री पीडरक्लैंसी तथा डिक मैक की हत्या का। उन्हें पकड़कर और यह दोष बताकर कि उन्होंने फ्रेंच पार्क के पहरेदारों पर आक्रमण किया था, तड़पा-तड़पाकर मार डाला गया। इस अभियोग के प्रत्युत्तर में केवल इतना कहना ही पर्याप्त होगा कि उन स्वेच्छा-सेवकों के बारे में—जिन्होंने कि अपने रणचातुर्य से अंग्रेज़ों को नाकों चने चबवाये थे, बिना अन्य साथियों को लिए फ्रेंच पार्क के प्रहरियों पर आक्रमण करने की बात कहना सर्वदा हास्यास्पद है। जो भी हो, पुलिस उन वीरों से जली बैठी थी। अवसर पाते ही उसने अपनी प्रतिहिंसा की भभकती हुई आग को शान्त करने के लिए उन पर मनमाने अत्याचार कर उन्हें मार डाला।

बेचारे पीडर और डिक! दोनों कैसे साहसी वीर, कितने मृदुल, कितने कट्टर देशभक्त और कैसे सुचतुर सेनापति थे! उन्हें श्री ट्रीसी की तरह दो-दो हाथ दिखाने तक का सुअवसर न मिल सका! अफ़सोस!!

बारहवाँ परिच्छेद

ज़िला इंस्पेक्टर की हत्या और मेरा विवाह

मैं ख़ूब स्वस्थ होकर टिप्रेरी लौट आया। इस समय युद्ध ने ख़ूब जोर पकड़ लिया था। रणचण्डी का ताण्डव नृत्य हो रहा था। देशभर में ख़ूब चहल-पहल थी। आयरिश लोग बड़े हर्ष और चाव से अपने आदर्श के लिए, अपने देश के लिए, अपनी मातृभूमि के लिए प्राणोत्सर्ग कर रहे थे। मानो आयरिश जाति स्वतन्त्रता देवी के मन्दिर में निज रक्त मांस की भेंट से उस देवी को प्रसन्न करने का दृढ़ निश्चय कर वहीं डट गयी थी।

अंग्रेज़ी न्यायालय एकदम ख़ाली हो गये थे। 'मृत्युदण्ड' घोषित किये रहने पर भी प्रजातान्त्रिक न्यायालय खचाखच भरे रहते थे। देशवासियों का झुकाव प्रजातन्त्र की ओर था। अब परिस्थिति भी बहुत बदल चुकी थी। हमारे सैनिक रायफ़लें लेकर खुल्लम-खुल्ला घूमने लगे। जहाँ-तहाँ लोग उनका ख़ूब स्वागत करते।

मैं काहिर और रोजग्रीन प्रदेश में चला गया। फिर मैंने अधिकतर युद्ध उसी

देश में किये। अप्रैल 1921 में समाचार मिला कि ब्रिटिश सेना का एक छोटा-सा दल कुछ रक्षित वस्तुएँ लेकर, प्रति बुधवार प्रातःकाल क्लोधिन और काहिर के बीच में से गुज़रता है, उन्हीं से युद्ध करने की ठानी। 22 अप्रैल का दिन नियत हुआ। प्रातः 5 बजे से एक बजे तक प्रतीक्षा की, पर वे नहीं आये। मैं और कौनमौलोनी वहाँ से लौट आये। परन्तु हमें लौटे कुछ अधिक देर नहीं हुई थी कि वे आ गये। हमारे सैनिकों ने धावा बोल दिया। आत्मसमर्पण करने को कहा गया, परन्तु प्रत्युत्तर में गोलियों की वर्षा की गयी। युद्ध हुआ। एक सिपाही मरा, दो घायल हुए और तब उन्होंने आत्मसमर्पण किया। उनके शस्त्र छीन लिए गये। 'रक्षित वस्तु' विनष्ट कर दी गयी और फिर उन्हें छोड़ दिया गया।

घटनास्थल से पुलिस की कई बड़ी भारी-भारी चौकियाँ इतनी निकट थीं कि उन्होंने गोलियों का शब्द ज़रूर सुना होगा। इसी कारण सभी सैनिकों ने वहाँ से तुरन्त लौट जाना ही उचित समझा। वे सैनिकों की तरह मार्चिंग करते हुए चले आ रहे थे। एक मोड़ पर मुड़ने के समय एक मोटर पीछे से आयी और अन्तिम लाइन के स्वेच्छा-सेवकों से टकरा गयी। मोटर वाले का नाम-धाम पूछने पर उत्तर मिला—'डिस्ट्रिक्ट इंस्पेक्टर पौटर! रायल आयरिश कान्स्टेबुलरी काहिर!!' उसे क़ैद कर लिया गया। कुछ दूर जाने पर हमारे सैनिकों पर फिर पुलिस ने आक्रमण कर दिया। अब की शत्रुदल उनसे तिगुना था। तथापि यह वीर वीरतापूर्वक लड़ते हुए साफ़ बच निकले। साथ ही वे अपने बन्दी को भी साथ ही ले गये। इस युद्ध की सफलता का श्रेय श्री डिन्नी लेसी तथा श्री सिनेहाराम को ही दिया जा सकता है।

इन दिनों एक आयरिश स्वेच्छा-सेवक श्री ट्रेयनोर के. डबलिन ज़ेल में बन्द थे, उन्हें मृत्युदण्ड सुनाया जा चुका था। अंग्रेज़ों का प्रतिहिंसा का भाव उत्तरोत्तर अत्यन्त निन्दनीय और भयंकर रूप पकड़ता जाता था। वे जिस किसी को पाते, मार डालते। दूसरी तरफ़ हम सदैव उनके सिपाहियों आदि को साफ़ छोड़ देते। हममें प्रतिहिंसा का भाव जरा भी नहीं था। परन्तु ट्रेयनोर के. निराश्रित, तरुण परिवार का उनके अतिरिक्त और कोई भरण-पोषण करने वाला न था। उधर उन्हें फ़ाँसी पर लटकाने की तारीख़ 25 अप्रैल निश्चित हो चुकी थी।

हमने ट्रेयनोर को पौटर के बदले में माँगा और कहा कि ऐसा नहीं हुआ तो हम लोग पौटर को मार डालेंगे। पुलिस के हैडक्वाटर्स से सूचना भेज दी गयी। उन लोगों ने इस बात पर कुछ ध्यान न दिया और यथाशक्ति इसे छिपाने का ही प्रयत्न किया। अन्त में श्री ट्रेयनोर फ़ाँसी पर लटका ही दिये गये। हमारे सामने एक बड़ी समस्या आ उपस्थित हुई। किंकर्तव्यविमूढ़ हुए खड़े रहे। करें तो क्या? छोड़ दें तो अच्छा नहीं। न छोड़ें तो अकारण ही उस बेचारे के प्राण जायें। इस बात पर बहुत

वादविवाद हुआ और अन्त में यही निश्चय हुआ कि हमें अपने कथन को पूरा करना ही होगा। फलस्वरूप उन्हें मृत्युदण्ड दे दिया गया। पौटर एक वीर सैनिक थे। उन्होंने ख़ूब उच्च शिक्षा पायी थी। वे बड़े दयालु, मृदुल स्वभाव तथा चतुर अफ़सर थे। उन्हें अपने परिवार से पत्र व्यवहार करने का अवसर भी दिया गया था। अन्तिम समय उन्होंने अपनी डायरी, एक अँगूठी और एक सोने की घड़ी अपनी पत्नी को दे देने की प्रार्थना की। उनकी अन्तिम अभिलाषा पूरी की गयी। तदोपरान्त प्रतिहिंसा के भाव से उत्तेजित होकर सरकार ने भी यों ही बहुत से घर तथा बाड़े जला दिये।

अब जरा हमारे विवाह की बात सुन लीजिये। 12 जून, 1921 के दिन जबकि युद्ध जोरों पर था, और जिससे एक मास बाद अंग्रेज़ सन्धि करने को बाध्य हुए थे, बड़ी विचित्र तथा आश्चर्यजनक औपन्यासिक स्थिति में मेरा विवाह हो गया। पाठक मेरे तथा ब्रिघिड मैलोन के प्रेम की बात भूले नहीं होंगे। सितम्बर, 1919 में ही हमारी पहली भेंट हुई थी। प्रथम मिलन में ही हम प्रेमपाश में बँध गये थे। मेरे घायल होने पर उन्होंने कितनी तत्परता से मेरी सुश्रूषा की थी, वह मैं भूल सकता हूँ? ड्रम-कोण्ड्रा युद्ध के बाद वे मेरी ख़बर लेने आईं। तभी एक बार मैंने उनसे स्वस्थ होने पर विवाह करने की बात कह दी। मेरे साथ विवाह करने से क्या-क्या विपत्तियाँ आ पड़ेंगी, कहाँ तक सुख और ऐश्वर्य से युक्त या रहित रहना पड़ेगा, यह सब वे समझती थीं। तथापि मेरे इस प्रस्ताव को उन्होंने बड़े हर्ष और चाव से स्वीकार कर लिया। सब तैयारी हो गयी, परन्तु गिरजा कहाँ मिले? श्री माइकेल पार्सल को ही घर के लिए उपयुक्त स्थान समझा गया। वे बड़े देशभक्त थे। वे तथा उनकी स्त्री दोनों ज़ेल यात्रा भी कर चुके थे।

यह स्थान चारों ओर से छावनियों आदि से घिरा हुआ था। कहीं चार मील पर अंग्रेज़ी पुलिस की सुदृढ़ बैरकें थीं, तो कहीं छह मील की दूरी पर। साथ ही हर समय हमारी खोज में सैकड़ों सैनिक इधर-उधर ठोकरें खाते फिरते थे। तथापि हमारे टिप्रेरी के सभी सैनिक वहाँ आ एकत्रित हुए। उन्होंने चारों ओर ख़ूब अच्छी तरह से मोर्चाबन्दी कर ली। यदि अंग्रेज़ी सेना उन दिनों उधर आ भटकती, तो उसका वह स्वागत होता, जिसे वह कभी न भूल पाती। चारों ओर सड़कों पर वृक्ष काटकर डाल दिये गये। सशस्त्र स्वेच्छा-सेवक पहरे पर खड़े हो गये। उस दिन सभी सैनिकों में कितनी तत्परता तथा निर्भीकता, कितना हर्ष तथा चाव, कितना जोश और उत्तेजना थी, यह आज नहीं कहा जा सकता!

विवाह से पहली रात को बड़ी असुविधा का सामना करना पड़ा। एक कैम्प में श्री हागन तथा श्री डिन्नी लेसी आदि मुख्य-मुख्य सैनिक अध्यक्षों के साथ सोना पड़ा था। सोने तो उन्होंने दिया नहीं, अविवाहित होने पर भी मुझे विवाह सम्बन्धी

शिक्षा देना उन्होंने अपना कर्तव्य मान लिया था। उपदेश देने में कोई भी किसी के पीछे नहीं रहना चाहता था। ख़ैर! विवाह हुआ, ख़ूब आनन्दोत्सव रहा, दावतें उड़ीं। लड़के-लड़कियों ने नाच किये। गाना हुआ और फिर 'हनीमून' (सुहागरात) के लिए मैं डोनोहिल चला गया। प्रत्येक मित्र के यहाँ ख़ूब स्वागत हुआ। वह विवाह-वह 'हनीमून' रह-रह कर याद आता है! ओह! कितना आनन्द था! क्या वह फिर कभी नहीं होगा। वह समय कितना सुन्दर, कितना आनन्दमय और कितना महिमामय जान पड़ता है।

तेरहवाँ परिच्छेद

सिविल वार और मेरा सीनियर रिपब्लिकन डिप्टी का चुनाव

जून 1921 के आरम्भ में एकाएक यह समाचार सुनकर कि अंग्रेज़ों से सन्धि की जाने वाली है, हमें बड़ा आश्चर्य हुआ। जुलाई से उसके अनुसार कार्य भी शुरू हो जायेगा, यह सुनकर तो हम एकदम चकित हो उठे। जो लोग हमें सदैव कोसते रहते थे, जिन्होंने कभी भी हमारा उत्तरदायित्व अपने ऊपर नहीं लिया थाय वे आज हमारे प्रतिनिधि बनकर सन्धि की बातचीत करेंगे—कितने आश्चर्य की बात है? हम ख़ुश भी हुए क्योंकि हमारा गोला बारूद ख़त्म हो चुका था और कुछ व्यक्ति विदेशों में इसका प्रबन्ध करने के लिए भेजे जा चुके थे।

सन्धि के अनुसार कार्य शुरू हो गया। युद्ध रुक गया। हम लोग नगरों में घुसेय परन्तु अब की जरा शान के साथ! ख़ूब स्वागत हुआ। बड़े हर्ष और चाव से हमारी अभ्यर्थना की गयी। दो वर्ष पहले जो हमारी निन्दा करते थे, हमें घृणित समझते थे, वे ही आज सबसे बढ़-चढ़कर हर्षोल्लास कर रहे थे। ख़ैर, इसके बाद कुछ दिन तक तो घुड़दौड़ादि में भाग्य निरीक्षण कर गुज़ारा करते रहे, क्योंकि अभी तक अवैतनिक रूप से ही कार्य करते थे। फिर उत्तर की ओर जाना पड़ा। विचार था कि युद्ध फिर शीघ्र ही शुरू होगा। परन्तु अब की ऐसा विचार हुआ कि दक्षिण का भार कुछ हलका करने के लिए उत्तर में युवकों को शिक्षित किया जाये। इसीलिए परेड, रिवाल्वर, बम आदि की शिक्षा देने की गरज से उधर जा निकला। सितम्बर में वापिस डबलिन पहुँचा। यहाँ ख़ूब स्वागत हुआ।

अभी सन्धि की अन्तिम बातचीत चल ही रही थी, अतः हमने ज़रूरी समझा कि हमारे सैनिकों को अपने कार्य के लिए सदा तत्पर रहना चाहिए। उनकी तत्परता, उत्सुकता तथा अधीरता देखकर आयरिश पार्लियामेंट के ये सदस्य स्वेच्छा सेवकों का

साथ छोड़ने का साहस नहीं कर पायेंगे। 7 सितम्बर को सन्धि की शर्तें घोषित कर दी गयीं। मैं उसी दिन लौटकर डबलिन पहुँचा था। श्री सीनहागन, श्री लियमलिच आदि मुख्य योद्धाओं से मिला और गृहयुद्ध से बचने का एकमात्र उपाय, शत्रु से फिर से भिड़ जाना ही उन्हें बताया। सभी ने सुना, परन्तु किसी ने इस पर ध्यान न दिया। सभी लोगों का यह उपेक्षापूर्ण व्यवहार देखकर तथा सन्धि की शर्तों को एकदम घृणित और असम्मानसूचक समझकर मैं आयरलैण्ड से कहीं दूर–बहुत दूर जाने के लिए लालायित हो उठा। निश्चय किया, भारतवर्ष में जाऊँ। वह देश भी हमारी तरह स्वतन्त्रता युद्ध में निमग्न है। शायद वहाँ दो हाथ दिखाने का मौक़ा मिल जाये। परन्तु लन्दन स्थित भारतीय नेताओं ने हमें एकदम निराश कर दिया। उन्होंने कहा, तुम लोगों ने अपने देश का सर्वनाश कर दिया। वे पराये लोग तुम पर क्यों विश्वास करेंगे? फिर तो हम अमेरिका जाने की तैयारी करने लगे।

दिसम्बर के मध्य में श्री सीमस रोबिन्सन का विवाह हुआ। उसी के बाद लन्दन की ओर चल दिया। चलते समय हृदय एकदम विदीर्ण हो उठा। आज हमारे ही लोगों ने हमें संसार की नज़रों में गिरा दिया! वह क्या कहते होंगे? यही न कि हमारी स्वतन्त्रता, हमारी आशा, जिसके लिए हमने इतना घोर रक्तपात किया था, केवल आयरिश देश को विभिन्न भागों में विभाजित करा देना और एक विदेशी सम्राट के प्रति भक्ति दिखाना था? छिः-छिः यह कैसी घृणित बात थी। इन्हीं विचारों से विक्षिप्त होकर हम वहाँ से भाग जाना चाहते थे–वहाँ, जहाँ कि कोई पहचान भी न पाये और हमारे मस्तिष्क की कालिमा लोगों के सामने प्रकट न हो उठे। डबलिन छोड़ने के पूर्व मैंने अनेक प्रजातन्त्रवादी सैनिकों से, शत्रु से युद्ध छोड़ने को कहा, उन्होंने मेरी यह बात न मानी। अगर उन्होंने मेरी सलाह मान ली होती तो मैंने आयरलैण्ड कदापि नहीं छोड़ा होता। अन्त में मैंने यह भी कह दिया था कि 12 महीनों के दरम्यान अपने को गृहयुद्ध में निरत पायेंगे।

19 दिसम्बर को मैंने सीनमैक क्योन को एक खुली चिट्ठी लिखी थी। उसके निम्नलिखित उद्धरण मेरे विचार को और भी स्पष्ट कर देंगे–

"महोदय! मैं आपको बता देना चाहता हूँ कि आनडायल में तथा इससे पहले भी किसी स्थान पर आपने कहा था कि इस सन्धि के अनुसार आपकी 'चिरवांछित' स्वतन्त्रता आपको मिल गयी है तथा इसी के लिए आप आज तक लड़ते रहे थे।

"परन्तु–मैं भी युद्ध में आपसे पीछे नहीं रहा हूँ। इसलिए यह कह देना चाहता हूँ कि यदि हमें मालूम होता कि स्वतन्त्रता का यही आदर्श है तो सच कहता हूँ, मैंने तथा मेरे साथियों ने बन्दूक़ों को छुआ तक न होता, न मैंने कभी किसी मृत अथवा जीवित साथी को इसके लिए अग्रसर किया होता।

"आप स्मरण रखिये कि आज श्री मार्टिन सैबेज की बरसी का दिन है। क्या आप यह कल्पना करने का साहस करते हैं कि उस वीर ने एक ब्रिटिश गवर्नर जनरल को मारने का प्रयत्न करते हुए केवल इसीलिए प्राण दे दिये कि उस गवर्नर के स्थान पर कोई नया ब्रिटिश गवर्नर आ जाये।

"मैं अपने उन वीर सैनिकों की ओर संकेत करते हुए आपसे अनुरोध करूँगा कि आप हमारे उसी 'अलेहदगी' तथा पूर्ण स्वतन्त्रता को ही अपना आदर्श बनाये रहें।"

मैं और श्री हागन जिस किसी तरह बन पड़ा, पासपोर्ट लेकर अमेरिका चले गये। वहाँ बहुत से परिचित अथवा अपरिचित मित्रों से भेंट हुई। शिकागो में अपने भाई-बहन से भी मिला। ख़ूब सैर की। सभी मित्रों ने ख़ूब स्वागत किया। पर सभी सुखी रहने पर भी आयरलैण्ड की चिन्ताजनक स्थिति से हर समय घबराये रहते। नित्य नये झगड़ों के समाचार आते। मेरी 'गृहयुद्ध' सम्बन्धी भविष्यवाण ी ठीक होने लगी।

मार्च के शुरू में समाचार मिला, लिम्मर्क में मोर्चेबन्दी हो गयी। सन्धि के समर्थक तथा विरोधी दो विभिन्न दलों में विभाजित हो गये हैं। मैं समझ गया कि अब युद्ध किसी भी क्षण छिड़ सकता है। शीघ्र ही मुझे तार द्वारा बुलाया गया। मेरे और हागन के सामने फिर वही धनाभाव तथा पासपोर्ट की असुविधा आ उपस्थित हुई। कुछ मित्रों की सहायता से एक जहाज पर हम भरती हो गये। हमें कोयले झोंकने का काम दिया गया। कुछ घण्टे कठिन परिश्रम भी किया, पर जहाज के चलने में केवल एक घण्टा ही शेष था कि जहाज के किसी अधिकारी को सहसा हागन पर सन्देह हो गया और ग़रीब पर नाम धाम, जाति, देश तथा इस काम का पहले के अनुभव सम्बन्धी प्रश्नों की बौछार होने लगी। परिणामस्वरूप वह नीचे उतार दिये गये। अब मैं क्या करूँ? इतने घण्टे का परिश्रम भी व्यर्थ गया और इस समय उतरना भी असम्भव! श्री हागन को भी मैं ऐसी दशा में न छोड़ सकता था। न जेब में पैसा, न किसी मित्र की आशा। अन्त में यही निश्चय किया कि उन्हें छोड़कर मुझे नहीं जाना चाहिए। अब प्रश्न यह था कि जहाज से उतरूँ तो कैसे? द्वार की ओर भागा! वहाँ एक अधिकारी महोदय खड़े थे—मिन्नत की कि किनारे पर एक ज़रूरी कार्य है। अभी पाँच मिनट में आता हूँ। ग़रीब मज़दूर समझ वे दयार्द्र हो उठे, मुझे उतर जाने दिया। इस प्रकार जहाज से उतर तो गया पर हमारी सारी पूँजी वहीं रह गयी। हमने अपना सारा धन व्यय करके जो बन्दूकें ख़रीदी थीं, जहाज में ही रह गयीं। पर मजबूरी थी। उसका तो कोई उपाय भी न था।

इसके बाद भी जहाज पाने के प्रयत्न में हमें कई बार निराश होना पड़ा। पर अन्त में एक जहाज मिला और अप्रैल के आरम्भ में हम आयरलैण्ड पहुँचे। बन्दरगाह

में पहुँचते ही समाचार मिला कि मेरी श्रीमती अकेले ही नहीं बल्कि एक सुपुत्र सहित घर में मेरी बड़ी प्रतीक्षा कर रही हैं।

परिस्थिति बहुत ख़राब हो चुकी थी। प्रजातन्त्रवादी सेना दो विरोधी दलों में विभाजित हो गयी। एक दल था, आयरिश प्रजातन्त्रवादी सेना का जो पूर्ण स्वतन्त्रता के पक्ष में न था और दूसरा आयरिश फ्री स्टेट दल था, जो सन्धि की स्वतन्त्रता से ही सन्तुष्ट था। मोर्चेबन्दी हो गयी थी। मैंने इस गृहयुद्ध को रोकने का भरसक प्रयत्न किया। सभी दलों के पास मारा-मारा फिरा। दोनों दलों में समझौता करने के लिए कोशिशें की गयीं। पर सब व्यर्थ हुईं। अन्त में चुनाव के सम्बन्ध में यह तय हुआ कि यह दोनों दल एक-दूसरे का विरोध न कर, एक हों, सिनफिन दल के नाम से चुनाव में भाग लें और चुनाव के बाद फिर से मन्त्रिमण्डल क़ायम करें। यह समझौता दोनों दलों के प्रतिनिधि श्री एमन डी. वेलेरा तथा माईकेल कालिन्स में हुआ था। माईकेल फ्रीस्टेट के प्रतिनिधि थे। उनका व्यवहार बड़ा विचित्र था। वे शीघ्रातिशीघ्र गृहयुद्ध प्रारम्भ करना चाहते थे और इन्हीं कारणों से यह समझौता कुछ सफल न हुआ।

एक दिन एकाएक समाचार मिला कि फ्रीस्टेट वालों ने अंग्रेज़ों की सहायता से रिपब्लिकन (प्रजातन्त्रवादी) सेना कोर्ट से निकाल देने के लिए तोपें ला चढ़ायी हैं। गृहयुद्ध का श्रीगणेश हो गया। मुझे भी रिपब्लिकन सेना का साथ देना पड़ा। गृहयुद्ध का वेदनाजनक विवरण लिखने की इच्छा नहीं। इससे आयरलैण्ड को इतनी अधिक हानि हुई, जितनी शायद अंग्रेज़ों के विरुद्ध वर्षों लड़ते रहने पर भी न हुई थी। इस युद्ध में श्री लियमलिंच, श्री डिन्नी लेसी, श्री जैटी केली, श्री स्पर्की ब्रीन आदि कितने ही वीरों के प्राण गये। इसी गृहयुद्ध में श्री रीयन, श्री पेड्डी, श्री मेकडोनोह आदि कितने सुन्दर वीर रणचण्डी की सहचारियों डाकिनी पिशाचिनी आदि को निज रक्त मांस से तृप्त करते हुए उसी युद्ध में संसार मंच से उठ गये। वे आयरलैण्ड के वीर त्यागी, सच्चे और निस्स्वार्थ योद्धा थे। उन पर हमारा देश जितना गर्व कर सके, थोड़ा है।

1923 के बसन्त में श्री लियमलिंच की मृत्यु हो जाने पर शार्टरफोर्ड काउण्टी में होने वाली सन्धि कॉन्ग्रे स में सम्मिलित होने के विचार से हम अपने कई मित्रों के साथ चल दिये। हम मैलेरी प हुँचे। वहाँ पर जब हम खेतों से निकलकर एक सड़क पार कर रहे थे, तीनों ओर से गोलियों की वर्षा होने लगी। भागते-भागते पहाड़ी पर चढ़ जाना पड़ा। दो दिनों तक पहाड़ियों पर ही रहना पड़ा क्योंकि फ्रीस्टेट की सेना उस ज़िले को नष्ट-भ्रष्ट करने के लिए वहाँ एक बड़ी तादाद में पड़ी थी। बाद में किसी प्रकार अरहलो की घाटी में मेरे छिपने लायक एक स्थान मिल गया। यद्यपि भूख और नींद बहुत सता रही थी, फिर भी उसमें छिपकर सो गया। उठकर

सेनाओं के चलने का शब्द सुनकर खन्दक में से सिर निकालकर देखा तो फ्रीस्टेट के सैनिक बन्दूकें तानकर घेरे खड़े थे। कोई चारा न था। आत्मसमर्पण कर दिया।

मैं भीरू नहीं, कायर नहीं, निर्जीव नहीं, तथापि उस दिन न जाने क्यों रह-रहकर रो उठने को जी चाहने लगता था। जी में आता था बिलख-बिलखकर ख़ूब रो लूँ, सिसक-सिसक उठूँ, शायद हृदय का भार कुछ हलका हो जाये। कितनी बार बड़ी मुश्किल से ही झरते हुए आँसुओं को रोक पाया था। उस दिन मेरी विचित्र हालत थी। पाँच वर्ष तक मैं इंग्लैंड की सेनाओं को नष्ट-भ्रष्ट करता रहा। अपने देश तथा देशवासियों के लिए अपनी ख़ुशी से अनेक तकलीफ़ें सहीं, पर वही मैं, आज अपने ही देश में अपने ही देशवासियों के द्वारा क़ैदकर लिया गया था।

गैल वाली में मेरा अभियोग चला और सज़ा पाकर लिमरिक ज़ेल में रखा गया। वहाँ से माउण्ड ज्वाय ज़ेल में भेज दिया गया। वहाँ के दुर्व्यवहार के कारण मैंने अनशन कर दिया और 12 दिनों के अनशन के बाद छोड़ दिया गया।

मेरे इस ज़ेल जीवन के दिनों में ही टिप्रेरी निवासी लोगों ने मुझे अपना सीनियर रिपब्लिकन डिप्टी चुन लिया था।

❐❐